U0692674

部首表

（右為索引頁碼
左為本文頁碼）

吉林大學古籍研究所叢刊之六

殷墟甲骨刻辭類纂

主編 姚孝遂
副主編 肖丁

下册

中華書局影印

酉

- 一七七七　㞢酉于辛　1
- 三三八〇　貞惟邑子呼饗酉　1
- 六四九　…穷貞令𢦏酉子貯八月　1
- 一五八一八　癸未卜貞醆豊惟有酉用十二月　1
- 一五九七七　貞勿酉　1
- 一七五七八正　…勿酉…　1
- 一八〇三〇　…辰…貞翌…其酉卯…曰…　1
- 一九五五七　貞…土酉…　1
- 二一五五四　…巳卜夕酉…宰母庚　1
- 二一七九六　乙亥卜彡酉有事　1
- 二一八〇四　戊辰卜御貞酉小宰至豕司癸　1
- 二二二〇五　…㚔父酉…　1
- 二二二七八　于妣己酉…𢦔　1
- 二二二九四　惟酉以　1
- 二二五〇八　…酉卜貞酉子有疾𠦪…　1
- 二四四〇九　貞于…竹酉…　2
- 三三九一八　甲子…貞弜…異酉…十月　4
- 三四三三八　弜有酉　4
- 三四四一七　戊戌貞彡其酉　4
- 三七八三六　癸未王卜貞酒彡日自上甲至于多毓衣　無壱自畎在四月惟王二祀　5
- 三七八四〇　癸未王卜貞旬無畎王固曰吉在月又一甲　申𢀛酉祭上甲　5
- 英二二七四　庚子卜多母弟暨酉𢀛　3
- 英二四四三　酉于夔　茲用　4

奠

- 六　…勿…在京奠六月　1
- 六　癸卯卜穷貞令郭兹在京奠　1
- 七三六一　貞亦…師般在𢦏呼次在之奠　1
- 七八八四　…殺貞在南奠　1
- 七八八五　貞勿遣在南奠　1
- 七八八五　貞在南奠　1
- 八二一八正　…爭貞在𡚸奠　1
- 九七六九反　貞在奠不其…年　1
- 九七七〇　…卜古貞我在奠从𩰫受年　1
- 二四二五八　…丑卜行…在奠　2
- 二四二五九　癸丑卜王在十一月在師奠　2
- 二九八一二　…在奠卜　3
- 三六七七二　丙辰卜在奠貞…王步𣥺無災　5
- 屯一〇九二　辛巳卜王其奠元暨永𦱕在盂奠　王弗…羊　大吉　3
- 屯一一一　己巳貞𢀛在𦱕奠　4
- 英二五三五　癸酉卜在巳奠河邑永貞王旬無畎惟來征人方　5

于奠

- 二四　辛亥卜爭貞奴衆人立大事于西奠玫…月　1
- 二一三七　貞勿于𢀛奠　1
- 七八七六　貞今日勿步于奠　1
- 八八一八　于南奠　1
- 八九三六　貞奴牛于奠　1
- 二七九九九　于𠂤亩其祝于危方奠　茲用　3
- 三二二七七　師般以人于北奠次　4
- 三二二七八　師般以人于北奠次　4
- 三六七五二　甲寅卜在𧊒貞今…王步于奠無災　5
- 屯四〇四九　己巳貞商于𣳡奠　4
- 屯四〇四九　己巳貞商于𣳡奠　4
- 屯一〇五九　己巳貞商于𢀛奠　4
- 屯一〇五九　己巳貞商于𢀛奠　4
- 英五四七正　貞𢦏人于𣲡奠　1

奠于

- 七〇　貞奠于丘𢀛　1
- 四二四八　貞奠于丘剢　1
- 七八八一　貞…人率奠于…　1
- 三二一〇七　辛丑貞王令𢀛以子方奠于并　4
- 三二一八三　辛巳貞弜奠于𢀛　4
- 三二八三二　辛酉貞王令𢀛以子方奠于并　4
- 三二八三三　…亥貞王令𢀛以子方乃奠于并　4
- 三三二七八　辛酉貞王令𢀛以子方奠于并　4
- 屯三七二三　…亥貞…以子方奠于并在父丁宗𢀛　4
- 屯四三六六　辛亥貞王令𢀛以子方奠并在父丁宗𢀛　4

五八四甲正 癸未卜殸貞旬無…祟其有來嬉迄至七日…允有來嬉自西𢀛戈…告曰舌方征于我奠…

五八四甲反 𢦏四…壬辰亦有來自西𢀛呼…征我奠

六〇六八正 癸未卜永貞旬無囚七日己丑𢀛友化呼告曰舌方征于我奠豐七月　二告

九七六七 貞我奠受年

九七六八 …奠不其受年

六九四三 癸酉卜殸貞令多奠衣柬郭

八九三八甲 貞勿呼奴牛多奠

八九三八乙 戊申…亘貞…呼奴牛多奠

一一一七七 丙午卜方貞呼省牛于多奠　不告

一一一七七 貞勿呼省牛于多奠　…告

屯二九三三 甲子貞令多奠…衛…

五三六 辛卯卜爭勿呼取奠女子　二告

五三六 辛卯卜爭呼取奠女子

五三六 …呼取奠女子

七〇七四 貞呼比奠取炋𩰫啚三邑

懷三九七 …殸…取…奠

一五〇反 …奠來一在…

一五二反 奠來十

四四六四反 奠來寧

五四三九反 奠來四在徃

六六五四反 奠來十

九〇九一 奠來十

九〇九二 奠來…

九六〇八反 奠來…

九六一三反 奠來三十

九六五八反 奠來…

一〇三四五反 奠來五

一〇三四六反 奠來五

一二六三五反 奠來…

一四七三五反 奠來二

一八八六〇反 奠來十

二八〇一一 壬戌卜犾貞有出方其以來奠

一一〇反 奠入十

一五一反 奠入二

一三五一乙反 奠入二

三四一五反 奠入二十

三二一六反 奠入五

五〇九六反 奠入二十

一三三九〇反 奠入十

一四七九五反 奠入

六四五臼 奠示十屯一屯　㞢

六四四六臼 奠示…𢀛

六五三七臼 奠示十屯又一　永

一八六五四臼 奠示十屯

八一六反 立須豖史其奠

七六七九 甲子卜貞丁惟我其奠…

三〇二三一 …卯𦎫其奠王𠂤䙊𢄗卯𦎫奠王𠂤

三二〇一〇 …貞于京其奠勳𦎫

三二八一三 辛巳貞其奠𠂤𦎫

三二八一一 丙寅貞王其奠𡆥侯告祖乙

三二八一一 丙寅貞王其奠𡆥侯告祖乙

三二八一一 …貞王其奠𡆥侯告祖乙

屯八〇〇 …其奠呼…

屯八六二 癸亥貞王其奠𡆥

屯一〇五九 乙丑貞王其奠𡆥侯商于父丁

屯一一一一 己巳貞𡧊𦎫其奠于京

屯一二四七 …其奠以𢍏

屯三〇〇一 …其奠作方其祝…至于大乙于之若

屯三五六一 貞擒其奠…于…

九四九九 …乃奠十二月

三三八五四 …貞王令𡚸今秋…舟𡘋乃奠

三三八五五 …貞王令𡚸今秋…𡘋乃奠

屯八六六 …巳貞𡚸以𡩈于𦎫乃奠

英二四三三 辛巳貞𡚸以𡩈于𦎫乃奠

其它

著錄	釋文	數
一〇一	貞…奠𢦏…以𠫑…于丂	1
一四三	庚午卜㱿貞八𢦏𠫑奠…	1
一四六	…午卜…奠𠫑…	1
六三五反	…奴…惟奴奠臣	1
一一〇八反	奠…	1
三四五八反	…奠…在襄	1
三五四四反	奠…	1
四三五八	…往奠…呼般在𡆥	1
四五二一	…貞奠…	1
四五五一	…奠望人并	1
四七八三	…王…賤…奠…	1
四八三五	…惟奠呼…	1
四八三六	…奠呼…	1
四八三七	…今來…奠于…雕	1
四八三八	貞奠得	1
四八三九	貞奠不其得	1
四八四〇	貞勿…奠告…𢦏	1
五七一一	貞令𢦏祟奠十二月	1
五七九一	貞…奠…	1
五九七四	…令𠂤…奠…侑…圉	1
七三三九正	令彈祟奠目　二告	1
七三五二反	奠…	1
七六八七	庚午…奠…	1
七六七八	乙酉卜㱿貞令受奠	1
七六八〇	貞奠不其…	1
七六八二	甲寅…奠…其…	1
七八八六	…不其…南奠	1
八〇一一	…卜奠…雀…允…	1
八八八八	…亥…王貞𠂤其以雍暨奠四月	1
九〇八〇	貞奠以	1
九七六四	…奠受…	1
九七六五	…奠受…	1
九七六六	…奠受年	1
九七七八	…奠受年	1
一〇〇八四	…爭…羌奠…	1
一〇〇八四	…圉奠	1
一〇九七六反	貞呼往奠于崔	1
一〇九七六反	勿呼奠于崔	1
一二四三九正	奠禦	1
一三八八一甲	奠弗其凡有…	1
一三八八一乙	貞奠其凡…	1
一五一三八	貞勿…奠告…父乙	1
一五八一五	貞呼不奠	1
一六九三五正	癸未卜㱿貞旬無囚王固曰有祟三日乙酉奠有𢦏	1
一九五五八	…令…將…奠…賓…	1
一九五五九	貞令…將…奠于…	1
二〇〇三六	…戊卜貞不束余奠子𢦏十月	1
二〇二三一	貞𢀛妣追于唐邑𢀛克奠王…十月	1
二一五三一	貞…爯奠	1
二一五九一	壬子卜奠	1
二二二七三	…兄辛…奠	1
二三五三四	…大貞令…子奠…	2
二六〇〇八	…申卜大貞我…奠曰…宰…年…九月	2
二六九五三	…何…奠	3
三二〇四八	癸亥卜令美呼比让戈曾𣪘囚土…奠吅佃	4
三二二七五	乙卯貞美以人…北奠次	4
三二八五〇	丁卯貞王令𠂤奠𢦏舟	4
三二八五一	丁卯貞王令𠂤奠𢦏舟	4
三二八五二	丁卯貞王令𠂤奠𢦏舟	4
三二八五六	丁酉貞王令𠂤比…奠	4
三二八九三	庚申貞方奠…並受祐	4
三四二五五	弜于河東…𣏟奠即祐…	4
屯六六八	…奠名任	4
屯八六六	…貞…令比…爯爯…奠	4
屯二九八二	…奠𠂤卯宰王受有祐	3
屯三三八九	…奠作方…	3
屯四三四三	奠其奏庸惟舊庸大京武丁…弘吉	
英一七八四	戊戌卜王貞余𢦏立員宁史暨見奠終夕印	1
英一八〇六	…貞余…祟奠臣于…	1
英二五六七	王其鑄黃鑪奠盟惟今日乙未利	5
懷三三九	…王…勿…奠	1
懷三七四	…歸…奠	1
懷四三九	…卜…奠豐…	1
懷七〇〇b	…分…奠…	1
懷一四五八	…永師奠	3
懷一六四八	在狴東洮奠𠬝	4

嚭

一八五五四 ……勿……嚭…… 1

尊

三二〇 丙午卜貞𠬝尊歲羌三十卯三宰𦎫一牛于宗用八月 1
三四〇 丙午卜貞羌尊歲羌十卯十宰于𦎫用八月 1
九九九 貞尊伐…… 1
一〇〇〇 癸未卜……尊伐……其啓二月 1
四〇五九正 乙巳卜穷貞翌丁未彭𠬝歲于丁尊 有玉 二告 1
六五七一正 壬寅卜㱿貞尊雀惟𦎫基方 1
六九〇二 ……卯……咸戕……在𢦏王……尊王循于？……若 1
六九〇三 癸……咸戕……𢦏……尊征？…… 1
六九七六甲 ……尊……候 1
八一四八 ……申……尊……古 1
八四三七甲正 勿衣……曰旨……來尊…… 1
八四三七乙正 ……曰旨……來尊……若 1
一四八七九 庚子卜尊七月 1
一五四七六 貞……丁卯其尊𡨦 1
一五八〇六 ……寅尊彡…… 1
一五八〇七 ……未……延雨……尊𠧩……磬…… 1
一五八〇八 貞尊…… 1
一五八〇九 丙申卜……尊…… 1
一五八一一 丁酉……尊于…… 1
一五八一二 庚……卜尊…… 1
一五八一三 ……其尊…… 1
一七九四八 辛亥……𢼄……人…… 1
二〇〇七〇 貞余勿呼延尊𠚤曰吉其呼尊 1
二一二二三 ……尊七月 1
二三五〇五 尊于……一牛 2
二三五〇六 己亥卜行貞翌庚子其尊于兄庚惟羊 2
三二一二五 甲寅貞來丁巳尊鬳于父丁𠧩三十牛 4
三二一二五 乙卯貞其尊鬳侑羌 4
三二二三五 于父丁其尊鬲 4
三二三三五 丙寅貞丁卯彭𠬝尊𩚵有伐 4
三二三七四 丙申……尊用 4
三二五三六 丁亥卜𡧊其尊歲三宰 4
三二六五一 惟其尊先 4
三二六九四 甲寅貞來丁巳尊鬲于父丁𠧩三十牛 4
三三一四〇 ……又尊𠧩……十宰 4
三四〇五六 丙戌卜羽尊于宗 4
三四三九七 ……于父丁其尊鬲 4
屯二〇三 ……丑卜𦎫尊其若 吉 3
屯二三六 癸巳卜鼓弜震其尊 3
屯二六〇 ……來丁卯……勿牛尊 3
屯一〇九〇 癸酉卜𢦏至于父丁尊其鬲 4
屯一〇九〇 丙寅貞……彭𠬝尊𩚵……卯三宰于父丁 4
屯二八六一 ……尊鬳來丁巳其十牛于父丁 4
懷一五七八 庚子卜尊 4

隮

一八五九七 癸丑……貞翌……隮新……壴示 1
一八七五一 貞……隮…… 1
三五三五〇 ……隮羌……人𢀛一𠂤卯宰又一牛 5
三五三六六 ……竹隮…… 5
屯二二七六 弜饗于𠢛𩁹隮必有正 3

醫

六五六正 壬寅古貞永執醫 1
二一〇〇 乙亥卜貞醫惟𠂤甲 1
五三八四 ……卯王其匕？醫…… 1
七八九七 乙亥貞其醫衣于亘邁雨十一月在甫魯 1
一〇一九五 ……丁亥莫丁惟醫亦…… 1
一二九七八 乙亥……貞今……奏醫 1
一一九九二 ……爭……午……醫……不…… 1
一四一二五 癸亥其奏醫子呂其…… 1
一五一〇〇 ……醫若 1
一五八〇一 ……王……醫若 1
一五八〇二 貞醫惟侑 1
一五八〇三 乙……卜……今日……醫…… 1
一五八〇五 丙戌穷貞丁亥王益醫 1
一八二一六 乙亥……醫…… 1
一八二一七 ……其侑于……益醫…… 1
一八八〇三 貞翌丁卯𩵦益醫 1
一八八二四 ……𩵦益醫之日允𩵦 1

著錄號	釋文	數
二〇九五四	…醫于今夕雨	1
二二五四三	…其𥃲醫于丁侑百羌卯十…	2
二三六一〇	庚寅卜出貞于翌乙未大醫	2
二三七一七	己巳卜大貞翌辛未魚益醫	2
二六七六三	甲子卜出貞翌丁卯魚益醫	2
二六七六三	丙寅卜出貞翌丁卯魚益醫	2
二六七六四	丙寅卜卜出貞翌丁卯魚益醫	2
二六七六六	丙寅卜出貞翌丁卯魚益醫不魚	2
二六七六七	丙寅…出貞翌丁卯魚益醫之日…	2
二六七六八	戊寅卜出貞今日魚益醫	2
二六七九九	庚寅出貞于翌乙未大醫	2
二六八〇〇	…祝…今日王…醫	2
二六八〇三	…醫…若十月	2
三四五八二	…王醫	4
英二三七〇	…奏醫不…	3
懷一三六七	丙寅卜卜出貞翌丁卯魚益醫	2
懷一三六八	丙寅卜出貞翌丁卯魚益醫六月	2

著錄號	釋文	數
八九三反	□羊	1
一四六四	大甲□王	1
六七三四	王循方帝□王	1
九九〇一	…有□…年	1
一四一八七	貞帝弗其□王	1
二三六一七	…巳卜出…翌戊寅…□…	2
英五〇四	貞…□王…	1

酓

著錄號	釋文	數
四七一	貞戊…其□羌…卯三牢	1
一五八二二	…子其□惟□用…	1
一五八二三	貞…□三宰䰜一牛	1
二五九八三	貞我…其□羌…卯二牢	2
二五九八四	…巳卜出…翌戊…□…	2
英二一八〇	…子卜…酓□…葡一牛	2
二二一三七	貞酓	1
二二一三九	貞酓	1

著錄號	釋文	數
二八〇九七	…方伯其酓于…吉	3
三〇二八四	于阜西酓王弗…	3
三〇二八四	于廳門□酓王弗悔	3
三〇二八五	于廳門□酓王弗悔	3
三二三四四	惟邑王酓	4
三二三四五	惟邑王酓	4

歙

著錄號	釋文	數
三五三四六	丙辰卜在剛貞惟大有先…歙美剛 利不雉衆	5
三六九七一	…貞今日王…歙美剛方	5

□

著錄號	釋文	數
三〇九五七	…棘王其□	3

配

著錄號	釋文	數
五〇〇七	辛酉卜王貞…余配	1
一四二三八	癸卯…爭貞帝弗𢀛配	1
三一八四〇	小配	3
三一八四一	小配	3
英一八六四	庚寅卜王余燎于其配	1
懷三三	…配…而…其…	1
懷七六七	…配…	1
懷一六四〇	甲午卜王惟𠷎配	4

鄉 饗

著錄號	釋文	數
三〇三一三	丙申卜余令饗…	1

酸

著錄號	釋文	數
二三五六六	…壬𢦔…歲…酸黃尹十一月	2
二六〇三九	甲戌卜…貞翌乙丑我□衣…𢆶三月	2

歙 飲

著錄號	釋文	數
一〇四〇五反	王固曰有祟八日庚戌有各雲自東𠂤母昃 亦有出虹自北歙于河	1

一〇四〇六反　王固曰有祟八日庚戌有各雲自東面母昃亦有出虹自北飲于…

一八〇一四　…午卜…歙…

懷九五六　貞呼歙𠂤由𡨥

懷一五五二　…歙夕…𠭯…用

歙 飲

七七五正　王其歙

一〇一三七正　貞王歙有壱　二告

一〇一三七正　…歙無壱

飲

六〇五七正　癸卯卜殻貞旬無𡆥王固曰有祟其有來𡆥五日丁未允有來𡆥飲祟自㠯圉六月

壺

一八五五九　…壺…

一八五六〇　…壺…

一八五六一　…壺…

乇一一二七六　…貞旬…王…𢍰壺…

英一七五一　貞勿于壺力

酒

祖先

一九〇〇正　來辛亥惟𢀛亡酒祖辛又一牛祖乙

一九〇〇正　惟伐酒于祖乙

一九〇〇反　翌…亥酒大…

一九〇〇反　勿酒大丁

三五七　…翌辛亥酒…王亥九羌…

三八五　貞翌…未酒妣有亡于丁

四〇一　貞翌丁亥酒于妣己羌

五一一　…酒于羌甲…

五一二　乙酉酒唐允…

五五六　丁五卜宄貞翌己卯酒高妣己暨妣…

六六〇　…酒河…牛…我…

六七二正　貞酒王亥

六七二正　翌…未酒成

六七二正　癸卯卜殻翌甲辰酒大甲

六七二正　酒河三十牛以我女

六七二正　酒河五十牛

六七二正　貞酒于河匚

六七三正　貞翌乙未酒成用宰

六七二正　貞甲辰勿酒大甲

六七一正　貞呼雀酒于河五十

七一二　貞勿𠂤先酒于父乙及卯三宰

七一三　丁巳卜㞢貞酒婦好禦于父乙

八〇八反　既酒妣癸…

八〇八正　貞勿𠂤酒妣癸𡕩正

八九六正　貞來乙亥酒祖乙十伐又五卯十宰

八九六正　丁未卜宄…甲寅酒大甲十伐又五卯十宰八日甲寅不酒雨

八九七　癸丑卜殻貞來乙亥酒下乙十伐又五卯十宰乙亥不酒…

九〇三正　乙卯卜殻貞來乙亥酒下乙十伐又五卯十宰二旬又一日乙亥不酒雨五月

九〇三正　勿𠂤惟乙亥酒下乙十伐又五卯十宰四…

九〇三　貞來辛酉酒王亥

九四五正　貞酒黃尹

九七五反　王固曰不宿若茲卜其往于甲酒咸…惟甲追

一〇五二正　貞酒于河十牛

一一九二　癸亥卜酒上甲

一一九三　酒上甲

一一九四　酒上甲

一一九八　壬午卜貞翌甲…酒…自上甲…酒…

一三〇一　辛巳卜爭貞來乙未酒唐五宰

一三〇三正　貞翌乙酉酒唐正

一三〇四　…巳卜…貞翌乙酉其酒唐暘日

一三七一　丁亥卜貞翌…戊用三𦍒酒于成祖乙

一三七一　丁亥卜貞翌…戊用三𦍒酒于成祖乙

一三八四　貞翌乙未酒咸

一四四三　癸卯卜殻貞翌甲辰勿酒大甲

一四四三　癸卯卜殻貞翌甲辰勿呼酒大甲

一四四四　…戌卜貞翌…酒…大甲…丁

一四四五　惟十宰又五酒大甲

一五三四正　癸酉卜亘貞有酒兄丁

一五九五　…未卜…酒祖乙

一六〇一　勿𤎩酒河

酒

著錄號	釋文	數
一六五四	庚子卜爭貞魯其酒于祖辛㞢有乂 歲上甲	1
一六六八	丁酉卜爭貞來乙巳酒下乙	1
一六六九	翌乙未酒下乙	1
一六七〇	勿于來…酉酒下乙	1
一六七一	乙巳酒下乙	1
一六七六正	…酒下乙百…子…暘…	1
一六七七正	貞辛酉酒河沈宰燎	1
一六七七正	貞辛酉酒河沈宰燎	1
一八六四	貞翌丁丑酒于祖丁	1
二二一六	今日酒父乙	1
二二五八	來己酉酒妣己妣庚	1
二二八一正	貞酒母庚	1
二三六三	庚子卜殼貞王有匚于高妣己…來丁 酉酒	1
二三六六	貞于來己亥酒高妣己暨妣庚	1
二三六六	…卜穷貞于來己亥酒高妣己暨妣庚 三月	1
二三六七	丁丑卜殼貞于來己亥酒高妣己暨妣 庚	1
二四〇六	辛亥卜王侑酒妣己羊	1
二四二七	貞翌己亥酒妣己…小宰	1
二四七一反	己亥卜殼貞酒妣庚…	1
二四八八正	…寅卜古貞來庚酒妣…	1
二六〇七	貞婦好有匚于㗊妣酒	1
二九五三反	貞翌丁巳酒祖丁…	1
三四七八	…卯勿酒黃尹	1
三四九九	乙丑卜貞翌丁酒自黃…十有三	1
三四九九	乙丑卜貞翌丁酒自黃…十又三宰	1
四一四一	己亥卜內翌辛丑呼雀酒河…	1
四一四一	翌辛丑呼雀酒河三十…	1
六一七三	…貞翌丁未酒仲丁暘日	1
六一七四	…卜殼貞翌丁未酒仲丁暘日	1
八八四三	貞…辛未酒岳	1
八八四三	貞惟辛未酒岳	1
八八四三	貞惟辛未酒岳	1
一〇三〇二乙正	來甲子勿酒大…	1
一〇三〇二甲正	來甲子勿酒大甲 二告	1
一一四九七正	丙申卜殼貞來乙巳酒下乙王固曰酒惟有 祟其有鑿乙巳酒明雨伐既雨咸伐亦雨𢼄 卯鳥星	1
一〇九三六正	翌庚寅酒大庚	1
一一四九七反	丙午卜爭貞來甲寅酒大甲	1
一二五四六正	貞尋酒河燎三牛沈三牛卯…	1
一四四六九反	貞呼單酒岳	1
一四八三七	貞酒大示于丁	1
一五七〇六	庚寅卜…貞翌其…酒于丁…尊鬲…	1
一九八〇六	辛丑卜王…上甲示壬…酒河	1
一九八〇八	…酒上甲牛…用	1
一九八三四	丙午卜酒大…卯三牛正	1
一九八四四	…酒祖乙禦十牛五月	1
一九八三八	甲子酒大戊禦	1
一九八三八	甲子卜酒丁仲禦	1
一九九〇七	壬午卜夾酒魯甲	1
二〇〇五五	癸未卜…翌丁亥酒兄丁一牛六月用	1
二一五七四	癸丑子卜來丁酒伊尹至	1
二一八〇五	癸卯卜來其酒于司癸至…	1
二二一五九	庚申卜酒自上甲一牛至示癸一牛自大乙 九示一宰𢀛示一牛	1
二二一八四	…申卜于癸亥酒祖丁	1
二二一八四	己酉卜丁巳酒祖丁…祖辛二牛父己二牛	1
二二六四五	貞酒自上甲	2
二二六四七	庚辰卜𠂇貞翌辛巳乞酒秅自上甲衣至于 毓無壱在…	2
二二六五六	…尹…子乞酒…自上甲衣至…毓無壱…	2
二二六五八	十二月 癸丑卜…貞翌甲寅乞酒上甲…衣…	2
二二六五九	…戊乞酒…上甲…毓…	2
二二六六四	…酒…上甲衣…無壱	2
二二六六九	癸丑卜王貞旬無𡆥在四月甲寅酒翌自上甲	2
二二六七三	…卜旅…先上甲酒	2
二二六七四	…上甲其…酒…	2
二二七〇九	辛亥卜即貞翌壬子酒示壬歲無壱	2
二二八五八	…酉卜王貞酒仲丁彡無壱	2
二二九二二	癸卯卜王貞乙巳其酒祖乙彡無壱在七月	2
二三六七五	庚申卜出貞令𠬝並酒河	3
二七〇四四	…卜彡日酒于上甲王其遘有乂	3
二七〇七八	…酒自上甲至…	3
二七一四五	戠大乙酒毓祖丁 吉	3
二七一六八	惟今日酒大庚大戊仲丁其告祭	3
二七二二五	…卜彭…酒祖乙其…	3
二七三六五	…暨興酒祖丁…父王受有祐	3
二七四一九	父己暨父庚酒 吉	3

二七六三三　惟母己暨于癸酌　3
二七六六六　伊酌　3
三〇三一九　貞王其酌駴于右宗有大雨　3
三一九八七　庚子貞甲辰酌于上甲　4
三二〇四二　丙卜翌甲寅酌于大甲羌百羌　4
三二〇八七　甲午貞乙未酌高祖亥…大乙羌五牛
　三祖乙羌…小乙羌三牛二父丁羌五牛
　三無壱　茲用　4
三二一二四　辛未卜貞酌大乙乙亥　4
三二一九八　癸卯卜貞𠂤伐十五甲辰酌上甲　用　4
三二二七八　己巳卜來己卯酌王亥　4
三二三〇五　庚午貞其酌高祖燎惟辛卯　4
三二三七三　…午貞丁未酌自上甲盡…　4
三二三八八　庚寅貞甲…自上甲其暨大甲酌　4
三二三九九　辛未貞酌示壬十牢　4
三二四三三　丁亥貞酌卯于大乙　4
三二四八二　…卜告其酌…大甲牛　4
三二六一九　辛酉貞酌彡于小乙其…　4
三二七一四　于即酌父丁翌日劦日彡日王廼賓…　4
三三二七三　丙寅貞于庚午酌于𡆥　4
三三二七三　丙寅貞惟丁卯酌于𡆥　4
三四二一五　弜酌河燎其㚇　4
三四二一五　甲申…貞羊酌河燎…　4
三四二一六　甲申卜貞酌𠦪自上甲十示又二牛小示盝
　羊　4
三四一七八　于來甲辰酌戠　4
三四一八八　燎酌于土　4
三四二二七　…酌于岳　4
三四二五二　…酌河𠦪…　4
三四二五三　弜酌河…其…　4
三四二八八　…酌高祖亥匚…　4
三六五三一　…巫九…無酌朕…十月…酌多田于…盂
　方伯…𠬝于…　5
屯五二　于甲辰酌駴　4
屯三三七　惟丁酌上甲卯有正　3
屯六〇八　丁未貞酌高祖匚其牛高妣　4
屯七〇六　…寅貞酌上甲…　4
屯七七七　乙丑在八月酌大乙牛三祖乙牛三小乙牛三
　父丁牛三　4
屯一〇五五　丁丑卜𩚵其酌于父甲有庸惟祖丁用…　3
屯一〇六二　丙寅貞惟丁卯酌于𡆥　4
屯一〇六二　廼酌于夒　4

屯二一一六　辛巳卜貞來辛卯酌河十牛卯十牢
　王亥燎十牛卯十牢上甲燎十牛卯十牢　4
屯二一一八　丁亥貞辛卯酌河燎三牢沈三牛圈牢　4
屯二一一八　丁亥貞辛卯酌岳燎三牢圈牢　4
屯一四四二　…酌妣辛𠦪…祐　3
屯二〇三二　丙申貞酌伊𠂤伐　4
屯二三八一　…辰卜翌日其酌其祝自中宗祖丁祖
　甲…于父辛　4
屯二五八四　…卯貞辛未酌高祖…　4
屯三一二四　…延酌祖乙…不雨　4
屯四三九七　丁丑貞惟辛巳酌河　4
屯四五一七　甲子卜酌大戊禦　1
屯四五一七　甲子卜酌丁仲禦　1
屯四五一七　甲子卜𣎆酌卜丙禦　1
英三七　…䇂貞酌于祖辛　1
英七九四　呼𠂤酌河　1
英二〇八七　…奏…酌夒…六月　2
英二一八一　癸卯卜貞酌河五…十月　2
懷八九九　惟丁酉酌黃尹　1

酌　犧牲

四五四反　貞酌用㲋于妣己　1
一〇四六　貞于𠂤酌…小牢　1
一四〇三　酌五十牛于河　1
一五二六　酌六豭于祖乙　1
一五二六　丁亥卜于翌戊子酌三豭祖乙庚寅用四
　月　1
一五九六　…酌…牢…祖乙　1
一六五三　…己卜爭貞侑于祖辛于𡆥酌十牢　1
一八六二　酌五牢于祖丁　1
一八六三　庚子卜殼翌丁未酌十牢又三于祖丁　1
二二一五　…貞今日酌小牢于父乙　1
三六七七　乙亥…𡧊…翌…酌…犬…　1
五三二六　…寅卜王貞…酌三牢…丁…　1
一三五四九　貞于宗酌三十小牢九月　1
一五五一四　貞翌癸未延酌三十牛八月　1
一五七八二　庚戌卜丙酌十牢于曰　1
一五七八三　酌六牢　1
一五七八四　貞來乙巳勿酌五牢　1
一五七八五　…酌牢　1
一五七八六　…于斿𢦏…酌九牛三月　1

著錄	釋文	
一五七八七	惟庚酒五牛	1
一五七八八	……貞……翌……酒……彘	1
一六三三三正	丙午卜宕貞翌八羊暨酒三十牛八月	1
一六三六六	癸酉卜……貞翌甲……夕十羊乙亥酒……牛	1
二〇五三〇	癸未卜延酉父甲至父乙酒一牛	1
二一二一六	……于……來……酒……二宰……	1
二一五四七	乙亥子卜來己酒羊妣己	1
二一五七三	……卯子卜來丁酒四宰……伊尹	1
二一八〇四	戊辰卜𢓊貞酒盧豕至豕龍母	1
二二二三〇	……來庚寅酒……羊于庚妣	1
二二二九四	乙未卜貞酒三宰無囚	1
二二六二八	甲午卜卜貞王賓上甲祖丁酒……宰……	2
二五一二二	……酒三宰祖乙	3
三〇六八五	于來辛卯酒小宰	3
三〇八八八	其一酒五十宰	3
三二〇二九	丙寅貞其先酒九牛	4
三三七〇九	丙……酒……牛	4
三三七〇九	弜戠夕其酒人牛	4
屯三一三	庚申卜惟乙丑酒三羌三宰	4
屯三一三	庚申卜于來乙亥酒三羌三宰	4
屯八五六	辛丑貞有歲于大甲茲用……酒五宰	4
屯九七四	乙亥貞來乙其酒五宰	4
屯一一二三	癸亥貞其有匚于伊尹惟今丁卯酒三牛	
	茲用	4
屯一一一二	兮伊尹暨酒十宰	4
屯一一七三	……甲酒牛……	
英一二四七	……燎于岳夕羊翌辛亥酒宰	1
英一八六九	……卯卜……貞酒……七宰	1
英一九〇七	……辰子卜……酒小宰……一豕司……	1
懷四八二	……卜ㄗ……酒二牛……示癸	4

酒伐

著錄	釋文	
七〇二正	……乙亥酒伐不橐	1
八一一反	貞于生七月勿有酒伐	1
九五六	于來乙酒伐于祖……	1
九五七	……申卜于來辛卯酒伐祖辛	1
九六〇	貞勿酒伐ㄓ于祖丁	1
九六九	翌乙酉呼子商酒伐于父乙	1
九七五正	乙巳卜爭貞今日酒伐啓	1
九九一正	癸酉……宕貞卜酒伐	1
九九三正	丙申卜翌丁酉酒伐……	1
九九四	……酒伐……	1
九九五	……已酒伐六宰惟白豕	1
九九六	……翌乙……酒伐二月	1
九九七	貞勿酒伐	1
九九八	……子酒伐……	1
一三四五〇	乙未卜王翌丁酉酒伐昜日丁明霧……大食……	1
二〇〇九七	甲午……酒……伐……	1
三二〇二三	己未……惟甲……酒伐自上甲	4
三二〇二三	己未貞于乙丑酒伐	4
三二一五一	癸亥貞酒伐	4
三二二四二	于乙酉酒伐	4
三二二四二	于丁亥酒伐	4
三二二四五	惟乙丑酒伐	4
三二二四六	……酉卜乙酉酒伐	4
三二二四七	于甲酒伐	4
三二二四九	庚子卜弜酒伐	4
三二二五〇	丙寅卜弜酒伐	4
三二二五一	于甲酒伐	4
三二二六八	庚寅卜貞惟丁酉酒伐	4
三三六九二	己未貞于乙丑酒伐	4
三三六九二	己未貞惟甲子酒伐自上甲	4
屯二三三六	辛巳貞惟乙酒伐茲用乙酉	4
屯二三三六	辛巳貞惟乙酒伐……	4
屯二三三六	于乙酒伐	4
屯二五一〇	……貞乙亥酒伐自上甲 茲用	4
英一一〇一	丙申卜翌丁酉酒伐啓日明霧大食日啓	
	一月	1
英一二五三	丁亥卜宕貞翌辛卯酒伐	1
英一二五三	貞惟乙未酒伐	1
英二四六五	……于……乙未酒伐	4

酒ㄓ伐

著錄	釋文	
八一一反	翌甲子酒卜伐	1
九〇三正	丁未卜㱿貞酒卜伐十十宰	1
一五六九五正	壬子卜宕貞其酒ㄓ歲弜丁九月	1
三二〇一四	丙辰卜惟丁卯酒ㄓ歲	4
三二〇一四	于八月酒ㄓ歲于丁	4
三二〇九九	庚寅貞酒ㄓ伐自上甲六示三羌三牛六	
	示二羌二牛小示一羌一牛	4
三二二〇三	……貞有酒ㄓ伐三……三宰	4
三二二五一	丁亥貞弜䧅酒ㄓ伐	4

三二二五二 惟丁巳酌彡伐 4
三二二五二 于乙卯酌彡伐 4
三二二五三 于來乙丑酌彡伐 4
三二四二〇 乙未卜今日酌彡伐 茲用 4
三二四二一 戊辰貞酌彡歲乙… 4
三二四二二 辛未貞乙亥酌彡歲于大乙 4
三二四二二 于乙酉酌彡歲 4
三二四二二 癸酉：翌乙亥酌彡歲于大乙三牛 4
三二四八〇 丙申貞丁酉酌彡歲于大：五牢 茲用 4
三二七四三 戊辰貞酌彡歲乙亥 4
三二七四八反 于來乙巳酌彡歲 4
三二七五一 辛卯貞酌彡歲妣壬妣癸 4
三二八一八 癸未貞歷酌彡歲 4
三二九三五 癸酉貞翌乙亥酌彡于大乙 茲用 4
三三〇六二 辛卯丁未酌彡 4
三四五一六 乙酉卜惟甲午酌彡 4
三四五一七 癸卯貞酌彡歲于… 4
三四五一八 甲：貞乙：酌彡… 4
三四五一九 ：五酌彡… 4
屯一一 癸卯貞酌彡歲
屯三一三 丁巳卜惟乙丑酌彡伐 4
屯五八二 庚子貞酌彡歲伐三牢 4
屯七三九 甲午貞酌彡伐乙未于大乙羌五歲五牢 4
屯七三九 丙申貞酌彡伐大丁羌五歲五… 4
屯二一一五 于來乙未酌彡歲 4
屯二六〇三 庚申甲子酌彡歲于上甲 4
屯二九五三 癸卯貞酌彡歲于大甲甲辰五牢 茲用 4
屯四一〇一 辛卯貞酌彡歲妣壬
屯四三一八 丙子卜酌彡歲伐十五十牢匁大丁 4
屯四三一八 丁亥卜酌彡歲于庚寅 4
英一八六八 ：酌彡： 1
英一九五六 ：又丁彡：酌： 2

四〇五九正 貞翌丁未勿酌歲 1
一五四七六 ：丘歲酌 1
一五七〇二 ：勿惟：酌歲 1
二二九二三 ：卜：貞：酌歲：祖乙： 2
二三〇五三 丁巳卜行貞小丁歲暨父歲酌 2
二三二二四 ：貞于既父丁彡歲酌一月 2
二三五五二 ：歲：酌 2

二五二〇五 ：卜：惟：歲：酌 2
二五二〇六 ：貞：歲：酌 2
二五八九五 ：卜大：其先：歲酌 2
二五九四四 甲寅：貞翌：乞酌：歲其：無巷 2
二五九五八 貞惟既：鼎：酌歲 2
三二六四八 癸未卜酌歲 4
三四一六三 丁巳卜貞酌歲于伊… 4
屯七七四 辛酉卜酌歲暘日 4
屯一一一〇 乙丑貞于丑酌：歲 4
英二〇九 貞彡歲酌十三月 2
懷八九八 貞卜：歲酌：十三月 1
懷一四八一 癸：酌：歲… 4

一九〇正 乙未卜爭貞來辛亥酌𩱖匚于祖辛七月 1
二一五三八乙 ：禦父庚三牢又𩱖二酌𩱖至：庚 1
二一五三八乙 禦小辛三牢又𩱖二酌𩱖至… 1
二六九三一 癸亥卜酌𩱖其： 3
二七一一五 𩱖大乙酌𩱖王悔 3
三〇八二八 乙酉酌𩱖其遘祐 大吉 3
三〇八三〇 ：卜其酌𩱖 3
英一 酌𩱖 1

三〇八〇六 惟乙卯酌餗 大吉 3
三〇八〇七 惟丁巳酌餗 3
三〇八〇八 其酌餗不遘： 3
三四五七〇 丁丑酌餗：雨 4
屯四一八 ：酉卜其餗：乙未酌 4
屯六一〇 弜異酌惟餗惟舌 3
屯九五二 ：餗酌于父： 3-4
屯一〇八九 甲戌貞：酌餗自：盤至于多毓用
屯一〇八九 牛：羊九犬十又一： 4
屯一〇九〇 丁：貞乙亥酌餗 4
屯三七二四 丙寅貞：酌卓尊餗：卯三牢于父丁 4
癸未卜：酌餗： 4
懷一二〇 ：貞翌丁：酌餗： 1

二二一七 乙酉卜惟今日酌餕于父乙 1
一五七六九 ：五卜于辛酌餕
二二四四五 乙亥酌餕 1

三二〇五三　丙午卜惟于甲子酌戠　4
三二八一二甲　…卜來乙亥酌戠　4
三四五六五　己卯卜奏酌迺戠　4
三四五六六　乙卯卜惟乙丑酌戠　4
三四五六七　乙巳卜酌戠　4
三四五六八　甲子…酌戠　4
三四五六九　…戌卜…亥酌戠　4

彡·彡

四五一　貞其用竹𦍌羌惟酌彡用　1
七〇七正　貞彡酌自…　1
一二八五　辛卯卜亘貞彡酌于上甲無壱九月　1
一三四七　…彡酌于成　1
二〇九七　甲…貞翌酌彡于毓祖無壱　1
一五四五三　…彡酌槱　1
一五四五七　貞彡酌…　1
一五七一〇　貞其酌彡勿鼓十月　1
一五七一一　…來乙…酌彡…　1
一五七一二　…于…祖…酌…彡…　1
一五七一三　…貞酌彡無囚若　1
一五七一四　庚寅酌彡十彡九月　1
二一二〇八　…伊酌彡…　1
二一七九七　…卜彡酌有事　1
二二六四六　庚戌卜王貞翌辛亥乞酌彡秖自上甲衣至于多毓無壱在十一月　2
二二六四九　癸丑…貞翌…乞酌彡…上甲…　2
二二六五七　庚戌卜漢貞翌辛亥乞酌彡乇自上甲衣至于…毓…　2
二二六七五　…貞旬無囚在四月甲戌工典其酌彡…　2
二二七五四　…旅…乞酌彡…唐衣…　2
二三一五九　…毓祖乙衣…乞酌彡…　2
二五九四二　甲辰卜𢍰貞乞酌彡有条覡　2
二四三八七　癸未卜王在豐貞旬無囚在六月甲申…工典其酌彡　2
二五九四七　貞酌彡衣　2
二六四八六　癸未…貞旬無囚在四月…酌彡…　2
二七一〇七　癸亥卜彭貞其酌彡王下上無左　3
三二〇二三　辛酉貞甲子酌彡　4
三二〇二三　弜酌彡　4
三二〇八三　癸卯貞酌彡于父丁惟…　4
三二二二六　癸亥卜貞酌彡　4
三二三三五　癸亥貞酌彡于小乙其告　4

三二三三五　癸亥貞酌彡于小乙其告𠙵于父丁一牛　4
三三六九二　辛酉貞甲子酌彡　4
三四〇四四正　…彡酌于…　4
三四〇四四正　…戌貞辛亥酌彡…自上甲在大宗彝　4
三四五〇六　癸亥貞酌彡翌日甲子　4
三四五〇七　…亥貞酌彡　4
三四五〇八　…貞酌彡甲寅　4
三四五六三　…彡酌…中　4
三五八九一　…卜貞王…𠀠…月…酌彡…　5
三七八三五　…王卜貞今𡆥巫九𠧟其酌彡日…至于多毓衣無壱在𠀠在…又二王𡆥曰大吉惟王二祀　5
三七八六四　…亥王卜貞酌彡日自…多毓衣無壱…吉在三月惟王二十…　5
三七八六五　…王卜貞酌彡日自上甲…多毓衣無壱自…吉在三月惟王二十…　5
三八三〇六　癸丑卜在𢀛貞王旬無𡆥在十月甲寅工典其酌彡…　5
屯一一四九　…寅…于…寅酌彡　4
屯二五二　…貞甲申酌彡自上甲　4
屯二九三九　…貞酌彡于…　4
英二三九四　…酌彡日自…無徙自𠀠…　5
懷三二　癸巳卜爭貞翌甲午酌彡自上甲至于多毓衣　1

彡匚

三五六　…酌匚于上甲九羌卯一牛　1
九〇四正　辛巳卜㱿貞酌我匚大甲祖乙十伐十宰　1
一五九四　丙申卜貞…今丙申夕酌匚于丁十二月　1
一九七一　丙寅卜貞酌匚于丁三十小宰若　1
一九七二　…酌匚于丁不遘雨　1
六三三一　甲申卜㝊貞其酌匚于河…來辛丑…　1
一三五五七　…子卜于南室酌匚　1
一四八五九正　癸酉卜爭貞來甲申酌大匚自上甲五月　1
一五六八六　今四月酌…匚自　1
一五六八八　貞翌乙…酌匚于…　1
一五六八九　…子卜…酌匚…　1
一五六九〇　貞于𩞁酌匚　1
三三四三三　…出…酌匚…室…母辛…　2
二四九五二　…貞庚辰酌匚…　2
三五九五四　…酌有匚…　2
三三〇四二　…酌匚于上甲　4

著錄	釋文	期
英二七四	……出貞翌酌匚于丁十月	2
英二七五	丁酉……貞翌……酌匚于……	2
英二四三	甲辰貞酌匚……雨	4
三三六九六	乙巳貞酌其舌小乙茲用日有戠夕告于上甲九牛	4
三四二八三	庚辰貞酌翌乇翌日辛巳	4
三四五二一	丙寅惟丁酌乇	4
三四五二二	丁卯于來辛巳酌乇	4
三四五二三	庚戌貞酌乇辛亥	4
屯二一三	惟丁酌舌	4
屯二一三	于乙酌舌	4
屯九〇〇	己酉貞辛亥其酌乇于上甲	4
懷一五八二	庚子貞辛丑酌乇	4
二八九〇	貞我一月酌二月圍	1
三三〇五一	乙亥貞庚子酌圍于享京羌三十十牢	4
三三一二四	癸酉貞酌圍羌乙亥	4
三三一二四	辛酉貞酌圍羌	4
三三一二六	丁巳卜惟圍酌	4
三三一二六	丁巳卜惟今月酌圍	4
三三一二六	丁巳卜于木月酌圍	4
三三一二六	丁巳卜惟今月酌圍	4
三三一二六	丁巳卜于木月酌圍	4
三三一六二	癸卯貞酌大圍于𠂤享伐	4
三四五二〇	辛丑貞酌圍無壱	4
三四五五〇	己亥貞酌圍	4
屯 六七五	辛丑貞酌大圍于宜	4
英二四六六	癸丑夕卜祝日酉?酌圍羌	4
英二四六六	癸丑卜弜祝酌圍羌	4
英二四六六	丁未卜酌圍伐百羌……官……	4
一二一〇	貞王于𠭰酌于上甲入	1
一五七〇七	乙卯卜爭貞翌甲辰……酌協……	1
一五七〇八	貞……酌協于多……	1
一六一一一	王入協酌	1
一六一一三	王勿于協酌入	1
二二六五〇	癸酉卜㵒貞翌甲戌乞酌𠭰自上甲衣……于多毓……七月	2

著錄	釋文	期
二二六五一	癸未卜……貞翌甲申乞酌𠭰自上甲衣至于毓無……	2
二二六五二	……卜貞……于乞酌𠭰自上甲衣至于毓……	2
二二六五三	……旅……戌乞酌𠭰自上甲……告十月	2
三五九三九	甲子……貞翌……乞酌……于……衣……	2
二五九四〇	癸酉卜……貞翌甲……乞酌𠭰于上甲其遘有彳歲三牢	2
屯四二三	癸亥……酌𠭰自上甲	4
英 三五三	𠭰酌王入	1
英一九二三	癸丑卜王曰貞翌甲寅乞酌𠭰自上甲衣至于毓余一人無囚茲一品祀在九月遘示癸𩰫彘	2
三九	貞翌丁未酌燎于丁十小宰卯十勿牛八月	1
五三六	辛卯卜爭貞甲酌燎	1
一四四一	乙未卜……貞燎酌卤冊大甲	1
四〇五八	……卜爭貞翌辛巳呼阜酌燎于方……	1
一二〇二〇	……酌……燎冉……日雨	1
一五六九八	貞酌燎	1
一五六九八	貞酌燎	1
一五七〇〇正	貞勿酌燎	1
一六〇五三	……饗……酌……燎……	1
一九八七四	……卜……酌燎……𠂤兄……祖戊……	1
三二六九一	丙午貞酌燎于父丁十宰卯十牛	4
三二六九二	丙午貞酌燎于父丁十宰卯十牛茲用	4
三三二七五	己丑貞庚午酌燎于𡧊	4
三三二七三	丁卯貞于庚午酌燎于𡧊	4
三四一七二	甲寅貞辛亥酌燎于夒三牛	4
三四一六三	丁巳卜庚申酌燎于……圍大牢雨	4
三四一七六	己亥貞酌燎于𩰫	4
三四一七九	……高酌燎五牛	4
三四五〇九	惟辛巳酌燎……	4
三四五〇九	惟辛未酌……	4
三四五一〇	惟辛未酌燎	4
三四五一〇	……酌燎	4
三四五一一	于辛巳酌燎	4
三四五一一	惟辛巳酌燎	4
三四五一二	……翌日甲酌燎	4
三四五一三	丙……丁未酌燎于……	4
三四五一四	辛卯酌燎	4
屯三一四	……辛未酌燎	4

編號	釋文	期
屯 三一四	……酚燎	4
屯 九三五	丙寅貞丁卯酚燎于父丁四牢卯……	4
屯 一〇六二	丁卯貞于庚午酚燎于𡆥	4
屯 一〇六三	己巳貞庚午酚燎于𡆥	4
屯 一〇六二	丙寅貞于庚……酚燎于𡆥	4
懷 一四	……貞翌……寅酚燎于昌圉犬燎豕……	1
七四五五	貞翌乙巳勿酚柰	1
七四七九	乙巳酚柰	1
一〇〇七六	戊午卜方貞酚柰年于岳河夒	1
一一六七六	丁亥……于乙……酚柰……	1
一五二六七	貞鼎惟柰酚十三月	1
一五六九一	……午卜貞惟……子酚柰	
一五六九二	乙巳酚柰	1
一五六九三	丁亥卜于乙巳酚柰	1
一九八四〇	辛巳卜酚柰祖乙	1
二〇九六八	丙戌卜……日酚柰……牛……㞢用	1
二二一一〇	丁卯卜庚……酚柰束……	1
二二三〇一	辛丑卜酚柰壬寅	1
三〇三三五	丁卯卜其酚柰于父丁宗	
三一九八七	庚子貞酚柰	4
三一九八七	庚子……貞乙巳酚柰	4
三二一一七	丙辰卜于庚申酚柰用在商	4
三三一八五	……巳酚禾柰于河燎……圉牢	4
三三一一六	……酚柰禾于示壬	4
三三一一六	癸未在茲酚柰	4
三三三一八	辛巳貞酚禾于示壬	4
三三三二四	……巳貞惟辛卯酚柰禾	4
三三三二五	……酚柰禾……	4
三三三二六	癸卯貞惟今夕酚柰禾于……	4
三三三二七	甲戌貞酚柰禾	4
三三七〇七	于甲酚柰	4
三三七〇六	己丑……翌庚……酚柰……	4
三三九五一	……酚柰不雨	4
三三九五二	……酚柰雨	4
三四〇八六	于來庚子酚柰生	4
三四一一五	甲申卜貞酚柰自上甲十示又二牛小示盬羊　茲用	4
三四一二〇	癸卯卜貞酚柰乙巳自上甲二十示一牛二示羊土燎四戈彘牢四戈豕	4
三四五〇〇	壬申貞癸卯酚柰	4
三四五〇一	惟庚辰酚柰	4
三四五〇一	惟己卯酚柰	4
三四五〇二	丁亥卜于甲戌酚柰	4
屯 一一三九	……亥貞甲子酚柰在𪓐……月卜	4
屯 二四一四	惟乙丑酚柰	4
屯 二四一四	惟辛酉酚柰	4
屯 二四一四	惟丁卯酚柰	4
屯 二六〇五	甲辰貞華酚柰乙巳暘日	4
屯 四一〇一	貞酚柰禾	
屯 四三三三	惟辛酉酚柰	4
屯 四三三三	惟乙丑酚柰	4
英 二四二八	……酚柰禾于㱿	4
英 二四六四	……丑卜翌……寅酚柰	4
懷 二四六	甲申卜貞……乙酉魚酚柰之日酚柰……往祖……小入……雨	1
懷 一六〇四	乙丑卜酚柰于祖乙遘雨	4
三〇二八六	乙卯卜酚品𢀛自祖乙至毓	3
三四五二四	甲申卜惟辛卯酚品	4
三四五二四	甲申卜惟辛丑酚品	4
三四五二五	乙卯卜弜蒸丁卯酚品	4
三四五二六	乙卯卜來丁卯酚品不雨	4
三四五二七	……酚品	4
屯 二三九二	辛未卜其酚品豐其柰于多妣	3
屯 三〇三三	壬戌……來丁卯酚品	4
懷 一五七九	……戌貞……丁卯……酚品	4
二四〇	貞……未……酚……禦……婦……	1
三六四	己卯……翌辛……酚有禦于婦……宰三羌……三　壱五……	
一一九五	貞翌甲辰酚禦自上甲	1
六〇三五	翌甲辰酚禦岀十羊	1
一五六九六	于甲寅酚禦	1
一九八〇九	庚辰卜王余酚禦于上甲八月	1
一九八三八	癸未𡆥酚禦父甲	1
一九八三八	甲子卜𡆥酚……丙禦	1
一九八七一	……亥卜王酚禦……	1
二一二一四	……戌……于……酚禦……	1
二一二四七	……酚禦百宰盟三宰	1

著錄號	釋文	數
二二二二七	乙丑酒禦于庚妣伐二十鬯三十	1
二二二五八	丁亥卜酒禦妣庚寅宰	1
二二二五八	丁亥卜酒禦妣庚寅宰	1
三二三三九正	癸丑貞甲寅酒大禦自上甲燎六小宰卯…	4
三二三三〇	丁未貞惟今夕酒禦在父丁宗卜	4
三四一〇三	于甲申酒禦	4
三四一〇三	癸丑貞其大禦惟甲子酒	4
屯一一〇四	癸酉貞甲申其酒大禦自上甲	4
屯二六〇七	丙辰貞其酒大禦自上甲其告于父丁	4

著錄號	釋文	數
七一七正	酒及卯宰卯一牛	1
二二一三〇	乙巳貞酒及妣庚	1
二二一四四	乙巳貞酒及妣庚	1
三二一七七	丁亥卜惟今庚寅酒及	4

著錄號	釋文	數
二四二八〇	癸酉卜尹貞旬無𡆥甲戌酒祭于上甲在…	2
二五九五六	庚午卜吳貞翌辛未其酒祭于…其以有…	2
二六〇〇四	癸丑卜旅貞翌甲寅…酒祭自…衣至…	2
三五四一一	癸未卜王貞旬無畎在十月又一甲申𢦔酒祭上甲	5

著錄號	釋文	數
七二一正	貞翌乙卯酒我雍伐于宜	1
七二一正	貞翌乙卯勿酒我雍伐于宜	1
七二一正	癸酉卜㝊貞翌乙亥酒雍伐于…	1
七二一正	貞翌乙亥勿酒雍伐…	1
七二一正	貞翌乙亥酒雍伐于宜	1

著錄號	釋文	數
二五七三	茲酒告于…乙	1
二四九四〇	乙酉卜祝…丁亥使其酒告南室	2
二四九四四	貞…使其酒告于盟室十月	2
二五九五〇	…卜出貞大史其酒告于盟室十月	2
三四四九八	于乙亥酒告	4
三四四九九	惟乙丑酒告	4
英二一七六	…翌辛…酒告…凡	2

著錄號	釋文	數
二四九二九	貞于來丁酉酒大史賜日	2
二五九三四	貞于來丁酉酒大史賜日八月	2
二五九三五	丙戌卜大貞于來丁酉酒大史賜日	2
二五九三六	…卜出貞…亥酒大史…	2
二五九三八	貞惟翌…亥酒大史八月	2
英二一七九	貞于來丁酉酒大史賜日八月	2

著錄號	釋文	數
二六九九〇	惟癸酒今有正	3
二七一〇五	…暨大乙酒有正	3
二九七〇四	即日酒有正	3
三〇八一二	乙亥其酒有正	3
三〇八一二	弜乙亥酒	3
三〇八一二	惟乙未酒有正 吉	3
三〇八一二	弜乙未酒	3
三〇八一二	惟乙未酒有正 吉	3
三〇八一二	弜乙未酒	3
三〇八一四	貞惟乙未酒有正	3
三〇八一五	惟辛丑酒有正	3
三〇八一六	惟乙巳酒有正	3
三〇八一七	辛亥酒有正	3
三〇八一八	惟乙卯酒有正	3
三〇八一九	…宗酒有正	3
三三〇〇八	…酒有正	4
屯二六一	惟今入自夕酉酒有正	3
英二三六九	…自毓妣酒有正	3

著錄號	釋文	數
二二七三正	己未卜爭貞來甲子酒正	1
二二七三正	己未卜爭貞來甲子酒正	1
一五七〇九	…其酒…正…	1
二七四五三	兄惟今其三宰旦酒正王受祐 大吉	3
英二三六七	甲午卜暊貞巳中酒正在十月二	3

著錄號	釋文	數
二七〇三九	弜丁酒有大…	3
二八二五二	其桒年𩰤惟…酒有大雨	3
二八二六五	其桒年于𡏳惟今日酒有雨	3
二八二七五	其桒年祖丁先酒有雨 吉	3
二八二七五	…年…宗…酒…大雨	3
二八六二八	方燎惟庚酒有大雨 大吉	3
二八六二八	惟辛酒有大雨 吉	3
二九九八八	惟辛酒有雨 吉	3

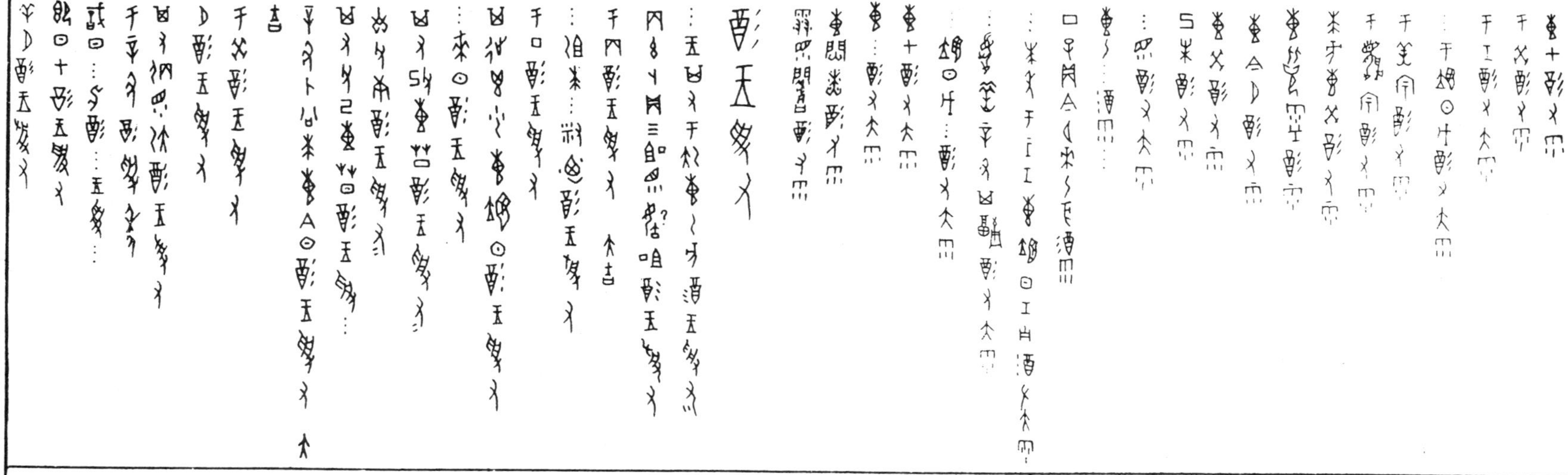

著錄號	釋文	分期
二九九八九	惟甲酢有雨	3
三〇〇三八	于癸酢有雨	3
三〇〇三八	于壬酢有大雨	3
三〇〇三九	…于翌日戊酢有大雨	3
三〇二九八	于岳宗酢有雨	3
三〇二九八	于魷宗酢有雨	3
三〇三九七	桒方惟癸酢有雨	3
三〇四四四	惟□□酢雨	3
三〇八四一	惟今夕酢有雨	3
三〇八四一	惟癸酢有雨	3
三〇八七三	己未酢有雨	3
三〇八九九	…暨酢有大雨	3
三三九五〇	惟乙…酢雨…	4
三四五〇三	丁巳貞今夕來乙亥酢雨	4
三六九八一	…桒年于示壬惟翌日壬子酢有大雨	5
屯六二二	…夒岳辛丑其龠酢有大雨	3
屯二五六二	…翌日戊…酢有大雨	3
屯三一三七	惟甲酢有大雨	3
屯三一三七	惟…酢有大雨	3
英二三六六	惟閔燎酢有雨	3
英二三六六	雪暨門虘酢有雨	3
二七一三六	…王其侑于大乙惟乙亥酢王受有祐	3
二七一八一	丙午卜貞三祖丁暨毓祖丁酢王受祐	3
二七二〇九	于丙酢王受祐　大吉	3
二七二〇九	…祖乙桒…祭廼酢王受祐	3
二七二〇九	于丁酢王受祐	3
二七三四七	其延𢀛小乙惟翌日酢王受祐	3
二七三四七	…來日酢王受祐	3
二七三九六	其侑父己惟莫酢王受有祐	3
二七三九六	自父庚酢王受有祐	3
二七三九七	其侑父己惟莫酢王受…	3
二七四一六	辛丑卜谷桒惟今日酢王受祐　大吉	3
二七四一六	于癸酢王受祐	3
二七四一六	夕酢王受祐	3
二七五〇一	其侑妣丙暨大乙酢王受祐	3
二八二一七	于辛丑酢受年	3
二九六九九	戠日…申酢…王受…	3
二九七〇五	即日甲酢王受祐	3
二九九九五	羊月酢王受祐	3

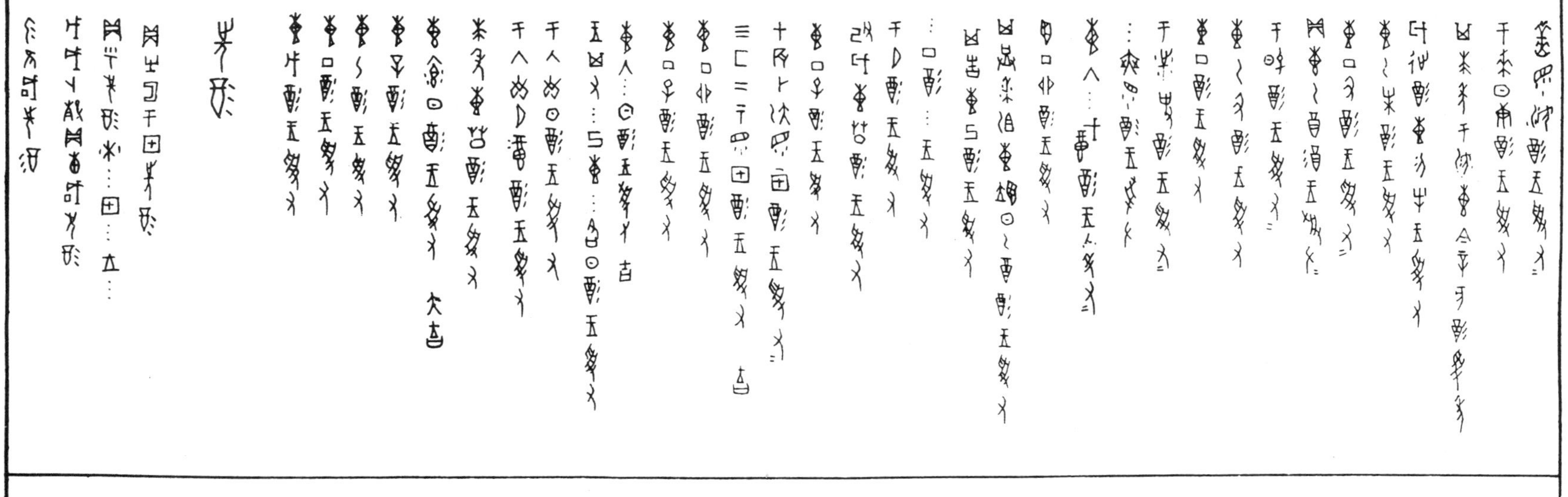

著錄號	釋文	分期
三〇四一二	岳暨河酢王受有祐	3
三〇四三五	于來日庚酢王受祐	3
三〇六八八	其桒年于河惟今辛亥酢受年	3
三〇七二七	歲延酢惟勿牛王受祐	3
三〇八一一	惟乙未酢王受祐	3
三〇八二一	惟丁丑酢王受有祐	3
三〇八二二	貞惟乙酉酢王受有祐	3
三〇八五一	于咅酢王受有祐	3
三〇八五八	惟乙丑酢王受祐	3
三〇八六八	惟丁酢王受祐	3
三〇八八四	于朿史酢王受有祐	3
三〇九〇八	…爽暨酢王受祐	3
三〇九四六	惟入…□酢王受有祐	3
三一〇二九	翌丁卯酢王受祐	3
屯六一八	其蒸禱祖乙惟翌日乙酉酢王受祐	3
屯六五六	其告惟己酢王受祐	3
屯九七一	…丁酢…王受祐	3
屯一四四三	于夕酢王受祐	3
屯一四四三	父己歲惟莫酢王受祐	3
屯二一五七	惟丁巳酢王受祐	3
屯二二六五	甲辰卜大乙暨上甲酢王受有祐	3
屯二二六五	三匚二示暨上甲酢王受祐　吉	3
屯二三二四	惟丁卯酢王受祐	3
屯二三二四	惟丁巳酢王受祐	3
英二三五〇	惟入…日酢王受祐　吉	3
屯二四八三	王其侑…己惟…各日酢王受祐	3
屯二四八三	于入自日酢王受祐	3
屯二四八三	于入自夕禕酢王受祐	3
屯二六六六	桒年惟莫酢王受祐	3
屯二六六六	惟食日酢王受祐　大吉	3
屯三八二八	惟辛酢王受祐	3
屯三八二八	惟乙酢王受祐	3
屯三八二八	惟丁酢王受祐	3
屯三八二八	惟戊酢王受祐	3
一一六二	貞有匚于上甲先酢	1
一一九一正	貞呼先酢燎…上甲…王…	1
一三五一甲正	戊戌卜㱿貞惟成先酢	1
一三五一乙正	勿惟成先酢	1

酌

三三六正　乙丑卜殻貞先酌子凡父乙三宰　1
三三六正　貞先酌子凡父乙三宰　1
一四九二八　…卜穷貞有匚…高先酌　1
一五二九一　貞先酌圍　1
一五二九一　…惟ㄓ先酌　1
一五二九二正　先酌　1
二三〇六四　乙丑卜出貞大史弋酌先酌其有匚于丁三十牛七月　2
三五二〇四　戊寅卜即貞惟父戊歲先酌　2
二七一〇六　先酌大乙史有正　3
二七一〇六　其侑大丁大甲先酌廼…　3
二七二〇四　弜先酌暨祖乙　3
二七四一三　…父己先酌…　吉　3
二七四一九　…父庚先酌　3
二七四八九　惟兄先酌　3
二七四八九　惟母先酌　3
二七四八九　惟父先酌　3
二八一五五　庚辰卜犾貞…王𣪊先酌　3
二八二六七　…河先酌有雨　吉　3
二八二七二　惟示壬先酌　3
二八二七二　惟上甲先酌　3
三〇六四二　貞惟母先酌　3
三四二二一　惟岳先酌雨　4
三四二二一　惟岳先酌雨　4
三五一八八　…申先酌　4
屯　三一　丁亥卜先酌大…自…　4
屯　六三九　惟歲先酌　4
屯　六三九　惟燎先酌　4
屯　六五一　惟岳先酌廼酌五云有雨　大吉　3
屯　二三五九　其㭉年…祖丁先酌…雨　吉　3
屯　二三五九　惟大乙先酌有雨　3
英一九七二　…龔𠦪先酌翌…　2

暨酌

二五九五三　…酉卜大貞勿…暨酌十月　2
二七五一九　弜暨酌　3
三〇九〇七　暨酌　3
三四五五九　弜暨酌　4
屯　三六六　…丁鼎暨酌　3

竝酌

二三三二六　貞妣庚歲竝酌　2
二三三二六　貞弜竝酌　2
二三三六〇　貞弜竝酌　2
三三四九八　丙午卜中丁歲竝酌　4
三四八九一　…酉卜…邑竝酌妣用　4
三四五五七　弜竝酌　4
三四五五八　弜竝酌　4
屯　六八　丙申卜蒸竝酌祖丁暨父丁　4

干支酌

三一三　貞于來乙酉酌　1
三六九　乙巳卜殻貞來辛亥酌　1
五五七　庚子卜貞其肇丁用于癸卯酌　1
八九四　貞惟乙酉酌　1
八九四　貞于來乙巳酌　1
九〇三反　惟乙亥酌　1
九〇三反　勿𠕋乙亥酌　1
九七四反　貞乙亥酌　1
一〇一二　…翌庚子酌…　1
二七二四　…庚酌…　1
三〇七三　…貞子𠂤…丙日惟…辛卯酌四月　1
三二九〇　貞于來乙酉酌六…　1
三四七五　惟丁丑酌　1
四一四二　貞庚酌　1
四六四一　貞惟丁未酌　1
一五六四一正　…于…乙未酌　二告　1
一五六九七正　惟丁酌　1
一五七一八　于來己巳酌　1
一五七一九　貞于來…巳酌　1
一五七二〇正　…申卜來乙亥酌　1
一五七二二　貞今來乙未酌　1
一五七二四　乙巳卜殻貞來辛亥酌　1
一五七二五　于…己…酌　1
一五七二五　于來己未酌　1
一五七二七　…來…巳酌　1
一五七二六　于來乙…酌　1
一五七二八　…卜爭…于來…卯酌　1
一五七三〇　翌庚寅酌　1
一五七三〇　貞翌乙未酌戌…　1
一五七四六　…丑卜貞…甲寅酌　1
一五七七三　勿惟今乙未酌　1
一九五六四　貞惟辛卯酌　1
二一五三六　…貞伐…丙午酌　1
二一九五六　癸酉酌　1

編號	釋文	期
二三六九四	…巳卜旅貞贏不即弜其亦尋桒…惟丁亥彭十一月	2
二五〇三八	癸未卜出貞侑于保惟辛卯彭	2
二五八九二	辛亥卜濩貞贏不既弜其亦桒惟丁巳彭	2
二五九四六	…貞…來甲戌彭六月	2
二五九六二	貞于乙丑彭	2
二五九六三	…大…告于…乙巳彭	2
二五九六四	貞于乙酉彭	2
二五九七五	乙未彭	2
二六〇九一	貞于來乙巳彭	2
二六九九〇	惟…彭…	3
二七〇〇〇	惟乙未彭	3
二七一五四	惟癸彭	3
二七一六一	于丁彭	3
二七三三九	祝惟癸酉彭	3
二七三一四	祝…祖丁祖乙…已彭	3
二七三五八	…毓祖乙惟丁彭	3
二七四〇六	…蒸鬯父己惟今日己亥彭　大吉	3
二七四四四	其至日戊彭	3
二七五四四	惟今乙亥彭	3
二七五〇四	于來日己酉彭	3
二七九九七	于翌日己彭	3
二八二六三	其桒年于河惟今來辛未彭　大吉	3
二九九九九	戊彭	3
三〇〇四二	…來辛彭	3
三〇四一二	于辛酉彭	3
三〇四二九	惟辛未彭	3
三〇八〇六	惟辛亥彭　大吉	3
三〇八一二	弜乙亥彭	3
三〇八一五	惟今辛卯彭	3
三〇八二〇	惟丁卯彭	3
三〇八二三	惟丁丑彭	3
三〇八五九	惟丁亥彭	3
三〇八九八	惟甲戌彭	3
三三六九八	于乙彭	4
三三三三正	貞其寧秋來辛卯彭	4
三三三〇二	惟今庚彭	4
三三九四六	戊午貞桒雨…高惟甲彭…	4
三四〇九五	惟丁亥彭	4
三四〇九五	惟乙酉彭	4
三四二三七	癸亥貞河匚惟辛未彭	4

編號	釋文	期
三四五〇一	惟戊…彭…	4
三四五三九	惟乙亥彭	4
三四五三九	惟乙…彭	4
三四五四〇	…辰彭…牛三	4
三四五四二	己亥貞惟庚彭	4
三四五四九	惟乙巳彭	4
三四五五〇	甲午…彭	4
三四五五一	癸巳貞甲午彭	4
三四五五二	癸巳貞其…于…丙午彭	4
三四五五三	于辛亥彭	4
三四五五三	于辛丑彭	4
三四五五四	…卜其彭	4
三五三三七	惟癸彭	4
屯二	惟庚彭	3
屯二	惟甲午彭	4
屯五二	辛酉貞惟甲子彭	4
屯三〇四	丁巳卜于來乙亥彭	4
屯三一三	于辛丑彭	4
屯三一五	于辛亥彭	4
屯三一五	于來甲午彭	4
屯六三九	惟辛巳彭	4
屯六六五	于辛卯彭	4
屯六六五	辛酉貞于來甲申彭	4
屯七七五	惟乙丑彭	4
屯八一三	惟甲彭	3
屯八一三	惟乙彭	3
屯八二四	丁卯卜來辛彭	4
屯九三三	惟乙亥彭	4
屯九三三	惟乙酉彭	4
屯九三三	惟乙卯彭	4
屯九三三	惟乙丑彭	4
屯一〇八九	丁丑貞其桒生于高妣其庚彭	4
屯一一〇五	惟辛巳彭　不用	4
屯一一〇五	于辛卯彭　茲用	4
屯一四六八	丙午卜于甲子彭	4
屯二一二一	惟戊辰彭…　吉	3
屯二三六六	惟乙卯彭	4
屯二三六六	惟乙丑彭	4
屯二三六六	惟乙亥彭	4
屯二三六六	惟乙巳彭	4
屯二三六六	惟乙巳彭	4
屯二三六六	惟乙酉彭	4
屯二三六六	惟乙未彭	4

酌

著錄	釋文	分期
屯三五七一	庚辰卜其燎于岳宰辛巳酌	4
屯三七七九	𠦪年于河惟今辛酉酌　吉	3
屯四一二九	乙亥酌…	4
屯四二四○	惟今日己酌　大吉	3
屯四三四○	于來日己酌　大吉	3
屯四三九七	于辛卯酌	4
英一八四	貞于來乙酉酌六月	1
英一八四	貞惟翌乙亥酌六月	1
英五八八反	翌庚于酌	1
英二三四九	惟…酌	3
英二三四九	惟癸未酌	3
英二三六九	…于辛酌	3
英二四三四	于來丁酌	4
英二四五六	壬寅貞惟今甲辰酌	4
英二四六七	癸巳貞甲午酌	4
懷八九九	惟丁卯酌	1
懷九一二b	…辛酌…	1
懷一三八九	惟己酌…	3

酌翌

著錄	釋文	分期
一九七七	癸亥卜王貞勿酌翌祓于黄尹截三月	1
二六五五	癸亥…甲子乞酌翌自上甲衣至于多毓無囚三月	2
二二六六三	…乞酌翌自上甲衣至于毓無乇…	2
二二七二一	甲子王卜曰翌乙丑其酌翌于唐不雨	2
二二九一六	…其酌…翌于祖乙…衣無乇	2
二四四三四	…其酌翌日…	2
三三○一三	癸丑貞甲寅酌翌丁自甲不…	4
三四○三五	甲寅貞酌翌日其禱告	4
三四三三一正	癸亥卜貞酌翌…　…用	4
三四五九六	貞弜蒸酌翌丁未	4
三五四○四	…王卜貞酌翌日自上甲…多毓衣無乇	5
三五四○五	…卜貞酌翌…乇自…	5
三七八四三	…貞酌翌日自上甲至多毓…自戲在八月惟王五祀	5
三七八四四	癸卯王卜貞酌翌日自上甲至多毓衣無乇自戲在九月惟王五…	5
三七八六七	癸丑卜泳貞王旬無戲在六月甲寅酌翌上甲王二十祀	5
屯二三四七	癸巳貞酌翌日甲午	4
屯三三四七	庚寅貞酌翌日辛卯	4
屯二七一六	庚申貞酌翌壬翌辛酉	4

著錄	釋文	分期
屯四三三一	…貞酌翌甲子…	
英一八六七	甲午卜王貞我有循于大乙酌翌乙未	

翌酌

著錄	釋文	分期
一○二	…貞翌丁酌獲丁明歲一月	1
三二九○	貞惟翌丁亥酌	1
六一七二	丙午卜殻貞翌丁未酌…	1
九四一○正	癸亥卜宕貞翌丁卯酌彈牛百于…	1
一二四八四正	…丑卜宕貞翌乙…泰菜于祖乙…王固曰有祟…不其雨六日…午夕月有食乙未酌多工率㞢遣	1
一五六九九	貞翌辛未酌　二告	1
二二七四一	癸酉卜出貞侑于唐惟翌乙亥酌六月	2
二二八二六	甲午卜喜貞翌乙…酌卯王…六月	2
二四九八三	貞于翌丁未酌十二月	2
二五九六五	甲子卜…貞翌辛未…酌…若	2
二五九六六	…貞翌辛未酌在…	2
二五九六七	壬申卜旅貞翌癸酉…酌在…	2
二五九七三	貞于翌辛酉酌	2
二七一○○	其有匚大乙惟翌日乙酉酌	3
二七四四○	父甲歲惟翌日辛酌	3
二七四五四	于翌日甲酌	3
二八○○四	于翌日庚酌　吉	2
三四五四一	甲午…翌乙…酌…	4
三四五四七	癸未貞惟翌日甲申酌	4
屯二六一	弜翌日辛酌	3
屯二六一	其祝妣辛惟翌日辛酌	3
屯六三九	癸未貞惟翌甲申酌	4
屯九五一	翌乙巳酌…至于父丁	4
屯二四八二	庚申卜盧翌日甲子酌	4
英二二六六	貞惟翌丁丑酌	1

來日酌

著錄	釋文	分期
二七一六七	于來日庚酌	3
二七三九六	于來日酌	3
三○八五七	于來日酌	3

今日酌

著錄	釋文	分期
三一六九正	貞禦子賓于兄丁㞢羊冊小宰今日酌	1
一五七一七	乙巳卜殻貞今日酌	1
一五七一九	貞惟今日酌	1

著錄號	釋文	期
二三四二六	…卜…貞母辛歲惟今…酌	2
二四九八三	貞惟今日酌其侑于二子	2
二五八八四	癸巳卜旅貞告于妣…惟今酌	2
二五九五二	丁未卜…貞今日…酌…	2
二七五〇二	…卜…妣丙大乙奭惟今日酌	3
二八二七二	惟今日酌	3
三〇六一八	丁卯卜貞祝今日酌	3
三〇八六七	惟今日丁酌	3
三二七一六	…卜其侑父丁必惟今日戊酌　吉	4
屯三三四九	…卯卜祝二必惟今日辛酌大吉茲用 一牛	3
屯三三七九	…卜其…于小乙…今日酌…	4
二三三二六	貞妣庚歲惟莫酌先日	2
二三三六〇	貞妣庚歲惟莫酌先日	2
二五九三七	…出貞大…酌先…有匚…牛七月	2
一五五一七	甲子卜貞今夕酌肇丁用十一月	1
二七四五四	惟今夕酌　大吉　茲用	3
三四一五二	惟今夕酌	4
三四五三五	乙未卜…今夕酌…	4
二九五三正	貞今日夕酌	1
五二四一	…貞今日夕酌…	1
二七四〇一	惟夕酌	3
二七四三三	夕酌	3
三〇七二八	于夕酌	3
三四五四四	己丑貞于林夕酌	4
英二一七七	丁卯卜出貞其侑于盟室…今日夕酌	2
二二七一八	…卯卜大…示癸歲惟…蓐酌…	2
二三一五三	庚申…貞毓…歲惟蓐酌	2
二三一六一	…翌乙未…告于毓祖乙…蓐酌	2
二五一五七	癸亥卜…貞妣歲惟今蓐酌	2
二三一四八	貞莫酌	2
二七四〇一	父己歲惟莫酌	3
三〇九八〇	惟莫酌	3
三〇八四五	𠦪惟莫酌　吉	3
三二四八五	丙午卜出惟餗…于酌莫	4
二一五八二	庚午子卜貞弜酌于之若	1
二五九六八	貞弜酌	2
三〇三八二	惟示先弜酌	3
三〇四一五	弜酌	3
三二一七六	戊寅卜弜酌	4
三二四九八	弜酌	4
三四五三八	弜酌	4
三四五五五	弜酌	4
三四五五六	弜酌	4
三四六八一	弜酌	4
屯二二六一	甲弜酌無雨	3
屯二二六一	于乙酌有雨	3
屯二三六一	乙弜酌無雨	3
四一九正	貞翌甲辰勿酌羌自上甲	1
六七二正	勿酌疋	1
九五二正	翌乙丑勿酌	1
一五七〇三	貞翌丁酉勿酌帝	1
一五七八一正	…勿酌	1

其它

著錄號	釋文	期
二六四正	貞惟翌甲子酌其肇用	1
三四〇	…其有…伐…酌…	1
四七七	…戠兔…酌…羌	1
五五七	甲午卜貞[illegible]翌于甲寅酌	1
五五七	貞勿[illegible]酌一月	1
六七二正	乙未卜㱿貞酌疋	1
六七二正	貞酌疋	1
六七二正	翌乙卯于[illegible]酌	1
六七二正	翌乙卯酌子東弜	1
七一七反	酌…[illegible]	1
七二一正	乙卯允酌明霧	1
七二二反	王固曰兪酌惟有祟無…	1
七二二反	王固曰兪酌惟有…無…	1
七七一	…貞…燎…五[illegible]…牛酌…	1

酌

七九五反 ：酌
八一一反 生：酌：
八一四 呼：𡆥酌：多屯
八八二 ：伐乙：允酌：日
八九二反 乙亥不酌
九一二 壬戌卜爭：翌甲子酌：十伐
九六三 丁：翌：酌：毌：宰：㱿
九七一 ：酌：
一一一六 ：酌：𫟹：奉：無囚
一一三一反 ：固曰：其酌
一一四〇正 貞勿呼雀酌于：五十牛
一一九六 貞來甲：酌朕：上甲十月
一二七六 𢓊酌
一二七六 于𠭯酌
一二七七 𢓊酌
一二七七 于𠭯酌
一三〇二 ：貞翌：酌自唐
一三九一正 貞酌庚
一四〇三 貞翌癸卯酌：子𡆥
一四四六正 丁巳卜爭貞來甲子酌大：
一四四六反 ：于：酌侑：日：
一四八二 壬戌卜來甲辰惟衣五宰酌于大：
一五〇二 ：昔：仲丁酌
一五九四 乙酉：貞來乙未酌醿于祖乙十二月
一八六六 勿于祖丁酌子𩟵
一九七三 ：酌大：父于丁：𦉘一牛十月
一九九〇 甲戌：古：白麄：之：酌
一九九三正 ：其酌：言匚于丁
二〇六八 ：酌：𡆥：𤙭
二一九九正 至于商酌
二五七八正 貞酌：母癸
二七一二正 貞翌：未：酌：好
二九四二 ：卜王貞：勿𤔲微酌：商禦于：
二九四三 壬寅卜勿𤔲酌子商禦二宰
二九四四 貞子商侑冊于父乙呼酌
二九八八 乙巳酌子漁
三〇一三 貞酌子央禦于父乙
三〇一三 勿酌子央禦
三〇一三 貞酌子央禦
三〇一四 貞酌：央禦于父：
三〇一五 貞來乙巳酌子央
三〇三二正 貞酌婦：禦于：乙

三〇六二正 于商酌缶
三〇六一正 甲寅卜殻呼子𡆥酌缶于娩 二告
三〇六一正 甲寅卜殻勿呼子𡆥酌缶于娩
三六五〇反 乙：貞酌于：
四〇五九正 乙巳卜穷貞翌丁未酌𢍰歲于丁尊
有玉 二告
四〇六一 癸巳卜貞翌丁酉酌𢍰奉于丁
四〇七〇正 丙辰卜穷貞于生八月酌
四一一八 ：夕勿酌：母庚雀：嬴
四一四一 辛：呼：酌：二十：酌：
四八〇六 丁丑卜：貞酌：斫
五〇〇六 貞余酌：九月
五〇三一 辛酉：酌：
五〇四六正 戊子卜爭貞王勿令酌 二告
五〇五六正 貞在庚酌
五〇八八 乙卯卜殻貞惟王往酌：
五一八九 壬寅卜：乙巳酌：王疋：
五四一七 ：酌：廼：入
五七三二 貞：牛翌辛卯酌三月
六四五〇 貞于生：酌：丁：
一〇三〇二甲正 五日甲子允酌有𥫃于東
一〇五四二 貞呼𢍰酌：燎三：
一一四八四正 己巳貞勿酌蒸
一二四九八正 丙申卜殻貞來乙巳酌下乙王固曰酌惟有祟其有𥫃乙巳明雨伐既雨咸伐亦雨𢻹鳥星
一二四九九正 ：酌明雨伐：雨咸伐亦：𢻹卯鳥大啓易：
一二六八一 ：午卜貞：辛未：其酌：有从雨
一二六八三 丁：勿：禾：酌：
一二六八九 貞：禾：酌
一三三九九正 己亥卜永貞翌庚子酌：王固曰茲惟庚雨卜之：雨庚子酌三𠷎雲𩃬其既𥜢啓
一三五四七 貞勿于新宗酌八月
一三五四八 ：爭貞：其酌：宗：上甲
一三五五二正 ：宗酌
一四八六三 貞曰酌
一四八八六 十示侑酌
一四八八七 貞：酌：示：若
一五〇二三 ：其：侑于：祭其酌
一五一九九 貞：酉匚：翌酌：

一五二七五 戊…貞…甲…酌… 1
一五四五四 貞惟彡邕酌 1
一五四五六 丁酉卜爭貞彡其酌鼓 1
一五六一五 …來丁卯燎…十牛酌…三十卯…又五… 1
一五六三七反 王固曰酌 1
一五六四一正 貞勿…酉…酌用 二告 1
一五六九〇 …戊卜㱿…翌辛…酌旬…十月 1
一五六九四 …酌祀衣無壱 1
一五七〇一 庚辰…貞翌…日酌㱿三十…卯四宰 1
一五七〇五 庚子…貞翌丁…徹酌于… 1
一五七一五 …寅卜亘貞翌己卯…允酌… 1
一五七一六 …㱿今酌… 1
一五七二一 癸酉卜爭貞來甲申酌大… 1
一五七三二 甲戌卜貞翌乙…酌子…襲… 1
一五七三三 …翌…卯…酌 1
一五七三四正 貞翌庚申酌… 1
一五七三五 己未…翌庚酌…庚𠭯…宰 1
一五七三六 貞翌…子日…其酌…于… 1
一五七三七正 …翌…戌…酌 1
一五七三八 癸卯卜㱿于翌…酌 1
一五七四〇 丁丑卜翌…呼…酌 1
一五七四一正 …亥卜翌…酌…南… 1
一五七四二正 …卜永貞…酌 1
一五七四五 …辰…酌…王左… 1
一五七五〇 …祖…日酌 1
一五七五一 …翌己…𥃲酌…于…己亥… 1
一五七五四 …卜…辰…尋酌 1
一五七五五 …曰余…夏…酌 1
一五七六七 貞呼𢦏酌 1
一五七六八正 …呼𢦏酌 不啎黽 1
一五七六八反 …曰吉其酌 1
一五七七〇 …酌六月 1
一五七七二 …酌于戊… 1
一五八一四 庚辰卜王…尋…酌 1
一六〇九一 …丑…貞于…中酌…玨 1
一六三一七 貞不其尋酌 1
一六二六五 癸酉卜爭貞翌甲戌夕十羊乙亥酌十…十牛… 1
一七七〇五反 王固曰酌 1
一八八〇九 乙酉卜貞惟辛卯酌用 1
一九一五七 貞允見無…其酌… 1
一九五七四 貞惟辛卯酌十三月 1

一九八一〇 …卜…酌…盟… 1
一九八一四 辛巳卜王貞余…酌…我樂…三匚…十二月 1
一九八七二 癸卯…酌三… 1
一九九二一 庚辰卜王祝父辛羊豕迺酌父… 1
一九九二三 …卯卜王告父辛大甲盟酌三十… 1
二〇二八〇 壬子卜自貞王勿𥃲…酌…癸允… 1
二一二〇九 惟庚…酌… 1
二一二一一 丙辰…酌朕… 1
二一二一二 …卜…酌 1
二一二一三 …酌二十… 1
二一二一三 …酌自…至于… 1
二一二一五 …曰…翌其…酌我… 1
二一二一七 庚子卜王酌… 1
二一二一八 辛巳卜酌人… 1
二一二一九 …酌左…兄… 1
二一二二〇 貞酌… 1
二一二二一 辛丑卜衢酌稽蒸辛亥十二月 1
二一二二一 辛丑卜于一月辛酉酌稽蒸十二月 1
二一二八〇 …十示又…酌 1
二一五七三 甲寅子卜酌至繇壬 1
二一五七四 己巳卜酌…于 1
二一六二六 癸卯卜繇貞呼…㞢酌有… 1
二一九五七 惟來酌子… 1
二二二二八 戊寅卜今庚辰酌盟三羊于妣… 1
二二二二九 …來庚寅酌盟三羊于妣庚…冊伐二十其三十 宰三十及三卯 1
二二二九四 己未卜酉子凡酌 1
二二二九四 酌酉 1
二二三〇一 辛丑卜酌壬寅 1
二二五四三 …有匚于丁于南室酌… 2
二二五五八 …旅…子乞酌… 2
二二六四五 戊辰…王曰…酌 2
二二七四二 癸酉卜出貞侑于唐惟翌乙亥酌六月 2
二二七四三 …歲于唐其有…其遘有…乞酌… 2
二二七七四 …大…歲…出…酌… 2
二二八〇九 …酌 2
二二八三四 戊子…貞…大戊酌…在… 2
二二八五七 …寅卜即貞歲惟今仲丁酌 2
二三〇五二 丙子…貞翌…小丁歲辺酌 2
二三〇六四 …酌大…宰 2
二三〇六五 甲子卜即貞告于丁酌無壱 2
二三〇八六 …卜…貞…酌… 2

酌

二三一四八 癸丑卜行貞翌甲寅毓祖乙歲朝酌茲用 2
二三一五〇 …申…旅…毓祖乙歲…今…酌… 2
二三二二六 …巳卜旅貞父丁歲惟…酌 2
二三二五六 壬子卜即貞祭其酌奏其在父丁七月 2
二三二五九 甲子卜大貞告于父丁惟今𧯀酌 2
二三三四八 貞于師酌 2
二三四三二 …保于母辛家宕酌…之日不魚六月 2
二三四四八 …貞…歲于母辛賓酌 2
二三五〇八 貞于…師酌 2
二三五四五 辛丑卜大貞仲子歲其延酌 2
二三七一五 貞惟酉取于入酌 2
二四三八四 …貞…酌…漁… 2
二四三八七 …卜王…無囚在…午酌… 2
二四九六六 …酌…燎… 2
二五一五五 …卜旅…妣歲…今酌… 2
二五三六〇 貞…酌… 2
二五九四一 庚辰卜…貞乞酌… 2
二五九四三 壬子卜喜貞乞酌翌… 2
二四九四五 戊戌卜出貞其有匚于保于咒室酌 2
二五九四八 貞後酌 2
二五九四九 …翌…束于大…暨丁酌…用 2
二五九五一 …卜祝貞其酌 2
二五九五五 癸未卜出貞酌…上甲有从雨之日… 2
二五九五九 癸亥…貞既酌…丁卯…丁一月 2
二五九六一 庚子卜王…貞辛丑酌秝無巷 2
二五九六九 癸巳卜旅貞翌乙未…酌…其…有… 2
二五九七〇 癸巳卜出貞翌甲…王酌… 2
二五九七一 乙亥卜大貞來丁亥酌其熯丁巳十一月 2
二五九七二 …亥卜出…丁亥酌 2
二五九七四 丙戌卜…翌丁…酌父丁三牛 2
二五九八五 …戌卜…翌丁亥…丁必歲…蓺酌 2
二六〇四四 …酌…毓…衣…無巷 2
二六〇五三 …卯卜…貞…衣…酌 2
二六八二二 甲戌卜旅貞妣古惟今𧯀酌 2
二七〇五一 惟上甲史遘酌 3
二七〇五二 惟蓺酌 3
二七〇五二 其遘上甲史酌 3
二七〇九七 …其有夕歲于大乙其宗酌 3
二七一〇八 貞…大乙弜…酌于之有正 3
二七一六七 其侑大庚惟翌日酌 3
二七二一九 甲辰卜酌來蒸祖乙乙巳 3

二七二四四 …卜狄…其侑中宗祖乙…酌弗悔 3
二七三一五 …其酌日于祖丁秦侑宗 茲用 3
二七三四九 巷異酌 3
二七三七六 庚子卜大貞王其有…祖惟今辛酌侑 3
二七三九七 …自日酌…祐 3
二七四一六 于父己父庚既祭迺酌 3
二七四一六 …暨二父酌 3
二七四四一 …庚奭…其暨酌… 3
二七五一九 祖乙奭暨酌 3
二七五二二 惟御酌 3
二七五二二 其侑妣庚惟入自己夕酉酌 3
二七五二二 惟入自蓺酉酌 3
二七五四八 其奉妣辛其言日酌 3
二七五五一 至于妣辛酌 茲用 3
二八〇〇九 丁亥卜在陪衛酌邑捧典冊有奏方脉今秋王其使… 3
二八一三二 貞𡨦宕…万王其酌 3
二八二一〇 …來辛…酌王…有年 3
二八二六一 至日酌 3
二八二六二 丁未卜其奉年于河惟辛亥酌 3
二八二六九 壬寅卜其奉禾于示壬奭暨酌 茲用 3
二八二七二 于翌日酌 3
二八五九三反 丙寅卜其酌 3
二八六九八 其祰惟…辛酌 3
二九九九二 其酌方今夕有雨 吉 茲用 3
三〇一七三 于丁卯酌南方 3
三〇一七三 戠辛酌禨若 3
三〇三六五 惟督酌三十在宗父甲… 3
三〇四二八 癸亥卜其酌…于河 3
三〇四二九 其奉河惟舊咎用于瀹酌 3
三〇五九九 貞奉惟督酌 3
三〇七四六 其蓺酌 3
三〇七七五 丁酉卜何貞今來辛有伐燎其酌 3
三〇八一一 惟乙巳酌遝 3
三〇八二五 其徲酌 3
三〇八二七 壬子卜弗酌小奉教 3
三〇八三一 …勿酌此王受… 3
三〇八三五 惟晨酌 吉 3
三〇八七〇 入自丁酌 3
三〇九四七 辛丑卜龠酌有大… 3

酻

編號	釋文	期
三〇九五六	其𠀠酻	3
三二二二七	辛亥貞生月乙亥酻𠕋立中	4
三二二八五	丙午貞酻人册祝	4
三二三八四	乙未酻茲品上甲十匚乙三匚丙三匚丁三示壬三示癸三大乙十大丁十大甲十大庚七小甲三…三祖乙…	4
三二六七一	乙未貞大禦其遘翌日酻	4
三二八九一	庚午貞酻集于大…	4
三三八三四	甲申卜酻…	4
三三八三六	貞酻…	4
三四一四三	…酉…辛…酻四方	4
三四二二三	惟…酻	4
三四二二三	惟岳酻	4
三四二二三	…卜…酻	4
三四五〇四	癸酉其酻祝惟乙亥	4
三四五一〇	…酻不	4
三四五一五	甲辰卜酻桒蒸…用	4
三四五一六	丁…衣…酻…	4
三四五二五	乙卯…來乙…酻…	4
三四五二八	不尃酻	4
三四五二九	乙巳…酻遘…雈歲…五宰…羊十…	4
三四五三〇	…子卜惟…酻	4
三四五三一反	…酻甲…	4
三四五三三	庚申貞今來甲子酻王不遘雨	4
三四五三二	丙寅貞酻𠕋	4
三四五三三	庚申貞酻大禦燎其遘	4
三四五三四	癸卯貞于生月酻…	4
三四五三六	…酻…	4
三四五三七	…上甲甲子酻其𡧊卯…	4
三四五三八	丙寅貞丁卯酻卒…	4
三四五四一	…酻	4
三四五四三	…𡨦酻…東	4
三四五四六	甲戌…夕三…其酻	4
三四五四八	惟甲午酻卯	4
三四五四八	癸未貞惟甲申酻卯	4
三四五六〇	己巳酻王…不	4
三四五六一	…貞酻…茲用	4
三四五六二	…寅貞…人酻…牛	4
三四五六四	癸亥卜乙丑酻暘日	4
三四六八一	庚申卜盧翌酻甲子	4
三五三五六	…子卜貞王其有𠬝于文武帝必其𠓗月 有省于來丁丑𠀠𢀛酻王弗悔	5

編號	釋文	期
三五四〇一	…王卜貞…𡆥王囚…在十月…酻幼…上甲	5
三五四〇二	癸丑卜貞王旬無𡆥在…甲寅…酻…	5
三五四〇七	…卜貞王旬…𡆥在十月…酻𠱾祭上甲	5
三五四〇八	癸卯卜貞王旬無𡆥在正甲辰酻𠱾… 上甲	5
三五四一三	…卜貞王…𡆥在十月二…酻𠱾祭上甲	5
三五四二二	癸卯王卜…旬無𡆥王…曰吉在五…甲辰 工典其酻	5
三五五六〇	癸未卜貞…旬無𡆥在…月甲申…其酻…	5
三五八九一	癸丑卜𠦪貞王旬無𡆥在二月甲寅工典其酻	5
三六一六九	…其…𠬝武乙…必酻…王受…	5
三六四八二	甲午王卜貞作余酻朕𠦪酻余步比侯喜 征人方二𣪊示受有祐不𢀛𢦏囚告于大邑 商無…在𡆥王囚曰吉在九月遘上甲𩛥惟 十祀	5
三六四八三	甲午王卜貞作余酻…余步比侯喜征 人方	5
三六四八九	…亥王卜貞旬無𡆥…一月甲子酻妹工典 其…𦎫師王征人方	5
三六五〇七	…貞今囚巫九𠛱惟余酻…𠦪…𢦏人方 上下于𣪊示受余祐…于大邑商無𢦔在 𡆥	5
三六五二一	…巫九…無酻朕…十月…酻多田于…盂 方伯…𣪊于…	5
三八二八九	其即𦎫于…彡日丁𨑊酻有…王受有祐 王囚曰吉	5
屯一八二	…亥貞其有匚伊尹惟今丁卯酻三…	4
屯二一五	…貞…匚…丂暨酻…	4
屯四九六	…卜盧翌日乇翌…酻	4
屯六〇三	癸亥貞乞酻…祝在…不用	4
屯六〇三	…翌乙丑其酻祝…茲用	4
屯六五六	…庚酻王…祐	3
屯六七五	丁酉…酻…	4
屯八七九	在茲酻	3
屯八九〇	癸未貞甲申酻出入日歲三牛 茲用	4
屯九七四	己亥貞𩛥弜歷酻即	4
屯一〇一八	…丁卯酻…無𢦔在囚	4
屯一〇二四	丙…貞…酻…㝗…禦于父丁𠂤十	4
屯一〇八九	于生月酻	4
屯一一〇四	乙亥貞其酻王禦于父丁告	4
屯一一三〇	丙午卜惟甲寅酻卒… 茲用	4
屯一四三七	甲…酻…	4

屯二六五　…先上甲酌　吉　3
屯二三六六　乞日酌　4
屯二三六六　于日衩酌　4
屯二五五七　𢦏自父甲酌　3
屯二五八四　甲戌卜于丁丑…其涕酌…　4
屯二六五二　弜乙丑酌于之若　3
屯二六七一　癸亥卜貞酌𣪊石甲至般庚正　1
屯三〇九二　…貞酌甲申無囚　4
屯三三六七　…于卜酌日于…祖乙　3
屯三八二三　…祖酌在大宗…　4
屯四二四〇　惟入自夕酉酌　3
屯四三一八　戊子卜兌辛酌　4
屯四三九七　岳燎後酌　4
屯四五三四　惟入日酌　吉　3
屯四五八二　燮燎弜至日酌　吉　茲用　3
英一一六　乙未卜…酌…　1
英一二六　壬辰卜方貞酌　1
英五八八反　庚子…酌　1
英一〇九二　丁酉…酌…啓　1
英一二六五　…酌…母丙　1
英一二六七　乙酉酌　1
英一二六八　…翌…酌大…王固…　1
英一二六九　貞…酌…　1
英一二七〇　…酌…五十…　1
英一二七一　…卯…酌…　1
英一二七二　…酌…于…大…　1
英一四一六　…亥…酌…　1
英一八六八　甲辰…伐…酌…　1
英一九六八　丁未…貞…出…酌…　2
英一九九七　…亥卜…贏不既…亦𢍜…酌…　2
英二一七八　貞𠂤酌　2
英二一八〇　…于卜…酌…𦎫一牛　2
英二一八二　…三十牛…示酌于…七月　2
英二二六〇　癸亥卜其示于大乙酌　3
英二二八八　…今辛巳酌受年　3
英二四〇〇　甲戌貞乙亥酌多宁于大乙鬯五卯牛祖乙　鬯五小乙鬯三…　4
英二六〇五　癸巳王卜貞旬無𡆥王𡆥曰大吉在五月　甲午工典其酌幼　5
英二六〇五　…貞…王𡆥…在五月…典其酌…　5
懷一二六　癸卯卜…酌不　1
懷一二七　…延…酌…王…　1
懷一二八　…亥卜惟庚…伐賜日庚…日…惟不…　酌…一月　1
懷一三一　丁…酌…凡…　1
懷一三二　翌…呼…酌　1
懷一五〇　癸酉卜古…祭其酌…𧶠告于…　1
懷一六一　貞酌…𢀛…羌…　1
懷八九九　惟…酌　1
懷一三〇八　…于翌…酌…　3
懷一三八四　…中杀…酌　3
懷一三八六　惟𠂤…各日酌…　3
懷一五八五　壬…來…酌　4

𦎫

三〇三十三四　甲子卜殻貞我受𦎫年　1
一〇〇四〇　貞今歲我受𦎫年　1
一〇〇四一　戊戌卜殻貞我受𦎫年　1
一〇〇四二　甲子卜穷貞我受𦎫年　1
一〇〇四二　貞我不其受𦎫…　1
一〇〇四三　貞我不其受𦎫年　1
一〇〇四三　貞我受𦎫年　1
一〇〇四五正　戊戌卜殻貞我受𦎫年　1
一〇〇四七　癸未卜爭貞受𦎫年　1
一〇〇四七　貞弗其受𦎫年二月　1
一〇〇四八　甲申卜穷貞其惟𦎫年　1
一〇〇四九正　受𦎫年　1
一〇〇五一　貞不其受𦎫年　1
一〇〇五二　貞不其受𦎫年　1
英八二二　貞我不其受𦎫年　小告　1
英八二二　貞我受𦎫年　1
英八二二　貞我受𦎫年　1
英八二二　貞我不其受𦎫年　小告　1
英八二三　我受𦎫年三月　1
英八二三反　…𦎫年　1
英八二四　…貞勿…其令伲…𦎫年　1

二四二五一　壬申卜…在師𦎫　2
二四二五四　…惟今日甲戌在𦎫　2
三六六三〇　…未卜在𦎫貞王步于…不遘…　5

其它

九五五一 己丑卜貞䓫于…享二月 1
一一〇〇六正 丙午卜貞𢀛疾䓫自凸 1
一五六八五 …其取䓫于示 1
一八六三七 …䓫… 1
二四二五五 王在師䓫彖 2
英二五六三 甲午王卜在𨛜師貞今日步于䓫無…十月 二惟十祀彡 5

嬶

伐嬶

六九二二 …伐𢦔…作捍 1
六九二四 …王往…伐嬶 1
六九二六 乙丑卜王貞余伐嬶 1
六九二七 乙丑卜王貞余伐嬶 1
六九二九 丁丑卜㱿貞我伐嬶 1
六九三一 庚寅卜㱿貞呼雀伐嬶 1
六九三二 …㱿貞…伐嬶 1
六九三三 …貞…多…呼伐嬶 1
六九三四 乙卯卜…貞惟…𢀛伐𢦔 1
六九三五 …伐嬶 1
六九三五 …嬶 1
六九四二 貞嬶伐𣝗其𢦏 1
英六〇一 貞惟多子呼伐嬶… 1
英六〇二 …王往𢓊伐嬶… 1
英六〇三 …雀伐嬶 1
英六〇四 乙亥卜㝔貞勿伐嬶 1

𢦏嬶

三〇六一正 …未卜爭貞我𢦏𢦔在寧 1
六九三六 …不…𢦏嬶 1
六九三八 貞𠷎不𦘔𢦏嬶 1
六九四七正 貞…弗其𢦏嬶 1
六九四七正 戊午卜爭貞𠷎𢦏𢦔 1
七〇七六正 貞我弗其𢦏嬶其執 二告
七〇七六反 我𢦏…令…敦𢦏嬶不其𢦏
九五〇七正 癸卯卜㝔貞侑嬶執我𢀛𢦏 1

㞢嬶

六九二八正 甲申卜王貞余征𢦔六月 1
六九三〇 …自征嬶 1

其它

六九二三 貞𢦔歸其作捍 1
六九二五 …貞…王…嬶 1
六九四〇 …𠷎…𢀛𢦔 1
六九四三 丁未…王貞余獲𢦔六月 1
八六二九 貞我…嬶… 1
八六三〇 …保𢦔 1
八六三一 貞嬶其𡧊 1
八六三二 貞𢦔不其…于雀 1
八六三三 …嬶受… 1
八六三四 …嬶… 1
八六三五 貞其…嬶… 1

盃

九 辛未卜爭貞曰眔人…盃田… 1
一五八五五 庚戌卜貞盟辛亥用盃歲 1

歙 飲

二八五三七 …田盟日戊歙 吉 3

盉

七三八二臼 丁亥盉示…屯 小㱿 1

敀

懷一三一二 癸丑卜暊貞戌其使敀用之戠 3

醆

屯二二九六 伊醆三十朋 3-4

名

懷一七〇八 …名盟…王其祝…帝至…今日壬… 王翌… 5

氳

三一一二四 …伐…氪… 3

酥

懷六四九 …酥… 1

酓

二〇六六五 …卜…至壬…歲…酓…五牛 1

酉

一七三〇一反 勿祟于酉 1

一八五五八 乙丑卜…䣛酉… 1

一九九四六正 辛未酉大乙執火其… 1

二七二〇六 𠫑卯于二酒惟牛 3

二七四二六 舌父庚酒 3

二七二〇六 二酒翌…乙暨祖乙 3

二七三一三 于祖丁酒酉㭬弜若即于宗 3

二七三三九 乙未卜其㲋虎于父甲酒 3

二七三四九 𠫑在二酒 3

二七三六〇 丁亥卜酒木丁弘 茲用 三牢 3

二七四四二 其有歲于父甲酒牢 3

二七六一九 …酒牛二兄庚牛一 3

二七六二〇 己丑卜兄庚酒歲惟羊 3

二七六二〇 丙子卜…酒…一牢 3

二七六二〇 己卯卜兄庚酒歲惟羊 3

二八五九三正 …酒一牛 3

三〇三〇三 己未卜其𡋿父庚奭 酉于宗茲用 3

三〇三〇四 …先…酉木丁… 3

三〇三〇六 …于酉 3

三〇三一〇 于酉 3

三〇六〇一 其奉于酉其射 3

三〇七四五 丙子卜執酉歲 3

三〇九三四 丁卯酉歲三… 3

三〇九三五 丙辰酉歲勿牛 3

三〇九三七 癸巳卜酉木丁牢 3

三〇九八一 丙辰卜于宗弘酉木丁 茲用 3

三〇九八一 丙辰卜其蒸穡于酉 3

三二四四八 丙午卜父丁酉夕歲一牢 4

三二四五三 丙申卜酉木丁執 4

三二四五三 丙寅卜酉木丁一牢 4

三二四五三 丙寅卜祖丁酉木丁侑皂 4

三二七四二 丙子卜酉木丁一牢 4

三三〇八五 …衩酉歲… 4

三四三一五 …禇歲… 4

三四三八〇 禇歲弘 4

三四三八二反 …奉于禇勿… 4

三四五九〇 …子卜其蒸穡于禇 4

三四六〇六 惟父丁𢼄禇歲 4

三四六〇六 丙戌卜禇歲 4

三四六〇七 丙子貞禇… 4

三四六〇八 …祭禇歲 4

三四六一八 …祭禇歲 4

三四六一九 …禇…惟牛 4

三四六二一 丙午卜𠃬禇… 茲用 4

三四六二二 丙午卜禇木丁一牢 4

三四六二三 …禇燎三牢 4

三四六二四 丙寅卜禇木丁弘三牢 4

屯九二 …于二禇用王… 3

屯二四六 甲午卜其祝歲于禇 3-4

屯六七二 …丑貞父丁酉… 4

屯八六七 壬午卜其酉秋于上甲卯牛 4

屯八六八 丙戌卜禇夕… 3

屯九六八 丙子卜酉… 3

屯一〇一一 己丑卜兄庚酉歲牢 3

屯一一〇六 …貞先酉歲三牛 4

屯一一二五 丙子卜酉木丁一牢 3-4

屯二〇四一 …卜禫木丁牢 3-4

屯二三九一 丙寅卜禫夕歲一牢 4

屯二三九一 丙寅卜翌日禫二牢 茲用 4

屯二四〇九 惟在禫田有示王弗悔𢀛 吉 3

屯二七八四 奉在禫 3

屯三九五八 …貞禇歲二牢 茲用 4

屯四四三〇 弜禫 3

屯四五七六 …禫…二牢 3

屯四五七六 丙子卜禇木丁三牢 3

英二二六八 壬子卜父甲木丁于禇 3

英二四〇八 祖丁禇有皂 4

英二四一〇 甲寅卜衩彡于祖丁有禇… 4

懷一三八一 …祝于酒… 3

甗

六二九　貞今庚辰夕用甗小臣三十小妾三十婦九月　1
六三〇　癸酉卜貞多妣甗小臣三十小母三十婦　1
八六三　貞勿…往甗…　1
四〇〇六　…卜韋貞令來祟𡆥甗…　1
四六〇八　…甗獻以敫　1
四八二五反　癸…卜㱿貞甗…　1
四八二六　癸…貞…以…暨甗　1
四八二六反　癸…卜㱿貞甗…　1
四八二七　甲辰…貞甗…逆…　1
四八二八　丙寅…甗…　1
四八二九　…令甗…　1
四八三〇　…甗　1
四八三一　甗　1
四八三二　甗　1
六〇六三正　…無囚丙戌甗侮𨸏二月　1
七一五〇正　…未卜…曰有祟四日…甗侮𨸏…　1
八九〇四　…甗得　1
一〇〇七六　乙卯卜旁貞甗龜翌日十三月　1
一四三一五正　勿不多[illegible]甗　二告　1
一四三一五正　貞其不多[illegible]甗　1
一八五六四　…旁貞…甗…　1
二〇二五一　…寅…令甗比百　1
二〇三一七　…卜王余呼甗　1
二三三五六　丙寅卜祝貞令子甗尊八月　2
二三五三七　…卜出…子甗…　2
二四三五八　旬有祟之日甗延夕有兕在𣃔八月　2
三〇七六五　丙寅卜有甗鹿其𣪘…　3
三二一二五　乙卯貞其尊甗脩羌　4
三二一二五　甲寅貞來丁巳尊甗于父丁𠂤三十牛　4
三二六九四　甲寅貞來丁巳尊鬲于父丁𠂤三十牛　4
屯二六七九　甲寅卜甗…　3
屯二八六一　…尊甗來丁巳其十牛于父丁　4
屯三八九七　…畀…𢦏甗王…　3
屯四三五七　…戌王其田鷄其甗𢦏擒　3
英一六一二　…獻骨…　1

鼎

一七一　…㱿貞王鼎比望乘…　1
四一八正　貞王循鼎有伐　告　1
一二四八正　曰𠂤不鼎　小告　1
一三六三　…作山成…其鼎…　1
一八二六　侑于祖丁…𣪘卯宰曰勿卯鼎　1
二七九〇正　…鼎我…　1
三一七一甲正　貞呼子賓禱于㞢妣鼎㞢贏　1
六四八二正　貞祝以之疾齒鼎贏　1
六四八三正　祝以之疾齒鼎贏　小告　1
六四八四正　祝以之疾齒鼎贏　1
六四八五正　祝以之疾齒鼎贏　1
六四八六正　祝以之疾齒鼎贏　1
一〇一三六正　壬寅卜㱿貞侑于父乙宰曰勿卯鼎　1
一一三五〇　貞鼎宰　1
一二四九九正　癸卯卜爭貞下乙其有鼎王固曰有鼎惟𢦏　1
示王亥亦…𢆶
一三四〇四　…𠭯既𢦏牛…卯大𩁹…二𠂤鼎𠛱…　1
雲大𢦏…啓
一五二六七　貞鼎惟𢦏酌十三月　1
一九五〇〇　貞岳…我鼎…　1
一九八四九　…惟…祝用戌…歲祖乙二宰勿牛白豕…示　1
鼎三小宰卯子祝歲　1
一九九六二　…侑母庚豕鼎用　1
二一一三八　…辰卜王…𠭯禦…鼎有…　1
二一一五四　…卯卜祐…子于…母鼎　1
二一六一八　乙巳卜丁來鼎…　1
二一六一八　乙巳𢓊…鼎…　1
二一八〇五　辛丑卜中母己鼎　1
二二〇九一甲　乙酉卜禦家艱于下乙五宰鼎用　1
二二一四五　夢禦…亳于妣乙…及鼎…　1
二二七五八　…于宎惟今羌甲日鼎　3
二八〇二二　惟丁午鼎弜新　3
二八二六四　其𢦏年于𡴇鼎…吉　3
二九四〇七　弜𢼸白惟鼎正王擒　3
三〇〇一三　王其鼎有大雨　3
三〇二八八　其…鼎…南門…𢀖…　3
三〇八一〇　…午卜彭…酌巳鼎…矢于毓　3
三〇九九六　其鼎有正　3
三〇九九七　其鼎用三丰犬羊…　3
三〇九九八　…卜王其𣪊鼎…　3
三一〇〇〇　…卜新異鼎祝…　3
屯三六六　…丁鼎暨酌　3
屯三〇二二　庚子卜…酌燎鼎…　3
英一一三六　丙午卜爭貞其雨之日鼎雨　1
英二三六五　…其于之…歲鼎…吉　3

鼎

出處	釋文	期
九四一九正	癸丑卜…唐𠂇…鼎	1
二七二二六	弜有鼎　吉	3
二七二二六	甲子卜祭祖乙有鼎王受祐　吉	3
二七五三三	惟鼎	3
三〇六九五	鼎惟𩚨𩫖用	3
三〇九九五	丙辰卜大…其鼎兕三…	3
三〇九九四	…祭于…鼎	3
三一二一六	雍其𢼄鼎廼各日有正	3
三二六〇三	其鼎兕父丁	4
三二六〇三	于祖丁用鼎　大吉	4
三二六〇三	其鼎兕祖丁	4
三二七一八	父丁鼎三兕	4
屯二三四五	其作鼎在二必王受祐	3
屯二三四五	惟鼎用祝有正王受祐	3
屯二三四五	弜鼎用祝	3

[將鼎]

出處	釋文	期
三七五四九	…在敦…賓[將鼎]…尤	5
三八四三	辛酉王卜貞…𢦏嘉王𡆥曰大吉…九月遘祖辛[將鼎]…	5
三八七一二	…[將鼎]…	5

[將鼎]

出處	釋文	期
一三〇六	乙丑卜宾貞唐𠂇歲不我[將鼎]無來媿	1
五六三三	丁亥卜宾貞令[將鼎]啇有尹工于舞…	1
一五八七一正	戊寅卜貞[將鼎]…	1
一五八七二	…日[將鼎]	1
一五八七三	…呼…出日[將鼎]	1
一五八七四	…唐…[將鼎]	1
一五八七五	…爭…[將鼎]…行…	1
一五八七六	…[將鼎]十三月	1
一五八七七	…[將鼎]	1
一五八七八	…[將鼎]	1
一五八七九	…[將鼎]	1
二七二八八	惟茲祖丁[將鼎]受祐	3
二七二八八	吾[將鼎]惟伊受祐	3
二七七一九	…[將鼎]…母壬…寧	3

[將鼎]

出處	釋文	期
三〇七二八	必歲[將鼎]𡚤王受祐	3
三〇九九九	…卜䝿…[將鼎]惟…方皿…	3
三一〇四五	弜饗𪊨[將鼎]𡚤必	3
三四六三二	乙亥卜其[將鼎]	4
屯二三二六	弜饗于𪊨[將鼎]𡚤必有正	3
屯二五六二	其[將鼎]	3

[將鼎]

出處	釋文	期
一五八八〇	貞…[將鼎]	1
一五八八一	貞勿令…[將鼎]啇…	1
一五八八二	…未卜喜貞歲…[將鼎]	2
二七五二九	辛酉卜其𢼄妣庚其[將鼎]	3

[將鼎]

出處	釋文	期
二七一〇	…好…[將鼎]	1
一五八八三	…𡆥…左[將鼎]	1
二三五七二	乙丑…大貞…[將鼎]…𡚤	2
二五二二四	…[將鼎]…	2
屯一四七四	弜[將鼎]	4

[弜鬲火]

出處	釋文	期
三六四九一	癸巳王卜貞旬無𡆥在十月又二惟征人方在	5
三六四九四	癸巳…𡆥師…王旬…	5

員

出處	釋文	期
一〇九七八	田于員	1
二〇五九二	庚戌卜王…令…員	1
二〇七〇九	弗員…	1
英一七八三	戊申卜王惟麑既于員…	1
英一七八四	戊戌卜王貞余𢦏立員宁史暨見	1
	奠終夕卯	1

鬳　獻

出處	釋文	期
二六九五四	乙卯卜狄貞獻羌其用妣辛𢦔	3
三一八一二	…獻…	3

□

二二一五三 □伐…不 1

敗

二二七四正 父乙不異敗王 1

二二七四正 丙子卜穷貞父乙異惟敗王 1

䰜

四三六六 貞令…侃遘…亩…冒侯比□… 1

四八五五 貞□弗冎元沚 二告 1

四八五五 貞□冎元沚 1

四八五五 □弗其冎元沚 1

四八五五 貞□冎元沚 1

四八五五 貞□弗其冎元沚 1

四八五五 貞□冎元沚 1

四八五五 貞□囚… 1

五七〇八正 乙亥卜貞令多馬亞𢓜遣䘈省陟亩至于冒侯从□川比□侯九月 1

䰜

三一〇三六 乙弜□戚其雨 3

懷一四〇二 …巳卜其□□惟乙 3

□

四七五九 …酉卜史貞…令戋…□乃衛… 1

四七六〇 …酉卜史貞…令戋…□乃衛… 1

四七六〇 …酉卜史貞…令戋…□ 1

二二〇九九 庚戌卜有…禦于妣辛暨父丁惟之有□ 1

鬲

一三七六一反 …□無疾 1

二〇一正 丙申卜穷貞㲋獲羌其至于鬲 1

二〇一正 貞㲋獲…于鬲 1

一九七五 甲戌卜貞其尊鬲𢽟十牛于丁 1

二四二八〇 …尹…在師鬲 2

二八〇九八 …其多茲…十邑…而入執…鬲千… 3

三〇三三〇 弜□鬲奏王其悔 大吉 3

三三一六〇 …貞秋于鬲 4

三三三三五 于父丁其尊鬲 4

三四三九七 …于父丁其尊鬲 4

屯一〇九〇 癸酉卜𠨘戠至于父丁尊其鬲 4

爵

一八九五 王其侑…爵司若… 1

二六七三 …好弗爵 1

二八六三 貞唐弗爵竹妾 1

三二二六正 戊辰卜韋貞爵子卓… 1

三四〇九正 …亥卜亘貞卓…爵…子伯 1

六二二六 丁巳卜亘貞刞牛爵 1

六五八九正 貞爵示 1

六五八九正 貞勿爵示 1

一四七六八 …卜…爵…卓… 1

一八五七〇 …卜…□爵…人… 1

一八五七一 貞…爵… 1

一八五七二 …爵… 1

一八五七三 …爵…骨… 1

一八五七四 …爵… 1

一八五七五 …惟…爵… 1

一八五七七 …又爵… 1

一八五七八 …秭爵… 1

二〇八四二 癸酉卜七日己卯爵…𣪠 1

二二〇五六 戊寅卜不雨隹爵… 1

二二〇六七 …爵于…𩣡 1

二二一八四 爵于祖丁 1

二二二六七 乙丑卜貞婦爵… 1

二二三三三 乙丑卜貞婦爵肉子無疾 1

二二三二四 乙丑卜貞婦爵肉子無疾 1

二二三六五 五牢二爵 1

二二四四一 己亥卜來戊申…石禦爵 1

二四五〇六 庚戌卜王曰貞其爵用 2

三〇一七三 𢦏呼爵野弜于甫 3

三〇三七一 丙申貞來…曰亞其…爵… 1

三〇二一　弜庸其豊…爵有正　3

三六五三六　癸未卜貞王旬無𡆥在七月王正𤔲?戔商在　5

三七四五八　爵　5

乙二一八　…卜在爵…于…　5

乙三三三　己丑卜婦石燎爵于南庚　1

英一六四九　爵　1

…爵　1

灂

三六八五一　癸未卜在灂貞王旬無𡆥　5

𩆗

一一三八　甲子卜…烄…𠂤京…从雨　1

二一九二六　…□…　1

爵

九四〇反　呼子商爵侑祖　1

一八五六五反　…□?…　1

罕

英四一六　貞□　1

一八五七九　…罕…凡…　1

一八五八〇　…罕…　1

二一五〇四　甲戌…無罕…　1

一九七九一　…王貞章…罕…凡…　1

□

二三六一二　…卜出貞□旬不□不…　2

一八二〇二　…□…　1

一八五六九　…□…　1

一四二四九　…□帝…西宅　1

一三六二四反　…□…　1

一八五六八　…□取…　1

二一一〇七　□…孚六月　1

皀

一〇九六　丁亥卜穷貞皀以□…用于丁　1

三八二三　…未卜古貞…令…易皀呂　1

九四九八反　…䕯…皀　1

一〇六六二反　…皀…　1

一四八五四　丁卯卜爭貞翌辛巳皀…自上甲至于多…　1

三〇四九九　貞惟…侑皀…還　3

三四三八八　…皀…于高…　4

三四六〇二　弜皀　4

三四六〇二　庚…其皀于…　4

懷一六三三　貞余有夢隹皀侑𩠄　4

乙二三八〇　…寧方惟皀盂翌用　3

乙二六二六　…貞乙亥陷擒七百麋用皀…　4

洦　湌

四三六八　…貞其雨在洦卜　2

二四三六九　甲…貞…在洦　2

二四四二六　己酉卜行貞王其觀于□泉無災在洦　2

二五五八五　貞無尤在湌　2

三五五八五　貞無尤在洹　2

[illegible]

三六八四五　…卜在…貞王…于[illegible]…災　5

食

一一六三　…侑食于上甲…勻不　1
一一四八〇　貞日有食　1
一一四八二反　旬壬申夕月有食　1
一一四八三正　…爭貞翌甲申暘日之夕月有食甲霧不雨　1
一一四八三反　之夕月有食　1
一一四八五　癸未卜爭貞旬無囚三日乙酉夕月有食聞
八月　1
二二〇六七　甲寅卜侑食告　1
三三六九四　癸酉貞日月有食裴若　4
三三六九四　癸酉貞日月有食惟若　4
屯三七九　…酉…日月…食…　4

大食

一三四五〇　乙未卜王翌丁酉酌伐暘日丁明霍…大　1
食…　1
二〇九六一　丙戌卜三日雨丁亥隹大食雨　1
二一〇二一　癸丑卜貞旬甲寅大食雨…北乙卯小食大
啓丙辰…日大雨自南　1
二八六一八　大食不…　3
二九七八三　大食其亦用九牛　3
二九七八六　貞惟大食　3

食日

二九七八四　…至食日不雨　3
二九七八五　食日不雨　3
屯四二　自旦至食日不雨　3
屯四二　食日至中日不雨　3
屯六二四　辛亥卜翌日壬旦至食日不…　大吉　3
屯六二四　壬旦至食日其雨　吉　3
屯六二四　食日至中日不雨　吉　3
屯六二四　食日至中日其雨　3
屯二六六六　惟食日酌王受祐　大吉　3
英九二三　…我惟…暘日…食日…　1

英九二三　…我惟…暘日…食日…　1
英一一〇一　丙申卜翌丁酉酌伐啓日明霧大食日啓　1
一月　1

其它

九一四正　食來　二告　1
五六二五　…卜方…告…食…牛　1
六三五二　…方…食惟…囚　1
八九三〇　…不食…得　1
九五六〇　丁巳卜方貞令[illegible]　暘乞食乃令西史三月　1
一一四八一　…食　1
一一四八六　…囚三日…酉夕…食聞　1
一一四八七　…卜…食…我…其…　1
一八五八四　…食…　1
一八五八五　…食…其…　1
一八九七六　戊子卜…食丙申…　1
一九五〇三　丁卯卜方貞勿食　1
一九五〇四　…弗其比食　1
一九五〇五　…亥卜…[illegible]…食　1
一九八九一　丙午卜王余禰[illegible]妣己食勿[illegible][illegible]食　1
二〇一三四　己巳…食…[illegible]…　1
二〇七九一　…延…旬…食…　1
二〇九五六　壬午食允雨　1
二一〇七三　庚午…呼…令…食…　1
二一〇七三　庚午卜惟斧爯呼帝降食受祐　1
二二三九九　…[illegible]食…　1
二四四四〇　月一正曰食麥　甲子　乙丑　丙寅　丁卯　2
二八〇〇〇　戍興伐知方食　3
二八〇〇〇　…于方既食戍迺伐𢦏　3
二九七七六　食不雨　3
三〇九八九　夕見多食受…　3
三一九九〇　…巳貞[illegible]惟…食眾人于泄　4
三三一四五　…酉…旬無囚…食旬　4
屯三九六三　寧食于商…　3
英一五三反　…食夕子…　1
英一五五四　…不惟[illegible]…食不若　1

豈

三三一　丁丑卜方貞子雍其禦王于丁妻二妣己豈　1
羊三…羌十…　1
七三六　…有皃豈　1

[illegible]　食　豈

一一三五五正 ……王于……𡧊羊……宰 1

一九六一〇 ……午……今夕……𡧊…… 1

三二一八一 辛丑𡧊三羊𠭯五十……五宰 4

二三四三一 ……𡧊亘𡧊敢示不左十二月 2

一二七八〇反 王固……蒈夢…… 1

一七四八四 王固……蒈夢…… 1

一七七二三 王固……蒈夢…… 1

觏

二六四四 甲午觏上甲遘示癸祭無囚 2

四五九八 ……卜爭……麋觏……由今……受…… 1

五九五八 貞惟既……觏……酌歲 2

一五二三七 辛酉卜旅貞王賓觏無囚 2

一五二四〇 甲子卜……貞王賓觏叙…… 2

一五九九〇 丙午……貞翌……其觏于……惟…… 1

一五九九一 ……觏無囚 1

二二六九八 丙申卜旅貞王賓匚丙觏無囚 2

二二七〇六 壬申卜……貞王賓示壬觏無囚 2

二二七一七 ……旬無囚……示癸𠭯甲寅……小甲觏大甲……𠭯𠭯…… 2

二二七七九 癸酉卜王貞翌甲戌王其賓大甲觏無壱 2

二二七七九 丁亥卜王貞翌戊子王其賓大戊觏無壱 2

二二七七九 甲辰卜王貞翌乙巳王其賓祖乙觏無壱 2

二二七七九 ……王……翌辛亥王其賓祖辛觏無壱 2

二二八一四 己巳卜行貞王賓雍己……歲宰觏……無尤 2

二二八七七 壬寅卜𡧊貞王賓卜壬觏……囚 2

二三〇三八 丁卯卜……貞王……祖丁觏…… 2

二三〇五四 丁卯卜旅貞其觏于小丁四月 2

二三九〇六 ……既……觏…… 2

二四六四〇 ……觏……囚……八月 2

二五三三六 甲子卜尹貞王賓觏叙無尤 2

二五八二五 壬申……貞王……觏……囚 2

二七〇四二反 丙辰卜宁貞王賓匚丙觏𠫓多無尤 3

二七〇四二反 丙辰卜宁貞王賓匚丙觏𠫓多…… 3

二七〇八八 甲子卜何貞翌乙丑其侑大乙惟𠬝觏 還 3

二七〇四二反 乙卯卜宁貞王賓匚丙觏𠫓多無尤 3

二七一五二 乙亥卜何貞賓唐觏不遘雨七月 吉 3

二七六四五 丙子卜宁貞王賓卜丙觏𠫓多…… 3

三〇五五四 乙丑卜宁貞王賓……觏…… 3

三五四一一 癸亥卜貞王旬無畎在正月……子觏……大甲 5

三五四一六 癸酉卜貞王旬無畎在……月甲戌觏大甲 5

三五四一六 癸丑卜……貞王旬無畎在正月甲寅觏上甲 5

三五四一七 ……卯卜在……貞王旬……畎在八……甲辰觏上甲 5

三五四二〇 ……卜貞王……上甲觏……尤 5

三五四二一正 癸丑……王囚……觏上甲 5

三五四四三 乙卯卜貞王賓匚乙觏……尤 5

三五四五二 丙寅卜貞王賓匚丙觏…… 5

三五四五三 ……卜貞王賓匚丙觏無尤 5

三五四八一 ……卜貞……示癸觏……尤 5

三五五一一 丁亥卜貞王賓大丁觏無尤 5

三五五〇九 丁卯卜貞王……大丁觏……尤 5

三五五一〇 丁丑卜貞王賓大丁觏無尤 5

三五五二九 癸丑王卜貞旬無畎王囚曰吉在正月甲寅祭小甲觏大甲 5

三五五三〇 癸丑王卜貞旬無畎王囚曰吉在正月甲寅𠭯大甲觏小甲 5

三五五三〇 癸卯王卜貞旬無畎王囚曰吉在十月又二甲辰觏大甲祭小甲 5

三五五三二 ……未卜在𣿰……無畎在三月……觏大甲惟…… 5

三五五四八 丙子卜貞王賓卜丙觏無…… 5

三五五六五 ……大庚觏……尤 5

三五五七六 癸卯王卜貞旬無畎在四月甲辰觏小甲𠭯大甲 5

三五五八〇 癸亥……旬無……正月……觏……大甲 5

三五五八一正 癸卯王卜貞旬無畎王囚曰吉在四月甲辰祭羌甲觏戔甲 5

三五五八一正 癸未王卜貞旬無畎王囚曰吉在二月甲申觏小甲𢀛 5

三五五八三 ……無畎在十月……觏小甲…… 5

三五六〇〇 戊寅卜貞王賓大戊觏無…… 5

三五六一五 己巳卜貞王賓雍己觏無尤 5

三五六一六 己酉卜……王賓……雍己觏無…… 5

三五六四八 癸亥王卜貞旬無畎王囚曰大吉在十月甲子祭……觏大甲𠭯戔甲 5

三五六四八 癸丑王卜貞旬無畎王囚曰大吉……觏戔甲在九月 5

三五六五一	：：月：祭：觀：甲	5
三五六五三	癸丑王卜貞旬無𡆥王𠧘大吉在十月又二	5
	甲寅祭：甲觀大甲	5
三五六七五	乙亥卜貞王祖乙觀：：	5
三五六七六	：：貞王：祖乙觀：：	5
三五六九八	癸丑王卜在𩫏師貞旬無𡆥在七月甲寅祭羌甲觀：：	5
三五六九九	癸丑卜在霍：旬無𡆥在五月甲寅：羌甲觀戔甲	5
三五七〇〇	癸酉王卜貞旬無𡆥王𠧘曰大吉在十月甲戌祭羌甲觀戔甲	5
三五七〇〇	癸未王卜貞旬無𡆥王𠧘曰大吉在十月甲申祭𩛥甲觀羌甲𠭰戔甲	5
三五七〇二	：：王：𡆥在二月：觀：：	5
三五七四八	癸未王卜：旬無𡆥王：曰大在正：甲中祭𩛥：觀：𠭰：：	5
三五七四九	癸亥卜貞王旬無𡆥在四月甲子觀𩛥甲	5
三五七五一	癸酉卜泳貞王旬無𡆥在正月甲戌觀𩛥甲𠭰羌甲	5
三五七五二	癸酉王：旬無：大吉在：甲戌觀：甲𠭰羌甲	5
三五七五三	：：卜貞：無𡆥：觀𩛥：羌：：	5
三五八六六	：：卜貞王賓祖己觀無尤	5
三五八六七	己丑卜貞王賓祖己觀無：：	5
三五八六八	：：卜貞王賓祖己觀無尤	5
三五八八五	癸丑王卜貞旬無𡆥在二月甲寅觀祖甲	5
三五八九〇	：：卜貞王：祖甲觀：：	5
三五九五五	丁卯卜貞王賓康祖丁觀無尤	5
三六一八四	庚申卜貞王賓示壬奭妣庚：觀無尤	5
三六一八四	甲子卜貞王賓示癸奭：觀無尤	5
三六一九八	丙申卜貞王賓大乙奭妣丙觀無尤	5
三六一九八	戊辰卜：賓大丁奭妣戊觀無尤	5
三六二〇〇	：：大丁：觀無：：	5
三六二〇五	：：卜貞王賓大丁奭妣戊觀無尤	5
三六二〇九	辛卯卜貞王賓大甲奭妣辛觀無尤	5
三六二一八	壬子卜貞王賓大庚奭妣壬觀無尤	5
三六二二五	癸卯卜貞王賓：奭妣癸觀無尤	5
三六二三二	己卯卜貞王賓仲丁奭妣己觀無尤	5
三六二三八	己酉卜貞王賓祖乙奭妣己觀：尤	5
三八二五九	癸未卜：旬無𡆥：月甲申：觀：：	5
三八二六二	甲子：王賓：觀：：	5

三八二六三	甲戌卜貞王賓：觀：：	5
三八二六四	丙戌卜：王賓：觀：：	5
三八二六五	丁酉卜貞王賓觀無尤	5
三八二六六	：：貞：觀：王：：	5
三六二六九	癸亥卜貞王賓武丁奭妣辛觀無尤	5
三六二六九	癸丑卜貞王賓武丁奭妣癸觀無尤	5
三六二七〇	辛酉卜貞王賓祖丁奭妣辛觀無尤	5
三六二七七	：：寅卜貞王賓祖丁奭妣：觀：：	5
三六二八一	戊午卜貞王賓祖甲奭妣戊觀無：：	5
三六二八三	：：貞王：祖甲奭：觀：：	5
三六二八九	辛酉卜貞王賓康祖丁奭妣辛觀無尤	5
三六四八二	甲午王卜貞作余酌朕𠦪酌余步比侯喜征人方二𢀛示受有祐不𣍘戈囚告于大邑商無：在𡆥王𠧘曰吉在九月遘上甲觀隹十祀	5
三七六九八	：：卜貞：田觀：在二月	5
三七八四〇	：：王卜：無𡆥：曰吉：月又二：觀上甲	5
三七八四六	癸未王卜貞：王𠧘曰吉在五：觀祖甲隹王七：：	5
英一九二三	癸丑卜王曰貞翌甲寅乞酌𠭰自上甲衣至于毓余一人無囚茲一品祀在九月遘示癸觀𩛥	2
英二一四〇	壬辰卜：貞王賓：觀無：：	2
英二五〇三	癸丑王卜貞旬無𡆥王𠧘曰吉在三月甲寅祭𩛥甲觀羌甲𠭰戔甲	5
英二五〇三	癸亥王卜貞旬無𡆥王𠧘曰吉在三月甲子觀𩛥甲𠭰羌甲	5
英二五〇三	癸卯王卜貞旬無𡆥王𠧘曰吉在三月甲辰祭羌甲觀戔甲	5
英二五〇三	癸酉王卜貞旬無𡆥王𠧘曰弘吉在三月甲戌祭小甲觀大甲隹：：	5
英二五〇三	癸未王卜貞旬無𡆥王𠧘曰吉在三月甲申觀小甲𠭰大甲	5
英二五〇七	：：王旬無𡆥：戊祭小甲觀大甲	5
英二五一〇	癸酉王卜貞旬無𡆥在正月王𠧘曰大吉甲戌祭羌甲觀戔甲	5
英二五一〇	癸未王卜貞旬無𡆥在正月王𠧘曰大吉甲申祭𩛥甲觀羌甲𠭰戔甲	5
英二五一三	癸丑王卜貞旬無𡆥在二月王𠧘曰大吉甲寅觀祖甲	5
英二五一七	庚申：王賓祖庚觀：：	5
英二五六二正	丁丑王：貞今日步：𢦏無災：：	5

懷一七〇三　：卜貞王：祖丁奭：𣪊：　5

懷一七三一　：貞：祖庚𣪊：尤　5

毀

三八七二二　貞王：毀：　5

二三五七一　戊寅：大貞：毀十一月　2

二四九五六　戊：大：毀：　2

二五三三九　：寅卜旅：賓：毀：𡆥　2

二五九七一　戊寅卜貞有毀　2

二七八九四　元毀惟多尹饗　大吉　3

二七八九四　弜不元毀　3

屯附二　禦𠬝日丙豕有毀丁妣豕侑妣戊豕侑父乙豚　3-4

毀　致

二六九五六　有致羌王受祐　3

三〇三一五　惟毀羊　3

三五三六一　乙卯卜貞王賓祖乙奭妣己姬䢅二人毀二人卯二牢無尤　5

三五三六一　甲申卜貞王賓祖辛奭妣甲姬䢅二人毀二人卯二牢無尤　5

三六二七六　壬寅卜貞王賓武丁：妣癸姬䢅：毀卯：無：　5

屯二二五九　惟毀羌　3

屯四〇四二　：致：致：

三三三七八　惟𢦔祟擒虎　4

豉　餕

二二一七　乙酉卜惟今日酚餕于父乙　1

二〇三二三　乙酉卜王貞余惟𠂤餕豕　1

二一二八一　辛：卜：餕：　1

二一五八六　丁酉卜餕：召　1

二一六一二　甲午卜：貞丁餕　1

二一六九五　辛亥卜貞丁餕今七月　1

二一八五二　餕　1

二一八五二　不餕　1

二一八五二　庚申卜𣪊貞乙丑丁餕　1

二二二一五　乙丑中母餕五子𠂤貞　1

二二二九四　惟餕　1

二二四四五　乙亥酚餕　1

三二〇五三　丙午卜惟于甲子酚餕　4

三二四八五　丙午卜出惟餕：于酚莫　4

三二四八五　癸卯貞惟餕先于大甲父丁　4

三二五八二　甲戌卜餕辛祖二牛一：　4

三二八一二甲　：卜來乙亥酚餕　4

三二八一二乙　乙亥卜先餕廼侑祖辛　4

三四五六四　：亥卜：尹：餕　4

三四五六五　己卯卜奏酚廼餕　4

三四五六六　乙卯卜惟乙丑酚餕　4

三四五六六　癸：乙丑：餕王　4

三四五六七　乙巳卜酚餕　4

三四五六八　甲子：酚餕　4

三四五七一　：戌貞餕其：　4

三四五七六　餕允暘　4

三四五七七　：未卜：餕乙亥：用　4

屯三八八　：餕：雨　4

屯三八八　弜餕　4

屯二〇六〇　癸：餕：　4

一五七六九　：丑卜于𣎴酚餕　1

一九九三九　甲寅：𣎴：父乙　1

豆

二四七一三　：𢎥：在豆：

二九三六四　甲子卜惟豆田于之擒　3

屯七四〇　乙巳卜惟豆今　4

屯二四八四　：貞其𣎴豆：茲用　4

二一四八〇 壴 1
三三六五三 弜壴 4
一八三八六 乙卯卜貞…壴… 1
一七九五四 戊子卜𡆥… 1
一八二一〇 戊…𡆥…貞… 1
二八〇二一 壬戌卜狄貞亞旋𢦔壴 3
英一五五四 …不惟壴…食不若 1
二二四二七正 …𢀛來出 1

壴 鼓

四一九反 庚…壴入五十 1
七八五二反 壴入十 1
九二五二反 壴入十 1
九二五三 壴入四十 1
九二五四 壴入十 1
九二五五 壴入二 1
九二五六 壴入二 1
九二五七反 壴入… 1
九二五八 壴入… 1
九二五九 壴入五 1
九二六〇 壴入五 1
一四一二八反 鼓入一… 1
一四二〇七反 鼓入二 1

一四五七七反 壴入二十 1

中壴

三五〇八反 貞勿呼宁鼓暨… 1
四七一五 …貞惟宁鼓…其侑于… 1
九六五〇 丁卯卜王貞中鼓骨凡有疾十二月 1
乇二四三八 丁未卜令宁鼓𦘔𢓊戎 4

五六一八 癸巳卜貞將𢦏鼓 1
一九五六一 甲午卜貞將𢦏鼓 1
一九五六三 貞將𢦏鼓 1

三〇六九三 其帚庸壴于既卯 3
三四六一二 …鼓庸于之… 4

一二九一 癸丑卜史貞其𡏳鼓告于唐一牛 1
三三〇一八 庚子貞其告鼓于大乙六牛惟龜祝 4
乇四四一 己卯…鼓告于祖乙 4

一四九八〇反 …壴示… 1
一七五二二反 …壴示十… 1
一八五九七 癸丑…貞盟…𡏳新…壴示 1
三三〇一四 丙辰卜丁巳𢁛示鼓 4

四四四一正 貞鼓呼來 1
四四四八 …先鼓來 1
九二〇四反 壴來十 1
一九四〇七 …其先鼓來 1

四八四三 令鼓歸 1
四八四三 令鼓歸 1

三三二一八 戊戌貞告其鼓彡于…六… 4
三四四七五 弜鼓彡 4
三四四七五 庚寅貞其鼓彡 4

著錄號	釋文	期
一五六八三	…鼙鼓于…	1
三三一一九	…鼙鼓于大乙…	4
三四七一八	壬子貞其鼙鼓…乙彡…	4
六	癸亥卜㱿貞令𢍰侯帚征鼓	1
二〇五〇六	乙亥卜今日不征于鼓	1
二〇五〇七	乙亥卜…日其征于鼓	1
五九五正	壬申卜亘貞祟囚不于鼓由八人甫五人	1
六〇二五	辛酉卜爭貞𢀛…于鼓西惟…雨	1
一六九七六正	貞祟五于鼓	1
一五四五六	癸巳…爭…其鼓…于…	1
一五六七二	甲…其鼓	1
二二七四六	丁酉卜大貞告其鼓于唐衣無囚九月	2
屯四三五一	祖…舌其鼓	3

其它

著錄號	釋文	期
三五	貞翌…亥…涉…鼓…	1
二七九七反	婦鼓…	1
三八一一六	乙巳卜內…鼓無…	1
四八〇五正	呼斫鼓正	1
四八四二正	勿呼鼓	1
四八四四	…鼓其…	1
四八四五	乙…貞鼓…無若	1
四八四六	…午…貞…鼓…尋…	1
四八四七	鼓	1
四九四四	甲申卜勿令鼓比𢀛	1
五四九正	…鼓𢦏王事	1
五九四八	…鼓戠…執	1
六〇五一	…貞令…鼓…雍…呂…㚔	1
六九五九	辛巳卜㱿貞呼雀敦鼓	1
七六三九正	癸亥卜亘貞王有…壴𢀛…	1
七九九六甲	…壴往祉無囚	1
八〇九二	貞惟壴令見于𢀛	1
九八八一正	貞鼓其有囚 二告	1
一〇三七五反	壴	1
一二三七五正	…鼓…壬其雨不…中麓允…辰亦…風	1
一三三六二反	…祟甲申夕㞢乙酉…鼓乞至	1
一三九四三	…貞令鼓婦…	1
一四七三三	丙子卜內貞翌丁丑王步于豊	1
一四九三三	貞𢦏入王有匚于之亦鼓	1
一五四五六	丁酉卜爭貞彡其彰鼓	1
一五六七三	丁未…鼓…邁…	1
一七〇七八正	癸巳卜爭貞旬…甲午有聞曰戉…史眘 夏七月在…鼓冓	1
一七二三六反	…鼓…	1
一七三九一	貞婦好囚大疾延鼓凿	1
一七四一七正	貞王夢不惟鼓	1
一八三三八	辛巳卜古貞壴…	1
一八六八九	…尋鼓…	1
一八九八四	…鼓…	1
一九三九四	丁未卜…有來不…鼓丙其…王固曰…	1
一九五〇二	貞…子…鼓…	1
二〇〇七六	戊戌…伯㞢…其宋…鼓…	1
二〇四一二	乙…貞鼓…無若	1
二四三四〇	在師澅卜	2
二四三四三	己亥卜行貞王賓父丁歲宰無尤在壴	2
三〇七二五	弜…辛…鼓…	3
三〇七六三	其將祀鼓其…祐	3
三一〇一七	庸鼓其暨熑鼓𩐯	3
三二〇一四	丙辰卜奴示鼓莫于丁	4
三二九一三	癸卯卜貞鼓無囚	4
三二九九七	辛未貞鼓…祉	4
三三〇九一	…貞…令𢍰…取鼓吿…白執三月	4
三三一一八	惟…鼓…田	4
三三三三七	…鼓令…亩	4
三四四四七	弜延鼓	4
三五七五八	壬戌王卜在𠂤貞今日其…弗有鼓無災	5
三七五六七	…王卜…鼓…衣…王囚…	5
屯三三六	癸巳卜其震鼓	3
屯三三六	癸巳卜鼓弜震其尊	3
屯三四一	壬申卜王令鼓以朿尹立于敦	4
屯四四一	己卯卜惟…王鼓	4
屯四四一	己卯卜其將王鼓于…	4
屯四四一	弜將王鼓…	4

鼓

屯一〇四七　辛未貞鼓以祉　4
屯一〇四七　庚午貞鼓以祉　4
屯二一〇〇　庚子貞王步自鼓　4
屯二四八五　…鼓伐…　1
屯二六七六　…未貞畀束于茲三鼓　4
屯二六七三　吹鼓　1
屯三四一八　甲申貞令卯往允鼓師　4
屯四五八七　…鼓伐河…
英一九一二　庚辰卜貞鼓無奏　1
英一九八七　…卜出…鼓令…小乙無…　2

二二七四九　辛亥卜出貞其鼓彡告于唐九牛一月　2
二五〇八八　…乙亥…彡鼓…　2
二五二四一　…卜出…鼓彡…　2
二五二四二　…出…彡…鼓十月　2

七三五五　…卜設貞王勿于鼓次　1
八二九一　貞翌…卯王步于鼓十二月　1

六九四五　壬午卜設貞亘允其戕鼓　1
六九四五　壬午卜設貞亘允其戕鼓八月　1
六九四五　壬午卜設貞亘弗戕鼓　1
六九四五　壬午卜設貞亘弗戕鼓　1

其它

八九一正　鼓以扶　二告　1
六九四八正　辛亥卜設鼓…　1
八二八九正　貞郭無其…在鼓　1
八二九〇　…自…鼓　1
一五七一〇　貞其酌彡勿鼓十月　1
一五九八六甲　取鼓　1
一五九八六乙　取鼓　1
一五九八七　…鼓…　1
一五九八九　…爭…其鼓于…　1
一六四九〇　…酉卜王…鼓弗…囚　1

二〇〇七五　己卯卜王貞鼓其取宋伯歪鼓囚戴朕
叀宋伯歪比鼓二月　1
二〇五三六　丙辰…行其鼓…征于南　1
二一二一七　…鼓…　1
二一二一八　…鼓入…　1
二一二二九　癸酉卜𠂤惟魔即鼓令取宋…歪二旬…　1
又…卯　1
二一八八一　壬子于鼓　1
二一八八一　壬子鼓　1
二三六〇三　…寅卜即…望鼓…　2
二五二三八　…大…王賓鼓無囚　2
二五二四三　貞勿鼓　2
二五八九四　貞勿鼓十月　2
三〇三八八　惟五鼓…上帝若王…有祐　3
三三一八四　丁未…鼓令…召方　4
三五三三三　…鼓享…　4
三六五三七　…卜在鼓貞…八月敎…受祐不…王囚
日大吉…夕…　5
屯六五八　乙巳王其省鼓　吉　3
屯六五八　其先燎迺省鼓　3
屯六五八　甲辰卜王其省鼓弗悔　吉　茲　3
懷六九六　…鼓…　1

喜

三九〇白　戊戌婦喜示一屯　岳　1
五二七白　…丑婦喜示四屯　㱿　1
九〇〇反　喜入五　1
四五一五　貞呼喜…　1
四五一六　喜　1
六〇四〇白　戊申婦喜示四屯　亘　1
一五六六一　王其喜　1
一七〇三九反　…喜…　1
一七五一七白　辛丑婦喜示四屯　1
一七五一八　癸未婦喜示二屯　古　1
一七五一九　…婦喜…　岳　1
一七五二〇　…喜示十…　1
一七五二一　…喜示…　1
二一二〇七　不喜　1
二一二〇七　庚亞喜　1
二一七九〇　…卜貞…喜嘉　1
二一九五三　癸巳不…喜𠂤…　1

二四一四六　……卜出……翌辛卯……喜餗……用允……用　2
二四三三五　戊子卜……在師喜……　2
二四三三六　戊子卜王在師喜卜　2
二四三三七　戊子卜王在師喜卜　2
二四三三八　……在師喜卜　2
二七九六六　惟……喜令　3
三六四八二　甲午王卜貞作余酢朕禾酢余步比侯喜
征人方上下歔示受有祐不曾戋田告于大邑
商無……在畎王囚曰吉在九月遘上甲𣪘惟
十祀　5
三六四八三　甲午王卜貞作余酢……余步比侯喜征
人方　5
三六四八四　癸卯卜黃貞旬無畎在正月王來征人方
在攸侯喜啚永　5
英一〇一三　……矣喜……李于宮無災　1
英一〇八九　丙子卜貞雀……旬又五日酉……喜……　1

熹

一五六六七　……爭貞……熹……　1
一五六六八　……翌庚子熹　1
一五六六九正　……翌庚子其熹　1
一五六七〇　……其熹　1
一八七三九　庚……熹……　1
三〇六九三　癸丑卜惟雈熹用　3
三〇六九五　惟新熹用　大吉　3
三一〇一七　庸鼓其豎熹鼓薦　3
三二〇八三　惟祖乙熹用　4
三二五三六　乙酉卜惟圍熹用　4
三二五三六　乙酉卜惟祖乙熹用　4
三四四六八　弜熹　4
三四四六八　其熹　4

彭

七〇六四　辛丑卜亘貞呼取彭　1
七〇七三正　……取三十邑……彭龍　小告　1
八二八三　貞勿令師般取……于彭龍　1
一四七五五　……般……彭龍　1
一五二六四　……未……貞……彭……　1
屯一〇六六　丁亥貞王令陮彭囚侯商　4
屯一〇八二　……令陮彭囚……　4

⿰氵壴

二四三三九　甲戌卜王在師⿰氵壴卜　2
二四三四一　貞無尤在師⿰氵壴卜　2

⿰壴力

九〇九二　……⿰壴力……其以……　1
一〇六七八　……戊卜……貞……⿰壴力　1

勭

二四三四七　癸卯卜行貞王步自雇于勭無災在八月在
師雇卜　2
二四三四七　己酉卜行貞王其步自勭于來……無災　2
三六八三八　……在勭貞其……惟牛……月　5
三六八三九　乙酉卜在勭貞王……　5
三六八四〇　壬申卜……勭貞……今夕……　5
三七四三四　庚申王卜在𠂤貞今日步于勭無災　5
三七四八七　丁亥卜在勭貞王步無災　5
三七五一七　……卜在勭……田𠬝……無災　5

⿰壴丑

二四三九〇　……在⿰壴丑　2
三一六八六　……在⿰壴丑卜……　3

一五九八八　……鼓于……　1

豐

三二二八八　丁亥貞豐　1
三二二八九　丁亥貞豐　1
三二二九〇　丁亥貞豐　1

豐

二七九八反　婦豐……來　1
三九五五　貞祉戠……豐……其……　1
九九三八臼　……豐示二屯……　1

著錄號	釋文	期
六〇六八正	癸未卜永貞旬無囚七日己丑𢀛友化呼告曰吾方征于我奠豐七月　二告	1
一五九二〇反	…豐示十	1
一六〇八四	…豐…	1
一七五一三	壬寅婦豐示二屯　岳	1
一七五一四	自宋己未婦𧯝示…屯　㱿	1
一七五一五	…申婦豐示…屯　岳	1
一七五一六反	…豐示…	1
一八五九〇反	…豐…	1
懷四三九	…卜…奠豐…	1

豐

著錄號	釋文	期
一三七正	癸丑卜爭貞旬無囚三日乙卯…有嬉單丁人豐𡆥于彔…丁巳𢀛子豐𡆥…鬼亦得疾	1
三七七四正	…戌卜亘貞豐…	1
三七七四正	貞豐…	1
一八五九一正	…亥卜…豐…	1
一八五九二	…豐…夫…	1
一八五九三	…豐…女…	1

豐

著錄號	釋文	期
八二六二反	貞勿往豐	1

豊

著錄號	釋文	期
一四六二五	…卜爭貞…河豊其…惟…	1
一五八一八	癸未卜貞醶豊惟有酒用十二月	1
一八七〇八	…豊…𢓊…	1
二四九六二	丙午卜旅貞翌丁未𡥈燎告有豊…	2
二五八八五	乙未卜…貞告豊	2
二六〇五四	貞其作豊…伊禦	2
二六九一四	貞其作豊呼伊禦	3
二七一三七	…大乙大丁大甲其作𩞁𩞁門作豊庸又…	3
二七四五九	貞勿豊	3
二七四五九	壬戌卜狄貞王父甲…其豊王受有祐　吉	3
二七四六〇	…子卜父甲豊	3
二七九三一	丙戌卜戌亞其𨻰其豊	3
二九六九二	…作豊	3
三〇六六〇	奉惟冊豊	3
三〇七二五	惟茲豊用	3
三〇七二五	惟茲豊用王受…	3
三〇七二五	弜用茲豊	3
三〇九六一	惟火公作豊庸于…有正王受…	3
三一〇二一	弜庸其豊…爵有正	3
三一〇二一	…豊迺歸	3
三一〇六七	…作豊…	3
三一一八〇	弜作豊	3
三一一八〇	其作豊有正受祐	3
三二五三六	丙戌卜惟新豊用	4
三二五三六	惟舊豊用	4
三二五五七	…貞日于祖乙其作豊…	4
三二九七四	…豊小宰王受祐	4
三四六〇九	弜作豊	4
三四六〇九	其豊	4
三四六一〇	…豊	4
三四六一一	…豊	4
屯一七三	其豊在下乂北嚮　茲用	3
屯三四八	…其作豊惟祖丁彡日還王受…	3
屯一二五五	…侑豊惟祖丁庸用	3-4
屯二一四三	弜作豊	4
屯二三七六	其作豊有正	3
屯二三七六	弜作豊	3
屯二三九二	辛未卜其彡品豊其奉于多妣	3
屯二三九四	甲子卜其豊…下乂北饗	3
屯二三九四	甲子卜父甲豊惟祖丁豊用　大吉	3
屯三三四六	貞品亞惟王豊用　吉	3
屯二六五二	…乂…豊…有正	3
屯二九二一	…日于祖丁其用茲豊…	3
懷一四四四	甲寅卜乙王其田于豊以戌擒	3
懷一五八六	弜侑豊	4

嬉

著錄號	釋文	期
二七二六反	嬉示…	1
三〇九七	丙戌卜爭貞取效丁人嬉	1

嬉

著錄號	釋文	期
一三七正	癸丑卜爭貞旬無囚王固曰有祟有夢甲寅允有來嬉左告曰有往芻自益十人又二	一
一三七反	王固曰有祟有夢其有來嬉七日己丑允有來嬉自…戈化呼…方征于我…	一
三六七正	貞其有來嬉	一
三六七反	…乃茲有祟其有來嬉	一
五五七	貞不自卑有來嬉十一月	一
五八三反	王固曰有祟颰光其有來嬉迄至六日戊戌允有…有𠂤在㚇𠂤在…䴈亦焚亩三十一月	一
五八三反	王固曰有祟其有來嬉	一
五八四甲正	癸未卜殼貞旬無…祟其有來嬉迄至七日…允有來嬉自西𢦔戈…告曰吾方征于我奠…	一
五八四乙反	…固曰有祟其有來嬉迄至六…在㚇𠂤…	一
六七二正	貞無來嬉	一
六七二正	乙未卜殼貞其有來嬉	一
六八五正	無來嬉	一
六九八正	貞其有來嬉	一
六九八正	貞無來嬉	一
七一六正	貞其有來嬉　二告	一
七一六正	無來嬉	一
七一六正	無來嬉	一
一三〇六	乙丑卜㱿貞唐以歲不我黷無來嬉	一
一〇七五正	甲午卜亘貞翌乙未暘日王固曰有祟丙其有來嬉三日丙申允有來嬉自東𡜃告曰兒…　不吿黽	一
一〇七五反	…固曰有…之日有來嬉乃𢦏禦事…𠂤亦𢾅人…	一
四五一八反	王固曰其有來嬉	一
五五三二正	貞無來嬉自沚	一
五五三二正	貞其有來嬉自沚	一
五五七六正	…小臣𦎫…來嬉自…	一
六〇五七正	癸巳卜殼貞旬無囚王固曰有祟其有來嬉迄至五日丁酉允有來嬉自西沚𢦏告曰土方征于我東鄙𢦔二邑吾方亦侵我西鄙田	一
六〇五七正	王固曰有祟其有來嬉迄至七日己巳允有來嬉自西𢦔友角告曰吾方出侵我示𨶜田七十人五	一
六〇五七正	癸卯卜殼貞旬無囚王固曰有祟其有來嬉五日丁未允有來嬉飲禦自𡆥圉六月	一
六〇五七反	王固曰有祟其有來嬉迄至九日辛卯允有來嬉自北奴妻妥告曰土方侵我田十人	一
六〇六〇正	癸巳卜…來嬉迄至…𢦏告曰土…吾方亦…	一
六〇六三正	…旬無囚王固曰有祟其有來嬉…	一
六〇六三正	…允有來嬉自西𢀛告曰…夾方𡆥二邑十三月	一
六〇六四正	癸巳卜爭…無囚四日丙…有來嬉…𢀛告曰…方𢦔…夾…	一
六〇六五	…旬無囚…有祟䀽𥐟其有…允有來嬉…唐?吾方征?…	一
六〇六八反	王固曰有祟其有來嬉其惟丙不吉其惟…不…	一
六六六九	貞旬…來嬉…方	一
六六七〇	貞旬…來嬉…方	一
六六六八正	貞無來嬉自方	一
六六六八正	貞無來嬉自方	一
六六六八正	貞旬無來嬉自方	一
七〇八五	…子卜殼貞其…自商王固…嬉迄至…有來…壬申	一
七〇八七	…有來嬉自𣎆?	一
七〇八九	…卜㱿…旬有…其有…嬉自東二月	一
七〇九〇	…來嬉自東十二月	一
七〇九一正	…嬉自東…	一
七〇九三	貞無來嬉自南	一
七〇九四	貞其有來嬉自西	一
七〇九五	…有來嬉…西	一
七〇九六正	…有祟…有來嬉…𠙵…其…	一
七〇九六反	丙申…有來嬉自…	一
七〇九七正	…來嬉自西七月	一
七〇九九正	貞無來嬉自西　二告	一
七〇九九正	…有來…　小告	一
七一〇〇	…嬉自西戌…	一
七一〇二	…嬉…嬉自西…征我…	一
七一一八	貞其有來嬉自北四月	一
七一一八	貞其有來嬉自北四月	一
七一一九	…王不其…北有…嬉	一
七一二五	…午卜有…嬉自…	一
七一二五	…午卜無來嬉…	一
七一二六	…嬉自…	一
七一二七	貞…嬉自…	一
七一三三	貞其有來嬉…	一

七一三四 癸卯卜王貞其有來媗
七一三五正 貞其有來媗
七一三六正 貞…有來媗
七一三七 貞其有來媗
七一三八正 壬戌卜㱿貞今十月其有來媗
七一三九 …爭貞旬無囚王固曰有祟…有來媗沚
戓呼告曰…
七一四〇 貞其有來媗
七一四一 …曰其有來媗迄至…
七一四二反 王固曰其有來媗…
七一四三正 …囚王固…來媗六日…有來媗沚戓呼
…𠂤…
七一四四正 癸未…王固…媗迄…丙戌…
七一四四反 …來媗迄至…
七一四五 …媗迄至…有來媗𡆥…子媗…有…
沚曰…
七一四六反 …來媗迄至…
七一四七正 癸丑卜…貞旬無囚王固曰有…其有來
媗迄至三日乙卯允…來媗…
七一四九正 …永貞旬…囚…固曰其有來媗…丙戌
允有來媗…偁…己…
七一五〇反 …乃茲有祟其…允有來媗…有鑿…
七一五二正 …無囚王固…來媗…
七一五三正 王固曰有祟其有來媗八日庚…雉有冊
曰𢀛
七一五五 …有…來媗…
七一五六正 …吉其有來媗
七一五七反 …有來媗其惟…
七一五八 王固曰辛其有來媗
七一五九反 …固曰其有來媗其惟丙不吉
七一六二反 …來媗…丙不吉…
七一六三 …貞旬…固曰有…媗其惟…不吉其…
子羽…辰子…
七一六四反 …有來媗
七一六五反 …二有來媗…
七一六六反 …有來媗…
七一六七 …其有來媗…
七一六八 …其有來媗丸…
七一六九 …媗…
七一七〇反 …固曰…來媗…
七一七一反 …來媗
七一七二 …來媗
七一七三 …來媗

七一七四 …有來媗
七一七五正 …其…來媗
七一七六 …無來媗
七一七七正 …無來媗
七四二七正 …來媗自西
一〇四〇五正 …無…八日…來媗
一〇四〇五反 癸亥卜㱿貞旬無囚王固曰…其亦有來媗
五日丁卯子𠂤𢦏不𡆥
一一四六〇甲正 貞媗無來媗
一一四六〇反 王固曰其來媗
一一五〇三反 …吉…祟其有來媗
一三五三七正 貞勿屰燎于丁宗其有來媗
一四四六九反 貞今日其有來媗
一八七九八 …貞旬有…媗自…
二〇五三九 …自北來媗
二四一四六 癸丑卜出貞旬有祟其自西有來媗
二四一四九 壬午卜出貞今日無來媗自方
英六三五正 …其…來媗
英六三五正 貞無來媗四月
英六三五反 王固曰其有來媗惟丁…
英六三六反 …其有來媗
英六三七正 …其有來媗
英六三八正 …貞旬…三日…來媗
英六四七 …有…媗
英六四八 …媗自西
英六四九 …方貞無…其來媗
懷九三九 …其有來媗…
懷九四六 …日辛巳…來媗自…衛有…

㞢媗

一三七正 癸丑卜爭貞旬無囚三日乙卯…有媗單
丁人豐𡆥于彔…丁巳㲋子豐𡆥…鬼
亦得疾
七〇九二 貞其有媗自南
七一八三反 丁巳卜…戌往…有媗
七一八五 貞…有媗
七一八六 …有媗
八二四四 …子卜…有媗
八六一三 …惟丙戌𢦔…其有媗其惟…吉
二四一四七 …貞其自南有媗

七三一 ……無……嬉……
七二七八 ……無……嬉
七一八二 壬午卜……貞王心無嬉入……
七一八四 貞戉無嬉
七一九九 ……弗嬉
七二〇〇 ……弗嬉五月
七一八七正 貞……甲辰其有至嬉
一〇三四六正 辛丑卜殻貞我無至嬉 二告
一三〇九一甲 辛亥卜惟至嬉
英六四六正 貞翌甲辰其有至嬉
四四一反 貞令卒不惟嬉
六三七九反 貞惟嬉……不……
六六四九甲 疾齒不惟嬉
七一九五 貞允惟嬉
七一九四 貞不惟嬉
英一八四八 其惟嬉五月
懷九五 來自西不惟嬉
四二八八反 王固曰有祟嬉其惟丙不吉
四三〇七反 ……固曰有祟嬉……無終 小吉
七三三九 癸丑卜爭貞旬無囚……有祟嬉九日辛……
七一三九 癸亥卜爭貞旬無囚……嬉五日丁卯王狩……
……亦奴在……
三一一二 丙辰貞子雍不作嬉不㞢
七一八八 庚戌卜貞羽不作嬉
六〇四二正 貞我……在祉事……不以嬉
七二〇一 ……以嬉
二八九八正 貞祀亦不以嬉 二告
一二八九八反 王固曰以嬉

其它

一九九 王固曰嬉
五九四正 丁巳……嬉單……祟……
七一六反 ……毋庚其……嬉
二九二五 ……其嬉
六〇六七 ……嬉……吾征于我……辰亦有來……曰吾
……四……
六三七四 ……嬉……
六七七八正 癸丑卜㝉……嬉之日正……延習……亦……
七〇五〇 ……征于……嬉十二月
七〇八六 ……亥卜殻貞……𢦏自商……其……
七〇九八 王固曰……嬉茲至……嬉自西……
七一二四 ……嬉自……
七一四三反 ……九嬉……
七一六〇反 ……嬉其惟……吉
七一六一正 丁未……有來不……嬉丙其……王固曰……
七一七九 ……勿……入呼……嬉……
七一八〇 ……來入嬉惟……嬉迄至……
七一八一 ……寅卜殻貞其……入嬉……
七一九六 貞不……嬉
七一九七 ……其……嬉
七一九八 ……嬉
七六九五反 ……惟茲……益嬉……
一〇一七一反 王固曰惟嬉
一三三四三反 ……嬉其惟……亦……
一四二八八 ……卜……嬉𡧊……
一七〇七八反 ……嬉其有來齒
一七〇九八 貞其……嬉二日……小羽𠀠……八月
二〇五三八 ……嬉……南
二二五三七 ……嬉……
英八五 ……嬉……勿……
英六三七正 ……卲……
英六五〇反 ……卜……嬉……王固曰……
英六五一正 ……嬉四日……
英八四九反 王……曰嬉……其……
英二〇四〇 ……嬉

僖

一四〇〇六正　：值丼

一八五八八　：𢀛：

㞢

一三七正　癸卯卜爭貞旬無囚甲辰…大驟風之夕㞢
乙巳：奉…五人五月在敦

九三六正　己巳卜宂貞龜得母壬王固曰得庚午
夕㞢辛未允得

六〇一七反　：日庚申夕㞢：

六〇五七反　：東鄙戈二邑王步自䳆于醴司：夕
㞢壬寅王亦終夕囚

六〇六〇反　：東鄙：日辛丑夕㞢：

六八三四正　癸丑卜爭貞自今至于丁巳我戈𢦏王固
曰丁巳我毋其戈于來甲子戈旬又一日
癸亥車弗戈之夕㞢甲子允戈

八四五二　：周允：申夕㞢：旬有：其囚

一〇三九九反　：丑卜㱿貞：夕㞢丁丑：

一二五〇三反　七日己巳夕㞢有新大星並火

一二九〇八　：酉雨之夕㞢丁酉允雨

一三四七一　：丑卜㱿貞：夕㞢丁丑雨：

一三四七二　：無囚乙：夕㞢丙辰：

一三四七三　：貞旬無囚之夕㞢甲子：

一三四七四　：三日丙申夕㞢

一三四七六正　癸：夕㞢：庚：

一三四七七　：無災：之夕㞢

一三四七八　：夕㞢：丼

一三四七九　：夕㞢

一三四八〇　：夕㞢

一三七五三　：申卜貞𦉪囚有疾旬又二日：未𦉪允
囚：日有七旬皿：寅𢿌：有疾：夕㞢丙：

一四〇〇三正　戊辰卜㱿貞婦好娩嘉丙子夕㞢丁丑娩
嘉

一四八一五　：夕㞢：司𩱦：子：

一六一五八　癸亥卜古貞旬無囚之夕㞢甲子受𢻹王

一六九〇六　癸亥不：夕㞢：

一七〇七八反　壬申夕㞢癸酉：

一七二一二　：之夕㞢：無災

一七二九九　夕㞢丙戌允有來入齒

英八八五反　己未夕㞢庚申夕有：

英八八六正　癸未卜爭貞旬無囚王固曰有祟三日乙
酉夕㞢丙戌允有來入齒十三月

㞢干支

一三八　：㞢己未令龜芻往自文圉

三七六正　乙丑卜㱿貞甲子㞢乙丑王夢牧石麋不
惟囚惟祐　二告

三七六正　貞甲子㞢乙丑王夢牧石麋不惟囚惟祐
三月

四九七　：㞢丁丑：執羌：

三七五五　癸巳卜爭貞旬無囚甲午㞢乙未𦵔
韋㞢在瀧十月

六九二八正　乙酉：亘旬癸巳㞢甲午雨

六九四八正　壬寅卜㱿貞婦好娩嘉壬辰㞢癸巳娩
惟女

一二九一五　：雨之：㞢辛：允雨

一三三六二正　：大驟風：㞢乙巳疾執：人五月在
敦

一三三六二反　：祟甲申夕㞢乙酉：鼓乞至

一三四八一　貞乙亥㞢庚子：　二告

一三四八二　：酉㞢：丙戌王：

一三四八三　貞甲午㞢乙：王侑：

一三四八四　六日己亥㞢庚子：

一三四八六　：㞢：辛：

一四〇二〇　：卯夕㞢丙辰婦鼠：

一六九三九反　王固曰有祟六日戊午夕㞢己未：

一七三七五　辛亥㞢壬子王亦夢父勿有若：于父乙
示余見𠂤在之：

一七三九六　丙辰卜宂貞乙卯㞢丙辰王夢自西

英一三四　：巳𠂤告：㞢乙酉：固：

英八八六反　：日己未㞢庚申夕有今：

㞢　祭祀

二七一正　己卯卜㱿貞禦婦好于父乙𢀛羊又豕冊
十宰

二七一正　：㱿貞禦婦好于父：𢀛羊又豕冊五宰

三六六　：丁㞢一牛十宰又九羌五九月

四三一　：妻于丁羌㞢三牛

七〇二正　：㞢宰：十宰𣪘：

七〇二正　貞禦婦好于父乙㞢宰又𣪘冊十宰十𠬝
𣪘十　二告

七一三　貞禦子漁于父乙㞢羊𠕋及
七一六正　㞢羊𠕋及𢀛　二告
七二八　…卜爭子妣于母㞢䖵小宰又艮女一
七二八　貞勿鄉用㞢䖵𠕋小宰又艮女一于母丙
七八四　禦于高妣己㞢二牡𠕋及𢀛
八八六　貞禦于父乙㞢三牛𠕋三十伐三十宰
八九三正　庚寅㞢一牛妣庚𠕋十艮十宰十𣪊
九〇八　癸丑…翌甲…侑于大甲㞢二牛𠕋三十宰伐十
九〇九　…內侑于大庚㞢…伐十又三十…
九二四正　壬辰卜㱿貞呼子䇂禦侑母于父乙㞢宰𠕋艮三𢀛五宰
九二四正　貞呼子䇂禦侑母于父乙㞢小宰𠕋
…三𢀛五宰
九二四正　貞呼婦㞢于父乙宰𠕋三宰有艮
九二四正　翌乙未呼子宔祝父㞢小宰𠕋艮三𢀛五宰𩏊正
九五八　…祖辛㞢十宰伐十
二〇六八　…酚…㞢…𦍩
二三一〇　貞惟辛㞢于父…
三一六九正　貞禦子賓于兄丁㞢羊𠕋小宰今日酚
四四五五正　…𠕋…㞢…
六〇三五　翌甲辰酚禦㞢十𦍩
八九二〇反　…在㞢
九五二七　貞呼王㞢出桼
九五三六　貞呼桼于㞢受年
九七七四正　貞用小宰于㞢
九七七四正　貞勿用小宰于㞢
一〇一一六　丁子卜爭貞桼年于丁㞢十勿牛𠕋百勿牛
一〇一一七　貞桼年于丁㞢三勿牛𠕋三十勿牛九月
一三四八八　…妣…㞢…𠕋…
一三六五六正　…高…㞢…𠕋…
一六二二〇　…尹㞢𠕋十宰
一六二二一　…㱿翌辛…㞢宰
一六二二二　貞㞢埋于…乙
一六二二三正　丙午卜宂貞㞢八羊暨酚三十牛八月
一九九四一　甲辰貞㞢母…不疾十月
二二〇九二　丁未卜有歲于㞢人牛

其它

四四〇反　㞢不其受年
九〇八　…㞢…三十…
一一四五　…寅卜…翌…㞢
一八〇〇　貞告于祖丁㞢…𠕋…
二二二六　于父乙㞢羊
二五八九　…㞢䖵…于母…禦…丁
二五九九　…㞢…母…㞢…
七八七五　…曰…惟㞢…畐惟…
七九九六甲　乙未卜爭貞翌丁酉王步丙申㞢…
一〇五四七　貞…多㞢出田
一二四九三　…翌庚戌步…囚㞢…星…
一三四七五　…辛…午夕㞢…王固…午歲…
一三四八五　…㞢
一三四八七　…㞢…
一三四八九正　…㞢
一七一四九正　…囚…㞢…其
一八八三八　庚…于…㞢…
三一四五四　…內…于…㞢…
英八〇九反　㞢…

選録

其

九二四正　癸未卜殼貞其
四九七五　貞其于一人四月
五一三七　貞無其來自西
五二四二　不其受
五八七六　弗其卒
六四六一反　王固曰吉惟有呼己其伐其弗伐不吉
六五八九正　貞其亦烈雨
六六七五　癸未卜貞方允其督二月
六七二九　戊子卜方其來
一五九七四　其㭬
一六五〇三　貞其有囚
一六五二三　貞虎無其囚
一八八六〇正　辛巳卜宂貞其曰之　二告
一八八六〇正　貞其曰之
一八八六〇正　其曰之
一八八七七　不其凡
一八八九七　貞其可
一九三八一　其來
一九三八二　貞我其有來

著錄號	釋文	期
一九三八六正	貞其有來	1
一九三八七	貞其有來	1
一九三九九正	丙申卜亘貞無其來	1
一九四二四	貞其有生	1
一九四二五正	貞不其生	1
一九四三八	無其工	1
二一七九三	乙卯子卜貞其壱若	1
二二五九八	庚申卜王貞卯其隥	2
二二五九八	庚申卜王貞其五人	2
二三一〇九	庚午卜大貞其从侑于祖庚十二月	2
二三三五六	庚午卜大貞妣庚歲王其賓	2
二三七一三	丁酉卜祝貞其品司在茲	2
二六八七九	五族其雉王衆	3
三三一一二	丙申卜其疾	4
三三六九八	庚辰貞日截其告于河	4
三三七四四	其奠燎	4
三三九四三	乙卯卜其雨丁允雨	4
三三九四三	乙卯卜乙丑其雨延	4
三三九九九	其啓	4
三四四二八	癸卯歲其牢	4
三四四二八	庚子卜其令	4
三四四八七	乙亥卜其烄	4
三四六七四	戊子貞王其水	4
三五九三一	其牢又一牛	5
三五九三一	其牢又一牛	5
三五九三一	其牢又一牛　茲用	5
三五九三一	其牢又一牛	5
三五九三一	其牢又一牛　茲用	5
三五九三一	其牢又一牛	5
三五九三一	其牢又一牛	5
三五九三一	其牢又一牛　茲用	5
三五九三一	其牢又一牛	5
三六〇三二	其牢又一牛	5
三六〇三二	其牢又一牛	5
三六〇三二	其牢又一牛	5
三六〇三二	其…又一牛	5
三六〇三二	其牢又一牛	5
三六〇三二	其牢又一牛	5
三六〇三二	其牢又一牛	5
三六〇三二	其牢又一牛	5
三六一五六	丙戌卜貞文武宗其牢	5
三六一七〇	丙戌卜貞…丁亥王其…于文武…王受…	5
三六三五四	其二十人正王受祐	5

著錄號	釋文	期
三六三四四	丁丑王卜貞今囚巫九备…典眷色侯　彈…尤暨二桂余其比…戔無左自上下…受　有祐不嘗戦無…商無壱在…	5
三六三五四	其牢又一牛	5
三六五一五	…貞今囚巫九备十…斲示余其酋征…余　受有祐不嘗…	5
三六五二二	庚寅王卜在蕣貞余其次在茲上酋今　秋其教其呼𠭯示于商正余受有祐王囚　曰吉	5
三七〇二二	其截牛	5
三七二七三	其牢	5
三八四八七	…其牢…戊丁其牢	5
英六四六正	貞翌甲辰其有至擅	1
英六七四正	貞王其比	1
英七三二	貞不其得	1
英八〇〇	貞我不其受年一月	1
英八〇四	不其受	1
英八〇四	不其受年	1
英九〇六反	不其夕	1
英一〇一二正	貞自今至于庚戌不其雨	1
英一〇五一	貞不其雨	1

基

著錄號	釋文	期
六五七〇	乙酉卜內貞子商戦基方四月	1
六五七〇	丙戌卜內我作基方作…	1
六五七一正	壬寅卜殻貞尊雀惟嗇𢦏基方	1
六五七一正	壬寅卜殻貞子商不龤戦基方	1
六五七一正	辛丑卜殻貞今日子商其𢦏基方缶戦　五月	1
六五七一正	辛丑卜殻貞今日子商其𢦏基方缶弗其　戦	1
六五七一正	貞自今壬寅至于甲辰子商戦基方敦內	1
六五七一正	壬寅卜殻貞自今至于甲辰子商弗其…　基方	1
六五七一正	壬寅卜殻貞自今至于甲辰子商戦基方	1
六五七二	癸未卜內貞子商戦基方缶　二告	1
六五七二	癸未卜內貞子商弗其戦基方缶	1
六五七三	甲戌卜殻貞雀及子商徒基方克	1
六五七二	辛巳卜爭貞基方…捍	1
六五七四	…示子…戦基方	1
六五七五	…卜王…基…祝…	1
六五七六	丙戌卜殻貞我…基方…弗…戦	1

六五七七 乙亥卜内貞今乙亥子商𢦏基方弗其𢦏 二告 1
六五七七 今乙亥子商𢦏基弗…𢦏 1
六五七八 丙午卜㕣貞翌丁未子商𢦏基方 1
六五七九 …其…基… 1
六五八一 己卯卜㱿貞基其捍 1
六八七〇 …翌戊…基…貯… 1
八四四四 …卯卜㱿…基方…不…其… 1
八四四五 貞基方妣 1
八四四五 貞基方不其妣 1
八四四六 …卜㱿…基方…弗… 1
八四四七 …基…不… 1
八四四八正 …基缶 1
八四四九 …基 1
八四五〇 …于基 1
一三五一四甲正 辛卯卜㱿貞勿𩁹基方缶作郭子商… 1
一三五一四甲正 辛卯卜㱿貞基方…作郭不𢦔弗𢦔四月 1
一三五一四甲正 辛卯卜㱿貞基方缶作郭不𢦔弗𢦔… 1
一三五一四甲正 辛…卜㱿貞勿𩁹基方缶作郭子商 𢦏四月 1
英六〇五 乙…㱿貞…弗其𢦏基方 1

㠱

九五七〇 甲子卜免貞于翌乙丑𠂤㠱乙丑允𠂤 1
九五七一 …翌乙…𠂤㠱…𠂤㠱不遘… 1
九五七三 …翌乙…𠂤…乙丑…㠱… 1
三六四一六 …貞翌日乙酉小臣…其…有老㠱侯 王其…以商庚卯王弗悔 5
三六五二四 …我以㠱…𢁒夂受… 5
三六五二五 癸未卜在師貞今囚巫九𠫑王于㠱侯缶 師王其在㠱𢦔正 5
三六九五六 庚寅卜在㠱貞王步于𠂤無災 5

小箕合文

一〇九五六 貞狩勿至于㠱九月 1
三三三七四正 …擒…百又六在小箕 4
三三三七四反 辛巳卜在小箕今日王逐兕擒允擒七兕 4
三三二三七 …夕箕… 4
屯六六四 丙戌卜在㠱今日王令逐兕擒允 4
屯六六四 壬午卜在㠱癸未王陷擒不擒 4
屯六六四 乙酉卜在㠱今日王逐兕擒允擒 4
屯三三六八 甲申卜在㠱丁亥王陷擒弗… 4
屯二八五八 …巳貞在小箕 …未貞旬無囚 4
英三六一正 …小箕 小告 1
懷一六二六 丙戌卜在㠱丁亥王陷擒允三百又… 4

棋

八一八九 壬申卜貞呼禦在㠱…在㠱 1

其

八四五一 …若㠱…方 二告 1

僕

九一〇〇 …傳以血…匄闢曰𢀛…子 1
一七九六一 …僕卜… 1

畢擒

懷一四六〇 于新𡆥北𢀛南弗悔 3

天干擒

二八三三九 惟翌日辛擒 3
二八八四一 于壬擒 3
三三三九八 于翌日壬征擒 4
三三三九八 惟今日辛征擒 4
三三三五九 于㫃征擒 4
屯九四九 于辛擒 3-4
英三三〇一 惟壬擒 3
二八三一五 于白西擒 3
二八五九五 于東擒 3

二八七九九 王其麩兇廼麓王于東立虎出擒 大吉 3
二八八四三 于白西擒 3
二八八四三 于白東擒 3
二九三〇九 于羌擒 3
二九三〇九 于虞擒 3
二九三六七 于岳擒 3
屯二〇六一 于蒙擒 3
屯二〇六一 于遠擒 3

五五三三 貞使人于卒 1
五五三四 貞使人于卒 1

二六九九三 惟戌呼旋執于之擒王受祐 3
屯八一五 惟𦥑曾于之擒 吉 3
屯三〇三八 𢓊伐羌方于之擒𢦏不雉衆 3

六〇四七 貞惟陵令途卒八月 1
六〇四八 …卜㱿…令貯…途卒五月 1
六〇四九 …卜㱿貞令𣫦途卒 1
六〇五〇 貞惟陵令途卒 二告 1
六〇五〇 癸酉卜㱿貞令旟途卒八月 1

四七六三 庚寅卜㱿貞戌有擒 1
五六一八 甲午卜貞呼束尹有擒 1
五六一九 …辰束尹…有擒 1
八四〇一 乙卯卜貞𡆥有擒 1
九五七五 庚寅卜爭貞令登暨𢦏弜吾衛有擒 1
一〇七八一 有擒 1
一〇七八二 有擒 1
二〇七三七 辛巳卜侑于忠三𢦏有擒 1
二一〇六二正 牢又擒于入乙 1
二三三二三 有擒 1
二三三二四 有擒 1
二四四六九 …貞辛…田𡆥…有…擒… 2
懷一九〇一 辛亥卜在攸貞大左族有擒 5
懷一九〇三 祁有擒 5

一〇三四九 壬申卜㱿貞甫擒麋丙子陷允擒二百又九一月? 1
一〇六五五 己卯卜㱿貞我其陷擒 1
一〇六五六 貞我其陷擒 1
一〇六五八 …丑卜…陷…弗…擒 1
一〇六五八 …弗其擒陷弗… 1
二八七九八 …卜其陷惟…擒 3
二八八六四 …陷?擒 大吉 3
三三三七一 丙戌卜丁亥王陷擒允擒三百又四十八 4
三三四〇四 貞于戊陷擒 4
三三四〇四 …擒 4
屯六六三 乙酉卜在⿱山其丁亥王陷允擒三百又四十八 4
屯六六三 丙戌卜在⿱山其丁亥王陷允擒三百又四十又八 4
屯六六三 丁亥陷擒允 4
屯六六四 壬午卜在⿱山其癸未王陷擒不擒 4
屯九二三 丁未卜貞戊申王其陷擒 4
屯二六二六 …貞乙亥陷擒七百麋用皀… 4
懷一六二六 丙戌卜在𢦏丁亥王陷擒允三百又… 4

一〇三〇八 …狩獲擒鹿五十又六 1
一〇三七七 …亥卜王貞…狩麋不餡擒七月 1
一〇四〇二 辛卯卜貞其狩姣擒 1
一〇四〇七正 …其…卒壬申允狩擒獲兕六豕十又六兔百又九十又九
一〇六〇〇 壬戌卜㱿…翌丁亥…王狩擒 1
一〇六一三正 翌癸卯狩擒 1
二〇七五六 庚戌卜今日其擒狩 1
三三一六二 …王狩暨擒 4
三三三七五 壬辰卜癸巳在…王狩擒允兕十又… 4
三三三八四 丙辰卜王狩雈擒伐?人不擒… 4
三三三八四 甲寅…擒…人… 4
三三三八四 …辰卜王狩雈弗擒 4
三三三八五 己亥卜王狩擒 4
屯二一一三 戊申卜…貞今日狩娥擒 1
屯三三二六 惟𢓊麓𢀛擒有小狩 3
屯二八五七 …卯卜庚辰王其狩…擒允擒獲兕三十又六 4
屯三〇一四 …亥卜…田狩…擒 4

二七六二〇 …田擒 3

二七九〇五 惟𡧊?犬𡆥比田毁無災擒 3
二七九一五 王其田惟成犬比擒無災 3
二七九一五 王其田于…惟虎師匕擒無災 茲
用 3
二七九四八 庚午卜貞翌日辛王其田馬其先擒不雨 3
二八三一四 丁亥卜翌日戊王惟呈田…王擒狐
三十又七 弘吉 茲用
二八四九六 于戊田湄…無災永…擒 3
二八四九六 王其田惟乙湄日無災永王擒 弘吉 3
二八四九七 翌日壬王其田瀼無災擒 3
二八五九五 辛…卜王往田于南擒 3
二八五九八 庚寅卜…往田…擒 3
二八六一三 貞王其田擒 3
二八八二六 癸酉卜翌日乙王其田擒 吉 3
二八八二七 …卜乙王其田擒 3
二八八二八 王其田擒 3
二八八二九 …其田擒 3
二八八三一 丁酉卜狄貞王田于廼立擒 吉 3
二八八三二 …田…擒 3
二八八三三 …田…擒 3
二八八三四 弜田…擒 3
二八八四〇 于壬田擒 3
二八八八八 翌日壬王其田戲擒有大逐? 3
二九〇八四 丁丑卜狄貞王田擒 3
二九一二八 翌日…其田惟…湄日無災擒 3
二九一三四 王惟麓田湄日無災擒 3
二九二四二 惟洸田無災擒 3
二九二五四 惟宰田無災擒 3
二九二六一 王其田盜擒 3
二九二六三 惟盜田弗悔無災杏王擒 3
二九二六三 惟絓田無災杏王擒 3
二九二六三 惟盜田無災杏擒 3
二九二六七 惟盜田擒 3
二九二八四 其田稽于[illegible]無災擒 3
二九二八七 惟稽田無災擒 3
二九二九〇 惟淒田無災擒 3
二九二九七 丁亥卜戊王其田 惟虞擒 3
二九三一二 …田湄日無災擒 3
二九三一九 王其田麃擒 3
二九三三三 壬王惟獸田湄日無災擒 3
二九三三四 惟獸田無災擒 3
二九三三四 惟[illegible]田無災擒 3

二九三三五 王其田獸擒 3
二九三四四 …王田涵湄日無災擒 3
二九三四八 王惟賀田無災擒 3
二九三四九 惟呈田無災擒 3
二九三五四 于戊田擒 3
二九三五四 癸丑卜王其田于襄惟乙擒 3
二九三六四 于辛田擒王匕擒 3
二九三六九 甲子卜惟豆田于之擒 3
二九三八二 其田麥擒 3
弜往田不擒 3
二八三九八 壬寅卜王其田𡨄?寧兕先智無災
擒王永 3
二九四〇〇 …寅卜…往田…亾擒 3
三二〇七七反 辛卯卜王田擒 4
三二〇七七反 戊子卜王往田于麓擒 4
三二〇七七反 乙未卜王其田擒 4
三三三六二 …卜王往田从來崇豕擒 4
三三三七三 戊午卜貞弗擒王其田無災擒于𩫏無災 4
三三四二二 辛卯卜王往田于東擒 4
三三四二二 戊子卜王往田于東擒 4
三七三六七 丁亥卜貞王田𩫏往來無災擒隹百三十八
象二雉五 5
屯五五七 王其田擒 3
屯六二九 王往田从南擒 4
屯六九九 …田戋稽王歸擒 吉 3
屯八七三 于…田霸伐…方擒戋不雉衆 3
屯一〇九四 乙丑卜王往田从東擒 3-4
屯一一〇三 辛酉卜翌日壬王其田戲湄日無災擒 3
屯一一〇三 惟麥田無災擒 3
屯一一二四 乙酉卜王往田从東擒 3-4
屯二一二五 王其田擒 吉 3
屯二二九八 乙卯卜王往田擒 3-4
屯二二九八 田从南擒 3-4
屯二二九八 戊午卜王往田从東擒 3-4
屯二二九八 戊午卜王往田擒 3-4
屯二二九九 壬申卜王往田从利擒 3-4
屯二三二五 戊辰卜王田擒 4
屯二三五五 …卜戊王惟哭田湄日無災擒 大吉 3
屯二四三二 …卜王其田辰無災擒 3
屯二六一〇 惟盜田無災擒 3
屯二七四五 戊午卜王往田从東擒 3·4

屯二七四六 ：王往田擒 3-4

屯二九七九 ：卜王其往田擒 4

屯三〇一一 辛王惟𧆞田無災擒 3

屯三二五六 辛未卜翌日壬王其田虞無災在呈卜擒 大吉 茲用

屯三六〇八 于壬王田敝無災擒 3

屯四一六九 ：田擒 3

屯四三三七 惟戍田無災擒 3

屯四三五七 ：戌王其田鷄其𩁹𤉲擒 3

屯四五五六 辛丑卜翌日壬王其戍田于吴：無災擒 吉 3

英二三八九 ：巳卜：貞王其田羌無災擒鹿十又五 3

英二三九〇 辛王其田獻擒 3

英二三九一 ：其田磬擒 3

英二三〇〇 王其田擒 茲用 3

懷一四四四 甲寅卜乙王其田于豊以戍擒 3

二七九〇二 戊辰卜在澅：中告麋王其射無災擒 3

二七九四二 惟多馬乎射擒 3

二七九七〇 惟戍呼射擒 3

二八三〇五 王其射有豕湄日無災擒 大吉 3

二八三一七 惟有狐射擒 3

二八三三九 王涉滳射有鹿擒 3

二八三四一 ：射：鹿：擒 3

二八三四三 ：射𪊨鹿弗擒 3

二八三四六 王惟今日壬射𪊨鹿擒 吉 3

二八三四八 萑射夒鹿擒 吉 2

二八三五〇 王呼射擒弗悔 3

二八四〇一 ：巽戍其射在穆兕擒 3

二八四〇二 王其射𪊨兕擒無災 大吉 3

二八八一七 弜壬射弗擒 3

二八八六八 ：其射：擒 3

三三三七三 王其射穆兕擒 3

三七三九五 惟壬王其射無災擒弘吉 5

屯五九八 ：其省向翌日：延射：鹿擒 4

英二二九四 惟王射𤞷鹿無災擒 3

英二二九四 惟馬呼射擒 3

英二五六六 丙午卜在𠂤貞王其射㐭衣逐無災擒 5

英二五六六 其于七月射㐭兕無災擒 5

二八三五五 ：其田：麋逐擒 3

二八三五九 ：卜令甫逐麋擒十月 3

二八七九〇 其北逐擒 3

二八七九一 其西逐擒 3

二八七九二 北逐擒 3

三三四〇三 ：逐擒 4

一〇五一四 甲戌卜㝬征擒獲六十八 1

一〇五一四 甲戌卜㝬征不其擒十一月 1

二八八七五 擒茲：獲： 3

三七三七五 擒茲獲兕四十鹿二狐一 5

三七三七七 ：擒：獲：六： 5

三七四一八 擒茲御獲鹿： 5

三七四二三 擒茲：獲狐：麋： 5

三七四二四 擒：獲： 5

三七四二四 擒：獲： 5

三七四四五 擒：獲： 5

三七四四七 擒： 5

三七四四七 擒：獲： 5

三七四四七 擒茲御獲狐二：十：七：二 5

三七四七九 擒：獲： 5

三七四八七 擒茲御獲狐五 5

三七五二六 擒：獲：四 5

三七五五九 擒：獲： 5

四七三五反 宰入四十 1

五六三八反 宰入四十 1

七五六二反 ：今宰入： 1

九二三四 宰入十 1

九二三五 今𠬝入： 1

一三六五七反 宰入： 1

懷 五四五b 宰入十在： 1

二七九一〇 惟在牢犬𠂤比無災擒 3

二七九二〇 𠂤犬告王其比無災擒 3

二八三一〇 ：日乙王其：惟𤉲：湄日無災擒有大

豕 3

二八三一八 戊王其射閃狐湄日無災擒 吉 3

二八三二五 庚戌卜彭貞無災擒：擒三鹿 3

二八三四一　王其射[illegible]鹿無災擒　3
二八三七五　…陷…災擒　3
二八三九八　惟[illegible]先犬擒無災　3
二八八三七　惟王从…無災擒　3
二八八四五　…無災擒　3
二八八四六　…無災擒　3
二八八四七　…無災擒　3
二八八四八　…無災擒　大吉　3
二八八四九　…無災擒　吉　3
二八八七〇　…無災擒　3
二八八九五　…災擒　3
二八九〇一　翌日戊王…奐無災擒　3
二九〇三九　…翌日戊王其从無災擒　3
二九〇五九　…無災擒　3
二九二〇七　惟[illegible]犬𢦏从無災擒　3
二九二三四　…災擒　3
二九二三九甲　惟[illegible]田湄日無災擒永王　大吉　茲用　3
二九二三九甲　翌日…惟麸…湄日無災擒　3
二九二四二　惟有西藝無災擒　3
二九二四三　翌日戊王惟㳄田無災擒　3
二九二七六　貞惟盎…無災擒　3
二九二九六　…災擒　3
二九三〇二　…湄日無災擒　3
二九三一六　…田無災擒　3
二九四一三　于南田無災擒　3
三三三六三　惟麅豕射無災擒　4
三七三九二　丁卯卜在去貞[illegible]告曰兕來羞王惟今日𡈼無災擒　5
三七五一五　惟駉用無災擒　5
三七五二八　…王其射惟翌日戊無災…擒吉　5
屯六二五　惟在𣶒中比無災擒　吉　3
屯一四四一　王其田𢽎淒麓擒無災　3
屯二三二九　丁未卜翌日戊王其田…惟犬言比無災擒　吉　3
屯二三三九　惟成犬𢀛比無災擒　弘吉　3
屯二四〇八　…亥卜翌日壬王惟在…㚔北王利擒無災　3
屯三二三〇　…其射㹅…翌日戊無災擒　3
屯三三〇四　…戈擒　3
屯四〇三三　惟麥田擒無災　吉　3
屯四四九〇　惟㳄藝無災擒　3

屯四四九〇　惟習藝無災擒　3
屯四四九〇　惟[illegible]藝無災擒　3

二七九四四　…僕馬…惟王…擒　3
二八〇一六　…受…方以…王擒　3
二八三九五　…王擒…兕　3
二八四一〇　惟乙王擒在…兕不悔　3
二八七九三　…王…擒　3
二八八二一　…王敖…罝擒…　3
二八八三〇　貞王其…擒　吉　3
二八八三五　王擒　3
二八八三六　…受…方以…王擒　3
二九四〇七　弜徹白惟鼎正王擒　3
三三三七五　乙未今日王擒…　4
三七四六八　丁丑卜貞宋逐辟祝侯麓[illegible]犬翌日戊寅王其㳄…召王弗悔擒　5
屯九九四　己酉貞王無𦭞擒土方　4
屯七七八　…王𪊽罝擒　吉　3
屯七七八　先王𪊽罝擒　3
屯八一五　于罝麥陷無災泳王擒　3
屯二九一　惟…王擒　3
屯三六六　…于父甲告衛有災以王擒　3
英二二九二　辛卯卜翌惟宰王擒　3

二八八四四　…無災擒虎　3
三一九三一　…無災擒虎　3
三三三七八　惟[illegible]祟擒虎　4

一〇四三九　…爭…兕擒…　1
二四四四五　乙巳卜出貞逐六彔擒　2
二八三九二　擒有兕　3
二八三九三　乙擒有兕　3
二八三九四　惟有兕擒　3
二八三九七　…今日…兕…擒兕…　3
二八三九九　北于之擒兕　3
二八三九九　南于之擒兕　3
二八四〇二　…擒[illegible]兕　3
三三三七五　…兕…擒…　4

著錄	釋文	分期
三三三七五	甲：擒兕允在雲	4
三七三九一	：擒茲御獲兕一㞢七	5
屯六六四	丙戌卜在其今日王令逐兕擒允	4
屯一一二八	擒兕	4
屯二五八九	戊辰卜其臽惟：擒有兕　吉	3
屯三六六三	壬戌：貞王其田牢無災擒兕	3-4
屯四四六二	于己：焚蓍擒有兕	3

著錄	釋文	分期
二八三一六	其从犬口擒有狐允擒　茲用	3
二八三一八	其呼射閃狐擒　吉	3
二八三二〇	惟行南麓擒有狐　吉	3
二八三二一	：向擒狐：災	3
二八三二二	貞惟：狐：擒	3
二八三二三	：卜犬虎：擒狐：　吉用	3
屯四四二五	：王其田：麥惟：有狐擒	3

著錄	釋文	分期
一〇三〇七	丁卯：狩正：擒獲鹿百六十二：百十 四豕：十旨一：	1
二七九二一	盂犬：告鹿：其比擒	3
二八三三〇	延至：擒鹿	3
二八三三二	以罟擒有鹿翌旦允擒	3
二八三三三	王先狩廼饗擒有鹿無災	3
二八三四二	其罝麣鹿擒	3
二八三五一	隮鹿其南牧擒　吉	3
二八三五二	惟隮鹿其擒	3
三三三六七	：其田目擒有鹿	4
英八五〇	：擒：鹿	1

著錄	釋文	分期
一〇三四四正	貞擒麋	1
一〇三四四正	貞弗其擒麋　二告	1
一〇三五二	壬戌卜㝑貞隹擒麋	1
二八三五六	其西逐有麋：災擒	3
二八三六六	惟麋擒	3
二八三六九	惟宮麋祟亞擒	3
二八三七三	：擒面麋　吉	3
二八七九〇	王其東逐谷麋擒	3
屯一三一三	：卜王其：麋擒	3
英一八三三	：寅卜：弜擒麋九月	1

著錄	釋文	分期
一〇七七八	其擒	1
一〇七八三	其擒	1
一〇七八四	其無擒　小告	1
一三六四三	：卜：貞甫：其擒：	1
一九九六六	：未卜：其擒	1
二〇七七七	：医：其擒	1
英八五二	：其擒八月	1
懷二九九	貞：其擒	1

著錄	釋文	分期
二七九二五	不擒　吉	3
二八三一九	不擒	3
二八四三二	不擒	3
二八八四〇	不擒	3
二八八五七	不擒	3
二八八五八	不擒	3
二八八五九	不擒	3
二八八六〇	不擒	3
二八八六一	不擒	3
二八八六二	不擒	3
二九一五一	不擒	3
二九三〇二	不擒	3
二九三一九	不擒	3
二九四〇五	不擒	3
二九四〇五	擒	3
二九九一〇	不擒　茲用　擒	3
三三四〇二	不擒于汰　茲用	4
三五一六二	：不擒	4
三七五二七	不擒	5
屯三	不擒	
屯二一二五	不擒　吉	3
屯二五九八	不擒	3
屯二七一三	擒　吉	3
屯二七一三	不擒	3
屯三〇二〇	不擒	3
英二二九〇	不擒	3
英二五六六	不擒	5
懷一九〇一	不擒	5

著錄號	釋文	分期
五五二四	弗其擒	1
六九七九	乙酉卜貞雀往征犬弗其擒 十月	1
一〇六五五	己卯卜殼貞弗其擒	1
一〇六五六	己卯卜殼貞弗其擒	1
一〇七〇四	貞卑弗其擒	1
一〇七七五正	貞卑弗其擒十二月	1
一〇七八五正	貞不其擒	1
一〇七八九	弗擒	1
一四七五五正	…周弗其擒	1
二七九一九反	…弗擒	3
二八三〇〇	弗擒	3
二八三〇九	弗擒	3
二八三一六	弗擒	3
二八三二六	弗擒	3
二八三二七	弗擒	3
二八三三〇	弗擒	3
二八三三一	弗擒	3
二八三三五	弗擒	3
二八三四〇	王涉滴射𤞷鹿弗擒	3
二八三四四	…鹿弗擒 吉 茲用	3
二八三六六	弜射有豕弗擒	3
二八三九六	…弗擒…兕	3
二八三九九	王其比吠弗擒習…从東兕	3
二八四〇〇	弗擒	3
二八四〇九	弗擒	3
二八五九八	弗…擒	3
二八五九八	弗其擒	3
二八七九九	弗擒 吉	3
二八八一五	弜呼射弗擒	3
二八八二三	弗擒	3
二八八五〇	弗擒	3
二八八五一	弗擒	3
二八八五二	弗擒	3
二八八五三	弗擒	3
二八八五四	弗擒 吉	3
二八八五五	弗擒	3
二八八五六	弗擒	3
二八八七一	弗擒	3
二九〇三〇	弗擒	3
二九〇八四	貞弗擒	3
二九〇八四	弗擒	3
二九三三四	弗擒	3
三二七一三	…弗擒	4
三二七六二反	癸未弗擒	4
三二八〇三反	乙未弗擒茲用允…	4
三三一六二	弗擒	4
三三三七一	弗擒	4
三三三七二	弗擒	4
三三四〇二	弗擒	4
三三四〇五	弗擒	4
三三四〇六	弗擒	4
三三四〇八	弗擒	4
屯三〇	弗擒其悔	3-4
屯三九二	弗擒	3
屯五二八	不遘弗擒	3
屯九二三	弗擒	4
屯九九七	弗擒	4
屯一四四〇	弗擒	3
屯二一五八	弗擒	3-4
屯二一六九	弗擒	3
屯二三九〇	弗擒	3-4
屯二三三六	弗擒	3
屯二八〇一	弗擒	3-4
屯四三七五	弗擒麇	3
屯四三七五	弗擒	3
英二五六六	弗擒	5
英二五六六	弗擒	5
懷三〇〇	貞弗…擒	1
懷三〇三	周弗其擒犬	1
懷三〇四	…弗其擒	1
懷一四四五	弜田𤞷弗擒有大狐	3
懷一四四七	弜田□弗擒有犬	3

其它

著錄號	釋文	分期
七九	…辰…貞…徃…卑	1
一五六	貞卑呼來	1
八九一正	貞卑其來 二告	

一〇七一反　…卒…　1
一四九八　卒　1
一九二七　…卜…尹…卒　1
二二六七　…□于父乙　1
三一二七　…巳卜…貞…雍…卒…師　1
四一〇四　貞令卒　1
四一〇五反　卒…　1
四一〇五反　卒弗其來　1
四一〇六　卒…來…往…　1
四一〇七　卒以…　1
四七五七　…無…卒…十月　1
五四八〇正　貞卒弗其載王事　1
五四八〇正　貞卒載王事　二告　1
六六三二　…卒往…　1
六九七九　…擒…　1
七五五九反　…今卒子鑿?…　1
八三四七　…湧…擒十二月　1
九八〇二　貞卒受年　1
一〇一九八正　翌戊午焚擒　二告　1
一〇二四九　乙酉卜‖豕不其擒　1
一〇七八〇　辛卯卜擒　1
一一四六〇甲正　貞有卒不其得舟　1
一一四六〇乙正　…卜爭貞卒得舟　1
一一四六二正　貞卒來舟　二告　1
一一四六二正　卒不其來舟　1
一三九六三正　貞卒來無壱　1
一三七二七　己未卜卒子㞢無疾　1
一三七四〇　丙辰卜貞禍告𡆥疾于丁…□　1
一三七九三正　癸未卜亘貞卒無囚　1
一三七九三正　貞卒有囚　1
一三九三七　…卒至于…允沁惟…妾奉…有子　1
一四四〇九　甲午卜…貞今□卒…　1
一四五二〇反　卒來十　1
一四七五五正　癸…穷貞周卒犬延灑　1
一五〇一四正　貞卒弗其㞢白　1
一五五七一反　…卒子…　1
一五七八六　…于斿卒…彭九牛三月　1

一六四九一　…貞卒…囚　1
一六五二五　弜其禽　1
一六五二五　丙…禽…　1
一七五七八反　庚辰卒示…　1
一八七六七　戊…貞…乙…卒…之…　1
一八八四三　貞擒…　1
一九四八三　…卒肇…　1
一九七四三　丙子…卒…允無在…　1
二二二七四　貞王無丁?卒　1
二〇〇一七　…卜㕚令華…擒敹白𪋭…　1
二〇七七八　丙戌…先擒…　1
二一二九三　甲子卜燎擒羊　1
二一二九三　甲子卜燎擒羊　1
二一三三二　…卒　1
二二三七〇　…未…魚…沁…卒　1
二二三九一　甲午卜龍卒　1
二六八八六　…卒戕不雉衆　3
二六九〇四　卒以衆　3
二六九二七　闢羌方克闢擒　3
二七九二六　其比犬擒　3
二七九二七　辛酉…貞王…犬禽　3
二七九四二　惟馬無呼擒　3
二七九六一　…惟馬…𡇒擒　3
二七九六八　惟王以戍罝擒　3
二七九六八　惟戍罝擒　3
二七九八四　…王其㚔羌方擒王…　3
二七九九八　惟其?步擒羞　3
二八三〇六　惟…擒　3
二八三〇六　惟豕擒　3
二八三三九　…擒　3
二八三五一　其北牧擒　吉　3
二八三六七　…犬暨麋擒　3
二八三六八　貞惟有麋擒　3
二八四〇一　惟戍擒　3
二八四二四　…擒無災…□…　3
二八五三六　…遘雨…匕?擒　3
二八八二四　…罝擒…汾…　3

編號	釋文	期
二八八二八	惟…𢿦擒	3
二八八三一	…卜狄…擒	3
二八八三八	王其戍…擒 吉	3
二八八四二	…戍卜翌…悔擒永王	3
二八八四九	…擒	3
二八八五〇	…其…擒	3
二八八六二	擒	3
二八八六三	利擒	3
二八八六五	擒	3
二八八六六	貞惟…擒	3
二八八六七	…申卜其延擒	3
二八八六九	…敝擒	3
二八八七二	…擒督…	3
二八八七四	…歷擒	3
二九一五二	惟盂擒	3
二九二六七	…宰…擒	3
二九二八九	…其北楸擒	3
二九三七〇	惟楸擒有…	3
二九四〇八	惟梱麓先擒	3
二九四〇九	…北麓擒	3
三〇一八二	…廼…口…𣎆…擒	3
三〇三四四正	擒其雨	3
三〇四三九	貞其祝惟擒乙王其□□兕 吉	3
三一七九八	利其擒	3
三一九二八	…無𩠹…擒	3
三一九九〇	…巳貞𢆉惟…食衆人于洫	4
三二〇五七	甲辰貞執以𢆉用于父丁卯牛	4
三二三七二	惟亞𢆉以人	4
三三一六二	…𡆥…𢆶…擒	4
三三一七四	…𢆉…告…在并	4
三三三六九	…擒戲…鹿	4
三三三七八	王其呼戈擒…	4
三三三九七	惟□匕擒	4
三三四〇〇	乙丑卜犬伐…𢆶斿擒	4
三三四〇一	…𢆶初擒	4
三三四二二	…北擒	4
三三四二二	…南擒	4
三三九五六	…𢆉舞雨	4
三六四八一正	…小臣牆比伐擒危美人二十人四…人五百 七十𡆥百…車二丙盾百八十三函五十矢…白麇 于大…用𢀛伯印…于祖乙用美于祖丁僼曰京 暘…	5

編號	釋文	期
三七三八六	…卜貞衣彡日…犬臺祝…兕翌日…亥 王其各…悔擒	5
三七五一七	肙出擒	5
三七五一七	擒	5
三七五一八	辛亥卜在攸貞大左族…擒	5
三七五一九	…卜在攸貞…比在并…擒	5
三七五三〇	擒曰弘吉	5
三七五三〇	擒吉	5
屯一二五	惟辱𢿦擒	3
屯三〇〇	丁丑貞其區擒	4
屯三〇〇	弜區擒	4
屯三五二	…戍卜其藝擒 吉	3
屯六九八	戍擒	3
屯六九九	…擒	3
屯七二九	擒	
屯一〇七〇	…犬…王其匕擒	3-4
屯一〇九四	从白東擒	3-4
屯一一〇三	惟有雉擒 吉	4
屯一一二四	从南擒	3-4
屯一一四八	…亥卜其…𢿦盂東擒…	3
屯一一七八	…𡆥步自…	4
屯一二六二	…擒…	4
屯一五五九	…从南擒	
屯二一七〇	于𦿔杙擒	3
屯二一七〇	其罝于東方藝擒	3
屯二一七〇	于北方藝擒	3
屯二一九五	…以衆擒	3
屯二二九〇	庚申卜犬…曰有鹿…匕擒	3-4
屯二三九九	从斿擒	3-4
屯二三六五	壬寅卜今日雨擒	3-4
屯二七四五	…伯東擒	3-4
屯三三三二	…从南擒	3
屯四一九五	惟阢𢿦擒	
屯四五八五	…白東擒	3-4
英三五〇	貞𢆉不其呼…	1
英一八二四	惟…擒	1
懷二九七	…貞…不…擒…	1
懷一〇五三	乙巳…翌丁未…𢆉歲…	2
懷一一三二	壬…貞…擒…	2
懷一三四五	…𠬝…𤇾…擒…	3
懷一四五〇	…擒有…	3

卒

二二　二六　二七　二八　三〇　四〇二五　四〇三六　四〇三七　四〇三八　四〇四〇　四〇四一反　四〇四二　四〇四三　四〇六九　四六三六　五七一五　五七〇甲　五七〇丙　五七〇戊　五七一甲　五七二　五七二　五七二　五七九正　五九〇四　六二九四　六二九五　六二九六　六二九七　七〇八四　八一七四　八一八〇　九四七四　九四七五　一〇九一九　一三三一一正　一三三一一正　一四三七〇丁　一四八三五

癸卯卜貞：…田令卒取黄丁人七月
丁未卜爭貞勿令卒以衆伐𢀛
貞王勿令卒以衆伐𢀛方
…令卒…衆…方
乙卯卜貞惟卒令比殺…
…未卜爭貞王迄令卒…
…貞惟令十月令卒
…令卒…
…惟卒令…
貞令卒不惟媗
貞勿惟卒令
…丑卜…貞惟令卒
貞令卒往
…卜…貞令卒呼犬延作…五月
癸亥卜方貞令卒…京
癸巳卜殼貞令卒蓋射
…令卒蓋三百射
貞勿令卒蓋三百射
貞令卒蓋三百射
癸巳卜殼貞令卒蓋射
貞令卒蓋三百射
貞令卒蓋三百射
貞勿令卒以三百射　二告
…令卒…奠…侑…圂
丁未卜殼貞勿令卒伐𢀛弗其…
貞勿令卒伐𢀛弗其…
丁未卜方貞勿令卒…𢀛方
丁未卜方貞勿令卒伐𢀛方弗其受有祐
貞令卒伐東土告于祖乙于丁八月
…卒令…𢀛
貞惟卒令寢…𢀛
…令卒坚…無囚三日八…
貞勿令卒坚田
貞勿令卒田于京　二告
貞令卒允子何
勿令卒允子何　二告
丙辰卜方貞惟卒令燎于夒
…𦉘辛…奐…卒令

三三〇三一　三三八四五　三三八四六　三三八四八　三三八四九　三三八五〇　三三八五一　三三八五二　三三八五四　三三八五五　三三八五六　三三八五七　三三八五八　三三八五九　三三八六一　三三八六二　三三八六三　三四〇六〇　三五〇六八　三五一一三　三五二〇三　三五三一八　三五三一九　三五三二〇　三五三三六　屯六五　屯一三四　屯二四三　屯四八七　屯五九九　屯七七六　屯一〇五九　屯一〇八七　屯一〇九七　屯二一一五　屯二一四七　屯二二六〇　屯二三七三　屯四四四八　屯四四四八

壬辰卜王令卒以衆
惟卒令
庚申貞王令卒中
庚辰貞王于丁亥令卒
庚辰貞辛巳王令卒
庚辰貞王于丁亥令卒
丁卯貞王令卒奠琡舟
丁卯貞王令卒奠琡舟
丁卯貞王令卒奠琡舟
…貞王令卒令秋…舟壅乃奠
…貞王令卒令秋…壅乃奠
丁酉貞王令卒比…奠
弜往卒其令
…王令卒…受…
于辛卯王令卒
…貞王其令卒…
惟卒令
惟卒令
惟秋令卒
…令卒比…𢀛方
丁巳卜貞王令卒伐于東邦
丁未卜貞王令卒伐
辛亥卒令衆人先涉…
惟卒令田
庚申王令卒田
…卯貞王令卒田于京
癸巳卜令卒省亩
戊戌貞辛亥令卒…
惟卒令
癸未貞王令卒𢀛方　茲用
癸巳貞卒令…𢀛無囚
辛亥貞生月令卒步
…于貞王令卒…人𢀛旋方
丁亥貞今日王其夕令卒以方十示又…
惟春令卒田
惟秋令卒田
庚子貞王令卒途于夒
惟卒令
丁卯卜貞王其令卒以衆于北
丙子貞王惟令卒圍我
庚申卜貞王惟乙令卒暨竝
庚申卜貞王惟丁令卒暨竝
丁巳…貞…惟…令卒…

屯四〇五四　丁巳卜貞王惟丁巳令𢀛並伐　4
屯四四八九　丁未貞王令𢀛奴衆伐在何西𢆶　4
英三四八　：亥卜爭：令𢀛　1
英三五一　貞𢀛弗其令　1
英八三四　貞于生十一月令𢀛　1

一七七　甲午卜𣪕貞呼𢀛先禦燎于河　1
一七七　貞勿呼𢀛先禦燎　1
一七七　：呼𢀛先　1
四四四五　：呼𢀛　1
四四四六　呼𢀛　1
四〇四七反　貞惟𢀛呼侑上甲　1
四〇五五正　甲午卜𣪕貞呼𢀛先禦燎于河　1
四〇五六　：卜𣪕貞呼𢀛先禦燎：　1
四〇五八　：卜爭貞翌辛巳呼𢀛酚燎于方：　1
四〇五九正　乙巳卜穷貞翌丁未酚𢀛歲于丁尊　1
有玉　二告　1
四〇六〇　丁未卜王貞呼𢀛：　1
四二二〇　貞惟𢀛呼　1
六〇八一　貞惟𢀛呼取　1
六二一一　貞惟𢀛呼伐舌　1
八三三〇正　呼𢀛往于河　1
八九五六正　乙酉卜穷貞呼𢀛奴于𡆥由　1
一〇五四二　貞呼𢀛酚：燎三：　1
一〇五四六　貞勿呼𢀛省田　1
一四二五〇　戊午卜𣪕貞呼𢀛：　1
一四二五六正　甲午卜𣪕貞呼𢀛先禦：于河　1
一四五七四　：爭貞呼𢀛燎于河　1
一四四六九正　丙寅卜𠱠貞呼𢀛：　1
一四四六九反　貞呼𢀛酚岳　1
一五七六七　貞呼𢀛酚　1
一五七六七　貞呼𢀛酚　1
一五七六八正　：呼𢀛酚　不𠱠黽　1
英七九四　呼𢀛酚河　1

三一　：𢀛于：以衆：宗　1
二六一　辛丑卜貞𢀛以羌王于門尋　1
八〇三　癸卯卜貞翌辛亥王尋𢀛以執　1
八〇四　：王尋𢀛以執　1
三三八九　貞𢀛弗其以易𡆥　1
八九七五　：未卜貞𢀛以牛　1
九〇二〇　惟𢀛以　1
九〇二二反　：辰卜：𢀛以：　1
九〇二三　：𢀛以：　1
九〇二四　貞𢀛弗其以　1
九〇二五　貞𢀛弗其以　1
九〇二六正　貞𢀛弗其以　1
一一〇一八正　貞𢀛以大　1
一一〇一八正　𢀛弗其以大　二告　1
一三八六八　：寅卜：𢀛以新邑惟今夕　1
：于丁　1
一四四一一　𢀛以　1
一四四一二　𢀛以　1
一七三〇三反　：曰𢀛來其以齒　1
三一九七三　丁丑貞王令𢀛以衆𡆥伐召受祐　4
三一九七四　丁亥貞王令𢀛衆𡆥伐召方受祐　4
三一九七五　丁亥貞王令𢀛以衆𡆥：　4
三一九七六　甲辰貞𢀛以衆𡆥伐召方受祐　4
三一九七七　辛卯貞𢀛以衆𡆥伐召方受祐　4
三一九七九　庚寅貞王令𢀛以衆𡆥受祐　4
三一九八一　乙亥貞𢀛令郭以衆𡆥受祐　4
三一九八三　丁酉卜亞𢀛以衆涉于𡆥若　4
三一九八八　惟𢀛以衆人　4
三二〇三五　壬戌貞王逆𢀛以羌　4
三二八四七　庚辰貞𢀛以大示　4
三四〇四一　己亥貞𢀛以伐于濘之：　4
三四一〇二　庚辰貞𢀛以大示　4
三四二四〇　𢀛：多射以𡆥　4
三四二四〇　𢀛惟束人以𡆥　4
屯九　丁未貞𢀛以牛其用自上甲盤大示　4
屯九　己酉貞𢀛以牛其用自上甲三牢盤　4
屯九　己酉貞𢀛以牛其用自上甲盤大示惟牛　4
屯九　己酉貞𢀛以牛其：自上甲五牢盤大示五牢　4
屯九　庚戌：𢀛：牛：惟：　4
屯二三　庚戌貞𢀛以牛　4
屯三四〇　丙寅：惟亞𢀛以人𡆥　4
屯五七〇　：未卜𢀛以衆𡆥：召　4
屯六三六　：貞𢀛以牛：用自上甲五牢盤大示五牢　4
屯六七二　：擒以牛其𢀛自上甲盤大：　4
屯八二四　甲戌卜𢀛以牛于大示用　4
屯八六六　：巳貞𢀛以婁于蜀乃奠　4
屯九三五　辛未卜𢀛以衆𡆥　4
屯一〇六六　癸酉貞𢀛以羌：北土　4
屯一〇六六　：貞𢀛以伐：于北土　4
屯一〇九九　壬戌貞𢀛以衆𡆥伐召方受祐　4

屯一〇九九 屯二五五八 英一九九正 英二四一三 英二四一二 四九二 四九三正 四〇五七 四〇六六 四〇六七 四〇六八 四〇七〇正 四〇七一 四〇七二 四〇七四 四〇七五 四〇七六正 屯五八〇 屯二三七八 英三五二 一六一〇一 六二九三 六二九三 七六七九 七六八〇 屯二三三九 六二九二 六二九八 六二九九 三三一一六 三三一一七 四〇九〇 四〇九〇 六四五〇

…貞卓以衆…
弜…史…卓以…
癸亥卜永貞卓克以多伯二月
辛巳貞卓以𡆥于蜀乃奠
…于卜令卓以多射若
…今日卓…往追羌
癸未卜穷貞惟卓往追羌
…卓往禦燎
貞卓往先
丁卯卜貞卓往先
丁卯卜貞卓往先
丁丑卜穷貞卓往六月
…丑卜爭貞卓往六月
丙子卜貞…卓其往于…
惟卓往延
貞卓勿往
…翌…戊卓勿往歸
庚寅卜其告亞卓往于丁今庚
己巳卜告亞卓往于丁一牛
庚辰卜貞惟卓往無左十二月
貞卓有𢦏
癸酉卜貞六月卓𢦏舌方
癸酉卜貞六月卓𢦏舌方
卓𢦏
貞卓弗其𢦏
惟戍犬卓比無災擒　弘吉
戊子卜穷貞卓迄步伐舌方受有祐十二月
貞惟卓伐舌方
…惟卓呼伐舌…
丁卯貞卓伐受祐
…卓伐受祐
癸丑卜穷貞惟𠬝令目卓孽
癸丑卜…貞呼…目卓孽
貞叉目卓考

其它

六〇 一〇二 一九八 二六二 二六三正 三二〇 三三五 四三四 四九三臼 四九四 五五七 五五七 五五七 五八四甲正 七三九 八二四 一〇四一 一〇七六甲正 一一一六 一五二〇 一九九〇 三〇七六 三四〇九正 三四〇九反 三五五二 三五五九 三八三一反 三八八九正 四〇四四 四〇四八 四〇四九正 四〇五〇 四〇五一 四〇五二 四〇五三 四〇五七 四〇六一 四〇六二 四〇六三

…卯卜穷…卓不…衆
…戌卜貞卓獻百牛盛用自上示
…卓有獲羌
貞翌丁亥卓…羌
乙亥…貞卓…羌
丙午卜貞卓尊歲羌三十卯三宰箙一牛于宗用
八月
貞翌…子卓其束子十羌十牢
…卓…丁羌…用
癸酉卓示十屯　㱿
…卓…追羌
癸酉卜貞其自卓有來嬉
貞勿商戠卓
貞不自卓有來嬉十一月
…亥卜㱿貞旬無囚王固…丁卯王狩
敝麩車…在車卓馬亦…
乙卯卜貞卓勿衣及十三月
癸丑卜穷貞卓來屯𢦔十二月
…貞…卓…羌…百人…用
乙亥卜穷貞合邑大禦于祖乙
…酌…𢦔…卓…無囚
甲戌卜貞翌乙亥侑于祖乙三牛卓獻
尸牛十三月
丙戌…貞卓…于丁二宰侑…牛
癸巳卜貞令㚔卓子呂歸六月
…亥卜亘貞卓…爵…子伯
…固曰卓…
壬申…㱿貞卓其…
…㱿貞卓…
…亥卓…
…午卜永貞卓…
惟卓…
丙申卜貞翌丁酉卓侑于丁一牛
丙申卜貞翌丁酉卓其侑于丁
…卜貞翌丁丑卓其侑…
庚辰卜爭貞卓侑于丁宰
…卜穷…卓侑于丁
乙未卜…貞卓…于丁
…卓先禦燎…
癸巳卜貞翌丁酉酌卓𠦪于丁
…卓告于丁
庚寅…穷貞…用卓…牛…祖乙

四〇六四 ：午卜穷貞翌丁未烝㚔來祭于曾：用
四〇六五 貞㚔勿犬事
四〇七〇臼 癸酉㚔示十屯 □
四〇七七 歸：㚔：
四〇七八 癸卯卜穷貞㚔由來歸丁若十三月
四〇八〇 貞㚔其來
四〇八〇 㚔
四〇八一 己亥卜穷：㚔入：
四〇八二 ：未卜穷貞：禦㚔：
四〇八三正 乙丑卜穷貞㚔其㞢壱三月
四〇八五 惟丁壱㚔
四〇八六 貞㚔有災
四〇八七 壬午貞㚔無災
四〇八八 壬午：㚔：災
四〇八九 貞㚔無其貢
四〇九一 貞勿祀目㚔：
四〇九三 癸卯：爭貞余：㚔：方
四〇九五 癸亥：㚔：□
四〇九六反 貞今日㝉：㚔其：
四〇九八反 ：卯㚔：
四〇九九 丙：貞：㚔：于：
四一〇〇 貞勿：㚔：弗：
四一〇一 ：丑卜：翌辛：㚔其：
四一〇二 戊寅卜殼貞㚔有剢
四一〇三 甲：殼貞㚔不其：
四一八六 ：戊：□㚔：王固：
四四九二 惟□：㚔
四六五九 ：㚔比龍前：
四七一四 ：㚔：餗：王十月
五四七七正 㚔無其□來自南允無□
五五〇五 貞㚔立事于□侯六月
五五七一反 ：小臣㚔：
五五七二反 小臣㚔：
五五七三 ：臣㚔：
五七五六 貞曰：㚔：追：
五八三一 貞㚔不□夲
五八三二 貞㚔夲
五八三三反 貞㚔夲
五八三四 乙卯卜永貞㚔弗其夲子二月
五八八七 ：亥卜穷：㚔：執
六〇五一 癸巳卜穷貞令伐途㚔師
六〇五一 ：貞令：鼓：雍：𠳋：㚔
六一一三 貞：㚔：

六二七二 惟㚔
六二八四 ：卯卜殼貞惟㚔：
六七六八臼 甲寅犬見㚔示七屯 允
六七六九臼 甲寅犬見㚔示七屯
七〇八八 貞無其來㚔自：
七一四五 ：媗迄至：有來媗㚔：子娖：有：
泚曰：
七二〇八 貞曰㚔：女令
七二三九正 貞㚔不其禦
七六二七 ：卜穷：翌乙亥㚔：征受雀祐
七七五七正 ：㚔：
九二三六反 □入五
九五六〇 壬午卜穷貞禦㚔于日
九五六〇 貞于婦禦㚔三月
九五六〇 戊子卜穷貞㚔酒在疾不从王古
一〇一一一 ：貞來乙亥㚔其餗王若九月
一〇四四七 ：虎卯：㚔：一月
一〇七七四 貞㚔弗其擒
一〇七七五正 貞㚔弗其擒十二月
一〇八一一 戊辰卜爭貞㚔□
一〇八一二甲 庚寅卜貞㚔弗其□無□四：
一〇八一二乙 庚寅卜：㚔□無□四月
一一四四六 ：無囚王固曰有祟：敝𥝢車：車㚔
馬：亦有□：
一二四三九正 㚔禦
一三七三五 癸酉：穷貞㚔無疾
一三七三六 乙卯：㚔疾延
一三八七八 乙丑卜古貞㚔骨凡有疾
一三八七九 貞㚔：其骨：疾
一三八八〇 壬午卜穷貞㚔骨凡有疾
一四七六八 ：卜：爵：㚔：
一四八二九 甲子卜爭貞來乙亥告㚔其酉于六元示
一四九〇六正 貞不惟丁示壱㚔十月
一五三四九 ：卜：翌：㚔：藝：
一五九四〇正 貞勿肇㚔
一六一三一正 貞使㚔
一六一八五 己酉卜：告㚔：令：三宰蔺一牛
一六四九五 ：卜：㚔：王：有囚
一七四五二 己亥卜爭貞㚔有夢勿祟有匄無匄十月
一九五六三 ：酉卜穷貞告㚔受令于丁二宰蔺一牛
二三六六五 乙酉：出貞：㚔：
二四一四五 丁酉卜出貞㚔□吝方

出處	釋文	分期
二七九二五	辛亥卜翌日壬王其比在成犬卓弗 悔無災　弘吉	3
三二〇四二	卯十牢卓禦	4
三二〇四三	卯十牢卓禦	4
三二三三五	丙寅貞丁卯酌卓尊𩠹有伐	4
三二七七三	庚子貞王卓途于婁	4
三二八四四	…卜卓禦于父丁…百牛受我祐	4
三二八四九	弜立事惟卓	4
三二八六四	…貞今日卓步自京	4
三二八六五	癸巳貞卓無囚	4
三二八六六	丁丑貞往無囚卓	4
三二八六九	…其令卯曰卓…	4
三二九八七	丁卯卜桒于享京亞卓其步十牛	4
三二九八八	甲午…亞卓…無…	4
三二九八九	…亞卓往于…告…	4
三三〇五五	丙子…今日步卓	4
三三〇五五	于翌日丁丑步卓	4
三三〇六五	…卓…並…	4
三三一一四	辛未卜亞卓遘𢦏	4
三三一一五	己巳貞亞卓其遘𢦏	4
三三一六二	…卓…𦘔…擒	4
三三二二二	…子貞…卓田于…	4
三三二九七	…未貞卓…	4
三三二九七	…貞卓…	4
三三三七四反	辛巳卜在小箕今日王逐兕卓人卓七兕	4
三四〇四二	乙…卓…濘…	4
三四一七六	不惟𡆥卓	4
三四一七六	乙未貞惟𡆥卓	4
三四一七六	弜禦卓	4
三四五三八	丙寅貞丁卯酌卓…	4
三四七一二	允延卓	4
屯四四一	辛巳貞弜令卯曰卓來	4
屯四四一	辛巳貞其令…曰卓來	4
屯五二四	…貞…卓…	4
屯五八〇	亞卓延弗至庚	4
屯八六六	辛巳貞王…卓比…	4
屯一〇〇九	庚辰貞至河卓其捍饗方	4
屯一〇九〇	丙寅貞…酌卓尊𩠹…卯三牢于父丁	4
屯一一一一	己未貞卓其禦于…用牡一父丁羌百	
	又…	4
屯一一二〇	癸酉…卓曰惟…乙其…	4
屯一一三〇	丙午卜惟甲寅酌卓…　茲用	4
屯二三三〇	癸酉卜戌伐有牧卓偺人方戌有災 弘吉	3
屯三五六二	甲午貞卓來…其用自上甲十示又…羌 十又八乙未…	4
屯四〇七五	丙寅貞今…卓…伐…　茲用	4
英三四九	貞卓不延有疾	1
懷一五七	…卓示…延…	1
懷三六七	…卓…其…	1
懷四三〇	…卓…至…	1
懷一六三九	…卓惟其喪衆	4

隼　舉　擒

出處	釋文	分期
一六	貞衆人無其擒十月	1
一七	辛亥卜貞衆…往𡿦有擒	1
六三正	貞弗其擒	1
二七二反	惟隼	1
一八五五反	…隼	1
六三八四	受…擒	1
六三八四	受有擒	1
六三八六	受有擒	1
六三八六	…受…擒	1
六三八七	貞弗其受有擒	1
六三八七	…有擒	1
六四五〇	貞弗其擒土方	1
七九四六	丙辰卜亘貞隼無災二月　不𠰰鼅	1
九五〇四正	丙申卜古貞呼見𢀛𢀛芻隼　二告	1
九五〇四正	丙申卜古貞呼見𢀛𢀛芻弗其隼　二告	1
一〇四〇七正	貞王狩隼	1
一〇四七四	…卜…豕…隼…酒魚	1
一〇八一一	戊辰卜爭貞卓隼	1
一〇八一二甲	庚寅卜貞卓弗其隼無𢦔四…	1
一〇八一二乙	庚寅卜…卓隼無𢦔四月	1
一〇八一三	癸酉…王勿…隼	1
一〇八一四	…有𢀛不令…	1
一〇八一五	貞弗其隼	1
一〇八一六正	…隼	1
一〇八一七	貞勿𢓊隼	1
一〇八一八	…隼	1
一〇八一九	…隼　方	1
一〇八二〇正	…隼…月	1
一〇八二一	…其…隼	1
一〇八二二	隼	1
一三二八一甲反	…隼己…	1
二〇七三六	…王亼擒豕允擒	1
二一七九三	辛亥子卜貞婦妥子曰𢾅若	1
二四一四五	丁酉卜出貞卓隼舌方	2

著錄	釋文	分期
二八四二三	貞惟方四…隼受…	3
三三三六八	…擒…獲五鹿	4
三三三七四正	…擒…百又六在小箕	4
三三三七六	…擒…在兕…	4
三三三七七	…擒…兕…	4
三三三九六	癸未貞乎隼	
屯二五二	弗擒	4
屯六六四	乙酉卜在其今日王逐兕擒允擒	4
屯六六四	弗擒	
屯六六四	弗擒	
屯六六四	弗擒	
屯二〇九五	戊戌卜王其逐兕擒弗擒	4
屯三一五〇	壬寅卜王于𣝥隼允…	4
英二四三三	弗隼	4

敎

著錄	釋文	分期
七〇三八	…弗戕敎	1
八三三六正	…有祐在洮	1
一〇八二七	…惟…不告黽	1
一七三八七	貞王夢擒不惟𡆥	1
一九二三三	…甲…出	1
三三七八八	己亥貞其令…	4

邑

著錄	釋文	分期
一三八六八	…寅卜…𢍏以新邑惟今夕…于丁	1
一五七九〇	…今日…竝新邑	1
二二九二四	…祖乙…新邑	2
二七二一八	新邑屮祖乙	3
三〇九七三	其蒸新邑二必一卣于…	3
三〇九七四	辛酉卜王其蒸新邑…	3
三〇九七五	于翌日癸蒸新邑王受…	3
三〇九七六	其蒸新邑惟…	3
三〇九七七	其蒸新邑惟二牛用	3
三〇九七八	…新邑…惟夕…有…	3
三〇九七九	…新邑其蒸…王…	3
屯六六六	蒸新邑若肉龜至王受祐	3
屯一〇八八	甲辰卜新邑王其公蒸王受祐　吉	3
英一二〇九	庚寅卜宕貞新邑侑…	1
二二九二五	癸亥卜□貞其蒸邑	2
二二九二五	貞其蒸邑其在祖乙	2

著錄	釋文	分期
二七一八〇	乙亥卜蒸邑三祖丁牢王受祐　吉	3
二七二二〇	癸亥卜何貞其蒸邑于祖乙惟翌乙丑	3
二七四〇六	…蒸邑父己惟今日己亥酚　大吉	3
三〇九八〇	其蒸邑…惟…	3
三〇九八〇	其蒸邑	3
三四五九三	…蒸邑	4
屯二一〇	蒸邑延父己父庚王受祐	3
屯三一〇	…蒸邑	4
屯六五七	甲寅卜其蒸邑于祖乙小乙暨　大吉	3
屯二三六〇	…蒸邑至于南庚王受有祐　吉	3
屯二五六七	壬申貞多宁以邑蒸于丁卯惟…	4
屯四三六六	…卯延多宁…蒸邑…在父丁宗啓允啓	4

著錄	釋文	分期
一五〇六正	丙午卜宕貞燎邑	1
一五〇六正	貞燎邑侑豕	1
一五〇六正	貞勿𦎫燎邑	1
一四三九二	貞燎邑侑…	1
屯一〇七六	…燎邑…卯牛	4

著錄	釋文	分期
一五六三	…貞侑…祖乙…侑邑	1
二〇一九	庚申卜宕貞南庚…侑邑	1
一四九九六	貞有邑…	1
二一二二二	貞𥄳侑邑	1
二三二二七	丙申卜即貞父丁歲有邑	2
二五〇三六	…有邑…百盟…	2
二六〇三四	…卜…古…有邑	2
二七三四九	己卯卜多宁有邑其…	3
二七四〇二	…父己歲有邑王受祐	3
二九五五二	貞有邑	3
三〇三三六	癸未卜宗歲有邑	3
三〇三三六	弜有邑	3
三〇五一九	貞侑邑	3
三二〇四四	…亥貞王侑百邑百牛	4
三二四五三	丙寅卜祖丁酉木丁侑邑	4
三二四五三	弜侑邑	4
三五一五三	有邑　茲用	4
英二四〇八	祖丁栖有邑	4

著錄	釋文	分期
五八〇八	貞剢邑于祖乙	1

一〇五八四 勿剢卣 1

一〇六九 ：卣三卣：人十月 1
一五七九五 卣一卣 1
一三一二七 丙申卜即貞父丁歲卣一卣 2
二五九七九 ：卜旅：卣五盧 2
二六三〇一 祖丁木丁卣三卣 3
三〇五二〇 ：侑卣：卣 3
三〇八一五 卣五卣有正 3
三〇九一〇 貞卣三卣：饗 3
三一〇七二 ：卣：卣王受祐 3
三五三五五 ：王：庚祖丁伐：人卯二牢卣一卣無尤 5
三五三五五 丁酉卜貞王賓文武丁伐十人卯六牢卣六卣無尤 5
屯五〇四 ：卣十卣卯： 4
屯七六六 蒸卣二卣王受祐 3
英一三九三 ：人卣十卣卯三十牛九月 1

其它

三〇一 丁亥卜設貞昔乙酉葡旋禦：丁大甲祖乙百卣百羌卯三百： 1
三〇二 ：貞昔乙酉葡旋禦：乙百卣百羌 1
三八四 卯三百牢己卯：翌辛：酚有禦于婦：牢三羌：三卣五： 1
三九九 ：羌三人三：三卣 1
六三七 ：爭：多：方：卣： 1
六一二二 乙卯卜：二卣：祖乙 1
二一六七 ：卜侑父辛卣 1
二一七一 ：卣其延小乙 1
三八〇四 凸：卣：牛 1
八六七五 貞令方：嚴卣： 1
一四〇〇〇 貞王勿設卣葡牧于在雨 1
一三五二三正 癸卯卜貞彈卣百牛百： 1
一五三二二 己卯卜：貞：燕卣于：曰： 1
一五三四八 ：册十：卣十：三十： 1
一五四二五 ：卣用 1
一五四二六 ：不惟卣用 1
一五六一六 癸巳卜設貞燎勿牛又五卣 1
一五七八九 貞：卣： 1
一五七九一 貞：卣：祖：卯： 1
一五七九二 庚申：貞：一牛暨卣 1

一五七九三 ：册十：卣十：三十 1
一五七九四 ：卣二月 1
一五七九六 ：其卣 1
一五七九七 ：卣： 1
一五七九八 ：卣： 1
一六一二七 ：酉：率：卣： 1
一七一〇九 ：肇：卣 1
一八三四一 ：辰卜爭貞令亳宁鷄貝卣： 1
一九〇九三 ：丑卜王：缶令：尹卣：臣 1
一九二二二 癸丑卜貞翌乙卯多宁其延陟卣自： 1
二一九六九 壬午：惟貝：受卣 1
二二〇一六 ：卣 1
二二〇一七 戊乙惟卣 1
二二二二七 乙丑酚禦于庚妣伐二十卣三十 1
二二二五八 癸丑卜酉卣中母：有友 1
二二四八六 ：卣：友：自：豖 1
二二五四六 ：呼𣎆卣二月 2
二二五四七 ：𣎆卣二月 2
二二八九二 ：貞侑：祖乙：卣： 2
二二九九一 貞祖辛歲卣 2
二二九九一 ：二卣 2
二三一二七 ：呂：小乙：卣：在六： 2
二三五六一 ：卣： 2
二四五七一 ：五牢卣： 2
二四九六五 甲子卜：㪅卣： 2
二五九〇九 ：不：有：卣用：膚 2
二五九〇九 ：卣其用于膚 2
二五九七六 ：卜大：惟有：卣用：膚 2
二五九七七 ：卣其用于膚 2
二五九七八 辛亥卜喜貞卣其膚 2
二五九八〇 貞祖乙歲：卣母： 2
二七二〇六 卣卯于二㳄惟牛 3
二七二五五 ：卜何：卣祖辛 3
二七二五六 ：侑：羌甲：卣 3
二七二五九 卣其延羌甲王受： 3
二七二六一 卣延羌甲 吉 3
二七二六二 卣延羌甲王受祐 3
二七三二一 貞惟卣 3
二七三四七 其延卣小乙惟翌日酚王受祐 3
二七三四九 其蒸卣自小乙 3
二七三四九 卣在二㳄 3
二七三四九 卣異酚 3
二七三六二 貞祖丁：卣王受： 3

著録	釋文	期
二七三六四	……卷祖丁父甲	3
二七四〇五	卷其……父己惟牛王受祐	3
二七四〇五	……卷……	3
二七八七六	……卷小臣囚立	3
二九四六五	卷友……惟牛	3
三〇〇七六	……卷……	3
三〇一五八	其卷火	3
三〇三四八	祖丁必卷卯惟牛王受祐	3
三〇五七二	……卜子……賓……三宰……卷	3
三〇九一一	……史卷……用……受有祐	3
三〇九一二	……卷至……受……	3
三〇九一三	貞卷……牛一王……吉	3
三〇九一四	弜用二十卷	3
三〇九一五	卷	3
三〇九一六	弜卷	3
三一〇七二	……卷其禘……舌王受……	3
三一一一三	卷卯惟牛	3
三一一一四	……卷卯惟牛	3
三一一三七	𠂢卷惟槀用	3
三一一一三	戊午卜貞祭多宁以卷自上甲	4
三一一一四	戊午貞祭多宁以卷自上甲	4
三一一一五	丙寅貞今日其用五十卷于父丁　茲……	4
三二六八六	……卷暨妣茲……	4
三二八七二	……王令卷𦬫于𦉶	4
三二八七三	……貞王令卷……	4
三二八七四正	癸未貞卷隼	4
三三三九六	惟卷	4
三四五九四	……申……卷……囚	4
三四七一六正	丁丑卜貞王賓武丁伐十人卯二宰卷……	5
三五三五五	庚辰卜貞王賓祖庚伐二……卯宰卷無尤	5
三五三五五	……東卷王受祐	3
屯五〇	祖辛卷卯宰……一牛王……祐	3
屯六〇九	庚午卜兄辛卷延于宗　茲用	3
屯六五七	上甲卷𣪊	4
屯二四一七	癸酉貞乙亥酌多宁以卷……于大乙卷	
	五卯……五卯牛一小乙卷三卯牛……	4
屯二五六七	丁丑貞多宁以卷侑伊	4
屯二五六七	丁亥貞多宁以卷侑伊尹𦉶示　茲用	4
屯二五六七	壬申貞𤋱多宁以卷于大乙	4
屯二九八三	……奠卷卯宰王受有祐	3
屯二九八八	……卷其延……大吉	3
屯三〇二四	丁酉卜卷其用……南庚……大吉	3
屯三七六八	……三十卷	4
屯四四六〇	戊……貞祭多宁……卷……上甲	4
屯四四七九	卷卯宰	4
英一九七一	……卜大……甲寅……卷……𣪊	2
英二一五二	庚……貞王……卷……	2
英二三六三	癸酉卜卷……其延于……	3
英二四〇〇	甲戌貞乙亥酌多宁于大乙卷五卯牛祖乙	
	卷五小乙卷三……	4
懷一一九	……商卷……	1
懷一三九九	丁酉卜王其侑……卷若岡在……	3
懷一四〇〇	卷卯惟牛王受祐	3

网

著録	釋文	期
一〇五一四	庚戌卜𠭰獲网雉獲八	1
一〇五一四	庚戌卜毌獲网雉獲十五	1
一〇五一四	甲寅卜呼鳴网雉獲丙辰風獲五	1
一〇七五一	……曰……网……	1
一〇七五二	……戌卜……网獲	1
一〇七五三	甲申卜……其网……	1
一〇七五四	……网……	1
一〇七五五反	……网	1
一〇九七六正	壬戌卜𣪘貞呼多犬网鹿于𦿁八月	1
一〇九七六正	壬戌卜𣪘貞取豕呼网鹿于𦿁	1
一六二〇三	甲申卜不其網魚	1
一九九四六正	庚午貞王冒無网在……	1
二二四〇二	……卜……夕网無……	1
二八三二九	其网鹿	3
三六七四九	癸丑……貞旬……在网……林……	5
英七三八	戊申……网……	1
懷三一九	……网……网……	1

罟　冤

著録	釋文	期
九五	貞𡍮率以冤𤸰	1
一一〇正	庚午卜宀貞田𡍮冤	1
一一〇正	貞田弗其𡍮冤	1
一一〇正	貞田冤	1
四九	……冤𤸰于……	1
一一〇八正	辛卯卜𣪘貞惟冤呼竹𢼋𠂤	1
一一〇九正	辛卯卜𣪘貞惟冤呼竹𢼋𠂤	1
一一一〇正	貞不惟冤呼竹𢼋𠂤	1
一一一一正	……惟冤呼竹𢼋𠂤	1

一一一二　貞不…⿱罒兔呼竹效　1
一二四八正　貞呼取甾任于⿱罒兔　二告　1
五五五九　…峀⿱罒兔　1
五八四〇正　壬午卜殻貞尹卒⿱罒兔王固曰其卒七日戊　1
五八四四正　…尹允卒　1
六一八五　壬午卜爭貞舟卒⿱罒兔　小告　1
六三三五　戊寅卜殻貞勿呼師般比⿱罒兔　1
貞呼師般比⿱罒兔　1
七〇五一　…亥卜王…征⿱罒兔　1
一〇七二六　…罝豕罝率…⿱罒兔王固曰有…　1
一〇七二七　…豕罝率⿱罒兔王固曰有…　1
一〇七三六　…貞王往…⿱罒兔…王往…　1
一〇七三七　…不其⿱罒兔在盖　1
一〇七三八　貞…率…⿱罒兔…　1
一〇七三九　…𠦪⿱罒兔…　1
一〇七四〇　甲申…貞麋…⿱罒兔　1
一〇七四一反　貞…⿱罒兔　1
一〇七四二　…⿱罒兔　1
一〇七四三　…鳳不…⿱罒兔　1
一〇七四四　…呼取…⿱罒兔　1
一〇七四五　…⿱罒兔　1
一〇七四六　貞⿱罒兔　1
一〇七四七　…⿱罒兔　1
一〇七四九　…其…擒王固曰其⿱罒兔　1
一〇七五〇　辛丑卜王翌…寅我⿱罒兔…獲允獲　1
一〇八五七　…豖⿱罒兔不其獲　1
一七八五七　…得⿱罒兔　1
二〇七〇八　…其⿱罒兔執　1
二〇七一〇　甲…燎于…田⿱罒兔虎　1
二〇七二五　丁…⿱罒兔…　1
二〇七二九　…卜王令…⿱罒兔…兔終…　1
二〇七七二　丁丑卜今日令丞⿱罒兔不…魄允不兔十…　1
二〇七七三　丙子卜…⿱罒兔…獲十…　1
二〇七七四　…⿱罒兔　1
二〇七七五　甲戌卜翌乙亥征⿱罒兔不往⿱罒兔　1
二一六七九　辛酉子卜貞⿱罒兔獲…丁　1
懷九九一　…王曰⿱罒兔惟…　1

⿱罒豕

四七六一　壬申卜令…⿱罒豕印六旬…　1

⿱罒隹

八八〇正　乙卯卜爭貞旨戕⿱罒隹　1
八八〇正　貞旨弗其戕⿱罒隹　1
五七七五正　旨弗其戕有盅⿱罒隹　二告　1
六〇一六正　庚申卜爭貞旨其伐有蠱⿱罒隹　1
六〇一六正　旨弗其伐有蠱⿱罒隹　二告　1
六八二七正　辛酉卜古貞旨戕⿱罒隹　1

剛

六　甲午卜穷貞取剛于…　1
三三三六　庚…貞…冎剛…辰其…于子…無…　1
四七九〇　…剛小…族…束　1
八二〇三　己卯卜⿰冈戈虒　1
一〇五一〇　…上甲…王⿰冈戈…　1
一〇七一一　乙未卜爭貞剛無囚　1
一〇七一一　貞剛有擒　1
一三六七五正　癸亥卜內貞呼般比⿰冈戈　1
一三六七五正　勿呼般比⿰冈戈　1
一三六七五正　呼般比⿰冈戈　1
一三七四五　癸酉卜貞剛其有疾　1
一四三九〇　貞呼剛目…河以…㱿洹　1
一六四六八　壬申…剛　1
一八四五三　壬辰…貞…丁…剛…　1
一八四五四　…寅卜…貞剛…　1
一八四九五　…⿰冈戈…　1
一八五九二　…勿…剛…　1
二一二四〇　…卜今日⿰冈戈　1
二一九五五　惟剛　1
二一九五五　惟剛羊　1
二二四四四　貞惟甲辰…⿰冈戈　1
二二九四七　…貞惟…剛祖乙…　2
二七二五四　其剛祖辛僼惟豚有雨　3
二七二五四　其剛祖辛僼有雨　3
二七二五四　弜剛　3
二七二五四　其剛父甲僼有雨　3
二七二五四　弜剛　3
二七四三五　辛亥卜⿰冈戈于父庚　3
二八〇八二　…午…貞王其…剛…　3
二九七五五　…翌日辛酉其剛　3
三〇四三一　王其田𢦏剛于河　3

著錄號	釋文	期
三〇四三一	河剛牛	3
三〇四三一	弜剛	3
三〇四三九	癸酉卜貞其劉于河王賓 吉	3
三〇四三九	貞王其田于劉于河 吉	3
三一一三三	其剛叀放惟…	3
三一一三四	弜剛	3
三一一三四	其剛	3
三一一三五	弜剛于之若	3
三一一三八	壬申卜其剛惟犬	3
三一一三九	…剛于社…彭	3
三二一六一	己未卜其剛羊十于西南	4
三二四八六	戊辰貞酖于大甲師珏三牛	4
三二四八六	…酖于大甲師珏一牛	4
三二四八七	丙辰卜剛于珏大甲師	4
三二五九七	弜令剛	4
三二七二五	辛…貞其剛父乙	4
三二七二六	…有告啓其剛于父乙	4
三二七二七	辛酉卜剛于父乙…	4
三二七七〇	…剛囚	4
三三二一〇	己巳王…剛戉田	4
三三二七三	壬申剛于伊奭	4
三四〇三五	…用剛…	4
三四一一二	…卯卜酖…	4
三四二三三	戊辰貞酖于…餗珏…	4
三四二六四	河剛惟	4
三四四四〇	癸卯貞其剛…于延豕十犬?…	4
三四六八二	于來剛	4
三四六八三	…剛于衣一牛 茲用	4
三五三四六	丙辰卜在剛貞惟大有先…歆美剛 利不雉衆	5
三六四三五	甲寅卜在剛貞今夕師不震	5
三六四三六	甲子卜在剛貞今夕師不震	5
三六四三七	己未卜在剛今夕師不震	5
三六四七六	庚寅…剛師…今夕師…	5
三六八〇七	癸亥王卜在剛貞旬無畎	5
三六八〇八	貞卯卜在剛貞王旬無畎	5
三六八〇九	貞亥王卜在剛貞旬無畎	5
三六八一〇	癸丑卜在剛…旬無畎	5
三六八一一	…丑卜在剛師貞王…往來無災	5
三六八一二	…在剛師貞…于泊無災	5
三六八一三	…卜貞旬無畎…囚曰大吉在剛師	5
三六八一四	…在剛師貞今…無畎寧在十月…	5
三六八一五	…卜在剛…王省往來…	5
三六八一六	…寅卜在剛貞…敦…歆美…受祐	5
	戦…	5
三六八一七	…卜在剛…貞王旬…畎在十…	5
三六八一八	…卜在剛師…寧	5
三六九五一	癸亥卜在剛…王旬無畎	5
三六九七一	…貞今日王…歆美剛方	5
屯一九九	王其田于…其剛于大甲師有正	3
屯一九九	其剛…小宰有正	3
屯二八〇	戊辰貞酖于大甲師珏二牛	4
屯四九九	甲戌貞王令剛炈田于…	4
屯五六五	庚辰卜剛大甲師有羌…	4
屯五六五	庚…剛…	4
屯五九九	壬子卜剛𡳿受祐	4
屯六二六	…翌日戊王其田虞剛于河王受祐	3
屯九一二	癸丑貞王令骨剛	4
屯九二〇	癸丑貞王令剛𥦚𠂤侯	4
屯九二〇	王弜令剛	4
屯一〇五〇	弜剛于寢	4
屯一〇五〇	辛巳貞其剛于祖乙寢	4
屯一〇五〇	弜剛	4
屯一〇七四	戊辰貞酖一牛于大甲師珏	4
屯一七一九	…剛…	
屯二〇三二	其剛	4
屯二三三二	王其觀日出其戠于日剛	3
屯二三三二	弜剛	3
屯二三三二	剛其五宰	3
屯二八六五	…亥貞其剛…祖乙寢…	4
屯二八六九	…其剛…寢三羌	4
屯四〇六五	…申卜河劉王賓王受祐 吉	3
屯四二九三	…卯貞…剛…	4
屯四三三五	乙卯卜其…于𣐚…羌用剛	3
屯四四二二	其剛于河	3
英二五三六	…卜在剛…旬無畎	5
懷一六五〇	丁卯貞…令郭…剛于亳	4
懷一六五〇	丁卯貞王令鬼𩁹剛于亳	4

⿱罒東

著錄號	釋文	期
三一一三一	…卜其⿱罒東叀𢦏…	3
三一一三六	于𡧊⿱罒東放	3
三一一三六	其⿱罒東放在𡧊	3
三一一三六	于㙲⿱罒東	3
屯一〇二一	…其田龤剛…	3

著錄	釋文	類
九〇三正	貞我用□孚	1
六九五九	辛巳卜殼貞呼雀伐□	1
六九五九	辛巳卜殼貞勿呼雀伐□	1
一八四九四	…⿱罒異…	1
英 六〇六	…卜殼貞我𢦏⿱罒異	1

著錄	釋文	類
三三〇七八	乙亥…王敦⿱罒冀…旬一日乙…	4
三三〇八〇	乙亥卜貞今乙亥王敦⿱罒冀𢦏	4
三三〇八一	丁丑卜今日𢦏⿱罒冀	4
三三〇八一	丁丑卜戊寅𢦏⿱罒冀	4

⿱罒殳

著錄	釋文	類
一〇七五九	…貞⿱罒殳	1
一〇七六〇	癸酉…⿱罒殳	1

⿱罒受

著錄	釋文	類
乇四二八一	其□于虞王弗悔	3
乇四三八一	…□…	3

⿱罒甬

著錄	釋文	類
一〇七四八甲	…⿱罒甬	1
一〇七四八乙	…⿱罒甬	1

罗

著錄	釋文	類
二一三八六	癸亥卜令師虎今夕允□二旬壬午□	1
二八八二五	…王其田…□	3

⿱罒足

著錄	釋文	類
乇 七三〇	其田戲以⿱罒足無災	3

著錄	釋文	類
九四〇正	貞旨弗其𢦏□ 二告	1
二一五三四	乙亥子卜貞觀□獲女	1

凡

參 833 頁

著錄	釋文	類
一三八三一	凡疾	1
一三八六七	己未卜貞□女…凡…疾	1
一三八九四	…疾弗…凡有疾	1
一三八九八	弗…凡…疾	1
一三九〇四	…凡有疾	1
一三九〇五	…凡有疾	1
一三九〇六	…貞…凡有疾	1
一三九一〇	…周…凡…疾	1
一三九一一	貞…不…凡…疾	1
一三九一三	…凡…疾	1
一三九一四	…凡…疾	1
一三九一五	…凡…疾	1
一三九二三	貞…王…凡…疫	1
懷 四九三	…凡…疾	1

著錄	釋文	類
二七七四〇	癸丑卜惟□□監凡	3
二七七四〇	惟□□令監凡	3
二七七四二	惟□□令監凡	3
二七七四二	惟□戌令監凡	3

著錄	釋文	類
三七一正	呼□凡龍圭	1
三四〇二	…呼凡…	1
六三四三	勿呼王族凡于疫	1
六五五	…王…□…呼凡□𢦏	1
六五九七正	骨呼宅凡	1
八八九六正	貞呼凡左子 二告	1
九六六二	庚子卜殼貞令凡高倩父…	1

一〇一七一正　甲辰卜旁貞呼凡丘　二告　1
一〇一七一正　貞惟𠈌呼凡丘　1
一三六三五正　丙寅卜古貞呼為凡果…　1
一二五六五　…貞中子肱疾呼田于凡　1

其它

七〇三反　…好…凡㞢…　1
八一二正　子衞弗其凡　1
八一二正　子𠷎弗其凡　二告　1
九四〇反　凡父乙　1
二四九八正　不惟之其凡　1
二四九八正　惟之其凡　1
二四九八正　壬戌卜內貞之其凡　1
二四九八正　貞不惟之其凡　1
三三六正　乙丑卜㱿貞先彭子凡父乙三宰　1
三九四六反　王固曰鳳其出惟丁丁不出其有疾弗其凡　1
四一二七　貞雀其有凡　1
四五九六　…旁貞麇告曰方由今春凡受有祐　1
四五九七　乙酉卜爭貞麇告曰方由今春凡受有祐　1
四七二七　癸亥卜雀其凡惟捍其…　1
四九六一　丙申卜旁貞紹其凡　1
五〇三〇　…卜王貞凡小王　1
五三四七　癸亥卜王其凡惟…　1
五三四八　…卜王…凡惟…　1
五三四九　庚子卜爭貞王凡其遘之日凡遘雨五月　1
五七三八　…爭…凡…　1
五八一四　己卯卜…貞𢀛…師次…奴自…凡…𢀛…　1
六三五四正　辛丑卜爭貞𢀛吾方凡𢀛于土…其敦𢀛　1
允其敦四月　1
六三五五　…曰吾…凡𢀛…其敦𢀛…　1
六八一三　丙寅卜爭貞吾凡肱暨余…　1
六九六八　…丑卜…雀…凡　1
七七七三　貞我…凡牛束羊　二告　1
八六六二　壬戌卜方其凡　1
八八四四　…己卜亘貞不其凡　1
一〇一三二反　丙寅卜古貞凡多𢀛　1
一〇一三二反　…凡…𢀛　1
一一一七一正　貞凡多沚　1
一一一八五　…凡允凡四羊　1
一二九九一　日雨　1
一三七二二　貞翌…凡勿…自…　1
一三八九七正　不其凡有…　1
一三九〇九　…其…凡有…　1

一四一九七正　…夫弗…凡　1
一四八七一　丁丑卜翌甲申𢀛凡于…　1
一七四六六　…卜爭…凡又…　1
一八七〇九正　…南…凡車…　1
一八八七四　…由今日春凡…　1
一八八七五　貞其凡　1
一八八七七　不其凡　1
一八八七八　勿凡　1
一八八七八　勿凡　1
一八八七八　勿凡　不舌黽　1
一九五三四　…壬寅卜王凡…北示…宅…　1
一九五九一　…不其延凡　1
一九七一六　貞其凡　1
一九七一七　…㱿貞凡羊…　1
一九七一八正　…卜旁貞…凡…　1
一九七一九　…翌甲戌勿凡　1
一九七二〇　貞凡弗其…　1
一九七九一　…王貞章…𢀛…凡…　1
一九七九四　癸丑卜…凡伐…三月　1
二〇一七〇　貞雀凡𡆥在𢀛二月　1
二〇五七五　貞凡追　1
二〇五七五　貞追凡　1
二〇八五三　丙子卜貞黽凡　1
二〇九八四　辛未…𢀛令…𢀛凡…鬼　1
二一〇三〇　…𠂤王…門于…般凡…　1
二一〇五三　辛亥卜貞犬田凡　印一月　1
二一〇五四　…凡𢀛四月…未夕啓老　1
二一五六〇　…丑卜…婦女…凡　1
二一八八七　丁凡戌…　1
二二〇三〇　不凡　1
二二一〇八　御凡…惟宰　1
二二一二四　丙辰卜凡有正　1
二二一二四　惟新言凡　1
二二二七四　凡牛入商　1
二二二九四　己未卜酉子凡酚　1
二三〇六七　…貞…凡于丁　2
二三三九五　…侑于妣辛𢀛歲其至凡…祖四月　2
二三三九六　…妣辛𢀛歲至凡…　2
二三六五〇　癸酉卜中貞惟𦳢凡有尤　2
二四五五一　丁卯卜…貞入亥凡于妣?亥若　2
二四五五一　貞勿凡　2
二七二八一　其凡于祖丁舌王受祐　3
二七三九一　…卜狄…𠕁凡仲己…小宰王受祐　3

二八一二二　…卜万其𢦏至凡王弗悔　大吉　茲用　3
二八九四五　从凡無災　3
二九三八三　王至于凡田其悔　3
二九三八三　弜至凡田湄日無災　3
二九六八七　丁亥卜大…其鑄黃呂…作凡利惟…　3
二九九九〇　其作龍于凡田有雨　吉　3
三〇四四五　于[illegible]凡王弗悔　3
三二二八九　辛未卜烄天于凡享壬申　4
三二二九五　…烄凡于兕雨　4
三二二九六　于癸烄凡　4
三二二九六　于甲烄凡　4
三二二九六　弜烄凡　4
三二二九九　于甲烄凡　4
三二七三〇　癸巳卜將兄丁凡父乙　4
三三五六八　戊寅…貞王其田無災在凡　4
三四二二四　弜凡　4
屯一〇〇八　…其取在濆…衛凡于集…王弗悔　3
屯二三七九　癸亥卜王其敦封方惟戊午王受有祐　戠在凡　吉　3
英三一四　貞畀弗其…凡㞢…　1
英五四三　…爭貞曰舌方其凡㞢于土…敦　允其敦　四月　1
懷一六三　…凡家…　1
懷四九〇　…凡有…固曰其…　1
懷七七一　…凡…作…　1
英八七二　…寅卜…凡…　1
英一一二八　…辰卜…㞢…凡有…　1
懷一三五三　…貞王其呼…以戎…郭…凡…　3
懷一五五六　…凡…有歲…小乙…　4
懷一五六四　癸巳…將兄丁凡父乙　4

丹　井

七一六正　呼比丹伯　1
七一六正　勿呼比丹伯　1
八〇一四　…卯卜…貞…祟…在丹　1
一〇九三六　貞…惟…丹…　1
二四二三八　辛巳卜…貞王步自丹…災…　2
二四三八五　貞無…在十月在丹…　2
二四三八六　己卯卜王在丹　2

興

二七〇正　壬寅卜殻貞興方以羌用自上甲至下乙　1
三三九　丁卯卜穷貞歲不興無匄五月　1
五五七　癸丑卜貞勿呼多…興二月　1
五五七　貞呼王女興于　1
五六四五　…疾…興…使　1
六五三〇正　甲申…貞興方來惟囚余在囚　二告　1
六五三〇正　…興方來不惟囚余在囚　二告　1
六五三〇正　…王比興方…下危　1
六五三〇正　貞…比興方伐下危　二告　1
六五三一　…貞王比興方伐…　1
七一九八　…勿…多…興…　1
七四二六正　貞興稱冊呼歸　1
一三七五四　壬子卜貞亞克興有疾　1
一六〇八〇　…卜爭…興…㞢…　1
一六〇八一　貞…司…興…于…　1
一六〇八二　…翌…興十二月　1
一六〇八三　貞勿呼興五月　1
一八九一九　弗其…興疾　1
一九九〇七　乙亥…用巫今興母庚允使　1
二〇二三六　庚子卜…令曼興考　1
二一二三六　貞興…見…入…　1
二一二八九反　…興弗攸…　1
二一七四六　…無取專興　1
二二〇四四　辛亥卜興司戊　1
二二〇四四　辛亥卜興　1
二二〇四四　辛亥卜興祖庚　1
二二〇四四　辛亥卜興子庚　1
二二〇四四　辛…卜興司戊　1
二二〇四四　辛亥卜興祖庚　1
二五一八〇　…卜出…見歲…不興用　2
二七三六五　…暨興酌祖丁…父王受有祐　3
二八〇〇〇　戊興伐卯方食…　3
三一〇六六　弜之不興　3
三一七八〇　…興…祐　3
三三五六四　壬申卜貞王其田興無災　4
三四〇八三　乙未貞大禦弜遘翌日其興　4
三四四二六　…歲牢其興　4
三四四二八　于辛亥興王燎　4
三五二三四　…邑其興…　4
屯二一八　辛…卜惟興廣　3
屯六四一　…卜翌日壬王其田麸呼西有麋興王　于之擒　大吉　3

著錄	釋文	期
屯二一九六	惟丙興用莫	3-4
屯三七五二	辛其興子…	3-4
屯四〇六六	…若𠧟于…母…興于之受祐	3
一九八七四	…卜…酚燎…兄…祖戊…	1
二一〇五六	癸巳卜子…骨	1
二一二三七	…妣…	1
七〇七六正	戊午卜殻貞弗其及	1
七〇七六正	戊午卜殻貞𢦏及	1

同

著錄	釋文	期
二二三〇二	壬辰卜同父乙	1
三六八七〇	…卜不同惟…	2
二八〇一九	…卜方同變	3
三〇四三九	丁丑卜狄貞其用兹卜異其涉兕同　吉	3
三一六八〇	辛未卜…貞夕卜…同惟其…王𡆥曰惟　…惟其悔…于…	3

甫

著錄	釋文	期
三〇六六	貞子…	1
三九四五正	雷鳳不其來	1
三九四五反	王固曰鳳其出其惟丁丁不出其有疾	1
三九四六反	王固曰鳳其出惟丁丁不出其有疾弗其凡	1
三九四七正	貞鳳不其來	1
三九四七反	王固曰鳳其出其惟丁丁不出其有疾	1
三九四七反	王固曰其出惟庚先𢦏至	1
三三五八	惟勹侯使	1
六九〇八	甲午卜殻貞我獲	1
三〇四四	己巳卜王…雨之…	1

宁

著錄	釋文	期
四八一八	庚申卜穷貞令‖多宁…	1
一三五六九	丁酉卜貞其多宁王爯	1
一九二二〇	乙卯多宁其延陟…翌丁巳多宁其延…㞢…	1
一九二二一	癸丑卜貞翌丁巳多宁…	1
一九二二一	甲寅卜貞惟奚又多宁二月	1
一九二二二	癸丑卜貞翌乙卯多宁其延陟鬯自…	1
三〇二七九	貞宁無災	1
三〇二八九	…巳卜王貞…宁…甲…	1
二七三四九	己卯卜多宁有鬯其…	3
三二一〇七	癸丑卜于丁巳延多宁暘日	4
三二一一三	戊午卜貞祭多宁以鬯自上甲	4
三二一一四	戊午貞祭多宁以鬯自上甲	4
三二一一五	戊午貞祭多宁以鬯自上甲	4
三二五一七	癸丑貞多宁其延有㐅歲于…	4
三二九二八	…辰貞多宁…	4
三四五四七	庚辰貞多宁…	4
屯補一六	甲寅貞乙卯其延多宁惟竝以…	4
屯二五六七	壬申貞多宁以鬯蒸于丁卯惟…	4
屯二五六七	壬申貞蒸多宁以鬯于大乙	4
屯二五六七	丁亥貞多宁以鬯侑伊尹示　兹用	4
屯二五六七	丁丑貞多宁以鬯侑伊	4
屯二五六七	癸酉貞乙亥酚多宁以鬯…于大乙鬯　五卯…五卯牛一小乙鬯三卯牛…	4
屯三六七三	癸丑貞多宁其延有㐅歲于父丁牢又一牛	4
屯四三六六	…卯延多宁…蒸鬯…在父丁宗啓允啓	4
屯四四六〇	戊…貞祭多宁…鬯…上甲	4
英二四〇〇	甲戌貞乙亥酚多宁于大乙鬯五卯牛祖乙鬯五小乙鬯三…	4

四五二五 貞惟㞢令取…宁三…
四七〇八 辛巳…貞令宁
四七〇九 …惟…令…宁
六〇四八 …卜㱿…令貯…途卒五月
六〇四九 …㱿貞令戴酉子貯八月
七〇六二 …卜王令…取…宁
一八三〇一 …辰卜爭貞令亳宁鷄見𠂤…
二〇七四一 …𡆥令宁
屯二四三八 丁未卜令宁鼓𩚬𢓊戎
懷九六三 貞令宁以射何弋衣四月

其它

九〇四正 貞宁循𩊃
九〇四正 …宁不…𩊃
三五〇八反 貞勿呼宁鼓𩊃…
四七一〇 …𠂤…宁…好…
四七一一 貞宁無…
四七一二 …翌丁巳宁其…㞢…
四七一三 已夕…宁𠂤
四七一四 …㱿貞…宁…示…呼…
四七一五 …貞惟宁鼓…其侑于…
四七一六 …宁…𠂤
四七一七 己丑卜…宁
四七一八 …丑…羊…宁
六六四七反 宁入
七〇六〇 …戒取宁
七〇六一正 貞呼取亳宁
一四七三五正 翌戊宁焚于西
一五四一〇 貞用宁
一六三三三 …宁…𠂤若
一八四六五 …宁𩊃…
一八八〇五 庚辰卜貞宁戠魚…不冎在兹
一九九四六正 …戠…宁
二一五八六 己巳卜我貞使豕宁
二一五八六 宁不獲𢀛
二一六四一 乙巳卜宁告妣呼…
二一九六八 辛巳…井宁𦎫不…
二一八七〇 乙卯卜貞史入宁
二一八九六 …辰卜貞𠂤…宁無若十三月
二一九八九 癸亥貞宁
三一六七八正 丁亥卜宁𩊃…

屯二三二二 丙寅卜宁其𡆥
屯四五七五 宁
英一七八四 戊戌卜王貞余𤕷立員宁史暨見
𦎫終夕印
英一九四四 庚午卜出貞王𠧚曰以𡆥宁齋以
懷九六三 丙…𡆥貞…宁…弋…
懷一五〇二 …卜…以…宁…

二四九正 𢀛𦎫于𠂤 二告
六六六五正 三日乙酉有來自東妻呼𠂤告 旁 𢦔
一七五〇 己…卜𠂤…
一三〇〇六 貞…𠂤…
一八六四五 …𠂤…
二一七七七 …宁延馬二丙辛巳雨以雹

三三三七七 于𡆥次
三三三七八 于𡆥次

井

一三三九 癸卯卜㱿貞井方于唐宗彘
六七九六 …辰卜㱿貞方𡆥井方…
三三〇四四 己巳貞執井方

一一六反 婦井示三十 爭
一三〇臼 癸巳婦井示一屯 亘
四七六反 …婦井…
八三八反 婦井示三十 穷
一二四八反 婦妌示十 㱿
二五三〇反 婦妌示百 㱿
二六八一反 婦妌示…
二七二七反 婦妌㿿
三二八六臼 癸卯婦井示四屯㱿
三九四四反 婦井示…
六六一六臼 …井示… 㱿
七六二九臼 婦井示十屯 穷

七七二八反　婦井…
七七二九反　…婦井…
八一八五正　貞婦姘無其賓
八八三七反　…章婦井…
八九九二　貞呼婦井以[?]
九三八九　…戌婦井乞…
九三八九　…子婦井乞自…
九三九〇　婦井乞自…
九三九一　婦井乞自…
九三九二　婦井乞自…
九三九三　…自婦井…
九三九四反　…乞自婦井乞…
九三九五　…入五…婦井乞靈自…七月十五
九五九八　婦井黍萑
九五九九　貞婦井黍其萑
九五九九　婦井黍不其萑
一〇〇〇六反　…井示…
一〇九三五反　婦姘示四十
一二五三〇臼　婦井示四屯　殼
一三五四五臼　婦井示七屯　殼
一三六五八反　婦井…
一三七一八　貞婦井疾惟有𧉬
一四五二六臼　…婦井示…
一五五二七反　…呼…井…
一七四八五　婦井示三十…
一七四八六　婦井示三十…
一七四八七　…井示三十…
一七四八八　…井示三十…
一七四八九　婦井示二十
一七四九〇　婦井示十屯　殼
一七四九一　婦井示五屯　亘
一七四九二　甲午婦井示三屯　岳
一七四九三　婦井示…
一七四九四　婦井示…　章
一七四九五　婦井示…
一七四九六　婦井示十屯　岳
一七四九七臼　婦井示…
一七四九八反　婦井示…
一七四九九反　婦井示…
一七五〇〇反　…井示…
一七五〇一　戊辰…井示…　殼
一七五〇二　婦井…
一七五〇四　婦井…
一七五〇五正　婦井…
一七五〇六臼　婦井…屯　爭

一七九九七反　婦井示…
三二七六三　…亥婦井毓…
三二七六五　己亥卜戠婦井于[?]
英一六〇　…翌庚子…婦井侑母庚
英一六三　貞呼婦井以[?]
英一六七　…卜殼…婦井…
英一六八正　…婦井…
英一六九反　婦井…
英五六四臼　壬戌婦井示二屯　允
英六六八反　…婦井示…
英七八三反　婦井乞自…
懷五三b　丁酉婦井示二十
懷五四六b　…井示十　耳
懷八八四b　…井示十…

其它

一五二三反　…井洛
二六六六反　井示
二七七〇　呼…井…于…
四七二五　辛未卜鳴獲井鳥
四七二五　…鳴不其…井鳥
五四三六　…王…井…
六五七九　貞…井…𢦏
一四七九四反　井示
二〇七七九　井獲不暘日
屯二九〇七　…貞利在井羌方弗𢦏

洴

一八七七〇　…百洴…

丼

四九五一　戊午卜貞丼不其骨凡

一八九二三　…直…口…

南　穀

八七四八　…南土

八七四九 貞…南土 1
九七三六 …南土受年 1
九七三八 甲午卜亘貞南土受年 1
二〇五七六正 辛酉卜貞雀無囚南土囚告事 1
二〇五七六正 庚申卜貞雀無囚南土囚告事 1
二〇五七六正 庚申…貞雀無囚南土囚告事 1
二〇五七六正 …無囚在南土 1
二〇五七六正 己未卜貞…在南土 1
二〇五七六正 …在南土…告事 1
二〇五七六正 …南土骨告 1
一〇六二七 …卜大…口紉南土 1
二四四二九 癸卯卜大貞南土受年 2
三六九七五 南土受年吉 5
懷一八九六 …南土不其… 1

八九四五 …南方…十一月 1
一三五三二 貞于南方將河宗十月 1
一四二九四 南方曰𡿺風曰𠣞 1
一四二九五 辛亥卜內貞帝于南方曰微風夷𢆶年一月 1
三〇一七三 于丁卯酌南方 3
三〇二〇四 惟南方 4
屯一二六 南方 4
屯三七七 南方受年

七二一一正 戠于西南帝𣎆卯 1
七二一一正 勿戠西南 1
八七二五 于西南 1
八七二六 于西南 1
一四三一五正 貞燎東西南卯黃牛 1
三二一六一 己未卜其剛羊十于西南 4

一三六〇七 …南門即羌 1
二七三八七正 …南門 3
二八〇八六 于南門𢽺 3
三〇二八六 弜南門 3
三〇二八八 其…鼎…南門…弗… 3
三〇二八九 貞从南門 3
三二〇三六 王于南門逆羌 4
三二〇五六 庚申于南門𢽺 4

三四〇七一 于南門旦 4
屯二八七 …南門雨 4
懷一五七一 辛酉貞王𢽺𠂤以羌南門 4
懷一五七六 戊申于南門𢽺

五五七 庚子卜貞有𠃊于南室 1
八〇六 貞告執于南室三宰 1
一三五五七 …子卜于南室酌𠃊 1
二二五四三 …有𠃊于丁于南室酌… 2
二四九三八 …酉卜祝貞惟今夕告于南室 2
二四九三九 乙酉卜祝貞惟今夕告于南室 2
二四九四〇 乙酉卜祝…丁亥使其酌告南室 2
二四九四一 …寅卜大…其侑…丁三十牛…南室 2
懷一二六二 貞告執于南室 2
懷一三六二 丁未…貞告…于南室… 2

五七〇八正 貞勿省在南亩 1
九六三六 庚寅卜貞惟束人令省在南亩十二月 1
九六三六 …南亩十二月 1
九六三七 …寅…惟束…令省在南亩十二月 1
九六三八 己酉卜貞令𢦏省在南亩十月 1
九六三九 己亥卜貞惟並令省在南亩 1
九六四一 貞先省在南亩…月 1
九六四二 …南亩省十月 1

九五一八 今春王黍于南…于南沘 1
二九〇八四 丁丑卜貞王其田于孟𢓜南沘立 3
三三一七八 于滴南沘 4

七八八四 貞勿遣在南奠 1
七八八五 …殸貞在南奠 1
七八八六 貞在南奠 1
八八一八 …不其…南奠 1
八八一八 于南奠 1

六四七三正 庚辰卜爭貞爰南單
二八一一六 …入以南單 3

著錄	釋文	期
三四二二〇	岳于南單	4
屯四三六二	己卯卜于南單立岳雨	4
英七五四	…南單…不吉	1
一四三二三	帝于南犬	1
三四〇七四	丁酉卜𥹫帝南	4
三四一五三	癸…帝南	4
三四一五四	癸亥…帝南	4
三四一四五	癸丑卜帝南	4
懷一五七四	癸亥…帝南	4
五一一五	…王往省从南…	1
一〇九〇三	貞呼田从南	1
一〇九七六正	貞…呼犬𢀛省从南	1
二〇六五二	…卜王…比西暨南比…年北暨東不受年	1
二九四一四	王其田从南 吉	3
三三二〇八	乙丑卜王从南戈𢦏侯…	4
屯六三九	…王往田从南擒	4
屯一一二四	从南擒	3-4
屯一三一八	…从南	
屯一五五九	…从南擒	
屯二二九八	田从南擒	3-4
屯三三二二	…从南擒	3
英一七七八	…从南…	1

著錄	釋文	期
五四七七正	𫷷無其𡧊來自南允無𡧊	1
五七七五正	貞有來自南以…二告	1
六七九八	…大方伐…𠬝二十邑庚寅雨自南二…	1
七〇七六正	有來自南以龜	1
七〇九二	貞其有𡧊自南	1
七〇九三	貞無來𡧊自南	1
一二七二四	貞有來自南	1
一二八七〇乙	其自南來雨	1
一二八七一	…自南…雨	1
二〇四一五	戊申卜方𢀛自南其征印	1
二〇四一五	戊申卜方𢀛自南不其征印	1
二一〇二一	癸丑卜貞旬甲寅大食雨…北乙卯小食大啓丙辰…日大雨自南	1
二四一四七	…貞其自南有𡧊	2

于南

著錄	釋文	期
屯二四四六	癸酉貞旬有祟自南有來囚	
懷九四五	有來自南	1
六〇五一	乙未卜㱿貞令永途子央于南	1
五五一二正	貞勿立事于南	1
七二二七	庚戌卜…無其…循于南	1
九四六六反	…于南賜羊	1
一一三九五	貞于南教	1
一二七四二	丙戌卜…貞禱日于南…告…	1
一四三二一	貞禦于南	1
一四三九五正	勿𢦏于南	1
一四三九五正	貞𢦏于南	1
一五五九一	…丑卜…燎于南…	1
二〇五三六	丙辰…行其鼓…征于南	1
二八一九二	王其…于南 吉	3
二八五九五	辛…卜王往田于南擒	3
二九四一三	于南田無災擒	3
三〇三七四	丁巳卜于南宮𢀛 大吉	3
三〇四五九	…卜其𢀛𢀛雨于南暨… 大吉 用	3
三三六九四	于南𢀛	4
三四一三〇	辛巳貞將示于南	4
三四一四九	于南𡧊	4
屯二〇四四	于南户𢀛王羌	4
屯二四三六	庚辰…有邑人于南	4
屯四五三九	于南陽西𢀛	3

犧牲

著錄	釋文	期
二五	甲申卜貞翌乙酉侑于祖乙宰又一牛又𣪊	1
二〇三反	五白牛又𣪊	1
三五〇	…𣪊	1
三六〇	貞九羌卯九牛新𣪊	1
三七八正	貞…年于王亥囚犬一羊一豕一燎三小宰卯九牛三𣪊三羌	1
三八二	…未卜王…𣪊于…勿夕…	1
四三五	…卜王…𣪊…上甲…	1
六五五臼正	侑于祖辛𣪊𣪊	1
六六八	…𣪊	1
七〇二正	貞禦婦好于父乙𢀛宰又𣪊𦧧十宰十𠬝 𣪊十 二告	1
七〇二正	…𦧧父乙十𠬝十宰𣪊十	1
七〇二正	…𢀛宰…十宰𣪊…	1
七一〇	貞燎于高妣己有𣪊𦧧三𠬝𢀛卯宰	1

七二四正 貞冊妣庚及新𣪕 1
七三四正 貞三𣪕 1
七三四正 貞勿𣪕 1
八九三正 庚寅㞢一牛妣庚冊十及十宰十𣪕 1
九五反 ：庚：宰十𣪕 1
九六三 丁：翌：大：五十：伐：𣪕 1
九六三 丁：翌：酌：冊：宰：𣪕 1
九七四正 貞有卜𣪕于父乙 1
一二六六甲 告于上甲豕一𣪕一燎三：燎于丁… 1
一三一八 ：貞：𣪕：上甲 1
一三八五正 翌庚辰燎十𣪕 1
一四四二 ：王燎𣪕于大甲：百又五十 1
一四七四 ：大甲大庚：丁祖乙祖：一羊一𣪕… 1
一五二五 祖乙侑二𣪕六豕 1
一五二八正 乙巳卜穷貞侑于祖乙二𣪕 1
一六八五 侑于祖辛八𣪕 1
一六八五 九𣪕于祖辛 1
一七四二 來癸亥燎三𣪕 1
二三六三正 貞𣪕𣪕于父乙 1
二二八八 父乙二𣪕 1
二四〇四 ：余：𣪕 1
二九七五正 ：巳卜㱿：燎燎：𣪕… 1
三三九七反 ：五𣪕呼燎 1
三九九〇反 ：彡十𣪕 1
四五六三 ：卜爭貞侑𣪕… 1
五六五四 一𣪕 1
六五二七正 丁巳卜穷貞燎于王亥十㞢卯十牛三𣪕
告其比望乘征下危 1
六五三九 ：十㞢卯十牛：望乘征下危 1
八四一〇反 ：𣪕四 1
一二二六八 ：九𣪕 二告 1
一二二六九正 ：四𣪕 1
一二二七〇 ：牛：三𣪕 1
一二二七一 ：二𣪕 1
一二二七二 乙巳：二𣪕： 1
一二二七三 ：有𣪕： 1
一二五二八 ：侑：𣪕：四宰 1
一二八四三正 戊戌卜隹豕又𣪕 1
一二九五四正 ：牢卯三𣪕 1
一三七五一反 燎五𣪕：牛 1
一三七五一反 二𣪕 1
一三七五一反 ：𣪕 1
一三七五一反 二𣪕 1

一四三〇〇 貞方帝卯一牛有𣪕 1
一四三一五正 燎于東西有伐卯𣪕黄牛 小告 1
一五〇九七 ：勿：祭：𣪕… 1
一五六二〇 貞燎牛又三𣪕 1
一五六三一 貞于：燎牛二𣪕 1
一五六三二 ：燎：牛四𣪕 1
一五六三八 ：牛一𣪕 1
一五八三五 甲午卜貞今日夕禰𣪕… 1
一六一四七 ：卯：三𣪕：□ 1
二〇五七五 ：𣪕 1
二一一六四 壬申：其禦：𣪕… 1
三二四三〇 ：𣗥以二𣪕：于大乙 4
三二四三〇 ：貞𣗥以二𣪕于父：大乙 4
三二七〇〇 乙巳貞𣗥以𣪕于父丁 4
三二七〇〇 辛亥貞𣗥以二𣪕于父丁宗𠨕 4
三二七〇〇 二𣪕于出𡆥 4
三三四〇〇 ：燎𣪕 4
屯二四一七 上甲𠂤𣪕 4
屯二四一七 弜𣪕 4
英二九 乙酉卜：丙今：𣪕于祖乙 1
英四八 ：于：豕侑𣪕 1
英七九 貞侑于父乙白彘新𣪕 1
英一二七五 貞燎于王亥五牛新𣪕 1
英一二五〇正 庚戌卜爭貞燎于西田一犬一𣪕燎四豕
四羊𣪕二卯十牛𣪕一 1
英一二五六 ：卜爭貞燎冊百羊百牛百豕𣪕五十 1
英一二五八 貞燎二𣪕 1
英一二八八 ：有曰千森王𢦏于之八豕八豕…
四羊𣪕四卯于東方析三牛三羊
𣪕三 1
英一七六三 癸未卜婦鼠侑妣己𣪕豕 1
英一七六五 癸未卜婦鼠侑母庚𣪕 1
英一九七一 ：卜大：甲寅：邑：𣪕 2
英二〇四六 ：貞有：𣪕 2

其它

五六四正 甲辰卜貞乞令𣗥以多馬亞省在南 1
九四五正 勿令妥南 1
五三六九 ：貞王南 1
五五〇四 乙未：貞立事：南又：中从：𤔲左：从
曾 1
五六八九 ：巳卜：令：以：亞：南 1

著錄號	釋文	數
六六一七乙	……往南……犾……	1
七七七三	勿省南不若 二告	1
八七四〇	……南來……	1
八七四一	……于南以……	1
八七四三	……卜貞……不其……南	1
八七四七	……有歸南	1
八九九四	不其南	1
九一六四	……以南	1
九五四七	庚辰卜㱿貞惟王𢦔南囧黍十月	1
一〇六一〇正	甲申卜殼貞王勿延南狩	1
一〇九一一	丙申……陷在南麋	1
一〇九一二	丙申……貞陷……南麋	1
一〇九一三	……告南鹿	1
一一五〇四	……大星出……南	1
一三六四八正	貞疾齒惟南……	1
一四三一七	貞其……來……南	1
一四三二二	……禦……南	1
一四五五四	甲子……南……酉……	1
一五〇六六	勿……南……酌……	1
一五〇七〇	勿侑……取南……	1
一五二五〇反	……南……佳……	1
一五七四一正	……亥卜翌……酌……南……	1
一八七〇九正	……南……凡車……	1
一八七一〇	……南……	1
一八七一一	……寅卜……南……	1
二〇〇七二	……南日告先……來告……允先	1
二〇二〇一	甲……㠯……南……	1
二〇四一七	乙……方……其……征……南……	1
二〇五三七	……少子……征……南	1
二〇五三八	……嫱……南	1
二〇五七六正	己未卜惟……方其克……弜……南	1
二〇五七六正	……弜克貝雀南封方	1
二〇七四八	……王……狩……南……	1
二〇九六二	癸亥貞旬甲子……方有曰卩……在邑南……乙 丑雨……昃雨自北……丙寅大……一月	1
二〇九七五	壬午卜㚔奏山日南雨	1
二一六四七	甲戌卜𢆶貞我允出南	1
二一六四七	甲……南	1
二一六四七	南	1
二一七五九	壬申……卜延……南	1
二四三九六	……在南……	2
二四四三〇	……巳卜王……南年	2
二六〇八九	……㗊南……[illegible]若	2
二七四五九	庚申卜貞王勿利南麋	3

著錄號	釋文	數
二八二一四	……南年	3
二八二三一	在下侸南田受禾	3
二八三二〇	惟行南麓擒有狐 吉	3
二八三五一	隮鹿其南牧擒 吉	3
二九二四〇	王惟南省延……于洗弗悔	3
三二〇二四	己巳貞王其蒸南囧米惟乙亥	4
三二二七一	……南田	4
三三二四一	庚辰卜有邑人南	4
三三二四一	庚辰卜有邑人其南	4
三三四二二	……南擒	4
三三五七六	田……南……	4
三三五七六	弜南	4
三四一六五	己巳貞王其蒸南囧米惟乙亥	4
三六三八七	惟西暨南不悔	5
三六九七六	南受年	5
英九九五	壬辰……北……南……王……	1
英一二一九	……殼貞……禦……南……	1
英一四五三	……南……小告	1
英一七五八	庚寅今啓南二日	1
懷七六四	……南……有……惟……	1
懷一三七九	于北方𫝀南饗	3
懷一四六〇	于新邑北𣏟南弗悔	3

殻

著錄號	釋文	數
一一三甲反	殼	1
一四〇反	殼	1
二六七正	辛丑卜㱿貞㾓暨殼以羌 若	1
二六七正	貞㾓暨殼不其以羌 若	1
四一九反	殼	1
六五六反	婦㓠示十 殼	1
六六七反	戔來五 殼	1
六八二臼	……又一骨 殼	1
七二七反	殼	1
七三四反	殼	1
七九五反	殼	1
八〇九反	殼	1
八二二反	殼	1
九〇三反	殼	1
二五三〇反	婦姘示百 殼	1
三二八六臼	癸卯婦井示四屯 殼	1
六〇〇一反	……五 殼	1

六六一六臼　…井示…殻　1
七一六一臼　己巳㞢示一屯　殻　1
七五三六反　…五　殻　1
七六四二反　…三十殻　1
八七九七臼　…己王示殻二屯　㱿　1
九〇一三反　婦丙示百　殻　1
九二七四反　豕入三婦示十　殻　1
九四一一　庚…乞自雩十屯　殻　1
一二四六二反　我來十　殻　1
一二三三六反　婦耕示　殻　1
一二三八三反　…示入　殻　1
一三五〇五正　戊戌卜殻貞旃暨殻無囚…　1
一三五〇五正　旃暨殻無囚吉　1
一三五〇五正　旃暨殻　1
一三五四五臼　婦井示七屯　殻　1
一七五五六反　…邑示十屯　殻　1
一七五七九　古示十屯又一乚　殻　1
一七五八四臼　婁示四屯　殻　1
一七六一〇　㲋示三屯又…　殻　1
一七六三一　己巳㞢示一屯　殻　1
一七六四六　…十殻　1
一七六四一反　…三十殻　1
懷九七七b　…亥…殻　1

訊

一三三五五　甲戌卜爭貞我勿將自茲邑訊穷祀作若　1
一三三五六　甲戌卜殻貞我勿將自茲邑訊穷祀作　1
一三三五七　甲戌卜殻貞我勿將…茲邑訊…祀作　1
一三三五九　…爭…勿將…邑訊…作若　1

六五二七正　丁巳卜穷貞燎于王亥十𡧊卯十牛三𣪘　告其比望乘征下危　1

一四八二三　貞勿肇…元示𦎫…　1
一五五二六　貞勿肇…𦎫…　1

卣　歺

六五八九正　貞其亦烈雨　1
六五八九正　貞不亦烈雨　1
一四三一五正　勿不多卣甗　二告　1
一四三一五正　貞其不多卣甗　1
一八八〇五　庚辰卜貞宁戠魚𣎆不𡆥在茲　1
一九九三三　戊申卜王禦奴父乙庚戌𡆥奴八月　1
二一二四二　𢀛不𡆥　1
二一九一三　辛卯卜…子…歺　1
二二一三四　甲辰貞羌嗣不𡆥　1
二二一三四　…𡆥　1
二二一三五　甲辰貞羌嗣不𡆥　1
二二一三五　其𡆥　1
二二二四七　…馬不𡆥　1
二二二五四　…𡆥…　1
二二四九五　己丑…𡆥…不…　1
二七七二〇　…卜暊…赤…其稺…𡆥　3
二七七二一　…卜暊…又史…其稺…𡆥　3
二七七二一　…𡆥　3
二八一九五　乙未卜暊貞有事入駛土其稺不𡆥　3
二八一九五　乙未卜暊貞師貯入赤馬其稺不𡆥吉　3
二八一九五　乙未卜暊貞舊一乙左駛其稺不𡆥　3
二八一九六　乙未卜…貞左…其稺不𡆥　3
二九四一八　癸丑卜暊貞左赤馬其稺不𡆥　3
三四六九五　庚寅…王夕在…　4
乇三二一九　丙子卜…陟…不歺　3
乇二三一九　其歺　3
乇三四二〇　惟歺…亞…　3

死

一七〇五五正　丙午卜殻貞呼師往見有師王…曰惟老　惟人途遘若…卜惟其匄二旬又八日𢆶　壬…師月死䵼　1
一七〇五六　…曰惟…惟其匄二旬…師夕死䵼　1
一七〇五七　…六日壬…夕死䵼　1
一七〇五九　己酉卜王…不惟死　1
一七〇六〇　己酉卜王…惟死九月　1
二〇〇五一　…不…子…曰弜…列　1
二一三〇六乙　己…復…死四月　1
二一八九〇　…卯貞子母不佋　1
二一九四八　有…人…死…　1
二二〇四九　貞不死　1
二二四一五　癸…貞…不𣧑　1

懷九六 …死黽 1

二二〇七七 癸卯卜束彤 1

妝

二〇五七八 子妥不妝 1

屯四五一四 子妥不妝 1

屯四五二四 其妝 1

囦

三三八二九 丙子貞王惟𡆥令囦我 4

三三八三〇 丙子貞𡆥王惟令囦… 4

三三八三一 …子貞…惟𡆥…囦我 4

屯二三七三 丙子貞王惟令𦥑囦我 4

屯二三七三 丙子貞王…並…囦 4

屯二三七三 丁丑貞王…𡆥囦我 4

卤

七〇七六正 雀克入卤邑 1

七〇七六正 雀戋卤 1

七〇七七 翌癸…雀弗其戋卤邑 1

七〇七八 …雀…戋卤邑 1

七〇七九 …雀…卤… 1

七〇八〇 …卤… 二告 1

臬

一八七七二 貞徵其大臬 1

一八七七三 …亦…臬 1

二一四三五 壬子…脉… 1

卤山

二七四六五 于卤山劓父甲㲋 3

屯九九九 在臭逐… 4

三六九五九 癸亥卜在𠂤六師貞王旬無畎 5

卤井

屯二四〇八 …亥卜翌日壬王惟在…卤井北王利擒無災 3

賫

二八一五一 …于賫… 3

二九三二四 丁亥卜狄貞其田賫惟辛湄日無災不雨 3

二九三二五 惟賫田… 3

二九三二六 惟賫…日無災不… 3

二九三三七 弜田賫其悔 3

二九三三八 弜田賫其雨 大吉 3

二九三三九 …田賫其雨 3

二九六九五 …賫… 3

屯五三 …日戊王其田賫六惟有麋 吉 3

戠

二〇四〇五反 癸亥卜㱿貞旬無囚王固曰…其亦有來艱 五日丁卯子卤戠不冓 1

二〇四〇六反 丁卯子卤戠不冓 1

卤

一八二六七 …卤… 1

卣

四七七五 庚寅卜爭貞惟陝卣來 八月 1

五七二四 …卜爭…勿祀…多馬…卣 十月 1

五八九九 丁未卜爭貞令執卣甫呼徵戈執… 1

五九〇〇 丁未卜爭貞令執卣甫呼徵戈執… 1

五九〇一 …爭貞…執卣… 1

五九〇二 …卜㞢…卣執…衣 1

六八一六 …先貞令龔卣敦 1

一〇〇四八 乙酉卜貞惟啓令卣來 十一月 1

一〇九三七正 呼陝卣沘 二告 1

一〇九三七正 勿呼陝卣不沘 1

一八七二一 戊午卜爭貞令卣門…九月 1

一八七二二 甲申卜㞢貞令家卣保… 1

一八八五二 ：光：卣：七月 1

一九〇八八 ：惟：令：卣：十二月 1

二〇六〇七 ：祉：叀陕： 1

四一五正 四四四三 辛巳卜貞令昃甶旃甫韋疚族五月 1

：昊：甶 1

五七四六 ：令郭以多射衛示呼甶六月 1

一七六三 惟𢼊呼甶 1

一八八五〇 乙卯：令：甶：十二月 1

二〇一四六 ：卜：令：甶：二月 1

五〇八〇 癸亥：貞王卣： 1

五六三九正 卣使歸吠 1

一八七三三正 ：出：卣：己 1

七九三二 ：王往：㳄弓于：喪之日王：弓于： 1

敝

五八四甲正 ：亥卜殼貞旬無𡆥王固：丁卯王狩 1

八二五〇正 敝麓車：在車阜馬亦： 1

一〇九七〇正 ：亦刖在敝允： 1

一〇九七〇正 乙丑：貞翌：卯王其：敝麓擒八月 1

一〇九七〇正 乙丑：貞翌丁卯其狩敝麓弗擒： 1

一一四四六 ：無𡆥王固曰有祟：敝𩢍車：車阜馬：亦有彖： 1

二八七三五 ：其田敝：日： 3

二八八六九 ：敝擒 3

二九四〇三 王其田敝：遘： 3

二九四〇四 ：其田敝無災 3

二九四〇五 王其劃敝麋 吉 3

二九四〇六 惟敝無災永王 3

三六九三六 癸卯王：貞旬無𡆥王𡆥曰吉王在敝 5

屯 三九 壬王其田敝不雨 弘吉 3

屯三六〇八 于壬于王田敝無災擒 3

屯 三六〇八 于來壬于迺田敝： 3

帚

一九八八九 ：其帚用于丁 1

一一〇三二 ：帚馬： 1

一四六一七 貞河祟惟𠂤帚 1

一五六八二 ：帚十月： 1

一五六八三 ：帚鼓于： 1

一九八九六 壬午帚妣辛 1

二二五四三 ：其帚𦤎于丁侑百羌卯十： 2

二二九一二 辛酉卜出貞其帚新𩰫陟告于祖乙 2

二五九〇一 ：出貞：其帚：新用九月 2

二七五九〇 先帚廼： 3

二七五九〇 于既：母戊束：帚：有： 3

三〇六九三 其帚庸壴于既卯 3

三三四一九 ：帚鼓于大乙： 4

三四四七八 壬子貞其帚鼓：乙彡： 4

屯 一一四六 ：其帚： 3

英一三〇一 ：帚新：用一月 1

英 三六五 貞：惟𠂤：帚： 1

三二〇一四 丙辰卜𠬝示鼓莫于丁 4

三二〇一四 丙辰卜丁巳𠬝示鼓 4

二二〇四三 往帚 1

二二四八一 ：口夕井： 1

芾

二八一三四 惟乙亥遘芾 3

二八一三五 惟芾遘王受祐 3

屯四三二二 其芾：

屯二四二二 弜芾

屯三一六五 惟乙未延遲芾王弗悔 3

懷 四〇七 丙午卜內我惟芾敦 1

庚

- 一一一五正　丙子卜亘貞王有匚于庚百𢀛　二告　1
- 一一一五正　貞王有匚于庚百𢀛勿用　1
- 一三九一正　貞彰庚　1
- 一四六〇反　庚入十　1
- 二一五一五　：歸庚：月　1
- 二一六三五　戊申卜貞惟庚令亩　1
- 二一七二七　乙丑子卜貞庚有來　1
- 二一八六五　乙卯卜翌丁巳令庚步　1
- 二二〇四八　石槃于庚　1
- 二二三三六　弜午庚宰中妣小宰于小宰　1
- 二二三八四　己酉其侑庚　1
- 二六〇二〇　甲子卜行貞其𫜜于庚必　2
- 三一〇一六　惟庚庸用　3
- 三二〇三〇　庚戌卜作𫜜庚𫜜　4
- 三六五二八反　乙丑王卜貞今𠂤巫九备余無𫜜𢀛告侯田册𢦏方羌方羞方庚方余其比侯田𠧢𦍌四封方　5
- 屯一六九　乙酉卜其取庚𣪊：　4
- 屯四八六　乙丑卜王于庚告　4

⿱庚大

- 二〇五七七　丁未卜貞⿱庚大骨告王　1

庸

- 一二八三九　：雨庸舞　1
- 一五九九三　：卜爭：不遘：庸：　1
- 一五九九四　貞惟辛庸用　1
- 一八八〇二　：方庸：　1
- 一八八〇四　辛未卜貞今日𩵋庸十二月在　1
- 二四八六三　丙：大：庸：遘　2
- 二四三七六　辛未卜貞今日𩵋庸十二月在甫魚　2
- 二六〇四〇　：卜出：翌乙：方庸：衣：　2
- 二六〇四一　：寅卜出貞：今日庸：衣：十二月　2
- 二七一三七　：大乙大丁大甲其作𨥧𨥧門作豐庸又：　3
- 二七三一〇　惟祖丁庸奏　3
- 二七三一〇　惟父庚庸奏王永　3
- 二七三五二　惟小乙作美庸用　3
- 二七三五二　弜𢦔庸用　3
- 二七三五二　惟𢦔庸用　3
- 二七四五九　貞勿庸　3
- 二七四五九　貞惟庸用　大吉　3
- 二九七一二　乙巳卜今日乙王其送新庸𢀛不遘　𩰞日　3
- 三〇二七〇　于翌日壬廼𢦔庸不遘大風　3
- 三〇六九三　其𦉪庸壴于既卯　3
- 三〇六九四　丙辰卜惟舊庸用王受祐　3
- 三〇八〇一　：新庸：　3
- 三〇九六一　惟𠂤公作豐庸于：有正王受：　3
- 三一〇一二　醫庸在八又D其祝　3
- 三一〇一三　惟小乙：庸奏用有正　3
- 三一〇一四　惟庸奏有正　3
- 三一〇一五　：喪其庸有正　3
- 三一〇一六　惟庚庸用　3
- 三一〇一七　庸鼓其暨熹鼓𫜜　3
- 三一〇一八　万其𢦔庸ㄐ惟：　吉　3
- 三一〇一九　：卜惟庸屯：　3
- 三一〇二一　弜庸其豐：爵有正　3
- 三一〇二二　：庸奏有正　吉　3
- 三一〇二三　其奏庸閔美有正　3
- 三四六一二　：鼓庸于之：　4
- 三五二四八　：庸又：　4
- 屯一〇二二　弜庸　不　4
- 屯一〇二二　庚申卜歲其庸　4
- 屯一〇五五　丁丑卜𨥧其酌于父甲有庸惟祖丁用：　3
- 屯一〇五五　惟父庚庸用惟父甲正王受祐　3
- 屯一〇六一　：庸：父甲正王受祐　吉　3
- 屯一二五五　：侑豐惟祖丁庸用　3-4
- 屯一五〇一　惟戚庸用　3
- 屯三三三四　惟：庸用　3
- 屯三六五五　：庸𢦏𢦔方不雉衆　3
- 屯四三四三　奠其奏庸惟舊庸大京武丁：　弘吉
- 屯四五五四　丁亥卜祖乙：庸用　3
- 屯四五五四　惟戚庸用　3
- 英二三六三　惟祖丁庸𢿌用兄丁　3
- 英二三六五　：祖丁庸：用又：　3
- 懷一〇七八　：庸：日允：益：　2
- 二七一七一　癸亥：小甲日惟庸：　3

著錄	釋文	期
二七一七三	…𢀛卯…作尤　吉	3
三〇六九三	鼎惟𩵦𢀛用	3
屯二一四八	戊辰卜今日雍己夕其呼𢀛執工　大吉	3
屯二一四八	弜呼𢀛執工其作尤	3
屯二一四八	…𢀛執工于雍己…	3
一五七三三	惟𢀛般用	1
懷一三八	惟𢀛用	1
三二九三五	乙亥貞𢀛弜𢀛方…	4
三二九一一	乙酉貞王令𢀛途亞侯侑	4
屯五〇二	乙未貞其令亞侯帚惟小…	4
五六七九	…沚𡧊…亞雀	1
二一六二三	辛巳卜貞夢亞雀𥄂余刀若	1
二二〇九二	乙巳卜貞告人于亞雀	1
二二〇九二	乙巳卜貞于翌丙告人于亞雀	1
三二二七二	惟亞𢆶以人	4
三二二七三	己巳卜于大示亞𢆶出告	4
三二二七三	亞𢆶以人	4
三二二七四	壬戌貞惟亞𢆶以人	4
三三一一四	辛未卜亞𢆶遘𢦏	4
三三一一五	己巳貞亞𢆶其遘𢦏	4
屯三四〇	丙寅…惟亞𢆶以人出	4
屯五八〇	庚寅卜其告亞𢆶往于丁今庚	4
屯五八〇	亞𢆶延𢎗至庚	4
屯九六一	乙丑貞惟亞𢆶以人狩	4

著錄	釋文	期
屯九六一	戊戌貞惟亞𢆶以人狩	4
屯一〇五一	庚辰貞亞𢆶無囚	4
屯二三七八	己巳卜告亞𢆶往于丁一牛	4
五六四正	甲辰卜貞乞令𢀛以多馬亞省在南	1
五七〇七	辛巳卜…馬亞…	1
五七〇八正	乙亥卜貞令多馬亞𢓊遘𥄂省陮𡇈	1
五七〇九正	乙亥卜…多馬亞…𥄂省陮…至于冒…	1
五七一〇	貞多馬亞其有囚	1
二六八九九	貞其令馬亞射麋	3
二八〇一一	壬戌卜狄貞惟馬亞呼執	3
五六七七	庚辰卜令多亞弜犬	1
五六七八	戊…貞其…多亞若	1
二〇三四九	乙丑在多亞	1
二一七〇四	丙子…多亞…	1
二一七〇五	癸…貞…作多亞	1
二一七〇六	乙巳…貞多亞	1
二一七〇七	…我作多亞	1
二一六三一	甲…卜子不言多亞	1
二一七〇六	乙巳…貞多亞	1
三〇二九六	丁丑卜其祝王入于多亞	3
五六八五正	己未卜貞翌庚申告亞其入于…丁一牛	1
二二三四六	告亞	1
二二一三〇	祝亞束𢀛	1
二二一三〇	亞束…	1
二二一三七	先亞束𢆶	1
二二一三七	祝亞束𢀛	1
二二一三七	祝亞束…	1
二二一三八	祝亞束𢀛	1
二二一三九	祝亞束𢀛	1
二二一四〇	…亞束	1
二二一四一	…亞束𢆶	1
二二一四二	…亞束…	1
二二二二六	于亞束午婦	1

亞

著錄號	釋文	期
二八〇一一	壬戌卜狄貞其有來方亞旋其禦王受有祐	3
二八〇一一	壬戌卜狄貞亞旋其陟遘入	3
二八〇一一	壬戌卜狄貞亞旋𢦏嵩	3
二八〇一一	壬戌卜貞亞旋从受于方	3

其它

著錄號	釋文	期
三五	丁未卜貞惟亞以衆人步二月	1
四三	戊辰…貞盟辛…亞乞以衆人𢀛丁彔呼保我	1
九一四正	亞以來	1
九七四正	侑于亞妣及𣪊 二告	1
一六六三	惟亞祖乙咎王	1
二四四八	丁酉卜…侑亞妣己	1
二八一三反	…婦亞來…	1
五六八〇	…卜貞…亞克…	1
五六八一	…貞盟庚…亞延…左	1
五六八二	亞材夢有囚	1
五六八三	…禦亞立事	1
五六八四	丁未卜貞亞勿往庚在茲祭	1
五六八五反	…肇亞十…	1
五六八六	…亞其…又…	1
五六八七	貞盟庚申亞先告	1
五六八八	貞盟…未…亞…惟…卯…	1
五六八九	…巳卜…令…以…亞…南	1
五六九〇	甲申卜…貞亞無不若十二月	1
五六九一	貞其亞無若	1
五六九二	…卯卜貞…亞無囚	1
五六九三	…亞其…囚	1
五六九四	…子卜…子…其…亞…北…	1
五六九五	己丑卜爭…賓亞…左…	1
五六九六	…卜…惟…亞…	1
五六九七	…卜旁…亞以…子…	1
五六九八	…酉…亞…見…	1
五六九九	貞亞不矢	1
五七〇〇	丁未…月…亞…	1
五七〇一正	…𣪊貞…亞…己…	1
五七〇二	…亞…入…	1
五七〇四	…卜…亞…豕…	1
五八一二	癸卯…貞亞…	1
八五九七	貞…日…于亞	1
九七八八正	甲午卜𦎫貞亞受年 告	1
九九〇五	…至…亞…祖乙蒸	1
一三五九六反	…亞五牛在𢦏𢦏	1
一三五九七	翌乙侑于亞	1
一三七五四	壬子卜貞亞克興有疾	1
一三四二六	己酉卜貞亞從有羽三月	1
一四九一八正	…貞亞以王族暨黃…王族出…𫹉亞庚…	1
一七四四三	…卜爭…亞多鬼…	1
一七四四七	甲寅卜…亞多…夢不若	1
一七四四八	貞亞多鬼夢無疾四月	1
一七四四九	…酉卜爭…亞多鬼…	1
一九九九一	…亞𡚬婦鼠曾…	1
二〇三四七	…亞于父乙	1
二〇三七一	丙申貞來…曰亞其…爵…	1
二一一一三	戊戌卜亞于河祀	1
二一一七二	庚辰卜王尸見亞禦奻生…十月	1
二一二〇七	庚亞喜	1
二一六二四	癸未卜亞𢀛…	1
二一九一二	…事…不子丁在亞辛	1
二一二二四	…酉亞家	1
二二〇八六	壬午卜貞惟亞涉子𠂤	1
二二〇八六	壬申卜貞亞𠃊雀𢀛内乙囚	1
二二〇八九	…亞…𦓝…	1
二二二四六	弜曰亞	1
二二三〇一	己酉卜亞賓其惟臣	1
二二三〇一	…酉卜亞侑其惟臣	1
二二三〇五	己卯卜午亞于多	1
二二三〇九	…卜貞…入…亞…	1
二二三一〇	…卜…亞…	1
二二三一一	午亞	1
二二三一二	午亞侑兄己自豕	1
二三三九八	…于…妣辛…二亞…	2
二六九五三	乙巳卜何貞亞旁以羌其禦用	3
二七〇四二反	…亞…鳥…	3
二七一四八	其侑于室亞方	3
二七七二七	…卜暊…亞新…	3
二七九二八	癸卯…貞亞…來…災	3
二七九二八	癸卯…貞亞…來…災	3
二七九二九	癸巳卜暊…亞往田…來無…	3
二七九二九	…立…亞…田其于…	3
二七九三〇	庚戌卜暊貞亞其往宮?往來無災	3
二七九三〇	…亥卜暊…今日亞其…函	3
二七九三一	丙戌卜戍亞其隮其豊	3
二七九三二	癸亥卜暊貞盟史亞有…惟用	3
二七九三三	丁亥…貞亞…囚…田…麓…	3
二七九三四	…亞其…口?又…	3
二七九三五	…戌卜…亞若	3

著錄號	釋文	期
二七九三六	……亞于𩰫	3
二七九三七	惟亞臣其辟	3
二七九三八	……卜亞般歲𢦏𠂤……	3
二七九三九	貞其令有亞走馬[illegible]乚集	3
二七九四〇	貞亞……馬……	3
二七九四一	……廼呼歸衛射亞	3
二八〇〇八	亞立其于右利	3
二八〇二一	甲子卜亞戦耳龍毋啓其啓弗悔	
	有雨	3
二九三七四	惟亞田省	3
三〇一二二	惟亞戦……田省延往于㐭無災永……不	
	邁雨	3
三〇二九五	其作亞宗	3
三〇二九七	甲午卜王馬尋駁其禦于父甲亞 吉	3
三一〇一二	癸巳卜侑于亞豕豊一羌三牛	4
三二九九〇	……亞其㚔……	4
三二九九一	……亞自往……	4
三二九九二	……以多田亞任……	4
三二九九二	……以多田亞任……	4
三三〇二九	……惟……亞于……𡍮……	4
三三一四四	……亞五牛在𩰫	4
三六三四六	己亥卜在微貞王……亞其比𢦔伯伐……方不	
	𠭯戦在十月又……	5
屯五六九	甲辰……亞其省……	
屯八八八	惟亞田省	3
屯九三四	……弜亞……	
屯一〇五七	其侑亞𢀛惟豚……祐	3
屯二三四六	貞品亞惟王豊用 吉	
屯二七七五	弜亞于父	1
屯三〇三五	癸亥卜有亞豕𠂤	4
屯三四二〇	惟夕……亞……	3
英一七一四	……亞……	1
五五〇五	貞𢀛立事于𢀛侯六月	1
三二八〇四	甲子卜亞侯……	4
三二八〇四	庚辰卜不來亞侯	4
三二八〇五	癸酉貞亞侯令𡘇	4
三二八〇六	己卯卜亞侯	4
三二八〇七	己未貞王其告其比亞侯	4

其它

著錄號	釋文	期
屯一五七三	……亞侯……	
懷三六二	貞惟……比亞侯……月	1
懷三九三	戊辰卜爭貞翌己巳……亞侯使……	1
一五二正	貞亞往來無囚	1
七五八	……卜王余……亞及	1
三三一三	……㝉貞……赤……亞	1
三三一五	貞……亞	1
三三一六	……貞呼亞……	1
五六六八	貞令……犬……亞……受……	1
六九四九正	呼亞獲豕	1
六九四九正	亞不其獲豕 二告	1
七〇七六正	其……亞	1
八〇九二	貞惟壴令見于亞	1
八〇九三	……允貞呼取令于亞	1
八〇九三	……取令于亞	1
八〇九四	……㝉……庚……亞	1
八〇九五	己丑卜㝉……令……亞	1
八〇九六	……未卜……亞	1
八〇九七	……方……亞	1
八〇九八	……貞並……于亞	1
八〇九九	……令……亞	1
八一〇〇	……其……亞	1
八一〇二	……申卜爭貞……亞	1
一〇四七四	甲寅卜王惟𦅫示亞五月	1
一〇九七六正	貞……呼犬亞省从南	1
一七九〇二	……亞……三百……	1
二二〇八八	亞于……	1
三二八〇八	……並其比亞……	4
三二九八一	……寅貞其延亞于丁	4
三二九八一	惟庚延亞	4
三三一二二正	貞……亞……	1
屯一二六三	癸卯……王其……亞……	4
六六七七正	辛未卜殻貞𡨄告于祖乙 二告 小告	1
六六七七正	辛未卜殻貞勿𡨄告于祖乙 二告	1
一八六〇六	貞……𡨄曰……	1
一五一二二	……𡨄槊……	1

[氵亞]

著錄號	釋文	期
一八七六八	……瀀穷……	1

亞

著錄號	釋文	期
三六八一〇	癸酉…亞貞…無…	5
三六九四一	…未王卜…亞貞旬…猷王囚…吉	5
三六九四二	…卜在亞…旬無…申在十…	5
三六九五九	…在亞…無…	5
英二五三六	癸未卜在亞貞王旬無猷	5

亞

著錄號	釋文	期
八一二正	貞有亞左…循于之芒若	1
三〇六一正	癸丑卜爭亞缶于大子	1
三〇六一正	癸丑卜爭勿亞缶于大子	1

著錄號	釋文	期
屯三五九四	…申貞于…有羌燎牢…羌燎牢	4

工

著錄號	釋文	期
五六二三	丁亥卜穷貞令龏高有尹工于舞…	1
五六二四	龔殸有尹工	1
五六二五	丁卯卜貞令追高有尹工	1
五六二六	…尹工	1
五六二七	…貞惟…令…尹工…二月	1
一九	…戌卜…奴衆…宗工	1
二〇	庚…貞侈…宗工	1
七二九四正	貞令在北工奴人	1
七二九五正	貞勿令在北工奴人	1
二四八四正	…丑卜穷貞翌乙…桒蒸于祖乙…王固曰有祟…不其雨六日…午夕月有食乙未酚	1
一九四三三	多工率条遣	1
	甲寅…史貞多工無尤	1
一九四三四	…多工…尤	1
一九四三五	…多工…	1

㞢古·又古

著錄號	釋文	期
一八	戊寅卜爭貞今春衆有工十月	1
四二七六	戌其有𠂤	1
四二七六	戌其有工	1
一九四三六正	貞…其有工	1
一九四三七	有工	1
一九四三八	…午卜…有工	1
二九六八五	翌日戊王其省宰有工湄日不雨 吉	3
二九六八六	其令有工于…	3
屯五九九	…衆有工	4
懷九五六	貞…延其有工	1

工典

著錄號	釋文	期
二二六七五	…貞旬無囚在四月甲戌工典其酚彡…	2
二四三八七	癸未卜王在豐貞旬無囚在六月甲申…工典其酚彡	2
三六四八九	…亥王卜貞旬無猷…一月甲子酚妹工典其…𠷎師王征人方	5
三七八四〇	癸酉王卜貞旬無猷王固曰吉在十月又一甲戌妹工典其芒惟王三祀	5
三七八六七	癸巳卜泳貞旬無猷六月甲午工典其幼	5
三八三〇五	癸亥卜𢓊貞王旬…在十月甲子工典其妹	5
三八三〇六	癸丑卜在𢀛貞王旬無猷在十月甲寅工典其酚彡	5
三八三〇七	…王卜貞旬無猷…四月甲子工典…	5
三八三一〇	癸卯卜貞王旬無猷在六月乙巳工典其𦾔	5
英二六〇五	癸巳王卜貞旬無猷王固曰大吉在五月甲午工典其酚幼	5
懷一八〇五	癸丑卜貞王旬無猷在六月甲寅工典其翌	5

其它

著錄號	釋文	期
九七正	其喪工 二告	1
九七正	喪工 二告	1
一三八	…卜古貞工𢦏	1
一三九	…工𢦏	1
二三〇	…亥工來羌	1
四〇八九	貞阜無其工	1
四二四六	貞師無其工	1

著錄號	釋文	期
四二四七	貞師無其工	1
四二四七	貞師其…工	1
四四八四	貞光其貢	1
四六三二正	己巳卜殻貞犬延其工	1
四六三三	貞犬延無其工	1
四六三四正	…延無其工	1
四七九九	貞…令…𣃔…工…各…惟…	1
五六二八正	壬辰卜貞惟呂令司工…	1
五七一一	…申…爭…工	1
六〇一一	…貞?于…工?	1
九一一二正	…其有…工六月	1
九四七二正	貞我史工	1
九四七二正	貞我史無其工	1
一六〇五六反	…固…惟既…工…	1
一九四三二	…卯卜…自工…	1
一九四三八	無其工	1
一九四四〇	…日庚…曰惟…工王…涉其…	1
一九四四一	癸巳卜爭貞旬有祟不于…工囚	1
二〇六一三	乙酉卜王貞余𠫑朕老工延…[glyph]貞夰	1
二〇六一三	惟余受馬方祐…其…弗執方祐二月	1
二一七七二	…卜余…左工…戊午…	1
二二〇七五	侑于受工宰	1
二二四八七	無工	1
二二五三九	貞惟工令允…	2
二三五五八	…逐貞…𢦔[glyph]…惟虫…工侯…允…	2
二三六四四	…卜旅…攸𠬢…工其…	2
二五九九七	…卜矢貞…工入禦	2
二六八六四	…于工…尤	2
二六八六五	…惟工…有尤	2
二六八六六	丙午…出貞翌…工無…	2
二六八六七	貞…工六月	2
二六九七四	…執工不?作尤	3
二七四六二	其祝工父甲三牛	3
二八七六七	…其遘…工在𠷎	3
二八九七一	弜…師…工其…	3
三二九六七	己酉貞王其令火…我工	4
屯七三七	丁未卜其工丁宗門惟咸各…	3
屯二一四八	…[glyph]執工于雍己…	3
屯二一四八	戊辰卜今日雍己夕其呼[glyph]執工 大吉	3
屯二一四八	弜呼[glyph]執工其作尤	3
屯二五二五	癸未卜有囚百工	4
屯二七七六	…工于向不遘雨	3
屯四三三五	…東單工	3

著錄號	釋文	期
英七五七	庚子卜亘貞呼取工芻以	1
英一一八三	貞侑…𢦔工…	1
懷一五三	…工?…犬	1
懷七七九	貞…入工…	1

呂

著錄號	釋文	期
九七九六	…呂受年	1

工

著錄號	釋文	期
英二四五八	…王燎…	4

互 恆

著錄號	釋文	期
一四七四九正	…亙	1
一四七六二	貞侑于王恆	1
一四七六三	貞侑…王恆	1
一四七六四	貞侑于王恆	1
一四七六五	貞侑于…恆	1
一四七六六反	貞于王恆侑	1
一四七六七正	貞侑于王恆…	1
一四七六八	貞勿侑于王恆	1
一四七六九	…王恆	1

巫

著錄號	釋文	期
九四六正	貞爯以巫	1
九四六正	貞爯弗其以巫	1
九四六正	爯以巫	1
五六五四	貞周以巫 二告	1
五六五五	…以巫	1
五六五六	…以巫	1
五六五八正	甲子卜殻貞妥以巫 二告	1
五六五八正	貞妥不其以巫	1
五七六九正	貞爯以巫	1
五七六九正	貞弗其以巫	1
五六六二	…帝東巫	1
二一〇七四	…巫帝一犬	1
二一〇七五	壬午卜燎土延巫帝	1
二一〇七六	庚…巫帝二犬	1

二一〇七八　壬午卜巫帝　1

二一〇七八　巫帝一犬一豕　1

三二〇一二　癸巳卜其帝于巫　4

三三一五九　：巫帝：　4

三三二九一　庚戌卜巫帝一羊一豕　4

三四〇七四　丁酉卜巫帝　4

三四一五五　癸亥貞今日小帝于巫𢉅一犬　4

三四一五七　辛亥卜小帝北巫　4

三四一五八　甲子卜巫帝　4

二一一一五　癸巳：巫寧：土河岳：　1

三三〇七七　癸酉卜巫寧風　4

三四一三八　辛酉卜寧風巫九豕　4

三四一四〇　戊子卜寧風北巫犬　4

三六三四四　丁丑王卜貞今囚巫九备：典春𤊾侯　彈：尤暨二𢦏余其比：戔無左自上下：受　有祐不曹戩無：商無𡆥在：　5

三六三四五　：丑卜貞今囚巫九备𣬊乍餗迴曰告　𢦏侯：　5

三六五〇七　：貞今囚巫九备惟余彰：衆：戔人方　上下于𣪕示受余祐：于大邑商無𡆥在　𣪠　5

三六五〇八　：卜貞今囚巫：人方：率刈：給：　印余：比侯：　5

三六五一一　丁卯王卜貞今囚巫九备余其比多田：多　伯征盂方伯炎惟衣翌日步：左自上下　于𣪕示余受有祐不曹戩：于茲大邑商　無𡆥在𣪠：弘吉在十月遘大丁翌　5

三六五一三　：戊壬卜貞今囚巫九：比多田于多伯征盂　：戩囚告于茲大：　5

三六五一五　：貞今囚巫九备↓：𣪕示余其甾征：余　受有祐不曹：　5

三六五二一　：巫九：無彰朕：十月：彰多田于：盂　方伯：𣪕于：　5

三六五二三　：囚巫九：率伐：冊盂：余其：　5

三六五二五　癸未卜在師貞今囚巫九备王于𥄳侯缶　師王其在𥄳𤔲正　5

三六五二八反　乙丑王卜貞今囚巫九备余無𡆥𤔲告　侯田冊𣪊方羌方羞方庚方余其比侯田　甾戔四封方　5

三七二八一　乙巳王卜貞今囚巫九：　5

三七八三五　：王卜貞今囚巫九备其彰彡日：至于　多毓衣無𡆥在𣪠在：又二王囚曰大吉　惟王二祀　5

三九四六一　：酉卜貞今囚巫九备步：　5

其它

五六四七正　壬辰卜亘貞有冊巫呼取以　1

五六四八　丙戌卜：貞巫曰𣪊貝于婦用若　五?月　1

五六四九　丙戌卜：巫曰禦：百：于師：六月　1

五六五〇　丁亥卜殻貞巫妥：　1

五六五一　丙申卜巫禦不禦　1

五六五二　貞巫妝不禦　1

五六五三　己巳卜：貞其：新巫：　1

五六五七　𢀛巫八月　1

五六五九　：酉卜王貞：巫𢀛三：鳳一　1

五六六〇　：貞：巫：　1

五六六一　：巫：　1

五八七四　以子𡩧巫　1

八一一五　：周取巫于𣎆　1

一九九〇七　乙亥𠂤用巫今興母庚允使　1

二〇一五二　：卜甾巫：至：曰巫：　1

二〇二七九　丙：卜王貞：巫終夕　1

二〇三六四　乙巳卜巫由瀘：　1

二〇三六五　甲戌：執王惟巫：母庚　1

二〇三六五　辛：巫示：庚允：　1

二〇三六五　：巫：　1

二〇三六六　：巫𣎆　1

二〇四一二　：巫姘𡆧　1

二一五六八　丙午卜巫由：　1

二一八八〇　惟巫先　1

二一九八七　辛：巫：　1

二二一〇三　癸巳卜：天：直：巫：　1

二二一四三　乙亥巫：母：　1

二二四五五　：大：巫：　1

三〇五九五　惟巫言舌　3

三二二三四　乙丑卜彰伐辛未于巫　4

三五六〇七　：在𩁹：其用巫衆：祖戊若　5

英一九五七　貞弗祟王惟巫　2

亟

一八一八九　：亟：　1

一九四六二　：告：有衛：又：豕?：八月　1

二二〇七二 于𢀛敎巫示 1

一〇三四 ：王畫：以人：允以：𢀛三百 1

六九八〇 ：雀其戝𢀛 1

九一〇三 ：𢀛 1

一八四〇二 ：子：巫： 1

英七一一正 貞勿：陟貝我：巫三月 1

九二八一反 𢀛入二 1

二一六五九 乙丑子卜貞㚔歸 1

二〇九七四 丙戌卜：𢀛舞雨不雨 1

二一〇一三 㲋日延雨：采𢀛：日陰：庚雨 1

二一三〇三 ：𢀛 1

二一六〇〇 ：乙：茲 1

二一六一九 乙巳𢀛：丁𣎆 1

录 禁 麓

四三 戊辰：貞翌辛亞乞以衆人𡆥丁录呼保我 1

一三七正 癸丑卜爭貞旬無囚三日乙卯：有嬉單丁人豐乂于录：丁巳𠂤子豐乂：鬼亦得疾 1

五九七六 于𢀛麓 1

八〇一五 ：卜古貞𦎫在唐麓 二告 1

一〇九七〇正 乙丑：貞翌：卯王其：敝麓擒八月 1

一〇九七〇正 乙丑：貞翌丁卯其狩敝麓弗擒： 1

一〇九七二 ：卜貞：狩：麓 1

一三三七五正 ：鼓：壬其雨不：中麓允：辰亦：風 1

一四三七〇丁 ：卜：呼：先：录九月在唐 1

一九四九三 ：臣录： 1

二五九四二 甲辰卜矢貞乞彭彡有录覞 2

二七二三七 己酉：貞：𣪊丁录逵于𢓊 3

二七九三三 丁亥：貞亞：囚：田：麓： 3

二八一二四 惟東麓先賡 吉 3

二八一二四 惟中麓先賡 吉 3

二八一二五 惟沘：录戌： 3

二八三八四 ：麓：麇： 3

二八七九九 王其藝沘廼麓王于東立虎出擒
大吉 3

二八八〇〇 ：寅卜王惟辛藝𪆰麓無災永王 3

二八八九九 王其比：𢧊麓：豚：在盂犬 3

二九四〇八 惟𣗥麓先擒 3

二九四〇九 ：北麓擒 3

二九四一〇 ：惟：麓：𣝔： 3

二九四一二 翌日戊王其田斿麓無災 3

三三一七七 ：滴北：九录 4

三三三七八 辛酉卜王其田惟省虎比丁十ㄎ录： 4

三五五〇一 王曰則大乙𣪊于白麓肩宰丰 5

三五九六五 丁酉卜貞：日：亥王其：娷麓：其以： 5

三七三八二 戊申卜貞王田于𦣞麓往來無災茲御獲
兕一狐四 5

三七四三九 丁巳卜貞王麓：善往來無災王𠮮 5

三七四五一 ：卜貞王：𩵋麓：來無災：鹿四狐 5

： 5

三七四五二 甲申卜貞王田在沃麓往來無災茲御獲
狐：麑三 5

三七四六一 ：王田于𤞷麓往：茲御獲麇六鹿： 5

三七四六八 癸酉卜貞𡨦逐辟祝侯麓𣪊犬翌日戊
寅：其：召： 5

三七四六八 丁丑卜貞𡨦逐辟祝侯麓𣪊犬翌日戊
寅王其𠩺：召王弗悔擒 5

三七四八五 ：卜貞王田于㚢麓：災茲御獲狐
五 5

三七五〇六 壬申卜：沃麓：無災茲：獲狐三 5

三七五二六 于：麓： 5

三七五八二 ：申卜貞：大麓：來無災 5

三七六五六 ：其田雍麓：往來無災 5

三七八四八 辛酉王田雞麓獲大𥠼虎在十月
惟王三祀𠷎日 5

三九四二七　戊申…王…条…無…吠　5

屯四三五九　…条…　3

屯七六二　王惟戍麓蓺無災　3

屯七六二　弜蓺戍麓　3

屯七六二　弜蓺湊麓　3

屯一四四一　王其田㪣湊麓擒無災　3

屯二二一六　王其涉東沘田三麓虤…　3

屯二三三六　惟徣麓蓺擒有小狩　3

屯二三五九　乙亥卜今日至于中条…吉　3

屯二七三二　辛巳卜翌日壬王其蘉叀条　3

懷四一九　…有小…条…　1

懷一三八四　…中条…酚　3

懷一八七〇　丁酉卜…日己亥…𠬝…麓…王弗…　5

懷一九一五　辛酉王田于鷄麓獲大𩁹虎在十月　惟王三祀劦日　5

膝

二〇九六四　…条　1

一四一〇三　…惟…中膝…亞…嘉二月　1

一八五一五　…膝…　1

一八七二七　…亦…膝…　1

一九四九二反　…膝…　1

一九七五三　乙…貞…膝…　1

三六四九二　丙午卜在攸貞王其呼…延執胄人方𦞃　焚…弗悔在正月惟來征…　5

五五三一甲反　㽞入…　1

豸

一三八五正　貞燎于咸豸　1

一三八五正　貞勿燎于咸豸　1

一五三二正　乙未…貞王其歸豸于𠂤女　二告　1

一五三二正　貞勿豸于𠂤…　二告　1

八四六五　…周豸我…　1

一〇九七四　辛未卜方貞王从豸　1

一〇九七五　望乙…王比…豸龟…　1

一九六一八反　…戠…土示…成豸…若…　1

三六六二二　…卜貞…于豸…無災　5

四七三九　勿呼…于…自…　1

四七三九　勿呼…于…自…　1

稟

一一三甲反　王固曰…其稟其惟乙出吉其惟癸出有祟　1

二七二反　貞不稟　1

二七二反　其稟　1

五四七　貞勿執多…呼望舌方其稟　1

七〇二正　…乙亥酚伐不稟　1

七三八正　…女媒王不稟　1

一〇八六正　丁巳卜古貞王伐不稟　1

一〇八六正　貞王伐不稟　1

二七五二　…姘之…稟　1

四三三六　貞勿…般…稟　1

四二八四　辛亥卜殻貞呼歛…叀不稟六月　1

四四九九乙正　…王作令…不稟　二告　1

四四九九甲正　貞其稟　1

四七四一　令甫比及余不稟　1

七七七二正　其…　1

七七七二正　不…　1

七七七二正　其…　1

七七七二正　…　1

八九五九　翌乙卯王入不…　1

九三二四正　…酉…其…　1

九九七七　…不稟…桼…　1

一〇五五二　不稟　1

一一一七九　…卯卜方…省牛不稟　1

一二五八六　貞其…稟六月　1

一四一四九反　婦稟…　1

一四五二〇正　…隗不稟　1

一五四七六　貞…丁卯其尊稟　1

一五八二九　庚午卜史貞禱寅稟　1

一五八二九　…未卜…貞…稟　1

一五八三一　…寅卜…貞禱…稟　1

一五六九五臼　己亥…稟十…　1

一六一三一正　…稟…　1

二〇〇二六　…卜王己…大子…稟　1

- 二〇二九五 丰…王不虆 1
- 二〇六五四 丁未卜王商其虆不其受年 1
- 二一一二一 …至娥…虆八… 1
- 二一四六九 …貞勿余…不虆 1
- 二一四七〇 乙亥卜即給不虆 1
- 英五六四正 己亥卜穷貞翌庚子步戈人不虆 十三月 1
- 英一六五七 …不虆 1
- 英一八〇一 …余…虆 1

中

参 196 204 頁

参 167 172 頁

中 仲

- 二六九三三 其侑中宗祖乙有羌 3
- 二六九九一 執其用自中宗祖乙王受有祐 3
- 二七二三九 其至中宗祖乙祝 3
- 二七二四〇 …酉卜中宗祖乙歲 3
- 二七二四一 …中宗祖乙王受… 3
- 二七二四二 …中宗祖乙告 吉 3
- 二七二四三 …中宗祖乙龖… 吉 3
- 二七二四四 …卜狀…其侑中宗祖乙…彭弗悔 3
- 二七二四五 …貞王既…自中宗…王受… 大吉 3
- 二七二四六 貞中宗… 3
- 二七二四七 中宗有ㄓ有正 3
- 二七二四八 丁卯…貞豎…中宗… 3
- 二七二四九 …中宗…受有祐 3
- 二七二五〇 中宗三𤰔 3
- 屯七四六 …大乙于中宗祖乙祐 3
- 英二三六一 中宗王受有祐 3

中商

- 七八三七 …勿于中商 1
- 二〇四五三 …巳卜王貞于中商呼…方 1
- 二〇五八七 庚辰卜冎中商 1
- 二〇六五〇 戊申卜王貞受中商年…月 1

其它

- 一〇六三 …不三人于毌… 1
- 一〇六四 …伐不三人于毌圉宰 1

- 四六七六 …即中 1
- 五三四一 …卜…王…中…雨有若 1
- 五七八六正 貞…呼…毋多…新射… 1
- 五八六二 丁丑卜…中人… 1
- 五九四四 己巳卜王貞中其執盧妣壬六月允執 1
- 九九六八臼 仲示 1
- 一〇〇三五 …辰卜…雀…朕…中二月 1
- 一〇五五〇 丙子…王貞…勿…田…中一月 1
- 一三二一六反 …未…雨中日啓彭既 1
- 一四一二五 貞仲婦尊餗其用于丁… 1
- 一五九二八 …惟丙…畀…中婦 1
- 一八九四一臼 …中…㪔… 1
- 一九二九六 …㞢…不…中…囚 1
- 二〇〇六一 戊…侑侯…囚仲… 1
- 二〇一二四 …卜犬…仲… 1
- 二〇三〇四 …王…中… 1
- 二〇六七七 …惟羊中… 1
- 二〇六七七 …羊中…惟犬 1
- 二一一九九正 …燎中田 1
- 二一七六六 …中…惟來… 1
- 二二四五〇 甲辰…中來… 1
- 二六九五六 即于𥃝仲牲 吉 3
- 二八〇八九反 …夕ㄓ伐妣庚仲… 3
- 二八一二四 惟中麓先𪊨 吉 3
- 二九八一三反 日中… 3
- 三〇五九四 其告祭…大…中…翌日… 3
- 三一九六三 其中 3
- 三四四四五 𢀛中… 4
- 三四四五八 …丑茲用在中 4
- 三五二四六 王其中 4
- 三五二四六 不中 4
- 屯四一七二 …中人… 3
- 英二三六七 甲午卜暊貞巳中彭正在十月二 3
- 懷四一三 …生一月…戊中…追至不… 1

中

- 八一二正 壬申卜㱿貞我立中 1
- 八一二正 壬申卜㱿貞勿立中卜 1
- 八一一反 立中 1
- 八一一反 勿立中 1

中

著錄	釋文	分期
六四四八	貞…中	1
六四四九	貞立中	1
六四四九	貞勿立中	1
七三六三正	辛卯卜永貞王惟中立若	1
七三六三反	庚寅卜永貞王惟中立若	1
七三六四	庚寅卜永貞王惟中立若十一月	1
七三六五	…卜爭貞王立中	1
七三六六	…爭貞王立中	1
七三六七	乙亥卜爭貞王勿立中　不𠯑黽	1
七三六八	乙亥卜爭貞王勿立中　不𠯑黽	1
七三六九	丙子其立中無風八月	1
七三七〇	…酉卜㱿貞翌丙子其…立中允無風	1
七三七一	…子其立中無風	1
七三七二反	…自安…𡆥…辰…來五…立中	1
七三七三	丙子立中	1
七三七四	貞勿立中	1
七三七六	…立中	1
七三七七正	貞來乙…其立中	1
七六九二	貞來甲辰立中	1
二〇三八六	己…立中	1
三三〇九六	…亥…立中	4
屯一〇八〇	甲寅卜立中	
英五八四	貞立中	1
英六八〇	…丙子立中…無風暘日	1
英六八一	…來甲辰立中…	1
懷一六一二	甲戌卜立中暘日乙亥允暘日	4

中日

著錄	釋文	分期
一三三四三	中日…風	1
二八五四八	中日雨	3
二八五六九	中日往不雨　吉	3
二九七八七	中日雨	3
二九七九一	中日至…　大吉	3
二九七九〇	中日其雨	3
三〇一九七	中日大啓	3
三〇一九八	中日至郭兮啓　吉　茲雨	3
屯六二四	食日至中日不雨　吉	3
屯六二四	食日至中日其雨	3
屯六二四	中日至郭兮不雨　吉	3
屯六二四	中日至…兮…	3
屯二七二九	中日至郭兮不雨　大吉	3

中室

著錄	釋文	分期
二七八八四	丁巳卜惟小臣口以𠚤于中室　茲用	3
二七八八四	丁巳卜惟小臣剌以𠚤于中室	3

中丁

著錄	釋文	分期
四九三一	…中示逌…	1
五五七四	…乞自㞢二十屯小臣中示…茲	1
五五七五	丙子小臣中…	1
七五六九反	…中示…	1
一六五五九反	…大…小臣中…	1

其它

著錄	釋文	分期
三八七正	丁卯圉于義京…人卯十牛中	1
三八八	己未圉于義京羌三卯十牛中	1
三八九	己酉圉…義京羌三卯十牛中	1
一四八八	…于中…	1
三八四九	…中	1
三八七一正	…中…	1
五五〇四	乙未…貞立事…南又…中从…𣪊左…从 曾	1
五八〇七	…亥卜爭貞旬無𡆥王固曰有祟旬壬申 中師𪓐四月	1
五八二五	丙申卜貞肇馬左右中人三百六月	1
七三七五	…中	1
七三七八	…其作中	1
七六八八	…來…辰…中	1
一〇〇六一	…彭中…	1
一三三七五正	…鼓…壬其雨不…中麓允…辰亦…風	1
一四一〇三	…惟…中豚…亞…嘉二月	1
一四八五九反	…中…	1
一九四三九	中…	1
一九七一五	…中…日…	1
二二二九二	庚子卜子狩…禘不中…	1
二三六八七	丙…卜旅…中延	2
二三六八七	…王卜中延	2
二六八一一	乙酉王…中延…	2
二六八一二	…中…在王	2
二七九〇二	戊辰卜在澅犬中告麋王其射無 災擒	3
二九七八八	莫于日中廼往不雨	3
二九七九三	中…𡆥其雨	3
二九七八九	惟日中有大雨	3
三二八四五	庚申貞王令𡉚中	4
三二八四六	庚申貞王令𡉚中	4

中

三二九八二　中㪁于義攸侯戠啚　4
三三〇〇六　丁酉貞王作三師右中左　4
三四〇六一　…卜即宗卯中　4
屯六三五　惟在湡中比無災擒　吉　3
屯二三二〇　中戌不雉衆　吉　3
屯二三二〇　中戌有災　3
屯二五二九　乙亥卜今日至于中彔…　吉　3
屯四三三五　甲子卜王中我　4
懷三四一　…卜中…伐羌…　1
懷一三八四　…中彔…酌　3
懷一五〇四　戊戌卜𠂤缶中行征方九日丙午遘…　4

仲

六八二三　丙寅卜爭貞呂凡中暨余…　1
七八二五正　…正…商中…其出…　1
一〇三一五正　丙寅卜㝱貞祖丁弗中　1
一〇三一五正　…祖丁中　1
三二九三九　戊寅貞王令中盟己卯步　4

中又

五八六一正　…中㚔　1
二四三五〇　癸酉卜王在中又　2
二四三五〇　甲戌卜王在中又　2

九六〇八正　貞…中于䕫　二告　1
一九六九九　丁未卜㠯王令中呼𢦏葡曰來二月　1
一九七一四　貞中其…　1
二一八八〇　于母中　1
一〇二七正　戊午卜殻貞我其呼𦥑中戈　1
一〇二七正　戊午卜殻我𦥑中戈　1

古

九〇五反　古　1
九四五正　貞古來犬　1
九四五正　古不其來犬　1
九四五正　古來馬　1
五九〇六　癸丑卜貞執古子　1
六一五三　乙未古…　1
六三三五反　…婦古　1
六四七九臼　…婦羊示…古　1
八九九一臼　己卯𡆥示二屯自古乞小叡　1
九五六〇　戊子卜㝱貞卑酒在疾不从王古　1
九五六〇　貞其从王古　1
一六〇一四　…甲卜㝱…令老山…古…十二月　1
一七五一八　癸未婦喜示二屯　古　1
一七五二七　婦良示…古　1
一七五七九　古示十屯又一(…　㱿　1
一七五八〇　古示十屯又一(…　古　1
一七五八〇　古示十屯又一(…　古　1
一七五八一　古示十屯又一丿　㝱　1
一七六二九　乙酉𡆥二屯　古自𤼷三　1
一七六三〇臼　𡆥示二屯　古　1
一九一八四正　…王曰旨…古雨…五…　1
二〇一四九正　辛巳卜…古葡十月　1
二三六八二　癸丑王…古今…　2
屯二六九一　丁未卜𢦏由…𠂤暨古…　1
英三五三　古不其來　1

事　史　使

參256頁
參256頁
參89頁
參143頁

三四八一　癸未卜古貞黄尹保我史　1
三四八一　貞黄尹弗保我史　1
六二二六　貞勿令我使步　1
六七七一正　我史弗其戈方　1

著錄號	釋文	期
六七七一正	貞我史其𢦏方　二告	1
六七七一正	貞方其𢦏我史	1
六七七一正	貞方弗𢦏我史	1
六八三四正	癸亥卜殸貞我使毋其𢦏缶　二告	1
六八三四正	癸亥卜殸貞我使𢦏缶　二告	1
九四七二正	貞我史工	1
九四七二正	貞我史無其工	1
九四七二正	貞我史其𢦏方	1
九四七二正	貞我史弗其𢦏方	1
九四七二正	貞方其𢦏我史	1
九四七二正	貞方弗𢦏我史	1
二一九〇五	…侑父冊不…蚰𢦏我事	1

著錄號	釋文	期
二四	辛亥卜爭貞収衆人立大事于西奠𤰈…月	1
一六七二	貞其大事于西于下乙匄	1
一六七二	貞其…大事于西于下乙匄	1
四〇六五	貞卑勿大事	1
五五〇六	壬辰卜穷貞立三大史六月	1
五六三四	貞惟大史夾令七月	1
二三〇六四	乙丑卜出貞大史弋酒先酒其有匚于丁三十牛七月	2
二四九二九	貞于來丁酉酒大史易日	2
二五九三四	貞于來丁酉酒大史易日八月	2
二五九三五	丙戌卜大貞于來丁酉酒大史易日	2
二五九三七	乙丑卜出貞大史必酒先酒其有匚于丁三十牛七月	2
二五九三八	貞惟翌…亥酒大史八月	2
二五九三六	…卜出貞…亥酒大史…	2
二五九五〇	…卜出貞大史其酒告于盟室十月	2
三一七九二	…大史…衣其逆	3
三二九六八	丁丑貞令秋王其大史	4
三六四二三	…未令…其唯…大史…寮令…	5
乇二二六〇	己卯卜貞惟大史	4
乇二八三八	翌日乙大史祖丁有去自雨啓	3
英二一七九	貞于來丁酉酒大史易日八月	2
英二一七九	貞于來丁酉酒大史易日八月	2

著錄號	釋文	期
五六三六	貞我西使無囚	1
五六三七正	貞西使旨無囚𢦏	1
五六三七正	西使旨其有囚	1
五六三七正	庚子卜爭貞西使旨無囚𢦏	1
五六三七正	庚子卜爭貞西使旨其有囚　二告	1

著錄號	釋文	期
九五六〇	丁巳卜穷貞令髙…賜乜食乃令西史三月	1

著錄號	釋文	期
三三九七正	貞王曰侯豹…女事魯	1
三三九八	…曰侯豹…毋事魯受…	1
三三九九	…豹毋事魯…	1

著錄號	釋文	期
二〇五七六正	庚申卜貞雀…囚骨告事	1
二〇五七六正	…貞雀無囚骨告事	1
二〇五七六正	辛酉卜貞雀無囚南土囚告事	1
二〇五七六正	辛酉卜貞雀無囚南土囚告事	1
二〇五七六正	庚申卜貞雀無囚南土囚告事	1
二〇五七六正	庚申…貞雀無囚南土囚告事	1
二〇五七六正	…在南土…告事	1

著錄號	釋文	期
三二九五	…侯豹允來冊有事鼓五月	1
二〇二三二	戊辰卜王貞旻囚圉有事	1
二〇三四七	今夕有事	1
二〇三四八	乙亥卜有事	1
二〇三四八	乙亥卜生四月妹有事	1
二〇三四八	弗及今三月有事	1
二〇三五〇	今夕無事	1
二〇三五〇	于九月有事	1
二一五八六	乙未余卜今八有事	1
二一五八六	乙未余卜于九月有事	1
二一五八六	丁酉余卜今八月有事	1
二一五八六	丁酉余卜壬有事	1
二一五八六	于癸有事	1
二一五八六	惟八月有事	1
二一五八六	…于卜我貞有事	1
二一五八六	于九…有事	1
二一六三五	乙巳卜𣪕貞今五月我有事	1
二一六三五	乙巳卜𣪕貞六月我有事	1
二一六三五	乙巳…貞…有事	1
二一六三七	壬寅卜貞五月我有事	1
二一六六三	辛巳卜我貞我有事十月	1
二一六六四	壬午余卜于一月有事	1
二一六六五	…子卜貞…有事今一月	1
二一六六六	辛卯卜貞今四月我有事	1
二一六六七	癸巳卜䌛貞…我有事	1
二一六六八	甲午卜貞今六月我有事	1
二一六七〇	甲申…貞今…我有事	1
二一六七一	戊辰子卜貞今我有事	1

二一六七二	丁未卜…束有事	1
二一六七三	庚申卜我今束有事	1
二一六七六	…未…貞…有事	1
二一六七七	丁卯卜㱿貞庚我有事	1
二一六七九	辛酉子…貞…有事	1
二一六八〇	庚寅卜㱿貞 辛我有事	1
二一六八七	…于來辛丑有事	1
二一六八八	…有事	1
二一六九〇	…不我有事	1
二一六九一	…丁未有事惟司父…	1
二一六九二	…卯余…人餕有事	1
二一六九三	貞[illegible]有事	1
二一六九四	己卯卜我貞叙夕 有事	1
二一七〇一	己亥卜㱿…無事今來乙四月	1
二一七〇二	…己卯無事	1
二一七〇三正	無事	1
二一七〇三正	無事	1
二一七一六	壬戌卜我…弗入商我有事	1
二一七二八	癸巳卜貞今六…有事	1
二一七二八	于七月有事	1
二一七三〇	…卯卜㱿貞至罗我有事	1
二一七九六	乙亥卜彡彭有事	1
二一七九七	…卜彡彭有事	1
二一九一一	庚有事子…	1
二二〇六九	丁未卜貞無事	1
二二〇六九	辛巳卜貞有事	1
二二〇六九	甲…貞…事	1
二二〇六九	甲戌卜貞無事	1
二二〇六九	辛亥卜有事	1
二二〇六九	辛未卜貞有事今日無…	1
二二三一六	…癸…有事	1
二七七二一	…卜頣…又史…其𥝩…卣	3
二八一九五	乙未卜頣貞有事入駛土其𥝩不卣	3
三〇五二四	其禦有事王受祐	3
屯三八四〇	…有史	
英一八九九	庚…卜我貞今日我有事	1
英二四五〇	丙申貞方其有事于生月	4
三七六正	庚申卜古貞王使人于陵若王固曰吉若	1
三七六正	貞勿使人于陵不若 二告	1
八二二正	己未卜古貞我三史使人	1
八二二正	貞我三史不其使無	1

八二二正	貞婁使人	1
八二二正	貞婁不其使人	1
一〇二二甲	庚申卜王侯其立朕使人	1
一〇二二乙	庚申卜王侯其立朕使人	1
一三〇五反	貞使人于…	1
五五一八	使人于岳	1
五五一九	貞使人于岳	1
五五二〇	貞勿使人于岳	1
五五二〇	使人于岳	1
五五二〇	貞使人于岳	1
五五二一	使…于…	1
五五二一	貞使人于岳	1
五五二一	貞勿使人于岳	1
五五二二正	乙酉卜穷貞使人于河沈三羊册三牛三月	1
五五二四	貞使人于[illegible]	1
五五二五	丁丑卜韋貞使人于我	1
五五二六	乙…卜亘貞使人于我	1
五五二七正	丁丑卜㗊貞使人于我	1
五五二七反	貞勿使人于我	1
五五二八	貞使人于新	1
五五二九	…卜…使人于(oracle glyph)	1
五五三〇甲	王勿使人于沚…	1
五五三〇乙	王使人于沚若	1
五五三一甲正	…使人于戠	1
五五三四	貞使人于卒	1
五五三五	…使人于望	1
五五三六	貞使人于(oracle glyph)	1
五五四〇	貞勿使人于(oracle glyph)	1
五五四一	貞勿使人于(oracle glyph)	1
五五四二	貞勿使人…(oracle glyph)	1
五五四三	戊辰卜穷貞使…(oracle glyph)	1
五五四四	貞使人往于唐	1
五五四五正	乙巳卜亘貞使人于…	1
五五四五正	乙巳卜亘貞使人于…	1
五五四五正	乙巳卜穷貞使人…	1
五五四六	甲子卜穷貞使人…	1
五五四七	…使人于…	1
五五四八	貞使人…沈三…册…惟…	1
五五四九正	戊…卜穷貞使…	1
五五五〇反	…勿使人于…	1
五五五一正	丁丑卜穷貞勿使人…	1
五五五三反	貞勿使人…	1
五五五四	…勿使人于…	1
五五五五	…貞勿使人…	1

五五五六　…使人…
五五五七　…使人…
六三五七　貞使人于沚
六三五七　貞使人于沚
六五六八正　…㱿貞婦好使人于眉…
七三三七　己…穷貞使人于𡆥
七六九三　使人于眉
一二五〇〇　…寅卜古…使人…娀…
一四四七四正　貞使人于𡆥
二〇〇一七　乙丑卜𠂤…使人
二〇三四二　癸未卜王余使人于…
二〇四六三反　己…卜史人婦伯𡚸
二〇三四六正　辛丑卜𠂤戠弜使人沚
二一五八六　…午卜貞使人惟若
二二二四六　使人
二二二四七　使人
二八〇八九正　王于𢓊使人于美于之及伐望王受有祐
屯五七九　…史人ㄐ告啓…𤯍在廳卜
屯四〇七二　壬戌貞其使人于…受禾
懷九四九　…使人…

三二九七正　戊戌卜㱿貞王曰侯豹往余不朿其合以乃使歸
三三九八　…侯豹往余不朿合以乃使歸

一一一〇正　丙子卜㱿貞勿呼鳴比戊使𠭯三月
四七二二　呼鳴比戊事𠭯
四七二二　貞勿呼鳴比戊事𠭯
四七二三　呼鳴比戊事𠭯

其它

九七反　王固曰吉其使
七七七反　…肘事王…
八一六反　立𢀛豕史其𦤎
九四正　貞在北史有獲羌
九四正　貞在北史無其獲羌
三二二六臼　壬申事…十屯
三三五八　惟𦞠勹侯𠂤使
三四〇一　…王事五月
四二〇三　…史𡆥…

四五五五　貞呼比微告取事
五四四九正　貞…事
五四六五　…𡚸…王事
五四七二正　…卯…王事
五四七三正　庚…貞陕…王事
五四八八　辛…貞乞令…𣪘…由…𢦏…事
五四九四　癸亥卜有王事四月
五五〇七　乙亥…貞立二…史有𣪘舟…
五五〇八　…王…立…史
五五五二正　貞勿使…于…
五五三九　貞…使…于𡆥
五五六〇　…呼…入…事
五六一一正　貞使
五六三〇正　己酉史…
五六三二　…中…使
五六三三　…王…使
五六三五甲　…卜亘貞…東使來
五六三五乙　…東使…來
五六三八正　貞惟弜令比史…宄
五六三九正　卓使𡆥咏
五六四〇　…使享見…
五六四一　…貞勿…至使
五六四二　貞惟使
五六四二　…使
五六四三　…呼…于…使
五六四四　庚午…貞其…伊使
五六四五　…疾…興…使
五六四六　…使…南…
五六八三　…禦亞立事
六〇四二正　貞我…在沚事…不以媿
六〇七八　貞使于𡆥
六七七二　…卜王…戕…史
六八二三　…王其令…𢦏周不…史骨四月
六九六三　…𡦹令…史…
七〇七五正　貞立明事　二告
七三八一臼　己丑史示三屯　岳
七六六〇　…一史以…
七七〇二　貞于沚事
九一二六　…史以有取
九四六五　…舌方…史步
一〇五二六　丙戌…貞取…事
一一〇〇五正　…史…从麥
一二〇一三　…未卜史…在…田…
一三七五九正　六月有來曰史有疾　二告

著錄號	釋文	期
一三七五九反	壬辰卜貞：五月史有至	1
一三七五九反	其至今五月史無…	1
一四二二五	…于帝史風二犬…	1
一五五八七	…事：燎于…	1
一六一三一正	貞使卓	1
一七〇七八正	癸巳卜爭貞旬：甲午有聞曰戊：史春	1
	復七月在：鼓冉	1
一八二三一	…行史：𢀛 二告	1
一八七九三	…事：旬無囚二月	1
一九一三七	貞妹惟使弗其子六…	1
二〇〇六四	…寅卜王逆入使五月	1
二〇〇八八	庚申卜王惟余令伯紳史旅	1
二〇〇九一	…王勿樂伯紳史…	1
二〇〇九二	貞：紳史…	1
二〇一二八	…舟史：百十二月	1
二〇一二八	戊子令史𢀛	1
二〇三三四	…卜自：弗其截：事弗：侑取	1
二〇三四五	己未卜王使出	1
二〇三四九	乙丑事今八月刀	1
二〇三五三	乙卯卜自樂事	1
二〇三五二	…樂事受…	1
二〇三五三	乙卯卜自樂事	1
二〇三六一	…午：史…	1
二〇三六二	…庚史…	1
二〇三六三	…史：乙翌：亦延…	1
二〇三七六	…婦：令史執：月	1
二〇七七〇	…卜王其延台史…	3
二〇八〇九	戊午卜今九月事	1
二〇九五五	戊午：使涉雨	1
二一〇三七	丙申卜母：大祝史…	1
二一一五三	丁：不：史眉于：祐…	1
二一五八六	…余卜：事：即	1
二一五八六	己巳卜我貞使豕宁	1
二一五八六	己亥卜𢓊貞來惟使呂	1
二一五八六	…未子卜貞惟丁使…	1
二一五八六	甲子卜我貞：彡我：事	1
二一六二三	丁未卜：𠬝人：事	1
二一六三四	壬辰卜使豕：來…	1
二一六三八	…𢀛：事	1
二一六六九	癸巳…今六：事	1
二一六七四	庚申：今𠬝月：事	1
二一六七五	…子：今𠬝月：事	1
二一六七八	辛我：事	1
二一六七八	乙酉：事	1
二一六八一	辛巳卜貞乙我：事	1
二一六八四	…卜𢓊：𠬝：我：事	1
二一六九五	癸酉卜：事	1
二一六九六	己亥卜叙貞：來：惟从：事	1
二一六九七	己丑：自：事：我…	1
二一六九八	…啓入午事若十月	1
二一六九九	辛酉卜：事	1
二一七一七	辛未𢓊卜我入商北我𠆤事	1
二一七三七	…弜使	1
二一八五二	…亥卜：貞辛：事	1
二一八七〇	乙卯卜貞史入宁	1
二一九七五	癸卯婦史	1
二二二〇八	受史…	1
二三三六五七	…中：使…	2
二四四三二反	己酉史𠱠…	2
二四九四〇	乙酉卜祝：丁亥使其酌告南室	2
二四九四四	貞：使其酌告于盟室十月	2
二五八六二	…父己使王賓	2
二六八七二	貞其事	2
二七〇五一	惟上甲史遘酌	3
二七〇五二	其遘上甲史酌	3
二七〇七〇	貞上甲史五牢	3
二七一〇六	先酌大乙史有正	3
二七一二四	大乙史王饗于𠆤	3
二七一二五	大乙史王其饗	3
二七一二七	…卜大乙史：祝	3
二七二〇三	甲申卜：貞祖乙史其…	3
二七二九二	祖丁史至二…	3
二七二九三	…暊：日祖丁史	3
二七三三三	于既：廼延：史又：大吉	3
二七三五五	甲申卜小乙史其延	3
二七三六七	戊戌卜祖丁史其延妣辛妣癸王…	3
二七四五六正	丁未卜何貞其叙史	3
二七四七五	…丑卜王其延史于父甲	3
二七四九〇	…史：賓…	3
二七六三六	辛未卜：史其延三兄王受…	3
二七七三六	…卜宁𢆶不惟史令…	3
二七七三六	…卜宁𢆶不史…	3
二七九三二	癸亥卜暊貞翌史亞有：惟用	3
二七七九六	弜執呼歸克饗王事 弘吉	3
二八一八四	尋史	3

著錄號	釋文	期
三〇八八四	于㞢史酌王受有祐	3
三〇九一一	…史㞢…𠂤用…受有祐	3
三一一六七	…史有正王受…	3
三一七九一	…弜使…戠征…	3
三二〇一二	癸巳卜侑于亞豕𦎫一羌三牛	4
三二三九〇	上甲史其祝父丁必	4
三二六一六	辛未貞在丂牧來告辰衛其比史受 …	4
三二六四二	丁丑卜…小丁史有正	4
三二八三五	惟小史	4
三二九〇四	庚辰貞方來即使于犬延	4
三二九六九	其呼盧禦史霝射有正	4
三六五五四	…翌日入…祼其…其自…衣…	5
三六九七〇	丙寅卜…𢆶衣…見史…有…方其…呼 延…茲…	5
三七四六八	辛未王卜在召廳惟執其令饗史	5
三八二三一	…饗史于燎北宗不…大雨	5
三八二四二	…卜貞…使…又一牛	5
屯三三三	壬辰卜妣辛事其延妣癸惟小宰	3
屯七三八	魯甲事其延般庚小辛王受祐　吉	3
屯一〇〇九	庚辰貞方來即事于犬延	4
屯一〇五六	…申貞其史…于河雨	4
屯一一二〇	…戊卜妣庚史…	3
屯二二六〇	…卯卜貞小史	4
英二三四八	…卯卜河史…王受有祐　吉	3
屯二三六三	丁丑卜妣庚史惟黑牛其用佳	3
屯二五五八	弜…史…卒以…	4
屯二五八〇	…史其侑于…吉	3
屯二八五九	…延…上甲史…受祐	
英七三〇	…戊史冒…	1
英七四六	…史…朕…毌…	1
英一六一六反	…王有…事…	1
英一七八四	戊戌卜王貞余𡗜立員宁史暨見 𦣻終夕卯	1
英二一一九	庚午卜祝貞其𦉞伊史無左九月	2
英二五一八	乙未卜貞自武乙彡日衣必祼其即𦔻五 宰正王受有祐	5
懷三九三	戊辰卜爭貞翌己巳…㚔侯使…	1
懷七四八	…貞夾…豕使…	1
懷一三一二	癸丑卜䀠貞戍其使敀用之戠	3
懷一三七二	…延使父丁…	3
懷一四六一	于丁丑祝㚒使	3
懷一五四八	癸丑有事十月	4

著錄號	釋文	期
五六三二	丁未卜爭貞令郭以有族尹中有友五月	1
二三三六七	己巳王其中	1
二七八七五	貞其中	3

冊

著錄號	釋文	期
三五八二	…卜㱿…爯冊呼	1
七三四三	…卜穷貞牧稱冊…㲋人敦…	1
七三八二正	戊子卜㱿貞沚戠稱冊王比六月	1
七三八四正	戊午卜㱿貞沚戠稱冊王…	1
七三八五正	…卯卜㱿貞沚戠稱冊王…	1
七三八六	…酉卜㱿貞沚戠稱冊王比	1
七三八六	…爭貞沚戠稱冊王比	1
七三八七	丁酉卜㱿貞沚戠稱冊王比	1
七三八八正	…卜㱿貞沚戠稱冊王…	1
七三八九	…貞沚戠稱冊…	1
七三八九	…㱿貞沚戠稱冊王…	1
七三九〇	…㱿貞沚…冊王比	1
七三九二	…戠稱冊王…	1
七三九三	…沚戠稱冊王比	1
七三九四正	甲戌…王貞…戠稱冊余…八月	1
七三九六	…沚戠稱冊…	1
七三九八	己未卜㱿貞沚戠稱冊…	1
七三九九正	辛卯卜㱿貞沚戠稱冊…	1
七四〇二	…貞沚戠稱冊王…	1
七四〇二	…卜㱿貞沚戠稱冊…	1
七四〇三	…卜㱿貞沚戠稱冊王…	1
七四〇三	…㱿貞沚戠稱冊…	1
七四〇八	己巳卜爭貞侯告稱冊王勿衣歲	1
七四〇九	…爭貞…稱冊…歲	1
七四一〇	己巳卜爭貞侯告稱冊王勿衣…	1
七四一二	己巳卜爭貞侯告稱冊…衣…	1
七四一三	…稱冊王歲	1
七四一七	貞…師般…商稱冊…	1
七四一八	貞勿令𠂤般比我稱冊十月	1
七四二三	…在北稱冊…	1
七四二四	丁亥卜…貞牧…稱冊𠕋…	1
七四二五	…稱冊…	1

編號	釋文	期
七四二八	…稱冊王比下上若受我祐	1
七四二九	…稱冊王比…	1
七四三一	…稱冊…受我…	1
七四三二	…稱冊王…惟我…	1
七四三四	…稱冊	1
七四三五	…稱冊…	1
七四三六	…乞稱冊…	1
二八〇八九正	王其比望爯冊光及伐望王弗悔 有戠 大吉	3
三三〇九七	…乙卯爯冊	4
英一九七	…卜㱿貞侯告爯冊王𦣞	1
英一九八	己巳卜爭貞侯告爯冊王勿…	1
英五四五正	…爭貞沚或爯冊王比伐土方…	1
英五八二	…爯冊今□…土方受有祐	1
英一一八七	…㱿貞沚或不□爯冊	1
三〇六八四	惟萑冊用王受祐	3
三一一二七	弜盤習惟舊冊用	3
三〇七〇六	…于卜惟舊冊用	4
屯一〇九〇	甲子卜…舊冊用	4
二八四	貞婦□曹冊冊妻	1
一五三一一	惟乙亥曹冊…多…	1
二四一三三	…大貞多君…曹冊惟…月	2
二七二八七	冊至王受有祐	3
三〇六五〇	冊至	3
三〇六五一	冊至王受有祐	3
三〇六五二	冊至有正	3
三〇六五三	冊至有雨	3
三〇六五四	冊至有正	3
三〇六五五	…卜冊至…	3
三〇六五六	貞…冊至…有祐大…	3
三〇六四八	冊祝	3
三二二八五	丙午貞酌人冊祝	4
三三二二七	祝其冊	4
屯二四五九	…卜𠦪祝冊…毓祖乙惟牡	4

冊入

編號	釋文	期
九三五七	冊入	1
屯二七六八	冊入	1
英三八〇反	…米冊入…	1

其它

編號	釋文	期
四三八正	貞冊	1
四三八正	冊	1
六八五正	貞奴…友冊	1
七一〇	貞燎于高妣己有穀冊三反𠦪卯宰	1
四九〇六	…冊我…岳	1
四九〇七反	…冊王用	1
五六五八反	作冊西	1
六四〇三	…辰卜…沚或…冊王…伐土方受…	1
六四四〇反	…冊十月	1
六六五八	…冊…	1
六八〇〇	貞…冊…	1
七四二〇	貞勿…𣪊…我…冊	1
七四三〇正	…冊王比…	1
七四三〇反	…冊…	1
七四三三	丙…冊…	1
一〇六六五	其…于…冊…	1
一一〇二七	…卜…馬…冊	1
一一二九三	貞…至…冊…宰…牛	1
一五一三六	貞…冊丁…	1
一五三一九	…貞…冊…	1
一五三二〇	…冊七月	1
一五三二一	貞其冊	1
一五三二二	…不冊…	1
一五三二三	…三宰冊…	1
二〇三一九	…余不冊川	1
二〇三三八	…耳…以…冊…	1
二一一五三	壬申祐步弜…今丁未冊…	1
二二三五六	…冊冊…	1
二七二八七	弜冊	3
二七五六〇	辛卯卜其冊妣辛	3
三〇三八〇	有舌五冊…其妻	3
三〇三九八	惟冊用	3
三〇四七八	有冊豐弘	3
三〇六七四	惟茲冊用有正 吉	3
三〇六七六	貞惟冊用受祐	3
三〇六九六	…冊…卯…	3

𠕋

- 三一一三七　惟十牢𠕋…　3
- 三四二五六　庚寅卜吉…紐尹卩𠕋于河迺…　4
- 三六五三八反　乙丑王卜貞今旧巫九畓余無嘆繇吉 侯田𠕋叡方羌方羞方庚方余其比侯田 甾戔四封方　5
- 乇一〇九〇　甲子卜惟…𠕋用　4
- 乇一〇九〇　惟新𠕋用　4
- 乇四五五四　惟茲𠕋用　3
- 英一三九二　貞𠕋　1
- 英一六六六正　…𣪊貞王夢妾有玟有𠕋惟囚　1

𠕋用

- 二七〇二三　…惟茲𠕋用十人又五王受祐　3
- 二七一五五　王其侑于高祖十…𠕋用惟…　3
- 二七一〇二　貞弜祖乙𠕋用于之若　3
- 二七二三四　惟丁祖𠕋用二牢王受祐　3
- 二七三五〇　惟小乙𠕋用　3
- 三四〇四四　岳燎惟舊𠕋用三牢王受祐　3
- 三〇六六四　惟茲𠕋用有正　大吉　3
- 三〇六六五　惟茲𠕋用燎羊卯一牛　3
- 三〇六七八　惟萑𠕋用王受祐　3
- 三〇六七九　惟舊𠕋用　3
- 三〇六八〇　惟萑𠕋用　3
- 三〇六八一　其侑于之惟萑𠕋用三十　3
- 三〇六八二　惟萑𠕋用　吉　3
- 三二三三五　…子卜惟舊𠕋用　4
- 三二三九七　…子卜惟舊𠕋用　4
- 三四五五二　惟新𠕋用　4
- 三四五三八　惟新𠕋用　4
- 乇　一一〇　…𠕋用十百又五百　3
- 乇二四〇六　其𠦪年惟祖丁𠕋用王受祐　大吉　3
- 乇二四〇六　惟父甲𠕋用王受祐　吉　3
- 乇三五四五　惟有羌𠕋用　3

其它

- 一五三二四　…惟…𠕋…　1
- 二五〇三二　辛酉卜…貞惟示其𠕋禦　十二月　2
- 二七〇二二　𠕋十人又五…　3
- 二七二九〇　祖丁𠕋二牢王受…　3
- 二七二九一　祖丁𠕋五牢　3
- 二七三三四　…卜其𠕋祖甲惟…𠕋牢又一牛　吉　3
- 二七三九一　…卜狄…𠕋凡仲己…小牢王受祐　3
- 三〇三五八　…卜其祝父甲必惟舊𠕋…　吉　3
- 三〇六八三　惟舊𠕋三牢用王受祐　3
- 三四三九六　…𠕋十又五牢其即…　3
- 乇　一六三　弜即祖丁歲𠕋　4
- 乇　五九四　…午卜翌日父甲𠕋競祖丁𠕋王受祐　大吉　3
- 乇二一八五　惟萑𠕋五牢用王受祐　茲用　3
- 乇二二八五　惟…𠕋…用　大吉　3
- 乇二二九四　…亥卜父甲…歲即祖丁歲𠕋　3
- 乇二二九四　弜即祖丁歲𠕋　3
- 乇二三五八　其用茲…祖丁𠕋羌甶其豎　3
- 乇二七一一　惟舊𠕋　茲用　3
- 英二三五八　惟萑𠕋二牢　3

冊

- 六一六〇　…沚戠爯冊𢀛方…王比下上若受我…　1
- 六一六一　…沚戠爯冊𢀛…其敦𣪘王比下上若受　1
- 六一六三　…沚戠爯冊𢀛…敦𣪘王比受有祐　1
- 六一六五　…冊𢀛…受…　1
- 六一六六　…冊𢀛…王比我受…　1
- 六四〇五正　…戌…𣪊貞…戠爯冊𢀛土…王比…　1
- 七四三四　丁亥卜…貞牧…稱冊𢀛…　1
- 七〇七正　呼比臣沚有𡆥三十邑　1
- 七〇七正　…沚…𡆥…邑　1
- 二九四〇　貞子商侑𡆥于父乙呼酚　1
- 四五〇〇　貞卯其有𡆥　1
- 四五七一　貞其有𡆥　1
- 五六四七正　五七三二　壬辰卜亘貞有𡆥巫呼取以　1
- 七一五三正　乙酉卜穷貞有𡆥王　1
- 一四五二一　王固曰有祟其有來嬉八日庚…雉有𡆥　曰𡆥　1
- 一四九五二反　乙未卜爭貞…有𡆥河三牛往…　1
- 一四九五三　…其亦有𡆥不之　1
- 一四九五四　…辛白…有𡆥…　1
- 有𡆥于王　1

二七四八九　其有冊…　3
二八二九六　其有冊　3
三〇四七九　弜競其有冊　3
三〇四八〇　弜有冊　3
三〇六六五　其有冊…　吉　3
三三〇六六　乙酉卜貞王有冊于祖乙　4
屯三五五八　其舌妣己有冊　3
英一八二三　己酉卜竹有冊允　1

冊·祭祀

一四〇反　貞…冊祖乙…　1
二七一正　己卯卜殼貞禦婦好于父乙㞢羊又豕冊十宰　1
二七一正　貞勿冊…　1
二七一正　…殼貞禦婦好于父…㞢羊又豕冊五宰　1
二七一正　貞勿冊…乙五宰　1
三二三　…三十羌冊…牛　1
四三八正　貞改…冊　1
四三八正　勿冊妣庚　1
六九八正　貞冊妣庚十𠬝卯十宰　1
六九八正　冊妣庚十𠬝卯十宰　1
七〇二正　貞禦婦好于父乙㞢宰又𣪕冊十宰十𠬝　𣪕十　二告　1
七〇二正　…冊父乙十𠬝十宰𣪕十　1
七〇四　…午…匚冊十𠬝卯小宰　1
七〇五　…冊十𠬝　1
七〇七正　冊于妣己　1
七〇九正　貞呼子宓卯父乙冊𠬝㚔卯宰　1
七一三　貞禦子漁于父乙㞢羊冊𠬝　1
七一六正　冊妣己𠬝㚔　1
七一六正　㞢羊冊𠬝㚔　二告　1
七一八正　貞禃于妣己冊𠬝卯宰𢦏　1
七一九正　貞禣于妣己冊𠬝卯宰　1
七二〇正　妣庚冊𠬝　1
七二三正　乙…卜古貞禦于妣庚冊𠬝又十牛　1
七二四正　貞冊妣庚𠬝新𣪕　1
七二四正　勿冊妣庚𠬝　小告　1
七二四反　冊妣庚𠬝又二宰　1
七二八　貞勿䶂用㞢彘冊小宰又𠬝女一于母丙　1
七三二　…娥冊𠬝　1
七三三　…今甲…娥…冊𠬝…　1
七四〇　…冊𠬝㚔又宰　1
七四一　…冊𠬝…　1
七四二　冊…𠬝…于…　1

七六七反　…冊𠬝㚔五…　1
七七二正　…卯卜殼…冊妣庚㚔　1
七七二正　貞冊妣庚五㚔　1
七七三甲　貞尋禦妣庚冊五㚔　1
七七三乙　貞尋…冊…　1
七七九正　壬寅卜爭貞冊妣庚𠬝　1
七八三　冊𠬝一㚔　1
七八四　禦于高妣己㞢二牡冊𠬝㚔　1
七八五　…冊五宰…𠬝㚔　1
七九五正　既冊嬴甲𠬝　二告　1
八二九正　貞禦鈦于父冊…　1
八八六　貞禦于父乙㞢三牛冊三十伐三十宰　1
八八七　壬申…冊大…伐三十…三十宰　1
八九三正　庚寅㞢一牛妣庚冊十𠬝十宰十𣪕　1
八九五甲　乙卯…內冊…庚勿七十宰伐二十　1
八九五丙　乙卯卜內冊大庚七十宰伐二十　1
八九五乙　乙卯卜內冊大庚…　1
八九八　貞冊祖乙十伐又五卯十宰又五　1
九〇八　癸丑…翌甲…侑于大甲㞢二牛冊三十　宰伐十　1
九一四正　冊祖丁十伐十宰　1
九一四正　勿冊祖丁　1
九一四正　貞不𡆥冊十祖乙　1
九一五反　…冊祖丁十伐十宰　1
九二四正　壬辰卜殼貞呼子宔禦侑母于父乙㞢　宰冊𠬝三㚔五宰　1
九二四正　貞呼子宔禦侑母于父乙㞢小宰冊　…三㚔五宰　1
九二四正　貞呼婦㞢于父乙宰冊三宰有𠬝　1
九二四正　翌乙未呼子宔祝父㞢小宰冊𠬝三㚔　五宰𢀛嬴正　1
九五九　辛丑卜…冊祖辛…伐卯十牛…　1
九六一　冊…丁…宰伐…　1
九六三　丁…翌…彭…冊…宰…𣪕　1
九六三　…𣪕冊…　1
九六三　…冊大…　1
九八六　…冊…伐…　1
九八七　冊…伐…　1
九八八　…卜殼…冊…伐　1
一〇二七正　丁巳卜爭貞降冊千牛　二告　1
一〇二七正　不其降冊千牛千人　1
一〇四〇　…冊…大甲　1
一五一三　甲申卜乙酉侑祖乙三宰冊三十牛　1

冊

編號	釋文	期
一七一八	：冊十：	1
一七三一	：未卜冊祖辛	1
一七三二	乙丑卜今乙丑：宰祖辛冊五牛	1
一七九三正	貞于羌甲禦栖冊：十	1
一八〇〇	貞告于祖丁㞢：冊：	1
一九六八	丙寅卜殻：丁卯燎于：丁卯：冊三十宰 ：殻	1
二〇七〇	：午卜：貞冊祖：	1
二二一二	：卯：父乙冊五：十宰	1
二二一三正	貞冊父乙三十宰	1
二三七三反	：冊十小宰	1
二三八八甲正	貞冊妣甲：	1
二三八八甲正	：冊妣甲辟?	1
二四二四	癸未卜今：羊于妣己：冊宰：	1
二四三四	癸未卜今：羊于妣己：冊宰：	1
二四六八正	貞勿冊妣庚十：	1
二四六九	：冊妣庚：	1
二四七〇正	貞禦妣庚冊：	1
二四七二	庚申卜殻貞王栖于妣庚惟冊䜣	1
二五〇一	貞栖于妣癸冊三小宰	1
三一六九正	貞禦子賓于兄丁㞢羊冊小宰今日 酚	1
三四九〇	：冊正：尹：百牛	1
四一一六	：于父乙冊宰禦：	1
四四五五正	：冊：㞢：	1
五五二二正	乙酉卜穷貞使人于河沈三羊冊三牛三月	1
五五四八	貞使人：沈三：冊：惟：	1
五九〇八	冊：庚三宰	1
五九〇八	：冊：庚：宰	1
六六六四正	辛亥卜王貞冊父乙百宰十一月	1
六九四五	癸未卜殻燎黄尹一豕一羊卯三牛冊五十 牛	1
六九四七正	辛酉卜爭貞今日侑于下乙一牛冊十勿宰	1
六九四七正	貞侑于下乙宰冊十勿宰	1
六九五六	：冊：侑：祖：	1
七〇二六	丁丑卜侑祖辛宰冊十宰九	1
一〇九六九正	貞勿冊蔑	1
一一二九五	：大：冊：三十宰：	1
一一三六一	：冊：宰：	1
一四六六〇	：亥卜燎于㞢冊二牛	1
一四七八〇	：酉：貞子漁侑冊于娥酚	1
一四八〇七正	辛亥卜殻貞侑于畿召二犬冊五牛	1
一五三〇九	：其冊：	1
一五三一〇	：冊卯：	1
一五三三六	冊五十宰	1
一五三三七	：寅卜：侑祖：三宰冊十宰又九：	1
一五三三八	：盟牛：冊十：宰一月	1
一五三三九	：殻十：冊十宰	1
一五三四〇	：冊五宰	1
一五三四一	：冊三宰	1
一五三三九	：殻十：冊十宰	1
一五三四二	：禦：宰冊：四月	1
一五三四四	冊小宰	1
一五三四五	：冊：百牛	1
一五三四六	：冊：三豕九月	1
一五三四七	辛未：宰惟翌：冊百：	1
一五三四八	：冊十：㞢十：三十：	1
一五七三五	己未：翌庚酚：庚冊：宰	1
一五七八〇	：翌：酚：冊：宰：	1
一五七九三	：冊十：㞢十：三?十	1
一六二二〇	：冊：	1
一六二三〇	：尹臾冊十宰	1
一九八三四	丁卯卜延冊佣大戊戊辰	1
一九九一四	辛亥卜王貞：父甲禦：冊二百：	1
一九九一四	辛亥卜王勿弘侑冊：宰	1
二〇〇三〇	惟一牛冊宰	1
二〇五二一	：辰用冊佣	1
二一一八三	己卯：冊：牛：	1
二一一八四	：辰卜：有：冊宰	1
二二二二九	：來庚寅酚盟三羊于妣庚：冊伐二十其三十 宰三十及三卯	1
二二二三一	甲寅卜貞三卜用盟三羊冊伐二十：三十宰 三十及三卯于妣庚	1
二二二三一	：卯貞夂盧：于妣己迺冊：	1
二三四三〇	：貞冊母辛：	2
二六九三六	其冊十宰又羌	3
二七〇三九	冊艮	3
二七一八七	：盟二牛冊：三十	3
三〇〇三三	其冊禦有大雨	3
三〇〇三三	弜冊無大雨	3
三〇四一一	：酉卜王其冊岳燎惟犬暨豚十有 大雨　大吉	3
三〇六四七	王冊禦：　吉	3
三〇六四九	冊祝	3
三〇六六一	冊惟牛	3
三〇六六四	乙丑卜冊卯：	3
三〇六六六	：冊禦于：有大：	3

三〇六七一　惟冊羊百　3
三〇六七七　弜蠱習惟冊用　3
三二一六二　其冊𨛜　4
三二一八一　辛丑皀三羊冊五十：五牢　4
三二一八二　庚子貞夕禱冊羌卯牛一羸　4
屯三三四　岳其冊禦　3
屯四九二　癸卯卜其冊禦馭卯：吉　3
屯八一七　冊五牢王受：　3
屯八一七　冊十牢王受祐　3
屯一一七　惟五牢冊王受祐　3
屯八一七　惟十牢冊王受有祐　3
屯一四五八　：燎㞢：牛一冊犬：
屯三〇五八　冊妣己惟及　3
英三八　貞其有冊南庚　1
英八三　：冊父乙十牢伐：　1
英一四九正　甲戌卜亘貞禦婦好于父乙冊及　1
英一一八九　：于卜：貞𠦪：尹：牛冊：　1
英一三三五　：冊三宰　1
英一三三六　：亥卜：往于示壬：一宰：冊：　1
英一三四〇　乙亥：丙冊大：五百牛：伐百：　1
英一三五六　：卜爭貞燎冊百羊百牛百豕𣪊五十　1
英一九七七　乙巳卜出貞其禦王盟五牛冊羌五　：：五　2
懷一七　：成：冊：十月　1
懷四三　貞禦于羌甲𢀛冊　1
懷五八　：父：冊：卯：　1
懷一三九　：用祖辛冊：　1
懷一三〇六　：貞惟十　冊沈：　3
懷一三八三　冊𨛜：　3

其它

二五七　貞：冊：　1
五五七　癸巳卜貞商爯冊　1
七〇〇　侑：庚冊　1
七〇七反　王固曰吉其庚冊　1
七九五正　辛未卜殻貞我奴人乞在黍不冊受：　1
八一二正　貞王不冊　1
二八三四　貞婦䊷冊冊妻　1
二九八〇正　貞子漁有冊于　1
二九九〇　：辰：來乙：漁：冊：　1
三二一九　：于：𦕒：冊侑：乙　1
三二九五　：侯豹允來冊有事鼓　五月　1
三七一〇　：冊：舞：　1
五九〇八　丙子殻：禦婦媒：庚：冊：　1
六〇八〇　貞王曰𢀛吾方其出不冊　1

六四〇四正　：：祉或：：冊土方　1
七〇九九反　：寅貞冊其專：曰其：　1
七四二一　：稱：冊：羌：比：　1
七四二六正　貞興稱冊呼歸　1
七四二七正　貞毋稱冊禦：　1
一三四八八　：妣：㞢：冊：　1
一三六五六正　：高：㞢：冊：　1
一四二五三　辛：卜：冊：　1
一四六八八　：卜惟魚冊邑　1
一五一〇一　：丙：冊：　1
一五二九九　：卜冊：十五　1
一五三〇〇　：卯卜：貞冊：壬：　1
一五三〇一　：惟王冊：　1
一五三〇二　：冊：㞢：告　1
一五三〇三　乙酉卜今日用丁冊：　1
一五三〇五　：王二十：冊：　1
一五三〇六　：聽：冊：　1
一五三〇八正　：冊：旬：　1
一五三一一　惟乙亥冊冊：多：　1
一五三一二　：冊：　1
一五三一三　：女：冊：　1
一五三一四正　己未卜亘貞：不冊　1
一五三一五　貞勿冊　1
一五三一六　：卜殻：勿冊：　1
一五三一七　：勿冊：丁：　1
一五三一八　：東弗冊：　1
一五三二八　貞若不冊　1
一五三三八　若不冊　1
一五七八〇　：冊立：　1
一九八八五　壬辰冊雨　1
二〇二八〇　辛亥：𠦪：無冊：　1
二一九〇五　：侑父冊不：蚰𢦔我事　1
二四一三三　：大貞多君：冊冊惟：月　2
二七九八五　：𠦪典冊羌方王：　3
二八〇〇一　丁未卜暊貞危方冊萑新家今秋王　其比　3
二八〇〇九　丁亥卜在陪衛酚邑𢀛典冊有奏　方豚今秋王其使：　3
二八〇八八　：卜狄：危方美：冊于：若　3
三〇六六七　惟今日冊　3
三〇六七〇　今日冊無尤　3
三四三九五　：酉卜貞：冊于𢀛：往茲見：　4
三六五一二　↓孟：冊孟方：田畓征：　5

三六五三三　…因巫九…率伐…𠕋盂…余其…　5

英三九五　貞𢼸勿𠕋伐束暨桑　1

英五二四　貞…爯𠕋…臣…　1

英一三三七　…𠕋…　1

英一三三八　己亥…𠕋…　1

懷一三一三　…𠕋…王…祐　3

懷一三九三　其𠕋　3

懷一三九三　弜𠕋　3

懷一四九四　…𠂤…𠕋…品…　4

潛　洲

四五　…𣪘貞王疾…衆不潛　1

二七〇正　不潛　二告　1

二七〇反　勿洲　1

五〇三一　…潛…　1

五四九九　…寅卜王…弜弗其戴朕事其潛余　1

八六〇五正　貞王…龍方…惟潛…　1

九三二二正　…其洲　1

九五〇五　己卯卜𣪘貞雷耤于名享不潛　1

一〇五三九　…戌貞王往出于田不潛　二告　1

一四〇〇三正　貞…潛…　1

一四五三六正　辛卯卜𣪘貞乞呼酌河不潛正　1

一五三二五　…卜…貞…潛…十月　1

一五三二六　…潛…　1

一五三二七　…潛…　1

一五三二九　不潛　1

一五三三〇　不潛　1

一五三三一　不余潛　1

一五三三二　不余潛　1

一五三三三　不余潛　1

一五三三四　…中余不潛　1

一七九九七正　貞𠱠不洲　1

一九〇九四正　…𢀛令不洲…　1

二一一八五　壬戌卜買[illegible]不潛十二月　1

二一二三四　不潛　1

懷一三三　…潛…　1

典

二四三八七　癸未卜王在豐貞旬無囚在六月甲申…工典其酌彡　2

三五六六〇　…卜貞…旬無畎翌甲申…典其…　5

三六四八九　…亥王卜貞旬無畎…一月甲子酌妹工典其…𦤎師王征人方　5

三七八四〇　癸酉王卜貞旬無畎王囚曰吉在十月又一甲戌妹工典其𠂤惟王三祀　5

三七八六七　癸巳卜泳貞旬無畎六月甲午工典其幼　5

三八三〇五　癸亥卜𢓊貞王旬…在十月甲子工典其妹　5

三八三〇六　癸丑卜在[illegible]貞王旬無畎在十月甲寅工典其酌彡…　5

三八三〇七　…王卜貞旬無畎…四月甲子工典…　5

三八三一〇　癸卯卜貞王旬無畎在六月乙巳工典其雚　5

英二六〇五　癸巳王卜貞旬無畎王囚曰大吉在五月甲午工典其酌幼　5

英二六〇五　…貞…王囚…在五月…典其酌…　5

懷一八〇五　癸丑卜貞王旬無畎在六月甲寅工典其翌　5

其它

五九四五正　…卜貞白戠…典執四月　不吿　1

七四一四　…申卜…貞侯…稱冊…　1

七四二二　壬申卜𣪘貞…囚稱冊呼比　不吿黽　1

二〇三三二　…于立典紷丙…　1

二一一八六　…𠂤貞…允典　1

二七九八五　…[illegible]典𠕋羌方王…　3

二八〇〇九　丁亥卜在陪衛酌邑[illegible]典𠕋有奏方豚今秋王其使…　3

三〇六五七　惟典至　3

三〇六五八　惟冊至　3

三〇六五九　惟冊[illegible]　3

三〇六六〇　𢍰惟冊豊　3

三〇六九一　惟冊𤔲用　3

三二〇二〇　…典伐召方受祐　4

三三〇二〇　貞王比…戉典伐召方受祐　4

三三一〇八　…沚戉典　4

三四三九八　癸亥…甲子典其雚　4

三六一八一　甲戌王卜貞…[illegible]盂方…典西田…妥余一人…田𠂤正…自上下于𠬝…　5

三六三四七　…卜貞典舂𡉚侯…于其比彈𠂤戔無左…晉𢦔王囚曰吉在…　5

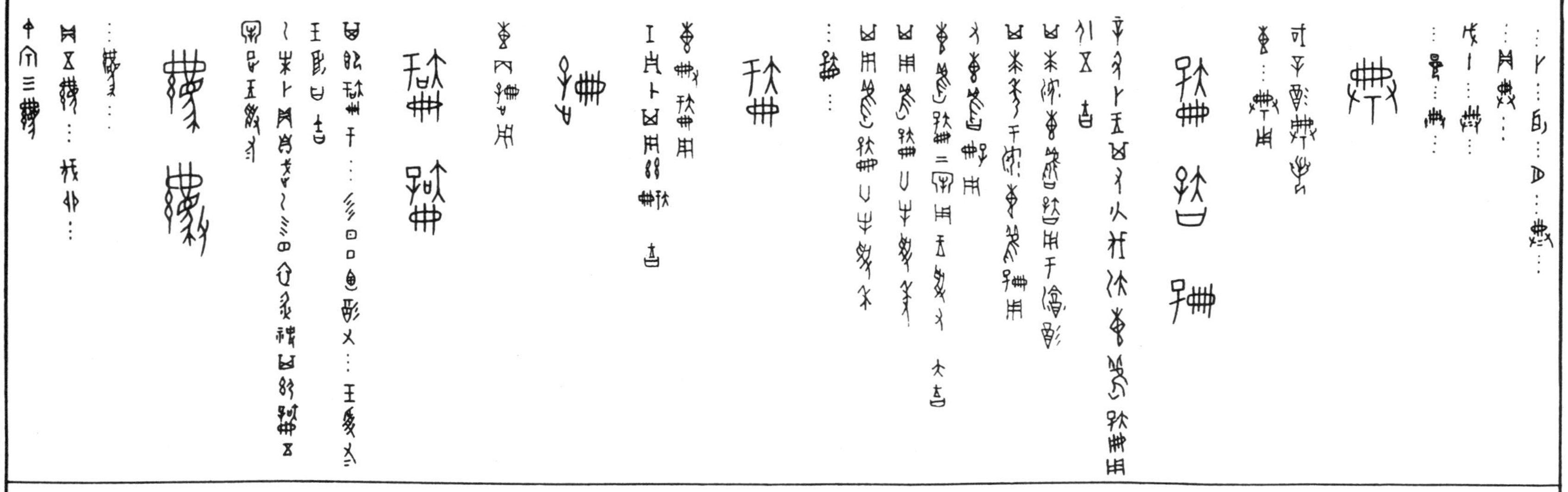

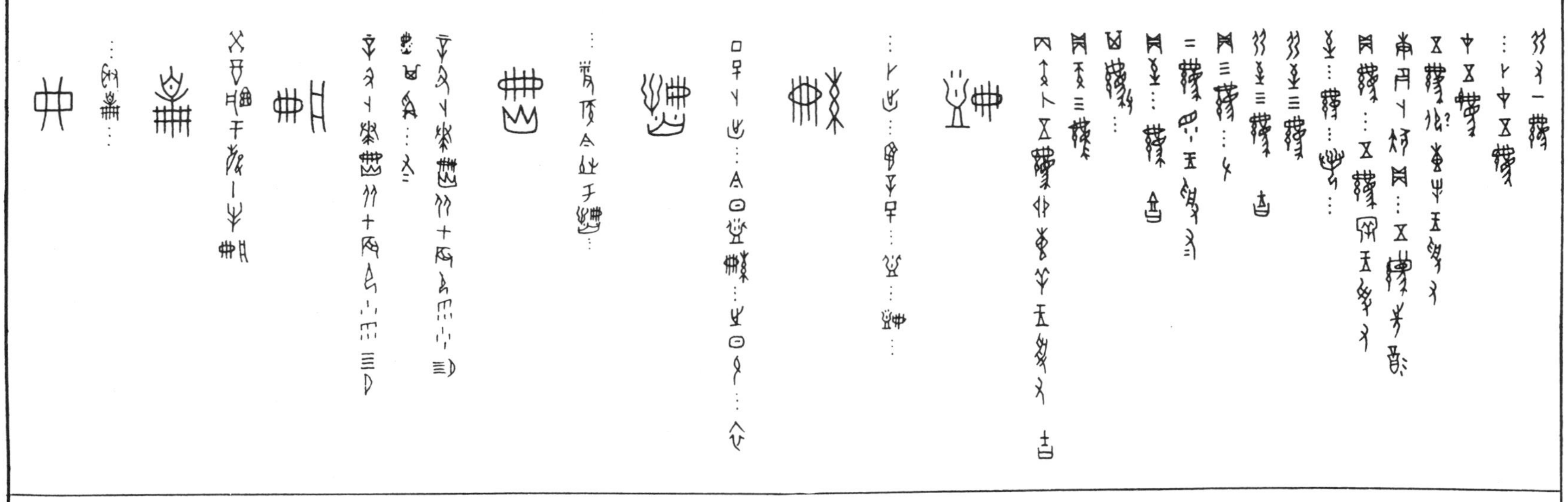

著錄	釋文	分期
三七八四六	：卜：囚：月：典：	5
三八三〇九	：貞典：	5
英二六〇四	戊午：典：	5
懷一三七五	：咟：典：	3

[示典]

著錄	釋文	分期
三〇一七三	戠辛酚禨若	3
屯二三四六	惟：典用	3

[夫冊] 替 珊

著錄	釋文	分期
二六九九四	辛丑卜王其有仌伐大乙惟舊[夫冊]用 十人五 吉	3
三〇四二九	其𡔜河惟舊替用于濬酚	3
三〇六八五	其𡔜年于河惟雈珊用	3
三〇六八六	侑惟舊冊用	3
三〇六八七	惟舊[夫冊]二牢用王受祐 大吉	3
三〇六八八	其用舊[夫冊]二十牛受年	3
三〇六八九	其用舊[夫冊]二十牛受禾	3
三一八三三	：[夫冊]：	3

[于大冊]

著錄	釋文	分期
三〇六九一	惟冊[夫冊]用	3
屯二五三	壬子卜其用茲[夫冊] 吉	3

[子止冊]

著錄	釋文	分期
三〇六九二	惟丙[子止冊]用	3

[大可冊] [大可冊]

著錄	釋文	分期
三八二八九	其即[大可冊]于：彡日丁𨒪酚有：王受有祐 王囚曰吉	5
英二五一八	乙未卜貞自武乙彡日衣必祼其即[大可冊]五 宰正王受有祐	5

著錄	釋文	分期
一八三〇五	：𢪿：	1
二七〇一〇	貞五𢪿：伐卯：	3
二七二五〇	中宗三𢪿	3
二七三五〇	弜有一𢪿	3
二八一五二	：卜在五𢪿	3
二八一五三	在五𢪿	3
二八一五四	五𢪿卯惟牛王受祐	3
二八一五五	庚辰卜狄貞：王𢪿先酚	3
二八一五六	貞𢪿：五𢪿宰王受祐	3
二八一五七	至：𢪿：若：	3
二八一五七	弜至三𢪿	3
二八一五七	弜至三𢪿 吉	3
二八一五八	貞三𢪿：祐	3
二八一五九	二𢪿暨王受有祐	3
二八一六一	貞至：𢪿 吉	3
二八一六二	其𢪿：	3
二八一六三	貞至三𢪿	3
屯二四九九	丙寅卜五𢪿卯惟羊王受祐 吉	3

[益冊]

著錄	釋文	分期
二四九一〇	：卜出：翌辛巳：益：[益冊]：	2

[冊柬]

著錄	釋文	分期
二六八〇一	丁巳卜出：今日益[冊柬]：之日允：衣	2

[冊凵]

著錄	釋文	分期
二〇〇七四	：𣦼侯今生月于[冊凵]：	1

[冊火]

著錄	釋文	分期
二〇三九八	辛丑卜奏冊比甲辰卩雨少四月	1
三八二三二	𢿔其爯：有祐	5
屯四五一三	辛丑卜奏冊从甲辰卩小雨四月	1

[舟冊]

著錄	釋文	分期
八〇三二	癸酉𢀛于磬十牛[冊凡]	1
一八八四八	：取[冊]：	1

六〇〇一正 貞勿中方 1
六五三二正 甲辰卜方貞中方其稱惟捍十月 1
六五三三 貞中方不稱 1
六五三四 …卜殼貞今𢀛王循中方受有… 1
六五三五 …王循中方受… 1
六五三六 …卜殼貞王次于曾廼呼𢀛甾中… 1
六五三七 …殼貞王次…𢀛甾中… 1
六五三九 …王伐中… 1
六五四〇 …貞今𢀛王伐中方 1
六五四一 貞勿伐中方 1
六五四一 貞王伐中方受有祐 1
六五四二 …爭貞今𢀛王伐中方受… 1
六五四三 壬寅卜爭貞今𢀛王伐中方受有祐十三月 1
六五四四 …伐中方… 1
八六二六 貞方不至于中方七月 1
八六二七 …卜…春…中方 1

干支

叀 惟

二四八反 王固曰吉𢦔惟甲不惟丁 1
二六四正 貞惟翌甲子酌其肇用 1
四九五 壬戌卜方貞惟甲子步 1
五一〇正 貞王惟丁亥出 1
六九四九正 貞王惟翌乙巳步 1
二二七四〇 癸酉卜出貞侑于唐惟乙酉… 2
二二七四一 癸酉卜出貞侑于唐惟翌乙亥酌六月 2
二二七四二 癸酉卜出貞侑于唐惟翌乙亥酌六月 2
二二七一二 丙申卜出貞作小䶂日惟癸八月 2
二二七一三 丙申卜出貞作小䶂惟癸八月 2
二二七二三 癸卯卜即貞其令…來惟翌甲辰… 2
二五八九二 辛亥卜㴆貞嬴不既𢦔其亦𢦔惟丁巳酌 2
二八四〇一 惟戊擒 3
三二一九二 庚辰貞惟丁日 4
三二一九二 庚辰貞惟辛日 4
三二一九二 庚…貞惟庚日 4
三二九八一 惟庚延𢀛 4
三三一五〇 辛巳貞王惟癸未步自果陮 4
三三一五九 惟丁卯步 4
三三七一五 庚辰卜惟辛日 4
三三七一六 庚辰貞惟丁日 4
三四一〇三 癸丑貞其大禦惟甲子酌 4
三四三三八 惟乙未 4
三四五四二 己亥貞惟庚酌 4

三九四一七 惟庚 5
三九四一七 惟辛 5
乇 九 癸卯貞射𢦏以羌其用惟乙 4
乇 二二 惟庚酌 3
乇 五九三 辛酉貞其𢦏于祖乙惟癸 4
懷一四〇二 …巳卜其𢦏惟乙 3
懷一六二八 …王惟乙𢦏㣇受祐 4

三三四一九 己酉卜即貞告于母辛惟蓐十月 2
三三四二〇 己酉卜…貞告于母辛惟蓐 2
三三四七五 …兄己惟蓐 2
三三五二〇 壬申卜即貞兄壬歲惟蓐 2
三三五五六 戊申…貞其…仲子惟蓐 2

犧牲

二〇六九四 丙辰卜㐭亩豕 1
二一九二一 壬午貞至…惟牢 1
二一九二一 …惟牢 1
二二四三七 癸亥貞亩盧豕用 1
二三〇五八 丁…貞…小丁惟羊 2
二三〇五九 乙亥卜中貞曰其侑于丁惟三牢九月 2
二三三〇〇 貞父戊歲惟牢 2
二三三〇〇 貞惟小牢 2
二三三〇〇 貞惟大牢 2
二三四六四 貞惟𤘲 2
二三五〇六 己亥卜行貞翌庚子其尊于兄庚惟羊 2
二三五〇六 貞惟牛 2
二三五二一 壬子…即貞…兄壬惟羊 2
二四二二二 貞惟牛 2
二六〇二七 甲子卜旅貞翌乙丑𢀛惟白牡 2
二六〇三〇 貞惟白彘 2
三三五九六 惟牛 4
三三六〇六 惟幽牛 吉 4
三三六一四 惟牡 4
三三六一六 惟羊 4
三三六一六 惟大牢 4
三四六一九 …禘…惟牛 4
乇 二三六三 丁丑卜𠦪庚史惟黑牛其用佳 3
懷一四〇〇 己卯惟牛王受祐 3
懷一四〇七 惟黑牛 吉 3
懷一七七〇 惟勿牛 5

太

三二正　王惟出循　1
六〇四　貞惟王往伐舌方　1
六一四　乙未卜殼貞惟王…　1
五〇七四　王惟往　二告　1
五〇七五　惟王饗　1
五二三六　庚午卜爭貞惟王饗禦　1
五二三七　己酉卜殼貞王惟北羌伐　1
六六二六　己酉卜殼貞王惟北羌伐　1
六六二七　丁酉卜殼貞王惟…敦缶𢦏三月　1
六八六七　乙未卜殼貞王惟…日往　1
七三五一　庚午卜爭貞王惟易白𢦏𢦏　1
七四一二　庚子卜喜貞歲惟王祝　1
二三三六七　癸亥卜吳貞翌甲子其侑于兄庚惟王賓𢅊𢦔…　2
二三四八一　辛巳卜吳貞惟王祝無壱　2
二三一四九　癸亥貞王惟今日伐…王夕步自果三雝　2
二四一三二　…乙丑王㞢歸…
三三三八七　己巳貞惟王狩　4
三四一三一　惟王族令　4
三四一三三　…巳卜貞王惟旬…以王族在祖乙宗　4
英六六五　王惟祉𢦏比　4
懷一六三七　甲子卜王惟望乘比　4

五二五〇　貞王𡆥惟吉不遘雨　1
五二八〇　壬子卜史貞王𡆥惟吉燕八月　1
五二二一　戊寅卜史貞王𡆥惟吉　1
五二二二　辛巳卜貞王𡆥惟吉　1
五二二三　貞王𡆥惟吉　1
五二二四　甲寅卜史貞王𡆥惟吉　1
五二二五　乙酉卜史貞王𡆥惟吉　1
五二二六　丙戌卜史貞王𡆥惟吉　1
五二二七　庚戌卜…貞王𡆥惟吉燕　1
五二二八　貞王𡆥惟吉　1
五二二九　貞王𡆥惟吉　1
五二六二　…卯卜史貞王𡆥惟吉十月　1
五二六六　…辰卜史貞𡆥惟吉　1
二四九八九　貞惟吉一月　2
二六〇七四　貞惟吉在三月　2
二七八五二　貞…𡆥…惟…　3
二八八七二　…卜何…往于…惟吉…雨　3

其它

三二正　惟𢦏比　1
三三九　貞呼惟七月　1
八八〇正　貞惟　1
九六八　…惟伐父乙十二月　1
五四五五　貞惟戌　1
五四五六　貞惟戌　1
五六二八正　壬辰卜貞惟呂令司工…　1
五六三四　貞惟大史夾令七月　1
五七七二　癸巳卜殼貞惟𢀛蓋射　1
六六三三　癸卯卜穷貞惟𡆥呼令祉壱羌方七月　1
六六三六　貞惟𢀛　1
六六四八正　王固曰惟既三日戊子允既𢦏𢀛方　1
六六四八反　王固曰惟既　1
六六四八反　王固曰惟既　1
一〇五九三　戊子卜殼貞惟七月　1
一二五九三　戊子卜殼貞惟八月　1
一二五九三　…子卜殼…惟八月　1
一二六一三　貞惟令　1
一五一七九　丁卯…貞我惟穷為　1
一九四六　癸未卜…惟𠭯…𡆥…　1
二〇四〇一　丁未卜王貞余惟羌循　1
二〇二〇　癸巳卜石無𡆥重于母　1
二三四二五　癸未貞自惟媢　2
二三三二九　甲子卜大貞告于父丁惟今𢀛彡　2
二三三二六　貞妣庚歲惟莫彡先日　2
二三三九〇　庚申卜旅貞惟元卜用在二月　2
二三四〇三　乙未卜旅貞侑以牛其用于妣惟今日　2
二三四一〇　…貞惟母己…　2
二三四一七　壬申卜…貞惟今…侑于…母辛…　2
二三四二六　…卜…貞母辛歲惟今…彡　2
二三五〇八　貞惟兄庚…　2
二三五二一　丙子卜大貞其𢽼四子惟今日四月　2
二三五四九　…貞惟仲子…　2
二三六五〇　癸酉卜中貞惟𦥑凡有尤　2
二三六六八　貞惟立令　2
二三六七〇　…惟𡧑…至十月　2
二三六七四　己亥卜中貞惟𦥑丁令方𢓊　2
二三六八三　丙寅卜大貞惟留有保自右尹十二月　2
二三六八五　庚午卜大貞𢀛來惟今日呼延　2
二三六八七　丙午卜旅貞惟友…茲見　2
二三六九三　…貞惟告羸令…　2
二三七〇一　貞惟斿令八月　2

著錄號	釋文	期
二四一三九	壬子卜王：貞惟小臣于：至	2
二四一四〇	辛卯卜即：貞惟多生射	2
二四一四一	：子卜即：祖辛歲惟多生射	2
二四一四二	：大庚：惟多生射	2
二四一四三	：寅卜：翌辛：歲惟多生射	2
二四二一九	貞惟戍：	2
二四三五一	丁卯卜行貞惟右用在十一月	2
二四三六九	癸卯卜行貞風日惟壱在正月	2
二四八七二	辛丑卜即貞茲旬惟雨十月	2
二四八七四	貞惟雨	2
二四九〇〇	：卜中：惟茲：惟茲：希	2
二四九三八	：酉卜祝貞惟今夕告于南室	2
二四九三九	乙酉卜祝貞惟今夕告于南室	2
二四九八三	貞惟今日酌其侑于二子	2
二四九八九	貞惟鬼	2
二四九九〇	貞惟鬼	2
二四九九一	貞惟鬼	2
二四九九二	貞惟鬼	2
二四九九三	貞惟鬼	2
二五〇四五	庚子卜行貞惟右用在八月	2
二五三五三	貞惟叙祝五月	2
二五九一三	貞惟用	2
二六八八八	惟龔有災	3
二六八八八	惟沓有災	3
二六八九六	貞弜用蛷惟祕行用戋羌人于之不雉人	3
二六八九九	貞其祝妣惟	3
二六八九九	貞惟歲	3
二七四五九	貞五東住	3
二七八六二	：獲：惟：	3
二九二二八	翌日：其田惟：湄日無災擒	3
三五〇五六正	惟沚或啓我用若	4
三三三六三	惟麁豕射無災擒	4
三三三七八	惟宰虎：奴無災	4
三三三七八	辛酉卜王其田惟省虎比丁十豕彔：	4
三三三九七	惟凿匕擒	4
三三七八八	丙戌卜惟大戊用	4
三四一〇〇	：卯貞王大禦：大示𫘿：三十牛惟茲五用	4
三四一三六	乙酉卜：惟三百：令	4
三四二七一	戊申貞惟雨奉于岳	4
三四二九二	惟王亥：	4
三四四四七	：惟斤饗	4
三七五二〇	惟右獲罾	5
三七五二〇	惟左獲吉	5
懷一三五五	：貞宋：惟：	3
懷一四三二	惟益田弗悔無災	3
懷一五六一	庚申卜惟父甕用	4
懷一五八一	辛酉卜惟大行用	4
懷一六四〇	甲午卜王惟曹配	4
懷一六四七	惟：令	4

專

著錄號	釋文	期
三七五〇	：卜爭：專：	1
五四一四	辛：茲其：專王固：余受：	1
六八三四正	丙寅卜爭呼贏弋侯專祟权	1
七〇九九反	：寅貞冊其專：曰其：	1
七六〇三正	戊子卜穷貞戎其專伐	1
八五九七	貞郭弗其專入絴	1
一〇九三六正	止毋專	1
一一二七四正	貞呼作圃于專	1
一一二七四正	勿作圃于專	1
一三七一三正	貞祖丁弗其專	1
一六二一六	今乙專酚	1
一六二一七	貞不其專酚	1
一六三三九	：卜古：專人：茲盂	1
一八四九六	：專：弗：	1
一八四九七	：專：不其：	1
一九四八八	：子其專	1
一九五三一	：專宅：止暨：	1
二〇〇六五	其比侯專	1
二一七四六	：無取專興	1
二七七五九	癸亥卜專往	3
三四五二八	不專酚	4
三五三〇五	：貞乙亥專：	4
英三七三	：侯專啓：余受：	1
英二三八二	壬午卜：專：	3
懷四四八b	貞呼：專于：	1
懷一六三〇	己亥卜毋專來今𣶒七月	4
二二四四一	：卜：歲臣來二剌	1

傳

著錄號	釋文	期
八三八三	：丘：傳：	1

九一〇〇　…傳以血…𢦏聞曰蘇…子　1

𩫖

三五八八六　癸酉…𩫖師…𢦏…在五…啚…　5
三五八八六　癸未王卜在𩫖師貞旬無𢦏王𠧞曰吉在五月甲申祭祖甲𢼄日魯甲　5
三五九八二　癸亥卜在師貞王在𩫖妹其餗往正王　5
三六四九五　癸卯卜貞王旬無𢦏在五月在𩫖…惟王來征人方　5
三六六〇九　癸巳卜貞王旬無𢦏王𠧞曰吉在四月在𩫖師　5
三六六〇九　…貞王…無𢦏王𠧞…吉在四月…𩫖師　5
三六六一〇　癸酉卜在𩫖貞王旬無𢦏　5
三六六一〇　癸未卜在𩫖貞王旬無𢦏　5
三六六一一　戊辰王卜…𩫖…旬無𢦏王𠧞…　5
三六六一二　癸巳卜在𩫖貞王旬無𢦏　5
三六六一二　癸巳卜…𩫖貞王旬無𢦏　5
三六六一三　癸巳卜在𩫖貞王旬無𢦏　5
三六六一三　癸巳卜在𩫖貞王旬無𢦏　5
三六六一五　…申卜貞王…𩫖往來無…　5
三六六一六　丁卯卜在𩫖貞王…夕無𢦏　5
三六六二〇　癸卯王卜貞旬無𢦏王𠧞曰大吉在六月在𩫖師　5
三六六二一　癸…在𩫖…王旬…　5
三六六二一　癸未卜在𩫖貞王旬無𢦏　5
三六六二三　癸未卜在𩫖貞王旬無𢦏　5
三六六二三　癸…在𩫖…王旬…　5
三六六二四　辛丑卜在𩫖貞王…𢦏　5
三六六二五　…卜貞…無𢦏…在𩫖…　5
三六六三四　丙午王卜在𩫖　5
三六六三六　…卜在𩫖…雨　5
三六六三七　…卜在𩫖…　5
三六六三八　癸亥卜貞王旬無𢦏在十月又二在𩫖　5
三六六三八　癸酉卜在𩫖貞王旬無𢦏在十月又二　5
三六四八九　…亥王卜貞旬無𢦏…一月甲子酌妹工典　5
其…𩫖師王征人方　5
三六四九五　癸…卜貞王旬無𢦏在五月在𩫖師　5
三六五三七　癸卯卜在𩫖貞王旬無𢦏在六月王迖于𪊨　5
三六七六三　戊寅卜在𩫖貞王今夕無𢦏　5
三七七八一　…王卜在𩫖貞田…往來無災　5
英二五三八　癸亥王卜貞旬無𢦏王𠧞曰弘吉在𩫖師　5

二八九一九　翌日壬王其迖于𩫖無災　3
二八九二一　甲申卜翌日…王其迖于𩫖…　3
二八九二二　辛丑卜翌…迖于𩫖…　3
二八九二三　翌日辛王其迖于𩫖無災　3
二八九二八　翌日辛王其迖于𩫖…　3
三六六三二　…卜貞王迖…𩫖往來無災　5
三六六三五　…卜貞王迖…𩫖往來無災　5
三六六三九　乙丑卜貞王迖𩫖…　5
三六六三九　己亥卜貞王迖于𩫖往來無災　5
三六六三九　戊午卜貞王迖于𩫖往來無災　5
三六六一九　庚子…王迖…𩫖…　5
三六六二二　庚寅卜…王迖…𩫖往…無…　5
三六六二六　癸…𩫖…迖…無…　5
三六六三九　辛巳卜貞王迖于𩫖往來無災　5
三六七三四　乙酉卜貞王迖于𩫖往來無災　5
屯六六〇　乙丑卜貞王其迖𩫖無災
屯二五七九　翌日戊王其迖𩫖無災　吉　3
屯二七一一　辛丑卜翌日壬王其迖于𩫖無災　弘吉　3
屯二七一八　庚子卜翌日辛…迖于𩫖無災　弘吉　3
屯四三〇一　甲辰卜翌日乙王其迖于𩫖無災　吉　3
英二五五六　丁酉卜貞王迖于𩫖往來無災　5
英二五五六　辛丑卜貞王迖于𩫖往來無災　5
英二五五六　…亥卜貞…迖于𩫖往來無災　5
懷一九〇四　戊午卜貞王迖于𩫖往來無災　5

田𩫖

三六二〇三　…王卜貞田𩫖…無災王𠧞曰吉…夕遘大丁奭妣戊翌日…　5
三六二〇三　…王卜貞田𩫖…來無災王…曰吉　5
三六二〇三　…王卜貞田𩫖…無災王𠧞曰吉　5
三七三六二　戊申卜貞王田𩫖往來無災　5
三七三六二　壬子卜貞王田𩫖往來無災王𠧞曰吉　5
三七三六二　戊辰卜貞王田𩫖往來無災王𠧞曰吉　5
三七三六三　乙卯王卜貞田𩫖往來無災王𠧞曰吉　5
三七三六三　辛丑王卜貞田𩫖往來無災王𠧞曰吉　5
三七三六三　辛酉卜貞王田𩫖往來無災王𠧞曰吉…　5
三七三六三　辛酉卜貞王田𩫖往來無災王𠧞曰吉…　5
三七三六四　乙丑王卜貞田𩫖往來無災王𠧞曰吉　5
三七三六四　辛未王卜貞田𩫖往來無災王𠧞曰吉獲象十雉十又一　5

三七三六四 辛亥王卜貞田𦎫往來無災王占曰吉 5
三七三六五 戊寅王卜貞田𦎫往來無災王占曰吉 5
三七三六五 ：巳王卜：田𦎫往：無災王占：吉 5
三七三六七 丁亥卜貞王田𦎫往來無災擒隹百三十八 象二雉五 5
三七三七二 ：貞田𦎫往：災王占曰吉 5
三七三八一 戊戌：田𦎫：無災 5
三七三八一 壬寅卜：田𦎫：無災 5
三七三八一 ：寅王卜：田𦎫：無災 5
三七三九九 ：田𦎫：御： 5
三七四〇〇 乙卯卜貞王田𦎫往來無災 5
三七四〇五 壬辰王卜貞田𦎫往來無災王占曰吉 5
三七四〇八 乙巳王卜貞田𦎫往來無災王占曰吉 茲御獲鹿四麋一 5
三七四一六 乙卯王卜貞田于𦎫往來無災茲御獲 鹿： 5
三七四一六 戊午王卜貞田于𦎫往來無災獲鹿三 5
三七四一七 辛巳王卜貞田𦎫往來無災王占曰吉獲 狐三鹿二 5
三七四二一 戊寅王卜貞田𦎫往來無災王占曰吉茲 御獲鹿二 5
三七四二二 ：卜貞王田𦎫往來無災王占曰吉 5
三七四二二 壬寅：田𦎫：無災：獲： 5
三七四二六 戊申王卜貞田𦎫往來：王占曰吉在九 月茲御獲鹿一麑三 5
三七四二六 辛亥王卜貞田𦎫往來無災王占曰吉 5
三七四二八 乙酉卜貞王田𦎫往來無災王占曰吉 5
三七四二八 戊子卜貞王田𦎫往來無災吉 5
三七四三二 ：卜貞王田𦎫往來無災王占曰吉 5
三七四三一 乙未卜貞王田𦎫往來無災茲御獲鹿四 麑一 5
三七四三三 ：寅王卜貞田𦎫：來無：王占：吉 5
三七四四九 壬申卜貞王田𦎫往來無災獲白鹿一 狐二 5
三七四七二 壬申王：貞田𦎫：來無災：占曰吉 5
三七四七二 壬午王卜貞田𦎫往來無災王占曰吉 5
三七四八一 乙丑王卜貞田于𦎫往來無災 5
三七四九〇 戊子王：田𦎫往來無災王占曰吉獲狐 四 5
三七四九〇 辛丑王卜貞田𦎫往來無災王占曰吉 5
三七五一一 辛酉王卜貞田𦎫往來無災王占曰吉 5
三七五一三 ：卜貞王田𦎫：無災在十月又二 5
三七五六七 辛酉：田𦎫：無災：吉 5
三七五七四 戊戌王卜貞田𦎫往來無災王占曰吉 5

三七五七七 戊寅王卜貞田𦎫往來無災王占曰吉 5
三七五九八 辛巳卜貞王田𦎫往來無災王占曰吉 5
三七五九九 ：丑王卜貞田𦎫往來無災王占曰吉茲御 5
三七六〇五 ：酉王卜：田𦎫往：災王占： 5
三七六一六 ：田𦎫：無災 5
三七六一九 乙巳王卜貞田𦎫往來無災王占曰吉 5
三七六一九 丁未王卜貞田𦎫往來無災王占曰吉 5
三七六一九 辛亥王卜貞田𦎫往來無災王占曰吉 5
三七六二一 戊寅王卜貞田𦎫往來無災王占曰吉 5
三七六五二 戊午卜貞王田于𦎫往來： 5
三七六五二 ：戊卜貞：田𦎫：來無： 5
三七六五二 ：戊卜貞：田𦎫：來無： 5
三七六五三 庚寅卜貞王田𦎫往來無災 5
三七六五九 ：午卜貞：田于𦎫：來無災 5
三七六六〇 辛巳卜貞王田𦎫往來無災 5
三七六六一 辛丑王卜：貞田𦎫：來無： 5
三七六六一 壬寅王卜貞田𦎫往來無災王占曰吉 5
三七六六二 丁卯卜貞王田𦎫往來無災 5
三七六六三 壬辰王卜貞田𦎫往來無災王占曰吉 5
三七六六三 ：王卜：田𦎫：來無：王占曰吉 5
三七六六四 壬寅王卜貞田𦎫往來無災王占曰吉 5
三七六六五 辛巳王卜貞田𦎫往來無災王占曰吉 5
三七六六六 戊寅：王田𦎫往：無災 5
三七六六六 辛卯卜貞王田𦎫往來無災 5
三七六六七 壬午王卜貞田𦎫往來無災王占曰吉 5
三七六六八 辛亥王卜貞田𦎫往來無災王占曰吉 5
三七六六九 壬午卜貞今日王田𦎫： 5
三七六七〇 辛卯卜：王田𦎫： 5
三七六七一 壬午卜今日王田𦎫不遘雨 5
三七六七三 戊戌王卜貞田𦎫：往來無： 5
三七六七五 丁酉王卜：田𦎫往來無災王占曰吉 5
三七六七六 ：王卜貞田𦎫：災王占： 5
三七六七七 壬寅：田𦎫：無災：曰吉 5
三七六七八 辛未王卜貞田𦎫往來無災王占曰吉 5
三七六八一 壬子：田𦎫： 5
三七六八二 乙卯：貞王田𦎫往來無災 5
三七六八四 ：午卜貞：田𦎫：災 5
三七六八六 ：卜貞王田𦎫：不雨 5
三七六八六 壬申卜貞王田𦎫往：無災王：曰吉 5
三七六八七 甲午卜：田𦎫：無災 5
三七六八七 壬申：王田𦎫來無： 5
三七六八八 辛卯卜：田𦎫：來無災 5
三七六八九 戊辰卜：王田𦎫：來無： 5
三七六九〇 乙未：貞：𦎫：無： 5

三七六九〇　……卜貞……田𩛥……來……災　5
三七六九二　辛……田𩛥……災……吉　5
三七六九三　……未王卜貞田𩛥……無災……曰吉兹御　5
三七六九四　戊辰……王田𩛥……來無……　5
三七六九六　……辰……田𩛥……災　5
三七六九七　戊戌……田𩛥……無災　5
三七七〇九　戊……王卜貞田𩛥往來無災王𠧞曰吉　5
三七七一〇　辛巳王卜貞田𩛥往來無災王……　5
三七七一一　……未王卜貞田𩛥……來無災王𠧞……吉　5
三七七一一　……王卜貞田𩛥……來無災王𠧞曰吉　5
三七七一一　……王卜貞田𩛥……來無災王𠧞曰吉　5
三七七一二　壬寅王卜貞田𩛥往來無災王𠧞曰吉兹御在十月又二　5
三七七一三　辛酉卜貞王田𩛥往來無災　5
三七七一四　戊辰卜貞今日王田𩛥湣日不遘雨　5
三七七一五　……貞王田𩛥……　5
三七七二八　辛亥卜貞今日王田𩛥湣日不遘雨　5
三七七三二　戊申……田𩛥……無災……獲……　5
三七七四六　辛酉王卜貞田𩛥往來無災王𠧞曰吉　5
三七七四六　辛卯王卜貞田𩛥往來無災王𠧞曰吉　5
三七七五一　戊辰王卜貞田𩛥往來……災　5
三七七五一　壬申王卜貞田𩛥往來無災王𠧞曰吉　5
三七七七六　戊戌王卜貞田𩛥……　5
三八一八六　壬寅卜貞今日王其田𩛥不遘大風　5
屯六〇七　戊寅卜貞王其田𩛥無災
屯六六〇　辛卯卜貞王田𩛥無災
屯二二六六　戊午卜貞王其田𩛥無災
屯二二六六　……貞……田𩛥……
屯二三〇六　壬戌卜貞王其田𩛥無……
屯二三三三　戊寅卜貞王其田𩛥無災
屯二三三三　壬午卜貞王其田𩛥無災
屯二三三三　……酉卜貞王其田𩛥無災
屯二六四〇　壬戌卜貞王其田𩛥
屯二七二七　壬申卜貞王其田𩛥無災　3-4
英二五三九　辛未王卜貞田𩛥往來無災王𠧞曰弘吉　5
英二五三九　壬寅王……貞田𩛥往來無……　5
英二五四二　……貞田𩛥……無災王𠧞……十月又二　5
英二五四六　壬戌王卜貞田𩛥往來無災王𠧞曰吉在七月兹御　5
英二五四六　乙丑王卜貞田𩛥往來無災王𠧞曰吉　5
英二五四六　戊辰王卜貞田𩛥往來無災王𠧞曰吉　5
英二五四六　戊寅王卜貞田𩛥往來無災王𠧞曰吉兹御　5
英二五四六　壬申王卜貞田𩛥往來無災王𠧞曰吉　5
英二五四七　戊子卜貞王田𩛥往來無災　5
英二五四七　辛亥卜貞王田𩛥往來無災　5
英二五四八　丁巳王卜……田𩛥往……災王𠧞……　5
懷一八六二　……卜貞……田𩛥……來無……　5

其它

二八九二〇　……日乙王其……于𩛥無……　3
三三三七三　戊午卜貞弗擒王其田無災擒于𩛥無災　4
三五六九八　癸卯……𩛥旬無𡆥……甲辰祭……㫚……　5
三五九六五　……卜貞王……文武……𩛥……迨乙亥……王其……弘吉　5
三六六一七　……卜貞……𩛥……無災　5
三六六二七　……王卜貞……𩛥往……無災　5
三六六二八　……貞……𩛥……來無……　5
三六六二九　戊午……王……𩛥……　5
三六六三一　辛酉卜……𩛥……　5
三六六三三　戊辰卜貞……𩛥　5
三六六三九　……卜貞……于𩛥……無災　5
三六六三九　……卜貞王……于𩛥……來無災　5
三六六七九　戊戌卜……于𩛥　5
三七四二二　……𩛥往……災王𠧞……御獲……　5
三七四九九　……王卜貞……𩛥往……無災獲鹿……麑二白狐一王𠧞……　5
三七五〇二　……卜……𩛥……無災　5
三七五五三　戊……𩛥……今夕……　5
三七五五六　……卯卜貞……田王𩛥……來無災　5
三七六二一　戊子王卜貞田𩛥往來無災　5
三七六二二　戊子……𩛥……往……　5
三七六四二　……卜貞王……𩛥往……無災　5
三七六五三　……卜貞……𩛥……來……災　5
三七六五四　……子卜貞王……𩛥往來……災　5
三七六六〇　丁丑卜……𩛥……　5
三七六七〇　……卜貞……𩛥往……無災　5
三七六七二　……王卜……𩛥……無災……曰吉　5
三七六七四　……卜貞王……𩛥……來無災　5
三七六七九　……王卜貞……𩛥往……無災王……曰吉　5
三七六八〇　……貞……𩛥……無災　5
三七六八三　……卜貞……𩛥……來……災　5
三七六九五　……王卜……𩛥往……無災王𠧞曰……　5
三七六九九　……貞……𩛥……災　5
三七七〇〇　……王卜……𩛥往……無災王……曰吉　5
三七七〇一　……丑卜貞……𩛥……來無……　5
三七七〇二　辛丑王……𩛥往……王𠧞曰……　5
三七七〇三　……卜貞……𩛥……來無……　5

三七〇四　……王卜貞：……𦎫往來……災王占：……　5
三七〇五　……王卜……𦎫……無災……曰吉　5
三七〇七　……亥王卜貞……𦎫往來……王占曰……　5
三七〇七　……卜貞……𦎫往……災吉　5
三七一四　壬戌……𦎫……茲御　5
三七一六　己酉卜……于𦎫往……　5
三七一七　……𦎫……無災　5
三七一八　……亥卜貞王……于小𦎫……來無災　5
三七一九　辛丑……貞王……于𦎫……來無……　5
三七二〇　……王……𦎫……無災　5
三七二一　……卜貞……𦎫……往無災　5
三七五五　……王卜……𦎫往……無災　5
三七六〇　……卜貞……𦎫往……無災　5
屯二二六　壬午卜貞王其……𦎫無災　3-4
屯三六六　……貞……𦎫……
英二五四五　……卜貞……于小𦎫……無災　5
懷一四一八　……王……𦎫無災　3
懷一六八七　甲……𦎫……必丁……　5
懷一八〇三　……𦎫……無……　5
懷一八五六　……王卜……𦎫……無災……曰吉……獲……　5
懷一八六六　……卜……𦎫　5
懷一八六八　……貞……𦎫……來……　5

⿳吅萬吅

一〇六一三正　貞多介⿳吅萬吅　1
一〇六一三正　貞生五月陟至介⿳吅萬吅　二告　1

䜌

八一七五　……五十在䜌　1
二二三二〇　……雀其惟……在䜌　1
三二八八三　丁未貞王令𢦏𢓊在䜌　4
三三〇四〇　丙申卜𢦏出人……在䜌若　4
三三一四五　癸亥貞旬無囚在䜌旬　4
屯一二二九　……亥貞甲子酌奉在䜌……月卜　4

其它

三三九　癸丑卜貞令見取咎暨十人于䜌　1
三三九　乙卯卜古貞令𥄎取咎暨十人于䜌　1

六三五二　戊寅卜㱿貞今秋舌方其征于□　1
六六三七反　……䜌　1
六九三九　……爭貞曰雀翌乙酉至于䜌　1
六九四五　呼我人先于䜌　1
六九四五　勿呼我人先于䜌　1
八一七三　……貞……師般入……䜌　1
八一七四　……卓令……䜌　1
八一七六　……貞曰……以……至䜌　1
八一七七　……䜌　1
八一七八　……亘貞王𦖞出于䜌五月　1
八一七九　貞䜌　1
八一八〇　貞惟卓令宴……䜌　1
九七七六　貞□受年　1
一三一九一反　……勿禦……□　1
二二二九九　……䜌……　1
二七九九〇　惟可日□呼□絴方𢿌方䜌方　3
三三〇三〇　壬申卜衔召于䜌　4
三三一〇〇　于䜌師　4
三三一四七　乙丑貞今日王步自䜌于𢇛　4
三三一四七　壬戌貞乙丑王步自䜌　4
三三一四七　丁巳貞王步自□于䜌若　4
三三一四八　……貞王步于䜌　4
屯　八二　……午貞王步自𢇛于䜌　4
屯二六一三　……𢼂啓䜌方其呼伐其悔不𢀛
災　弘吉　3
屯二六五五　……步自𢇛……䜌　4
懷　四〇七b　……䜌　1

八二七　……㱿貞□屯　1
五五三二正　貞南庚弗□父乙𢀛王　1
五五三二正　南庚□父乙𢀛王　1
五五五八　貞祖丁□父乙　1
六五四六正　……惟𢀛令取射　1
八八五五　丁卯卜爭貞呼雀□捍兢　二告　1
二四九九正　……未卜㱿……惟□令取　1
一五七九九　癸卯卜爭貞下乙其有鼎王固曰有鼎惟大示王亥亦……□　1
一六四六八　庚……貞……□……　1
一九六七五正　壬申□　1
二七七三六　貞呼有龍□……　1
　　……卜宁□不惟史令……　3

著錄號	釋文	期
二七七三六	……卜宁□不史……	3
二七九九〇	惟可日□呼□絴方𢽊方□方	3
二七九九七	弜□呼	3
三一六七八正	□方□𢽊方作亩	3
	丁亥卜宁□……	3
懷 四〇九	……其□单……弗受……祐	1
三一九四二	辛丑卜王……叀果弜……	3
三六九七〇	丙寅卜……𢇛衣……見史……有……方其……呼	5
	延……兹……	
七〇六六正	癸丑卜殻……兕……其獲……□……雀……	1
四三四〇正	……㐭	1

畜

著錄號	釋文	期
二九四一五	王畜馬在兹寓……母戊王受……	3
二九四一六	……畜馬在兹寓……	3
屯 三一二一	……畜封……	3
屯 三三九八	畜封人	3
屯 三三九八	畜封人	3
八七一四	……勿……□……人	1
三一九八三	丁酉卜亞𠦪以衆涉于□若	4
懷 一六五四	戊戌貞令衆涉龍□北無囚	4

東

著錄號	釋文	期
七〇八四	貞令𠦪伐東土告于祖乙于丁八月	1
七三〇八	……令奴東土人	1
八七三五	惟東土……十一月	1
八七三六	……貞東土	1
九七三三反	癸巳卜爭東土受年	1
九七三四	貞東土受年	1
九七三六	……東土受年	1
三六九七五	東土受年	5
一四二九四	東方曰析風曰𦗓	1
二八一九〇	……東方西饗	3
三〇一七三	甲子卜其𠦪雨于東方	3
三〇一八八	……東方……	3
屯 四三三	惟東方受禾	4
屯 一一二六	東方	4
屯 二一七〇	其罝于東方𦎫擒	3
英 一二八八	……有曰千𣛯王𢦏于之八豕八豕……	1
	四羊𡠀四卯于東方析三牛三羊	
	𡠀三	
一四三一五	壬申卜貞侑于東母西母若	1
一四三三六	貞于東母侑……	1
一四三三七正	己酉卜殻貞燎于東母九牛	1
一四三三八	貞燎于東母三牛	1
一四三三九	貞燎于東母三牛	1
一四三四〇	貞燎于東母三豕……	1
一四三四一	……燎于東母……豭三豕三……	1
一四三四二	貞燎……東母……黄……	1
一四三四三	……于東母	1
一四七六一	貞侑于東母	1
一三五六九	貞今二月宅東寢	1
一三五七〇	癸巳卜㝉……惟今二月宅東寢	1
三四〇六七	于東寢	4
六〇五七反	……東鄙戋二邑王步自𢧀于𩡧司……夕	1
	𡆥壬寅王亦終夕囚	
六〇五八正	癸巳卜永貞旬無囚……惟丁五日丁酉允	

東

六〇六〇反　有…于我東鄙…　…東鄙…日辛丑夕𡆥…　1　1
二八一一五　惟東單用　3
三六四七五　庚辰王卜在𠭯貞今日其逆旅以…于東單無災　5
乇四三三五　…東單工　3
八三四五　貞我勿涉于東洮　1
八三四六　庚子…穷貞…涉于東洮　1
八四〇九　…虎…方其涉河東洮其…　1
一四九一八正　…貞亞以王族暨黃…王族出…𥎦亞庚…　東洮在…　1　1
三三五五　弜于河東…𥎦奠即祐…　4
三四〇七〇　…東𥎦若　4
乇二一二六　王其涉東洮田三麓灘…　3
懷一六四八　在𤜵東洮奠叟　4
一一四六六　…𡆥于東　1
一一四六七　辛酉卜方其𡆥東　二告　1
一一四六八　…申卜方其𡆥于東　1
一一四六九　…𡆥于東　1
二〇六一九　甲戌卜亦貞方其𡆥于東　九月　1
五六五八反　燎東黃𪉊　1
一四三一四　甲申卜穷貞燎于東三豕三羊𡧊犬卯黃牛　1
一四三一五正　貞燎東西南卯黃牛　1
一四三一五正　燎于東西有伐卯南黃牛　小告　1
一四三一六　…㱿貞燎于東五犬五羊五…　1
一四三一七　貞燎于東　1
一四三一八　貞燎于東　1
一四三一八　…燎于東　1
一四三一九正　辛巳卜穷貞燎于東　1
一四三二〇　貞勿燎于東　1
一四六七二　貞于𠱐東燎　1
一四六七三　燎于𠱐東　1
一五六〇〇　…燎于東三小宰囚犬　1
二一〇八五　己巳卜王燎于東　1

乇三八四一　燎于東一牛　1
英一一八〇　貞于𠱐東燎
一四一九九反　戠于東　1
一四一九九反　勿戠于東　1
一四三九五正　戠于東　1
一四三九五正　勿戠于東　1
五六六二　…帝東巫　1
一四二九五　貞帝于東方曰析風曰劦𠦪年　1
一四三一二　…帝…東西　1
一四三一三正　貞帝于東埋𡧊豕燎三宰卯黃牛　1
二一〇八四　甲辰卜帝于東九月　1
二一〇八七　…王帝…東羊一…豚一犬…三月　1
三四一四五　癸丑卜帝東　4
英一二三七　帝于東　1
九〇二正　王从龍東𠱐　1
四二一三　貞令師般比東　1
八七三〇　…卜爭…从東　1
一〇九〇二　…田从東　二告　1
一〇九〇三　貞呼田从東　1
一〇九〇四　…之日王往于田从東允獲豕三十月　1
一〇九〇五　…未卜㱿从東　1
一二〇五一正　呼崇先从東得　1
二〇〇七四　…衛無囚比東衛…　1
二八三九九　王其比𢦏弗擒習…从東兕　3
二八五九六　辛巳卜王往田从白東　3
二八七六五　…卜王其迭从東　吉　3
三三二〇八　甲子卜王从東戈𢀛侯𢦏　4
三七八五六　甲午卜在冒貞…从東惟今日弗悔在十月　茲御王正…惟十祀　5
乇一〇九四　乙丑卜王往田从東擒　3-4
乇一〇九四　从白東擒　3-4
乇一一二四　乙酉卜王往田从東擒　3-4
乇三二九八　戊午卜王往田从東擒　3-4
乇二七四五　戊午卜王往田从東擒　3-4
英二五六二正　乙丑王卜在攸貞今日迭从攸東無災　5

一三七反　…甲子允有來自東…無于薛

九一四反　王固曰其自東來

一〇七五正　甲午卜亘貞翌乙未暘日王固曰有祟
丙其有來嬉三日丙申允有來嬉自東
婁告曰兒…　不吾黽

三一八三甲正　貞無其至自東

三一八三丙正　…有至自東

四〇二〇　…来…足…自東

四九〇九反　自東

六四八〇　辛未卜爭貞婦好其比沚戛伐卑方王自
東𠂤伐捍陷于婦好位

六四八〇　…婦好其…戛伐卑方王勿自東受伐𢦏
陷于婦好立

六六六五正　三日乙酉有來自東婁呼卬告　旁捍

七〇八九　…卜㱿…旬有…其有…嬉自東二月

七〇九〇　…來嬉自東十二月

七〇九一正　…嬉自東…

八七三三　…自東…

一〇四〇五反　王固曰有祟八日庚戌有各雲自東面母昃
亦有出虹自北飲于河

一〇四〇六反　王固曰有祟八日庚戌有各雲自東面母
昃亦有出虹自北飲于…

一二八七〇甲　其自東來雨

二〇三五六　…卜徃…涉自東四月

二〇九四四　…自東

二〇九六三　乙…雨自東

二〇九六六　…王旬二月三日丙申昃雨自東小采既
丁酉至東…夕…

二一〇二一　癸亥卜貞旬一月昃雨自東九日辛未大采
各雲自北雷延大風自西刜雲率雨毋
𦅗日…

二一〇二五　…九日辛亥旦大雨自東少…虹西…

二八七八九　自東西北逐沓麋無災

屯二四四六　癸酉貞旬有祟自東有來囚

英六四二　…有來自東

東·西

八七二二　…于東…西

八七二三　貞…于東…于西

八七二四　貞方告于東西

八七二四　貞方告于東西

一三五〇五正　己亥卜内貞王有石在麓北東作邑于之

一三五〇五正　王有石在麓北東作邑于之

二〇六五二　…卜王…比西暨南比…年北暨東不
受年

二〇七七九　壬午卜有甫在斷東北獲

二八七八九　其逐沓麋自西東北無災

其它

六四三丙正　貞王勿入于東

七三二正　…元于東

八〇一　貞牧涉于東畀…

九三九正　于東

一一〇六正　乙卯卜古貞呼龕𠦪在東係

三三九七　東婁告曰兒伯…

五五六六　癸巳卜古貞令師般涉于河東

五六三五甲　…卜亘貞…東使來

五六三五乙　…東使…來

五七三二　…貞…東…

五八六〇　戊申…于翌…□𢦏東廼…自西从…于之

夲

六四四一　王固曰甲申其有鑿吉其惟甲戌有鑿于東
…中戌有鑿…

六九〇六　庚戌卜王貞□其獲征𢦏在東一月

七〇九二　…東

八三三五　…單…河東

八四一〇反　…東尸有曰屯…余…

八五九四正　貞羌于東訊

八六〇九　丁未卜爭…告曰馬…東…

八七二八　…未卜…方其…于東…留日

八七三一　乙卯…惟…令比東…

八七三二　…學東…

八七三八　甲申卜㱿貞勿于東于…

一〇三〇二甲正　五日甲子允酚有鑿于東

一〇四〇九　…獲兕五𠬝于東十二月

一〇九〇六　壬寅卜㱿貞亦𢦏東擒有兕之日王往…

一〇九〇七　…狩…東…

一〇九〇八　…𣏟…東兕…獲

一〇九〇九　…于東…逐…

一〇九一〇正　焚于東有鹿

一〇九七一　壬寅卜貞翌癸卯王亦東麓出有兕

一二八二〇　乙未…東

一三五五六反　…東室…

一四三一一　丁巳卜㱿貞奏茲于東　小告

一四三一一　貞勿奏茲于東　小告

一四三三一　…東囧…西囧犬燎白…

一四六五八　貞于東

一四七五五正　貞于東

一四六五八 貞于東 1
一四九九三 …六…東…㞢… 1
一五三一八 …東弗晉… 1
一七六〇八正 己酉…貞…東… 1
一八五〇三 庚戌卜東… 1
一八五一二 貞𦎫…其 1
一九六七〇 …東…呼…𢓊… 1
一九九五一 …東…父…母… 1
二〇六一〇 …𠂤行東至河 1
二〇六三七 貞呼𠬝奴生于東 1
二〇六五三 …丑卜弜田東…鼻受年一月 1
二〇六五五 丙寅…東…年 1
二一〇一三 丁…卜翌日雨小采雨東… 1
二一〇八六 …東…今…月 1
二一〇八六 …東…酉 1
二一五二六 …戊子卜貞東克𢓊𠭯 1
二一六〇五 庚寅余卜我東 1
二一六二〇 …卜𢓊𣪠…東 1
二一九七八 丙午卜東…西…月 1
二二〇四三 庚戌卜往田東 1
二二〇四三 庚戌卜往田于東 1
二三〇四三 …未…貞其田…東 1
二三〇九六 …量…東… 1
二三二〇二 甲午卜方捍…贏…東…我… 1
二三三四四 …東… 1
二五三六二 …卜…貞王賓東子叔無尤 2
二八一二四 惟東麓先廣吉 3
二八一八三 …東洹弗…王各夕… 3
二八一九〇 戍其敵遴于西方東饗 3
二八五九五 于東擒 3
二八七九〇 王其東逐𦍩麋擒 3
二八七九九 王其𧶞𤞷廼麓王于東立虎出擒 大吉 3
二八八二八 …𪓛…東 3
二八八四三 于白東擒 3
二九三八八 辛卯卜壬王其田至于犬𠈌東湄日無 災永王 3
三五〇六八 丁巳卜貞王令𠦪伐于東邦 4
三三一〇三 …東 4
三三二四一 庚辰卜有人允其東饗 4
三三二四一 其東饗 4
三三二四四 癸卯貞東受禾 4
三三四二二 辛卯卜王往田于東擒 4
三三四二二 戊子卜王往田于東擒 4

三四〇六九 于東𡩜 4
三四五四三 …𡧊彭…東 4
三六一八二 丁巳…伐東…余一…示…彡… 5
三六四一九 辛卯王…小臣𩰫…其無圉…于東對王 𡆥曰吉 5
三六四三二 …巳卜在𣲬東貞今夕師不震 5
三六五一八 乙巳王貞啟呼祝曰盂方𠬝人其出伐 𠂤高其令東會于…高弗悔不𢆶戋 王𡆥曰 5
三六七四四 辛未…去貞…于東 5
三六八二八 …申卜在…貞王…于師東…來無災 5
三六九七六 東受年 5
三七四一〇 …在𣪠𠂤王田師東往來無災茲御獲 鹿六狐十 5
屯一一二五 王田于東 4
屯一一四八 …亥卜其…𪓛盂東擒 3
屯二四二六 其東𦎫 4
屯二六五七 並東 4
屯二七四五 …白東擒 3-4
屯四五八五 …白東擒 3-4
英九九二 …卯…東…來…
英一九〇〇 …卯子卜東臣𢦏歸 1
英二二八四 甲午卜暊貞其于東 3
英二二八五 …暊貞…其往…東 3
英二三三七 于𡧊東伊田有正 3
懷一一 …侑黃…東… 1
懷五九五b …夕癸于𣐈東… 1
懷一三五〇 在𢦏東 3
懷一三五〇 在𢦏東 3
懷一三五〇 在𢦏東 3
懷一四六四 惟𢍰用東行王受祐 3
懷一六四八 丙辰…王其令𤰔𠬝于𣬉東 4

東

一〇〇八四 丁未卜爭貞將東于𠮷母啟二月 1
一〇〇八四 …于𢀛田母…將東二月 1

棘

六九四二 貞𪉖伐棘其𢦏 1

𩰫 嫩

五五〇四 乙未…貞立事…南又…中从…𩫖左…从 曾 1

六六六七 …貞令望乘暨𨒅途虎方十一月 1

六六六七 …𨒅其途虎方告于大甲十一月 1

六六六七 …𨒅其途虎方告于丁十一月 1

五五一二 乙未卜…穿立事…有从我从𩫖左从 1

二〇五七九 …十二月 1

乙丑卜于𣪊 1

敕

一八一六〇 …戊卜…其敕… 1

一八二一二 …敕… 1

量

一八五〇四 貞惟量…𣎵…月 1

一八五〇六 …延呼…量… 1

一八五〇七 …我量… 1

一八五〇八 …呼…量… 1

一九八二二 庚午卜令雀僨量唐

二二〇九二 …申卜貞量延于㐭

二二〇九三 癸卯卜量

二二〇九三 天㮚量十月 1

二二〇九四 壬寅卜量無囚 1

二二〇九四 壬寅卜㮚于量 1

二二〇九四 壬寅卜㮚量于父戊 1

二二〇九五 …貞…有…量…我… 1

二二〇九六 …量…東… 1

二二〇九七 惟㲋㮚量于天庚允冊 1

三一八二三 …隹…𠦪… 3

三七四七五 辛丑王卜在𤅊師貞今日步于𠦪無災 5

三七四七五 …卜…師… 5

二一四四九 …門丁…東… 1

三四〇七二 癸未卜王弗疾𠂤 4

三四〇七三 …午貞…亡贏 4

一七九四九 …… 1

一七九五〇 …… 1

英一八八六 …其… 1

穀

五四八八 辛…貞乞今…穀…由…載…事 1

五五〇七 乙亥…貞立二…史有穀舟… 1

八五八六 …我其𣪊舌 1

𣐈

一八四八三 癸酉卜…𣐈…日… 1

屯七三九 其… 4

𪏰

二八一七一 于𪏰 3

帚 婦

帚 參 182頁

帚 參 180頁

帚 參 1105頁

帚 參 188頁

帚 參 193頁

帚 參 1279頁

帚 參 191頁

帚

參 193頁

參 192頁

參 192頁

參 634頁

參 176頁

參 189頁

參 1270頁

參 176頁

參 193頁

帚某

一三三六臼
一八五三臼
二三五四臼
二六○六正
二七七四臼
二八一五
二八一六
二八一九
二八二四
二八五三
二八五六
二八六二
五四六○反
五四七八臼
五五四五臼
五五五一臼
五六三七反
五八四○臼
六一七七臼
六八五五反
六九○五
七○八一臼
七一○三反
七三八四臼

……戊婦婀示……屯　韋
婦利示十屯　爭
戊申婦𡚦示二屯　永
貞呼婦姌侑
婦利示十屯　爭
……丑卜婦𡛷又……
……婦周……㞢……
……婦妡……
貞婦𡜁冊冊妻
貞婦𡝐……
……婦𡛅
……婦𡚱……
丁巳婦妟示四……
婦辛示……　穷
甲辰婦姃示二屯　岳
辛未婦汝示……　㱿
婦㛸來
……婦妥……屯
丙寅婦妥示五屯　㱿
丁卯婦𡛡示一屯　永
婦𡛡娩不其嘉
丁亥婦婀示三屯　亘
婦丙示四
癸巳婦妌示五屯　小㱿

七六二一反
七九四一臼
八九六九反
八九六九反
八九九五臼
九○一三反
九一七二臼
九六六九臼
九六七一反
九八一○反
九九七六臼
一○一三六正
一○一三六正
一○一九九臼
一○八一六反
一三三三八反
一三六七六反
一三九四二
一五九三五臼
一七○六八正
一七一五九反
一七三六○臼
一七三九三臼
一七四○七反
一七五○六臼
一七五○七
一七五○八臼
一七五○九
一七五一○
一七五一一臼
一七五一二
一七五一三
一七五一四
一七五一五
一七五一七臼
一七五一八
一七五一九
一七五二三臼
一七五二四
一七五二五
一七五二六
一七五二九
一七五三○反
一七五三一

……婦𡛷……
庚寅婦婀示三屯　小㱿
庚辰卜爭婦妌來
婦妌
婦杞示有七屯　穷
婦丙示百　㱿
癸婦𡚾……二屯　㱿
……辰婦婀示屯一丿　葡
婦吅示
婦羊來
壬申婦喜示一丿　小㱿　內
丙申卜㱿貞婦好𡚤弗以婦𡛓
貞婦𡚤其以婦𡛓
癸酉卜婦㠯示一屯　永
……婦𡛨……
婦巳示十　爭
庚申婦𠦪
……不……庚寅婦好娩𦣞庚寅……
戊寅婦㚤示二屯
貞婦姝子其𡛓
……婦吼延𡛓
……戊婦𡛂示三屯　㽙
己亥婦龐示二屯　穷
婦𡚸……
婦井……屯　爭
……巳婦妌示五屯　小㱿
乙丑婦妌示一屯　小㱿中
……婦妌……屯　㱿
甲子婦妌示四屯　小㱿中
壬寅婦寶示三屯　岳
庚午婦寶示三屯　㱿
壬寅婦豐示二屯　岳
自宜己未婦𡡊示……屯　㱿
……申婦豐示……屯　岳
辛丑婦喜示四屯
癸未婦喜示二屯　古
……婦喜……　岳
辛未婦賓示三屯　㱿
……婦杏……三屯
婦杞示七屯又一（　穷
婦杞示……
婦丙示……
婦丙示……
婦𡚱示二屯　穷

著錄號	釋文
一七五三三臼	戊戌婦婀示二屯 韋
一七五三三臼	壬戌婦婀示三屯
一七五三四	戊子婦㝬示二屯 叡
一七五三五臼	戊子婦㝬示四屯 岳
一七五三八臼	乙丑婦㝬示四屯 小叡
一七五三九	庚申婦㝬示…屯
一七五四一臼	丙寅婦㝬示二屯 叡
一七五四一	戊戌婦㝬示二屯 叡
一七五四二臼	…婦㝬示…屯自㬥…
一七五四三臼	…婦㝬示一屯爭自㬥
一七五四四	…婦龍示… 㠯
一八九一反	婦丙來 穷
一九九九四	己酉卜貞取婦㛸
二一三六八	…婦𡛬…
二一五五六	壬辰子卜貞婦妊
二一五五七	丙辰呼婦妊
二一五五八	戊寅…婦妊
二一五六二	戊…余卜貞𡧊婦妥
二一六二八	貞…婦妥…子…
二一七二五	…在…禦婦妊𣏟壬
二一七二七	壬辰子卜貞婦㚔子曰戠
二一七八七	庚戌卜我貞婦鼓嘉
二一七九三	乙巳卜貞婦妥子無若
二一七九三	辛亥子卜貞婦妥子曰𣪘若
二一七九四	貞婦庚有子今六月
二一七九五	貞婦𢓊有子
二一七九九	辛卯子卜…婦鼓…子…
二一九七五	癸卯婦史
二二〇九九	戊午卜婦石力
二二二五八	丙午貞婦㝬
二二二六五	甲子卜貞婦周不延
二二二六六	…丑卜婦妿不囚
二二三七〇	丁丑卜婦嫼力八月
二二三九五	丁卯貞婦凡子大疾
屯二一一八	己丑卜婦石燎爵于南庚
屯三八四七	甲子貞婦𡠩無囚
英一五四四臼	婦㛘示十屯
英一七一	甲寅卜㱿貞婦𡟰…
英一七三三正	貞呼婦𡛷
英一七四四正	己卯…內貞…己婦鼠不來
英四三〇	丁卯婦寶示二屯 小叡
英一七七〇	禦婦𡛽子于子𪉖

著錄號	釋文
二八二〇反	貞𠬝婦女有囚
二八二一	…婦女…
二八二二正	貞不惟父乙𢀛婦女
二八三三	…婦女
六二七〇臼	庚戌婦女示…
一五五三八臼	毋穷婦女
一七一〇五甗	婦女…
一九九九六	丁丑卜婦女有囚
一九九九六	…丑卜婦女有囚
二一五六〇	…丑卜…婦女…凡

其它

著錄號	釋文
一七六	貞呼婦執
一七六	…婦執
二四〇	貞…未…酌…禦…婦…
六二九	貞今庚辰夕用𤊽小臣三十小妾三十于婦九月
六三〇	癸酉卜貞多妣𤊽小臣三十小母三十于婦
六五六反	禦婦于嬴甲
六六七正	辛亥卜亘貞禦婦于有𡆥
六六七正	勿禦婦于有𡆥
六七九臼	婦示一屯 穷
六九三	…于婦…
七〇九正	貞婦嬴
七〇九正	貞婦弗其骨凡有疾
七一七正	貞婦今嘉二月
七三一	…午卜㱿…禦婦于…及…女
七九五正	壬午卜㱿貞婦骨凡
七九五正	嬴甲夗婦
七九五正	嬴甲弗夗婦
七九五正	于嬴甲禦婦 二告
九一五正	貞婦有賓 二告
九一五正	婦無其賓
九二四正	貞呼婦𡧊于父乙宰𠕋三宰有及
九二四反	…婦于妣癸
九二四反	勿…婦于…癸
九二四反	…婦…癸及𢦔卯宰
一七九三反	勿疾婦…
二二一三反	自婦四十…
二四一〇反	…自婦…
二六一三	于妣癸禦婦
二六三六正	貞惟祖乙取婦
二六三六正	貞惟大甲取婦

二六五二正　貞呼婦往有得
二六五二正　貞呼婦往無得
二八一三反　…婦𡆥來…
二八二五　…不于多婦囚五月
二八二六　癸卯卜…多婦…
二八二七正　貞侑于婦惟小宰十二月
二八二八　丁巳卜貞侑于婦小宰
二八二九　庚子卜貞侑于婦一犬
二八三〇　辛丑卜旁貞侑于婦一牛
二八三二甲正　勿禦于四㐭婦嬴　小告
二八三二丙正　…婦…嬴
二八三四　貞于母丙禦婦
二八三五　貞婦…不往…
二八三六　貞勿呼婦往其有…
二八三七　貞婦往于妣庚不惟𡜊
二八三八　丙辰卜呼婦
二八三九反　貞呼婦…勿㞢…
二八四二正　貞呼婦…
二八四三　貞于來…亥呼婦…
二八四四正　乙未卜亘貞惟妣己𡆥婦
二八四七反　婦…無𡆥
二八五四　婦弗𡆥
二八五七　…卜…㜏仲婦
二八五八　貞于仲婦
二八五九　…母…婦
二八六〇　己酉卜婦子
二九〇四　…子…婦…酉…
二九七五臼　癸巳婦示屯
三〇一〇正　貞婦無其賓
三〇三二正　貞酌婦…禦于…乙
三二七九　乙未…𣪊…牛…邑子暨婦子
三六〇〇　癸丑卜爭貞婦…
三六六三反　辛巳婦…
三七二七　翌癸丑勿…婦往…
三七二七　翌癸丑勿…婦往于…
三八〇三　…卜𠭰貞婦…
三八六八正　甲寅卜𠭰貞呼婦…
四〇九五　…貞…妻…婦
四三四八　…疾婦…出
四八六〇　…卜㞢…告…婦…
四九二三　辛未卜王勿帚
四九二三　辛未卜王婦
五四九五　甲戌卜王余令角婦載朕事
五六四八　丙戌卜…貞巫曰𣪘貝于婦用若　五?月

五六五二　貞翌乙亥侑于父乙牛…婦
六〇三八反　…寅婦…示…
六二一三　貞婦…
六三二五反　…婦古
六三四九　呼婦先
六四八一　…翦惟婦…伐𢀛方…祐
六六五三正　貞無稱婦…𦏧
七〇〇六　…卜王𦎫…婦允其𢍰
七〇〇七　辛巳卜…婦不𢍰于𡆥
七二一五　…寅卜爭貞呼婦…
七二五三正　貞婦延嬴　二告
七三八五　乙酉卜𣪊貞勿呼婦先于龐𠬝人
七四四〇反　乙酉卜𣪊貞勿呼婦先于龐
七九三〇　…婦…來…
八三七三正　…卜…婦…泉
八八一〇臼　丁丑婦…示一屯　岳　㲋
八九二五正　婦其無得子
九二七四反　豕入三婦示十　𣪊
九四七八　壬申卜貞禦師般婦
九五四四臼　庚申婦示八十屯　古
九五六〇　貞于婦禦𡆥三月
九五七五　…卜爭…河婦暨…囚…衛有𡆥
九九七八　…婦…黍…
一〇九六八　…呼婦…于公
一一四二四反　于母庚禦婦…
一一七九一　貞呼婦…以…
一二〇八五反　…于土…婦用
一三五一六　辛酉卜婦㫃郭…
一三五一七　勿呼婦奏于巛宅
一三五一七　呼婦奏于巛宅
一三六四七正　貞婦曰　二告
一三六四七正　婦勿曰
一三六六三甲正　貞勿于甲禦婦嘉𪚥
一三七一四正　貞婦…有疾…
一三七一四正　貞婦…有疾
一三七四〇　…卜…禦𡘋于婦三宰五月
一三八一三　貞勿…疾婦…其…
一三八五四臼　丁卯婦…示二屯　岳
一三九四三　…貞令鼓婦…
一三九六五　丙午卜王貞婦…三月甲辰娩惟…
一三九六六　…婦…娩
一三九六七正　…娩…吉其…甲亦…吉旬有…婦…
一三九六八　丁卯…婦…娩…其…

帚

一三九六九正 ……婦……娩
一三九七〇 丁酉卜貞婦……娩
一三九七一 壬子卜貞婦……娩
一三九八七 ……婦……娩十二月
一四〇〇一正 壬寅卜㱿貞婦……娩嘉王固曰其惟……申娩吉嘉其惟甲寅娩不吉亞惟女……
一四〇一七反 ……固曰……娩吉……婦……
一四〇二八 ……婦娩嘉
一四〇二九 ……㱿婦娩嘉
一四〇三〇 婦娩不嘉
一四〇三一 乙亥卜婦……娩……嘉
一四〇七三 ……婦……嘉……
一四〇八七 ……婦……嘉……其……辛……
一四一二五 貞仲婦尊餗其用于丁……
一四一七九 ……侑于母……㛸媟婦……
一四一八六正 ……卜㱿……媟婦……于嬴甲
一五一一六 ……午卜㱿……媟婦于……
一五一一七 癸巳卜惟戊媟婦子七月
一五二六六正 ……卯卜㱿……來婦……
一五六五九臼 ……子婦……示一屯
一五九二八 惟𡆥……畀……中婦
一六〇二二 翌丁未……奏婦……以有……三月
一六三〇三 ……婦受……
一六四六四 丙寅其惟婦作囚
一六九四〇 ……來婦甾……
一六九七九 ……婦……祟……
一七〇五二 ……出……婦
一七二〇一 ……母三十以……婦災
一七二五一正 ……婦……嬴
一七三八一 貞王夢婦……不……
一七四二〇反 婦好……以婦……往……
一七四九七臼 ……戊婦……示五屯……亘
一七五四八 甲子婦……示三屯
一七五四九 壬寅婦……示二屯
一七五五〇 癸酉婦……示三屯
一七五五一臼 辛卯婦……示二屯……穷
一七五五二 ……婦……七屯……亘
一七五五三臼 ……婦……十屯……穷
一七五五五臼 戊戌婦……示二屯……永
一七六四二正 ……婦……不……
一七七一四 貞勿呼婦……
一八〇六〇 ……王婦……
一八〇九九 辛卯……婦無取十一月

一八二三二反 ……𡧊婦……在……
一八七〇〇 貞衒婦……
一八八〇五 庚辰卜貞宁戋魚不肖在茲
一九四五〇反 戊午婦……
一九七九〇 甲辰卜王用二婦九……年
一九九九五 甲辰卜王婦……
一九九九七 ……弜……𡧊……㑒婦子
一九九九九 ……卜台……庚……婦
二〇〇八〇 壬寅卜𠂤令婦有伯
二〇〇八一 ……婦伯……扔……無……
二〇〇八二 戊子……婦伯……聞扔……固
二〇〇八三 ……午卜王貞惟丁巳……婦伯于大丁……
二〇一五六 癸……𡧊……無……婦十月
二〇三七六 ……婦……令史執……月
二〇四二九 ……貞……婦……方其征……北……
二〇四六三反 己……卜史入婦伯𦃡
二〇四七二 ……婦其嘉
二〇五〇五 庚戌王令伐旅婦五月
二〇九五四 丙戌卜貞婦
二〇九五四 婦
二一〇六〇 ……辰卜……奉生妣己……婦……
二一〇六一 ……卜貞婦……有子
二一三六八 ……寅卜王……婦……子不㞢一月
二一三七三 ……亥卜𠂤貞婦不𡆥
二一四八九 ……翌……延……婦……
二一五八六 ……余卜貞今秋……婦……
二一五九六 癸酉我卜貞……婦
二一六五三 ……卯卜𢓊貞役五月呼婦來歸
二一六五二 ……翌癸……婦來歸
二一六五九 禦舟婦
二一七一八 ……丑卜婦……九月我入商
二一七二七 婦妥子曰嗇
二一七三一 乙卯貞𢀛婦……
二一七九六 癸酉余卜貞雷婦有子
二一七九七 癸酉余卜貞雷婦有子
二一八七〇 ……先婦……
二二〇六七 壬子卜貞有其歸婦無大吉
二二二二六 己未卜午婦妣庚
二二二二六 午婦妣庚
二二二二六 于亞束午婦
二二二二六 庚申卜至婦禦母庚宰束小宰
二二二二六 婦不[illegible]力
二二二五八 丙午貞多婦無疾

婦

二二二六〇　于曹…婦
二二二七〇　乙丑卜婦無…
二二二六八　酉至婦力中母豕
二二二八三　婦
二二二九四　乙丑卜婦惟己入
二二二九四　乙丑卜婦入戊
二二三二三　婦歸老
二二三二三　乙丑卜婦無獲
二二三二四　乙丑卜婦無𡚽
二三四六六　辛卯：婦無聽十一月
二四九五一　…三帚宅新寢𡆥宅十月
二八三三八　…申卜彭貞其有婦
三二〇四八　辛：婦祉戈…
三二七五八　婦…無…
三二八九六　丁未貞王其令望乘婦其告于祖乙一
三二八九六　…貞王其令望乘婦其告于祖乙一牛
三三九六四　…酉婦…雨
三四二八三　戊子卜婦兮雨
三五三四二　乙巳卜在兮惟丁未婦𢦏衆
三五三四三　惟丙午婦𢦏衆
三五七七八　…貞…般庚…𡧊婦…
屯五〇三　乙未貞其令亞侯帚惟小…
英四三　勿燊婦于𢦏
英七五反　甲寅婦…
英一四〇八反　己亥婦…
英一六三二正　壬申卜㱿貞呼婦…以來先
英一六七六　丙申…㱿…燊婦…
英一七七〇　…于司…燊婦…惟羊…
英一八〇反　戊辰婦…
英五三八反　戊：婦…孕…
英五九七反　…婦有夂歲…
英一二九五　…寅卜王…夢婦…有日
英一六三〇　丁…婦二十…
懷四三b　燊子婦于…
懷一二〇四　…卜…燊婦…母…
懷一二五　
懷一六五〇　丁亥卜惟侯…婦…

婦工　參1433頁

𡚽

小婦

一六六一臼　丙寅邑示七屯　小𡚽
二三八七臼　癸卯邑示二屯　小𡚽
四四七八臼　壬午邑示八屯小𡚽
四三四〇臼　己丑…屯　小𡚽
六四〇二臼　壬子邑示一屯　小𡚽
七一四七臼　壬…邑示八屯　小𡚽
七三八二臼　丁亥𡆥示…屯　小𡚽
七三八四臼　癸巳婦笲示五屯　小𡚽
七九〇四臼　庚寅婦𢓊示三屯小𡚽
八五八二　…小𡚽
八六九一臼　…小𡚽…
八八三六反　己卯𡧊示二屯自古乞小𡚽
九九六六臼　壬申婦喜示一丿小𡚽　內
一〇〇九一臼　…巳邑示四屯小𡚽
一〇六四三臼　戊戌羌𡧊示十屯　小𡚽
一一一七〇臼　壬戌子央示二屯小𡚽
一三三一一臼　小𡚽
一三五三三臼　乙未𡆥乞自𡧊十屯　小𡚽
一三六三二反　小𡚽
一四四三一臼　…午婦𡧊示一屯　小𡚽
一四四三三臼　丙申㣇示二屯　小𡚽
一四五二八反　…示十…小𡚽
一五一五九反　…小𡚽
一五六一四臼　…示三屯小𡚽
一七五〇七　…巳婦笲示五屯
一七五〇八臼　乙丑婦笲示一屯　小𡚽　小𡚽中
一七五六六臼　丁卯邑…三屯　小𡚽
一七五六九臼　辛丑邑示二屯　小𡚽
一七五七一　乙亥邑示二屯　小𡚽
一七五七三　壬戌邑示二屯　小𡚽
一七五七五臼　…邑示…　小𡚽
一七六〇四　丁丑𡧊示四屯　小𡚽
一七六〇七　…未𡧊示三屯　小𡚽
一七六二三　丁丑𡧊示三屯　小𡚽
一七六二五　丁丑𡧊示一屯　小𡚽
二三七九一　…見小𡚽
英三六八臼　…小𡚽
英四二六　壬申邑示三屯　小𡚽
英四二九　己酉𡆥示四屯　小𡚽
英四三〇　丁卯婦寶示二屯　小𡚽
懷三九四b　…小𡚽

懷 五三b　殳以三百　小敹

其它

五二七臼　……丑婦喜示四屯　敹

六七五正　令㞢敹多女

二二二五臼　丙寅邑示十屯　敹

二七三五臼　壬子婦豐示屯　敹

三九一七　……敹……

三九一八反　……敹

三九一九　……寶……敹……

三九二〇　……敹

三九二一　敹

三九二二　敹

三九二四　敹

三九二五　敹

四九〇七正　行以敹　二告

五〇九七臼　……子婦……五屯　敹

五一七七臼　戊寅羌目示三屯　敹

五四九一反　……敹

五五五一臼　辛未婦汝示……　敹

五六四七臼　敹

六〇九六臼　敹

六一五六臼　戊寅婦汝示二屯　敹

六一七七臼　丙寅婦妥示五屯　敹

六三四〇臼　……六屯　敹

六七四〇臼　戊戌𡆥示九屯　敹

七三八〇臼　癸巳羌宮示二屯　敹

七三八三臼　戊戌羌徙示七屯　敹

八三三二正　乙未卜古貞舌畀敹　二告

八六七七　……南……敹北……

八六九七臼　……巳壬示𣪘二屯　敹

八八一〇臼　丁丑婦……示一屯　岳　敹

九一七二臼　癸婦𡆥……二屯　敹

九三一九　㝔入十　敹

九四〇九　丁亥乞自𡆥十屯㔾示　敹

九四一三　……乞自𡆥……屯　敹

九四七〇　……𣪘……其敹……易……

九九二三反　……敹

一六五五反　……敹……

一三五二二臼　敹

一三六三四臼　……戊羌徙……甲午敹

一四四七一臼　乙亥乞自𡆥五屯　敹

一四四七四臼　丁巳邑示五屯　告　敹

一四五五五反　……祖……敹……

一四五八五臼　敹

一四五八六臼　敹

一四七一一　……侑……敹

一六二三〇臼　……亥乞自𡆥……　敹

一六三六〇反　……百……敹

一六九一〇臼　癸巳邑示三屯　敹

一六九七六臼　丁未邑示四屯　敹

一七五三四　戊子婦𦎫示二屯　敹

一七五六四臼　乙未邑示四屯　敹

一七五六五　癸巳邑示……屯　敹

一七六二一臼　戊戌羌𡧊示七屯　敹

一七六二二　戊戌羌𡧊示七屯　敹

一七六三四　丙子保𡆥示三屯　敹

一七五一二　庚午婦寶示三屯　敹

一七五一四　自㝔巳未婦𡆥示……屯　敹

一七五二三臼　辛未婦寶示三屯　敹

一七五五八　壬申邑示三屯　敹

一七五七〇臼　癸亥邑示二屯　敹

一七五七二　辛丑邑示二屯　敹

一七六〇六　……𡆥示三……　敹

一七六一五臼　辛酉屆示六屯　敹

一七六一七　……卯示……屯　敹

一七六三六臼　丁亥……十屯　敹

一七六五五　……示三……　敹丁

一八九四一臼　敹

一八二二一　貞……敹……壘……

三〇三二二　于既……敹……西敹……　大吉

英 三六九反　……敹

英 三七〇　……勿敹

英 三七一　……敹

英 五四六臼　敹敹

懷 四三b　……敹

懷 四五三b　……敹

懷 四六八b

敹

五八三反　王固曰有祟敹光其有來艱迄至六日戊戌允有……有𡆥在𠂤𡆥在……甍亦焚廩三十一月

六七八正　癸卯卜㝔貞旬無……方征于雍敹……

一八九五七　……黄不……敹从……勿……

一九五〇六 貞…令…叡𠙵…允令… 1

一九五〇七 癸巳卜王貞令…叡…令夫…延𢦏 1

三〇一三 …東…其…叡又 3

厭

一三七二七 己未卜𢀛子厭無疾 1

一八六一九 …其… 1

一八一八一 … 1

七〇五六 己未卜𢓊雙暨令一月 1

七〇五六 …勿…雙…令 1

𦁐

三三七一七 …午卜今夕…𦁐 4

二一五七三 甲寅子卜彫至𦁐壬 1

英八四九反 王固曰…其…𦁐… 1

英一八九三 己丑卜𦁐禦司妣甲 1

⿰口帚

三二〇三〇 庚戌卜作⿰口帚庚[illegible] 4

三二九八二 癸亥貞丁卯侑⿰口帚亡歲十窜 4

三四三二〇 庚…㞢…⿰口帚…有歲… 4

⿰日帚

二一五一五 …⿰日帚庚…月 1

⿰扌帚 ⿰扌叔 侵

六〇五七正 癸巳卜殻貞旬無𡆥王固曰有祟其有來嬄迄至五日丁酉允有來嬄自西沚㦰告曰土方征于我東鄙𢦏二邑𢀛方亦侵我西鄙田 1

六〇五七正 王固曰有祟其有來嬄迄至七日己巳允有來嬄自西友角告曰𢀛方出侵我示𩁹田七十人五 1

六〇五七反 王固曰有祟其有來嬄迄至九日辛卯允有來嬄自北蚁妻笅告曰土方侵我田十人 1

六〇五九 …㦰告曰土方…侵我西鄙… 1

歸

五一九一 …殻貞王歸 1

五一九二 …貞王歸 1

五一九三正 貞王歸 1

五一九四 …丑卜…貞王歸若 1

五一九五正 貞王歸 1

五一九六 己酉卜殻貞王…歸 1

五一九七 …貞王…歸… 1

五一九八甲 貞王勿从歸 1

五一九八乙 貞王从歸 1

五一九八乙 …卜殻貞王从歸 1

五一九九 丁卯…爭貞王歸… 1

五二二七 …午王涉歸 1

五二二七 …王涉歸 1

五二三一 己亥卜殻貞翌庚子王涉歸 1

五二三二正 貞翌辛卯王涉歸 1

五二三三 辛卯卜爭貞翌甲午王涉歸 二告 二告 1

五二三四 …卯卜爭…翌甲午…涉歸 1

六〇一六正 戊戌卜爭貞王歸奏玉其伐 1

七七七二反 貞王歸 1

一〇七一九 …子卜貞今…王勿𠊊歸九月 1

一五三二正 乙未…貞王其歸𠂤于中女 二告 1

屯六九九 …田…𢦏㣇王歸擒 吉 3

英四六六 …酉卜…殻貞王…歸 1

三二八九正 貞令𠂤侯歸 1

三二九一 貞惟象令比𠂤侯歸 二告 1

三三九一 貞隊比𠂤侯歸不 1

三二九四　貞令冒侯歸　1

一〇〇四三　貞勿令冒侯歸　1

一〇〇四三　貞令冒侯歸　1

一〇〇四三　貞勿令冒侯歸　1

一〇〇五五　…令冒侯豹歸　1

一三六四四　貞令冒侯歸　1

一三六四四　貞令冒侯歸　1

二二八一　貞令望…歸　1

四〇〇一正　…殺…𠬝…乘…歸　1

四〇〇二　…殺…令…乘…先歸九月　1

七四八八　辛卯卜爭貞勿令望乘先歸九月　1

三二八九七　丁未貞王其令望乘婦其告于祖乙　4

英六六五　令望乘先歸田　1

英七一五　…乘…先…歸…　1

三九四八　貞勿令沚𢦔歸　1

三九四八　貞令沚𢦔歸六月　1

三九四九　…沚𢦔…歸　1

三九八〇　…𢦔歸　1

四〇七六　癸巳卜貞令橐𠦪子呂歸六月　1

四〇七六正　…翌…戊𠦪勿往歸　1

四〇七七　歸…𠦪…　1

四〇七八　癸卯卜宊貞𠦪由來歸丁若十三月　1

六七〇二　貞勿令方歸八月　1

六七六八正　貞勿令方歸　二告　1

六七六九正　貞勿令方歸八月　1

八六五七　辛未卜宊貞今日令方歸…日　1

八六五九　辛未卜貞惟翌癸酉令方歸　1

七〇四九　…歸人征蓄任　1

八六九〇　丙子卜古貞令盂方歸　1

一九五〇九正　貞庚…歸人…　1

二〇五〇二　庚子卜呼征歸人于衛𢦔　1

二〇五〇三　…征歸人于衛𢦔弗…　1

二一六四二　癸未子卜人歸　1

二一六四三　戊申子卜貞人歸　1

二一六四四　戊申子卜人歸　1

二一六四五　戊辰子…人歸　1

二一六四六　丁丑余卜貞人歸　1

二一六四七　癸酉卜𢀛貞今十月人歸　1

二一六四八　…子卜貞…耳人歸　1

二一六四八　…亥子卜貞、歸　1

二一六五〇　…子卜…人歸　1

二一六五一　…子卜貞…萬人歸　1

二一六五五　己亥子卜貞人不歸　1

二一六五七　…亥子卜貞…在川人歸　1

二一六五七　…亥子卜貞人歸　1

二一六六一　戊寅子卜丁歸在師人　1

二一六六一　戊寅子卜丁歸在川人　1

二一六六二　…卯余卜貞…歸人　1

二一七四一　乙卯貞在師…歸人　1

英一九〇一　丁卯子貞我人歸　1

英一九〇二　辛亥…卜貞…歸　1

七三二正　歸伐呼及于庚寅　1

二七九七二　戊其歸呼𩨨王弗悔　3

三三〇六九　己亥…侯…𠑹王…伐歸若　4

三三〇六九　庚子卜伐歸受祐八月…　4

三三〇六九　弜伐歸　4

三三〇七〇　…伐歸白…受祐　4

三四一二一　壬寅卜𠦪其伐歸惟北𠂤用二十示一牛二
示羊以四戈彘　4

三四一二二　壬寅卜𠦪其伐歸惟北𠂤用二十示一牛二
示羊以四戈彘　4

屯四五一六　己亥…侯…微王伐歸若　1

屯四五一六　庚子卜伐歸受祐八月　1

屯四五一六　弜伐歸　1

四四七　…伐?呼…歸于生…六月　1

一三五一　貞勿呼歸五月　1

一五三九　…𣪊呼歸若　1

二一五三正　使呼歸　1

四一九四　貞勿呼𡧊歸　1

七四二六正　貞興稱册呼歸
七四二六正　…呼歸
八六二正　貞勿呼歸五月
一四四四七　貞…燎…岳宰呼歸
一九五一一　…午卜呼…歸蔑…于妥…蔑…
二七九九六　弜執呼歸克饗王事　弘吉
二八九四一　…廼呼歸衛射亞

一一九一正　勿衣歸
一六一〇一　貞勿衣歸戠
一六一〇二　貞勿衣歸戠
一六一〇三正　貞勿衣歸戠
一六一〇四正　貞勿衣歸戠

歸田

六五二　…歸田九月
九五〇四正　貞呼𠷎歸田　二告
九五四〇　貞勿呼𠷎歸田
一〇五四〇　…歸田

其它

二七三正　貞令㚔歸
二九六　貞勿奴出示饗虞駟來歸
四一九正　貞令邑歸柴我　二告
四五二　…竹羌璧…白人歸于…
六五〇　…𡆥…歸
一〇九五　…令…歸…及交不…
一一九一反　貞無歸暘日
一二五三正　貞𢼄惟歸于出師
一九四九　…歸告于丁一牛
三三三正　貞…子…歸…
三三九七正　戊戌卜㱿貞王曰侯豹毋歸
三三九七正　戊戌卜㱿貞王曰侯豹往余不束其合以乃使歸
三三九八　…侯豹往余不束合以乃使歸
三三〇三　貞…豹歸…見乃…
三三四九　…子卜貞…侯專歸
三九八一　…𢦏歸
四〇一四　…朿…歸…乃…示
四二六八　乙亥卜永貞令戌來歸三月
四三〇五　…歸

四三〇七正　…㱿貞曰𠂤歸以來我…
四三八〇　…友…歸
四三九四　貞暨㚔來歸惟侑…
四四一八　辛…爭貞…竹歸
四四四七　庚戌卜爭貞令㚔歸暨出示…
四七五九　令鼓歸
四八四三　令…歸
四八四三　令鼓歸
五七三二　貞勿令歸十二月
五七四九　勿令射𠂤歸
五七四九　貞令射𠂤歸
六四七四　…歸𠂤女來余其比
六四七四　…歸
六七〇三　己卯卜…貞令…歸𩁹
六七六二　…令…歸
六八一三　令夢歸于有師𢆶
六九三三　貞𠂤歸其作捍
七〇一四　…歸
七〇四九　丁卯卜曰𢀛任有征歸允征
七三三八反　貞留人三百…歸
七六一九　…辰…貞令…商歸　小告
七八二〇　貞勿歸
七八二〇　貞歸
八四二〇　貞勿歸于商
八七四七　…有歸南
九〇四二　丙寅…歸…
九八〇九　貞令𠂤歸
一〇九八七　…往从…歸逆…在宮
一一一一八　…令…歸…于…一牛
一二〇七九　貞…歸
一二八四一甲　…寅歸…令…
一三五〇六正　貞勿令望華歸　二告
一三五〇六正　貞令望華歸　小告
一四〇四五反　貞令歸…
一五〇九九　…母歸禦
一五八八九　…歸…
一六三八六　丙寅卜㱿貞其歸若
一九〇九一　…惟令歸子
一九一七五　癸亥卜…歸其有聽
一九二八〇　己酉卜爭貞令涉歸
一九五〇八　己酉卜歸
一九五一〇　…多…歸…
一九五一二　貞暨丁巳往歸

著錄號	釋文	期
一九五一三	貞：歸勿：复：	1
一九五一四	：歸：	1
一九五一五	：卜：歸曰：	1
一九五一七	壬午卜穷貞翌酉：歸：	1
一九五一八	：祝：歸：	1
二〇五〇四	庚子：歸：衛：弗戈	1
二〇五九四	：卜：歸在呼：	1
二一五九五	：貞：歸	1
二一六一〇	丁未卜叙貞：歸我有孽	1
二一六三六	庚戌子卜貞豕歸	1
二一六四〇	：申子：貞章歸	1
二一六五二	翌癸：婦來歸	1
二一六五三	：卯卜徉貞役五月呼婦來歸	1
二一六五八	丁丑子卜無歸受	1
二一六五九	乙丑子卜貞㚔歸	1
二一六五九	弓歸	1
二一六五九	己未：貞申尹歸	1
二一六六〇	壬子卜豕歸	1
二一八三三	：歸	1
二一八五〇	庚子：執歸：	1
二二〇六七	壬子卜貞有其歸婦無大吉	1
二二三九四	：丑卜曾令歸	1
二三三二二	歸老	1
二三三三三	歸老	1
二三七〇五	甲子卜出貞嚢侑以𠂤于師歸	2
二四四三一	貞于弗令：歸若九月	2
二七九一一	弜己未歸王其悔	3
二七九一二	于庚申廼歸無災	3
二七九九二	弜戊歸其悔 吉	3
二七九九三	弜其歸：	3
二七九九四	于來辛歸 大吉	3
二七九九五	弜歸王其悔	3
二八〇〇二	戊其㝵毋歸于之若戋羌方	3
二八〇〇三	癸酉卜㗊貞其歸㚔方于沚㳄不…	3
二八〇一三	王其令亞歸弗每	3
二八〇二一	于翌日壬歸有大雨	3
二九一一七	先于孟歸廼从向 吉	3
三〇三三二	歸于右宗其有雨	3
三〇三五四	惟歸：雍用祖丁必	3
三〇二二一	：豐廼歸	3
三一〇一九	：翌：延歸：	3
三二〇一九	庚午卜令戉歸若	4
三二八八〇	惟王令侯歸	4
三二九二九	惟王令目歸	4
三三二〇五	：郑于北土歸：	4
三三九八〇	弜：歸	4
三六七六六	：㚔歸于宰	5
屯九三五	庚午貞王：令戉歸	4
屯九九一	戊申卜翌庚戌令戈歸	4
屯一〇九九	弜歸	4
屯二三七三	丁丑貞王令閣歸侯以田	4
屯三三九六	多侯歸	4
屯四四〇〇	乙卯卜其歸：有雨	4
英三六六	丁巳卜爭貞子歸專于孟園五月	1
英八四九正	貞王勿：狩乂既陷麋歸九月	1
英一八九一	癸丑子卜豕歸	1
英一九〇〇	：卯子卜東臣㚔歸	1
英一九〇〇	丁卯子卜弔歸	1
英一九〇三	不歸	1
英一九四八	癸巳卜祝貞並來歸惟侑示	2
英一九九六	甲子卜出貞嚢有以𠂤于寢歸	2
懷三七四	：歸：奠	1
懷三八六	：丑：惟：歸：	1
懷一四五七	：惟戉歸：	3

[帚阝]

著錄號	釋文	期
一三〇〇五	：申卜粂雨	1
屯三五八四	甲戌卜于丁丑：其湶酌：	4
懷一五一七	：日己：[帚阝]：子：延老	4

[尸帚]

著錄號	釋文	期
二〇〇四三	子[尸帚]：	1
懷六四〇	庚申：其[glyph]：	1

[帚攴]

著錄號	釋文	期
四八八二	：令周：[glyph]：	1

𠂤

師

著錄號	釋文	期
二二四六甲正	貞師般以…勿于…敦	1
二五三七	貞令師般	1
四二一三	貞令師般比東	1
四二一四	貞令師般	1
四二一五	貞令師般	1
四二一六	癸巳卜貞惟乙未令師般	1
四二一七	貞勿令師般	1
四二一八	貞勿令師般	1
四二一九	貞勿惟師般令	1
四二二〇	貞呼師般	1
四二二一	貞呼見師般	1
四二二二	師般見滿呼	1
四二二三	庚午卜韋貞呼師般…侑五?于…	1
四二二四反	…呼師般祈	1
四二二五	貞今二月師般至	1
四二二六	貞師般其有囚	1
四二二七	貞師般弔侑	1
四二二八	…師般…其?及	1
四二二九	師般蔓…	1
四二三〇	師般無…	1
四二三一	師般…	1
四二三二	…師般…	1
四二三三	師般其侑…	1
四二三四	…永…師般	1
四二三五	…酉令師般	1
四二三七正	貞勿師般	1
四二三八	…卜穷…師般…田…	1
五四六七	…師般弗載王事	1
五四六八正	癸酉卜古貞師般載王事	1
五五六六	癸巳卜古貞令師般涉于河東	1
五七八五	貞師般以疚又	1
六〇七九	師般	1
六一八五	戊寅卜殻貞勿呼師般比冤	1
六二〇九	貞惟師般呼伐	1
六三三五	貞呼師般比冤	1
六五八七	…呼師般取龍	1
七三六一	貞亦…師般在钱呼次在之奠	1
七四一七	貞…師般…商稱册…	1
七四二三	…令師般比…	1
三二九〇〇	…王令師般	4
乇 二四〇	惟師般以人	4

著錄號	釋文	期
英五四七正	呼師般取	1
英五四八	乙卯卜穷…呼師般	1
懷九五六	丁巳卜殻貞呼師般往于徵	1

著錄號	釋文	期
一七八	丁巳卜殻貞師獲羌十二月	1
一七九正	貞師不獲羌	1
一八〇	貞師不其獲羌	1
一八一	貞師不其獲羌	1

著錄號	釋文	期
三四七一五	庚午貞今夕師無震	4
三四七一五	辛未貞今夕師無震	4
三四七一五	甲戌貞今夕師無震	4
三四七一六正	戊寅貞今夕師無震	4
三四七一七	甲戌貞今夕師無震	4
三四七一七	…亥貞今夕師無震	4
三四七二〇	庚辰貞今夕師無震	4
三四七二〇	…午貞…夕師無震	4
三四七二一	乙巳貞今夕師無震	4
三六四二七	乙丑卜在[illegible]貞今夕師不震在十月	5
三六四二八	庚午…浠貞今…師不…	5
三六四二八	辛未卜在浠貞今夕師不震吉　茲御	5
三六四二九	甲戌卜在[illegible]貞今夕師不…	5
三六四二九	…亥卜在[illegible]…今夕師…震	5
三六四三〇	丁丑卜在…貞今夕師不震　茲御	5
三六四三〇	戊寅卜在浠貞今夕師不震	5
三六四三一	壬午卜在…貞今夕師…	5
三六四三一	癸未卜在浠貞今夕師不震　茲御	5
三六四三二	…巳卜在浠東貞今夕師不震	5
三六四三四	丙子卜在[illegible]貞今夕師不震	5
三六四三五	甲寅卜在剛貞今夕師不震	5
三六四三六	甲子卜在剛貞今夕師不震	5
三六四三七	己未卜在…貞今…師不震	5
三六四三九	…卜在…貞今…師不震	5
三六四四〇	今夕師不震	5
三六四四一	今夕師不震	5
三六四四三	甲…來方來…邑今夕弗震王師	5
英二五二八	辛卯卜貞…夕師不…	5
英二五二八	壬辰卜貞今夕師不震	5
英二五二八	癸巳卜貞今夕師不震	5
三六四六一	癸丑卜貞今夕師無畎寧	5

著錄號	釋文	期
三六四六一	甲寅卜貞今夕師無䧅寧	5
三六四六一	乙卯卜貞今夕師無䧅寧	5
三六四六一	丙辰卜貞今夕師無䧅寧	5
三六四六一	丁巳卜貞今夕師無䧅寧	5
三六四七六	庚寅……剛師……今夕師……	5
英二五三七	丁巳卜貞今夕師無䧅寧	5
英二五三七	戊午卜貞今夕師無䧅寧	5
英二五三七	己未卜貞今夕師無䧅寧	5
英二五三七	庚申卜貞今夕師無䧅寧	5
英二五三七	……卜貞……師無……寧	5
懷一九一〇	……夕師……寧	5
	……	
二一三八六	癸亥卜令師虎今夕九𠭰二旬壬午凸	1
二一六六一	戊寅子卜丁歸在師人	1
二一七四〇	……子卜……在師目……	1
二一七四一	乙卯貞在師……歸人	1
二二六〇六	丙申卜行貞王賓伐十人無尤在師追卜	2
二二六〇六	丁酉卜行貞王賓禱無田在師追……	2
二二七六〇	丁巳卜……貞其侑……大丁在……在師……	2
二四二二八	……其……無……在師	2
二四二四九	壬辰卜在師哭	2
二四二五〇	……在師哭	2
二四二五一	壬申卜……在師𦎫	2
二四二五二	癸巳卜行貞王賓叙無尤在師哭	2
二四二五三	乙丑卜王在師允卜	2
二四二五五	王在師𢀛	2
二四二五五	王在師嵒𢀛	2
二四二五七	在師霝卜	2
二四二五九	癸丑卜王在十一月在師箕	2
二四二六〇	己巳卜尹貞今夕無田在十一月在師攸	2
二四二六〇	辛未卜尹貞今夕無田在師攸	2
二四二六一	辛卯卜王在師𢀛卜	2
二四二六二	貞毋往在正月在師杉	2
二四二六四	……酉卜王……月在師𣪊卜	2
二四二六六	辛酉卜尹貞王賓歲無尤在四月在師非卜	2
二四二六六	辛酉卜尹貞王賓歲無尤在師𣪊卜	2
二四二六七	己酉卜王在師追卜	2
二四二六八	……師追卜	2
二四二七〇	……在師木	2
二四二七一	丁亥卜王在師木	2
二四二七二	丁未卜行貞王賓歲無尤在師寮卜	2
二四二七二	丁未卜行貞王賓叙無尤在師寮卜	2
二四二七四	甲辰卜王在師寮卜	2
二四二七五	丙午卜行貞王賓叙無尤在師寮卜	2
二四二七五	……卜行……賓……人又三無……在師寮卜	2
二四二七八	癸……卜王在師寮卜	2
二四二七九	辛卯卜行貞王賓……歲一牛無尤在十月在師寅……	2
二四二八〇	……尹……在師鬲	2
二四二八一	戊戌卜王在一月在師羌……	2
二四二八二	庚午卜王在師裳卜	2
二四二八四	壬午卜王在師裳卜	2
二四二八五	丙戌卜王在師裳卜	2
二四二八六	庚寅卜王在師裳卜	2
二四二八七	辛卯卜王在師裳卜	2
二四二八八	壬辰卜王在師裳卜	2
二四二九〇	癸巳卜王在師裳……	2
二四二九一	辛丑卜王在師裳……	2
二四二九二	……王在師裳卜	2
二四二九四	壬子卜王在師裳卜	2
二四二九五	甲寅卜王在師裳卜	2
二四二九六	乙卯卜……在師裳……	2
二四二九七	……戌卜王……師裳……	2
二四二九八	己未卜王在師裳卜	2
二四三〇〇	……寅卜王……師裳卜	2
二四三〇一	……王在師裳卜	2
二四三〇二	……王在師裳卜	2
二四三〇三	……丑卜王在師衣卜	2
二四三〇五	丁卯卜行貞王賓叙無尤在師裳……	2
二四三〇七	貞無尤在師裳卜	2
二四三〇八	壬子卜行貞王賓叙無尤在師裳……	2
二四三〇八	甲寅卜行貞王賓歲三牛無尤在師裳兹	2
	不雨	
二四三〇九	庚申卜行貞今夕無田在師裳卜	2
二四三一一	貞……在師裳……	2
二四三一四	辛丑卜行貞今夕無田在師裳卜	2
二四三一五	……丑卜……貞今……無田在師裳……	2
二四三一六	甲寅卜旅貞今夕無田在二月在師裳卜	2
二四三一七	……辰卜旅貞翌丁巳……夭至……在師裳……	2
二四三一八	貞無尤在師裳卜	2
二四三一九	貞無尤在師裳卜	2
二四三二〇	貞無尤在師裳卜	2
二四三二三	辛丑……在師裳……	2
二四三二四	……在師裳卜	2

著錄號	釋文	期
二四三二五	…在師裝…	2
二四三二六	…卯卜…在師裝卜	2
二四三二七	…在師裝…	2
二四三二八	…師裝卜	2
二四三二九	…勿…師裝卜	2
二四三三〇	…在師裝…	2
二四三三〇	…師寮…	2
二四三三一	…無田…師裝	2
二四三三五	戊子卜…在師澅…	2
二四三三六	戊子卜王在師澅卜	2
二四三三七	戊子卜王在師澅卜	2
二四三三八	…在師喜卜	2
二四三三九	甲戌卜王在師澅卜	2
二四三四〇	在師澅卜	2
二四三四〇	在師滴卜	2
二四三四一	貞無尤在師澅卜	2
二四三四二	王在師非㚇	2
二四三四四	…卜行…王賓…尤在師…	2
二四三四五	貞無尤在師丙卜	2
二四三四五	貞無尤在師獲卜	2
二四六八七	…師裝…其雨	2
二四七七九	…師𣪕卜	2
二四八〇三	貞其雨在師卜	2
二五六一八	貞無尤…師卜	2
二六一三四	貞無尤在師…卜	2
懷一三四五	…巳卜…在師…	2
懷一二九五	…卜…在師…	2
懷一二九七	…師裝卜…	2
三五三正	貞殻惟歸于㞢師	1
五八〇五	丙午卜殻貞勿呼師往獻有師　二告	1
五八〇六	…殻貞勿呼𠂤獻有師	1
六八一三	令夢歸于有師𢦏	1
八九八五正	癸巳卜韋貞行以有師暨邑　告	1
八九八七	貞行以有師暨有邑	1
一〇〇四八	己卯卜㝼貞今日弜朿令圂我于有師乃	1
	奴有…	1
一七〇五五正	丙午卜殻貞呼師往見有師王…曰惟老	1
	惟人途遘若…卜惟其匄二旬又八日𢦏	
	壬…師夕死黽	1
一七一六八	丙子卜㝼貞令朿圂我于有師骨告不𡆥	1
一七一六九	丙子…貞令…我于有師骨告不𡆥	1
一七一七一	乙亥卜爭貞惟邑並令𦉪我于有師十一月	1
一七一七二	…卯…𦉪…于有師…	1

其它

著錄號	釋文	期
三六	…寅卜…貞惟師令以衆…	1
二七七	…師…壬	1
六三五反	貞以…師…有火于…	1
七七九正	丙辰卜爭貞師有刹	1
七八〇	丙辰卜爭貞師有刹	1
一二八五	貞呼師…取𣪕…	1
三二一一正	…戌…師禦于…	1
三二一七	…巳卜…貞…雍…𢀛…師	1
三七二三	丙子卜爭貞師…	1
四〇一四	…令…往…師	1
四二三九	貞勿惟師…	1
四二四〇	惟師令比沚	1
四二四一	惟師令…	1
四二四二	…師令弋微	1
四二四三	…未卜王勿令師…朕𠭯㞢四月	1
四二四四	…卜殻貞呼師…	1
四二四四	…師…	1
四二四五	…暨…師步	1
四二四六	貞師無其工	1
四二四七	貞師無其工	1
四二四七	貞師其…工	1
四二四八	丙辰卜爭貞師有刹	1
四二四九	丙子卜爭貞師無𡆥十一月	1
四二五〇	…殻貞師…有𡆥	1
四二五一	貞師其侑…	1
五三五六	甲午卜爭貞王宿師不無…三月	1
五四六六	…師…載王事	1
五六四九	丙戌卜…巫曰禦…百…于師…六月	1
五八〇七	…亥卜爭貞旬無𡆥王固曰有祟旬壬申	1
	中師𡆹四月	1
五八〇八	貞曰師無在茲延	1
五八〇九	丙辰卜爭貞師無其𢦏	1
五八一〇	丙戌卜貞弜師在尗不水	1
五八一一	…午卜㝼貞呼涉朿師	1
五八一二	戊辰卜貞翌己巳涉師五月	1
五八一三	丙午卜貞師于𠂤次十二月	1
五八一四	己卯卜…貞𡆥…師次…圾自…凡…𢀛…	1
五八一五	乙亥…貞其…師不…	1
五八一六	…師其…	1

著錄號	釋文	分期
五八一七正	……辰卜……貞王……師于……惟囚	1
五八一八	師告	1
五八一八	師告	1
五八二〇反	……冊……師……于叴京	1
六〇五一	癸巳卜方貞令伐途卓師	1
六八五七正	貞惟師呼暨𢀛	1
七八八八	癸丑卜㱿貞師往衛無囚	1
七九八二	戊申卜㱿貞惟師呼往于𡈼	1
八〇〇六	戊子卜令發往雀師	1
八二一九甲	……㱿貞王往于庿師	1
八三〇九	……于我師……	1
八三五二正	……卬……滴……師	1
八三九三	貞令……往……師	1
八四四二反	……火……師	1
九四六三正	丁巳卜方貞惟師……用	1
九八二一	……師……	1
一一〇七七	旅……師	1
一二七四四正	丁卯卜㱿貞我師無敗榷	1
一三五一七	癸巳……矢師在𡉚	1
一四五一三	貞師……其……	1
一三五一七	……曰矢自在𡉚	1
一七一八〇正	……囧……師……四月　二告	1
一七一八〇反	貞……師……雨……	1
一九五二七	癸丑……㱿貞師……屮……	1
一九六三二	……有蒸……師𠬝……	1
一九六三三	……師……	1
一九七五六	丙寅卜有涉三羌其畓至師印	1
一九八九五	……妣庚……師……月……見	1
二〇一三六	……火貞……師不	1
二〇一五九	……𢦔……弜……師四月	1
二〇二一四	丁卯卜王……㚔以師……	1
二〇二七〇	王于……比師……其至……	1
二〇三九〇	……令𦎫……師	1
二〇三九一	乙酉卜王貞自不余其見二月	1
二〇七一二	……王貞……師匕……九……	1
二一三一三	癸未貞旬己卯師……	1
二一三八五	……辰卜……去……師	1
二一九四〇	……惟……師	1
二二〇八八	丙戌卜貞𣪘至師無若	1
二二一二七	……卜貞……師師無……	1
二二三二三	𢀛師毓	1
二二三二三	𢀛師毓	1
二二三二二	妙師毓	1
二二三二三	妙師毓	1
二二三二四	妙師毓	1
二三七〇五	甲子卜出貞虆侑以𡧊于師歸	2
二四二七九	……寅……尤……師寅……	2
二四三一七	……來……自夫師……	2
二四三四七	癸卯卜行貞王步自雇于勳無災在八月在師雇卜	2
二五〇三二	……卜旅……寅……無尤……師……	2
二七七五〇	惟師比	3
二七八八二	……來告大方出伐我師惟馬小𠂤……	3
二七八九八	……旃……師……無災	3
二七九一五	王其田于……惟虎師匕擒無災　茲用	3
二八〇六四	戊寅卜在韋師𠂤人無戕異其𢦏	3
二八一九五	乙未卜暊貞師貯入赤馬其𤘲不𠂕吉	3
二八六七九	……虎𠂤……無災永王	3
三二〇二〇	辛酉卜其用師以羌于父丁父丁	4
三二四八七	丙辰卜剛于珏大甲師	4
三二九八三	其比虎師無災王徠	4
三三〇〇五	弜涉示其師	4
三三〇〇六	丁酉貞王作三師右中左	4
三三〇四五	……寅卜方其至于𣎴師……	4
三三〇六九	壬子卜貞步師無囚	4
三三一〇〇	于𩰫師	4
三三一〇一	于𡆥師	4
三三一〇三	……于貞令……師在庿	4
三四六三八	辛酉……師……	4
三六一二七	壬辰……衣……朕師……師……文武……武乙惟……正	5
三六四七五	辛巳王卜在𣪘貞今日其从師西無災	5
三六五一八	乙巳王貞啓呼祝曰盂方𢦏人……其出伐𠂤師高其令東會于……高弗悔不𦣞戕　王因曰……	5
三六五四九	……王送……師……	5
三六七五一	癸巳卜在𠂤貞王送𩰫往來無災于師北	5
三六九〇九	韋師寮弜改無災王其呼宜于京師　有災若	5
三七四一〇	……在𦎫……王田師東往來無災茲御獲　鹿六狐十	5
屯二九	師惟徝用	4
屯七三八	方其至于戊師	3
屯一一二一	甲子貞其涉師于西洮	4
屯一一二一	弜涉師	4

次

屯二六八 丁酉卜翌日王惟犬師比弗悔無災 不遘雨　大吉 3
屯三四一八 甲申貞令卯往允鼓師 4
屯四五一六 壬子卜貞步師無囚 1
英九〇五 …貞般…今十二月師…聞… 1
英一七六二 丁巳卜𠂤方三子 1
英二〇五五 …卜貞…其𠂤…十三月 2
英二三二六 庚戌卜王其比虎師惟辛 3
英二三三六 王其比虎師惟辛無災 3
懷四四三 …王…師… 1
懷一三九一 于𠂤辟尋 3

次于

五六一七 呼多束尹次于教 1
五八一三 丙午卜貞師于𠂤次十二月 1
六一三一正 …殻貞王往次于泥 1
六五三六 …卜殻貞王次于曾廼呼𠂤中… 1
七三五二正 己未卜殻貞我于雉次　二告 1
七三五二正 貞勿于雉次 1
七三五二正 勿于蕞次 1
七三五三 乙巳卜殻貞王勿次于曾 1
七三五四 …巳卜殻貞王次于曾七月 1
七三五五 …卜殻貞王勿于鼓次 1
七三五九 曰𢀛次于龐 1
三二二七五 乙卯貞𢀛以人…北奠次 4
三二二七七 師般以人于北奠次 4
三二二七七 人于濘次 4
三二二七七 于耑次 4
三二二七八 師般以人于北奠次 4
三二二七八 人于濘次 4
三二二七八 于耑次 4
懷九四二b …于…次… 1

奴次

七七七正 貞呼奴貯次　二告 1
七三六二 …卜亘貞呼奴䵼次 1
一八九一七 貞呼奴次 1

其它

九四六正 丁未卜殻貞鑊比次戠…文載王事以 1
四六〇一 …次…麋…以… 1
四八三四 貞鑊比次戠羌…有… 1
五六五八正 大𢽍敦次 1
五六五八正 勿衣𢽍敦次　二告 1
五八一四 己卯卜…貞𡆥…師次…𢦏自…凡…𡆥… 1
六五三七 …殻貞王次…𠂤中… 1
六五三八 …王次…𠂤… 1
七三五一 己未卜殻貞王次 1
七三五七正 貞王往次[illegible] 1
七三六〇 …次 1
七三六一 貞亦…師般在𢦏呼次在之奠 1
一四一二九正 貞王勿往次[illegible] 1
一六一六一 …敚…次…獲 1
三三〇五六正 …𣏟次… 4
三三〇六二 己丑…師及方 4
三六五三二 庚寅王卜在𡹈貞余其次在茲上𡆥今秋其敦其呼𢦚示于商正余受有祐王占曰吉 5
英七一四 …次… 1

⿺辶𠂤

一九九五六 癸酉卜疋于果⿺辶𠂤…入[illegible]以比 1
二〇二三一 …卯罕其奠王⿺辶𠂤執甾卯罕奠王⿺辶𠂤 1
二〇二三一 貞罕妣⿺辶𠂤于唐邑罕克奠王…十月 1
二〇二三一 令…鬥凡…方其…王⿺辶𠂤十月 1

追

二〇四五八 …卜王…追…叀弗其…獲征…弗及方 1
二〇四五九 …辰卜𡆥…追方…及 1
二〇四六〇 戊戌卜𡆥步今日追方… 1
二〇四六一 …令遜追方 1
二〇四六二 …申卜王…追方 1
二〇四六三反 乙亥卜令虎追方 1
二八〇一四 …受其追方惟…　大吉 3
三二八一五 己亥歷貞三族王其令追召方及于[illegible] 4
三三〇一七 己亥貞令王替追召方及于… 4
屯一九〇 弜追召方 4

其它

五六六　貞呼追𢀛及　1
六二八正　壬午卜殻貞𢀛追多臣…羌弗執　1
七六三　…追𢀛…　1
八六九　辛亥卜古貞追不𡴘　1
八七〇反　…五日丁巳…追…𡚁…　1
八七一　…爭貞令…追…　1
八七二　貞勿追…　1
八七三　…追…　1
八七四　乙巳卜㱿貞無追　1
八七五正　有追　1
八七五反　王固曰有追　1
八七六　…追…捍…　1
八七七　…貞…往追…及…月　1
八七八　貞追　1
九七五反　王固曰不宿若茲卜其往于甲彡咸…　1
惟甲追　1
二三八七正　貞𦔻有追　1
五六二五　丁卯卜貞令追啇有尹工　1
五七五六　貞曰…𢀛…追…　1
六三三二　癸丑卜㱿貞令至于丁巳追　1
六五九三　癸丑卜貞𢀛往追龍从𣎴西及　1
六五九四　癸丑卜貞𢀛往追龍从𣎴西及　1
六八七三　…𢀛追…缶戦　1
六八七四　…追…缶　1
六九四六正　貞犬追亘有及　1
六九四六正　犬追亘無其及　1
六九四七正　戊午卜殻貞雀追亘…　1
六九四七正　戊午卜殻貞雀追亘有獲　1
八七〇六　…午卜㱿…方由…追…　1
八九七〇　辛未卜永貞追以牛　1
九五五〇　貞呼追其黍　1
一二八七五　…丑卜王…呼追…雨自北西…　1
一四四五四　貞追弗其以牛　1
一四四五五　貞追以牛　1
一九三一二　…追…祖母…　1
一九五七三　戊子…貞將…追…　1
一九七八三　戊戌卜弜…追…印　1
二〇〇〇〇　…午卜…追…　1
二〇四六二　…酉兄丁…追…　1
二〇五七五　貞追凡　1
二〇五七五　貞凡追　1
二一一五三　丙戌卜祉及𡚁追比…　1

二二一九乙　丁酉卜步追…　1
二四五五四　…𠂤追…　1
英七〇七　…貞…有…追…　1
懷四〇一　貞勿追二月　1
懷四三一　…生一月…戊中…追至不…　1
懷四四四　…巳…旅追…于舌…　1

𠂤

一八二五五　…并…𠂤…今夕…　1
三一九一〇　惟…王…勿𠂤…辛…　3

師

二七一六〇　大甲師惟大牢　大吉　3
三三四八六　戊辰貞𢦔于大甲師𤉲三牛　4
三三四八六　…𢦔于大甲師𤉲一牛　4
三四二三三　戊辰貞𢦔于…餗𤉲…　4
屯一九九　王其田于…其剛于大甲師有正　3
屯二八〇　戊辰貞𢦔于大甲師𤉲二牛　4
屯五六五　庚辰卜剛大甲師有羌…　4
屯一〇七四　戊辰貞𢦔一牛于大甲師𤉲　4

二八〇六四　戊寅卜在𩾖師𠂤人無𢦏異其𡚁　3
二九三七六　…在鮫師獲中田　3
三三五七四　…在鮫餗　4
三五八八六　癸酉…𩐁師…𠬝…在五…𠭯…　5
三五八八六　癸未王卜在𩐁師貞旬無𠬝王𡆥曰吉在五月甲申祭祖甲𠭯日𠭯甲　5
三五九一三　…在𡴣師貞祖甲升…戊升若我　5
受…　5
三六四七六　庚寅…剛師…今夕師…　5
三六四八九　…亥王卜貞旬無𠬝…一月甲子彡妹工典
三六四九四　其…𩐁師王征人方　5
癸巳…𡴣師…王旬…　5
三六四九五　癸…卜貞王旬無𠬝在五月在𩐁師　5
三六五二五　癸未卜在師貞今𡆥巫九备王于𡴣侯缶
師王其在𡴣𩰫正　5
三六六〇九　…貞王…無𠬝王𡆥…吉在四月…𩐁師　5

三六六三〇 癸卯王卜貞旬無畎王⊞曰大吉在六月在𦎫師 5
三六七三六 ⋯在召師 5
三六七五六 癸未王卜在𣶒師貞旬無畎王⊞曰吉在十月⋯王送𡆥雨 5
三六七六五 乙未王卜在𣶒師貞翌其⋯其敏來伐受祐其敏來伐受祐王⋯既伐⋯ 5
三六七八三 ⋯在霍師⋯王⊞曰吉⋯ 5
三六七八八 癸亥王卜在𠂤師貞⋯無畎 5
三六八〇四 庚寅卜在齊師王送往來無災 5
三六八〇五 ⋯己巳王卜貞旬無畎王⊞⋯夕在齊師惟王十⋯ 5
三六八〇九 貞未王卜在𡉉師貞旬無畎 5
三六八一一 ⋯丑卜在剛師貞王⋯往來無災 5
三六八一三 ⋯在剛師貞⋯于泊無災 5
三六八一四 ⋯卜貞旬無畎⋯⊞曰大吉在剛師 5
三六八一八 ⋯在剛師貞今⋯無畎寧在十月⋯ 5
三六八二一 ⋯卜在剛師⋯寧 5
三六八二二 癸巳王⋯貞旬無⋯在↓師 5
三六八二三 癸卯王卜貞旬無畎在𤉲師 5
三六八三三 癸丑王卜貞旬無畎在齊師 5
三六九〇九 ⋯在𣶒師⋯在三月 5
三六九一一 丁亥卜在𦎫師貞𦎫師寮妹⋯有宕王其令宕不悔克𤰔王令 5
三六九一二 癸亥卜貞王旬無畎在六月在𦎫師 5
三六九一三 ⋯酉卜貞⋯旬無畎⋯七月在⋯師 5
三六九三八 ⋯湊師⋯瀿無⋯ 5
三六九四九 ⋯在𦎫師 5
三六九五九 丁酉卜在𩁹師貞⋯王今日送⋯無災 5
三六九六〇 ⋯卜在寧師 5
三六九六八 癸亥卜在㕯師貞王旬無畎 5
三六九七三 癸丑⋯在洛⋯師貞⋯畎王⋯吉 5
三七四七五 甲午卜在𣶒師貞今日王步⋯𦎫無災 5
三七四七五 ⋯卜在⋯師⋯方⋯不⋯兹⋯ 5
三七五二一 庚子王卜在湊師貞今日步于瀿無災在正月獲狐十又一 5
三七八二〇 辛丑卜在瀿師貞今日步于𠧢無災 5
三七九一九 ⋯師貞王⋯逐無災 5
三九二四六 ⋯卜⋯師⋯步無災 5
屯二一八二 癸未卜在⋯師貞王旬無畎在六月 5
屯二三三〇 癸丑卜在⋯師貞⋯ 5
⋯ 己酉卜貞王其田無災在黃師 5
⋯ ⋯子卜貞⋯無災在𩁹師 4

英二五三三 乙卯王卜在𢓊師貞余其敦𢦏惟十月 5
英二五三六 戊申⋯王⊞曰吉在八月 5
英二五三八 癸酉⋯師貞王⋯畎在十月又⋯ 5
英二五三八 癸亥王卜貞旬無畎王⊞曰弘吉在𦎫師 5
英二五六二正 壬寅王卜在𠂤師貞今日步于永無災 5
英二五六二正 癸卯王卜在永師貞今日步于⋯ 5
英二五六三 甲午王卜在𣶒師貞今日步于𦎫無⋯十月 5
英二五六三 二惟十祀彡 丁⋯在⋯師⋯今日⋯从⋯往來無災在正 5
英二五六三 己亥王卜在春師貞今日步于湊無災 5
英二五六三 庚寅王卜在𣶒師貞⋯林方無災 5
懷一八八六 癸卯王卜貞旬無畎在十月在𤉲師 5
懷一八八六 癸丑王卜貞旬無畎在十月又一在齊師 5
懷一八八六 ⋯卜貞⋯畎在十月⋯齊師 5

其它

五八一九 貞从⋯師⋯ 1
二三三四八 庚⋯貞乘⋯師⋯ 2
二三三五〇 貞于⋯師彭 2
二三三四八 貞于⋯師彭 2
二四二三五 王⋯師𠂤 3
二七六八四 ⋯卜狄⋯其⋯師不遘 3
二八九〇一 今日乙王弜省師有工其雨 3
二八九〇一 弜⋯師⋯工其⋯ 3
二九三〇〇 惟師田省不遘雨 大吉 3
三〇〇四三 于翌日壬師有大雨 3
三三一四九 癸亥貞王惟今日伐⋯王夕步自果三雉 乙丑王⋯師⋯ 4
三五三四八 ⋯王卜貞旬無畎王⋯師惟王來征人方 5
三六四八八 ⋯貞⋯師⋯來 5
三六五九〇 ⋯師⋯正⋯ 5
三六五二五 ⋯甲寅林師⋯商公宮衣⋯ 5
三六七四三 丁卯王卜在朱貞其送从師西往來無災 5
三六七六四 ⋯卜貞王⋯壬師往⋯災 5
三六七九一 ⋯卜在⋯貞王⋯于師西⋯來無災 5
三六八二八 ⋯申卜在⋯貞王⋯于師東⋯來無災 5
三六八三四 ⋯貞王送于師⋯無災 5
三八一八七 ⋯㞢⋯師⋯遘大雨
英二五六三 壬辰王卜在𣶒貞其至于𩫖觀𠂤師往來無災 5
懷一四五八 ⋯永師真 3
懷一四五九 ⋯省師⋯王其悔 3

遺

著錄	釋文	數
三〇三四	惟王…子婁…遺自…	1
四三八七	…祟王遺並十月	1
四七二三	貞王遺…	1
五三一五	…亘貞王遺若	1
五三一六	…貞王遺若	1
五三一七	…貞王遺	1
五三一八	乙亥卜…貞遺…	1
五四四七乙	貞王有遺祖乙弗佐王　二告	1
五四四七乙	貞王有遺祖乙佐…　二告	1
五四四七丙	貞王有遺…	1
七五九四	…遺	1
七八八四	貞勿遺在南奠	1
七八八四	遺	1
七九八一	…酉卜…貞子…遺…男	1
一二四八四正	…丑卜穷貞翌乙…桼蒸于祖乙…王固曰有祟…不其雨六日…午夕月有食乙未酢	1
一七六二一正	多工率𢦏遺 / 己亥卜…貞遺…	1
二四四一二	…祝貞二示祟王遺並十月	2
三一九三五	惟田沓不益惟之有遺	3
三一九三七	…遺惟…　吉	3
三五三〇一	…其遺戕	4
屯二七七〇	戊子…今夕…遺	1
英三一二	…王遺並…	1
英一九四八	癸巳卜祝貞二示祟王遺並　二告	2

官

著錄	釋文	數
一九一六	庚辰卜貞在官	1
四五七六	辛未卜亘貞呼先官	1
一四二二八正	貞帝官	1
一四二二八正	帝不官	1
二〇二三〇	壬申卜𣎆令竹…官十月	1
二一五〇七	令官𦰩	1
二二〇四五	戊戌卜侑…父戊牛一官用	1
二二〇四五	弜用牛𤙭父戊	1
二八〇三二	…戌官入有戕	3
二八〇三三	于戌官入…	3
三四一五八	己巳卜王弜步吿官	4
英二四六六	丁未卜酢皿伐百羌…官…	4

寘

著錄	釋文	數
八四九正	乙酉卜穷貞州臣有往自寘得	1
八五五	貞往自寘得	1

昭

著錄	釋文	數
一七五三七正	庚子卜古貞王昭逆…	1
一八七一九	貞…昭…	1

著錄	釋文	數
七三四五	…卜穷貞羌舟啓王佪	1
一八七四九	…王…佪…	1
一八七五〇	…王…佪…	1
三一一三三	貞其宿其佪無災	3

敀

著錄	釋文	數
一三九三四正	貞婦敀有子	1

柏

著錄	釋文	數
二四三八九	…王在柏	2

著錄	釋文	數
二一三七二	…卜…□…不囚	1

節

著錄	釋文	數
屯一二〇	癸酉貞節元在茲	4
屯一三〇	…節元	4

㫃

著錄	釋文	數
三〇三十三四	癸亥卜𣪊貞𢼸羌百㫃三牸㫃…	1
四九三三	…呼㫃	1
四九三四	…毌…㫃	1
六五四〇	…人五千呼㫃…	1
六九四八正	辛丑卜𣪊貞王夢㫃惟祐	1

七三二五　呼放…人三千…益邑…其　1
一八五二〇　貞放…　1
二二七五八　甲子卜王放卜大放　2
二五〇一五　甲子卜王放卜茲用日放　2
二五〇一五　甲子卜…放卜小…　2
二七三五二　惟放庸用　3
二七三五二　弜放庸用　3
二八二〇七　弜其立放　3
三一〇二三　弜放　3
三一一三三　其剛又歲放惟…　3
三一一三六　于憙冓放　3
三一一三六　其冓放在𡧊　3

旋

三〇一　丁亥卜㱿貞昔乙酉葡旋禦…丁大甲祖乙百鬯百羌卯三百…　1
三〇二　…貞昔乙酉葡旋禦…乙百鬯百羌卯三百宰　1
五二三〇反　…旋入…　1
六四六五　今𢀛王勿旋尸　1
六五四四　…旋羌…　1
六八五五正　貞惟𢦏令旋畏微　1
六八五六　貞惟𢦏令旋畏微　1
一三七六四　旋無疾　1
一九六九五　…旋…　1
一九八七五　…申卜…旋…克　1
一九八八八　庚申卜取旋…毋以　1
二六九九三　惟戌呼旋執于之擒王受祐　3
三一〇〇三　己酉卜王其則其…冏旋無災　3
三四〇七六　…簸旋有疾王…　4
三四〇七六　…旋有疾王　4
屯九一七　乙酉卜禦葡旋于婦好…犬　4
屯九一七　乙酉…葡旋無囚　4

旃

四三八五　…卜…旃…　1
二〇六九八　馬旃　1

旇

二八〇一一　壬戌卜狄貞其有來方亞旇其禦王受有祐　3
二八〇一一　壬戌卜貞亞旇从受于方　3
二八〇一一　壬戌卜狄貞亞旇其陟遭入　3
二八〇一一　壬戌卜狄貞亞旇𢦏𢀛　3

旋

二一四八二　辛酉卜王貞余丙示旋于征　1

旃

二六七七正　辛丑卜宕貞旃暨㱿以羌　若　1
二六七七正　貞旃暨㱿不其以羌　若　1
四三七八　…卜古…旃…　1
四三七九　己酉卜旃出　1
四三八〇　庚…貞…旃…　1
四三八一　…子卜爭貞旃…災　1
四三八二　旃十一月　1
四三八三正　…旃…　1
四三八四　…旃…　1
四四一五正　辛巳卜貞令𡧊𠂤旃甫章𢦏族五月　1
五四四六正　丁亥卜㱿貞旃無囚𢦏王事　1
五四四六正　貞旃…　1
五四四七甲　貞旃暨㱿其有囚　1
五四四七乙　貞旃暨㱿弗…𢦏王事　二告　1
五四四七丁　…申卜㱿貞旃…𢦏王事　1
六八一六　…貞令旃比𡧊侯𡆥周　1
九六三八　己酉卜…旃…出　1
一〇九六四正　貞令旃田于皿　1
一〇九六四正　勿令旃田于皿　1
一三五〇五正　戊戌卜㱿貞旃暨㱿無囚…　1
一三五〇五正　旃暨㱿無囚𢀛告　1
一三五〇五正　旃暨㱿　1
英五九三　辛卯卜貞旃其先遘捍五月　1
懷一四六四　惟㫃右[illegible]王受祐　3
懷一四六四　惟㫃比上行左[illegible]王受祐　3
懷一四六四　惟[illegible]用東行王受祐　3

[illegible]

六〇四九　…戌卜宕貞令[illegible]途…　1
六〇五〇　癸酉卜宕貞令[illegible]途𢀛　八月　1

斿

三〇三十三四　癸亥卜㱿貞敀羌百旋三斿放…　1
五五七九正　羌其陷麋于斿　1

著錄號	釋文	期
五五七九正	：于斿	1
五七六九正	貞王往斿	1
八三五〇	：于斿	1
一〇一九六	：狩斿允：無災：其：	1
一五七八六	：于斿禽：酌九牛三月	1
一七八〇四	：斿：二告	1
一九四九四	丙：貞：斿：	1
二三七〇一	貞惟游令八月	2
二四四一〇	辛未卜㳄貞其田：斿：	2
二四四一八	：旅：游：白延：	2
二四四六五	：酉卜㳄：王其田：斿無災	2
二七四五九	庚申卜狄貞王惟斿麋用 吉	3
二七七七八	戊午：貞王其田斿往來無災在九：	3
二七八九八	：斿：師：無災	3
二八三四七	王其田斿不遘大雨	3
二八三四七	弜射斿鹿	3
二八三六五	：斿：射有麋	3
二八三七〇	王其逐斿麋湄日無災	3
二八三七〇	弜逐斿麋其悔	3
二八三七一	王其田斿其射麋無災擒	3
二八七九九	惟斿田無災 吉	3
二八八〇九	王其田斿蓺無災	3
二八八〇九	翌日辛王其射斿	3
二八八一一	惟斿：射無災	3
二九一一七	丁丑卜翌日戊王惟斿田無災 大吉	3
二九一一八	：其田斿：	3
二九一一九	：王惟斿田：	3
二九二二〇	惟斿田無：	3
二九二二一	惟斿田湄無災	3
二九二二二	丙寅卜貞惟斿：湄日無災	3
二九二二三	惟斿田無災	3
二九二二四	：田斿：悔	3
二九二二五	弜田斿：	3
二九二二六	弜斿：其：	3
二九二二七	弜田斿其悔	3
二九二三二	惟斿：湄日：災	3
二九二四五	：斿田無災 大吉	3
二九三三九	：斿田：	3
二九四一二	翌日戊王其田 斿麓無災	3
三〇六二四	其斿王： 吉	3
三一九四六	惟斿：	3
三三三九九	于斿征擒	4
三三四〇〇	乙丑卜犬伐：𢓊斿擒	4
三三五二九	戊子卜貞王其田斿無災	4
三三五四〇	乙巳卜貞王其田斿無災	4
三三五四六	戊戌卜貞王其田斿無災	4
三七三九六	王惟翌日辛射斿兕無：	5
三七四六〇	壬子卜貞王田于斿往來無災茲御獲鹿十	5
三七四七六	：貞王田斿往來無災：在八月茲御獲狐二十一	5
三七五五〇	壬子：斿：	5
三七五七六	：卜貞：斿：來無：茲御：	5
三七七二一	戊辰：田斿：無災：獲：	5
三七七二二	辛酉卜貞王田斿往來無災王占曰吉茲御	5
三七七二三	：卜貞：斿往：無災	5
三七七二四	：王卜田斿往來：王占曰吉茲：五：	5
三七七二五	：卜貞田斿往：曰弘吉：	5
三七七三二	壬子卜王田斿：茲御	5
三九四二〇	：斿其悔	5
屯二二九九	从斿擒	3-4
屯二三三五	弜田斿其悔 茲用	3
屯二三三五	王其田斿無災 茲用	3
屯二三五一	：惟斿：無災	3
屯二五四二	王惟斿麋射弗悔永王	3

旅

著錄號	釋文	期
一〇二七正	己未卜殻貞缶其𢀛我旅	1
一〇二七正	己未卜殻貞缶不我𢀛旅一月	1
五四七六	貞：取：旅	1
五八二一	乙巳卜：王呼取：旅	1
五八二二	：三千登旅：受：	1
五八二三	：卜王旅：	1
五八二四	：貞我：旅在：	1
八二七二正	：自旅	1
一七一〇八	癸亥卜：呼𠙵吼：旅母：吼延	1
一七一五九反	：㞢：旅：	1
二〇〇八八	庚申卜王惟余令伯𦃰史旅	1
二〇〇八九	：史旅	1
二〇五〇五	庚戌王令伐旅婦五月	1
二八〇九六	：䧹：旅：灤：以：	3
三〇二六七	王其作僼于旅邑：其受祐	3
三六四二五	丁亥卜：貞又旅：左其：	5
三六四二六	丁丑王卜貞其振旅延迖于盂往來無災王占曰吉在：	5

旅

三六四七五 庚辰王卜在林貞今日其逆旅以…于東單無災 5
三八一七七 丙子卜貞翌日丁丑王其遘旅延迭不遘大雨茲御 5 5
屯二○六四 …右旅…雉…衆 3
屯三三七 叀用其…戠旅… 3
屯二三二八 翌日王其令右旅暨左旅𢀛見方弗不雉衆 3 3
屯二三五○ …王其以衆合右旅…旅𢀛于售 3
屯二七○一 癸酉卜旅以𠭰方于…大吉 3
懷一六四○ 庚寅貞敦缶于蜀𢦏右旅在…一月 4

旋

八二九九 立于旋 1

放

二七八七五 貞王放不遘 3

旐

六八一四 癸未卜爭貞令旐以多子族𨟻周戴王事 1
六八一五 癸未卜…令旐…族𨟻周戴王事 1
一○七七 …旐…師 1

旋

三○三十三四 癸亥卜殸貞𢼄羌百旋三𢀛𢼄… 1
三○三十三四 癸亥卜殸貞勿𦍒𢼄羌百旋三… 1

旎

三二八八五 惟𦍌令 4

旛

一八三二七 貞旛… 1

族

三二五九一 …午卜…羌甲彡…𩵋族 4

旌

屯三七六四 丁卯卜王令取勿羌茲旌在祖丁宗… 4
一八五二一 辛巳卜殸貞旌于… 1
二○一九○ 甲申卜自王令匿人日明㞢于高 1
二二一○二 壬辰卜同父乙旌 1
三六七七五 癸巳卜在𤰈貞王步于旌…災 5
三七七九七 壬午卜在旌貞王田…往…無災 5
一五七七○ 癸…貞…㫃…河 1
一五七七一 …巳卜…立㫃… 1
一八四二三 …勿…㫃… 1
懷一六三六 壬午卜貞以放立于河 4

旖

三九四一九 旖 5

旟

一八五一八 庚…貞…旟… 1
五八八正 貞旟母㫃 1

旃

一三五一六 辛酉卜婦旃郭… 1

旞
屯七七六　…于貞王令阜…人出旞方　4

旋
屯六五○　…王弜令受…旋…塱田于童　3

㫃敫
三三○八七　丁巳卜王在雟㫃敫允伐在□　4

□
一四四九六　貞勿…□　1

懷一五五二　…歙夕…□…用　4

三四三四　…□…呼…□　1

屯二六九一　丁未卜□由…□暨古…　1

三二八一○　…□□…　4
三二八一一　丙寅貞王其奠□侯告祖乙　4
三二八一一　丙寅貞王其奠□侯告祖乙　4
三二八一一　…貞王其奠□侯告祖乙　4
屯九三○　癸丑貞王令剛□□侯　4
屯一○五九　乙丑貞王其奠□侯商于父丁　4
屯一○五九　乙亥貞王其夕令□侯商于祖乙門　4
屯一○五九　于父丁門令□侯商　4
屯四○九五　…□侯…

于□
六　甲午卜㞢貞取剛于□　1
四八八三　勿令周往于□　1
九九一二　勿令田于□　1
一○○八四　丁未卜爭貞將東于□母畝二月　1
一四一六一正　于□女　二告　1
一四一六一正　勿于□女　二告　1
二四四一一　乙丑卜行貞王其步…□于□無災在正月　2
屯一○五九　己巳貞商于□奠　4
屯四○四九　己巳貞商于□奠　4

中□
英五二七　…入射于□　1

二四三六○　貞無尤在□卜　2
二四三六一　丁卯卜行貞今夕無囚在□　2
二四三六一　戊辰卜行貞今夕無囚在□　2
二四三六一　己巳卜行貞今夕無囚在□　2
二四三六二　庚午卜行貞王賓夕禱無囚在□卜　2
二四三六二　貞無尤在正月在□卜　2
二四三六二　貞無尤在□卜　2
二四三六五　貞其雨在□卜　2

其它
二五　丁卯卜貞望□多方示□作大…七月　1
一五三二正　乙未…貞王其歸□于□女　二告　1
一五三二正　貞勿□于□…　二告　1
三九○八正　…葡貞…□丁亩…　1
四四八○　庚寅卜□令□　1
四九三四　丁未卜…□暨…　1
四九三五　丁未卜□暨…　1
四九三六　戊辰卜□允…　1
五六三二　…中…使　1
五九○三　…執□　1
六八四八　乙丑卜□其□暨□　1
六八四九　壬辰卜□…□暨□　1
六八五○　…□其…暨徒?…　1
六八五一　…卯卜□…□□　1
八一四一正　…勿往…□　1
八一四二　丁卯…貞…□　1
八一四三　壬寅…無其來自□五月　1
八一四三　貞允…來自□　1
八一四四　□
八一四四　…寅卜…來…□　1

編號	釋文
八一四五	…□
八一四六	…□
八一四七	…□
八一四八	…申…尊…□
八一四九	…□
八一五〇	…□
八一五一	…□
八一五二	…史□
八一五三	…呼𢓊…□人…
八五二九	甲戌卜□貞舌方其…□册
八五八五	…卜…貞舌…乞□
一〇九七九	…雀田…□十一月
一六一五七	…𢼸…□…十三月
一八五一七	…酉卜殻貞…乙卯…□丁…
二〇〇一七	乙丑卜□□來
二〇三二三	…子卜…□
二〇五九九	戊辰卜…□允…
二〇六〇〇	…令阜□
二〇六〇一	…取□
二二三六四正	丁卯卜…□…
二二三九四	□…
二二四七三	甲子…以□…田
二四三六三	甲申…允…□…
三三一〇三	其𢦏□…汩方
三三三八九	…見□王省…
屯八六二	癸亥貞王其奠□
英七四六	…卜勿…□…
英七四七	…伐…□…从…
懷三七七	…其來…□…
懷五六四	…□…九月
九〇八六	乙亥卜□以

單

編號	釋文
一三七正	癸丑卜爭貞旬無囚三日乙卯…有嬉單丁人豐□于彔…丁巳□子豐□…鬼亦得疾
五九四正	丁巳…嬉單…祟…
六四七三正	庚辰卜爭貞爰南單
八三〇三反	…步于單
九五七二	庚辰貞翌癸未□西單田受有年十三月
九五八三	辛未…□…單…
二一四五七	取單行女
二一七二九	癸卯…貞丁…單犬
二八一一五	惟東單用
二八一一六	…入以南單
三〇二七六	…□單無災
三一六八三	小單…
三四二二〇	岳于南單
屯二六五八	…祟王單
屯四三三五	…東單工
屯四三六二	己卯卜于南單立岳雨
英七五四	…南單…不吉

戰

編號	釋文
二七三〇二	戊辰卜鼓貞有來執自戰今日其延于祖丁
三一七八七	…執自狩

□

編號	釋文
三二七一正	貞禦□于母庚
三三七一正	貞于…己禦□

□

編號	釋文
二九三六五	…子卜在□田龍□洓塞其…□

□ 祈

編號	釋文
三七六反	王固曰吉余無不若不于□
四八八反	貞燎于□
九四六正	禦田于□
九四六正	禦田勿于□
五七八七	…新射于□
七九一二	…于祈十一月
七九一九正	乙亥卜穷貞燎于祈三豕
七九二〇	貞侑于祈
三三九九六	乙亥貞令內以新射于□
三三九九七	辛未貞遘以新射于□
三三九九八	…射于□
屯七	…多射□馬…于□

乇一四七 辛：貞：以：于斳 4

其它

三〇 貞：以：射：斳 1
八一六正 貞惟斳 1
八一六正 不惟斳 1
七九一一 ：往：析 1
七九一三 析人： 1
七九一四 析七月 1
七九一五 ：之：啓：析 1
七九一五 之啓析： 1
七九一六 貞勿：析 1
七九一七正 ：出：析 1
七九一八 析十一月 1
九二八六正 ：王：不：析 1
一三五三六正 ：寅卜貞我：斳： 1
一三七〇 貞斳丁人嘉有疾 1
一七〇八六 乙酉卜亘貞作禦斳庚不井 1
一七〇八七 ：申卜古貞斳庚不： 1
一七二七一反 ：疾：斳 1
一七三八九 ：爭貞王夢惟斳 1
一八四八二 ：斳： 1
一九四四五 ：斳： 1
三三九〇三 辛卯貞从斳涉 4
乇一〇〇九 辛卯貞从斳涉 4
乇三九二五 ：五牛：又四：斳 4

戰 狩

九〇五正 貞王往狩 1
六一二一 往出狩 1
一〇五九六 貞王往狩 1
一〇五九七 往狩 1
一〇五九八 ：未卜爭貞往狩 1
一〇五九九 往狩 1
一〇六〇一正 ：王往狩 1
一〇六〇一正 勿往狩 1
一〇六〇七 ：往出狩 1
一〇六一一 王自往从狩九月 1
一〇九三九 貞王往狩 1
一〇九三九 貞王勿往狩从䍙 1
一〇九三九 貞王勿往狩从䍙 1
一〇九三九 王往狩 1
一〇九四二 ：王往狩土： 1
英八三九 戊申卜亘貞勿狩往 1
英八四一 貞王勿往狩从： 1

涉狩

一〇六〇二 丁亥卜㝵貞王往涉狩 1
一〇六〇三 甲申卜㱿貞王涉狩 1
一〇六〇四 ：涉狩 1
一〇六〇五 ：涉狩 1
一〇六〇六 貞勿涉狩若 1
一〇六〇六 貞：涉狩若 1
一〇九四九 ：涉狩于虎 1
一四〇二二正 貞涉心：狩 1
三二九〇三 辛卯貞从狩盧涉 4
三三三九一 ：涉惟：狩： 4
乇一〇〇九 辛卯貞从狩盧涉 4

田狩

二八七七一 王其田狩無災 3
二八七七二 王其田狩無災 3
二八七七三 貞王其田狩無災 3
二八七七四 王其田狩湄日無災 3
二八七七五 辛丑卜翌日壬王其田狩：大吉 3
三三三九〇 ：田狩無： 4
乇二一二四 戊王其田狩無災 3
乇三〇一四 ：亥卜：田狩：擒 4

狩擒

一〇一九七 乙未卜今日王狩光擒允獲虎二兕一
鹿二十一豕二麑百二十七虎二兔二十三雉二十
七十一月 1
一〇三〇七 丁卯：狩正：擒獲鹿百六十二：百十
四豕：十旨一： 1
一〇三〇八 ：狩獲擒鹿五十又六 1
一〇三七四 庚：呼㠯狩擒 1
一〇三七四 辛亥卜王貞呼㠯狩麋擒 1
一〇三七四 辛亥卜王貞勿呼㠯狩麋弗其擒七月 1
一〇三七七 ：亥卜王貞：狩麋不䧹擒七月 1
一〇四〇二 辛卯卜貞其狩㚔擒 1
一〇四〇七正 ：其：辛壬申允狩擒獲兕六豕十
又六兔百又九十又九 1

一〇六〇〇　壬戌卜宕…翌丁亥…王狩擒　1
一〇六一三正　翌癸卯狩擒　1
一〇六一三正　翌癸卯勿狩　1
一〇七六一　…貞勿狩…擒二百六十九　1
一〇九二六　…狩隻擒　小告　1
二〇七五六　庚戌卜今日其擒狩　1
二八三三五　王先狩廼𠬝擒有鹿無災　3
三一一六二　…王狩𤉲擒　4
三三三七五　壬辰卜癸巳在…王狩擒允兕十又…　4
三三三八四　丙辰卜王狩雚擒伐人不擒…　4
三三三八四　…辰卜王狩雚弗擒　4
屯二一一三　戊申卜…貞今日狩𢦔擒　1
屯三三二六　惟𢓊麓𢦔擒有小狩　3
屯二八五七　…卯卜庚辰王其狩…擒允擒獲兕　三十又六　4

一〇四〇七正　貞王狩𡩜　1
二〇七四七　…卜王其…狩擒…　1

二〇七五七　己亥卜不雨狩𢦔印　1
二〇七五七　辛丑卜…狩𢦔其遘…　1
二〇七五七　辛丑卜狩𢦔其…　1
二〇七五七　庚子卜狩𢦔不遘日　1
二〇七五七　庚子卜…不…于狩𢦔　1
二〇七五七　…于辛…狩𢦔…取　1
二〇七五八　…狩𢦔…在…　1

王名

一〇六〇八正　辛卯卜爭貞我狩下乙弗若　二告　1
一〇六〇九　…狩下乙…　1
一〇九九八反　…卜𦥑貞王狩唐若　1
二二〇九一甲　乙酉卜𦥑…狩女…　1
三二五二九　惟祖乙彡狩　4
三二五五五　…丑…王…狩祖乙　4
三二六八〇　丁卯貞其告于父丁其狩一牛　4
三二九二二　惟祖乙彡狩　4
屯七八六　乙丑貞王狩祖乙　4
屯三七八六　弜狩　4

其它

七　癸未卜爭貞王在茲𡨄成狩　1
六八五正　貞王其狩區　1
九〇五反　王勿衣狩　1
九〇五反　…王狩　1
五八四甲正　…亥卜𡧊貞旬無𡆥王固…丁卯王狩　敝蘇車…在車阜馬亦…　1
一〇二三　戊辰卜王乞以人狩若于𢦏示…　1
一〇四一　…狩…八月　1
六五四七　貞王勿狩　1
七一三九　癸亥卜爭貞旬無𡆥…𡧊五日丁卯王狩　…亦𢦏在…　1
八八三三　…王…狩　1
一〇一九八正　戊午卜𡧊貞我狩𢀛𠬝之日狩允擒獲虎一鹿四十狐百六十四𪊨百五十九𤉲交又　友三交…　1
一〇二〇〇　…狩獲虎一豕…又六…　1
一〇二一三　…狩…虎一…鹿…　1
一〇三〇八　…𡧊貞今日我其狩𢀛…　1
一〇三〇八　貞今日我其狩𢀛　1
一〇四二五　戊…𢦏狩…三日庚辰…𦅫既雚…獲兕　…一豕…　1
一〇四八〇　…寅…狩…魚…　1
一〇五七九　貞王狩　1
一〇五七九　勿狩　1
一〇五八〇　癸未卜宕貞王狩　1
一〇五八一　…王狩　1
一〇五八二　王狩　1
一〇五八三　…王狩　1
一〇五八四　貞王狩　1
一〇五八五　貞王卜…狩…𠦪　1
一〇五八六　…卜…王…狩　1
一〇五八七　…王狩　1
一〇五八八　…王狩　1
一〇五八九正　乙卯卜爭貞王于丁巳狩惟…　1
一〇五九〇正　…申卜𡧊…王其狩　1
一〇五九一　癸酉卜爭…王其狩不…　1
一〇五九二　…申卜𡧊貞其狩　1
一〇五九三　…卜爭…其狩其…九月　1
一〇五九四　貞翌己卯王勿令狩　二告　不告黽　1
一〇六一〇正　甲申卜𡧊貞王勿延南狩　1
一〇六一二　己巳卜狩逐　1
一〇六一二　己巳卜狩弗其逐　1
一〇六一四　勿狩　1
一〇六一四　狩　七月　1
一〇六一四　勿狩　1

編號	釋文	期
一〇六一四	狩	1
一〇六一四	勿狩	1
一〇六一五反	狩不其…羌？…	1
一〇六一六	己亥…狩…其…	1
一〇六一七正	乙巳卜殻貞…狩	1
一〇六一八	丁未卜…狩	1
一〇六一九	…戌狩	1
一〇六二〇正	…丑卜…丁…狩	1
一〇六二一	…今…日狩…啓	1
一〇六二二	狩	1
一〇六二三	貞…狩	1
一〇六二四	…狩…父…	1
一〇六二五	…狩…啓	1
一〇六二六	…癸狩…	1
一〇六二七	…狩…	1
一〇六二九反	勿狩	1
一〇六三〇	…卜殻…勿狩	1
一〇九〇七	…狩…東…	1
一〇九一六正	…馬…狩…北	1
一〇九一八	戊寅王狩膏魚擒	1
一〇九二二	…狩…衣…	1
一〇九三四	貞呼取般狩…	1
一〇九三六反	甲勿狩…	1
一〇九四〇	貞王勿狩从…	1
一〇九四〇	貞王狩	1
一〇九四一	…王勿狩	1
一〇九四一	…狩从龜	1
一〇九四四	…卜殻…狩…土	1
一〇九四七	…丑卜…狩萬…	1
一〇九五六	貞狩勿至于甚九月	1
一〇九五七	…狩曹于？甶？	1
一〇九六三正	貞…狩…沘	1
一〇九六五	…寅卜殻貞今日我其狩盂	1
一〇九六九正	貞王勿狩于爻	1
一〇九六九正	貞王狩于爻	1
一〇九六九正	貞王狩于爻	1
一〇九六九正	…勿狩…爻	1
一〇九七二	…卜貞…狩…麋	1
一〇九九三	戊子卜爭貞勿步狩九月在鯀	1
一〇九九六	癸酉卜貞王衣…狩…	1
一〇九九七	…戌卜翌乙亥王狩…	1
一一〇〇六正	丙戌卜殻貞翌丁亥我狩寧	1
一一〇〇六正	貞翌丁亥勿狩寧	1
一一〇一五	…令…狩…	1

編號	釋文	期
一三一二〇	癸巳…狩啓允啓十一月	1
二〇七四八	…王…狩…南…	1
二〇七四九	丁巳卜…令甫狩…丁丑啓	1
二〇七五〇	丁卯卜偖令狩	1
二〇七五二	…巳卜…甫狩…獲鹿…虎十…	1
二〇七五三	貞…令…狩有啓	1
二〇七五四	…丑…狩不其啓十一月	1
二〇七五五	壬辰卜今日狩有啓	1
二〇七五七	庚戌卜今日狩不其印	1
二〇七六〇	庚子卜狩辛丑步不雨允不…九…	1
二〇七六一	…步辛狩…取	1
二〇七六二	…午卜…令…狩…	1
二〇七六三	…寅卜…狩獲…	1
二〇七六四	…戌…王狩…	1
二〇七五〇	…卜…狩…其…	1
二〇七五一	乙未…呼豢…狩而…	1
二〇七五三	…未卜王…狩不其啓	1
二二二九二	庚子卜子狩…禣不中…	1
二二三七一	…狩無𡆥	1
二二三七二	…狩	1
二四四四四	…未卜出貞王狩木于？之日王…狩木…冢	2
	十…鹿	2
二八三四一	其狩無災	3
二八三四七	其狩無災	3
二八四三〇	壬弜鯀其狩	3
二八四三九	其狩無災	3
二八六四〇	其狩無災　大吉	3
二八六四一	狩無災	3
二八六四六	狩湄日無災	3
二八六四九	其狩無災	3
二八六五〇	狩無災	3
二八六五三	狩無災	3
二八七二九	…狩湄日無災	3
二八七七六	王其狩不雨	3
二八七七七	…戊卜王其狩	3
二八七七八	其狩無災	3
二八七七九	其狩湄日…	3
二八七八〇	其狩無災	3
二八七八一	其狩無災	3
二八七八二	狩無災	3
二八七八三	狩無災	3
二八七八四	王狩湄…	3
二八七八五	弜狩其雨	3

著錄號	釋文	期
二八七八六	王其省…延狩…	3
二八七八七	…狩…不雨	3
二八七八八	…未貞旬…狩	3
三〇一四四	其狩湄日無災不遘大雨　吉	3
二八九九五	其狩無災	3
二九〇二七	王其迖于喪…狩	3
二九二四八	王其狩湄日無…狩	3
二九三〇〇	王狩無災不雨	3
三二二一九	丙辰貞王弗狩彡	4
三二二七〇	惟並以人狩	4
三二七二五	…卯卜王狩…	4
三三三八一	庚戌卜辛亥王出狩	4
三三三八二	…王其狩彡	4
三三三八三	癸未貞王其狩白…	4
三三三八七	己巳卜王…令…狩	∠
三三三八七	己巳貞惟王狩	4
三三三八八	王弜狩彡	4
三三三八八	乙…貞…其狩	4
三三三九二	…从東…狩無災	4
三三三九三	…狩…	4
三三三九三	…狩	4
三三三九四	弜狩其悔	4
三三三九五	…狩…	4
三四五七三	弜獸	4
屯二七一	其狩無災	3
屯五六八	其狩	3
屯九六一	戊戌貞惟亞卑以人狩	4
屯九六一	乙丑貞惟亞卑以人狩	4
屯九六一	…人狩	4
屯一〇一五	弜狩彡其令伐土方	4
屯一〇四九	其狩	4
屯一〇七二	弜狩	4
屯一〇八四	…狩…吉	
屯一一二八	辛丑貞王其狩無災	4
屯一三九五	弜狩	4
屯二三六九	其狩無災　吉	3
屯二三八六	其狩無災	3
屯二五三一	其狩吉	3
英八四〇正	貞于翌戊寅令狩	1
英八四二	勿狩	1
英八四二	勿狩	1
英八四二	勿狩	1
英八四二	狩	1
英八四二	狩	1
英八四九正	貞王勿…狩又既陷麋歸九月	1
英一八二九	…狩獲九月	1
英二三三一	其狩無災	3
英二三三四	…狩…災	3
英二三三五	…狩無災	3
懷七四五	…貞…其…狩…	1
懷一四三三	狩無災	3
懷一四九九	…王貞…[illegible]…狩朕…彘	4

僤

著錄號	釋文	期
八七一三	…僤…	1

戰

著錄號	釋文	期
一七九一七	戊…戰…惟曰…	1

著錄號	釋文	期
三三〇四一	己…[illegible]…于[illegible]遘…	4

著錄號	釋文	期
三八三〇六	癸丑卜在[illegible]貞王旬無𡆥在十月甲寅工典其彡…	5

干

著錄號	釋文	期
二八〇五九	弜令戍干衛其…	3

爿

著錄號	釋文	期
四三	丁亥卜貞…复…爿祟…執…	1
一四五七六甲正	貞無其爿	1
一四五七六乙正	貞其有爿	1
一九五九九	貞不延爿	1
二一五一一	…午…乞爿…呼…	1
二二一九六	秋爿	1
二二二三八	爿母庚	1
二二二三九	爿母庚	1
二二三九四	辛酉卜貞爿	1
二二四九四	…酉卜…爿	1
三二九八二	戊戌貞侑敉于爿攸侯戠啚	4

三六九六九　：在方牧：蒦：方
乜二九四　辛：方：
乜二三三〇　甲辰卜在方牧延啓有：邑：在盧　弘吉

[爿口]

七〇二〇　己卯卜王咸戠…余曰雀[爿口]人伐圍：
九三七　[爿口]入
一五五二一　貞用于[illegible]
二〇〇二四　侯[爿口]來
二〇三三八　：朕余曰[爿口]：
二一六四一　乙巳卜宁告妣呼[爿口]：

穿

一三五甲正　貞：𦉢自穿：其：
一三五乙正　貞：𦉢自穿呼：得
一三六正　己卯卜古貞：執往𦉢自穿王固曰其惟
　丙戌執有尾其惟辛家
一三六正　：卯卜古貞：𦉢自穿：弗其執
二一三七六　戊申卜㠯：疾：有：惟：

戕

三五三〇一　：其遣戕

[囗爿]

二六七四　：我[囗爿]：婦好：圍：
四一八九　：[囗爿]：
六九四三　己酉卜殼貞呼[囗爿]𣎴侯
六九四三　貞勿呼[囗爿]𣎴侯
八四六四　：卜：貞勿：周[囗爿]：
一三七五八反　：其有老豕于：
一七一七六　己卯卜貞：斫比：㞢：𢀜：𦋉：
一七一七七正　貞呼：比延：[囗爿]：
一七一七八　：[囗爿]：不：
一七一七九　貞：老：[囗爿]：
一七一八〇正　：[囗爿]：師：四月　二告
一七一八一　貞：[囗爿]：
乜二一六八　：[囗爿]：
英一一五　：兄丁㽞：[囗爿]：

英一三〇　庚辰卜貞今日用白囗

疾

九四反　：疾齒
五九一正　甲辰卜亘貞疾齒惟：
六四八二正　貞祝以之疾齒鼎贏
六四八二正　疾齒贏
六四八三正　疾齒贏
六四八三正　祝以之疾齒鼎贏　小告
六四八四正　疾齒贏
六四八四正　祝以之疾齒鼎贏
六四八五正　疾齒贏
六四八五正　祝以之疾齒鼎贏
六四八六正　祝以之疾齒鼎贏
六四八六正　疾齒贏
一〇三四九　甲子卜殼貞王疾齒惟：暘：
一三六四三　甲子卜殼貞王疾齒無易：
一三六四四　壬戌卜亘貞有疾齒惟有壱
一三六四五正　貞有疾齒惟壱　二告
一三六四六正　貞有疾齒不惟壱
一三六四七正　疾齒惟有壱
一三六四七正　疾齒不惟有壱
一三六四八正　貞疾齒：
一三六四八正　貞疾齒不惟父乙壱　小告
一三六四八正　貞疾齒惟𦥑：
一三六四八正　貞疾齒不惟：
一三六四九　貞疾齒惟父乙壱
一三六五〇　貞疾齒不惟：乙：
一三六五一　己丑卜爭貞有疾齒父乙惟有聞在沘
一三六五二　貞疾齒𣡕于父乙
一三六五三　癸丑卜亘貞疾齒𣡕于示：
一三六五六正　貞有疾齒惟有由
一三六五六正　貞有疾齒不惟有由　小告
一三六五七正　貞疾齒不惟有由
一三六五八正　有疾齒惟蠱　小告
一三六五九　：疾齒：炎
一三六六一　疾齒
一七三八五正　貞王夢疾齒惟：
英一一二二正　貞疾齒告于丁

三七六正　乙巳卜殻貞有疾身不其贏　二告
八二正　貞王疾身惟妣己壱
一三六六六正　疾身惟有壱
一三六六六正　疾身不惟有壱
一三六六六正　疾身惟有壱
一三六六七　：辛禦疾身
一三六六八正　貞禦疾身于父乙
一三七一三正　貞有疾身禦于祖丁

五七三反　：疾趾：
七五三七　貞疾止贏
一三六八二正　：午卜殻貞有疾趾惟黃尹壱
一三六八三　貞疾趾惟有壱
一三六八四　貞疾趾惟有壱
一三六八五正　貞疾趾
一三六八六　：疾趾
一三六八七　辛未卜亘貞疾趾
一三六八八正　禦疾趾于父乙𦎫
一三六八九　貞疾趾于妣庚禦
一三六九二　貞不疾趾十二月
一三七一三正　疾趾
英一一二四　貞疾趾禦于妣己

四五六正　貞王其疾目
四五六正　貞王弗疾目　二告
一三六一九　癸巳卜殻貞子漁疾目福告于父乙
一三六二〇正　有疾目不延
一三六二〇正　有疾目其延
一三六二一　貞：無疾目
一三六二五正　貞有疾目贏　二告
一三六二五正　貞有疾目不其贏
一三六二七　：疾目
一三六二八　貞疾目不□

一三六一四　貞子疾首：
一三六一五　：殻貞有疾首：不：
一三六一六　：卜殻：有疾首：
一三六一七　：疾首不惟丁
一三六一八　：疾首
二四九五六　甲辰卜出貞王疾首無延
三四九五七　甲辰卜出貞王疾首無延
英一一二三　貞子：疾首

一三六七六正　貞疾肘
一三六七七正　貞疾肘贏

一三六七八　：疾肱
一三六七九　貞有疾肱以小𠂇禦于：
二一五六五　：貞中子肱疾呼田于凡

一一〇〇六正　貞：□：自疾
二五〇六正　貞有疾自不惟有壱
二五〇六正　貞有疾自惟有壱

一三六三〇　貞疾耳惟有壱
一三六三一　：疋：疾耳惟有：　二告
一三六三二正　貞疾耳禦于：

一一四六〇甲正　貞疾口禦于妣甲
一三六四二　貞疾口
三〇〇一〇　：疾口□：有大雨

一三六三五　貞疾舌祟于妣庚
一三六三四正　甲辰卜古貞疾舌惟有壱

四四〇正　貞有疾言惟壱
一三六三六　：疾言
一三六三七正　貞言其有疾
一三六三八　：巳卜有疾言禦：
一三六三九　：疾言：于祖：
一三六四〇　疾言

一三六七五正　壬戌卜古貞禦疾□妣癸
一三六七五正　禦疾□于妣癸

七七五反　丁巳卜爭疾疋禦于妣庚
一三六九三　貞疾疋龍
一三六九四　貞疾疋
一三六五八正　甲子卜㱿貞疾役不延
一三六五八正　貞疾役其延　二告
六六四九甲反　疾齒不惟嬉
六六四九乙反　疾齒…
六四一正　貞于羌甲禦克往疾
一七二〇　…于祖辛禦疾
一〇四〇七正　貞勿禦無疾
一三七〇六正　…王疾勿禦…
一三八五七　…㝉貞…禦疾…父…
一三八五八　…勿禦疾…
八六九　貞有疾告羌甲
五五八三　王疾夕告…小臣若
六一二〇正　貞小疾勿告于祖乙
一三六七〇　貞勿于父乙告疾㞢　小告
一三七四〇　丙辰卜貞禍告䖵疾于丁…㞢
一三八四八　…辛告疾
一三八五二　貞作告疾于祖辛正
一三八五三　貞告疾于祖丁
一三八五四　…午…貞疾告…
二五二一甲正　貞惟多妣肇王疾
一四二二二甲正　貞不惟下上肇王疾　二告
一四二二二乙正　…帝肇王疾
一四二二二丙正　貞惟帝肇王疾　二告
一三八五五　貞無降疾
一三八五六　貞無降疾
一八七五六　…無降疾
七〇九正　庚戌卜爭貞王其疾骨　小告
七〇九正　庚戌卜亘貞王弗疾骨王固曰勿疾　二告
一三六九六正　貞疾骨不惟…
一三六九六正　貞有疾骨惟…𢀛　二告
一三六九六反　貞有疾骨惟…
英一一二五　貞疾骨惟有𢀛
二二三　庚寅卜爭貞子不骨凡有疾
七〇九正　貞婦好骨凡有疾
七〇九正　貞婦弗其骨凡有疾
八一二正　子㞢骨凡有疾
一三八五反　其骨凡有疾
五八三九正　…陷弗…骨凡有疾
八六三六　貞弗其骨凡有疾允…
九六五〇　丁卯卜王貞𠂤鼓骨凡有疾十二月
一三八六五　己…貞好骨凡有疾
一三八六六　…嬪骨凡有疾
一三八六七　己未卜貞𡚸女…凡…疾
一三八六八　己酉卜㝉貞姑骨凡有疾
一三八六九　戊申卜貞雀骨凡有疾
一三八六九　戊申卜貞雀弗其骨凡有疾
一三八六九　戊申卜貞雀骨凡有疾六月
一三八七〇　貞雀骨凡有疾
一三八七四甲正　貞子狀骨凡有疾
一三八七四乙正　…巳…弗其骨凡有疾
一三八七六　…卯卜爭貞䖵骨凡有疾五月
一三八七七　乙卯…貞䖵其骨凡有疾
一三八七八　乙丑卜古貞𢍰骨凡有疾
一三八七九　貞𢍰…其骨…疾
一三八八〇　壬午卜㝉貞𢍰骨凡有疾
一三八八三　庚辰卜貞𢦔骨凡有疾
一三八八四　貞𦥑骨凡有疾
一三八八五正　貞𡆥骨凡有疾　小告
一三八八七　貞兪弗其骨凡有疾
一三八八八　辛卯卜㱿貞𡚸骨凡有疾
一三八八九　…𠂤骨凡…疾
一三八九〇　丁酉卜㱿貞杞侯𡚤弗其骨凡有疾
一三八九一　…沚…骨…有疾
一三八九二　弗其骨凡有疾

一三八九三　貞爭弗其骨凡有疾　1
一三八九四　：疾弗：凡有疾　1
一三八九五　貞弗其骨有疾　1
一三八九八　弗：凡：疾　1
一三九〇〇反　：骨凡有疾　1
一三九〇〇反　：其骨凡：疾　1
一三九〇一　：其：凡有疾　1
一三九〇二　：給骨凡有疾　1
一三九〇三　：骨凡有疾　1
一三九〇四　：凡有疾　1
一三九〇五　：凡有疾　1
一三九〇六　：其骨凡有疾　1
一三九〇六　：貞：凡有疾　1
一三九一〇　：周：凡：疾　1
一三九一一　貞：不：凡：疾　1
一三九一三　：凡：疾　1
一三九一四　：凡：疾　1
一三九一五　：凡：疾　1
一三九一六　：𠂤：骨：疾　1
一三九一九　：凡：疾　1
一三九二一　：骨：疾　1
一四一九九正　貞𡧊弗其骨凡有疾　1
二一〇三五　：丑卜𠂤：其骨凡有疾允不　告　1
三一〇五〇　癸未卜㱿貞蠱弗疾有疾骨凡　1
懷四九三　：凡：疾　1

一二六六八　貞今：雨疾　1
一二六六九　：夕：雨疾　1
一二六七〇　貞今夕其雨疾　1
一二六七一正　貞今夕其雨疾　1
一二六七二甲正　貞囚雨疾　1
一二六七二乙正　：囚雨疾無：　1
一二六七三　：囚雨疾　1
一二六七四　今：不：雨疾　1
一二九〇〇　：疾雨無匄　1
二一〇三六　辛丑卜𠂤貞子辟霰：臣不其骨凡目印
骨凡目三月　1

屯四九三　：寧疾于四方　4
屯一〇五九　壬辰卜其寧疾于四方三羌侑九犬　4
屯一三一〇　：貞今日其寧疾：三羌九犬　4

六　戊寅卜𡧊貞王弗疾有囚　1

七七三甲　婦好弗疾齒　1
八〇八正　貞：弗疾　1
五一三七　：弗：疾：　1
一三八一〇　貞弗疾　1
一三八一一　：弗疾　1
一三八一二　弗疾　1
二〇九七五　庚辰：王弗疾朕天　1
二一〇五〇　癸未卜㱿貞蠱弗疾有疾骨凡　1
二三五三二　癸亥卜出貞子弖弗疾　2
二三五三三　丁卯子弖弗有疾　2
三三一一二　丙申卜弗疾　4
三四〇七二　癸未卜王弗疾　4
三四〇七三　癸卯卜弗疾　4
英一九四八　丁酉卜貞子弗疾有疾　2

六　辛卯卜㝐貞：有疾　1
五二六　貞有疾羌其𢦏　1
七〇九正　貞有疾𠂤惟有壱　1
九一四反　子商有疾　1
二二一三　貞有疾不惟父甲　1
二二七四正　乙夕有疾惟有由　二告　1
二二七四正　乙夕有疾不惟有由　1
三九四五反　王固曰鳳其出其惟丁丁不出其有疾　1
三九四六反　王固曰鳳其出惟丁丁不出其有疾弗其
凡　1
三九四七反　王固曰鳳其出其惟丁丁不出其有疾　1
四四七七甲正　貞有疾𢀛弗：　1
四四七七乙正　貞有疾𢀛其：　二告　1
五四七七正　貞鑊其有疾　1
一〇〇六七　癸未卜爭貞子央惟其有疾三月　1
一三七〇四　：王：有疾：　1
一三七一三正　貞婦好其延有疾　1
一三七一四正　貞婦好有疾惟有壱　1
一三七一四正　貞婦：有疾：　1
一三七一四正　貞婦：有疾　1
一三七一五　：丑卜王：鼠：有疾　1
一三七二〇　貞斳丁人嘉有疾　1
一三七二一　貞子商其有疾　1
一三七二二　丁亥卜㱿貞子漁其有疾　1
一三七三二　：子䇂有疾　1
一三七三三　壬辰卜貞舉其有疾　1
一三七二四　己酉卜王子𡧊囚田有疾　1
一三七三一　癸酉卜貞郭其有疾　1

一三七三七 貞㚔延有疾 1
一三七四一 貞旻其有疾 1
一三七四二 西甾其有疾 1
一三七四五 癸酉卜貞剛其有疾 1
一三七五〇正 …寅卜古貞凥其有疾 二告 1
一三七五二正 貞𢦔其有疾王固曰𢦔其有疾惟丙不庚 二旬又七日庚申𡧊甗 1
一三七五三 …申卜貞罷因有疾旬又二日…未罷允 因…日有七旬皿…寅罷…有疾…夕㞢丙… 1
一三七五四 壬子卜貞亞克興有疾 1
一三七五七 貞亩其有疾 二告 1
一三七五七 貞傷其有疾 1
一三七五九正 六月有來曰史有疾 二告 1
一三七六七 …未卜殼貞有疾惟其… 1
一三七七〇 貞有疾惟有𡆥 1
一三七七一正 戊子卜亘貞有疾惟有𡆥 二告 1
一三七七四 貞有疾惟… 1
一三七七五反 有疾 1
一三七七六 …酉卜殼貞有疾 1
一三七七七 …其有疾 1
一三七七八 辛未卜殼貞有疾告… 1
一三七七九 貞…曰有…有疾 1
一三七八〇正 貞有疾 1
一三七八一 …有疾五月 1
一三七八二 其有疾 1
一三七八三 其有疾 1
一三七八四 貞其有疾 1
一三七八五 …其有疾 1
一三七八六 戊…有疾 1
一三七八七 …有疾 1
一三七八八 …爭…有疾 1
一三七八九正 …有疾 1
一三七九〇正 貞其有疾 1
一三七九二 …子…有疾…之… 1
一三七九一 …有疾 1
一三七九三正 貞其有疾 小告 二告 1
一三七九四 有疾不𤕌 1
一三七九五 …丑卜有疾 1
一三七九六 有疾不蠱 1
一三八一六 貞不有疾八月 1
一三八九〇 貞子賓不延有疾 1
一三八九七反 …有疾 1
一三九三一 貞婦好不延有疾 1
一三九三二 婦好其延有疾 1

一三九三一 …申卜爭貞婦好不延有疾 1
一三九三二 …婦好其延有疾 1
一五九六六 …有疾𢓊… 1
一八六五四正 己酉卜方貞有疾𥁕出 1
一八九〇二 …有疾𡆥 1
一八九一八 貞有疾 1
二一〇三四 …有疾庚子征見十月 1
二一〇四五 戊戌卜貞有其疾 1
二一三八一 …辰卜王貞…有疾…紳…永… 1
二二〇九八 丁亥卜貞𦣞有疾其水 1
二二〇九八 丁亥卜𦣞有疾于今三月弗水 1
二二五〇八 …酉卜貞子 有疾弗… 1
二二五三一 己未卜出貞子𠂤毋有疾不… 2
二二五三二 丁卯子𠂤有疾 2
三一二八五 …有疾其… 3
三四〇七六 …箙旋有疾王… 4
英 三四九 貞𠂤不延有疾 1
懷 四七七 …殼…有疾… 1
懷 四八七 …有疾惟… 1

五五七 …無疾十二月 1
三二二四 貞子𠂤無疾 1
六五六八正 …貞王曰無其疾 1
一三七〇五 …王弜爻馬無疾 1
一三七一九正 貞…妌無疾 1
一三七二一 貞子…無疾六月 1
一三七二三 丁…貞子漁無疾三月 1
一三七二六 貞子束無疾 1
一三七二六 貞𠬝無疾 1
一三七二七 己未卜𠦪子𡧊無疾 1
一三七二八正 …亥吳…無疾 1
一三七三一 貞郭無疾 1
一三七三五 癸酉…方貞𠂤無疾 1
一三七四一 貞無疾 1
一三七四三 貞𨸏無疾 1
一三七四四 貞沚無疾 1
一三七四五 貞無疾十一月 1
一三七四八 乙未卜貞陕無疾 1
一三七四九 …凥無疾一月 1
一三七五〇正 貞凥無疾 1
一三七五二反 王固曰…無疾… 1
一三七五二正 貞𢦔無疾 1

一三七五五　貞…無疾
一三七五七　貞亯無疾　二告
一三七五八反　己巳卜㱿貞𣪕無疾
一三七六一反　…[illegible]無疾
一三七九九　貞無其疾
一三八〇〇正　貞無疾
一三八〇一　癸亥…㝉貞…無疾
一三八〇二　貞無疾
一三八〇三　…無疾
一三八〇四　…無疾
一三八〇五　…無疾…
一三八〇六正　…無疾
一三八〇七　…無疾
一三八〇八　貞…無疾
一三八〇九正　無疾
一三八二七　…無疾呼[illegible]
一七三八四　…王夢子無疾
一七四四八　貞亞多鬼夢無疾四月
二〇〇八四　壬子卜貞光伯𠨘無疾
二一〇四八　貞無疾
二二二四九　癸巳卜貞婦[illegible]無疾
二二二五八　丙午貞多臣無疾
二二二五八　丙午貞多婦無疾
二二二五八　辛丑卜貞疾䢅無亦疾
二二二五八　辛丑卜無疾
二二二六五　甲戌貞無疾
二二二六七　子無疾
二二二八三　乙卯卜貞子啓無疾
二二三二三　乙丑卜貞婦爵肉子無疾
二二三二四　乙丑卜貞婦爵肉子無疾
二二三九一　貞𦎫無疾其延
二二三九三　…辰卜貞…啓無疾
二二三九四　…啓無疾
二二三九四　…無疾
二二三九四　無疾
英一一〇五正　丙子卜㝉貞子𡆥無疾
英一一三六　…[illegible]無疾
懷四九七　…無疾
懷九六五　貞子利無疾　小告
懷一六五八b　無至疾

其它

六　貞其疾七月

四五　…㱿貞王疾…眔不潛
一三七正　癸丑卜爭貞旬無𡆥三日乙卯…有嬉單
丁人豐𠂤于彔…丁巳𡆥子豐𠂤…鬼
亦得疾
二七二反　貞王疾祖…余禦豕惟十
三七六正　貞王其疾𡆥
六四一正　戊辰卜韋疾來甲戌其雨
七〇二反　貞婦好…疾
八〇八正　貞…其疾
八〇八反　王…曰吉勿疾
一二四八正　貞…子…其…疾
一七九三反　勿疾婦…
二〇六四　…惟…疾…父
二一二三　貞疾妣惟父甲𡆥
二五〇五正　…疾…
三〇三三正　貞子妻疾
三二五一正　貞疾惟𡆥
三五二一正　貞疾惟𡆥
三五三七正　今夕其…疾
四六一一正　貞王𡆥異其疾不贏
五四八〇反　疾人惟父乙𡆥
六〇一六反　貞目其祟疾
六〇一六反　貞目不祟疾
六〇五四　…疾…
八四四五　…疾…内
八五四九　貞舌方…疾于祖…
八五九四反　…曰其出疾…吉惟有由丩往…
八九四一　貞疾奴牛
九五六〇　戊子卜㝉貞𦎫酒在疾不从王古
九六二七　己丑…貞雍…吕…疾
一〇九七六正　貞惟令令叩疾
一一〇〇六正　丙午卜貞[illegible]?疾𩰫自𠂤
一二七〇四　貞其疾六月
一三六二一　…疾二月
一三六二九　…疾[illegible]
一三六三三　貞婦好[illegible]惟出疾
一三六四一　貞王䂩疾惟有由
一三六七一　…疾…
一三六七二正　…疾無…
一三六七三　貞疾[illegible]贏
一三六九五乙正　貞有疾…惟父乙…
一三六九七甲正　…疾不惟大示
一三六九七乙正　貞王疾惟大示

編號	釋文
一三六九八	貞王：疾不惟妣…
一三六九九	…祟王其疾
一三七〇〇	貞王：惟其疾囚
一三七〇一	…王：疾…
一三七〇二	…王：疾…
一三七〇三	…王疾有…
一三七〇七正	乙未卜古貞妣庚贏王疾
一三七〇七正	乙未卜殻貞妣庚贏王疾
一三七〇八正	貞高：己贏王疾
一三七〇九正	庚：克贏王疾
一三七〇九正	…其克贏王疾
一三七一〇	…王：疾：延
一三七一一	貞婦好不延疾
一三七一六正	丁巳卜宾貞婦妹不[illegible]疾
一三七一六正	貞婦妹其汰疾　小告
一三七一七	子疾不[illegible]
一三七一八	貞婦井疾惟有巷
一三七二五	…妻：疾
一三七二九	…央疾
一三七三〇	…子其疾
一三七三四	…戊卜王奉其…疾
一三七三六	乙卯：[illegible]疾延
一三七三八	乙巳卜古貞寅疾…不…
一三七三九	…告[illegible]：疾：丁
一三七四六	貞訇疾
一三七五一正	貞紷：疾
一三七五六	…未卜：夫：疾　二告
一三七五七	貞傷：疾
一三七六〇	…卜貞：角：疾
一三七六五	…我：疾
一三七六六	貞：疾不惟…
一三七六八	…疾：有巷
一三七六九	貞：疾：惟：辛巷
一三七七二	…疾：巷
一三七七三	…爭：疾：惟…
一三七七七	疾
一三七七七	…疾…
一三七九三正	癸亥卜宾…疾　不告
一三七九七	…疾不蠱
一三七九八	…疾無由
一三八〇〇正	…疾二月
一三八一三	貞勿：疾婦…其…
一三八一四	貞不疾

編號	釋文
一三八一五	貞疾：不[illegible]
一三八一七	…卜貞不延疾
一三八一八	王固曰其疾不…
一三八一九	…戊卜貞其疾
一三八二〇	…疾
一三八二一	…其疾六月
一三八二二	…其疾
一三八二三	…鳴：疾：以…
一三八二四	…酉卜殻貞疾：惟首
一三八二五	戊寅：貞疾：于…
一三八二六	丁亥卜貞疾不[illegible]
一三八二八	…疾：[illegible]：丁
一三八二九	戊：殻：疾
一三八三〇	…卯：疾
一三八三一	凡疾
一三八三七	貞：兀：疾
一三八三八	…疾：南庚…
一三八三九正	…疾
一三八四二	…疾：[illegible]
一三八四三	…卜方：有祟：疾
一三八四四	…未卜：貞征：疾
一三八四五	貞[illegible]旁惟疾
一三八四六	貞疾：于：庚…
一三八四七	…高：疾
一三八五〇	貞疾于祖乙…
一三八五一	貞于祖辛：疾
一三八五九	…惟：疾…
一三八六〇	…介疾
一三八六二	…王：疾贏
一四〇二三正	[illegible]疾
一四〇二二正	[illegible]疾　二告
一七二七一反	…王疾：于斷
一七二七一反	…疾：斷
一七三九一	貞婦好田大疾延鼓[illegible]
一七四五八	…卜：夢：疾…
一七七二九反	…王：曰：疾…
一八六五八	…疾：贏
一八九一九	弗其：與疾
一九〇九六反	貞疾勿…
一九九四一	甲辰貞豈母…不疾十月
一九九六五	…惟其疾一月
二〇四六三反	疾
二〇四六三反	疾
二一〇三二	…其疾

著錄	釋文	期
二一〇三八	貞母㞢疾	1
二一〇三九	丙申卜疾其入丁…十二月	1
二一〇四〇	丁…疾…	1
二一〇四二	乙酉卜…丑衛…疾	1
二一〇四三	不…疾	1
二一〇四四	…午卜…𢀛…疾…	1
二一〇四六	乙…其疾	1
二一〇四七	…敗…疾印無…	1
二一〇四九	…母…𢀛…豕…疾	1
二一三八〇	癸酉卜王疾豕惟示祟	1
二一三八二	庚戌…王疾…	1
二一三八三	…卯卜…疾…惟…	1
二一九四五	…貞疾…無于…	1
二一九八二	貞疾	1
二二〇九九	戊午卜石阩疾㠯不匄	1
二二二四六	婦姼子疾不延	1
二二二五〇	…巳卜…婦𥁕…疾	1
二二三七一	…王疾	1
二二三八九	壬戌貞見…其疾…無…	1
二二三八九	…疾其…囚	1
二二三九〇	…卜…無入疾	1
二二三九二	疾無入	1
二二三九三	…疾	1
二二三九五	丁卯貞婦凡子犬?疾	1
二二四三九	…疾侑…七五…窐	2
二二五三三	癸亥卜出貞子邑疾	2
二三七七三反	…疾…	2
二四九五八	…貞…利…疾…	2
二四九五九	…卜出…般…疾…	2
二八一〇六	其方…疾正	3
三一六八一	疾卜	3
三三〇〇四	…射…即疾…	4
三三〇三五	庚戌惟疾令㞢	4
三三一一二	丙申卜其疾	4
三四〇七四	癸卯卜其疾	4
屯二三九	丁亥卜其疾	4
屯四四〇八	其疾	4
英九七正	疾凡禦于妣己暨妣庚　小告	1
英一一三七	…爭…子…疾…丁十一月	1
英一一三〇	貞有…疾其…	1
英一一三一	…亥…疾…	1
英一一三三	…疾…	1
英一八五四	…延…疾…羊	1
英一八五五	…申…疾…呼…	1

著錄	釋文	期
英二〇八五	乙巳卜貞惟疾	2
懷四八〇	…貞…疾	1
懷一五一四	…王…鼠…疾	4
懷一六五五	…惟刀疾	4
一三六九一	…惟疒趾	1
二九六	貞勿奴㞢示饗國駟來歸	1
六〇四三反	…不宜…囚	1
一〇〇四八	己卯卜宕貞今日弜夫令圍我于有師乃奴有…	1
一七一六八	丙子卜宕貞令夫圍我于有師骨告不井	1
一七一七一	乙亥卜爭貞惟邑並令圍我于有師十一月	1
一七一七二	…卯…圍…于有師…	1
一七一七三	…卯卜爭…𠮷圍…無野…	1
一七一七四	庚子…貞圍…	1
一七一七五	…卜…圍…	1
英三六六	丁巳卜爭貞子?歸𡍩?于孟圍五月	1
英二三五一	…辰卜…耳…圍黃…	2
懷二一四	庚…爭…呼…臣…圍	1
懷四七五	庚子卜貞圍夫以黽于…丁…	1
三二九九三	疾父乙豕妣壬豚	4
屯附三	作…父乙豕妣壬豚凡乙豚化…兄 甲豚父庚犬	3-4
二〇九六六	癸丑卜王貞旬八庚申寎人雨自西少夕 既五月	1
一三六七四	丁卯卜爭貞有疒羸　二告	1

一三六七四 貞有疒不其龍

疾

二七三正 癸未卜殼貞疾以羌

二七四正 癸未卜殼貞疾以羌

二七四正 貞疾不其以羌

二七五正 …未卜殼貞疾以羌

二七五正 貞疾不其以羌

二七六正 貞疾不其以…

五二二反 …卯有…𢀛庚申亦有𤖓有鳴鳥…

疾圈羌捍

八八一 貞疾不…百

三三五〇 丙子卜貞多子其延學疾不遘大雨

二六六四正 …子卜爭貞今日其疾…婦好…雨

三七二六 …卯卜爭貞…疾…暨…

三九四二 庚子卜乳貞疾不丼

四三三三 貞勿令疾…禦

四三三三 貞令疾

四三四四反 勿惟疾

四三四五 貞勿呼疾人羌十三月

四三四六 …呼疾…

四三四七 貞勿呼疾弗…

四三四八 …疾婦…出

四三四九正 貞疾囚弗其克

四三四九乙正 …疾囚…

四三五〇 …惟疾…𡧊

四三五一 貞疾出…

四三五二 貞疾…

四三五三 …疾…其…

四三五四 …疾…其…

四三五五 王固曰疾…

四四一五正 辛巳卜貞令昃自旃甫𦍑疾旅五月

四四六四正 丁酉卜爭貞呼𠭯疾克

四四六四正 貞呼𠭯疾克

四四六〇正 呼𠭯疾克

五五四九 貞疾惟…來

五七八五 貞師般以疾又

六〇三二反 貞疾惟乂乙㞢

六三四三 勿呼王族凡于疾

七三四八反 貞惟疾令

七五六八 貞勿令疾衛

七五六八 貞令疾

七七一〇 貞疾弗其戕

九六六三 庚子卜𣪘貞疾其惟我正侑…

一〇九四八正 勿疾身

一三三六二正 …大驟風…㞢乙巳疾執…人五月在敦

一三七一二正 丙辰卜殼貞婦好疾延龍

一三八六三 …其疾龍

一三八六四 今日疾…龍

一三九二二 貞…王…凡…疾

一四九一三 貞呼王族暨疾…

一五三八五 …卜疾…惟盟庚…用庚…允用

三四六七七 …旋有疾王

三二八七三 …貞王令疾…

三二八七五 己亥貞王惟疒令

三四二四〇 辛丑貞單惟疾以㞢

乇三四一 壬申卜王令介以疾立于𠂤

乇一〇四九 癸亥貞…疾…祐

乇一一三三 疾卜

乇二九〇九 …令疾从

英三三三 丙寅…疾…獲…

英一〇三七 …疾…今日…雨

英一一五三正 貞疾其惟囚

懷一六五六 甲午…疾

懷一六五九 …卜王…疾

夢

一二二 貞王夢啟惟囚

一二二 王夢啓不惟囚

三七六正 乙丑卜殼貞甲子㞢乙丑王夢牧石麋不惟囚惟祐 二告

三七六正 貞甲子㞢乙丑王夢牧石麋不惟囚惟祐 三月

二七二正 貞王夢惟囚

二七二正 貞王夢不惟囚

三七六反 貞王夢示並立十示

三七六正 貞…夢呼余禦囚

三七六正 貞王有夢不惟呼余禦囚

三七六反 王夢不惟佐

三七六反 王夢…

四五六正 貞王夢惟囚 二告

夢

著錄號	釋文
六三二	王夢…不惟…
六五五甲正	王有夢不惟壱
七七六正	己丑卜殻貞王夢不惟祖乙
七七六正	貞王夢不惟祖乙
七七六正	己丑卜殻貞王夢惟祖乙
七七六正	貞王夢不惟祖乙
八九二正	…寅卜殻貞王夢兄丁不惟囚
八九二正	貞王夢兄丁惟囚
九〇五正	貞王夢禱惟囚
九〇五正	王夢禱不惟囚
九七四正	王夢惟囚
九七四正	王夢不囚　二告
一〇二七正	己未卜殻貞王夢皿惟囚
一〇二七正	己未卜殻貞王夢皿不惟　二告
一〇五一反	貞王夢不惟…
一〇五一反	王夢
一八七八正	貞王夢不…囚
一八七八正	貞王夢惟囚
三四五八正	王夢不惟囚
五〇九六正	王夢不惟囚
五〇九六正	王夢惟囚
五五九八正	己巳卜亘貞王夢珏不惟循小臣牆
六〇三三反	貞王夢玉惟囚
六〇三三反	貞王夢玉不惟囚
六六五五正	…卜殻貞王夢惟戲
六六五五正	貞王夢不惟戲
六八二六正	貞王夢不…
六九四八正	辛丑卜殻貞王夢㫃惟祐
八八四〇	…王夢…孽
一〇三四五正	丙申卜爭貞王夢惟囚
一〇三四五正	丙申卜爭貞王夢不惟囚
一〇四〇八正	戊午卜宕貞王夢惟妣戊
一一〇〇六正	丁亥卜爭貞王夢惟齒
一一〇一八正	王有夢惟囚
一一〇一八正	貞王有夢不惟囚
一三五〇七	貞王夢惟
一四一九九正	貞王夢惟大甲…
一四一九九正	貞王夢不惟大甲…
一七三七三乙	癸丑卜殻貞王夢惟祖乙
一七三七四正	王夢不惟祖乙
一七三七五	辛亥㞢壬子王亦夢父勿有若…于父乙
	示余見㞢在之…
一七三七六	王夢…父乙
一七三七七	王夢惟妣己

著錄號	釋文
一七三九七正	貞王夢不惟有祐　二告
一七三七八	辛未卜殻貞王夢兄戊何比不惟囚四月
一七三七九	貞王夢不惟兄戊
一七三八〇	貞王夢婦好不惟孽
一七三八一	貞王夢婦…不…
一七三八二	丙子卜殻貞王夢敏不惟…
一七三八三	貞王夢多子囚
一七三八四	…王夢子無疾
一七三八五正	貞王夢疾齒惟…
一七三八六	乙未卜貞王夢孽不惟囚
一七三八七	貞王夢擒不惟囚
一七三八八	乙巳卜宕貞王夢葡…惟孽
一七三八九	…爭貞王夢惟□
一七三九〇乙正	貞王夢惟叟　二告
一七三九一	貞王夢有孜兔十惟十一不惟□…□
一七三九二正	…丑卜貞王夢有冓大虎惟…
一七三九三正	庚子卜宕貞王夢白牛惟囚
一七三九四	…巳卜…貞王夢玉惟…
一七三九五正	貞王夢無其來…
一七三九七正	貞王夢不惟若　小告
一七三九七正	貞王夢惟若　二告
一七三九八	貞王夢不惟有不若
一七四〇〇正	丙午…殻貞王夢惟囚
一七四〇一	王夢惟囚
一七四〇二	王夢惟囚
一七四〇三	貞王有疾惟囚
一七四〇三	庚戌卜殻貞王有夢不惟囚
一七四〇四	貞王夢不惟囚
一七四〇五正	貞王夢不惟囚
一七四〇六	戊戌卜殻…王夢不…囚八月
一七四〇七正	壬戌卜爭貞王夢惟囚
一七四〇七正	壬戌…王夢不惟囚
一七四〇八正	貞王夢惟囚　二告
一七四〇八正	貞王夢不惟囚　二告
一七四〇九正	壬午卜殻貞王有夢其有囚
一七四〇九正	…卜殻…王有夢無囚
一七四〇九正	貞王有夢其有囚
一七四〇九正	貞王有夢無囚
一七四一〇正	辛亥卜古貞王夢有舌惟之
一七四一一	壬戌卜㕣貞王夢惟之　二告
一七四一一	貞王夢不惟之
一七四一二正	貞王夢惟之孽　小告
一七四一三	丁亥卜爭貞王夢惟之

一七四一四 ……殻……王夢大……惟……
一七四一五 ……申卜殻……王夢惟之蠱
一七四一六 壬午卜……貞王夢惟……
一七四一八 ……子卜殻貞王夢惟……
一七四一九 丙戌……殻貞王有夢示不……呼……
一七四二〇正 貞王夢有……
一七四二一 丁亥卜爭貞王夢不……
一七四二二 丁……爭貞王夢不……
一七四二三正 貞王夢……
一七四二四正 丁酉卜宾貞王夢……
一七四二五正 丁亥卜亘貞王夢……
一七四二六 貞王有夢……惟……　二告
一七四二七 丁丑卜王夢……
一七四二八 ……亥卜……貞王夢其……
一七四二九 貞王夢不禦
一七四三〇 貞王夢不……
一七四三一 貞王夢不……
一七四三二 ……王夢……不……
一七四三三 ……王夢……　二告
一七四三四 ……貞王夢……惟……
一七四三六 貞王夢……
一七四三七正 ……王夢……
一七四三八 王夢……
一七四三九正 ……王夢……
一七五五八正 丁酉卜宾貞王夢……
一九八二九 ……申卜王夢允大甲降
二二一四五 夢禦……毫于妣乙……反鼎……
英一六二六正 ……殻貞王夢妥有玫有册惟囚
英一六二七正 ……卜殻……王夢不惟有不若
英一六二九 ……卯卜……王夢……
懷 四九一 甲戌……爭王夢惟……

余夢

一七四四〇 丙辰卜王貞余有夢惟循永余……
一七四四一 余有夢勿……
二一七六七 ……卜己亥……余夢亦……彝……占……
懷一六三三 貞余有夢隹皇侑蔑

鬼夢

一七四四二 癸未卜王貞畏夢余勿禦
一七四四八 貞亞多鬼夢無疾四月
一七四五〇 貞多鬼夢惟……見
一七四五〇 貞多鬼夢惟言見
一七四五〇 庚辰卜貞多鬼夢惟見
一七四五一 庚辰卜貞多鬼夢不至囚

其它

二〇一正 貞婦好夢不惟父乙
五六八二 亞材夢有囚
六八一三 令夢歸于有師
三〇五二正 乙酉卜宾貞宾貞夢不惟之
二一七一三 貞夢三月
二七八〇反 王固……夢
一五四一七 ……午卜……媵……旬……十二月
一七三九九 ……有夢……不若……
一七四四三 己亥卜爭貞有夢王無囚
一七四四四 ……戊卜宾貞……夢東彙
一七四四五 甲戌……貞有夢東彙在中宗不惟囚八月
一七四四六 己巳卜貞有夢王亥八月
一七四四七 甲寅卜……亞多……夢不若
一七四五二 乙亥卜爭貞阜有夢勿祟有旬無旬十月
一七四五三 壬寅……雍夢八月
一七四五四 貞……夢我不惟囚
一七四五五 ……貞……夢集……鳥……
一七四五六 ……夢大虎惟……
一七四五七 ……夢惟有齒
一七四五八 ……卜……夢……疾……
一七四五九 貞夢……惟囚
一七四六〇正 ……有夢惟囚
一七四六一 ……夢……
一七四六二 ……夢不惟囚
一七四六三 ……宾貞……夢……惟……孽
一七四六四 ……卜宾……夢……孽
一七四六五 ……夢不惟孽
一七四六六 ……史貞……夢……于……若
一七四六七 貞夢其有旬
一七四六八 貞有夢囚
一七四六九正 ……有夢八月
一七四七〇 ……酉卜爭……見夢
一七四七一 己卯……宾……夢……父……來……
一七四七二 ……寅卜……夢……大……惟……
一七四七三 ……夢步……
一七四七四 貞……夢……
一七四七五 戊……夕……夢……
一七四七六 貞……夢　二告
一七四七七正 ……夢……

一七四七八 …夢…
一七四七九 丁酉…夢…
一七四八〇正 …夢…
一七四八一 貞…夢…
一七四八二 …夢…
一七四八三 辛亥…夢…
一七四八四 王固…𡆥夢…
一七七二三 王固…𡆥夢…
一八六五六 …夢…
一八六六〇 貞㞢夢…
二一〇五八 …夢…
二一三八四 …巳…既夢…作佣耳鳴終…大…
二一五三四 乙亥子卜貞覯𥄉獲女
二一六二三 辛巳卜貞夢亞雀眂余刀若
二一六六六 乙未卜夢妣丁𠂤
二二〇六五 壬戌卜子夢見邑𡕒父戊
二二一八七 丁丑示卯瘤㝱祖庚至于父戊
二二二九二 …夢…
三一二八三 …有夢惟王有歲于…
三一二二二 丙子…有夢丁人于河其用
英一六一八正 貞…夢…惟… 二告
英一六二〇 …寅卜王…夢婦…有曰
英一六二一 …亥卜…有夢…
懷四七六 貞…夢…
懷四七八 …寅卜…夢…不…
懷四九八 …有夢…

一三七正 癸丑卜爭貞旬無囚王固曰有祟有夢甲寅允有來艱左告曰有往芻自𡆥十人又二
一三七反 王固曰有祟有夢其有來艱七日己丑允有來艱自…戈化呼…方征于我…
一〇四〇五正 癸酉卜殼貞旬無囚王二曰匄王固曰𢓊有祟有𢦔五日丁丑王賓仲丁己陟在廳阜十月
一〇四〇六正 癸酉卜殼貞旬無囚王二…王固曰𢓊有祟有𢦔五日…王賓仲丁己陟在廳…二告

小臣牆 合文

五五九八正 己巳卜亘貞王夢玨不惟循小臣牆
五五九八反 惟循小臣牆

五五九九正 …呼…小臣牆…
五六〇〇 貞小臣牆得
五六〇一正 …小臣牆不其得

牆

二七八八八 惟小臣牆令呼比王受祐
三六四八一正 …小臣牆比伐擒危美人二十人四…人五百七十𩠐百…車二丙盾百八十三函五十矢…白麇于大…用𢀛伯印…于祖乙用美于祖丁僼曰京暘…

三五二二正 貞我家舊𦎫臣無害我

⿰爿攵

五二七正 辛丑卜方貞羌⿰爿攵
八八八六正 貞⿰爿攵其得 小告
一八六五七 貞…⿰爿攵…

妝

五六五二 貞巫妝不禦
一八〇六三 …妝…

⿱冃吕

三二八八 甲申卜殼貞⿱冃吕侯…其…
五七〇八正 至于⿱冃吕侯从[illegible]川比㳄侯九月
五七〇九正 乙亥卜…多馬亞…視省陵…至于⿱冃吕…
六〇八三 貞曰⿱冃吕侯出步
六五五二正 辛巳卜殼貞王惟⿱冃吕…伐𢦏…受…
六五五三 貞令…比⿱冃吕侯虎伐𢦏方受有祐
六五五四 貞令𠭯…比⿱冃吕侯虎伐𢦏方受有祐
六八一六 貞勿比⿱冃吕侯
六八一七 …貞令𦅫比⿱冃吕侯𢦔周
六八一八 …以多…⿱冃吕侯…𢦔周載王…
七五〇三正 …比⿱冃吕…周載…
七五〇四 惟⿱冃吕侯比 勿惟⿱冃吕侯…

- 八一二五 …至于冒 1
- 八六二六 貞勿冒侯七月 1
- 一〇〇四三 貞勿令冒侯歸 1
- 一〇〇四三 貞令冒侯歸 1
- 一〇〇五五 貞勿令冒侯歸 1
- 一三六四四 …令冒侯豹歸 1
- 一三六四四 貞令冒侯歸 1
- 貞令冒侯歸 1

⿰爿夕

- 一五八八五正 …⿰爿夕 1

- 一三四三一 …卜…貞…⿰爿…羽 1

- 三三四九 …貞…⿰爿… 1

- 六七七八正 癸丑卜㱿…婠之日正…延𦐔…亦⿰爿… 1

⿰爿死

- 懷一五一八 辛卯…㠯其⿰爿死印十二月 4

⿰爿冓

- 二一三七五 貞余于商疾 1
- 懷四三四 壬午卜𡆥余勿在𢦏⿰爿冓 1

- 二四四六 曰⿰爿冓…官… 1

⿰爿句

- 九三七八 ⿰爿句… 1

疴

- 二〇九六四 癸丑卜貞旬五月庚申疴人雨自西夕既 1

㚔

- 八二二正 貞妻使人 1
- 三八四四正 貞㚔ㄓ… 1
- 五一一二反 …妻來… 1
- 二〇七八六 ㄨ㚔 1
- 三三一四〇 …ㄨ尊圍…十牢 4
- 英二四一二 惟子妻以眾 4
- 懷一八八六 …ㄨ… 1

妻

- 三〇三〇 貞惟子妻往… 1
- 三〇三一 …子妻往… 1
- 三〇三二反 其侑子妻有祟 1
- 三〇三三正 貞子妻疾 1
- 三〇三四 惟王…子妻…遣自… 1
- 三〇三五 …卜令三月子妻… 1
- 三〇三六 貞子妻… 1
- 三〇四〇 …見子妻… 1
- 三〇五一反 …子妻… 1
- 五七八五 貞呼子妻以ㄓ新射 1
- 六〇五三 貞惟𢓊令途子妻 1
- 六二〇九 貞惟子妻呼伐 1
- 六四七七反 呼子妻涉 1
- 六四七七反 勿呼子妻涉 1
- 一〇四二六正 貞子妻弗其獲兕 1
- 一四〇一九反 …示子妻父庚… 1
- 二三五二九 …卜旅…有子妻… 1
- 二三五二九 …卜…其侑…子妻…𡊨… 1
- 三二七七〇 惟令途子妻 4
- 三二七七一 庚寅貞…令子妻… 4
- 三二七七三 庚子貞王𢓊途子妻 4
- 三二七七四 乙丑貞王令子妻惟丁卯 4
- 三二九〇〇 …師般途子妻 4
- 屯一三四 令途子妻 4
- 屯二四三 癸未貞王令子妻出 4
- 屯二一一五 庚子貞王令𢓊途子妻 4
- 英一三〇 丙…貞翌丁卯令子妻步 1
- 英一三〇 丁卯卜貞翌庚午令子妻五月 1

著錄號	釋文	期
英一三〇	貞于辛未令子𦘴步	1
英一三一	貞子𦘴骨凡有…	1

𦘴入

著錄號	釋文	期
三七六反	𦘴入二在高	1
四六三反	𦘴入二十	1
六八七臼	𦘴入十屯	1
九五三反	𦘴入二百五十	1
二三五八反	𦘴入十…	1
五五五二反	𦘴入…	1
九三一七反	𦘴入百	1
九三二八	𦘴入二…	1
九三二九	𦘴入二在高	1
九三三〇	𦘴入…	1
九三三一	𦘴入…	1
九三三二反	𦘴入…	1
一三一〇二反	𦘴入百	1
一八九〇五反	𦘴入乞…	1

𦘴來

著錄號	釋文	期
二七三反	𦘴來…	1
二七六反	𦘴來…	1
一七四七反	𦘴來	1
二六三八反	…𦘴來…	1
三〇五七	其曰𦘴來	1
五七七五反	𦘴來…	1
六六四八反	𦘴來二十	1
八二二九甲	…𦘴來…	1
九一七二正	癸未卜亘貞𦘴來馬	1
九一九八	𦘴來…	1
九一九三	𦘴來…	1
九一九四反	𦘴來十三在敦	1
九一九五	𦘴來…	1
九一九六	𦘴來…	1
九一九七反	𦘴來…	1
九一九九反	𦘴來	1
九五二五正	貞𦘴來牛	1
九五二五正	貞𦘴弗其來牛	1
九五二五正	貞𦘴來牛	1
一〇六三二反	𦘴來	1
一四〇〇三反	𦘴來二十	1
一四七五五反	𦘴來十	1

𦘴示

著錄號	釋文	期
一七五八三	𦘴示十又…	1
一七五八四臼	𦘴示四屯　殻	1
一七五八五	𦘴示四屯　亘	1

𦘴·出

著錄號	釋文	期
一〇七五正	甲午卜亘貞翌乙未暘日王𠧞曰有祟　丙其有來嬉三日丙申允有來嬉自東　𦘴告曰兒…　不舌黽	1
三三九七	東𦘴告曰兒伯…	1
三二八五六正	甲午貞于乙告𦘴其…	4
三二八五六正	甲午貞于父丁告𦘴其…	4
三二八五六正	甲午貞告𦘴其…于…	4
三二八五六	弜告𦘴其步	4
屯八六六	甲午貞于父丁告𦘴其步	4
屯八六六	甲午貞告𦘴其步祖乙	4
屯八六六	弜告𦘴其步	4

田𦘴

著錄號	釋文	期
一〇九二五	…田𦘴令…二雍…	1
二八三一九	戊王其田于𦘴擒大狐	3

其它

著錄號	釋文	期
四三一	…𦘴于丁羌𠤳三牛	1
八二二正	貞𦘴不其使人	1
一五二八反	𦘴…	1
二三二七	…父𦘴不	1
二七五一反	…𦘴…	1
二八二四	貞婦□冊冊𦘴	1
三〇三七	…辰卜永…翌乙巳…𠂤…𦘴…	1
三〇三八	…正…𦘴…	1
三〇三九	…𦘴…惟…商…	1
三〇四一反	…𦘴	1
三〇四二	貞己亥□…留己…𦘴	1
三〇四三	…兄…𢦔…𦘴	1
三〇四四正	惟…丁𢦔𦘴	1
三〇四五	勿…𦘴	1
三〇四六	貞…𦘴…弓…	1
三二四六	…卜貞…今二月多子步…𦘴	1
三〇四七	癸巳卜𡆥貞𦘴弗其…	1
三〇四八	貞𦘴弗…	1
三〇四九	貞令𦘴若	1
三〇五二	…巳卜…桒…𦘴	1
三〇五三反	己未卜爭…𦘴…	1
三〇五四正	庚辰卜宾貞受畀𦘴十二月	1

著錄	釋文	
三〇五五	貞婁…	1
三〇五六	貞婁不…	1
三〇五〇	貞…令…婁	1
三〇五八	乙亥卜穷貞婁…	1
三〇五九	貞婁…	1
三〇六〇反	…婁…	1
四〇九五	…貞…婁…婦	1
四一九〇正	…卜韋…呼從…婁	1
四二八三	呼從甾婁	1
四二八四	辛亥卜㱿貞呼歙甾婁不橐六月	1
五五三二正	貞使人于婁	1
五九〇〇	…婁	1
六六六五正	三日乙酉有來自東婁呼甶告旁捍	1
六八二八正	庚寅卜爭貞旨征婁	1
六八二八正	貞旨征不其婁	1
六八二八反	…婁…	1
七〇七六正	己巳卜爭婁呼來	1
七八九一	婁人	1
七八九二	婁人	1
八二一九乙	…婁弗…	1
八三九五	…子卜穷貞…婁…其…般	1
九八二一正	貞婁受年　二告	1
九八二一正	戊午卜古貞婁受年　二告	1
一〇三〇二甲正	令亢往于婁	1
一〇四三六	…令婁執兕若	1
一〇九二六	狩婁擒　小告	1
一一〇〇〇	貞今十三月婁呼來	1
一一〇〇〇	貞今十三月不婁…	1
一二六八九	…婁…	1
一三七二五	…婁…疾	1
一三七九三正	癸未卜亘貞婁無囚	1
一四五四九正	…從正…不其婁	1
一七五一六正	貞不其婁	1
一九二三四正	貞其婁	1
二三五三〇	…行…婁歲…	2
二七九六八	…婁鹿…遘	3
二八三四八	雚射婁鹿擒　吉	3
二八三四八	射婁鹿…	3
三二七七二	癸巳貞婁無囚	4
三二八五六正	癸巳貞王令婁生月…	4
屯 八六六	…巳貞𢀛以婁于蜀乃奠	4
屯 八六六	癸巳貞王令婁生月	4
屯二七四八	今日壬王惟婁…　大吉	3
屯二九〇七	癸卯貞婁在…羌方弗戕	4
英六三四	癸未卜穷貞旬無囚三日乙酉有來…婁 呼…旁捍…	1
英七四八	…夕不…婁…	1
英二四一三	辛巳貞𢀛以婁于蜀乃奠	4
懷 三六六	…貞…婁…	1
懷 四七四	庚…呼…婁…于…	1

浸

著錄	釋文	
八三四七	…浸…擒十二月	1
八三四八	…王…浸…	1
八三四九	…其往…浸	1
八三五〇	…未卜古…𢦏…浸	1
一〇二〇六	…浸虎…𢊁…	1
一〇二四八	丙戌卜史貞令…射…浸	1
二七九〇一	…在浸犬告狐王…　弘吉	3
二七九〇二	戊辰卜在浸犬中告麋王其射無 災擒	3
二八一八六	弜…浸	3
二九二八七	王…浸…	3
二九二八九	戊王其田浸往…	3
二九二九〇	惟浸田無災擒	3
二九二九一	惟浸田無災	3
二九二九二	惟在浸無災擒	3
三七五六二	…在桑貞…浸衣…無災	5
三七七八七	戊寅卜貞今日王其田浸不遘大雨茲 御	5
屯 六二五	惟在浸中比無災擒　吉	3
屯 七六二	王惟浸田湄日無災	3
屯 七六二	弜執浸麓	3
屯一四四一	王其田𦞅浸麓擒無災	3
屯二六八六	浸祟有猳屯日無災永王	3
屯二七三九	丁丑卜翌日戊王其田浸弗擒　弘吉	3
屯二八五一	辛酉卜翌日壬王其田于浸屯日無災	3

著錄	釋文	
一八一三二反	癸……	1

聿

著錄	釋文	
一〇〇八四	…于聿田母…將東二月	1
二一七〇三正	庚貞聿…	1

二〇六三　……卜聿于……入乙　3

二八一六九　……在聿　1

書

三二七二　……卜貞……書子……呼……射　1

竹

一〇八　……取竹芻于𠂤　1

二六一　……卜宾貞……𢦏竹……一牛……　1

四五一　貞其用竹𦎫羌惟酌彡用　1

四五二　……竹𦎫羌暨……白人歸于……　1

九〇二反　竹入十　1

一一〇八正　辛卯卜殻貞惟冕呼竹𢼸　1

一一〇九正　辛卯卜殻貞惟冕呼竹𢼸　1

一一一〇正　貞不惟冕呼竹𢼸　1

一一一一正　……惟冕呼竹𢼸　1

一一一二　貞不……冕呼竹𢼸　1

一一一三　貞不惟竹𢼸　1

二八六三　貞唐弗爵竹妾　1

二八六三　……竹妾　1

四七四五　庚……貞……令……竹……　1

四七四六　……酉卜……令……竹　1

四七四七　辛……爭貞……竹歸　1

四七四八　貞不……竹　1

四七四九　貞……竹……　1

四七五〇　……申卜……王……竹……正……　1

四七五一　……卜……乙竹　1

四七五二　……辰……至自……竹　1

四七五三　……巳卜王……𣄰……竹　1

四七五四　丙辰竹　1

四七五四　丙辰竹　1

四七五五正　貞竹勿……　1

四七五六　癸……貞……多……竹　1

四七五七　癸……貞……多……竹　1

六六四七正　之日用戊寅竹侑　1

一五四一一　王用竹若　1

二〇二二九　……卜……聽竹取……固惟……　1

二〇二三〇　壬申卜𢓊令竹……官十月　1

二〇三三三　丁丑卜王貞令竹祟兀于𠱠𢦏朕事　1

二二〇四五　子竹犬　1

二〇六七　貞竹乇告不　1

二三八〇五　丙寅卜吳貞卜竹曰其侑于丁宰王曰弜

𢀛翌丁卯𡆥若八月　2

二四四〇九　貞于……竹酉……　2

二六八四〇　……竹……羌……　2

三一八八四　庚寅竹無災　3

三二九三三　惟竹先用　4

三五三六六　……竹𨽍……　5

屯七四四　癸卯卜甲啓不啓竹夕雨　4

屯一一一六　己亥卜貞竹來以召方于大乙束　4

屯四三一七　……卜貞竹來以召方……𢦔于大乙　4

英一八二二　己酉卜竹有冊允　1

三四六八七　己亥卜其𡨄若　4

三四六八八　己亥卜其𡨄若　4

三四六八九　弜……大……𡨄……　4

一四二五〇　甲午卜殻貞終祖……　1

冬　終

九一六正　戊午……殻貞……惟終　1

九一六正　貞母……終　1

九一六正　……母……終　1

四三〇七反　……固曰有祟𡢁……無終　1

六〇五七反　……東鄙𢦏二邑王步自𨻏于酤司……夕

㞢壬寅王亦終夕𡆥　1

六九四四　……申卜殻貞亘捍不惟我其終于之　1

七八二九　……固曰惟……終　1

九六八四反　……惟終　1

一〇三九五　……不……兔終……　1

一一五〇二　……終夕……贏亦大星　1

一二六五六正　貞不……終夕……　1

一二九九八正　貞不其終夕雨　1

一二九九九　……雨庚……癸酉允終……　1

終

著錄	釋文	數
一三〇四六	…量終：惟甲子：量延啓	1
一三一四〇	辛未卜内盟壬申啓壬終日霧　二告	1
一三三六四	…終：霧	1
一四二〇九正	貞帝惟其終茲邑	1
一四二〇九正	貞帝弗終茲邑	1
一四二〇九正	丙辰卜㱿貞帝惟其終茲邑	1
一四二〇九正	貞帝弗終茲邑	1
一四二一〇正	貞帝惟其終茲邑	1
一四二一〇正	貞帝弗終茲邑	1
一四二一〇正	丙辰卜㱿貞帝惟其終茲邑	1
一四二一〇正	貞帝弗終茲邑	1
一八九九八	…多羌…惟王終八月	1
一九七三四	貞…終…	1
一九七三五	…惟終…	1
一九七三六	…不終…	1
二〇二七九	乙巳卜王貞取終夕	1
二〇二七九	丙…卜王貞…巫終夕	1
二〇三三〇	庚午卜王余…示𢦏于甫…囚終	1
二〇七二六	丁亥卜…日…𠂤兔…獲允獲終…	1
二〇七二九	…卜王令…𪓐…兔終…	1
二〇九四二	…丁亥取辛卯雨終日	1
二一三一四	…巳…既夢…作𢎘耳鳴終…大…	1
二一八九七	…卜戌缶…終十月三	1
二二〇〇八	…子…茲…禦…終夕	3
三〇一八三	茲允雨終夕　吉	
三六七七五	癸巳卜在㣈貞王逐于射往來無災饮𣪘	5
屯二六九	十終	3
英七三三反	其在𠂤熊溢	1
英一二〇三	王固曰惟終	1
英一七八四	…至…終日霧…雨	1
英一七八四	甲午卜王𡆥母終夕	1
英一七八四	戊戌卜王貞余𢦏立員宁史暨見	1
英一八四	戊戌卜王貞乙其雨終夕　奠終夕印	1
懷一四八一	丁亥卜王大庚ㄓ發大乙牢牝𠬝終夕	4

冉

著錄	釋文	數
七四三四	…稱册	1
七六六〇	…再允…	1
八〇八八反	…四日丙申…冉…	1
二八〇七八	辛…冉…遘戎…月	3

倂

著錄	釋文	數
五七一三反	…倂以…	1
六〇六三正	…無囚丙戌𣪘倂暨二月	1
七一四九正	…永貞旬…囚…固曰其有來艱…丙戌	1
	允有來艱…倂…己…	1
七一五〇正	…未卜…曰有祟四日…虞倂暨…	1
八五九一	己酉卜㱿貞勿衣呼比丘倂…	1
一〇一七一正	貞惟倂呼凡丘	1
一五九二九	貞牛畀倂ㄓ　二告	1
一七九五五	貞史倂…	1
一九五五六	…貞…倂…	1
二二一五七	…𢦏…倂…	1
二三〇〇一	…酉卜亞倂其惟丘	1
二六八九二	…戌倂于𠦪	3
二八〇四二	…戌倂其…	3
二八〇七四	倂其以…尹𠂤…于…𢦏	3

偿

著錄	釋文	數
三三三七	己未卜禦子偿于女隹	1
九〇四九反	偿以百	1
二七二五四	其剛祖辛偿惟豚有雨	3
二七二五四	其剛祖辛偿有雨	3
二七二五四	其剛父甲偿有雨	3
二七三一〇	王其尋各偿以…	3
二七六九六	其作偿于𠂤木丁	3
二八〇五	丁卯王其尋牢偿其宿	3
二八三二一	在下偿南田受禾	3
二九三八八	辛卯卜壬王其田至于犬偿東湄日無災永王	3
三〇二六六	…卜王其作偿徐于寓…　吉	3
三〇二六七	王其作偿于旅邑…其受祐	3
三〇二六八	今日丁酉卜王其宛麓偿弗悔	3
三〇二六九	其于徐偿	3
三〇二七〇	…于盂偿不遘大風	3
三〇二七一	于盂偿不雨	3
三〇二七二	偿于茲丘…	3
三〇二七三	于依偿	3
三〇二七三	在㪔偿	3
三〇二七四	…偿牢…無災	3
三〇二七五	其尋牢偿…	3

三〇二七六 …僕單無災 3

三〇二七七 王僕于…僕 3

三〇二七八 弗于…僕 3

三〇二七九 弗…僕…于 3

三〇二八〇 于僕 吉 3

三〇二八一 其作僕于… 3

三一一三六 于僕眔 3

三一一八五 …僕大… 3

三二二五八 貞弜…僕其悔 3

三三三六三 …王…僕… 4

三四〇七一 于王送僕 4

三六四八一正 …小臣牆比伐擒危美人二十人四…人五百七十[illegible]百…車二丙盾百八十三函五十矢…白麐于大…用[illegible]伯印…于祖乙用美于祖丁僕曰京昜… 5

屯二一五三 于箙作僕宿戋 大吉 3

屯二六三六 庚申卜翌日辛王其宛[illegible]僕無尤 3

懷一四六〇 弜作僕 3

懷一四六〇 …僕…之… 3

傋

四二七七 …卜爭貞傋… 1

四三四〇正 辛未卜𠂤貞令攸令…傋 1

四三五六 甲戌卜亘貞呼往見于河傋至 1

四三五七 貞令四月傋至 1

四三五八 貞傋… 1

四三五九 …傋…禾 1

四三六〇 …王傋 1

四三六一反 貞傋毋其… 1

四三六二 傋 1

四三六三正 …傋… 1

四三六四正 貞傋… 1

四三六五 惟傋 1

四九一九 …傋… 1

五五七一正 貞勿惟傋令 1

八九九八正 貞傋不其以龜 1

九〇四〇正 貞傋以 不舌黽 1

九〇四一正 貞傋以 1

九〇四二 …傋以 1

九〇四三 乙未卜亘貞傋以 1

九〇四四正 貞傋以 1

九〇四五 傋其以 1

九〇四六 貞傋弗其以 1

九〇四七 貞傋弗其以 1

九〇四八 傋弗其以 1

一〇七六九 乙丑卜殸貞傋…擒 1

一一六三反 貞傋勿牛 1

一八〇三 …[illegible]… 1

一九八二二 庚午卜令雀傋量唐 1

英七八九 貞傋以 1

英一一七七正 傋以 1

懷八四六 …傋… 1

𪖐

八六四八正 貞令𪖐 1

三〇六五三 …丑卜弜田東…𪖐受年一月 1

二一三九五 乙酉卜䟣𡆥今夕允𡆥 1

二一三九五 丁亥…䟣… 1

偁

八六四八正 貞偁惟目呼比 1

一七九五七 壬…貞我…偁… 1

一七九五八 …爭貞…偁… 1

一三七五七 貞偁其有疾 1

一三七五七 貞偁…疾 1

𦕅

九七三〇 貞我受𦕅 1

儓

七七五八 貞…儓…捍… 1

㑺

一〇四〇五正 癸巳卜殸貞旬無𡆥 王固曰乃茲亦有祟 若㑺甲午王往逐兕小臣甾車馬 硪𩢲王車子央亦墜 1

一〇四〇五反 王固曰乃若㑺 1

一〇四〇六正 癸巳卜殸貞旬無𡆥王固曰乃…祟若㑺 甲午王往逐兕…馬硪𩢲王車子 央亦… 1

三五〇二〇 庚…卜…令…允于㑺… 2

爯

三五八二　……卜殻……爯冊呼
六〇八七正　乙卯卜爭貞沚馘爯冊王比伐土方受有祐
六一三四　貞沚馘爯冊告于大甲
六一六〇　……沚馘爯冊𦊓𠙵方……王比下上若受我……
六一六一　……沚馘爯冊𦊓𠙵……其敦𩰫王比下上若
受……
六一六二　……沚馘爯冊𦊓𠙵……敦𩰫王比受有祐
六一六三正　……貞沚馘爯冊……敦𩰫王比受有……
六一六三正　……馘爯冊王比伐𠙵……
六一六四　……貞沚……爯冊……比伐𠙵方……
六一六六　……爯冊王……
六三九二　……爯冊王勿孽
六四〇一　……殻貞沚馘爯冊王勿䧹比五月
六四〇一　……貞沚馘爯冊王比伐土方……有……
六四〇二正　乙卯卜……貞沚馘爯冊王比伐土方受有祐
六四〇五正　……戌……殻貞……馘爯冊𦊓土……王比……
六四六八　丙申卜殻貞馘爯冊……呼比伐𢀛
七三八一正　丁酉卜殻貞沚馘稱冊王比
七三八二正　戊子卜殻貞沚馘稱冊王比六月
七三八三正　戊午卜殻貞沚馘稱冊王比
七三八四正　戊午卜殻貞沚馘稱冊王……
七三八五正　……卯卜殻貞沚馘稱冊王……
七三八六　……酉卜殻貞沚馘稱冊王比
七三八六　……爭貞沚馘稱冊王比
七三八七　丁酉卜殻貞沚馘稱冊王比
七三八八正　……卜殻貞沚馘稱冊王……
七三八九　……殻貞沚馘稱冊王……
七三八九　……貞沚馘稱冊……
七三九二　……馘稱冊王……
七三九三　……沚馘稱冊王比
七三九四正　甲戌……王貞……馘稱冊余……八月
七三九六　……沚馘稱冊……
七三九八　乙未卜殻貞沚馘稱冊……
七三九九正　辛卯卜殻貞沚馘稱冊……
七四〇二　……卜殻貞沚馘稱冊……
七四〇二　……殻貞沚馘稱冊……
七四〇二　……貞沚馘稱冊王……
七四〇三　……卜殻貞沚馘稱冊王……
七四〇三　……殻貞沚馘稱冊……
七四〇八　己巳卜爭貞侯告稱冊王勿衣歲
七四〇九　……爭貞……稱冊……歲
七四一〇　己巳卜爭貞侯告稱冊王勿衣……
七四一二　己巳卜爭貞侯告稱冊……衣……
七四一三　……稱冊王歲
七四一五正　……卯卜穷貞舟稱冊商若十一月
七四一七　貞……師般……商稱冊……
七四一八　貞勿令[illegible]比我稱冊十月
七四一九　……勿令[illegible]比我稱冊
七四二四　丁亥卜……貞牧……稱冊𦊓……
七四二五　……稱冊……
七四二八　……稱冊王比下上若受我祐
七四二九　……稱冊王比……
七四三一　……稱冊……受我……
七四三二　……稱冊王……惟我……
七四三五　……稱冊……
七三四三　……卜穷貞牧稱冊……㪟人敦……
一二〇二〇　……酚……燎爯……日雨
二八〇八九正　王其比望爯冊光及伐望王弗悔
有𢦏　大吉
三三〇九七　……乙𠨘爯冊
英一九七　……卜殻貞侯告爯冊王𦎫
英一九八　己巳卜爭貞侯告爯冊王勿……
英五八二　……爯冊今[illegible]……土方受有祐
英一八七　……殻貞沚馘不[illegible]爯冊

七四一四　……申卜……貞侯……稱冊……
七四二二　壬申卜殻貞……囚稱冊呼比　不吿黽

五五七　癸巳卜貞商爯𦊓
七四二六正　貞興稱𦊓呼歸
七四二七正　貞毋稱𦊓禦……
英五三四　貞……爯𦊓……臣……

三二四二〇　丁卯貞王其爯珏燎三宰卯……宰
三二五三五　庚午貞王其爯珏于祖乙燎三宰……乙亥
酚
三二五三五　……王爯珏于祖乙燎三宰卯三大……茲用
三二七二一　丁卯貞王其爯珏𨍭……燎三宰卯三大牢
于……

著錄號	釋文	期
九六二九	乙未卜穷貞于上甲告秋再	1
九六二九	乙未卜…于…告秋再	1
九六三〇	貞于王亥告秋再	1
一三三三八	乙酉卜穷貞…秋大再…	1
一九五三六	乙酉卜穷貞…秋大再惟…	1
一九五三七	…秋不再寂…	1

其它

著錄號	釋文	期
八一二反	勿再舊	1
九四六正	貞再以巫	1
九四六正	貞再弗其以巫	1
九四六正	再以巫	1
三三四五	…巳卜爭貞侯告再…	1
四三〇七正	…比再	1
五三九六反	…再以…	1
六〇五四	貞今翌再…其大…在…用?	1
六四〇六	…貞沚戓尋再…土方我受有…	1
六四六八	丙申卜殼貞戓再…湔 二告	1
六五三二正	甲辰卜穷貞中方其稱惟捍十月	1
六五三三	貞中方不稱	1
六六五三正	乙未卜殼貞其有𢀛婦好	1
六六五三正	貞無稱婦…	1
七〇一三	貞…稱…伐…燎…受…	1
七二七六	貞自茲…稱…循…	1
七三九一正	…貞沚…稱…王比	1
七三九五	…貞沚…稱…多…	1
七三九六	…貞沚戓稱…	1
七三九七	…貞沚戓稱…有祐	1
七四〇〇	…戓稱…	1
七四〇一	…貞沚戓稱…	1
七四〇四	…戓稱…	1
七四〇五正	…貞沚戓稱…	1
七四一一	己巳卜爭…侯告稱…王勿衣…	1
七四二一	…稱…册…羌…比…	1
七四二四	…今…稱…三…延…	1
七四三三	…巳卜…稱…勿…	1
一三五六九	丁酉卜貞其多宁王再	1
一七六三〇正	壬申卜…囚再…	1
一八七九三	癸亥卜史貞旬無囚一日𢆶甲子夕變大再至于相…	1
一九五三八	…茲…其再…	1

著錄號	釋文	期
一九五三九	…再日?…	1
二一〇七三	庚午卜惟斧再呼帝降食受祐	1
二一五三一	貞…再奠	1
二五九〇七	乙酉卜中…卜不再…祟我	2
二六一〇〇	乙酉卜中…卜不再?祟我	2
二六六三一	癸亥卜兄貞旬無…夕變大再…	2
二八〇四三	…不至于…戌再…𢦏	3
二八〇四四	戌再其遘𢦏	3
三〇三八九	…再王帝今日…	3
三一七八四	…再…令…	3
三一九九六正	其从𠂤再衆	4
三二〇三〇	弜再衆不出	4
三二八四九	貞…再…示	4
三二八四九	弜再大示	4
三八二三二	…其再…有祐	5
三八二三二	弜再丁即于宗吉	5
屯八六六	…貞…令比…舟再…奠	4
屯二五九三	壬子…有燎…乙再…	4
屯四四六五	弜再…	3-4
英六五六	貞…再…	1
懷二四	…再…	1
懷三九四	貞沚戓再…	1

𡌥

著錄號	釋文	期
一八二一八	貞惟伲王𡌥	1
一八二一九	丙午卜古貞令啗𡌥伲王	1
一八二二〇	貞惟伲王𡌥	1
一八二二一	貞…殻…𡌥…	1
三二八五四	…貞王令𢍰令秋…舟壘乃奠	4
三二八五五	…貞王令𢍰令秋…壘乃奠	4
懷一六四八	丙辰…王其令𡌥叟于儇東	4

壘

著錄號	釋文	期
三四〇七五	弜壘	4

𡚸

著錄號	釋文	期
三二九一九	…斉鈴…	4

著錄號	釋文	期
三二九二六	甲戌貞令𢓊	4
三六五二四	…我以眞…𢓊以受…	5

鄉

冓 遘

著錄號	釋文	期
六一九六	貞甫弗其遘舌方	1
六六五八	貞勿…遘…𢀛方…	1
六八〇〇	貞遘于禦方	1
二七九七九	戍惟義行用遘羌方有戋	3
二七九七九	弜用義行弗遘方	3
二八〇一一	壬戌卜狄貞其遘方	3
二八〇一一	壬戌卜貞不遘方	3
二八〇一七	不遘方	3
二八七四五	…用遘方	3
一七五	貞戍不其遘捍	1
五七一五	癸巳卜穷貞多馬遘戋	1
二〇五五四	…貞𢀛其遘叀	1
二七三七〇	不遘戋	3
二八〇三八	戍沓其遘戋	3
二八〇四四	戍爯其遘戋	3
二八〇七八	辛…冉…遘戋…月	3
三三一一四	辛未卜亞𢀛遘戋	4
三三一一五	己巳貞亞𢀛其遘戋	4
三三一一五	不遘戋	4
英五九三	辛卯卜貞旛其先遘捍五月	1
英五九三	辛卯卜貞在竇其先遘捍	1
英五九三	貞在𢀛王其先遘捍五月	1

祭祀

著錄號	釋文	期
四二〇	癸…卜…遘…侑上甲	1
二二四六六	辛酉卜攵豕妣遘六月	1
二二五五四	…丑卜即貞翌乙…魯于祖乙其遘侑…羌十	1
	卯五窂	2
二二五五六	…卜旅…翌乙魯祖乙其遘𠂇歲一窂羌十人	2
二二六一七	…翌甲…其遘有…歲于上甲其…	2
二二六四四	甲午𢦏上甲遘示癸祭無𡆥	2
二二七一五	癸巳卜王貞旬無𡆥在四月遘示癸彡乙…	2
二二七四三	…歲于唐其有…其遘有…乞酚…	2
二四四八七	…于…遘…彡龠…	2
二五〇三七	庚戌王…曰其遘…有𠂇歲…二月	2
二五九四〇	癸酉卜…貞翌甲…乞酚魯于上甲其遘有 𠂇歲三窂	2
二六〇一八	…貞翌…其遘…歲于…	2
二六四八六	癸巳卜王貞旬無𡆥在四月遘示癸彡乙未 彡大乙	2
二六九〇九	己巳卜其遘雚又…	3
二六九九二	惟侑彡日遘有从王受祐	3
二七〇四二反	甲子卜宁貞王賓上甲魯無尤上甲遘	3
二七〇四四	…卜彡日酚于上甲王其遘有从	3
二七〇四六	…彡上甲王其遘有从上甲王受…	3
二七〇四七	…上甲王其遘…从王受祐	3
二七〇五一	惟上甲史遘酚	3
二七〇五二	其遘上甲史酚	3
二七〇七六	…其有从歲自上甲遘翌	3
二七〇八一	乙丑卜何貞王賓匚乙祭不遘…	3
二七一七〇	…旬衣遘…小甲翌…	3
二七二二七	…于祖乙…其遘有…歲王受…	3
二七二八二	乙酉卜何貞祖丁祰其遘于日	3
二七八二四	…用遘雚…有正	3
二七八二五	…雚其遘…	3
三三二一六	癸亥卜遘酚圍伐于大乙	4
三四〇八三	乙未貞大禦其遘翌日	4
三四〇八三	乙未貞大禦弜遘翌日其興	4
三四二九九	…有𠂇歲遘…	4
三四三〇〇	…王有𠂇歲…其遘翌日　茲用	4
三四三一五	…子卜其遘有歲于…	4
三四三二九	乙巳…酚遘…萑歲…五窂…卯十…	4
三四五三三	庚申貞酚大禦燎其遘	4
三四六一三	丁未貞𠂇歲惟祭遘	4
三四六一三	…𠂇歲于彡遘	4
三四六一四	…貞…歲于…遘	4
三四六一四	丁未貞𠂇歲于祭遘	4
三四六一四	乙巳貞𠂇歲惟彡遘	4
三四六一五	丁未貞𠂇歲于彡遘	4
三四六一五	丁未貞从歲于祭遘	4
三四六一六	…𠂇歲于彡遘	4

三四六一六　丁未貞乍歲惟祭遘　4

三五四九七　：夕遘大乙彡：　5

三六二〇三　：王卜貞田𩫖：無災王占曰吉：夕遘
大丁奭妣戊翌日：　5

三六四八二　甲午王卜貞作余酌朕奉酌余步比侯喜
征人方二𢦏示受有祐不𢀛戩占告于大邑
商無：在畎王占曰吉在九月遘上甲𩛥惟
十祀　5

三六五一一　丁卯王卜貞今占巫九咎余其比多田：多
伯征盂方伯炎惟衣翌日步：左自上下
于𠦪示余受有祐不𢀛戩：于茲大邑商
無𢦏在畎：弘吉在十月遘大丁翌　5

三六五三〇　己酉王卜貞余征三封方惟𢦏令邑弗
悔不無：在大邑商王占曰大吉在九
月遘上甲：五牛　5

三七八五二　：亥王：貞自今春至：翌人方不大
出王占曰吉在二月遘祖乙彡惟九祀　5

三八二四三　辛酉王卜貞：𩛥嘉王占曰大吉：九
月遘祖辛𪓐：　5

屯二八三　：遘：大乙：　4

屯一〇九一　癸巳貞：歲于：至于多毓其遘翌　4
：　4

屯二一一〇　甲寅貞伊歲遘匸丁日　4

屯二一一〇　甲寅貞伊歲遘大丁日　4

英一九〇六　丁未子卜祟豕惟今日祟遘豕遘　1

英一九二三　癸丑卜王曰貞翌甲寅乞酌𠭯自上甲
衣至于毓余一人無占茲一品祀在九
月遘示癸𩛥彘　2

一三三五三　：益：不遘風　1

三八一八六　壬寅卜貞今日王其田𩫖不遘大風　5

二八五五四　其遘大風　吉　3

二八五五四　王其田遘大風　大吉　3

二八五五五　：遘大風　3

二八五五六　今日辛王其田不遘大風　大：　3

二八五五八　其遘大風　3

二八五五九　：田其遘大風　3

二八九七二　其遘大風　3

二八九七二　：遘小風　3

二八九七二　不遘小風　3

二九二三四　王往田湄日不遘大風　大吉　3

二九二三六　王往田湄日不遘大風　3

三〇二三五　不遘大風　3

三〇二三五　其遘大風　3

三〇二三六　其遘大風　3

三〇二三七　不遘大風　3

三〇二三八　其遘大風　3

三〇二三八　其遘：風　3

三〇二三九　不遘大風　3

三〇二四〇　其遘大風　3

三〇二四一　其遘大風　3

三八一八六　其遘大風　5

三八一八六　其遘大風　5

三八一八七　其遘大風　5

三八一八八　其遘大風　5

三八一八八　不遘風　5

三八一八九　辛丑卜貞今日王：不遘大風茲：　5

懷一四一七　王不遘大風　3

懷一四一七　其遘大風　3

一九七二　：酌匸于丁不遘雨　1

三二五〇　丙子卜貞多子其延學疫不遘大雨　1

五三四九　庚子卜爭貞王凡其遘之日凡遘雨五月　1

一二二五五　：貞：其：遘雨　1

一二五四九　貞其遘雨四月　1

一二五五〇　貞其遘雨四：　1

一二五七〇　丙寅卜允貞翌日卯王其爻不遘雨　1

一二五七〇　貞其遘雨五月　1

一二五七一　貞其遘：　1

一二五七一　貞不遘雨　1

一二五七二　：酌奉于河不遘雨　1

一二五七三　：遘雨克衣五月　1

一二五九五　貞：翌乙丑：妣己其不遘雨乙丑：　1

一二六一〇　貞其遘雨八月　1

一二六一一　戊子：貞今日其庸不遘雨八月　1

一二七〇六　：遘大雨　1

一二七三二　貞其遘雨　1

一二七三三　貞其遘雨在宮　1

一二七三四　貞其遘雨　1

一二七三五　貞其遘雨　1

一二七三六正　貞其遘雨　1

一二七三七　：遘雨　1

一二七三八　：卜：勿見：遘雨：克：　1

一二七四〇　：日：不：祝：遘雨　1

一二七四二　：不遘雨　1

一二九三八 ：遘雨：日允雨 1
一五八三三 丙子卜：貞王往：夕禱：遘雨 1
二〇〇六正 其遘雨 1
二四八七八 ：卜：貞人見其遘雨克：五月 2
二四八七九 ：酉卜逐貞王賓歲不遘大雨 2
二四八七九 貞其遘大雨 2
二四八八〇 ：辰卜祝：今日延：遘大雨 2
二四八八一 貞其遘雨之： 2
二四八八二 貞其遘雨一月 2
二四八八二 甲午卜：貞翌乙：不遘雨 2
二四八八三 乙卯卜出貞王賓龠不遘雨 2
二四八八五 壬寅卜：貞告歲不遘雨 2
二四八八六 ：卜喜：翌辛亥：旬衣：遘雨 2
二四八八八 貞不遘雨 2
二四八九〇 ：貞不遘雨 2
二四八九一 ：酉卜：貞今日不遘雨 2
二四八九五 貞衣入不遘雨 2
二六〇四二 ：卜喜：翌辛亥：旬衣：遘雨 2
二六九〇〇 ：遘雨 3
二七〇〇〇 王其各于大乙乂伐不遘雨 吉 茲用不雨 3
二七〇〇七 其遘雨 3
二七〇六四 癸巳卜何貞王：上甲薙禱：遘雨 3
二七一〇二 大乙歲：其饗：遘雨 吉 3
二七一四六 己巳卜狄貞其遘雨 3
二七一四六 己巳卜狄貞其田不遘雨 3
二七一五二 乙亥卜何貞賓唐觀不遘雨七月 吉 3
二七一五三 乙卯卜何貞王乂歲不賓遘雨 3
二七三三一反 辛：卜王：不遘雨 3
三七六六九 其遘雨 5
二七七八二 ：卜翌日戊王其省喪：遘雨 3
二七八三〇 貞王𠬝惟吉不遘雨 3
二七八三二 己亥卜何貞𠬝惟吉不遘雨 3
二七八五四 ：卜何貞：惟吉：遘雨 3
二七八五四 ：卜何：遘雨 3
二七八六一 ：𠬝惟吉：往于夕禱允不遘雨四月 3
二七八六一 丙寅卜㲋貞王往于夕禱不遘雨𠬝惟吉 3
二七八六二 貞王往于夕禱不遘雨𠬝惟吉 3
二七八六二 丁卯卜何貞王往于夕禱不遘雨允衣不遘： 3
二七八六三 己巳卜何貞王往于日不遘雨𠬝惟吉允雨不遘四月 3

二七八六三 ：允不遘雨四月 3
二七八六四 ：何貞：往于夕：遘雨 3
二七八六四 ：不遘雨往于夕禱允不遘雨四月 3
二七八六六 丁卯卜㲋貞王往于卜不遘雨 3
二七八六六 丁卯卜何貞王𠬝惟吉不遘雨 3
二七八六七 戊午卜何貞王往于日不遘雨𠬝惟吉 3
二七八七三 ：卜何：往于：遘雨 3
二七八七四 ：往于：不遘雨 3
二七九二八 貞不遘雨 3
二七九五〇 貞馬弜先其遘雨 3
二八一二〇 王衣入不遘雨 吉 3
二八三四七 王其田斿不遘大雨 3
二八四九一 乙丑卜狄貞今日乙王其田湄日無災不遘大雨 大吉 3
二八五一二 ：王其田湄日無災不遘雨 吉 茲用 3
二八五一三 王其田湄日不遘雨 3
二八五一三 ：遘雨 3
二八五一四 其遘大雨 3
二八五一四 戊王其田湄日不遘大雨 3
二八五一五 ：不遘大雨 3
二八五一六 壬王其田湄：不遘大雨 3
二八五三二 其遘雨 3
二八五三三 王其田不遘雨 3
二八五三三 其遘雨 3
二八五三四 其遘雨 3
二八五三四 王其田不遘雨 3
二八五三五 ：卜今日戊王其田不遘雨茲允不： 3
二八五三六 ：遘雨：巳擒 3
二八五三六 戊王其田不遘雨 3
二八五三七 ：翌日戊王其田不遘雨 3
二八五三九 其遘雨 3
二八五三九 今日辛王其田不遘雨 3
二八五四〇 惟今日田辛不遘雨 3
二八五四一 ：日王其田至：不遘雨 3
二八五四二 ：遘雨 3
二八五四三 其遘大雨 3
二八五四三 不遘小雨 3
二八五四四 其遘大雨 3
二八五四五 ：今日壬王其田不遘大雨 大吉 3
二八五四六 丁至庚其遘小雨 吉 茲用 小雨 3
二八五四六 丁至庚不遘小雨 大吉 3
二八五四七 不遘小雨 3

二八五五七	…田不遘大風雨	3
二八五七四	…其田執不遘雨	3
二八五七六	不遘雨	3
二八六二五	王其省田不遘大雨	3
二八六三三	于辛省田無災不遘大雨	3
二八六四五	王惟田…湄日無災不遘大雨	3
二八六八〇	壬王弜田其悔其遘大雨	3
二八七〇一	其遘雨	3
二八九〇二	其遘雨	3
二八九一九	其遘大雨	3
二八九七三	…莫不遘大雨	3
二八九九二	惟喪田省遘雨　吉	3
二八九九二	不遘雨　吉	3
二八九九三	…王其…田…入無…不遘大雨	3
二九〇八四	丁丑卜狄貞王田不遘雨	3
二九〇八四	丁丑卜狄貞其遘雨	3
二九一〇五	其遘雨	3
二九一四二	不遘雨	3
二九一五七	辛亥卜王其省田惟宮不遘雨	3
二九一五七	惟孟田省不遘大雨	3
二九一五七	惟宮田省湄無災不遘大雨	3
二九一六五	其遘大雨	3
二九一七三	惟宮田省不遘大雨	3
二九二四八	王惟宋田不遘雨　吉	3
二九二九八	其遘大雨	3
二九二九八	戊王其田虞不遘小雨	3
二九三三五	翌日辛王其田不遘雨	3
二九三三五	不遘雨	3
二九三五二	…田襄湄日無災不遘雨　大吉	3
二九三七七	惟師田省不遘雨　大吉	3
三〇〇八九	貞其乘遘	3
三三四四八	不遘雨	4
三三四五六	其遘雨	4
三三四五六	戊辰王其田…至庚不遘雨	4
三三五一三	遘雨	4
三三五一三	王其田不遘雨	4
三三五三三	…日無災不遘雨	4
三三九一三	…其不遘雨	4
三三九二二	其遘雨	4
三三九二三	其遘雨	4
三三九二四	…遘雨	4
三三九二五	弜已遘雨	4
三三九二六	于來…遘雨	4

三三九二七	不遘雨	4
三三九二八	貞王…遘雨	4
三三九二九	不遘雨	4
三三九三〇	不遘雨	4
三三九三一	不遘雨	4
三三九三二	不遘雨	4
三三九三三	不遘雨	4
三三九三四	不遘雨	4
三三九三五	不遘…	4
三三九三六	不遘雨	4
三三九三七	不遘雨	4
三三九三八	不遘雨	4
三三九三九	不遘雨	4
三三九四〇	不遘雨	4
三三九四一	不遘雨	4
三四一五二	甲辰貞祖歲不遘雨	4
三四一七六	…往…遘…雨	4
三四二〇八	岳燎不遘雨	4
三四二一三	岳燎不遘雨	4
三四五三三	庚申貞今來甲子酌王不遘雨	4
三六五五二	…其遘大雨	5
三六七三九	丁巳卜貞今…王其迍于喪不遘雨	5
三七六一七	遘雨	5
三七六四五	戊辰卜貞今日王田洮不遘大雨	5
三七六四五	其遘大雨	5
三七六四六	戊辰卜在敦貞王田洮不遘大雨茲 御在九月	5
三七六四七	戊辰卜貞今日王田敦不遘雨	5
三七六四七	其遘雨	5
三七六七一	壬午卜今日王田𦎫不遘雨	5
三七七一四	戊辰卜貞今日王田𦎫湄日不遘雨	5
三七七一四	其遘雨	5
三七七二七	戊申卜貞王田磬不遘雨茲御	5
三七七二八	其遘雨	5
三七七二八	辛亥卜貞今日王田𦎫湄日不遘雨	5
三七七四二	戊申卜貞今日王田羌不遘雨茲御	5
三七七七七	其遘大雨	5
三七七八六	…戊卜貞…其田滿…遘雨	5
三七七九五	其遘雨	5
三八一六九	其遘雨茲御小雨	5
三八一七〇	其遘小雨	5
三八一七一	其遘大雨	5
三八一七二	貞翌日戊王不遘大雨	5

著錄	釋文	期
三八一七四	：遘：雨	5
三八一七五	：遘：雨	5
三八一七六	其遘：雨	5
三八一七七	丙子卜貞翌日丁丑王其遘旅延迭不	5
	遘大雨茲御	5
三八一七八	甲辰卜貞翌日乙王其賓圂于敦衣不	5
	遘雨	5
三八一八七	：虫：師：遘大雨	5
屯 四二	弜田其遘大雨	3
屯 二三五八	丁酉卜王其埶田不遘雨大吉茲允	3
	不雨	3
英一九三三	丙子卜行貞翌丁丑翌于大丁不遘	2
	雨在三月	2
英二〇八六	：不：遘雨：不遘	2
英二三三九	其遘雨	3
英二三四〇	其遘雨	3
英二三四一	其遘雨	3
英二三四三	：遘小雨	3
英二五五六	不遘大雨	5
英二五六六	其遘大雨	5
英二五六七	：寅卜貞：日戊王：虁不遘大雨	5
懷一〇九四	貞其遘雨五月	2
懷一四四四	于壬不遘雨	3
懷一四一六	：不遘雨	3
懷一六〇四	乙丑卜彭𠦪于祖乙遘雨	4
懷一六〇五	不遘雨	4

其它

著錄	釋文	期
一一	貞遘	1
一五八	遘獲	1
一七四	戊午卜殻貞令戊弋沚其遘…	1
四九三正	戊戌卜穷貞牧匄人令遘以𡚸	1
五六九	貞遘[illegible]	1
一〇二五	遘以人	1
一〇七六甲正	貞遘暨永獲鹿 小告 允獲	1
一〇七六乙正	貞遘暨永不其獲鹿	1
三三七一	己未卜：遘：侯…	1
三六八五	：亥：穷：言：遘…	1
三九四〇	：[illegible]：遘	1
四〇七三	貞：令遘九月	1
四三一九	丙寅卜[illegible]弗其遘…	1
四三六六	貞令：𡧊遘：亩：𡧊侯比[illegible]…	1
四五一九	言無遘	1
四五一九	辛巳卜內言其有遘	1
四五二〇	：貞言：無遘	1
四八八八	辛亥卜古貞令遘以：槊方于陟：鑿	1
四八八九	貞令遘以文取大任亞	1
四八九〇	令遘	1
四八九一	呼遘𢀛望舌	1
四八九一	：遘𢀛望舌 二告	1
四八九二	貞勿呼遘見捍	1
四八九三	貞勿呼遘	1
四八九四	乙亥卜王：遘十一月弗…	1
四八九五	乙亥卜：遘弗…	1
四九三七	庚辰卜內貞𠂇無遘	1
四九三八	：𠂇無遘	1
四九三八	：遘	1
四九三九	：卜穷：𠂇無遘	1
五〇八七	：遘：八月	1
五一七四	貞翌乙亥王勿衣入遘	1
五七〇八正	乙亥卜貞令多馬亞𢓊遘𩂣省陵亩	1
五七一二	：卜穷貞：遘以多馬衛[illegible]	1
五九二九	貞遘不執	1
五九三〇	貞王固曰遘勿執	1
五九七二	：大：其遘[illegible]辛至…	1
六〇四五	貞勿令遘途伇	1
六六〇〇	：弗其遘羌	1
六六〇一	：遘羌	1
七〇二九	巛遘…	1
八九六四	戊戌卜貞令𦔻以有友馬衛…	1
九七七四正	癸丑卜殻貞遘受年二月	1
九七七四正	貞遘不其受年	1
一〇三四五正	丙申卜爭貞王其逐麋遘	1
一三六五八反	王固曰余勿遘若茲卜不其隹…有祟…	1
一五一三七	：古貞：遘以：槊于…	1
一四六二九	：卜允：王其：河新：不遘…	1
一五六七三	丁未：殻：遘…	1
一五九九三	：卜爭：不遘：庸…	1
一六三一一	：卜史貞：不遘吉二月	1
一六三七九正	：未：貞乞：遘若	1
一七二一三	無災遘	1
一七六八一正	丙午卜：王固曰：遘若	1
一七六八二正	：曰吉：遘…	1
一八八一三	貞：遘…	1
一八八五一	庚午卜爭貞令翌比遘	1
一九五四五	貞不其遘	1

著錄號	釋文	期
一九五四六	……卯卜……貞不其遘	1
一九五四七	丙寅……弗其遘	1
一九五四九	……𠭯貞……𢦏……其遘二月	1
一九五五〇	……宁……惟遘	1
一九五五一	……無遘 二告	1
一九五五二	……貞言無遘	1
一九五五三	……日……遘……血……	1
一九六〇四	……日……其遘	1
二〇二二二	庚申卜令缶豕遘……	1
二〇四一三	丁巳卜匿其見方弗遘戊	1
二〇四四九	壬寅卜㞢缶比方執四日丙午不獲方允 遘不獲	1
二〇七五七	辛丑卜……狩玖其遘……	1
二〇七五七	庚子卜狩玖不遘日	1
二〇八三七	壬寅卜㞢缶……四日丙午遘……	1
二三三五四	……貞王……尤……遘……	2
二三六三八	癸酉卜旅貞翌甲戌……遘……又……	2
二三六七一	辛未卜行貞其呼永行有遘	2
二三六七一	貞無遘	2
二四二三八	乙酉卜行貞王步自遘于大無災在十二月	2
二四五〇二	庚午卜王曰貞翌辛未其田往來無災不遘 囚茲用	2
二四六三五	……遘……六月	2
二四六八三	丙……大……庸……遘……	2
二四八八七	乙……貞王……不遘……之一……允……	2
二六八六八	丁酉……曰貞……遘……	2
二七一〇二	其遘……	3
二七二三〇	辛未卜祝祖乙……惟其遘……大吉	3
二七六八三	……狄……其遘	3
二七六八四	……卜狄……其……師不遘	3
二七七〇六	……卜口……卯翌……遘……五月	3
二七七七〇	……于之廼遘	3
二七七七五	辛巳卜何貞王往于日……遘……	3
二七八五八	……巳卜……王𡧊……不遘……	3
二七八七五	貞王於不遘	3
二七九四一	……不遘……	3
二七九四九	今日辛亥馬其先不遘大……	3
二八一三四	惟乙亥遘𦍧	3
二八一三五	惟𦍧遘王受祐	3
二八三〇〇	遘有虎	3
二八三〇四	遘……豕	3
二八三一五	乙未卜王往希狐从……遘	3

著錄號	釋文	期
二八三三五	……𢀛……遘有鹿	3
二八三三七正	……辛廼田……遘有鹿	3
二八三三七正	弗遘	3
二八五一八	……日戊王其田湄日不遘大……	3
二八五四三	丁巳卜翌日戊王其田不遘大……	3
二八五五五	……翌日辛王其田不遘……吉	3
二八五七〇	王其田穢不遘……	3
二八六八一	乙未……貞王……衣入……遘……	3
三二九九四	丙申卜王令遘以多馬	4
三二九九七	辛未貞遘以新射于斷	4
三三〇四一	弗遘	4
三三〇四一	己……出𠭯于翌𢀛遘……	4
三三三五一	貞今秋禾不遘大水	4
三三五七三	……翌日戊王惟𡚤……災不遘……	4
三三九三〇	不遘……	4
三五三四〇	癸巳貞其遘……	4
三五三四一反	……甲遘……	4
三六六三〇	……未卜在𦎫貞王步于……不遘……	5
三七六六九	戊戌……不遘……	5
三七七三三	戊午卜貞……田牢不遘……	5
三七七七七	辛酉卜貞今日王其田𡿧不遘大……	5
三八一九八	辛卯……今日王其……不遘……	5
屯一〇六六	丁亥貞……令遘取㠯……方	4
屯一〇八二	……令遘取㠯……	4
屯二四四二	其遘䰠日	3
屯二七一八	遘在行	3
英四一二	……卜爭……遘……	1
英四一二	……貞……遘……	1
英四八四正	……卜爭貞……王固……遘若茲……申	1
英九二一	有𡹪 ……爭言……遘……無……	1
英二二七七	……王不遘……	3
懷三〇六	……遘……獲犬……	1
懷五〇五	……卜何貞……之日……遘……	1
懷六四二	……其有遘……無遘……	1
懷七二五	貞其遘……七月	1
懷七三三	丙寅……其遘……	1
懷九五九	丙午卜㱿貞呼師往見有師王……曰惟 老惟人途遘若……卜惟其旬二旬又 八日𢀛壬……師夕䰠	1
懷九五九b	王固曰惟老惟人途遘……茲卜惟其 旬	1
懷一〇九五	乙……卜……貞王……惟……不遘……	2
懷二一四八	貞不其遘犬十一月	2

万 丙

一九八九三	：禦用宰：惟在万	1
二〇八二四	辛未卜万	1
二一〇五二	癸酉卜貞万吅骨凡有疒十二月	1
二一二三二	辛酉卜惟：万奏一月	1
二二〇三六	：万：	1
二四五五一	丁卯卜：貞入亥凡于妣?亥若	2
二七四六八	丁丑卜狄貞万于父甲	3
二八〇〇七	惟多万 大吉	3
二八一二二	：卜万其𣪊至凡王弗悔 大吉 茲 用	3
二八一八〇	惟万𩅦盂田有雨 吉	3
二八三八三	其以万不悔	3
二八四二一	：万呼：有：雨	3
二八四六一	万𣕁	3
二八六八六	王惟万以無災	3
二九一六三	其呼万：	3
二九三九七	：王其田以万湄日無災 吉 茲用	3
二九六九〇	：万其攸： 吉	3
三〇〇二八	惟万呼舞有大雨	3
三〇一三一	万其奏辛邁大雨	3
三〇二九三	从川万門有正	3
三〇三五四	惟門万用祖丁必 吉	3
三一〇一八	万其攸庸丩惟： 吉	3
三一〇二二	万惟美奏有正	3
三一〇二五	：王其呼万奏：	3
三一〇三二	王其呼万𩅦于： 吉	3
三一〇三三	惟万舞 大吉	3
三一七〇八	惟万	3
三一七〇八	弜万 茲用	3
屯二四九	弜以万	3
屯八二五	万舞其：	3
屯二二五六	王其田以万弗悔 吉	3
屯二二五六	弜以万 吉	3
屯四〇九三	：未卜其：多万：父庚	3
英一九九九	丙：多万：入文若	2
三六七五四	乙卯：貞王：我亏：	5
懷一三七九	于北方亏南饗	3

方

参 269頁
参 460頁
参 34頁
参 116頁
参 677頁
参 1081頁
参 331頁
参 1137頁
参 903頁
参 624頁
参 443頁
参 819頁
参 503頁
参 850頁
参 126頁
参 635頁
参 1103頁
参 1264頁
参 41頁
参 604頁
参 1105頁
参 175頁

方

字形	參	頁
[甲骨文]方	參[甲骨文]	196 204頁
[甲骨文]方	參[甲骨文]	1279頁
[甲骨文]方	參[甲骨文]	958 964頁
[甲骨文]方	參[甲骨文]	957頁
[甲骨文]方	參[甲骨文]	1頁
[甲骨文]方	參[甲骨文]	1028 1031頁
[甲骨文]方	參[甲骨文]	513頁
[甲骨文]方	參[甲骨文]	640頁
[甲骨文]方	參[甲骨文]	84頁
[甲骨文]方	參[甲骨文]	503頁
[甲骨文]方	參[甲骨文]	1144頁
[甲骨文]方	參[甲骨文]	1229頁
[甲骨文]方	參[甲骨文]	959頁
[甲骨文]方	參[甲骨文]	1278頁
[甲骨文]方	參[甲骨文]	369頁
[甲骨文]方	參[甲骨文]	350 352頁
[甲骨文]方	參[甲骨文]	353頁
[甲骨文]方	參[甲骨文]	975頁

某方

五六二二 …貞翌…令𠂤…子方…友戴王事 1

五九四九 …我王…祀…執白𢀛…乙亥山…曰𢀛… 1

八三九七 貞惟黃令戈方二月 1
八四一一 貞𢀛方不其𠳋 二告 1
二〇二四九 …寅卜…令人方 1
二〇三九七 …亥卜王令…𢀛方𠂤… 1
二一〇九九 辛丑卜𡆥𢓊方人 1
二八〇〇〇 戊興伐知方食… 3
二八〇〇二 癸酉卜暊貞其歸…方于…不… 3
三二一〇三 其𢦏𠂤…汕方 4
三三一七九 …洹方 4
三三一八〇 …夕生亘方 4
三三一八五 …盧方… 4
三三一八九 己丑其𢓊方惟今來丁 4
三三一八九 癸未卜龍來以𢓊方…茲用乙酉𨗨… 4
三三一九〇 己丑卜其𢓊方惟今來丁… 4
三三一九三 壬午貞癸未王令木方止 4
三六四八二 甲午王卜貞作余酢朕𠦪酢余步比侯喜征人方二𡧊示受有祐不𠳋𢦏囚告于大邑商無…在畎王囚曰吉在九月遘上甲𠦪惟十祀
三六四八三 甲午王卜貞作余酢…余步比侯喜征人方 5
三六四八四 癸卯卜黃貞旬無畎在正月王來征人方在攸侯喜鄙永 5
三六四八九 …亥王卜貞旬無畎…一月甲子酢妹工典其…𦎫𠂤王征人方 5
三六四九五 癸卯卜貞王旬無畎在五月在𦎫…惟王來征人方 5
三六五二八反 乙丑王卜貞今囚巫九备余無𢦏…告侯田冊𢦏方羌方羞方庚方余其比侯田甾戔四封方 5
三六九七一 …貞今日王…歙美剛方 5
三七八五二 …亥王…貞自今春至…翌人方不大出王囚曰吉在二月遘祖乙彡惟九祀 5
屯七七六 …于貞王令𠂤…人出旅方 4
屯九一八 貞王令旁方執 4
屯二七〇一 癸酉卜旅从𠂤方于…大吉 3

三方

二八二三九 其𠦪…四方惟…豚 3
三〇三九四 辛卯卜𠨘彡酢其侑于四方 3
三四一四四 庚戌卜寧于四方其五犬 4
屯四九三 …寧疾于四方 4
屯九三二 …酉貞四方有羌…衆 4
屯一〇五九 壬辰卜其寧疾于四方三羌侑九犬 4

乇三六一　：卜侑四方：　4
懷一六四五　：四方其：用乙卯　4

二六四正　貞勿方帝　1
四一八正　貞方帝一羌二犬卯一牛　1
四一八正　貞勿方帝　二告　1
四五六反　方帝　1
四五六反　勿方帝　1
四七八正　方帝羌卯牛　1
四七八正　勿方帝　1
五〇五正　勿方帝　1
一一四〇正　戊申卜殼貞方帝燎：于：：卯：上甲　1
二三三四　勿方帝　1
二三三四　方帝　1
六七三五　：循方帝：　1
六七三六　：今𡆥王循方帝：我祐　1
一一〇一八正　燎于土宰方帝　二告　1
一二八五五　：午卜方帝三豕又犬卯于土宰奉雨　1
一四二九八　：卜爭：翌乙亥方帝十犬　1
一四二九九　：今丁酉夕：犬方帝　1
一四三〇〇　貞方帝卯一牛有𣪘　1
一四三〇一　乙亥卜貞方帝一豕一犬二羊：二月　1
一四三〇二　貞方帝　1
一四三〇三　貞方帝　1
一四三〇三　方帝　1
一四三〇四　壬午卜：方帝：　1
一四三〇七　勿方帝　1
一四三〇七　方帝　1
一四三〇八　勿方帝　1
一四三〇八　方帝　1
一四三一〇　貞方帝　1
一四三七〇甲　貞勿方帝　1
一四三七〇丙　：申卜貞方禘𡨄摧九月　1
一四四七〇正　貞方帝𨑒彭岳　1
一四四七〇正　勿方帝　1
三三二一二　甲寅卜其帝方一羌一牛九犬　4
三四一五九　方帝　4
三四六一五　：方帝　4
三四九九一　方帝　4

二八〇八六　壬戌卜王其尋二方伯　大吉　3
二八〇八六　王其尋二方伯于𠂤辟　3
二八〇八七　貞王其尋𠭁方伯𥁕于之若　3

二八〇九七　：方伯其𠭁于：　吉　3
三八七五八　：方伯：祖乙戌：　5
三八七五九　方伯用：　5

六四　辛巳：𠳋貞：喪衆：受方祐　1
一三二四　：方唐受：　1
八六四三　：方其受有祐　1
八六四四　癸巳卜方其受祐五月　1
八六四四　方不受：　1
八六四六　：子卜貞方其受：　1
八六四七　：方受有祐　1
九八一四　：方受有祐：受年十三月　1
二〇六〇八　己丑卜王貞惟方其受𠂤祐　1
二〇六一六　：卜受方祐　1
二〇六一六　：卜弗受方：　1
二八二四四　其𠦪年于方受年　3
乇五七一　：方受：
懷四二五　辛：方：受：　1

六八〇三　貞：方于：　1
八六七七　：旬：于方：畀　1
二〇四七〇　：于小方　1
二八〇一一　壬戌卜貞亞𢦏从受于方　3
二八二四四　于方雨兮尋𠦪年　3
二四八九二　乙巳卜中貞于方非人皿雨　2
三〇二六〇　癸未卜其寧風于方有雨　3
三〇三九五　：侑于方有大雨　3

六六六八正　貞無來艱自方　1
六六六八正　貞無來艱自方　1
六六六八正　貞旬無來艱自方　1
六六七一　乙亥卜允貞自方：　1
八六五六正　庚子卜貞曰侯𠬝出自方　小告　1
八六五六正　庚子卜貞呼侯徙出自方　1
八七六七　甲：唐：方自西來　1
二四一四八　貞其自方有：　2
二四一四九　壬午卜出貞今日無來艱自方　2
二四一五〇　貞其有來艱自方　2
二四一五一　：來艱自方　2
二四一五二　貞其自方有：　2

屯二三〇一　方不往自𠂤山　大吉　3

六八六　御方于河妻　1
四八八八　辛亥卜古貞令遘以…御方于陟…鑿　1
六七五九　…舂𢽎馬…以御方　1
六七六〇　…御方　1
六七六一　…寅卜㱿貞令多馬羌御方　二告　1
六八〇〇　貞遘于御方　1
六八〇一　…卜貞…工御方五月　1
二〇四五〇　壬午卜𠂤貞王令多冒御方于…　1
二〇四五〇　壬午卜…呼御方于商　1
二〇四五一　己卯卜王令御方　1
二〇四五二　乙丑…御方　1
二八〇一三　其呼戍御方及　3
三三二六〇　丁丑卜…御方　4
英六二〇　余勿呼御方　1
懷一五〇一　己亥卜𢀛…御方十月　4

一二六四　苯方于大乙　1
一九六二　貞苯方于丁　1
一二六八四　…用兹…我苯方…从雨　1
一四四三〇　丙子…貞苯…方于岳　1
二七九八三　貞…𦍒…方…苯…　3
三〇三九七　苯方惟癸酌有雨　3

四〇五八　…卜爭貞翌辛巳呼𠂤酌燎于方…　1
二八〇〇三　弜宣方燎　3
二八一一一　其方𤎽亳土燎惟牛　3
二八六二八　方燎惟庚酌有大雨　大吉　3
三〇一七一　㞢燎其方有大雨　3

七九九　癸酉卜王貞自今癸酉至于乙酉邑人　1
　　　　其覘方印不其覘方執一月　1
六七四〇正　辛巳卜古貞呼覘方六月　1
六七四一　…寅…勿…覘方　二告　1
六七四二　丁未卜貞令立覘方一月　1
六七四三　…覘方于𠂤　1
七〇〇一　見何方　1
二〇四一三　丁巳卜臣其見方弗遘戊　1

二〇四一七　丙辰卜叀其見方二月　1
二〇四九一　允無…不見…方　1

六五一　乙巳卜爭貞告方出于祖乙于大…　1
六六七二　己酉卜㱿貞有來告方征于尋禱夕告于丁　1
六六七三　庚寅卜今生一月方其亦有告　1
六六七四　方其亦有告　1
八六八三　大告方　1
八七二四　貞方告于東西　1
八七二四　貞方告于東西　1
三二六七八　己亥卜告方…于父丁　4
三三〇五二　甲申于河告方來　4
三三〇五三　于大示告方　4
三三〇五五　丙子卜其告方來于丁一牛　4
三三〇五六正　…告方于丁　4
三三〇六〇　…丑貞來令…告方　4
屯六三　壬辰于大示告方　4
屯二三一　庚戌卜惟今夕告方　4
屯二四三　甲申卜于大示告方來　4
屯二六七八　戊申卜告方于河　4
懷三三　…卜貞翌…丑告…方…下乙牛　1
懷九四二　…告…方…　1
懷一五八二　庚子卜告方彈　4

二〇四六四　甲午卜𢦏今去𢀛崇方　1
二〇四六五　…崇方　1
二〇四六六　己亥卜王崇方我　1
六七六七　丙寅卜㱿貞勿曰崇方我　1
六七六七　貞勿曰崇方我　1
二〇四六九　丁酉卜王令𢦏崇方　1
二〇四七二　戊辰卜㣻呼𢀛崇小方我七月𢦏　1
屯六〇四　辛丑卜㞢今𠭯崇方　1

六七二六　…方其來王自…　1
六七二八　方其來于沚　1
六七二八　貞方其來于沚　二告　1
六七二八　方不其來　1
六七二九　戊子卜方其來　1
六七三〇　癸卯卜方不來五月　1
六七三一　…方不來…　1
八六八一　…辰卜…方來…余…　1

編號	釋文	期
八六九六	……惟其來方	1
二〇四八八	……方其來	1
二〇四八九	……辰卜王……方來……余……	1
二八〇一一	壬戌卜狄貞其有來方亞旋其禦王受有祐	3
三三九〇四	庚辰貞方來即使于犬延	4
三六四四三	甲……來方來……邑今夕弗震王師	5
屯一〇〇九	庚辰貞方來即事于犬延	4
屯三三〇一	方來降　吉	3
懷三九二	丙申卜爭貞方來不……	1

方至

編號	釋文	期
六七三二	……生九月方不至	1
八六三六	貞方不至于中方七月	1
八六四一	……穷……戠祟……方至于……	1
八九九七	……曰吉……方至九……八蠱……	1
一七一六八	貞于……方……至……涂……遘	1
一九七七七	庚午卜王方至今日	1
二〇四〇九	癸酉卜方至今不	1
二〇四一〇	乙巳卜今日方其至不	1
二〇四七〇	庚午卜不至方至	1
二〇四七七	戊申卜余令方至不	1
二〇四七八	丁亥卜余令曰方其至	1
二〇四七九	丁亥卜方至	1
二〇四八〇	辛酉卜王貞方其至今八月乙丑方……	1
二〇四八一	辛酉卜王貞方不至今八月	1
二〇四八三	庚子卜方至自今五……	1
二〇四八四	癸亥卜方至今日	1
二〇四八五	乙巳方至……	1
二〇四八六	戊寅卜方至不之日出曰方在雚嗇	1
二〇四八七	……貞……方……其至……	1
二〇八三八	……方于戊至	1
二八〇一〇	自卜三日癸己卯有來……二日庚辛有曰方至田	1
屯七二八	目方……至……吉	3
屯四〇三五	方其至于戍師	3
	方出至于兹……	3

方歸

編號	釋文	期
六七〇二	貞勿令方歸八月	1
六七六八正	貞勿令方歸　二告	1
六七六九正	貞勿令方歸八月	1
八六五七	辛未卜穷貞今日令方歸……月	1
八六五九	辛未卜貞惟翌癸酉令方歸	1

方出

編號	釋文	期
三〇	……方……出	1
六一〇九	貞……方不……出	1
六六八六正	貞方允其出从	1
六六八七	貞方不允出……	1
六六八八	貞方不允出从……	1
六六八九	丁巳卜令〓方其大出四月	1
六六九〇	……今〓方其大出	1
六六九〇	……今〓方不大出	1
六六九一	乙亥卜令〓方其大出	1
六六九二	丙戌卜令〓方其大出五月	1
六六九三	……〓方其大出　二告	1
六六九四	辛巳卜方其大出	1
六六九五	壬申卜方其大出	1
六六九六	戊午卜方其大出九月	1
六六九七	庚申卜方其大出	1
六六九七	方不大……	1
六六九八	癸……穷……方其大出	1
六七〇〇	甲寅……方其……出十月	1
六七〇二	丙子卜穷貞方其大出七月	1
六七〇二	貞方不大出	1
六七〇三	……方大出	1
六七〇四正	貞方不大出十三月	1
六七〇五	丁巳卜方不大出	1
六七〇八	丁亥卜令〓方其出	1
六七〇九	戊寅卜令〓方其出	1
六七一〇	壬寅卜令〓方其出	1
六七一一	癸丑卜貞方其出一月	1
六七一三	……巳卜貞方其出	1
六七一四	辛酉卜方不出	1
六七一五	辛卯卜……方其出……唐	1
六七一七	壬午卜殻貞曰方出于𠤗允其出十一月	1
六七一八	……方出尋……	1
六七一九	戊午卜方出其受侯祐　二告	1
六七二〇	……方出……	1
六七二二	丙寅……貞方……出	1
六七二三正	……方不出	1
六七二四	……貞……方……出	1
六七六八正	貞方不大出	1
六八〇四	貞……方出勿自見下上……	1
六八〇五	……爭……方出……	1
六八〇六	……方出……	1
七三〇八	……方不大出	1

一〇二三　甲午貞大方允出十二月　1
二八〇一一　壬戌卜狄貞有出方其以來奠　3
三三〇四六　方其出　4
三三〇四七　乙丑卜方出其奉　4
三三〇四八　…方不來出　4
三三〇四九　癸酉貞方大出立中于北土　4
三三〇五四　乙…方出…于大甲祖…羊　4
三三二四一　方其出　4
三三二四一　庚辰卜方不出　4
屯一三四一　方不其出于新…戌　3
英六三三　…方不大出　二告　1
懷三四五　…方其…出　1
懷九四三　…方…大出　1

二〇四四九　壬寅卜夬缶比方執四日丙午不獲方允　遘不獲　1
二七九七九　弜用義行弗遘方　3
二八〇一一　壬戌卜狄貞其遘方　3
二八〇一一　壬戌卜貞不遘方　3
二八〇一七　不遘方　3
二八七四五　…用遘方　3

七一〇　…宕貞王循…方受祐　1
八四六　…王…循方　1
八四七　貞王勿循方　1
六三九三　貞王循…方　1
六七三三正　…亥卜爭貞王循伐方…　1
六七三三反　…貞王循伐方受有…　1
六七三四　王循方帝陟王　1
六七三八　貞王勿循方　1
六七三八　貞王循方…　1
六七三九　貞勿循方　1
八五八三　…循方于…　1
一〇一〇四　戊寅卜亘貞王循方　1
英六二六正　貞王循方　1

八七〇六　…午卜宕…方由…追　1
二〇四五九　…辰卜夬…追方…及　1
二〇四六〇　戊戌卜夬步今日追方…　1
二〇四六一　…令匠追方　1
二〇四六二　…申卜王…追方　1
二〇四六三反　乙亥卜令虎追方　1
二八〇一四　…受其追方惟…　大吉　3

一四三三四　…及…方　1
二〇四五六　戊申…匠弗…及方…三月　1
二〇四五七　癸丑卜王貞戠其及方　1
二〇四五八　…卜王…追…叀弗其…獲征…弗及方　1
二〇四九三　…及方蜀　1
二八〇一一　壬戌卜狄貞及方　大吉　3
二八〇一三　戊弗及方　3
二八〇一五　及方　3
三三〇六二　乙丑…師及方　4
三三〇六二　弗及方　4
三三〇六三　弗及方允及　4
懷一六三一　…方及于示…　4
懷一四六六　惟大…用及方　3
懷一四六六　…及方　3

一三七反　…四日庚申亦有來嬉自北子鬳告曰昔甲辰方征于蚊俘人十又五人五日戊申方亦征俘人十又六人六月在…　1
一三七反　王固曰有祟有夢其有來嬉七日己丑允有來嬉自…戈化呼…方征于我…　1
一〇二一　…曰方征…啚獲五人　1
六三一一　貞勿呼征…方　1
六三一二　貞勿呼征…方　不吾黽　1
六三一五　…惟王征…方下上弗若…我其…祐　1
六六七六　壬申卜王方其啓…征八月　1
六六七七　…丑卜王方其征于商十月　1
六六七九　…方征我…　1
六六八〇　貞方不我征　1
六六八一　貞乙未方其征　1
六六八二　貞丁酉方其征　1
六六八三　貞方不亦征　1
六六八四　…方…征　1
六六八五　…卜方…征　1
六七四七　…今…奴…征…方　1
六七四八　乙…殻貞…獲征…方　1
六七四九　…酉卜…貞弜侑𢍰獲征方　1
六七五〇　…獲征方　1
六七五一　…獲征方　1

六七五二 癸亥卜惟眢其征方
六七五三 …取匈以有示…迺征方
六七七八正 癸卯卜穷貞旬無…方征于雍敽…
六八〇八 …今…王征…方
六八〇九 …卜貞…方…亦…征
六八一〇 …王出…征…方
二〇四〇八 壬申…自貞方其征今日…
二〇四〇八 癸酉卜自貞方其征今日夕
二〇四一〇 丙午卜方其征今日
二〇四一一 癸酉卜貞方其征今夕印不執余曰方其征允不…
二〇四一二 丁未…今日方征不
二〇四一二 丙申卜自今五日方衣不征衣
二〇四一二 壬申卜自今三日方不征不
二〇四一二 壬申卜日今五…方其征不
二〇四一二 …征方…
二〇四一三 庚申卜方其征今日不征
二〇四一四 辛酉卜方其征今日不
二〇四一四 方于癸征
二〇四一五 戊申卜方知自南其征印
二〇四一五 戊申卜方叫自南不其征印
二〇四一六 …卜方其征今屯雨
二〇四一七 乙…方…其…征…南…
二〇四一八 …王貞…諭令匕…丙午至于戊戌曰方其征…朕禦
二〇四一九 戊午卜自貞方其征今日不二月
二〇四一九 辛酉卜自貞方其征今日…風…
二〇四二〇 丁卯卜自貞方其征今日不
二〇四二一 壬申卜今日方征不昃雨自北
二〇四二二 乙巳卜今日方征不六月
二〇四二二 辛亥卜方征不
二〇四二三 壬午卜王貞畱曰方于甲午其正七…
二〇四二四 丁巳卜方其亦征
二〇四二五 戊子卜王…方其征
二〇四二六 庚子卜𠂤貞辛丑方不其征十二月
二〇四二七 …𩁹印弗征方…
二〇四二九 …貞…帚…方其征…北…
二〇四三〇 …五日…方征…
二〇四三四 方…征…
二〇四三五 …卜王貞…曰方…征
二〇四三六 戊寅卜亦方于己征
二〇四三七 方于…征
二〇四三八 …方…征
二〇四三九 …迺征方

二〇四四〇 …亥卜亦方征商…
二〇四四一 …今丁方征…
二〇四四四 壬寅卜匠于無征方戦二月
二〇四五一 丁巳卜王貞四卜呼比征方允獲
二〇四七三 丁丑卜…小方其征今八月不
二〇四七四 …卜小方…征…八月…
二〇四七五 丙子卜小方不其征
二〇六二四 己巳卜王方征
二〇九一八 壬寅卜方其征盟癸…
二一〇二一 今日方其征不征延雨自西北少
二八〇一六 其方…疾正
三二九三五 弜正方在…
三三〇九三 …酉貞王惟西方正
屯五九一 方其征于門
屯五九一 方不征于門
英六二五 貞方不征
英六二八 …今眢王…方…正…
懷一五〇四 戊戌卜亦缶中行征方九日丙午遘…

方戦

一五一正 貞𢦏正化戦方
六四六六 …子卜方…戦尸
六五七九 …子…弗…戦…方
六六五七 …爭貞我…戦…方
六七五八 …弗…戦…方
六七六四 戊戌卜㱿貞戊得方𢦏戦
六七七一正 貞方其戦我史
六七七一正 貞方弗戦我史
六七七一正 貞我史其戦方 二告
六七七一正 我史弗其戦方
六七七五 …未卜…貞方弗戦刊
六七七六 貞方弗戦我
六七七七 貞方…戦
六八一一 …卜㱿…方戦…惟王…
九四七二正 貞我史其戦方
九四七二正 貞我史弗其戦方
九四七二正 貞方其戦我史
九四七二正 貞方弗戦我史
二〇四四二 辛卯卜王貞𠂤其戦方
二〇四四三 己亥卜弜戦方
二〇四四五 …方戦
二〇四四六 …戦方
二四一五六正 貞射𠂤戦方
二四一五六正 貞射ㄓ戦方

著錄號	釋文	期
二六八八六	……及……方無災	3
二六九六二	惟馬……馭方戦	3
二七九七四	有商戦……方	3
二七九七八	……用戦方 吉	3
二八〇〇〇	……于方既食戍廼伐戦	3
二八〇〇六	……方……戦早……	3
二八〇七五	……桒……戦……方 大吉	3
屯 八七三	于……田霸伐……方擒戦不雉衆	3
屯 四四九	丙申卜王方戦𢀛	1
六八〇二	貞弗其伐……方	1
六八〇七	……貞……𢀛……受……方	1
六八〇七	……伐……方……	1
二〇〇〇九	……卜……辟即伐……方𢀛……祐	3
三三〇一三	庚戌犬延允伐方	4
三三〇五七	辛丑卜惟……月……伐方	4
三六三四六	己亥卜在徹貞王……亞其比𢀛伯伐……方不曹戦在十月又……	5
屯 四八五	……伐方……	
懷一六四一	辛巳卜惟生九月伐方八月	4
一三三七	貞……方……敦……	1
六七八三	癸亥卜王方其敦大邑	1
六七八四	貞方敦𠂤	1
六七八六	庚申……方……敦見何十一月	1
六七八七	……辰卜方……敦見何	1
六七八八	……辰卜曰方其敦見何允其敦	1
六七八九	貞方其敦見何	1
六七八九	壬辰卜方其敦見何	1
六七九〇	壬辰卜方弗敦見……	1
六七九一	……曰方……其敦	1
六七九二正	……卜永貞方其敦	1
六七九三	丙申卜方其敦	1
六七九五	……方惟敦	1
一一〇一八正	己巳卜爭貞方毋于敦	1
一一〇一八正	貞方毋勿于敦	1
二〇三九二	甲子卜王貞土方其敦呼	1
英 六二一	……弗敦……方	1

其它

著錄號	釋文	期
二五	丁卯卜貞望𢀛多方示𦎫作大……七月	1
三〇	……方其于……	1
八二	……戌卜……衆……方	1
九〇	……不……衆……方	1
一五一正	貞方其大即捍	1
二七一反	貞……方以羌自上甲用至……下乙	1
六三七	……爭……多……方……邑……	1
六八六	……巳卜……方……蔑……五月	1
一〇九八	……癸未……方于……係……馬二十丙又……一月 在鼻卜	1
二二七一	……于父乙方	1
三六六一	……卜穷……方其有……	1
四〇七七	方其	1
四三〇〇正	壬寅卜古貞方𤰔……	1
四三〇〇正	貞方𤰔其有……	1
四五九六	……穷貞麋告曰方由今春凡受有祐	1
四五九七	乙酉卜爭貞麋告曰方由今春凡受有 祐	1
四六〇七	貞惟𢼸令……方	1
五六三六	貞……方……惟……	1
五七六五	癸巳卜𢀛……王大……以射	1
六二八三	……方……祐	1
六三八八	貞方不……衛……	1
六五七五	……酉卜……伐……方	1
六五九六	貞……方其𢀛	1
六六六九	貞旬……來嬉……方	1
六六七〇	貞旬……來嬉……方	1
六七〇一	壬戌卜方其大……	1
六七〇七	……子方亦……	1
六七一二	……今𣎴方其……	1
六七二五	今𣎴方不……	1
六七四四	……丑卜……貞方惟聞	1
六七四五	癸卯……貞令……𢀛方無……	1
六七四六	貞方戋征嫰人	1
六七五四	辛亥卜貞毌其取方八月	1
六七五五	……弗取方	1
六七五六	壬子卜……令……途……方	1
六七六五	戊戌卜殻貞戉得方𢀛……	1
六七六六	……方𢀛	1
六七六八正	癸未卜穷貞令鳴暨方八月	1
六七六九正	癸未卜穷貞令鳴暨方	1
六七七〇正	……方畀我……五月	1
六七七三	……方……望……	1
六七七四	貞方……	1
六七七五	癸未卜貞方允其𢀛二月	1
六七八八	……方……𢀛……東……	1
六七九六	……辰卜穷貞方𢀛井方……	1

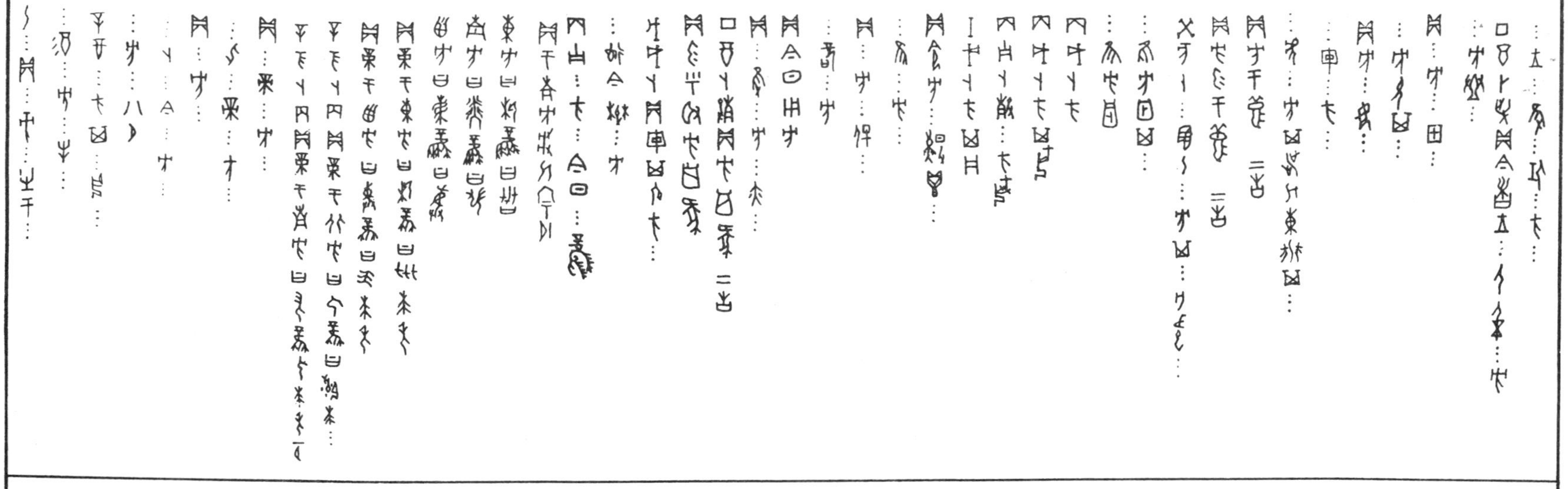

著錄號	釋文
六七九九	…王…獲…任…方…
七三一四	丁酉卜爭貞今𠂤王…人五千…方
七三三八	…方缴…
七三八二反	貞…方…上甲…
七三八八正	…方允其…
七六〇一	貞方…女…
七九九四	…毌…方…
八四〇九	…虎…方其涉河東兆其…
八六四八正	貞方于䖒　二告
八六四八正	貞方勿于䖒　二告
八六五二	癸亥卜…翌乙…方其…無巷…
八六五三正	…惟方囚其…
八六五三正	…惟方囚
八六五五	丙戌卜方
八六六〇	丙戌卜方其䏦
八六六一	丙子卜殻…方䏦
八六六二	壬戌卜方其凡
八六七五	貞令方…𡘋邑…
八六九〇	…惟…方…
八六九二正	貞…方…保…
八六九三	…𠶷…方
八六九九	貞今日用方
八七一〇	貞…獲…方…亦…
八七九六正	丁酉卜殻貞方囚馬　二告
八七九六正	貞勿呼取方囚馬
九〇八二	戊戌卜貞毌其以方…
一二五三〇	…循今春…方
一三三三九	丙子…方…今日…風
一三五三二	貞于南方將河宗十月
一四二九四	東方曰析風曰劦
一四二九四	南方曰𡦦風曰光
一四二九四	西方曰𠦪風曰彝
一四二九五	貞帝于東方曰析風曰劦𡦦年
一四二九五	貞帝于西方曰彝風曰丰𡦦年
一四二九五	辛亥卜內貞帝于北方曰伏風曰𢦏𡦦…
一四二九五	辛亥卜內貞帝于南方曰微風夷𡦦年一月
一四二九六	貞…帝…方…
一四二九七	…申…帝…方…
一四三〇二	貞…方…
一四三七〇丁	…卜…今…方…
一五二二一	…方…八月
一五三五八	辛酉…方其…凤…
一五七五六	…酢…方…牛…
一五七五八	乙…貞…方…侑于…

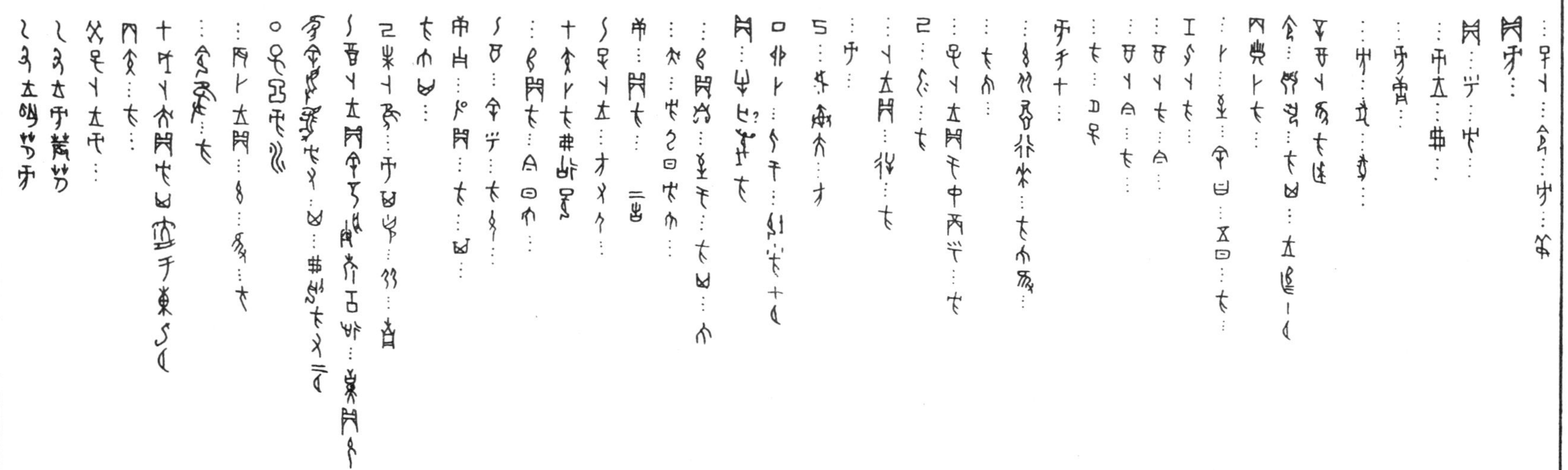

著錄號	釋文
一五九四四	…巳卜…令…方…鮮
一五九八三	貞方…
一七一四三	貞…呼…方…
一七七一八正	…帀王…弗
一八八〇二	…方庸…
一九六三六	…方…大…𤰈…
二〇二〇二	辛酉卜惟方匿
二〇二三一	令…鬥凡…方其…王𠂤十月
二〇四〇九	丙子卜方…
二〇四一〇	…卜…至…余曰…五日…方…
二〇四一二	壬申卜方…
二〇四一二	…酉卜方…今…
二〇四一二	…酉卜令…方…
二〇四一二	…方…多子
二〇四一四	方于甲…
二〇四四七	…午比酉行來…方不獲…
二〇四四八	…方不…
二〇四五三	…巳卜王貞于中商呼…方
二〇四五四	己…勿…方
二〇四五四	…卜王貞…逆…方
二〇四五五	…方…
二〇四六七正	己…弗執大…方
二〇四七一	丁卯卜…妣子…禦小方七月
二〇四七七	貞…牛無𢀛方
二〇四八二	…師貞自…至于…方其…不
二〇四九〇	…𠂤…方九日方不…
二〇四九二	庚…貞方…　二告
二〇四九三	乙巳卜王…方有人…
二〇四九五	甲寅卜方弗𢀛邑
二〇四九六	…師貞方…今日不…
二〇四九七	乙酉…余呼…方允…
二〇四九八	庚子…𠬝貞…方…其…
二〇四九九	方不其…
二〇五七六正	己未卜惟…方其克…弜…南
二〇六一三	乙酉卜王貞余𢦏朕老工延…𢀛貞允
	惟余受馬方祐…其…弗執方祐二月
二〇六一五	丁巳㠯方巛
二〇六一七	…辰卜王貞…午…獲…方
二〇六一八	…令獲…方
二〇六一九	甲戌卜𣎆貞方其𡨧于東九月
二〇六二〇	丙寅…方…
二〇六二一	癸巳卜王方…
二〇六二四	乙丑王方䕠𤯏
二〇六二四	乙丑王沚𤯏方

編號	釋文	分期
二〇八〇二	丙辰卜方今三月…	1
二〇九六二	癸亥貞旬甲子…方有曰卩…在邑南…乙	1
	丑雨…昃雨自北…丙寅大…一月	1
二〇九六六	癸亥卜王貞旬八日庚午有祝方曰在…	1
二〇九六六	…旬甲子祝…方…月	1
二一〇四三	…辰卜曰…旬方…不…五月	1
二一一一一	…今方…羊	1
二一二七九	貞今日用方	1
二一三一二	癸亥…旬庚午…卩方…十月	1
二一四七九	丁酉卜呼多方勵丙	1
二一五一三	…戊…大…方…	1
二一九二三	癸酉…茲方兄…	1
二二二〇二	甲午卜方捍…羸…東…我…	1
二二三三四	癸未卜令…方𠙵九	1
二三五九三	…吴…其方…	2
二三六七四	己亥卜中貞惟𢀛丁令方𢓊	2
二四一五三	…日…艱…方	2
二四一五七	丁巳卜…貞惟王…典方…	2
二四四〇六	…惟來…方呼…	2
二六〇四〇	…卜出…翌乙…方廩…衣…	2
二六八九六	…方…其…	3
二七一四八	其侑于室亞方	3
二七三一〇	弜以方	3
二七八〇四	其尋方有雨	3
二七八〇四	弜尋方有雨	3
二七九九八	…步…方	3
二八〇〇五	…辟…方	3
二八〇〇八	丁酉卜其呼以多方𡚤小臣	3
	丁亥卜在陪衛酌邑𢦏典冊有奏	
二八〇〇九	方豚今秋王其使…	3
二八〇一六	…受…方以…王擒	3
二八〇一八	…人入方…	3
二八〇一九	…卜方同夒…	3
二八〇二〇	戌…方	3
二八一九〇	…東方西饗	3
二八二五七	方有	3
二八二九七	…方萬	3
二八四二三	貞惟方四…𦎫受…	3
二八八三六	…受…方以…王擒	3
二八九九一	…方惟庚…	3
二九四八六	惟勿牛方…	3
二九九九二	其酌方今夕有雨　吉　茲用	3
三〇〇〇二	…弜…方…　吉	3
三〇一七六	于…方…雨	3
三〇二五八	…卜其寧風方惟…　大吉	3
三〇三九六	其侑方暨河	3
三〇九九九	…卜𣆪…𠑹惟…方皿…	3
三一八九一	弜…妣辛…方…人	3
三二〇二二	乙未卜其寧方羌一牛	4
三二二四三	癸未貞惟乙酉延方	4
三二二四三	癸未貞于木月延方	4
三二八九三	庚申貞方奠…並受祐	4
三三〇五九	癸未貞王令…𢦏出方	4
三三〇六〇	…令𡚤比…出方	4
三三〇六一	癸未卜方比尋	4
三三〇六一	弜出方	4
三三〇六四	弗𢦏方	4
三三〇九四	…惟西方𢦏我	4
三三一一四	辛未…方其肏允肏	4
三三一八八	…其方盧?…	4
三三一九五	方不…化	4
三三一九六	方不…	4
三三一九七	…方不	4
三三二〇四	惟南方	4
三三二一一	…子貞于…方𢦏田	4
三三二四四	…方?…禾	
三三二七八	辛酉貞王令𡧊以子?方奠于并?	4
三四〇七五	辛亥方祟雨	4
三六五三八	…毛方…戌其…吉	5
三六九六九	…在?牧…𢀛…方	5
屯一〇八	丁卯卜惟今日方有雨	3-4
屯一〇八	其方有雨	3-4
屯一七一	癸未貞惟乙酉延方	4
屯一七一	癸未貞于木月延方	4
屯二四三	癸未貞王令𡚤出方　茲用	4
屯二四三	弜出方	4
屯三一三	…我以方矢于宗	4
屯六〇六	庚辰卜其蒸方以羌在必王受有祐	3
屯七二八	方…吉	3
屯八六九	…𠬝方…	
屯一〇〇九	庚辰貞至河𡚤其捍饗方	4
屯一〇四九	丁未貞…方在于京四月	4
屯一〇五九	丁亥貞今日王其夕令𡚤以方十示又	
	…	4
屯一〇六六	…寅貞王…北方惟…伐令途…方	4
屯二三八〇	…寧方惟𡆥益翌用	3
屯二四六三	…卯卜其作方	4
屯二九一五	…酉貞竹𢦏方	4
屯二九六二	…作方其祝上甲	3

屯三〇〇一　…其奠作方其祝…至于大乙于之若　3
屯三三八九　…奠作方…　3
英六三四反　…甾得方我獲羌　1
英六二七　…貞…方既　1
英六三九　…卜生八月方…　小告　1
英八一二反　…令方…　1
英一〇〇二　…方…呼…　1
英一二八八　…有曰千森王戠于之八豕八豕…
四羊㱿四卯于東方析三牛三羊
㱿三　1
英一六六三　…不…方…在…　1
英一六六二　丁巳卜𠂤方三子　1
英一七六九　乙未卜王侯…受…方…　1
英一八一二　…弗…執…方　1
英一八一四　…方延…　1
英一九七八　甲申卜出貞令多…暨方　2
英一九八九　…卜出…令方…弜狂　2
英二四五〇　丙申貞方其有…定　4
英二四五〇　丙申貞方其有事于生月　4
懷三八一　…卜爭…翌…巳…㲋…方…　1
懷四三四　甲辰…王雀弗其獲侯任在方　1
懷一三七九　于北方亡南饗　3
懷一五〇〇　…卜𠂤…方…　4
懷一五一一　…寅卜𠂤…方其…缶有…　4
懷一六二九　丙子卜巳其方　4
懷一六三四　…王貞其…方　4
懷一六四六　不惟方…　4

旁

五七七六正　戊辰卜內貞肇𠂤射　1
五七七六正　勿肇𠂤射　二告　1
五七七六正　貞肇𠂤射三百　二告　1
五七七六正　…肇𠂤射三百　1
六六六五正　三日乙酉有來自東妻呼𠂤告旁　捍　1
六六六六　庚午卜㝑貞旁方其圍作捍　1
八六二三　…旁…擒…　1
八六二四　丙…旁…月　1
一八六八〇　…旁…　1
二六九五三　乙巳卜何貞亞旁以羌其禦用　3
三三一九八　丁丑貞旁不…　4
三六九四五　癸亥王卜在旁貞旬無畎王…曰吉　5
三七七九一　丁亥卜…旁貞…其田…逐…　5
屯一四八　庚寅卜旁岳雨　4

屯九一八　貞王令旁方執　4
英六三四　癸未卜㝑貞旬無𡆥三日乙酉有來…妻
呼…旁捍…　1

二〇五四七　庚辰卜王貞朕循…六月　1
屯七六八　乙未卜其…伊司惟…　茲　3-4

另

一四六二七　…另…河　1
一八八三二　……　1
三四〇九八　弜兹　4
二八三一〇　豕
…日乙王其…惟…湄日無災擒有大　3

舟

六四正　癸酉卜亘貞臣得王固曰其得惟甲乙
甲戌臣涉舟延…弗告旬又五日丁亥
執十二月　1
六五五甲正十六五五乙正　戊…㱿貞令…由取舟不若　1
六五五甲正　貞勿令…由取舟不若　1
七九五正　貞羊畀舟　1
一二二一　庚…貞舟上甲　1
二六五三　伐舟　1
四九二四　貞勿令舟比母𡚹　1
四九二五　貞勿令舟　1
四九二六　癸酉卜貞舟若　1
四九二七　貞于…貞比…舟…　1
四九二八甲　甲辰卜㝑貞舟𢾝　1
四九二八乙　貞舟𢾝不其受…　1
四九二九　…丑卜王…舟𢾝　1
四九三〇　…舟𢾝　1
五五〇七　乙亥…貞立二…吏有㱿舟…　1

五五八五正　……貞……舟……呼小臣……　1
五六八四　貞勿呼伐舟惟尤用　1
五八四三　貞舟弗其夲　1
五八四四正　壬午卜爭貞舟夲冨　小告　1
六〇七三　癸丑卜𡧊貞今春商𣪘舟由　1
七三四五　……卜𡧊貞羌舟啓王𠃬　1
七四一五正　……卯卜𡧊貞舟稱冊商若十一月　1
七四一六　貞商……舟若　1
九四三六正　……卜爭貞舟……　1
九七七二　丙子卜貞舟龍受年　1
一〇九八九正　貞而妣壬雨獲畀舟　1
一一四六〇乙正　……卜爭貞𡆥得舟　1
一一四六〇甲正　貞有𡆥不其得舟　1
一一四六一　……來舟　1
一一四六二正　貞𡆥來舟　二告　1
一一四六二正　𡆥不其來舟　1
一一四六三　……舟五月　1
一一四六四　……舟十月　1
一一四六五　……舟執……　1
一一六一五　……舟十一月　1
一三五三三　……卩……商……舟……在丁宗　1
一三七五八正　己巳卜爭貞作王舟……　1
一六九四〇　王固曰有祟六……舟龍……有……　1
一七〇一二反　……舟入……　1
一八六七四　……舟……日……　1
二一四三〇　辛……舟……橐……　1
二一六五九　禦舟婦　1
二四六〇八　……五卜行貞王其尋舟于滴無災在八月　2
二四六〇八　……舟……　2
二四六〇九　乙亥卜行貞王其尋舟于河無災　2
三〇七五七　貞丁舟　3
三〇七五六　貞乙舟　3
三二三八九　……玫舟自上甲……祖乙牛一父丁……　4
三二五二二　乙未貞舟　4
三二五五五　惟……舟𦬇……　4
三二五五五　弜比𢿓舟　4
三二八五〇　丁卯貞王令𠦪奠殳舟　4
三二八五一　丁卯貞王令𠦪奠殳舟　4
三二八五二　丁卯貞王令𠦪奠殳舟　4
三二八五四　……貞王令𠦪今秋……舟𡍭乃奠　4
三三二一五　癸巳……㚔……舟　4
三三二六三　……王其……舟……　4
三三六九〇　癸巳卜㚔攸舟　4
三三六九一　弜洀舟　4

三四四八三　于舟校雨　4
屯八六六　……貞……令比……舟爯……奠　4
屯二二九六　庚申卜王其𢦏舟……二牢　茲用　4
屯二二九六　庚申卜舟燎二牢　4
屯三〇七〇　丙子貞令舟……　4
屯三〇八四　……𢓊舟　4
屯四〇五二　……貞王令……殳舟……　4
屯四〇六〇　……王其……舟……惟奠　3
屯四五四七　惟壬出舟　4
屯四五四七　惟癸出舟　3
屯四五四七　……出舟　3
英六一一　……執舟……　1
英七四九　貞呼往于舟　1
英二三三二　其出舟惟今日癸無災　吉　3
懷一六b　……舟……　1
懷三四八　……寅卜貞……于多尹……舟……　1
懷一四五六　……王其省舟　3

朕

一四八　呼牧于朕芻　1
一五二二正　庚辰卜𡧊貞朕芻于門　1
一五二二正　貞朕芻于𡆥𢦏　1
一五二二正　貞朕芻于門　1
一五二二正　貞朕芻于𢓊　1
五二五　庚辰卜王朕𢦏羌不𫹉……　1
一〇二二甲　庚申卜王侯其立朕使人　1
一〇二二乙　庚申卜王侯其立朕使人　1
一一九六　貞來甲……酚朕……上甲十月　1
一二九七　丁卯卜……弗亦……朕……　1
三四一三　……亥卜王余令……𡆥朕惟……　1
三六六五正　壬寅卜𡧊貞用朕……　1
四〇〇三正　丁巳卜……令𠂤……朕示……𡆥邑……𠬝……　1
四〇〇三正　丁巳卜……令𠂤……朕示示……有祝……𠬝
……　1
四二四三　……未卜王勿令師……朕𡍭御四月　1
四三一四　……弗……朕事……　1
四九八七　壬申卜王余勿𢦏朕……　1
五〇一五　壬……正……朕……　1
五〇一六　……朕……　1
五〇一七　……不……朕……　1
五〇一八　……貞朕……于……　1
五〇一九　……弗……朕……　1
五四九六　……朕事　1

六五九九　甲辰卜王…羌弗𢦏…朕事二月

七二五八　庚子卜王貞…循朕允于…

七二五七　…朕循…有免

八四二六　辛巳卜王𢦔弗受䑣…祐

九一五〇　…朕以

一〇〇三五　…辰卜…雀…朕…中二月

一七九八五　貞于…朕天…

二〇〇七五　己卯卜王貞鼓其取宋伯歪鼓因𢦏朕事宋伯歪比鼓二月

二〇三三三　丁丑卜王貞令竹𢀛凡于𠭯𢦏朕事

二〇三三四　壬子…𢦏朕…

二〇三三五　…卜余…朕…

二〇三三六　庚子卜朕𠂤缶…王…

二〇三三七　…卜貞朕𠚙

二〇三三八　…朕余曰𠂤…

二〇三三九　…朕…令…

二〇三四〇　庚申朕𣎆

二〇三四一　…朕…

二〇四一八　…王貞…𦅫令匕…丙午至于戊戌曰方其征…朕𠂤

二〇五四一　辛卯卜王貞朕循…

二〇五四二　乙巳…貞朕…于循…

二〇五四七　庚辰卜王貞朕循𢓊六月

二〇六一三　乙酉卜王貞余𢀛朕老工延…𠚙貞允惟余受馬方祐…其…弗執方祐二月

二〇九七五　庚辰…王弗疾朕天

二一一一一　丙辰…酌朕…

二一二三九　辛亥卜王朕𢦏𣎆…于曰…之…

二一二三九　辛亥卜王朕𣎆不余…

二一六五八　丙子子卜…朕…

二二〇五〇　乙…余…𢦏…朕…于…

二二〇八五　…朕…尹

二二〇九九　庚戌卜朕耳鳴有𢀛于祖庚羊百有用五十八侑母…祈今日

二二四七八　戊寅卜朕出今夕

二三六〇六　己卯卜喜貞惟朕　2

三六一二七　壬辰…衣…朕師…師…文武…武乙惟…正

三六四八二　甲午王卜貞作余酌朕𠦪酌余步比侯喜征人方二𣪊示受有祐不𢀛𢦏因告于大邑商無…在𣪊王因曰吉在九月遘上甲𦎫惟十祀　5　5

三六五二一　…巫九…無酌朕…十月…酌多田于…盂方伯…𣪊于…　5

三九四二三　…盤…㱿…朕二十祀九…　5

屯二六七二　丙子卜貞朕臣商

英七四六　…史…朕…毌…

懷一四九九　…王貞…𠦪…狩朕…彘　4

受　選録

530 頁

523 頁

六四　辛巳…𠭰貞…喪衆…受方祐

一一七一正　貞𠦪于上甲受我祐

六〇八七反　…庚其有鑿吉受祐其惟壬不吉

六〇九八　己卯卜殼貞𢀛方出王自正下上若受我…

六二〇四正　辛未卜殼貞王勿逆伐𢀛方下上弗若不我其受祐六月

六二〇八　…伐𢀛方不受我…

六二二〇　貞勿惟王往伐𢀛方下上弗若不我其受祐

六二二一　…勿惟王往伐𢀛方下上弗若不我其受…

六二七一　辛亥卜殼貞伐𢀛方帝受…

六二七一　貞帝不我其受祐

六二七三　…伐𢀛方帝受我祐

六三一四　貞勿惟王征𢀛方下上弗若不我其受祐

六三一五　…丑卜殼貞勿惟王征𢀛方下上弗若不我其受…

六三一六　癸丑卜殼貞勿惟王征𢀛方下上弗若不我其受祐

六三一七　癸丑卜殼貞勿惟王征𢀛方下上弗若不我其受祐

六三一七　貞勿惟王征𢀛方下上弗若不我其受祐

六三一八　…申卜殼…王勿…𢀛方…弗若不我…受祐

六三二〇　庚申卜殼貞王勿征𢀛方下上弗若不我其受祐　二告

六三二一　庚申卜殼貞王勿征𢀛方下上弗若不我其受祐　二告

六三二二　己酉卜貞王征𢀛方下上若受我祐一月

六三二三　貞勿征𢀛方下上弗若不我其受祐

六四二〇　…比沚…伐土方受祐四月

六四三一　…貞我受𢀛方祐

編號	釋文	
六四七三正	貞王惟沚戠比伐𢀛方帝受我祐	1
六四七三正	王勿惟沚戠比伐𢀛方帝不我其受祐　二告	1
六四七四	貞王比戠伐𢀛帝受祐	1
六四九八	…卜殼貞王比望乘伐下危受祐	1
六四九八	…貞王勿比望乘伐下危不受祐	1
六五〇〇	…貞今𢀛王勿比望乘伐下危弗其受祐	1
六五〇五正	…作比望乘伐下危下上弗若不我其受祐	1
六五〇六	貞今𢀛王勿作比望乘伐下危下上弗若不我其受祐　二告	1
六五二〇正	辛巳卜穷貞今…伐下危受祐	1
六五四一	受祐	1
六五四三	…午卜殼貞王伐𢀛帝受我祐一月	1
六六五〇正	…辰卜古貞𠦪疋…弗其受祐	1
六六六四正	甲辰卜爭貞我伐馬方帝受我祐一月	1
六七一九	戊午卜方出其受侯祐　二告	1
六七三七	…午卜殼貞今𢀛王循方帝受我…	1
六七七一正	丁未卜爭貞𠦪疋化受祐	1
六七七一正	丁未卜爭貞𠦪疋化弗其受祐	1
六八八三	辛未卜殼貞王捍銜受祐	1
六八八六	辛未卜殼貞王捍銜受祐　二告	1
七四二八	…稱册王比下上若受我祐	1
七四四〇正	丙辰卜爭貞沚戠啓王比帝若受我祐　二告	1
七四四〇正	貞沚戠啓王勿比帝弗若不我其受祐	1
七五三二	貞王惟望…下上若受我…	1
七六二七	…卜穷…翌乙亥阜…征受隻祐	1
七六二八	…征受隻祐	1
一九九四六正	…卜千受王祐	1
一九九四六正	乙丑卜受王祐	1
二〇一九一	辛未卜王貞惟医其受祐今來捍	1
二〇三八四	辛亥貞雀執亘受祐	1
二〇五一〇	辛巳卜王一月敦佣受祐	1
二〇五一〇	丙子卜王二月敦佣受祐	1
二〇五一〇	乙亥卜一月王敦佣受祐	1
二〇五一三	己亥…敦佣受祐	1
二〇五一五	…敦佣受祐	1
二〇五一六	乙未卜貞王敦佣受祐十二月	1
二〇五二四	乙酉…王敦…缶受祐	1
二〇五二七	乙酉…王敦缶受祐	1
二〇五三〇	辛卯卜王敦𠂤受祐	1
二〇六〇八	己丑卜王貞惟方其受𠦪祐	1
二〇六一二	惟尸方受祐	1
二〇六一六	…卜受方祐	1
二〇六一六	…卜弗受方…	1
二一八四〇甲	壬子御卜雀不受祐	1
二一八四〇乙	壬子御卜雀不受祐	1
二一八四一	…卜曰惟其受祐	1
二一八九七	辛巳卜貞雀受祐十三月	1
二一八九八	辛巳卜弗受祐十三月	1
二七〇四〇	王其侑母戊一𦎫…此受祐	3
二七〇四〇	惟牛王此受祐	3
二七二八八	惟茲祖丁𩰫受祐	3
二七二八八	舌𩰫惟伊受祐	3
二七六四四	惟王饗受祐	3
二九〇〇四	弜…喪舊田不受祐	3
二九〇〇四	弜…災惟懋田乡受祐	3
二九四六六	…牛王受祐	3
三三〇一九	癸巳…于一月絴𥫗暨召方受祐	4
三三〇二〇	…戓伐召方受祐在…	4
三三〇二〇	…典伐召方受祐	4
三三〇二〇	貞王比…戓典伐召方受祐	4
三三〇四三	並弗受祐	4
三三〇七一	甲辰卜雀受侯祐	4
三六三五一	其五𠂤有正王受祐	5
英三八七	貞雀…雀受毌祐	1
英五五一	我受𢀛方祐	1
英五五一	貞弗其受𢀛方祐	1
英五五二	貞弗其受𢀛方…	1
英二三六一	惟五牢有正王受祐	3
英五五三正	…𢀛方下上若受我祐五月	1
英五五三正	…𢀛方下上若受我祐	1
三二正	丁巳卜殼貞王學衆伐于𢀛方受有祐	1
三二正	丁巳卜殼貞王勿學衆𢀛方弗其受有祐	1
六三正	貞弗其受有祐	1
二三七正	庚申卜爭貞呼伐𢀛方受有…	1
六一三	乙巳卜爭貞呼多臣伐𢀛方受有…	1
五四〇	癸酉卜殼貞呼多𠴲伐𢀛方受有…	1
五四〇	…辰卜殼貞翌辛未令伐𢀛方受有祐　一月	1
五四〇	…卜殼貞呼多𠴲伐𢀛方受有祐	1
五四八	辛酉卜爭勿呼以𠴲伐𢀛方弗	1
	其受有祐	
六〇八三	…伐受…有祐	1
六〇八七正	乙卯卜爭貞沚戠爯册王比伐土方受有祐	1

六一六二　…沚戠爯册𠭯𢀛…敦𢑭王比受有祐

六一六八　貞㪔人三千呼伐𢀛方受有祐

六一六九　庚子卜宾貞勿㪔人三千呼𢀛方弗受有祐

六一七二　癸巳卜㱿貞奴人…𢀛方受有祐

六一七八　貞勿㪔人呼伐𢀛方弗其受有祐　二告

六二〇五　…戌卜亘貞𢀛方…逆伐受有祐

六二一三　貞惟王往伐𢀛受有祐

六二二三　甲午卜古貞王伐𢀛方我受祐

六二二四　貞王伐𢀛方受有祐

六二二六　庚申卜爭貞呼伐𢀛方受有祐

六二二八　庚申卜…貞呼伐𢀛方受有…

六二二九　辛酉卜爭貞呼伐𢀛方受有…

六二三〇　辛酉卜爭貞呼伐𢀛方受有…

六二三二　辛未卜宾貞呼伐𢀛方受有祐

六二三三正　貞呼伐𢀛方受有祐五月

六二三五　貞呼伐𢀛方受有祐

六二三六　貞呼伐𢀛方受有祐

六二三八　貞呼伐𢀛…受有祐

六二四一　貞呼伐𢀛弗其受有祐

六二五七　貞勿呼伐𢀛方弗其受有祐　二告

六二五九　甲辰卜宾貞勿呼伐𢀛弗其受有祐

六二七五　…伐𢀛方受有祐一月

六二七六　貞今𣌚伐𢀛方受有祐

六二八二　貞…𢀛方弗其受有祐

六二九七　丁未卜宾貞勿令卓伐𢀛方弗其受有祐

六三三七正　丁卯卜爭貞翌辛未其敦𢀛方受有祐

六三三八　丁卯卜爭貞翌辛未其敦𢀛方受有祐

六四〇二正　乙卯卜…貞沚戠爯册王比伐土方受有祐

六四一二　辛巳卜爭貞今𣌚王奴人呼婦好伐土方受有祐五月

六四一三　辛巳卜宾貞今𣌚王比…乘伐下危受有祐十一月

六四二二　…比伐土…受有祐

六四三〇　…㱿…𣌚王…土方受有祐十二月　二告

六四三一　…王伐土方受有祐

六四三二　…伐土方受有祐

六四三二　貞弗其受…方祐

六四三三　…伐土方受有祐

六四七一正　甲午卜宾貞沚戠啓…王比伐巴方受有祐

六四七八正　…令比沚戠伐巴方受有祐　二告

六四七九正　壬申卜爭貞令婦好比沚戠伐巴方受有祐

六四八二正　辛酉卜㱿貞今𣌚王比望乘伐下危受有祐

六四八二正　辛酉卜㱿貞今𣌚王勿比望乘伐下危弗其受有祐

六四八三正　辛酉卜㱿貞今𣌚王比望乘伐下危受有祐

六四八三正　辛酉卜㱿貞今𣌚王勿比望乘伐下危弗其受有祐

六四八四正　辛酉卜㱿貞今𣌚王比望乘伐下危受有祐

六四八四正　辛酉卜㱿貞今𣌚…勿比望乘…下危弗受有祐

六四八五正　辛酉卜㱿貞今𣌚王比望乘伐下危受有祐

六四八五正　辛酉卜㱿貞今𣌚…勿比望乘伐下危弗其受有祐

六四八六正　辛酉卜㱿貞今𣌚王比望乘伐下危受有祐

六四八六正　辛酉卜㱿貞今𣌚王勿比望乘伐下危弗其受有祐

六四八七　…巳卜爭貞今𣌚王比望乘伐下危受有祐十一月

六四八七　辛巳卜爭貞今𣌚王勿比望乘伐下危弗其受有祐

六四八八　辛巳卜㱿貞今𣌚王比望乘伐下危受有…

六四八九　庚申卜爭貞今𣌚王比望乘伐下危受有祐

六四九〇　庚申卜爭貞今𣌚王比望乘伐下危受有祐　二告不告黽

六四九六　丙戌卜爭貞今𣌚王比望乘伐下危我受有祐　二告

六四九九　…𣌚惟…王比望乘伐下…受有祐

六五一三　丙申卜㱿貞今𣌚王勿伐下危其受有祐

六五一八　辛丑卜㱿貞今𣌚勿呼比望乘伐下危弗其受有祐

六五一九　辛丑卜㱿貞今𣌚呼比望乘伐下危受有祐

六五二三　…伐下危受有祐

六五二四正　辛丑卜宾貞令多紃比望乘伐下危受有祐

六五二五正　辛丑卜宾貞令多紃比望乘伐下危有祐二月

六五四一　貞弗其受有祐

六五四一　貞王伐𠂔方受有祐

六五四三　壬寅卜爭貞今𡆥王伐中方受有祐十三月　1
六五五〇　乙丑卜㱿貞今𡆥王伐𢀛方受有祐十三月　1
六五五〇　乙丑卜㱿貞今𡆥王惟征受有祐　1
六五五三　貞今…比𠀠侯虎伐𢀛方受有祐　1
六五五四　貞今𡆥…比𠀠侯虎伐𢀛方受有祐　1
六五八二　癸卯…貞有𢼸龍王从受有祐　1
六六五〇正　…卜古貞㘝化疋受有祐三旬又…日戊　子卒戋戈方　1
六七三三反　…貞王循伐方受有…　1
七三一一　貞今…𡧊下危…呼盡伐…受有祐　1
七三一五　貞弗其受有祐　1
七四四七　貞弗其受有祐　1
七五五四　…㱿貞今𡆥王勿比…弗其受有祐七?月　1
七五五六　…爭貞今𡆥王勿比…弗其受有祐　1
七五五八正　貞弗其受有祐　1
七六三三　…正受有祐　1
一六二七三　其受有祐　1
一六二七三　受有祐　1
一六二七四　受有祐　1
一六二七五　受有祐　1
一六二七六　受有祐　1
一八三二八　…貞康祖丁宗祐…王受有祐　5
二七八八一　王其呼允受有祐　3
二八〇一一　壬戌卜貞弗受有祐　3
二八〇一一　壬戌卜狄貞其有來方亞旛其禦王　受有祐　3
三八二三〇　…帝宗正王受有祐　5
二九四六七　惟牛王受有祐　3
三六一二三　癸酉卜貞翌日乙亥王其有𠬝于武乙必　正王受有祐　5
三六一二六　…貞乙未王其有𠬝于…王受有祐在九月茲　用　5
三六三五〇　乙卯其黃牛王受有祐　5
三六三五二　…貞示至…王受有祐　5
屯二一七九　癸亥卜王其敦封方惟戊午王受有祐　𢦏在凡　吉　3
英五五四　…㱿…呼…𢀛方…受有祐　1
英二三五九　自大乙王受有祐　3
英二三六一　自毓祖丁王受有祐　3
六〇九四反　…受令㚔　1
六一五五　…于受令　1
六一五五　旬𢀛方于受令　1

六一五五　貞于受令旬　1

六三八四　受有擒　1
六三八六　受有擒　1
六三八六　…受…擒　1
六三八七　貞弗其受有擒　1

一三九二五正　丁酉卜穷貞婦好有受生　1
一三九二五反　王固曰吉其有受生受…　1

其它

一四正　丙戌卜穷貞令衆黍其受祐五…　1
二九四　乙…貞…大…比…受…萑𦒱…七月　1
四四〇正　貞毋庚受　1
七一〇　…穷貞王循…方受祐　1
九〇〇正　丁酉卜㱿貞我受甫耤在姷年三月　1
九〇〇正　丁酉卜㱿貞我弗其受甫耤在姷年　二告　1
九〇〇反　王固曰我其受甫耤在姷年　1
一九九二　己酉卜貞…受于丁　1
四〇二五　乙卯卜貞惟𡚸令比殺受𠚕　1
四四〇二反　…並…受…　1
五三四二　不其受　1
五四一四　辛…茲其…專王固…余受…　1
五五二四　不其受　1
五八五四　戊戌卜穷貞受一?屮取…𠂤于㑬卒　1
六四〇八　…貞…𡧊…征土…受…　1
六五六七　…貞受王　1
七五〇二　己巳卜㱿貞勿…好呼比沚戠…下上若受　1
七六九一　貞受王　1
九七三〇　貞我受𦎫　1
一六〇一二反　…受𡆥𩁹…　1
二〇一七五　癸丑卜雀亘受…九月　1
二〇五一四　乙丑卜王敦𠈍受…　1
二〇五二五　癸…𠈍受…　1
二〇六一三　乙酉卜王貞余𢀛朕老工延…𡚸貞允　1
二一六五八　丁丑子卜無歸受　惟余受馬方祐…其…弗執方祐二月　1
二一八四三　…子卜我…受呼…　1
二一八五五　貞我不受…　1
二一八九七　辛巳卜弗受　1

著錄號	釋文	期
二一八九八	辛巳：雀受：	1
二一九一四	癸酉貞受：	1
二一九四二	丙辰卜亘：受祐	1
二一九六九	壬午：惟貝：受邑	1
二二〇七二	受于宗北	1
二二〇七五	侑于受工牢	1
二二二〇八	受史：	1
二二二四六	弜受	1
二二二四六	夕刜禦史受	1
二二二四七	夕刜禦史受	1
二二五〇五	：千受：	1
二三七七一	己：貞：曰商?：大于大：若受之：	2
二五八一七	癸卯王受歲有犠茲用	2
二六八八四	受不雉王眾 吉	3
二六八九八	王其眾戍𢦏受人惟啚土人有災	3
二六八九八	王其呼眾戍𢦏受人惟啚土人暨秠人 有災	3
二六八九八	王其眾戍𢦏受人惟啚土人有災	3
二六九〇六	：受惟眾百王弗悔	3
三六九七五	己巳王卜貞：歲商受：王占曰吉	5
二八〇一一	壬戌卜貞亞旐从受于方	3
二八〇一四	：受其追方惟： 大吉	3
二八〇一六	：受：方以：王擒	3
二八〇三〇	弜益戍：受匕：	3
三三七七八	己巳卜不受	4
三三〇九二	：敦孁受：	4
屯一〇一〇	：受人無災	3
懷一三五三	：人受：郭：蔚?：	3

般

參1421頁

著錄號	釋文	期
四四	：西奠：師般斦若	1
四二八	貞令入川𣶒師般十二月	1
六一六	貞惟師般呼：	1
八二六	辛酉卜宾貞呼師般取朋不：屯	1
八三九	呼師般取往自敦	1
九九二正	：師般：	1
一〇三五	貞師般來人于龐	1
一一一三	貞令二月師般至	1
二二四六乙正	壬戌卜宾貞師般：	1
二八三七	貞師般其有囚	1
二八三七	貞師般無囚	1
七三六一	貞亦：師般在𢦏呼次在之奠	1
七四一七	貞：師般：商稱冊：	1
七四二三	：令師般比：	1
七五九三	貞勿惟師般呼伐	1
八一七三	：貞：師般入：：𢇛	1
八二八三	貞勿令師般取：于彭龍	1
八七二四	呼師般取	1
八七二四	呼師般取	1
八七二四	呼師般：	1
八八三六	戊辰卜宾貞呼師般取于夫 不舌黽	1
八八三七正	貞呼師般取： 不舌黽	1
八八三八	貞：師般取：	1
八八三九	貞勿呼師般取：	1
八八四〇	呼師般取	1
八八四一	貞：呼師般取	1
九四七一	貞忌師般龜	1
九四七八	壬申卜貞禦師般婦	1
一四六五八	貞令師般	1
三二二七三	惟師般以人	4
三二二七七	師般以人于北奠次	4
三二二七八	師般以人于北奠次	4
三二九〇〇	：王令師般	4
三二九〇〇	：師般途子妻	4
三二九〇一	：王令師般途子：	4
屯二四〇	惟師般以人	4
英六八六	貞惟師般呼伐	1
懷三七〇	：師般：牧?：	1
懷一六四九	：令師般暨□	4
懷一六五一	癸巳貞今日王令師般	4

般·令

著錄號	釋文	期
四二五二	貞令般	1
四二五三	：未卜宾貞令般	1
四二五四	貞惟般令	1
四二五五	貞惟般令	1
四二五六	貞惟令般	1
四二五七	勿令般	1
六四七七反	其有令般	1
九〇七八	貞惟般令取以	1
一〇九五八	惟般令?田于并	1

三二二九九　壬午卜令般比侯告　1
三二八二二甲　壬午卜令般比侯告　4
三二八二二甲　癸未卜令般比侯告　4
三二八六二　惟般令　4

般・宁

三七一反　呼般比圭佐　1
三七一反　勿呼般比圭佐　1
四三八　：往奠：呼般在庂　1
四三六〇　貞惟般呼茲在：　1
八五五三　貞呼般舌方　1
一〇九五九　惟般呼田于并　1
一三六七五正　癸亥卜內貞呼般比戚　1
一三六七五正　勿呼般比戚　1
一三六七五正　呼般比戚　1
一四四一〇　貞惟般呼取　1
一七五〇八正　甲申：爭貞：呼：般：四月　1
三三六六　己亥卜大貞呼般夃有衛　2
英一六四　貞勿呼般取　1
英三四　庚寅卜殻貞惟般呼往　1
英一九九五　己亥卜大貞呼般夃有衛　2

其它

一一四　貞取般：　1
一五二正　辛巳卜丙貞般往來無囚　1
一五二正　般其有囚　1
三七六正　貞令般取于尻王用若　1
五〇六正　：寅卜殻貞般無不若不𡘋羌　1
五〇六正　貞般無不若不𡘋羌　1
五〇六正　貞般無不若不：　1
五〇六正　：般其𡘋羌　1
六二二　乙亥卜般取多臣：　1
四三二〇　：見：般　1
四二五九正　戊午卜古貞般往來無囚　二告　1
四二五九正　貞般往來其有囚　1
四二六四正　戊午卜古貞般其有囚　1
四二六四正　戊午卜古貞般無囚　二告　1
四二六六　戊戌卜：貞：般：　1
四二六七　：㝵：般：　1
六四七八反　般入十　爭　1
六五八八　：古貞：般取：龍　1
六五九〇　己酉卜殻：令般取龍　1
八三九五　：子卜㝵貞：婁：其：般　1
八九六一甲正　：般勿呼：　1
九〇六二　庚戌卜貞般圖以　1

九〇六三　貞般圖以　1
九〇六四　貞般圖以　1
九〇六五正　貞般圖以　1
九五〇四反　般入四　1
一〇九三四　貞呼取般狩　1
一四〇〇六正　：般：吾：　1
一四四七四臼　丁巳邑示五屯　殻　1
一四九一一　：卜㝵貞咼克般工示朿取侑：　1
一四七七五　：般：彭龍　1
一八七四二　：般衛：𢓊二月　1
二〇〇五八　：卜：般：侯告　1
二一〇三〇　：自王：門于：般凡：　1
二一三〇七　辛巳卜亞來乙酉般　1
二二三六八　：宰般㚇：　2
二二七四二　貞：般：　2
二四一三五　辛未王卜曰：余告多君曰般卜有祟　2
二四一三七　：未王卜：余告：君曰受：吉　2
二四九五九　：卜出：般：疾：　2
二六八一七　：王：夊：　2
二六八二五　貞弜般八月　2
二七九三八　：卜亞般歲𢦏：　3
三一九八七　惟般以象：受：　4
三二八六一　惟般　4

艅

四八八三　乙巳卜王貞𥃝　1
一〇四〇五正　癸酉卜殻貞旬無囚王二曰匄王固曰艅有祟有𤖃五日丁丑王賓仲丁己阾在廳阜十月　1
一〇四〇六正　癸酉卜殻貞旬無囚王二：王固曰艅有祟有𤖃五日：王賓仲丁己阾在廳：二告　1
一六三三五反　王固曰𣄰不其吉在茲　1
二六八七四　：𠳄：　2
一八六七五　：昍：　1
懷九七七b　王固曰𣄰：　1

盗

六五五甲正十六五五乙正　戊：殻貞令朿𠂤盗由取舟不若　1
六五五甲正　貞勿令朿𠂤盗由取舟不若　1
八六四　：盗：𤰔：　1

一一四六六 ……盗于東 1
一一四六七 辛酉卜方其盗東 二告 1
一一四六八 ……申卜方其盗于東 1
一一四六九 ……盗于東 1
一一四七〇 ……盗于…… 1
一一四七一 己酉卜王……盗見…… 1
一一四七二 ……比盗……中十二月 1
一一四七三 戊申……王盗……千習……行于……千坙行…… 1
……[illegible] 1
一一四七四 ……王……盗…… 1
一一四七五 ……我……盗…… 1
一一四七六 ……卜爭……盗子…… 1
二〇六一一 庚午卜𠂤貞弜衣盗河無若十月 1
二〇六一九 甲戌卜[illegible]貞方其盗于東九月 1

盗

八三一五 丙寅卜洹其盗 1

洀

一一四七七 甲戌卜爭貞來辛巳其乇洀 1
一一四七八 ……王……洀……若 1
一一四七九 ……日……洀…… 1
二〇二七二 庚寅卜王洀辛卯暘日 1
二〇二七三 辛未卜今日王洀不風 1
二一九七二 癸未……夕……洀……即…… 1
二二三六四 甲申卜既[illegible]此 1
二二二六四 母[illegible]延 1
英二二六四 ……卜𥄎……祖丁……洀 3

[illegible]

三六九二五 丙辰王卜在[illegible] 5

[illegible]

二四四二一 于[illegible] 2

[illegible]

二八一〇三 [illegible] 3

般

二二〇五 貞獲磐 1
一〇三六四 ……翌庚辰……[illegible]……陷…… 1
一〇六七六 ……亥卜……翌庚……陷……[illegible] 1

[illegible]

二七九九六 惟微用[illegible]于之若𢦏𡿬方不雉衆 3

舟目

二二二七一 ……雉牢在[illegible]用 1

[illegible]

三三六九一 弜洀舟 4

[illegible]

一八六九四 ……[illegible]…… 1

[illegible]

三四七五七 癸酉卜……貞王[illegible]無冓雨 2

[illegible]

一三六一九 丁亥卜㱿貞[illegible]享首[illegible]于……[illegible]…… 1

車

五八四甲正 ……亥卜㱿貞旬無𡆥王固……丁卯王狩敝𩵦車……在車𠦬馬亦…… 1
六八三四正 癸丑卜爭貞自今至于丁巳我𢦏𡆥王固曰丁巳我毋其𢦏于來甲子𢦏旬又一日癸亥車弗𢦏之夕𡆥甲子允𢦏 1
一〇四〇五正 癸巳卜㱿貞旬無𡆥王固曰乃兹亦有祟若偁甲午王往逐兕小臣甾車馬硪[illegible]王車子央亦墜 1
一〇四〇六正 癸巳卜㱿貞旬無𡆥王固曰乃……祟若偁甲午王往逐兕……馬硪[illegible]王車子央亦…… 1
一一四四二 車不其以十朋 1
一一四四六 ……無𡆥王固曰有祟……敝𩵦車……車𠦬馬……亦有[illegible]…… 1

一四四八 …日丁卯…妹車馬…
一四四九 …妹車…有人羊…
一四五〇 …雍車馬…京
一四五一 …日…車…允…
一四五二正 丙戌卜噐…六車…
一四五三 …車…
一四五四 …車…
一四五五 …卜…余…車…
一四五六 …車 二告
一四五七 …車…不…囚
一四五八 …車…沂
一三六三四正 于車舞
二一六二二 甲辰卜車…允畋…貝今生…
二一七七八 …車…
二七六一八 其蔑兄辛惟有車用有正
三六四八一正 …小臣牆比伐擒危美人二十人四…人五百
七十殳百…車二丙盾百八十三函五十矢…白麇
于大…用惟伯印…于祖乙用美于祖丁僓曰京
暘…

茟

二九六九三 其呼茵茟有正

玄

一八六七二 貞出…
二七三〇六 乙亥卜其于祖丁其
三三二七六 乙巳貞桒禾于䜌三玄牛

率

九五 貞臭率以冕蜀
九七正 …允出率以骨蜀
二四八正 丙子卜殻貞今來羌率用
二四八正 貞今來羌率用
二四八正 今來羌率用
四六四正 貞率𢼄羌若
五五五正 甲寅卜永貞衛以率用 二告
五五五正 貞衛以勿率用
五五五反 貞衛以率用
六三五正 貞率…
八一一正 貞多屯率…
八二二正 貞屯率𢦔王若
八二三 貞率𢦔…屯
八二九正 貞翌乙未率𢼄尸 小告
一二二八 翌甲…自上甲率
二一六五 …侑父甲父辛率…
二九二一 貞其率…多兄…
二九二二 貞其率…多兄六…
三二四五 壬申卜…率甲…多子
三三二七 …率示桒其比𡆥侯七月
三八五四 …韋貞率不…
四〇一二 貞臭弗其率以…
四五六九正 貞…率
五八四二 敉率夲
六三四五 乙酉卜殻貞𢀛方衛率伐不王其征勿告
于祖乙…
六三四六 …方衛率伐…
六三四七 …殻貞𢀛方衛率伐不王告于祖乙其征
…殻貞𢀛方衛率伐不王其征告于祖乙旬
六三四七 旬祐七月
祐
七八八一 貞…人率奠于…
九〇五四正 …率…以…弗…
九二三九正 …其率…
一〇七二六 …罝豕罝率…冕王固曰有…
一〇七二七 …豕罝率冕王固曰有…
一〇七二八 …罝率…在車…逐…
一〇七三八 貞…率…冕…
一二四二一正 …㞢…率…十三月
一四八四正 …丑卜㝒貞翌乙…桒蒸于祖乙…王固曰
有祟…不其雨六日…午夕月有食乙未酚
多工率𢦏遣
一三六〇八正 …于門率
一三八九九 癸丑…貞率
一四一六一正 …㝒貞率𢼄… 二告
一四六二五 庚子…侑子…于…率…
一四七九二 貞勿率…
一四八〇〇 …率…要
一六一一七正 壬辰卜㝒貞率𢼄
一六一一八 …王率…用于…
一六一一九正 貞率用

著錄號	釋文	期
一六一二〇	戊…貞我…率吉…惟䆁…	1
一六一二一	…率…多…	1
一六一二二	癸未…貞率…多…	1
一六一二三	貞率惟…	1
一六一二四反	…吉…喦率…	1
一六一二五	貞率	1
一六一二六	貞勿率用	1
一六一二七	…酉…率…𠂤…	1
一六八四六	癸酉卜永貞旬無囚王固…率夂于卜	1
一六九三八反	…固曰吉亦惟有祟率…	1
一九二六三	庚子卜古貞率…	1
二一九三六	癸丑卩伯率	1
二二三九四	辛酉卜貞率	1
二三〇六八	…丁歲…率…牛	2
二三五二七	…卜旅…舌其率…	2
二五一七二	貞弜率𢼸	2
二六〇五一	貞其率惟小宰	2
三〇二〇九	乙卯卜不雨戠宗燎率…吉	3
三二三八五	…未卜𢦏自上甲大乙大丁大甲大庚大戊仲丁祖乙祖辛祖丁十示率牡	4
三二三八五	…申卜…从辛酉…大乙大丁大甲大戊…庚…丁…	4
	丁祖辛祖丁率示…	4
三四一八五	己亥卜田率燎土豕𠂤豕河豕岳豕	4
三六五二三	…囚巫九…率伐…冊盂…余其…	5
三六五〇八	…卜貞今囚巫…人方…率糾…紟…	
	印余…比侯…	5
屯二四四五	三戊王率用弗悔禾	3
屯四三三三	率小示𢦏贏	4
英六一〇反	…固曰其執惟其不率	1
英七三三	…率…𢀛…自缶…	1
英七七六正	…往𢀛…率得…𡵂…	1
英一三〇五	…率侑…王…	1
懷一八六三	…卜貞…率…逐…災	5
懷一四五	貞…弗…率…	1
懷八三〇	…貞九…率…	1

允 奚

著錄號	釋文	期
七三四正	己巳卜殻貞允不其王固曰吉勿其	1
七三四正	己巳卜殻貞允其…二告	1
四一三九	辛亥卜…貞允尋…雀牛𡸁…侑十…	1
五七一七臼	丁亥乞自雩十屯作示 允	1
六四七七正	癸丑卜亘貞王比奚伐𢀛	1

著錄號	釋文	期
六七六二	貞…允…	1
六七六八臼	甲寅犬見𠦪示七屯 允	1
九一七七正	甲辰卜殻貞奚來白馬…王固曰吉其來	1
九一七七正	甲辰卜殻貞奚不其來白馬五	1
九四一六臼	丁亥乞自雩允十屯旬示	1
一五一三八	戊寅…允…㝅于…	1
一五二四〇	癸卯…貞允…生月…大匚	1
一五五一五反	己酉𦎫示十屯允	1
一七一〇四	…子卜…允…不其	1
一九七六五	癸丑卜奚𢍜乙卯…	1
一九七七〇	乙…今日有…奚…	1
一九七七一	乙丑卜王侑三奚于父乙三月延雨	1
一九七七三	庚午卜侑奚大乙三十	1
三二一二六	祖辛奚𢍜	4
三三一五九	…貞𦎫…羌于…用	4
三三三二六	癸丑貞允弗…	4
英五六四臼	壬戌婦井示二屯 允	1

涗 婺

著錄號	釋文	期
二四四六四	…戊卜出…王其…于𥁕…災	2
二八七三四	…涗…	3
三二三〇一	丙戌卜烄[glyph]	4
三七四四一	…未卜貞…田涗…來無…獲鹿…狐…	5
三七四八〇	戊辰卜貞王田于涗往來無災獲狐七	5
三七四八一	戊辰王卜貞田涗往來無災獲狐七	5
三七六四四	辛巳卜在敦貞王田涗衣無災	5
三七六四五	戊辰卜貞今日王田涗不遘大雨	5
三七六四五	…卜貞…田涗…大雨	5

奚

著錄號	釋文	期
六四四	壬子卜…貞惟我奚不正十月	1
六四五	壬子卜方貞惟我奚不正…月	1
六四六	…惟我奚不正	1
八二一正	癸丑卜亘貞王比奚伐𢀛方	1
八二一反	王勿比奚伐	1
一一一八	丁卯卜…貞奚…絴伯𥁰用于丁	1
一一一九	…奚…絴…𥁰…	1
六四七七反	王勿比奚呼…	1

六四七七反　勿比奚伐下…　1
二八七二三　…奚田湄日…　3
三三五二四　辛丑卜奚禦祖乙　4
三二九〇五　乙丑貞惟奚令祟交　4
三三五七三　…翌日戊王惟奚…災不遘…　4
英二五四四　戊子卜貞王田奚往來無災茲御獲狐十　5

馘

一二一　…馘…𦎫　1
五六三　馘𡆥　1
五六四正　甲午卜貞馘多𡆥二月　1
五七〇　丁酉卜古貞𠬝執𡆥馘　1
八〇八正　丙寅卜亘貞王馘多屯若于下上　1
八〇八正　貞王馘多屯若于下乙　1
八〇九正　貞王馘…屯不若佐于下上　1
八〇九正　貞王馘多屯不佐若于下上　1
八一〇反　貞王馘多屯　1
八二三　貞率馘…屯　1
八二四　癸丑卜㱿貞𡆥來屯馘十二月　1
八二五　…戌馘…屯　1
二三八五　貞勿馘　1
六〇一一　庚申卜㱿貞馘　1
六〇一二　…卜…貞馘　1
六〇一三　…馘…　1
六〇一四　貞馘　1
六〇一五　…勿馘　1
六〇一六正　己丑卜爭貞王其馘　1
六〇一六正　貞勿馘　1
六〇一七正　古貞馘若　1
六〇一八　…馘…　1
六〇一九　…馘…　1
六〇二〇　…馘…　1
六〇二一　…馘…雀…　1
六〇二二　馘…　1
六〇二三　…戌…馘…　1
六〇二四　…永…馘…　1
六九四九正　…亥…㱿…我…獲馘亘　1
六九四九正　壬寅卜爭貞翌…未…勿…馘亘　1
七四二六反　貞王侑馘不若　1
一三六二五正　乙丑卜㱿貞𠂤我馘　1
一三六二五正　貞勿𠂤我馘　二告　1
一三七五八反　…甲𡥂馘雀　1
二一五三八甲　…般庚三牢馘…　1

二一五三八乙　…禦父庚三牢又馘二彭萑至…庚　1
二一五三八乙　禦小辛三牢又馘二彭萑至…　1
二一五三九　辛亥…卜其至三牢又馘二…　1
三二一九〇　…有馘　4
三二一九二　丁丑卜馘小乇　4
三二一九三　惟𠦪于馘　4
英五四二　貞馘　1

鷄

一三三四二　…鷄…　1
二九〇三二　…王其田鷄…大吉　3
二九〇三三　…廼田鷄…弘吉　3
三三六八六　…燎鷄　4
三七三六三　戊戌王卜貞田鷄往來無災王占曰吉茲御獲狐　5
三七四七〇　戊辰…田鷄…無災…曰吉獲狐三十又七　5
三七四七一　…卜貞王田于鷄往來無災…弘吉茲御獲狐八十又六　5
三七四七二　戊寅王卜貞田鷄往來無災王占曰吉茲御獲狐二十　5
三七四九四　戊申卜貞王田鷄往來無災王占曰吉茲御獲狐二　5
三七七三四　戊辰卜王田雞往來…　5
屯四三五七　乙丑卜王其田鷄惟戊…　3
屯四三五七　…戊王其田鷄其𡆥𢦏擒　3
懷一九一五　辛酉王田于鷄麓獲大𩁹虎在十月惟王三祀𠂤日　5
三七四三九　戊戌卜貞在𧺆告𪊧鹿王其比射往來無災王…涾　5

刿

一四二三　…㱿…子刿侑自大甲白牛　1
一四二三　…㱿…刿侑大甲白牛用　1
三六五〇八　…卜貞今囚巫…人方…率刿…紟…印余…比侯…　5

83

二一八三九　丙午…83…　1

懷六六九b　：十𢆶：　1

四〇九五　癸亥：卓：　1

係

一〇九七　：羌王固：又二日癸酉：十羌係：十　1

一〇九八　丙又：
癸未：方于：係：馬二十丙又：一月　1

一〇九九正　在鼻卜
丁酉卜宕貞我：係　1

一一〇〇正　辛亥卜宕貞𠂤疋化以王係　二告　1

一一〇〇正　辛亥卜宕貞𠂤疋化弗其以王係　1

一一〇一反　勿係：　1

一一〇二　：係：　1

一一〇三　：自：奏：係：　1

一一〇四　：係：　1

一一〇五　：係：　1

懷一五一九　：係：鷹：延自　4

茲

參116頁

參143頁

七七六正　壬寅卜殻貞不雨惟茲商有作囚　1

七七六正　貞不雨不惟茲商有作囚　1

二四二二五　庚申卜出貞今歲秋不至茲商二月　2

二四二二六　：茲商：囚在：　2

三六五一一　丁卯王卜貞今囚巫九𠫑余其比多田：多
伯征盂方伯炎惟衣翌日步：左自上下
于𠬝示余受有祐不𢀛𢦔：于茲大邑商
無壱在𡆥：弘吉在十月遘大丁翌　5

七一五三正　：固曰途若茲鬼陰在廳　1

一〇八六反　王固曰惟甲茲鬼惟介四日甲子允雨　1

一三七五一正　雷
王固曰茲鬼魅　1

一六八八二　王固曰茲鬼：祖：　1

九七五反　王固曰不宿若茲卜其往于甲酌咸：
惟甲追　1

一三六五八反　王固曰余毋遘若茲卜不其惟：有祟：　1

一七六七一　：卜王：茲二卜：呼勿：四月　1

一七六七四　：之：茲卜：　1

二一四〇二　：卜王：茲二卜：呼勿：人四月　1

二四一一二　己丑：王曰茲卜：禦　2

二九二五六　田于宕其用茲卜　3

屯一〇四二　其用茲卜受祐　3

六二一一　惟庚茲用　1

二二七五八　甲子卜王曰貞叙母虫茲不用禦于雨　2

二二九四六　：卜：貞祖乙：茲用　2

二四四〇二　乙未卜王曰貞其田茲用　2

二四四〇二　：曰貞祝于廳茲不用　2

二四四四九　癸未卜王曰貞弗其獲茲用　2

二五〇一五　甲子卜王𢦏卜茲用日𢦏　2

二五〇一六　：惟茲用一月　2

二五〇一七　庚戌：曰貞：用茲　2

二五〇一八　丙：貞：父：有：茲不用　2

二五八一七　癸卯王受歲有𩰫茲用　2

二七〇二三　：惟茲𣏚用十人又五王受祐　3

三〇七二五　弜用茲豊　3

三三一八九　癸未卜龍來以衍方：茲用乙酉遘：　4

三三九五四　壬申卜癸酉雨　茲用　4

三三九八六　乙未：歲祖：三十牢：茲用𢼸毋歲祭雨
不延雨　4

三三九八六　于乙酉延雨　茲用　4

三四一〇〇　：卯貞王大禦：大示𣏚：三十牛惟茲　4

三四一一五　五用
甲申卜貞酌𡆥自上甲十示又二牛小示𢀛　4

三四一六五　羊　茲用　4

丁丑貞有𠂤歲于大戊三牢　茲用　4

三四二四〇　癸巳卜侑于𠬝　茲用　4

三四二四〇　乙未卜有𠂤歲于父乙三牛　茲用　4

三四四四二　丙辰貞其延　茲用　4

三四四五八　：丑兹用在中　4
三四四七四　癸丑卜弜燎析　兹用　4
三五一五一　兹用丁亥　4
三五一六二　兹不用　4
三五九三一　其牢又一牛　兹用　5
三五九三一　其牢又一牛　兹用　5
三五九三一　惟勿牛　兹用　5
三五九三二　癸巳卜貞祖甲丁其牢　兹用　5
三五九三五　癸卯卜貞祖甲丁其牢　兹用　5
三五九四二　：卜貞：宗丁：牢　兹用　5
三五九七五　丙：卜貞康祖丁丁其牢𦍌　兹用　5
三五九七六　丙子卜康祖丁丁其牢　兹用　5
三五九七六　惟𦍌　兹用　5
三五九九一　：武：其：　兹用　5
三五九九五　其戠牛　兹用　5
三五九九九　丙申卜：康祖丁：　兹用　5
三六〇〇二　其戠牛　兹用　5
三六〇〇二　其戠牛　兹用　5
三六〇〇二　其戠牛　兹用　5
三六〇〇四　丙午卜貞康祖丁丁其牢𦍌　兹用　5
三六〇〇五　丙午卜：康祖丁：其牢𦍌　兹用　5
三六〇一三　丙辰卜貞康祖丁丁其牢　兹用　5
三六〇一三　甲寅卜貞武乙丁其牢　兹用　5
三六〇一三　甲子卜貞武乙丁其牢　兹用　5
三六〇一三　惟𦍌　兹用　5
三六〇一三　惟𦍌　兹用　5
三六〇二二　：卜貞：祖丁丁其：　兹用　5
三六〇七八　丙子卜武丁丁其牢　兹用　5
三六〇八〇　丙子卜貞康祖丁其牢𦍌　兹用　5
三六〇九三　甲寅卜貞武祖乙宗其牢　兹用　5
三六〇九四　甲寅卜貞武祖乙宗丁其牢　兹用　5
三六一〇三　甲子卜武祖乙必丁其牢　兹用　5
三六一三七　丙戌：文武：其：　兹用　5
三六一四二　：卜貞：丁其：　兹用　5
三六一五三　丙戌卜貞文武丁宗其牢　兹用　5
三六一五八　丙午卜貞文武宗其牢　兹用　5
三六一六六　丙申卜貞文武必丁其牢　兹用　5
三六一六六　：辰卜貞：武丁：丁牢：　兹用　5
三七〇三七　惟勿牛　兹用　5
屯一一一一　甲子貞今日有𠬝歲于大甲牛一兹用在鄰　4
屯二一九四　惟兹戈用　3
屯二一九四　惟兹戈用　3
屯二一九四　惟兹戚用　3
屯二九二一　：日于祖丁其用兹豊：　3

屯三五七二　惟兹戚用　3
屯四五五四　惟兹册用　3
英二三六〇　牢示　兹用　3
懷一四六一　丙申卜惟兹屮用于河　3

九四正　壬寅卜方貞若兹不雨帝惟兹邑寵不若　二月　1
一二五三二正　：貞：王固曰疑兹乞雨之日允雨三月　1
一二八七八正　：貞若兹不雨惟：有鬼于：　1
一二八七九　其雨兹雨　1
一二八八〇　貞兹雨：　1
一二八八一　：兹雨惟𡆥　1
一二八八三　甲申卜爭貞兹雨惟𡆥　1
一二八八三　甲申卜爭貞兹雨惟𡆥　1
一二八八三　貞兹雨不惟𡆥　1
一二八八四　：兹雨惟𡆥　1
一二八八五反　貞兹雨惟：　1
一二八八九　貞兹雨不惟𡆥我　1
一二八九〇　：兹雨不惟𡆥　1
一二八九二　貞兹雨惟孽　1
一二八九四　貞兹雨不惟：　1
一二八九六　：兹雨以摧　1
一二八九七　：兹雨惟　1
一二八九八正　癸亥卜永貞兹雨惟若　1
一二八九八正　貞兹雨不惟若　1
一二八九九正　戊申卜古貞兹雨惟若　1
一二八九九反　貞兹雨不惟若　1
二四一五六正　甲子卜出貞兹雨非𡆥　2
二四九〇二　：卜：兹雨：水二月　2
二八二五五　其𠦪年于岳兹有大雨　吉　3
三〇二七一　乙不雨兹不雨　3
三三九〇九　其雨兹不雨　4
三三九二一　兹無雨　4
二四三〇八　甲寅卜行貞王賓歲三牛無尤在師𢦏兹　不雨　2
屯六四五　兹遘小雨　3
英一〇七五　：兹雨　1

一三三八四　：酉卜古貞兹雲：　1
一三三八五　貞兹雲其雨　1
一三三八六　庚寅貞兹雲其雨　1
一三三八七　貞兹雲其雨　1
一三六四九　癸：古貞兹雲其雨　1

一七〇七二　貞今茲雲雨　1
一三四〇七反　乙巳…宁貞茲雷其…　1
一三四〇八正　庚子卜貞茲雷其雨　1
一三四二七　…卜貞…茲三月…羽　1
二四八六八　乙酉卜大貞及茲二月有大雨　2
屯二三〇〇　及茲夕大啓　3
屯四三三四　及茲夕有大…吉　3
屯四三三四　弗及茲夕有大雨　吉　3
三六七反　…乃茲有祟其有來嬉　1
六六五五甲正　丙寅卜…貞來…亥…其暘…固曰…乃茲
暘日…亥…不…日雨　1
七一五〇反　…乃茲有祟其…允有來嬉…有鑿…　1
一〇四〇五正　癸巳卜殻貞旬無囚　王固曰乃茲亦有祟
若偁甲午王往逐兕小臣甾車馬
硪馭王車子央亦墜　1
一〇四〇六正　癸未卜殻貞…乃茲有祟…　1
一六九四九反　…固曰乃茲有祟　1
一九三〇九反　…固曰往乃茲…　1

七　癸未卜爭貞王在茲㚇成狩　1
八一六反　王在茲大示佐　1
五五八一　貞惟在茲小臣令由　1
五六八四　丁未卜貞亞勿往庚在茲祭　1
五八〇八　貞曰師無在茲延　1
六四六一正　貞戠在茲示若　1
六四六一反　甲子卜宁戠在茲示若　1
一六三三五反　王固曰吣不其吉在茲　1
一八八〇五　庚辰卜貞宁戋魚求不冎在茲　2
二二五九二　壬午卜吳貞卜有祟在茲入有不若　2
二三七一三　丁酉卜祝貞其品司在茲　2
二三七一四　丁酉卜祝貞其品司在茲　2
二四一五〇　…其在茲有艱二月　2
二六〇一一　庚申…旅貞…奏其…在茲…　3
二六九五六　在茲　3
二七四六五　乙酉卜其劃父甲㲋在茲足成　3
三〇三四六　弜以在茲　3

三三三一六　癸未在茲彭桒　4
三四一三九　甲辰…弜…在茲作宗若　4
三五三三九　…貞其在茲…　4
三六五三二　庚寅王卜在䕡貞余其次在茲上醫今
秋其敦其呼𢦏示于商正余受有祐王𡆥
曰吉　5
屯一三〇　癸酉貞䣄元在茲　4
懷九六一　丙午卜宁貞無…在茲　1
懷九六二　貞其有𡆥在茲　1

其它

一四〇正　王固曰吉茲曰追光…　1
二四九正　貞乇𠬝于茲庿　1
七〇七五反　王固曰茲𡆥　1
七七九反　王固曰…茲…　1
八一六反　貞王…茲大…弗佐　1
一〇九七　…茲𦎫　1
五四六一　貞𢀛載王事王固曰吉惟茲曰𡆥　1
六〇四三正　貞茲圂　1
六五六六反　王固曰有希茲𠛱執光　1
六五六八反　…固曰茲饗不惟既惟其不…無惟克…　1
六六五三正　甲午卜殻貞王奏茲玉成佐　1
六六五三正　甲午卜殻貞王奏茲玉成弗佐　1
六八八二　壬…內貞…衒其來征我于茲䆋　1
七〇九八　王固曰…嬉茲至…嬉自西…　1
七一五九正　癸…茲有祟…吉　1
七二七六　貞自茲…稱…循…　1
七四二六反　惟之呼犬…固…茲于…征　1
七六九五反　…惟茲…益嬉…　1
七七〇一　甲戌卜爭貞…卯𤘘一王固…茲…　1
一三四五三正　貞茲…霧…　1
一三五八七　甲戌卜貞其有作先茲家　1
一四〇〇一正　壬寅卜殻貞婦好娩不其嘉王固曰凡
不嘉其嘉不吉于𢆶凡茲廼𢀛　1
一四〇三四正　貞子目娩不其嘉王固曰惟茲…嘉　1
一四二〇一　庚午卜內貞王勿作邑𢀛茲帝若　1
一四二一六　貞帝弗𢦏茲…　1
一四五〇五　…岳…茲…三月　1
一五三七六　…茲陟…　1
一五八五四反　…栖于茲…余…　1
一五九五九正　壬辰卜王余禘茲無祀六月　1
一六四八六　貞…茲有…其至囚　1
一七六八六正　貞不惟茲無若　1

著錄	釋文	期
一七〇三	王固曰有祟茲𠭯…	1
一八八九九正	己酉卜爭貞我奏茲旬	1
一九一七八正	…午卜：貞茲聽：囚	1
一九二六六	貞茲𡧊：我：步	1
一九四六二	貞卜：茲㞢：其至囚	1
二〇〇六四	丙寅：貞王茲循：余：	1
二〇三三八	…炏：茲曰：	1
二〇三三八	…曰：茲	1
二一一九六	癸丑卜王貞：暨祀：茲：	1
二一一二九五	癸巳卜：茲衛：	1
二一七三九	丙子𩠐卜我𦥑若茲	1
二一七三九	丙：我：茲	1
二一七四〇	丙子子卜惟丁作茲口	1
二一七九六	辛巳余卜今秋我步茲	1
二一八二九	辛巳卜子貞我自茲惟若	1
二一九二三	癸酉：茲方兄：	1
二二〇〇八	…子：茲：爨：終夕	1
二二一三六	癸未卜爨庚妣伐二十其及茲	1
二三六五一	乙巳卜中貞卜若茲不㝉其大不若	2
二三六八七	丙午卜旅貞惟友：茲見	2
二三八七八	己卯：茲毋	2
二三八七八	己卯卜王茲毋：	2
二四一三四	…卜吳：茲：朳：	2
二四八七二	辛丑卜即貞茲旬惟雨十月	2
二四九〇〇	…卜中：惟茲：惟茲：希	2
二四九八〇	…王卜曰茲下：若茲惟王帝：見	2
二五〇五〇	…辰卜中：惟茲左：	2
二七二五三	己亥：貞王：𤔲有：茲惟祖辛：唯	3
二七二八八	惟茲祖丁爨受祐	3
二七三二八	弜：又：茲：	3
二七四九八	…茲：𠭯𡧊：𣪘小乂用	3
二八〇九八	…其多茲：十邑：而入執：禹千：	3
二八二二九	惟茲年　吉	3
二八五三五	…卜今日戊王其田不遘雨茲允不：	3
二八八七五	擒茲：獲：	3
二九四四五	…一牛：大：一牛茲	3
三四三九五	…酉卜貞：𡆥于𡆥：往茲見：	4
三四八六五正	癸巳貞旬無囚王茲虎	4
三四八六五正	…酉貞：無囚：囚茲虎	4
三五二九一	…夕卜茲見：	4
屯七一三	癸酉貞旬無囚茲三告	4
屯二五三	壬子卜其用茲𩰲　吉	3
屯二五七六	…未貞𠂤束于茲三鼓	4

著錄	釋文	期
屯四〇二五	方出至于茲：	3
英一九二三	癸丑卜王曰貞翌甲寅乞彡酉自上甲衣至于毓余一人無囚茲一品祀在九月遘示癸𣪘彘	2
英二三七四	惟茲	3
英二三七四	惟茲	3
懷一五二四	庚子卜：茲不：爨終月	4
懷一六九三	癸巳卜：祖甲丁其：茲：	5
懷一七七四	惟：茲	5
懷一七七五	其：茲：	5
懷一七八八	惟：茲：	5

幽

著錄	釋文	期
一四九五一正	有黃牛惟幽牛	1
一八二七五	…幽牛：	1
一八二七五	…幽牛：黃：	1
二九五一〇	…幽牛：	3
二九五一一	勿幽牛	3
三三六〇六	惟幽牛　吉	4
屯一三九	惟幽	3
屯七六三	…卜小乙卯惟幽牛王受祐　吉	3
屯三三六三	惟幽牛	3
屯四四二〇	惟幽牛	3
懷一四一〇	…幽牛	3

蠿

著錄	釋文	期
二七九七八	惟蠿行：	3

⿲幺束幺

著錄	釋文	期
三七一正	呼⿲幺束幺凡龍圭	1
五五一三	丙辰卜𣪘立⿲幺束幺事	1

⿱一𢆶

著錄	釋文	期
英一七八九	丙子卜貞雀：旬又五日⿱一𢆶：喜：	1

樂

著錄	釋文	期
三三一五三	…未貞：在樂：	4
三六五〇一	丙午卜在商貞今日步于樂無災	5

- 三六五〇一 己酉卜在樂貞今日王步于喪無災 5
- 三六五五六 癸亥王卜在樂貞旬無畎王囚曰吉 5
- 三六九〇〇 戊申…樂…今… 5
- 三六九〇二 …王卜在𠬝貞…樂無災…在二月 5
- 三六九〇四 癸亥卜在樂貞王旬無畎 5
- 三六九〇五 癸亥卜在樂貞王旬無畎 5
- 英二五六五正 己酉…樂…于喪… 5

濼

- 五九〇二 …以多…濼 1

櫟

- 三六七四六 乙卯卜在櫟貞王步無災 5

傑

- 二六七七七 …辰卜出…今日魚傑 2
- 二六七七八 …巳卜出…今日魚傑 2
- 二六七七九 …今日…傑魚…日允魚 2
- 二六七八〇 …卜出…傑… 2
- 三六七八〇 …卜出…傑… 2

數

- 二四九〇五 …尹貞…數不… 2
- 英二三五七 …魚…數… 2
- 三六五七〇 …宮王…母𢦏… 5
- 三八一七七 辛丑卜貞…日壬王田宰弗御無災𢦏 5
- 三九四六三 𢦏 5

𢇍 繼

- 二九四〇 丁亥卜內貞子商無𢇍在田 1
- 一四九五九 …繼… 1
- 一四九五九 …繼… 1
- 一四九六〇反 貞有繼… 1
- 一四九六一 …有繼… 1
- 一六二二五 丁酉…𢦏勿…𢇍十月 1

- 一七一六六正 壬申卜爭貞…一人…繼 1
- 一九七三七 貞繼 1

𢆶

- 六 癸卯卜㱿貞令郭𢆶在京𦳊 1
- 七一 貞令…𢆶敎…衆 1
- 四八九一 呼遘𢆶望𢀛 1
- 四八九一 …遘𢆶望𢀛 二告 1
- 五五七四 …乞自𠴲二十屯小臣中示…𢆶 1
- 五六六七 貞呼犬𢆶于京 1
- 九二〇〇正 庚辰卜內貞呼𢆶 1
- 九二〇〇正 貞勿呼𢆶 1
- 九九五八 …𢆶…西… 1
- 一〇〇六正 呼𢆶多子 1
- 一二五二一 …貞今旹𢆶… 1
- 一二五二七 …卜爭貞…旹…𢆶… 1
- 一三三〇七 乙亥卜㱿貞翌乙亥酌𢆶暘日乙亥酌允暘日 1
- 一四三一一 丁巳卜㱿貞奏𢆶于東 小告 1
- 一四三一一 貞勿奏𢆶于東 小告 1
- 一四三三三 …𢆶于北 1
- 一五五一五正 庚午卜㱿貞令…延𢆶… 1
- 一五九六八 …帝…𢆶 1
- 一六二三五 …旹…𢆶 1
- 一六二三五 …今旹…𢆶 1
- 一六二三六 庚…貞勿…𢆶 1
- 一六二三七 己丑卜…令…𢆶 1
- 一六二三八 …午卜㱿…令…𢆶于… 1
- 一六二三九 …卜旹…專人…𢆶盂 1
- 一六二四〇 貞今旹𢆶 1
- 一八〇九〇 …爭…耶…𢆶… 1
- 一八三七二 …惟猲…𢆶…京 1
- 二一六〇〇 …𠫑…𢆶 1
- 二一六九五 辛亥卜貞丁今七月𢆶 1
- 二一六九五 辛亥卜我貞丁𢆶今來乙…月 1
- 二一八一八 …𢆶丁…月 1
- 二四七六九 丁酉卜王貞其有囚不𢆶在四月 2
- 二四七六九 己亥卜王貞其有囚不𢆶在四月 2
- 二四九八二 甲戌卜王曰貞勿告于帝丁不𢆶 2
- 二六八七五 貞惟…出𢆶…十一月 2
- 二七九九七 𢆶方𢀛𢦏方作𠂤 3
- 三二一六一 惟𠂤呼𢆶王弗悔 吉 3

三一一六一　其呼茲㞢惟…　3

三二二二七　辛亥貞生月乙亥酌𠕋立中　4

三二五八四　乙未酌茲品上甲十匚乙三匚丙三匚丁三示壬三示癸三大乙十大丁十大甲十大庚七小甲三…三祖乙…　4

三四五三二　丙寅貞酌𠕋　4

二六五〇二　癸亥卜王貞旬無囚在十月不茲　2

三六九六四　…夕茲…步于…無災　5

三九四三五　丙申卜貞王…茲　5

屯 二九　弜先□王步　4

屯 三九一二　…于…沚或茲　4

灉　灉

八三五四　…無災在灉　1

八三五五　…在灉　1

八三五六　戊…貞翌己…王步于灉　1

二四四一五　𢦏在灉　2

二八二二八　惟灉𠬝延受年　3

三〇一八〇　…灉茲…雨　3

三一一六〇　…王其…灉　3

三八一七九　弗澭…夕有大雨　5

屯 七一五　惟灉田𥁕延受年　大吉　3

屯 三〇〇四　乙未卜今日乙其…用林于灉田有…　3

⿰鬥凡

三三六　…卜穷貞翌丁丑其⿰鬥凡有羌十人　1

三三九　乙卯卜貞⿰鬥凡十牛羌十人用八月　1

三三九　甲寅卜貞翌乙卯⿰鬥凡十牛羌十人用　1

四七二　貞…⿰鬥凡…羌　1

一六八二　癸巳卜貞□　1

二三六九　貞…□…　1

四一三九　辛亥卜…貞先尋…雀牛□…侑十…　1

四四九三　貞于庚辰□…八月　1

八〇三二　癸酉灉于磬十牛⿰鬥凡　1

一六一八二　庚辰⿰鬥凡…　1

一六一八三　…勿⿰鬥凡…　1

一八六〇一　貞…⿰鬥凡…　1

一八六〇二　…⿰鬥凡…不…　1

幼

五二　…古貞幼鰻在…　1

一九四一　貞翌…侑于丁幼九　1

四六二四　…幼…𦍩無…　1

二二七三六　…旅貞…幼…大乙至…毓無尤　2

二六四八五　…卜王…無囚…幼在…　2

三五五九七　癸酉卜貞王旬無畎在七月甲戌翌日上甲　…典其幼　5

三五三九九　癸卯王卜貞旬無畎在九月甲辰工典其幼其翌　5

三五四〇一　…王卜貞…畎王囚…在十月…酌幼…上甲　5

三五四三七　癸丑卜貞王賓幼自上甲至于多毓衣無尤　5

三五七五六　癸未王卜貞旬無畎王囚曰吉在八月甲申　工典其幼　5

三七八六七　癸巳卜泳貞旬無畎六月甲午工典其幼　5

三九四五三　王囚…其幼　5

屯 二三九一　其戌幼盂田惟𢦏用　3

英 二二八五　…大…幼無囚二月　2

英 二六〇五　癸巳王卜貞旬無畎王囚曰大吉在五月　甲午工典其酌幼　5

□

一四三五二　乙丑…貞令□…□示十二月　1

一八一六六　…□…囚　1

英 五二八　貞令射□于微　1

□

二七四一五　𠦪父己父庚惟□往□　3

二七四一五　王其□…𠦪至父庚　3

三〇一一一　王其□不遘雨召不　3

告

選録

七八六正　不告　1

一一〇七　乙巳卜𣪘貞我勿有令𢦏弗其㚔　1

一二四二正　用王　不告　1

二四六五　不告黽　1

九九〇六　不告…　1

貞古…年　不告　1

一五五五六　癸未卜穷貞今日燎　不告　不告　二告　1

一七七四五　不告黽　1
一七七四五　不告黽　1
一七七四七正　不告黽　1
一七七四八正　不告黽　1
一七七五一正　不告黽　1
一七七六〇　二告　不告黽　1
一七七六二　二告　不告黽　1
一七七六四　不告黽　1
一七七六五　不告黽　1
一七七六九　二告　不告黽　1
一七七七〇　二告　不告黽　1
一七七七一　二告　不告黽　1
一七七七三　二告　不告黽　1
一七七七四　二告　不告黽　1
一七七七五　二告　不告黽　1
一七七七七　二告　不告黽　1
一七七七八　二告　不告黽　1
一七七八二正　…告　不告黽　1
一七七八三正　二告　不告黽　1
一七七九二　不告黽　1
一七七九二　不告黽　1
一七七九三　不告黽　1
二〇二二八　告黽　1
英　四六正　不告黽　1
英一四九五　不告黽　1
英一四九六　二告　不告黽　1
英一四九七　不告黽　1
英一四九八正　二告　不告黽　1
英一五〇六正　不告黽　1
英一五一〇正　不告黽　1
英一五一一　不告黽　1
英一五二一　不告黽　1

其它

五八五五正　丁巳卜王余告彡　1
五八五五正　丁巳卜…余告彡　1
五八五五正　丁巳卜王余勿告彡　1
五三七六反　…有告三日…　1
三四一五八　己巳卜王弜步告官　4
英一三四反　…告…好…　1
英一三品反　…告…　1

告

九三三八　…工甲…歲…彡不…亦告入…　1
二二一〇二　壬午卜告子嘉　1
二二一〇二　壬午卜告子不其嘉九不　1
二二一〇二　告子嘉　1
二二一〇二　告子不其嘉　1
三三〇九一　…貞…令?…取鼓告…白執三月　4
英一七八八　…未卜王…令十?告…又…十月　1

絧

三二〇四八　…司絧伐三十羌卯三十豕　4
三二〇四九　于司丙寅有絧伐三十羌卯三十豕　4
三二〇五〇　丙寅卜有伐于司絧三十羌卯三十豕　4

劏

二四四五九　戊辰卜…貞王其田于劏無災　2
二四四六〇　壬辰卜出貞王其田…劏無災　2
二四四六一　戊…貞…劏…　2

緈

三六九三八　丁酉卜在緈師貞…王今日迖…無災　5

緐

四五三二反　…子緐…　1

丵

一八四七五　…丵…　1
三四六七四　戊子…品其九丵　4
三四六七四　…其…百又五丵　4
三四六七五　戊子卜品其九丵　4
三四六七五　…五卜品其五丵　4
三四六七七　…品其五丵　4
懷一五六　…丵…二牛…　1

二二〇四九　至𦉪羊　1

櫜　櫜

九四一九反　亥乞自櫜十　1
九四二〇　自櫜十…　1
九四二一　乞自櫜十…　1
九四二三反　櫜十…　1
九四二四　櫜五…　1
九四二五　櫜…　1
九四二六反　乞自櫜…　1
九四二七　卯乞自櫜…　1
九四二八　先𣪊…乞自櫜…　1
九四二九　自櫜…　1
九四三〇　自櫜…　1
九四三一　乞自櫜…　1
九四三二　自櫜…　1
懷　五五一b　自東…　1

其它

一六三九　申卜王惟…祖乙…餗不　1
一八三五　貞勿東王矢三宰　1
八八八六反　百在櫜盧　1
八八八七　櫜盧　1
一〇四二五　戊…埜狩…三日庚辰…櫜既雀…獲兕　1
…一豕…　1
一〇五六六　櫜束…矦束　1
一五四九四反　…百束…　1
一五六九七反　…東盧…岳　1
一五九五〇　貞涉帝于東　1
二三七〇五　甲子卜出貞櫜侑以旲于師歸　2
三一一三七　𠂤邑惟櫜用　3
屯　五〇　束邑王受祐　3
屯一三三三　…𡿨宰…
英一九九六　甲子卜出貞櫜有以旲于寑歸　2
三三〇六四　弗𡆥方　4

束

八九三正　勿𣁋…于東　1
四五一八反　…東來　1
二七五九〇　于既…毋戊東…𦥑…有…　3
二八一九一　辛…東…尹…　3
二九七〇〇　壬子卜其東司魚　茲用　3
三〇三八一　癸酉卜其東三示　3
三〇四八四　有歲壬東示…　3
二〇五四九　…耆　1

糸束

三三五　貞盟…子卓其束子十羌十宰　1
一五一二一　…糸爨…　1
二一三〇六甲　庚辰卜𠂤比糸賫　1
二一三〇六乙　庚辰貞𠂤比糸賫無𡆥四月　1

東

三九五　乙巳卜貞餗于大甲亦于丁羌三十卯十宰用　1
二九五　乙巳…餗…甲亦…羌三十…十宰…　1
六七三正　盟乙卯酌于東祈　1
一四四九正　丙午卜貞餗于大甲于亦于丁三宰　1
一四五〇　戊戌卜㱿貞餗于大甲亦…　1
一八六六　勿于祖丁酌子餗　1
六九八三　…東…　1
八〇八四　貞惟東令比𢀛二月　1
一五三六五　…子…東…陟…二告　1
一八五一三　…東…　1
二一四一六　𠂤東…　1
二五九四九　…盟…東于大…豐丁酌…用　2
三五二四五　壬…乙…東…　4

絲

三三三三六正　…令…絲暨…侯　1
三三三三七　…爭…上絲…侯…若　1
二三五六〇　戊子卜吳貞王曰余其曰多尹其令二侯上絲暨𡆥侯其…周　2

紳　紳

著錄	釋文	期
八八〇正	貞往西多敎其以王…	1
八八〇正	貞往西多敎不其以伐	1
八八〇正	辛酉卜內貞往西…敎其以王伐　二告	1
四五四八	貞王勿令⿰糸尹…	1
四五四九	癸酉卜王貞⿰糸尹大…	1
四五五〇甲正	貞⿰糸尹在王…	1
四五五〇乙正	貞⿰糸尹不在…	1
四五五一	…三⿰糸尹…事…王…保…	1
四六一四	…勿象光…無曰⿰糸尹…于…	1
五四三一	…亥卜王貞…王山來…白⿰糸尹…	1
五九四九	…我王…祀…執白⿰糸尹…乙亥山…曰⿰糸尹…	1
六五二四正	辛丑卜穷貞令多⿰糸尹比望乘伐下危受有祐	1
六五二五正	辛丑卜穷貞令多⿰糸尹比望乘伐下危受有祐二月	1
六七七一正	往西多⿰糸尹…王伐	1
六八一九	…酉…令…上⿰糸尹…侯二…𢦏周	1
八〇八四	貞惟東令比⿰糸尹二月	1
九四七二正	往西多⿰糸尹其以伐	1
二〇〇八八	庚申卜王惟余令伯⿰糸尹史旅	1
二〇〇九〇	癸未卜王…伯⿰糸尹…七月	1
二〇〇九一	…王勿禦伯⿰糸尹史…	1
二〇〇九二	貞…⿰糸尹史…	1
二〇〇九二	…⿰糸尹史…	1
二〇〇九三	…卯卜王…⿰糸尹來征十月	1
二〇〇九四	庚…𣎵王…惟王…⿰糸尹…	1
二〇三五九	…捍⿰糸尹	1
二〇四四〇	允⿰糸尹祝降	1
二〇四六三反	己…卜史人婦伯⿰糸尹	1
二〇六二四	…辰卜王⿰糸尹有聽	1
二〇六二七	…卜𣎵…口⿰糸尹南土	1
二一三八一	…辰卜王貞…有疾…⿰糸尹…永…	1
二二二七四	乙酉⿰糸尹丁無至辛巳允子無	1
三四二五六	庚寅卜告…⿰糸尹尹𠨘冊于河廼…	4
英　三六七	⿰糸尹	1

穀

著錄	釋文	期
四六五	…卯卜…惟…令…穀…	1
四〇二五	乙卯卜貞惟𡚬令比殺受甾	1
四〇二五	乙卯卜貞惟𠂤令比殺…	1
六〇七三	癸丑卜穷貞令眷商穀舟由	1
一八五九六	貞勿商殺由戠	1

著錄	釋文	期
三六八三九	庚寅卜在殺貞王田往來無災	5
屯四五八四	王惟𢾃犬比無災	3
一五二正	貞朕芻于凶𢾃	1
一五二正	貞朕芻于𢾃	1
七八〇	貞莫于丘𢾃	1
二八五七	…卜…𢾃仲婦	1
四二四八	貞莫于丘剢	1
一六四四八	…剢…	1
一七四六四	癸巳…貞…往…剢…	1
二一〇七三	丙寅卜…弜…剢…囚	1
二一四七七	至剢…至	1

敕　𣪘

著錄	釋文	期
二七一三三	惟…𢾃	3
三二〇六六	…丑貞王其…十羌又五…于酌𣪘	4
三二一五〇	辛…𢾃…乙…	4
三二三五〇	來丁未餗于祖乙	4
三二八八四	乙卯貞丁巳其𣪘	4
三二八八四	…卯…巳…𣪘	4
三四一一〇	…敕…于五示	4
三四五七九	于乙丑餗	4
三四五八〇	…其餗于…	4
屯　六五	乙卯貞丁巳其餗	4
英二四〇二	己亥貞其餗…	4
英二四〇二	己亥貞其餗于祖乙	4
懷一五七七	乙卯貞于丁卯𣪘	4
懷一五七七	乙卯貞丁…其𣪘	4

柬

著錄	釋文	期
二〇五七六反	辛巳柬祖辛父	1
二〇六四六	丁丑柬入七	1

叙

著錄	釋文	期
六三四三	貞惟舌方叙伐𢦏	1

二九二八四 其田徭于𤰈無災擒 3
二九二八四 …𤰈 3

圉

一九九五六 癸酉卜足于畀𨑦…入圉𠂤比 1
二一三〇二 …十圉… 1
二二三八八 …足…𠂤…圉… 1

䢅

一五二二〇 貞䢅姓 1

紷 齡

一三七五一正 貞紷…疾 1
一三九〇二 …紷骨凡有疾 1
二七八八七 惟齡 3
二七八八八 惟齡令 3
二九七一五 逆𠦪紷 3
三一八一二 …紷 3
三二九一九 …𡗜齡… 4
三六五〇八 …卜貞今囚巫…人方…率糾…紷…
印余…比侯… 5

四四八八 癸酉卜王命冎告 1
四四八九 丙寅卜令命比元… 1
四四九〇 …不…命… 1
一九八七八 癸丑…紷亦…侑祖…𣪘祖… 1
二一二三四 紷…即… 1
二一四七〇 乙亥卜即紷不橐 1
二一四七〇 …紷其𣎆…立 1

娕

七一五三正 …娕子𡆥一月 1

鞋

二七四三九 己卯卜𩑋貞…帝甲鞋…其暨祖丁…至?… 3

⿱⿰酉束殳

三六五二五 癸未卜在師貞今囚巫九备王于𡴎侯缶 師王其在𡴎⿱⿰酉束殳正 5

⿰酉束 ⿰酉⿱束殳

三七七 庚辰卜貞衣𠂤歲作⿰酉⿱束殳自祖乙至于丁十二月 1
一五九四 乙酉…貞來乙未酚⿰酉⿱束殳于祖乙十二月 1
一五八一六 丁酉卜爭貞來丁未⿰酉束王 1
一五八一八 癸未卜貞⿰酉束豊惟有酒用十二月 1
一五八一九 貞勿⿰酉束執 1
懷 一二〇 …貞翌丁…酚⿰酉束… 1

餗

四七一四 …𠦪…餗…王?十月 1
五九〇九 甲辰卜貞勿餗𠂤十一?月 1
六六六七 …卜爭貞𠂤伐衣于…餗王十一月 1
九九〇九 貞…丁…餗 1
一〇一一一 …貞來乙亥𠦪其餗王若九月 1
一四一二五 貞仲婦尊餗其用于丁… 1
一五八二〇 …餗… 1
一八五八三 …卜出…翌辛卯…喜餗…用允…用 2
二四一四六 貞其餗 2
二六〇六六 …出貞…餗翌…用… 2
二六〇六七 …王其侑大乙惟餗 3
二七〇九五 …大乙大丁大甲其作餗餗門作豊庸又… 3
二七一三七 惟乙卯酚餗 大吉 3
三〇八〇六 惟丁巳酚餗 3
三〇八〇七 其酚餗不遘… 3
三〇八〇八 丁丑卜其餗… 3
三〇九五〇 乙未王其餗湄… 大吉 3
三〇九五二 惟餗 3
三〇九五四 甲…貞其餗…暨…王受… 3
三〇九五五 惟餗 3
三〇九五六 丁亥貞𩞄不遘雨 4
三一二一六 丙寅貞丁卯酚𠦪尊餗有伐 4
三二三三五 乙亥其餗自祖乙至多毓 4
三三五四八 其餗自祖乙 4
三三五四九 癸巳貞于彡衩惟餗先 4
三四四一五 丁丑酚𡔷…雨 4
三四五七〇 弜餗 4
三四五七二 乙巳貞衩彡其餗 4
三四五七二 弜餗 4

餗

著錄	釋文	期
三四五七二	癸未貞其餗	4
三四五七三	乙巳貞叙彡其餗	4
三四五七三	癸未貞其餗	4
三四五七三	弜餗	4
三四五七三	弜餗	4
三四五七四	甲辰卜餗歲牢	4
三四五七五	餗其二牛	4
三四五七八	…餗	4
三四五七九	于…亥餗	4
三四九八二	癸亥卜在師貞王在𦎫妹其餗往正王	5
屯四一七	…其奏餗	4
屯四一八	…酉卜其餗…乙未彫	4
屯六一〇	戊午卜其餗妣辛牢　吉	3
屯六一〇	弜異彫惟餗惟吉	3
屯六三五	乙卯其餗不遘…	3
屯九五二	…餗彫于父…	3-4
屯九七四	乙亥貞餗弜歷彫卯	4
屯一〇五五	丁丑卜餗其彫于父甲有庸惟祖丁用…	3
屯一〇五五	庚子卜其餗新…𦎫…酉	3
屯一〇七二	癸未貞其餗	4
屯一〇七二	弜餗	4
屯一〇七二	于生月餗	4
屯一〇八九	癸酉貞其…餗戠伊…	4
屯一〇八九	甲戌貞其告于父丁餗一牛　茲用	4
屯一〇八九	甲戌貞…彫餗自…盤至于多毓用 牛…羊九犬十父一…	
屯一〇八九	丁…貞乙亥彫餗	4
屯一〇八九	庚午貞餗于祖乙…牛	4
屯一〇八九	餗其二牛	4
屯一〇八九	弜餗	4
屯一〇九〇	丙寅貞…彫𠦝尊餗…卯三牢于父丁	4
屯一一〇六	甲辰貞曰餗祭	4
屯一一一五	癸卯貞惟餕先于大甲父丁	4
屯一一三〇	餗百…	4
屯一六八三	…餗…	4
屯一七〇一	乙…惟餗…	4
屯三七三四	乙亥卜…餗迺侑祖…	4
屯三七二四	癸未卜…彫餗…	4
屯三九〇八	…餗	4
屯四一八一	…于卜翌日乙丑…餗大乙無尤	3
屯四三〇一	癸巳貞戌大彡…其奏餗	3
英二四七七	…未貞其餗…	4
英二四七七	…用…餗	4
英二三六〇	…申卜其餗…	3

⿰車賣

著錄	釋文	期
八二四五	…⿰車賣	1
八二四六	…爭貞王往于⿰車賣	1
八二四七	己亥卜殻貞王往于⿰車賣	1
八二四八	貞王勿往于⿰車賣	1
八二四九	貞勿往于⿰車賣	1
三四一九	…⿰車賣	2
英七三一	…往于⿰車賣	1

著錄	釋文	期
二一一四九	…有𦎫𢊁?…	1

倲

著錄	釋文	期
三五二五	甲午入倲…	4
三九六五	癸未卜…成衣于…小乃㚬	5

係

著錄	釋文	期
四九五	丙午卜爭貞係其係羌	1
一四三八四	…戠…係…	1
一八四六三正	…其絲…	1

弔　係

著錄	釋文	期
四三二七	貞師般弔侑…	1
四三〇六	貞禦弔于兄丁	1
六六三五	貞矢弔羌龍　二告	1
六六三六正	丙辰卜殻貞矢弔羌龍	1
六六三七正	貞矢弗其弔羌龍	1
二一五〇六	癸丑卜弗午𡨦?…	1
二一七二二	丁丑…商弔…	1
二六七三八	…卜弔…無…	3
三一八〇六	弔…	3
三一八〇七	弔	3
英一一一八	…貞开…弔弗…骨凡	1

弟

著錄	釋文	期
九八一七	貞𡧊冎弔…于敎祀若…黍年	1
一八四六三反	…弟…	1
一九二〇七	貞惟㞢中令司父十一月	1

著錄號	釋文	數
二二一三五	貞啓弟	1
二二二五八	丙午貞啓弟	1
二四一三四	丁酉卜兲貞多君曰來弔以𢀛王曰余其…	2
三一八〇八	壬…卜貞…弔…	3
三一八一〇	…巳…弔…	3
英三四七	…弔母…	1
英八二四	貞叚何弔	1
英八二四	貞勿叚何弔	1
英一二八四	…子卜…貞奏…弟…茲…	1
英一九〇〇	丁卯子卜弔歸	1
英二三七四	庚子卜多母弟暨酉𡧊	3
英二六七四正	𩁹弟曰啓	5
英二六七四正	御弟曰𡗝	5
一八八五七	…𢦏…至…	1

升

著錄號	釋文	數
二一三四〇	己巳从升	1
二一三四一	辛未从升	1
二一三四一	翌…从升	1
二一三四二	庚从升	1
二一三四三	翌丁…从升	1
二一三四四	丁从升	1
二一三四五	…升	1
二一三四七	…从升	1
二一三四八	翌丁从升	1
二一三四九	庚从升	1
二一三五〇	庚从升延雨	1
二一三五〇	翌辛…升	1
二一三五〇	辛从升	1
二一三五三	辛从升	1
二一三五四	庚申升	1
二一三五五	甲从升	1
二一三五六	翌庚从升	1
二一三五七	己未…𤊾…从升	1
懷八五二	…其…浮…	1
二九五四三	癸酉…其衍…𣪍	3

著錄號	釋文	數
一〇四六	貞于俞彭…小宰	1

必升祔禨

著錄號	釋文	數
二三二一四	己亥卜行貞父丁必歲宰牡	2
二三二一七	…卜行貞庚必歲王其𣪍	2
二三二四八	癸丑卜王貞翌甲寅王其賓父丁必	2
二五〇五六	庚申卜行貞其侑于妣庚升一牛	2
二五八六七	…王賓…升…囚	2
二五九三七	乙丑卜出貞大史必彭先彭其有匚于丁三十牛七月	2
二五九八五	…戊卜…翌丁亥…丁必歲…𢦏彭	2
二五九九四	…翌庚…庚必…惟…	2
二五九九五	…卜行…庚午…庚必…	2
二六〇二〇	甲子卜行貞其禦于庚必	2
二六九五四	乙卯卜狄貞獻羌其用妣辛𢦏	3
二六九六二	在升用王受祐	3
二六九七六	其乂執父甲于升 大吉	3
二七〇〇一	貞翌丁亥其有伐于升	3
二七〇〇五	…升…歲𢓊𢦏…大丁卜伐王受有祐	3
二七二八六	惟母濞用祖丁升	3
二七三三五	癸未卜祖甲祏升惟… 吉	3
二七七二九	…𣈊…作…升…	3
三〇三三〇	翌日己酉父庚必惟其即宗	3
三〇三四八	祖丁必皀卯惟牛王受祐	3
三〇三四九	至祖丁必王受祐	3
三〇三五〇	…于小乙舌于祖丁舌于…必…	3
三〇三五一	…卜其舌于祖丁必	3
三〇三五二	…正于…祖丁必	3
三〇三五三	惟…祖丁…	3
三〇三五三	惟𢓊用祖丁必	3
三〇三五四	惟歸…雍用祖丁必	3
三〇三五四	惟母濞用祖丁必	3
三〇三五四	惟[illegible]万用祖丁必 吉	3
三〇三五五	弜可祖丁必	3
三〇三五六	其即父庚必	3
三〇三五七	…未卜父甲必夕歲…	3
三〇三五八	…卜其祝父甲必惟舊冊… 吉	3
三〇三五九	癸亥卜其有夕歲于父甲必王受有祐	3
三〇三六〇	…于二必惟…	3
三〇三六一	…必卯惟羊	3
三〇三六二	貞帝于必	3

三〇三六三　弜于必吉　3
三〇三六四　：子卜祝在必　大吉　3
三〇三六六　在必王受祐　3
三〇七二八　必歲鬻尊王受祐　3
三〇九二二　貞夕禊其遘雨　3
三〇九六〇　即大乙祈歲王：　3
三〇九七二　：卯卜惟奠祈　3
三〇九七三　其蒸新鬯二必一卣于：　3
三〇九八六　其蒸二必　3
三一〇四五　弜饗鬛鬻尊必　3
三一一一九　：竅必歲彰　3
三二〇三〇　庚戌卜作啼庚禊　4
三二〇三〇　弜作禊　4
三二三九〇　上甲史其祝父丁必　4
三二六五四　祝于父丁必　4
三二七一六　：卜其侑父丁必惟今日戊彰　吉　4
三四四三九　：延必侑：　4
三五三五六　乙丑卜貞王其有久于文武帝必其以羌五人正王受有祐　5
三五三五六　：子卜貞王其有久于文武帝必其□月有省于來丁丑卣彰王弗悔　5
三五六三〇　貞：禊：　5
三五七〇九　貞王賓羌甲禊：　5
三五七一九　：祖丁升：受祐　5
三五七七六　：貞王賓禊無尤　5
三五九一三　：在師貞祖甲必：戊必若我受：　5
三五九八五　：卜貞：祖丁必：牢　5
三五九八七　：卜貞：必：其牢：用　5
三六〇〇二　甲寅卜貞武乙必其牢　5
三六〇一三　甲辰：必：牢　5
三六〇一七　：卜貞：必：羊：用　5
三六〇四四　：卜貞：必丁：牢　5
三六〇五五　：貞：必：牢　5
三六〇五六　：貞：必：牢　5
三六一〇一　甲子卜貞武乙必丁其牢　茲用　5
三六一〇二　甲子：武乙必丁其：　5
三六一〇四　甲戌卜貞：武乙必：其牢　5
三六一〇五　甲戌卜貞武祖乙必其牢　茲用　5
三六一〇六　甲申卜貞武乙必丁其牢　5
三六一〇七　甲申卜：武乙必丁其牢　5
三六一〇七　：必：　5

三六一〇七　：貞：必：牢　5
三六一〇九　甲申卜貞武祖乙必其牢茲：　5
三六一〇九　：卜貞：必：牢：用　5
三六一一〇　甲申卜：祖乙必：　茲用　5
三六一一一　甲：卜：武：必丁：牢　5
三六一一一　：卜貞：必丁：其用　5
三六一一二　甲午卜貞武乙必：　5
三六一一三　甲辰卜：武乙必：其：　5
三六一一四　甲辰卜：武祖乙必丁其牢　茲用　5
三六一一五　甲辰卜貞武祖乙必其牢　5
三六一一五　甲寅卜貞武祖乙必其牢　5
三六一一五　丙午卜貞文武丁必丁其牢　5
三六一一六　甲辰卜貞武祖乙必其牢　茲用　5
三六一一六　：文：必丁：　茲用　5
三六一一七　甲辰卜：武：必：牢　5
三六一一七　：貞：必：牢：用　5
三六一一八　甲寅：武：必丁：牢　5
三六一一九　：卜貞：祖乙必：牢：用　5
三六一二〇　：卜貞：祖乙必：牢：用　5
三六一二二　：武祖乙必：　5
三六一二五　：貞翌日乙卯王其有久：必正王受有祐在正月　5
三六一三四　：卜貞：祖乙必：牢　5
三六一四五　：貞：武：必：牢　茲用　5
三六一六四　：貞文：必丁：　茲用　5
三六一六九　：其：久武乙：必彰：王受：　5
三六一七二　庚：久于文：帝必正：　5
三六三一七　：貞昔乙卯武必：癸亥其至于杙癸必丁　5
三六五三四　戊戌王蒿：文武丁祈：王來征：　5
三七三八七　：二必：正王：有祐　5
三八四五九　貞王賓禊無尤　5
三八四六四　貞王：禊：　5
三八六九六　辛卯卜貞王賓二必蒸無尤　5
三八七三三　甲子卜：必：茲：　5
三八七三四　甲子：必丁：茲用　5
三八七三五　：子卜貞：必：茲用　5
三八七三六　甲辰：必丁：茲：　5
三八七三六　：貞：必丁：　5
三八七四〇　：貞：必：災　5
三八七四一　：卜貞：必：羊　5
三八七四二　：卜貞：必丁：牢　5
三八七四四　：卜貞：必：牢：用　5

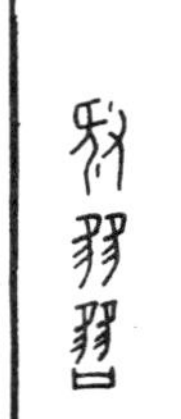

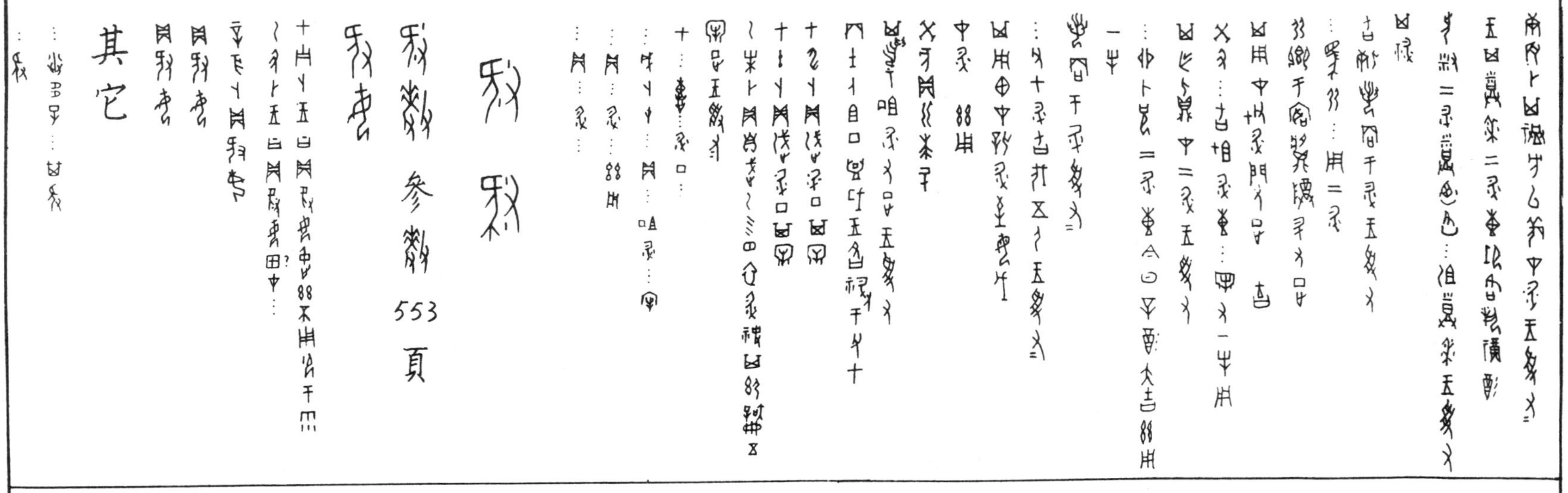

著錄	釋文	期
屯六〇六	庚辰卜其蒸方以羌在𠂤王受有祐	3
屯六一八	王其蒸禱二𠂤惟卯各馘禱酌	3
屯六一八	先祭二𠂤蒸延各…祖乙蒸禱王受祐	3
屯六四〇	其祈	3
屯八二二	舌妣庚若𠂤于𠂤王受祐	3
屯九六七	…馬弜…用二𠂤	3
屯二二六	弜饗于廳𠂤有正	3
屯二三二四	其用在父甲𠂤門有正　吉	3
屯二三四三	癸丑…舌祖甲𠂤惟…牢又一牛用	3
屯二三四五	其作鼎在二𠂤王受祐	3
屯二三四九	…卯卜祝二𠂤惟今日辛酌大吉茲用	3
	一牛	3
屯二三九三	若𠂤于𠂤受有祐	3
屯二五三〇	…父甲𠂤舌伐五人王受有祐	3
屯二五三八	其用𠂤在妣辛𠂤至母戊	3
屯二七〇四	在𠂤　茲用	3
屯二八六〇	癸亥貞弜𠂤	4
屯三八六六	其𠂤祖丁𠂤有正王受祐	3
英二二二二	丙午卜祖丁盟歲王各禱于父甲	3
英二五二四	甲申卜貞武乙𠂤丁其牢	5
英二五二四	甲午卜貞武乙𠂤丁其牢	5
英二五一八	乙未卜貞自武乙𠂤日衣𠂤禱其即𠂤五	5
	牢正王受有祐	5
懷一六八七	甲…𠂤丁…	5
懷一六九九	…戌卜在…貞…祖丁𠂤…牢	5
懷一七〇〇	…貞…𠂤…茲用	5
	…貞…𠂤…	5

敹

參敹553頁

著錄	釋文	期
二三六五八	甲子卜王曰貞敹母叀茲不用樂于雨	2
二四一二〇	乙丑卜王曰貞敹母上甲在…	2
二六九〇七正	辛亥卜貞敹每	3
二七一四八	貞敹母	3
二七一四八	貞敹母	3

其它

著錄	釋文	期
三二三九七	…𠂤多子…其敹	1
三二三九七	…敹	1

著錄	釋文	期
二二七二九	貞敹…	2
二六八三二	…貞…敹…	2
二七一六〇	敹…	3
二七一八四	敹…	3
二七二五五	貞其令呼射麇敹	3
二七三〇二	…敹止惟莫	3
二七三三九	其敹	3
二七三九七	敹…	3
二七四三一	敹…	3
二七四五三	庚寅卜貞敹	3
二七四五六正	丁未卜何貞其敹史	3
二七九三三	敹	3
二七九八七	敹于之若王弗悔	3
二七九八七	敹于之若王弗悔	3
二八〇一一	壬戌卜狄貞敹勿以來	3
二八〇〇二	貞其敹在不𢓊	3
二九五〇四	其敹弜用	3
二九六八二	貞敹…𠂤歲…	3
三一八七八	辛酉卜貞敹止	3
三一八三三	壬午卜岳來于𠬝敹	4
三四三三一	…敹…	4
三四四四五	敹中…	4
三六四二五	敹弜从	5
英二四〇七	…敹之…	2

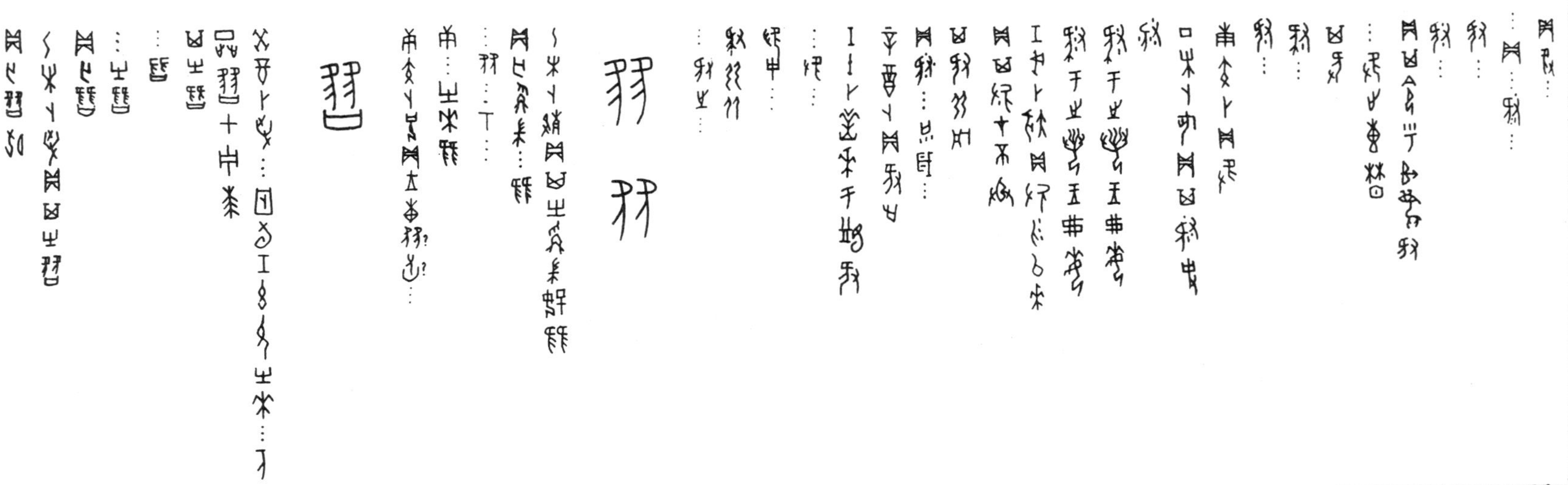

著錄	釋文	期
六六五三正	乙未卜殸貞其有稱婦好𠂤	1
六六五三正	貞無稱婦…𠂤	1
一八三三三	…𠂤…示…	1
一九四〇五	庚…有來𠂤	1
三三六九七	庚寅卜祝貞王惟…𠂤…	2

著錄	釋文	期
五八三正	癸酉卜爭…旬壬午允有來…亥	1
九七四正	征翌甲子奏	1
九七六	其有翌	1
一八九九正	…翌	1
一八九九正	貞無翌	1
三二七一正	乙未卜爭貞其有翌	1
三二七一正	貞無翌九月	1

五九五一正 貞勿呼逆執羌 不𠓁黽 二告 小告
六七七八正 癸丑卜穷：嬄之日正…延羌…亦𠂤
六〇六三正 …無囚丙戌觀僕羌二月
七〇九六正 …有祟…有來嬄…羌…其…
七一五〇正 …未卜…曰有祟四日…盧僕羌…
七一五三正 王固曰有祟其有來嬄八日庚…雉有冊
曰羌
一三六一九 丁亥卜殻貞羌享首腥于…
一八二一三反 …曰…羌…
一八二一四 貞…羌…
一八二一五 …羌…
一八二一六 …羌…
一八三二四 …三…丙戌…允羌…
一八三二五 …無羌…
一九四〇六 貞無來羌
三二二七二 …羌入弗悔
懷 八八五 …羌…

一三五二一正 丁酉卜亘貞將𠂤于𡆥
二〇二五六 丙辰卜自貞王曰…我侑我…束延…

二一六〇五 孜于戊至
二一七〇八 丙申余卜印執孜
二一七〇八 丁酉余卜執孜
二一七〇八 辛丑余卜印執孜
二一七〇九 癸巳…𢓊…孜
二一七〇九 丙申余卜𢓊執孜
二一七〇九 丁酉余卜執孜
二一七一〇 壬辰余卜印執孜
二一七一〇 …未…卜執孜
英一九〇三 癸巳余卜弗執孜
英一九〇二 …酉余卜…至孜

一一〇一六 貞于𢾡先冒一月

乍 作

116頁 826 827頁

一三五四二 甲子卜爭貞作王宗
三〇二九五 其作亞宗
三四〇四三 甲申卜…弜𣪊作宗
三四一三九 甲辰…弜…在茲作宗若

一三五一七 丁卯卜作宀于洮
一三五一七 勿作宀于洮四月
二二二四六 辛未卜作宀
二二二四七 辛未…作宀

六六六六 庚午卜穷貞穷方其圍作捍
六九二二 …伐𣪊…作捍
六九二三 貞𣪊歸其作捍
七七五〇 辛卯卜其…作𠂤

六五〇五正 …作比望乘伐下危下上弗若不我其受祐
六五〇六 貞今𡆥王勿作比望乘伐下危下上弗若不我其受祐 二告
一三三三六 …今𡆥王作比…
英五八八正 貞今𡆥王勿作比望乘伐下危

二七七九六 其作倿于𠂤木丁
三〇二六六 …卜王其作倿𢓊于寓…吉
三〇二六七 王其作倿于旅邑…其受祐
三〇二八一 其作倿于…
屯二一五二 于萷作倿宿𢦏 大吉
懷一四六〇 弜作倿

一三五一四甲正 辛卯卜殻貞基方…作郭不𠳋弗雹四月
一三五一四甲正 辛卯卜殻貞基方缶作郭不𠳋弗雹…
一三五一四甲正 辛卯卜殻貞勿𥟦基方缶作郭子商…

一三五一四甲正　辛…卜殼貞勿𩁹基方缶作鄣子商　1
一三五一四乙正　𢦔四月　辛卯卜殼貞基方作鄣其𡆥　1

二六〇五四　貞其作豊　2
二六九一四　貞其作豊呼伊禦　3
二七一三七　…大乙大丁大甲其作𫹉𫹉門作豊庸又…　3
二九六九二　…作豊　3
三〇九六一　惟𠂤公作豊庸于…有正王受…　3
三一一八〇　弜作豊　3
三三五五七　…貞日于祖乙其作豊…　4
三四六〇九　弜作豊　4
屯二四三　弜作豊　4
屯二三七六　其作豊有正　3
屯二三七六　弜作豊　3

二一六一五　乙酉卜𢓊貞我無作口　1
二一七四〇　丙子卜惟丁作茲口　1
二一七二七　丙戌子卜貞我無作口　1
二二四〇五　有作𩁹口于　1
英一八九七　辛巳卜𠶷貞無作口　1

六四九七　…我其巳穷作帝降若　1
六四九七　…我勿巳穷作帝降不若　1
六四九八　…卜殼貞我其巳穷作帝降若　1
六四九八　…殼貞我勿巳穷作帝降不若　1
一三五二五　甲戌卜爭貞我勿將自茲邑𩁹穷祀作若　1
一三五二九　…爭…勿將…邑𩁹…作若　1
二一八二六　癸酉子卜高作不若　1
二一八二七　…戌子卜…作不若　1

一七〇五〇　貞其有作𧊒　1
三一九八一　乙亥貞惟大庚作𧊒　4
三一八八一　大庚不作𧊒六示　4
三四一〇一　其作𧊒　4
三四一〇一　其作𧊒　4
三四一〇一　其作𧊒　4

其它

八　…卜貞衆作藉不喪…　1

二五　丁卯卜貞望𠂤多方示咒作大…七月　1
三二正　庚申卜殼貞作賓　1
三二正　庚申卜殼貞勿作賓　1
二一七　…其作　1
二六七　丁…穷…作…𢍰…八月　1
三七七　庚辰卜貞衣𢆶歲作醴自祖乙至于丁十二月　1
四一五臼　…永…作…　1
九〇四正　貞乍其來　1
九〇四正　乍不其來　1
九〇四正　貞其有作　1
九七四正　貞無作　告　1
一三六三　…作山成…其鼎…　1
一四〇四　庚申卜爭貞乍大丁　1
一七二四反　作册　1
五四五〇　貞弗作王若　1
五六五八反　作册西　1
五七一六臼　丁亥乞自雩十屯作示　免　1
六五七一正　貞曰子商至于𡆥丁作山𢦏　1
六五七一正　勿曰子商至于𡆥丁作山𢦏　1
七〇二四　乙卯卜作𢀛𡆥　1
七一八八　庚戌卜貞羽不作𡆥　1
七三七八　…其作中　1
八八六六　貞不作十月　1
七八八二　…卜王…不作丰…　1
九四七二正　令尹作大田　1
九四七二正　勿令尹作大田　1
一二七四正　貞呼作圃于𡆥　1
一二七四正　勿作圃于𡆥　1
一三二四　…𡆥…作…　1
一三二五　…今𡆥…作…　1
一三四四五正　貞作…　1
一三四九二　壬寅…貞我作…　1
一三五〇〇　…殼貞我作…　1
一三五〇四反　…寅卜永貞…王固曰…作大…　1
一三五一二　戊午卜貞我…作…　1
一三五一二　丁未…貞勿作大…　1
一三五一八　…固曰其作…　1
一三五一九　弗作　1
一三五二〇　𠬝呼作七月　1
一三五二六　甲戌卜殼貞我勿將自茲邑𩁹穷祀作　1
一三五二七　甲戌卜殼貞我勿將…茲邑𩁹…祀作　1
一三五六八　…巳卜穷貞王去作寢　1
一三五八七　甲戌卜貞其有作先茲家　1
一三六四六正　貞作𥁕婦好贏　二告　1
一三七九三反　貞作𩁹雨不其…　1

一三八五二　貞作告疾于祖辛正　1
一三九二七　其作　1
一三九二九正　其作　1
一四一八三　貞帝弗作王…　二告　1
一四一八四　貞帝其作我孽　1
一四一八六　…卯卜帝其作…　1
一四八六〇　乙亥卜穷貞作大禦自上甲　1
一五一九一　戊…卜殼貞我勿作賓　1
一五四二四　辛巳…貞作…用于…四月　1
一五九三〇正　貞呼…作…　二告　1
一六四六三乙　…貞祀作…　1
一六四二三　…亥卜貞作…　1
一七〇八六　乙酉卜亘貞作禦斵庚不㞢　1
一七三四〇　丙…爭…令作孽　1
一七三四一　…其亦…作我孽　1
一八〇〇六　貞無作死　1
一八七八一反　…貞作𣳫…　1
一八八三三　…𢓊…　1
一九四三一　…甫作…　1
一九七三九　…其作…九月　1
二〇一九三　…辰卜…作…即…令　1
二〇二七五　王作…𠂤于…牛　1
二〇三〇〇　…辰卜王…千作　1
二〇五四六　…丑卜王貞余作…循于之矢　1
二〇七八〇　…卜畄曰五作其獲…月　1
二一〇二七　…作示十在豕…　1
二一〇五九　丙申卜作土丁　1
二一三八四　…巳…既夢…作𠈌耳鳴終…大…　1
二一五二五　庚辰卜其作…　1
二一七〇五　癸…貞…作多亞　1
二一七〇七　…我作多亞　1
二二四三二　癸丑卜丁禦作　1
二三四五二　…惟…作…于母辛　2
二三五八六　…大貞作…　2
二三七一一　…大貞作喪小豹…　2
二三七一一　…大貞作孽小豹無𢘅　2
二三七一二　丙申卜出貞作小豹日惟癸八月　2
二三七一三　丙申卜出貞作小豹惟癸八月　2
二三七一四　丙申卜出貞作小豹日惟癸八月　2
二三六四九　…卜行貞…𢓊無…　2
二四六五五　辛酉卜…貞翌癸…其作…二月　2
二四九五二　…大貞作王寢于…　2
二四九五三　乙亥卜出貞作王寢告…　2
二五〇二一　貞其作…　2

二六九七四　…執工不作尤　3
二七一七三　…叀卯…作尤　吉　3
二七二三六　乙酉…貞祖乙…其作…　3
二七三五二　惟小乙作美庸用　3
二七七二九　…暊…作…升…　3
二七七九六　弜作　3
二七八九〇　惟小臣妥𢦔不作自魚　茲用　3
二七九五九　壬戌卜馬…衷弗作王…　3
二七九九七　□方□叡方作□　3
二九六八八　弜作其悔　3
二九六八九　弜作其悔　3
二九六九二　其作…　3
二九九九〇　其作龍于凡田有雨　吉　3
三〇〇七三　其作𦣞于…　3
三〇〇七四　弜作𦣞　3
三〇一四二　庚午卜翌日辛亥其作…遘大雨　吉　3
三〇四四五　于□作王弗悔　3
三一〇七一　惟王有作□　4
三一九九三　作妣丁　4
三二〇三〇　弜作□　4
三二九八〇　甲午貞其令多尹作王寢　4
三三〇〇六　丁酉貞王作三師右中左　4
三三二〇九　癸亥貞多尹弜作受禾　4
三三二四九　辛亥貞作…燎受禾　4
三四一七二　甲寅卜作祟萑𠣬…　4
三四四四五　其其㚇叨丁弗作　4
三四七〇九　非作
三六四八二　甲午王卜貞作余酌朕秦酌余步比侯喜征人方二㲋示受有祐不𢀛𢦔囚告于大邑商無…在畎王𡆥曰吉在九月遘上甲𢦔惟十祀　5
三六四八三　甲午王卜貞作余酌…余步比侯喜征人方　5
屯附三　作疫父乙豕妣壬豚兄乙豚化…兄　甲豚父庚犬　3-4
屯二一九　…高祖乙作…　3-4
屯一二四九　…王其作…酌…　4
屯一三四七　…丁作亞…
屯一四六三　惟妣作延戈　4
屯二一四八　弜呼…執工其作尤　3
屯二三四五　其作鼎在二必王受祐　3
屯二四六三　…卯卜其作方　4
屯二六八五　壬申貞大示惟作我□　4

- 屯二九六三　…作方其祝上甲　3
- 屯三〇〇一　…其萈作方其祝…至于大乙于之若　3
- 屯三三八九　…萈作方…　3
- 屯三八三五　作見萈惟秽　3
- 屯四三三〇　丁亥貞今秋王令衆䏝作…　4
- 英七六八正　…其作王　二告　1
- 英一二一一　貞…作龐…　1
- 英一二一二　…方貞不作龐　1
- 英一三六一　…未…貞…作…　1
- 懷四四四　…作菱…　1
- 懷七七一　…凡…作…　1
- 懷八七九　…貞作…　1
- 懷八九七　其作　1
- 懷一二六八　甲子卜大貞作𡧊子母寤暨多母若　2

攸

- 二九六九〇　…万其攸…吉　3
- 三〇二七〇　于翌日壬廼攸庸不遘大風　3
- 三一〇一八　万其攸庸斗惟…吉　3
- 三六七七五　癸巳卜在徹貞王迖于射往來無災攸毗　十終　5
- 三七四七四　…卯卜貞…攸于享京往來無災　5

[illegible]

- 二二六八〇　己巳…貞贏不既弜其亦奏自上甲其告于丁十一月　2
- 二三一六六　…酉卜旅…亦弜…于毓祖乙…其斗…　2
- 二三六九二　丁未…貞贏不…弜其亦𢍰惟…　2
- 二三六九四　…巳卜旅貞贏不即弜其亦尋𢍰…惟丁亥
- 彭十一月　2
- 二五八九二　辛亥卜潹貞贏不既弜其亦𢍰惟丁巳彭　2
- 二五八九二　辛亥卜潹貞贏不既弜其亦𢍰其弜宊…　2

乂

- 一〇九六九正　貞王勿狩于乂　1
- 一〇九六九正　貞王狩于乂　1
- 一〇九六九正　貞王狩于乂　1
- 一〇九六九正　…勿狩…乂　1
- 三二一〇三　癸巳貞有斗伐于伊其乂大乙彡　4
- 屯五三二　其乂大乙彡　4
- 英八四九正　貞王勿…狩乂既陷麋歸九月　1

爻

- 三五一二　…學戊　1
- 七八六二　侑于爻戊咸…　1

其它

- 六　庚寅卜貞翌辛卯王𩵋爻不雨八月　1
- 三八　…𡇒己未㝛龜𠣞往自爻圉　1
- 一三九正　…秋𠣞𡆥自爻𡆥六人八月　1
- 九二六八反　爻入…　1
- 一二五七〇　丙寅卜㞢貞翌日卯王其爻不遘雨　1
- 一三七〇五　…王弜爻馬無疾　1
- 一四一九六　貞…爻…　1
- 一五〇一五　…㞢…爻…　1
- 二四四二八　己亥…貞今…其爻…雨之…　2
- 三四九〇九　…𩵋爻　2
- 三〇五一八　于有𠧞爻　3
- 英一九九九　丙…多万…入爻若　2

學

- 九五二正　侑于教戊　1
- 一八二二正　貞惟學戊　1
- 一八二二正　貞不惟學戊　1
- 二一三〇　貞侑學戊　1
- 三五一一　…亘貞…于學戊　1
- 三五一三　…學戊　1
- 一〇四〇八正　貞侑于學戊　1
- 一〇四〇八正　勿𢓊侑于學戊　1
- 二〇〇九八　丁未卜㞢侑咸戊學戊乎　1
- 二〇一〇〇　…未卜㞢侑學戊　1

其它

- 三二正　丁巳卜㱿貞王學衆伐于𢀛方受有祐　1
- 三二正　丁巳卜㱿貞王勿學衆𢀛方弗其受有祐　1
- 五五〇反　…教…　1
- 三二五〇　丙子卜貞多子其延學疒不遘大雨　1
- 三五一〇　侑學…　1
- 五四二三　…學…王…允…衣…　1

八三〇四 …學于入…若 1
八七三二 …學東… 1
一八二〇一 …𠬝… 1
一八六八一 貞…學…不… 1
一八六八九 甲寅卜…貞翌…卯魚…學黃…曰允學… 1
二〇一〇一 丁巳卜…侑學… 1
二二五三八 …子卜矢貞無來羌曰用學… 2
二六〇四七 …學…衣… 2
二六七九八 …丑卜…貞今…學…魚 2
三〇八二七 …眔貞…祀…學 3
三〇八二七 壬子卜弗酌小乘教 3
屯六〇 于大學尋 3
屯六六二 丁酉卜今旦万其學 吉 3
屯六六二 于來丁廼學 吉 3
屯六六二 于有宗學 吉 3
屯六六二 若啚于學 吉 3
屯四四五 …其延學… 3
懷八九〇 …卜貞…學不…大… 1
懷九九七 貞翌庚辰學… 1

教

一〇 …教一月 1
五六一七 呼多束尹次于教 1
二〇五〇〇 戊戌卜雀𢀛于教 1
二七七三三 …卜教…無囚 3
二七七三三 …教…無囚 3
二七七三四 …教…其侑父… 3
二八〇〇八 其教戍 3

二七〇一〇 …双…宰…祐 3

三三〇五九 癸未貞王令…𢀛方 4

文

九四六正 丁未卜殸貞鑊比次戓…文載王事以 1
四六一反 文入十 1
二二五九一 …戈文…印… 2
二七六九五 貞于文室 3

懷一七〇一 …貞文…宗…宰 5
懷一七〇三 丙午卜…文武…丁其… 5
四八八九 貞令遣以文取大任亞 1
一八六八二 …文… 1

吝

三五二一六 …卜大…歲于…于吝… 2

二二〇〇四 惟其𢀛 1

英一八七五 …申…𢀛… 1

一三五一七 癸巳…矢師在𢀛 1
一三五一七 …曰矢自在𢀛 1

一二一七 辛丑…勿惟母𢀛用 1
一五六八二 …𢀛卜… 1
三二三五六 丁未卜…征五用 1
三四一二一 壬寅卜桒其伐歸惟北𢀛用二十示一牛二 4
三四一二二 壬寅卜桒其伐歸惟北𢀛用二十示一牛二 4
三四一二二 示羊以四戈彘 4
屯二九五 弜弘若亞𢀛一宰 3
屯一一〇四 庚午貞今來…禦自上甲至于大示惟父丁 4
屯一一〇四 𢀛用
懷一四一 …巳卜㝉貞其…亦…勿𢀛用 1

𢀛

三一三八　…子子𩫖⿰亻㐬⿱吾酉…　1
三一三九　…子𩫖⿰亻㐬⿱吾酉牡三…　1
三一四〇　…子𩫖⿰亻㐬⿱吾酉牡二…　1
三一四一　…𩫖⿰亻㐬⿱吾酉…　1
三一四五　…⿰亻㐬⿱吾酉…　1
三一四六　…⿰亻㐬⿱吾酉…　1
三一四七　…⿱吾酉…　1
三一四八　…亥臾…⿱吾酉丁若　1
三一一五八　戊申卜其⿱吾酉　3
三一一五九　戊申…⿱吾酉…三牢　3
屯二五八二　…祖乙…⿱吾酉彡…祐　3
懷九九〇　…寑⿰亻㐬⿱吾酉…　1

⿱𠂤⿱吾酉

三六五二二　庚寅王卜在⿱羴子貞余其次在茲上⿱𠂤⿱吾酉今秋其敦其呼𢓊示于商正余受有祐王占曰吉　5
三六五三七　癸巳卜在反貞王旬無𡆥在五月王迖于⿱𠂤⿱吾酉　5
三六五三七　癸卯卜在𩫏貞王旬無𡆥在六月王迖于⿱𠂤⿱吾酉　5
三六五三七　癸丑卜在𡨄貞王旬無𡆥在六月王迖于上⿱𠂤⿱吾酉　5
三六五三七　癸亥卜在向貞王旬無𡆥在六月王迖于上⿱𠂤⿱吾酉　5
三六五三七　癸酉卜在上⿱𠂤⿱吾酉貞王旬無𡆥在七月　5
三六五三八　癸巳卜在二⿱𠂤⿱吾酉貞王旬無𡆥在七月　5
三六八四六　癸巳卜在上⿱𠂤⿱吾酉貞王旬無𡆥在九月　5
三六八四六　癸卯卜在上⿱𠂤⿱吾酉貞王旬無𡆥在十月　5
三六八四六　癸丑卜在上⿱𠂤⿱吾酉貞王旬無𡆥在十月　5
三六八四六　癸亥卜在上⿱𠂤⿱吾酉貞王旬無𡆥在十月　5
三六八四六　癸酉卜在上⿱𠂤⿱吾酉貞王旬無𡆥在十月一　5
三六八四六　癸未卜在上⿱𠂤⿱吾酉貞王旬無𡆥在十月又一　5
三六八四六　癸巳卜在上⿱𠂤⿱吾酉貞王旬無𡆥在十月又一　5
三六八四七　癸亥王…貞旬無…在上⿱𠂤⿱吾酉　5
三六八四七　癸酉王卜貞旬無𡆥在上⿱𠂤⿱吾酉　5
三六八四七　癸未王卜貞旬無𡆥在⿱𠂤⿱吾酉　5
三六八四七　癸巳王卜貞…無𡆥…⿱𠂤⿱吾酉　5
三六八四八　癸卯…在上⿱𠂤⿱吾酉貞王…無…在十…　5
三六八四八　癸亥…上⿱𠂤⿱吾酉…王旬…在十…又一…　5
三六八四八　癸卯卜在⿱𠂤⿱吾酉泳貞王旬無𡆥…二月　5
三六八四八　癸未卜在⿱𠂤⿱吾酉貞王旬無𡆥在正月　5
三六八四九　丁酉卜在⿱𠂤⿱吾酉貞王今夕無𡆥　5
三六八四九　己亥卜在上⿱𠂤⿱吾酉貞王今夕無𡆥　5
三六八四九　庚子卜在⿱𠂤⿱吾酉貞王今夕無𡆥　5
三六八四九　壬寅卜在⿱𠂤⿱吾酉貞王今夕無𡆥　5
三六八四九　甲辰卜在⿱𠂤⿱吾酉貞王今夕無𡆥　5

三六八五〇　癸酉卜在⿱𠂤⿱吾酉貞王旬無𡆥在十月　5
三六八五一　癸酉卜在上⿱𠂤⿱吾酉貞旬無𡆥　5
三六八五二　丁巳…上⿱𠂤⿱吾酉…王今…無…　5
三六八五二　癸亥卜在⿱𠂤⿱吾酉貞王今夕無𡆥　5
三六八五二　辛酉…⿱𠂤⿱吾酉…今夕…　5
三六八五二　乙丑卜在⿱𠂤⿱吾酉貞王今夕無𡆥　5
三六八五三　癸巳卜…上⿱𠂤⿱吾酉…王旬無…　5
三六八五三　癸卯卜在⿱𠂤⿱吾酉貞王旬無𡆥　5
三六八五三　癸丑卜在上⿱𠂤⿱吾酉貞王旬無𡆥　5
三六八五三　癸亥卜在⿱𠂤⿱吾酉…無𡆥　5
三六八五四　癸…⿱𠂤⿱吾酉…王…在…　5
三六八五四　癸卯卜貞王旬無𡆥在二月在上⿱𠂤⿱吾酉　5
三六八五四　癸丑卜在上⿱𠂤⿱吾酉貞王旬無𡆥在二月　5
三六八五四　…亥卜在…⿱𠂤⿱吾酉貞…無𡆥　5
三六八五五　癸未卜在上⿱𠂤⿱吾酉貞王旬無𡆥王二十祀　5
三六八五五　癸卯卜在上⿱𠂤⿱吾酉貞王旬無𡆥　5
三六八五六　癸未卜在上⿱𠂤⿱吾酉貞王旬無𡆥在九月王二十
祀　5
三六八五六　癸卯卜在上⿱𠂤⿱吾酉貞王旬無𡆥…十月…　5
三六八五七　…辰卜在上⿱𠂤⿱吾酉…王今夕無𡆥　5
三六八五七　…卜在上⿱𠂤⿱吾酉…王今夕無𡆥　5
三六八五八　庚申…⿱𠂤⿱吾酉…今夕…　5
三六八五八　壬戌…⿱𠂤⿱吾酉…今夕…　5
三六八五八　甲子卜在上⿱𠂤⿱吾酉貞王今夕無𡆥　5
三六八五九　甲申…⿱𠂤⿱吾酉…今…無…　5
三六八五九　丙戌…⿱𠂤⿱吾酉…今…無…　5
三六八五九　…辰卜在⿱𠂤⿱吾酉貞王…夕…𡆥　5
三六八六〇　癸未王…貞旬無…在上⿱𠂤⿱吾酉　5
三六八六〇　…巳王卜…旬無𡆥…⿱𠂤⿱吾酉　5
三六八六一　…旬無𡆥…上⿱𠂤⿱吾酉　5
三六八六二　乙丑…上⿱𠂤⿱吾酉…今夕…　5
三六八六三　乙卯…上⿱𠂤⿱吾酉…王今…無…　5
三六八六四　癸未…⿱𠂤⿱吾酉貞王…無𡆥　5
三六八六五　辛亥卜在⿱𠂤⿱吾酉貞王今夕無𡆥　5
三六八六六　癸丑…貞旬…在上⿱𠂤⿱吾酉…　5
三六八六七　…卜在…⿱𠂤⿱吾酉貞…無𡆥…月　5
三六八六八　庚…⿱𠂤⿱吾酉…今夕…　5
三六八六八　…在⿱𠂤⿱吾酉…無𡆥　5
三六八六九　戊申卜在⿱𠂤⿱吾酉貞王今夕無𡆥　5
三六八七〇　癸卯卜在⿱𠂤⿱吾酉貞今夕無𡆥　5
三六八七〇　戊…⿱𠂤⿱吾酉…王…無…　5
三六八七一　癸…貞…王…王⿱𠂤⿱吾酉　5
三六八七一　癸亥王卜貞旬無𡆥王占曰吉在王⿱𠂤⿱吾酉　5
三六八七一　癸酉王卜貞旬無𡆥王占曰吉在王⿱𠂤⿱吾酉　5
三六八七二　癸卯王卜貞旬無𡆥王占曰吉在⿱𠂤⿱吾酉　5

太

太 王 王

號	釋文	期
三六八七二	癸丑王卜貞旬無畎王𡆥曰吉在□	5
三六八七二	癸亥王卜貞旬無畎貞王𡆥曰吉在□	5
三六八七三	戊寅卜在□貞王…無…	5
三六八七三	庚辰卜在□貞王今夕無畎	5
三六八七三	…戌卜…□…王今夕…畎	5
三六八七三	…申卜…□…王今夕無畎	5
三六八七四	癸巳…在□…泳…王…無…	5
三六八七四	…酉卜…□…王旬…畎	5
三六八七五	癸亥…□…旬無…	5
三六八七六	…卜在□…王今夕無畎	5
三六八七七	丁未…在上□貞…	5
三六八七七	…丑卜…□…王今夕…畎	5
三六八七八	癸亥…□…旬無…十月	5
三六八七八	…亥卜在□…王旬…畎在…	5
三六八七九	…卜…□…王旬…畎	5
三六八八〇	…□…十月一	5
三六八八〇	…□…無畎	5
三六八八〇	…□…畎在十月	5
三六八八一	丁卯卜…□…今夕…	5
三六八八二	…卯卜…□…王旬…畎	5
三六八八三	…酉卜…□…無畎	5
三六八八三	癸巳…□…旬…	5
三六八八四	…申卜…□…王今夕…畎	5
三六八八五	…□…無畎	5
三六八八六	庚申…□…今夕…	5
三六八八七	…王卜…無畎…□	5
三六八八八	丁酉…□…王今…無…	5
三六八八八	…□…今…無…	5
三六八九〇	…卜在…□貞…今夕…畎	5
三六八九二	…未王卜貞旬無畎…□	5
三六八九二	…卜在□…王今夕無…	5
三六八九二	…卜在□…王今夕無…	5
三六八九二	…□…	5
三六八九三	己未…□…王…往…無…	5
三七八六三	癸未王卜貞旬無畎在九月在上□王二十	5
	祀	
三七八六三	癸巳王卜貞旬無畎在九月在□	5
懷一八二四	戊寅卜在□貞王今夕無畎	5
懷一八二四	庚辰卜在□貞王今夕無畎	5
懷一八二四	…申卜…□…王今夕…畎	5
懷一八二四	…戌卜…□…王今夕…畎	5

太丂·太□

三五七　三五八　三五八　三七八正　四七五　四七八正　四七八正　六六〇　六七二正　六七二正　六七二正　六八五正　六八五正　六八五正　六八五正　九二〇　九四二　九四二　九七四正　一二八二　一一九八　一七六一　五一二七　六一五七　六五二七正　七三五二正　七五三七　一〇一〇五　一〇一〇六　一〇一〇七　一〇一〇八　一一〇〇六正　一二四九九正　一四七二四　一四七二五　一四七二六　一四七二七　一四七二八　一四七二九正　一四七三〇

…翌辛亥酌…王亥九羌…
貞𤎩王亥羌
貞燎于王亥…
貞…年于王亥𡆥犬一羊一豕一燎三小牢卯
九牛三𣪊三羌
貞𤎩王亥羌
于王亥祟我
于王亥祟我
…于王亥妾
翌辛亥侑于王亥四十牛
侑于王亥母
五十牛于王亥
貞酌王亥
貞燎于王亥母豚　二告
勿燎于王亥母
貞勿燎于王亥母
貞勿燎于王亥母
…侑于王亥九伐卯…
貞來辛酉酌王亥
有伐于王亥
惟王亥
燎于河王亥上甲十牛卯十牢五月
丙子…王亥…
…卜辛酉…于王亥
乙巳卜爭貞侑于王亥
…王亥勾舌…
丁巳卜宾貞燎于王亥十𠂤卯十牛三𣪊
告其比望乘征下危
乙未卜爭貞王亥祟我
貞燎于王亥告其比望乘
貞于王亥𠦪年
貞于王亥𠦪年
庚…殻貞于王亥𠦪年
貞于王亥𠦪年
丙戌卜殻貞燎王亥吉…
癸卯卜爭貞下乙其有鼎王𡆥曰有鼎惟大
示王亥亦…
貞侑于王亥惟三白牛
五十牛于王亥
貞侑于王亥
…于王亥四十…
辛亥卜貞侑于王亥三…
貞侑匚于王亥
貞…于王亥五牛

著錄號	釋文	期
一四七三一	貞侑于王亥	1
一四七三二	辛未卜㱿今來甲戌酌王亥	1
一四七三二	辛未卜㱿王惟侑匚酌于王亥	1
一四七三三	侑于王亥	1
一四七三三	甲辰卜㱿貞來辛亥燎于王亥三十牛二月	1
一四七三四反	貞燎于王亥十牛	1
一四七三五正	甲申卜爭貞燎于王亥其玉	1
一四七三五正	王亥牛	1
一四七三五正	貞燎于王亥十牛	1
一四七三六	燎于王亥十牛	1
一四七三七	貞燎于王亥九牛	1
一四七三八	…王亥九牛	1
一四七三九	貞燎…王亥五牛	1
一四七四〇正	貞燎于王亥五…	1
一四七四二	…貞燎于王亥三…	1
一四七四三	甲申卜穷貞翌辛卯燎于王亥三牛	1
一四七四四	…燎于王亥四牢	1
一四七四五	…燎于王亥七月	1
一四七四六	…穷貞燎于王亥	1
一四七四七	燎于王亥	1
一四七四八	貞帝于王亥	1
一四七四九正	貞燎于王亥	1
一四七四九正	貞燎于王亥	1
一四七五〇	甲申卜㱿貞燎于王亥　二告	1
一四七五一正	酌王亥	1
一四七五二	…酌王亥	1
一四七五三	既侑王亥告…	1
一四七五四正	貞于王亥…	1
一四七五五正	貞載王亥十牛	1
一四七五六	己巳于王亥…	1
一四七五七正	…王亥…	1
一四七五八正	…王亥祟我	1
一四七五九	…惟王亥	1
三二二五二	…有伐五羌…王亥	1
三四九七五	…王…其燎…上甲父…彖	2
三〇〇四七	其告于高祖王彖三牛	3
三〇〇四八	…彖…四羊四豕五羌	3
三〇〇四九	貞…王亥　大吉	3
三〇〇五〇	王亥壱于宫	3
三〇〇六四	惟王亥壱雨	4
三二〇八三	癸卯貞弜惟高祖王亥又惟燎	4
三二九一六	乙巳貞大禦其陟于高祖王亥	4
三四二四〇	癸巳卜侑于王亥	4
三四二八六	…貞陟大禦于高祖王…卯	4
三四二九一	惟王亥先侑	4
三四二九二	惟王亥…	4
三四二九三	辛巳卜貞來…王亥燎…燎十…	4
三四二九四	辛巳卜貞王亥上甲即于河	4
三四二九五	…貞…羌…亥	4
三四三五六	己未…王亥告	4
乇三四二	惟王亥先侑	4
乇六六五	…高祖亥卯于上甲羌…祖乙羌五…牛無壱	4
乇一〇七四	己巳貞侑于王亥茲用辛…	4
乇二一一六	辛巳卜貞來辛卯酌河十牛卯十牢　王亥燎十牛卯十牢上甲燎十牛卯十牢	4
乇二一一六	辛巳卜貞王亥上甲即宗于河	4
英一一七三正	貞于王亥桒　二告	1
英一一七三正	貞燎于王亥九牛　小告	1
英一一七四正	貞燎于王亥	1
英一一七五	貞燎于王亥五牛新穀	1
英一一七五	…燎…王…	1

參 1119 頁

參 1009 頁

著錄號	釋文	期
一〇五一正	壬辰卜㱿貞于王矢	1
一〇五一正	貞于王矢　二告	1
一〇五一正	侑王矢伐五卯牢	1
一〇五一正	侑王矢伐三卯牢	1
一〇五一正	侑王矢伐一卯牢	1
一八二五	貞載于王矢牢	1
一八二五	貞勿束王矢三牢	1

著錄號	釋文	期
六九四六正	庚申卜㱿貞呼王族延比𢀛	1
六九四六正	庚申卜㱿貞勿呼王族比𢀛	1
一四九一六	貞惟王族	1
三三〇一七	己亥貞令王𥁕追召方及于…	4
三四一三一	惟王族令	4
三四一三三	丁酉卜王族爰多子族立于召	4
乇一九〇	庚辰卜令王族比𡆥	4
乇二三〇一	甲子卜𠱾以王族究方在𡆥無災	3

著錄號	釋文	期
三二正	貞王勿比沚戠伐𢀛	1
三二正	貞王比望乘	1

著錄	釋文	分期
三二正	貞王勿比望乘	1
一七一	…殼貞王鼎比望乘…	1
一八〇	辛丑卜殼貞翌乙巳王勿步	1
三九〇正	丁亥卜永貞王比戠	1
六一九	貞王勿比戠	1
八一二正	癸丑卜亘貞王惟望乘比伐下危	1
八一一正	癸丑卜亘貞王比奚伐𢀛方	1
三三四〇	貞王惟侯告比　六月	1
三三八〇	辛巳卜殼貞王比易伯𦍞	1
三三八二	貞王比易伯𦍞	1
三三八八	貞王比易…眘	1
五七一九	貞王勿𨒪比沚戠	1
六〇八七正	乙卯卜爭貞沚戠爯冊王比伐土方受有祐	1
六〇八七正	貞王勿比沚戠	1
六一三三	貞王比沚戠	1
六一三五	貞王比沚戠	1
六一六一	…沚戠爯冊𠱩𦎫…其𦎫𩰫王比下上若	1
六一六二	受… …沚戠爯冊𠱩𦎫…𦎫𩰫王比受有祐	1
六一六三正	…貞沚戠爯冊…𦎫𩰫王比受有…	1
六一六三正	…戠爯冊王比伐𢀛…	1
六三九六	王比戠	1
六四七四	王勿比鬼	1
七三八三正	戊午卜殼貞沚戠稱冊王比	1
七三八六	…酉卜殼貞沚戠稱冊王比	1
七三八六	…爭貞沚戠稱冊王比	1
七三八七	丁酉卜殼貞沚戠稱冊王比	1
七五二六	今𡆥王比望乘伐…	1
七五二八	己未卜爭貞勿惟王自比望乘…往…	1
七五二八	丁巳卜爭貞勿惟王自比望乘呼…	1
七五二九	…勿惟王自比望乘…	1
七五二九	…王自比望乘呼…	1
七五三〇	…勿惟王自…乘呼往	1
七五三一	貞勿惟王比望乘	1
七五八八	乙酉卜殼…王比伐	1
三三一〇五	己丑貞王比沚戠在茲不見	4
三三一〇七	王比	4
三三二〇八	甲子卜王从東戈𢀛侯𠂤	4
三三二〇八	乙丑卜王从南戈𢀛侯𠂤	4
三三二〇八	丙寅卜王从西戈𢀛侯𠂤	4
三三二〇八	丁卯卜王从北戈𢀛侯𠂤	4
英五四六正	貞王比沚戠	1
英五二一	貞王勿比戠	1

著錄	釋文	分期
英五八一	丁丑卜殼貞今𡆥王比沚戠伐土方受有祐	1
英五八六	辛丑卜殼貞今𡆥王比望乘	1
英五八八正	貞今𡆥王勿作比望乘伐下危	1
英六六三	貞王比沚戠五月	1
英六六五	王惟沚戠比	1
英六六五	貞王勿比望乘	1
英六六五	王比望乘	1
英六七二	貞今𡆥王比望乘　二告	1
英六七二	貞今𡆥王勿比望乘　二告	1
英六七三	王比	1
英六七四正	貞王其比	1
英二三三六	王其比虎師惟辛	3
懷一六三七	甲子卜王惟望乘比	4
懷一六五七	丁卯卜王弜比戎	4
懷一六三七	丁卯卜王弜比望乘	4

著錄	釋文	分期
一八〇	癸酉卜殼貞今日王步	1
三四五八正	貞翌己未王步	1
五二〇一	…癸酉王步	1
五二一二	翌癸亥王步	1
五二一三正	丁丑卜殼貞王延步　小告	1
五二一四	…貞…王自…步	1
五二一八	乙卯卜今乙王勿步	1
五二一九正	翌壬午王勿步　不𢆶黽	1
一二五〇〇	己酉卜穷貞今日王步…見雨無災一月	1
一三二六〇乙	貞翌乙丑王步暘…	1
一三五六八	辛丑卜貞王往步來麑不…	1
二〇二七一	辛未…癸酉王不步	1
二一〇七九	丙寅卜王己巳步往…暘日	1
二四二三八	辛巳卜…貞王步自舟…災…	2
二四二三八	乙酉卜行貞王步自遘于大無災在十二月	2
二四二三八	庚寅卜行貞王其步自…于𢀛無災	2
二四二四八	癸丑卜行貞王其步自良于𢀛無災	2
二四三四六	乙卯卜王曰貞翌丙辰王其步自獲	2
二四三四七	己酉卜行貞王其步自勳于來…無災	2
二四三四七	辛丑卜行貞王步自𢀛于雇無災	2
二四三四七	癸卯卜行貞王步自雇于勳無災在八月在	
二七四三五	戊申貞王己步于𠂤	3
三四〇一〇	壬午卜王步癸未暘日	4
三四〇一〇	辛巳卜王步乙酉暘日	4
三四一五八	己巳卜王弜步告官	4

三三一四九　癸亥貞王惟今日伐…王夕步自果三隹　4
　…乙丑王[?]師[?]…　5
三六三七一　…巳卜貞王省往來無災　5
三六三七二　辛酉卜貞王步無災　5
三六三七二　丙寅卜貞王步無災　5
三六三七六　乙卯卜貞王步無災　5
三六三七六　辛酉卜貞王步無災　5
三六三七六　乙丑卜貞王步無災　5
三六三七七　戊辰卜貞王步無災　5
三六三七七　丙申卜貞王步無災　5
三六三七七　庚子卜貞王步無災　5
三六三七八　乙卯卜貞王步無災　5
三六三七九　辛巳卜貞王步無災　5
三六三七九　辛卯卜貞王步無災　5
三六三八〇　丁亥卜貞王步無災　5
三六三八〇　…卯卜貞王步無災　5
三六三八一　乙亥卜貞王步無災　5
三六三八二　己酉卜貞王步無災　5
三六五〇一　…戊卜在…貞今日王步于[?]無災　5
三六六九五　壬申卜貞王步于召往來無災　5
三六九八四　辛卯卜在貞…王其步惟鑄　5
屯二一七七　王于乙步　4
英二四三五　乙未貞王于丁酉步　4
英二五六四　癸未卜在舊貞王步于洮無災　5
英二五六四　乙酉卜在洮立貞王步于淮無災　5
英二五六四　…卜在…貞王步…無災　5

太往

六七正　貞王勿往逵衆人　1
六一四　貞惟王往伐𢀛方　1
六一四　貞惟王往伐𢀛　1
六二四　貞勿惟王往伐𢀛方　1
七八七　壬戌卜爭貞惟王自往陷　1
一六六五　貞王勿往出　1
五〇六九　貞惟王往　二告　1
五〇七一　貞惟王往　1
五〇九六正　貞王往出示若　二告　1
五〇九七正　甲午卜穷貞王往出　1
五一一一　丁卯卜𡧊貞王勿往出　1
五一一三反　貞王其往出省从西告于祖丁　1
五一一四　貞王往…从西…　1
五七七六正　王往入　1
五七七六正　王勿往入　1

六六六四正　戊午卜爭貞惟王自往陷十二月　二告　1
九八一八　…辰卜穷貞王今日往啓祴　1
一二六七一正　貞王往省　1
一二八一三正　乙卯卜𡧊貞今日王往…之日大采雨王不
　…　1
一二八一四正　乙卯卜𡧊貞今日王往于敦…之日大采
一二八一四正　雨王不…　1
一七二三〇正　貞王往走戎至于家𢓊　1
二八九〇四　王其往田于𨸏　3
二三七八六　己卯卜出貞今日王其往河　2
二三七八七　丁亥卜貞王其往無…　2
二三七九二　甲戌卜出貞王勿往　2
二四四九二　戊寅卜行貞王其往于田無災在十二月　2
三三一五九　王往于𨑩　4
三七四三〇　戊申王卜貞田王往來無災王占曰吉　5
屯四二〇　辛丑卜王往田無災　4
英四五九　貞王勿往省牛…月　1
英四五九　貞王往省于敦　1
英七三三正　…未卜穷貞王往于敦　二告　1
英七二五正　貞王勿往于敦　1
英七二五正　貞王往于敦　1
英七二五正　王往于敦　1
英八三二　…寅…𡧊貞翌乙巳王勿往田　1
懷九三一　丙午卜𠱩貞王往陷其逐　1

太出

一四六五　王勿出　1
一五八三　貞王勿出田　1
五〇五八　…𡧊貞今𢀛王出　1
五〇五九　貞今𢀛王勿出　1
五〇六〇　貞今…王出　1
五〇六一　…子卜王…出自…比…　1
五〇六三　己巳卜亘貞翌庚午王出王固曰不…　1
五〇六四　壬戌卜韋貞翌乙丑王勿出王固曰乙余…　1
五〇六五　…王勿…日夕出　1
五〇六六　…貞王勿出　1
五〇六七　…王勿出戠　1
一〇一八反　貞今日王出　1
二〇二五九　己丑卜…王从出　1
二二六〇五　辛未卜行貞王出無囚　2
二三三七三　戊寅卜即貞王出無囚　2
二三七一二　貞其品司于王出　2
二三七一三　貞其品司于王出　2
二三七二七　辛未卜行貞王出無囚在六月　2

三五二七三　戊戌卜尹貞王出無囚　2
三三三八一　庚戌卜辛亥王出狩　4
英二三三九　丙寅卜即貞王出無囚　2
懷 八九七　貞王出　1
懷 八九七　貞王勿出　1

二一〇　辛亥卜殻貞王入　1
八五八正　乙亥卜爭貞王入　1
一三一〇　貞王勿衣入　1
一三八一　貞王其入侑卜自咸　1
一六六六　貞王其入勿祝于下乙　1
一六六六　戊寅卜爭貞王于生七月入于商　1
二九九五　己亥卜殻貞王勿入　1
三四五八正　貞王自余入　1
四三五七　甲戌卜殻貞王入　1
五一六一　…戌卜㱿貞王入　1
五一六一　貞王于生七月入　1
五一六一　貞王于生七月入　1
五一六一　…王于…七月入　二告　1
五一六二　貞王于生七月入　1
五一六三　貞王于生七月入　1
五一六四　貞生七月王入　1
五一六五　乙亥卜爭貞生七月王勿衣入戠　1
五一六六　壬辰卜爭貞王于八月入　1
五一六六　…王于八月入　1
五一六七　乙酉卜殻貞王于八月入　1
五一六七　丙戌卜殻貞王于八月入　1
五一七九　丙午卜㱿貞王入若　1
五一八六　辛未…爭貞王勿衣…　1
五一八七　貞王勿衣入　1
五一八八　貞王勿衣入　1
五一八八　貞王勿入　1
二〇二六二　丙申卜王入乙巳　1
二〇五八五　辛卯卜王入商　1
二七一六五　王入廼各于祭　3
三三一二五　辛卯卜王入商　4
三三八四〇　癸未卜王不入乙酉…　4
三三八四〇　王弜入乙酉日無囚　4
三四一五三　庚辰卜王入若…囚　4
三六三九二　…卜貞王戊入…　5
英 三五三　耆彰王入　1
英七一六　辛卯卜殻貞今夕王入商　1
英七二一　癸酉卜王匿惟入于商　1

懷 九〇二　貞王其入勿祝于下乙　1
懷 九五五　今七月王勿入　1
懷一五七四　…王弜入　4

六二〇一　癸酉卜爭貞王勿逆𢀛方下上弗若不我其受…　1
七五七六　王逆伐　1
七五七七　王勿逆伐　1
英 五五五　貞𢀛方其來王逆伐　1
英 五五五　𢀛方其來王逆伐　1
英 五五五　王勿逆伐　1

五一九三正　貞王歸　1
五一九五正　貞王歸　1
五一九八甲　貞王勿从歸　1
五一九八乙　貞王从歸　1
五一九八乙　…卜殻貞王从歸　1
五一九九　丁卯…爭貞王歸…　1

五二二七　…午王涉歸　1
五二二七　…王涉歸　1
五二三一　己亥卜殻貞翌庚子王涉歸　1
五二三二正　貞翌辛卯王涉歸　1
五二三三　辛卯卜爭貞翌甲午王涉歸　二告　二告　1
六〇一六正　戊戌卜爭貞王歸奏玉其伐　1

六三五四正　壬辰卜殻貞今𢀛王循土方受有…　1
六三五四正　癸巳卜殻貞今𢀛王循土方受有…　1
六三九四　貞王勿循土方　1
六三九九　庚申卜殻貞今𢀛王循伐土方　1
六七三四　王循方帝𢀛王　1
七二二五　…王循若　1
七二二六　王循若　二告　1
七二二八　…爭貞王循于…　1
七二二九　丙戌卜爭貞王循伐　1
七二三〇　…貞今𢀛王循伐　1
七二三一　…殻貞…王循征…　1
一三五〇七　貞…王循殻若　1
英 六二六正　貞王循方　1

二八九〇五	丁丑卜翌日戊王其迖于㊉無災	3
三四〇七一	于王迖𢓊	4
三六五九五	丁亥卜貞王迖往來無災	5
三六五九五	壬辰卜貞王迖往來無災	5
三六三九五	辛丑卜貞王迖往來無災	5
三六五六一	己巳卜貞王迖于臺往來無災	5
三六五六六	丁亥卜貞王迖宮往來無災	5
三六六三九	戊寅卜貞王迖往來無災	5
三六六三九	丁巳卜貞王迖宮往來無災	5
三六六六八	丁酉卜貞王迖于召往來無災	5
三六六六八	丁未卜貞王迖于召往來無災	5
三六六八五	丁卯卜貞王迖于召往來無災	5
三六六八七	壬申卜貞王迖于召往來無災	5
三六七三九	丁巳卜貞今…王其迖于喪不遘雨	5
三七四五二	戊寅卜貞王迖于召往來無災	5
三七四六〇	壬寅卜貞王迖于召往來無災	5
三七四六〇	辛亥卜貞王迖于臺往來無災	5
懷一九〇四	戊午卜貞王迖于臺往來無災	5
懷一九〇九	戊申卜貞王迖于召往來無災	5

王田

二四四五七	戊辰卜旅貞王其田于𠂤無災	2
二四四六二	乙酉卜㳄貞王其田宮無災在五月	2
二四四七四	乙未卜行貞王其田無災在二月在慶卜	2
二四四七四	丙申卜行貞王其田無災在慶	2
二八七七一	王其田狩無災	3
二八七七二	于壬王廼田無災	3
三三五一五	：辰卜翌日乙王其田惟田省湄日無災	4
三六六三九	戊辰卜貞王田往來無災	5
三七四三一	乙未卜貞王田臺往來無災茲御獲鹿四 麑一	5
三七四五二	甲申卜貞王田在浂麓往來無災茲御獲 狐…麑三	5
三七四六〇	壬子卜貞王田于斿往來無災茲御獲鹿 十	5
三七五七三	壬戌卜貞王其田盂無災	5
三七五七八	壬戌卜貞王田喪往來無災王囚曰吉	5
三七五七八	乙丑卜貞王田喪往來無災王囚曰吉	5
三七六四〇	丁巳卜貞王田呈往來無災	5
三七七九三	壬辰卜貞王其田無災	5
三七七九三	乙未卜貞王其田無災	5
三七八〇一	戊午卜貞王田無災	5
三七八〇二	：申卜貞王其田	5

三七八四八	辛酉王田雞麓獲大𩱵虎在十月 惟王三祀劦日	5
懷一四三二	于壬王廼田湄日無災泳	3

王敦

七〇八三	癸丑卜王敦西今日戈	1
二〇五〇〇	辛丑卜王惟𠦪敦𢦔	1
二〇五一〇	辛巳卜王一月敦㣈受祐	1
二〇五一〇	丙子卜王二月敦㣈受祐	1
二〇五一〇	乙亥卜一月王敦㣈受祐	1
二〇五一二	丁酉卜生十月王敦㣈	1
二〇五三〇	辛卯卜王敦𠷎受祐	1
三三〇六九	丁酉卜今生十月王敦㣈受祐	4
三四一二〇	壬戌卜貞王生月敦𦎫𢦔不…	4
英 六一三	乙未卜㱿貞大呼王敦衛十月	1

王省

三六三六一	己亥卜貞王省往來無災	5
三六三六一	辛丑卜貞王省往來無災	5
三六三六六	丁未卜貞王省往來無災	5
懷一四二八	王惟盂田省無災	3
懷一四五六	：王其省舟	3

王告

一〇五一正	貞翌庚寅王告	1
一〇五一正	貞王于甲午告	1
一五八三	丁未卜爭貞王告于祖乙	1
一九五六	癸卯卜穷貞告王孽于丁	1
一三六二六	：未卜爭貞告王目于祖丁	1
二〇五三四	丙寅卜𢦏王告取兒 𠚑固曰若往	1
二〇五七七	丁未卜貞𥎦骨告王	1
三四一八四	貞王告土	4

王正

二七七九甲	貞婐正王	1
二七七九乙	婐弗正王	1
六三一三	貞惟王征吾方	1
六三一四	貞勿惟王征吾方下上弗若不我其受祐…	1
六三一五	：丑卜㱿貞勿惟王征吾方下上弗若不 我其受：	1 1
六三一五	：惟王征：方下上弗若：我其：祐	1
六三一六	癸丑卜㱿貞勿惟王征吾方下上弗若不我 其：	1

大

著錄	釋文	期
六三一六	癸丑卜殻貞勿惟王征𢀛方下上弗若不我其受祐	1
六四四二	乙卯卜殻貞王惟土方征	1
六四四三	乙卯卜殻貞王惟土方征	1
六四七五反	貞王惟人正	1
六四七五反	王勿惟人	1
七六一六	貞勿惟王正	1
七六一六	貞惟王正	1
二三五五九	癸未卜𡧊貞王正不若𢦏	2
二四九五一	…河珏惟王自正十月	2
三三〇二五反	丁未貞王征召方在𦎫卜九月	4
三三〇三四	丙午貞惟王征刀方	4
三三〇三五	辛亥貞王征刀方	4
三三〇三五	庚戌惟王自征刀方	4
三三〇九三	…酉貞王惟西方正	4
三三一二〇	丁巳…王正	4
三六四八四	癸卯卜黄貞旬無畎在正月王來征人方 在攸侯喜鄙永	5
三六四八四	…畎…正月王來人方在攸	5
三六四八五	癸亥王卜貞…畎在九月王征人方在雇	5
三六四八八	…王卜貞旬無畎王…師惟王來征人方	5
三六四八九	…亥王卜貞旬無畎…一月甲子彡妹工典 其…𦎫師王征人方	5
三六四九四	癸酉卜在攸泳貞王旬無畎王來征人方	5
三六四九四	…王旬…王來…人方	5
三六四九五	癸卯卜貞王旬無畎在五月在𦎫…惟王 來征人方	5
三六四九五	癸卯卜貞王旬無畎在五月在𦎫…惟王 來征人方	5
三六四九六	癸未卜黄貞王旬無畎王來征人方	5
三六四九六	癸巳卜黄貞王旬無畎王來征人方	5
三六四九七	癸未王卜貞旬無畎王來征人方	5
三六四九七	癸酉王卜貞旬無畎王來征人方	5
三六四九九	癸丑王卜貞旬無畎王來征人方	5
三六五〇〇	癸未王卜貞旬無畎王來征人…	5
三六五〇九	…在…貞旬無畎…弘吉在三月甲申祭小	
三六五〇九	甲…惟王來征盂方伯炎…	5
三六五一六	…卜貞旬無畎王囚曰弘…甲辰𦎫祖甲王 來征盂方	5
三六五三一	…子卜在…于㳄往來…王來征三封…	5
英二五二四	癸卯王卜貞旬無畎在十月又一王征人方 在商	5
英二五二四	癸丑王卜貞旬無畎在十月又一王征人方 在亳	5
英二五二四	癸亥王卜貞旬無畎在十月又一王征人方 在𦎫	5
英二五二四	癸酉王卜在…貞旬無畎在十月又二王征 人方	5
五	…殻貞王大令衆人曰…受…	1
五六三	貞勿令王	1
二四七八	庚申卜古貞王令丙	1
四〇三六	…未卜爭貞王迄令𠦪…	1
四三〇三	貞勿令王惟黄	1
五〇三四	貞王大令	1
五〇三四	貞王大令	1
五〇三六	貞王勿大令	1
五〇四四	甲午卜殻貞惟王令惟黄	1
五〇四五	貞勿惟王令	1
五〇四六正	戊子卜爭貞王勿令彡 二告	1
二〇二四五	丙申卜王令火戈𢀛	1
二〇四五〇	壬午卜𠂤貞王令多冒禦方于…	1
二〇五〇五	庚戌王令伐旅婦五月	1
三二九九四	丙申卜王令遘以多馬	4
三三〇六五	丁巳卜貞王令並伐商	4
三三〇六八	丁巳卜貞王令𠦪伐于東邦	4
三三一九三	壬午貞癸未王令木方止	4
三三二〇九	癸亥貞王令多尹𡆥田于西受禾	4
三三二一三	貞王令多羌𡆥田	4
三六九〇九	丁亥卜在𦎫師貞𦎫師寮妹…有宧 王其令宧不悔克甾王令	5
英四〇九	貞惟王令惟寅	1
英四一〇	貞惟王令惟寅	1
英四三六	貞惟王令	1
懷一六五〇	丁卯貞王令鬼𡆥剛于京	4
懷一六五一	癸巳貞今日王令師般	4
懷一六五一	王于乙未令	4
懷一六五二	甲午貞王令多射	4
懷一六五三	乙亥貞王令…以衆𡆥受…	4
五二三七	庚午卜爭貞惟王饗叀	1
五二三九	王自饗	1
五二三九	王自饗	1
五二四〇	…其來王自饗	1
五二四一	…勿惟王…饗	1
五二四二	貞王勿饗	1

五二四四　貞勿惟王自饗　1
五二四五　惟王饗　1
五二四五　貞勿惟王自饗　1
五二四六　貞勿惟王自饗　1
六二三四反　…王自饗　1
六三九四　王自饗　1
一二七九七　王饗　1
二三〇〇三　庚子王饗于祖辛　2
三四四四五　甲午貞王惟㣇饗　4
英五四三　…貞𠰩方出王自饗受有祐五月　1
英七九八　惟王自饗　1

七三六三正　辛卯卜永貞王惟中立若　1
七三六三反　庚寅卜永貞王惟中立若　1
七三六四　庚寅卜永貞王惟中立若十一月　1
七三六五　…卜爭貞王立中　1
七三六六　…爭貞王立中　1
七三六七　乙亥卜爭貞王勿立中　不𠮛黽　1
七三六八　己亥卜爭貞王勿立中　不𠮛黽　1

一六九　貞王勿去朿　1
五一二七　丁未卜爭貞王往去朿于敦　1
五一二八　貞王去朿于敦　1
五一二九　貞王去朿于甘　1
五一三〇正　甲午卜爭貞王往去朿若　1
五一三四　乙未卜㱿貞王其去朿告…　1
五一三四　甲午卜穷貞王往出去…　1
五一三五　貞王去朿　1
五一三六　貞王去朿　1
五一三七　貞王去朿　1
五一四五　貞王勿去朿　1
五二三九　貞王勿去朿　1
英三〇〇正　貞王其去朿弗告于祖乙其有𡆥　1

二一〇正　貞王聽惟孽　二告　1
八〇八反　王聽惟𡆥　1
八〇八反　王聽不惟𡆥　1
一〇五一正　貞王聽惟毋告　二告　1
五二九八正　貞王聽不惟𡆥　1
五二九九正　乙未卜亘貞王聽不惟𡆥　1
六〇三三正　王聽惟𡆥　1
六〇三三正　王聽不惟𡆥　1
七七六八　王聽孽　1
七七六八　王聽勿孽　1
一三九八〇　貞王聽惟祖丁…　1
一六三三二正　戊子卜穷貞王聽惟祖乙孽我　1
一七七三正　王聽惟有巷　1
二〇〇一七　丁卯卜夨王聽父戊　1
二〇〇一七　丁卯卜王聽兄戊　1
懷四八九　…王聽惟…　1

二六七二五　丁卯卜旅貞今夕西言王　2
二六七二六　乙亥卜旅貞今夕王西言　2
二六七二八　戊申卜旅貞今夕王西言　2
二六七二九　乙未卜旅貞今夕西言王　2
二六七三〇　丙申卜旅貞今夕王西言　2
二六七三一　乙巳卜旅貞今夕王西言　2
二六七四二　…申卜吳貞今夕王西言　2
二六七四三　丙午卜吳貞今夕王西言　2
二六七四四　甲午卜吳貞今夕西言王　2
二六七四七　戊戌卜𠱠貞今夕西言王　2
二六七四八　…卜𠱠…夕西言王　2
二六七五二　壬申卜貞今夕西言王　2

五八六　…巳卜穷貞王曰行祟　1
一八二四反　王訊曰曰兮曰吉凡　1
三二九七正　乙亥卜㱿貞王曰侯豹余其…　1
三二九七正　戊戌卜㱿貞王曰侯豹毋歸　1
三二九七正　戊戌卜㱿貞王曰侯豹往余不朿其合以乃使歸　1
三二九六正　貞王曰侯…　1
三三〇一　己亥卜㱿貞王曰侯虎余其得女…受　1
三三七四　…　1
三三七四　乙未卜㱿貞王曰侯…　1
四一七四甲正　貞王勿曰𠂤化來…　1
五四四五正　貞王曰吾來　二告　1
五六一一正　貞王其有曰多尹若　1
六〇八一　貞王勿曰　1
六一五九正　于王曰匀吾方界　1
六二二四　貞王有曰于之出…　1
七六九九反　貞王曰無其…　1
二〇〇七〇　癸卯卜王曰祟其　1

著錄號	釋文	期
二〇二五六	丙辰卜𠂤貞王曰…我循我…東延…𠂤…	1
二一〇七一	…亥卜𠂤貞王曰有孕嘉𣪊曰嘉	1
二一〇七二	…王曰嘉	1
二二七六五	丙子卜王貞曰雨	2
二三八〇五	丁巳卜兵貞囚其入王曰入允入	2
二四一三四	丁酉卜兵貞多君曰來弔以粤王曰余其	
二四九六一	壬戌王曰𤕦匚牛一月	2
三六五五七	貞王曰逘延于夫延至盂…來無災在七月	5
英 四〇八	貞王曰弜來	1

王占曰

著錄號	釋文	期
三五四二二	癸丑王卜貞旬無𡆥王占曰吉在六月甲寅彡日上甲	5
三六四二六	丁丑王卜貞其振旅延逘于盂往來無災王占曰吉在…	5
三六四一九	辛卯王…小臣𨟭…其無圉…于東對王占曰吉	5
三六四八二	甲午王卜貞作余酌朕𡴘酌余步比侯喜征人方二𢦏示受有祐不𠭰𢦏𡆥告于大邑商無…在𡆥王占曰吉在九月遘上甲𩱛惟十祀	5
三六四八二	甲午王卜貞其于西宗𡚬王占曰弘吉	5
三六五五六	癸丑王卜在盂貞旬無𡆥王占曰吉	5
三六九三六	癸卯王…貞旬無𡆥王占曰吉王在𢿘	5
三七四〇八	戊戌王卜貞田羌往來無災王占曰吉茲御獲鹿四	5
三七四五五	…卜貞王田璠往來…王占曰吉茲御獲…麑二雉二	5
三七七〇九	戊…王卜貞田𩁹往來無災王占曰吉	5
三七七〇九	壬辰王卜貞田喪往來無災王占曰吉	5
三七八四六	癸巳王卜貞旬無𡆥王占曰吉在五月甲午惟王乂…	5
三九三四二	癸巳王卜貞旬無𡆥王占曰吉	5
三九三四二	癸酉王卜貞旬無𡆥王占曰吉	5
三九三四八	癸卯王卜貞旬無𡆥王占曰吉	5

弗佐

著錄號	釋文	期
二四八正	貞咸允佐王	1
二四八正	貞咸弗佐王	1
一六二四	…未卜㱿貞祖乙弗左王	1
二〇〇二反	王固曰勿佐王	1
一三五八四甲正	…貞侑…家祖乙弗佐王	1
一三五八四甲正	我家祖辛弗佐王	1
一三五八四乙正	…家祖辛佐王	1
一三五八四乙正	貞…家祖乙佐王	1
英一一三六	壬寅卜㱿貞帝弗佐王	1

若

著錄號	釋文	期
三七六正	王惟有不若	1
三七六正	王不惟有不若	1
五三一五	…亘貞王遣若	1
七六六正	癸未卜亘貞王有服若	1
七六六正	王有服不若	1
七九五正	貞王有圖若	1
七九五正	貞王有圖若	1
七九五正	貞王有圖不若	1
八九一正	甲申卜爭貞王有不若	1
八九一正	貞王無不若 二告	1
一八五四	翌日戊循若于王	1
一八五四	…卜…貞祖丁惟循若于王	1
二〇〇二正	貞王不若	1
二〇〇二正	貞王若	1
二九四七反	王無不若唐	1
五〇九六正	弗若王	1
五〇九六正	貞若王	1
七四二六反	貞王侑𩰫不若	1
一四一九八正	辛丑卜㱿貞帝若王 二告	1
一四八八八	丙…卜㱿貞王𦺇	1

王受有祐

著錄號	釋文	期
二六九一〇	其有羌十人王受祐	3
二六九五四	辛亥卜貞其祝一羌王受有祐	3
二六九九一	執其用自中宗祖乙王受有祐	3
二六九九一	自大乙用王受有祐	3
二六九九三	惟戌呼旋執于之擒王受祐	3
二七〇三七	辛亥卜祝于二父一人王受祐	3
二七〇八九	…酉王其侑大乙王受祐	3
二七一一一	若昏祖乙舌王受祐	3
二七四五三	兄惟今其三宰旦酌正王受祐 大吉	3
二七五七一	壬辰卜其侑妣癸惟羊王受祐	3
二七八八一	惟戌馬冒呼允王受有祐	3
二八一五九	二𣗥暨王受有祐	3
三六一二三	癸酉卜貞翌日乙亥王其有𠬝于武乙必正王受有祐	5

太

三六一六八　丙戌卜貞翌日丁亥王其有夂于文武帝正
　　　　　王受有祐　5
三六三五〇　乙卯其黄牛王受有祐　5
三六三五一　其五百有正王受祐　5
懷一四〇〇　𢀛卯惟牛王受祐　3
懷一四〇〇　宰王受祐　3
懷一四六四　惟旗用東行王受祐　3
懷一四六四　惟□右旗王受祐　3

五二五〇　貞王賓惟吉不遘雨　1
五二五〇　……王賓……遘……　1
五二五〇　……王賓……遘……　1
五二五一　戊寅卜史貞王賓惟吉　1
五二五二　辛巳卜貞王賓惟吉　1
五二五三　貞王賓惟吉　1
五二五四　甲寅卜史貞王賓惟吉　1
五二五五　乙酉卜史貞王賓惟吉　1
五二五六　丙戌卜史貞王賓惟吉　1
五二五七　庚戌卜……貞王賓惟吉燕　1
五二八〇　壬子卜史貞王賓惟吉燕 八月　1
五二八一　……卜史貞王賓惟吉燕之日……　1
二七八四〇　貞王賓惟吉不遘雨　3
懷一一五二　貞王賓惟吉　2

二八七四九　乙王弜尋其悔　3
三五三五六　……子卜貞王其有夂于文武帝必其□月
　　　　　有省于來丁丑𠂤彡王弗悔　5
三六一七六　……司母其……文武帝呼……司母于癸宗若
　　　　　王弗悔　5
三六四一八　弜改其唯小臣臨令王弗悔　5
屯三一六五　惟丁亥延王弗悔　3
屯三一六五　惟乙未延遘肯王弗悔　3
屯三一六五　惟丁酉延王弗悔　3
屯三一六五　惟乙巳延王弗悔　3
英二三二七　弜于𩫖王其悔　3

二四八正　貞祖乙孽王　1
二四八正　貞祖乙弗其孽王　二告　1
一六五五正　貞祖辛孽王　二告　1
一六五五正　貞祖乙孽王　二告　1
二四八二　貞妣庚孽王　1

五二〇〇　辛酉……王至……孽……　1
七四〇七甲正　貞王孽戠帝若　二告　1

九〇二正　貞王允惟壱　二告　1
一六二三正　妣甲壱王　1
一六二三正　妣己壱王　1
一六二三正　祖乙壱王　1
一六二三正　貞妣丹壱王　二告　1
一六二三正　貞祖乙弗壱王　1
一六二三正　貞妣丹弗壱王　1
一六五九　貞惟父甲壱王　1
一六六三　惟亞祖乙壱王　1
一六七七正　貞𢦏弗壱王　1
一七三六　惟祖辛壱王　1
一七三七　祖辛壱王　1
一七三八　貞惟祖辛壱王　1
一七四八　惟……辛壱王目　1
一九〇一正　貞祖丁壱王　1
一九〇一正　貞不惟祖丁壱王　1
一九〇一正　惟祖丁壱王　1
一九〇一正　祖丁弗壱王　1
二一四九　父庚壱王　1
二四三八正　甲寅卜㱿貞王惟有壱　1
二八六九　兄丁壱王　1
三四八三正　丙子……貞黄尹壱王　1
五五三二正　貞南庚弗□父乙壱王　1
五五三二正　南庚□父乙壱王　1
六〇〇七　丁酉卜𠚤貞壱王　1
六九四五　兄丁壱王　1
一七二三四　貞王有壱　1
三四一三二　辛巳卜吳貞惟王祝無壱　2
二七一五三　乙卯卜何貞有夂歲于唐王無壱十二月　3
英八六反　父乙壱王　1

二〇一正　貞王囚惟蠱　1
二〇一正　貞王囚不惟蠱　1
八一〇正　貞王囚嬴　1
八一〇正　貞王囚嬴　二告　1
九一四正　貞王囚嬴　1
一七四七正　癸丑卜㱿貞惟祖辛壱王囚　1
三三五二　貞惟妣己𡆥王囚　二告　1
五四七三反　王自癸巳囚有由……　1

著錄號	釋文	期
一七二二二	貞王𡆥惟眉…	1
一七二二三	貞王𡆥…	1
一七二二四	貞王𡆥其虐	1
一七二二七反	…王𡆥…	1
一七二二八	…王𡆥…	1
一七二三一	貞王𡆥羸	1
英一二〇四	貞王𡆥侑妣 二告	1
九〇五正	貞多妣祟王	1
一七三五五甲	貞祖辛弗祟王	1
一七三五五乙	貞祖辛祟王	1
二一三〇	貞父辛弗祟王	1
二一三〇	父甲祟王	1
二一三〇	父庚祟王	1
三二五一正	盡戊祟王	1
三二五一正	盡戊弗祟王	1
三四五八正	貞亦尹祟王	1
三四五八正	貞亦尹弗祟王	1
三五二一正	盡戊祟王	1
三五二一正	盡戊弗祟王	1
五六五八正	羌甲祟王	1
五六五八正	南庚祟王	1
六一二二	貞上甲祟王	1
二四四一二	…祝貞二示祟王遣並十月	2
三四四九三	乙卯卜王祟雨于土	4
英五二	祖丁弗祟王	1
懷一五七一	于夒祟王	4
英一九五七	貞弗祟王惟巫	2
一二二	貞王夢啟惟𡆥	1
一二二	王夢啓不惟𡆥	1
三七六正	貞王有夢不惟呼余禦𡆥	1
七七六正	己丑卜殼貞王夢惟祖乙	1
七七六正	貞王夢不惟祖乙	1
三四五八正	王夢不惟𡆥	1
五〇九六正	王夢不惟𡆥	1
五〇九六正	王夢惟𡆥	1
五五九八正	己巳卜亘貞王夢珏不惟循小臣牆	1
六九四八正	辛丑卜殼貞王夢汰惟祐	1
一〇三四五正	丙申卜爭貞王夢惟𡆥	1
一〇三四五正	丙申卜爭貞王夢不惟𡆥	1
一三五〇七	貞王夢惟…	1
六	戊寅卜兌貞王弗疾有𡆥	1
四五六正	貞王其疾目	1
四五六正	貞王弗疾目 二告	1
八二三正	貞王疾身惟妣己𢀛	1
二五二一甲正	貞惟多妣肇王疾	1
一三六一三	旬有祟王疾首中日羽	1
一三六四一	貞王砧疾惟有由	1
一四二二二乙正	…帝肇王疾	1
二四九五六	甲辰卜出貞王疾首無延	2
二四九五七	甲辰卜出貞王疾首無延	2
三四六七七	…旋有疒王	4
一九八九〇	辛酉卜王勿祝于妣己	1
一九八九〇	辛酉卜王祝于妣己迺取祖丁	1
二三三六七	庚子卜喜貞歲惟王祝	2
三四四四四	惟王祝	4
三六七六三	壬申卜在[illegible]貞王今夕無畎	5
三六七六三	戊寅卜在𩫖貞王今夕無畎	5
三六八六九	戊申卜在醫貞王今夕無畎	5
三八八三五	己丑卜貞王今夕無畎	5
三八八三六	壬辰卜貞王今夕無畎	5
三八八三六	庚寅卜貞王今夕無畎	5
三八八三八	庚寅卜貞王今夕無畎	5
三八八四二	戊子卜貞王今夕無畎	5
三八八四七	庚寅卜貞王今夕無畎	5
三五四一一	癸未卜王貞旬無畎在十月又一甲申𢆶彡祭上甲	5
三五六五九	癸酉卜…貞王旬無畎在五月甲戌彡日戔甲…	5
三五七四五	癸卯卜貞王旬無畎	5
三五七四五	癸亥卜貞王旬無畎在二月甲子祭大甲	5
三六五三七	癸卯卜在𩫖貞王旬無畎在六月王迍于醫	5
三六五三七	癸丑卜在[illegible]貞王旬無畎在六月王迍于上醫	5
三六五三七	癸亥卜在向貞王旬無畎在六月王迍于上醫	5
三六七八〇	癸丑卜在霍貞王旬無畎	5
三六七九四	癸未卜在白貞王旬無畎	5
三六八〇三	癸卯王卜貞旬無畎	5

編號	釋文	期
三六八〇三	癸丑王卜貞旬無畎	5
三六八〇三	癸亥王卜貞旬無畎	5
三六八〇三	癸酉王卜貞旬無畎	5
三六八〇三	癸未王卜…旬無畎	5
三六八二一	癸卯王卜貞旬無畎在[illegible]師	5
三六八二一	癸丑王卜貞旬無畎在齊師	5
三六八五四	癸丑卜在上[illegible]貞王旬無畎在二月	5
三六九一六	癸未卜在[illegible]貞王旬無畎	5
三六九一六	癸巳卜在八桑貞王旬無畎	5
三七八八一	癸亥卜貞王旬無畎在正月	5
三七八八一	癸酉卜貞王旬無畎	5
三八四五四	癸酉卜貞王旬無畎在七月	5
三八四五四	癸亥卜貞王旬無畎在六月王…曰禫	5
三八九四九	癸丑卜[illegible]貞王旬無畎	5
三八九七八	癸未卜貞王旬無畎	5
三九二七七	癸酉卜王貞旬無畎	5
英二五三三	癸丑卜在上[illegible]貞王旬無畎	5
英二五三三	癸亥卜在上[illegible]貞王旬無畎	5
英二五三三	癸酉卜在上[illegible]貞王旬無畎	5
英二五三三	癸未卜…[illegible]貞王旬無畎	5

王祀

編號	釋文	期
三六八五五	癸未卜在上[illegible]貞王旬無畎王二十祀	5
三七三九八	在九月惟王…祀彡日王田盂于[illegible] …獲白兕	5
三七八三五	…王卜貞今囚巫九备其酌彡日…至于 多毓衣無壱在畎在…又二王囚曰大吉 惟王二祀	5
三七八三八	癸巳王卜貞旬無畎王囚曰吉在六月甲 午彡羌甲惟王三祀	5
三七八三九	…丑王卜貞旬無畎…曰吉在七月甲寅 …魯甲惟王四祀	5
三七八四〇	癸酉王卜貞旬無畎王囚曰吉在十月又一甲 戌妹工典其峕惟王三祀	5
三七八四一	…巳王卜貞…于多毓…月獲王四祀	5
三七八四三	…貞酌翌日自上甲至多毓…自畎在八 月惟王五祀	5
三七八五三	丁未卜貞父丁其牢在…月又…茲用惟 王九祀	5
三六八五六	癸未卜在上[illegible]貞王旬無畎在九月王二十 祀	5
三七八六二	…[illegible]…夕無畎…月王二十祀	5
三七八六三	癸未王卜貞旬無畎在九月在上[illegible]王二十 祀	5
三七八六五	…王卜貞酌彡日自上甲…多毓衣無壱 自…吉在三月惟王二十…	5
三七八六八	…王卜貞…因曰吉在二月甲…日祖甲惟 王二十…	5
三八七三二	…王固曰大…其酌翌日惟王祀翌	5

大宗

編號	釋文	期
一二四八正	甲午卜爭貞王賓咸日	1
五二〇二	王賓[illegible]	1
五二〇三	王賓[illegible]	1
五二〇四	王賓[illegible]	1
二二八五五	…戌卜王貞王其賓仲丁彡龠無壱	2
二三二四八	癸丑卜王貞翌甲寅王其賓父丁必	2
二三三五六	庚午卜大貞妣庚歲王其賓	2
三四二四一	…丑卜…桼于河王其賓	4
三五三五五	丁丑卜貞王賓武丁伐十人卯二牢壱…	5
三五四二五	甲辰卜貞王賓上甲日彡無畎在正月	5
三五四六二	貞王賓叙無尤	5
三五四九〇	貞王賓叙無尤	5
三五五一四	貞王賓禨無尤	5
三五五三一	…午卜貞王賓大甲祭無尤	5
三五五八七	甲午卜貞王賓小甲劦日無…	5
三五五九一	甲戌卜貞王賓小甲彡日無尤	5
三五六二八	貞王賓叙無尤	5
三五七〇七	貞王賓叙無尤	5
三五七八八	…王賓小辛禨無尤	5
三五八〇三	甲辰卜貞王賓桼祖乙祖丁祖甲…庚…祖丁 武乙衣無尤	5
三六一二九	丁亥卜貞王賓父丁劦無尤	5
三六二五九	己亥卜貞王賓四祖丁奭妣己祭彡…	5
三六二六六	庚寅卜貞王賓小乙…	5
三六二六二	己丑卜貞王賓四祖丁奭無尤	5
三六二六二	貞王賓叙無尤	5
三六二六二	庚戌卜貞王賓小乙奭妣庚彡無尤	5
三六二六三	庚子卜貞王賓小乙奭妣庚翌…	5
三六二六四	庚午卜貞王賓小乙奭妣庚劦日無尤	5
三六二六八	辛巳卜貞王賓武丁奭妣辛歲無尤	5
三六二六八	癸未卜貞王賓武丁奭妣癸歲無尤	5
三六二六八	戊子卜貞王賓武丁奭…無尤	5
三六三四五	貞王賓叙無尤	5
三八一七八	甲辰卜貞翌日乙王其賓圍于敦衣不 遘雨	5
三八四〇六	貞王賓叙無尤	5

太

三八四〇八 貞王賓叙無尤 5

三八四一一 貞王賓叙無尤 5

三八四一三 貞王賓叙無尤 5

三八四二九 貞王賓叙無尤 5

三八四三九 丁酉卜貞王賓㱿無尤 5

三八四四〇 …未卜貞王賓㱿無尤 5

三八四五五 貞王賓祓無尤 5

三八四五九 貞王賓祓無尤 5

三八五九二 戊申卜貞王賓歲無尤 5

三八六〇六 乙卯卜貞王賓歲無尤 5

三八六七五 貞王賓歲無尤 5

三八六八三 癸亥卜貞王賓𠦪無尤 5

三八六八六 庚寅卜貞王賓蒸無尤 5

三八六八七 癸卯卜貞王賓蒸… 5

三八六八九 己未卜貞王賓蒸無尤 5

三八六九〇 辛酉卜貞王賓蒸無尤 5

三八六九二 貞王賓蒸無尤 5

三八六九四 …卜貞王賓蒸…己 5

三八六九六 貞王賓叙無尤 5

三八六九六 辛卯卜貞王賓二必蒸無尤 5

三八七〇三 貞王賓叙無尤 5

三八七〇三 貞王賓[illegible]無尤 5

三八七〇四 貞王賓[illegible]無尤 5

三八七一四 甲辰卜貞王賓夕無尤 5

三八七一五 辛酉卜貞王賓品無尤 5

三八七一六 己未卜貞王賓品無尤 5

三八七一八 庚申卜貞王賓[illegible]無尤 5

三八七一九 庚戌卜貞王賓丁歲…無… 5

懷一〇一七 庚申卜旅貞王賓父丁𣪊無尤在十一月 2

懷一〇一七 乙丑卜旅貞王賓祖乙歲三宰無尤…十一月 2

懷一一一七 丙寅卜貞王賓歲無尤 5

懷一一二〇 丁巳卜貞王賓歲無尤 5

懷一一二六 丁未王卜貞王賓𠦪無尤 5

懷一一三八 貞王賓叙無尤 5

懷一一三九 貞王賓叙無尤 5

其它

六 丁酉卜㝎貞惟戊米令比䍙王 1

六 貞惟戊延令比䍙王六月 1

六 庚寅卜貞䍙辛卯王𩵋文不雨八月 1

七 癸未卜爭貞王在兹𡬁成狩 1

一二 貞王心無來自一月 1

三二正 丁巳卜㱿貞王學衆伐于𦎫方受有祐 1

三二正 丁巳卜㱿貞王勿學衆𦎫方弗其受有祐 1

二九 貞王乞以衆伐吾 1

六八 貞王途衆人 1

九八反 壬戌卜殻貞王庿 1

一一七 王臣其有刅 1

一八六 庚申卜王[illegible]獲羌 1

二〇一正 貞王鑿父乙 1

二四二 甲申卜㝎貞王習大示 1

二四九正 貞王立 1

二六一 辛丑卜貞𠦪以羌王于門尋 1

二六七正 祖乙𣪊王其取 1

三三一 丁丑卜㝎貞子雍其御王于丁妻二妣己[illegible] 1

羊三…羌十… 1

三七六正 貞今般取于尻王用若 1

三七六正 庚申卜古貞王使人于陵若王固曰吉若 1

四一八正 貞王[illegible]鼎有伐 告 1

四一八正 王[illegible]勿有伐 1

五二五 庚辰卜王朕[illegible]羌不[illegible]… 1

五三六 辛卯卜内貞王有作𡆥 二告 1

五三六 辛卯卜爭貞王無作𡆥 1

五五七 貞呼王女興于… 1

五六三 貞令王惟黃 1

五八五正 丁巳卜王余勿彡十月 1

五八五正 丁巳卜王余… 1

五八五正 丁巳卜王余勿告彡 1

六七二正 貞惟王 1

六七八 戊子卜王侑母丙女 1

七三八正 己丑卜㱿貞王無作𡆥 二告 1

七三八正 …女嫼王不蠹 1

七七五正 貞王[illegible]戈人 二告 1

七七五正 貞王弗[illegible]戈人 1

八〇九正 貞王戠…屯不若佐于下上 1

八〇九正 貞王戠多屯不佐若于下上 1

八一六反 王在兹大示佐 1

八八〇正 辛酉卜内貞往西…教其以王伐 二告 1

八〇八正 丙寅卜亘貞王戠多屯若于下上 1

八〇八正 貞王戠多屯若于下乙 1

九〇二正 王不雨在[illegible] 1

九〇二反 貞不惟帝咎王 1

九〇五正 王惟 1

九〇五反 王勿衣狩 1

九一六正 己丑卜古貞王途[illegible]無巷 1

九一六正 貞王有舌羊… 1

九三正　貞上甲惟王匚用五伐十小宰用
九二六正　貞王有𠂤子陕其以
一〇二七正　己未卜殻貞缶其來見王一月
一〇二七正　己未卜殻貞缶不其來見王
一一〇〇正　辛亥卜穷貞𠙵疋化以王係　二告
一一〇〇正　辛亥卜穷貞𠙵疋化弗其以王係　二告
一一〇七　乙巳卜殻貞我其有令㦰臾用王　二告
一一〇七　乙巳卜殻貞我勿有令㦰弗其臾
用王　不告
一一一五正　丙子卜亘貞王有匚于庚百[illegible]　二告
一一四〇正　丁未卜王帝于[illegible]
一二八六　貞王惟匚于唐
一二九八　貞王取唐
一四六四　大甲[illegible]王
一四八九　…酉卜王[illegible]小甲
一五七四正　辛丑卜貞王酉七月
一七八一　辛亥卜王㕣侑祖甲
一八六一　貞王有言祖丁正
二二二一　貞父乙𠣞于王
二二二二　父乙𠣞王
二二五二　貞不惟妣己[illegible]王
二二七四正　丙子卜穷貞父乙異惟敢王
二二七四正　父乙不異敢王
二二九〇　甲戌卜王㞢父乙
二三六二正　庚子卜殻貞王有匚于高妣己妣…
二三六三　庚子卜殻貞王有匚于高妣己…來丁
酉彡
三二一〇　貞王于[illegible]彫于上甲入
三二九五　乙巳卜殻貞王其取唐[illegible]
三二九七　王其取唐[illegible]…循其…
三三二〇　父乙大𠣞于王
二八四九正　呼王
三二五六　…王作凡奏
三三一二正　貞王其侑
三三一二正　貞王其侑
三七一六　…巳卜爭貞王訊…
三八九五正　…永貞王勿
三九八二　貞王其[illegible]…
四一〇九　王于尋莫
四二〇九　戊申卜殻貞王勿尌[illegible]
四二〇九　戊申卜殻貞王[illegible]
四九二三　辛未卜王婦
四九二三　辛未卜王勿婦
四九七八　乙亥卜爭貞王朿有祟不于…人囚

五〇四八　己巳卜王呼犬捍我
五一五八乙　貞王其往觀河不若
五一五九　貞王觀河若　二告　不吾黽　小告
五一九〇　王宐
五三五六　甲午卜爭貞王宿師不無…三月
五三八二　…貞王其有[illegible]正
五四五〇　貞弗作王若
五四七七正　貞惟娥[illegible]王
五四七七正　貞不惟娥[illegible]王
五五三〇甲　王勿使人于沚…
五五三二正　貞允舌王
五七三二　乙酉卜穷貞有[illegible]王
五七七五正　貞王骨嬴
五七七五正　王骨不其嬴
五八〇八　貞王取唐[illegible]
五八二三　…卜王旅…[illegible]
六〇三一　貞王途首勿
六〇三二正　甲戌卜殻貞翌乙亥王途首無囚
六三三二　貞𢦔啓王其夲舌方
六六五三正　甲午卜殻貞王奏茲玉成佐
六六五三正　甲午卜殻貞王奏茲玉成弗佐
六六六一　壬午卜王取[illegible]方
六九二八正　丙戌卜爭貞王有心正…
七一八二　壬午卜…貞王心無媎入…
七二一八　貞[illegible]人惟王自望捍
七三五二正　勿惟王　二告
七三五五　…卜殻貞王勿于鼓次
七四〇八　庚午卜爭貞王歲　二告
七四一〇　庚午卜爭貞王惟易白歲
七四一一　庚午卜爭貞王惟易白㲹歲
七四一二　庚午卜爭貞王惟易白㲹歲
七四二六反　貞王以之
七五七八　貞王及伐
七六九一　貞受王
七七六八　王有
七七六八　王無
一二三一二乙正　…穷…帝…作王囚
一二五七〇　丙寅卜允貞翌日卯王其爻不遘雨
一二七四一　辛亥…貞王其衣不…雨之日學允不遘雨
一三五〇五正　己亥卜內貞王有石在麓北東作邑于之
一三五〇五正　王有石在麓北東作邑于之
一三五四二　甲子卜爭貞作王宗
一三五六八　…巳卜穷貞王去作寢

一三五六九 丁酉卜貞其多宁王爯 1
一三六〇四正 貞祖乙若王不攵 1
一三六一九 貞王䟘循曰之 1
一三六二三正 王目毋其嬴 1
一三六四六正 貞兄戊無𡆥于王 二告 1
一三六八〇 甲子卜穷貞王惟肱 1
一三七五八正 己巳卜爭貞作王舟… 1
一四二〇五 …卜爭貞王作邑帝… 1
一五九二六 乙巳卜貞王畀… 1
一五九二七正 卜古…王畀… 1
一六一三三正 王其侑丁允嬴 1
一六一五二正 戊寅卜爭貞效王循于之若 二告 1
一九八八六 甲申卜王于妣己禦占㑹十月 1
一九九四六正 …卜千受王祐 1
一九九四六正 乙丑卜受王祐 1
一九九四六反 壬子卜貞在六月王在𢊔 1
二一四〇三 …辰卜…貞三卜…丙允王… 1
一四二〇〇正 丁卯卜爭貞王作邑帝若我从之唐 1
二〇二二三 丁亥卜犾貞王旳 1
二〇二三一 …卯罕其奠王𨔶執𤰈卯罕奠王𨔶 1
二〇二五三 …丑卜卩貞王呼萬戒[illegible]九月 1
二〇二七一 壬申卜王陟山[illegible]癸酉暘日 1
二〇二七二 庚寅卜王洀辛卯暘日 1
二〇二七三 辛未卜今日王洀不風 1
二〇二七六 庚寅卜衛王品司癸巳不二月 1
二〇二七七 庚申卜王雍九月 1
二〇二七八 …酉卜犾王[illegible] 1
二〇二九五 丰…王不橐 1
二〇二九八 癸酉卜犾…犬王合 1
二〇二九九 …卜𠂤二羊…王合…京 1
二〇三〇五 …保蔑王… 1
二〇五二二 辛未卜王執倗 1
二〇五六五 庚寅王伐無𡆥 1
二〇五七八 卜貞王在羈無𡆥 1
二〇五八二正 甲申王至于…三戌[illegible]四… 1
二〇六〇八 乙巳卜師貞王弗其子辟 1
二一一四一 乙巳王侑 1
二一一六一 己巳卜…貞于丁禦王十二月 1
二一一七一 乙…禦…王[illegible]… 1
二一三〇五 …戊子…王見不允有考𡆥 1
二一三七四 貞尋不因辛囧壬午王… 1
二一四七一反 …未王… 1
二一四七一反 …王… 1
二一九〇一 己丑王不行自雀 1

二一九〇八 壬子貞王廾 1
二二二七四 貞王無丁牢 1
二二六二〇 丁巳卜出貞禦王于上甲十二月 2
二二八二三 甲戌卜出貞王敝侑于大戊二月 2
二二九〇四 …王…乙丑其有𠂇歲于祖乙白牡三王在川
二二九一三 卜 己未卜王貞乞有奉于祖乙王吉茲卜 2 2
二二九七二 辛巳卜即貞王無尤 2
二三三五七 庚戌卜旅貞妣庚歲王其敹在一月 2
二三五三二 辛亥卜出貞今日王其水寢五… 2
二三六二三 乙巳卜出貞王疋惟洌 2
二三八一一 甲子卜王在十月 2
二四二五五 王在師[illegible]夒 2
二四二五五 王在師[illegible]夒 2
二四二五六 庚午卜王在康卜 2
二四三四二 王在師非夒 2
二四四二六 己酉卜行貞王其觀于[illegible]泉無災在[illegible] 2
二四四五七 戊午卜旅貞王其于[illegible]無災 2
二四六〇九 乙亥卜行貞王其尋舟于河無災 2
二四六一〇 …戌卜出貞自今十年又五王豐… 2
二四九五二 …大貞作王寢于… 2
二四九九一 貞今夕王寧 2
二五一七三 戊戌卜尹貞惟歲王其敹 2
二五七四三 己丑卜行貞王戠無𡆥 2
二六〇〇八 庚午卜大貞王其彝無尤九月 2
二六〇〇九 丁亥卜…貞王其彝若 2
二六〇九五 己丑卜大貞卜祟其于王 2
二六一〇〇 貞王用允惟羊十三月 2
二六一八〇 辛未卜出貞王無災 2
二六一八一 丁亥卜出…王無災 2
二六七三〇 …貞今夕王寧 2
二六八一二 …中…在王 2
二七八七五 貞王於不遘 3
二六八七九 戊步弗雉王眾 3
二六八九八 王其眾戌𢦔受人惟𤰈土人有災 3
二七〇〇〇 王其各于大乙𠂤伐不遘雨 吉 茲用 不雨 3
二七〇八三 三匚二示卯王祭于之若有正 3
二七一〇七 癸亥卜彭貞其酌彡王下上無左 3
二七三〇六 甲申卜其示于祖丁惟王執 3
二七三三一正 …父戊歲王𠂇 3
二七三六三 …祖丁大𠂤王其延父甲 大吉 3
二七四五五 癸丑卜其蒸王丁于妣辛卯牢 3
二七四五五 癸丑卜王丁禱入其蒸于父甲 3

二七四五五　于妣辛蒸王丁　3
二七八二六正　…旬有𡆥王曰衛　3
二八四〇〇　王異戌其射在穆兕…　3
二八六八六　王惟万以無災　3
二八七九九　王其藝㳄廼麓王于東立虎出擒　大吉　3
二八八〇〇　…寅卜王惟辛藝𧄍麓無災永王　3
二八八一三　惟王射　3
二八九八四　王觀入無災　3
二九三五四　于辛田擒王匕擒　3
二九四一五　王畜馬在茲寓…母戊王受…　3
三二九八〇　甲午貞其令多尹作王寢　4
三二九八三　其比虎師無災王永　4
三二九八四　丙寅…虎…豕王匕　4
三三〇〇六　丁酉貞王作三師右中左　4
三三〇六六　乙酉卜貞王有冊于祖乙　4
三三〇八四　…王𢦏𢦏十月　4
三三〇八七　丁巳卜王在𤔲𢿿允伐在𧇡　4
三三一二四　壬寅卜王于商　4
三三二二五　王弜𥟖　4
三三二二五　王其𥟖　4
三三二六九　己丑貞王𢍰…受…　4
三三三七〇　戊寅卜王其中亍有鹿　4
三三三七一　丙戌卜丁亥王陷擒允擒三百又四十八　4
三三三七四反　戊寅卜王陷𩣡日允　4
三三三七五　甲午卜今日王逐兕　4
三三三七五　乙未今日王擒…　4
三三三八四　丙辰卜王狩隺擒伐人不擒…　4
三三三八四　…辰卜王狩隺弗擒　4
三三三八五　己亥卜王狩擒　4
三三三八七　己巳貞惟王狩　4
三三六一一　王十人惟羊　4
三四一〇三　甲辰貞其大禦王自上甲盟用白豭九下示
盤十…　4
三四一三六　乙酉卜王奉令　4
三四一五三　庚辰王弜　4
三四一六五　己巳貞王米囧其蒸于祖乙　4
三四一六五　己巳貞王其蒸南囧米惟乙亥　4
三四一九二　…其…王家　4
三四三二四　庚辰貞王弜　4
三四四四〇　癸卯貞其王奉　4
三四五二五　惟生王𡆥王　4
三四五六六　甲寅卜王夕　4
三四五六六　癸…乙丑…𢦏王　4

三四六七四　戊子貞王其水　4
三四六九五　庚寅…王夕在…　4
三四八六五正　癸巳貞旬無𡆥王茲虎　4
三五七五八　壬戌王卜在𣲡貞今日其…弗有鼓無災　5
三五九五七　丁卯卜貞王賓康祖丁𠚤無…　5
三五九八二　癸亥卜在師貞王在𠀠妹其𩜁往正王　5
三六三八九　…乙丑王訊…𠃉在𡧊　5
三六三九〇　王彝…　5
三六四一七　戊戌卜王其𢓊𩡧馬…小臣𣪘𩡧克
…　5
三六四四二　壬午卜舊立貞王今夕不震　5
三六四四三　甲…來方來…邑今夕弗震王師　5
三六四八〇　丁丑卜貞王今夕寧　5
三六四八〇　戊寅卜貞王今夕寧　5
三六四八〇　己卯卜貞王今夕寧　5
三六四八三　甲午王卜貞作余酌…余步比侯喜征
人方　5
三六五一二　王彝…　5
三六五二五　癸未卜在師貞今𡆥巫九𠫹王于𡧊侯缶
師王其在𡧊𪔂正　5
三六五三四　戊戌王蒿…文武丁祊…王來征…　5
三六八七一　癸酉王卜貞旬無𡆥王𡆥曰吉在王𠂤　5
三六八七一　癸…貞…王…王𠂤　5
三六八七一　癸亥王卜貞旬無𡆥王𡆥曰吉在王𠂤　5
三七三八六　…卜貞衣彡日…大𡏳祝…兕翌日…亥
王其洛…悔擒　5
三七三九二　丁卯卜在去貞𡆥告曰兕來羞王惟
今日𠂤無災擒　5
三七三九六　王惟翌日辛射𣄃兕無…　5
三七五一四　戊午卜在洮貞王其𡆥大兕惟𩢍暨騽
無災擒　5
三八一七七　丙子卜貞翌日丁丑王其遘旅延逆不　5
遘大雨茲御　5
三九〇〇四　癸未王卜貞旬無𡆥　5
三九一四九　癸卯王卜貞旬無𡆥　5
三九一五〇　癸卯王卜貞旬無𡆥　5
三九一五〇　…王卜…無𡆥　5
屯七八六　…惟戌無災泳王　大吉　3
屯四三三五　甲子卜王中我　4
英一八七　甲千…王𡆥…𡆥侯…𡆥允以　1
英一八八　貞王勿奴人　1
英一九七　己巳卜𣪘貞王惟易伯𦰩　1
英一九七　…卜𣪘貞侯告爯冊王𦰩　1
英三四一　貞行𢦔王事　1

著錄	釋文	期
英三五三	…卜設貞王勿于曾	1
英四一四正	丁丑卜穷貞來得王固曰其得惟庚 其惟丙其齒四日庚辰來允得十三月	1
英五九三	貞在𢀛王其先遘捍五月	1
英六一二	甲戌卜設貞王捍衛受祐	1
英六五七	…貞王𢦏三千人	1
英七六八正	…其作王 二告	1
英七九八	貞王勿隹	1
英八一〇正	戊申卜亘貞受年王 不𠜱𪓐	1
英八三〇	…王戾有田…	1
英一二一四	…卜王享	1
英一二四一	王六月	1
英一二四一	勿王六月	1
英一九七七	乙巳卜出貞其禦王盟五牛冊羌五	2
	…五	
英一九九四	庚午卜出貞王𧻚曰以方宁齊以	2
英二三六三	丙午卜祖丁盟歲王各𢦏于父甲	3
英二二九四	惟王射𢀛鹿無災擒	3
英二三三〇	癸巳王卜貞旬無𡆥吉王在𠂤	5
英二三九二	辛卯卜翌惟宰王擒	3
英二五五六	丙午卜在𠂤貞王其射𢀛衣逐無災擒	5
英二五六七	王其鑄黃鎛奠盟惟今日乙未利	5
懷七一	…卜爭貞來王生于妣庚于妣丙二月	1
懷九五二	癸酉卜穷貞王伐吾方受有祐六月	1
懷九五三	癸酉卜穷貞王伐吾方受有祐六月	1
懷九八八	…設貞王𢀛𠂤…	1
懷一一六三	甲申卜王	2
懷一一六四	乙巳卜王	2
懷一一六四	丙午卜王	2
懷一一六五	癸酉卜王	2
懷一一七五	庚寅卜王吉	2
懷一一七五	辛卯卜王	2
懷一一七六	甲子卜王	2
懷一四三三	于翌日壬王廼無災	3
懷一五七六	戊申于王宅…	4
懷一五九五	…酉…王寢	4
懷一六一一	乙巳貞王無𡆥	4
懷一六二〇	癸酉貞旬無𡆥王固曰于丙	4
懷一六二六	丙戌卜在𢀛丁亥王𢀛擒九三百又…	4
懷一六四〇	甲午卜王惟𠷎配	4

麦

著錄	釋文	期
二〇一九六	甲戌卜𢀛麦其𢦏卜𡆥	1
二七〇〇五	…升…歲𢓊玫…大丁卜伐王受有祐	3

印

著錄	釋文	期
四九三二	貞呼印𢦏	1
八三五二正	…印…溝…師	1

玫

著錄	釋文	期
屯二六一三	…玫啓𠦪方其呼伐其悔不昔 笑 弘吉	3

⿰王殳

著錄	釋文	期
二四	辛亥卜爭貞奴眾人立大事于西奠⿰王殳…月	1
一四三	庚午卜穷貞八⿰王殳𢀛奠…	1
一四四	…八⿰王殳𢀛…	1
一三五三正	貞⿰王殳惟歸于𡳾師	1
二一四〇〇	貞王勿⿰王殳𢀛葡牧于在𢀛	1
三二三八九	…玫舟自上甲…祖乙牛一父丁…	4
三二八五〇	丁卯貞王令𢀛奠⿰王殳舟	4
三二八五一	丁卯貞王令𢀛奠⿰王殳舟	4
三二八五二	丁卯貞王令𢀛奠⿰王殳舟	4
屯四〇五二	…貞王令…⿰王殳舟…	4

珸

著錄	釋文	期
一〇四七八	…亥卜王…珸…伐一月	1

⿰王又

著錄	釋文	期
三三二八八	…卜其烄⿰王又	4

玉

著錄	釋文	期
四七二〇	庚子卜爭貞令𢀛取丰于𠆭	1
六〇一六正	戊戌卜爭貞王歸奏玉其伐	1
七〇五三正	壬寅…設貞…征玉	1
八〇〇四	…丰于甘	1
九五〇五	貞惟大玉…	1
一〇一七一正	甲辰卜設貞我奏茲玉黃尹若 二告	1
一〇一七一正	貞我奏茲玉黃尹弗若 二告	1
一一三六四	惟內玉用	1
一六〇八六	…奏玉…	1
一六〇八七	…我玉…	1

著録	釋文	期
一六〇八九	……玉……牛	1
二六五三六	……辰卜……貞……玉……無囚	1
二三四九〇	壬午卜九……	1
三〇九九七	其鼎用三丰犬羊……	3
三四一四八	庚午貞秋大𩁺……于帝五玉臣血……在	
	祖乙宗卜　茲用	4
三四一四九	癸酉貞帝五玉臣其三百四十宰	4
乇四四一	己卯卜其將王鼓于……	4
乇四四一	己卯卜惟……王鼓	4
乇四四一	弜將王鼓……	4
乇九三〇	貞其寧秋于帝五丰臣于日告	4
乇三三四六	貞品亞惟王豐用　吉	
乇二九一五	庚子貞王其令伐丰山	4
英一六一〇正	貞……丰其有囚一月	1

玨

著録	釋文	期
八二六	辛酉卜方貞呼師般取朋不……屯	1
一〇五二正	丁……卜……貞于二朋又五人卯十牛	1
一〇五二正	五人卯五牛于二朋	1
五六一一反	王固曰巳玨	1
一四五八八	丙子卜方貞似玨酌河	1
一六〇九〇	……我玨	1
一六〇九二	……貞……玨	1
一六〇九三	……玨	1
二〇三一六	……王貞余呼玨……	1
二四九五一	……河玨惟王自正十月	2
三三四八六	戊辰貞𢦏于大甲師玨三牛	4
三三四八六	……𢦏于大甲師玨一牛	4
三三四八七	丙辰卜剛于玨大甲師	4
三三三〇一	貞弜𣲵人……玨	4
三三三〇一	丁亥卜……𣲵人……玨呼鬱召夆在四月卜	4
三四二三三	戊辰貞𢦏于……餗玨……	
乇二八〇	戊辰貞𢦏于大甲師玨二牛	4
乇一〇四	戊辰貞𢦏一牛于大甲師玨	4

朋

著録	釋文	期
二四三八	庚戌……貞賜多女有貝朋	1
二四三九	……朋無其賓	1
二四四〇	惟朋	1
二四四一	……以?……朋	1
二四四二	車不其以十朋	1
二四四三	……筆多……十朋母	1
二四四四	……受……朋……凡……	1
二四四五	……以十朋	1
一九六三五	……十朋王……	1
一九六三六	貞惟朋……	1
二一七七三	丁未……一朋	1
二一七七四	二朋	1
二九六九四	惟貝朋　吉	3
乇二九六	伊𩡧三十朋	3-4
乇三六二	四朋	3
懷一四二	其五朋	1
懷一四二	其七朋	1
懷一四二	其八朋	1
懷一四二	其三十朋	1
懷一四二	其五十朋	1
懷一四二	其七十朋	1

倗

著録	釋文	期
一二	己丑……貞令……倗……一月	1
一三	己丑卜方貞令射倗衛一月	1
七五六三	貞倗于穆?衛一月	1
一〇一九六	……日……狩麑允獲虎二倗有𡉚𢦏友若	1

敄

著録	釋文	期
英一七六七	子敄惟牛一月用	1

伞

著録	釋文	期
二二四〇五	有作伞口十	1

丰

著録	釋文	期
三四六	貞勿令𡍲丰八月	1
七八八二	……卜王……不作丰……	1
九一九九正	……無丰	1
一四二九五	貞帝于西方曰彝風曰丰𠦪年	1
二〇二九五	丰……王不橐	1
二一一三一	……丰……	1
三九五四正	貞沚𢦏其作王八月	1
英一八八三	有丰	1
懷七二六	貞……丰……	1

柬

一四二九四 西方曰柬風曰彝

䪻

五九七六 于䪻麓

八二六九正 ……羊勿……䪻

玉

四〇五九正 乙巳卜宀丂貞翌丁未酌𢦏歲于丁尊

有玉 二告

五五九八正 己巳卜亘貞王夢玨不惟循小臣牆

五八一五 乙亥卜亘貞其玉

六〇三三反 貞王夢玉惟囚

六〇三三反 貞王夢玉不惟囚

一四七三五正 甲申卜爭貞燎于王亥其玉

一四七三五正 甲申卜爭貞勿玉

一五〇五八 乙丑……殻貞……三宰俏……人玉……

一六九七六正 貞祟玉于鼓

一七三九四 ……巳卜……貞王夢玉惟……

一九六三七 ……卯……玉……

三二四一〇 丁卯貞王其爯玨燎三宰卯……宰

三二五三五 庚午貞王其爯玨于祖乙燎三宰……乙亥

酌

三二五三五 ……王爯玨于祖乙燎三宰卯三大……茲用

三二七二一 丁卯貞王其爯玨𨻰……燎三宰卯三大牢

三四五六二 于……

……玉……卯三

三四六五七 丙寅貞王其……玉乙亥燎四宰卯三大宰

屯二三五 甲申卜其三玨

英一三六四正 ……玉取……

英一二九一 貞……王戕祖……玉燎三小宰卯三大……

玨殳

一〇五七七 己……貞……不……玨殳田……不其……

二〇七五七 庚子卜狩玨殳不遘日

二〇七五七 庚子卜……不……于狩玨殳

二〇七五七 辛丑卜……狩玨殳其遘

二〇七五七 辛丑卜狩玨殳其……

一八四二四 ……曰……㞢其……不比

二四一五六正 貞射㞢戕方

二四二四八 癸丑卜行貞王其步自良于㞢無災

二四二四八 癸丑卜行貞今夕無囚在㞢

二四二四八 甲寅卜行貞王其田無災在二月在㞢

二〇七三反 其……危

六九四六反 ……自危……

四九五八反 ……㞢十

力

一八五一〇 ……惟力……

一九八〇一 ……卜……貞……母……力四月

二〇六八六 丙子力

二一三〇四 丙子……力……

二二〇九九 戊午卜貞婦石力十三月

二二〇九九 戊午卜婦石力

二二〇九九 戊午卜妥力

二二〇九九 戊午卜力妥

二二〇九九 戊午卜娘力

二二二二六 婦不力

二二二六八 酉至婦力中母豕

二二二六九 酉至中母力

二二三二二 妫力

二二三二三 妫力

二二三二四 妫乇

二二三七〇 丁丑卜婦嫛力八月

二二四六〇 ……午貞祀力

屯七八 辛巳卜尋乇于𥁕

屯二一三 于乙酌舌

屯二一三 惟丁酌舌

英七五一 貞勿于壹力

耤

六二六 有耤災

五三四五 己亥卜王𪠋……

六七五三 ……取𪠋以有示……廼征方

七〇〇二 ……𪠋毋已于𦁁

一〇四一〇反 ……祖乙耤

秝

三四一五　…亥卜王伯𠬝曰…秝循其受有祐　1

二八一四一　…翌丁…秝…無災　吉　3

二二〇四八　壬寅卜余𡳿直于父辛丁𠬝以戈　1

乇

一〇七六甲正　乙亥卜㞢貞七于祖乙四牛　二告　1

六六九二　戊子卜于多父乇　1

六六九二　庚…乇…惟…　1

一一〇六二　丙辰…㞢貞乇于…十牛…十羊　1

一一四七七　甲戌卜爭貞來辛巳其乇湡　1

一七九三七　…𠂤日乇　1

一八六九一　…惟…乇命…　1

二一七四四　辛巳卜我貞于二月乇孽　1

二二〇六七　貞竹乇告不　1

二二三三八　乇彘小母用　1

二二三三九　乇門　1

二二三三九　貞乇羊　1

二二二四一　乇小母…　1

二二二四一　乇彘小母　1

二二二四一　乇彘小母用　1

二二二四六　帝乇燎門　1

二二二四六　帝乇燎門　1

二二二四六　乇丁　1

二二二四七　乇丁　1

二二二四七　乇　1

二二三二三　癸巳卜妨乇　1

二二三二三　不乇　1

二二三二四　癸巳卜妨乇　1

二二三二四　不乇　1

二二三二八　貞乇　1

二二六五七　庚戌卜㳄貞翌辛亥乞酌彡乇自上甲衣至于

…毓…　2

二三九一〇　癸丑卜貞王賓…乇自…祖乙…　2

二八五八九　丙子卜口貞王其往乇田無災在十二月　3

二八五八九　丁丑卜…貞王其往乇田無災　3

二八五九〇　壬…貞…乇…　3

二九〇一五　辛巳卜帀乇王其迖于喪無災　吉　3

三一〇三四　其舞在𡆥乇　3

三一〇九三　辛未卜乇惟…　3

三一〇九三　惟甲午乇　3

三二一九二　丁丑卜𩱮小乇　4

三二三四九　辛亥卜乇上甲牛三匚羊二示牛　4

三二三四九　辛亥貞乇自上甲三匚羊二示牛　4

三二三五〇　…盧彡乇自上甲　4

三二六九九　丙戌卜丁亥其乇于父丁三牛　4

三四一九〇　戊申其乇于土牛　4

三四二八三　庚辰貞酌翌乇翌日辛巳　4

三四三六三　弜告乇　4

三四五二一　丙寅惟丁酌乇　4

三四五二二　丁卯于來辛巳酌乇　4

三四五二三　庚戌貞酌乇辛亥　4

三四五七二　弜乇　4

三四五七二　乙巳貞其乇　4

三四五七三　乙巳貞其乇　4

三四五七三　弜乇　4

三四六五二　庚辰貞辛巳其乇自祖…　4

三四六五三　弜乇　4

三四七一一　辛巳卜尋乇于岳　4

三六五三八　…乇方…戍其…吉　5

乇四九六　…卜盧翌日乇翌…酌　4

乇六四〇　乇祖丁日　3

乇九〇〇　己酉貞辛亥其酌乇于上甲　4

乇九〇〇　乙酉貞上甲乇…牛　4

乇九〇〇　…貞上甲乇于九乙卯　4

乇九〇〇　乇二牛　4

乇九一七　辛巳卜乇羊百犬百…百　4

乇九一七　辛巳卜于即岳𢓊乇　4

乇一〇五四　己卯貞乇　4

乇一〇五四　不乇　4

乇一〇五四　不乇　4

乇一一二〇　乙亥卜其乇　4

乇二二六八　乙未卜今日乇不雨　吉　3

乇三五九四　庚申貞有告自上甲盤六示…小示羊　4

乇三九六一　庚申卜乇于祖乙一牛　4

乇四〇七六　…貞…其賓乇　4

乇四二九五　…五貞乇于祖乙二十牛　4

英一一六　…乇…侑宰　1

英五三三　…乇冓　1

懷一七七　…乇…獲…　1

懷一五八二　庚子貞辛丑酌乇　4

懷一五八五　癸亥卜乇于宜　4

危

三二正　乙卯卜㱿貞王比望乘伐下危受有祐

三二正　乙卯卜㱿貞王勿比望乘伐下危弗其受祐

八二正　癸丑卜亘貞王惟望乘比伐下危

六四一三　辛巳卜穷貞今𢀛王比…乘伐下危受有祐十一月

六四二六　…貞今𢀛王惟下危…

六四二七　…貞今𢀛王惟下危伐受…

六四七六　…望…伐下危

六四七六　辛酉卜爭貞王比望乘伐下危

六四七七正　癸丑卜亘貞王惟望乘比伐下危　小告

六四八〇　貞王勿…乘比…下危

六四八二正　辛酉卜㱿貞今𢀛王比望乘伐下危受有祐

六四八二正　辛酉卜㱿貞今𢀛王勿比望乘伐下危弗其受有祐

六四八三正　辛酉卜㱿貞今𢀛王比望乘伐下危受有祐

六四八三正　辛酉卜㱿貞今𢀛王勿比望乘伐下危弗其受有祐

六四八四正　辛酉卜㱿貞今𢀛王比望乘伐下危受有祐

六四八四正　辛酉卜㱿貞今𢀛…勿比望乘…下危弗受有祐

六四八五正　辛酉卜㱿貞今𢀛王比望乘伐下危受有祐

六四八五正　辛酉卜㱿貞今𢀛…勿比望乘伐下危弗其受有祐

六四八六正　辛酉卜㱿貞今𢀛王比望乘伐下危受有祐

六四八六正　辛酉卜㱿貞今𢀛王勿比望乘伐下危弗其受有祐

六四八七　…巳卜爭貞今𢀛王比望乘伐下危受有祐十一月

六四八七　辛巳卜爭貞今𢀛王勿比望乘伐下危弗其受有祐

六四八八　辛巳卜㱿貞今𢀛王比望乘伐下危受有…

六四八九　庚申卜爭貞今𢀛王比望乘伐下危受有祐

六四九〇　庚申卜爭貞今𢀛王比望乘伐下危受有祐　二告不𠍵黽

六四九一　…庚申卜穷貞今𢀛王比望乘伐下危受…

六四九三　庚申卜…今𢀛王…望…下危受有…

六四九四　…申卜㱿貞今𢀛王比望乘伐下危…

六四九五　若…我…

…𢀛王比望乘伐下危…若不我…

六四九六　丙戌卜爭貞今𢀛王比望乘伐下危我受有祐　二告

六四九七　…王比望乘伐下危受有…

六四九七　…勿比望乘伐下危弗…

六四九八　…卜㱿貞王比望乘伐下危受祐

六四九八　…貞王勿比望乘伐下危不受祐

六五〇〇　…貞今𢀛王勿比望乘伐下危弗其受祐

六五〇一　…伐下危弗其受有…

六五〇二　貞今𢀛王勿比望乘伐下危

六五〇三　…穷貞今𢀛王勿…伐下危

六五〇四　…𢀛王…望乘伐下危

六五〇五正　…作比望乘伐下危下上弗若不我其受祐

六五〇六　貞今𢀛王勿作比望乘伐下危下上弗若不我其受祐　二告

六五〇七　貞王比望乘伐下危　二告

六五一一　…望乘伐下危…

六五一二　卯…貞王…下危…伐…

六五一三　丙申卜㱿貞今𢀛王勿伐下危其受有祐

六五一四　貞今𢀛王勿伐下危弗其…

六五一六　乙卯卜㱿…比望乘伐下危弗其受…

六五一七　庚午卜亘貞…比伐下危…

六五一八　辛丑卜㱿貞今𢀛勿呼比望乘伐下危弗其受有祐

六五一九　辛丑卜㱿貞今𢀛呼比望乘伐下危受有祐

六五二〇正　辛巳卜穷貞今…伐下危受祐

六五二一　…伐下危

六五二二　…伐下危

六五二三　…伐下危受有祐

六五二四正　辛丑卜穷貞今多䋣比望乘伐下危受有祐

六五二五正　辛丑卜穷貞今多䋣比望乘伐下危受有祐二月

六五二七正　丁巳卜穷貞燎于王亥十㞢卯十牛三㲋告其比望乘征下危

六五二八　…王征下危受有祐

六五二九　…十㞢卯十牛…望乘征下危

六五三〇正　…王比興方…下危

貞…比興方伐下危　二告

著錄號	釋文	期
七三二一	貞今…㪉下危…呼盡伐…受有祐	1
八四九二	己酉卜殻貞危方無其囚五月	1
八四九三	…下危…受…	1
八四九四	…王其…下危受…	1
八四九六	…卜今…下危…	1
八四九七	貞…下危…	1
八四九九	…寅…告下危…	1
八五〇〇	…下危…	1
一〇〇九四正	…𡧊貞㪉人伐下危受有祐…月	1
英五八八正	貞今㞢王勿作比望乘伐下危	1
	…卜…其王勿比望乘伐下危…	1
英五八九正	其…	1

著錄號	釋文	期
八四九二	己酉卜殻貞危方其有囚 二告	1
二七九九九	于台亩其祝于危方奠 茲用	3
二八〇〇一	丁未卜暊貞危方冊雈新家今秋王其比	3
二八〇八八	…卜狄…危方美…暫于…若	3
二八〇九二	…用危方由于妣庚王賓	3
三二〇二六	癸未貞甲申危方用自上甲	4
三二二二九	丁未貞王令卯□危方	4
三二八九六	癸亥貞危方以牛其蒸于來甲申	4
三二八九七	丁未貞王令卯途危方	4
三二八九九	庚辰貞令乘望途危方	4
三三一九一	癸亥貞危方以牛其蒸于來甲申	4
屯二九九九	…危方…惟…	3

其它

著錄號	釋文	期
四一九七版	危…	1
六五一五正	…今㞢王惟…危伐…有…	1
六五二六	…王其…征…危…	1
一四二二〇	丁丑…王其…危帝畀我…	1
一五二七九	…危…祝	1
一九〇〇六	…危…羌惟…大甲?…	1
二四三九五	…其田無災…在危	2
二八〇九一	…危伯美于之及…望…	3
三六四八一正	…小臣牆比伐擒危美人二十人四…人五百 七十□百…車二丙盾百八十三函五十矢…白慶 于大…用𡚱伯印…于祖乙用美于祖丁僼曰京 暘…	5
英五八六	伐…危受有祐	1

著錄號	釋文	期
英五九〇	…乘伐…危…其受祐	1
英二五六二正	庚辰王卜在危貞今日步于叉無災	5

危殳

著錄號	釋文	期
八五〇一反	…危殳其惟庚我受有祐其惟…	1
屯二六四	…危殳…	

著錄號	釋文	期
三六一八一	甲戌王卜貞…□孟方…典西田…安余 一人…田留正…自上下于𠬝…	5
三六五一二	□孟…冊孟方…田留征…	5
三六五一五	…貞今囚巫九备□…𠬝示余其留征…余 受有祐不㞢…	5
三六五一八	乙巳王貞啓呼祝曰孟方収人…其出伐 □師高其令東會于…高弗悔不㞢戋	5
三六八二一	王囚曰… 癸巳王…貞旬無…在□師	5

屯

著錄號	釋文	期
九六五二	壬子…貞今屯受年九月	1
二〇四一六	…卜方其征今屯雨	1
八二四	癸丑卜𡧊貞𠂤來屯戠十二月	1
六五五九	己卯卜王于來春伐□	1
六五六〇	己卯卜王于來春伐□	1
二五三四	…午卜于來春呼…入	1
八〇八正	丙寅卜亘貞王戠多屯若于下上	1
八〇八正	貞王戠多屯若于下乙	1
八〇九正	貞王戠多屯不佐若于下上	1
八一〇反	貞王戠多屯	1
八一一正	貞多屯率…	1
八一二正	貞翌甲午用多屯	1
八一三	貞用多屯	1
八一四	呼…奈酌…多屯	1
八一五	…多屯若	1
八一七	壬辰卜𡧊貞執多屯	1

三二八七 于甲戌用屯
三二八九 于甲戌用屯于來乙…用屯
三二八九 于來乙亥用屯
三二八九 于甲…用侯屯
三二八九 …用侯屯…五示十…
屯二五三四 …亥卜…來乙亥用屯
屯二五三四 壬戌卜用屯乙丑
屯二五三四 癸亥卜用屯甲戌
英一七七一 癸亥卜乙丑用侯屯

三屯

五六四四臼 癸卯乞自雩二十屯 允
一九六一臼 甲申乞自雩十屯
五五一二臼 庚辰乞自雩十屯
五五七四 …乞自二十屯小臣中示…茲
五六一八臼 甲辰乞自…十屯…
五七一七臼 丁亥乞自雩十屯作示 允
七〇四〇反 …屯乞自…
七四〇五臼 …乞自…十屯
八三九八臼 甲申乞自雩十屯…㱿
九三九九 丁丑乞于畐示十屯
九四〇〇 乙…邑乞自畐五屯十二月
九四〇八 己丑乞自缶五屯後示三屯 岳
九四一〇臼 癸亥匄乞自雩十屯
九四一一 庚…乞自雩十屯 㱿
九四一二臼 癸亥匄自乞雩十屯 㱿
九四一三 …乞自雩…屯 㱿
九四一六臼 丁亥乞自雩十屯匄示
九四六一反 乙亥乞二十屯 兕
一三五三三臼 乙未匄乞自雩十屯 小㱿
一四四七一臼 乙亥乞自雩五屯 㱿
英六〇八臼 丁亥乞自雩十屯匄示

丅屯

一三〇臼 癸巳婦井示一屯 亘
二六八臼 丙申㪤示二屯 岳
三九〇臼 戊戌婦喜示一屯 岳
四九三臼 癸酉㝅示十屯 㱿
五二七臼 …丑婦喜示四屯 㱿
六七九臼 婦示一屯 宂

六八〇臼 示四屯 宂
六八七臼 妻入十屯
一五三四臼 丙寅邑示十屯
一五八一臼 庚申示四屯 宂 㱿
一六六一臼 丙寅邑示七屯 小㱿
一八五三臼 婦利示十屯 爭
二〇一三臼 示十屯 宂
二二二五臼 丙寅邑示十屯㱿
二三五四臼 戊申婦示二屯永
二三八七臼 癸卯邑示二屯 小㱿
二四八八臼 㸚示十屯 宂
二七四四臼 婦利示十屯 爭
二九七五臼 癸巳婦示屯
三二八六臼 癸卯婦井示四屯㱿
三四六七臼 …寅婦…示三屯 岳
三六五一臼 利示十屯
三七三二反 …示二十屯
四〇七〇臼 癸酉㝅示十屯
四三四〇臼 壬午邑示八屯小㱿
四六二〇臼 甲子…示二屯 宂
四六二〇臼 甲子…示二屯 賓
四六三二臼 壬午邑示八屯 岳
五一三〇臼 …示一屯 岳
五一七七臼 戊寅先自示三屯 㱿
五五四五臼 甲辰婦祖示二屯 岳
五六〇八臼 癸亥示十屯
六〇〇〇臼 戊申婦喜示四屯 亘
六〇四二反 …示十屯
六一〇八臼 …示十屯… 永
六一三〇臼 …子妥示…屯 宂
六一五六臼 戊寅婦㳄示二屯 㱿
六一七七臼 丙寅婦妥示五屯 㱿
六三三三臼 己丑婦姘示二屯自…
六三八五臼 己丑先立示四屯 岳
六四〇二臼 壬子邑示一屯 小㱿
六四一七臼 丁酉子…示六屯…
六四四五臼 庚午婦寶示三屯 岳
六四五一臼 奠示十屯一屯
六五二七臼 奠示十屯又一 永
六五三二臼 乙丑示五屯
六五五二臼 乙未婦妹示屯 爭
六六四〇臼 戊戌雩示九屯 㱿
六七六八臼 甲寅犬見㝅示七屯 允
六七六九臼 甲寅犬見㝅示七屯

六八五五反 丁卯婦…示一屯 永
七〇八一臼 丁亥婦妸示三屯 亘
七一四七臼 壬…邑示八屯 小㱿
七一六一臼 己巳𡧊示一屯 㱿
七二八七臼 婦好示十屯 爭
七三八〇臼 癸巳羌宮示二屯 㱿
七三八二臼 丁亥…示…屯 小㱿
七三八三臼 戊戌羌很示七屯 㱿
七三八四臼 癸巳婦笅示五屯 小㱿
七五六五臼 …羌…示三屯
七六二九臼 婦井示十屯 穷
七九四一臼 庚寅婦婤示三屯 小㱿
八七九七臼 …己壬示㱿二屯 㱿
八八一〇臼 丁丑婦…示一屯 岳 㱿
八九九一臼 己卯𡧊示二屯自古乞 小㱿
八九九五臼 婦杞示有七屯 穷
九〇六五臼 示二屯
九四〇九 丁亥乞自雩十屯 □示 㱿
九五四四臼 庚申婦示八十屯 古
九六六九臼 …辰婦妸示屯一） 蔔
九七九〇臼 癸卯…井示四屯自疊
九九三八臼 …豐示二屯…
一〇〇四五臼 利示六屯 爭
一〇〇八五臼 丁亥邑示六屯 岳
一〇〇九一臼 …巳邑示四屯 小㱿
一〇一九九臼 癸酉卜婦𡧊示一屯 永
一〇二二八臼 己未婦𡧊示一屯 岳
一〇六四三臼 戊戌羌𡧊示十屯 小㱿
一一一七〇臼 壬戌子央示二屯 小㱿
一一一七一臼 壬戌子央示二屯 岳
一一四五二臼 …巳冊示二屯 岳
一二五三〇臼 婦井示四屯 㱿
一二七六四臼 丙子𡧊示一屯 穷
一三四四三臼 婦杞示十屯又一（ 穷
一三五四五臼 婦井示七屯 㱿
一三八五四臼 丁卯婦…示二屯 岳
一四〇〇八臼 丙午…龐示十屯
一四三三七臼 辛未卜雩示一屯 岳
一四四三一臼 …午婦𡧊示一屯 小㱿
一四四三三臼 丙申㣈示二屯 小㱿
一四四七四臼 丁巳邑示五屯 㞢㱿
一四八〇七臼 丙寅羌很示一屯 岳
一五三一四臼 婦羊示十屯

一五五一五反 己酉…示十屯先
一五六一四臼 …示三屯 小㱿
一五六五九臼 …子婦…示一屯
一五七〇〇臼 …龜示屯
一五七三四臼 𡧊示四屯又一骨 亘
一五九三五臼 戊寅婦𡧊示二屯
一七三六〇臼 …戊婦𡧊示三屯 㗊
一七三九三臼 己亥婦龐示二屯 穷
一七四二四臼 壬午邑示八屯 㗊
一七四九〇 婦井示十屯 㱿
一七四九一 婦井示五屯 亘
一七四九二 甲午婦井示三屯 岳
一七四九八反 婦井示十屯
一七五〇七 …巳婦㚔示五屯 小㱿
一七五〇八臼 乙丑婦笅示一屯 小㱿中
一七五一〇 甲子婦笅示四屯 小㱿中
一七五一一臼 壬寅婦寶示三屯 岳
一七五一二 庚午婦寶示三屯 㱿
一七五一三 壬寅婦豐示二屯 岳
一七五一七臼 辛丑婦喜示四屯
一七五一八 癸未婦喜示二屯 古
一七五三一 婦[illegible]示二屯 穷
一七五二三臼 辛未婦賓示三屯 㱿
一七五二五 婦杞示七屯又一（ 穷
一七五二八 婦良示十屯…六）
一七五三三臼 戊戌婦妸示二屯 韋
一七五三三臼 壬戌婦妸示三屯
一七五三四 戊子婦𡧊示二屯 㱿
一七五三五臼 戊子婦𡧊示四屯 岳
一七五三八臼 乙丑婦𡧊示四屯 小㱿
一七五三九 庚申婦𡧊示…屯
一七五四一臼 丙寅婦𡧊示二屯 㱿
一七五四一 戊戌婦𡧊示二屯 㱿
一七五四二臼 …婦𡧊示…屯自疊…
一七五四三臼 …婦𡧊示一屯爭自疊
一七五四七臼 …戊婦…示五屯 亘
一七五四八 甲子婦…示三屯 …
一七五四九 壬寅婦…示二屯
一七五五〇 癸酉婦…示三屯
一七五五一臼 辛卯婦…示二屯 穷
一七五五五臼 戊戌婦…示二屯 永
一七五五六反 …邑示十屯 㱿
一七五五七反 癸巳邑示八屯…

一七五五八臼 壬午邑示八屯 凹
一七五六〇臼 壬：邑示八屯
一七五六一 己未邑示四屯 岳内
一七五六二 己未邑示四屯 岳内
一七五六三臼 丁丑邑示四屯 耳
一七五六四臼 乙未邑示四屯 㱿
一七五六七 壬申邑示三屯 岳
一七五六八 壬申邑示三屯 㱿
一七五七〇臼 癸亥邑示二屯 㱿
一七五七一 乙亥邑示二屯 小㱿
一七五七二 辛丑邑示二屯 㱿
一七五七三 壬戌邑示二屯 小㱿
一七五七四 戊寅小邑示二屯 岳
一七五七九 古示十屯又一乚 殻
一七五八一 古示十屯又一丿 宾
一七五八四臼 妻示四屯 殻
一七五八〇 古示十屯又一く 古
一七五八五 妻示四屯 亘
一七五八八反 雍示十屯
一七五九六 丁酉子：示六屯 小㱿
一七五九五 丁酉子：示六屯
一七五九一 壬申龜示四屯 岳
一七五九八 丙寅冊示四屯
一七六一五臼 辛酉眉示六屯 㱿
一七六一六 壬戌眉示三屯 岳
一七六〇二 丁丑雩示二十屯 岳
一七〇〇三 戊戌雩示九屯
一七六〇四 丁丑雩示四屯 小㱿
一七六〇五 己卯雩示三屯 岳
一七六〇七 ：未雩示三屯 小㱿
一七六一〇 𢒼示三屯又： 殻
一七六一一 𢒼示三屯又一丿 宾
一七六一二 𢒼示三屯又一丿 宾
一七六二一臼 戊戌羌𥎦示七屯 㱿
一七六二二 戊戌羌𥎦示七屯 㱿
一七六二三 丁丑𥎦示三屯 小㱿
一七六二四 丁丑𥎦示一屯 岳
一七六二五 丁丑𥎦示一屯 小㱿
一七六二八 𠂤示四屯又一骨 ：
一七六三〇臼 𠂤示二屯 古
一七六三一 己巳𠂤示一屯 殻
一七六三四 丙子保𠱿示三屯 㱿
一七六三五臼 丁巳：示一屯 岳

一七六三八 庚午示三屯 岳
一七六五一 ：示三屯
一七六五三 甲午：示三屯 小：
一七六五八 壬寅：示二屯
一七六六三 ：示五屯又一（ 亘
一八六五四臼 奠示十屯
英一五四臼 婦祥示十屯
英四一四臼 癸巳邑示三屯 㱿
英四二五 ：示四屯 宾
英四二六 壬申邑示三屯 小㱿
英四二七 戊申邑示一屯 葡
英四二八 戊寅㫚示三屯
英四二九 己酉匍示四屯 小㱿
英四三〇 丁卯婦寶示二屯 小㱿
英五五四臼 壬戌婦井示二屯 允
懷九五五C ：示五屯 耳
懷九六六C 婦娘示十屯 亘

其它

六八一臼 𠂤示：屯又： 爭
六九七反 貞執屯王固曰執
七〇九反 屯禦于：
七〇九反 勿屯：
八〇九正 貞王戠：屯不若佐于下上
八一八 ：若十屯
八一九 庚申：子商二屯：
八二〇 ：卜王：二屯伐：
八二一 ：㞢屯：
八二二正 貞屯率：王若
八二三 貞率戠：屯
八二五 ：戊戠：屯
八二六 己酉卜殻貞執屯
八二六 辛酉卜宾貞呼師般取[illegible]不：屯
八二七 ：宾貞[illegible]屯
九三五臼 婦八十：屯又一：
三二六臼 壬申事：十屯
四一四三 庚戌卜雀于春出
五〇四六正 ：惟：屯：
五〇九七臼 ：子婦：五屯 㱿
五二九九反 乙巳妥：屯 亘
五五七九反 ：允十屯小臣从示
五五八〇 ：二十屯小臣：
五六二五 ：商：屯

一七五七九臼 癸亥…十屯
五八四〇臼 …婦妥…屯
六三八七臼 丙寅…屯
六三四〇臼 …六屯 㱿
七六二六 …屯㐭…征
八四一〇反 …東尸有曰屯…余…
九三九六 …自𠂤五十屯
九三九七 自𠂤五十屯
九三九八 自𠂤五十屯
九四四九反 …乞自…屯永…旬
一三〇五五反 …四十屯
一三六〇四正 貞祖乙若王不…
一四二〇一 庚午卜內屯呼步八月
一六五七四反 …屯又…
一六五七五反 …五十屯…
一七四二三臼 …午邑…三屯
一七五三四 …婦杏…三屯
一七五五二 …婦…七屯 亘
一七五五三臼 …婦…十屯 穷
一七五五九 壬午邑…八屯 岳
一七五五六臼 丁卯邑…三屯 小㱿
一七六五六臼 丙寅…二屯
一七六五七 辛丑…二屯 內
一七六二七臼 …五屯
一七六二九 乙酉…二屯 古自𠂤三
一七六三六臼 丁亥…十屯 㱿
一七六五四 …三屯
一七六六二 甲子…三屯
一七六四〇反 …庚…三屯…
一九六九一 …王…章…屯
一九六九二 …貞印…大夕屯
一九六九三 己酉卜…貞于…屯
二四四六九 …王其田…屯日…
二六六五一 …翌犬口比屯日… 茲用
二八〇〇八 丁酉卜其呼以多方…小臣
二八八三三 于壬屯…無災王…
三三四一〇 己未卜屯取茲… 吉
屯 八九七 惟𨐨田屯日無災弗… 茲用
屯 一〇一三 庚申卜王其省戈田于辛屯日無災
屯 一〇一三 …王其省戈田于乙屯日無災杏王
屯 一〇一三 于壬屯日無災杏王 茲用
屯 二三四一 辛未卜王其田惟翌日壬屯日無災沐王 吉
屯 二三四一 王其田于刀屯日無災沐王 大吉
屯 二六八六 湡渠有㱿屯日無災永王
屯 二八五一 辛酉卜翌日壬王其田于湡屯日無災
屯 二八五一 惟𨐨田屯日無災永王弗悔 吉
屯 三〇〇四 弜屯其𨐨新東有正 吉
屯 三〇〇四 惟新東屯用上田有正 吉
英 四三一 己卯雩…三屯
英 八一一反 …五…屯 穷
英 一三四五 …巳卜…屯…曰…
英 二〇三三反 …二十屯小臣…
英 二三〇三 …酉卜翌日戊王其田屯… 吉
懷 九六七b …二十屯兕五屯小…

屯屯

三五九一 …午卜…羌甲彡…屯屯族

肉

一八二五〇 貞…肉…亞…
二一九〇七 辛未多犬…
二一九〇七 …肉…
二二三二三 乙丑卜貞婦爵肉子無疾
二二三二四 乙丑卜貞婦爵肉子無疾
三一〇一二 㽙廩在八又卩其祝
三一二二三 …惟卩夕吉
三一二二四 癸…貞…卩吉

多

參 226頁
參 353頁
參 354頁
參 1232頁
參 2053頁
參 1266頁
參 624頁

參 605頁
參 41頁
參 1037頁
參 1118頁
參 1280頁
參 73 185頁
參 1010頁
參 1115頁
參 1104頁
參 610頁
參 125頁
參 801頁
參 381頁
參 12頁
參 196 204頁
參 167 172頁
參 1464頁
參 35 112頁
參 1447頁

一〇九七六正 貞生八月帝不其令多雨 1
一〇九七六正 辛未卜爭貞生八月帝令多雨 1
一二四九六 …卜今一月多雨辛巳… 1
一二五〇一 貞生一月不其多雨 1
一二五一一正 丙申卜亘貞今二月多雨王固曰其惟丙… 1

一二五八七 …申卜…六月雨多 1
一二六九二正 …韋貞今夕多雨 1
一二六九四正 貞多雨 二告 1
一二六九四正 王固曰吉多雨 1
一二六九五正 …多雨 1
一二六九六 …多雨 1
一二六九七 …多雨 1
一二六九八 …多雨 1
一二六九九 …多雨 1
一二七〇〇 …雨多 1
一二七〇一 …多雨 1
一二七〇二 …未卜貞今夕雨多 1
一二九一四 …巳卜韋貞其亦多雨王固曰…丙午允雨 1
一二九四五 …之夕允雨多 1
一四一四〇正 …𠷎貞今三月帝令多雨 1
一四一三六 …帝令多雨 1
二〇九五三 庚午…𠂤曰…䨓雨多 1
二四八六九 …自𤉲…弜𢓊雨…多雨 2
一二五七七反 …曰多雨 1
二九九〇八 乙亥卜今秋多雨 3
三八一六二 …貞延多雨茲御 5
三八一六三 …不多雨 5
三八一六四 不多雨 5
屯三三五八 辛多雨 3
屯三三五八 不多雨 3
屯三三五八 壬多雨 3
屯三三五八 不多雨 3
英一〇七一 …咸…雨…巳亦雨多…一月 1
英一〇七二 …雨多… 1

古吅

二三〇一二 …貞…祖辛…𢦔多… 2
二七〇四二反 乙卯卜宁貞王賓匚丙𠭰𢦔多無尤 3
二七〇四二反 丙辰卜宁貞王賓匚丙𠭰𢦔多… 3
二七〇四二反 丙辰卜宁貞王賓匚丙𠭰𢦔多無尤 3
二七六四三 …卜貞…賓…𢦔多… 3
二七六四五 丙子卜宁貞王賓卜丙𠭰𢦔多… 3

吅方

二五 丁卯卜貞望𠭯多方示𣁋作大…七月 1
八四〇八 …卯卜貞…多方示…作大… 1
二四七九 丁酉卜呼多方𤕌𢀛 1
二七〇一二 …多方…二百人王…吉 3
二八〇〇八 丁酉卜其呼以多方𡧊小臣 3

英五三八 貞令鳴以多方牟 1

[多生]

二四四〇 辛卯卜即…貞惟多生射 2

二四四一 …于卜即…祖辛歲惟多生射 2

二四四二 …大庚…惟多生射 2

二四四三 …寅卜…盟辛…歲惟多生射 2

二四四四 …子王卜…多生曰…盟… 2

二七六五〇 惟多生饗 3

[多丂]

二八〇〇七 惟多丂 大吉 3

屯四九三 …未卜其…多丂…父庚

英一九九九 丙…多丂…入文若 2

[多𦉢]

五八〇二 …貞勿奴多𦉢… 1

五八〇三 …奴多𦉢… 1

五八〇四 …多𦉢… 1

[…]

五八五正 丁巳卜㱿多…于… 1

五八五正 丁巳卜勿㱿多…于… 1

[…]

二二二四六 貞婦多嘉 1

二二二四七 貞婦多嘉 1

二二二四八 癸未貞婦多… 1

二二二四九 癸未貞婦多 1

二二二五一 癸未貞婦多 1

二二二五二 壬午貞婦多無囚 1

二二二五三 壬午貞婦多無囚 1

其它

一六 辛丑卜爭貞我卜多不吉𢦏… 1

一〇三 …以多…蜀…大… 1

一四〇反 貞…多… 1

一七六 多…不獲… 1

二〇二 貞𡆥不其多獲羌 1

五五七 癸丑卜貞勿呼多…興二月 1

六三七 …爭…多…方…𡆥… 1

六五一 …多…衛 1

八八〇正 貞往西多𢿱不其以伐 1

一三八五反 祖辛惟之不若王多𡆥于唐 1

一三八五反 祖辛不惟之不若王多𡆥于唐 1

二〇九四 …多祖 1

二〇九五 貞多祖無𡆥我 1

二六〇五 貞勿多妹母 1

三二六七正 壬…㱿貞弗…多小子 1

四三七一 …貞𢀛弗…多 1

四八一八 庚申卜㱿貞今…多宁… 1

五四四四 貞晶不我多𠬝臣永… 1

五八二六 …㱿…勿肇多人三百… 1

五九〇二 …以多…樂 1

六二八〇 貞多…不其循伐𢀛方 1

七〇九八 …勿…多…興… 1

七三九五 …貞沚…稱…多… 1

七五八九 …申卜韋貞…奴多… 1

七七六四 …多大… 1

八六一〇 …多…冥… 1

九〇〇六 貞呼犬…以多… 1

九〇〇七 …卜爭…以多… 1

九一六一正 壬申卜…呼多… 1

九四七七 …卜㱿…令多晨…找…戠 1

一〇八六七 …多獲 1

一〇八六八 …多不其獲 1

一一〇〇四 壬辰…勿…尊…多… 1

一一〇二四 …多侯…𠂤令… 1

一一一七一正 貞凡多沚 1

一一一八三 …多羊 1

一一四四三 …肇多…十朋母 1

一二五七七正 甲午卜㱿貞今五月多… 1

一二六五七正 貞㦰𡆥多… 1

一二八八二 …多…雨惟囚 1

一四三一五正 勿不多…𧇡 二告 1

一四三一五正 貞其不多…𧇡 1

一六〇一三 王固曰其有雨甲辰…丙午亦雨多… 1

一六〇一三 癸卯卜𡆥貞呼多老… 1

一六〇一三 貞勿呼多老舞 1

一六〇二三 …丑卜爭…有…自…至…多… 1

一六〇四三 …寅卜㱿…盟丁卯魚饗多… 1

一七〇一四 貞不多…𡆥 1

一七〇一三 …惟多…𡆥 1

一七〇二六 癸亥卜…貞多…有𡆥… 1

一七一六六正 …卜爭貞…多… 1

一七四四七 甲寅卜…亞多…夢不若 1

一七五〇三正 貞多…𡆥得… 1

圂

著錄號	釋文	數
一七九一六	丁卯卜多朊…	1
一八八〇六	…寅卜穷…翌丁卯…饗多…	1
一八九八一	…多…旪…	1
一八九九七	…令多…羌…多…	1
一九〇三四	…丑…多任…	1
一九〇八〇	貞今丁令多步	1
一九〇八一	貞令丁…令多…步	1
一九〇八二	…酉卜爭貞…令多…往…	1
一九二二三	…子卜貞…以多馀…于…	1
一九二二七	…多…	1
一九二二八	己卯…多…	1
一九二二九	…多…惟…	1
一九二三〇	不惟多	1
一九二三一	…惟多	1
一九六九〇反	…多巾…	1
二〇八八〇	惟丁巳…多…	1
二一〇一七	丙申卜令多伐雨…不風允不六月	1
二二三〇五	己卯卜午亞于多	1
二二四〇五	多舌無囚	1
二二四〇五	貞勿黨多口無囚	1
二二五九三	…巳卜出貞多…	2
二三四〇五	…卜旅…又多…妣…	2
二三七二〇	甲申卜喜貞惟多…妾毋用	2
二三七二二	丙戌…卜…室…翌丁亥…其令多…王令 …告	2
二七六三七	于多…	3
二七六三八	于多…	3
二七六四八	惟多…	3
二七八九六	…亥卜多辟臣其…	3
二八〇九八	…其多茲…十邑…而入執…禹千…	3
二九五五〇	…豚多王…	3
二九六八四	…多…人…	3
三〇九八九	勿見多食受…	3
三二九八一	…于多工	4
三三一六二	貞…王其…自鮻于…多若	4
三八七三一	癸卯王卜貞其祀多先祖…余受有祐王囚 曰弘吉惟…	5
三九四四三	…卜貞…丙申多馀…于…	5
屯一八〇	比…多…	4
屯三六七	戌多以執…吉	3
屯三三九六	多侯歸	4
屯三四二五	…巳卜其有歲于多…叙嫠	3
英三六〇	…多酉	1
英九〇二	丙申…多…十月	1
英一〇三二	貞…多…	1
英一三六七	貞多…	1
英一三六八	貞多…	1
英一三七〇	…貞多…	1
英一七四五	…多…	1
英一九七八	甲申卜出貞令多…暨方	2
英二五〇二	…卯卜貞王賓…自匚丙至于多…衣無尤 在…月	5
懷一九六	…其雨…日允…多	1
懷二四七	…其入雨…風多…	1
懷七七〇	…夕生…其多…	1
懷八〇二	…其…自…多…	1

圂俎宜

圂于

著錄號	釋文	數
三一八	丁亥圂于磬京羌…卯	1
三八六	己未圂…義京羌…人卯十牛左	1
三八七正	丁卯圂于義京…人卯十牛中	1
三八八	己未圂于義京羌三卯十牛中	1
三八九	己酉圂…義京羌三卯十牛中	1
三九〇正	癸卯圂于義京羌三人卯十牛右	1
三九一	…寅圂…義京羌三…卯十牛右	1
三九二	癸巳圂…義京羌…卯牛…	1
三九四	癸酉圂于義京羌三人卯十牛右	1
三九五	丁未圂于義京…	1
三九六	丁未圂于義京…人卯十牛…	1
七三七〇	…亘貞翌丁亥暘日丙戌雹…亥圂于 磬…	1
八〇三四	…貞其圂于磬京不…	1
八〇三五	貞翌辛亥呼婦姘圂于磬京	1
八二三三	…永貞翌丁酉…圂于𠭯…固曰其有…	1
三三三九九	丙辰卜𠂤貞其圂于妣辛…	2
三三三九九	丙辰卜𠂤貞其圂于妣辛一牛	2
三三五五五	…圂于仲子惟羊	2
三六〇二〇	甲子卜行貞其圂于庚必	2
三二二六二	癸卯貞酌大圂于𠬝享伐	4
三四六三三	…圂于…	4
三八一七八	甲辰卜貞翌日乙王其賓圂于敦衣不 遘雨	5 5
屯六七五	辛丑貞酌大圂于宰	4
屯一三三四	癸丑卜甲寅…圂于…	4
懷一〇五八	…卜旅…圂于…十二月	2

著錄	釋文	期
一〇七五反	乙未圍允暘…	1
六一五七	…翌乙未圍暘日	1
一〇九四二	…卯卜㱿貞翌庚午其圍?…午圍允暘…	1
一二四一三	翌庚辰其圍不其暘…	1
一三一六五	…暘日丙戌雨…圍…	1
一三一八一	其圍不暘日	1
一三二一九	…㱿…翌己丑…暘日己…圍…亦…	1
一三二八〇正	…午卜宾貞翌丁未子…其圍暘日　小告	1
一三三一二	…爭貞翌乙卯其圍暘日乙卯圍允暘日	1
	㬝霧于西六月	1
一五八八八	己丑卜㱿貞翌庚寅其圍不其暘日	1
懷一三五	…圍…暘…	1
懷九一六	貞翌庚午其圍暘日	1
三三六	…貞燎于河五牢沈十牛圍牢又羌十…	1
四八三	…方貞…五宰…十…圍宰…羌	1
六五五正	貞圍牛	1
一〇六四	…伐不三人于冊圍宰	1
七八一四反	己卯圍扎在庙	1
九二三三正	…翌乙巳…圍勿…	1
一〇〇九四正	…奉年于河燎三宰沈…卯三牛圍宰	1
一〇〇九八	…巳卜方貞奉年于𡆥五小宰圍二月	1
一一一八八	…羊圍…豕…	1
一四三九六	貞燎于土一牛圍宰	1
一四五三六正	辛…貞奉河燎五小宰沈五牛卯五牛圍宰	1
一四五三七	辛亥卜奉河燎六牛…六牛圍八牛	1
一四五五二	…卯卜內燎于河十牛圍十牛	1
一四五五六	丙申卜貞燎于河三宰沈三宰圍一宰	1
一四六六四	乙亥卜燎𡆥羊圍宰	1
一五八五六	…岳圍…十牛十二月在…	1
一五九一〇	…圍…三小宰	1
一五九一二	…五牛圍	1
一五九一三反	…圍牛	1
二二二三五	圍妣母牛	1
二三五〇二	辛亥卜旅貞其圍羊于兄庚	2
三〇一二〇	壬戌卜其圍惟羊	3
三一〇〇五	…河三宰沈二牛圍牢	3
三二〇二八	辛未貞奉禾于河燎三牢沈三牛圍牢	4
三三一一八	乙丑卜有燎于土羌圍小宰	4
三二一二〇	癸亥卜有土燎羌一小宰圍	4
三二一二五	甲寅貞來丁巳尊鬳于父丁圍三十牛	4
三二一三〇	庚戌貞侑河伐宰圍大牢　茲用	4
三二六九四	甲寅貞來丁巳尊鬲于父丁圍三十牛	4
三三一四〇	…又尊圍…十牢	4
三三一九三	…燎三…三牛圍…	4
三三二七六	…奉禾…河燎…小宰沈三牛圍牢	4
三三二八二	壬子貞其奉禾于河燎三宰沈三圍牢	4
三三二八五	…巳酌禾奉于河燎…圍牢	4
三三二九二	乙卯貞奉禾于岳燎三小宰圍三牛	4
三三二九二	…貞奉禾…沈三牛圍大牢	4
三三二九二	…卯貞奉禾…岳燎三小宰…圍牢	4
三三三二三	…其九…牛…圍三牢	4
三三三二三	圍三牢	4
三三六九七	…牢圍大牢	4
三四一六三	丁巳卜庚申酌燎于…圍大牢雨	4
三四一六五	戊子貞其燎于洹泉…三宰圍宰	4
三四一六五	戊子貞其燎于洹泉犬?三牢圍牢	4
三四二〇八	岳圍四牛	4
三四二一三	…圍…三牛	4
三四二二五	岳燎五宰圍五牛	4
三四二四七	…于河燎三…圍牢	4
三四二七四	丁巳貞庚申燎于𡆥二小宰圍大牢	4
三四六三四	土圍一牢	4
三四七一一	庚辰…于土…圍大牢	4
屯七六	癸巳卜其圍勿牛	3-4
屯七六	圍牢又一牛	3-4
屯九三	…于貞…奉禾…河燎…宰…圍…牢	4
屯七三二	壬戌卜燎于河三牢沈三牛圍…	4
屯九四五	…圍牢	4
屯九六一	庚申卜有土燎羌圍小牢	4
屯九六一	癸亥卜有…燎羌圍一小牢	4
屯一一一八	丁亥貞辛卯酌河燎三宰沈三牛圍牢	4
屯一一一九	癸丑卜燎于河…牛圍五牛	4
屯一一五三	癸丑卜…于河三…圍五牛	4
屯一八六七	…牢圍…	4
屯三〇九〇	…圍牢	4
屯四一七八	圍卯三牢又辰	4
英八一六	…圍宰…	1
英一一六〇正	甲戌卜方貞奉年…燎于𠂤十牛圍…	1
英二四五〇	庚…貞其奉禾于兮燎十小宰圍十大牢	4
懷一五八三	…河…圍…牛…	4

囿

彡囿

二八九〇	貞我一月彡二月囿	1
一五二九一	貞先彡囿	1
三二〇五一	己亥貞庚子彡囿于享京羌三十十牢	4
三二二二四	癸酉貞彡囿羌乙亥	4
三二二二四	辛酉貞彡囿羌	4
三二二一六	癸亥卜遘彡囿伐于大乙	4
三二二一六	丁巳卜惟囿彡	4
三二二一六	丁巳卜惟今月彡囿	4
三二二一六	丁巳卜于木月彡囿	4
三二二一六	丁巳卜惟今月彡囿	4
三二二一六	丁巳卜于木月彡囿	4
三四五二〇	己亥貞彡囿	4
三四五二〇	辛丑貞彡囿無壱	4
英二四六六	癸丑夕卜叙日𠧢彡囿羌	4
英二四六六	癸丑卜弜叙彡囿羌	4
英二四六六	丁未卜彡囿伐百羌…官…	4

其它

三七六六正	貞王佐三羌于囿不佐若	1
三七六六正	貞王佐三羌于囿不佐若	1
四四六四正	…囿…	1
四七六正	貞冒我羌…囿	1
二一三七	貞勿于囿奠	1
二三八七正	貞囿有追	1
三〇三七	…辰卜永…翌乙巳…囿…妻…	1
三三八五正	…卜殻貞…未囿…	1
五一三二	…囿…	1
五四一三	…卜爭貞王乞…曰翌…庚…俎…	1
五四六八正	貞翌己巳囿	1
五四六八正	貞翌己巳囿	1
六一五七	…未囿…	1
七三二〇	辛未囿允…	1
八一八一	甲申卜殻貞在𦎫囿…禼	1
九五三七	…㝅貞呼黍于敦囿受…	1
九五八〇	乙丑殻貞勿屖…囿	1
九五八〇	…囿若一月	1
一〇〇八四	…囿奠	1
一〇四〇五正	己卯㞢子寅入囿羌十	1
一三三五八	…日無風之日囿雨	1
一三三九四	…囿今茲雲	1

一三六一二反	…呼…囿…	1
一四五五五正	戊辰卜爭貞燎于河…豕三羊沈五牛囿…	1
一四六〇七	…辰卜㝅…于河…宰沈五…𡰪…月	1
一四六〇八	…河三…沈五…囿…	1
一五一六〇	…賓…囿無壱	1
一五七六四正	庚子彡…囿王…子子…	1
一五七六四反	貞…囿…	1
一五八〇七	…未…廼雨…尊囿…磬…	1
一五八八九	甲戌卜亘貞翌…日乙亥囿	1
一五八九〇	壬寅卜殻貞于翌乙卯囿	1
一五八九二	貞翌丁卯其囿有…	1
一五八九三反	…囿…	1
一五八九四	貞翌庚午囿…	1
一五九〇三	貞…辛…囿…	1
一五九〇四	貞我…囿…	1
一五九〇五	…囿…四…河…	1
一五九〇六	…爭…其囿…	1
一五九〇七正	丙…貞翌…其囿…壱…	1
一五九〇八	貞勿十…翌甲戌囿…	1
一五九〇九	…田囿㞢示十…	1
一六〇五七	…明霧既囿…	1
一六一九八	…埋于…四牛囿…三豕	1
二一八二六	…卜貞…囿	1
二五二二五	…貞…莫歲…其匡	2
二六〇一九	甲申卜旅貞其囿㳄方…	2
二六〇二一	…囿…九月	2
二七二一四	…其囿祖乙…	3
二七七二五	…酉卜𤯌…有囿	3
三二二五九	…延囿伐	4
三二三六七	自上甲囿	4
三二五三六	乙酉卜惟囿𬓙用	4
三二九三六	己酉卜壺囿…	4
三三九七一	己巳卜惟庚…乙囿…	4
三三九七一	己巳卜惟…允庚囿…	4
三四五九六	丙午蒸囿	4
三五三四五	壬申卜在攸貞有牧阜告啓王其呼	
	戊叱囿伐弗悔利	5
三五三六七	…囿…枇…尤	5
三六一七九	貞王其囿文武…	5
屯九三	乙巳貞其黍禾于伊囿	4
屯四五六	丙午卜…囿…	3-4
屯一〇七八	…敦…囿…	4
屯二〇三四	…囿…	

乇二七九九 ……貞……延圍…… 4
乇三一二二 ……圍日𣪊…… 4
乇四一七八 ……圍卽…… 4
英二一 貞祏大甲于圍 1
英三九 ……亥圍……水風……夕雨 1
英七八二正 貞勿延我圍 1
英一二八〇 燎于𡆥圍 1
英一二三七五正 翌丁亥勿令圍 1
英一二三七五正 翌丁亥圍 1
英一二三七六正 貞翌己巳勿圍 1
英一二三七六正 貞翌巳勿圍 1
英一二三七七 ……圍……五…… 1
懷一三四 ……圍……季…… 1
懷一五九〇 辛丑……圍三百…… 4

劃 則

三〇七 貞則羌百…… 1
三〇八 貞則百羌 1
一五四二九 ……則用百…… 1
二七四六五 乙酉卜其劃父甲𣪊在茲往戍 3
二七四六五 于𠁁劃父甲𣪊 3
二七九七二 其呼戍禦羌方于義則戈羌方不喪衆 3
二九四〇五 王其劃𣪊麇 吉 3
三一〇〇二 弜劃…… 3
三一〇〇三 己酉卜王其則其……冏旋無災 3
三二五四七 甲辰貞惟壬子劃祖乙 4
三二五四七 丁酉貞其劃祖乙𣪊 4
三二五四七 弜劃 4
三二六九七 己巳貞……劃 4
三四六三五 ……劃……𣪊 4
三五五〇一 王曰則大乙𣪊于白麓𡧊宰丰 5
三五六五六 癸丑卜𠂤貞王……無𡆥在四月甲寅彡 5
乇六四七 日𡈼甲日劃祖乙𣪊 4
乇一一二八 壬午卜其劃毓父丁𣪊 4
英二三五六 弜暨父丁劃 ……王其劃來惟…… 3

敝

五六一三 ……令多尹敝 1

朿

一〇三〇正 ……會我四……以西人……𣎵…… 1
三三九七正 戊戌卜殻貞王曰侯豹往余不朿其合以乃使歸 1
三三九八 ……侯豹往余不朿合以乃使歸 1
五五三七正 貞朿得 1
六九四三 癸酉卜殻貞令多奠衣朿郭 1
八八八四 丁丑卜宕貞𣎵得王固曰其得惟庚其惟丙其𡆥四日庚辰𣎵允得十二月 1
一〇〇五八 丙寅卜……桑𣎵…… 1
一一〇一三 庚……雀……㐭……遘…… 1
一一四〇〇 貞王勿𢼸𠂤葡牧于在𣎵 1
一八四七一 ……令……𣎵……之日…… 1
一九一二四 ……疋……女……𣎵黽…… 1
英三九五 貞𠭯勿冊伐朿暨桑 1
英四一四正 丁丑卜宕貞朿得王固曰其得惟庚其惟丙其𡆥四日庚辰朿允得十三月 1
懷九四四b ……𣎵…… 1

𣎵 𣎵

一〇九八九正 貞祟𣎵其來告 1
五七五九 貞𣎵取射 1
六五二八 ……爭貞王曰𣎵……田𣎵其𢦏 1

盞

一〇二 ……戍卜貞𡴎獻百牛盞用自上示 1
二四一 乙丑卜宕貞小來羌盞用 1
二四二 丙寅卜宕貞小來羌來甲戌盞用 1
二四六 己亥卜宕貞盞用來羌 1
五五三 癸酉卜貞盞用 1
一二〇三正 貞盞禦上甲 1
九九四六乙正 貞盞有伐 二告 1
九九四六乙正 勿盞有伐 1
一四一七二 戊申卜貞𣶒彡 1
一八七八〇 癸……盞…… 1
二三四二九 ……寅卜……貞盞有彡歲自母辛衣…… 2
二五三七一 丁亥卜出貞來𡆥王其叙丁盞𢎽新 2
二五六六〇 ……丑卜即貞王賓夕……盞…… 2
二五九九六 ……盞……𡿧……惟……若 2
二六〇六三 ……既𨒪……妣王盞……其…… 2

二六〇六四　貞勿盤…　2
二六九七二　…用執…盤…　3
二七〇八四　…其弗賓三匚日其盤無…　3
二七〇八七　其自盤有夕至　3
三〇三九三　其奉牛丮𢦏于小山盤豚　3
三〇六七七　王其生盤　3
三一一二七　王其生盤　3
三一一二七　弜盤習惟舊冊用　3
三一一二八　癸卯卜何貞其盤　4
三二〇二四　丙申貞射𠭰以羌盤用自上甲　4
三二〇二八　丁卯貞𠭰以羌其用自上甲盤至于父丁　4
三二〇三五　辛酉其若亦盤伐　4
三二〇九〇　丁亥貞…盤至𠬝…　4
三二一一一　乙亥貞有夕伐自上甲盤至父丁于乙酉　4
三二一一二　乙亥貞有夕伐自上甲盤至父丁于乙酉　4
三二一一三　甲寅貞有夕伐自上甲盤　4
三二一一四　癸丑卜自上甲盤有伐　4
三二二一五　于大示盤有伐　4
三二二五六　丁未卜其盤伐　4
三二三三〇　丁未貞其大禦王自上甲盟用白豭九三示　4
三二三六八　盤牛在父丁宗卜　4
三二三六九　辛巳貞…自上甲盤惟…　4
三二三七〇　乙巳…自上甲盤　4
三二三七一　…伐自上甲盤　4
三二三七二　甲申酌出自上甲盤至于多…　4
三二三七三　…午貞丁未酌自上甲盤…　4
三二三七四　丁酉卜自上甲盤用人　4
三二五四三　其盤以小示　4
三二七二二　盤有　4
三三二九六　丁未貞奉禾自上甲六示牛小示盤羊　4
三三三一三　乙卯卜貞奉禾自上甲六示牛小示盤羊　4
三三三一四　…羌九盤自…　4
三四〇七七　…奉生盤于…　4
三四一〇三　癸卯貞其…豭九下示盤…　4
三四一〇三　甲辰貞其大禦王自上甲盟用白豭九下示　盤十…　4
三四一一五　甲申卜貞酌奉自上甲十示又二牛小示盤　羊　茲用　4
三四一一六　甲申卜貞酌奉自上甲十示又二牛小示盤　羊　4
三九四二三　…盤…𢦔…朕二十祀九…　5
屯二　…其夕自上甲盤大示其…　4

屯九　癸卯貞盤至于…　4
屯九　丁未貞𦎫以牛其用自上甲盤大示　4
屯九　甲辰貞射𠭰以羌其用自上甲盤至于…　4
屯九　乙酉貞𦎫以牛其用自上甲三牢盤　4
屯九　乙酉貞𦎫以牛其用自上甲盤大示惟牛　4
屯九　乙酉貞𦎫以牛其…自上甲五牢盤大示五牢　4
屯九　乙酉貞𦎫以牛其…自上甲五牢盤大示五牢　4
屯八〇　乙卯貞自上甲盤　4
屯二五〇　其盤禦　4
屯三一三　丁巳卜盤有夕自戌　4
屯四八八　乙亥貞有夕歲自上甲盤遘上甲彡　4
屯六三六　甲辰貞射𠭰以羌其用自上甲盤至于父丁　4
屯六三六　惟乙巳用伐四十　4
屯六三六　…貞𦎫以牛…用自上甲五牢盤大示五牢　4
屯六三六　…貞射𠭰以羌其用自上甲盤至于父丁　4
屯六三六　惟甲辰用　4
屯六七二　…禱以牛其夕自上甲盤大…　4
屯七五一　乙巳卜惟盤伐　4
屯九三六　甲申貞盤以…　4
屯九三六　其盤以米以…　4
屯一〇八九　甲戌貞…酌餗自…盤至于多毓用　4
屯一〇八九　牛…羊九犬十又一…　4
屯一一〇四　癸酉貞甲戌其有伐自上甲盤茲…　4
屯一一〇四　癸酉貞其有伐自上甲盤惟辛巳伐　4
屯一一一六　庚寅卜貞辛卯有歲自大乙十示又…牛　4
屯一一一六　小示盤羊　4
屯一四八二　甲午卜貞其盤有歲自上甲　4
屯一五一三　癸未…于上甲惟盤　4
屯二二二四　…盤…　4
屯二三五三　癸巳貞其有夕自上甲盤至于父丁甲午用　4
屯三六七二　癸酉卜貞羌盤用自上甲　4
屯二七〇七　己卯貞王有…自上甲盤至于…　4
屯二七〇七　…貞…其大禦王自上甲盟用白豭九下示　4
屯二七〇七　盤牛在大乙宗卜　4
屯三五九四　…卯貞其大禦王自上甲盟用白豭九下示　4
屯三五九四　盤牛在祖乙宗卜　4
屯三七三〇　庚申貞有告自上甲盤六示…小示羊　4
屯三七三〇　…卯卜自上甲盤…惟小牢　4
屯三七四四　其盤有夕　3
屯四〇二三　王其侑妣戊姘盤羊王受祐　3
屯四〇二三　盤小宰王受祐　3
屯四〇五三　乙酉…自上甲盤…夕　4
英一九二四　丁亥卜大貞卜曰其有盤夕歲自上甲　王乞…　2

一三九三五　……卯卜婦𦎫有子　1
二〇五〇二　……𦎫……嘉　1
二六八七九　戊𦎫弗雉王眾　3
二八〇三五　戊𦎫其雉……　3
二八〇三六　惟戊𦎫有戦　3
三五二四二　……𦎫止……　4

二二五四六　……呼𦎫㞢二月　2
二二五四七　……𦎫㞢二月　2

三二八八七　甲寅卜惟翌日𦎫　4
三四三四三　甲寅卜惟翌日𦎫　4
三四三四三　……衆惟翌日𦎫　4
屯四〇八〇　……𦎫……　4

二七三七五　……王其有𦎫　3
二七三七六　庚子卜大貞王其有𦎫祖惟今辛酉侑　3
二七三七八　……亥卜其有𦎫𦎫……　3
二七三七九　惟𦎫　3
二七三八〇　……于妣庚惟𦎫　3
二七五四〇　惟𦎫　吉　3
二七六二二　癸亥卜其酌𦎫于河　3
三〇四三八　3
三六四一六　戊戌卜王其巡𦎫馬……小臣……克　3
懷一三九二　其𦎫……　5

四五一　貞其用竹𦎫羌惟酌彡用　1
四五二　……竹𦎫羌豐……白人歸于……　1

三三三〇四　癸酉卜桒禾于𦎫　4
三三〇四二　己巳貞並弗伐𦎫方受祐　4
三三〇四三　丁巳貞並弗伐𦎫受祐　4
屯四九一　……敦𦎫豐……　4
屯一五三六　……伐𦎫……　4
屯二〇九三　𦎫受祐　4

三三〇四一　己……出𦎫于𦎫遘……　4

一二　甲戌卜太甲角取逆𦎫　1
六五五正　十六五五臼　戊……殸貞令……由取舟不若　1
二〇六八反　貞勿令……由取舟不若　1
一三一三反　……𠙵　1
　……𠙵示……　1
一三五二一正　丁酉卜亘貞將𠙵于𦎫　1
一三五二二正　丁酉……貞……𠙵……　1
一七一〇八　癸亥卜……呼𠙵吼……旅母……吼延𦎫　1
一八一一九　己巳……𦎫……𠙵……　1
一九四八六　癸未卜……惟……𠙵　1
一九五〇六　貞……令……𢼸𠙵……允令……　1
二一四三二　……𠙵止　1
二一四二六　己丑子卜小王亩田夫　1
二二四五四　惟𠙵尤于天　1
二六九六　其作𠙵于𠙵木丁　3
英二五六一　辛……貞王……于𠙵……來無……　5

一四七七〇　癸未卜貞燎于𠙵十小宰卯十牛年用十月　1
一四七七一　辛卯卜燎于𠙵　1
一四七七二　……丑卜古貞……于𠙵燎十……　1
一四七七三　貞帝秋于𠙵于土　1

一七六三四　丙子保𠙵示三屯　殼　1

六五五八　⋯辰卜王⋯余伐[X]⋯
六五五九　己卯卜王于來春伐[X]
六五六〇　己卯卜王于來春伐[X]
六五六一　丁酉卜令㝵征[X]戋
六五六二　⋯㝵伐[X]戋
六五六三　⋯貞⋯不[X]
六五六四　⋯王⋯𦎫⋯呼凡[X]戋
六五六五　癸未⋯令㝵伐[X]入無不若允戋
八四二三　乙亥卜惟四月令㝵步⋯[X]
八四二四　貞千弗其作[X]方囚
八四二五　壬辰卜酉[X]方大甲
八四二六　壬⋯卜⋯芇方大⋯
八四二七　辛巳卜王[X]其⋯
八四二八　辛巳卜王[X]弗受朕⋯祐
八四二九　⋯巳卜王⋯㝵⋯[X]至⋯囚
八四三〇　⋯㝵⋯三月⋯[X]
八四三一　⋯[X]
八四三二　⋯[X]
八四三三　[X]其⋯
一九七六五　⋯㝵以羌芇
二〇二一六　⋯㝵⋯[X]
二〇三九七　⋯亥卜王令⋯芇方[X]⋯
二〇三九八　丁未卜令征征[X][X]
二〇四〇〇　辛丑卜步㝵伐芇五月
二〇六二二　壬戌卜酉⋯[X]方大⋯
二〇六二三　⋯酉[X]方大丁
屯四三一六　丁未卜令征征[X][X]
英六一五　⋯辰卜⋯[X]⋯月
英一七〇七　⋯行⋯[X]⋯
懷三六　⋯[X]甲⋯

芇

三五四一一　癸未卜王貞旬無𡆥在十月又一甲申芇彡祭上甲
三五六九七　癸⋯王旬⋯在十月⋯芇⋯
三五八五九　甲辰卜貞王賓芇衣無尤
三六八四〇　癸未王卜貞旬無𡆥王占曰吉在月又一甲申芇酒祭上甲
三七八四〇　癸酉王卜貞旬無𡆥王占曰吉在十月又一甲戌妹工典其芇惟王三祀

良

九三八反　良子弜入五
四九五四　貞令良取何
四九五五正　⋯呼良
四九五六　⋯申⋯良㞢⋯
九二七六反　良入三在⋯
三三〇四九　戊午卜至妻禦父戊良有𡆥

良

一一二一　婦良示七䣄
四九五二　貞⋯良⋯
四九五三　惟良⋯
四九五八正　⋯由往來⋯
六六一四白　⋯婦良示十⋯
九八一〇反　惟良見
一〇三〇二正　呼良⋯
一〇三〇二正　勿呼良往夫
一三〇一六　丙申卜寧良
一三九三六正　貞婦良⋯其子
一三九三七正　壬辰卜殻貞婦良有子
一七五二六　婦良示⋯古
一七五二八　婦良示十屯⋯六）
一七五二七　婦良示⋯古
一七五二八　婦良示十屯⋯六）
一九六七七　貞勿⋯良不⋯
二一五六一　婦良⋯
二四四七二　丙辰卜⋯貞王其步于良無災
二四四七二　⋯卜行⋯其步⋯良于宋
二七六三二　良妣庚王⋯
英一七三三　丙子卜婦良⋯
懷一二二　貞禦⋯良⋯燎⋯
懷四八五　癸未卜王良嘉
懷八六〇b　⋯良示⋯

八

一四三　庚午卜宕貞八玨匋㚔⋯
一四四　⋯八玨匋⋯
二九九　壬戌卜宕貞呼取⋯八黍
七三三白　婦八十⋯屯又一⋯
四六五　⋯勿⋯八

五三四二　：酉卜王：于八：　1
七九二九正　：至令于八：出燎　1
一五六七五　：八自从：　1
二五五七二　戊午卜旅貞王其步自八：無：十二月　2
三一〇一二　囂廙在八又D其衩　3

八

五九三　貞八彈不允　1
五九三　八彈允　1
三六〇一　乙未卜殻貞八人：　1
一〇九六八　貞呼婦姘田于八　1
一〇九六八　：呼婦：于八　1
一九七四〇　貞：不惟八：　1
二九四〇〇　：寅卜：往田：八擒　3
三三一六〇　：貞王往八：　4
三六九五九　癸亥卜在𢦏八師貞王旬無畎　5
三六九六〇　：王卜：貞八㠯：旬無畎：𡆥曰吉　5
屯五三　：日戊王其田𧷥八惟有麋　吉　3
屯二〇〇九　：在八

㕣　公

二七四九五　：至于多㕣王受：　3
三三六九二　辛亥貞壬子侑多公歲　4
三三六九三　辛亥貞壬子侑多公歲　4
三四二九六　：勹歲于多公　4

其它

七六二　：惟：㕣𠬝：：　1
二〇二四三　王令大㕣：　1
二一一一四　庚午卜王燎河㕣于岳　1
二六〇一四　：卜出貞：曾奏：月：　2
二七三五四　其于小乙㕣侑王受祐　3
二七三九三　㕣歲惟羊　3
二七四一六　辛丑卜㕣奉惟今日彡王受祐　大吉　3
二七四一七　于㕣吉　3
二七四九四　：巳卜三㕣父下歲惟羊　3
二七四九六　：㕣：父：　3
二七六五一　其侑于宗壬卯侑于㕣王受：　3
二七九九九　于㕣亩其祝于危方奠　茲用　3

三〇六〇三　：㕣奉惟：　3
三〇七四三　㕣歲：惟𢦔：受祐　3
三〇七七〇　：卜王其延㕣史：　3
三一六七八反　：弜㕣歲窜　3
三一八四八　：亥卜：有：㕣祖：王受有祐　3
三一九九一　己卯卜貞惟㕣父：　4
屯三一　乙未卜侑于㕣　4
屯七五　其有㕣父　3
屯九五　王其侑于父甲㕣兄壬惟彘王受祐　3
屯一五三　辛丑卜㕣父壬歲：王受：
屯一〇八八　甲辰卜新鬯王其㕣烝王受祐　吉　3
屯三九六〇　其舌于㕣　3
屯四一〇二　：舌于㕣：羊　3
懷一四一二　㕣惟犬用　3

公

二七一四九　王其侑大乙大丁大甲惟𢆶歲公　3
二七四九七　：王惟：公：受：　3
三〇九六一　惟𢆶公作豐庸于：有正王受：　3
三六五四〇　癸巳卜貞羊獄：邑商公宮衣：茲：無畎寧　5
三六五四一　辛卯卜貞：獄天邑：公宮衣：　5
三六五四一　辛酉卜貞在獄天邑商公宮衣茲夕無畎寧　5
三六五四一　：卜貞在獄：邑商公宮衣無畎寧　5
三六五四二　乙丑卜貞在獄天邑商公宮衣茲夕無畎寧在九月　5
三六五四三　：天邑商公宮衣茲夕無畎寧　5
三六五四五　甲子：公宮：　5
三六五四五　：貞在獄：商公宮：夕無畎　5
三六五四七　：甲寅林師：商公宮衣：　5
英二五二九　壬戌卜貞在獄天邑商㕣宮衣茲夕無畎寧　5
懷一四六五　其㕣令何　3

谷

八三九五　：申卜旁：在谷：：婦：　1
一七五三六正　：貞㞢：谷　1
三四四七一　甲寅卜王曰貞翌乙卯其田無災于谷　2
三八六三四　：申卜貞：賓谷歲無尤　5

二六八七七　丁卯卜…貞其𡆥…比　2

宂

二二四三八　癸酉卜延宂彡囚勹　1

水

二二〇四三　癸水　1

毋

二二八〇正　貞父乙有毋　1
二五三〇反　毋以千　1
二二七九正　…丞父乙…弗毋　1
二六五九正　…貞婦好無毋　1
二六五九正　…亘貞婦好有毋　1
二六五九反　王固曰有毋…　1
五四六八正　貞無毋　1
五四六八正　貞無毋　1
五四六八反　王固曰無毋　1
五六一八　癸巳卜貞將毋壴　1
九四一　…自毋乞　1
一五五四四　貞侑毋　1
一八一三六　貞侑毋　1
一八八四〇　甲子…貞有毋　1
一九五六〇　…其將毋…　1
一九五六一　甲午卜貞將毋鼓　1
一九五六三　貞將毋鼓　1
三二九一七　弜以毋　4
三五二八六　乙巳貞惟多先伐　4
三五二一一　丙寅尸乞骨一自毋　4
三五二一二　…乞骨三自毋　4
英一一二八　…貞毋…弔弗…骨凡　1
英一一三八　…辰卜…毋…凡有…　1
英一二七六正　有毋　1
英一二七六正　無毋　1

⿱宀毋

五八三反　王固曰有祟𣪊光其有來嬉迄至六
日戊戌允有…有⿱宀毋在㝵⿱宀毋在…　1
五八四乙反　𧁒亦焚𡆥三十一月
…固曰有祟其有來嬉迄至六…在㝵
⿱宀毋…　1

六〇四三反、　…不⿱宀毋…𡆥　1
八一一二　…于⿱宀毋　1
一五〇一八反　…⿱宀毋…　1
一七〇八九反　貞…⿱宀毋乞…　1
一九六四八反　…自⿱宀毋　殻　1
二二七三正　…作⿱宀毋　小告　1
英七七九反　…自⿱宀毋　1

⿱宀女

三五二一三　…乞骨自⿱宀女　4

𠦪

三四二〇五　丁卯卜𠦪岳　4
三四二〇五　癸未𠦪好火雨　4

炈

一三八九〇　丁酉卜殻貞杞侯炈弗其骨凡有疾　1

烄

一八一七六　辛丑…烄…　1
二一一五三　…亥卜丙寅其喪…丙寅烄　1
二二四八四　丁巳卜烄…　1
三三七四七正　甲申卜烄𡵂目羋羊　4
三三七四七正　甲申卜烄山　4
三三七四七正　丙子卜烄　4
三三七四七正　丙…烄　4
三三七四七正　丁巳卜烄𡵂目羋　4
三四二七二正　己丑卜烄𡵂目羋羊　4
屯二二六一　己巳卜烄雨　4

爇

二〇七〇九　庚辰卜爇比𠦪鬥虎　1
二〇七六五　戊戌卜盧爇己…　1
二〇七六六　丁亥卜己爇不雨　1
二〇七六七　…往…爇…　1
二〇七六八　甲辰卜翌…令盧爇…邁豚　1
二〇七六九　甲辰卜乙其爇侑羌在風印小風延陰　1

二八〇九九 王其藝㳄廼麓王于東立虎出擒 3
大吉 3
二八八〇〇 …寅卜王惟辛藝□麓無災永王 3
二八八〇一 不兊藝…茲用 3
二八八〇二 …惟…于…藝… 3
二八八〇三 …習藝無災 3
二九二四二 惟有西藝無災擒 3
二九四一〇 惟…麓…□… 3
屯三五二 …戌卜其藝擒 吉 3
屯七五八 …祝…藝湄日無災 3
屯七二二 今日壬王其田淵西其藝無災 吉 3
屯七六二 弜藝成麓 3
屯七六二 王惟成麓藝無災 3
屯七六二 弜藝湡麓 3
屯二三二六 惟□麓藝擒有小狩 3
屯二三九五 惟麥藝 吉 3
屯二三九五 惟□藝 吉 3
屯四四九〇 惟㳄藝無災擒 3
屯四四九〇 惟習藝無災擒 3
屯四四九〇 惟□藝無災擒 3
英二二九三 其藝磬 3
英二三〇四 …其藝無災 3

宊 搜

二六七〇反 …宊下… 1
三九〇七反 …自宊… 1
四六三四反 自宊… 1
五六二四 乙未卜爭貞䞇王呼曰宊 1
五八八一反 …自宊 1
七三七二反 …自宊…□…辰…來五…立中 1
八一八五反 戊辰卜…宊乞… 1
八八六二反 …自宊… 1
一七八四四 貞今…搜… 1
一八一七四 …曰搜… 1
一八一七五 …搜… 1
屯一〇二四 丙…貞…酌…宊…禦于父丁羊十 4

一八一七七甲 …□今…月 1

二一三五八 …卜…夕有□ 1

二一三五八 今夕有□ 1
二一五六七 …卜子…子□ 1
二一五六九 己卯卜丁陟□ 1
二一七一四 己未卜□貞有□我直今五月 1
二二〇四九 戊午卜貞妻有□今夕 1
二二〇四九 戊午卜至妻禦父戊良有□ 1
二二三〇〇 乙亥卜□…自白弘…十一月 1
二二三九一 乙丑卜有□目今日 1
英一九一五正 貞子有□ 1

九〇一九反 □… 1

川

四二八 貞令入川□師般十二月 1
六〇三 …川…一月 1
九三八正 貞呼取□臣川 1
四八一五 貞□暨川…弗其比 1
四八一七 貞惟川令八月 1
四八一八 庚申卜穷貞令川□多宁… 1
一〇〇六一 …貞令□…川…□… 1
一〇二四九 乙酉卜川豕不其擒 1
一〇二四九 乙酉卜川豕… 1
一四三四六 侑于川 1
一五三九六反 川光無□ 1
一五三九六反 川光□ 1
一九六二一 …穷貞…川伐…山… 1
二一七六〇 丙戌卜我貞我川惟獲 1
二二九〇四 …王…乙丑其有□歲于祖乙白牡三王在川卜 2
二四六〇四 貞惟□川□ 2
二六二七八 癸亥卜行貞今夕無囚在十一月在川 2
二六九七五 庚申卜何貞翌辛酉執川惟 3
二七四二三 貞其侑父庚王受有祐在川卜 3
二一二三九 壬…萬…川…其… 1
三三〇一六 己…川… 4
三五二六〇 甲申卜彡迄…川 4
三六七八八 癸亥王卜在川師貞…無□ 5

介

三二八三五 惟介令 4

屯 三三二　癸丑卜王令介田于京　4

屯 三四一　壬申卜王令介以疾立于狱　4

回

七一四九反　⋯固曰有祟回　1

衛

二〇二六〇　衛丁　1

刜

三四二五　其刜妣　1

兮

一三三一二甲反　⋯于兮⋯　1

一三一七三　⋯兮⋯其暘⋯　1

二三三三〇　⋯子⋯兮企⋯　2

二三六六六　⋯呼⋯兮⋯　2

二四三八八　⋯在兮⋯　3

二八二四四　于方雨兮尋𡗝年　4

三〇三三二　乙亥貞來甲申酌禾𡗝于兮燎　4

三三一六五　⋯于卜⋯來⋯兮⋯　4

三三六九四　于南兮　4

三四一九一　⋯禾于兮　4

三四四八一　⋯于兮炆　4

三四四八二　⋯于兮炆　4

三六九一五　丙午卜在兮⋯其𡆥𡗝⋯在三月　5

三六九五〇　⋯在兮　5

三八二四四　⋯辰王卜在兮⋯𧾷戠嘉⋯𠭰曰吉在三月　5

屯 一〇〇　于兮炆　4

屯 六三四　中日至郭兮不雨　吉　3

屯 六三四　中日至⋯兮⋯　3

屯 二六二九　中日至郭兮不雨　大吉　3

英 一八〇三　⋯辰卜王旬⋯丁兮⋯辛⋯子　1

英 二四四〇　庚⋯貞其𡗝禾于兮燎十小宰𡆥十大宰　4

英 二四五〇　癸卯貞惟乙酉𡗝禾于兮　4

粤

三三〇二八　乙亥卜其寧秋于粤　4

三二八三三　壬午卜岳來于粤叡　4

屯 一〇八　其霾于粤有雨　4

屯 七五〇　庚辰⋯粤燎　3

屯 一三〇〇　⋯辰貞⋯粤⋯禾　4

屯 一六五五　⋯粤⋯　4

英 二四三八　⋯酌𡗝禾于粤　4

三

乞　迄

二九　貞王乞以眾伐𢀛　1

四三　戊辰⋯貞翌辛⋯亞乞以眾人𢦏丁彔呼保我　1

九四正　甲辰卜亘貞今三月光呼來王固曰其呼來迄至惟乙旬又二日乙卯允有來自光以羌芻五十　小告　1

三六七反　⋯固曰有祟其有來⋯迄至五日戊⋯昔⋯　1

五三〇反　丁未乞自⋯　1

五六四正　甲辰卜貞乞令𢦏以多馬亞省在南　1

五八三反　王固曰有祟𡉉光其有來艱迄至六日戊戌允有⋯有𢀛在𠭰𢀛在⋯𦍒亦焚亩三十一月　1

五八四甲正　癸未卜殸貞旬無⋯祟其有來艱迄至七日⋯允有來艱自西𢦏戈⋯告曰𢀛方征于我奠　1

五八四乙反　⋯固曰有祟其有來艱迄至六⋯在𢀛𢀛⋯　1

七九五正　辛未卜殸貞我奴人乞在黍不冊受⋯　1

一〇二三　戊辰卜王乞以人狩若于𡉉示⋯　1

一七一一反　⋯兮乞⋯　1

一九六一臼　甲申乞自雩十屯　1

二五一八反　⋯乞自⋯　1

三〇五四臼　癸亥乞自雩𠂤　1

三三五五臼　自𤰔乞　1

三七二二反　丙辰乞自⋯　1

四八八四　甲午卜㱿貞周乞牛多⋯　1

四九六八　⋯乞岳　1

五四一三　⋯卜爭貞王乞⋯曰翌⋯庚⋯祖⋯　1

五四八八　辛⋯貞乞令⋯殸⋯由⋯𢦏⋯事　1

五五一三臼　庚辰乞自雩十屯　1

五五七四　⋯乞自𠂤二十屯小臣中示⋯兹　1

五七一七臼　丁亥乞自雩十屯作示　𠂤　1

五七三四反　戊戌迄自⋯　1

六〇五七正　癸巳卜殸貞旬無𡆥王固曰有祟其有來艱迄至五日丁酉允有來艱自西沚𢦏告曰土方征于我東鄙𢦏二邑𢀛方亦侵我西鄙田　1

編號	釋文	
六〇九三反	王固曰其有來嬉迄至…卜其惟甲有至吉 / 其…其惟戊亦不吉…	1
六二九一正	戊寅卜爭貞乞令…伐舌受有…	1
六二九二	戊子卜穷貞阜迄步伐舌方受有祐十二月	1
六三三〇反	…邑乞	1
六六七八反	…固曰有祟其有來迄至無我…	1
七〇八五	…子卜㱿貞其…自商王固…嬉迄至… / 有來…壬申	1
七一四一	…曰其有來嬉迄至…	1
七一四二反	…迄至九日…妥…	1
七一四四正	癸未…王固…嬉迄…丙戌…	1
七一四四反	…來嬉迄至…	1
七一四五	…嬉迄至…有來嬉阜…子婑…有… / 沚曰…	1
七四一五臼	…乞自…十屯	1
七一四七正	癸丑卜…貞旬無囚王固曰有…其有來 / 嬉迄至三日乙卯允…來嬉…	1
七一四八	…曰其有來迄至…	1
七一八八	…貞…迄母…	1
七二九五反	辛丑卜…自邑乞…	1
七四三六	…乞稱册…	1
七五八三	…王乞令…	1
七七三二反	丁巳乞自…	1
七七六五正	…卜穷貞…乞自…	1
九三八五	自㱿乞十	1
九三八六反	壬子㱿乞自…	1
九三九〇	婦井乞自…	1
九三九一	婦井乞自…	1
九三九二	婦井乞自…	1
一一五四七	…乞四十…	1
一一七三四	丙寅迄壬…戊子迄丁酉迄辛…	1
一二五〇二反	…乞三十…	1
一二五三二正	…貞…王固曰疑茲乞雨之日允雨三月	1
一二七五九反	癸亥乞…其宮…	1
一三三六二反	…祟甲申夕皿乙酉…鼓乞至	1
一三五二三臼	乙未匄乞自雩十屯 小㱿	1
一三七九〇反	…子乞自…	1
一四四五一	…蔑…乞燎于岳十月	1
一四四七一臼	乙亥乞自雩五屯 㱿	1
一四五三六正	辛卯卜㱿貞乞呼酌河不灅正	1
一四五八〇	…貞…王乞令…酌河燎…	1
一四九〇六反	…辰迄自…	1
一五四六四	丙申卜古貞翌丁酉惟丁乞歲用三月	1
一五六二五反	…自…迄…	1

編號	釋文	
一六二三〇臼	…亥乞自雩…㱿	1
一六二四二	…卯卜爭貞王乞正河新𩰫允正十一月	1
一六二四三	庚戌卜爭貞王乞正河新𩰫允正十?月	1
一六三七九正	…未…貞乞…遘若	1
一六五〇六反	辛亥乞自…	1
一七〇一九反	…缶乞…	1
一七〇八九反	貞…𦎫乞…	1
一七六二九	乙酉𡦹二屯 古自邑三	1
一八八〇七反	…申乞…	1
一八九〇五反	婁入乞…	1
一九一一八反	…乞自…	1
二一五一一	…午…乞卜…呼…	1
二二五五八	…旅…子乞酌…	2
二二六〇〇	庚辰卜出貞三十牛乞酌	2
二二六四七	庚辰卜卜貞翌辛巳乞酌𥎦自上甲衣至于 / 毓無卷在…	2
二二六四九	癸丑…貞翌…乞酌彡…上甲…	2
二二六五〇	癸酉卜漳貞翌甲戌乞酌𦎫自上甲衣… / 于多毓…七月	2
二二六五一	癸未卜…貞翌甲申乞酌𦎫自上甲衣至于 / 毓無…	2
二二六五二	…卜貞…子乞酌𦎫自上甲衣至于毓…	2
二二六五三	…旅…戊乞酌𦎫自上甲…告十月	2
二二六五五	癸亥…甲子乞酌翌自上甲衣至于多毓 / 無囚三月	2
二二六五六	…尹…子乞酌…自上甲衣至…毓無卷… / 十二月	2
二二六五七	庚戌卜漳貞翌辛亥乞酌彡乇自上甲衣至 / …毓…	2
二二六五八	癸丑卜…貞翌甲寅乞酌上甲…衣…	2
二二六六一	癸…貞…乞酌…自上甲…至于…無…	2
二二六六二	庚戌…貞…乞酌…上甲至…多毓…卷	2
二二六六三	…乞酌翌自上甲衣至于毓無卷…	2
二二六六五	…乞…上甲…于…卷	2
二二六七二	癸亥…貞翌…乞酌祭…上甲…三…	2
二二七四三	…歲于唐其有…其遘有…乞酌…	2
二二七五四	…旅…乞酌彡…唐衣…	2
二二九一三	己未卜王貞乞有桒于祖乙王吉茲卜	2
二三五七八	…申卜大…翌辛酉乞…	2
二五九三九	甲子…貞翌…乞酌…于…衣…	2
二五九四〇	癸酉卜…貞翌甲…乞酌𦎫于上甲其遘有 / 丬歲三宰	2
二五九四一	庚辰卜…貞乞酌…	2
二五九四二	甲辰卜吴貞乞酌彡有条覭	2

彡

著錄號	釋文	期
三五九四三	壬子卜喜貞乞酌翌…	2
三五九四四	甲寅…貞翌…乞酌…歲其…無壱	2
三五九四五	…喜…丁酉乞…卯自…衣不…	2
二二六四六	庚戌卜王貞翌辛亥乞酌彡秝自上甲衣至于多毓無壱在十一月	2
二三一五九	…毓祖乙衣…乞酌彡…	2
三三〇六〇	丙子奐乞旬…	4
三五一六六	己巳奐乞旬骨三	4
三五一六八	…寅奐乞旬骨…	4
三五一六九	…寅奐乞旬…	4
三五一七〇	…奐乞旬骨三	4
三五一七一	…乞旬骨三	4
三五一七三	…乞旬骨三	4
三五一七四	壬辰奐乞骨三 旬	4
三五一七五	…乞旬骨八	4
三五一七六	…奐乞骨三 旬	4
三五一七八	…乞骨三 旬	4
三五一八〇	甲子奐乞骨五	4
三五一八一	乙丑奐乞骨…	4
三五一八二	乙丑奐乞…	4
三五一八三	丁卯奐乞骨三	4
三五一八四	癸酉奐乞…	4
三五一八五	乙亥奐乞…	4
三五一八六	乙亥奐乞…	4
三五一八七	辛巳奐乞骨…	4
三五一八八	甲申奐乞骨三	4
三五一八九	戊子奐乞…	4
三五一九一	己亥奐乞…	4
三五一九一	己卯乞骨于…	4
三五一九二	甲辰奐乞骨…	4
三五一九三	丁未奐乞骨六	4
三五一九四	丁未奐乞骨五	4
三五一九七	丁巳奐乞骨	4
三五一九八	丁巳奐乞…	4
三五一九九	己未奐乞骨三	4
三五二〇〇	…未奐乞骨	4
三五二〇一	辛酉奐乞骨八	4
三五二〇二	癸亥奐乞骨三	4
三五二〇四	…卯奐乞骨三	4
三五二〇五	丁亥奐乞骨…	4
三五二〇六	…奐乞骨三	4
三五二〇七	…奐乞骨…	4
三五二〇八	…奐乞骨七	4
三五二〇九	…奐乞骨六	4
三五二一〇	辛亥乞骨	4
三五二一一	甲辰乞骨十骨	4
三五二一一	丙寅尸乞骨一自[illegible]	4
三五二一二	…乞骨三自[illegible]	4
三五二一三	…乞骨自[illegible]	4
三五二一四	…奐乞骨七自[illegible]	4
三五二一五	…奐乞骨七自[illegible]	4
三五二一七反	…乞骨…	4
三五二六〇	甲申卜彡迄…川	4
屯一三一	戊子奐乞奐骨三	4
屯一七二	奐乞骨三自…	4
屯二一六	奐乞奐骨三	4
屯三四一	辛巳奐乞骨三	4
屯五二三	癸…奐乞旬骨三	4
屯五九九	辛亥奐乞旬…	4
屯六〇三	癸亥貞乞酌…祝在… 不用	4
屯七〇〇	丁酉奐乞奐骨三	4
屯七八三	癸卯奐乞旬骨三	4
屯二三三〇	癸卯乞	3
屯二三六六	乞日酌	4
英六〇八臼	丁亥乞自雩十屯旬示[illegible]	1
英七〇四正	…爭貞…乞步…	1
英七八〇反	…東乞…	1
英七八一反	…缶乞…	1
英七八二反	…衛乞…	1
英七八三反	婦井乞自…	1
英七八六	壬子殸乞自[illegible]	1
英一九二三	癸丑卜王曰貞翌甲寅乞酌𠭯自上甲衣至于毓余一人無𡆥茲一品祀在九月遘示癸𩰤彘	2
英一九二四	丁亥卜大貞卜曰其有𧟄⺦歲自上甲　王乞…	2
英二〇〇〇	辛丑乞自𠂤…	2
懷二一三b	…申乞自…	1
懷五五三b	…乞自…	1
懷六二八b	…乞自…	1
懷一六七八	…酉奐乞旬…	4
懷一六七九	…亥奐乞旬骨三	4

彡　彤

著錄號	釋文	期
四五一	貞其用竹𦍋羌惟酌彡用	1
五八五正	丁巳卜王余勿彡十月	1

著錄號	釋文	期
五八五正	丁巳卜王余告彡	1
五八五正	丁巳卜王余勿告彡	1
五八五正	丁巳卜：余告彡	1
五八五正	丁巳卜王余勿告彡	1
六七二正	彡夕二羊二豕凰	1
六七二正	彡夕一羊一豕	1
七○七正	貞彡酌自…	1
一一八三	戊午…貞東甲…翌彡…上甲侑…	1
一一八四	辛卯卜亘貞彡酌于上甲無壱九月	1
一一八五	辛卯卜亘貞彡酌于上甲無壱九月	1
一三六二	…亥彡大乙	1
一三六三	乙亥彡大…	1
一三四七	…彡酌于成	1
一五九○	貞勿取彡𣪊九月	1
一五九一	辛酉卜爭貞取彡𣪊	1
一五九一	貞勿取彡𣪊九月	1
三一二三	…無囚三日㞢乃…乙彡一月	1
三四八○反	…韋…彡…	1
三九九○反	…彡十穀	1
一五四五三	…彡酌栖	1
一五四五四	貞惟彡翌酌	1
一五四五六	丁酉卜爭貞彡其酌鼓	1
一五四五七	貞彡酌…	1
一五四五八	王…衣…彡…	1
一五四六一	癸卯…貞王…彡…八月	1
一五四六二	貞…及…甲彡…	1
一五四六三	…申…翌…彡于…無壱	1
一五七一○	貞其酌彡勿鼓十月	1
一五七一一	…來乙…酌彡…	1
一五七一三	…貞酌彡無囚若	1
一五七一四	庚寅酌彡十彡九月	1
一五八○六	…寅尊彡…	1
一九三三七正	…衣…彡…勿出	1
一九八七二	…彡祖丁	1
二一一五○	…彡有…	1
二一一九一	…彡祀𠂤	1
二一二○八	…伊酌彡…	1
二一五八六	甲子卜我貞…彡我…事	1
二一七九六	乙亥卜彡酉有事	1
二一七九七	…卜彡酌有事	1
二二六三三	…午彡上甲…在十二月	2
二二六三四	癸丑…貞翌甲…彡于上甲…毓余…	2
二二六三六	癸丑卜…貞翌甲…上甲彡𣎆…其告…	2
二二六四六	庚戌卜王貞翌辛亥乞酌彡𣎆自上甲衣至于多毓無壱在十一月	2

著錄號	釋文	期
二二六四九	癸丑…貞翌…乞酌彡…上甲…	2
二二六五七	庚戌卜漳貞翌辛亥乞酌彡𣎆自上甲衣至于	2
	…毓…	2
二二六七五	…貞旬無囚在四月甲戌工典其酌彡…	2
二二六八八	丁卯卜旅貞王賓匚丁彡無尤在七月	2
二二六八八	乙丑卜旅貞王賓匚乙彡無尤在七月	2
二二七○七	…旅貞…賓示壬…彡…	2
二二七一五	癸巳卜王貞旬無囚在四月遘示癸彡乙…	2
二二七一五	癸卯卜王貞旬無囚在五月甲辰…彡妣甲…	2
二二七一五	癸丑卜王貞旬無囚在五月甲寅…彡戔甲…	2
二二七二一	甲戌卜尹貞王賓大乙彡夕無囚	2
二二七二三	甲寅卜尹貞王賓大甲彡無尤	2
二二七二三	庚申卜尹貞王賓大庚彡無尤	2
二二七二三	乙巳卜尹貞王賓大乙彡無尤在十二月	2
二二七二三	丁未卜尹貞王賓大丁彡無尤	2
二二七二三	丁丑卜尹貞王賓仲丁彡無尤	2
二二七二三	乙酉卜尹貞王賓祖乙彡無…	2
二二七二三	辛卯卜尹貞王賓祖辛彡無尤	2
二二七二三	丁酉卜尹貞王賓祖丁彡無尤在二月	2
二二七二三	丁巳卜尹貞王賓父丁彡無尤在三月	2
二二七二六	乙未卜…貞王賓大乙…彡無尤	2
二二七二七	甲戌卜行貞王賓大乙彡夕無尤	2
二二七二八	…𠂤貞…大乙…彡…	2
二二七四九	辛亥卜出貞其鼓彡告于唐九牛一月	2
二二七五四	…旅…乞酌彡…唐衣…	2
二二七六二	戊辰卜旅貞王賓大丁彡龠叙無尤在十一月	2
二二七七六	乙酉卜尹貞王賓卜丙彡夕無囚十二月	2
二二七八九	…大甲彡龠叙無尤在十二月	2
二二七九六	己卯卜漳貞翌庚辰彡于大庚衣無壱	2
二二八一五	己丑卜𡆥貞王賓雍己彡無尤	2
二二八一五	甲…貞…彡…	2
二二八一六	己丑卜行貞王賓雍己彡無尤	2
二二八一六	甲辰卜行貞王賓妣?甲彡無尤	2
二二八一六	甲寅卜行貞王賓祖辛奭妣甲彡無尤	2
二二八一七	戊午…貞王…彡酉無尤	2
二二八一七	戊午卜行貞王賓雍己彡夕無囚	2
二二八三一	戊…貞王…大戊彡…尤十月	2
二二八三二	丁巳卜…貞王賓大戊彡…	2
二二八五四	丁酉卜尹貞王賓仲丁彡…無尤在…	2
二二八五五	…戌卜王貞王其賓仲丁彡龠無壱	2
二二八五六	丁亥卜…貞翌…彡于仲丁…壱…	2
二二八五六	丙申卜行貞翌丁酉彡于仲丁無壱在九月	2
二二八五八	…酉卜王貞酌仲丁彡無壱	2
二二八七五	壬子卜行貞王賓卜壬彡…尤	2

二二八八二　乙巳卜旅貞王賓戔甲彡龠叙…　2
二二八八三　甲子卜行貞王賓戔甲彡酉無囚　2
二二八八五　癸未卜王貞無囚在八月甲申彡戔甲　2
二二八九一　己…曰貞…彡…　2
二二八九四　乙巳卜旅貞王賓祖乙彡酉無囚　2
二二八九五　乙亥卜尹貞王賓祖乙彡無…　2
二二八九六　甲辰卜旅貞翌乙巳彡于祖乙其…　2
二二八九七　…彡戔甲…彡祖乙…　2
二二九一四　甲…貞…彡于祖乙衣無壱　2
二二九二三　癸卯卜王貞乙巳其彫祖乙彡無壱在七月　2
二三〇二三　乙丑…貞王…羌甲彡…叙…　2
二三〇七五　庚申卜犾貞王賓南庚彡無尤　2
二三一〇七　辛巳卜…貞王…小辛彡…　2
二三一〇七　辛巳卜…貞王…小辛彡…　2
二三一一一　乙亥卜尹貞王賓小乙彡酉無囚　2
二三一一二　…尹…賓小乙彡龠叙無尤　2
二三一一三　甲戌卜即貞翌乙亥彡于小乙無壱在一月　2
二三一一四　甲戌卜王貞翌乙亥彡于小乙無囚在正月　2
二三一四一　乙亥…貞王…毓祖乙彡無尤在正月　2
二三一四一　己卯卜旅貞王賓兄己彡無尤在正月　2
二三一四二　甲戌卜…貞翌乙亥彡于毓祖乙…　2
二三一五九　…毓祖乙衣…乞彫彡…　2
二三二三九　丙子…王貞翌…丑彡于父丁無壱在正月　2
二三二四〇　丙午卜行貞翌丁未彡于父丁無囚在正月　2
二三二四一正　戊戌卜尹貞王賓兄己彡夕無囚　2
二三二四一正　戊戌卜尹貞王賓父丁彡龠無囚　2
二三二五九　…卜大…乙丑…彡于…彡于…告　2
二三二六一　癸酉…貞翌…彡于…其古…父丁　2
二三三二一　己酉…貞王賓祖乙奭…彡…　2
二三四二九　…寅卜…貞盤有彡歲自母辛衣…　2
二三四八三　…辰…貞王賓兄庚彡無尤在二月　2
二三四八六　庚辰卜旅貞王賓兄庚彡無尤在二月　2
二四三八一　…邑…彡衣…尤十二月　2
二四三八七　癸未卜王在豐貞旬無囚在六月甲申…工
典其彫彡　2
二四四七一　庚…曰…亥其田…惟彡衣…在二月　2
二四四八七　…于…遘…彡龠…　2
二四六七〇正　…卜行貞…甲彡…　2
二五〇七六　丁丑卜即貞王賓父丁彡無尤…　2
二五〇七七　癸酉卜尹貞王賓示癸彡無尤在十一月　2
二五〇七八　丙午卜尹貞王賓…彡無尤　2
二五〇七九　…申卜行…王賓…彡無尤　2
二五〇八〇　…酉卜旅…王賓…彡夕…囚　2
二五〇八一　…卜旅…王賓…彡夕無…在二月　2

二五〇八三　…子卜尹…王賓…彡夕…囚　2
二五〇八四　…卜行…賓…彡夕…　2
二五〇八五　…寅卜…貞王…小乙彡…叙…　2
二五〇八六　丙申…貞翌…彡…仲丁…　2
二五〇八七　癸卯…貞…在…彡…　2
二五〇八八　…乙亥…彡鼓…　2
二五〇八九　…衣至…彡八月　2
二五〇九〇　癸酉卜㣈貞旬無囚…彡于…　2
二五〇九一　庚申卜伊彡秅　2
二五二三〇　…内彡…丁用　2
二五二四一　…卜出…鼓彡…　2
二五二四二　…出…彡…鼓十月　2
二五三〇七　丙午卜行貞王賓匚丙彡無…在正月　2
二五三〇七　…卜行…王賓…彡無尤　2
二五九四二　甲辰卜矢貞乞彫彡有彔覞　2
二五九四七　貞彫彡衣　2
二六一八三　丁亥卜行貞翌戊子彡于大戊無壱　2
二六四八六　癸未…貞旬無囚在四月…彫彡…　2
二六四八六　癸巳卜王貞旬無囚在四月遘示癸彡乙未
彡大乙　2
二六四八六　癸卯卜王貞旬無囚在五月甲辰…彡大甲　2
二六四八六　癸丑卜王貞旬無囚在五月甲寅彡小甲　2
二六四九三　癸丑卜…貞旬無…惟彡小甲　2
二六九九二　惟侑彡日遘有从王受祐　3
二七〇四一　…亥卜惟祖丁彡日還有正　吉　3
二七〇四一　惟父甲彡日還有正　吉　3
二七〇四四　…卜彡日彫于上甲王其遘有从　3
二七〇四五　癸丑卜彡上甲王其遘…　3
二七〇四六　…彡上甲王其遘有从上甲王受…　3
二七〇四八　…卜彡上甲…　3
二七一〇七　癸亥卜彭貞其彫彡王下上無左　3
二七一〇七　甲戌卜彭貞彫彡大乙王弗賓　3
二七一七五正　…卜貞王…大戊彡無尤　3
二七一七八　戊戌卜口貞王賓仲丁彡龠無囚十月　3
二七一九六　…卜彡祖乙其告王受…　大吉　3
二七一九七　惟祖乙彡日遣　3
二七一九八　…酉卜彡日于祖乙　吉　3
三〇二八二　㝬門于彡　3
二七三七一　辛酉卜彡日父甲　3
三〇三九四　辛卯卜㞢彡彫其侑于四方　3
三〇五五三　…卜子…賓…彡…無尤　3
三〇九八〇　遘有彡日　3
三〇九九〇　貞惟律彡日射無災　吉　3
三一〇九二　…劦彡日王弗悔　3

三一二三二　呼彡之若　3
三一六八二　：狄卜：在彡　3
二九〇〇四　弜：災惟戀田彡受祐　3
三二〇二三　辛酉貞甲子酌彡　4
三二〇二三　弜酌彡　4
三二一〇三　癸巳貞有以伐于伊其乂大乙彡　4
三二二一九　丙辰貞王弗狩彡　4
三二二二六　癸亥卜貞酌彡　4
三二二六三　辛卯卜以伐于衩彡　4
三二四一八　戊戌貞告其鼓彡于…六…　4
三二四六四　丁卯貞大丁彡無壱　4
三二四六五　：大丁彡啓　4
三二四九九　丙申貞中丁彡無壱　4
三二五二九　惟祖乙彡狩　4
三二五四八　丙辰貞酌彡于…　4
三二五九一　：午卜：羌甲彡…蟲族　4
三二六九〇　丙子貞父丁彡　4
三二七一四　于即酌父丁翌日劦日彡日王廼賓…　4
三二七一五　：：螫：父丁彡　4
三二七七七　乙丑：惟：彡羊　4
三二九二二　惟祖乙彡狩　4
三三三八二　：王其狩彡　4
三三三八八　王弜狩彡　4
三三六九二　辛酉貞甲子酌彡　4
三四〇四四正　：彡酌于…　4
三四〇四四正　：戊貞辛亥酌彡：自上甲在大宗彝　4
三四二三八　辛丑貞桒于河彡衩　4
三四三六四　癸酉卜乙亥彡日　4
三四四〇一　己酉卜人牛彡　4
三四四一五　癸巳貞于彡衩惟鍊先　4
三四四一六　貞彡衩其禦王…　4
三四四一七　戊戌貞彡其酉　4
三四四一八　：庚彡無壱　4
三四四一九　：彡無壱　4
三四五〇六　癸亥貞酌彡翌日甲子　4
三四五〇七　：亥貞酌彡　4
三四五七三　乙巳貞衩彡其鍊　4
三四四七五　弜鼓彡　4
三四四七五　庚寅貞其鼓彡　4
三四四七八　壬子貞其鼎鼓…乙彡…　4
三四五〇八　：貞酌彡甲寅　4
三四五六三　：彡酌：中　4
三四五七二　乙巳貞衩彡其鍊　4

三四六一三　：乂歲于彡遘　4
三四六一四　乙巳貞乂歲惟彡遘　4
三四六一五　丁未貞乂歲于彡遘　4
三四六一六　：乂歲于彡遘　4
三五一二九　：彡無壱　4
三五二六〇　甲申卜彡迄：‖　4
三五四二二　：亥王卜貞旬無猷王囗曰吉在六月甲子
彡夕大乙　5
三五四二二　癸丑王卜貞旬無猷王囗曰吉在六月甲
寅彡日上甲　5
三五四二三　癸巳王卜貞旬無猷王囗曰吉在四月甲
午彡上甲　5
三五四二四　癸未王卜貞旬無猷王囗曰大吉在三月
甲申彡上甲　5
三五四二五　甲辰卜貞王賓上甲日彡無猷在正月　5
三五四四六　乙酉卜貞王賓匚乙彡日無尤　5
三五四四七　乙巳卜貞王賓匚乙彡日無尤　5
三五四四八　：卜貞：匚乙彡日：尤　5
三五四六二　丁卯卜貞王賓匚丁彡日無尤　5
三五四六三　丁亥卜貞王賓匚丁彡日無尤　5
三五四六四　：貞：匚丁彡：尤　5
三五四七三　壬寅卜貞王賓示壬彡日無尤　5
三五四八五　癸巳卜王賓示癸彡日無尤　5
三五四八六　癸巳卜貞王旬無猷在四月甲午彡日小甲　5
三五四九三　：卜：王旬無猷在：月彡日大乙　5
三五四九四　乙丑卜貞王賓大乙彡日無…　5
三五四九五　：王賓大乙彡日無：　5
三五四九六　：卜貞王：大乙彡日：尤　5
三五四九七　：夕遘大乙彡…　5
三五四九八　：貞王：大乙彡夕：在四月　5
三五五〇六　：卜貞：大丁：彡翌：　5
三五五一二　丁未卜貞王賓大丁彡日無尤　5
三五五一三　：貞王：大丁彡日：尤　5
三五五一四　丙申卜貞王賓大丁彡：無…　5
三五五一五　：貞：大丁彡：尤　5
三五五三四　癸卯王卜貞旬無猷在四月王囗曰大吉甲
辰彡大甲　5
三五五三四　癸丑王卜貞旬無猷在四月王囗曰大吉甲
寅彡小甲　5
三五五三六　甲戌卜貞王賓大甲彡無尤　5
三五五三七　甲申卜貞王賓大甲彡日無尤　5
三五五四〇　：貞：大甲彡：無尤　5
三五五五一　：子卜貞：賓卜丙彡：無尤　5
三五五五二　乙酉卜貞王賓卜丙彡無尤　5

三五五六六 丁…卜貞王…卜丙…彡日… 5
三五五八八 癸丑卜𦉍貞王旬無𡆥在五月甲寅彡日小甲 5
三五五八九 癸酉王卜貞旬無𡆥王𠧞曰吉在六月甲戌彡小甲王𠧞曰吉 5
三五五八九 癸巳王卜貞旬無𡆥王𠧞曰吉在六月甲午彡戔甲 5
三五五八九 癸卯王卜貞旬無𡆥王𠧞曰吉在七月…辰彡羌甲 5
三五五九〇 癸亥卜貞王旬無𡆥在五月甲子彡日小甲 5
三五五九一 甲戌卜貞王賓小甲彡日無尤 5
三五六〇三 貞…大戊彡…無尤 5
三五六一九 己未卜貞王賓雍己彡日無尤 5
三五六二〇 己未卜貞王賓雍己彡日…尤 5
三五六二一 …卜貞…雍己彡日無尤 5
三五六二二 …卜貞王…雍己彡夕…尤 5
三五六二三 …貞王…雍己彡…無… 5
三五六二八 丁丑卜貞王賓仲丁彡…尤 5
三五六二九 丁亥卜貞王賓仲丁彡日無尤 5
三五六三〇 丙辰卜貞王賓仲丁彡夕無尤 5
三五六三一 …亥卜貞王…仲丁彡…無尤 5
三五六三八 壬申卜貞王賓卜壬彡日…尤 5
三五六四〇 …卜貞王賓卜壬彡日無尤 5
三五六四二 …貞…戔甲彡…無尤 5
三五六五五 …卜貞旬無𡆥王𠧞…在正月甲寅彡戔… 5
三五六五六 癸丑王卜貞旬無𡆥在四月甲寅彡戔甲王𠧞曰大吉 5 5
三五六五六 癸亥王卜貞旬無𡆥在四月甲子彡戔甲王𠧞曰大吉 5 5
三五六五七 癸丑卜𦉍貞王…無𡆥在四月甲寅彡日戔甲曰劃祖乙𣪊 5 5
三五六五七 癸亥卜𦉍貞王旬無𡆥在五月甲子彡日羌甲 5 5
三五六五九 癸酉卜…貞王旬無𡆥在五月甲戌彡日戔甲 5 5
三五六六二 癸酉王卜貞旬無𡆥在十月甲戌彡戔甲 5
三五六六三 …旬無𡆥王…甲戌彡戔甲 5
三五六六四 …卜貞…戔甲彡夕…尤 5
三五六七八 …卜貞王賓祖乙彡夕無尤 5
三五六八六 庚戌卜貞王賓祖辛彡夕無尤 5
三五七〇四 …丑王卜貞旬…王𠧞曰大…月甲子彡羌甲 5
三五七一七 …戌卜貞…四祖丁彡…尤 5
三五七二八 庚寅卜貞王賓南庚彡無尤 5

三五七二九 丁未卜貞王賓南庚彡無尤 5
三五七三〇 …貞王…南庚彡…尤 5
三五七五七 癸亥卜貞王旬無𡆥在八月甲子彡魯甲 5
三五七六〇 甲戌卜貞王賓魯甲彡無尤 5
三五七六二 癸酉卜貞王賓魯甲彡夕無… 5
三五七九八 乙酉卜貞王賓小乙彡日無尤 5
三五七九九 乙巳卜貞王賓小乙彡日…尤 5
三五八〇〇 甲辰卜貞王賓小乙彡夕… 5
三五八一三 丁未卜貞王賓武丁彡日無尤 5
三五八七〇 己酉卜貞王賓祖己彡日無尤 5
三五八七一 戊戌卜貞王賓祖己彡夕… 5
三五八七七 庚戌卜貞王賓祖庚彡日無尤 5
三五八七八 己巳卜貞王賓祖庚彡夕無尤 5
三五八九七 癸丑王卜貞旬無𡆥在十月又一甲寅彡祖甲 5
三五八九九 癸…卜貞王賓祖甲彡夕無尤 5
三五九五九 丁酉卜貞王賓康祖丁彡夕…尤 5
三五九六〇 …巳卜貞王…康祖丁彡…無尤 5
三五九六一 丙辰卜貞王賓康…彡夕… 5
三六二一〇 辛卯卜貞王賓大甲奭妣辛彡日… 5
三六二一一 辛…卜貞王賓大甲奭妣辛彡日無尤 5
三六二一二 壬寅卜貞王賓大庚奭妣庚彡日無尤 5
三六二一八 …卜貞王…大戊奭…彡日…尤 5
三六二三三 癸酉卜貞王賓仲丁奭妣癸彡日無尤 5
三六二三四 癸丑卜貞王賓仲丁奭妣癸彡日無尤 5
三六二四九 …卜貞王…祖乙奭…彡日…尤 5
三六二五六 庚子卜貞王賓祖辛奭妣庚彡日…尤 5
三六二六一 己巳卜貞王賓四祖丁奭妣己彡日無尤 5
三六二六二 庚戌卜貞王賓小乙奭妣庚彡無尤 5
三六二八四 戊寅卜貞王賓祖甲奭妣戊彡日無尤 5
三六二八五 …卜貞王…祖甲奭…彡日無尤 5
三六二九四 戊午…賓…妣戊彡… 5
三六三〇九 壬午…王賓…妣壬彡… 5
三六三三一 癸亥卜貞王賓妣癸彡日無尤 5
三六七三四 戊寅卜貞王迖于召…來無災王𠧞曰弘吉惟王…祀彡日惟… 5 5
三七三八六 …卜貞衣彡日…犬壘祝…兕翌日…亥王其格…悔擒 5 5
三七三九八 在九月惟王…祀彡日王田盂于𡧊…獲白兕 5
三七八三五 …王卜貞今𡆥巫九备其酢彡日…至于多毓衣無壱在𡆥在…又二王𠧞曰大吉惟王二祀 5
三七八三八 癸巳王卜貞旬無𡆥王𠧞曰吉在六月甲午彡羌甲惟王三祀 5

三七八四七 三七八五〇 三七八五二 三七八五五 三七八六四 三七八六五 三七八六六 三八二七六 三八二七九 三八二八二 三八二八三 三八二八五 三八二八七 三八二八八 三八二八九 三八二九三 三八二九六 三八二九八 三八三〇六 屯一三八 屯二四八 屯三四八 屯四八八 屯五三二 屯七六〇 屯一〇一五 屯一〇九五 屯一二四九 屯一一八九 屯一五一一 屯二〇〇九 屯二一八〇 屯二二三四 屯二五一一 屯二五八二 屯二八一二 屯二九三九 屯四〇二七 屯四三〇一

癸卯王卜貞旬無畎王囚曰吉甲辰彡𢦏甲 5
…卜貞彡彡日…毓衣無…月惟王
… 5
…亥王…貞自今春至…翌人方不大
出王囚曰吉在二月遘祖乙彡惟九祀 5
不嘉在正月遘小甲彡夕惟九祀 5
…亥王卜貞彡彡日自…多毓衣無㞢
…吉在三月惟王二十… 5
…王卜貞彡彡日自上甲…多毓衣無㞢
自…吉在三月惟王二十… 5
…王二十祀彡日上甲 5
癸未卜衠貞王旬無畎甲申彡無… 5
癸巳王…旬無畎在甲午彡日… 5
丁亥…王賓…彡日… 5
甲寅…王賓…彡日… 5
…卜貞…賓…彡日…尤 5
…卜貞王賓…彡日無… 5
…貞王…彡丁… 5
其即𠬝于…彡日丁迺彡有…王受有祐
王囚曰吉 5
戊辰卜…王賓…彡夕…尤 5
庚子卜…王賓…彡夕無… 5
…卜貞王…彡夕無尤 5
癸丑卜在𢀛貞王旬無畎在十月甲寅工
典其彡彡… 5
…卯貞大庚彡 4
貞有𠬝伐合彡 4
…其作豐惟祖丁彡日遟王受… 3
乙亥貞有𠬝歲自上甲𢦏盝遘上甲彡 4
其又大乙彡 4
…惟…彡…
弜狩彡其令伐土方 4
…彡令…于…不用 4
…寅…于…寅彡彡 4
…卜彡…戊
…犬以彡于示… 4
…彡彡… 4
…丑卜惟四畀彡束 3-4
丁卯貞彡𡚤王其㚔…望乘 4
…貞甲申彡彡自上甲 4
…祖乙…𢀛彡…祐 3
丁亥貞彡彡…六牛辛卯… 4
…貞彡彡于… 4
庚寅卜盧彡甲午 4
癸巳貞戉大彡…其奏餗 3

屯四四五三 英一八八八 英一九二八 英二〇四一 英二一〇〇 英二一〇一 英二一〇二 英二一〇二 英二四一〇 英二五〇五 英二五一三 英二五一八 英二五六三 英二五九四 英二五九五 懷三二 懷一〇一二 懷一〇五一 懷一五八〇 懷一六〇五 懷一六八二 懷一六八三 懷一七〇六 懷一七一八 懷一八八九

…彡日父己遘有王受祐 3
…午卜勿…今彡其… 1
丙戌卜行貞王賓匚丙彡無尤在十一月 2
乙酉卜旅貞王其田于…往來無災在
一月之乙酉彡于祖乙又… 2
…寅卜𢦏貞王賓…彡無尤 2
…卜尹…賓…彡…尤 2
丙辰卜…貞翌丁…彡于…無…正… 2
…卜…貞翌…彡…無… 2
甲寅卜衩彡于祖丁有𣐼… 4
癸丑王卜貞旬無畎王囚曰吉在五月甲寅
彡大甲
癸未王卜貞旬無畎在三月王囚曰大吉
甲申彡上甲 5
乙未卜貞自武乙彡日衣必衩其即𠬝五
牢正王受有祐 5
甲午王卜在𢀛師貞今日步于𡴂無…十月
二惟十祀彡 5
…彡彡日自…無徙自畎… 5
…卜貞…辛彡…尤 5
癸巳卜爭貞翌甲午彡彡自上甲至于
多毓衣 1
乙亥…貞王…大甲彡…無… 2
…卜旅…賓…彡龠…無… 2
丁卯卜彡… 4
甲申貞彡大乙無㞢 4
…卜貞…示癸彡… 5
…貞王…大甲彡…無尤 5
…王賓…妣庚彡無尤 5
己酉…賓…彡… 5
癸巳…王囚曰…彡𦎫… 5

易 暘 鍚

二五 二六八正 六四一反 六五五甲正 六五五甲正 六五五甲反

貞…丁亥暘日 1
癸酉卜葡貞翌甲戌用…以羌暘日甲…用
自上甲允暘… 1
王固曰其…其惟…暘… 1
丙寅卜…貞來…亥…其暘…固曰…乃茲
…暘日…亥…不…日雨 1
丙寅卜殸貞來乙亥暘日 1
…暘日 1

八二二反　暘日
九四〇正　…穷貞翌乙亥不雨暘日
一〇〇六正　…卯卜永貞翌庚辰其伐暘日　不𠄞黽
一〇七五反　乙未圍允暘
一一九一反　貞無歸暘日
一一九一反　不其暘日
一二一〇　翌庚寅暘日
一二八五反　貞翌乙卯…不其暘日
一三〇四　…巳卜…貞翌乙酉其酚唐暘日
一四〇五　貞翌…有…大丁…暘日
一八五五正　翌辛巳其暘日
一八五五正　翌辛暘日
二九八七　不其暘日
三三五一正　貞翌丁未不其暘日　二告
三五二一正　貞翌丁未不其暘日
四〇五五正　貞翌辛未暘日
五〇七一　…翌乙…不…暘日
六〇三七正　貞翌庚申我伐暘日庚申明霧王來途
首雨
六〇三七正　貞翌庚申不其暘日
六〇三七反　…圍曰暘日其明雨不其夕…
六一七四　…卜殸貞翌丁未酚仲丁暘日
六一五七　…翌乙未圍暘日
六一五九正　貞翌乙未暘日
六一七三　…貞翌丁未酚仲丁暘日
六一九〇　庚子暘日
六二四二正　貞翌庚午不其暘日　不𠄞黽
六四四八正　翌庚申暘
六六一九　翌甲辰暘日　二告
六六二八　貞翌癸丑暘…
七〇四四　貞翌甲申不其暘日
七〇〇四　貞翌甲申暘日
七〇八一正　貞翌庚午不…暘…
七二九九　貞翌丁未不其暘日
七三四五　…酉卜殸貞翌乙亥不其暘日
七三六九　…無風暘日
七三六〇　…亘貞翌丁亥暘日丙戌霓…亥圍于
七三七一　…無風暘日
磬…
七九二九反　王固曰…其暘…
八〇三九　…暘日
八五二〇　貞翌甲寅不其暘日
八五二一　貞翌甲寅不其暘日

八九三三正　貞不其暘日
九〇八九正　…卯…其暘日
九八八四　…日雨小…暘日三月
九九九一反　…雨暘日
一〇九四〇　翌庚午暘日
一一四八三正　…爭貞翌甲申暘日之夕月有食甲霧不雨
一一四八三正　翌甲申不其暘日
一一四八三正　翌己亥不其暘日
一一四八三正　…暘日
一一五〇六　甲寅卜殸貞翌乙卯暘日
一一五〇六　貞翌乙卯不其暘日
一一五一九反　…暘日
一一二七四正　丙寅卜內翌丁卯王步暘日
一一二七四正　翌丁卯王步不其暘日
一二四一三　翌庚辰其圍不其暘…
一二三四八　甲戌卜貞翌乙暘日
一二三四八　甲…翌…暘…
一二三四八　己卯卜翌庚暘日
一二三四八　不暘日
一二三九四　貞翌庚辰暘日
一二四一三　貞…乙…暘…
一二九六九　乙未…翌丙…步…不暘日丙…允雨
一三〇七四甲　…穷翌癸卯暘日允暘日
一三一四五　…庚暘日
一三一四六　乙未貞暘日
一三一四七　貞伐暘日
一三一四八　…𠱓貞于辛酉出暘日辛…允…
一三一四九　甲申貞…日于…暘日
一三一五〇　甲子…暘…
一三一五一正　貞暘日
一三一五二　癸未卜暘日
一三一五三　甲戌暘日
一三一五三　乙亥暘日
一三一五四正　…辛巳暘日
一三一五五　己酉暘日
一三一五六　庚子暘日
一三一五七　…壬申暘日
一三一五八　甲戌暘日
一三一五九正　辛巳暘日
一三一六〇　貞甲申暘…
一三一六〇　…暘日十二月　二告
一三一六一　…不丁暘日一月
一三一六二　…暘日
一三一六三　暘日
一三一六四　…暘日十二月

一三一六五 …暘日丙戌雨…圍…
一三一六六 …暘日
一三一六七反 …暘日
一三一六八 不暘…
一三一六八 暘日
一三一六九 暘日
一三一七〇 …戌𡆥暘日
一三一七一 …寅卜…己卯其各暘日
一三一七二 貞𢦔…辛暘日
一三一七三 …兮…其暘…
一三一七五 乙亥不暘日
一三一七六 辛未貞暘不
一三一七七 貞不暘日
一三一七八 貞丁不暘
一三一七九甲 ·午…暘…
一三一七九乙 不暘日
一三一八〇 不暘日
一三一八一 其圍不暘日
一三一八三 貞甲戌暘日
一三一八三 …卜甲戌不其暘日
一三一八四 壬子不其暘日
一三一八五 庚戌不其暘日
一三一八六 乙未不其暘日
一三一八七 …戌不其暘日
一三一八八 …午不其暘日
一三一八九 丁巳不其暘日
一三一九〇 …卯不其暘日
一三一九一正 乙亥不其暘日
一三一九二 乙·不其暘日
一三一九三 丁亥其暘
一三一九四 貞不其暘日
一三一九五 貞·暘…
一三一九五 貞不其暘日
一三一九六 貞不其暘日六月
一三一九七 貞不其暘日六月
一三一九八 貞不其暘日十月
一三一九九 貞不其暘日十月
一三二〇〇正 貞昪…暘日
一三二〇〇正 貞不其暘…
一三二〇一 貞不其暘日
一三二〇二 不其暘日
一三二〇四 不其暘日
一三二〇五 不其暘日
一三二〇六反 …其暘日
一三二〇七 不其暘日

一三二〇八 不其暘日
一三二〇九 不其暘日
一三二一〇 不其暘日
一三二一〇 暘日
一三二一一 …不其暘日
一三二一二 暘日
一三二一三 …其暘日
一三二一四 …其…㬟…暘日
一三二一五 ·其暘日
一三二一六正 癸巳卜殻貞翌甲午暘日
一三二一七 甲辰卜殻翌乙巳暘日
一三二一七 乙巳卜殻翌丙暘日
一三二一八正 …申卜殻翌乙酉暘日
一三二一九 …殻·翌己丑…暘日己…圍…亦…
一三二二〇正 庚辰卜古貞翌辛巳暘日王固曰暘日
一三二二〇正 貞翌辛巳不其暘日
一三二二一 甲戌卜𡧊貞翌乙亥其…暘日
一三二二二正 …午卜𡧊貞翌乙未暘…
一三二二二反 王固曰吉暘·于庚…
一三二二三 …戌…𡧊貞翌丁亥暘日
一三二二五 癸酉卜品貞翌…暘日
一三二二六 己卯卜品貞翌庚辰暘日
一三二二七 …卯…翌庚辰暘…
一三二二九 …亘貞翌庚午暘日
一三二三〇 貞翌乙酉暘日
一三二三一 丙…貞翌庚…暘日庚…霧…
一三二三二 甲戌卜貞翌乙亥暘…
一三二三三 丙午卜翌丁暘日
一三二三四 癸卯卜翌丁暘日
一三二三五 癸巳…翌甲…暘日
一三二三六 乙酉卜翌庚…暘日
一三二三七 貞翌甲午暘日
一三二三八 貞翌庚辰暘日
一三二三九正 貞翌乙未暘日
一三二四〇 貞翌乙酉暘日
一三二四〇 貞翌乙酉不…暘日
一三二四一 貞翌癸未暘日
一三二四三正 貞翌己卯暘日
一三二四四 貞翌丁亥暘日
一三二四五 貞翌…卯暘日
一三二四六正 貞翌乙未暘…
一三二四七正 貞翌乙巳暘日
一三二四八 翌甲申暘日
一三二四八 貞翌甲申暘日

一三二四九 貞翌甲寅暘日
一三二五〇 貞翌庚子暘…
一三二五一 貞翌庚子暘日
一三二五二 貞…庚…暘日
一三二五三 貞翌…暘日 二告
一三二五四 翌癸卯暘日
一三二五五 翌乙未暘日
一三二五六正 翌庚子暘日
一三二五七 翌甲戌暘日
一三二五八正 …翌庚子暘日
一三二五九 翌日壬…暘日
一三二六〇甲 甲子卜爭貞翌乙丑…其暘日
一三二六〇乙 貞翌乙丑王步暘…
一三二六一 癸酉卜爭貞翌乙亥不其暘日
一三二六二 壬辰卜永貞翌甲午不其暘日
一三二六三 乙酉卜穷貞翌丁亥不其暘日
一三二六四 辛丑卜㱿貞翌壬寅不其暘日
一三二六四 壬寅卜㱿貞翌癸卯不其暘日
一三二六五 …㱿翌…不其暘…
一三二六六 壬子卜貞翌甲不暘日
一三二六七 貞翌丁未不其暘日
一三二六八 貞翌丁酉不其暘日
一三二六九 貞翌乙酉不其暘…
一三二七一 貞翌甲戌不其暘日
一三二七一 乙亥暘日
一三二七一 翌甲戌暘日
一三二七二 翌庚子暘日
一三二七二 貞翌乙巳不其暘日
一三二七二 翌庚子暘日
一三二七二 乙巳暘日
一三二七二 …庚子暘…
一三二七三 貞翌乙亥不其暘日
一三二七四 貞翌乙巳不其暘日
一三二七五 貞翌丁亥不其暘日
一三二七六正 貞翌丁亥暘日
一三二七六正 貞翌丁亥不其暘日
一三二七七 貞翌乙未不其暘日
一三二七八 貞翌庚子不其暘日
一三二七八 庚子暘日
一三二七九 貞翌甲戌不其暘日
一三二八〇 貞翌乙…不其暘…三月
一三二八一甲正 貞翌辛巳不其暘日 小告
一三二八〇正 …午卜穷貞翌丁未子[illegible]其[illegible]暘日 小告
一三二八一丙正 …翌辛巳暘…
一三二八三正 貞翌庚子不其暘日

一三二八四 貞翌丁酉不…暘…
一三二八五 貞翌乙酉不其暘…
一三二八六 貞翌甲戌不其暘日
一三二八七 貞翌甲午不其暘日
一三二八八 貞翌乙巳不其暘日
一三二八八 翌乙巳暘日
一三二八九 貞翌丁亥不…暘日
一三二九〇 貞翌…亥不…暘日
一三二九一 貞翌乙…不其暘…
一三二九二 甲申不其暘日
一三二九二 甲申暘日
一三二九二 甲申不其暘日
一三二九二 甲申暘日
一三二九二 翌甲申不其暘日
一三二九二 翌甲申暘日
一三二九三 …亘貞翌甲…暘日
一三二九三 貞翌丁亥暘日
一三二九四 …翌丁亥不其暘日
一三二九五 翌庚子不其暘日
一三二九五 翌壬子不其暘日
一三二九六 …暘日
一三二九七 翌乙巳不其暘日
一三二九九 翌丁酉…其暘日
一三三〇〇 翌甲子不其暘日
一三三〇二 翌庚子不其暘日
一三三〇三 翌庚…不…暘日
一三三〇四 …翌庚…不暘日
一三三〇六 …翌庚…不…暘…
一三三〇七 乙酉卜穷貞翌…丁亥允暘… 二告
乙亥卜穷貞翌乙亥酌茲暘日乙亥酌
允暘日
一三三〇八 癸丑卜穷貞翌乙卯暘日之…允…日
一三三〇九 …庚子暘日庚…庚允…
一三三〇五 庚子不其暘…
一三三〇五 貞來乙巳暘日
一三三一〇 甲辰卜翌乙巳暘日乙巳允暘日
一三三一一正 癸酉卜爭貞翌甲戌暘日
一三三一一正 貞翌甲戌暘日甲戌允暘日十二月
一三三一二 …爭貞翌乙卯其圍暘日乙卯圍允暘日
昃霧于西六月
一三三一三反 …暘日
一三三一四反 …允暘日不…
一三三一五 甲寅貞…暘日
一三三一六反 …丁亥允暘日
一三三二一 壬午…酉暘…夕…

一三三一七	……庚允暘日	1
一三三一七	翌甲……暘……	1
一三三一八	……暘日	1
一三三一九	辛……步于……癸亥允步暘日	1
一三三二〇	……酉暘日允……日	1
一三三二四反	翌……暘……	1
一三三二五	……涉……暘……	1
一三三六四	……戊暘……驟風	1
一三四四五	乙……爭翌丙午不其暘日	1
一三四四五	庚子卜爭貞翌辛丑暘日	1
一三四四五	辛丑卜爭翌壬寅暘日壬寅霧	1
一三四五〇	乙未卜王翌丁酉酚伐暘日丁明霧……大食……	1
一四二六〇	翌丁未不其暘日	1
一四三三〇	貞翌庚子暘日	1
一四三三〇	翌庚子不其暘日	1
一四五二二	……卯卜穷貞翌乙巳暘日	1
一四七三一	貞翌乙未暘日	1
一四七三一	貞翌乙未不其暘日	1
一五二七一	……辛暘……涉……二月	1
一五五八二	……翌庚申……暘日……	1
一五八八八	己丑卜殻貞翌庚寅其圍不其暘日	1
一六七六反	……翌乙暘日	1
一七四二五反	貞翌乙亥暘日	1
一七四二五反	貞翌乙……不……暘……	1
一八八〇三	貞來丁巳暘日十月	1
一九三六九	甲戌……允……暘日	1
一九八二五	……卯……暘日	1
二〇二六三	……巳卜……申王步暘日	1
二〇二六三	……午卜……未……步暘日	1
二〇二六三	……王……暘日	1
二〇二六四	……己酉步暘日	1
二〇二六五	丙戌……丁亥步暘日十月	1
二〇二六六	……卜……步暘日	1
二〇二七一	壬申卜王陟山斋癸酉暘日	1
二〇二七二	庚寅卜王㳄辛卯暘日	1
二〇三九四	……今日暘日	1
二〇三九五	……步……暘……	1
二〇七七九	井獲不暘日	1
二一〇〇三	暘日	1
二一〇〇四	不暘日	1
二一〇〇五	癸未卜雨不暘……	1
二一〇〇六正	癸亥卜乙丑不暘日	1
二一〇〇七正	辛酉卜乙丑暘日	1

二一〇〇七正	癸亥卜暘日乙丑	1
二一〇〇七正	癸亥卜不暘日乙丑	1
二一〇〇七正	乙丑不暘日	1
二一〇〇八正	不暘日	1
二一〇〇八正	不暘日	1
二一〇〇九	……貞翌己巳……以……暘	1
二一〇七九	丙寅卜王己巳步往……暘日	1
二一〇九九	乙未卜呼人先[illegible]人暘日	1
二一〇九九	叀令暘日	1
二一九四四	不暘日在冂	1
二二四二一反	己卯卜庚暘日	1
二二五四三	……巳暘日十月	1
二二九一五	甲申卜旅貞今日至于丁亥暘日不雨在五月	2
二三一〇五	丁丑卜大貞翌庚辰暘日	2
二三七一五	己酉暘日	2
二三七一五	貞不其暘日	2
二四九二九	丙戌卜大貞翌丁亥暘日八月	2
二四九二九	貞于來丁酉酚大史暘日	2
二四九三〇	……卜出……丁酉暘日不雨八月	2
二四九三一	丙寅卜出貞翌丁卯暘日八月?	2
二四九三二	乙酉卜大貞翌丁亥暘日	2
二四九三三	丙寅卜貞翌丁卯暘日	2
二四九三三	貞不其暘日	2
二五九三四	乙酉卜大貞翌丁亥暘日八月	2
二五九三四	貞于來丁酉酚大史暘日八月	2
二五九三四	貞不其暘日	2
二五九三五	丙戌卜大貞于來丁酉酚大史暘日	2
二四九三六	……卯……祝貞來丁巳暘日	2
二五九七一	乙亥卜大貞來丁亥暘日十一月	2
二六七六四	辛卯卜貞來丁巳暘日十月	2
二七四三五	不暘日	3
二八〇九九反	貞翌乙亥暘日	3
三二一〇七	癸丑卜于丁巳延多宁暘日	4
三二一八九	不暘日	4
三二二二六	乙卯不暘日	4
三二二六二	丁酉卜乙巳暘日	4
三二四〇二	不暘日	4
三二五〇一	甲寅有歲戔甲三牢羌甲二十牢又七暘日	
	茲用	4
三二五〇一	……卜……二十牢暘日　茲用	4
三二五〇一	癸丑不暘日	4
三二五〇一	不暘日	4
三二五〇一	不暘日	4
三二五〇一	不暘日	4

編號	釋文	期
三二七二四	癸…乙…暘日…	4
三二七二四	不暘日	4
三二七五七	丁未…丁暘日	4
三二八〇六	癸丑卜暘日	4
三二九四一	甲辰卜王步戊申暘日	4
三二九四一	甲辰卜王步丁未暘日	4
三二九四一	乙卯卜王步丁巳暘日	4
三二九四一	庚申卜乙卯步…卯暘日	4
三二九四二	戊申卜王步庚戌暘日	4
三二九四二	庚戌卜王步辛亥暘日	4
三二九四四	丁酉卜戊戌有歲大戊二十牢暘日…暘日茲	4
三二九五四	于癸亥省象暘日	4
三二九五五	辛酉卜王入癸亥暘日	4
三二九五六	不暘日	4
三三〇七六	戊辰卜不暘日	4
三三〇七六	丁卯卜允暘日	4
三三〇七六	丁卯卜戊辰暘日	4
三三〇八八	…今日暘…	4
三三一三七	乙未…暘日…	4
三三二四一	不暘日	4
三三三七四反	戊寅卜王陷暘日允	4
三三三八三	壬辰…癸…暘日…在…	4
三三九八六	甲申卜乙暘日	4
三四〇一〇	不暘日	4
三四〇一〇	辛巳卜王步壬午暘日	4
三四〇一〇	不暘日	4
三四〇一〇	辛巳卜王步乙酉暘日	4
三四〇一〇	…暘日	4
三四〇一〇	癸未不暘日	4
三四〇一〇	壬午卜王步癸未暘日	4
三四〇一一	丙申卜王步丁酉暘日二月	4
三四〇一二	甲辰卜王步戊申暘日	4
三四〇一二	甲辰卜不暘日	4
三四〇一二	…暘日	4
三四〇一三	庚申不暘日	4
三四〇一三	甲辰卜王步乙酉暘日	4
三四〇一三	于辛卯步暘日	4
三四〇一四	癸未…王步暘日	4
三四〇一五	甲辰卜暘日不	4
三四〇一五	乙巳暘日雨	4
三四〇一六	…暘…	4
三四〇一六	不暘日	4
三四〇一六	己巳卜乙亥暘日	4

編號	釋文	期
三四〇一六	不暘日	4
三四〇一六	己巳卜乙亥暘日	4
三四〇一六	不暘日	4
三四〇一七	甲辰卜暘日乙巳允…	4
三四〇一八	乙巳…暘日己酉	4
三四〇一九	己巳卜乙亥暘日	4
三四〇二〇	丁亥卜暘日乙未	4
三四〇二〇	…子卜…酉暘日	4
三四〇二一	癸巳卜暘日乙未	4
三四〇二二	翌乙亥不暘日	4
三四〇二三	…卜暘日乙酉	4
三四〇二三	允暘	4
三四〇二三	不暘日	4
三四〇二三	乙…暘…庚…	4
三四〇二四	今日丁不暘…	4
三四〇二四	…戊以暘日	4
三四〇二六	…有歲有…牢暘日　茲…	4
三四〇二六	不暘日	4
三四〇二六	…暘日	4
三四〇二六	…暘日	4
三四〇二六	乙…暘日	4
三四〇二七	不暘日	4
三四〇二八	不暘日	4
三四〇二八	不暘…	4
三四〇二九	不暘日	4
三四〇二九	…牢暘日　茲用	4
三四〇三〇	不暘日	4
三四〇三一	不暘…	4
三四〇三二	不暘日	4
三四二三八	己丑卜步庚午暘日	4
三四二四一	癸卯卜王步甲辰暘日	4
三四五六四	癸亥卜乙丑酌暘日	4
三四五七六	乙丑卜乙亥暘日	4
屯二三〇	壬寅卜王步卯暘日	4
屯三〇六	甲戌卜乙亥暘日	4
屯三三九	壬午卜乙酉暘日	4
屯四〇五	不暘日	4
屯六六四	…亥王陷暘日允	4
屯六六四	不暘日	4
屯七七二	甲申卜乙酉暘日允暘日	4
屯七七四	辛酉卜酌歲暘日	4
屯八四五	…暘日	4
屯九六一	己巳卜乙亥暘日	4
屯九六一	不暘日	4

著錄	釋文	期
屯九六一	己巳卜乙亥暘日	4
屯九六一	不暘日	4
屯一五七七	…辰卜…暘日	4
屯一六九九	…卯…暘…	
屯二三五一	甲子卜乙丑暘日	4
屯二三五一	甲子卜不暘日	4
屯二三五一	丁卯卜戊辰暘日	4
屯二三五一	丁卯卜不暘日	4
屯二三五一	丁卯卜暘日	4
屯二三五一	丁卯卜不暘日	4
屯二三五一	戊辰卜己巳暘日	4
屯二三五一	戊辰卜不暘日	4
屯二五三四	甲子卜暘日乙丑允	4
屯二五三四	不暘日	4
屯二五三四	不暘日	4
屯二五三四	不暘…	4
屯二六〇一	丙辰卜不暘日丁巳	4
屯二六〇一	丙辰卜不暘日	4
屯二六〇一	戊午卜王步暘日己未	4
屯二六〇一	戊午卜不暘日	4
屯二六〇一	戊午卜王步暘日庚申	4
屯二六〇一	己未卜王步庚申暘日	4
屯二七六五	癸酉卜王步甲戌暘日	1
屯二七八二	辛巳卜乙酉暘日	4
屯二八四五	丙戌貞翌…王步暘日…	4
屯三八三四	辛…卜…暘日	4
屯四一八八	甲子卜乙丑暘日	4
屯四一八八	丁卯卜暘日	4
屯四一八八	戊辰卜己巳暘日	4
屯四四一四	己巳卜暘日乙亥	4
英五四八	暘日	1
英六八〇	…丙子立中…無風暘日	1
英九二三	…我惟…暘日…食日…	1
英一〇七八	翌庚申不其暘日	1
英一〇七八	翌壬戌不其暘日	1
英一〇七八	翌甲子不其暘日	1
英一〇七九正	貞翌甲午不其暘日　不𠮓鼄	1
英一〇八〇	丁未卜㱿翌戊申暘日	1
英一〇八〇	庚戌卜㱿翌辛亥暘日	1
英一〇八〇	辛亥卜㱿翌壬子不其暘日　二告	1
英一〇八〇	…暘日	1
英一〇八二正	不其暘日	1
英一〇八三	翌壬辰不其暘日	1
英一〇八四	貞翌辛…其暘…	1
英一〇八六	貞…丑…暘日	1
英一〇八七	…暘日	1
英一〇八九	庚子暘日	1
英一〇九六	…暘日…夕驟風	1
英一八五〇	己丑…庚寅…暘日…大雨	1
英一八五〇	…卜不暘日	1
英一八五一	…不…暘…八月	1
英二一七九	貞于來丁酉酌大史暘日八月	2
懷一一八	…亥卜惟庚…伐?暘日庚…日…惟不…	
	酌…一月	1
懷九一六	貞翌庚午其凰暘日	1
懷一二六七	辛卯卜貞來丁巳暘日十月	2
懷一三六七	貞不其暘日	2
懷一五七五	辛丑卜乙巳彝暘日	4
懷一六二一	甲戌卜立中暘日乙亥允暘日	4

其它

著錄	釋文	期
六七七	…易多子…女	1
二六四九臼	祏暘	1
三八二三	…未卜古貞…令…易皇呂	1
四九九二	…余…亥出入…千暘…尤	1
五三九三　五六三七反	丙戌卜爭貞翌丁亥王其益…暘…不…	1
五六三七反	易入二十	1
五七四五	貞翌乙亥錫多射𠂤	1
八三八五	丘其易…	1
八九三三正	貞翌乙亥令易	1
九四六四反	王固曰吉暘	1
九四六五	乙卯卜亘貞勿暘牛	1
九四六五	貞賜牛	1
九四六五	貞賜牛	1
九四六四正	己酉卜亘貞賜□	1
九四六四正	勿賜□	1
九四六六反	…于南賜羊	1
九四六七	…丑…勿令賜□	1
九四六八	貞勿賜黃兵	1
九四六九	…丁…賜…兵	1
九五六〇	丁巳卜宕貞令高　暘乞食乃令西史三月	1
一一四三八	庚戌…貞暘多女有貝朋	1
一一七八三正	貞暘…	1
一三一八二	不暘	1
一三三二六	…土于…暘…	1
一三六四三	甲子卜㱿貞王疾齒無易…	1
一四二八七	庚…㱿…暘…	1
一四七六〇	貞王恆暘…	1

一六四一三 乙…昜…二告 1
二〇四五七 …卜王…昜…于… 1
二〇六四七 …未…昜多…豝 1
二二三四九 壬寅卜昜牛五羊十牛示十千…今… 1
二二四三〇 …令昜㣇…妣樂取… 1
二二四六九 丁丑貞昜… 1
二二九五四 貞不其昜 2
二三六五三 …卜中貞…昜… 2
二六〇九一 貞…惟…昜十二月 2
二六九〇七正 辛亥卜彭貞其易卩 3
三四二八一 …丼…易… 4
三四三一七 丁丑卜…昜… 4
三四四五六 㲋允昜 4
三五六七三 …日在八月乙丑㝱…祖乙翌弜易…在… 5
屯九四三 易龍兵 3
英七八七 貞易牛于 1
英七八七 王恒易樂 1
英一七七正 貞王恒易樂 1
英一七七正 貞王恒易樂 1

小

參 398 408 頁

參 226 頁

參 196 204 頁

參 510 頁

參 590 頁

五〇二九 癸未卜…侑小王 1
五〇三〇 …卜王貞凡小王 1
五〇三一 戊辰…小王 1
五〇二九 癸未卜…侑小王 1
五〇三〇 …卜王貞凡小王 1
五〇三一 戊辰…小王 1
五〇三二 …小王… 1
五〇三三 …大…小王…之日… 1
五〇三二 …小王 1
五〇三三 …大…小王…之日… 1

五五七〇 …令…小王…臣… 1
二〇〇二一 …卜王貞…𠇍小王 1
二〇〇二二 戊午卜㞢侑小王 1
二〇〇二三 己未卜樂子辟小王不 1
二一五四六 己丑子卜小王亩田夫 1
二三八〇八 己未卜…貞小王…宰 2
二八二七八 …小王父己 3

小豞

四九六二 …丑小豞… 1
四九六三 …小豞…田七… 1
一〇九九七 …暨…古小𢏚丼… 1
一七〇九八 貞其…媗二日…小𢏚丼…八月 1
二三七〇八 丁酉卜祝貞惟乂老…以小𢏚丼八月 2
二三七〇九 …午卜出貞…孽小𢏚有祟示？呼？見…大 2
二三七一一 …左… 2
二三七一一 …大貞作孽小𢏚… 2
二三七一二 …大貞作孽小𢏚無㭬 2
二三七一三 丙申卜出貞作小𢏚日惟癸八月 2
二三七一四 丙申卜出貞作小𢏚惟癸八月 2
二三七一五 丙申卜大貞小𢏚老惟丁𠂤八月 2
二三七一六 丁酉卜大貞小𢏚老惟丁𠂤 2
二三七一七 丁酉卜…小𢏚老八月 2
二三七一九 壬午卜大貞翌癸未侑于小𢏚三宰箙一牛 2

小叡

一六六一臼 丙寅邑示七屯 小叡 1
三四七七反 …小叡 1
四九七四 小叡 1
七一四七臼 壬…邑示八屯 小叡 1
七三八四臼 癸巳婦姘示五屯 小叡 2
三三七九一 …見小叡？ 1
英七八臼 …示… 小叡 1
英三六八臼 …小叡 1

小母

六三〇 癸酉卜貞多妣甗小臣三十小母三十婦 1
六五一 貞小母畀… 1
二六〇一 貞勿…小母 1
二六〇二 …小母 1
二六〇三 貞…小母… 1
二七六〇二 𡿺小母 3

著録號	釋文	期
三四〇四五	丁亥卜在小宗有𠂇歲自大乙	4
三四〇四六	丁丑卜在小宗有𠂇歲：乙	4
三四〇四七	乙丑卜在小宗有𠂇歲自大乙	4
二〇四七〇	：于小方	1
二〇四七一	丁卯卜：妣于：禦小方七月	1
二〇四七二	戊辰卜𢓊呼𢎪祟小方我七月𢦏	1
二〇四七三	丁丑卜：小方其征今八月不：	1
二〇四七四	：卜小方：征：八月：	1
二〇四七五	丙子卜小方不其征	1
二〇四七六	：小方不：征今：印：	1
一二七一一	貞今夕小其雨	1
一二七一二	貞今夕不其小雨	1
一二九二七反	：日允雨小	1
一二九七三	癸亥卜殻翌甲子不雨甲子雨小	1
一二九八一	：允雨小	1
二四八七〇	：允雨小：	2
三二一一三	丁巳小雨不延	4
三二一一四	丁巳小雨不延	4
三三三三一	甲辰卜乙巳其燎于岳大牢小雨	4
三八一六九	其遘雨茲御小雨	5
三八一七〇	其遘小雨	5
屯二七三	禦雨小	
二一八〇五	辛丑子卜貞用小宰龍母	1
二一八〇五	辛丑子卜貞用小宰尾司	1
二一八〇五	壬寅子卜禦母小宰	1
二五〇四〇	丙午卜出貞今夕侑：保三小宰	2
二七五一四	其侑妣己妣庚惟小宰	3
三〇二五七	：風大一小宰	3
三四五四三	惟：小宰	4
屯七九三	惟十小宰又五　用	3

其它

著録號	釋文	期
二四一	乙丑卜穷貞小來羌𥂴用	1
二四二	丙寅卜穷貞小來羌來甲戌𥂴用	1
四七九〇	：剛小：族：朿	1
七六四	：上甲至：小：	1
二四四九	惟小妣己：：	1
二八六七	小妃	1
五七一七正	丁亥卜穷貞惟翊呼小多馬羌臣十月	1
六一二〇正	貞小疾勿告于祖乙	1
七三三九	：小羌：其嫩人：數：	1
七五七二	：衛小不：	1
七七九〇	貞王小生七月于商	1
七七九一	貞王小生七月入于商	1
一二九二八	：日允：小	1
一二九二九	：其雨：日允：小	1
一三六七九	貞有疾肱以小𠬝禦于：	1
一五六一七	貞小：龜：	1
一五八二六	貞勿小益二牛用	1
一六一九〇	：卜：五小：沈：牛	1
一九〇二五正	：伐小往：羸	1
二〇七六九	甲辰卜乙其𢀛侑𦎫在風印小風延陰	1
二一五八六	己亥卜𢓊禦小己若	1
二二六二二	：王：𠂇：小：	2
二二九五四	貞小：	2
二三七〇六	貞惟有小獲：呼入禦事	2
二三七〇七	貞惟小：𡚬二月	2
二五〇一五	甲子卜：𣃔卜小：	2
二六八七三	壬子卜：貞小廿：惟：于？：	2
二六九七三	其小：	3
二七八一八	王各：从小𡧊	3
三〇〇七五	惟犬：小𡧊	3
三一一九二	丁丑卜𢦏小乇	4
三二九七四	：豊小寈王受祐	4
三三三七四反	辛巳卜在小箕今日王逐兕𢍰人𢍰七兕	4
三三八六七	弜酌小兕？	4
三四一五五	癸亥貞今日小帝于巫𤜶一犬	4
三四一五七	辛亥卜小帝北巫	4
三四一五七	辛亥卜帝小工𢀛伐侑三十小宰	4
三四三七三	：于：小：	4
三四三四五	茲小御	4
三四四八二	辛亥卜帝小工𢀛	4
三四六二八	：𠂇歲于小：	4
三七五一四	惟騽暨小騽無災	5
三七七一八	：亥卜貞王：于小𩱦：來無災	5
三七七二〇	戊子：王曰：于小：	5
屯五〇二	乙未貞其令亞侯帚惟小：	4
屯六〇一	令小尹步	4

小

出處	釋文	期
屯七二三	…王其有小尹之	4
屯八〇四	弜小帝	4
屯一〇六〇	壬寅卜祝于妣庚暨小妾…	4
英三六一正	…小箕　小告	1
英四二〇	貞勿禦小…	1
英二五四五	…卜貞…于小𩐈…無災	5
懷一五五三	…貞其舌小…用乙巳五…	4

少　小

出處	釋文	期
一九七七二	戊辰卜雨自今三日庚雨小	1
二〇三九八	癸丑侑小卜辛羊豕	1
二〇三九八	癸丑卜侑小卜辛	1
二〇三九八	正日侑小卜辛羊豕	1
二〇三九八	癸丑卜侑小卜辛羊豕	1
二〇三九八	惟今日用小卜辛羊	1
二〇四五二	戊子卜王翌辛少𢦏其征…	1
二〇五三七	…少子…征…南	1
二〇七八五	…豕獲少…	1
二〇八〇〇	…甾貞…小采…母…二月	1
二〇九一二	庚辰卜𠬝今夕其雨允雨少	1
二〇九一二	庚…卜𠬝惟辛巳其雨…雨少	1
二〇九四二	至壬雨少三月	1
二〇九四八	…不雨乙兹雨少	1
二〇九四九	…雨少	1
二〇九六〇	丙午…今日其雨大采雨自北延𣀈少雨	1
二〇九六六	癸丑卜王貞旬八庚申寎人雨自西少夕　既五月	1
二〇九六六	…王…告…卜…比…少	1
二〇九六七	甲子卜翌丙雨乙丑昃雨自北少丙寅…	1
二〇九六七	甲子卜乙丑雨昃雨自北少	1
二〇九九〇	戊申卜己其雨不雨啓少…	1
二一〇二一	今日方其征不征延雨自西北少	1
二一〇二一	癸巳卜貞旬二月之日子…延雨少	1
二一〇二五	…九日辛亥旦大雨自東少…虹西…	1
二一三八六	…唐…少凤臣…十𡆥…	1
三三九一九	甲…今日…小…不…	4
三三九二〇	壬戌卜甲子小雨	4
屯[illegible]	癸丑卜又小卜辛	1
屯[illegible]	癸丑卜有小卜辛羊豕四月	1
屯[illegible]	癸丑卜有小卜辛羊豕	1
屯[illegible]	正日有小卜辛羊豕	1
屯[illegible]	惟今日用小卜羊豕	1
英四一九	壬子卜…惟少…	1

出處	釋文	期
英四二一	…惟𠂤…少亥	1
英六一九	壬寅卜夫不其啓少十月	1
懷二四三	…雨少	1

才　在

出處	釋文	期
二二四八七	乙丑呼降有𠂤	1

中·王名

出處	釋文	期
二二七〇八	…卜即…在祖乙…	2
二二九二五	貞其蒸鬯其在祖乙	2
二二九二六	甲午卜大貞翌乙未其蒸其在祖乙	2
二三二五六	壬子卜即貞祭其彡奏其在父丁七月	2
二七三二〇	乙丑卜其告在毓祖丁王受祐	3
二七三二二	在毓祖丁舌　吉	3
二七三六六	其桒在父甲王受…　吉	3
二七三七〇	其桒在父甲王受祐	3
二七四四五	弜𠬝在父甲	3
二七四七八	…丑卜…在父甲…祐	3
二七四八一	…在父甲…	3
三八二二三	…彝在中丁宗在三月	5
三八二二四	…在祖辛宗	5
三八二二五	…彝在祖辛…	5
三八二二六	…在四祖丁宗	5
三八二二七	…在四祖丁宗	5
屯一四三九	弜在大乙𨸏五…	3
懷一三七四	其侑在父庚	3
懷一五五九	丁未其𢆶翌日在父丁宗	4
懷一五五九	丁未其𢆶翌日在大丁宗	4
懷一五五九	丁未其𢆶翌在祖丁宗	4

中·月

出處	釋文	期
二二六二五	甲午卜行貞王賓叙無尤在十二月	2
二二九〇三	…賓…無尤在正月	2
二四三六二	貞無尤在正月	2
二四五五二	貞勿延在十一月	2
二四六〇八	…丑卜行貞王其尋舟于滴無災在八月	2
三三一〇七	甲子貞王比沚或在七月	4
二四三九八	甲寅卜王曰貞王其步自丙有去自雨在三月在…	2

著錄號	釋文	數
二六三五八	…行…夕…在正月	2
二六九〇七正	己巳卜彭貞禦于河羌三十人在十月又	
三七八四八	二卜	3
	辛酉王田雞麓獲大霖虎在十月	
	惟王三祀劦日	5
英二五〇八	癸未卜齊貞王旬無畎在十月甲申翌小甲	5
懷一八九四	癸巳卜貞王旬無畎在三月	5

中·地名

著錄號	釋文	數
二二八	丁酉卜爭貞在丂妥來…二人延…丁用	1
五六四正	甲辰卜貞乞令□以多馬亞省在南	1
五八三反	王固曰有祟殸光其有來媗迄至六	
	日戊戌允有…有□在□□在…	1
	蓑亦焚亩三十一月	1
五八四甲正	…亥卜殻貞旬無囚王固…丁卯王狩	1
	敝赦車…在車阜馬亦…	1
九〇〇正	丁酉卜殻貞我受甫耤在姐年三月	1
九〇〇正	丁酉卜殻貞我弗其受甫耤在姐年	1
	二告	
九〇二正	…在□	1
九〇二正	王不雨在□	1
一九一六	庚辰卜貞在官	1
五七〇八正	貞勿省在南亩	1
六四八二反	夂□入二在□	1
六八九七	…殻貞我戋衙在䡙	1
六八九八	辛…王貞…戋…在䡙	1
六八九九	…衙…我在䡙	1
七〇七五正	庚戌卜亘貞王呼取我夾在□啚若于□	1
	王固曰…若	1
七二九四正	貞令在北工奴人	1
七二九五正	貞勿令在北工奴人	1
七七七一	…八日辛亥允戈伐二千六百五十人在□…	1
二一七三九	丙子緣卜無□在來	1
二四二五二	癸巳卜行貞王賓叙無尤在師哭	2
二〇五九五	丙午卜王貞□…惟…在京	1
二〇六三一	…弗其取□馬…以在易	1
二〇五九三	…巳卜…在攸	1
二一七四〇	…子卜…在師目…	1
二一七四二	…申子…貞惟…在我	1
二一七四三	庚午子卜貞□延在我	1
二二六〇六	丙申卜行貞王賓伐十人無尤在師追卜	2
二二六〇六	丁酉卜行貞王賓禫無囚在師追…	2
二二六六八	…至于…毓無□在囚	2

著錄號	釋文	數
二四二二八	…其…無…在師	2
二四二三三	戊戌卜行貞王賓禫無囚在□	2
二四二四二	辛巳…在夾…	2
二四二四三	戊寅卜王在夾卜	2
二四二四四	甲申卜王在夾卜	2
二四二四五	…王在夾卜	2
二四二四六	貞無尤在十二月在□卜	2
二四二四七	己未卜行貞王賓叙無尤在亦卜	2
二四二四七	庚申卜行貞王賓叙無尤在衣	2
二四二四八	癸丑卜行貞今夕無囚在□	2
二四二四八	甲寅卜行貞王其田無災在二月在□	2
二四二四九	壬辰卜在師哭	2
二四二五〇	…在師哭	2
二四二五三	乙丑卜王在師允卜	2
二四二五三	在□…	2
二四二五四	…惟今日甲戌在□	2
二四二五五	王在師□	2
二四二五五	王在師□	2
二四二五六	庚午卜王在虞卜	2
二四二五七	在師零卜	2
二四二五八	…丑卜行…在奠	2
二四二六〇	己巳卜尹貞今夕無囚在十一月在師攸	2
二四二七九	辛卯卜行貞王賓…歲一牛無尤在十月在師寅…	2
二四三一一	貞…在師裳…	2
二四三一二	貞無尤在裳…	2
二四三四二	王在師非□	2
二四三四九	貞無尤在十二月在沚卜	2
二四三五〇	甲戌卜王在攸	2
二四三五一	丁卯卜王在沚卜	2
二四三五二	庚午卜王在□卜	2
二四三五六	戊辰卜王曰貞其告其陟在□阜卜	2
二四三五九	庚申卜王在□	2
二四三五九	…賓…無尤…月在□	2
二四三六一	甲子卜行貞今夕無囚在正月在□卜	2
二四三六五	貞其雨在□卜	2
二四三六六	壬午卜王在合卜	2
二四三六八	…貞其雨在洹卜	2
二四三六九	甲…貞□…在洹	2
二四三七三	…寅卜旅…翌乙卯…歲卯三宰…三十八月	
	…在唐	2
二四三七四	…貞…在唐…三月	2
二四三七五	甲申…貞翌…羊在唐…步…	2
二四三七七	壬子卜…貞今夕…七月在臭	2

二四三七八 ……卜行……在𢀛 2
二四三七九 ……在𦎫 2
二四三八五 貞無……在十月在丹…… 2
二四三八六 己卯卜王在丹 2
二四三八八 ……在兮…… 2
二四三八九 ……王在相 2
二四三九〇 ……在𪗈 2
二四三九三 ……卜行貞今夕無囚在二月在壹卜 2
二四四二二 ……丑卜……在潦 2
二四四二三 丙戌卜王在潦 2
二四四二六 己酉卜行貞王其觀于𡎸泉無災在洀 2
二四四七三 己卯卜行貞王其田無災在杞…… 2
二四四七四 丙申卜行貞王其田無災在慶 2
二四八〇三 貞其雨在師卜 2
二六三七八 癸亥卜行貞今夕無囚在十一月在川 2
二七三四九 邑在二濬 3
二七五二九 ……其敕妣庚在白 3
二七九〇二 戊辰卜在湊犬中告麋王其射無災擒 3
二七九二五 辛亥卜翌日壬王其乂在戍犬阜弗悔無災 弘吉 3
二八〇〇二 貞其叙在不𠬝 3
二八〇〇九 丁亥卜在陪衛酌邑𢦏典冊有奏方豚今秋王其使…… 3
二八〇六〇 ……巳卜在尋衛…… 吉 3
二八〇六四 戊寅卜在韋師自人無𢦏異其𩵦 3
二八一五二 ……卜在五䖵 3
二八一六五 ……在𣐺 3
二八一六七 ……廼𡈼在涂 3
二八二三一 在酒盂田受禾 3
二八二五〇 其尋柰年示在喪田有…… 3
二八四〇〇 王異戍其射在穆兕…… 3
二八四〇一 ……異戍其射在穆兕擒 3
二八九六二 惟在𣄰卜 3
二九一三四 在盂無災 茲用 3
二九三六五 ……子卜在斲田龍𣂼沙塞其……囚 3
三二五〇九 甲戌貞令霝以在𦎫柰交得 4
三五一四五 ……在𣐺 茲用 4
三五六六一 癸酉卜在望貞王旬無畎 5
三五七五八 壬戌王卜在𣶃貞今日其……弗有鼓無災 5
三五八八七 癸未卜在霍貞王旬無畎在六月甲申……祖甲 甾魯甲 5
三五九八二 癸亥卜在師貞王在𦎫妹其餗往正王 5

三六四二八 辛未卜在𠂤貞今夕師不震吉 茲御 5
三六四二九 甲戌卜在𡧊貞有邑今夕弗震在十月又一 5
三六四三〇 戊寅卜在𠂤貞今夕師不震 5
三六四三四 丙子卜在𡧊貞今夕師不震 5
三六四三八 ……卜在𠩺貞……震在十…… 5
三六四七五 庚辰王卜在林貞今日其逆旅以……于東單無災 5
三六四八四 癸卯卜黃貞旬無畎在正月王來征人方在攸侯喜鄙永 5
三六四八四 癸巳卜黃貞王旬無畎在十月又二惟征人方在𣌭 5
三六四八四 ……畎……正月王來人方在攸 5
三六四八五 癸亥王卜貞……畎在九月王征人方在雇 5
三六四八六 ……未王卜貞旬……畎在十又二……征人方在舊 5
三六四八七 癸亥卜黃貞王旬無畎在九月征人方在雍𤔲 5
三六四九一 癸巳王卜貞旬無畎在十月又二惟征人方在𡉚 5
三六四九三 癸巳卜貞王旬無畎在二月在齊師惟王來征人方 5
三六四九五 癸卯卜貞王旬無畎在五月在𦎫……惟王來征人方 5
三六五〇一 丙午卜在商貞今日步于樂無災 5
三六五〇一 己酉卜在樂貞今日王步于喪無災 5
三六五二五 癸未卜在師貞今囚巫九备王于𡆥侯缶師王其在𡆥𣪕正 5
三六五二七 ……卜在鼓貞……八月敕……受祐不……王囚曰大吉……夕…… 5
三六五三七 癸巳卜在反貞王旬無畎在五月王迄于𩰫 5
三六五三七 癸丑卜在𡨚貞王旬無畎在六月王迄于上𩰫 5
三六五三七 癸亥卜在向貞王旬無畎在六月王迄于上𩰫 5
三六五三七 癸未卜貞王旬無畎在七月王正殺戔商在爵 5
三六五五三 乙酉卜在𩰫貞王今夕無畎 5
三六五五三 己丑卜在𩰫貞王今夕無畎 5
三六五五五 己酉卜在缶貞王今夕……畎 5
三六五五五 甲午王卜在亳貞今……鴻無災 5
三六五六五 甲寅卜在鴻貞王今夕無畎 5
三六五七八 ……卜在𣐺……今夕無……十月又二 5
三六五七八 ……卜在敦……王今夕無畎 5
三六六一二 癸巳卜在𦎫貞王旬無畎 5

三六六一二	癸…卜在[illegible]貞…畎	5
三六六三〇	…未卜在韋貞王步于…不遘…	5
三六七四三	丁卯王卜在朱貞其逬从師西往來無災	5
三六七四六	乙卯卜在櫟貞王步無災	5
三六七四七	…月在[illegible]彝自上下㲋余…[illegible]無尤	5
三六七四八	丙寅卜在[illegible]貞王今夕無畎	5
三六七四九	癸丑…貞旬…在网…林…	5
三六七五一	壬辰卜在杞貞今日王步于𠷎無災	5
三六七五一	癸巳卜在𠷎貞王逬[illegible]往來無災于師北	5
三六七五一	甲午卜在𠷎貞王步于剢無災	5
三六七五二	辛亥卜在[illegible]貞今日王步于[illegible]無災	5
三六七五二	甲寅卜在[illegible]貞今…王步于奠無災	5
三六七五一	庚寅卜在栝貞王步于杞無災	5
三六七五八	庚申王卜在[illegible]貞…其从…北沘…	5
三六七六五	乙未王卜在淮師貞翌其…其敏來伐受	
	祐其敏來伐受祐王…既伐…	5
三六七七二	丙辰卜在奠貞…王步[illegible]無災	5
三六七七五	癸巳卜在埤貞王步于[illegible]…災	5
三六七七五	癸巳卜在微貞王逬于射往來無災攸[illegible]	
	十終	5
三六七七九	癸丑卜在霍貞王旬無畎	5
三六七八五	癸未卜在濼貞王旬無畎	5
三六七八八	癸卯…在血…無畎	5
三六七八八	癸丑王卜在[illegible]貞旬無畎	5
三六七八八	癸亥王卜在川師貞…無畎	5
三六七八九	癸酉王卜在淄貞旬無畎王固曰…	5
三六七九四	癸未卜在白貞王旬無畎	5
三六七九六	癸未卜在白貞王…無畎	5
三六八〇四	庚寅卜在齊師王逬往來無災	5
三六八〇七	癸亥王卜在剮貞旬無畎	5
三六八一五	…卜在剮…王省往來…	5
三六八一九	癸巳王卜貞旬無畎在父	5
三六八一九	癸卯王卜貞旬無畎在麓	5
三六八二一	癸巳王…貞旬無…在[illegible]師	5
三六八二一	癸卯王卜貞旬無畎在燃師	5
三六八二一	癸丑王卜貞旬無畎在齊師	5
三六八二二	己未卜畎在攸貞王今夕無畎	5
三六八二五	甲寅…在贏…[illegible]…隮…無災…十…	5
三六八二八	壬寅卜在曹貞王步于[illegible]無災	5
三六八三一	癸未卜在[illegible]貞王旬無畎	5
三六八三五	…在瀍師…在三月	5
三六八三八	…在動貞其…惟牛…月	5
三六八三九	乙酉卜在動貞王…	5
三六八三九	庚寅卜在殺貞王田往來無災	5
三六八四二	癸酉卜在帛貞王步…𢦏…災	5
三六八五〇	癸巳卜在衩貞王旬無畎在五月	5
三六八五〇	癸丑卜在亶貞王旬無畎	5
三六八五一	癸未卜在濟貞王旬無畎	5
三六八五四	癸丑卜在上𩰫貞三旬無畎在二月	5
三六八五四	…亥卜在…𩰫貞…無畎	5
三六八六五	辛亥卜在𩰫貞王今夕無畎	5
三六八七一	癸酉王卜貞旬無畎王固曰吉在王𩰫	5
三六九〇一	辛巳卜在叉…王步…無…災	5
三六九〇四	癸亥卜在樂貞王旬無畎	5
三六九〇四	癸酉卜在[illegible]貞王旬無畎	5
三六九〇四	癸未卜在逢貞王旬無畎	5
三六九一四	癸未王卜在逢貞旬無畎	5
三六九一六	癸未卜在逢貞王旬無畎	5
三六九一六	癸巳卜在八桑貞王旬無畎	5
三六九一九	癸酉…在湏貞王旬無…	5
三六九二一	癸…在奠…旬無…六月	5
三六九二二	…戌卜在死貞其…[illegible]惟牛在…又一	5
三六九二三	癸丑王卜在鮻貞旬無畎	5
三六九二四	…卜在服…	5
三六九二五	丙辰王卜在[illegible]	5
三六九三二	…王正…在冒…	5
三六九三五	癸未卜在[illegible]貞王旬無畎在…	5
三六九三六	癸卯王…貞旬無畎王固曰吉王在澈	5
三六九三八	丙申卜在[illegible]貞…于…	5
三六九三八	丁酉卜在[illegible]師貞…王今日逬…無災	5
三六九三九	…在[illegible]貞…	5
三六九四〇	癸未王卜貞旬無畎王固曰弘吉在啣	5
三六九四三	…在聃	5
三六九四五	癸亥王卜在旁貞旬無畎王…曰吉	5
三六九四六	戊寅卜在汃貞王步于蜀無災	5
三六九四八	…在[illegible]…夕無畎	5
三六九四九	…卜在寧師…	5
三六九五二	…卜在[illegible]…步于…無災	5
三六九五五	在濾…步于…用	5
三六九五六	…辰卜在渝…步于…無災	5
三六九五七	…酉卜在沚貞今日步…	5
三六九五九	癸亥卜在[illegible]師貞王旬無畎	5
三六九五九	…在亞…無…	5
三六九六〇	癸丑…在洛…師貞…畎王…吉	5
三六九五八	…卜在亢…步于…無災	5
三六九六一	辛酉王卜在[illegible]貞今日步于…無災	5
三六九六五	…卜在[illegible]貞…叡方余从…王固曰大	
	吉	5

著錄	釋文	期
三六九六八	庚寅卜在𢀛師貞王𦎫林方無災	5
三七三九二	丁卯卜在去貞𦎫告曰兕來羞王惟今日𡐨無災擒	5
三七四三四	戊午王卜在羌貞田舊往來無災茲御獲鹿狐	5
三七四三四	庚申王卜在𢀛貞今日步于勫無災	5
三七四五八	…在品貞…卯往來…茲獲…麋四十八…狐一	5
三七四五八	…卜在爵…于…	5
三七四六八	辛未王卜在召廳惟執其令饗史	5
三七四七五	辛丑王卜在瀠師貞今日步于㲋無災	5
三七五〇七	…在𡴃…衣逐…御…狐…	5
三七五一四	戊午卜在洃貞王其𡐨大兕惟騂暨騽無災擒	5
三七五一七	…卜在勫…田徐…無災	5
三七五三二	戊午卜在呈貞王田衣逐無災	5
三七五三三	戊寅卜在高貞王田衣逐無災	5
三七五三六	戊戌卜在瀟今日不延雨	5
三七五三六	壬寅卜在㕚貞王田衣逐無災	5
三七五三六	戊申卜在㕚貞王田衣逐無…	5
三七五四一	…卜在洃…田衣…無災	5
三七七九七	壬午卜在𡆥貞王田…往…無災	5
三八三〇六	癸丑卜在𥏫貞王旬無畎在十月甲寅工典其酌彡	5
屯一七九	甲午出在企…	3
屯六六三	乙酉卜在㠱丙戌王陷弗正	4
屯一四九三	癸卯貞旬無囚在云	4
屯二一八二	己酉卜貞王其田無災在黃師	
英二四一二	乙巳貞令多射在龐	4
英二五三三	乙卯王卜在𢉖師貞余其敦𩢍惟十月	
	戊申戕王囚曰吉在八月	5
英二五二四	癸卯王卜貞旬無畎在十月又一王征人方在商	5
英二五二四	癸丑王卜貞旬無畎在十月又一王征人方在亳	5
英二五二四	癸亥王卜貞旬無畎在十月又一王征人方在𢓊	5
英二五二五	癸丑卜在𤼽泳貞王旬無畎	5
英二五二五	癸巳卜在𢀛𣥐𦎫商𢀛泳貞王旬無畎惟來征人方	5
英二五二五	癸酉卜在巳奠河邑泳貞王旬無畎惟來征人方	5
懷四三四	甲辰…王雀弗其獲侯任在方	1
懷四三四	壬午卜𡆥余勿在孫𦎫	1

著錄	釋文	期
懷一二六九	癸未卜…貞旬無囚十月在𣡕	2
懷一二九五	…卜…在師…	2
懷一三五〇	在秎	3
懷一三五〇	在秎東	3
懷一三五〇	在秎東	3
懷一五八八b	…在𢋍…	4
懷一六一八	癸巳貞旬無囚在祭卜	4
懷一六四八	在狌東洮奠叟	4
懷一八四五	庚寅…在𢿨…王今…無…	5
懷一八八六	癸卯王卜貞旬無畎在十月在𤉲師	5
懷一八八六	癸丑王卜貞旬無畎在十月又一在齊師	5
懷一八八六	…卜貞…畎在十月…齊師	5
懷一九〇一	辛亥卜在攸貞大左族有擒	5

其它

著錄	釋文	期
七	癸未卜爭貞王在茲𩜫成狩	1
八一六反	王在茲大示佐	1
九〇四正	貞在北史有獲羌	1
九〇四正	貞在北史無其獲羌	1
五〇五六正	貞在庚酌	1
五五八一	貞惟在茲小臣令𠂤?	1
五六三四	貞勿…伐…無…在聽	1
六〇八八	貞舌方出不惟囚我在囚	1
六〇八九	…方出不惟囚我在囚	1
六四六一正	貞𢦏在茲示若	1
六四六一反	甲子卜㞢𢦏在茲示若	1
七一五三正	…固曰途若茲鬼陟在廳	1
七四二三	…在北稱冊…	1
一五一九八	甲子卜殼貞在西匸盟…	1
一七八九〇反	…在廳…高…	1
二〇四二五	…王貞…無災	1
二〇五〇〇	丁雨…災	1
二〇五九四	…卜…歸在呼…	1
二一五九二	壬午卜吴貞卜有祟在茲入有不若	2
二三〇三五	…王…祭于祖丁…無巷在囚	2
二三二〇一	丁卯…父丁歲…勿牛…在正…	2
二三五八一	癸未卜㕚貞在匕?見	2
二三七一二	丁酉卜祝貞其品司在茲八月	2
二三七一四	丁酉卜祝貞其品司在茲	2
二四三九四	壬申今夕在西大…	2
二四三九六	…在南…	2
二六九六二	在升用王受祐	3
二七三六九	在𩣡	3

二七四六五 乙酉卜其𠛱父甲𣪘在茲往戍 3
二七五五三 其祝在妣辛有正 3
二七五九九 其祝在母 3
二七八八四 辛酉卜左𠂤弜將在右立 3
二八一五三 在五豐 3
二八一七〇 …貞占…女無…在祀…月 3
二八一八〇 王其侑于滳在右石燎有雨 3
二八二七四 其乘年在𢀛王受年 3
二九四一五 王畜馬在茲寓…母戊王受… 3
三三二七三 燎于岳無从在雨 4
三四〇五四 庚寅卜在宗夕雨 4
三四四〇六 …五牡用在 4
三六二八九 …乙丑王訊…𠃌在𡆥 5
三六五〇七 …貞今囚巫九备惟余酌…來…𢦔人方
上下于𣪘示受余祐…于大邑商無𢀛在
畎 5
三六五三二 庚寅王卜在㝬貞余其次在茲上𨛜今
秋其𣪘其呼𢀛示于商正余受有祐王𠕁
曰吉 5
乇六〇六 其蒸在𢀛 3
英一九四九 癸卯卜王曰貞在多祖 2
懷九六三 貞其有囚在茲 1
懷一四九五 …寅卜…有𠩁在茲邑 4

圭 狂

三七一正 呼𣶒凡龍圭 1
三七一反 呼般比圭佐 1
三七一反 勿呼般比圭佐 1
英一九八九 …卜出…今方…弜狂 2

𠮷

一四二〇一 庚午卜內貞王勿作邑𠮷茲帝若 1

𠂉

二六九七三 …其𠂉執…晉大… 3
二六九七六 其𠂉執父甲于升 大吉 3
二六九七七 乙亥卜其𠂉執其卯有正 3
二六九七八 戊子卜其𠂉執… 3
三〇八八二 其延𠂉執惟翌日 3
乇四五五八 丁亥卜王其𠂉𨔲于…王其賓若受
有祐 大吉 3

𠂉于

三八〇 丁卯卜爭貞有𠂉于祖乙宰羌三人 1
四三八正 貞有𠂉于父庚宰 小告 1
四三八反 …有𠂉于…乙…羌 1
四八〇 貞以…師…有𠂉于… 1
六三五反 貞勿酌伐𠂉于祖丁 1
九六〇 侑𠂉于祖辛 1
一七一三 貞勿侑𠂉于祖辛 1
一七三三 …貞翌乙未侑𠂉于… 1
一七三四 …乙未侑𠂉于… 1
二五六七 …𠂉于母庚 1
二六〇九 呼婦好有𠂉于父… 1
二七三三 …有𠂉于土 1
二九八一 …漁有𠂉于兄… 1
二九九一 …子漁…𠂉于… 1
一四九四六 …未卜穷貞有𠂉于… 二告 1
二五六四一 …亥卜…王賓…𠂉于…三十卯…九 2
三〇四四〇 …𠂉于河三宰王受祐 3
三二一一一 癸亥貞有𠂉于上甲遘雨 4
三二三九七 癸亥貞其有𠂉于示壬卯三牛 4
三二三九七 癸亥貞其有𠂉于示壬燎三小宰 4
三二四〇六 癸丑…有𠂉于大乙呼射 4
三三六四〇 丁亥卜有𠂉于小丁 4
三三七七五 甲午卜有𠂉于子戠十犬卯牛一 4
三四一〇六 辛亥貞有𠂉于二示 4
三四六一六 …𠂉戠于彡遘 4
三六一二三 癸酉卜貞翌日乙亥王其有𠂉于武乙必
正王受有祐 5
三六一二三 …有𠂉于…乙必其…正王受祐 5
三六一二六 …貞乙未王其有𠂉于…王受有祐在九月茲
用 5
三六一六八 丙戌卜貞翌日丁亥王其有𠂉于文武帝正
王受有祐 5
乇三四三 癸酉貞乙亥王有𠂉于…祖乙十羌卯三牛 4
乇七二五 丙子…𠂉于父… 4

其它

著錄號	釋文	期
	吉有乂于祖辛	1
四八一	丁…丬…羌…五…五…	1
八一二正	壬申卜殸貞勿立中卜	1
九〇三正	丁未卜殸貞酌卜伐十十宰	1
九七四正	貞有卜㲄于父乙	1
九九一正	癸酉…穷貞卜酌伐	1
一〇四六	…巳卜爭貞丬…衣有丬伐…河二十人…	1
一一五七正	辛丑卜爭貞有丬自上甲	1
一二二五一	貞乂	1
一三〇五正	…殸…丬…唐	1
一三四四正	貞勿有卜自成	1
一三八〇	貞侑卜自成三宰	1
一三八一	貞王其入侑卜自咸	1
二〇〇九	庚寅有乂歲南庚	1
二〇六二	…有乂肇祖…	1
二六〇六反	王固曰吉乂	1
二七五三	…未…貞…鹵若…姘…丬…	1
三〇五一正	…唐乂…	1
五九〇九	甲辰卜貞勿酢乂十一?月	1
一〇九三六反	禦于王乂…乙惟…囚	1
一一六九七甲正	丁未…卜…日…	1
一四一二四	貞…好…毓…卜…	1
一四三五四	貞乂…歲酌…十三月	1
一四九四七	乙未…貞呼…有丬…	1
一五二九一	…惟丬先酌	1
一五三六〇	…丬…机…	1
一五八六六	貞翌乙…丬……唐	1
一五八六九	…其乂……	1
一五八七〇	…乂十豕	1
一六〇二三	…五卜爭…有丬…自…至…多…	1
一六一八四	…葡…㞢…卜曰…允…	1
二一一四〇	…王有卜…	1
二一一四六	…有…乂…	1
二一五五二	辛巳卜啓有乂妣庚彘	1
二一五五三	辛巳卜…乂妣庚…	1
二二二〇六甲	甲戌貞有妣己歲冊卜	1
二二二三一	…卯貞乂盧…于妣己乺冊…	1
二二二四八	啓有乂妣庚羝	1
二二二四八	…乂妣…小宰	1
二二二四九	辛巳卜啓有乂妣庚彘	1
二二二四九	啓有乂妣庚羝	1
二二二五八	延乂丁彘	1

著錄號	釋文	期
二二三七四	不乂妣庚侑人	1
二二五五三	丁…貞…丬…羌十…五卯…宰	2
二二六二二	…王…丬…小…	2
二二七二四	辛未…貞翌…其有丬…于大乙…	2
二二七六九	…卜尹貞…賓父丁歲…暨大丁丬…宰無尤	2
二二七九七	己丑卜旅貞翌庚…大庚丬…	2
二二八四八	丁亥卜…貞翌戊子…其延丬…于大戊…	2
二二九二四	…祖乙丬…新鬯	2
二二九三〇	…丬禁于祖乙	2
二二九四五	…貞勿…丬…	2
二三〇〇二	貞弜丬	2
二三一〇四	…貞…蒸暨般庚丬…尤在十月	2
二三一〇六	庚辰卜…貞王…般庚丬…卯二宰	2
二三一六六	…酉?卜旅…亦弜…于毓祖乙…其丬…	2
二三二四九	丁巳卜行貞王賓父丁丬…在七…	2
二三二五〇	…旅…人翌…巳其丬…于父丁	2
二三三七八	庚寅…貞王…妣庚丬…羌…	2
二三五六五	丙寅…即貞…丬…黃尹	2
二四三六九	甲…貞丬…在浿	2
二四八九七	…尹…申丬…	2
二五〇三四	…貞翌辛亥有丬…	2
二五〇三五	…祝貞翌辛亥有卜…	2
二五一一二	…卜尹…王賓…歲宰暨…丬歲…	2
二五一三六	戊辰…貞王…歲丬…在…	2
二五六四三	…行…賓…丬…宰…	2
二五九九三	…卜喜…乂…	2
二五九九六	…盤…乂…惟…若	2
二六九〇八	其有乂大乙羌五十人	3
二六九二三	…乂上甲羌三人王…	3
二六九二七	…有乂…羌…受有祐	3
二六九二九	乂羌于宗	3
二六九九二	惟侑彡日遘有乂王受祐	3
二七〇四三	癸未卜其有丬上甲三宰　吉	3
二七〇四四	…卜彡日酌于上甲王其遘有乂	3
二七〇四六	…彡上甲王其遘有乂上甲王受…	3
二七〇四七	…上甲王其遘…乂王受祐	3
二七〇四九	…上甲…乂…	3
二七〇五〇	…翌上甲其遘有乂王受祐	3
二七〇八七	其有乂示壬示癸惟牛有正	3
二七〇八七	其自盤有乂至	3
二七〇九八	…其有乂大乙其有…	3
二七〇九九	蘄大乙有乂王受祐	3
二七一〇〇	其有乂大乙惟翌日乙酉酌	3

著錄	釋文	分期
二七一三一	：乂大乙三牢王：	3
二七一八四	其有乂祖乙牢又一牛王受祐	3
二七二四七	中宗有乂有正	3
二七二七〇	：乂祖丁：有祐	3
二七三一正	：父戊歲王乂	3
二七三六三	：祖丁大乂王其延父甲 大吉	3
二七四二四	己亥卜何貞翌庚于乂歲其延于父庚	3
二七六四一	于劦日市：廼有乂王受：	3
二七八六六	丁卯卜彘貞王往于卜不遘雨	3
二七八七〇	甲：王其：乂：□：	3
二九五一二	丁丑卜王其乂潒牛于：五牢	3
三〇三三四	其有乂小乙賓宗	3
三〇四四三	其燎□其乂	3
三〇四六七	癸酉卜其有乂惟王賓日戠：	3
三〇九六一	惟乂公作豐庸于：有正王受：	3
三〇九六四	丁丑卜王其乂潒牛于：五牢	3
三二〇一四	于祖乙乂餗來羌	4
三二〇二九	丙寅貞乂出以羌	4
三二〇九七	庚辰：有乂：于上甲五：十小牢	4
三二一九八	甲辰卜乂二伐祖甲歲二牢 用	4
三二二一六	甲子卜有乂自上甲	4
三二二一三	其有乂父丁有伐王受祐	4
三二二二九	乙卯貞有乂伊伐卯一牛	4
三二二四八	己卯卜不酉乂伐	4
三二三三五	其有乂上甲三牢	4
三二七二九	乂禦于父乙羊	4
三二七二九	乂禦父十羊	4
三三〇一二	：乂肇：	4
三三〇六二	辛卯丁未酢乂	4
三三三一六	：丁乂：壬：羌	4
三三四三四	：卜其有乂：	4
三三六九三	辛丑貞：羌其乂：用羌十又：	4
三四〇一八	：卜：乂：	4
三四〇九五	弜乂	4
三四〇九九	于大示乂	4
三四二三六	癸卯：有乂：于河沈：卯三：	4
三四三〇七	：子貞有乂：	4
三四三〇九	：貞有乂：	4
三四三〇九	：有乂：	4
三四三一〇	：卜有乂：翌乙巳：	4
三四三一一	：雚有乂：	4
三四三一二	：其有乂新：	4
三四五一六	乙酉卜惟甲午酢乂	4

著錄	釋文	分期
三四五一八	甲：貞乙：酢乂：	4
三四五一九	：丑酢乂：	4
三四六一七	：亥：乂：	4
三四六二九	弜乂 茲用	4
三四六三〇	弜乂	4
三六一二四	貞：王其有乂：武丁：王受有祐	5
三六一二五	：貞翌日乙卯王其有乂：必正王受有祐 在正月	5
三六一七一	：貞翌日：有乂：帝正：有祐	5
三六一七二	庚：乂于文：帝必正：	5
三六一七三	乙丑卜：其有乂：武帝：三牢正：有祐	5
三六一七四	：卜貞王有卜：其五：在四：	5
三六五二四	：我以鼻：□乂受：	5
三七一三八	惟乂	5
三八二五七	丙子卜：丁祭王其：乂其牢：又正王	5
三八四四二	：卜貞：賓燎：乂：無尤	5
屯附五	乂禦父甲羊又禦父庚羊 乂禦于父乙羊于侑妣壬豚	3-43-4
屯附五	：其乂自上甲盤大示其：	4
屯二	癸卯貞酢乂歲	
屯一一	丁巳卜盤有乂自成	4
屯三一三	：亥卜乂：	4
屯三一三	：申貞于丁乂：乘：酉用于享京：羌卯	4
屯五二三	牡	4
屯六五五	：乂王：	
屯六七二	：擒以牛其乂自上甲盤大：	4
屯七二〇	卯貞：乂：大：	4
屯八三五	：卜：乂：祖丁	4
屯一〇五〇	：子貞：乂：于父丁大牢丁丑 茲用	4
屯一〇八八	：于乂用王受祐 大吉 茲用	3
屯一四三九	于大乙有乂王受有祐	3
屯一四三九	：乂：遘：日有正	3
屯二一二四	癸巳貞其有乂自上甲盤至于父丁甲午用	4
屯二三七六	己未卜祖丁大乂王其延大甲	3
屯二三二四	丁：卜王其有大乂毓祖丁惟乙：大吉	3
屯二三四〇	：其有乂祖丁王：	4
屯二四八三	王其有乂□己牢王受祐	3
屯二六〇三	庚申有乂于上甲牛	4
屯三〇一九	惟乂	3
屯三一三九	：王其：乂大乙：牢王受祐	3
屯三八五三	己巳卜王其乂羌卯：	3
屯四〇九一	：其有乂：上甲有：受祐	3
屯四三四七	于毓祖乙有乂	4
屯四三六〇	庚午貞其乂人自大乙	4

著錄	釋文	
屯四三六〇	弜𠂉人	4
英八八	癸亥卜有……𠂉……王	1
六七四四	……𠂉……于𤰇	1
英一八六八	……酌𠂉……	1
英一九二五	乙酉卜貞翌丁亥木來人其𠂉自	
	上甲又其人其……	2
英一九五六	……父丁𠂉……酌……	2
英二四五三	乙亥貞有𠂉伐弜……	4
英二四七一	……𠂉……其……羊……	4
懷八九八	貞卜……歲酌……十三月	1
懷一〇六四	……有𠂉……雚……	2
懷一三七〇	……王其有𠂉祖辛宰又…… 大吉	3
懷一四八一	丁亥卜王大庚𠂉𠂉大乙宰牝𠂉終月	4

著錄	釋文	
英二三九四	惟王射𠂉鹿無災擒	3
懷一四三八	……王……田延至……𠂉無災	3

著錄	釋文	
三三五三二	乙巳卜貞王其田𦫳無災	4

用

參 1319 頁
參 41 頁
參 1266 頁

著錄	釋文	
六	丁丑卜穷貞侑于丁勿𦉢宰用	1
一四正	庚申卜古貞勿𦉢𢼄于南庚宰用	1
二九五	乙巳卜貞餗于大甲亦于丁羌三十卯十宰用	1
三三九	丁未卜穷貞侑于丁宰用	1
六七三正	貞翌乙未酌成用宰	1
九〇三正	翌辛酉侑祖宰用	1
九〇四正	貞上甲惟王匚用五伐十小宰用	1
九〇四正	上甲惟宰用	1
九〇四反	王其侑用宰	1
一八七八正	丁酉卜㱿貞勿用五宰祖丁	1
一八七八正	丁酉卜㱿貞今日用五宰祖丁	1

著錄	釋文	
二八八七	丁巳卜用宰兄丁	1
九七七四正	貞用小宰于𡆥	1
九七七四正	貞勿用小宰于𡆥	1
一九八一六	甲申卜……用四宰大乙翌乙酉用	1
一九八六三	丙辰卜侑祖丁豕用宰	1
一九八六三	癸丑卜侑祖丁豕用宰	1
二一八〇五	辛丑子卜貞用小牢龍母	1
二一八〇五	辛丑子卜貞用小宰尻司	1
二二〇九一甲	乙酉卜禦家䝅于下乙五宰畀用	1
二二〇九二	乙卯卜有歲于入乙小宰用	1
二二一一六	甲寅卜㯱石甲牢用五月	1
二二二四七	……午三宰用妣庚	1
二七〇九〇	其侑大乙惟五牢用	3
二七一八八	祖乙歲五牢用	3
二九五八七	惟二牢用王受祐	3
二九五八七	惟三牢用王受祐	3
三〇三〇〇	惟三牢用王受有祐	3
三〇三〇〇	弜用三牢	3
三〇六八三	惟舊𦉢三牢用王受祐	3
三〇六八七	惟舊𦉢二牢用王受祐 大吉	3
三〇七一四	惟小牢用	3
三二一四八	……辰卜翌丁巳先用三牢羌于酉用	4
三三五九四	惟牢用	4
屯二一〇七	惟五小宰用有大雨	3
屯二一〇七	惟四小宰用有雨 吉	3
屯二一八五	惟雚𦉢五牢用王受祐	3
屯二一八五	惟三牢用王受祐	3
屯四三二二	牢又一牛用王受祐	3
懷一九	侑丁牢用	1

著錄	釋文	
三三九	丁巳卜穷貞侑于丁用二牛	1
一〇二七正	癸卯卜王侑于祖乙二牛用	1
一〇五一正	呼雀用三牛	1
一六八一	癸酉卜侑于祖辛二牛今日用	1
一九八七	翌丁亥用五牛于丁	1
四七六二	丁酉卜貞惟牛用	1
六六四七正	甲戌卜穷貞今日先牛翌乙亥用祖乙	1
六九四五	乙巳卜㱿貞侑于祖乙一牛用	1
二〇五二三	侑于子丁牛用	1
二一五六七	丙子卜彶貞乙用一牛	1
二一五七五	辛亥卜至伊尹用一牛	1

著錄號	釋文	期
二一六五一	…貞其…十宰又二卯妣用牛一	1
二二〇四五	戊戌卜侑…父戊牛一官用	1
二二〇四五	弜用牛𤘺父戊	1
二二〇七八	辛未卜惟庚辰用牛于子庚于[□]用	1
二三〇七一	丙寅卜即貞有一牛其用由于丁	2
二三一六五	…百牛其用于毓祖乙歲	2
二三四〇三	乙未卜旅貞侑以牛其用于妣惟今日	2
二六八六六	貞惟牛用四月	2
二九七八三	大食其亦用九牛	3
三〇六一二	惟一牛用王受有祐	3
三〇六一二	弜用一牛叀王受有祐	3
三〇七一三	惟一牛用	3
三〇七一三	惟二牛用	3
三〇七一三	惟三牛用	3
三〇七一五	惟×牛次用王受祐	3
三〇七一八	戠牛用	3
三二三七四	其一用人牛十又五	4
三三三〇九	辛卯卜甲午桒禾上甲三牛用	4
三四四〇一	弜用人牛	4
三四四五〇	乙未貞侑用十牛	4
三四五九四	其蒸新二牛用卯	4
屯 九	丁未貞𢦏以牛其用自上甲盡大示	4
屯 九	己酉貞𢦏以牛其用自上甲三宰盡	4
屯 九	己酉貞𢦏以牛其用自上甲盡大示惟牛	4
英 二	…于大甲一牛用	1
英一七六七	于𣏾惟牛一月用	1
懷一四八九	乙酉卜自貞用牛今日毋	4
五九九五正	…無壱告于妣庚惟羊用	1
二〇〇〇七	丁丑卜侑兄丁羊惟今日用五月	1
二〇〇一五	己未卜王侑兄戊羊用	1
二一三八七	丁丑卜王惟豕羊用帝虎十月	1
二五〇二〇	甲戌卜大貞勿羊用三卜	2
二六一〇〇	貞王用允惟羊十三月	2
三〇〇二二	桒雨惟黑羊用有大雨	3
三〇七一九	惟白羊用	3
屯 六五一	惟三羊用有雨　大吉	3
五五八	…卜殻貞五百𦒻用	1
五五八	…貞五百𦒻用	1
五五九正	癸丑卜殻貞五百𦒻用旬壬戌又用	1
	𦒻百三月	1
五五九正	貞五百𦒻勿用	1
五五九正	…子卜殻貞五百𦒻用	1
五六〇	癸丑卜殻貞勿𦒻用五百	1
五六〇	貞勿𦒻用五百𦒻	1
五六一	癸巳卜穷貞翌丙申用𦒻	1
五六二正	癸丑卜殻貞五百…旬壬戌又用𦒻…	1
二四八正	丙子卜殻貞今來羌率用	1
二四八正	貞今來羌率用	1
二四八正	今來羌率用	1
五五五正	甲寅卜永貞衛以𦒻率用　二告	1
五五五正	貞衛以𦒻勿率用	1
五五五反	貞衛以𦒻率用	1
一六一一八	…王率…用于…	1
一六一一九正	貞率用	1
一六一二六	貞勿率用	1
二七〇二三	…惟茲冊用十人又五王受祐	3
二七一五五	王其侑于高祖十…冊用惟…	3
二七三二四	惟丁祖冊用二宰王受祐	3
二七三五〇	惟小乙冊用	3
三〇六七四	惟茲冊用有正　大吉	3
三〇六七四	惟茲冊用有正　吉	3
三〇六八一	其侑于之惟𦥷冊用三十	3
三〇六八四	惟𦥷冊用王受祐	3
三四三九七	…于卜惟舊冊用	4
三四五二二	惟新冊用	4
三四五三八	惟新冊用	4
屯二〇六	其桒年惟祖丁冊用王受祐　大吉	3
屯二〇六	惟父甲冊用王受祐　吉	3
屯四五五四	惟茲冊用	3
二三一四八	癸丑卜行貞翌甲寅毓祖乙歲朝酌茲用	2
二三一四八	貞三宰茲用	2
二四四〇二	乙未卜王曰貞其田茲用	2
二四四四九	癸未卜王曰貞弗其獲茲用	2
二五〇一五	甲子卜王馭卜茲用日馭	2
二五八一七	癸卯王受歲有𧊒茲用	2

三〇五二一 弜有戠茲用 3
三〇五二二 弜有戠茲用 3
三三四六八 ：亥貞延𢦏于大丁大甲茲用丁丑… 4
三三一八九 癸未卜龍來以𢓊方…茲用乙酉遘… 4
三三五二六 癸丑貞王令利出田告于父丁牛茲用 4
三〇二三五 惟勿牛 茲用 5
三〇二三六 惟勿牛 茲用 5
三〇二五六 惟勿牛 茲用 5
三〇二二六 惟勿牛 茲用 5
乇二八九 ：于父丁茲用辛酉十牛 4
乇一〇六二 丙寅貞侑于𡉚燎小宰卯牛一茲用不雨 4
乇一一三一 甲辰貞祭于祖乙有𡆥歲茲用二宰 4
英二三〇〇 ：貞有𡆥歲于祖乙茲用乙酉 4
懷一三六一 王其田擒 茲用 3
懷一三七一 弜戠日其有歲于仲己 茲用 3
懷一三七一 癸未卜父甲木丁勿牛 茲用 3
懷一四一九 丁啓 大吉 茲用 啓 3
懷一五九一 庚子… 茲用 4
懷一六八八 ：卜貞…祖丁丁… 茲用 5

不用

一九八〇六 辛丑卜王三月侑示壬母妣庚豕不用 1
二一二六七 ：一牛不用 1
二二〇七四 癸巳卜宰五不用 1
二二四四六 甲辰貞不用 1
二二七五八 甲子卜王曰貞𣪊母虫茲不用𣓊于雨 2
二四四〇二 ：曰貞祝于𤅊茲不用 2
二四五四九 ：勿…于丙寅…茲不用 2
二五〇一八 丙…貞…父…有…茲不用 2
三三六九七 其六牛 不用 4
三三六九七 其五牛 不用 4
三三六九七 乙丑貞日有戠其…于上甲三牛 不用 4
三三六九七 其六牛 不用 4
三三六九七 其五牛 不用 4
三四一五〇 辛未卜帝風不用雨 4
三四二四〇 癸巳卜侑于河 不用 4
三四三六三 不用 4
三四四二二 丙子卜丁歲𢦔于… 不用 4
三五一五四 不用 4
三五一五九 其六牛 不用 4
三五一五九 其五牛 不用 4
三五一六二 茲不用 4
英二〇八三 丁卯卜出貞今日夕有雨于盟室牛不用九月 2

懷一六六五 不用 4
懷一六六五 不用 4

其它

六 甲戌卜𡧊貞翌乙亥侑于祖乙用五月 1
二二七 辛亥卜貞…來甲翌甲寅𢦔用于夫甲十三月 1
二二八 丁酉卜爭貞在丂妥來…二人𢓊…丁用 1
二二九 辛巳…𡧊貞…甲申用目來羌自… 1
二三一 貞疋來羌用自成大丁…甲大庚下乙 1
二三二正 貞惟疋來羌用 1
二三五正 貞甲用𠭯來羌 1
二三五正 勿𢦚用𠭯來羌 二告 1
二三六 庚子卜𡧊貞翌甲辰用望乘來羌 1
二三九 丁丑卜爭貞來乙酉𦎫用永來羌自⿰…五月 1
二四一 乙丑卜𡧊貞小來羌盤用 1
二四二 丙寅卜𡧊貞小來羌來甲戌盤用 1
二四三正 貞牧來羌用于… 1
二四四 貞用來羌 1
二四六 乙亥卜𡧊貞盤用來羌 1
二四七 ：來羌用 1
二四八正 丙子卜𣪊貞今來羌勿用 二告 1
二五七 丁亥卜貞用𡧊以羌十…丁… 1
二五九 貞勿用盧以羌 1
二六四正 壬子卜貞𡆥以羌𢀛于丁用六月 1
二六四正 貞惟翌甲子𢦔其𦎫用 1
二六八正 癸酉卜𦎫貞翌甲戌用…以羌暘日甲…用 自上甲允暘 1
二七〇正 壬寅卜𣪊貞興方以羌用自上甲至下乙 1
二七七 己卯卜𡧊貞翌甲申用射𢀛以羌自上甲二月 1
二七一反 貞…方以羌自上甲用至…下乙 1
二九三 壬子卜𡧊貞惟今夕用三白羌于丁用… 1
二九五 三百羌用于丁 1
二九九 癸亥卜𡧊貞勿𢦚用百羌 1
三一〇 丙午卜貞𦎫尊歲羌三十卯三宰𦎫一牛于宗用 八月 1
三三九 乙卯卜貞𪓐十牛羌十人用八月 1
三三九 甲寅卜貞翌乙卯𪓐十牛羌十人用 1
三四〇 丙午卜貞𦎫尊歲羌十卯十宰于𦎫用八月 1
三七六正 貞今𣪊取于尿王用若 1
三七九 乙巳卜賓貞三羌用于祖乙 1
四〇一 貞翌丁巳用侯告歲羌三卯宰 1
四一六反 貞用四十 1
四一六反 勿用 1

四二一　貞㞢羌用上甲
四五一　貞其用竹𦍩羌惟酚彡用
四五四反　貞酚用彘于妣己
四五六正　甲午卜爭貞翌乙未用羌用之日霧
四六〇　己亥卜貞惟羌用鬯
四六二反　勿惟羌用
四八八反　王固曰用勿由
五五三　癸酉卜貞盡用
五五七　庚子卜貞其肇丁用于癸卯酚
五五七　貞勿用朿來羌
五五九反　王固曰其用
五六二反　王固曰其用
六七九正　丙寅卜㱿貞妣庚有女往二牛翌庚…用
七二五正　貞勿𠂤用及妣癸又五宰
七二八　貞勿𠂤用中彘冊小宰又及女一于母丙
七四三　…酉卜侑祖甲用及
七八七　貞勿𠂤用
七九五正　貞…𠂤用及𡆥于父乙
七九五反　王固曰吉用
八〇一　貞執用于祖…
八一二正　勿𠂤用　二告
八一三　貞用多屯
八二八正　貞翌丁未用十尸于丁卯一牛
八三九　用
九〇〇正　翌癸未用
九〇三正　貞我用𡘋孚
九〇三正　今日夕用正
九四〇反　于𡆥用惟…
九六五正　勿𠂤用一伐于南庚卯宰
一一〇七　乙巳卜㱿貞我其有令戠叀用王　二告
一一〇七　乙巳卜㱿貞我勿有令戠弗其叀
用王　不告
一一一五正　貞王有匚于庚百㞢勿用
一一一七　辛丑…勿惟母𡆥用
一一一八　丁卯卜…貞㚔…絴伯盜用于丁
一三七一　…卜…今日用三𣪘于成
一六六七　…勿𠂤陟用于下乙丁未允用一月
一九八九　…其𢂔用于丁
二〇一二　貞丁用
二五五六正　己巳卜㝊貞用于母庚
二六三五　貞婦好弗其用
三〇六一反　缶惟用

三二二八　…貞惟乙亥用射…
四三九二　庚寅卜…貞並左惟辛卯用
四四九八反　貞𡆥其用
四九〇七反　…册王用
五二六八　…貞…𡆥惟吉𡆥用
五二六九　…𡆥惟吉𡆥用
五二七〇　…吉𡆥用五月
五六二六　惟用
五六四八　丙戌卜…貞巫曰𣪘貝于婦用若　五?月
五六七一　丁巳卜…貞犬…曾用自大示
五七三三　壬辰卜㝊貞于乙未用二月
六三九一　貞用
六三九一　貞勿用
六三九一　勿用
六五六七　丙戌卜葡貞其用正
六六四七正　之日用戊寅竹侑
六六四七反　貞日用好
七〇七六正　今辛亥侑于上甲用
八六九九　貞今日用方
一一八〇〇　癸巳卜貞入　用
一二〇八五反　…于土…婦用
一二七五六　貞惟雨　用
一五三〇三　乙酉卜今日用丁冊…
一五三九六反　甲午卜㱿貞于翌丙申用
一五三九六反　貞勿于丙申用
一五三九七　貞惟用
一五四〇〇　貞用
一五四〇九　侑于妣用九月
一五四一〇　貞用宁
一五四一一　王用竹若
一五四一三　貞勿用𡆥
一五四二四　辛巳貞作用于…四月
一五四二五　…𩰫用
一五四二六　…不惟𩰫用
一五四二八　辛亥卜𠂤用百…
一五四二九　…則用百…
一五五一七　甲子卜貞今夕酚肇丁用十一月
一五五二二　貞用于𡆥
一五七三三　惟𡆥殷用
一五八一八　癸未卜貞醎豊惟有酒用十二月
一五八二一　戊子其𡆥惟𡆥用十月
一五八二二　…子其𡆥惟𡆥用…
一五九九四　貞惟辛庸用

一六三八七 壬午卜殻貞盟乙未用若
一六三八八 ⋯亞其用若八月
一八八〇九 乙酉卜貞惟辛卯酌用
一九一三三 ⋯用訊
一九二八六 貞于乙巳享用
一九七六二 ⋯羌⋯用⋯
一九七六三 ⋯王⋯羌于母乙用
一九七六四 庚申⋯用羌⋯父⋯用丁⋯
一九七七四 乙丑卜留祖丁留⋯用二𠬝卯一⋯
一九七七五 丁卯卜用𠬝今丁于兄己
一九七七六 甲辰卜王用二婦𠃊⋯𡆥⋯年
一九七九〇 丙申卜王貞勿𢦏陷于門辛丑用十二月
一九八〇〇 戊申卜于庚戌⋯于𣪕用
一九八〇三 辛巳卜王上甲燎十豕侑丁禦兄丁今⋯
一九八一二正 惟止用
一九八一三正 丙申卜炆留𢦏馬大丁用
一九八一七 丙午卜炆侑大丁牡用
一九八三二 丙午卜王侑大戊豚用
一九八四九 ⋯惟⋯祝用戍⋯歲祖乙二宰勿牛白豕⋯示
鼎三小宰卯子祝歲
一九八五五 ⋯彝⋯我用
一九九六二 ⋯侑母庚豕鼎用
一九八六三 癸卯卜今日侑司羌用七月
一九八八四 ⋯羊惟豕司用
一九八八七 呼妣己用
一九九〇六 ⋯六妣即日用
一九九〇七 乙亥炆用巫今興母庚允使
一九九五三 庚辰卜⋯侑母己豕用
一九九五四 己卯卜用豕二母二戊
一九九七二 ⋯侑大母牝用
二〇〇五五 癸未卜⋯盟丁亥酌兄丁一牛六月用
二〇三九八 乙酉卜丙奏岳比用不雨
二〇五二一 ⋯辰用冊𢓊
二〇六七六 丁未卜王貞用不惟喪羊留若
二〇七〇六反 庚寅卜王貞用豕母庚今日
二〇九六八 丙戌卜⋯日彰豕⋯牛⋯㞢用
二一一三一 有入用
二一二七五 乙卯今⋯用犬⋯
二一二七九 貞今日用方
二一二八七 己卯卜徃侑子族豕用
二一四〇一 壬申卜⋯用一卜勿𢦏辛卯來⋯口?至十月
二一四〇五 癸未卜示卜用

二一五〇五 ⋯往用
二一五四四 惟彘用至小宰父戊
二一五四五 惟彘用至小宰父戊
二一五四八 甲寅子卜其至大宰⋯𠬝妣己用豭
二一八〇三 壬寅子卜用豕至宰妣⋯
二一八〇三 癸卯子卜至宰用豕尻
二一八〇五 惟豕用至尻司宰
二一八八五 癸卯⋯用豕
二一八八五 戊申其用禦
二一八八五 生月犬用
二二〇四四 辛亥卜盟用于下乙
二二〇四五 戊子卜于來戊用羌
二二〇四五 惟今戊用
二二〇四五 庚寅卜于妣乙用
二二〇四六 戊子卜用六卜
二二〇四六 戊子卜有㐅歲于父戊用今戊
二二〇四六 戊子卜惟今戊用
二二〇四六 七日𨓚用
二二〇六五 甲子卜用盟入乙　允
二二〇六五 用
二二〇六六 乙未卜用彘于妣乙
二二〇六六 弜用
二二〇八三乙 己卯卜陰用尹司于父乙無囚尹
二二〇八三乙 ⋯卯卜貞三缶父乙陰用無囚尹
二二〇八三甲 己卯卜陰用尹司于父乙無囚尹
二二〇八三甲 ⋯貞三缶⋯陰用無⋯尹
二二〇九一甲 辛用
二二〇九二 入乙用
二二〇九九 庚戌卜朕耳鳴有禦于祖庚羊百有用
五十八侑母⋯䜣?今日
二二一二三 丙辰卜貞余用卜
二二一三〇 癸卯貞用𠬝宰妣庚
二二一三〇 妣庚用𤇾羌
二二一三三 用豕中母
二二一三四 用今日
二二一三七 丁酉卜來庚用午𠬝宰
二二一三九 丁酉卜來庚用禦𠬝⋯
二二一四七 用
二二一五四 壬辰卜貞𢦏其用𡆥⋯
二二一七三 癸未卜𡆥在我用惟祖乙盥口?
二二一八七 乙亥⋯用𠂤妣乙不
二二一九五 庚用
二二二一四 于乙亥用

用

編號	釋文	期
二二二一五	用今日	1
二二二一五	用今日	1
二二二三八	：豕束用	1
二二二三八	壬彘小母用	1
二二二四一	壬彘小母用	1
二二二四二	：其禦用小母彘	1
二二二四六	彘妣辛母用	1
二二二六三	：巳卜用庚申禦：牢	1
二二二七一	：䧹牢在㫚用	1
二二二七四	侑兄丁二牢不雨用延	1
二二二七六	惟今癸用	1
二二二七七	用今日	1
二二二九四	乙卯卜由午用	1
二二二九四	由先午用	1
二二三〇二	甲辰卜亞𢓊用	1
二二三七四	弜祐：妣人丁用	1
二二四二六	癸巳卜用庚申禦牢	1
二二四三五	丙午卜歲用彘	1
二二四三七	癸亥貞叀盧豕用	1
二二四四七	弜用	1
二二五三九	辛亥卜旅貞有來羌其用在四月	2
二二五四二	丙午卜即貞侑以羌翌丁未其用	2
二三三九〇	庚申卜旅貞惟元卜用在二月	2
二三六九〇	己卯卜旅貞又凸虎其用	2
二三七二〇	甲申卜喜貞惟多：妾毋用	2
二四三五一	丁卯卜行貞惟右用在十一月	2
二四五〇六	庚戌卜王曰貞其爵用	2
二五〇一七	庚戌：曰貞：用茲	2
二五〇一九	己酉卜大貞惟右卜用	2
二五〇四五	庚子卜行貞惟右用在八月	2
二五一二八	：卜出：辛丑：賓歲：𠁲用	2
二五一八〇	：卜出：見歲：不興用	2
二五六三二	：出永貞惟禫𠁲用	2
二五九〇一	：出貞：其𦥑：新用九月	2
二五九〇九	：不?：有：𢀛用：𣥹	2
二五九〇九	：𢀛其用于𣥹	2
二五九一〇	：午卜王：不其用	2
二五九一一	貞弜用七月	2
二五九一三	貞惟用	2
二六八九五	：戍辟立于中𢆶之彡羌方不雉人	3
二六八九六	貞弜用𢦏惟祕行用𢦏羌人于之不雉人	3
二六八九九	癸亥卜口貞其祝于妣惟禫用	3
二六九五三	乙巳卜何貞亞旁以羌其禦用	3
二六九五四	乙卯卜狄貞獻羌其用妣辛𣪊	3
二六九五五	：王其用羌于大乙卯惟牛王受祐	3
二六九六二	在升用王受祐	3
二六九八三	丙辰卜狄貞𦙶以執先用	3
二六九九一	乙亥卜執其用　大吉	3
二六九九一	執其用自中宗祖乙王受有祐	3
二六九九一	自大乙用王受有祐	3
二六九九一	高用王受有祐	3
二六九九四	辛丑卜王其有从伐大乙惟舊𤔲用	
	十人五　吉	3
二七〇三三	惟五人用	3
二七一二三	其用大乙𦙶牛	3
二七一三三	于祖丁用有正王受祐	3
二七一五一	惟武唐用王受有祐	3
二七二八一	執惟𢦏各于酉用王受祐	3
二七二八一	于入自亶用王受祐	3
二七二八六	惟母𢀛用祖丁升	3
二七二九六	惟祖丁祝用　吉	3
二七三五二	惟小乙作美庸用	3
二七三五二	惟放庸用	3
二七三五二	弜放庸用	3
二七四五三	吉用	3
二七四五九	庚申卜狄貞王惟斿麋用　吉	3
二七四五九	壬戌卜貞惟𠃬用	3
二七四五九	貞惟庸用　大吉	3
二七八四六	辛亥卜何貞惟吉𢍰用	3
二七九七八	惟𠷎行用𢦏羌：大吉	3
二七九七九	戍惟義行用遘羌方有𢦏	3
二七九七九	弜用義行弗遘方	3
二七九九六	惟微用𠂤𠂢于之若𢦏𩰫方不雉	
	衆	3
二八〇九〇	：取美御事于之及伐望王受有祐惟	
	用　吉	3
二八〇九二	：用危方由于妣庚王賓	3
二八〇九三	羌方由其用王受有祐	3
二八〇九三	弜用	3
二八〇九三	弜用	3
二八一一五	惟東單用	3
二八二〇九	惟祖丁秝𢁉用有正	3
二八二一八	弜用受年	3

著錄號	釋文	期
二八二三三	習用禾延𥾝	3
二八九〇三	…奠各用無災	3
二九二五六	田于宕其用茲卜	3
二九五〇四	其敹弜用	3
二九六九四	其膚用舊臣𦣞 吉	3
三〇三五三	惟𢀛用祖丁必	3
三〇三九二	其寧惟𢀛𩡧用	3
三〇四三九	丁丑卜狄貞其用茲卜異其涉兕同 吉	3
三〇六八七	弜用 大吉	3
三〇六八八	其用舊𦎫二十牛受年	3
三〇六九一	惟册𦎫用	3
三〇六九二	惟丙𩡧用	3
三〇六九三	癸丑卜惟雚𢌳用	3
三〇六九三	惟新𢀛用 大吉	3
三〇六九四	丙辰卜惟舊庸用王受祐	3
三〇六九九	惟今自延用王受祐	3
三〇七〇二	弜其用	3
三〇七二五	惟茲豐用王受…	3
三〇七二五	惟茲豐用	3
三〇九一四	弜用二十卷	3
三一〇〇九	惟㲋祝用有正	3
三一六七七	其用三卜	3
三一六七八正	其用茲卜	3
三一六七八正	惟茲卜用	3
三二一四八	其用𢦏羊	4
三二一八三	辛巳茲用于土	4
三二一八三	茲用于土	4
三二五六三	弜狄用其弢	4
三三〇五六正	惟𣥠戓啓我用若	4
三三〇九八	辛卯卜惟𡆥啓用若	4
三三二二六	弗用	4
三三二二七	丙辰卜于庚申酚柰用在商	4
三三一九九	丙申用不…	4
三三一九九	…卜用不…	4
三三七八〇	庚寅𡧊…用𦎫九…	4
三三七八八	丙戌卜惟大戊用	4
三四〇五〇	…亥卜帝伐自上甲用	4
三四一〇〇	…卯貞王大禦…大示𠦪…三十牛惟茲	4
	五用	4
三四一〇三	甲辰貞其大禦王自上甲盟用白豭九下示	4
	盤十…	
三四一二一	壬寅卜柰其伐歸惟北𢀛用二十示一牛二	
	示羊以四戈彘	4
三四一二二	壬寅卜柰其伐歸惟北𢀛用二十示一牛二	4
	示羊以四戈彘	4
三四一二三	惟新五用	4
三四一二四	惟新𢀛用	4
三四三五九	于翌日告用牡	4
三四四〇九	弜延用	4
三四四一〇	惟甲用𦎫	4
三四四一〇	惟癸用𦎫	4
三四五三八	惟至𠂤用	4
三六九八五	惟𩡧暨𩡧用	5
三六九八六	惟𩣡用	5
三六九八六	惟小騂用	5
三六九八八	辛未卜貞豕…翌日壬王其比用…暨	
	𠬝𩡧用無災在…	5
三七五一五	惟𩡧用無災擒	5
三八七六二	…丑用于…義友…	5
屯九	癸卯貞射𢼸以羌其用惟乙	4
屯九	甲辰貞射𢼸以羌其用自上甲盤至于…	4
屯二五	惟乙巳用伐	4
屯二九	師惟𢓊用	4
屯一〇四二	其用茲卜受祐	3
屯一五〇一	惟戚庸用	3
屯二五三	壬子卜其用茲𦎫 吉	3
屯一〇八八	…于以用王受祐 大吉 茲用	3
屯二三五四	…今往王呼悔禦惟之有用有雨	3
屯四三九六	其用在父甲王受祐	3
屯四三五六	乙酉卜于丙奏岳从用不雨	1
屯四五五四	丁亥卜祖乙…庸用	3
屯四五五四	惟戚庸用	3
英五八〇	勿用	1
英八〇三	貞不其受年 用	1
英八〇三	貞受年 用	1
英一七六四	…犬母己用九月	1
英一七七一	癸亥卜乙丑用侯屯	1
英一九六九	貞𢀛于丁用	2
英二二六三	惟祖丁庸𢿼用兄丁	3
英二二六七	惟可用于宗父甲王受祐	3
英二三五九	…庚惟召用王受…	3
英二四一一	己卯貞𢓊來羌其用于父…	4
懷七八	甲寅卜柰母庚用	1
懷一三九二	惟生用	3
懷一四一二	𠂤惟犬用	3
懷一四六一	丙申卜惟茲𠦪用于河	3

懷一四六四　惟穫用東行王受祐　3
懷一五五二　：歓夕：𠂤：用　4
懷一五六一　庚申卜惟父𩰪用　4
懷一五七〇　：茲允用　4
懷一五八一　辛酉卜惟大行用　4
懷一五八一　師惟建用　4
懷一五九二　：𣏟侯：丁用　4

𦥑

六　癸巳卜穷貞令衆人肆入絴方：𦥑田　1
二二　甲子卜𠦪貞令𢀛𦥑田于：　1
三三〇七　：今日：𦥑田：𠂢侯十二月　1
九四八六　癸：貞：令𢀛𦥑：于：侯十二月　1
二八一九八　弜𦥑弗受有年　3
二八一九九　弜𦥑弗受有：　3
三〇三〇三　己未卜其𠃊父庚奭酉于宗茲用　3
三七三八七　丁酉：貞翌日壬寅王其𦥑兕其唯𩰫𠂤
𩰪：王弗悔　5
三七三九二　丁卯卜在去貞𣪘告曰兕來羞王惟
今日𦥑無災擒　5
三七五一四　戊午卜在洓貞王其𦥑大兕惟騄暨騽無災擒　5
屯六五〇　：王弜令受：旋：𦥑田于童　3
英三二六　：弗：克𦥑：弜𢦏：　1

叜

五三　癸：𡆥：叜：　1
七〇二四　癸丑卜𡆥其克叜𢦏　1
七〇七四　貞呼比冀取𣏟叜啚三邑　1
二二四〇五　克叜　1
英一八一八　丁卯卜克叜　1

𦥑

一八二一五　：𦥑：　1

𡕒

七〇五四　壬寅卜：貞令：逆𡕒：征夲：　1

ㄐ

六一七〇反　王固曰有祟四祟ㄐ正：　1
八五九四反　：曰其出疾：吉惟有由ㄐ往：　1
一一〇一八正　呼ㄐ肘　1
二〇八九一　己：ㄐ：　1
二八一二八　：步自果隹余ㄐ：　3
三一〇一八　万其攸庸ㄐ惟：吉　3
屯五七九　：史人ㄐ告啓：𩰫在廳卜　3

囧

一〇　戊寅卜穷貞王往以衆黍于囧　1
六九五　：卜夲：囧妻：　1
一五九九　：爭貞乙亥蒸囧黍祖乙　1
八一〇三　：穷：惟：于囧　1
八一〇三　：囧　1
九五四六　丙午卜：令：黍：囧　1
九五四七　庚辰卜穷貞惟王𢼄南囧黍十月　1
一八七一六　甲子卜：囧甲：不惟：　1
二〇〇四一　：于𢼄：囧　1
二〇六〇三　甲子卜：囧甲子：惟：　1
三一三七四　貞尋不因辛囧壬午王：　1
三二〇二四　乙未貞王米惟父丁以于囧　4
三二〇二四　己巳貞王其蒸南囧米惟乙亥　4
三二五四三　庚寅貞王米于囧以祖乙　4
三三二二五　庚辰貞在囧咼來告芳　4
三三二二五　己卯貞在囧咼來告芳王　4
三四一六五　己巳貞王米囧其蒸于祖乙　4
三四五八三　己巳貞王：囧其蒸于：　4
屯九三六　庚寅貞王米于囧以祖乙　4
屯二八五八　癸酉貞旬無𡆥　4

乎　呼

選録

一四八　呼牧于朕芻　1
一九〇反　呼人入于雀　1
一九〇反　呼人不入于雀　1
三七六正　貞：夢呼余禦𡆥　1
三七六正　貞王有夢不惟呼余禦𡆥　1
五三七　貞呼𡨦伐𢀛　1
五三八甲　貞勿呼𡨦伐𢀛　1
六二〇　勿惟多臣呼　1
一〇五一正　己丑卜爭貞亦呼雀燎于云犬　1
一一〇六正　乙卯卜古貞呼𣬉ㄓ在東係　1
一一〇九正　辛卯卜殼貞惟𦋐呼竹𢼊ㄓ　1

一二四八正　貞呼取𦬥任于冕　二告
一三八〇　…呼凸光芻
一三八一　貞勿呼取卬
一四四三　癸卯卜殼貞翌甲辰勿呼酌大甲
一四七九　貞呼取戌
一五三九　…𩵦呼歸若
一七六三　惟㪤呼𠂤
一七七二正　庚申卜殼貞呼逐兔
一七七七　呼𦥑章
一八二三正　乙酉卜穷貞呼𢓊𠃉若
二一五三正　使呼歸
二六三一正　貞惟婦好呼𢼄伐
二六五二正　貞呼婦往有得
二六五二正　貞呼婦往無得
二六五八　貞呼𡧊取
二六五八　貞呼婦好見多婦于𦎫
二七三〇　丙寅卜穷貞惟婦姘呼
二七八八五正　庚午卜王貞其呼小臣𥚚比在曾?
二八四九正　呼王
二九七二　貞呼子漁侑于祖乙
二九七三　呼子漁侑于㞢祖
二九四四　貞子商侑冊于父乙呼酌
三〇六一正　甲寅卜殼呼子𡆥酌缶于娩　二告
三〇六一正　·甲寅卜殼勿呼子𡆥酌缶于娩
三一一一　貞來乙丑勿呼子𢀛侑于父乙、
三一一二正　…貞今乙丑勿呼子𢀛侑于父乙
三一三〇　癸酉卜穷貞呼雍𣅀師薰
三三四四　貞呼多子…
三三五五正　貞呼黃多子出牛侑于黃尹
三三八〇　貞惟邑子呼饗酒
三三九七正　丁酉卜殼貞呼宅㯐
三三九七反　…五穀呼燎
三三三三　丙申卜永貞呼賓侯
三三三三　貞勿呼賓侯
三三五三　惟𢼄呼比侯𥏼
四〇四七反　貞惟𠂤呼侑上甲
四一四一　乙亥卜內翌辛丑呼雀酌河…
四一八五　甲申卜穷貞呼𢀛𠂤
四二二二　師般見𢀛呼…
四二四〇　惟𢀛呼王
四二八四　辛亥卜殼貞呼歙𠂤妻不𦍒　六月
四二八四　辛亥卜殼貞呼戌往弋祉
四二九九正　貞勿呼商…𢀛?

四三〇一　貞呼商比𡆥
四三〇一　乙亥卜殼貞呼商比𡆥
四三一八　…卜王來呼𠙵旻
四三四五　貞勿呼疚人𠂤十三月
四四一六　貞呼見姘
四四一七　甲子卜貞呼姘
四四四四　貞𡆥不其呼來
四四四七反　…呼𡆥王比…
四四六四正　貞呼𢀛疾克
四四六四正　呼𢀛疾克
四四八五　己…王…𢀛呼…
四四九三　貞惟聞呼
四四五三　辛亥卜殼貞惟𡆥呼
四五七六　辛未卜亘貞呼先官
四五三一　乙未爭貞呼𡆥暨㝵　八月
四六五三正　貞呼龍
四七二二　呼鳴比戉事𠙵
四七二二　貞勿呼鳴比戉事𠙵
四七三〇反　王固曰其呼雈
四七三九　勿呼𡆥于…自𡆥
四七八七　辛酉卜亘貞呼祟矢束
四八一三　丁巳卜穷貞呼弘宊𡆥夸弗桑
四八一九　丁巳卜穷貞呼𠱱若
四八二二　貞勿呼𠱱𡆥…
四八四一正　貞𡆥呼來
四八八七　…呼周…
四八九一　呼遘𢆶望𢀛
四八九八　呼令行
四九一九　貞呼逆
四九二三　壬申呼衒
四九二三　壬申呼比
四九三二　貞呼𢀛𡆥
四九三三　…呼𢀛
五〇四八　己巳卜王呼犬捍我
五〇四九　己未卜貞王呼从河
五四七八正　貞惟𡆥呼往于𡆥
五五〇九正　丙申卜殼貞立事呼取…　不𦍒黽
五五五八　貞呼彈　入御事
五五五九　呼次…御事
五五六〇　貞呼𡆥暨𡆥入御事
五五九七　貞惟𡆥呼衆人臣
五五九九正　…呼…小臣牆…
五六一七　呼多束尹次于教

五六一八 甲午卜貞呼朿尹有禽
五六四七正 壬辰卜亘貞有冊巫呼取以
五六五八正 丙…卜…貞…惟弘呼田
五七一七正 丁亥卜㱿貞惟㳄呼小多馬羌臣十月
五七三九 …不其呼多射𤉲獲
五七四〇 …貞呼多射𤉲獲
五七四六 …令郭以多射衛示呼𠂤六月
五七七五正 呼多馬逐鹿獲
五七七五正 呼多馬逐鹿獲
五七七七 …貞畄三百射呼…
五七八五 貞呼子𡕭以𢦏新射
五八〇五 丙午卜殻貞勿呼師往獻有師　二告
五八〇六 …殻貞勿呼𠂤獻有師
五八一一 …午卜㱿貞呼涉𢀛師
五八二九 丁酉卜呼雀𤉡朿夅
五八九九 丁未卜爭貞令執𠧴甫呼徵戈執…
五九〇〇 丁未卜爭貞令執𠧴甫呼徵戈執…
五九五一正 貞勿呼逆執𦐇　不𠰶黽　二告　小告
五九八〇 …呼省𠧧
五九九五正 貞呼𠛱　二告
六〇一六正 貞其呼麥豕从北
六〇三四正 貞勿呼逯沚
六〇六八正 癸未卜永貞旬無𡆥七日己丑𢀛友化呼告曰𢀛方征于我奠豐七月　二告
六〇七九 乙巳卜㱿貞𡆥呼告𢀛方出允其…
六一五八 貞惟𢀛方呼𤕨
六一六七 貞𡆑人五千呼𡧊𢀛方
六一六八 貞𡆑人三千呼伐𢀛方受有祐
六一六八 貞勿呼伐𢀛方
六一七一 戊寅卜殻貞𡆑人三千呼伐𢀛方弗…
六三三三 勿呼王族凡于疫
六四六〇反 呼雀往于𡆥
六四六一正 呼比𡬓𤰞　二告
六四六一反 王固曰吉惟有呼己其伐其弗伐不吉
六四六三 勿呼敦尸
六四六八 丙申卜殻貞𢦏爯冊…呼比伐𢀛
六四七七正 貞呼逐比萬獲王固曰其呼逐獲
六四七七反 呼子𡕭涉
六四七七反 勿呼子𡕭涉
六四七七反 王勿比奚呼…
六五一八 辛丑卜殻貞今𡧊勿呼比望乘伐下危
弗其受有祐
六五一九 辛丑卜殻貞今𡧊呼比望乘伐下危受有祐

六五三六 …卜殻貞王次于曾廼呼𤰇中…
六五五六 呼𩢍羌
六五七二 戊戌卜內呼雀𡚸于出日于入日宰
六五九五 …貞呼行取龔友于𠂤庶以
六五九七正 骨呼宅凡
六六一四正 戊午卜殻貞勿呼𤕨羌于九𢀛弗其…
六六六五正 三日乙酉有來自東𡕭呼𠧢告旁捍
六八一二正 貞勿呼歸五月
六八八七 …申卜殻貞大丁呼王敦衛
六九四三 己酉卜殻貞呼圍𡥈侯
六九四三 貞勿呼圍𡥈侯
六九四五 呼我人先于𢇍
六九四五 勿呼我人先于𢇍
六九四六正 甲子卜爭雀弗其呼王族來
六九四六正 庚申卜殻貞呼王族延比𡧊
六九四六正 庚申卜殻貞勿呼王族比𡧊
六九四六正 雀其呼王族來　二告
六九四八正 癸卯卜殻貞𢦏雀衛伐亘𢦏十二月
六九八七正 貞呼取微白
七〇一四 己卯卜王貞余呼𢀛敦𢀛余弗𢀛𢀛
七〇五八 貞勿呼商取逆
七〇六一正 貞呼取亳宁
七〇七六正 戊午卜內貞呼射井羌
七〇七六正 己巳卜爭𡕭呼來
七一三九 …爭貞旬無𡆥王固曰有祟…有來𡧊沚
𢦏呼告曰…
七二八三 甲申卜殻貞呼婦好先𢀛人于龐
七二八四 乙酉卜殻貞勿呼婦好先于龐𢀛人
七二八五 乙酉卜殻貞勿呼婦先于龐𢀛人
七二八六 乙酉…貞勿呼婦先于龐𢀛人
七二八七 丙戌卜殻貞勿呼婦好先𢀛人于龐
七三二一 …𡆑人三千呼𢦔…
七三五二正 惟子不呼陷
七三五二正 勿惟子商呼
七三五二正 勿惟子不呼
七三六二 …卜亘貞呼𢀛𢀛次
七四二二 壬申卜殻貞…𡆥稱冊呼比　不𠰶黽
七四二六正 貞興稱冊呼歸
七四二六反 貞呼及以
七四二六反 王固曰吉其呼
七四三七 貞勿呼見啓于𢀛
七五二八 丁巳卜爭貞勿惟王自比望乘呼…
七五六五正 貞呼衛从𠕋北

七五九三 貞勿惟師般呼伐
七五九四 貞勿惟㠯呼伐
七五九八 丁酉卜亘貞呼伐其祐
七六九三 勿呼比弘𢀛𢀛
七八五二正 貞分女呼于敦 二告
七八五四正 己酉卜殼貞勿呼㚔取囚任伐弗其以
七九八二 戊申卜殼貞惟師呼往于𢀛
七九八二 戊申卜殼貞惟黄呼往于𢀛
八〇三五 貞翌辛亥呼婦姘圍于磬京
八〇七〇 貞呼奴在𡆥
八〇七〇 貞呼奴在𡆥人
八〇九三 …允貞呼取令于𢀛
八一一九正 貞呼宅𢀛丘
八四〇一 貞呼戈人𢀛
八五九三 …殼貞呼龍田于…
八七五六 癸卯卜亘貞呼往西
八七八三 貞呼牛于北土
一〇五六〇 貞呼田獲
一〇九七六反 貞呼往奠于萑
一〇九七六反 勿呼奠于萑
一一〇〇一 壬午卜穷貞勿呼田于樚
一二〇五一正 貞呼祟先得
一二八七五 …丑卜王…呼追…雨自北西…
一二八三一正 辛巳卜穷貞呼舞有从雨
一二八三一正 貞呼舞有从雨
一二八六九乙正 貞呼𢀛雨
一三五〇五正 丁酉卜爭貞呼甫秜于娟受有年
一三五一七 勿呼婦奏于𢀛宅
一三五一七 呼婦奏于𢀛宅
一三五二〇 𢀛呼作七月
一三六二五正 丙寅卜古貞呼為凡果…
一三六六三乙正 貞呼宅𢀛
一三六七五正 癸亥卜内貞呼般比戚
一三六七五正 勿呼般比戚
一三六七五正 呼般比戚
一三八二七 …無疾呼𢀛
一三九二五正 貞呼取雇伯
一四一三九反 貞呼肇王…
一四一二八正 貞呼卣比亩
一四一九八正 辛丑卜殼呼比來取侑兄以
一四二四三 帝呼戕
一四三七五 貞翌丁卯呼子侑于丁三宰
一四四五三 呼雀燎于岳 二告

一四四六九反 貞呼𠂤酌岳
一四五三六正 辛卯卜殼貞乞呼酌河不潛正
一四五八五正 丙子卜殼貞呼言酌河燎三豕三羊卯五
牛…
一四五八七正 丙子卜殼貞呼言酌河燎…豕三羊…五牛
一四五九〇 戊午卜爭貞今…辛酉呼酌河
一四六四七正 …未卜韋貞呼…河以啓王固…其來之…
往見于…無來
一四九一九 庚辰卜爭貞呼王族先
一五八一五 貞呼不奠
一五九三一 貞呼畀… 二告
一六〇一三 癸卯卜㗊貞呼多老…
一六〇一三 貞勿呼多老舞
一六〇八三 貞勿呼興五月
一七二五七正 貞呼五日
一九二四〇 貞呼爰
一九二五三正 丁未卜亘貞今日呼步
一九七九九 丁未卜𠂤王令亞呼爯薦曰來二月
一九八一五 甲午卜…有夂歲大乙呼
一九八五二 辛丑卜勿呼雀山雀取侯㠱
一九九六〇 …𢀛母己呼…
一九六六五 貞勿呼夸
一九八九〇 戊子卜𠂤侑母呼
一九八八七 呼妣己用
一九九六三 …未卜惟侑母庚呼母
二〇〇七〇 貞余勿呼延尊甾曰吉其呼尊
二〇〇九八 丁未卜夶侑咸戊學戊乎
二〇一九二 丁卯卜王呼逐𢀛
二〇一九六 甲午卜夶令逐𢀛有立呼衣田十二月
二〇二三五 辛巳卜王勿呼甫即夏令戠十月
二〇二四〇 丙子貞丁囗呼告日
二〇二五三 …丑卜𢀛貞王呼萬戒𢀛九月
二〇二五四 …王呼…兕…
二〇三一五 乙卯卜余呼复
二〇三一六 …王貞余呼珏…
二〇三一七 …卜王余呼甗
二〇三六〇 …申呼尹…
二〇三九二 甲子卜王貞土方其敦呼
二〇四五〇 壬午卜…呼禦方于商
二〇四五一 丁巳卜王貞四卜呼比征方允獲
二〇四五三 …巳卜王貞于中商呼…方
二〇四七二 戊辰卜㣔呼弗祟小方我七月𢀛
二〇五〇二 庚子卜呼征歸人于衛𢦔

編號	釋文	期
二〇五五七	辛未卜𠂤勿呼彈征 二月	1
二〇六三七	貞呼𠭯奴生于東	1
二〇七〇〇	乙丑卜先…呼盧犬𠦪至二宰	1
二〇七一三	辛卯卜王…呼虎…	1
二〇九七一	庚午卜貞呼征舞从雨	1
二一〇七三	庚午卜惟斧奠呼帝降食受祐	1
二一〇九九	乙未卜呼人先今夕𢦏	1
二一〇九九	乙未卜呼人先𢦏人暘日	1
二一三八六	癸卯…王曰…其𢦏…余呼延不九月	1
二一四七九	丁酉卜呼多方𠣳丙	1
二一五三二	癸亥子卜多臣人呼田羌	1
二一五六五	…貞中子肱疾呼田于凡	1
二一五六六	甲子卜丁呼大彘五往若	1
二一五八三	己亥子卜貞我有呼出㞢	1
二一五八六	甲子卜我貞呼𠂤獲𠂤	1
二一五八六	丙寅卜我貞呼印取射麋	1
二一五八七	丙午子卜呼往來	1
二一六五三	…卯卜徙貞役五月呼婦來歸	1
二一六二六	癸卯卜𦎫貞呼…弜彭有…	1
二一六二六	癸卯…𦎫貞呼弜入商	1
二一六四一	乙巳卜宁告妣呼㐬…	1
二一七二二	丁丑卜呼𠦪于𦣻休	1
二二一六八	…午卜…大庚呼	1
二二二四六	呼陟延	1
二二二四六	呼𢦏延	1
二二五四六	…呼𢦏𠂤二月	2
二三六七一	辛未卜行貞其呼永行有遘	2
二三六八五	庚午卜大貞叀來惟今日呼延	2
二三七〇六	貞惟有小獲…呼入禦事	2
二六八九八	王其呼衆戍𢦏受人惟亩土人暨㐬人 有災	3
二六九〇一	惟馬呼取王弗悔	3
二六九〇七正	貞王其令呼射鹿	3
二六九九三	惟戍呼旋執于之擒王受祐	3
二七二五五	貞其令呼射麋叡	3
二七七五三	丁巳卜其比惟山呼	3
二七七九六	弜呼祝	3
二七八八一	王其呼允受有祐	3
二七八八一	惟戍馬眉呼允王受有祐	3
二七八八八	惟小臣𤼈令呼比王受祐	3
二七九六六	惟戍馬呼暨往	3
二七九七二	戍其歸呼驊王弗悔	3
二七九七二	于濘帝呼禦羌方于之𢦏	3
二七九九〇	惟可日𠭯呼𢦏絴方𢦏方繼方	3
二七九九〇	弜𠭯呼王其悔	3
二八三五〇	王呼射擒弗悔	3
二八八一五	弜呼射弗擒	3
二九〇八四	貞呼北𦎫立	3
三〇〇二九	弜呼霽無大雨	3
三〇一七三	叀呼爵野弜于甫	3
三〇二五七	其寧呼大風	3
三〇三九〇	弜呼𢦏帝子禦史王其悔	3
三〇七六〇	弜祀吉呼往有災	3
三一〇二五	…王其呼万奏…	3
三一〇三一	…王其呼万霽… 大吉	3
三一〇三二	王其呼万霽于… 吉	3
三一一八一	其呼𠟭車有正	3
三一三三二	呼彡之若	3
三一九八一	呼多尹往𢦏	4
三二〇四八	癸亥卜今𦎫呼比沚戈曾𢦏田土…真 吅	4
三二九六九	其呼盧禦史霝射有正	4
三三三七八	王其呼戈擒	4
三四三〇六	甲寅貞有卜歲呼射	4
三六四九二	丙午卜在攸貞王其呼…延執胄人方𢦏 焚…弗悔在正月惟來征…	5
三六五一八	乙巳王貞啓呼祝曰盂方𠬞人…其出伐 ↓師高其令東會于…高弗悔不𠯑𢦏 王田曰…	5
三六五二二	庚寅王卜在𡨦貞余其次在茲上𠦪今秋其𢦏其呼𢦏示于商正余受有祐王田曰吉	5
三六九〇九	韋師寮弜改無𡧊王其呼𡧊于京師 有災若	5
屯一〇八	丙寅卜其呼霽…	3-4
屯六四一	…卜翌日壬王其田麸呼西有麋興王于之擒 大吉	3
屯六九六	…王其呼𢦏𢦏兄…	3
屯七二八	王其呼戍延衛弗悔	3
屯七二八	弜呼戍衛其悔	3
屯七二八	弜呼衛其悔	3
屯七七九	…王其呼監 大吉	3
屯八八〇	王其呼衆𢦏戍受人…亩土人暨㐬人 有災 大吉	3
屯一〇五九	丁亥貞王其𢦏方㞢呼禦史	4
屯二二四八	戊辰卜今日雍己夕其呼𢦏執工 大吉	3

著錄	釋文	期
屯二四八	弜呼𠬝執工其作尤	3
屯二八六	…卜王其呼敦𢦏…王受有祐𢦏在𫑡	3
屯三二一	惟𡧊呼人侑祖若 吉	3
屯二五三九	丁未卜象來涉其呼𫑡射…吉	3
屯二五八一	…呼監若	3
屯二五八五	乙亥貞𢦏來呼告其令入羌	4
屯二六一三	…玫啓𪓊方其呼伐其悔不啚 災 弘吉	
屯二七四四	…呼小臣 大吉	3
屯三〇九六	…王呼𪓊…	3-4
屯三一〇七	…王其呼戌岳…	3
屯三一二二	…午卜王其呼…燎受祐	3
英一五〇正	辛子卜…貞𢀛婦好三千𢀛旅萬呼伐…	1
英一六二正	…殼貞勿呼婦姘以𠂤…	1
英一六二正	…貞呼婦姘以𠂤先于𢦏	1
英一六二正	壬申卜殼貞呼婦…以𠂤先	1
英一七三正	貞呼婦𡚬	1
英五二一	貞惟多臣呼比戠	1
英五五六	貞勿呼目舌方	1
英六〇一	貞惟多子呼伐𢀛…	1
英六〇七	己巳卜爭貞呼眾人于𢦏	1
英六〇七	貞勿呼眾人步于𢦏	1
英六一三	乙未卜殼貞大呼王敦衛十月	1
英一九九五	己亥卜大貞呼般𡰥有衛	2
英二三八三	…王其呼甲尹伐衛于…	3
英二三九四	惟馬呼射擒	3
懷四五二	甲寅卜亘…呼犬登執豕執	1
懷九五六	丁巳卜殼貞呼師般往于𢖱	1
懷九五七	貞呼飲𠂤由妻	1
懷九五九	丙午卜殼貞呼師往見有師王…曰惟 老惟人途遘若…卜惟其匃二旬又 八日象壬…師夕𩰫	1
懷九六一	癸亥卜㱿貞令何曼呼𩫏小臣弋衣	1
懷九六二	貞令何曼呼𩫏小臣弋衣	1
懷一三五二	…貞王其呼…以戎…郭…凡…	3
三三二〇八	甲子卜王从東戈宗侯𢀛	4
三三二〇八	乙丑卜王从南戈宗侯𢀛	4
三三二〇八	丙寅卜王从西戈宗侯𢀛	4
三三二〇八	丁卯卜王从北戈宗侯𢀛	4

著錄	釋文	期
三四〇七五	辛亥方宗雨	4
三四〇七五	弜宗	4
二〇〇七四	…𣥶侯今生月于𢀛…	1
三三〇七一	甲辰卜雀𢦏𣥶侯	4
三三〇七一	…卜𣥶侯𢦏雀	4
三三〇七二	戊…卜令雀伐𣥶侯…	4
三三〇七三	…伐𣥶…	4

卜 選録

王卜

著錄	釋文	期
二二七五一	甲子王卜曰翌乙丑其酌翌于唐不雨	2
三九三四九	癸巳王卜貞旬無畎王𠧟曰吉	5
三九三四九	癸未王卜貞旬無畎王𠧟曰吉	5
三九四一六	己未王卜	5

數字卜

著錄	釋文	期
五三三〇	…未卜王貞三卜大…𠦪	1
一七六六九	王固曰惟二卜…	1
一七六七〇	…固曰二卜…不…利…	1
一七六七一	…卜王…茲二卜…呼勿…四月	1
一七六七二	…貞二卜…固曰角…	1
一七六七三	貞三卜	1
二〇四五一	丁巳卜王貞四卜呼比征方允獲	1
二一四〇一	壬申卜…用一卜勿䶂辛卯𣎆…口?至十月	1
二一四〇二	…卜王…茲二卜…呼勿…人四月	1
二一四〇三	…辰卜…貞三卜…丙允王…	1
二一四〇四	…貞三卜…	1
二二〇四六	戊子卜用六卜	1
二二二三一	甲寅卜貞三卜用盟三羊𠕋伐二十…三十牢 三十反三𢀛于妣庚	1
二五〇二〇	甲戌卜大貞勿羊用三卜	2
三〇七五七	卜狄貞習?三卜	3
三一六六九	…卜習龜一卜五…	3
三一六七〇	…卜習龜一卜五…	3
三一六七一	習一卜	3
三一六七二	癸未卜習一卜	3
三一六七二	習二卜	3
三一六七三	習二卜	3

卜

三一六七四　習二卜　3
三一六七四　習三卜　3
三一六七四　習四卜　3
三一六七五　習一卜五于…　3
三一六七六　自三卜無若　3
三一六七七　其用三卜　3
三二八二六　癸酉歷貞旬三卜無囚　4
懷　四六五　…二卜令…夫…　1
懷一六二一　癸亥燮貞旬三卜無囚　4
懷一六二二　癸亥燮貞旬三卜無囚　4

二一四〇七　辛酉卜七月卜　1
二一四〇八　…節止七月卜　1
二一七七四　…宰…夕卜　1
二六八一〇　庚戌…貞…夕卜　2
二六九〇七正　乙巳卜彭貞禦于河羌三十人在十月又二卜　3
三一六七六　二月貞卜子無若　3
三一六七六　二月卜有若　3
三一六七六　三月卜有若　3
三三二〇一　丁亥卜…沃人…珏呼𫃏召𠦪在四月卜　4
三四一六七　…卜侑于五山在果…月卜　4
三四一六八正　丁丑卜侑于五山在…雕二月卜　4
三五一六四　…在六月卜　4
三五二九一　…夕卜茲見…　4
屯一二三九　…亥貞甲子酌𠦪在𤔲…月卜　4
屯二五六四　己丑貞…王尋告土方于五示在衣十月卜　4

九七五反　王固曰不宿若茲卜其往于甲酌咸…惟甲追　1
一七六七四　…之…茲卜…　1
二四一二二　己丑…王曰茲卜…禦　2
二二九一三　己未卜王貞乞有𠦪于祖乙王吉茲卜　2
二九二五六　田于宕其用茲卜　3
三〇三八〇　…宗三示…茲卜　3
三〇四三九　丁丑卜狄貞其用茲卜異其涉兕同　吉　3
三一六六七　習茲卜王其𠦪戊申　3
三一六七八正　其用茲卜　3
三一六七八正　惟茲卜用　3

三二〇五七　乙巳貞王有𠬝歲于父丁三牢伐十又五　4
三三四五〇　若茲卜雨　4
屯一〇四二　惟茲卜用　其用茲卜𢦔祐　4
懷一五六三　乙巳貞…于父丁…又五若茲卜雨　4
懷　九五九b　王固曰惟老惟人途遘…茲卜惟其旬　1

宗卜

三〇三七六　…吉在大宗卜　3
三三三三〇　丁未貞其大禦王自上甲盟用白豭九三示𥁎牛在父丁宗卜　4
三三三三〇　丁未貞惟今夕酌禦在父丁宗卜　4
三四〇八二　戊辰貞其𠦪生于妣庚妣丙在祖乙宗卜　4
三四一四八　庚午貞秋大集…于帝五玉臣血…在祖乙宗卜　茲用　4
屯　四四一　…𠦪…妣丙…宗卜　4
屯　六〇〇　…在祖乙宗卜　4
屯二七〇七　…貞…其大禦王自上甲盟用白豭九下示𥁎牛在大乙宗卜　4
屯二七〇七　…大禦自上甲其告于祖乙在父丁宗卜　4
屯二七〇七　…自上甲血用白豭九…在大甲宗卜　4
屯二七〇七　…卯貞其大禦王自上甲盟用白豭九下示𥁎牛在祖乙宗卜　4
屯二七〇七　…酌大禦自上甲其告于大乙在父丁宗卜　4
屯三〇四五　…宗卜六月　4
屯三七六三　丁酉…𫹉…祀在…丁宗卜　4
屯三七六三　庚子𫹉盟祀在大庚宗卜　4
屯四一五五　…亥…令在祖乙宗卜　4

二二六〇六　丙申卜行貞王賓伐十人無尤在師追卜　2
二二九〇四　…王…乙丑其有𠬝歲于祖乙白牡三王在Ⅱ卜　2
二四一一八　辛未卜…貞夕卜…同惟其…王固曰惟　2
二四二三七　甲午卜王在十二月在𫌤卜　2
二四二三九　丙子卜王在夾卜　2
二四二三九　丁丑卜王在夾卜　2
二四二四〇　丁丑卜王在夾卜　2
二四二四三　戊寅卜王在夾卜　2
二四二四四　甲申卜王在夾卜　2

卜

二四二四五 ：王在夾卜 2
二四二四六 貞無尤在十二月在□卜 2
二四二四七 己未卜行貞王賓歲二牛無尤在十二月在亦卜 2
二四二四七 己未卜行貞王賓叙無尤在亦卜 2
二四二五三 乙丑卜王在師允卜 2
二四二五六 庚午卜王在㯳卜 2
二四二五七 在師雷卜 2
二四二六六 辛酉卜尹貞王賓歲無尤在師緞卜 2
二四二六六 辛酉卜尹貞王賓歲無尤在四月在師非卜 2
二四二六七 己酉卜王在師逾卜 2
二四二六八 ：師逾卜 2
二四二七二 ：父丁：無尤在：在師寮卜 2
二四二七二 丁未卜行貞王賓叙無尤在師寮卜 2
二四二七二 丁未卜行貞王賓叙無尤在師寮卜 2
二四二七三 癸巳卜王在師寮卜 2
二四二七四 甲辰卜王在師寮卜 2
二四二七五 丙午卜行貞王賓叙無尤在師寮卜 2
二四二七五 ：卜行：賓：人又三無：在師寮卜 2
二四二七五 寮卜 2
二四二七六 甲辰卜行貞今夕無田在二月在師裳卜 2
二四二七六 乙巳卜行貞今夕無田在師裳卜 2
二四二七六 丙午卜行貞今夕無田在二月在師寮卜 2
二四二七六 癸卯卜行貞今夕無田在師裳卜 2
二四二七七 ：寮卜 2
二四二七八 癸：卜王在師寮卜 2
二四二八二 庚午卜王在師裳卜 2
二四二八四 壬午卜王在師裳卜 2
二四二八五 丙戌卜王在師裳卜 2
二四二八六 庚寅卜王在師裳卜 2
二四二八七 辛卯卜王在師裳卜 2
二四二八八 壬辰卜王在師裳卜 2
二四二九四 壬子卜王在師裳卜 2
二四二九五 甲寅卜王在師裳卜 2
二四二九八 己未卜王在師裳卜 2
二四二九九 癸亥卜王在裳卜 2
二四三〇〇 ：寅卜王：師裳卜 2
二四三〇一 ：王在師裳卜 2
二四三〇二 ：王在師裳卜 2
二四三〇三 ：丑卜王在師衣卜 2
二四三〇四 ：王：裳卜 2
二四三〇七 貞無尤在師裳卜 2
二四三〇九 庚申卜行貞今夕無田在師裳卜 2
二四三一四 辛丑卜行貞今夕無田在師裳卜 2

二四三一六 甲寅卜旅貞今夕無田在二月在師裳卜 2
二四三一八 貞無尤在師裳卜 2
二四三一九 貞無尤在師裳卜 2
二四三二〇 貞無尤在師裳卜 2
二四三二四 ：在師裳卜 2
二四三二六 ：卯卜：在師裳卜 2
二四三二八 ：師裳卜 2
二四三二九 ：勿：師裳卜 2
二四三三〇 ：在：裳卜 2
二四三三二 ：行：夕：裳卜 2
二四三三六 戊子卜王在師瀋卜 2
二四三三七 戊子卜王在師瀋卜 2
二四三三八 ：在師喜卜 2
二四三三九 甲戌卜王在師澶卜 2
二四三四〇 在師澶卜 2
二四三四〇 在師滴卜 2
二四三四一 貞無尤在師澶卜 2
二四三四五 貞無尤在師獲卜 2
二四三四五 貞無尤在師丙卜 2
二四三四七 癸卯卜行貞王步自雇于勳無災在八月在
師雇卜 2
二四三四八 丙寅卜行貞翌丁卯父丁莫歲宰在三月在
雇卜 2
二四三四九 貞無尤在十二月在沚卜 2
二四三五一 丁卯卜王在沚卜 2
二四三五二 庚午卜王在□卜 2
二四三五五 ：卜王在十二月□卜 2
二四三五六 戊辰卜王曰貞其告其陟在□阜卜 2
二四三五七 ：辰卜：在十一月：□卜 2
二四三五九 庚申卜王在□卜 2
二四三六〇 貞無尤在□卜 2
二四三六一 甲子卜行貞今夕無田在正月在□卜 2
二四三六二 庚午卜行貞王賓夕福無田在□卜 2
二四三六二 貞無尤在正月在□卜 2
二四三六二 貞無尤在□卜 2
二四三六五 貞其雨在□卜 2
二四三六六 壬午卜王在合卜 2
二四三六七 壬午卜行貞今夕無田在正：在丘雷卜 2
二四三六七 癸未卜行貞今夕無田在正月在丘雷卜 2
二四三六七 甲申卜行貞今夕無田在劃卜 2
二四三六七 ：酉卜行：今夕無：在劃卜 2
二四三六八 ：貞其雨在渔卜 2
二四三七〇 戊寅卜王在□卜 2

占

著錄	釋文	期
二四三八三	…貞…雨…在𩰫卜	2
二四三九三	…卜行貞今夕無囚在二月在𡉚卜	2
二四四一六	乙未卜行貞王其田無災在二月在慶卜	2
二四四七四	…在㵒卜	2
二四七七九	…師𣪊卜	2
二四八〇三	貞其雨在師卜	2
二五六一八	貞無尤…師卜	2
二六一三四	貞無尤在師…卜	2
二七四二三	貞其侑父庚王受有祐在ㄦ卜	3
二八九六二	惟在𡧊卜	3
二九八一二	…在冀卜	3
三一六八三	茲用在㝉卜	3
三一六八五	…在洮卜	3
三一六八六	…在𣪊卜…	3
三三六七七	辛未貞今日告其步于父丁一牛在祭卜	4
三三〇二五反	丁未貞王征召方在𦥑卜九月	4
三三五七五	辛巳卜貞王𡨦田無𢦔在㝉卜	4
三四六七六	…亞𠤔其延在𡧊卜	4
屯一五八一	…亥卜庚寅雨…𣪊卜	4
屯二三〇五	在于京卜	4
屯二三〇五	在𣪊卜	4
屯四五六四	…無囚在𣪊卜	4
英二〇四二	戊辰卜尹貞王其田無災在正月在危卜	4
懷一六一八	癸巳貞旬無囚在祭卜	2

其它

著錄	釋文	期
一六	辛丑卜爭貞我卜多不吉彡…	1
九四反	王尋固光卜曰不吉有祟茲…呼來	1
一一一一反	…昔𢍚卜	1
七七八五	癸巳卜㱿貞來乙巳卜勿入于商	1
一三〇〇四	辛巳卜貞卜不雨	1
一三三九九正	己亥卜永貞翌庚子彫…王固曰茲惟庚雨卜之…雨庚子彫三𠭯雲𩃬其旣𥁕 祝骨	1
二〇一九六	甲戌卜𠂤來其戩卜𠁁	1
二〇八三八	自卜三日戊己卯有來…二日庚辛有日方至田	1
二〇九六六	…王…告…卜…𠨘…少	1
二一〇一三	𡧊卜	1
二一四〇五	癸未卜示卜用	1
二一二一三	丙辰卜貞余用卜	1
二二七五八	甲子卜王𢼸卜大𢼸	2
二三三九〇	庚申卜旅貞惟元卜用在二月	2
二三六五一	乙巳卜中貞卜若茲不𢓊其大不若	2

著錄	釋文	期
二三八一八	伊卜	2
二四一三五	辛未王卜曰…余告多君曰般卜有祟	2
二五〇一五	甲子卜王𢼸卜茲用日𢼸	2
二五〇一五	甲子卜…𢼸卜小…	2
二五〇一九	己酉卜大貞惟右卜用	2
二六〇九五	己丑卜大貞卜祟其于王	2
二六〇九六	丙午卜出貞歲卜有祟無延	2
二六〇九八	庚戌卜中貞卜有祟	2
二六九七九	…習龜卜有來執其用于…	3
二七〇〇一	卜𠂤歲其至于大乙　吉	3
二八〇〇三	出于卜燎	3
二八九七四反	又卜	3
三一六七三	…用卜	3
三一六八一	疾卜	3
三一六八一	年卜	3
三二四八四	尋卜在大甲	4
三二九六八	丁丑貞王于卜伐	4
三四〇五七	…令囚暨𣪊示卜…	4
三九四〇九	甲戌卜	5
三九四〇九	丙子卜	5
三九四一〇	丁丑卜	5
三九四一一	庚子卜	5
三九四一一	戊戌卜	5
三九四一二	辛丑卜	5
三九四一四	甲子卜	5
三九四一四	甲寅卜	5
三九四一五	丁巳卜	5
三九四一五	戊午卜	5
三九四一五	己未卜	5
屯五五〇	甲寅貞在卜有囚雨	4
屯九三〇	…入商左卜固曰弜入商	4
屯一一三二	多子族卜	4
屯一一三二	牧卜	4
英一九二四	丁亥卜大貞卜曰其有鼄𠂤歲自上甲王乞…	2
懷九五九	丙午卜㱿貞呼師往見有師王…曰惟老惟人途遘若…卜惟其匄二旬又八日𢆶壬…師夕𩰫	1

占

著錄	釋文	期
一九八八六	甲申卜王于妣己禦占娘十月	1
二〇三三三	丁丑卜王貞余勿衣占余戠三月	1
二一〇六七	乙丑卜貞占𢦏于余子	1
二一〇六八	己酉卜王占𢦏娩允其于壬不十一月	1

二一〇六九 戊戌卜㞢占嘉

二一七六七 …卜己亥…余夢亦…彝…占…

二八一七〇 …貞占…女無…在祀…月

㞢 有 侑 又

三七六六正 王惟有不若

三七六六正 王不惟肖不若

七六八正 勿鼄有十㞢 二告

九〇一 勿衣有祐

一三四三 …卯有㞢歲戌

一三四四正 貞勿有卜自成

一三八〇 貞侑卜自成三宰

一三八一 貞王其入侑卜自咸

一三八三 貞勿侑卜自咸

一三五三正 貞𠬝惟歸于㞢師

一七一三 侑夕于祖辛

一七一三 貞勿侑夕于祖辛

一七七七 貞其侑曰南庚

二八七四 丙寅卜㱿貞其有火

二〇一二 貞侑禦于南庚

二四八三 辛酉卜古貞王其有曰妣庚…

三〇九六 丙午卜貞效丁人嬄不𡆥在丁家侑子

三八二九 甲戌卜古貞其有出

三八三〇 甲戌卜古貞其有出

四五九三 貞惟虎从微奴侑示三

四七五九 庚戌卜爭貞令戉歸暨㞢示…

五一五〇 貞有去

五一五一 貞有去

五一五二 貞…丁酉…有去

五三八二 丁巳卜㱿貞有令于弘

五四四七乙 貞王有遣祖乙弗佐王 二告

五四九四 癸亥卜有王事四月

五五一二 丙戌…勿…惟我三有不若十二月

五五三七 癸巳卜㱿貞使人于𡿧其有曰三…

五五三八 …巳卜㱿…使人…𡿧其有曰…

五六二三 丁亥卜㝵貞令𪉷高有尹工于舞…

五六二四 龔㞢有尹工

五六二五 丁卯卜貞令追高有尹工

五六四七正 壬辰卜亘貞有冊巫呼取以

五七三二 乙酉卜㝵貞有冊王

五七七五正 癸丑卜㱿貞旨戔有盡…

五七七五正 旨弗其戔有盡罝 二告

五七七五正 貞𦿃有鹿

五七七五正 𦿃有鹿 二告

五八〇五 丙午卜㱿貞勿呼師往獻有師 二告

五八〇六 …㱿貞勿呼自獻有師

五八二八 甲戌卜內翌正有直䙷陟…

五八三九正 …陷弗…骨凡有疾

五八三九反 …陷有祟

五八四八 …亥卜㱿貞…惟有祐夲

五九〇八 貞王其有望 二告

六〇三七正 貞祀有若

六〇六三反 …自𢀛友唐舌方征…戔𡿧示易戊 申亦有來…自西告牛家…

六〇六三反 辛未有𩂣新星

六〇八七正 壬子卜㱿貞舌方出惟我有作𡆥

六〇八七正 壬子卜㱿貞舌方出不惟我有作𡆥五月

六〇九二 癸卯卜㝵貞舌方出惟有作𡆥

六二二四 貞王有曰于之出…

六三八四 受有擒

六三八六 受有擒

六三八七 貞弗其受有擒

六四四一 王𡆥曰甲申其有𩂣吉其惟甲戌有𩂣于東 …甲戌有𩂣…

六五八二 癸卯…貞有啓龍王从受有祐

六五八二 貞有啓龍王勿从 二告

六六七三 庚寅卜今生一月方其亦有告

六六七四 方其亦有告

六八一三 今夢歸于有師𡆥

六九四七反 有保𡆥

七一八七正 貞…甲辰其有至嬉

七一八九正 …有祟嬉有見…

七八二九正 戊戌卜㱿貞有商

一一四九七正 丙申卜㱿貞來乙巳酒下乙王𡆥曰酒惟有祟其有𩂣乙巳酒明雨伐既雨咸伐亦雨𢧵卯鳥星

一三三六二正 …𡆥曰有祟七日己…㞢甘…

一三五〇五正 丁酉卜爭貞呼甫秜于始受有年

一三五〇五正 貞弗其受有年 二告

一三六七四 貞有疒不其寵

一三七七八 辛未卜㱿貞有疾告…

一五〇一四正 貞㞢弗其㞢白

一五〇六五乙 貞翌乙卯有一牛正

㞢

一五六二七　貞燎有二牛
一六九五五　己亥貞夕有祟
一八九五八　有从
一九三二二　壬戌卜呂貞其有出
一九三八一　有來
一九三八一　有來
一九三八二　貞我其有來
一九三八六正　貞其有來
一九三八七　貞其有來
一九四三六正　貞…其有工
一九四三七　有工
一九四三八　…午卜…有工
一九四二四　貞其有生
一九四五九　貞來庚戌有至
一九五二七　貞龐有蠱
一九六七五正　貞呼有龍…
一九九一四　辛亥卜王勿弘侑冊…宰
一九九六九　…有來
二〇三二二　戊辰卜王貞旻田圂有事
二〇六五〇　弗受有年
二〇六五八　壬寅卜王貞年有惟雨
二一一三一　有入用
二一一四三　甲申卜有樂…
二一三六二　貞余有尧二月
二二〇四七　有歲羊不
二二〇四七　弜有歲
二二〇七五　侑于受工宰
二二〇九九　辛酉卜禦于有亘要
二二九一三　己未卜王貞乞有奉于祖乙王吉茲卜
二三四二九　…寅卜…貞盤有彡歲自母辛衣…
二三四三九　…永示並…惟有示十月
二三五三一　己未卜出貞子吕毋有疾不…
二三五三二　丁卯子吕有疾
二三五三三　丁卯子吕弗有疾
二三七〇五　甲子卜出貞橐侑以𡆥于師歸
二三七〇九　…午卜出貞…孽小豸有叡示呼見…大
…左…
二四一四六　癸丑卜出貞旬有祟其自西有來嬉
二四一四七　…貞其自南有嬉
二四六一〇　…大貞于來丁亥有匚于丁…
二五九三七　乙丑卜出貞大史必酌先酌其有匚于丁
三十牛七月
英六六正　貞王有芒
英一二反　庚寅有ㄐ歲母庚

英五三三　丙寅雀有執十月
英六三五反　王固曰其有來嬉惟丁…
英六四〇正　王固曰其有來
英六四六正　貞翌甲辰其有至嬉
英七二五正　貞往有禦
英八三四　貞勿呼延夏有行从遹
英八八六正　癸未卜爭貞旬無囚王固曰有祟三日乙酉夕㞢丙戌允有來入齒十三月
英九九六　呼舞有雨
英九九六　呼舞有雨
懷三一　貞其有ㄐ伐自上甲…羌大示十宰…五宰…
懷三三　癸亥卜貞有伐于丁十人

㞢＝侑

一七五　貞翌乙丑侑于祖乙
三三九　貞勿侑六月
三三九　貞侑于丁一牛七月
三三九　貞勿侑七月
四五六正　侑于父乙
五五七　貞自唐侑
六七二正　翌丁酉勿侑于大丁
六七二正　貞翌丁酉延侑于大丁
六九七正　侑于妣甲十及
七七三甲　貞王其㞢
七七六正　貞于祖辛侑
八一六正　于父乙多介子祐　二告
八九三反　侑于三父一伐卯宰
九一七正　貞于祖辛侑　小告
九二四正　壬辰卜㱿貞呼子宾禦侑母于父乙㞢
宰冊及三㲋五宰
九二四正　貞呼子宾禦侑母于父乙㞢小宰冊
…三㲋五宰
九二四正　乙巳卜㱿貞呼子宾侑于㞢祖宰
九二四正　貞勿呼子宾侑于㞢祖宰
九二四正　貞呼子宾侑于㞢祖宰
九四〇正　勿衣侑
九四〇正　至侑于示
一一四〇正　壬子卜穷侑于示壬正
一一四〇正　貞來甲寅侑于上甲十牛
一一四一正　侑于上甲一宰　二告
一一四三　庚申卜爭貞侑于上甲
一一四四　貞來甲寅侑于上甲三牛
一一四四　庚戌卜穷貞來甲寅侑于上甲五牛
一一四八　貞來甲午侑于上甲

一一四九　貞侑于上甲
一一五〇　翌乙丑勿侑于上甲
一一六三　…侑食于上甲…旬不
一一八四反　侑于父乙五…
一一八五　侑于父乙
一一八六　翌乙未侑于父乙
一一九一正　甲午卜穷貞侑于妣甲一牛正
一二〇五　貞告既侑于夒于上甲
一二四三　庚子卜貞侑于成七月
一二五一　癸亥卜充貞侑于示壬燎
一二五三正　勿侑于示壬
一二五四　壬戌卜殻貞侑于示壬
一二五七　侑于示癸
一二七一　己巳…貞…亥侑于唐三宰
一二七二　甲寅卜殻貞侑于唐一牛其有曰…
一二七三　侑于唐
一二七四　侑于唐
一二七五　己巳卜古貞侑于唐
一二七六　先侑于唐
一二七七　先侑于唐
一二八二　貞勿侑于唐　九月
一三一五　貞于庚戌侑
一三三〇　貞勿侑
一三三〇　貞侑于唐
一三三〇　貞侑于父甲犬卯羊
一三三〇　貞侑于大甲
一三三六正　乙丑卜殻貞勿𠭯侑于唐　十月
一三三六正　壬子卜殻貞來辛酉侑于祖辛
一三六九　侑于成
一三六九　侑于大丁
一三六九　侑于大甲
一三七二　貞侑于成
一三七四　癸酉卜侑于成六月
一三七五　今日侑于成三𠬝
一三七九　…乙酉侑于成五宰七月
一三八二　貞侑自咸
一四〇二正　甲辰卜殻貞翌乙巳侑于父乙宰用
一四〇六　侑于大丁
一四二一　貞侑于大甲五宰
一四二二　辛丑卜于來甲寅侑于大甲四宰
一四二三　…殻…子剢侑自大甲白牛
一四二四　丁卯卜貞侑于大甲三月
一四二七　乙亥侑大甲

一四二八　侑大甲
一四二九正　貞侑大甲
一四七二　貞侑于祖乙
一四七五　貞侑于大甲
一四七九　貞于大甲侑
一四七九　侑于祖乙
一四八〇正　貞侑于大甲
一四八〇正　貞侑于祖乙
一四八一　貞侑于大甲
一四九一　侑于大戊三宰
一五〇六正　貞侑于祖乙十白豕
一五〇六正　貞燎邑侑豕
一五〇八　貞勿侑于祖乙
一五〇八　貞于𢀛侑
一五〇九　乙巳卜穷貞侑于祖乙五宰
一五一〇　貞侑于祖乙五宰
一五一一正　辛巳…王侑祖乙五宰
一五一二　侑于祖乙三宰
一五一三　甲申卜乙酉侑祖乙三宰冊三十牛
一五一七正　貞翌乙未侑于祖乙宰
一五一八正　貞侑于祖乙宰
一五二〇　甲戌卜貞翌乙亥侑于祖乙三牛𠦪獻
叀牛十三月
一五二二　侑于祖乙三牛
一五二三正　乙巳侑于祖乙又一牛
一五二四　丙午卜穷貞侑于祖乙十白豕
一五二六　侑祖乙五𠬝
一五二七　貞侑于祖乙
一五二八正　乙巳卜穷貞侑于祖乙二豰
一五二九　翌乙酉勿侑于祖乙　二告
一五三一正　今日勿侑于祖乙
一五三三　丙戌卜穷貞翌丁亥侑于祖乙
一五三四正　癸酉卜殻貞翌乙亥侑于祖乙
一五三五　貞侑于祖乙
一五三六正　壬戌卜殻貞侑于祖乙
一五三七　侑于祖乙
一五三七　貞勿侑于祖乙
一五三八正　癸…貞翌…寅侑于祖乙
一五四〇　…翌乙丑侑于祖乙
一五四一　貞侑于祖乙
一五四四反　貞侑于祖乙
一五四五　戊午卜殻貞侑于祖乙
五四六　貞侑于祖乙

一五四九　貞翌丁卯侑于祖乙
一五五〇　侑于祖乙
一五五三　貞翌丁巳侑于祖乙
一五五七　貞侑于祖乙
一五五八　侑于祖乙
一五六〇　惟侑于祖乙
一五六一正　貞侑于祖乙
一五六五　癸丑卜王侑祖乙
一五七一　貞勿侑于祖乙
一六二三反　侑于介子
一六三一　貞侑于[?]
一六六一正　癸酉卜穷貞侑于祖乙
一六五三　貞今日夕侑于祖乙
一六五三　…已卜爭貞侑于祖辛于[?]彡十窜
一六六一正　貞侑于父庚
一六六一正　貞勿侑于祖乙
一六六四　貞侑于下乙一窜
一六六五　貞侑下乙
一六七七正　庚申卜殻貞辛侑𧰼祖辛
一六七八　貞侑于祖辛十窜
一六七九　乙…殻貞侑于祖辛十…
一六八〇　侑于祖辛二窜
一六八〇　侑于祖辛一窜
一六八一　癸酉卜侑于祖辛二牛今日用
一六八二　庚辰卜貞翌辛巳侑于祖辛牛十月
一六八三　侑于祖辛一牛
一六八四　侑祖辛一牛
一六八五　侑于祖辛八㲉
一六八六　貞侑于祖辛　小告
一六八七正　貞侑于祖辛
一六八八　侑于祖辛
一六八九　侑于祖辛
一六九〇　丁亥卜貞侑于祖辛
一六九三　…侑于祖辛　告
一六九四正　侑于祖辛
一六九五　貞侑于祖辛
一六九六　丁酉卜…貞侑于祖辛
一六九七　侑于祖辛…
一六九八　貞翌辛丑侑祖辛一…
一六九九正　貞于祖辛侑
一六九二　壬辰卜殻貞侑于祖辛
一七〇〇　…侑于祖辛
一七〇一　侑于祖辛
一七〇二　侑于祖辛

一七〇三　丙午卜殻貞侑于祖辛
一七〇四　侑于祖辛
一七〇五　庚戌卜貞侑于祖辛
一七〇七正　翌甲辰侑祖辛
一七〇七正　翌甲辰勿侑祖辛
一七〇八　癸巳…侑祖辛
一七〇九　貞勿侑于祖辛十月
一七一〇正　貞勿侑于祖辛
一七一二正　勿侑于祖辛
一七一一正　勿侑祖辛
一七一三　侑于河
一七一四　貞勿侑于祖辛
一七一五　貞侑于祖…
一七一五　勿侑于祖辛
一七四七正　壬子卜丙貞翌癸丑侑于祖辛
一七三三正　貞侑于父乙
一七三三正　…貞翌辛酉勿侑于祖辛　二告
一七三三正　貞翌庚辰衣亦侑羌甲
一七七三反　貞翌辛酉侑于祖辛窜
一七七七　勿侑于祖辛
一七七七　勿侑于南庚
一七七七　侑酒于辛
一七八〇正　辛亥…殻貞侑屮伯于父乙
一七八〇正　翌癸丑侑祖辛四牛
一七八〇正　貞侑于父乙
一七八一　辛亥卜王𢓊侑祖甲
一七八四　侑于…辛母妣己一羌
一七八四　勿侑于妣己
一七八五　丙申卜殻貞𢼸侑于羌甲
一七八六　貞勿侑于羌甲
一七八七　貞侑于羌甲
一七八八　甲午…侑…羌甲
一七八九　于羌甲侑
一七九〇　貞于羌甲侑
一七九一　侑于羌甲
一七九二　侑于羌甲
一八〇七　丁未卜古貞侑于兄丁
一八二一正　貞侑于戠　二告
一八二二正　侑于父甲
一八二三正　侑于妣壬
一八二四正　貞侑于高妣己
一八二四正　貞侑于祖丁
一八二五　貞侑于祖丁

一八二八 侑于祖丁一牛
一八二九 侑于祖丁一牛
一八二九 丁亥卜今日侑于祖丁
一八二九 侑于祖丁一牛
一八三〇 侑于祖丁一羊
一八三一 貞今日惟侑于祖丁犬
一八三二正 侑于祖丁
一八三三 丙戌卜翌日侑于祖丁
一八三四 貞翌丁亥侑于祖丁
一八三五 貞翌丁亥侑于祖丁
一八三六 丁亥卜永貞侑于祖丁
一八三六 貞侑于祖丁
一八三七 癸巳卜侑于祖丁
一八三八 貞侑于祖丁
一八三九 貞侑于祖丁
一八四一 貞侑于祖丁
一八四三 丁酉卜侑祖丁呼
一八四四 丁卯卜侑祖丁
一八四五 辛丑卜王…侑祖丁暨…
一八四六 …辰于翌…巳侑…祖丁
一八四七 …卯卜…貞侑祖丁
一八四八 丙寅卜王侑祖丁
一八五〇正 翌丁巳勿侑于祖丁
一八五一 貞勿侑于祖丁
一八五四 貞侑父乙
一八六八正 貞侑于黄尹
一八六八正 …子卜㱿貞侑于黄尹
二八七三 貞侑于兄丁
一九〇一正 乙巳卜宾貞今日侑于父乙宰
一九〇一正 貞今日侑于父乙一牛
一九〇六 庚辰卜㱿貞侑于丁五宰
一九〇七 庚辰卜㱿貞侑于丁五宰
一九〇八 丙戌卜宾貞侑于丁…宰
一九〇九 丙戌卜宾貞翌丁亥侑于丁…宰
一九一〇 丁丑卜宾貞侑于丁宰用　七月
一九一一 貞侑于丁宰
一九一二 …貞侑于丁宰
一九一三 貞翌…亥侑于丁宰
一九一四 貞翌丁卯侑宰于丁
一九一五 貞翌丁卯侑于丁宰
一九一六 丙戌卜貞翌丁亥侑于丁宰
一九一七 侑于丁宰
一九一八 丙寅卜宾貞侑于丁…宰三月
一九一八 丙寅卜宾貞侑于丁一牛
一九二一 侑于丁牢

一九二二正 夕侑于丁二牛
一九二三 貞勿侑于丁
一九二四 乙卯卜宾貞侑于丁一牛
一九二五 丙子卜侑于丁一牛
一九二六 丁酉卜貞夕侑于丁牛　六月
一九二七 貞翌丁未侑于丁牛
一九二八 乙亥卜宾貞侑牛于丁
一九三二正 丙子卜宾貞翌丁丑侑于丁　五月
一九三三 貞侑于丁
一九三四 丙辰卜爭貞翌巳侑于丁
一九三五 丁巳卜宾貞侑于丁
一九三六 貞侑于丁…
一九三七 丁酉卜宾貞侑于丁
一九三八 庚寅卜…貞翌卯侑丁
一九四二 貞勿侑于丁五月
二九七六 …子呼…漁侑于父乙
一九七七正 貞翌乙卯呼子漁侑于父乙
二〇〇二反 于妣庚侑
二〇〇二反 勿于妣庚侑
二〇〇三正 丁卯卜古貞侑于南庚
二〇〇四 貞侑于南庚
二〇〇五 貞侑于南庚
二〇〇六 …侑于南庚
二〇〇七 …侑于南庚
二〇〇八 甲子…侑…南庚…正
二〇一一 貞勿侑于南庚
二〇六三 勿衣侑于祖　二告
二〇九八 貞侑于魯甲犬
二一〇六正 貞侑
二一〇六正 侑于父甲　小告
二一〇七 貞侑父甲
二一〇九 侑于父甲
二一一〇正 貞勿侑于父甲
二一一一反 勿侑于父甲
二一一二 貞侑于父甲
二一一三 貞侑于父甲
二一一四 勿侑犬于父甲
二一三〇 貞侑學戊
二一三二 貞勿侑于父甲
二一三二 貞侑于父庚
二一三二 勿侑于父庚
二一三三 貞侑于父庚犬
二一三三 癸卯卜亘貞侑于父甲犬
二一三五 貞侑于父乙

㞢

二一三五 貞侑于父甲
二一三六 乙卯卜爭貞翌庚辰侑于父庚
二一三七 貞侑于父庚
二一三八 貞侑于父庚
二一三九 貞：侑于父庚
二一六三 侑兄丁
二一六四 貞夕侑于妣甲
二一七三 丁丑卜侑于父乙一牛
二一七七 貞侑于父乙
二一七八 ：侑于父乙
二一七九正 貞侑于父乙
二一八〇 貞翌庚辰侑于父乙
二一八一 貞侑父乙
二一八二 乙巳卜侑于十月
二一八三 ：侑于父乙
二一九一正 勿侑于父乙 二告
二一九二 勿侑多父
二一九二 勿侑于父乙
二二二〇 貞侑于父乙
二三四〇 貞勿侑犬于多介父
二三四一 貞勿侑犬于多介父
二三四一 貞勿嘉侑犬于多介父
二三四九 貞侑于高妣己
二三五〇 貞勿侑于高妣己
二三五一 丁：卜亘貞侑于高妣己高妣庚
二三五二 貞勿侑于高妣己高妣庚
二三七四 貞侑于高妣庚
二三七五正 侑于高妣庚
二三七六 ：貞侑于高妣庚
二三七七 丙午卜貞侑自高妣庚
二三七八 ：卯卜㱿貞勿侑：高妣庚
二三八一 貞侑匚于河
二三八二 貞侑于高妣
二三八五 貞來庚戌侑于示壬妾妣牝羊[illegible]
二三九〇 貞侑妣甲用
二三九一 癸丑卜侑妣甲
二四〇一反 侑妣丙
二四〇四 貞侑妣己小宰
二四〇七 侑妣己
二四〇七 侑妣庚
二四〇八 貞侑于妣己
二四〇九 貞勿侑于妣己
二四一〇正 貞勿侑于妣己

二四一一 貞勿侑于妣己
二四一二 侑妣己
二四四八 丁酉卜：侑亞妣己
二四五一 貞其侑于妣庚五宰十二月
二四五七 貞來庚勿[illegible]侑于妣庚
二四五八 勿侑于妣庚
二四五九 貞勿侑于妣庚
二四九一 辛未卜來辛巳侑妣辛
二四九二 壬申卜侑妣壬
二四九六 癸巳卜爭貞侑白彘于妣癸不：
二四九七 貞勿侑于妣癸
二四九八正 翌丁侑于妣癸
二四九八正 勿侑于妣癸
二四九九 貞侑妣癸
二五一一 貞侑妣惟乙
二五一九 貞侑于多妣
二五二三 貞惟羊侑于母丙
二五二三 貞翌庚子侑于母庚宰
二五二四 貞勿[illegible]于母丙侑小宰
二五四二 貞侑于母庚二牛
二五四三 甲辰卜貞翌乙巳[illegible]侑于母庚宰
二五四五 辛酉卜穷貞侑于母庚
二五四七 貞侑于母庚
二五四八 貞翌庚申侑于妣庚
二五四九 ：侑于母庚
二五五三 丁未卜王侑母庚
二五五四 乙巳卜庚：勿侑母庚牛
二五五五 翌庚申勿侑于母庚
二五七七 壬申卜侑母癸
二五八五 貞侑于母囚犬三羊三豕：卯：
二六〇六正 貞呼婦[illegible]侑
二六〇八正 貞婦好侑
二六六七正 婦好不祐
二七二五正 乙丑卜穷貞侑于大甲
二七二八 貞侑于南庚
二八二八 丁巳卜貞侑于婦小宰
二八二九 庚子卜貞侑于婦一犬
二八三〇 辛丑卜穷貞侑于婦一牛
二八七二 貞侑于兄丁
二八七四 丁卯卜㱿貞今日夕侑于兄丁小宰
二八七五正 侑于兄丁小宰
二八七七 ：吉侑兄丁牛
二八七八 貞侑羊于兄丁
二八七九 貞侑于兄丁

二八八〇 貞勿侑于兄丁
二八八一 辛未卜侑兄丁
二八八二正 貞侑兄丁
二九〇五 …侑于兄戊
二九〇六 丙午卜侑于兄戊
二九〇六 戊寅卜侑兄戊
二九〇八 乙亥…侑兄戊正日
二九二六正 貞侑于多介兄
二九五三正 貞今日侑于成三牛
二九七二 貞呼子漁侑于祖乙
二九七三 呼子漁侑于㞢祖
二九七四 貞…漁侑于祖丁
二九七五正 …午卜殼貞翌乙未呼子漁侑于父
乙宰
三〇一六 …呼…央…侑于㞢祖
三〇七七 乙丑卜穷貞翌丁丑呂其侑于丁
三一一一 貞來乙丑勿呼子⿱夶吕侑于父乙
三一一二正 …貞今乙丑勿呼子⿱夶吕侑于父乙
三一九〇 壬戌卜貞呼子𢦏侑于⿱山心犬
三一九〇 …殼…呼子𢦏侑于⿱山心惟犬有羊
三二五一正 □侑妣壬□…
三二五一正 □侑妣壬□暨唐若
三二五五正 貞呼黃多子出牛侑于黃尹
三二五八 …申…侑仲子
三三一二正 貞王其侑
三三一二正 貞王其侑
三四五三 …卜殼翌甲辰侑上甲男…
三四六〇正 貞侑于黃尹
三四六一 丁巳卜內侑黃尹宰
三四六一 丁巳卜侑于黃三牛六月
三四六二 貞侑于黃尹宰
三四六三 貞侑于黃尹
三四六五 癸丑卜穷貞侑于黃尹二月
三四六六 貞勿侑于黃尹
三四六六 貞侑于黃尹
三四六七正 乙酉卜殼貞侑于黃尹五月
三四六七正 貞侑于黃尹宰
三四六七正 侑于黃尹
三四六七正 貞侑于黃尹三牛
三四六九 貞勿侑于黃尹
三四七〇 …卜爭貞侑于黃尹
三四七二 貞勿侑于黃尹
三五〇九正 貞勿侑于咸戊
三五一五 貞侑于盡戊

三五二一正 □侑妣壬□
三五二一正 □侑妣壬□暨唐若
三六五九反 勿侑于河
三七〇三 戊午卜爭貞侑犬丁
四〇四七反 貞惟羊呼侑上甲
四〇四八 丙申卜貞翌丁酉羊侑于丁一牛
四〇四九正 丙申卜貞翌丁酉羊其侑于丁
四〇六五 貞勿侑六月
四一四一 翌乙巳侑于祖乙
四九一七 丁丑卜今來乙酉侑于成五宰七月
五〇二九 癸未卜…侑小王
五一一九 貞侑于祖乙
五一二七 乙巳卜爭貞侑于王亥
五三五四 辛未卜穷貞王有不正
五五三三 貞侑
五六五八正 侑河
五六五八反 侑父乙
五七一一 丁亥卜貞侑于丁宰
五五八二 貞小臣允有 二告
六〇一一 子…有从
六〇一一 子漁有从
六〇〇二正 勿侑于多介父犬
六〇九七 甲午卜㞢貞侑于岳
六四七五正 翌乙巳侑祖乙
六四七五反 貞侑于祖辛五伐卯三宰
六四七五反 侑母己十㚇侑卯宰
六四七八反 翌卯勿侑
六四八二正 貞有犬于父庚卯羊
六四八三正 貞有犬于父庚卯羊
六六四七正 貞侑于魯甲父庚父辛一牛
六六四七正 貞勿侑于魯甲父庚父辛一牛
六六五三正 翌乙巳侑祖乙宰有𠤎
六六六四正 貞侑于上甲三宰告我亡衛
六六六四反 侑于成
六九四三 辛亥卜爭貞今來乙卯侑于成十牛
六九四三 于下乙侑
六九四五 乙巳卜殼貞侑于祖乙一牛用
六九四七正 侑下乙一牛
六九五二反 侑于大甲祖乙祖辛…
七〇七五正 癸亥卜殼貞侑于祖丁
七〇七五反 侑于祖辛
七〇七六正 今辛亥勿侑于上甲
七〇七六正 今辛亥侑于上甲用
七〇七六正 貞今辛侑于上甲

七二六〇　乙巳卜亘貞勿循侑于黃尹
七三一一　貞勿侑于乙
七三四二　貞侑于祖辛
七三五二反　翌辛酉其侑
七四二六反　貞王侑戠不若
七四二七正　勿侑于祖庚
一〇一二五　侑于上甲五牛　二告
一〇一二五　乙亥卜穷侑于上甲五牛
一二四九七正　丁亥卜㱿貞翌庚寅侑于大庚
一二四九七正　貞翌辛卯侑于祖辛
一二六四二　貞侑于多介
一二六四二　貞侑于大甲
一三四三三　勿侑
一三五二〇　貞勿侑七月
一三五五五正　貞侑　二告
一三五六二　貞翌辛未其侑于盟室三大宰九月
一三五八五正　貞勿侑
一三五八八　侑家
一三五九七　翌乙侑于亞
一三六五八正　甲子卜穷貞作侑于妣甲正
一五〇一三　貞母其侑
一五〇三八　癸未卜出貞侑于保惟辛卯酚
一五〇八二　庚辰卜…乙酉侑于宰
一五〇八三　…侑于…乙宰
一五〇八四　…丁未侑于宰
一五〇八六　侑于宰
一四八八六　十示侑酚
一九七七一　癸亥卜王侑大甲
一九七七一　乙丑卜王侑三奚于父乙三月延雨
一九七七三　己巳卜桒侑大丁三十…
一九七七三　庚午卜侑奚大乙三十
一九七九六　庚子卜…夕侑伐…
一九七七七　己巳卜王有反司以囚
一九七九八　庚戌卜𠂤夕侑般庚伐卯牛
一九八一二正　辛巳卜王上甲燎十豕侑丁禦兄丁今…
惟止用
一九八一二正　丙辰卜王侑祖丁
一九八一二正　甲戌卜王祖甲侑十…侑丁…妣…
一九八一二正　王侑示癸
一九八一二反　庚辰卜王侑祖丁宰
一九八一七　乙巳卜𠂤侑大乙母妣丙牝
一九八一七　丙午卜𠂤侑大丁牡用
一九八二八　壬申卜侑大甲三十宰甲戌

一九八三〇　…娶大甲侑
一九八三二　丙午卜王侑大戊豚用
一九八三三　…祝大戊侑牢
一九八四八　甲子卜侑祖乙二羊
一九八六一　丙子卜侑祖丁
一九八六二　…申卜王侑祖丁…不侑
一九八六六　丁酉卜王侑乙母妣己
一九八六七　丙申卜王侑祖丁宰
一九八七　…申卜王侑祖丁
一九八八二　戊午卜𠂤侑妣己
一九八八三　乙…𠂤侑妣己二羊二豕不
一九八八四　己卯卜[illegible]侑妣己
一九九〇三　侑妣癸不
一九九〇三　侑卜丙…
一九九〇四　…𠂤侑妣癸不…
一九九〇八　壬未卜𠂤一牛侑魯甲彳歲
一九九一三　癸巳卜王侑父甲
一九九一七　…卜侑般庚百宰
一九九二〇　庚戌卜[illegible]侑父辛
一九九二一　乙巳卜𠂤侑子宋
一九九二八　甲申卜貞侑父乙一𠂹用八月
一九九二九　…侑父乙牛
一九九三〇　…午…王侑…父乙…
一九九三一　戊午卜𠂤侑祖乙
一九九四六正　丁巳卜侑咸戊
一九九四七　…侑父癸
一九九四九　辛巳卜王侑父…羊…
一九九五〇　庚申卜侑父…
一九九五六　庚午卜侑妣母甲盧豕
一九九五七反　癸巳卜侑母甲盧豕
一九九五七反　壬辰卜侑母癸盧豕
一九九五七反　乙未卜侑母盧豕
一九九五七反　甲午卜侑母乙盧豕
一九九五八　…卜侑妣母己盧豕
一九九五八　丙寅卜侑妣母…盧…
一九九六一　庚寅卜王侑母庚
一九九六二　…侑母庚豕鼎用
一九九六三　…未卜惟侑母庚呼母
一九九七〇正　…申…侑母癸…丙牛…
一九九七〇正　…卜侑母壬盧豕
一九九七一　…侑妣壬豕
一九九七二　…侑大母牝用
一九九七九　壬申卜侑母
二〇〇〇七　丁丑卜侑兄丁羊惟今日用五月
二〇〇〇九　…侑兄丁不

編號	釋文	期
二〇〇一五	己未卜王侑兄戊羊用	1
二〇〇二二	戊午卜𠂤侑小王	1
二〇〇三四	乙巳卜王侑子宋	1
二〇〇三七	乙丑卜王勿𢀛侑子戠	1
二〇〇五六	戊申卜侑中子	1
二〇〇九八	丁未卜𠬝侑咸戊學戊乎	1
二〇〇九八	丁未…𠬝侑咸戊牛	1
二〇〇九九	甲戌…侑戊…	1
二〇一〇〇	…未卜𠬝侑學戊	1
二〇三七〇	辛酉卜令犬不壬戌侑	1
二〇四六三正	丁酉侑父乙	1
二〇五七六正	壬戌卜侑母壬盧犬	1
二〇五七六正	壬戌卜侑母癸盧豕	1
二〇五七六正	壬戌…侑母癸盧犬	1
二〇五七六正	…亥卜侑萑…母盧	1
二〇五七六正	癸亥卜侑母…盧	1
二〇五七六正	癸亥卜侑母庚盧豕	1
二〇九八〇正	丙申卜王侑祖丁	1
二一一二〇	戊戌卜𠬝侑季牛	1
二一一四一	乙巳王侑	1
二一一四八	…母庚侑牛	1
二一二八九正	…卜侑子族犬…十𢊁…	1
二一二九〇	戊午卜𠂤侑子族　二告	1
二一二九〇	勿侑子族	1
二二五四三	…其帚𠤎于丁侑百羌卯十…	2
二二五八〇	丙午卜出貞翌丁未其侑于丁勿有羌	2
二二五九五	貞其侑八月	2
二二七四〇	癸酉卜出貞侑于唐惟乙酉…	2
二二七四一	癸酉卜出貞侑于唐惟翌乙亥酚六月	2
二二七四二	癸酉卜出貞侑于唐惟翌乙亥酚六月	2
二二八二三	甲戌卜出貞王𢦔侑于大戊二月	2
二二八二四	甲戌卜出貞其侑于大戊宰	2
二二八二五	甲戌卜出貞翌戊寅侑于大…三宰	2
二二九六二	…戌卜出貞𢀛侑于祖辛二月	2
二三〇五九	乙亥卜中貞曰其侑于丁惟三宰九月	2
二三七一七	甲申卜出貞翌…巳𠫑其侑于妣辛冏歲其…	2
二三七一九	壬午卜大貞翌癸未侑于小𠂤三宰箙一牛	2
二三八〇五	丙寅卜兵貞卜竹曰其侑于丁宰王曰弜	
	𡆥翌丁卯㳄若八月	2
二四四一二	…貞翌辛卯侑于母辛	2
二四四一三	…卜出貞…侑于洹九犬九豕	2
二四一三二	辛巳卜兵貞多君弗言余其侑于庚𠣊祝	
二四六四四	貞弜侑河九月	2
二四九四五	戊戌卜出貞其有匚于保于𠱜室酚	2
二四九五一	…丑侑于五毓至于龔引	2
二四九八三	貞惟今日酚其侑于二子	2
二五〇二五	辛巳卜大貞侑自上甲元示三牛二示二牛十三月	2
二五〇二九	壬辰卜大貞翌己亥侑于𦍒十二月	2
英三	…未卜㱿貞侑于上甲三伐	1
英一五	丙寅卜侑于成五宰	1
英二七	甲午卜貞翌乙未侑于祖乙	1
英二八反	貞翌乙酉侑于祖乙	1
英三一正	…午卜貞翌乙未侑于祖乙正	1
英四八	貞侑于羌甲	1
英四九	戊子卜㝉貞侑于祖丁	1
英六〇	貞侑于南庚	1
英六二	庚午卜㱿貞于南庚侑	1
英六七	貞勿侑于祖庚	1
英七五正	貞于父甲侑犬	1
英七八正	貞侑于父辛	1
英七九	貞侑于父乙白彘新㲉	1
英八〇	…于父乙侑𦍩	1
英八一	庚寅卜㝉貞侑于父乙	1
英八二	貞勿侑于父乙	1
英八六反	…侑于西十牛	1
英八九	貞于父辛侑	1
英一〇二	勿侑于妣庚	1
英一一一正	貞侑于母庚	1
英五四六正	丙辰卜㱿貞侑于唐	1
英五四六正	貞侑于大甲	1
英五九四正	貞侑于祖乙告戌	1
英六〇八正	甲戌卜㝉貞于丁侑	1
英六〇八正	甲寅卜㝉貞侑于祖乙七月	1
英六〇八正	貞勿侑七月	1
英七八一正	勿侑	1
英九九六	勿侑于季	1
英一一五六	…侑于河三十牛以…	1
英一一五六	貞侑于河	1
英一一五七	貞侑于河	1
英一一五九	貞侑于大甲八月	1
英一一七二	侑于夒	1
英一一八五正	侑于娥	1
英一一八七	…㱿貞侑于黄尹七月	1
英一一九四	貞侑九伐卯九牛	1
英一一九四	貞侑十伐卯十牛	1
英一二〇四	貞王囚侑妣　二告	1
懷一九	侑丁宰用	1

懷 二九 貞侑于唐三十…卯三十… 1
懷 五四 貞侑于祖辛 1
懷 九六 侑父庚一牛 1
懷四八六 癸酉侑大甲十宰 4
懷一五八八 丁卯卜侑蒦牡母豕 4

㞢＝又

七三正 乙…卜古貞禦于妣庚冊及又十牛 1
六五二七臼 奠示十屯又一 永 1
六八三〇 壬子卜㱿…戕𠂤王固曰吉戕旬又三日 甲子允戕十二月 1
七四三四 貞宰又一牛 1
一五六一七 貞燎十勿牛又五鬯 1
一五六二〇 貞燎牛又三㱿 1
英 四八 …于…豕侑㱿 1

其它

六七二正 貞子㞢 1
八九二正 𣎵子㞢不 1
二二八一正 貞王其侑曰父乙 1
二九七二 貞勿…子漁…于㞢祖 1
二九七三 呼子漁侑于㞢祖 1
三〇一六 …呼…央…侑于㞢祖 1
三一六七正 …禦子賓于㞢妣宰 1
三一七一甲正 貞呼子賓禦于㞢妣鼎㞢贏 1
四四二一 貞禦于㞢妣 1
四四二一 惟㞢妣㞢祟 1
四四二一 貞惟㞢祖㞢祟 1
四八八六 …卜王令周七月㞢 1
五八五六 …以侑元臣 1
五九〇四 貞執示受㞢 1
五九〇五 貞執示受㞢 1
六〇一六正 其侑碍得 二告 1
六五七一正 貞曰子商至于㞢丁作山戕 1
六五七一正 勿曰子商至于㞢丁作山戕 1
六六四七正 之日用戊寅竹侑 1
二一九四二 丙辰卜亘…受祐 1
二〇〇六一 戊…侑侯…㠯仲… 1
二〇〇七四 …令周侑無… 1
二〇〇七八 …王令有伯 1
二〇〇七九 有伯告八月 1
二〇〇八〇 壬寅卜大令㛸有伯 1

二二二一四 戊辰卜其燎妣庚侑友牡 1

二一八五五 辛巳貞㞢其… 1

二一一二三 乙亥卜有曰子𡗞… 1

尤 選錄

一四二九五 貞惟尤 1
一四二九五 惟尤 1
一六九三一 臣無尤 1
二〇三五六 貞旬有不𡆥有尤 1
二〇六〇六 丁丑卜在尤缶一月 1
二二五五〇 乙卯卜行貞王賓叙無尤 2
二二五五一 甲寅卜行貞王賓歲無尤在十月 2
二二六〇六 丙申卜行貞王賓伐十人無尤在師追卜 2
二二六二一 辛亥卜□貞王賓𥁕祀自上甲衣至于毓無尤 2
二二六二四 壬申卜尹貞王賓父己奏暨兄庚奏叙無尤 2
二二六二五 乙未卜行貞王賓奏自上甲入乙多毓無尤 在十二月 2
二二六三五 甲午卜行貞王賓叙無尤在十二月 2
二二八一二 …子卜尹貞王賓叙無尤 2
二二八一二 甲戌卜尹貞王賓小甲魯無尤 2
二二八九九 乙酉卜行貞王賓歲自祖乙至于父丁無尤 2
二二九七二 辛巳卜即貞王無尤 2
二三〇三二 丁卯卜□貞王賓叙無尤 2
二三二四二 丁巳卜尹貞王賓父丁翌無尤 2
二三七五五 貞無尤 2
二三六五〇 癸酉卜中貞惟藝凡有尤 2
二四二四七 庚申卜行貞王賓叙無尤在衣 2
二四二六六 辛酉卜尹貞王賓歲無尤在師𣪊卜 2
二四二七二 丁未卜行貞王賓歲無尤在師寮卜 2
二四二七二 丁未卜行貞王賓叙無尤在師寮卜 2
二四三〇五 丁卯卜行貞王賓祖丁歲暨父丁歲二宰無尤在 二月 2
二五〇九六 壬申卜行貞王賓歲二牛叙無尤七月 2
二五一五〇 庚寅卜旅貞王賓妣歲無尤七月 2
二五二六九 丁巳卜尹貞王賓叙無尤在四月 2
二五三三六 …卜…貞王賓東子叙無尤 2

于

著錄號	釋文	期
二五五七二	貞無尤在十月	2
二六〇〇八	庚午卜大貞王其彝無尤九月	2
二六一二四	貞無尤在八月	2
二六一二六	貞無尤九月	2
二六八九九	貞其觀今藝無尤	3
二六九七四	：執工不?作尤	3
二七〇四二正	甲子卜宁貞王賓上甲砉無尤	3
二七〇四二正	庚申卜宁貞王賓藝禱無尤	3
二七〇四二正	辛酉卜宁貞王賓夕禱無尤	3
二七〇四二正	壬戌卜王貞今夕無尤	3
二七〇四二反	甲子卜宁貞王賓上甲砉無尤	3
二七〇四二反	丙辰卜宁貞王賓匚丙觀去多無尤	3
二七〇四二反	戊申卜宁貞王賓大戊戠無尤	3
二七〇八六	癸亥：宁貞王賓示癸翌無尤	3
二七二一三	貞王賓祖乙翌無尤在十月	3
二八七六六	：逆其尤	3
三〇八九六	有尤	3
三二七八二	癸巳貞子效先步在尤一月	4
三二七八二	己丑貞子效先戈在尤一月	4
三五四六二	貞王賓叙無尤	5
三五六六九	貞王賓叙無尤	5
三五八〇三	甲辰卜貞王賓桒祖乙祖丁祖甲：康：祖丁	5
	武乙衣無尤	5
三五八八九	甲申卜貞王賓祖甲祭無尤	5
三五八八九	：卜貞王賓康祖丁祭無尤	5
三六一九八	丙申卜貞王賓大乙爽妣丙觀無尤	5
三六二六二	貞王賓叙無尤	5
三六二六八	辛巳卜貞王賓武丁爽妣辛觀無尤	5
三六二六八	癸未卜貞王賓武丁爽妣癸觀無尤	5
三六二六八	戊子卜貞王賓武丁爽：無尤	5
三八四〇六	貞王賓叙無尤	5
三八四〇九	貞王賓叙無尤	5
三八四一〇	貞王賓叙無尤	5
三八四一六	貞王賓叙無尤	5
三八四四〇	：未卜貞王賓𥁕無尤	5
三八四五五	貞王賓祓無尤	5
三八四五六	貞王賓祓無尤	5
三八四五七	貞王賓祓無尤	5
三八四五九	貞王賓祓無尤	5
三八四九三	壬申卜貞王賓歲無尤	5
三八四九五	貞王賓叙無尤	5
三八五一九	癸未卜貞王賓歲無尤	5
三八五二〇	癸未卜貞王賓歲無尤	5
三八五二七	乙酉卜貞王賓歲無尤	5

于 𤓰 選録

于

著錄號	釋文	期
三八五三〇	貞王賓叙無尤	5
三八五三六	辛卯卜貞王賓歲無尤	5
三八五四〇	癸巳卜貞王賓歲無尤	5
三八五四一	癸巳卜貞王賓歲無尤	5
三八五四四	：午卜貞王賓歲無尤	5
三八五四五	甲午卜貞王賓歲無尤	5
三八五五二	貞王賓叙無尤	5
三八五五六	丁酉卜貞王賓歲無尤	5
三八五五六	貞王賓叙無尤	5
三八五六〇	貞王賓叙無尤	5
三八五六五	庚子卜貞王賓歲無尤	5
三八五六六	庚子卜貞王賓歲無尤	5
三八五六七	庚子卜貞王賓歲無尤	5
三八五六七	貞王賓叙無尤	5
三八五六八	貞王賓叙無尤	5
三八五九二	戊申卜貞王賓歲無尤	5
三八五九七	己酉卜貞王賓歲無尤	5
三八五九八	貞王賓叙無尤	5
三八五九九	貞王賓叙無尤	5
三八六〇一	甲寅卜貞王賓歲無尤	5
三八六〇二	甲寅卜貞王賓歲無尤	5
三八六〇二	貞王賓叙無尤	5
三八六〇三	甲寅卜貞王賓歲無尤	5
三八六〇五	：寅卜貞王賓歲無尤	5
三八六〇七	貞王賓叙無尤	5
三八六〇八	：卯卜貞王賓歲無尤	5
三八六一〇	丁巳卜貞王賓歲無尤	5
三八六一四	丁巳卜貞王賓歲無尤	5
三八六一八	貞王賓叙無尤	5
三八六二〇	貞王賓叙無尤	5
三八六二一	辛酉卜貞王賓歲無尤	5
三八六二三	辛酉卜貞王賓歲無尤	5
三八六二四	辛酉卜貞王賓歲無尤	5
三八六二六	壬戌卜貞王賓歲無尤	5
三八六二七	癸亥卜貞王賓歲無尤	5
三八六二九	癸亥卜貞王賓歲無尤	5
三八六三〇	癸亥卜貞王卜貞王賓歲無尤	5
三八六九〇	辛酉卜貞王賓蒸無尤	5
屯二一四八	弜呼[illegible]執工其作尤	3
懷一七三六	丁未王卜貞王賓桒無尤	5

一二八四 貞翌乙卯勿酓于唐 1
一四〇三 侑于…母 1
四七二二 貞于□ 1
四七二二 貞于敦 1
四九七六 貞其于一人囚 1
四九七五 貞其于一人四月 1
五一二八 貞王去束于敦 1
五一二九 貞于屆 1
五一二九 貞王去束于甘 1
五一六五 壬辰卜爭貞王于八月入 1
五一六六 …王于八月入 1
五一六七 乙酉卜殻貞王于八月入 1
五一六七 丙戌卜殻貞王于八月入 1
五一六八 王于八月入 1
五一六九 …貞王于…入于… 1
五一七五 于癸丑入 1
五一七五 于甲寅入 1
五一七五 于乙卯入 1
五二〇二 于翌甲子步 1
五二〇三 于翌甲子步 1
五二〇四 于翌甲子步 1
五二一二 貞于甲子步 1
五二二三 …王勿于辛亥步 1
五四三〇 …王…于… 1
五五一九 貞使人于岳 1
五五二四 貞使人于□ 1
五六一二 庚辰貞不于多尹田 1
六五六〇 己卯卜王于來春伐□ 1
六六九二 戊子卜于多父乇 1
六七一六 …貞今…于… 1
六九四八正 于…庚侑 1
七六六三 甲辰卜王貞于戊申敦 1
一六一一二 …殻貞王于協 1
一六一一三 王勿于協酓入 1
一六二一四 癸丑卜戠于西 1
一六三二四 癸丑卜戠于西 1
一八八六七正 貞勿于之 1
一九二八二 己亥卜殻貞于辛丑涉 1
一九二八六 貞于丁延涉 1
一九二八六 貞于乙巳享用 1
二一九二二 …六□…壬□… 1
二一九二二 □壬… 1
二四四九一 …卜尹…其往于…無災在八月王田于□ 2
二七〇八三 三匚二示卯王祭于之若有正 3

二七〇八三 弜祭于之若有正 3
二七〇九二 于翌日律廼烝侑大乙王受祐 3
二七一四四 癸…貞王…牛于大乙…于之若 3
二七二八一 執惟卯各于酉用王受祐 3
二七二八一 于入自𠭯用王受祐 3
二八〇八九正 王于徲使人于美于之及伐望王 受有祐 3
二八三九九 南于之擒兕 3
二八三九九 北于之擒兕 3
二八九四七 于喪無災 3
二八九四七 于向無災 3
二八九四七 于盂無災 3
二九二七二 …旦至于昏不雨 大吉 3
二九二八四 其田𢓊于□無災擒 3
三三一二四 壬寅卜王于商 4
三三一五四 …丑卜…惟于來… 4
三三二八一 辛卯貞于夕令… 4
三三六三九 …于來日… 4
三三七一九 癸巳卜于來甲子 4
三三七二一 于來日甲午 4
三三七二三 于來庚 4
三三七二四 于來日 4
三三七三一 于辛卯令 4
三三七八三 于兄丁 4
三四〇五五 于宗王受祐 4
三四一五九 乙未卜于丁酉雨 4
三四四六四 …于雨惟今日… 4
三四四七九 于翌日烄 4
三四五五三 于辛亥酓 4
三四五五三 于辛丑酓 4
三四五七九 于乙丑餗 4
三四六八二 于來剛 4
三五五〇一 王曰則大乙𣪘于白麓肩宰丰 5
三六五五五 …商貞…于亳無災 5
三六五六七 …午卜在商貞今日于亳無災 5
三六五七九 …卜貞…于□…來…災 5
三六五八七 甲午卜在洀貞王步于条無災 5
三六六〇一 …卯卜貞…于雍無災 5
三六六〇二 …卜貞王…于雍至…來無災 5
三六六四六 庚子卜貞王迖于宮往來無災 5
三六七四二 丁未…于夫… 5
三六七四四 辛未…去貞…于東 5
三六七六六 …□歸于宰 5
三六七九〇 …其于西對 5

著錄號	釋文	期
三六七九一	：卜在：貞王：于師西：來無災	5
三六八二四	其避于之若	5
三六八二八	：申卜在：貞王：于師東：來無災	5
三六八四五	：卜在：貞王：于𪓐：災	5
三六九四六	戊寅卜在𣲙貞王步于𪉖無災	5
三七三九八	在九月惟王：祀彡日王田盂于𡧊	
三七四九五	：獲白兕	5
	乙巳卜：于召：	5
三八二九〇	：彡：于既：采于丁卯：	5
三八七六二	：丑用于：義友：	5
英七二三正	：未卜㝉貞王往于敦　二告	1
英七二四	：于乙門令	1
英七五一	貞勿于壹力	1
英七八七	貞易牛于	1
英七八八	貞易牛于	1
英七八九	貞桒年于河	1
英八一五	：于黍年	1
英八五四	：戊卜貞雀：桒于十：	1
英一〇一一正	貞自今至于庚戌不其雨	1
英一〇五五正	貞作大邑于唐土	1
英一〇五五反	于妣己禦	1
英一一三三正	：將雀郭于京	1
英一一七九正	貞燎于𡆥	1
英一八九二	：子于卜至羊于妣己賓歲	1
英一九三四	癸巳：王曰貞：甲午：于大甲：𡆥	
	在：	2
懷一〇六二	：未卜：貞翌甲：翌于：無囚一月	2
懷一三九一	于自辟尋	3
懷一三九一	于廳新尋	3
懷一四三二	于壬王迺田湄日無災永	3
懷一四四四	于壬不遘雨	3
懷一五六五	丙申卜于北帝	4
懷一五七七	乙卯貞于丁卯𢦏	4
懷一五五九	壬寅弜𢓊于來戌迺𢓊	4
懷一六二〇	癸酉貞旬無囚王固曰于丙	4
懷一八七〇	：𢦏：于壬：弗悔	5
懷一九一五	辛酉王田于鷄麓獲大𩁹虎在十月	
	惟王三祀劦日	5

卯

著錄號	釋文	期
三九	貞翌丁未彡燎于丁十小宰卯十勿牛八月	1
三一三	貞翌乙亥有𠂇歲于唐三十羌卯三十牛六月	1
三三三	庚辰：于庚宗十羌卯二十牛	1
三四九	貞十羌卯十牛	1
三五六	：彡匚于上甲九羌卯一牛	1
三五八	貞九羌卯九牛	1
三五九	貞九羌卯九牛	1
三六〇	貞九羌卯九牛新𣪕	1
三六九	戊申卜𡧊貞五羌卯五牛	1
三七〇	：申卜𡧊貞五羌卯五牛	1
三七七	庚辰卜貞侑于岳三羌三小宰卯三牛	1
三七八正	貞：年于王亥囚犬一羊一豕一燎三小宰卯	1
	九牛三𣪕三羌	1
三八五	貞桒年于岳燎三小宰卯三牛	1
三八六	己未𡆥：義京羌：人卯十牛左	1
三八七正	丁卯𡆥于義京：人卯十牛中	1
三八八	己未𡆥于義京羌三卯十牛中	1
三八九	己酉𡆥：義京羌三卯十牛中	1
三九〇正	癸卯𡆥于義京羌三人卯十牛右	1
三九一	：寅𡆥：義京羌三：卯十牛右	1
三九二	癸巳𡆥：義京羌：卯牛：	1
三九四	癸酉𡆥于義京羌三人卯十牛右	1
三九六	丁未𡆥于義京：人卯十牛：	1
四一八正	貞方帝一羌二犬卯一牛	1
四七八正	方帝羌卯牛	1
七七九正	貞燎于土三小宰卯一牛沈十牛	1
八二八正	貞翌丁未用十尸于丁卯一牛	1
八三六	貞尸卯惟勿牛	1
九二一	貞九伐卯九牛	1
一〇二七正	癸卯卜𡧊侑于河三羌卯三牛燎三?牛	1
一〇二七正	癸卯卜𡧊燎河一牛又三羌卯三牛	1
一〇五二正	丁：卜：貞于二朋又五人卯十牛	1
一〇五二正	五人卯五牛于二朋	1
一〇五二正	十人卯十牛	1
一九七〇	貞燎于丁十小宰卯一牛	1
六五二七正	丁巳卜㝉貞燎于王亥十𡆥卯十牛三𣪕	
	告其比望乘征下危	1
六九四五	癸未卜𡧊燎黃尹一豕一羊卯三牛冊五十	
	牛	1
一〇〇八四	辛：卜古貞桒年于岳燎三小宰卯三牛二	
	月	1
一〇一〇九	丁丑卜㝉貞桒年于上甲燎三小宰卯三牛	1
一〇一三〇正	桒年于昌夕羊燎小宰卯牛	1
一三九四八正	：子卜：貞王令：河沈三牛燎三牛卯五	
	牛王固曰丁其雨九日丁酉允雨　二告	1

一四二〇七正　沈五牛燎三牛卯五牛　1
一四二〇七正　勿沈五牛燎三牛卯五牛　1
一四三〇〇　貞方帝卯一牛有毅　1
一四三一三正　貞帝于東埋囟豕燎三宰卯黄牛　1
一四三一四　甲申卜㝑貞燎于東三豕三羊囟犬卯黄牛　1
一四三一五正　貞燎東西南卯黄牛　1
一四三一五正　燎于東西有伐卯南黄牛　小吿　1
一四三三四　貞侑于西母囟犬燎三羊三豕卯三牛　1
一四四三六　貞三小宰卯三牛　1
一四五三六正　辛…貞𠦪河燎五小宰沈五牛卯五牛凰宰　1
一四五五八正　貞燎于河…宰沈小宰卯三牛　1
一四五六一　甲辰卜内燎于河一羊一豕卯一牛　1
一四五八五正　丙子卜㱿貞呼言酚河燎三豕三羊卯五牛…　1
一四七七〇　癸未卜貞燎于𠙹十小宰卯十牛年用十月　1
一四八三五　大示卯一牛　1
一六一三一正　王…若乙丑允伐右卯暨左卯惟牝牛　1
一六一四二　…卯惟牛卯惟羊　1
一六一九七　辛巳卜𠭯貞埋三犬燎五犬五豕卯三牛一月　1
一九七九八　庚戌卜𢦏夕侑殼庚伐卯牛　1
二二五四六　…出貞侑于唐三十羌卯三十牛　2
二二五六二　貞五羌卯一牛十月　2
二六九五五　…王其用羌于大乙卯惟牛王受祐　3
三〇三四八　祖丁必𢀛卯惟牛王受祐　3
三〇三八一　卯智牛　3
三〇六七五　惟茲冊用燎羊卯一牛　3
三〇七八五　壬子卜延燎羊卯三牛　3
三一一一三　𢀛卯惟牛　3
三二〇五七　甲辰貞執以𢦏用于父丁卯牛　4
三二〇八三　甲辰貞來甲寅有伐上甲羌五卯牛一　4
三二〇八五　卯一牛羌其三羌六　4
三二〇九三　卯三羌二牛　4
三二〇九三　卯五羌三牛　4
三二一〇八　癸巳貞卯二羌一牛　4
三二一八二　庚子貞夕禱冊羌卯牛一𤖔　4
三二三二九正　庚申貞今來甲子酚王大禦于大甲燎六小宰卯九牛不遘雨　4
三二三九七　癸亥貞其有匚于示壬卯三牛　4
三二六七四　丁巳卜有燎于父丁百犬百豕卯百牛　4
三二六九一　丙午貞酚燎于父丁十牢卯十牛　茲用　4
三二六九二　丙午貞酚燎于父丁十宰卯十牛　4
三二六九八　甲午卜侑于父丁犬百羊百卯十牛　4
三二七七五　甲午卜有匚于子戠十犬卯牛一　4
三二七七五　十犬又五犬卯牛一　4
三三二七七　壬申貞𠦪禾于夒燎三牛卯三牛　4
三三二七八　壬申貞𠦪禾于夒燎三牛卯三牛　4
三三二九六　丁未貞𠦪禾于岳燎小宰卯三牛　4
三四一九八　己酉貞辛亥其燎于岳一宰卯一牛雨　4
三四二〇六　卯三牛　4
三四二〇七　岳燎卯二牛　4
三四二〇七　河燎卯三牛　4
三四二〇七　河燎卯三牛　4
三四四五一　乙酉卜燎六小宰卯牛三　4
三四四五四　丁丑卜燎三小宰卯牛三　4
三四四五八　燎五牛卯五牛　不用　4
三四五九四　其蒸新二牛用卯　4
三四六五九　六宰卯六牛　4
屯一八一　己丑卜河卯三牛　4
屯五〇三　癸巳卜乇于父丁犬百羊百卯十牛　4
屯五〇三　甲午卜乇于父丁犬百羊百卯…　4
屯五八六　甲午貞𤎩侯…茲用大乙羌三祖乙羌三卯三牛乙未酚　4
屯七六三　…卜小乙卯惟幽牛王受祐　吉　3
屯八六七　壬午卜其酉秋于上甲卯牛　4
屯八八九　卯牛二　4
屯九一四　岳燎小宰卯牛一　4
屯一〇六二　丙寅貞侑于𡆥燎小宰卯牛一茲用不雨　4
屯二一二四　卯五牛　4
屯二三三三　癸酉貞其𠦪禾于𡆥燎十小宰卯十牛　4
屯二三六一　甲午貞大禦六大示燎六小宰卯三十牛　4
屯二五六七　癸酉貞乙亥酚多宁以𢀛…于大乙𢀛五卯…五卯牛一小乙𢀛三卯牛…　4
屯二六一五　出入日歲卯四牛　不用　4
屯三五五二　癸巳貞卯二羌一牛　4
屯四三四九　丙寅貞燎三小宰卯三牛于𡆥　4
英一一九四　貞侑九伐卯九牛　1
英一一九四　貞侑十伐卯十牛　1
英一二五〇正　庚戌卜爭貞燎于西囚一犬一轂燎四豕四羊轂二卯十牛轂一　1
英一二八九　己丑卜㝑貞…豕卯十黄牛…　1
英一二九三　…人𢀛十百卯三十牛九月　1
英一八九一　戊寅卜燎白犬卯牛于妣庚　1
英一九一二　戊寅卜燎白豕卯牛于妣…　1
英二四〇〇　甲戌貞乙亥酚多宁于大乙𢀛五卯牛祖乙𢀛五小乙𢀛三…　4

懷一四〇〇 㞢卯惟牛王受祐
懷一五六四 …午卜侑于子䖒十犬卯牛一
一三三〇 貞侑于父甲犬卯羊
六四八二正 貞有犬于父庚卯羊
六四八三正 貞有犬于父庚卯羊
六四八四正 貞有犬于父庚卯羊
六四八五正 貞有犬于父庚卯羊
六四八六正 貞有犬于父庚卯羊
一四三一四 癸未卜㝉貞燎犬卯三豕三羊
一四四一二 貞侑豕于三父卯羊
一四八三五 小示卯惟羊
二七〇四〇 卯惟羊
三三〇六六 壬寅貞伐卯惟羊
三三二七三 癸酉卜有燎于六雲六豕卯羊六
三三二七三 癸酉卜有燎于六雲五豕卯五羊
三四六六〇 卯惟羊 茲用
三四六六一 卯羊
三四六六二 卯十羊
屯七一四 辛巳卜妣壬卯惟羊
屯一〇六二 癸酉卜有燎于六云五豕卯五羊
屯二四九九 丙寅卜五䕠卯惟羊王受祐 吉
英一四九正 壬午卜爭貞燎三豕卯一羊
英一四九反 帝三豕三犬卯一羊

卯·宰

二九五 乙巳卜貞禦于大甲亦于丁羌三十卯十宰用
三〇一 丁亥卜㱿貞昔乙酉葡旋禦…丁大甲
祖乙百鬯百羌卯三百…
三〇二 …貞昔乙酉葡旋禦…乙百鬯百羌
卯三百宰
三二〇 丙午卜貞𠦪尊歲羌三十卯三宰葡一牛于宗用
八月
三二一 貞三十羌卯十宰又五
三二四 甲午卜貞翌乙未侑于…羌十人卯宰一又
一牛
三三四 甲午卜貞翌乙未侑于祖乙羌十又五卯宰
又一牛五月
三四〇 丙午卜貞𠂤尊歲羌十卯十宰于𦣞用八月
三四五 庚午卜貞惟十羌卯宰
三四六 …𩰬十羌卯三宰
三六二 用六羌卯宰

三八五 貞一羌卯一宰
三八五 貞翌丁未侑于丁三羌卯三宰
四〇〇 貞羌三人卯宰又一牛
四三七 有羌父乙卯小宰
七〇九正 貞呼子宓卯父乙冊及㞢卯宰
七一〇 貞燎于高妣己有㱿冊三及㞢卯宰
七一二 貞勿酯先酚于父乙及卯三宰
七一七正 酚及卯宰卯一牛
七二九 貞濼于漁于父乙有一伐卯宰
七六七 貞侑于妣甲㚔及卯宰
八九二正 貞來乙亥酚祖乙十伐又五卯十宰
八九三正 侑于上甲十伐卯十宰
八九三正 貞二十伐上甲卯十小宰 二告
八九三正 上甲十伐又五卯十小宰
八九三反 侑于三父一伐卯宰
八九六正 丁未卜㝉…甲寅酚大甲十伐又五卯
十宰八日甲寅不酚雨
六九八正 貞冊妣庚十及卯十宰
六九八正 冊妣庚十及卯十宰
七一八正 貞禱于妣己冊及卯宰㞢
七一九正 貞禱于妣己冊及卯宰
八九七 癸丑卜㱿貞來乙亥酚下乙十伐又五
卯十宰乙亥不酚…
八九八 貞冊祖乙十伐又五卯十宰又五
九〇〇正 貞有伐于上甲十又五卯十小宰㱿 二告
九〇一 壬午卜㱿貞有伐上甲十又五卯十小宰
九〇一 有伐于上甲十又五卯十小宰又五
九〇三正 乙卯卜㱿貞來乙亥酚下乙十伐又五
卯十宰二旬又一日乙亥不酚雨五月
九〇三正 勿酯惟乙亥酚下乙十伐又五卯十宰四…
九二三正 貞侑于祖乙五伐卯五宰
九三九正 貞正二伐卯宰
九六五正 勿酯用一伐于南庚卯宰
九六五正 貞侑于南庚一伐卯宰
一〇五一正 侑王矢伐五卯宰
一〇五一正 侑王矢伐三卯宰
一〇五一正 侑王矢伐一卯宰
一一八二 燎于河王亥上甲十牛卯十宰五月
二一五三正 卯宰 二告
六四七五反 貞侑于祖辛五伐卯三宰
六四七五反 侑母己十㚔侑卯宰
九五六〇 貞燎于岳三小宰卯三宰

著錄號	釋文	期
一二八五五	⋯午卜方帝三豕又犬卯于土宰𠦪雨	1
一四四三六	丙子卜貞酌岳三小宰卯三宰	1
一四四三六	癸酉卜貞燎于岳三小宰卯三宰	1
一六一二八	壬寅卜卯十宰	1
二二五五一	乙卯卜行貞王賓祖乙𢦏伐羌十又五卯宰無尤在十二月	2
二二五六五	貞五羌卯三宰	2
二二五六九	甲午卜行貞王賓𫹉甲𢦏伐羌三人卯宰無尤	2
二二六〇五	己巳卜行貞翌庚午其有𢦏伐于妣庚羌三十其卯三宰	2
二三一〇六	辛巳卜行貞王賓小辛𢦏伐羌二卯二宰無尤	2
二六〇五二	貞卯三十宰	2
二六九〇七正	貞卯十宰	3
二六九一二	卯五宰王受祐	3
二六九一四	貞羌十又五卯五宰	3
二六九一五	卯宰又一牛王受祐	3
二六九九九	癸丑卜其有𢦏歲大乙伐卯二宰	3
二七四五五	癸丑卜其蒸王丁于妣辛卯宰	3
三一一〇七	卯其五宰	3
三一一〇八	癸酉卜犾貞卯三宰王受有祐	3
三一一一〇	貞卯二宰王受有祐	3
三一一一二	其五小宰卯牛	3
三二〇四二	卯十宰𡆥禦	4
三二〇四三	卯十宰𡆥禦	4
三二〇五五	庚寅卜辛卯有伐于父丁羌三十卯五宰	4
三二〇七六	于父丁卯三宰羌十	4
三二〇九二	三羌卯宰	4
三二〇九二	五羌卯宰	4
三二一〇二	其三羌卯三宰	4
三二一〇三	其三羌卯宰	4
三二六九八	惟犬百卯七宰	4
三四二〇九	岳燎宰卯牛一	4
三四二〇九	岳燎小宰卯牛一	4
三四四四九	丁卯卜燎三小宰卯三大宰	4
三四四五六	二牛燎卯二小宰	4
三四六五七	丙寅貞王其⋯玉乙亥燎四宰卯三大宰	4
三四六五八	卯五宰	4
三四六六八	卯宰	4
三四六六九	卯三宰	4
三四六七〇	卯五宰	4
三四六七〇	卯三宰	4
三四六七〇	卯三宰	4
三五三五五	庚辰卜貞王賓祖庚伐二⋯卯宰𢀛無尤	5

著錄號	釋文	期
三五三五五	⋯王⋯庚祖丁伐⋯人卯二宰𢀛一卣無尤	5
三五三五五	丁酉卜貞王賓文武丁伐十人卯六宰𢀛六卣無尤	5
三五三五五	丁丑卜貞王賓武丁伐十人卯二宰𢀛⋯	5
屯五九五	甲申貞有𢦏伐于小乙羌五卯宰　茲用	4
屯六五七	祖乙卯宰　吉	3
屯七四八	父己卯宰王受祐	3
屯一〇六二	丙寅貞燎三小宰卯牛三	4
屯一一一五	庚子貞伐卯于大示五宰下示三宰	4
屯一一三八	甲午貞大禦自上甲六大示燎六小宰卯九牛	4
屯二三四〇	⋯卯宰王受祐	3-4
屯二六六七	庚戌卜河卯三宰	3-4
屯三六三三	三羌卯宰	4
屯四一七八	圍卯三宰又辰	4
屯四四七九	𢀛卯宰	4
英一二九〇	⋯于韋一羌卯宰	1
英二四四三	丙寅貞侑于𡆥燎小宰卯牛一	4
懷一三九七	卯三宰	3

其它

著錄號	釋文	期
七二一正	戠于西南帝介卯	1
七八〇	貞燎于土三小宰卯一牛沈十牛	1
八一一正	貞父乙卯𡚶	1
八一一正	貞父乙弗卯𡚶	1
八九二正	卯父乙	1
九〇六正	侑于上甲十伐卯十豕	1
九四一	⋯卜亘⋯有伐于季⋯三卯六𤛙	1
一八二六	侑于祖丁⋯㱿卯宰曰勿卯鼎	1
四九五九	貞惟卯令	1
六六五三正	令戓徒卯	1
一二四九七正	丙申卜㱿貞來乙巳酌下乙王固曰酌惟有祟其有蠶乙巳酌明雨伐既雨咸伐亦雨㝅卯鳥星	1
一四一五七	壬子卜貞惟今日酌卯四月	1
一四七七八	貞侑犬于娥卯彘	1
一六一四四反	⋯束二豭⋯卯豭⋯	1
一九八四九	⋯惟⋯祝用戌⋯歲祖乙二宰勿牛白豕⋯示　鼎三小宰卯于祝歲	1
二〇二三一	⋯卯𦥑其奠王𠣒䙡𡆥卯𦥑奠王𠣒	1
二二一〇一	辛未卜卯于祖𤛙𤛙	1
二二一八七	丁丑示卯𤕌𫶧祖庚至于父戊	1
二二二九五	辛酉卜卯犬于庚	1
二二五九八	庚申卜王貞卯其隮	2

著錄	釋文	期
二六九五五	貞其卯羌伊賓	3
二六九六一	卯惟羌有大雨	3
二六九七七	乙亥卜其𠂢執其卯有正	3
二六九八七	…執卯王受…	3
二七〇八三	三匚二示卯王祭于之若有正	3
二七二〇六	𢀛卯于二𧼈惟牛	3
二八二七二	弜卯	3
二八二七二	桒年來其卯上甲𡦹受年	3
二八二七二	其卯于示壬弜受年	3
三〇五九八	…丑卜桒其卯王受祐	3
三〇六九三	惟𢦏卯	3
三〇六九三	其䍙䰜壴于既卯	3
三一一〇〇	其卯	3
三一一〇一	弜卯	3
三一一〇一	其卯	3
三一一〇一	弜卯	3
三二〇四九	于司丙寅有絧伐三十羌卯三十豕	4
三二〇五〇	丙寅卜有伐于司絧三十羌卯三十豕	4
三二一一二	丁丑貞其卯伐	4
三二一一二	弜卯伐	4
三二一二九	丁未貞王令卯𢓊危方	4
三二八七一	辛巳貞𢀛卯曰𡊅…	4
三二八九七	丁未貞王令卯途危方	4
三三二五〇	于父丁卯	4
三四〇六一	…卜即宗卯中	4
三四五四八	癸未貞惟甲申酌卯	4
三四五四八	惟甲午酌卯	4
三四六六七	弜卯	4
屯二二七	惟丁酌上甲卯有正	3
屯二三〇	壬寅卜王步卯暘日	4
屯四四一	辛巳貞弜令卯曰𡊅來	4
屯五三三	…申貞于丁𠂢…乘…酉用于享京…羌卯	
	壯	4
屯七五九	庚午侑卯于𡧊伐一	4
屯八八七	卯伐	4
屯八九〇	癸未貞其卯出入日歲三牛　茲用	4
屯九〇〇	…貞上甲毛于大乙卯	4
屯二四一六	弜卯	3
屯二四一六	其卯	3
屯二六四八	卯暨大乙	4
屯二八四三	弜卯	4
屯三四一八	甲申貞令卯往光鼓師	4
英一二八八	…有曰于森王𢦏于之八豕八豕…	

著錄	釋文	期
	四羊㲉四卯于東方析三牛三羊	1
	㲉三	
英二四七一	弜卯	4
懷一三八〇	其卯侑羌	3
懷一三九四	弜卯	3
六三五四正	辛丑卜爭貞曰吾方凡𠂤于土…其敦𠂤	1
	允其敦四月	
六三五五	…曰吾…凡𠂤…其敦𠂤…	1
六九一三	貞我捍𠂤	1
九〇七四正	…卜㱿貞𠂤以	1
九〇七四正	…㱿貞𠂤…	1
英五四三	…爭貞曰吾方其凡𠂤于土…敦𠂤	1
	允其敦　四月	
懷八一六	…貞…皇…	1

而

著錄	釋文	期
二八六	…令鬲…以羌…而二十…	1
四一二正	…而于祖丁…羌甲一羌…祖…　二告	1
四九九	…𠂤…執羌…獲二十又五而二	1
六四八〇	貞王惟而白𠂤比伐…方…	1
六四八〇	貞王勿惟而白𠂤伐…	1
六六七三	戊午卜而弗其以我中女	1
六七七三	戊午…而…	1
一〇二〇一	己未卜雀獲虎弗獲一月在而	1
一〇九八九正	貞而妣壬雨獲畀舟	1
一五五八八正	翌辛巳燎于而暮	1
二〇六四九	…萌左…祟…比…而…曰不…	1
二八〇九八	…其多茲…十邑…而入執…禹于…	3
懷二五	…酌…而…其…	1

虹

著錄	釋文	期
一〇四〇五反	王固曰有祟八日庚戌有各雲自東𦥑母昃亦有出虹自北飲于河	1
一〇四〇六反	王固曰有祟八日庚戌有各雲自東𦥑母昃亦有出虹自北飲于…	1
一三四四二正	允有設明有…雲…昃亦有設有出虹自北…于河在十二月	1

- 一三四四三正　庚寅卜古貞虹不惟年　1
- 一三四四三正　庚寅卜古貞虹惟年　1
- 一三四四四　……庚吉其……有鑿虹于西……　1
- 二一〇二五　……九日辛亥旦大雨自東少……虹西……　1

𡆥

- 九三七六　聽𡆥入　1

兕

- 一二八五反　□豕……　1
- 一三八五反　不若于□彘　1
- 四五八七　令祝往于□　1
- 八二五九　……于□　1
- 八二六〇反　□……　1
- 八二六一　□　1

丏

- 三三三六　庚……貞……丏剛……辰其……于子……無……　1
- 二四三三　……丏……買……　1
- 一八八三七　……穷……骨……不……㞢……　1
- 三三七〇　……剛丏　4
- 屯九一二　癸丑貞王令骨剛　4

弋

- 一七四　戊午卜殻貞令戍弋祉其遘……　1
- 一七五　令戍弋祉　1
- 四二四二　……師令弋微　1
- 四二八三　呼戍往弋祉　1
- 四二八四　辛亥卜殻貞呼戍往弋祉　1
- 三九八三　貞令……弋　1
- 一四〇三四正　王其弋　1
- 一五五三二　弋……令……　1
- 一九七一三　貞惟弋……　1
- 二三〇六四　乙丑卜出貞大史弋酌先酌其有匚于丁三十　1
- 牛七月　2
- 二三六〇二　丙辰卜即貞惟丄出于夕禦馬　2
- 三二八三五　惟弋令　4
- 三七四七三　戊戌王卜貞田弋往來無災王占曰吉在　5

戈

- 懷九六一　癸亥卜穷貞令何曼呼鞣小臣弋衣　1
- 懷九六二　貞令宁以射何弋衣四月　1
- 懷九六二　丙……賓貞……宁……弋……　1

戋

- 懷三七九　……王……于戋……　1

丂

- 一〇一　貞……奠𢀛……以蜀……于丂　1
- 二二八　丁酉卜爭貞在丂妥來……二人延……丁用　1
- 二〇八六〇　庚寅……丂其……　1
- 三二六一六　辛未貞在丂牧來告辰衛其比史受　1
- ……　4
- 三五二四〇　……卜戈在丂微……　4
- 三六七七七　……卜在丂……王步于……無災　5
- 三九四六五　癸未卜……成衣于……小丂𥞤　5

□

- 六〇五五　貞惟□令途啓于并　1
- 三三〇〇五　甲子卜出貞橐侑以□于師歸　2
- 英一九九六　甲子卜出貞橐有以□于寢歸　2

弗

- 一〇六五　己亥卜王……余弗其子婦姪子　1
- 四八五五　貞𢀛弗骨元祉　二告　1
- 四八五五　貞𢀛弗其骨元祉　1
- 五一三九　……王去朿……弗左……　1
- 五四四〇正　乙巳卜殻貞𢀛延化弗其𢦏王事七月　1
- 五四九九　……寅卜王……弜弗其𢦏朕事其𣶒余　1
- 五七七五正　貞王占不惟之弗告三百射　1
- 五八七五　貞弗其伞　1
- 五八七七　貞弗其伞　1
- 六〇九七　甲午卜𠦪貞侑于岳　1
- 六四六一反　王国曰吉惟有呼己其伐其弗伐不吉　1
- 六九四三　貞戠弗其取　1
- 七〇七六正　戊午卜内貞呼射井羌　1
- 七七〇二　貞戊弗其𢦔三月　1
- 一一八三九　……勿丁卯……雀戊……弗雨　1
- 一二三一二正　弗作王占　1

弗

著錄號	釋文	期
一二四一七正	貞弗雨	1
一二四六九正	貞侑…弗日…酉…	1
一二六一七正	庚戌卜弗其及今九月雨	1
一三五〇五正	貞弗其受有年　二告	1
一三五〇五正	弗其受	1
一七三〇九	…弗婦王	1
一七三三八	庚…弗其孽王	1
一七三三九	…弗其孽…	1
一八二九七	…弗龤…	1
一八八一一	貞弗其𩵦龡舌方	1
一八九五六	弗其从	1
一九一七六	貞弗其聽	1
一九一七七	貞弗其聽	1
一九一九〇	翌戊…弗其克雍入	1
一九一九一	壬申卜貞惟弗其克	1
一九一九二	…惟其弗克	1
一九三四四	弗正	1
一九三四四	弗正	1
一九四〇〇	…弗來	1
一九四七八	…弗其射	1
一九五〇四	…弗其比食	1
一九七二〇	貞凡弗其…	1
二〇三八三	癸亥卜亘弗𠂤雀	1
二〇二九七	辛酉卜王貞妣弗㕣	1
二〇三七九	弗𧦧	1
二〇三七九	弗𧦧	1
二〇三七九	弗𧦧	1
二〇三七九	弗𧦧	1
二〇三七九	弗𧦧	1
二〇五七二	丙子卜弗其克允不	1
二〇六一三	乙酉卜王貞余㝵朕老工延…𡨦貞允	1
	惟余受馬方祐…其…弗執方祐　二月	
二〇九七五	庚辰…王弗疾朕天	1
二一〇五〇	癸未卜𣄨貞𤰔弗疾有疾骨凡	1
二一一九三	弗子	1
二一五〇六	癸丑卜弗午𡆥…	1
二一七〇八	弗獲	1
二一七二七	弗以	1
二一七七六	…弗買…	1
二二〇六三	…弗以戊	1
二四三六三	…巳卜貞…毋弗捍	2
二六八七九	戊歩弗雉王衆	3
二九〇八四	貞弗擒	3
三一一八八	于弗舌王廼此	3
三三〇四三	並弗受祐	4
三三一一二	丙申卜弗疾	4
三四〇七二	癸未卜王弗疾𠭯	4
三四四四五	其其𡕥𠷎丁弗作	4
三六三四六	弗戋	5
三六四二五	弗及	5
三七五二〇	弗及	5
英一八一	貞弗其以	1
英一八一	婦弗其以	1
英一九九正	弗其賓	1
英七九三	貞弗其獲	1
英一一二九正	弗其囚…	1
英一一五二	貞…弗其得	1
英一一五二	弗其賓	1
英一二二九正	貞弗𡆥	1
懷九五五	貞勿呼伐舌方弗其受有祐	1
懷一四五二	惟盜田弗悔無災	3
懷一四四五	弜田𩰫弗擒有大狐	3
懷一四四七	弜田𡨦弗擒有犬	3
懷一六三八	乙亥卜弗戋𫝬	4
懷一九〇七	…祖丁王其…王弗悔	5

亡 選録

亡 無

著錄號	釋文	期
一二	貞王心無來自一月	1
三六九	貞子漁無其比	1
五〇六正	貞般無不若不…	1
五〇六正	貞龍無不若不𡆥羌	1
七三八正	己丑卜殻貞王無作囚　二告	1
八九二反	…卜殻貞我無	1
五一三七	貞無其來自西	1
五一五五	貞無其去	1
五三五四	貞王無不正	1
五七九三	癸未卜今一月雀無其至　二告	1
五八〇九	丙辰卜爭貞師無其戋	1
六八三四反	辛酉卜殻貞我無𡆥	1
七三一三	貞無㫚	1
一一九七七	貞無其雨	1
一一九七九	貞無其雨	1
一二三二一	貞今夕無囚	1
一二七一五	癸巳卜殻貞旬無囚丁酉雨丁雨庚亦雨	1
一二七一五	癸未卜殻貞旬無囚丁亥雨	1
一二九〇〇	…疾雨無匄	1

著錄號	釋文	期
一三五四四	貞勿延呂宗無𢦔二月	1
一四四九四	貞無其从	1
一七三一八	貞無敗	1
一七三九二正	貞無其蔑　不舌黽	1
一八九五二	貞無其从	1
一八九五三	貞無其从	1
一九三九九正	丙申卜亘貞無其來	1
一九四〇六	貞無來𦉢	1
一九四三八	無其工	1
一九四六四	無至	1
一九五五五	貞無佐	1
二一一九二	無保	1
二一七〇一	己亥卜𦀚…無事今來乙四月	1
二一七〇二	…己卯無事	1
二一七〇三正	無事	1
二一七〇三正	無事	1
二一七二九	甲辰…無𩰫丁	1
二一七三一	乙卯卜我貞由來乙有來無來	1
二一七三九	丙子𦀚卜無徇在來	1
二一七三九	丙子𦀚卜我無𢓊在來	1
二二〇〇一	己未無各若	1
二二〇六七	壬子卜貞有其歸婦無大吉	1
二二二五八	辛丑卜貞疾從無亦疾	1
二二二七四	乙酉𢀛丁無至辛巳允子無	1
二二二七六	甲子卜無𫹉孜二豭二𤘘	1
二二二七六	壬戌卜貞無𫹉子亳	1
二三〇〇二	己巳卜行貞王賓𩰫禫無囚	2
二三〇〇二	庚午卜行貞王賓𩰫禧無囚	2
二六二五二	乙巳卜行貞今夕無囚在九月	2
二七四五九	辛酉卜貞衣犬無	3
二七六五八	弜于示𠬪無	3
二七九四二	惟馬無呼擒	3
三三〇六三	于己丑有來無來	4
三三二七三	燎于岳無从在雨	4
三三九二一	茲無雨	4
三四七一五	庚午貞今夕師無震	4
三四七一五	辛未貞今夕師無震	4
三四七一五	甲戌貞今夕師無震	4
三四七一六正	戊寅貞今夕師無震	4
三四七一八	丁亥貞今夕無震師	4
三四七二二	丁丑貞戊叔無尤	
三四九〇二	癸巳貞旬囚無	4

著錄號	釋文	期
三五三二八	于己丑有來無來　不…	4
三七四六〇	壬子卜貞王田于斿往來無災茲御獲鹿十	5
三九〇八六	癸未卜貞王旬無畎	5
屯九九四	己酉貞王無萅擒土方	4
英六三五正	貞無來𡆥四月	1
英九九六	呼舞無雨	1
英九九六	呼舞無雨	1
英一一五二	無左	1
懷一六〇三	無雨	4

獄

著錄號	釋文	期
三六五四〇	癸巳卜貞羊獄…邑商公宮衣…茲…無畎寧	5
三六五四一	辛卯卜貞…獄天邑…公宮衣…	5
三六五四一	辛酉卜貞在獄天邑商公宮衣茲夕無畎寧	5
三六五四一	…卜貞在獄…邑商公宮衣無畎	5
三六五四三	甲午卜…獄天…宮衣…畎寧	5
三六五四五	…貞在獄…商公宮…夕無畎	5
英二五二九	壬戌卜貞在獄天邑商公宮衣茲夕無畎寧	5

著錄號	釋文	期
二二二二九	…來庚寅酌盟三羊于妣庚…𠕋伐二十其三十宰三十及三卯	1
二二二三一	甲寅卜貞三卜用盟三羊𠕋伐二十…三十宰三十及三𠬝于妣庚	1
二二二三二	…及三𠬝于妣庚	1

著錄號	釋文	期
四〇二八	…𦤎由十月	1
四二八三	呼[illegible]由妻	1
四二八四	辛亥卜殻貞呼歓由妻不橐六月	1
二二四五〇	…呼帝妣…[illegible]	1
懷九五七	貞呼歓[illegible]由妻	1
一八四三八	…亥卜…[illegible]…	1

三九四〇 ……屮……遘
三九四一 ……屮無其……
四九三七 庚辰卜內貞屮無遘
四九三八 辛……屮……
四九三九 ……屮無遘
八八八九正 ……卜穷……屮無遘
丁巳卜殼貞屮得
八八九〇 ……屮得……受……
九〇八一 ……屮以
英四一二 ……屮……遘……

九一〇一反 ……攺以
九一〇二正 ……攺以
懷五三b 攺以三百　小㪔
懷四二一b 攺以……

一八九五〇 ……卜……貞……㞢……𡆥……人……

六四八二反 夂冎入二在𤼳
六四八六反 ……冎入二在𤼳

一三五二二正 貞𦣻若

九〇六六 貞示……𦣻以
一八八五四 ……于……𦣻……

二二〇七八 辛未卜惟庚辰用牛于子庚于[?]用
二二二四三 癸酉卜……新[?]……

一八一八七正 ……回……晃……

一八九七二 ……午……甲……

英四二一 ……惟𣎆……少亥

五二五 庚辰卜王朕𠚤羌不[?]……
五九九六 ……寅……貞……
五九九七 ……
五九九八 ……
五九九九 ……

一八二七〇 ……朋……
英一八五三 ……辰卜貞朋……

二一四六三 ……元有……

五五一四 貞立𠂤事
一九七九九 ……未卜王……延二人……示𠂤……

一〇九八二正 貞呼田于𩛥　二告

取

七〇四〇正 貞弗其戔䍙取……

一八五五六 ……𩜇……

瞽

二三二六五　乙酉卜…貞瞽…于父丁𤉲　2
五三六八　…貞…𠂤惟吉𠂤用
五三六九　…𠂤惟吉𠂤用
五三七〇　…吉𠂤用五月
五三七一　…王賓…𠂤…𠂤…
二一二〇正　…申卜亘貞子𠂤不…　二告
三二一　…歲子子𠂤
一〇四〇五反　癸亥卜殼貞旬無囚王固曰…其亦有來娃
　　五日丁卯子𠂤𢦏不𢀛
一〇四〇六反　丁卯子𠂤𢦏不𢀛
一三三六二正　…固曰有祟七日己…𠂤𢀛…
一七〇八〇正　癸亥…貞旬…有祟…子𠂤…𢀛
一七〇八〇正　癸亥…貞旬…有祟…子𠂤…𢀛
一七一七三　…卯卜爭…𠂤…無野…
英一三四　…巳𠂤告…𠂤乙酉…固…
二九七八三　其𢦔戈一斧九　3
懷一四九八　己酉…田𢀛…王…　4
二一八二五　于𡆥有柬
二一〇四一　貞丁勿…呼𠂤…允大…
一八四七九　…𢀛…

懷四四七　…𠂤羌…貝…
一九〇〇二　…𠂤…允…𠂤羌
一三三三　貞夕𠂤𠂤…禍
英一三四九　…卜𠂤…
懷六三六　…巛…𠂤…
二一五二一　…王…成申…
五六七三　壬寅卜…貞令申犬…
一八三八一　…申卜…𠂤…
九六六九臼　…辰婦妸示屯一丿　箙
九九七六臼　壬申婦喜示一丿小𣪊　內
三四四三臼　婦杞示十屯又一(　宊
一七五二五　婦杞示七屯又一(　宊
一七五二八　婦良示十屯…六)
一七五七九　古示十屯又一(　殻
一七五八一　古示十屯又一丿　宊
一七五八〇　古示十屯又一く　古

一七六一一 彡示三屯又一丿 宊

一七六一二 彡示三屯又一丿 宊

一七六六三 …示五屯又一(亘

一七六六四 …一丿 宊

二七九三九 貞其令有亞走馬㳄乚集

懷一六三六 …河㚇以丙衣丿…

一七一八五正 貞不其宊

一七一八五正 癸亥…宊貞宊

二一三三六 …卯卜彡豕

二二〇五〇 癸巳卜石無㞢蚰于母

一三六〇四正 貞祖乙若王不𡆥 二告

一三六〇四正 貞祖乙若王不𡆥

一八四四一 …𢀛…

二二五三五 …不𠬝

二〇八〇五 戊午卜㚔𡧊甲子五月

二〇六〇九 …卜曰…商左…交

三五二一正 貞勿令𠂤比𡆥

三五六二八 丁未卜出貞禱告令于…十二月

二一七三一 乙卯卜我貞㞢來乙有來無來

二一七三一 乙卯貞㞢婦…

二〇〇八〇 …父乙𠂤

二〇〇八〇 不𠂤

二六八七三 壬子卜…貞小廿…惟…于…

二〇六三九 己卯卜㚔惟㞢以

二〇六三九 己卯卜㚔㞢以十月

懷一六三三 丙午先…

懷一六三三 惟㲋以示…

四一六三 癸亥卜王貞雀…𠂤五月

二二三四九 壬寅卜暘牛五𠂤十牛示十十…今…

八二八〇正 …于𠂤

一八三六〇 …𠂤…𢆶…

二一八九六　…辰卜貞□…宁無若十三月　1

九一六正　己丑卜古貞王途□無□　1

二一八九一　自步□　1

懷三四七　…翌…奈…□□…水…　1

一八四二七　…□…　1

一八五四九　…□…　1

二一七一九　…□示商　1

二六八九四　…泉…□受…有□羌…　3

二一六二四　癸未卜亞□…　1

二一三三一　乙未□…卩老…□　1

二一一四〇　戊寅卜□…　1

二一二一〇　丁卯卜庚…彭□木…　1

二二三三五　…雷□…有□　1

二九一一六　惟豕兄戊□　1

一九七七三　庚戌卜令比□伐□　1

二七四三五　…丑貞…王步…□　3

二一九五四　庚辰卜貞□□無若　1

二八四三一　…□□　3

二八四二六　惟滴□□　3

二二〇五〇　戊戌卜□在甲…啓千不□　1

二二三八四　戊申有其新□□惟止　1

二一九三六　癸丑貞…□　1

著錄號	釋文	數
二一四八七	……庚崇卜……惟甲彡……	1
二一六九三	貞𠦪有事	1
七〇四九	……寅……雀……𠂤……年十二月	1
二一一九〇	……卜耳𢦏于祖……	1
乇一〇六六	丁亥貞……令遘取……方	4
乇一〇八三	……令遘取……	4
七〇四九	丁卯卜曰菁任有征歸允征	1
七〇四九	……歸人征菁任	1
二〇六一五	丁巳吕方巛	1
九七九五	……工……年	1
二一四四三	……貞……于無吕	1
二二〇四五	己亥卜至雍𠂤母	1
二一〇〇七反	𠂤	1
七六一五反	……𠂤𩵦	1

著錄號	釋文	數
二七八八五正	……𢦏……𠂤	3
三三〇四一	己……出𠂤……于𠂤遘……	4
二一六一七	……逐……十一月	1
二〇七四一	丙午卜大令龍以𢀛示𠂤八月	1
三六〇八九	……𠂤南……若	2
三六八二一	癸卯王卜貞旬無𡆥在𠂤師	5
一九九二九	丁未卜王𠂤惟……	1
二〇三三二	戊辰卜王貞𡕄田圉有事	1
七三六二	……卜亘貞呼奴𠂤次	1
二一四七九	丁酉卜呼多方勵𠂤	1
二七九九五	戊甲伐戕𠂤方校	3

編號	釋文	數
三三五五八	…逐貞…刑…惟㞢…工侯…允…	2
一七五三九	庚申婦…示…乇	1
二一四〇一	壬申卜…用一卜勿…辛卯…十月	1
二二二〇四	…己………	1
二一一八七	丁丑示卯…祖庚至于父戊	1
八七一六	…人…	1
六九七九	己酉卜貞雀往征犬弗其擒…十月	1
二〇七四三	庚子卜王令…田…九月	1
二二〇六三	…介以戊	1
九二八三四	…入…	1
一八六九一	…惟…乇…	1

編號	釋文	數
五八二三	…卜王旅…	1
三二五一八	…	
三六九〇八	…王卜在…在二月	5
一八七六九	……	1
二二一五四	壬辰卜貞伐其用…	1
三六九三九	…在…貞…	5
二二五〇〇	癸卯卜貞王…	1
二一九八七	戊午不…	1
三三五三四	…大貞令…子……	2
一八八七五	…亥卜河…允…	1
三三〇〇七	壬子卜其大…因	4

七六三一 懷一五二六　貞翌甲…子大…征出　…□出…固日一…有其…　4 1

懷一五二六　…□出…固日一…有其…　4

懷六五五　…貞…□…　1

一八四二五　…子…□…　1

懷一五七一　辛酉貞王尋□以羌南門　4

一八〇二一　…卜□…□六…月…　1

五九四七　…申龜□執　1

五四三三　辛丑卜王出步…弜…　1

懷一六三九　丙子卜□其方　4

二三三五　…靁火…有□　1

三六九六一　癸亥王卜在…貞…这于□無災　5

三四五三七　…上甲甲子酌其□卯…　4

二〇三二　…王貞余…□于示…我祐　1

一七八五八　□　1

二一五七一　丙辰卜□□丁　1

一八四九一　…□…　1

一八八三九　…□…□十…　1

屯二五八四　癸酉卜□雨　4

三四八九九　甲申…貞…□　2

一五六五六正　燎十□　1

二一一六六　…有II…莫…牛…　1

屯二三六〇　己卯卜貞□方其□我戈　4

□

二〇〇二一 …卜王貞…𠂤小王 1

二〇三九三 乙巳卜王貞冂…囚止老無… 1

二三四一四 …若冈 1

二一四四一 …△…丁 1

二一九五三 癸巳不…喜□… 1
二一九五九 甲子貞□無害 1
二八〇一八 …□人□方… 3

二一一九一 …彡祀□ 1

二四四五正 …宗… 1

二三五二四 □… 1

二一三九六 令敦于□不… 1

二一九二二 …六□…□□… 1
二一九二二 □□… 1

二〇九九八 …□啓…步… 1

三七三八二 戊申卜貞王田于□麓往來無災茲御獲兕一狐四 5

二〇七四三 庚子卜王令□田□九月 1

二一九九七 丙子涉□ 1

二二四三五 庚寅卜貞□…□弓 1

三二九三七 …亥貞在□衛來 4

一三六一九 丁亥卜設貞□享首□于…□… 1

二二一九甲 乙未卜…□石甲…馬 1

一八七八四 …□… 1

六五〇七 貞呼取A 1
一四三六一 …A…牛…A… 1

二二四三八 癸酉卜延□□□□ 1

八二五一正　…囗曰吉奴…曰往亼…毓…子入　1

二〇七三六　…王亼擒豕允擒　1

二一九四二　1

三五二五一　…內…月　4

二三八四　戊申有其新亼乚惟止　1

二八四二二　惟膺龍㠯有大雨　3

一八七二一　戊午卜爭貞令𠂤門…九月　1

三三五二〇　以丂　1

三三五一六　…巳…丄…　1

一七八一　辛亥卜王亼侑祖甲　1

一八五一九　…　1

一八七四三　…　1

二一九〇八　壬子貞王𠂤　1

五四四　貞晶不我多朊臣永…　1

三七四四〇　丁酉…𢓊…往…災　5

三七三六八　…獲狐十㲋…虤一…一象…雉十一　5

數字

一

十

一三七正　癸丑卜爭貞旬無囚王固曰有祟有夢甲寅允有來艱左告曰有往芻自益十人又二　1

一三七反　…四日庚申亦有來艱自北子𡚸告曰昔甲辰方征于㪅俘人十又五人五日戊申方亦征俘人十又六人六月在…

二五八　乙未卜貞黍獲兕十二月允獲十六以羌六　1

三二一　貞三十羌卯十牢又五　1

三二四　甲午卜貞翌乙未侑于祖乙羌十又五卯牢又一牛五月　1

三二五　…十羌又五　二告　1

三二六　…丁丑一牛十牢又九羌五九月　1

八九二正　貞來乙亥彡祖乙十伐又五卯十牢　1

八九三正　上甲十伐又五卯十小牢　1

八九六正　丁未卜旁…甲寅彡大甲十伐又五卯十牢八日甲寅不彡雨　1

八九七　癸丑卜㱿貞來乙亥彫下乙十伐又五卯十宰乙亥不彫…　1
八九八　貞冊祖乙十伐又五卯十宰又五　1
八九九　乙酉…祖乙來有伐十五十宰　1
九〇〇正　貞有伐于上甲十又五卯十小宰㱿 二告　1
九〇一　壬午卜㱿貞有伐上甲十又五卯十小宰　1
九〇二正　有伐于上甲十又五卯十小宰又五　1
九〇二正　貞侑于大甲伐十又五　1
九〇三正　乙卯卜㱿貞來乙亥彫下乙十伐又五卯十宰二旬又一日乙亥不彫雨五月　1
九〇三正　勿酒惟乙亥彫下乙十伐又五卯十宰四…　1
九〇五反　…十伐又五　1
二三五八反　𡛄入十…　1
三九四一　貞翌…子桒…牛十一…羊十二　1
五六八五反　…肇亞十…　1
八六五九　叀來十三在敦　1
九一九四反　…之日…喪…雉十又一　1
九三九五　…入五…婦井乞龜自…七月十五　1
一〇三一〇　庚申卜王獲鹿允獲十二告　1
一〇五一四　庚戌卜毋獲网雉獲十五　1
一〇九五〇　甲…鹿獲允獲十九二月　1
一一〇六五　貞五牛十羊又四　1
一一〇六〇　…十牛又五　1
一一六一〇正　…左十…十一月在…　1
一三〇五一反　我來十　1
一三三三八反　婦巳示十　爭　1
一四一四九反　牧入十在鼓　1
一四五二〇反　𡚬來十　1
一四五二八反　…示十…小㱿　1
一四七五五反　叀來十　1
一四七七二　…丑卜古貞…于㞢燎十…　1
一五〇二五　…侑于…甲十…五宰　1
一五二九九　…卜冊…十五　1
一五四三七　…三十日用十牛　1
一五六一七　貞燎十勿牛又五…　1
一五六六一　燎十　1
一五九二〇反　…豐示十　1
一六二六五　癸酉卜爭貞翌甲戌夕十羊乙亥彫十…十　1
　牛…　1
一七〇八五反　並入十　1
一七三七四反　…入十…　1
一七三九一　貞王夢有敀㲋十惟十一不惟…　1
一七四〇五反　𦎫入十　1

一七四〇九反　貯入十　1
一七五二〇　…喜示十…　1
一七五二二反　…壴示十…　1
一七六四六　…十㱿　1
一七八七九　…十四　1
一八八三九　…甶…十…　1
一八八六〇反　冀來十　1
一八九一一反　永入十　1
二〇五二一　…上甲十五牛　1
二一四六五　十又四　1
二二四六二　…奴十四…　1
二二五五〇　…卜行…王賓又丁…伐羌十又八…　2
二二五五一　乙卯卜行貞王賓祖乙彳伐羌十又五卯宰無尤在十二月　2
二二五五二　甲寅卜…上甲彳伐…羌十五…無尤　2
二二五五三　丁…貞…彳…羌十…五卯…宰　2
二四六一〇　…戊卜出貞自今十年又五王豐…　2
二六八九八　王其衆戍𢦏受人惟啚土人有𡿧　3
二六九一一　其十人又五　大吉　3
二六九一三　羌十人又五王受祐　3
二六九一四　貞羌十又五卯五宰　3
二六九一六　十人又五王受祐　3
二六九一七　羌十人又五王受祐　3
二六九九四　辛丑卜王其有彳伐大乙惟舊𦎫用　3
　十人又五　吉　3
二七〇一八　十人又五王受祐　3
二七〇一九　貞其十人又五　3
二七〇二〇　莫𢆶十人又五王受祐　大吉　3
二七〇二一　十人又五…　3
二七〇二二　冊十人又五…　3
二七〇二三　…惟茲冊用十人又五王受祐　3
二七〇二九　十人五　3
二七〇八〇　…口貞…祖祝…上甲大乙祖乙…丁之乙酉　3
　叀…乙十示又二　3
二七一五七　…大丁…十五　3
二九五三七　十五犬十五羊十五豚　3
二九六九一　十卣又五　3
二六九一五　十人又五王受祐　3
二九五六二　十宰又五王受祐　3
二九八一九　…何貞…示十五…雨　3
三〇六二九　祝其十牛又五…受…　大吉　茲雨　3
三二〇五七　癸卯貞王有彳歲三宰羌十又五　4

三二〇五七　乙巳貞王有𢦏歲于父丁三宰伐十又五　4
三二〇六五　若茲卜雨　4
三二〇六七　其侑羌十又五　4
三二一九八　十又五羌　4
三二一九八　癸卯卜貞𢦏伐十五甲辰酒上甲　用　4
三二一九九　有伐十五歲小宰上甲　4
三二二〇〇　𢦏四…歲十五歲十宰祖乙十五伐　4
三三三七四　有𢦏伐十五歲十宰上甲　4
三三五八一　其一用人牛十又五　4
三三五八二　十五牛　4
三四〇九二　十牛又五　4
三四一一七　弜乘其告于十示又四　4
三四一二九　乙未貞其奉自上甲十示又三牛小示羊　4
三四三九六　…六示三五示二十示又…　4
三七三七六　…冊十又五宰其即…　4
三七四〇〇　…茲御獲兕十又二　5
三七四〇三　…午卜貞…田羌往來無災王占曰吉茲御獲鹿十五　5
三七四一一　壬子王卜貞田𪊨往來無災王占曰吉獲鹿十　5
三七四二一　辛未卜貞王田于𪊨往來無災茲…獲兕十又一鹿四麑五　5
三七四五九　壬申王卜貞田羌往來無災王占曰吉茲御獲鹿十又一　5
三七四七三　…田于洮往來…獲麋十又八　5
三七四七五　戊戌王卜貞田弋往來無災王占曰吉在四月茲御…獲狐十又三　5
三七五二一　庚子王卜在瀖師貞今日步于灤無災在正月獲狐十又一　5
三七八六一　…卜貞…往來…王占曰…御獲…十又一　5
屯三〇四　…一月惟王十祀又九　5
屯三〇四　甲寅貞其十又五　4
屯三四三　丁巳貞其十又五　4
屯五〇四　癸酉貞乙亥王有𢦏于…祖乙十羌卯三牛　4
屯七九三　…𢀛十白卯…　4
屯八一七　惟十小宰又五　用　3
屯八一七　惟十宰冊王受有祐　3
屯八二七　冊十宰王受祐　3
屯八七四　甲辰貞今日奉禾自上甲十示又三　4
屯一〇八九　十羌　4
甲戌貞…酒肆自…盤至于多毓用
屯一一〇四　牛…羊九犬十又一…　4
辛…十五人又二　4
屯一四八六　…羌十又五…　4

屯二一〇四　辛未卜侑十五羌十宰　4
屯二三〇八　丁酉卜…來乙巳酒卜歲伐十五十剢　4
屯二四二五　…十五
屯三五五二　十牛又五　4
屯三五六二　甲午貞卑來…其用自上甲十示又…羌　十又八乙未…　4
屯三七三九　羌十又五　4
屯四〇〇四　十人又五　3
屯四一九八　伐十又五　4
屯四三一八　丙子卜酒𢦏歲伐十五十宰勿大丁　4
屯四三九七　河燎十又五　4
英二三八九　…巳卜…貞王其田羌無災擒鹿十又五　3
英二三五一　十人五　3
英二五四三　壬申卜貞王田盂往來無災王占曰吉茲御獲狐十一　5
懷一五五八　大乙伐十羌　4
懷一五五八　大乙伐十羌又五　4
懷一五八四　十羌又五　4

二十　合文

二六七反　…入百二十　1
二八六　…令鬲…以羌…而二十…　1
三三三　庚辰…于庚宗十羌卯二十牛　1
三三四　…于庚宗十羌卯二十牛　1
三四三　…宰又羌二十在襄　1
三四八　…十羌…二十牛　1
四六三反　叀入二十　1
四九九　…㲋…執羌…獲二十又五而二　1
五六四臼　癸卯乞自雩二十屯　允　1
八九三正　貞二十伐上甲卯十小宰　二告　1
八九四　二十伐卯…　二告　1
八九五乙　乙卯卜…大庚勿七十宰二十伐　1
八九五甲　乙卯…內𠬝…庚勿七十宰伐二十　1
八九五丙　乙卯卜內𠬝大庚七十宰伐二十　1
九七四反　…二十　1
一〇四六　…巳卜爭貞𢦏…衣有𢦏伐…河二十人…　1
一〇五二正　二十牛　1
一〇九八　…癸未…方于…保…馬二十丙又…一月　1
一七六七正　在𠭯卜　…祖…一牛二十…　1
一九七五　貞二十牛　1
二四一五反　𠭯入二十　1

凵

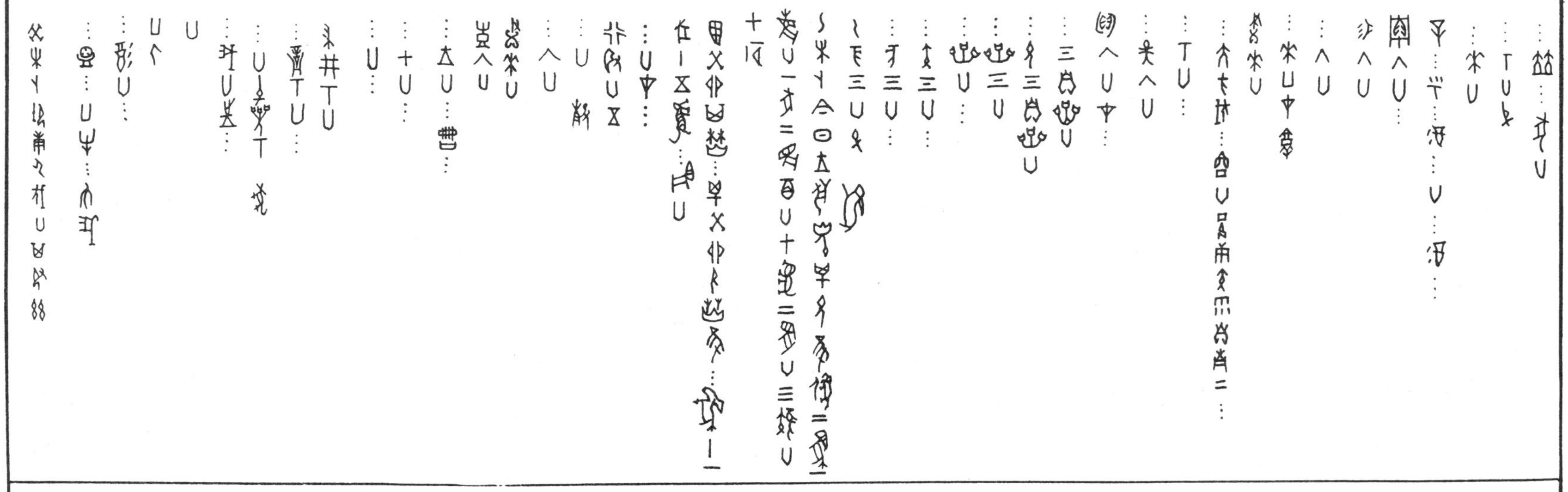

著錄號	釋文	期
二八二七反	…並…犬二十	1
三七三二反	…示二十屯	1
四〇七六反	…來二十	1
四一四一	辛…呼…酒…二十…酒…	1
五四八〇反	貯入二十…	1
五六三七反	暘入二十	1
六五三〇反	…入二十	1
六五四六反	…來二十在敦	1
六六四八反	妻來二十	1
六七九八	…大方伐…啚二十邑庚寅雨自南二…	1
七三七九反	…示二十…	1
九二二〇反	…□入二十	1
九二八八	甸入二十在…	1
九四三二	…乞自□二十	1
九四三三	…允乞自□二十	1
九四三四	…□乞二十	1
九四三五	…□二十…	1
九四五九反	…寅乞二十…	1
九四六〇	…亥乞二十…	1
九四六一反	乙亥乞二十屯 兕	1
一〇一九七	乙未卜今日王狩光擒允獲虎二兕一 鹿二十一豕二麑百二十七虎二兔二十三雉二十 七十一月	1
一〇四〇八正	翌癸卯其焚…擒癸卯允焚獲…兕十一 豕十五虎…兔二十	1
一二〇九五反	…廿在…	1
一三六五八反	行取二十五	1
一三七〇八反	…二十 殸	1
一三七一三反	…入二十	1
一四〇〇三反	妻來二十	1
一四五七七反	鼓入二十	1
一五三〇五	…王二十…冊…	1
一五六四五反	…甲二十…	1
一五八七一反	…二十…	1
一七四八九	婦井示二十	1
一七五三七反	…□示二十…	1
一七五九九反	…二十屯□示 犬	1
一七六四四	…我二十往…	1
一八九一一正	二十	1
二〇五七八	二十人	1
二一二一三	…酒二十…	1
二一二四九	…盟…二十牛…不我	1
二二一三六	癸未卜禦庚妣伐二十其𠬝茲	1

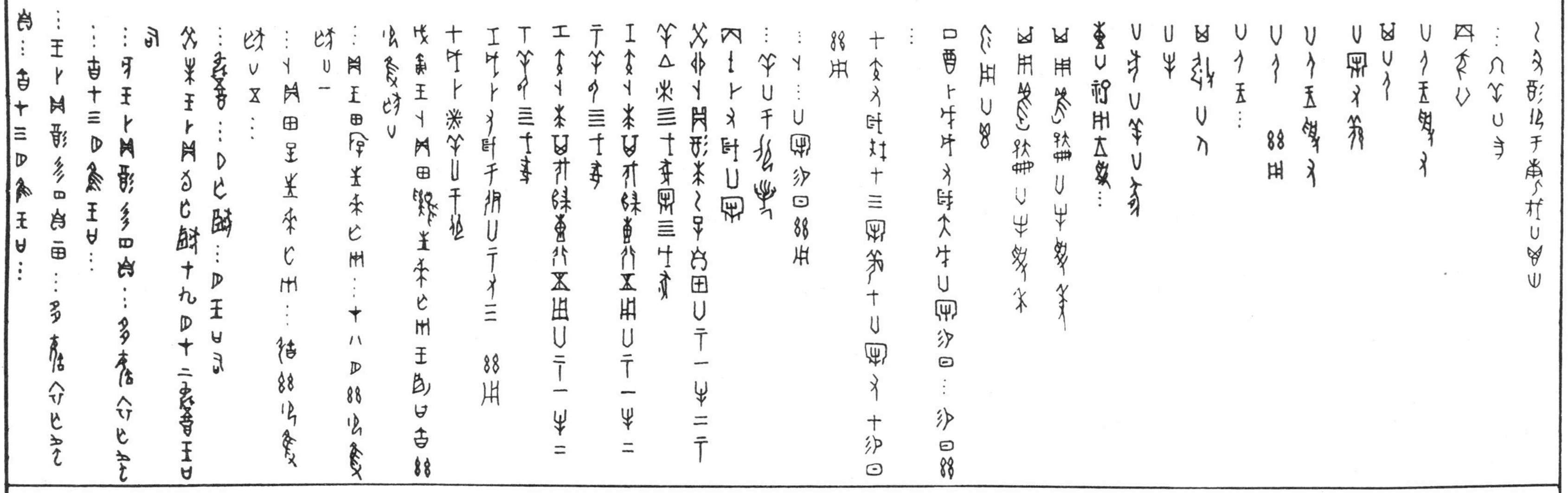

著錄號	釋文	期
二二二二七	乙丑酒禦于庚妣伐二十鬯三十	1
二二三五五	…六羊二十豕	1
二二四三八	盧豕二十	1
二六九一〇	二十人王受祐	3
二六九一一	其二十人	3
二六九三六	二十宰又羌	3
二七〇一三	二十人王受祐	3
二七〇一五	二十人 茲用	3
二七〇一六	二十人王…	3
二七〇一七	其彈二十人	3
二九四二六	二十牛	3
二九五三七	二十犬二十羊二十豚	3
二九七一四	惟二十祀用王受…	3
三〇六八八	其用舊□二十牛受年	3
三〇六八九	其用舊□二十牛受禾	3
三〇九一四	弜用二十鬯	3
三二四九四	丁酉卜戊戌有歲大戊二十宰暘日…暘日茲 …	4
三二五〇一	甲寅有歲戔甲三宰羌甲二十宰又七暘日 茲用	4
三二五〇一	…卜…二十宰暘日 茲用	4
三二五七一	…羊二十于卯若	4
三二七五七	丙午卜有歲二十宰	4
三四一二〇	癸卯卜貞酒桒乙巳自上甲二十示一牛二示 羊土燎四戈彘宰四戈豕	4
三四一二一	壬寅卜桒其伐歸惟北□用二十示一牛二 示羊以四戈彘	4
三四一二二	壬寅卜桒其伐歸惟北□用二十示一牛二 示羊以四戈彘	4
三四一二三	壬戌卜侑歲于伊二十示又三 茲用	4
三五一七四	甲戌卜燎羊二十于卯	4
三七四七二	戊寅王卜貞田鷄往來無災王占曰吉茲 御獲狐二十	5
三七四七六	…貞王田斿往來無災…在八月茲御獲 狐二十一	5
三七四八六	…卜貞田呈往來無災…弘吉茲御獲 狐二十五…	5
三七八六二	…□…夕無畎…月王二十祀	5
三七八六三	癸未王卜貞旬無畎在九月在上□王二十 祀	5
三七八六四	…亥王卜貞酒彡日自…多毓衣無𡆥 …吉在三月惟王二十…	5
三七八六五	…王卜貞酒彡日自上甲…多毓衣無𡆥 自…吉在三月惟王二十…	5

三七八六六　三七八六七　三七八六八　三七八六九　三九四二三　屯七五一　屯一一一三　屯二二〇〇　屯三三三三　屯二七九二　屯三五四二　屯三九七八　屯四四〇三　屯四二四二　屯四二九五　屯四五一四　屯四五一七　屯四五五八　英一一二二反　英二〇三二反　懷四五三b　懷五三b　懷九八b　懷五九五b　懷九六六b　懷一三五四　懷四一〇b　懷四二〇b

…王二十祀彡日上甲
癸丑卜泳貞王旬無畎在六月甲寅酚翌
上甲王二十祀
…王卜貞…囚日吉在二月甲…日祖甲惟
王二十…
…二十祀
…盤…𣪊…朕二十祀九…
己亥卜先侑大乙二十牢
…伐自上甲大示…五十羌小示二十…
…未卜…以歲大乙伐二十十牢
丙寅貞𢀛…羌…上甲…至父丁用羌…
三十又九…用卯羊二十又一丁卯茲用
己亥…示五十…二十羌…
二十牛王受祐
…二十牛
己亥…先侑大…二十牢
有以伐二十十牢有囚
…丑貞毛于祖乙二十牛
二十𠃌
辛酉卜侑祖乙二十宰
乙亥卜高祖夒燎二十牛
…二十…
…二十屯小臣…
丁…婦二十…
丁酉婦井示二十
…二十
…來二十
…二十屯兕五屯小…
…二十人…受有祐　吉
…匄以二十…
…二十在…

5　5　5　5　5　4　4　1　4　4　3　4　4　4　1　1　4　1　2　1　1　1　1　1　3　1　1

二一反　一一六反　一九〇反　二三四正　二四八反　二九五　二九五　三一三　三一四

三十　合文

…示三十
婦井示三十　爭
雀入三十
…午卜爭貞𡧊以三十
我來三十
乙巳卜貞餗于大甲亦于丁羌三十卯十宰用
乙巳…餗…甲亦…羌三十十宰…
貞翌乙亥有歲于唐三十羌卯三十牛六月
丁…乙…祖乙三十羌卯…宰

1　1　1　1　1　1　1　1　1

三一五　三一六　三一七　三一九　三二〇　三二一　三二二　三二三　五〇〇正　五〇〇正　六二九　六三〇　六五五甲正　六七二正　七〇七正　八三八反　八八六　八八七　八八八　八八九　八九〇　八九一正　八九二正　八九二正　八九三反　九〇八　九〇八　九一九　一〇四五　一〇五一正　一〇五二正　一四五四　一四五四　一五一三　二〇八五　二三八八叛　二四三二反　二四四四反　二七一二　三三二八　四一四一

丙…丁亥其…丁侑三十羌…
…三十羌卯十宰八月
…于磬京羌三十卯…牛
庚辰卜…來丁亥…寢有藝歲羌三十卯十…
十二月
丙午卜貞𡚬尊歲羌三十卯三宰箙一牛于宗用
八月
貞三十羌卯十牢又五
…卜穷…禦于…三十羌…十…
…三十羌冊…牛
…貞𠨘以三十馬允其執羌
貞𠨘三十馬弗其執羌　二告
貞今庚辰夕用鬳小臣三十小妾三十于婦九月
癸酉卜貞多妣鬳小臣三十小母三十于婦
三十妾嬖
酚河三十牛以我女
呼比臣沚有冊三十邑
婦井示三十　穷
貞禦于父乙𠭯三牛冊三十伐三十宰
壬申…冊大…伐三十…三十宰
丁酉…貞侑于…三十伐十…
伐三十宰
…三十伐
侑于成三十伐
勿三十下乙
貞三十伐下乙　二告
…示三十　𣪊
癸丑…翌甲…侑于大甲𠭯二牛冊三十
宰伐十
…𡆥…三十…
…貞…大甲五伐三十…
…三十人…戌犬…無我
侑于昌三十人
…酉卜…貞…三十牛
三十宰大甲
…大甲三十宰
甲申卜乙酉侑祖乙三宰冊三十牛
丙…丁…祖…卯…三十…
…百三十二
…三十七…
…三十
…三十
…三十宰
翌辛丑呼雀酚河三十…

1　1　1　1　1　1　1　1　1　1　1　1　1　1　1　1　1　1　1　1　1　1　1　1　1　1　1　1　1　1　1　1　1　1　1　1　1

四七三五反	牢入三十	1
五六一一反	三十	1
六九二八反	雀入三十	1
七三三九反	彖入三十	1
九一八七反	……三十	1
九二〇〇反	我來三十	1
九三八九	……骨又三十	1
九四四四	……新束三十屯	1
九四四五	……自新束三十乞……	1
九四四六	……自新束三十	1
九四五七	……乞三十……	1
九四五八反	……乞三十……	1
九四九三	……王……麓……三十	1
九六一三反	奠來三十	1
九六七二反	……示三十	1
一〇一一七	貞桒年于丁𥁕三勿牛冊三十勿牛九月	1
一〇四五九	……其……不禦兔三十二	1
一〇四五九	……不……三十……	1
一〇五五三反	……來三十	1
一〇六七七	戈……三十……	1
一〇九五〇	丁亥卜王我隹三十鹿逐允逐獲十六一月	1
一一〇五六反	……牛三十	1
一一〇五七	貞三十牛	1
一一〇五八	……三十牛	1
一一〇五九	……三十牛	1
一一二四一	癸丑……方貞益毇三十九月	1
一一二九七	貞三十宰……	1
一二四三九反	[illegible]入三十	1
一二五〇二反	……乞三十……	1
一二八四二反	……三十	1
一三五四九	貞于宗酒三十小宰九月	1
一三六九六反	彖入三十	1
一四一三五反	我來三十	1
一四六五九	三十牛于黃尹	1
一四七三三	甲辰卜㱿貞來辛亥燎于王亥三十牛二月	1
一五〇七五	貞侑三十一月	1
一五三四八	……冊十……邑十……三十……	1
一五四三〇	……蓋……用三十小宰	1
一五四三一	貞三十……用	1
一五五二三	貞肇……三十……三十犬……豕	1
一五五二四	……卜……肇……三十……彘	1
一五七〇一	庚辰……貞翌……日酒毁三十……卯四宰	1
一六〇一八	貞奏父丁三十……	1
一七四八五	婦井示三十……	1

一七四八六	婦井示三十……	1
一七四八七	……井示三十……	1
一七四八八	……井示三十……	1
一七五九〇反	……龜示三十	1
一七六四〇	……三十㱿	1
一七六四一反	……三十㱿	1
一七六四二反	……三十㱿	1
一七六四三反	……示三十……	1
一七八八一	癸……于……三十……	1
一七八八二	貞……三十……十……	1
一九一五二反	……田隹三十……	1
一九二二六	……尹三十……多……	1
一九七七二	己巳卜桒侑大丁三十……	1
一九七七三	庚午卜侑奚大乙三十	1
一九八二八	壬申卜侑大甲三十宰甲戌	1
一九九二三	……卯卜王告父辛大甲盟酒三十……	1
二〇七九〇	癸巳卜往馬三十	1
二一〇三二	乙亥卜……三十……	1
二一一〇七	……戌卜……生月……其土三十……	1
二一一〇八	戊戌今……其土三十……	1
二一三三八	……三十……	1
二一四八三	……余……三十……七月	1
二一九三三	……品三十	1
二一九三四	……巳其品三十	1
二一九七二	丙戌卜三十宅	1
二二〇七三	己丑卜禦于帝三十小宰己丑余至[illegible]羊	1
二二一一五	……余禦……入三十……	1
二二一三六	三十宰	1
二二二二七	乙丑酒禦于庚妣戊二十[illegible]三十	1
二二三四八	……祖……三十……三十牛	1
二二五四六	……出貞侑于唐三十羌卯三十牛	2
二二五四七	……于唐三十羌卯三十牛	2
二二五四八	庚辰卜大貞來丁亥寇寢侑𢦏歲羌三十卯十牛十二月	2
二二五四九	丁巳卜𠂤貞王賓父丁夕伐羌三十卯五宰……尤……	2
二二六〇〇	庚辰卜出貞三十牛乞酒	2
二二六〇五	己巳卜行貞翌庚午其有夕伐于妣庚羌三十其卯三宰	2
二二八八四	乙未侑歲于祖乙牡三十宰惟舊歲	2
二三〇六四	乙丑卜出貞大史弋酒先酒其有匚于丁三十牛七月	2
二三六二四	……出貞……寇……𢦏……三十……十月	2
二四三七三	……寅卜旅……翌乙卯……歲卯三宰……三十八月	2

著錄	釋文	期
二四九四一	…寅卜大…其侑…丁三十牛…南室	2
二六〇五二	貞卯三十宰	2
二六九一〇	三十人王受祐	3
二六九三六	三十宰又羌	3
二七〇一三	三十人王受祐　吉	3
二七〇一四	三十人　大吉	3
二七〇一五	三十人	3
二七〇一六	三十人王受祐	3
二七〇一七	三十人　大吉	3
二七一八七	…盟二牛冊…三十	3
二八三一四	丁亥卜翌日戊王惟呈田…王擒狐	
	三十又七　弘吉　茲用	3
二九四二六	三十牛	3
二九四二七	三十牛…年	3
二九五三七	三十犬三十羊三十豚	3
三〇三六五	惟督彫三十在宗父甲…	3
三〇六八一	其侑于之惟雈冊用三十	3
三〇六八八	三十牛受年	3
三二〇四七	舌三十羌	4
三二〇四八	…司絧伐三十羌卯三十豕	4
三二〇四九	于司丙寅有絧伐三十羌卯三十豕	4
三二〇五〇	丙寅卜有伐于司絧三十羌卯三十豕	4
三二〇五一	己亥貞庚子彫圍于享京羌三十十宰	4
三二〇五二	癸亥卜宗成侑羌三十歲十宰	4
三二〇五三	乙巳貞丁未有伐于父丁羌三十卯三…	4
三二〇五四	丙子貞丁丑侑父丁伐三十羌歲三宰　茲用	4
三二〇五五	庚寅卜辛卯有伐于父丁羌三十卯五宰	4
三二〇五六	庚子…用羌三十十宰人…	4
三二〇五七	癸卯貞其三十羌	4
三二〇五八	…有歲羌三十牛十…	4
三二〇六〇	三十羌	4
三二〇六一	三十羌	4
三二一一五	甲寅貞來丁巳尊鬳于父丁圍三十牛	4
三二一九五	…戌卜…伐三十	4
三二一九六	己酉卜有伐三十	4
三二二四七	…七牛大乙三十卅牛	4
三二二五二	乙未貞其三十牛	4
三二六八三	癸酉卜𠦪于父丁三十牛	4
三二六八五	甲戌…𠦪于父丁三十牛	4
三二六九四	甲寅貞來丁巳尊鬲于父丁圍三十牛	4
三三五七九	三十牛	4
三三五八〇	三十牛	4
三三五八一	三十牛	4
三三六〇三	丁巳…戠三十…六勿…	4
三四〇九七	己巳貞大示三十	4
三四一〇〇	…卯貞王大禦…大示𠦪…三十牛惟茲	
	五用	4
三四一五七	辛亥卜帝小工芑戊侑三十小宰	4
三四三一六	甲辰卜乙巳…有歲…三十宰…	4
三四四五七	…沈…燎…牛三十	4
三四六四一	…其奏…三十	4
三四六七一	…沈三十宰	4
三五一四二	三十羊	4
三七三七四	…王卜貞…王囚曰吉茲…三十八…	5
三七四七〇	戊辰…田雞…無災…曰吉獲狐三十又七	5
屯三〇四	甲寅貞其三十	4
屯三〇四	丁巳貞其三十	4
屯六一一	其三十羌	4
屯六六七	…三十盧方伯漅…王徙　大吉	3
屯一九二四	…三十宰…	
屯二〇九七	…卯侑…父丁歲…羊…三十…在京	4
屯二一四二	…于祖乙…羌三十歲五宰	4
屯二一九六	伊𪐴三十朋	3-4
屯二二九三	大乙伐三十羌	4
屯二三三三	丙寅貞𢆶…羌…上甲…至父丁用羌…	
	三十又九…用卯羊二十又一丁卯茲用	4
屯二三六一	其有歲于𢦏三十羊	
屯二八五七	…卯卜庚辰王其狩…擒允擒獲兕	
	三十又六	4
屯三五四二	三十牛王受祐	3
屯三七六八	…三十邑	4
屯四五一七	辛酉卜侑祖乙三十宰	1
英七七四正	…取勿…三十…	1
英一一五六	…侑于河三十牛以…	1
英一二九五	…人邑十自卯三十牛九月	1
英一八二五	三十鹿	1
英二一八二	…三十牛…示彫于…七月	2
懷二九	貞侑于唐三十…卯三十…	1
懷一四二	其三十朋	1
懷一〇一九	…卜古…王賓…夕伐…三十卯…宰…	
	尤	2
懷一〇五〇	…三十卯…邑…無…	2
懷一四〇六	…三十…吉	3
懷一六五四	己亥…癸…三十…	4

四十 合文

著錄	釋文	期
四一六反	貞用四十	1
四三八反	㚔來四十	1
六七二正	翌辛亥侑于王亥四十牛	1
九一八反	⋯四十	1
三七五九正	⋯四十 爭	1
三八八六反	示四十⋯	1
四七三五反	𡴫入四十	1
五六三八反	𠦪入四十	1
五七七六反	唐來四十⋯	1
七〇二三反	㦰來四十	1
九一一九	⋯其以⋯固曰其⋯允四十	1
九二一六反	⋯商入四十	1
九二五三	壴入四十	1
九二七九反	朱入四十	1
九三〇九	⋯入四十	1
九四四〇反	⋯自⋯四十	1
一〇九三五反	婦姘示四十	1
一一二九五	⋯大⋯冊⋯三十宰⋯	1
一一五四七反	⋯乞四十⋯	1
一三〇五五反	⋯四十屯	1
一四二二一反	⋯四十	1
一四三二八反	⋯入四十	1
一四七二六	辛亥⋯四十牛	1
一四七二七	⋯于王亥四十⋯	1
一五九三七反	⋯四十⋯	1
一七三九七反	龜以四十	1
一七四三九反	⋯四十	1
一七八七六	⋯又四十⋯五⋯二月	1
一八二六八	貞⋯四十⋯	1
一九三七七反	⋯四十⋯	1
二〇七二三	⋯麋七十㲋四十麑百	1
三七三七五	擒茲獲兕四十鹿二狐一	5
三七四五〇	⋯御⋯狐四十	5
三七四五八	⋯在品貞⋯卯往來⋯茲獲⋯麋四十八⋯ 狐一	5
屯六三六	甲辰貞射𠂤以羌其用自上甲𢀛至于父丁 惟乙巳用伐四十	4
懷一〇二b	⋯亘示四十	1
懷九六三	乙亥卜亘貞翌庚子侑四十⋯	1

五十 合文

著錄	釋文	期
九四正	甲辰卜亘貞今三月光呼來王固曰其呼來 迄至惟乙旬又二日乙卯允有來自光以 羌芻五十 小告	1
二二六正	壬辰⋯其⋯五十羌 二告	1
二二六正	𠂤不其來五十羌	1
二二六反	貞王惟庚勿惟庚五十羌	1
三〇九甲正	癸丑卜丙貞五十羌	1
三一〇	⋯工甲五十羌八月	1
三一一	⋯五十羌	1
三一二	貞⋯羌⋯五十⋯	1
四一九反	庚⋯鼓入五十	1
五五七	貞五十宰	1
六七二正	貞呼雀酌于河五十⋯	1
六七二正	勿五十牛于河	1
六七二正	酌河五十牛	1
六七三正	五十牛于王亥	1
七一五反	⋯五十	1
七三二反	⋯二百五十	1
七六八反	雀入二百五十	1
八八五正	五十伐	1
九五二反	婁入二百五十	1
九六三	丁⋯翌⋯大⋯五十⋯伐⋯𣪊	1
一〇五二正	⋯貞⋯于河五十牛	1
一一〇〇反	雀入二百五十	1
一四〇三	酌五十牛于河	1
一七七九反	𢀛以五十	1
一八八七	乙亥卜⋯祖丁五十宰⋯	1
五五九九反	⋯五十⋯	1
五八八四反	衣入五十	1
六〇〇〇反	貞留牛五十	1
六〇七二正	⋯告曰⋯舌方亦⋯征以我⋯牛五十	1
六九四五	癸未卜㱿燎黄尹一豕一羊卯三牛𠕋五十 牛	1
八九六七	貞以牛五十	1
八九六八正	貞以牛五十	1
九一八七	⋯我𪓊五十⋯	1
九二一〇反	⋯來五十	1
九二一一	⋯來五十	1
九三〇六	⋯入五十	1
九三〇七反	⋯入五十	1
九三九六	⋯自𠂤五十屯	1

九三九七 …自毚五十屯 1

九三九八 …自毚五十屯 1

一〇三〇八 …狩獲擒鹿五十又六 1

一〇四九九 …大獲彔五十 1

一〇九四反 …婦好子…五十在鹿 1

一一〇五五 …五十牛 1

一一一八四 …往…牛…羊五十…五十 1

一一一二一 …方…五十豕…于… 1

一一三七一 …丁五十小宰二月 1

一一四五九 …馬五十丙… 1

一二三三四反 …以五十 1

一二五三二反 …並示五十 1

一三三三八反 𡆥入五十 1

一三八〇六反 …五十 1

一四六四九 …河五十… 1

一五四四三正 貞于翌庚戌用牛五十月 1

一五五二三 壬戌卜肇丁五十…五十…五十… 1

一六四四三 …五十… 1

一七六三九 …五十屯 1

一七八八三 …五十…于… 1

一七八八四 …五十… 1

一七八八五 …未…五十…于… 1

一七八八六 …五十… 1

一七八八七 …歸…五十… 1

二〇六七四 己未…五十羊 1

二二〇四三 丁未卜貞令戉光有獲羌芻五十 1

二二五四五 丙…出…禦王…五牛…羌五十…卯五十… 2

二二五四四 …旅…上甲歲…于唐歲五…羌五十無尤 2

二四三七三 …五宰…五十 2

二四五〇八 乙卯卜出貞五十牛一月 2

二六九〇七正 貞五十人 3

二六九〇八 其有人大乙羌五十人 3

二六九〇九 羌彈五十 3

二七五九六 五十 3

二九五三七 五十犬五十羊五豚 3

三〇八八八 其一彭五十宰 3

三一一〇七 其五十…王受… 3

三二一一八 貞其歲宰五十九月 4

三二〇四五 丁丑貞其五十羌…卯三宰 4

三二〇四六 …其五十羌 4

三三〇四七 五十羌 4

三三一八一 辛丑㞢三羊冊五十…五宰 4

三三六七五 癸巳貞禦于父丁其五十小宰 4

三二六八六 丙寅貞今日其用五十𠕋于父丁 茲… 4

三二九二三 丙申彭五十小… 4

三三五七八 …其五十 4

三三五七八 …五十 4

三三六〇八 …王牛五十 4

三三五二〇 …羊五十 4

屯一一三 …示五十… 4

屯一五四 …伐自上甲大示…五十羌小示二十… 3

屯一六二一 …五十陶… 3

屯二三九二 惟雀㲋用五十 4

屯一八二六 己亥…示五十…二十羌… 4

屯二三二一 丁亥貞侑五十…于… 3

英一〇三 …禦伊尹五十… 1

英一〇五九反 …㝐…五十 1

英七七八反 …五十…㝐 1

英一八七〇 …五十 1

英二四〇六 …彭…五十… 1

懷一四二 五十羌 4

懷一四〇六 其五十朋 1

五十人王受… 3

六十合文

一〇八三一 …獲…六十又四 1

一一〇五四 …牛…六十… 1

一七九八 …我入六十在… 1

一七八八 …貞不…六十… 1

三七四三七 …雉一…雉一…六十鹿…茲… 5

七十合文

八九五乙 乙卯卜…大庚勿七十宰二十伐 1

六三一 …臣…七十…妾… 1

六七一反 貯入七十 1

八九五甲 乙卯…內酉…庚勿七十宰伐二十 1

八九五丙 乙卯卜內冊大庚七十宰伐二十 1

九三八正 貞侑于示壬妻妣庚宰惟勿牛七十二酉 1

六〇五七正 王固曰有祟其有來艱迄至七日己巳允有來艱自西𢀛友角告曰舌方出侵我示棗田七十人五 1

一〇九六四反 貯入七十 1

八十 合文

一三三三一 戊寅卜爭貞：豕四兔七十又… 1

一八六八二 貞七十 1

二七五一二 …妣戊于翌日七十牛 3

屯二一一五 伐其…七十羌… 4

屯二七九二 4

英八五六 …豕允…獲…兔七十又三 1

懷一四三 其七十朋 1

五八〇正 貞刖𠬝八十人不𣦵

一〇三五〇 …擒？允擒獲麋八十八兕一豕三十又二 1

三六四八一正 …小臣牆比伐擒危美人二十人四…人五百七十𩠐百…車二丙盾百八十三函五十矢…白麑于大…用𠂤伯印…于祖乙用美于祖丁僼曰京易… 5

九十 合文

三七四七一 …卜貞王田于雞往來無災…弘吉茲御獲狐八十又六 5

一〇四〇七正 …其…擒壬申允狩擒獲兕六豕十又六兔百又九十又九 1

其它

二九〇七四
屯四三五三 六七七六
八七六五 3

百 參 385/1360 頁

千 參 13/1360 頁

萬 參 692/1360 頁

干支表

二〇三五四
二〇三五四 甲乙丙丁戊己庚辛壬癸
子丑寅卯辰巳午未申酉戌… 1 1

二一七八四 癸卯卜貞… 1
…爭…囚 1
…己巳 庚午 辛未 壬申 癸酉 1
甲戌 乙亥 丙子 丁丑 …癸未
甲乙 1

二四四四〇
月一正曰食麥 甲子 乙丑 丙寅 丁卯
戊辰 己巳 庚午 辛未 壬申 癸酉
甲戌 乙亥 丙子 丁丑 戊寅 己卯
庚辰 辛巳 壬午 癸 甲申 乙酉
丙戌 丁亥 戊子 己丑 庚寅 辛卯
壬辰 癸巳 二月父䊷 甲午 乙未
丙申 丁酉 戊戌 己亥 庚子 辛丑
壬寅 癸卯 甲辰 乙巳 丙午 丁未
戊申 己酉 庚戌 辛亥 壬子 癸丑
甲寅 乙卯 丙辰 丁巳 戊午 己未
庚申 辛酉 壬戌 癸亥 2

三七九八六
甲子 乙丑 丙寅 丁卯 戊辰 己巳
庚午 辛未 壬申 癸酉 甲戌 乙亥
丙子 丁丑 戊寅 己卯 庚辰 辛巳
壬午 癸未 甲申 乙酉 丙戌 丁亥
戊子 己丑 庚寅 辛卯 壬辰 癸巳
甲午 乙未 丙申 丁酉 戊戌 己亥
庚子 辛丑 壬寅 癸卯 甲辰 乙巳
丙午 丁未 戊申 己酉 庚戌 辛亥
壬子 癸丑 甲寅 乙卯 丙辰 丁巳
戊午 己未 庚申 辛酉 壬戌 癸亥 5

先王先妣

田（二田）　囲　上甲　報甲

田·示

二四八正　翌乙酉有伐于五示上甲成大丁大甲祖乙　1
一一五九　…貞侑自上甲…牛二示二牛十三月　1
一四八四七　貞禦王自上甲晉大示十二月　1
一四八四八　貞禦王自上甲晉大示　1
一四八四九　…午卜…自上甲…晉惟…示…　1
一四八六二正　…自上甲…示…　二告　1
一九八〇四　甲午卜王上甲𢦏九示…　1
二二一五九　庚申卜彡自上甲一牛至示癸一牛自大乙九示一牢𢍰示一牛　1
二五〇二五　辛巳卜大貞侑自上甲元示三牛二示二牛十三月　2
二七〇八〇　…口貞…祖祝…上甲大乙祖乙…丁之乙酉　桒…乙十示又二　3
三二〇三一　壬辰卜桒自上甲六示　4
三二〇九〇　丁丑貞有勹伐自上甲大示五羌三牢　4
三二〇九九　庚寅貞彡勹伐自上甲六示三羌三牛六示二羌二牛小示一羌一牛　4
三二三三〇　丁未貞其大禦王自上甲盟用白豭九下示　𧇡牛在父丁宗卜　4
三二三八五　…未卜桒自上甲大乙大丁大甲大庚大戊仲丁祖乙祖辛祖丁十示率牡　4
三二三九六　丁未貞桒禾自上甲六示牛小示𧇡羊　4
三三五一三　乙卯卜貞桒禾自上甲六示牛小示𧇡羊　4
三四一〇三　甲辰貞其大禦王自上甲盟用白豭九下示　𧇡十…　4
三四一〇四　…未貞有勹歲自上甲…示三牢小示二牢　又…　4
三四一一一　己卯貞桒自上甲六示　4
三四一一三　…戊卜用侯…上甲十示…　4
三四一一五　甲申卜貞彡桒自上甲十示又二牛小示𧇡　羊　茲用　4
三四一一六　甲申卜貞彡桒自上甲十示又二牛小示𧇡　羊　4
三四一一七　乙未貞其桒自上甲十示又三牛小示羊　4
三四一二〇　癸卯卜貞彡桒乙巳自上甲二十示一牛二示　羊土燎四戈彘牢四戈豕　4
屯二　…其勹自上甲𧇡大示其…　4
屯九　丁未貞𠦪以牛其用自上甲𧇡大示　4
屯六三六　…貞𠦪以牛…用自上甲五牢𧇡大示五牢　4
屯七五一　乙酉卜有伐自上甲次示惟乙未　4
屯七五一　乙酉卜有伐自上甲次示惟乙巳　4
屯七五一　乙酉卜有伐自上甲次示　4
屯八二七　甲辰貞今日桒禾自上甲十示又三　4
屯九九四　癸亥貞王其伐盧羊告自大乙甲子自上甲告　十示又一牛茲用在果四𨾴　4
屯一〇二　…其用自上甲大示乙酉　4
屯一〇四　庚午貞今來…禦自上甲至于大示惟父丁　𢀛用　4
屯一一一三　…伐自上甲大示…五十羌小示二十…　4
屯一一三八　甲午貞大禦自上甲六大示燎六小宰卯九牛　4
屯二〇一四　…上甲六大示…　4
屯二一一九　己卯貞桒自上甲六示　4
屯二七〇七　…貞…其大禦王自上甲盟用白豭九下示　𧇡牛在大乙宗卜　4
屯二七〇七　…卯貞其大禦王自上甲盟用白豭九下示　𧇡牛在祖乙宗卜　4
屯三〇四六　…申貞…夕…自上甲六…　4
屯三三六八　…桒自上甲六示　4
屯三五六二　甲午貞𠦪來…其用自上甲十示又…羌　十又八乙未…　4
屯三五九四　庚申貞有𠯑自上甲𧇡六示…小示羊　4
屯四三三一　乙未貞其桒自上甲十示又三牛小示羊　4
懷三一　貞其有勹伐自上甲…羌大示十宰…五宰…　1
懷三二　癸巳卜爭貞翌甲午彡彡自上甲至于　多毓衣　1

田·毓

一四八五二　癸亥卜貞翌甲子自上甲至于多毓　1
一四八五三　自上甲至于多毓十三月　1
一四八五四　丁卯卜爭貞翌辛巳𠂤…自上甲至于多…　1
二二六二一　辛亥卜𣲎貞王賓翌𥚸自上甲衣至于毓無尤　2
二二六二二　癸卯卜…貞王賓𥚸自上甲至于多毓衣無尤　2
二二六二三　丁丑卜旅貞王賓…自上甲衣至于多毓無　尤在正月　2
二二六二五　乙未卜行貞王賓奏自上甲入乙多毓無尤　在十二月　2
二二六四七　庚辰卜𠧢貞翌辛巳乞彡𥚸自上甲衣至于　毓無𡆥在…　2

二二六五六　：尹：子乞酢：自上甲衣至：毓無壱　十二月　2

二二六五九　：戊乞酢：上甲：毓　2

二二六六二　庚戌：貞：乞酢：上甲至：多毓：壱　2

三五四〇四　：王卜貞酢翌日自上甲：多毓衣無壱　5

三五四二六　：王卜貞今旧：自上甲至于多毓：猷　王囚大吉在四月　5

三五四三〇　：未王：先：上甲至毓：　5

三五四三六　辛巳卜貞王賓上甲衩至于多毓衣無尤　5

三五四三七　：亥卜貞王賓衩自上甲至于多毓衣無尤　5

三五四三七　癸丑卜貞王賓幼自上甲至于多毓衣無尤　5

三五四三八　辛亥卜貞王賓衩自上甲至于多毓衣無尤　5

三七八四三　：貞酢翌日自上甲至多毓：自猷在八月惟王五祀　5

三七八四四　癸卯王卜貞酢翌日自上甲至多毓衣無壱自猷在九月惟王五：　5

英二五〇二　：卜貞王賓：衩自上甲至于：毓無壱　在六月惟：　5

一一八二　燎于河王亥上甲十牛卯十宰五月　1

一一八六　貞燎于上甲于河十牛　1

一二〇二　戊辰卜上甲暨河：敦衛　1

一二〇四　貞：河于上甲　1

一二〇五　貞告既侑于夒于上甲　1

一九八〇六　辛丑卜王：上甲示壬：酢河　1

二七二〇三　：年河：上甲　3

三三六六三　：河暨上甲在十月有二小臣　4

三四一六九　：夒暨上甲其即　4

三四二三五　乙酉貞取河其困于上甲雨　4

三四二九四　辛巳卜貞王亥上甲即于河　4

屯一一一六　辛巳卜貞來辛卯酢河十牛卯十宰　王亥燎十牛卯十宰上甲燎十牛卯十宰　4

屯一一一六　辛巳卜貞王亥上甲即宗于河　4

屯三三七二　辛未貞惟上甲即宗于河　3-4

二七〇五一　惟上甲史遘酢　3

二七〇五二　其遘上甲史酢　3

二七〇七〇　貞上甲史五宰　3

三二三九〇　上甲史其祝父丁必　4

屯二八五九　：延：上甲史：受祐

九三九〇反　上甲壱王　1

一二三一　貞上甲弗壱　1

一二六四八　惟上甲壱雨　1

屯三五三四　癸酉貞上甲日無壱　4

八一一反　上甲祟王　1

八一一反　上甲弗祟　1

六一二三　貞上甲祟王　1

一一六六甲　告于上甲豕一觳一燎三：燎于：丁：　1

一一六七正　貞勿告于上甲　1

一一六八反　貞勿告于上甲　1

一一六九　壬戌卜㱿貞勿䶂告于上甲三月　1

五五二一　：告舌方于上甲　1

六一三一正　壬午卜亘貞告舌方于上甲　1

六一三三　告于上甲　1

六一三四　貞告舌方于上甲　1

六一三五　貞告舌方于上甲　1

六一三六正　：告舌方：上甲　1

六一三七　：告：方：上甲　1

六三八四　貞告土方于上甲　1

六三八四　貞告土方于上甲　1

六三八五正　癸巳卜爭貞告土方于上甲四月　1

六三八六　貞告土方于上甲　1

六五八三　告于上甲暨成　1

六六六四正　貞一宰于上甲告我𡆥衛　1

六六六四正　貞侑于上甲三宰告我𡆥衛　1

七四五三　告于上甲　1

九六二八　丙辰卜穷貞其告秋于上甲不惟：惟：　1

九六二九　乙未卜穷貞于上甲告秋爯　1

二八二〇六　其告秋上甲二牛　大吉　3

二八二〇七　其告秋上甲　3

三二〇三三　貞來告秋其用自上甲　4

三二二六七　：告于上甲三牛　4

三三三三二　：告于上甲三牛　4

三三三三三　：告于上甲三牛甲午酢：三羊：　4

三三三三四　：告上甲三牛歲于父丁即宗　4

三三三三五　：至其告于上甲一牛　4

三三三三六　丁巳貞其告自上甲　4

三三三三七　丁卯貞來乙亥告自上甲　4

三三三三八　：貞來：亥告自上甲　4

著錄號	釋文	期
三二八四六	……子貞……卯告……自上甲	4
三三〇四三	其夕告上甲	4
三三三二〇	弜告秋于上甲	4
三三三四七	辛巳卜其告水入于上甲祝大乙牛	4
三三六九六	乙巳貞酒其告小乙茲用日有戠夕告于上甲九牛	4
三三六九七	辛丑貞日有戠其告于上甲……	4
屯 三三一	……戠月告于上甲九牛	4
屯 八六七	其告秋于上甲一牛	4
屯 一〇九五	……貞其告秋于上甲	4
屯 二三〇三	壬辰貞其告于上甲二牛	4
屯 二七〇七	……大禦自上甲其告于祖乙在父丁宗卜	4
屯 二七〇七	……酒大禦自上甲其告于大乙在父丁宗卜	4
屯 二九〇六	貞其告秋于上甲不	4
屯 四〇五六	……寅貞其告于上甲三牛	4
英 五四六正	貞告舌方于上甲	1
英 五九四正	貞告戎于上甲戍	1

⊞·勾

著錄號	釋文	期
英 五五八	貞勾舌方于上甲	1

⊞·出·又

著錄號	釋文	期
七七六正	癸卯卜殼翌甲辰侑于上甲十牛	1
八九三正	侑于上甲十伐卯十宰	1
九〇二正	侑于上甲 二告	1
九〇六正	侑于上甲十伐卯十豕	1
九三三	侑于上甲卯十……	1
一一四〇正	貞來甲寅侑于上甲十牛	1
一一四一正	侑于上甲一宰 二告	1
一一四二正	侑于上甲七牡	1
一一四三	庚申卜爭貞侑于上甲	1
一一四四	庚戌卜穷貞來甲寅侑于上甲五牛	1
一一四四	貞來甲寅侑于上甲三牛	1
一一四五	貞侑于上甲五牛	1
一一四六	侑上甲……牛	1
一一四七	……爭貞……日侑于上甲五牛	1
一一四八	貞來甲午侑于上甲	1
一一四九	貞侑于上甲	1
一一五〇	翌乙丑勿侑于上甲	1
一一五二	……其侑于上甲	1
一一五三	……侑于上甲	1
一一五六反	……侑上甲	1
一一六〇	……侑自上甲	1
一一六一	貞勿……侑自上甲……匿	1
三四五三	……卜殼翌甲辰侑上甲男……	1
四〇四七反	貞惟𠦪呼侑上甲	1
七〇七六正	今辛亥勿侑于上甲	1
七〇七六正	今辛亥侑于上甲用	1
七〇七六正	貞今辛亥侑于上甲	1
八二四一正	貞翌甲寅侑于上甲七月	1
二二四九七正	侑于上甲	1
二二六六五	貞侑……上甲	1
三二〇四一	癸卯卜侑上甲	4
三三三一八	乙丑卜侑上甲牡十	4
三三三三一	其侑自上甲	4
屯 二六一七	癸酉卜翌日王其侑于上甲三牛王受有祐 弘吉	4
屯 三三九一	庚辰卜侑于上甲	1
英 三	……未卜殼貞侑于上甲三伐	1
英 一三	……侑于上甲	1

⊞·酒

著錄號	釋文	期
一一九二	癸亥卜酒上甲	1
一一九三	酒上甲	1
一一九四	酒上甲	1
一一九八	壬午卜貞翌甲……酒……自上甲……酒……	1
一三五四八	……爭貞……其酒……宗……上甲	1
一九八〇八	……酒上甲牛……用	1
二二六四五	貞酒自上甲	2
二二六五八	癸丑卜貞翌甲寅乞酒上甲……衣……	2
二二六六一	癸……貞……乞酒……自上甲……至于……無……	2
二二六七一	壬子卜……貞翌甲……酒上甲……乂歲……	2
二二六七九	……貞酒……上甲……	2
二七〇五三	惟翌……酒上甲……	3
二七〇五四	……卜狄……酒上甲又歲王受祐	3
二七〇七八	……酒自上甲至……	3
二八二七二	惟上甲先酒	3
三一九八七	庚子貞甲辰酒于上甲	4
三二〇二三	己未……惟甲……酒伐自上甲	4
三二一九八	癸卯卜貞乂伐十五甲辰酒上甲	4
三二三一九	庚辰卜侑于上甲今日庚辰酒 用	4
三二三六〇	癸亥貞甲子酒乂歲于上甲五牛	4
三二三六一	庚……貞酒乂歲于上甲	4
三二三六二	酒惟甲辰于上甲	4
三二三六三	癸巳貞甲午酒上甲歲三牛 茲……	4
三二三六四	……酒歲自上甲……	4
三二三七三	……午貞丁未酒自上甲盤……	4

上甲

著錄	釋文	期
三二三八四	乙未酌茲品上甲十匚乙三匚丙三匚丁三示壬三示癸三大乙十大丁十大甲十大庚七小甲三…三祖乙…	4
三二三八八	庚寅貞甲…自上甲其暨大甲酌	4
三四五三七	…上甲甲子酌其𢦏卯…	4
屯二二七	惟丁酌上甲卯有正	3
屯七○六	…寅貞酌上甲…	4
屯九○○	己酉貞辛亥其酌乇于上甲	4
屯二三六五	甲辰卜大乙暨上甲酌王受有祐	3
屯二三六五	三匚二示暨上甲酌王受祐　吉	3
屯二三六五	…先上甲酌　吉	3
屯二五一○	…貞乙亥酌伐自上甲　茲用	4
屯二六○三	庚申甲子酌𢦔歲于上甲	4

上甲·禦

著錄	釋文	期
三六二	…禦…上甲	1
三六二	貞勿禦自上甲	1
一一六四	禦于上甲三月	1
一一九五	貞翌甲辰酌禦自上甲	1
一二○三正	貞𢦏禦上甲	1
一四八四七	貞禦王自上甲𣍘大示十二月	1
一四八六○	乙亥卜穷貞作大禦自上甲	1
一九八○九	庚辰卜王余酌禦于上甲八月	1
二二六二○	丁巳卜出貞禦王于上甲十二月	2
三二三二九正	癸丑貞甲寅酌大禦自上甲燎六小牢卯…	4
三二三三一	庚午貞大禦于上甲	4
三二三三一	庚午貞大禦自上甲弜惟…	4
屯二九○	庚申貞其禦于上甲大乙大丁大…祖乙	4
屯一一○四	癸酉貞甲申其酌大禦自上甲	4
屯二七○七	丙辰貞其酌大禦自上甲其告于父丁	4
英七八八	戊子卜貞禦年于上甲五月	1

上甲·祝

著錄	釋文	期
八○九三	…翌丁亥惟上甲祝用	1
二七○六○	祝上甲𢀛	3
三三三四六	丙子貞其祝于上甲乙…	4
三三三四七	夕祝上甲歲	4
二二六三二	…祝上甲…	2
屯一五二	…祝上甲祝…	3-4
屯二一二二	惟𢦔上甲祝	4
屯二九六二	…作方其祝上甲	3

上甲·燎

著錄	釋文	期
一一四○正	戊申卜殻貞方帝燎…于…𢀛…卯…上甲	1
一一八七	…卜…貞燎于上甲…豕一羊卯…牛	1
一一八八	燎上甲十牛	1
一一八九	壬…穷貞燎上甲	1
一一九一正	貞呼先酌燎…上甲…王…	1
一二○○	即燎上甲于唐	1
一二○一	即燎上甲于…六牛	1
一○一一一	己巳卜古貞…年…于上甲燎九月	1
一○一一一	己巳卜古貞其…年…于上甲燎九月	1
一九八一二正	辛巳卜王上甲燎十豕侑丁禦兄丁令…	1
	惟止用	1
二四九七五	…王…其燎…上甲父…饗	2
三二三一三	庚寅貞其告高祖燎于上甲三牛	4
三二三二○	…丑…其有…上甲燎六羊	4
三二三五七	…于上甲燎三宰卯三…	4
三二三五八	…卜其燎于上甲三羊卯牛三雨	4
三二三五九	…酉燎于上甲	4
三二三八七	乙酉貞有燎于上甲大乙大丁大甲…	4
屯一○○○	…于上甲燎	4
屯一○四二	辛巳卜上甲燎大乙大丁大甲先…	3
屯四五三○	庚午貞上甲燎一小宰	4
屯四五三○	庚午貞上甲燎三小宰	4

上甲·匚

著錄	釋文	期
三五六	…酌匚于上甲九羌卯一牛	1
九四四正	貞上甲惟王匚用五伐十小宰用	1
一一六二	貞有匚于上甲先酌	1
一一六五	匚…上甲正	1
一三五八一	貞其匚于上甲家其…	1
三二三二七	有匚于上甲不遘雨	4
三二三二八	癸丑貞其有匚于上甲其卯于大乙…	4
三二三六五	癸巳貞酌匚于上甲…	4
三三○四二	…酌匚于上甲	4
英二三九八	貞其有匚于上甲	4
英二三九八	貞其有匚于上甲	4

上甲·桒

著錄	釋文	期
六七二正	桒雨于上甲宰	1
一一七○	丁卯卜桒…自上甲	1
一一七一正	貞桒于上甲受我祐	1
一一七一正	勿桒于上甲不我其…	1
一一七二	桒于上甲十牛	1
一一七三	勿桒…上甲豕…	1
一一七四	桒于上甲九…	1

編號	釋文	期
一一七五	…卜爭貞𡆥于上甲	1
一一七六	乙卯卜㱿…𡆥…上甲	1
一一七七	𡆥…上甲	1
一一七八	…上甲𡆥…	1
一一七九	翌庚寅𡆥自上甲	1
一一八〇	乙未卜大𡆥自上甲	1
一一八一反	…𡆥自上甲	1
一一九〇	…未…𡆥…上甲	1
一二四三	庚子卜𡆥自上甲七月	1
三二六七反	于上甲𡆥年	1
六九四七正	𡆥于上甲成大丁大甲下乙 二告	1
一〇一〇九	丁丑卜宾貞𡆥年于上甲燎三小宰卯三牛	1
一〇一一〇	…卯卜于上甲𡆥年…月	1
一〇一一一	甲子卜古貞𡆥年自上甲九月	1
一〇一一二	癸亥卜古貞𡆥年自上甲至于多毓九月	1
一二八五八反	…上甲𡆥年	1
一二八六一	乙卯卜㱿貞𡆥雨…上甲宰…	1
一四三五八	𡆥自上甲一牛…	1
一四八七九	庚子卜𡆥自上甲七月	1
二二六三一	…戌卜行貞王賓上甲𡆥五牛無尤	2
二二六三五	…貞…上甲𡆥…	2
二二六三七	壬戌卜即貞上甲𡆥二牛	2
二三五三八	丁卯卜大貞王賓𡆥自上甲無…月	2
二八二六七	…𡆥…上甲有…	3
二八二六七	其侮𡆥年上甲無雨 大吉	3
二八二七二	𡆥年來其卯上甲𢀛受年	3
三二三三九	甲戌貞𡆥于上甲	4
三二三四〇	…丑卜𡆥于上甲…	4
三二三四一	庚寅卜𡆥自上甲	4
三二三四三	弜上甲𡆥三牛	4
三二三四四	于上甲𡆥雨	4
三二三四五	于上甲𡆥雨	4
三二六一六	𡆥其即宗于上甲	4
三二六五四	其𡆥于上甲其祝	4
三三二〇九	癸亥貞其𡆥禾自上甲…	4
三三二〇九	戊辰貞𡆥禾自上甲其燎	4
三三三〇九	辛卯卜甲午𡆥禾上甲三牛用	4
三三三一二	辛卯卜…𡆥禾上甲…	4
屯 三七	自上甲𡆥年	3
屯一一一〇	庚戌貞其𡆥禾于上甲	4
屯二三八二	己卯卜𡆥雨于上甲 不	4
屯二六六六	庚寅卜其𡆥年于上甲三牛	3
屯二六六六	𡆥年上甲示壬惟茲祝用	3
屯四〇四七	丙申貞𡆥自上甲	4
屯四三六二	己卯卜𡆥雨于上甲	1
懷 三四	…上甲𡆥…九月	4
三二二一四	癸丑卜自上甲盤有伐	4
三二三六八	辛巳貞…自上甲盤惟…	4
三二三六九	辛巳貞…上甲盤	4
三二三七〇	乙巳…自上甲盤	4
三二三七一	…伐自上甲盤	4
三二三七二	甲申酌凡自上甲盤至于多…	4
三二三七四	丁酉卜自上甲盤用人	4
屯 八〇	乙卯貞自上甲盤	4
屯一四八二	癸未…于上甲惟盤…	4
屯三六七二	己卯貞王有…自上甲盤至于…	4
屯三七三〇	…卯卜自上甲盤惟小宰	4
屯四〇五三	乙酉…自上甲盤…𢀛	4
三二〇六三	乙酉卜帝伐自上甲	4
三四〇五〇	…亥卜帝伐自上甲用	4
三二〇	己亥卜貞有勺伐自上甲	1
九〇〇正	貞有伐于上甲十又五卯十小宰𢦔 二告	1
九〇一	壬午卜㱿貞有伐上甲十又五卯十小宰	1
九〇一	有伐于上甲十又五卯十小宰又五	1
九〇四正	來甲午有伐上甲八	1
九〇四正	來甲午有伐上甲十	1
九四三正	來甲戌有伐自上甲	1
九四四正	貞來甲戌有伐自上甲	1
九四五正	翌甲申有伐自上甲	1
九四六正	來甲寅有伐自上甲	1
九四六正	來甲寅有伐自上甲 二告	1
九四七正	貞自上甲有伐	1
九四七正	勿自上甲有伐	1
九四七正	貞自上甲有伐	1
九四七正	勿自上甲有伐	1
九四八	癸…貞…伐…上甲…于…	1
一二五七正	辛丑卜爭貞有勺自上甲	1
一二五七正	辛丑卜爭貞有勺自上甲	1
一二五八	辛巳卜爭貞翌甲申其有勺歲自上甲…十三月	1
一六五四	庚子卜爭貞魯其酌于祖辛𢀛有勺 歲上甲	1

⊞

一四八五五　癸丑卜爭貞有彳伐自上甲至于多…　1
一四八六一　…卜古…翌…亥…卜…自上甲　1
二二六一七　…翌甲…其遘有…歲于上甲其…　2
二二六二六　甲戌卜行貞王賓上甲彳歲無尤…　2
二二六三九　…寅卜大…歲自上甲…卯三宰…　2
二二六四〇　…卜即…翌辛亥…上甲歲告…大乙衣…尞
八月　2
二二六七六　癸酉卜即貞上甲彳歲其告丁一牛　2
二七〇四三　癸未卜其有彳上甲三宰　吉　3
二七〇四七　…上甲王其遘…彡王受祐　3
二七〇四九　…上甲…彡…　3
二七〇五六　…上甲歲王…　3
二七〇五七　癸丑卜上甲歲伊賓　吉　3
三二〇九七　庚辰…有彳…于上甲五…十小宰　4
三二一四一　癸亥貞有彡于上甲遘雨　4
三二一四二　癸亥貞上甲歲不遘雨　4
三二二〇〇　有彡伐十五歲十宰上甲　4
三二二〇六　乙亥卜有伐自上甲　4
三二二〇七　甲申卜王有伐自上甲　4
三二二〇八　…有丁自上甲有伐…　4
三二二〇九　…彡伐自上甲　4
三二二一〇　甲寅貞其有彡伐自上甲盞…　4
三二二一〇　…寅貞…有彡伐自上甲　4
三二二一一　乙亥貞有彡伐自上甲盞至父丁于乙酉　4
三二二一二　乙亥貞有彡伐自上甲盞至父丁于乙酉　4
三二二一三　甲寅貞有彡伐自上甲盞　4
三二二一六　甲子卜有彡自上甲　4
三二二一九　甲午伐自上甲　4
三二三二二　…巳貞甲午有彡歲于上甲五宰　4
三二三二三　甲申有彡歲上甲有雨　4
三二三二四　辛亥卜甲子有彡歲于上甲三牛　4
三二三二五　其有彡上甲三宰　4
三二三五二　…歲于上甲…玆…　4
三二三五三　辛酉卜上甲歲惟猳　4
三二三五四　…歲于上甲　4
三二三五五　辛酉…上甲歲惟…　4
三二三五六　…歲自上甲…　4
三二三六六　戊…貞…彡…于上甲五…　4
三四〇四五　…宗…歲自上甲　4
三四〇四六　乙亥有彳歲在小宗自上甲一月　4
三五三六五　…卜貞王…上甲彡伐…人卯…無尤　5
三五四四〇　乙丑卜貞王賓武乙歲…至于上甲…無尤　5
屯二六六　…上甲歲于父…　4

屯四四一　己未貞有彡伐自上甲　4
屯六七二　…卑以牛其彳自上甲盞大…　4
屯七五〇　甲申貞有彡伐自上甲　4
屯七七四　癸亥…甲子…彡歲…上甲三…　4
屯一〇八〇　壬子卜自上甲有伐
屯一一〇四　癸酉貞甲戌其有伐自上甲盞玆…　4
屯二一〇四　癸酉貞其有伐自上甲盞惟辛巳伐　4
屯二一一六　甲午卜貞其盞有歲自上甲　4
屯二一一六　癸巳卜貞有上甲歲　4
屯二一二四　癸巳貞其有彡自上甲盞至于父丁甲午用　4
屯二一三〇　上甲歲三宰　玆用　4
屯二六〇三　庚申有彡于上甲牛　4
屯三〇〇三　…卜其有彡上甲宰王受祐　3
屯四〇三七　…辰…有彡…上甲　4
屯四四九一　…其有彡…上甲有…受祐　3
英一九二四　丁亥卜大貞卜曰其有盞彡歲自上甲
王乞…　2
英一九二五　乙酉卜貞翌丁亥木來人其彡自
上甲又其人其…　2
懷一五五五　乙巳貞有彡歲自上甲大…三宰三…　4

⊞·五種祭祀

一一八三　戊午…貞來甲…暨彡…上甲侑…　1
一一八四　辛卯卜亘貞彡酚于上甲無壱九月　1
一一八四　辛卯卜亘貞彡酚于上甲無壱九月　1
一一八五　辛卯卜亘貞彡酚于上甲無壱九月　1
一二一〇　貞王于魯酚于上甲入　1
二七八四　貞翌甲魯自上甲衣無壱七月　1
二二六五二　…卜貞…于乞彡魯自上甲衣至于毓…　2
二二六三三　…午彡上甲…在十二月　2
二二六三四　癸丑…貞翌甲…彡于上甲…毓余…　2
二二六三六　癸丑卜…貞翌甲…上甲彡災…其告…　2
二二六四二　…卜貞…上甲翌…在八月　2
二二六四三　…上甲翌…無尤　2
二二六四四　甲午觀上甲遘示癸祭無囚　2
二二六四六　庚戌卜王貞翌辛亥乞彡乇自上甲衣至
于多毓無壱在十一月　2
二二六四八　庚戌卜即貞翌辛亥乞彡乇自上甲衣至
于多毓無壱十月　2
二二六四九　癸丑…貞翌…乞彡彡…上甲…　2
二二六五〇　癸酉卜瀍貞翌甲戌乞彡魯自上甲衣…
于多毓…七月　2
二二六五〇　…魯…上甲…于多毓…　2

二二六五一　癸未卜：貞翌甲申乞酚魯自上甲衣至于毓無：　2
二二六五三　：旅：戊乞酚魯自上甲：告十月　2
二二六五五　癸亥：甲子乞酚翌自上甲衣至于多毓無囚三月　2
二二六五七　庚戌卜濩貞翌辛亥乞酚彡乇自上甲衣至于：毓：　2
二二六六九　癸丑卜王貞旬無囚在四月甲寅酚翌自上甲　2
二二六七〇　：辰卜尹貞翌辛巳：酚翌祀：上甲：　2
二二六七二　癸亥：貞翌：乞酚祭：上甲：三：　2
二二六八二　甲申：貞王：上甲魯：在：　2
二二六八五　：魯自上甲衣：　2
二四二八〇　癸酉卜尹貞旬無囚甲戌酚祭于上甲在：　2
二五九四〇　癸酉卜：貞翌甲：乞酚魯于上甲其遘有乂歲三牢　2
二七〇四二正　甲子卜宁貞王賓上甲魯無尤　3
二七〇四二正　甲子卜宁貞王賓上甲魯無尤　3
二七〇四二正　甲子卜宁貞王賓上甲魯無尤　3
二七〇四二正　甲子卜宁貞王賓上甲魯無尤　3
二七〇四二正　甲子卜：貞：上甲魯：　3
二七〇四二正　：子卜：貞王賓上甲魯無尤　3
二七〇四二反　甲子卜宁貞王賓上甲魯無尤上甲遘　3
二七〇四二反　甲子卜宁貞王賓上甲魯無尤　3
二七〇四二反　甲子卜：貞王賓上甲魯：　3
二七〇四二反　甲：貞王賓上甲魯無尤　3
二七〇四四　：卜彡日酚于上甲王其遘有乂　3
二七〇四五　癸丑卜彡上甲王其遘：　3
二七〇四六　：彡上甲王其遘有乂上甲王受：　3
二七〇四八　：卜彡上甲：　3
二七〇五〇　：翌日上甲其遘有乂王受祐　3
二七〇七六　：其有乂歲自上甲遘翌　3
三三三二六　乂歲：上甲彡　4
三三三五〇　：盧彡乇自上甲　4
三三三五一　：于上甲𠂤彡　4
三四〇四四正　：戌貞辛亥酚彡：自上甲在大宗彝　4
三五三九七　癸酉卜貞王旬無畎在七月甲戌翌日上甲：典其幼　5
三五三九八　癸巳卜貞旬無畎在八月甲午翌上甲　5
三五三九九　癸丑王卜貞旬無畎在九月甲寅翌上甲　5
三五四〇〇　癸酉：無畎：吉在：翌上甲　5
三五四〇三　甲申卜貞王賓上甲翌：無：在：　5
三五四〇六　甲戌翌上甲乙亥翌匚乙丙子翌匚丙：匚丁壬午翌示壬癸未翌示癸：翌大丁：翌：大庚：翌：　5
三五四〇九　：午卜貞：無畎：辰：祭上甲　5

三五四一〇　癸亥王卜貞旬無畎在二：甲子𢦏祭上甲　5
三五四一一　癸未卜王貞旬無畎在十月又一甲申𢦏酚祭上甲　5
三五四一二　癸巳王卜貞旬無畎在十二月甲午𢦏祭上甲　5
三五四一二　：王卜貞旬：在正月甲辰：上甲工典其魯　5
三五四一三　：卜貞王：畎在十月二：酚𢦏祭上甲　5
三五四一五　：貞：上甲祭：無尤：月：　5
三五四一六　癸丑卜：貞王旬無畎在正月甲寅𩰫上甲　5
三五四一八　：王卜貞：無畎王：曰吉在：祭上甲　5
三五四二〇　：卜貞王：上甲𩰫：尤　5
三五四二二　癸丑王卜貞旬無畎王囚曰吉在六月甲寅彡日上甲　5
三五四二三　癸巳王卜貞旬無畎王囚曰吉在四月甲午彡上甲　5
三五四二四　癸未王卜貞旬無畎王囚曰大吉在三月甲申彡上甲　5
三五四二五　甲辰卜貞王賓上甲日彡無畎在正月　5
三五五二七　癸巳王卜貞旬無畎王囚曰大吉在九月甲午祭大甲魯上甲　5
三五五二八　：無畎王囚曰：在十月甲寅祭大甲魯上甲　5
三五五二九　癸卯王卜貞旬無畎王囚曰吉在十二月甲辰祭大甲魯上甲　5
三五五三〇　癸巳王卜貞旬無畎王囚曰吉在十月又二甲午魯日上甲祭大甲　5
三五七五六　癸巳王卜貞旬無畎王囚曰吉在八月甲午翌上甲　5
三六四八二　甲午王卜貞作余酚朕𢆶酚余步比侯喜征人方二𣪊示受有祐不𢀛𢦏囚告于大邑商無：在畎王囚曰吉在九月遘上甲𩰫惟十祀　5
三七八三六　癸未王卜貞酚彡日自上甲至于多毓衣無蚩自畎在四月惟王二祀　5
三七八四〇　癸未王卜貞旬無畎王囚曰吉在月又一甲申𢦏酒祭上甲　5
三七八四〇　：王卜：無畎：曰吉：月又二：𩰫上甲　5
三七八五一　：上甲：自畎：祀彡：　5
三七八六五　：王卜貞酚彡日自上甲：多毓衣無蚩自：吉在三月惟王二十：　5
三七八六六　：王二十祀彡日上甲　5
三七八六七　癸丑卜泳貞王旬無畎在六月甲寅酚翌上甲王二十祀　5
屯四二三　癸亥：酚魯自上甲　4
屯四八八　乙亥貞有乂歲自上甲盞遘上甲彡　4

屯二五一二　…貞甲申酢彡自上甲　4

英一九二三　癸丑卜王曰貞翌甲寅乞酢劦自上甲衣至于毓余一人無𡆥茲一品祀在九月遘示癸觀彘　2

英二五〇四　癸巳王卜貞旬無𡆥在九月王𡆥曰大吉甲午祭上甲　5

英二五〇三　癸未王卜貞旬無𡆥在三月王𡆥曰大吉甲申彡上甲　5

⊞·

二六八正　癸酉卜𦉢貞翌甲戌用…以羌𣈱日甲…用自上甲允𣈱…　1

二七〇正　壬寅卜㱿貞興方以羌用自上甲至下乙　1

二七一反　貞…方以羌自上甲用至…下乙　1

二七七　己卯卜穷貞翌甲申用射𢦏以羌自上甲二月　1

三一〇　…上甲五十羌八月　1

四一九正　貞𢀛羌用上甲　1

四一二　貞翌甲辰勿酢羌自上甲　1

二二五四四　旅…上甲歲…于唐歲五…羌五十無尤　2

二二五五二　甲寅卜…上甲𢀛伐…羌十五…無尤　2

二二五五八　癸亥卜旅貞翌甲子有𢀛歲上甲其有羌九…　2

二二五七一　…亥卜…翌甲子其有𢀛歲上甲其有羌…二月　2

二六九三三　…以上甲羌三人王…　3

三二〇一六　…來羌自上甲　4

三二〇一九　…望乘以羌…自上甲　4

三二〇二一　丁亥貞用望乘以羌自上甲　4

三二〇二二　癸酉貞射𢀛以羌用自上甲子…　4

三二〇二二　癸酉貞射𢀛以羌用自上甲　4

三二〇二三　癸酉貞射𢀛以羌用自上甲于甲申　4

三二〇二三　庚午貞射𢀛以羌用自上甲惟甲戌　4

三二〇二三　癸酉貞射𢀛以羌自上甲乙亥　4

三二〇二四　丙申貞射𢀛以羌盤用自上甲　4

三二〇二八　丁卯貞𢀛以羌其用自上甲盤至于父丁　4

三二〇八三　甲辰貞有伐于上甲九羌卯牛…　4

三二〇八三　甲辰貞來甲寅有伐上甲羌五卯牛一　4

三二〇九七　庚辰卜有𠬝伐于上甲三羌九小牢　4

三二一一三　甲子貞有伐于上甲羌一大乙羌一大甲羌一　茲用　4

三二一一四　甲子貞有伐于上甲羌一大乙羌一大甲羌自…　4

三二一一五　…侑…上甲…大乙…大…羌…　4

三四〇四七　…亥卜在大宗有𠬝伐三羌十小牢自上甲　4

屯六三六　…貞射𢀛以羌其用自上甲盤至于父丁惟甲辰用　4

屯六三六　甲辰貞射𢀛以羌其用自上甲盤至于父丁惟乙巳用伐四十　4

屯六六五　…高祖亥卯于上甲羌…祖乙羌五…牛無壱　4

屯二三五五　癸酉卜貞羌盤用自上甲　4

屯三三三三　丙寅貞𢦏…羌…上甲…至父丁用羌…三十又九…用卯羊二十又一丁卯茲用　4

屯四四六〇　甲子貞有伐上甲羌一　4

英一　自上甲用羌　1

懷二四　…貞翌甲寅…𡧊侯𦎫以羌自上甲至于丁　1

其它

四一九正　貞勿𢦏自上甲至下乙　1

四二〇　癸…卜…遘…侑上甲　1

四三五　…卜王…𣪊…上甲…　1

六七二正　于上甲牛　二告　1

七六四　…上甲至…小…　1

八九三正　貞二十伐上甲卯十小牢　二告　1

八九三正　上甲十伐又五卯十小牢　1

九〇二正　勿于上甲　1

九〇二反　…上甲…　1

九〇五正　癸亥卜㱿貞于心上甲二牛又帝伐十…十𢀛…月　1

九〇七反　…來𠂤…上甲…伐…　1

九二四正　上甲惟牢用　1

一〇七三　…爭…上甲…　1

一一四一正　上甲二牢　1

一一五一　壬…㱿…于上甲　二告　1

一一五四　甲…侑…上甲　1

一一五五　…㱿…甲…侑…上甲　1

一一六一　貞勿…侑自上甲…𠬝　1

一一六三　…侑食于上甲…勾不　1

一一七二　上甲　1

一一八二　貞惟上甲日𠂤　1

一一九六　貞來甲…酢朕…上甲十月　1

一一九七　…上甲享其…　1

一二〇六　…上甲七牢祖…　1

一二〇七　…上甲…牢　二告　1

一二〇八　…十牛上甲　1

一二〇九　…上甲五牛　1

一二一一　…上甲二牛　1

田

編號	釋文	
一二一二	：卯卜：于上甲：牛	1
一二一三	：卜：上甲一牛	1
一二一四	：四豕三羊：上甲	1
一二一五	：自上甲一牛	1
一二一六	翌乙：十羊：上甲	1
一二一七	：㱿：上甲：	1
一二一八	：貞：㱿：上甲	1
一二一九	：㱿：上甲	1
一二二一	庚：貞舟上甲	1
一二二二	：于上甲	1
一二二三	：于上甲	1
一二二四	：于上甲五月	1
一二二五	己丑：上甲：	1
一二二六	貞：于：上甲	1
一二二七	：爭貞：自上甲	1
一二二八	翌甲：自上甲率	1
一二二九正	貞勿：自上甲	1
一二三〇	：自上甲七月	1
一二三二	：□上甲：	1
一二三三正	貞：以：上甲	1
一二三四	壬戌卜上甲一月	1
一二三五	上甲	1
一二三六	：上甲	1
一二三七	：上甲	1
一二三八	上甲	1
一二三八	：自下：上甲	1
一二三九	：自下：上甲	1
一二四〇	貞上甲龢暨唐	1
一二四二正	己卯卜㝱貞于上甲咸大丁	1
一二四四	：上甲成大丁大甲	1
一二四五	：上甲成大：	1
一二四六	：上甲大乙：	1
一二四七	：上甲成：	1
一二四八正	癸未卜㱿貞翌甲申王賓上甲日王固曰吉 賓允賓	1
一二四八正	貞翌甲申王勿賓上甲日	1
一二四九	庚子卜王上甲妣甲毓妣癸：	1
四一四一	翌甲辰于上甲一牛	1
四一四一	：于上甲一牛	1
四二一三	：上甲：	1
四三九三正	：上甲：	1
四六〇八	：于上甲二月	1
六一三一正	：于上甲	1

編號	釋文	
六六六四正	豕于上甲	1
六八九四	：上甲一月	1
七三八二反	貞：方：上甲：	1
八五六六正	：上甲：吾方	1
九一六七	：上甲：用：以	1
九三三八	：上甲：𧉈：彡不：亦告入：	1
一〇〇八四	乙亥卜爭貞酢危方：牛自上甲一月	1
一〇三八一	庚子：自上甲：至：余：	1
一〇五一〇	：上甲：王䖵：□	1
一二四九八正	：上甲	1
一二六四八	惟上甲	1
一二六四八	不惟上甲	1
一二六四八	惟上甲	1
一二六四八	惟上甲	1
一二六四八	不惟上甲　二告	1
一三三二九	丙戌卜㝱貞告日有蝕于上甲三牛	1
一三五八〇	己酉貞于上甲家	1
一六〇二八	：延以：上甲奏：	1
一六四三二	：王于上甲：	1
一七四〇八正	貞：上甲：　二告	1
一八九一三	貞其：于上甲𦣞：	1
一九八〇五	：酉上甲	1
一九八一一反	：上甲匚乙匚丙匚丁示：	1
二〇五二一	：上甲十五牛	1
二二六一八	：侑：上甲：尤	2
二二六一九	：上甲：有祐	2
二二六二四	：卜尹貞：賓上甲：大乙奏：	2
二二六二五	戊子卜出貞今：又：上?甲?：	2
二二六二七	：寅：王賓上甲叙無尤：月	2
二二六二九	：寅卜大：賓上甲：	2
二二六三〇	甲戌卜卜貞王賓上甲無囚	2
二二六三八	：戊卜：惟上甲：用	2
二二六四一	：上甲歲三牛：大乙歲三牛：尤在十月	2
二三六四五	：卜旅：上甲：	2
二二六六四	：酢：上甲衣：無壱	2
二二六六五	：乞：上甲：于：壱	2
二二六七五	：囚：甲申：上甲：	2
二二六七八	：上甲其告于丁	2
二二六八〇	己巳：貞贏不既乍其亦奏自上甲其告于丁十一月	2
二二六八一	：于：上甲示壬示癸：大甲祖乙：十一月	2
二二六八三	：王賓上甲衣：	2
二二六八四	：戊卜：翌辛：三：上甲衣：	2
二二六八六	：其至：上甲：	2
二二六八七	：上甲九月	2

著錄號	釋文	期
二四一二四	……卜王曰貞于戊子上甲祖……	2
二六九九七	……上甲伐三人王受有祐	3
二七〇四二反	上甲	3
二七〇五五	上甲……	3
二七〇五八	弜宗上甲王	3
二七〇五九	至上甲王受祐	3
二七〇六一	辛未卜高祖奉其卯上甲……	3
二七〇六二	……𩅦……上甲……上甲又……	3
二七〇六三	庚……上甲……五牛	3
二七〇六四	癸巳卜何貞王……上甲𬎆禱……遘雨	3
二七〇六六	……于上甲	3
二七〇六七	……上甲……王……	3
二八七三九	弜……上甲王……吉	3
二七〇六八	貞于上甲	3
二七〇六九	癸丑……上甲一牛…… 大甲	3
二七〇七一	……上甲一牛……啓	3
二七〇七二	……戊卜𢦏……上甲一牛	3
二七〇七三	壬辰貞上甲遝	3
二七〇七四	自上甲	3
二七〇七五	貞自上甲來䖵	3
二七〇七九	……上甲大乙……庚……受有祐	3
二七三一八	……上甲……吉	3
三二〇二六	癸未貞甲申𫹉方用自上甲	4
三二〇二七	上甲	4
三二一一三	戊午卜貞祭多宁以鬯自上甲	4
三二一一四	戊午貞祭多宁以鬯自上甲	4
三二一一五	丙寅……自上甲十……	4
三二一五九	……卯……于上甲	4
三二一六七	……𩂣……上甲	4
三二一六八	壬戌卜用侯屯自上甲十……	4
三二一八七	有伐十五歲小宰上甲	4
三二一九八	甲子侑……上甲……五……	4
三二二二六	丁未卜其即上甲	4
三二二五六	……上甲至于父丁十……	4
三二二九五	……卯于上甲有……	4
三二三一二	……于上甲其卯于大乙六牛	4
三二三二八	上甲不遘雨	4
三二三二九正	自上甲羊	4
三二三四八	辛亥卜乇上甲牛三匚羊二示牛	4
三二三四九	辛亥貞乇自上甲三匚羊二示牛	4
三二三四九	自上甲𠪚	4
三二三六七	己酉卜用人牛自上甲	4
三二三七五		4
三二三七六	上甲五牛	4
三二三七七	癸亥貞甲子……上甲三勿牛	4
三二三七八	……巳貞其于上甲……	4
三二三七九	……上甲惟十……	4
三二三八〇	丁丑貞惟上甲……卯三大……三小宰	4
三二三八一	……上甲遘……	4
三二三八二	……自上甲六牛	4
三二三八三	……自上甲……	4
三二三八五	……雨自上甲大乙大丁大甲大庚	4
三二三八六	……未卜上甲大乙大丁	4
三二三八九	玫舟自上甲……祖乙牛一父丁……	4
三二八九六	……其……自上甲	4
三三三一一	……卜王自……禾于……以上甲大乙……	4
三三三四四	……卯卜甲午……禾上甲三牛用	4
三三六九四	癸酉貞于上甲	4
三三六九五	癸酉貞日月……食……上甲	4
三三六九七	乙丑貞日有戠其……于上甲三牛 不用	4
三四〇六二	……即宗于上甲	4
三四一四九	癸酉貞于上甲	4
三五四〇一	……王卜貞……畎王囚……在十月……彡幼……上甲	5
三五四二九	……自上甲至于……六月	5
三五四三二	癸……自上甲……十月……	5
三五四三三	……自上甲……畎	5
三五四三四	己丑卜貞王賓上甲……	5
三五四三五	……東遘上甲……延……从……無畎王……桑……	5
三五四三九	丁酉卜貞王賓執自上甲至于武乙衣無尤	5
三五五三〇	癸未……貞旬……王囚……在十二月……上甲工……	5
三五七三六	……上甲……	5
三五七六四	……在……十……上甲……	5
三六〇三二	甲……卜貞……上甲牢 茲用	5
三六五三〇	己酉王卜貞余征三封方惟𩁹令邑弗悔不無……在大邑商王囚曰大吉在九月遘上甲五牛	5
屯二五〇	……巳卜……王……上甲	4
屯三五四	……今日上甲……大丁大甲……	
屯五一三	……于上甲	4
屯七五四	于上甲祏	3
屯八六七	壬午卜其酉秋于上甲卯牛	4
屯九〇〇	丁未貞弜寧?……上甲	4
屯九〇〇	己酉貞上甲乇……牛	4
屯九〇〇	……貞上甲乇于大乙卯	4
屯九二一	……貞弜……即于上甲	4
屯九二六	……上甲……	3

屯一〇五三	丁未…于上甲寧雨	4
屯一三〇二	…上甲遘…	4
屯一四三一	…上甲…	
屯一五三一	…上甲	
屯一五八三	…上甲三牛甲午…用	4
屯一七〇三	…上甲…大丁	
屯二〇一〇	…上甲…三牛	4
屯二三二二	癸酉貞弜得岳其取即于上甲	4
屯二三二二	即岳于上甲	4
屯二三三九	…其𠚤…鹰于…上甲王受年有大雨	3
屯二三八四	庚辰貞其陟…高祖上甲茲用王固茲…	
屯二四一七	上甲壱穀	4
屯二四四四	上甲…	4
屯二六一五	癸…其卯入日歲…上甲二牛	4
屯二七〇七	…自上甲盟用白猳九…在大甲宗卜	4
屯二八四六	…于上甲十…	4
屯二九〇七	…上甲…十人有雨	4
屯三三九六	…上甲…	
屯三七四三	三牢上甲	3
屯四〇四九	上甲…	
屯四三一八	…辰…用上甲	4
屯四三三三	王其侑…上甲惟…牢用…	3
屯四三八一	弜…鬼…上甲…	
屯四四五五	祐其至上甲王受…	3
屯四四六〇	戊…貞祭多宁…壱…上甲	4
屯四五一七	甲申…多尹…若上甲	1
屯四五三〇	庚午貞翌甲…酌人方…人方于上甲…	4
屯四五三一	癸巳…王尋…自上甲	
英二	…翌癸…勿用…自上甲	1
英四	…上甲一牛	1
英五	…上甲…牛	1
英六	…于上甲四牢	1
英七	…子…貞上甲四…受…	1
英八	…牢于上甲其…	1
英九	…上甲	1
英一〇	…豕…上甲	1
英一一	…上甲	1
英六〇九	己酉卜穷貞攸牛于上甲	1
英一九二六	…其…上甲…	2
英一九二七	…上甲…	2
英一九二九	…上甲	2
英一九九八	庚辰卜旅貞嬴不既𢓊其亦尋…其 肵賓于上甲	2
英二三九九	…巳貞…自上甲…	4
懷三〇	上甲	1
懷三三	貞…上甲…卯…	1
懷九〇一	…自上甲…	1

匚乙 報乙

六一三一反	…吉匚乙…	1
六一三二	貞于匚乙告舌方	1
一九八一一反	…上甲匚乙匚丙匚丁示…	1
一九九二六	辛…𠂤…勿…匚乙	1
二二六八二	…卜行貞王賓匚乙𫹉無尤在…	2
二二六八八	乙丑卜旅貞王賓匚乙彡無尤在七月	2
二二六八九	乙丑卜…貞王賓匚乙翌…	2
二二六九〇	…貞王賓匚乙歲一牛無尤	2
二二六九一	乙酉…貞王…匚乙…	2
二二六九二	乙卯卜即貞王賓匚乙祭無𡆥	2
二二六九三	乙亥卜㣈貞王賓匚乙𫹉無尤	2
二二六九四	…卯卜旅…王賓匚乙𫹉無尤	2
二二六九五	…丑卜…賓匚乙…二牢…	2
二七〇八一	乙丑卜何貞王賓匚乙祭不遘…	3
三二三八四	乙未酌茲品上甲十匚乙三匚丙三匚丁三示壬三示癸 三大乙十大丁十大甲十大庚七小甲三…三 祖乙…	4
三五四〇六	甲戌翌上甲乙亥翌匚乙丙子翌匚丙…匚丁壬 午翌示壬癸未翌示癸…翌大丁…翌… 大庚…翌…	5
三五四四一	乙卯卜貞王賓匚乙祭無尤	5
三五四四二	…卜貞王…匚乙祭…尤	5
三五四四三	乙卯卜貞王賓匚乙𩰫…尤	5
三五四四四	乙未卜貞王…匚乙𫹉日無尤	5
三五四四五	…卜貞王…匚乙…尤	5
三五四四六	乙酉卜貞王賓匚乙彡日無尤	5
三五四四七	乙巳卜貞王賓匚乙彡日無尤	5
三五四四八	…卜貞…匚乙彡日…尤	5
三五四四九	乙丑…王匚乙…無…	5
三五四五〇	…賓匚乙…無尤	5
英一九二八	乙酉卜行貞王賓匚乙無尤	2
懷一二九八	…匚乙…惟吉	3

匚丙 報丙

一九八一一反	…上甲匚乙匚丙匚丁示…	1
二二六九七	…旅…王賓匚丙叙無尤	2

著錄號	釋文	期
二二六九八	丙申卜旅貞王賓匚丙翻無囚	2
二二六九九	：申卜：貞王：匚丙：無：	2
二二七〇〇	：匚丙：無：	2
二五三〇七	丙午卜行貞王賓匚丙彡無：在正月	2
二七〇四二反	乙卯卜宁貞王賓匚丙翻𠫑多無尤	3
二七〇四二反	丙辰卜宁貞王賓匚丙翻𠫑多無尤	3
二七〇四二反	丙辰卜宁貞王賓匚丙翻𠫑多：	3
三二三八四	乙未酒𢆶品上甲十匚乙三匚丙三匚丁三示壬三示癸 三大乙十大丁十大甲十大庚七小甲三：三 祖乙：	4
三五四〇六	甲戌翌上甲乙亥翌匚乙丙子翌匚丙：匚丁壬 午翌示壬癸未翌示癸：翌大丁：翌： 大庚：翌：	5
三五四五一	丙申卜貞王賓匚丙翻無尤	5
三五四五二	丙寅卜貞王賓匚丙翻：	5
三五四五三	：卜貞王賓匚丙翻無尤	5
三五四五四	丙寅卜貞王賓匚丙𠭯無：	5
三五四五五	丙申卜貞王賓匚丙彡日無：	5
三五四五六	丙戌卜貞王賓匚丙：日無尤	5
三五四五七	丙戌卜貞王賓匚丙：	5
三五四五八	：辰卜貞：賓匚丙：	5
英一九二八	丙戌卜行貞王賓匚丙彡無尤在十一月	2
英一九二九	丙：貞王：匚丙：尤	2
英二五〇二	：卯卜貞王賓：自匚丙至于多：衣無尤 在：月	5

匚丁 報丁

著錄號	釋文	期
一九八一一反	：上甲匚乙匚丙匚丁示：	1
二二六八八	丁卯卜旅貞王賓匚丁彡無尤在七月	2
二二七〇二	：父丁歲暨：匚丁歲無：	2·
二二七〇三	丁：貞：匚丁：	2
二二七〇四	：貞：匚丁：尤	2
二二七〇五	：貞匚丁：	2
三二三八四	乙未酒𢆶品上甲十匚乙三匚丙三匚丁三示壬三示癸 三大乙十大丁十大甲十大庚七小甲三：三 祖乙：	4
三五四〇六	甲戌翌上甲乙亥翌匚乙丙子翌匚丙：匚丁壬 午翌示壬癸未翌示癸：翌大丁：翌： 大庚：翌：	5
三五四六〇	丁巳卜貞：賓匚丁：尤	5
三五四六一	：王賓匚丁：無尤	5
三五四六二	丁卯卜貞王賓匚丁彡日無尤	5
三五四六三	丁亥卜貞王賓匚丁彡日無尤	5
三五四六四	：貞：匚丁彡：尤	5
三五四六五	丁卯：賓匚丁：日無：	5
三五四六六	丁酉卜貞王賓匚丁：無尤	5
三五四六七	：貞：匚丁：	5
屯六五四	于匚丁祏	3
屯一一一〇	甲寅貞伊歲遘匚丁日	4
屯二三七五	于匚丁祏正	3

示壬

著錄號	釋文	期
七七六正	壬辰卜𣪊貞侑于示壬宰	1
七七六正	侑于示壬二牛	1
九三八正	貞侑于示壬妻妣庚宰惟勿牛七十二告	1
一一四〇正	壬子卜穷侑于示壬正	1
一二五一	癸亥卜先貞侑于示壬燎	1
一二五二	：侑于示壬二牛	1
一二五三正	勿侑于示壬	1
一二五四	壬戌卜𣪊貞侑于示壬	1
一二五五	：未卜穷：奏于示壬：月	1
一二五六	：于示壬	1
二三八五	貞來庚戌侑于示壬妾妣𠂤羊	1
六一三一正	：𢀛方于示壬	1
六六六四正	：卜𣪊：侑于示壬	1
一〇一一二正	貞𠦪年于示壬	1
一三六二四正	于示壬	1
一四九一二	：示壬宰又一牛	1
一九八〇六	辛丑卜王三月侑示壬母妣庚豕不用	1
一九八〇六	辛丑卜王：上甲示壬：酒河	1
一九八一三正	辛卯卜𠂤示壬二牛	1
一九八一三正	庚寅卜𠂤二牛示壬	1
一九八一二反	庚：卜𠂤示壬歲一牛	1
一九八一二反	庚寅卜𠂤示壬歲三牛	1
二二六八一	：于：上甲示壬示癸：大甲祖乙：十一月	2
二二七〇六	壬申卜：貞王賓示壬翻無囚	2
二二七〇七	：旅貞：賓示壬：彡：	2
二二七〇八	辛亥卜喜貞翌壬子示壬歲無尤十月	2
二二七〇九	辛亥卜即貞翌壬子酒示壬歲無𡆥?	2
二二七一〇	壬戌：貞示壬翌：歲翌癸亥其延于示癸	2
二二七一一	：貞：示壬：無尤	2
二二七一二	：王?：壬：示壬：癸：十三月?	2
二二七一三	：貞：示壬𡉚：于示癸𡉚：十六月	2
二二七一四	壬申卜逐貞示壬歲其延于：癸	2
二三三〇三	庚戌卜旅貞王賓示壬奭妣庚：無：	2
二三三〇四	：旅：示壬奭妣庚：尤	2
二三三〇五	庚辰卜：貞王：示壬奭妣庚日：	2

著錄號	釋文	期
二三三〇六	：貞王：示壬奭：㞢無：	2
二三三〇七	：王賓：㞢：示壬奭：無尤	2
二七〇八五	：王其：于示壬惟：	3
二七〇八七	其有勹示壬示癸惟牛有正	3
二七五〇〇	：年妣庚示壬	3
二八二六八	：𡆥年于示壬惟翌日：	3
二八二六九	壬寅卜其𡆥禾于示壬奭暨酌 茲用	3
二八二七一	己卯貞𡆥禾于示壬三牢	3
二八二七二	其卯于示壬弜𡘋年	3
二八二七二	惟示壬先酌	3
三二三八四	乙未酌茲品上甲十匚乙三匚丙三匚丁三示壬三示癸三大乙十大丁十大甲十大庚七小甲三…三 祖乙…	4
三二三九四	：戌貞侑示壬歲茲：癸：牛	4
三二三九五	：侑示壬：	4
三二三九七	癸亥貞其有勹于示壬燎三小宰	4
三二三九九	辛未貞酌示壬十牢	4
三二七五二	：卜：酌：示壬母	4
三三二八六	庚戌貞𡆥禾于示壬	4
三三二九三	：𡆥禾于示壬	4
三三二九三	戊戌貞其𡆥禾于示壬	4
三三二九三	戊戌貞其𡆥禾于示壬	4
三三三〇九	壬辰卜：示壬：牢	4
三三三一四	己卯貞𡆥禾于示壬三牢 茲用	4
三三三一六	：酌𡆥禾于示壬	4
三三三一七	戊子卜𡆥禾于示壬	4
三三三一八	辛巳貞酌禾于示壬	4
三三三三三	壬子卜𡆥禾示壬牢	4
三五四〇六	甲戌翌上甲乙亥翌匚乙丙子翌匚丙…匚丁壬 午翌示壬癸未翌示癸：翌大丁：翌… 大庚：翌…	4
三五四六八	壬子卜貞王賓示壬翌日無尤	5
三五四七〇	壬子卜貞王賓示壬祭無尤	5
三五四七一	：卜貞：示壬祭：	5
三五四七二	壬申卜貞王賓示壬𣪊日無尤	5
三五四七三	壬寅卜貞王賓示壬彡日無尤	5
三五四七四	：貞王：示壬彡：尤	5
三五四七六	壬申卜貞王賓示壬伐無尤	5
三五四七七	：卜貞王：示壬久：無尤	5
三五四七八	：子卜貞：賓示壬：無尤	5
三六一八三	庚辰卜貞王賓示壬奭妣庚翌日無：	5
三六一八四	庚申卜貞王賓示壬奭妣庚：𩏂無尤	5
三六九八一	：𡆥年于示壬惟翌日壬子酌有大雨	5
三六九八一	：年示壬惟：牛用有大雨	5

著錄號	釋文	期
屯七八三	于示壬告三牛	4
屯七八三	于示壬告 不	4
屯九一一	己卯貞𡆥禾于示壬三牢	4
屯一一一〇	庚戌貞其𡆥禾于示壬	4
屯一〇八九	：生：妣庚示壬	4
屯一五〇五	辛亥卜示壬歲一牢	3
屯二三七五	于示壬𢍰正	3
屯二五八四	壬申貞其𡆥雨于示壬一羊	4
屯二六六六	𡆥年上甲示壬惟茲祝用	3
屯二八四二	丙午卜于示壬告	4
屯二八四二	于示壬告	4
屯三〇八三	：貞其𡆥禾于示壬羊雨	4
屯三九七六	：貞示壬：	4
英一四	乙丑卜𡆥于示壬	1
英五四七正	告𢀛方于示壬	1
英一二三六	：亥卜：往于示壬：一宰：𠕁：	1
英一九三〇	：申卜：示壬：其延	2
懷一五六九	自示壬至毓有大雨	3
懷一六八一	壬寅：賓示壬：日無：	5
懷一七〇四	：申卜貞：賓示壬：妣庚翌：尤	5

示癸

著錄號	釋文	期
一二五七	侑于示癸	1
一二五八	：卜貞：示癸：出：若	1
二三八六	癸丑卜王中：宰示癸妾妣甲	1
一九八二正	王侑示癸	1
二二一五九	庚申卜酌自上甲一牛至示癸一牛自大乙 九示一宰𣏾示一牛	1
二二六四四	甲午𩏂上甲遘示癸祭無囚	2
二二六八一	：于：上甲示壬示癸：大甲祖乙：十一月	2
二二七一三	：貞：示壬𦍩：于示癸𦍩：十六月	2
二二七一五	癸巳卜王貞旬無囚在四月遘示癸彡乙…	2
二二七一六	癸亥卜大貞王賓示癸日無尤	2
二二七一七	：旬無囚：示癸𣪊甲寅：小甲𩏂大甲…𡆥𣪊…	2
二二七一八	：卯卜大：示癸歲惟：𧀗酌：	2
二二七一九	癸亥：貞示癸：其延：	2
二二七二〇	：貞：示癸：出：若	2
二三三〇八	：卜即：王賓示癸奭妣甲𣪊無尤	2
二五〇〇七	癸酉卜尹貞王賓示癸彡無尤在十一月	2
二五八七三	：王：示癸：	2
二六四八六	癸巳卜王貞旬無囚在四月遘示癸彡乙未 彡大乙	2
二七〇八六	癸亥：宁貞王賓示癸翌無尤	3

三三三八四　乙未酒𢆶品上甲十匚乙三匚丙三匚丁三示壬三示癸三大乙十大丁十大甲十大庚七小甲三…三祖乙…　4
三三三九九　八牢示癸三牢　4
三三四〇〇　…于示癸…　4
三三四〇一　…示癸歲先…　4
三三四〇二　辛丑侑示癸　4
三五四〇六　甲戌翌上甲乙亥翌匚乙丙子翌匚丙…匚丁壬午翌示壬癸未翌示癸…翌大丁…翌…大庚…翌…　5
三五四八一　…卜貞…示癸𩰫…尤　5
三五四八二　癸亥卜貞王賓示癸翌日無尤　5
三五四八三　…卜貞王…示癸𦎫日…尤　5
三五四八四　癸酉卜貞王賓示癸彡…尤　5
三五四八六　…未卜貞…賓示癸…無尤　5
三五四八七　…卜貞…示癸…無尤　5
三五四八八　…午卜貞…賓示癸…　5
三六一八四　甲子卜貞王賓示癸奭…𩰫無尤　5
三六一八九　…戌卜貞王賓示癸奭…日無尤　5
三六一九〇　…辰卜貞王賓示癸奭妣甲𦎫日無尤　5
屯三二七　惟示癸…　4
英一九二三　癸丑卜王曰貞翌甲寅乞彡𦎫自上甲衣至于毓余一人無囚茲一品祀在九月遘示癸𩰫𧰼　2
懷四八二　…卜…彡二牛…示癸　4
懷一六八二　…卜貞…示癸彡…　5

大乙

一一四六　…上甲大乙…　1
一三五九　…侑于大乙　1
一一六一　…未…禦…大乙　1
一一六二　…亥彡大乙　1
一二六四　𠦪方于大乙　1
一二六五　…卜翌乙…于大乙　1
一二六六　…大乙　1
一二六七　…大乙　1
一二六八　辛丑卜…大乙…　1
一二六九　…大乙𡆥　1
三〇六八　…𢦏玉于祖丁大乙　1
四三二四　丁亥卜禦𠬝大乙宰　1
四三二五　己亥卜于大乙大甲卯𠬝五宰　1
一四八七二　己亥卜侑自大乙至仲丁示牛　1
一四八八一　乙丑…𠦪自大乙至丁祖九示　1
一五六四六　庚戌卜燎于大乙三豕大…　1
一九七七三　庚午卜侑奚大乙三十　1
一九八一五　甲午卜…有𠂤歲大乙呼　1
一九八一六　甲申卜…用四宰大乙翌乙酉用　1
一九八一七　乙巳卜𠬝侑大乙母妣丙牝　1
一九八一八　乙巳侑…宰大乙…　1
一九八一九　…侑大乙　1
一九八二〇　甲子王自大乙祝至祖…　1
一九八二一　…卜侑乙大三牛　1
一九九四六正　辛未酉大乙執火其…　1
二〇〇六五　…酉…九示自大乙至丁祖　1
二〇七九〇　…巳卜侑大乙　1
二二一五九　庚申卜彡自上甲一牛至示癸一牛自大乙九示一宰𢦏示一牛　1
二二六二四　…卜尹貞…賓上甲…大乙奏…　2
二二六三〇　乙亥卜𠂤貞王賓大乙祭無囚　2
二二六四〇　…卜即…翌辛亥…上甲歲告…大乙衣…𡆥八月　2
二二六四一　…上甲歲三牛…大乙歲三牛…尤在十月　2
二二六六九　癸亥卜王貞旬無囚乙丑翌于大乙在五月　2
二二七二一　甲戌卜尹貞王賓大乙彡夕無囚　2
二二七二一　乙亥卜尹貞王賓大乙酉無囚　2
二二七二二　癸亥卜行貞王賓…自大乙至于毓無尤　2
二二七二三　乙巳卜尹貞王賓大乙彡無尤在十二月　2
二二七二四　辛未…貞翌…其有𠂤…于大乙…　2
二二七二五　癸卯卜王貞自大乙大丁大甲　2
二二七二六　乙未卜…貞王賓大乙…彡無尤　2
二二七二七　甲戌卜行貞王賓大乙彡夕無尤　2
二二七二九　乙未卜行貞王賓大乙歲宰無尤　2
二二七三〇　…卜旅…賓大乙…龠叙…　2
二二七三一　癸亥卜…貞大乙歲一牛在八月　2
二二七三二　甲戌…貞翌…翌于大乙無囚　2
二二七三三　…王…大乙…叙…　2
二二七三四　甲申…貞翌乙…𦎫于大乙無…在　2
二二七三五　…卜尹…大乙…　2
二二七三六　…旅貞…幼…大乙至…毓無尤　2
二二七三七　…卜尹…大乙…　2
二二七三八　…尹貞王…宰暨大乙…　2
二三三一四　丙…貞王賓大乙…妣丙𦎫無尤…在八月　2
二六九〇八　其有𠂤大乙羌五十人　3
二六九三五　翌日大乙王其舌祖乙有羌　3
二六九五五　…王其用羌于大乙卯惟牛王受祐　3
二六九九一　自大乙用王受有祐　3
二六九九四　辛丑卜王其有𠂤伐大乙惟舊𠭯用十人五　吉　3

二六九九九　癸丑卜其有歲大乙伐卯二牢　3

二七〇〇〇　王其各于大乙伐不遘雨　吉　茲用　不
雨　3

二七〇〇四　:其有伐大乙:　大吉　3

二七〇五五　大乙先酢王受祐　3

二七〇七七　大乙吉　3

二七〇七九　:上甲大乙:庚:受有祐　3

二七〇八〇　:口貞:祖祝:上甲大乙祖乙:丁之乙酉
桒:乙十示又二　3

二七〇八八　甲子卜何貞翌乙丑其侑大乙惟⿱觀
逞　3

二七〇八九　酉王其侑大乙王受祐　3

二七〇九〇　其侑大乙惟五牢用　3

二七〇九一　:侑大乙王受祐　吉　3

二七〇九二　丁卯卜其桒侑大乙　3

二七〇九二　于翌日律廼桒侑大乙王受祐　3

二七〇九三　癸卯卜其侑大乙惟三牢　3

二七〇九四　:廼:侑大乙　3

二七〇九五　:王其侑大乙惟餗　3

二七〇九六　:有歲大乙惟乙丑:　3

二七〇九七　:其有歲于大乙其宗酢　3

二七〇九八　:其有大乙其有:　3

二七〇九九　新大乙有王受祐　3

二七一〇〇　其有大乙惟翌日乙酉酢　3

二七一〇一　卜歲其至于大乙　吉　3

二七一〇二　大乙歲:其饗:遘雨　吉　3

二七一〇三　:大乙歲王受:　3

二七一〇四　:父甲:大乙酢:受有祐　3

二七一〇五　:暨大乙酢有正　3

二七一〇六　先酢大乙史有正　3

二七一〇七　甲戌卜彭貞酢彡大乙王弗賓　3

二七一〇八　貞:大乙弜:酢于之有正　3

二七一〇九　祏大乙　3

二七一一〇　新大乙舌　3

二七一一一　新大乙舌　3

二七一一二　:䧿大乙王:　3

二七一一三　壬午卜其舌大乙五牛王受:　3

二七一一四　丁巳卜頙貞其:禦大乙　吉　3

二七一一五　禱大乙酢䧿王悔　3

二七一一六　:卜翌日大乙其舌:　3

二七一一七　:日于大乙其舌王受:　3

二七一一八　乙巳:大乙桒:　吉　3

二七一一九　:大乙桒　3

二七一二〇　:至大乙:　吉　3

二七一二一　:其習大乙王受祐　3

二七一二二　:蒸華牛大乙白牛惟元:　3

二七一二三　其用大乙荀牛　3

二七一二四　大乙史王饗于命　3

二七一二五　大乙史王其饗　3

二七一二六　:大乙史其延大丁:　3

二七一二七　:卜大乙史:祝　3

二七一二八　:未卜祭大乙其用舊　3

二七一二九　祭大乙其舌祖乙二牢　吉　3

二七一三〇　:大乙　3

二七一三一　:又大乙三牢王:　3

二七一三二　:大乙其:　3

二七一三三　于大乙:王:　3

二七一三四　癸酉卜:貞大乙:伊其:　3

二七一三五　其舌:𢆶:大乙舌:　3

二七一三六　:王其侑于大乙惟乙亥酢王受有祐　3

二七一三七　:大乙大丁大甲其作餗餗門作豐庸又:　3

二七一三八　乙亥:大乙:　3

二七一三九　:大乙:王:祐　3

二七一四〇　:大乙　3

二七一四一　:大乙惟:　3

二七一四二　庚辰卜:貞于大乙:大:　3

二七一四三　:于:大乙　3

二七一四四　癸:貞王:牛于大乙:于之若　3

二七一四五　戠大乙酢毓祖丁　吉　3

二七一四六　戊午卜狄貞惟兕于大乙惟示　大吉　3

二七一四七　癸亥卜貞惟大乙暨祖乙饗　3

二七一四七　癸亥卜彭貞大乙祖乙祖丁暨饗　3

二七一四七　貞大乙祖丁暨饗　3

二七一四八　甲辰卜:貞歲其:于大乙　3

二七一四九　王其侑大乙大丁大甲惟歲公　3

二七五〇一　其侑妣丙暨大乙酢王受祐　3

二七五〇二　:卜:妣丙大乙奭惟今日酢　3

三〇四五八　:酉卜其棗在大乙:　3

三〇九六〇　即大乙祈歲王:　3

二七九八二　惟商方步立于大乙戔羌方　3

二七九八二　庸:大乙:　3

三二〇二九　其陟于大乙　4

三二〇八〇　:亥卜:乙:亥:大乙乙丑　4

三二〇八七　甲午貞乙未酢高祖亥:大乙羌五牛
三祖乙羌:小乙羌三牛二父丁羌五牛
三無壱　茲用　4

三一一〇一　:巳卜:羌:牢:大乙　4

編號	釋文	期
三二一〇一	丁巳卜三羌三牢于大乙	4
三二一〇三	癸巳貞有彳伐于伊其乂大乙彡	4
三二一一三	甲子貞有伐于上甲羌一大乙羌一大甲 羌一　茲用	4
三二一一四	甲子貞有伐于上甲羌一大乙羌一大甲羌 自	4
三二一一五	：侑：上甲：大乙：大：羌：	4
三二一一六	癸亥卜遘彭圍伐于大乙	4
三二一一六	甲子卜先侑大乙	4
三二一一七	己酉卜侑于大乙乙卯	4
三二一一八	辛亥貞于大乙有伐	4
三二一一九	乙亥有歲于大乙牛　茲用	4
三二一二四	辛未卜貞彭大乙乙亥	4
三二二一四	丁未卜侑五牢大乙	4
三二二二四	：卜侑三牢大乙	4
三二三〇一	庚戌卜王槊省大乙	4
三二三二八	癸丑貞其有匚于上甲其卯于大乙：	4
三二三二九正	大乙不遘雨	4
三二三八四	乙未彭茲品上甲十匚乙三匚丙三匚丁三示壬三示癸 三大乙十大丁十大甲十大庚七小甲三：三 祖乙：	4
三二三八五	：未卜茲皀上甲大乙大丁大甲大庚大戊仲丁祖乙祖辛祖丁十示率 牡	4
三二三八五	：申卜：从辛酉：大乙大丁大甲大戊：庚：丁： 丁祖辛祖丁率示：	4
三二三八五	：雨自上甲大乙大丁大甲大庚	4
三二三八六	：未卜上甲大乙大丁	4
三二三八七	乙酉貞有燎于上甲大乙大丁大甲：	4
三二四〇三	辛未卜侑大乙十牢	4
三二四〇三	辛未卜侑大乙	4
三二四〇三	辛未卜侑大乙七牢	4
三二四〇四	：大乙	4
三二四〇四	：侑大乙無囚	4
三二四〇五	：侑大乙三牛	4
三二四〇六	癸丑：有从于大乙呼射	4
三二四〇七	甲：侑：大乙：	4
三二四〇八	己巳卜其侑自大乙	4
三二四〇九	癸丑貞其告大乙奉：	4
三二四〇九	甲寅貞乙卯有歲于大乙　茲用	4
三二四一〇	甲寅貞有彳歲大乙不遘雨	4
三二四一一	：歲于大乙	4
三二四一二	：歲于大乙三牢	4
三二四一三	：貞歲在大乙其：	4
三二四一四	癸巳貞至于大乙告	4
三二四一五	于大乙告	4
三二四一六	辛未貞于大乙告：	4
三二四一七	：大乙彡	4
三二四一八	庚子貞其告鼓于大乙六牛惟龜祝	4
三二四一九	：帚鼓于大乙：	4
三二四二〇	其陟于大乙祖乙	4
三二四二一	辛未貞乙亥彭彳歲于大乙	4
三二四二二	癸酉：翌乙亥彭彳歲于大乙三牛	4
三二四二三	丁亥貞彭卯于大乙	4
三二四二四	：于大乙三牢	4
三二四二五	辛酉貞大乙戠一牢	4
三二四二六	：于大乙十牢：牝：	4
三二四二七	：七牛大乙三十卅牛	4
三二四二八	：于上甲其卯于大乙六牛	4
三二四二八	甲子貞大乙祭無壱	4
三二四二九	甲戌貞大乙日無壱	4
三二四三〇	：奚以二穀：于大乙	4
三二四三〇	：貞奚以二穀于父：大乙	4
三二四三一	：五牢卯暨：大乙	4
三二四三二	癸未貞于大乙：河燎：	4
三二四三三	惟大乙：遘：	4
三二四三四	己卯貞其：大乙大：	4
三二四三五	甲辰卜𣪊乎馬自大乙	4
三二四三六	翌甲辰自大乙	4
三二四三七	乙卯貞彭大乙：	4
三二四三七	其侑于大乙至于大甲	4
三二四三八	：燎于大乙大丁：	4
三二四三九	：大乙大丁大甲祖乙小乙父丁：	4
三二四四〇	甲戌貞乙亥：大乙牛一大丁牛一：	4
三二四四一	甲子貞舌祖乙遘大乙	4
三二四四二	：乙亥遘大乙：	4
三二八六八	：午貞畢：大乙宗	4
三二九一二	于大乙仳	4
三二九三五	癸酉貞翌乙亥彭彳于大乙　茲用	4
三三〇五八	癸酉貞王比沚戓伐召方受祐在大乙宗：	4
三三二八五	：侑于大乙	4
三三三一九	奉禾大乙	4
三三三四四	：卜王自：禾于：以上甲大乙：	4
三三三四七	辛巳卜其告水入于上甲祝大乙牛	4
三三三七〇	己丑卜其有歲于翌日叔有歲于大乙	4
三四〇四五	丁亥卜在小宗有彳歲自大乙	4
三四〇四七	己丑卜在小宗有彳歲自大乙	4

三四〇四八	：：桒乙未其：：大乙宗：：	4
三四〇四九	：：在大乙宗	4
三四〇五七	于大乙延匕	4
三五三六八	乙巳：：王：：大乙：：	5
三五四二二	：：亥王卜貞旬無𡆥王𡆥曰吉在六月甲子 彡夕大乙	5
三五四八九	乙丑卜貞王賓大乙翌無尤	5
三五四九〇	乙酉卜貞王賓大乙翌日無尤	5
三五四九一	乙丑卜貞王賓大乙祭無尤	5
三五四九二	乙卯卜貞：：大乙劦：：尤	5
三五四九三	：：王：：甲：：大乙：：	5
三五四九三	：：卜：：王旬無𡆥在：：月彡日大乙	5
三五四九四	乙丑卜貞王賓大乙彡日無：：	5
三五四九五	：：王賓大乙彡日無：：	5
三五四九六	：：卜貞王：：大乙彡日：：尤	5
三五四九七	：：夕遘大乙彡：：	5
三五四九八	：：貞王：：大乙彡夕：：在四月	5
三五四九九	乙亥卜貞王賓大乙㫃無尤	5
三五五〇〇	乙丑卜貞王賓大乙𩁹無尤	5
三五五〇一	王曰則大乙𣪊于白麓𤸫宰丰	5
三五五〇二	：：卜貞王：：大乙𢆶：：尤在四月	5
三五五〇三	辛：：貞：：賓：：大乙：：	5
三五五〇四	：：卜貞：：賓大乙：：無尤	5
三五五〇四	：：亥卜：：賓大乙：：	5
三五五〇五	：：卜貞：：賓大乙：：無尤	5
三五五八二	癸卯王卜貞旬無𡆥王𡆥曰吉在三月甲辰 ：：小甲劦大乙	5
三六一九四	丙寅卜貞王賓大乙奭妣丙翌日無尤	5
三六一九五	：：戌卜貞王賓大乙奭：：日無尤	5
三六一九六丙	丙申卜貞王賓大乙奭：：戌無尤	5
三六一九七	：：申卜貞：：賓大乙奭：：翌：：	5
三六一九八	丙申卜貞王賓大乙奭妣丙𩰤無尤	5
三六一九九	：：卜貞王：：大乙奭妣甲無尤	5
三六二〇〇	：：卜貞王：：大乙奭：：無尤	5
三六二〇一	：：申卜貞王：：大乙奭妣丙：：	5
三六二〇二	丙午卜貞王賓大乙：：丙無：：	5
屯五一	癸酉貞有歲于大乙羌二十	4
屯二八三	：：遘：：大乙：：	4
屯二九〇	庚申貞其禦于上甲大乙大丁大：：祖乙	4
屯三一三	丁巳卜三羌三牢于大乙	4
屯三一三	丁巳卜五羌五牢于大乙	4
屯三三九	壬辰卜侑大乙乙未	4
屯三四一	：：大乙：：	4
屯四三九	：：大乙：：	4
屯五三二	其又大乙彡	4

屯五八六	甲午貞𤉲侯：：茲用大乙羌三祖乙羌三卯 三牛乙未酚	4
屯六一二	：：大乙：：歲：：宗：：	4
屯六三九	甲午貞酚以伐乙未于大乙羌五歲五牢	4
屯六四六	：：大乙于中宗祖乙祐	3
屯六五一	己亥卜有伐五大乙	4
屯六五一	己亥卜先侑大乙二十牢	4
屯六五一	戊戌卜侑十牢伐五大乙	4
屯六六六	乙丑在八月酚大乙牛三祖乙牛三小乙牛三 父丁牛三	4
屯六八三	于大乙告三牛　不	4
屯六八三	丙午卜于大乙告三牛往𢦔　不	4
屯六八一	甲午貞𤉲侯：：茲用大乙羌三：：	4
屯九〇〇	：：貞上甲毛于大乙卯	4
屯九四六	：：王有伐自大乙：：　茲用	4
屯九五四	辛酉貞大乙戠一牢	4
屯九九三	：：卜其有以歲于大乙三牢	4
屯九九四	癸亥貞王其伐盧羊告自大乙甲子自上甲告 十示又一牛茲用在果四𩀢	3-4
屯一〇四二	辛巳卜上甲燎大乙大丁大甲先：：	3
屯一〇七八	甲辰卜𣪊俘馬自大乙	4
屯一〇八九	丁丑貞其𤉲生于高妣丙大乙	4
屯一一〇四	乙：：王𢦏于大乙告	4
屯一二一六	乙未卜貞召來于大乙延	4
屯一二一六	己亥卜貞竹來以召方于大乙束	4
屯一二一六	庚寅卜貞辛卯有歲自大乙十示又：：牛 小示𥂴羊	4
屯一四三九	弜在大乙𨖆五：：	3
屯一四三九	于大乙有以王受有祐	3
屯二一七九	丁丑卜在義田來執羌王其以于：：大乙 祖乙有正　吉	3
屯二二一九	于大乙	3
屯二二〇〇	：：未卜：：以歲大乙伐二十十牢	4
屯二二六五	甲辰卜大乙暨上甲酚王受有祐	3
屯二二九三	丁卯貞有歲于大乙	4
屯二二九三	丁卯貞：：有歲于大乙	4
屯二二九三	辛未貞乙亥有歲于大乙三牢	4
屯二二九三	辛未貞乙亥有歲于大乙五牢有伐	4
屯二二九三	大乙伐十羌	4
屯二二九三	大乙伐十羌又五	4
屯二二九三	大乙伐三十羌	4
屯二三〇八	辛未卜：：于大乙：：	4

出處	釋文	期
屯二三六六	告于大乙	4
屯二三五九	惟大乙先彭有雨	3
屯二三七五	于大乙	3
屯二四二〇	甲子貞又歲一牢茲用有又大乙一牢大丁一牢 大甲一牢…一牢	4
屯二四三〇	…亥貞翌乙丑其有又歲于大乙至于 大甲	4
屯二五六七	壬申貞𤐤多宁以卷于大乙	4
屯二五六七	癸酉貞乙亥酌多宁以卷…于大乙卷 五卯…五卯牛一小乙卷三卯牛…	4
屯二五七九	于大乙日出…迺射沓兕無… 吉	3
屯二六四八	卯暨大乙	4
屯二七〇七	…貞…其大禦王自上甲盟用白豭九下示 盤牛在大乙宗卜	4
屯二七〇七	…酌大禦自上甲其告于大乙在父丁宗卜	4
屯二八四三	于大乙告	4
屯二九一〇	甲申貞盧…在大乙…	4
屯二九四〇	…大乙有…	4
屯二九五三	甲午貞…于大乙五…	4
屯三〇〇一	…其奠作方其祝…至于大乙于之若	3
屯三〇三九	于大乙㪤	4
屯三〇四九	…自大乙受祐	3
屯三一三九	…王其…又大乙…窜王受祐	3
屯三一九八	…于河自大乙大…	4
屯三二二五	…至于大乙…	4
屯三四九九	…大乙…	
屯三七八二	庚申卜五羌五窜于大乙	4
屯三八九〇	自大乙至于父丁	4
屯四〇五〇	…二…三…大乙十…大戊…	4
屯四〇七八	乙巳㪤俘羊自大乙	4
屯四一八一	…于卜翌日乙丑…餗大乙無尤	3
屯四二八五	其新大乙有	3
屯四三一七	…卜貞竹來以召方…𤈦于大乙	4
屯四三六〇	庚午貞其又人自大乙	4
屯四三六〇	壬申貞人自大乙酌	4
屯四四五五	祏大乙上甲其五牛王受祐	3
屯四四七五	…貞有歲于大乙遘…茲用乙巳歲三窜	4
屯四五四八	其新大乙	3
屯四五七三	辛未卜來乙亥侑大乙五窜	
屯四五八二	燮燎…卯大乙… 大吉 茲用	3
英一七五七	乙丑卜于大乙桒雨十二月	1
英一八六七	甲午卜王貞我有循于大乙酌翌乙未	1
英一九三二	乙丑卜…貞王賓大乙祭無囚	2
英一九三三	…卜行…乙亥…大乙不…三月	2
英二三五九	自大乙王受有祐	3
英二三六〇	癸亥卜其示于大乙酌	3
英二四〇〇	甲戌貞乙亥酌多宁于大乙卷五卯牛祖乙 卷五小乙卷三…	4
英二四〇二	己…北…其弓…大乙…	4
懷一三六九	自大乙至毓有大雨	3
懷一四八一	丁亥卜王大庚又伐大乙窜牝亦終月	4
懷一五五八	辛未貞乙亥有歲于大乙三牢	4
懷一五五八	大乙伐十羌又五	4
懷一五五八	大乙伐十羌	4
懷一五五九	乙巳其𢦏翌日大乙宗	4
懷一六〇五	甲申貞彡大乙無壱	4

成

出處	釋文	期
七	癸未卜爭貞王在茲𢦏成狩	1
二三一	貞疋來羌用自成大丁…甲大庚下乙	1
二四八正	翌乙酉有伐自成 若 二告	1
二四八正	翌乙酉有伐于五示上甲成大丁大甲祖乙	1
四二三	乙未卜勿用羌于成	1
六七三正	貞翌乙未酌成用窜	1
六七二正	貞…其…自成	1
六七二正	翌…未酌成	1
八九一正	侑于成三十伐	1
九〇〇正	貞有伐于成	1
九四九	…于成伐窜	1
九五〇	…于成伐…	1
一二四三	庚子卜貞侑于成七月	1
一二四四	…上甲成大丁大甲	1
一二四五	…上甲成大…	1
一二四七	…上甲成…	1
一三四一	…侑…成	1
一三四二	…侑…成	1
一三四三	…卯有歲成	1
一三四四正	貞勿有自成	1
一三四五	乙亥卜爭貞奉于成十牛	1
一三四六	庚戌卜殼…于成允若	1
一三四七	…彡酌于成	1
一三四九反	燎于成	1
一三五一甲正	戊戌卜殼貞惟成先酌	1
一三五一乙正	勿惟成先酌	1
一三五二	丙午卜貞奏成七月	1
一三五三	…于成三窜	1

一三五四　貞成日二牛
一三五四　貞成日三牛
一三五五　成二牛
一三五六　：寅王：：成
一三五七　癸亥：王：成
一三五八　：卜王：于成：妣：：示：
一三五九　王：成
一三五九　甲：王：成　二告
一三六一　：呼王：成
一三六二　：酉卜王：于成
一三六三　：作山成：其鼎：
一三六四正　丁未卜穷貞成弗：受：
一三六四正　：成受：祐　五月
一三六五　：自成
一三六六　：丙：由成
一三六七　：成
一三六八　：大甲：成
一三六九　侑于成
一三七一　：卜：今日用三瘕于成
一三七一　丁亥卜貞翌：戊用三瘕酌于成祖乙
一三七二　貞侑于成
一三七三　：成：父：壱
一三七四　癸酉卜侑于成六月
一三七五　今日侑于成三瘕
一三七六　侑：成：三宰
一三七八　庚子：貞侑：成
一三七九　：乙酉侑于成五宰七月
一三八〇　貞侑卜自成三宰
二九五三正　貞今日侑于成三牛
四五八四　庚辰卜今𠂤于成
六五八三　自成告至于丁
六五八三　勿自成告
六五八三　告于上甲暨成
六六五三正　甲午卜殻貞王奏茲玉成佐
六六五三正　甲午卜殻貞王奏茲玉成弗佐
六六六四反　侑于成
六九四三　辛亥卜爭貞今來乙卯侑于成十牛
六九四七正　奉于上甲成大丁大甲下乙　二告
六九四七正　貞雀以成
六九四七正　雀不其以成
六九九八　：爭方：于成
七八〇三　庚辰卜爭貞：自成一牛
八九八四　癸亥卜王余：成惟之
一三五三六正　貞成埜丁宗
一三五三七正　貞勿成埜丁宗其有來嬉
一三六二四正　貞于成
一四一四九正　貞以成
一四八七九　庚子卜貞侑于成七月
一九八四九　：惟：祝用成：歲祖乙二宰勿牛白豕…示
鼎三小宰卯于祝歲
二〇〇五三　：戌卜朩　子成：豖
二一五二一　：王：成申：
二七四五五　乙酉卜其劃父甲穀在茲疋成
三三〇五二　癸亥卜宗成侑羌三十歲十宰
三三四四四　癸巳卜成祟我
三九四六五　癸未卜：成衣于：小丁𡘋
屯三一三　丁巳卜盤有彳自成
英一五　丙寅卜侑于成五宰
英一六　：亥卜：勿侑：成
英一七　癸卯卜貞惟成：
英五九四正　貞有戌于上甲成
懷一七　：成：册：十月

唐

一四五　：唐蜀：
三〇〇　貞禦自唐大甲大丁祖乙百羌百宰　二告
三一三　貞翌乙亥有彳歲于唐三十羌卯三十牛六月
四二二　：自唐：大丁：乙：羌
四五六正　侑于唐于伐
五四二　乙酉酌唐允：
五五七　貞自唐侑
八九二反　唐入十
九三八正　貞翌乙亥侑于唐三伐宰
九五一　貞有唐伐
九五二正　壬戌卜爭貞翌乙丑有伐于唐用
九五二正　貞翌乙丑勿𠂤有伐于唐　二告
九五二正　貞翌乙丑亦𣪊于唐
九七二　貞于唐于伐
九七三正　貞唐于伐
九七三正　：唐于婪父乙
九七三正　：唐于：婪父乙
一三〇〇　即燎上甲于唐
一二四〇　貞上甲龢暨唐
一二七一　己巳：貞：亥侑于唐三宰
一二七二　甲寅卜殻貞侑于唐一牛其有曰：
一二七三　侑于唐
一二七三　勿侑：唐

編號	釋文
一二七四	侑于唐
一二七五	己巳卜古貞侑于唐
一二七六	先侑于唐
一二七七	先侑于唐
一二七八	：唐侑：
一二七九	乙丑：貞侑：唐
一二八〇	：于唐侑：白牛
一二八一	：侑：唐
一二八二	貞勿侑于唐　九月
一二八三	壬申卜宾貞勿：于唐
一二八四	貞翌乙卯勿酯于唐
一二八五反	祖辛惟之不若王多匚于唐
一二八五反	祖辛不惟之不若王多匚于唐
一二八六	貞王惟匚于唐
一二八七	乙亥：殻貞：于唐
一二八八	唐若
一二八九	：唐：為：
一二九〇	貞勿告于唐
一二九一	癸丑卜史貞其𩡧鼓告于唐一牛
一二九二	癸酉卜宾貞陟歲于唐
一二九三	：我取唐[巤+攴]：
一二九三	：我取唐[巤+攴]：
一二九三	乙亥卜貞取唐：
一二九四	乙亥卜王貞我取唐[巤+攴]
一二九五	乙巳卜殻貞王其取唐[巤+攴]
一二九六	癸未卜宾：王取唐[巤+攴]七月
一二九七	王其取唐[巤+攴]：循其：
一二九七	貞王其取唐[巤+攴]：循其：
一二九八	貞王取唐
一二九九	貞勿取唐[巤+攴]九月
一三〇〇正	貞翌甲申勿：唐[巤+攴]
一三〇一	辛巳卜爭貞來乙未彡唐五牢
一三〇二	：貞翌：彡自唐
一三〇三正	貞翌乙酉彡唐正
一三〇四	：巳卜：貞翌乙酉其彡唐暘日
一三〇五正	：殻：丩：唐
一三〇六	乙丑卜宾貞唐丩歲不我灉無來嬉
一三〇七正	：未卜殻：于唐
一三〇八	：于唐七月
一三〇九	：燮𢆶三羖：于唐
一三一〇正	：唐
一三一一	：王：不：唐
一三一二	：玉：唐：若

編號	釋文
一三一三	：唐若
一三一四	貞自唐敓
一三一四	自唐敓
一三一五	丙寅卜貞王自唐牛河
一三一六	貞唐不我：受：
一三一七正	：唐：玉
一三一八反	：唐無闢
一三一九	：卯卜亘貞唐：
一三二〇	辛丑貞惟：唐：
一三二一	：卜貞：丁巳：唐
一三二二反	：唐
一三二三	：唐
一三二四	：方唐受：
一三二五	：丑卜：唐
一三二六	：王亥：唐
一三二七	：唐
一三二八	：唐
一三二九	：乃：唐
一三三〇	貞侑于唐
一三三一	：唐
一三三二	癸卯卜貞生[巤+攴]自唐
一三三三	：貞：烝：唐：祖：
一三三四反	：奏唐
一三三五	貞唐：于下乙：十一月在：
一三三六正	乙丑卜殻貞勿酯侑于唐　十月
一三三七	貞于唐告
一三三八	：唐：牢
一三三九	癸卯卜宾貞井方于唐宗彘
一四三六	：于唐
一四八四正	貞正唐
一四八四正	弗其正唐
一六四三反	：唐：
二六三六正	惟唐取：好
二六三六正	貞惟唐取婦好
二七二七反	：唐
二七二七反	貞：唐
二七七四正	甲寅卜爭貞勿禦婦娞于唐
二八六三	貞唐弗爵竹妾
二九四七反	王無不若唐
三〇五一正	：唐乂：
三三二六正	戊子卜古貞唐：
三三五一正	𢀛侑妣壬醬暨唐若
三三三〇	：唐：攸侯：
三五二一正	𢀛侑妣壬醬暨唐若

唐

著錄號	釋文	期
四一六九	…雀…唐	1
四五一七	貞禦唐于母己	1
五五四四	貞侑于唐	1
五五四四	貞使人往于唐	1
五七三九	取唐𣪊	1
五七七六反	唐來四十…	1
五八〇八	貞王取唐𣪊	1
六〇六三反	…自㞢友唐舌方征…戋㳄示易戊	1
	申亦有來自西告牛家…	1
六〇六四反	…戋…入于岳…告…唐…	1
六〇六五	…旬無囚…有祟𡆥㳄其有…允有來𡆥…	1
	唐舌方征…	1
六一二二	…侑于唐至于大甲	1
六一三五	貞于唐告	1
六一三八	貞告舌方于唐	1
六一三九	貞于唐告舌方	1
六一四〇	貞勿𦉚告舌…于唐	1
六一四八	貞于唐告	1
六二五〇	勿告于唐	1
六二五〇	貞告于唐	1
六三〇一	壬申卜㱿貞于唐告舌方	1
六三六一	侑于唐	1
六三六一	侑于唐	1
六三八七	貞告土方于唐	1
六三八八	貞告土方于唐	1
六五五六	勿取唐𣪊	1
六七一五	辛卯卜…方其出…唐	1
六七一六	辛卯卜貞…不出于唐…月	1
七四〇反	唐入十…	1
八〇一五	…卜古貞𢀛在唐𪐀 二告	1
八〇一六	…𢀛于唐	1
八〇一七	…王聽不惟于唐…	1
八〇一八反	…于唐	1
八〇一九	…于唐	1
八三三六	癸卯…王固曰…四日丙午…友唐告…	1
	入于𢀛	1
八五八八	…午卜爭…舌方…馬…于唐	1
八八〇八正	呼于唐 二告	1
九一〇七正	貞不其唐	1
九二六九	唐入二 𪐀	1
九八二一反	唐入十	1
九九四八	…于唐	1
一〇九九八反	…卜吅貞王狩唐若	1
一一〇〇〇	…于唐	1
一二八六九甲反	唐來…	1

著錄號	釋文	期
一三三九〇正	貞其𡿲牛𡿲于唐	1
一三四〇五正	…王…賓…雲各自…自北唐…	1
一三八七四甲正	唐惟囚	1
一四二〇〇正	丁卯卜爭貞王作邑帝若我从之唐	1
一四二〇八正	貞帝弗𢦔唐邑	1
一四二〇八正	貞帝𢦔唐邑	1
一四三五九	…乙…勿…唐	1
一四三七〇丁	…卜…呼…先…彔九月在唐	1
一四六五四正	勿侑于唐	1
一五八七四	…唐…𪐀	1
一五九一七	…王勿…唐𣪊…	1
一九八二二	庚午卜令雀𠈇量唐	1
一九八二三	壬戌…余…唐	1
一九八二四	乙丑卜王于唐告	1
二〇〇五四	…唐子…郭…	1
二〇二三一	貞𢀛𡚸𨑩于唐邑𢀛克𡚸王…十月	1
二一三八六	…唐…少夙臣…十𦥑…	1
二二五四四	…旅…上甲歲…于唐歲五…羌五十無尤	2
二二五四六	…出貞侑于唐三十羌卯三十牛	2
二二五四七	…于唐三十羌卯三十牛	2
二二七三九	癸酉卜出貞侑于唐…	2
二二七四〇	癸酉卜出貞侑于唐惟乙酉…	2
二二七四一	癸酉卜出貞侑于唐惟翌乙亥酢六月	2
二二七四二	癸酉卜出貞侑于唐惟翌乙亥酢六月	2
二二七四三	…歲于唐其有…其遘有…乞酢…	2
二二七四四	乙丑卜即…王賓唐…叙無尤	2
二二七四四	乙丑卜即貞王…唐叙無尤三月	2
二二七四四	乙丑卜即貞王賓唐翌無尤三月	2
二二七四五	乙丑…貞王賓唐翌叙無尤	2
二二七四六	丁酉卜大貞告其壴于唐衣無囚九月	2
二二七四七	…貞告自唐降	2
二二七四八	甲寅…貞唐…歲其奏…	2
二二七四九	辛亥卜出貞其鼓彡告于唐九牛一月	2
二二七五〇	辛亥…貞翌…唐…其…	2
二二七五一	甲子王卜曰翌乙丑其酢翌于唐不雨	2
二二七五二	…貞先…唐歲…	2
二二七五三	乙未卜喜貞唐歲其…祐…	2
二二七五四	…旅…乞酢彡…唐衣…	2
二二七五五	…㞢于唐其告于丁一牛	2
二二七五六	癸丑…貞唐…从又…歲…	2
二二七五七	…又…唐其…大甲十二月…	2
二四三七四	…貞…在唐…三月	2
二四三七五	甲申…貞翌…羊在唐…步…	2
二五九〇〇	丁丑…貞王其…唐	2
二五九〇五	乙酉卜…貞其用…自唐…	2

二六七七〇　…卜出…今日魚…武唐…允魚　2
二六七七一　…卜出…魚益…唐之…魚　2
二六七七三　…出…唐…魚益…之日允…魚六月　2
二七一五一　惟唐龠…王受有祐　3
二七一五一　惟武唐用王受有祐　3
二七一五二　乙亥卜何貞賓唐觀不遘雨七月
吉　3
二七一五三　乙卯卜何貞有𠬝歲于唐王無壱十二月　3
二八一一四　…狄…秋王…唐…受…　3
英一九　貞…允…唐　1
英一八六　…亥卜王…唐不惟侯唐　[illegible]
英五四六正　丙辰卜㱿貞侑于唐　1
英五四六正　貞于唐告　1
英五五八　貞于唐匃　1
英一二〇五正　貞作大邑于唐土　1
懷二七　…貞唐…伐…王…　1
懷二八　…于…唐…歲…　1
懷二九　貞侑于唐三十…卯三十…　1

大丁

一九〇反　勿酌大丁　1
二三一　貞疋來羌用自成大丁…甲大庚下乙　1
二四八正　翌乙酉有伐于五示上甲成大丁大甲祖乙　1
三〇〇　貞禦自唐大甲大丁祖乙百羌百宰　二告　1
四二二　…自唐…大丁…乙…羌　1
六七二正　貞翌丁酉延侑于大丁　1
六七二正　翌丁酉勿侑于大丁　1
九五三　甲戌卜王大丁伐　1
一二四二正　乙卯卜穷貞于上甲咸大丁　1
一三六九　侑于大丁　1
一四〇三　侑于咸大丁大甲大庚大戊仲丁祖乙…　1
一四〇四　庚申卜爭貞祚大丁　1
一四〇五　貞…侑…大丁…暘日　1
一四〇五　貞翌…有…大丁…暘日　1
一四〇六　侑于大丁　1
一四〇七　…大丁暘…不…　1
一四〇八　…大丁…　1
一四〇九　…貞大丁祟
一四一〇正　…大丁…　1
一四一一　…卜王…大丁…　1
一四一二　…王延…大丁…豕…六牛　1
一四一三　…大丁…　1
一四一四　…卜于…大丁四月　1
一四一六　辛酉卜桒于大丁三月　1
一四一七　…大甲燎三羊卯四牛…大丁燎…四羊卯
…
一四一八　…甲大丁…　1
一四一八　…大丁惟…　1
六一三九　貞于大丁告吾　1
六六八七　…申卜㱿貞大丁呼王敦衛　1
六九四七正　桒于上甲成大丁大甲下乙　二告　1
一四〇〇三正　大丁壱我　1
一四〇〇三正　大丁不我壱　1
一九七七三　己巳卜桒侑大丁三十…　1
一九八一三　丙申卜𢦔缁𢦏馬大丁用　1
一九八一七　丙午卜𢦔侑大丁羖用　1
一九八二五　己卯卜侑大丁二牛大甲…牛　1
一九八二六　…于大丁一月　1
一九八二七　…大丁…　1
一九九四六正　丙子卜桒侑大丁　1
二〇〇〇七　…于大丁…若一月　1
二〇〇八三　…午卜王貞惟丁巳…婦伯于大丁…　1
二〇六二三　…酉𡆥方大丁　1
二一二六一　于大丁…𢀛…　1
二一二六二　…曰今日…大丁祟…　1
二一六六九　…王…大丁…　2
二二七二三　丁未卜尹貞王賓大丁彡無尤　2
二二七二五　癸卯卜王貞自大乙大丁大甲　2
二二七六〇　丁巳卜…貞其侑…大丁在…在師…　2
二二七六一　…巳卜行貞王賓大丁𦎫禪無囚　2
二二七六二　戊辰卜旅貞王賓大丁彡龠叙無尤在十一月　2
二二七六三　丁卯卜尹貞王賓大丁魯無尤在九月　2
二二七六四　丙子卜…貞翌丁丑翌于大丁無壱在三月　2
二二七六五　丙子…貞翌丁…于大丁…　2
二二七六六　丙辰卜…貞翌丁…魯于大丁無壱　2
二二七六七　丙子卜行貞翌丁丑祭于大丁無壱　2
二二七六九　…卜尹貞…賓父丁歲…暨大丁𠬝…宰無尤　2
二二七七〇　…父丁歲宰…暨大丁…歲五宰…無尤　2
二二七七二　丁卯…貞…大丁…不…　2
二二七七三　丁酉…大丁…祖辛…　2
二三三〇九　…卜尹…王賓大丁奭…歲小宰無尤在三月　2
二三三一〇　戊午卜旅貞王賓大丁…　2
二五八七九　…卜大…甲子…乙于…甲大丁　2
二七〇〇五　…升…歲迺𢦔…大丁卜伐王受有祐　3
二七一〇六　其侑大丁大甲先酌迺…　3
二七一二六　…大乙史其延大丁…　3
二七一三七　…大乙大丁大甲其作餗餗門作豊庸又…　3

二七一四六 戊午卜犾貞惟兕大丁惟示 吉 3
二七一四九 王其侑大乙大丁大甲惟以歲公 3
二七一五六 …于大丁大… 3
二七一五七 …大丁…十五 3
二七一五八 惟大丁… 3
二七五一三 …翌大丁奭妣戊 3
三二三二九正 大丁遘雨 4
三二三八四 乙未酌茲品上甲十匚乙三匚丙三匚丁三示壬三示癸三大乙十大丁十大甲十大庚七小甲三…三
三二三八五 祖乙… 4
三二三八五 …雨自上甲大乙大丁大甲大庚 4
三二三八五 …未卜𠦪自上甲大乙大丁大甲大庚大戊仲丁祖乙祖辛祖丁十示率牡 4
三二三八五 …申卜…从辛酉…大乙大丁大甲大戊…庚丁…丁祖辛祖丁率示… 4
三二三八六 …未卜上甲大乙大丁 4
三二三八七 乙酉貞有燎于上甲大乙大丁大甲 4
三二四〇三 丙子卜延侑三宰大丁 4
三二四三八 …燎于大乙大丁 4
三二四三九 …大乙大丁大甲祖乙小乙父丁… 4
三二四四〇 甲戌貞乙亥…大乙牛一大丁牛一… 4
三二四六二 丙申卜有歲于大丁不遘… 4
三二四六三 丙辰貞酌歲于大丁無… 4
三二四六四 丁卯貞大丁彡無壱 4
三二四六五 …大丁彡啓 4
三二四六八 …亥貞延𠦪于大丁大甲茲用丁丑… 4
三三三〇八 丙辰卜丁巳有歲于大丁不雨 4
三三九八六 大丁延啟 4
三五四〇六 甲戌翌上甲乙亥翌匚乙丙子翌匚丙…匚丁壬午翌示壬癸未翌示癸…翌大丁…翌…大庚…翌… 5
三五五〇六 …卜貞…大丁…彡翌… 5
三五五〇七 丁未卜貞王賓大丁祭無尤 5
三五五〇八 丁亥卜王…大丁祭… 5
三五五〇九 丁卯卜貞王…大丁[illegible]…尤 5
三五五一〇 丁丑卜貞王賓大丁[illegible]無尤 5
三五五一一 丁亥卜貞王賓大丁[illegible]無尤 5
三五五一二 丁未卜貞王賓大丁彡日無尤 5
三五五一三 …貞王…大丁彡日…尤 5
三五五一四 丙申卜貞王賓大丁彡…無… 5
三五五一五 …貞…大丁彡…尤 5
三五五一六 丁卯卜貞王賓大丁[illegible]無… 5
三五五一七 …丑卜貞王賓大丁歲無尤 5
三五五一八 丁巳卜貞王賓大丁無尤 5
三五五一九 …酉卜貞賓大丁…無尤 5
三五五二〇 …卜貞…賓大丁…無尤 5
三六一九六丙 戊戌卜王賓大丁奭妣戊翌日無尤 5
三六一九八 戊辰卜…賓大丁奭妣戊[illegible]無尤 5
三六二〇〇 …大丁…[illegible]無… 5
三六二〇三 …王卜貞田𦎫…無災王占曰吉…夕遘大丁奭妣戊翌日… 5
三六二〇四 戊辰卜貞…賓大丁…翌… 5
三六二〇五 戊辰卜貞王賓大丁奭妣戊[illegible]無尤 5
三六二〇六 戊辰卜貞王賓大丁奭妣戊… 5
三六五一一 丁卯王卜貞今𡆥巫九备余其比多田…多伯征盂方伯炎惟衣翌日步…左自上下于𡊀示余受有祐不𢦔𢦏…于茲大邑商無壱在𡆥…弘吉在十月遘大丁翌 5
屯二九〇 庚申貞其𦎫于上甲大乙大丁大…祖乙 4
屯三五四 …今日上甲…大丁大甲
屯七三九 丙申貞酌彡伐大丁羌五歲五… 4
屯一〇四二 辛巳卜上甲燎大乙大丁大甲先… 3
屯一一一〇 甲寅貞伊歲遘大丁日 4
屯一三七七 甲申…賓大丁… 3·4
屯一七〇三 …上甲…大丁
屯二三七五 于大丁 3
屯二四二〇 甲子貞以歲一宰茲用有以大乙一宰大丁一宰大甲一宰…一宰 4
屯四三一八 丙子卜酌以歲伐十五十宰勿大丁 4
屯八七五 …貞其…大丁大…祖乙 4
英一九三五 丙子卜行貞翌丁丑翌于大丁不遘雨在三月 2
懷一五五九 丁未其𢦏翌日在大丁宗 4
懷一〇一〇 丁卯…貞王…大丁…尤 2

大甲

一八三 告于大甲祖乙 1
二三七 辛亥卜貞…來甲翌甲寅[illegible]用于大甲十三月 1
二四〇 癸卯卜貞于來甲寅侑于大甲 1
二四八正 翌乙酉有伐于五示上甲成大丁大甲祖乙 1
二九五 乙巳卜貞𧻚于大甲亦于丁羌三十卯十宰用 1
三〇〇 貞禦自唐大甲大丁祖乙百羌百宰 二告 1
三〇一 丁亥卜㱿貞昔乙酉𦓤旋禦…丁大甲 1
祖乙百鬯百羌卯三百… 1
六七二正 貞𠦪年于大甲十宰祖乙十宰 1
六七二正 癸卯卜㱿翌甲辰酌大甲 1
六七二正 貞甲辰勿酌大甲 1

八〇一 貞𠦪于大甲燎一宰二豕卯…
八九六正 丁未卜㝉…甲寅酌大甲十伐又五卯
十宰八日甲寅不酌雨
九〇二正 貞侑于大甲伐十又五
九〇二正 翌甲寅有伐于大甲 二告
九〇三正 來甲申侑于大甲 二告
九〇四正 辛巳卜㱿貞酌我𠂤大甲祖乙十伐十宰
九〇八 癸丑…翌甲…侑于大甲㞢二牛曹三十
宰伐十
九一九 …貞…大甲五伐三十…
九五四 甲辰卜爭貞有伐于大甲
九五五 …㝉貞有𠬝伐于大甲
一〇二七正 癸卯卜王𠦪于大甲
一二〇四 …工甲戌大丁大甲
一三三〇 貞侑于大甲
一三六八 …大甲…戌
一三六九 侑于大甲
一三七〇 …卜㝉貞大甲保
一三九七 …貞𢦏…大甲日
一四〇一 貞大甲不賓于咸
一四〇二正 貞大甲不賓于帝
一四〇二正 貞大甲賓于咸
一四〇二正 貞大甲不賓于咸
一四〇三 侑于咸大丁大甲大庚大戊仲丁祖乙…
一四一六 辛酉卜貞𠦪于大甲
一四一七 …大甲燎三羊卯四牛…大丁燎…四羊卯
…
一四二一 貞侑于大甲五宰
一四二二 辛丑卜于來甲寅侑于大甲四宰
一四二三 …㱿…子刎侑自大甲白牛
一四二三 …㱿…刎侑大甲白牛用
一四二四 丁卯卜貞侑于大甲三月
一四二五 …侑于大甲
一四二七 乙亥侑大甲
一四二八 侑大甲
一四二九正 貞侑大甲
一四三〇甲 …大甲不其畀
一四三〇乙 貞王其有勹于大甲畀
一四三一 …大甲…
一四三二 貞有匚于大甲
一四三三 勿侑大甲…
一四三四 …王省从西告于大甲
一四三五 𠦪…大甲…宰…乙
一四三七 自大甲𠦪…牛

一四三八 …卜王貞…𠦪大甲…四羊一…牛𠦪…正
一四三九 甲申卜亘貞𢼄𠦪于大甲
一四四〇 …曹…大甲
一四四二 …王燎㲋于大甲…百又五十
一四四三 癸卯卜㱿貞翌勿酌大甲
一四四三 癸卯卜㱿貞翌甲辰勿呼酌大甲
一四四四 …戌卜貞翌…酌…大甲…丁
一四四五 惟十宰又五酌大甲
一四四五 …來…辰…宰…大甲
一四四七 …卜王貞勹…于大甲
一四四八 勿𢦔于大甲
一四四九正 丙午卜貞𩛥于大甲于亦于丁三宰
一四五〇 戊戌卜㝉貞𩛥于大甲亦…
一四五一 …辰…大甲祟
一四五二 貞于大甲
一四五二 貞于…大甲…
一四五三 貞于大甲…
一四五四 三十宰大甲
一四五四 …大甲三十宰
一四五五 …大甲五宰
一四五六 …大甲三豕七月
一四五七 庚子…甲辰…大甲
一四五八 大甲若
一四五九 …卜㱿…于大甲
一四六〇 甲午卜亘貞惟大甲
一四六一 惟大甲
一四六二 貞大甲不惟…
一四六三甲正 貞大甲受王祐
一四六三乙正 貞大甲弗…
一四六四 大甲𠂤王
一四六五 …大甲
一四六六 貞…大甲
一四六七 …大甲
一四六八 大甲其…
一四六九 …大甲
一四七一 …用于大甲
一四七二 貞于大甲告
一四七三 大甲其𢦏我
一四七四 …大甲大庚…丁祖乙祖…一羊一㲋…
一四七五 貞侑于大甲
一四七六 …大甲大…
一四七七 丁亥卜㱿…大甲祖乙
一四七八 大甲
一四七八 …大甲五宰

編號	釋文	期
一四七九	貞于大甲侑	1
一四八〇正	貞侑于大甲	1
一四八一	貞侑于大甲	1
一九二八	…大甲	1
二六三六正	貞惟大甲	1
二六三六正	貞惟大甲取婦	1
二七二五正	乙丑卜方貞侑于大甲	1
三三一六正	乙酉卜方貞大甲若王	1
三七〇三	戊午卜爭貞侑大丁	1
四三二四	…亥卜禦𢓊大甲牢	1
四三二五	乙亥卜于大乙大甲卯𢓊五牢	1
六一二二	…侑于唐至于大甲	1
六一三四	貞祉載冊告于大甲	1
六一三七	貞…大甲告	1
六一三九	貞于大甲告	1
六一四一	貞于大甲告舌方	1
六一四二	貞于大甲告舌方出	1
六一四四	貞于大甲告舌…	1
六一六八	貞于大甲	1
六二五〇	勿告于大甲	1
六二五〇	告于大甲	1
六六六七	…鄉其逢虎方告于大甲十一月	1
六九四七正	來于上甲成大丁大甲下乙　二告	1
六九五二反	侑于大甲祖乙祖辛…	1
七〇二〇	癸未卜甲申侑大甲	1
七六六三	癸未…大…牛大甲…大…牛祖乙牛	1
八四二五	壬辰卜𠪚方大甲	1
八九四六	…有惟…大甲奴牛在…　二告	1
八九八四	癸亥卜王侑大甲十一月	1
九〇一二反	…黹于大甲…于大…	1
九〇六五正	貞侑于大甲　小告	1
九三八七正	…大甲	1
一〇一一四	貞侑于大甲來年	1
一〇一一五	癸丑卜殸貞來年于大甲十牢祖乙十小牢	1
一〇三〇二甲正	來甲子勿彫大甲　二告	1
一〇三〇二丙正	貞來…子彫…大甲	1
一〇六一一	癸丑卜方貞彫大甲告于祖乙一牛八月用	1
一〇六一一	貞大甲祈宗用八月	1
一一〇一八正	貞侑于大甲　二告	1
一一四九七反	丙午卜爭貞來甲寅彫大甲	1
一二六四二	貞侑于大甲	1
一三六四六正	勿于大甲告	1
一四一九九正	貞王夢惟大甲…	1
一四一九九正	貞王夢不惟大甲…	1
一四三九六	…侑于大甲	1

編號	釋文	期
一四七五五正	燎于大甲三豕三…	1
一四八六七	…亥卜貞二示禦大乙大甲祖乙五牢	1
一四八七九	…于大甲自九示	1
一五四七四	甲寅…歲大甲…	1
一九〇〇六	…危…羌惟…大甲?…	1
一九七七一	癸亥卜王侑大甲	1
一九八二五	己卯卜侑大丁二牛大甲…牛	1
一九八二八	壬申卜侑大甲三十牢甲戌	1
一九八二九	…申卜王[犭非]允大甲降	1
一九八三〇	…[癸/女]大甲侑	1
一九九二三	…卯卜王告父辛大甲盟彫三十	1
二一五四〇	…子卜…侑大甲母妣辛	1
二一一六三	…卜來甲子…大甲	1
二一一六四	己酉卜來甲寅侑大牢大甲	1
二二四二一正	壬子卜甲寅燎大甲牡卯牛三…	1
二二六八一	…于…上甲示壬示癸…大甲祖乙…十一月	2
二二七一七	…旬無囚…示癸魯甲寅…小甲飄大甲…燕魯…	2
二二七二三	甲寅卜尹貞王賓大甲彡無尤	2
二二七二五	癸卯卜王貞自大乙大丁大甲	2
二二七五七	…又…唐其…大甲十二月?	2
二二七六四	癸未卜行貞翌甲申翌于大甲無壱在…	2
二二七七九	癸酉卜王貞翌甲戌王其賓大甲飄無壱	2
二二七八〇	…卜尹…賓…大甲大?庚…尤	2
二二七八一	甲申卜即貞王賓大甲翌無尤在四月	2
二二七八二	甲午卜王貞無囚在八月大甲魯	2
二二七八四	…大甲父丁…	2
二二七八五	癸…王…申…大甲…在…	2
二二七八六	翌甲…于大甲…壱在一…	2
二二七八七	…大甲…	2
二二七八八	…大甲…	2
二二七八九	…大甲?…無…	2
二二七八九	…大甲彡龠叙無尤在十二月	2
二二七九〇	…戊卜…貞王…大甲…不?…	2
二三三一一	辛…貞…大甲…妣辛…小牢…	2
二三三一四	辛未卜行貞王賓大甲奭妣辛魯無尤在八月	2
二五五四一	…貞…大甲…	2
二六四八六	癸卯卜王貞旬無囚在五月甲辰…彡大甲	2
二七一〇六	其侑大丁大甲先彫迺…	3
二七一三七	…大乙大丁大甲其作𩛥𩛥門作豊庸又…	3
二七一四六	戊午卜狄貞惟兄于大甲惟示	3
二七一四九	王其侑大乙大丁大甲惟𠂈歲公	3
二七一五九	庚辰卜狄貞于大甲　大吉	3
二七一六〇	大甲師惟大牢　大吉	3
二七一六三	壬子…大甲羊卯牛…	3

六十

二七八七五　貞啓𠬝大甲日　3
二八二七四　于大甲𢦏王受年　吉　3
三二〇三〇　辛亥卜犬延以羌一用于大甲　4
三二〇四二　丙卜翌甲寅酒于大甲羌百羌　4
三二一一三　甲子貞有伐于上甲羌一大乙羌一大甲羌一　茲用　4
三二一一四　甲子貞有伐于上甲羌一大乙羌一大甲羌自　4
三二二〇一　乙亥卜侑十牢十伐大甲甲申　4
三二二一九　辛卯貞有𠬝伐于大甲祖乙　4
三二三二〇　丁酉卜伐…于大甲　4
三二三〇一　庚戌卜王祟省大甲　4
三三三二九正　庚申貞今來甲子酒王大禦于大甲燎六小牢卯九牛不遘雨　4
三二三二九正　…貞甲子酒王大禦于大甲燎六小牢卯九牛　4
三二三八四　乙未酒茲品上甲十匚乙三匚丙三匚丁三示壬三示癸三大乙十大丁十大甲十大庚七小甲三…三祖乙…　4
三二三八五　…雨自上甲大乙大丁大甲大庚　4
三二三八五　…未卜𢦏自上甲大乙大丁大甲大庚大戊仲丁祖乙祖辛祖丁十示率牡　4
三二三八五　…申卜…从辛酉…大乙大丁大甲大戊…庚…丁…　4
丁祖辛祖丁率示…　4
三二三八七　乙酉貞有燎于上甲大乙大丁大甲…　4
三二三八八　庚寅貞甲…自上甲其暨大甲酒　4
三二四一六　辛未貞于大甲告…　4
三二四三七　其侑于大乙至于大甲　4
三二四三九　…大乙大丁大甲祖乙小乙父丁…　4
三二四六八　…亥貞延𢦏于大丁大甲茲用丁丑…　4
三二四六九　癸巳貞其…丁大甲祖乙父丁　4
三二四七〇　癸亥…有歲…大甲…雨　4
三二四七一　侑大甲四牢　4
三二四七一　侑大甲三牢　4
三二四七二　…子卜侑大甲…牛　4
三二四七三　己未貞其𢦏于大甲　4
三二四七四　癸酉貞…大甲彡…　4
三二四七五　丁丑卜大甲歲十牛　4
三二四七六　丁丑卜其十牛大甲歲　4
三二四七七　癸…貞…大甲歲牢　4
三二四七八　丁丑貞來甲子大甲𠬝歲　4
三二四七九　癸酉卜大甲十牢　4
三二四八〇　大甲　4
三二四八一　丙午卜丁未…大甲…牛　4
三二四八二　…卜告其酒…大甲牛　4

三二四八三　…丑卜有𠬝…大甲父丁　4
三二四八四　尋卜在大甲　4
三二四八五　癸卯貞惟𢦏先于大甲父丁　4
三二四八六　戊辰貞𢦏于大甲歸珏三牛　4
三二四八六　…𢦏于大甲歸珏一牛　4
三二四八七　丙辰卜剛于珏大甲歸　4
三三〇五四　乙…方出…于大甲祖…羊　4
三三三四七　于大甲王受祐　4
三三三七四正　…巳卜…大甲𢦏　4
三三八六七　甲辰貞大甲日不雨　4
三四一一七　乙未貞于大甲𢦏　4
三五四〇〇　癸巳王卜貞旬無畎王𠧞曰在五月甲午翌大甲　5
三五四〇二　癸酉卜貞王旬無畎在十月甲戌翌日大甲　5
三五四一一　癸亥卜貞王旬無畎在正月…子𦎫…大甲　5
三五四一六　癸酉卜貞王旬無畎在…月甲戌𦎫大甲　5
三五五二五　…未王卜貞旬無畎王𠧞曰…十月又一甲申翌日大甲惟王…
三五五二六　癸…王卜貞…大甲　5
三五五二七　癸巳王卜貞旬無畎王𠧞曰大吉在九月甲午祭大甲𩁹上甲
三五五二七　…王卜貞…畎王𠧞…在九月…𦎫大甲　5
三五五二八　…無畎王𠧞曰…在十月甲寅祭大甲𩁹上甲　5
三五五二九　癸卯王卜貞旬無畎王𠧞曰吉在十二月甲辰祭大甲𩁹上甲　5
三五五二九　癸丑王卜貞旬無畎王𠧞曰吉在正月甲寅祭小甲𦎫大甲　5
三五五三〇　癸巳王卜貞旬無畎王𠧞曰吉在十月又二甲午𩁹日上甲祭大甲　5
三五五三〇　癸卯王卜貞旬無畎王𠧞曰吉在十月又二甲辰𦎫大甲祭小甲　5
三五五三〇　癸丑王卜貞旬無畎王𠧞曰吉在正月甲寅𩁹大甲𦎫小甲　5
三五五三一　…午卜貞王賓大甲祭無尤　5
三五五三二　…未卜在𣶃…無畎在三月…𦎫大甲惟…　5
三五五三三　…王…大甲𦎫　5
三五五三四　癸卯王卜貞旬無畎在四月王𠧞曰大吉甲辰彡大甲　5
三五五三五　…貞…無畎…夕彡大甲　5
三五五三六　甲戌卜貞王賓大甲彡無尤　5
三五五三七　甲申卜貞王賓大甲彡日無尤　5
三五五三九　癸卯卜貞王賓大甲…無　5
三五五四〇　…貞…大甲彡…無尤　5

卜丙

著錄	釋文	期
三五五四一	：卜在：王：甲申：日大甲：	5
三五五四二	甲辰卜貞：賓大甲：日無：	5
三五五四三	：卜貞：大甲：無尤	5
三五五五二	甲申卜貞王賓大甲：無：	5
三五五七六	癸卯王卜貞旬無畎在四月甲辰𩁹小甲𠷎大甲	5
三五五八〇	癸亥：旬無：正月：𩁹：大甲	5
三五五八一反	𠷎大甲	5
三五六四八	癸亥王卜貞旬無畎王囚曰大吉在十月甲	5
	子祭：𩁹大甲𠷎戔甲	5
三五六五三	癸丑王卜貞旬無畎王囚大吉在十月又二	
	甲寅祭：甲𩁹大甲	5
三五七四五	癸亥卜貞王旬無畎在二月甲子祭大甲	5
三五八九二	：丑卜貞：旬無畎：五月甲寅：日大甲	5
三六二〇八	辛巳卜貞王賓大甲奭妣辛翌日無尤	5
三六二〇九	辛卯卜貞王賓大甲奭妣辛𩁹無尤	5
三六二一〇	辛卯卜貞王賓大甲奭妣辛彡日：	5
三六二一一	辛：卜貞王賓大甲奭妣辛彡日無尤	5
三六二一二	辛：卜貞：賓大甲奭妣辛彡：	5
三六二一三	辛酉卜貞王賓大甲奭妣辛：	5
三六二一四	辛酉卜貞王賓大甲奭妣辛：	5
三六二一五	：卜貞王：大甲：辛：無尤	5
三六二一六	辛卯卜貞王：大甲：	5
三七八六七	癸亥卜泳貞旬無畎甲戌翌大甲	5
屯一三五	于大甲告望乘	4
屯一九九	王其田于：其𠛱于大甲師有正	3
屯三五四	：今日上甲：大丁大甲：	
屯五六五	庚辰卜𠛱大甲師有羌：	4
屯七五一	己亥卜先侑大甲十牢	4
屯八五六	辛丑貞有歲于大甲茲用：酚五牢	4
屯九四〇	乙亥卜來甲申侑大甲十牢十伐	
屯一〇二四	辛未貞于大甲告牧	4
屯一〇四二	辛巳卜上甲燎大乙大丁大甲先：	3
屯一〇五四	于大甲集	4
屯一〇七四	戊辰貞𢦔一牛于大甲師珏	4
屯一一一一	甲子貞今日有𠬝歲于大甲牛一茲用在	
	鄰	4
屯一一一一	戊午貞貞𢍰于大甲父丁	4
屯一一一一	茲用于大甲	4
屯一一一五	癸卯貞惟餀先于大甲父丁	4
屯一一七三	：伐：大甲：	4
屯一五四〇	：大甲羌于：	4
屯二三七六	己未卜祖丁大𠬝王其延大甲	3
屯二三七五	于大甲　大吉	3
屯二四二〇	：亥貞翌乙丑其有𠬝歲于大乙至于大甲	4
屯二四三〇	甲子貞𠬝歲一牢茲用有𠬝大乙一牢大丁一牢	
	大甲一牢：一牢	4
屯二七〇七	：𠂤上甲盟用白猳九：在大甲宗卜	4
屯二九五三	癸卯貞酚𠬝歲于大甲甲辰五牢　茲用	4
屯三〇〇九	其𢀛大甲三牛	3
屯三〇三九	大甲𩰫	4
屯三一二五	：大甲：	4
屯三六二七	：午貞：𢍰：大甲父丁	4
屯四三三一	乙未貞于大甲𢍰	4
屯四三八七	大甲羌：羌：	4
英二一	貞祐大甲于圄	1
英二二	：于大甲一牛用	1
英二三反	大甲九羌	1
英二四	戊午卜𣪊貞大甲：	1
英二五	：于大甲	1
英五四六正	貞侑于大甲	1
英一一五九	貞侑于大甲八月	1
英一九三四	癸巳：王曰貞：甲午：于大甲：𡆥	
	在：	2
英二四〇一	丁丑貞來甲申先于大甲𠬝歲：	4
英二五〇三	癸酉王卜貞旬無畎王囚曰　弘吉在三月甲戌	
	祭小甲𩁹大甲惟：	5
英二五〇三	癸未王卜貞旬無畎王囚曰吉在三月甲申	
	𩁹小甲𠷎大甲	5
英二五〇四	癸未：旬無：九月王：大甲	5
英二五〇五	癸丑王卜貞旬無畎王囚曰吉在五月甲寅	
	彡大甲	5
英二五〇七	：王旬無畎：戌祭小甲𩁹大甲	5
懷九〇四	𢀛大甲牛三百	1
懷九〇五b	貞：大甲：伐	1
懷一〇一二	乙亥：貞王：大甲彡：無：	2
懷一四八六	癸酉侑大甲十牢	4
懷一四八六	大甲九牢	4
懷一六〇一	癸酉貞大甲日不雨	4
懷一六八三	：貞王：大甲彡：無尤	5
懷一八〇五	：卜：王旬：畎：月甲午：日大甲	5
懷一九一四	：大甲	5

卜丙

著錄	釋文	期
九四〇正	貞侑于卜丙一伐	1
八九六九正	卜丙𠂤王	1

著錄號	釋文	期
八九六九正	貞卜丙弗壱王	1
一九八一七	乙巳卜㞢侑卜丙…	1
一九八九一	丙午卜王…卜丙…八月	1
一九九〇三	侑卜丙…	1
二二〇六六	乙未卜禦卜丙牛一	1
二二七七五	癸酉卜行貞翌甲戌卜丙母妣甲歲惟牛	2
二二七七七	丙午…貞王…卜丙…無…	2
二二七七八	丁丑卜…貞王賓卜丙祖丁無囚	2
二七一六四	乙亥卜王先㪅卜丙歲遘申 茲用	3
二七一六四	卜丙歲 王实	3
二七一六五	卜丙歲	3
三五四七七	…貞王…卜丙夂…無尤	5
三五五四四	…卜貞王…卜丙翌…	5
三五五四五	丙子卜貞王賓卜丙祭無尤	5
三五五四六	丙子卜貞王賓卜丙祭無尤	5
三五五四七	丙辰卜貞王賓卜丙祭無尤	5
三五五四八	丙子卜貞王賓卜丙飄無…	5
三五五四九	丙辰卜貞王賓卜丙咎日無尤	5
三五五五〇	丙辰卜貞王賓卜丙咎日無尤	5
三五五五一	…子卜貞…賓卜丙彡…無尤	5
三五五五二	乙酉卜貞王賓卜丙彡無尤	5
三五五五三	…卜貞…賓卜丙彡…無尤	5
三五五五四	丙辰卜貞王賓卜丙歲無尤	5
三五五五六	…卜貞…賓卜丙…無尤	5
三五五五七	…貞…卜丙…無尤	5
三五五六一	丙申卜貞…卜丙祭…	5
三五五六六	丁…卜貞王…卜丙…彡日…	5
三五五七〇	…子卜貞…賓卜丙…尤	5
屯四三〇五	乙亥卜侑卜丙	1
屯四五一七	甲子卜㞢酌卜丙禦	1
英一一九六	丙戌有歲卜丙	1

南壬

著錄號	釋文	期
二四九七七	丙寅卜…貞㳄…延	2

大庚

著錄號	釋文	期
二三一	貞疋來羌用自成大丁…甲大庚下乙	1
八九五乙	乙卯卜內冊大庚…	1
八九五乙	乙卯卜…大庚𠬝七十牢 二十伐	1
八九五丙	乙卯卜內冊大庚七十牢伐二十	1
九〇九	…內侑于大庚㞢…伐十又三十…	1
九五三	乙亥卜王大庚伐	1
一四〇三	侑于咸大丁大甲大庚大戊仲丁祖乙…	1
一四七四	…大甲大庚…丁祖乙祖…一羊一㱿…	1
一四八三	己未卜桒大庚	1
一四八四	…卜王…大庚…	1
一四八五反	…大庚…	1
一四八六	…卜王…大庚…	1
一四八八	己卯卜…大庚	1
一〇九三六正	翌庚寅酌大庚	1
一二四九七正	丁亥卜㱿貞翌庚寅侑于大庚	1
一四八二九	貞以大庚	1
一四八六八	己卯卜翌庚辰侑于大庚至于仲丁牢	1
一九八三一	辛未卜侑大庚三牢庚辰	1
二〇七七	己亥卜有歲于天庚于盧豕	1
二二〇九四	辛丑卜乙巳歲于天庚	1
二二〇九七	惟𤔲禦量于天庚尤𠕋	1
二二一六五	…先大庚侑自仲丁…	1
二二一六六	…大庚…	1
二二一六七	…酉卜惟大庚…	1
二二一六八	…午卜…大庚呼	1
二二一六九	…大庚…用	1
二二七二三	庚申卜尹貞王賓大庚彡無尤	2
二二七六三	庚辰卜尹貞王賓大庚咎無尤…	2
二二七八〇	…卜尹…賓…大甲大庚…尤	2
二二七九一	…夾…辰其有…于大庚三牢	2
二二七九二	庚戌卜旅貞王賓大庚…酉…囚	2
二二七九三	庚申卜行貞王賓大庚歲二牛無尤在…	2
二二七九五	…喜…賓大庚…	2
二二七九六	己卯卜瀼貞翌庚辰彡于大庚衣無壱	2
二二七九七	己丑卜旅貞翌庚…大庚…	2
二二七九八	己亥卜旅貞翌庚子咎于大庚無壱…八月	2
二二八〇〇	…祭于大庚無壱在七月	2
二二八〇一	…亥卜喜…大庚戠𢦔于庚…	2
二二八〇二	己卯卜…翌庚…于大庚…壱在…	2
二二八〇三	庚…貞…大庚…無…	2
二二八〇四	…庚…大庚無…	2
二二八〇五	壬辰卜…貞…大庚…	2
二二八〇六	…卜大…大庚…	2
二二八〇七	…大庚無…	2
二二八〇八	…喜翌…大庚…	2
二二八〇九	辛…大庚…	2
二三三一二	壬午卜尹貞王賓大庚奭妣壬翌…尤	2
二三三一三	壬子卜…貞王賓大庚奭妣壬叙無囚	2
二三三一四	壬寅卜行貞王賓大庚奭妣壬咎無尤	2
二三三一五	壬午…貞王…大庚奭…翌…尤	2
二六九六八	貞其…大庚三…羌王…吉	3
二七一六六	庚申卜鼓貞王賓大庚日	3

二七一六七　其侑大庚惟翌日酌　3

二七一六八　惟今日酌大庚大戊仲丁其告祭　3

三一九八一　乙亥貞惟大庚作祟　4

三一九八一　大庚不作祟　4

三二三八四　乙未酌茲品上甲十匚乙三匚丙三匚丁三示壬三示癸三大乙十大丁十大甲十大庚七小甲三…三祖乙…　4

三二三八五　…未卜桒自上甲大乙大丁大甲大庚大戊仲丁祖乙祖辛祖丁十示率牡　4

三二三八五　…申卜…从辛酉…大乙大丁大甲大戊…庚丁…丁祖辛祖丁率示…　4

三二三八五　…雨自上甲大乙大丁大甲大庚　4

三二四六八　…延桒以大庚…　4

三二四八八　己丑貞大庚日　4

三二四八九　己丑…大庚…無祟　4

三二四九〇　丁亥卜弜侑大庚　4

三二四九一正　…酉…惟大庚　4

三二四九二　…寅卜…𠂤大庚　4

三二四九三　…宰大庚　4

三五四〇六　甲戌翌上甲乙亥翌匚乙丙子翌匚丙…匚丁壬午翌示壬癸未翌示癸…翌大丁…翌…大庚…翌…　5

三五五五八　…卜貞…大庚翌…尤　5

三五五五九　…辰卜貞…大庚翌…　5

三五五六〇　庚子卜貞王賓大庚祭無尤　5

三五五六一　庚子卜貞王賓大庚…尤　5

三五五六二　庚申卜貞王賓大庚無…　5

三五五六三　…貞…大庚祭…尤　5

三五五六四　…貞…大庚祭…尤　5

三五五六五　…大庚觀…尤　5

三五五六六　庚子卜貞王賓大庚…無尤　5

三五五六七　丁卯卜貞王賓大庚夕無尤　5

三五五六九　貞…大庚…無…　5

三五五七〇　…辰卜貞…賓大庚…無尤　5

三五五七一　…卜貞…賓大庚…無尤　5

三五五七二　…貞…大庚…無尤　5

三六二一七　壬午卜貞王賓大庚奭妣…翌日無尤　5

三六二一八　壬子卜貞王賓大庚奭妣壬觀無尤　5

三六二一九　…卜貞…大庚奭…　5

三六二二〇　壬戌卜貞王賓大庚奭妣壬無尤　5

三六二二一　…卜貞…大庚…無尤　5

三六二二二　壬寅卜貞王賓大庚奭妣庚彡日無尤　5

三六二二三　…午卜貞王…大庚奭妣壬…尤　5

三六二二六乙　壬子卜貞王賓大庚…妣…　5

屯一二八　…卯貞大庚彡　4

屯八八五　弜囚大庚　4

屯八八五　乙亥貞惟大庚　4

屯一一七五　…自大庚侑…　3

屯二三七五　于大庚　3

屯三四五八　…大庚…　3

屯三六二九　丙寅卜大庚歲𢦏于毓祖乙…　3-4

屯三六二九　…來日…歲于大庚　3-4

屯三七六三　庚子𢦏翌𥘅在大庚宗卜　4

英一九三六　庚…大庚…　2

懷一四八一　丁亥卜王大庚…大乙宰牝…終月　4

懷一六八六　…卜貞…大庚翌…　5

小甲

一四八九　…酉卜王桒小甲　1

一八四〇七　…小甲一牛　1

一八四〇八　…卜…小甲…　1

二〇三四〇　庚申朕米　1

二二七一七　…旬無囚…示癸咎甲寅…小甲觀大甲…衆咎　2

二二八一〇　甲寅卜…貞王賓小甲歲…　2

二二八一一　甲申卜…貞王賓小甲祭…無尤　2

二二八一二　甲戌卜尹貞王賓小甲咎無尤　2

二二八一三　…貞…小甲翌…　2

二六四八六　癸丑卜王貞旬無囚在五月甲寅彡小甲　2

二六四九三　癸丑卜…貞旬無…惟彡小甲　2

二七一七〇　…旬衣遘…小甲翌…　3

二七一七一　癸亥…小甲日惟𠭯…　3

三二三八四　乙未酌茲品上甲十匚乙三匚丙三匚丁三示壬三示癸三大乙十大丁十大甲十大庚七小甲三…三祖乙…　4

三五四〇二　癸未卜貞王旬無畎在十月甲申翌日小甲　5

三五五二九　癸丑王卜貞旬無畎王囚曰吉在正月甲寅祭小甲觀大甲　5

三五五三〇　癸丑王卜貞旬無畎王囚曰吉在正月甲寅咎大甲觀小甲　5

三五五三〇　癸卯王卜貞旬無畎王囚曰吉在十月又二甲辰觀大甲祭小甲　5

三五五三四　癸丑王卜貞旬無畎在四月王囚曰大吉甲寅彡小甲　5

三五五七三　癸酉卜貞王旬無畎…甲戌翌小甲　5

三五五七五　癸巳王…貞旬無…在四月甲…小甲　5

三五五七五 三五五七六 三五五七七 三五五七八 三五五七九 三五五八一正 三五五八一反 三五五八二 三五五八三 三五五八四 三五五八五 三五五八六 三五五八七 三五五八八 三五五八九 三五五九〇 三五五九一 三五五九二 三五五九三 三五五九四 三五五九五 三五五九六 三五五九七 三五六四六反 三五六五一 三五六五二 三六五〇九 三六五〇九 三七八五五 英二五〇三 英二五〇三 英二五〇三 英二五〇五 英二五〇七 英二五〇八 英二五一〇

……畎王……甲寅翌小甲 5
癸卯王卜貞旬無畎在四月甲辰觀小甲魯大甲 5
癸巳王卜貞旬……囚曰甲午祭小…… 5
癸……旬……曰大吉……甲辰祭小甲 5
甲辰卜貞……賓小甲祭…… 5
癸未王卜貞旬無畎王囚曰吉在二月甲申 5
觀小甲𢆶
魯小甲 5
癸卯王卜貞旬無畎王囚曰吉在三月甲辰 5
……小甲魯大乙 5
……無畎在十月……觀小甲…… 5
癸巳王……桑貞……無畎……甲午……小甲…… 5
……囚曰大……魯小甲 5
癸巳卜貞王旬無畎在四月甲午彡日小甲 5
甲午卜貞王賓小甲魯日無…… 5
癸丑卜備貞王旬無畎在五月甲寅彡日
小甲 5
癸酉王卜貞旬無畎在六月甲戌彡小甲王囚
曰吉 5
癸亥卜貞王旬無畎在五月甲子彡日小甲 5
甲戌卜貞王賓小甲彡日無尤 5
……丑卜貞……賓小甲……無尤 5
……辰貞……賓小甲……夕無尤 5
甲午卜貞王賓小甲歲無尤 5
……貞……畎……甲寅……小甲…… 5
……卜貞……賓小甲……無…… 5
……貞……小甲…… 5
翌日小甲 5
……祭戔甲魯日小甲 5
……畎王囚曰大吉……戔甲魯小甲 5
……在……貞旬無畎……弘吉在三月甲申祭小 5
甲……惟王來征盂方伯炎…… 5
不嘉在正月遘小甲彡夕惟九祀 5
癸酉王卜貞旬無畎王囚曰弘吉在三月甲戌 5
祭小甲觀大甲惟…… 5
癸未王卜貞旬無畎王囚曰吉在三月甲申 5
觀小甲魯大甲 5
癸巳王卜貞旬無畎王囚曰吉在三月甲午 5
祭戔甲魯小甲 5
……王卜……無畎……曰吉……月甲子……小甲 5
……王旬無畎……戌祭小甲觀大甲 5
癸未卜齊貞王旬無畎在十月甲申翌小甲 5
癸亥王卜貞旬無畎在十月又二甲子祭戔
甲魯小甲 5

懷三八

……勿侑于小甲 1

大戊

一四〇三 一四九一 一四九六 一四九二 一四九三 一四九四 一四九五 四一四七 一三六四六正 一九八三二 一九八三三 一九八三四 一九八三八 二二〇五四 二二〇七九 二二八二二 二二八二三 二二八二四 二二八二六 二二八二七 二二八二八 二二八二九 二二八三〇 二二八三一 二二八三二 二二八三三 二二八三四 二二八三五 二二八三六 二二八三七 二二八三八 二二八三九 二二八四〇 二二八四一 二二八四二 二二八四三 二二八四四 二二八四五 二二八四六 二二八四七

侑于咸大丁大甲大庚大戊仲丁祖乙…… 1
侑于大戊三宰 1
……貞翌戊……大戊 1
……戊卜……侑于大……大戊…… 1
……于大戊 1
惟大戊 1
……己卜……大戊……祟王 1
……大戊…… 1
勿于大戊告 1
丙午卜王侑大戊豚用 1
……祝大戊侑宰 1
丁卯卜延晉𥄳大戊戊辰 1
甲子酌大戊禦 1
天戊五宰 1
丁亥卜王貞翌戊子王其賓大戊觀無壱 2
丁酉卜行貞翌戊戌翌于大戊無壱在四月 2
甲戌卜出貞王𢆶侑于大戊二月 2
甲戌卜出貞其侑于大戊宰 2
丁丑卜喜貞翌戊寅其侑于大戊五月 2
戊辰卜行貞王賓大戊…… 2
戊申……貞王賓大戊𠦪五牛……盍無尤在十月 2
戊申卜尹貞王賓大戊翌無尤 2
……卜旅……賓大戊……無尤 2
戊……貞王……大戊彡……尤十月 2
丁巳卜……貞王賓大戊彡…… 2
戊子卜旅貞王賓大戊歲三宰無尤 2
戊子……貞……大戊酌……在…… 2
戊寅卜𠭯貞王賓大戊戠無囚 2
戊午卜尹貞王賓大戊魯無…… 2
戊寅卜旅貞王賓大戊戠無囚 2
戊申卜尹貞王賓大戊祭叙無尤 2
戊子卜𠭯貞王賓大戊戠無……三月 2
戊子卜尹貞王賓大戊戠…… 2
戊子卜旅貞……賓大戊戠…… 2
戊……貞王……大戊戠…… 2
戊戌卜貞王賓大戊戠無囚 2
戊申卜尹貞王賓大戊戠無……在七月 2
戊申卜旅貞王賓大戊戠無囚 2
戊午卜旅貞王賓大戊戠無尤 2
戊午卜𠭯貞王賓大戊戠無囚在十四月 2

二二八四七　戊午卜𠂤貞王賓大戊彳歲三牢無尤　2
二二八四八　丁亥卜…貞翌戊子…其延彳…于大戊…　2
二二八四九　壬…貞…大戊…　2
二二八五〇　戊戌…貞王…大戊…　2
二二八五一　…旅…戊戌…大戊無…　2
二三三一四　壬子卜行貞王賓大戊奭妣壬劦無尤　2
二三三一六　壬子卜𣴎貞王賓大戊奭妣壬劦無尤　2
二三三一七　壬寅…貞王…大戊奭妣壬歲無尤　2
二四三〇五　丁卯卜行貞王賓大戊歲二牛無尤在二月　2
二七〇四二反　戊申卜宁貞王賓大戊戠無尤　3
二七一六八　惟今日彡大庚大戊仲丁其告祭　3
二七一七四　貞其延于大戊饗　3
二七一七五正　…卜貞王…大戊彡無尤　3
二七一七六　丁未卜𢦏貞王其賓大戊鬯𡧊惟…（摹文據《甲圖》〇六三補）　3
三三一六五　…巳自祖乙…侑妾侑戊大　4
三三三八五　…未卜𢑟自上甲大乙大丁大甲大庚大戊仲丁祖乙祖辛祖丁十示率　牡　4
三二三八五　…申卜…从辛酉…大乙大丁大甲大戊…庚丁…　丁祖辛祖丁率示…　4
三二四五四　…卜其有歲于大戊二牢　茲用　4
三二四五五　丁巳卜其有歲于大戊二牢　4
三二四九四　丁酉卜戊戌有歲大戊二十牢暘日…暘日茲　…　4
三三七八八　丙戌卜惟大戊用　4
三四一六五　丁丑貞有𠂤歲于大戊三牢　茲用　4
三五五九八　…賓大戊…翌…無尤　5
三五五九九　戊辰卜貞王賓大戊祭無尤　5
三五六〇〇　戊寅卜貞王賓大戊𩰫無…　5
三五六〇一　戊辰卜貞王賓大戊無尤　5
三五六〇二　戊戌卜貞王賓大戊無尤　5
三五六〇三　貞…大戊彡…無尤　5
三五六〇四　…卜貞王…大戊祾…　5
三五六〇五　…卜貞王…大戊𥁕…尤　5
三五六〇六　…大戊𥁕…尤　5
三五六〇八　…卜貞…賓大戊…無尤　5
三五六〇九　…子卜貞…賓大戊…無…　5
三五六一〇　…午卜貞…賓大戊…　5
三五六一一　戊…貞…大戊…無…　5
三六二二四　…戊卜貞王賓大戊奭…翌日…　5
三六二二五　壬辰卜貞王…大戊奭妣壬…無尤　5
三六二二六乙　壬申卜貞…賓大戊奭妣壬劦日無尤　5
三六二二八　…卜貞王…大戊奭…彡日…尤　5
三六二二九　…卜貞…大戊奭…丁…　5
三六二三〇　壬寅卜貞…賓大戊奭…尤　5
三六二三一　…貞…大戊奭…無尤　5
三六五〇九　…在…貞旬無𡆥…弘吉在三月甲申祭小　甲…惟王來征盂方伯炎…　5
屯三七六三　戊戌卜𢑟翌祀在大戊　4
屯三七九四　丁巳卜歲至于大戊　茲用歲…　3-4
屯四〇五〇　…二…三…大乙十…大戊…　4
屯四五一七　甲子卜彡大戊禦　1

雍己

一九七六九　…風…化惟…北西…大雍己…　1
二二八一四　己巳卜行貞王賓雍己…歲宰𩰫…無尤　2
二二八一五　己丑卜𣴎貞王賓雍己彡無尤　2
二二八一六　己丑卜行貞王賓雍己彡無尤　2
二二八一七　戊午卜行貞王賓雍己彡夕無𡆥　2
二二八一八　己亥…貞王…雍己…　2
二二八一九　己巳卜行貞王賓雍己無尤　2
二二八一九　己…貞…雍己…無…　2
二二八二一　…雍己…無…　2
二七一七二　己未卜其有歲于雍己　茲用　3
二七一七三　于雍己呼…　3
三五六一二　己巳卜貞王賓雍己祭無尤　5
三五六一三　己酉卜貞王賓雍己祭無尤　5
三五六一四　…貞王…雍己祭…尤　5
三五六一五　己巳卜貞王賓雍己𩰫無尤　5
三五六一六　己酉卜…王賓…雍己𩰫無…　5
三五六一七　己丑…王…雍己…無…　5
三五六一八　己巳卜貞王賓雍己無尤　5
三五六一九　己未卜貞王賓雍己彡日無尤　5
三五六二〇　己未卜貞王賓雍己彡日…尤　5
三五六二一　…卜貞…雍己彡日無尤　5
三五六二二　…卜貞王…雍己彡夕…尤　5
三五六二三　…貞王…雍己彡…無…　5
三五六二四　己未卜貞王賓雍己𥁕無尤　5
三五六二五　…賓雍己…尤　5
三五六二六　…丑卜貞王…雍己…無尤　5
屯二一四八　戊辰卜今日雍己夕其呼𠦪執工　大吉　3
屯二一六五　己酉卜雍己歲一牢　3-4
屯三七九四　己未卜其有歲于雍己　茲用十牢　3-4
屯三七九四　…未卜雍己…惟牡　茲用　3-4
英二五二一　…巳卜貞…賓雍己劦日無尤　5

中口

中丁　仲丁

著錄號	釋文	期
一四〇三	侑于咸大丁大甲大庚大戊仲丁祖乙…	1
一四九八	…于仲丁	1
一四九九	…卜爭…乙亥…仲丁	1
一五〇〇	丁亥貞仲丁…無…	1
一五〇一	…申卜穷…仲丁…	1
一五〇二	…苦…仲丁彰	1
一五〇三	…壬卜王…仲丁…	1
一五〇三	…卜王…仲丁	1
一五〇四	…辰卜于仲丁	1
一五〇四	…辰卜于仲丁	1
六一七三	…貞翌丁未彰仲丁暘日	1
六一七四	…卜設貞翌丁未彰仲丁暘日	1
一〇四〇五正	癸酉卜設貞旬無囚王二曰匄王固曰餘有祟有𡆥五日丁丑王賓仲丁己阾在廳阜十月	1
一〇四〇六正	癸酉卜設貞旬無囚王二…王固曰餘有祟有𡆥五日…王賓仲丁己阾在廳…二告	1
一三六四六正	勿告于仲丁	1
一四八六八	乙卯卜翌庚辰侑于大庚至于仲丁宰	1
一四八七二	乙亥卜侑自大乙至仲丁示牛	1
一九八三五	癸未卜…癸…仲丁…廼步…〇七…在攸	1
一九八三八	甲子卜彰丁仲禦	1
二〇〇五六	戊申卜侑中子	1
二二一六五	…先大庚侑自仲丁…	1
二二一七一	…子卜侑仲丁自大	1
二二七二三	丁丑卜尹貞王賓仲丁彡無尤	2
二二八二二	丙午卜行貞翌丁未翌于仲丁無壱在四月	2
二二八五四	丁酉卜尹貞王賓仲丁彡…無尤在…	2
二二八五五	…戌卜王貞王其賓仲丁彡龠無壱	2
二二八五六	丙申卜行貞翌丁酉彡于仲丁無壱在九月	2
二二八五六	丁亥卜…貞翌…彡于仲丁…壱…	2
二二八五七	…酉卜王貞彰仲丁彡無壱	2
二二八五八	…寅卜即貞歲惟今仲丁彰	2
二二八五九	貞仲丁歲惟㲹	2
二二八六〇	丙申卜即貞翌丁酉惟仲丁歲先	2
二二八六一	丙申卜…貞翌丁酉其侑于仲丁…	2
二二八六二	丁丑卜尹貞王賓仲丁祭無囚	2
二二八六三	丙午卜行貞翌丁未祭于仲丁無壱	2
二二八六四	丙寅卜旅貞翌丁卯𠭰于仲丁無…	2
二二八六五	丙辰卜旅貞翌丁巳𠭰于仲丁衣無壱在八月	2

著錄號	釋文	期
二二八六六	…卜…貞王…仲丁㞢…雨	2
二二八六八	丁丑…貞…仲丁…	2
二二八六九	…于仲丁無壱	2
二二八七一	癸卯…貞王…仲丁…妣癸…	2
二二八七二	…仲丁無…	2
二二八七三	…旅…仲丁…無…	2
二二八七四	…旅…丁酉…仲丁…在…	2
二三三一八	…卜行…王賓仲丁奭妣癸𠭰無尤	2
二三三三〇	癸酉卜尹貞王賓仲丁奭妣癸翌無尤	2
二五〇八六	丙申…貞翌…彡…仲丁…	2
二七一六八	惟今日彰大庚大戊仲丁其告祭	3
二七一七七	丁…貞…仲丁…無…	3
二七一七八	戊戌卜口貞王賓仲丁彡龠無囚十月	3
三二三八五	…未卜乘貞王甲大乙大丁大甲大庚大戊仲丁祖乙祖辛祖丁十示率扗	4
三二四九五	丁巳卜…中丁歲惟扗	4
三二四九六	癸巳卜侑仲丁三牢	4
三二四九七	丁未貞侑中丁歲	4
三二四九八	丙午卜中丁歲並彰	4
三二四九九	丙申貞中丁彡無壱	4
三二五〇〇	…中丁日無壱	4
三二五〇二	丙申…中丁…	4
三二八一六正	丙午貞彰𠬝歲于仲丁三牢祖丁三牢	4
三四一二一	丙子卜侑仲丁二牢一牛	4
三五六一六	…貞王…仲丁…無尤	5
三五六二八	丁丑卜貞王賓仲丁彡…尤	5
三五六二九	丁亥卜貞王賓仲丁彡日無尤	5
三五六三〇	丙辰卜貞王賓仲丁彡夕無尤	5
三五六三一	…寅卜…賓仲丁禱…無尤	5
三五六三一	…亥卜貞王…仲丁彡…無尤	5
三五六三二	丁卯卜…王賓仲丁…	5
三五六三三	丁酉…貞…仲丁…	5
三六二二六乙	癸未卜貞王賓仲丁奭妣癸𠭰日無…	5
三六二三二	己卯卜貞王賓仲丁奭妣己翻無尤	5
三六二三三	癸酉卜貞王賓仲丁奭妣癸彡日無尤	5
三六二三四	癸丑卜貞王賓仲丁奭妣癸彡日無尤	5
三六二三五	癸未卜貞王賓仲丁…奭妣…	5
三八二二三	…彝在仲丁宗在三月	5
屯八五六	丙寅貞有𠬝歲于仲丁　茲用	4
屯二一七三	侑仲丁二牢	1
屯四五一七	甲子卜彰丁仲禦	1
英一四二	…子卜…仲丁…不…	1

卜壬

著錄號	釋文	期
英一九三七	癸酉卜行貞王賓仲丁奭妣癸翌無尤 在三月	2
懷一〇一一	戊辰…貞王…仲丁…𠬝…尤	2
二二八七五	壬子卜行貞王賓卜壬彡…尤	2
二二八七六	壬寅卜貞王賓卜壬翌無尤	2
二二八七七	壬寅卜豖貞王賓卜壬𣪘…囚	2
二二八七八	壬申…貞王賓卜壬𢦏無…	2
二二八七九	…卜…王…卜壬…	2
二二八八〇	…尹…卜壬…無…	2
三五六三六	壬午卜貞王賓卜壬翌日無尤	5
三五六三七	壬寅卜貞王賓卜壬翌日無尤	5
三五六三八	壬申卜貞王賓卜壬彡日…尤	5
三五六三九	壬寅卜貞王賓卜壬彡…	5
三五六四〇	…卜貞王賓卜壬彡日無尤	5
三五六四二	…貞…賓卜壬日…尤	5

戔甲

著錄號	釋文	期
二二七一五	癸丑卜王貞旬無囚在五月甲寅…彡戔甲…	2
二二八八一	甲申…貞王…戔甲…無…	2
二二八八二	乙巳卜旅貞王賓戔甲彡龠𠬝…	2
二二八八三	甲子卜行貞王賓戔甲彡酉無囚	2
二二八八五	癸未卜王貞無囚在八月甲申彡戔甲	2
二二八九七	…彡戔甲…彡祖乙…	2
三二五〇一	甲寅有歲戔甲三牢羌甲二十牢又七鴫日 茲用	4
三五五七六	癸丑王卜貞旬無畎王囚曰弘吉甲寅祭戔甲	5
三五五八〇	…貞…戔…	5
三五五三一	…王卜貞…畎王囚…在正月甲…戔甲 咎…	5
三五五八一正	癸巳王卜貞旬無畎王囚曰吉在四月甲午祭 戔甲	5
三五五八一正	癸卯王卜貞旬無畎王囚曰吉在四月甲辰 祭羌甲觳戔甲	5
三五五八九	癸巳王卜貞旬無畎王囚曰吉在六月甲午彡 戔甲	5
三五六三六	…貞…戔甲…丁無尤	5
三五六四一	癸酉王卜貞旬無畎王囚曰大吉在九月甲 戌翌戔甲	5
三五六四二	…貞…戔甲彡…無尤	5
三五六四四	癸酉王卜貞旬無畎王囚曰大吉在九月甲戌 翌戔甲	5
三五六四四	癸巳王卜貞旬無畎王囚曰大吉在九月甲 午翌戔甲	5
三五六四五	癸巳卜…王旬無畎在十一月甲…翌日戔…	5
三五六四六正	癸卯王卜貞旬無畎王囚曰吉在十一月又二甲辰 翌日戔甲	5
三五六四七	…貞王旬…又一甲辰翌戔甲…	5
三五六四八	癸卯王卜貞旬無畎王囚曰大吉在…月甲 …祭戔甲魯…	5
三五六四八	癸丑王卜貞旬無畎王囚大吉…觳戔甲在 九月	5
三五六四八	癸亥王卜貞旬無畎王囚曰大吉在十月甲 子祭…觳大甲魯戔甲	5
三五六四九	…王卜貞旬無畎王…在十月甲子祭戔甲	5
三五六五〇	癸酉卜貞王旬無畎在正月甲戌祭戔甲…	5
三五六五一	…祭戔甲魯日小甲	5
三五六五二	…畎王囚曰大吉…戔甲魯小甲	5
三五六五四	甲子卜貞王賓戔甲魯無尤	5
三五六五五	…卜貞旬無畎王囚…在正月甲寅彡戔…	5
三五六五六	癸丑王卜貞旬無畎在四月甲寅彡戔甲王 囚曰大吉	5
三五六五六	癸亥王卜貞旬無畎在四月甲子彡戔甲王 囚曰大吉	5
三五六五七	癸丑卜𠀠貞王…無畎在四月甲寅彡 日戔甲日劅祖乙觳	5
三五六五八	…丑卜泳…王旬無畎…四月甲寅…戔甲 日…觳	5
三五六五九	癸酉卜…貞王旬無畎在五月甲戌彡 日戔甲…	5
三五六六二	癸酉王卜貞旬無畎在十月甲戌彡戔甲	5
三五六六三	…旬無畎王…甲戌彡戔甲	5
三五六六四	…卜貞…戔甲彡夕…尤	5
三五六六五	甲戌卜貞王賓戔…𠷎無…	5
三五六六六	甲申卜貞王賓戔甲…日無…	5
三五六六七	…貞…戔甲…日無尤	5
三五六六八	…申卜…賓戔甲…	5
三五六六九	甲寅卜貞王賓戔甲無尤	5
三五六七〇	…卜貞…賓戔甲無尤	5
三五六七一	…卜貞王…戔甲…	5
三五六七二	…戔甲	5
三五六九九	癸丑卜在霍…旬無畎在五月甲寅…羌 甲觳戔甲	5

三五七〇〇　癸酉王卜貞旬無畎王囚曰大吉在十月甲戌祭羌甲觀蔑甲　5
三五七〇〇　癸未王卜貞旬無畎王囚曰大吉在十月甲申祭魯甲觀羌甲魯蔑甲　5
三五七四九　癸丑卜徙貞王旬無畎在三月甲寅祭魯甲觀羌甲魯蔑甲　5
三五七五〇　癸未卜…㬎貞…無畎在…甲申祭魯甲…蔑甲　5
三五八八七　癸亥卜…貞王旬…在五月甲…魯甲觀魯蔑…　5
三七八四七　癸卯王卜貞旬無畎王囚曰吉甲辰彡蔑甲　5
英二五一〇　癸亥王卜貞旬無畎在十月又二甲子祭蔑甲魯小甲　5
英二五一〇　癸酉王卜貞旬無畎在正月王囚曰大吉甲戌祭羌甲觀蔑甲　5
英二五一〇　癸未王卜貞旬無畎在正月王囚曰大吉甲申祭魯甲觀羌甲魯蔑甲　5
英二五〇三　癸巳王卜貞旬無畎王囚曰吉在三月甲午祭蔑甲魯小甲　5
英二五〇三　癸卯王卜貞旬無畎王囚曰吉在三月甲辰祭羌甲觀蔑甲　5
英二五〇三　癸丑王卜貞旬無畎王囚曰吉在三月甲寅祭魯甲觀羌甲魯蔑甲　5
懷一三四七　甲寅…貞王…蔑甲翌…　2

祖乙

六　甲戌卜宗貞翌乙亥侑于祖乙用五月　1
二五　甲申卜貞翌乙酉侑于祖乙宰又一牛又𣪊　1
一四〇反　貞…册祖乙…　1
一七五　貞翌乙丑侑于祖乙　1
一八三　告于大甲祖乙　1
一九〇正　侑于祖乙五宰　1
一九〇正　來辛亥惟雀匚酌祖辛又一牛祖乙　1
一九〇正　惟伐酌于祖乙　1
二四八正　貞祖乙孽王　1
二四八正　貞祖乙弗其孽王　二告　1
二四八正　貞祖乙孽王　1
二四八正　貞祖乙弗其孽…　1
二四八正　翌乙酉有伐于五示上甲成大丁大甲祖乙　1
二六七正　祖乙𣪊王其取　1
二七二反　勿循侑于祖乙　1
二七二反　貞循侑于祖乙　1
二九六　貞勿取祖乙𣪊　1

三〇〇　三〇一　三一四　三二四　三二六　三三九　三三九　三五六　三七七　三七九　三八〇　四〇八　四二四正　五〇一　五五七　五五七　六五一　六五五甲正　六六七正　六六七正　六七二正　七〇七正　七二一正　七七六正　七七六正　七七六正　八八〇正　八八〇正　八八〇正　八九二正　八九八　八九九　九〇〇正　九〇三正　九〇四正　九一四正　九二三正　九三八正　九七四正　九七四正　一〇二七正

貞禦自唐大甲大丁祖乙百羌百宰　二告　1
丁亥卜設貞昔乙酉葡旋禦…丁大甲　1
祖乙百鬯百羌卯三百…　1
丁…乙…祖乙三十羌卯…宰　1
甲午卜貞翌乙未侑于祖乙羌十又五卯宰
又一牛五月　1
癸亥卜宗貞有勹伐于祖乙用…九月　1
甲子卜…翌日…于祖乙　1
貞勿𢀛翌日侑祖乙　1
…亥侑于祖乙三牛一月　1
庚辰卜貞衣勹歲作醴自祖乙至于丁十二月　1
乙巳卜賓貞三羌用于祖乙　1
丁卯卜爭貞有勹于祖乙宰羌三人　1
甲辰卜爭貞翌乙巳侑…祖乙二羌…示　小告　1
貞用羌于祖乙正　1
丁卯卜貞侑于祖乙宰羌三人　1
甲戌卜翌乙亥侑于祖乙　1
貞其侑于祖乙宰　1
乙巳卜爭貞告方出于祖乙于大…　1
侑于祖辛𣪘𣪊　1
辛未卜設貞龠告于祖乙　二告　小告　1
辛未卜設貞勿龠告于祖乙　二告　1
貞𠦪年于大甲十宰祖乙十宰　1
尋…祖乙　1
來乙未侑祖乙宰　1
乙丑卜設貞王夢不惟祖乙　1
貞王夢惟祖乙　1
侑于祖乙　二告　1
貞祖乙孽王　1
祖乙弗其孽王　二告　1
貞祖乙孽王　1
貞來乙亥酌祖乙十伐又五卯十宰　1
貞册祖乙十伐又五卯十宰又五　1
乙酉…祖乙乙未有伐十五十宰　1
侑于祖乙宰正　1
翌乙巳侑祖乙　1
辛巳卜設貞酌我匚大甲祖乙十伐十宰　1
貞不𦊓册十祖乙　1
貞侑于祖乙五伐卯五宰　1
貞告于祖乙　二告　1
于祖乙　1
勿侑于祖乙　1
癸卯卜王侑于祖乙二牛用　1

一〇五二正　乙未…爭貞侑祖乙
一〇六一三正　侑祖乙告王囚
一〇七六甲正　乙亥卜方貞合𠂤大禦于祖乙
一〇七六甲正　乙亥卜方貞禦于祖乙三牛
一〇七六甲正　乙亥卜方貞七于祖乙四牛　二告
一〇七六甲反　貞侑二宰于祖乙
一〇七六甲反　…祖乙…十宰…
一三九九　…王咸…告祖乙宰
一四〇三　侑于咸大丁大甲大庚大戊仲丁祖乙…
一四七二　貞侑于祖乙
一四七三　…叡祖乙
一四七四　…大甲大庚…丁祖乙祖…一羊一穀…
一四七七　丁亥卜殻…大甲祖乙
一四七八　祖乙
一四七九　侑于祖乙
一四八〇正　貞侑于祖乙
一五〇五　貞翌侑于甲一牛祖乙祖辛
一五〇五　…貞翌…侑于…甲一牛…祖乙…祖辛…
一五〇六正　貞侑于祖乙十白豕
一五〇七　貞惟祖乙
一五〇八　貞勿侑于祖乙
一五〇九　乙巳卜侑于祖乙五宰
一五一〇　貞侑于祖乙五宰
一五一一正　辛巳…王侑祖乙五宰
一五一二　侑于祖乙三宰
一五一三　甲申卜乙酉侑祖乙三宰冊三十牛
一五一四　…卜翌乙…侑祖乙三宰用
一五一五　貞勿侑于祖乙二宰
一五一六正　貞翌乙巳侑于祖乙宰㞢…
一五一七正　貞翌乙未侑于祖乙宰
一五一八正　貞侑于祖乙宰
一五一九　侑于祖乙…宰
一五二〇　甲戌卜貞翌乙亥侑于祖乙三牛卓獻
　尸牛十三月
一五二二　癸…卜王侑于祖乙二牛
一五二三正　乙巳侑于祖乙又一牛
一五二四　丙午卜方貞侑于祖乙十白豕
一五二五　祖乙侑二穀六豕
一五二六　丁亥卜于翌戊子彰三豭祖乙庚寅用四
　月
一五二六　侑祖乙五豭
一五二六　彰六豭于祖乙
一五二七　貞侑于祖乙

一五二八正　乙巳卜方貞侑于祖乙二穀
一五二九　翌乙酉勿侑于祖乙　二告
一五三〇　貞來…壬于祖乙
一五三一正　今日勿侑于祖乙
一五三三　丙戌卜方貞翌丁亥侑于祖乙
一五三四正　癸酉卜殻貞翌乙亥侑于祖乙
一五三五　貞侑于祖乙
一五三六正　壬戌卜殻貞侑于祖乙
一五三七　侑于祖乙
一五三七　貞勿侑于祖乙
一五三八正　癸…貞翌…寅侑于祖乙
一五三九　…未侑于祖乙
一五四〇　…翌乙丑侑于祖乙
一五四一　貞侑于祖乙
一五四二　…午卜殻翌乙未侑于祖乙
一五四三正　…殻…侑于祖乙…宰
一五四四反　貞侑于祖乙
一五四五　戊午卜殻貞侑于祖乙
一五四六　貞侑于祖乙
一五四七　…酉侑于祖乙
一五四八　…侑于祖乙…乂…
一五四九　貞翌丁卯侑于祖乙
一五五〇　侑于祖乙
一五五一　…侑于祖乙
一五五三　貞翌丁巳侑于祖乙
一五五四　癸丑卜爭貞翌乙卯侑于祖乙
一五五六　貞…于祖乙不…余于…
一五五七　貞侑于祖乙
一五五八　侑于祖乙
一五五九　…取子…侑于祖乙
一五六〇　惟侑于祖乙
一五六一正　貞侑于祖乙
一五六二　…侑…祖乙
一五六三　…貞侑…祖乙…侑𤯍
一五六四正　…卜…貞侑…祖乙…
一五六五　癸丑卜王侑祖乙
一五六六　甲…卜王…乙巳侑…祖乙
一五六七　戊寅卜…侑…祖乙
一五六八　貞侑祖乙
一五六九　甲午…翌乙未侑…祖乙
一五七〇　甲…侑祖乙
一五七一　貞勿侑于祖乙
一五七二　…祖乙勿…

一五七二 ：祖乙：弗左
一五七四反 乙未有[illegible]歲祖乙
一五七五 乙未有[illegible]歲祖乙
一五七六 貞禦于祖乙
一五七七 ：卯卜賓：禦于祖乙
一五七八 貞禦于祖乙
一五七九 貞于祖乙：
一五八〇甲 勿萑于祖乙：禦王
一五八〇甲 貞禦囚于祖乙
一五八〇乙 貞于祖乙禦王囚
一五八〇乙 貞勿禦囚于祖乙
一五八一正 庚申卜亘貞告于祖乙
一五八二正 貞勿告于祖乙
一五八三 丁未卜爭貞王告于祖乙
一五八四乙 貞王告于祖乙
一五八五 丁未卜賓貞告于祖乙
一五八六 告于祖乙
一五八七 ：祖乙匄祐
一五八八 辛卯賓貞[illegible]于祖乙
一五八九 ：于祖乙[illegible]
一五九〇 辛酉卜貞惟祖乙取：[illegible]
一五九一 辛酉卜貞惟祖乙取[illegible]
一五九二 貞王勿取祖乙[illegible]
一五九三 貞勿幸祖乙十月
一五九四 乙酉：貞來乙未酌醲于祖乙十二月
一五九五 ：未卜：酌祖乙
一五九六 ：酌：宰：祖乙
一五九七 甲申貞丁蒸于祖乙
一五九八正 ：勿蒸祖乙
一五九九 ：爭貞乙亥蒸囧黍祖乙
一六〇〇 ：殻貞奏：祖乙
一六〇一 貞戠于祖乙：宿
一六〇二 ：祖乙不祟
一六〇三 貞祖乙祟
一六〇四 來：祖乙勿：
一六〇五 貞翌乙未：祖乙五月
一六〇六 丁亥卜禦：甲虎于祖乙正
一六〇七 ：寅卜爭貞翌乙：祖乙
一六〇八 壬戌：翌乙丑：祖乙
一六〇九 ：祖乙五宰
一六〇九 ：固祖乙五宰
一六一〇 丁巳卜貞：祖乙三宰
一六一一正 戊寅卜賓貞祖乙三宰
一六一二 ：祖乙二宰

一六一三 翌乙卯祖乙二宰用六月
一六一四 ：戌：十牛：祖乙
一六一五 甲戌卜用大牛于祖乙
一六一五 甲戌卜用[illegible]牛于祖乙
一六一六 乙巳卜惟二牛祖乙用
一六一七 癸：貞：祖乙一牛
一六一八 ：祖乙一牛
一六一九 ：用白牛祖乙
一六二一正 貞于祖乙
一六二二 乙卯卜：二邑：祖乙
一六二三正 貞祖乙弗壱王
一六二三正 祖乙壱王
一六二四 ：未卜殻貞祖乙弗左王
一六二四 ：祖乙：
一六二五 貞王：于祖乙
一六二七 ：卯卜王：祖乙
一六二八正 貞王：祖乙：
一六二九 壬：祖乙：王：七月
一六三〇 ：丑卜于祖乙佑六月
一六三一 允惟祖乙
一六三二正 戊子卜賓貞王：惟祖乙：我
一六三二正 戊子卜賓貞王聽惟祖乙孽我
一六三三 乙未卜王聽不惟祖乙
一六三三 乙未卜：惟祖乙
一六三四 ：于祖乙
一六三五 ：衣于祖乙
一六三六 貞于祖乙
一六三七 辛巳卜殻貞祖乙若
一六三八 貞不惟祖乙
一六三八 貞惟祖乙
一六三九 ：申卜王惟：祖乙：餗不
一六四〇 ：卯侑：祖乙
一六四一 ：卜殻貞祖乙
一六四二正 ：好：祖乙
一六四三正 祖乙：
一六四四反 甲子卜：祖乙
一六四五 ：祖乙
一六四六反 ：祖乙
一六四七 祖乙：
一六四八 告自祖乙祖丁
一六四九 ：自祖乙：
一六五〇 乙卯卜惟祖乙用至于丁十三月
一六五一 ：王：自祖乙至于父乙九月
一六五二 ：貞：豆：來祭：祖乙至：多：
一六五三 貞今日夕侑于祖乙

一六五四 ：：侑大：：于祖乙：：其：：
一六五五正 貞祖乙孽王 二告
一六五六正 父乙卺祖乙
一六五七正 父乙賓于祖乙
一六五七正 父乙不賓于祖乙 五月
一六五七正 ：：賓于祖乙
一六五七正 父乙不賓于祖乙
一六五七正 父乙不賓于祖乙
一六五七正 貞父乙賓于祖乙
一六五七正 父乙不賓于祖乙
一六五七正 丙寅卜貞父乙：：于祖乙
一六五八 ：：卜貞：：祖甲：：祖乙：：冊
一六五九 貞祖乙壱
一六六〇正 ：：祖乙：：父乙循：：
一六六一正 癸酉卜宾貞侑于祖乙
一六六三 惟亞祖乙壱王
二六三六正 貞惟祖乙取婦
二六三六正 惟祖乙
二九七二 貞呼子漁侑于祖乙
四〇六三 庚寅：：宾貞：：用𢦏：：牛：：祖乙
四一四一 翌乙巳侑于祖乙
四六七一 貞：：㱿：：商：：祖乙
五一一九 貞侑于祖乙
五四四七乙 貞王肓遣祖乙弗左王 二告
五四四七乙 貞祖乙：：
五四四七乙 貞王有遣祖乙左：： 二告
五八〇八 貞刹邑于祖乙
六〇四〇正 丙辰卜宾貞告于祖乙
六〇七七 貞翌甲午勿侑于祖乙
六〇七七 貞翌甲午侑于祖乙
六〇七七 ：：翌：：午侑于祖乙
六〇八〇 惟祖乙
六一二〇正 貞小疾勿告于祖乙
六一二〇正 告于祖乙
六一四五 告𢀛方于祖乙
六一五六正 貞侑于祖乙五宰
六一六七 貞翌甲午勿侑于祖乙
六一六七 貞翌甲午侑于祖乙
六一六七 貞翌甲午侑于祖乙
六三四五 乙酉卜㱿貞𢀛方衛率伐不王其征勿告于祖乙：：
六三四七 ：：㱿貞𢀛方衛率伐不王告于祖乙其征 旬祐七月
六三四九 貞𢀛方衛勿告于祖乙
六三四九 貞告𢀛方于祖乙
六四七五正 翌乙巳侑祖乙
六四七八正 貞來乙亥侑于祖乙 二告
六四七八正 貞來乙亥勿侑于祖乙
六六一〇正 貞侑于祖乙告
六六一〇正 貞𠦪戌于祖乙
六六四七正 甲戌卜宾貞今日先牛翌乙亥用祖乙
六六四七反 翌乙亥用：：于祖乙
六六五三正 翌乙巳侑祖乙宰有𠄋
六六五七反 ：：于祖乙
六六五七反 ：：勿：：祖乙
六六六七 ：：𡘘其途虎方告于祖乙十一月
六九二八反 ：：祖乙：：
六九四五 乙巳卜㱿貞侑于祖乙一牛用
六九四八正 丁未卜㱿貞：：日𠦪于：：祖乙：：辛：：
六九五二反 侑于大甲祖乙祖辛：：
七〇八四 貞令𢦏伐東土告于祖乙于丁八月
七四一八 ：：侑于祖乙：：午：：
七六六三 ：：大：：牛大甲：：大：：二牛祖乙牛
八三二九 貞翌乙丑侑于祖乙
八八八二正 貞侑于祖乙
八九三五正 貞勿侑于祖乙
八九三五正 ：：于祖乙三宰
八九八三 ：：宾貞：：以象侑祖乙
八九九二 貞告𢀛方于祖乙
九五〇三正 貞祖乙于尋有
九五〇四正 甲午卜㱿貞翌乙未侑于祖乙
九五〇四正 貞翌乙未：：侑于祖乙
九七四一正 貞祖乙其壱王
九七四一正 貞祖乙弗壱王三月
九九〇五 ：：至：：亞：：祖乙烝
一〇〇四八 壬辰卜宾貞王取祖乙𣪘
一〇〇四八 丁亥卜宾貞取祖乙𣪘
一〇一九八反 勿𠦪祖乙
一〇四〇八正 貞侑祖乙十伐卯三牛 二告
一〇四一〇反 ：：祖乙籍
一〇五六七 ：：祝于祖乙十一月
一〇六一一 癸丑卜宾貞酌大甲告于祖乙一牛八月用
一〇六一三正 ：：祖乙鳴不□
一〇六一三正 丁巳卜宾貞禧于祖乙告王𡆥
一〇六一三正 貞勿餡禧于祖乙告𡆥
一〇六一三反 翌乙：：祖乙用
一一四八四正 ：：丑卜宾貞翌乙：：𠦪烝于祖乙：：王𡆥曰

一三三三三反　一三九六八　一三五〇五正　一三五八四甲正　一三五八四乙正　一三六〇四正　一三六〇四正　一三六〇四正　一三六〇四反　一三六九五乙正　一三七五〇反　一三八四九　一三八五〇　一四一二七反　一四一二七反　一四三一五正　一四三一五正　一四八六七　一四八六九　一七三七三乙　一七三七四正　一七五六三正　一七九九六　一九七六一　一九七六五　一九七六五　一九七六五　一九七七〇　一九八三七　一九八三八　一九八三八　一九八三九　一九八四〇　一九八四一　一九八四二　一九八四四　一九八四五　一九八四六　一九八四七　一九八四八　一九八四九

有禦…不其雨六日…午夕月有食乙未彡
多工率㞢遣
祖乙盟日
酉𠦪祖乙
貞𠦪于祖乙
…貞侑…家祖乙弗佐王
貞…家祖乙左王
貞祖乙若王不𡆥
貞祖乙若王不𡆥　二告
貞祖乙若王不𡆥
王…祖乙弗若…
…侑祖乙
貞祖乙壱王
貞告疾于祖乙
貞疾于祖乙…
貞祖乙…
貞祖乙弗…
貞𠦪于祖乙五牛
貞正祖乙
…亥卜貞二示禦大乙大甲祖乙五宰
…王…自祖乙至于父…
癸丑卜殻貞王夢惟祖乙
土夢不惟祖乙
戊寅…永貞…于祖乙…
…申卜㞢貞告王𦥑于祖乙…妣
癸丑卜王𠬝二羌祖乙
癸卯卜侑…祖乙…
…祖乙以羌…
癸丑卜奚祖乙卯…
…祖乙…
…于乙亥侑祖乙
辛酉卜侑祖乙二十宰
辛酉卜侑祖乙三十宰
侑祖乙三宰
辛巳卜彡𠦪祖乙
…祖乙衣無…
…祖乙…
…彡祖乙禦十牛五月
…貞…余…祖乙…
…子卜甾…祖乙…甾曰…
甲子卜𠦪馬至祖乙
甲子卜侑祖乙二羊
…惟…祝用戌…歲祖乙二宰勿…白豕…示
鼎三小宰卯于祝歲

一九八五〇　一九八五一正　一九八五一反　一九九三一　二〇〇四五　二〇〇四五　二一一九九反　二一五四二　二一七一二　二一七一三　二一七一四　二一七一五　二二五五〇　二二五五一　二二五五四　二二五五六　二二五七二　二二五七三　二二五七四　二二六八一　二二六九〇　二二七〇八　二三七二一　二三七二一　二二七二三　二二七七九　二二七八八　二二八八四　二二八八六　二二八八七　二二八八八　二二八八九　二二八九〇　二二八九一　二二八九二　二二八九三　二二八九四　二二八九五　二二八九六　二二八九七　二二八九八　二二八九九

…祖乙
祖乙允饗
祖乙允饗
戊午卜𠬝侑祖乙
𦎫祖乙五宰
…祖乙…
…祖乙勿…
己巳卜祖乙㞢
乙丑歲祖乙…
乙巳卜侑祖乙…
癸未卜囚在我用惟祖乙盟口?
甲寅卜侑祖乙三宰不
乙卯卜行貞王賓祖乙戠一牛
乙卯卜行貞王賓祖乙𠂇伐羌十又五卯宰無尤在十二月
…丑卜即貞翌乙…㞢于祖乙其遘侑…羌十卯五宰
…卜旅…翌乙㞢祖乙其遘𠂇歲一宰羌十人
甲申卜…貞翌乙…祖乙歲其有羌…
…未卜旅貞祖乙歲其有羌在六月
…𠂇歲𠂇祖乙有羌
…于上甲示壬示癸…大甲祖乙…十一月
…貞…祖乙…
…卜即…在祖乙…
己酉卜王曰貞惟…左自取祖乙𩛥于之若
…王曰…取祖乙…羌…田?…
乙酉卜尹貞王賓祖乙彡無…
甲辰卜王貞翌乙巳王其賓祖乙𩠹無巷
…乙巳…祭于祖乙
乙未侑歲于祖乙牡三十宰惟舊歲
甲寅卜旅貞翌乙卯其侑于祖乙宰
癸卯卜即貞翌乙巳其侑于祖乙
壬戌卜王貞其侑于祖乙在十一月
…卜旅貞翌辛亥其侑于祖乙一宰四月
…其侑…祖乙宰…一牛
…王…惟左…祖乙…
…貞侑…祖乙…𡆥…
壬戌卜…貞翌乙…祖乙…有歲…
乙巳卜旅貞王賓祖乙彡酉無囚
乙亥卜尹貞王賓祖乙彡無…
甲辰卜旅貞翌乙巳彡于祖乙其…
…彡𦎫甲…彡祖乙…
乙亥卜行貞王賓祖乙翌無尤
乙酉卜行貞王賓歲自祖乙至于父丁無尤

22900 乙亥卜𢓊貞王賓祖乙歲牢無… 2
22902 …卜尹貞王賓祖乙歲二牢 2
22903 乙卯卜尹貞王賓祖乙彳歲無尤 2
22904 …王…乙丑其有彳歲于祖乙白牡三王在11 2
卜
22905 …旅…賓祖乙… 2
22907 …卜呂…祖乙… 2
22908 …卜行…賓祖乙…暨小乙…牢無尤 2
22909 …卜旅…賓祖乙…無尤 2
22910 癸丑卜貞王賓…乇自…祖乙… 2
22911 己丑卜大貞于五示告丁祖乙祖丁羌甲祖辛 2
22912 辛酉卜出貞其帝新鬯陟告于祖乙 2
22913 己未卜王貞乞有奉于祖乙王吉茲卜 2
22914 甲…貞…彡于祖乙衣無𢦔 2
22915 …旅…翌乙卯…翌于祖乙無𢦔在四月 2
22916 …其酌…翌于祖乙…衣無𢦔 2
22917 甲戌…貞翌…祖乙… 2
22918 …𢓊于…祖乙 2
22918 …祖乙歲… 2
22919 乙巳卜喜貞祖乙歲惟王祝… 2
22920 …卯卜大…祖乙歲惟…祝… 2
22920 …卯卜大…祖乙歲惟…祝… 2
22921 戊辰卜即貞翌己巳弜延祖乙歲… 2
22922 癸卯卜王貞乙巳其酌祖乙彡無𢦔在七月 2
22923 …卜…貞…酌歲…祖乙… 2
22924 …祖乙𢓊…新鬯 2
22925 貞其蒸鬯其在祖乙 2
22926 甲午卜大貞翌乙未其蒸其在祖乙 2
22927 …卜王…翌乙酉…蒸于祖乙于毓祖乙 2
22928 …卜呂…其蒸…祖乙 2
22929 …卜呂貞…祖乙蒸… 2
22930 …𢓊蒸于祖乙 2
22931 甲戌卜行貞翌乙亥祭于祖乙無𢦔在八月 2
22932 乙巳…貞祭…祖乙其…毓祖乙 2
22933 …貞…祖乙祭…無囚 2
22934 乙卯…貞王…祖乙祭…無… 2
22937 甲申…貞翌…酉魯…祖乙…在… 2
22938 …旅貞…魯于祖乙無𢦔在九月 2
22939 …旅…丑其舌于祖乙其以毓祖乙 2
22940 …旅…丑其舌于祖乙其以毓祖乙 2
22941 乙酉…旅貞祖乙舌惟… 2
22942 甲辰…貞翌…祖乙… 2
22944 …辰卜…貞乙巳…于祖乙…毓祖乙… 2
22945 …卜即…翌乙亥…人于…祖乙又卯𢀛… 2

22946 …卜…貞祖乙…茲用 2
22947 …貞惟…剛祖乙… 2
22948 …巳…祖乙…勿… 2
22949 …行…乙丑…祖乙…在九月 2
22950 …即貞祖乙…其□…十?月? 2
22951 …卜大…乙巳…祖乙…于…八月 2
22952 …卜旅…祖乙…一牛 2
22953 …旅…巳…祖乙其…惟人… 2
22954 …惟…祖乙 2
22955 庚…貞…祖乙…暨… 2
22956 …王…祖乙…大… 2
22957 …祖乙… 2
22958 …貞…祖乙…丁… 2
23153 …貞…祖乙歲… 2
23314 己巳卜行貞王賓祖乙奭妣己啓… 2
23320 己未卜…貞王賓祖乙奭妣己歲… 2
23321 己酉…貞王賓祖乙奭…彡… 2
23322 己巳卜王曰貞其侑于祖乙奭… 2
23331 …貞王賓祖乙奭妣庚歲伐于勿牛暨兄庚歲二牢無尤 2
23332 …卜…貞王賓祖乙奭妣庚翌無尤 2
23805 丙寅卜…貞于祖乙禦其𣪊若八月 2
26933 其侑中宗祖乙有羌 3
26935 翌日大乙王其舌祖乙有羌 3
26991 執其用自中宗祖乙王受有祐 3
…口貞…祖祝…上甲大乙祖乙…丁之乙酉
27080 奉…乙十示又二 3
27110 若舌祖乙舌王受祐 3
27110 若舌祖乙舌王受祐 3
27111 若舌祖乙舌王受祐 3
27129 祭大乙其舌祖乙二牢 3
27147 癸亥卜彭貞大乙祖乙祖丁暨饗 3
27147 癸亥卜貞惟大乙暨祖乙饗 3
27183 …毓祖丁祖乙惟…吉 3
27184 其有𢓊祖乙牢又一牛王受祐 3
27186 甲子…𢓊歲于祖乙三牢 3
27187 甲寅卜延燎祖乙…卯三牛…五用 3
27188 祖乙歲五牢用 3
27189 甲寅貞弜…蒸來于祖乙歲 3
27190 祖乙舌三牢王受祐 3
27191 祖乙舌三牢王受祐 3
27192 …狄…祖乙其舌…毓祖丁王… 3
27193 …祖乙舌…有祐 3
27194 貞𢀛祖乙惟𢀛至有正 3

編號	釋文	期
二七一九四	貞舌祖乙五牢	3
二七一九五	其舌祖乙二牢王受有祐	3
二七一九六	：卜彡祖乙其舌王受：　大吉	3
二七一九七	惟祖乙彡日遲	3
二七一九八	：酉卜彡日于祖乙　吉	3
二七一九九正	：王：比祖乙：出比：	3
二七二〇〇	其若酉捨祖乙有正	3
二七二〇一	癸亥：其舌祖乙：	3
二七二〇二	貞弜祖乙柵用于之若	3
二七二〇三	甲申卜：貞祖乙史其：	3
二七二〇四	弜先酌暨祖乙	3
二七二〇五	貞祖乙其暨祖丁	3
二七二〇六	二濟翌：乙暨祖乙	3
二七二〇七	：卜其𠦪祖乙南庚魯甲：	3
二七二〇八	癸卯卜何貞其暨祖乙	3
二七二〇九	：祖乙𠦪：祭延酌王受祐	3
二七二一〇	乙巳卜：王賓祖乙戠一牛：尤	3
二七二一一	乙酉卜宁貞王其賓祖乙蒸暨：蒸：	3
二七二一二	乙酉卜曠貞王賓祖乙：	3
二七二一三	貞王賓祖乙翌無尤在十月	3
二七二一四	：其圍祖乙：	3
二七二一五	：卜狀：新祖乙：受祐	3
二七二一六	蒸新：祖乙二：王受：	3
二七二一七	辛酉卜其舌新祖乙王受祐	3
二七二一八	新龜中祖乙	3
二七二一九	甲辰卜酌來蒸祖乙乙巳	3
二七二二〇	癸亥卜何貞其蒸龜于祖乙惟翌乙丑	3
二七二二一	甲申卜何貞翌乙酉其蒸祖乙饗	3
二七二二二	：酌三牢祖乙	3
二七二二三	癸酉卜鼓貞其侑小乙昷祭于祖乙	3
二七二二四	貞翌日：祖乙王受：	3
二七二二五	：卜彭：酌祖乙其：	3
二七二二六	甲子卜祭祖乙有羸王受祐　吉	3
二七二二七	：于祖乙：其遘有：歲王受：	3
二七二二八	弜至祖乙	3
二七二二九	：祖乙	3
二七二三〇	辛未卜祝祖乙：惟其遘：　大吉	3
二七二三一	：祖乙有正	3
二七二三二	于祖乙	3
二七二三三	庚子：于祖乙：亳：	3
二七二三四	若：于祖乙：王受：	3
二七二三五	貞王：于祖乙：	3
二七二三六	乙酉：貞祖乙：其作：	3
二七二三七	：王：祖乙	3
二七二三八	：何：祖乙：	3
二七二三九	其至中宗祖乙祝	3
二七二四〇	：酉卜中宗祖乙歲	3
二七二四一	：中宗祖乙王受：	3
二七二四二	：中宗祖乙告　吉	3
二七二四三	：中宗祖乙毓：　吉	3
二七二四四	：卜狀：其侑中宗祖乙：　酌弗悔	3
二七二五〇	𡧊侑祖乙	3
二七二九五	祝祖丁祖乙	3
二七三一四	祝：祖丁祖乙：己酌	3
二七五〇三	甲午卜舌其至妣己祖乙奭有正　吉	3
二七五〇四	其侑妣己祖乙奭	3
二七五〇五	于妣己妣庚祖乙奭	3
二七五一九	祖乙奭暨酌	3
二八二七三	于大乙祖乙𡧊𠦪年王受：	3
二八二七四	于祖乙𠦪王受年　吉	3
三〇二八六	乙卯卜酌品𢦏自祖乙至毓	3
三〇三四〇	甲寅：祖乙舌秦宗	3
三〇三九八	舌祖乙祝惟祖丁用王受祐	3
三一〇七〇	辛酉卜舌祖乙：	3
三一九九三	禦祖癸豕祖乙豕祖戊豕豕	4
三二〇一四	于祖乙𠬝徽來羌	4
三二〇二一	癸未：有𠬝：祖乙牢翌日	4
三二〇三一	壬辰卜𠦪自祖乙至父丁	4
三二〇六四	己巳貞王有𠬝伐于祖乙其十羌又五：	4
三二〇六四	庚午貞惟歲于祖乙	4
三二〇六八	甲辰貞：侑祖乙伐羌十	4
三二〇七二	己巳卜有伐羌于祖乙	4
三二〇八三	惟祖乙𢀛用	4
三二〇八七	甲午貞乙未酌高祖亥：大乙羌五牛 三祖乙羌：小乙羌三牛二父丁羌五牛 三無𢦔　茲用	4
三二〇八九	庚午貞王有𠬝伐于祖乙其五羌	4
三二一一三	癸丑貞王有歲于祖乙	4
三二一一三	甲寅貞自祖乙至毓	4
三二一一三	丙寅貞王有𠬝歲于祖乙牢一牛	4
三二一一四	甲寅貞自祖乙：毓	4
三二一一四	丙寅貞王有𠬝歲于祖乙牢：牛	4
三二一一五	甲寅：自祖乙：毓	4
三二一二二	于祖乙用羌	4
三二一六三	：巳自祖乙：侑妾侑戊大	4
三二一七一	甲子夕卜侑祖乙一羌歲三牢	4
三二一九九	𠬝四：歲十牢祖乙十五伐	4
三二二一九	辛卯貞有𠬝伐于大甲祖乙	4

編號	釋文	期
三三三〇一	庚戌卜王祟省祖乙	4
三三三〇五	：祖乙	4
三三三四九	辛亥卜：有ㄓ歲于祖乙	4
三三三六〇	甲戌卜乙亥王其束于祖乙宗　玆用	4
三三三六〇	王于祖乙宗束　不用	4
三三三八四	乙未酌玆品上甲十匚乙三匚丙三匚丁三示壬三示癸三大乙十大丁十大甲十大庚七小甲三：三	4
	祖乙：	4
三三三八五	：来卜彝自上甲大乙大丁大甲大庚大戊仲丁祖乙祖辛祖丁十示率	4
	牡	4
三三三八九	：致舟自上甲：祖乙牛一父丁：	4
三三四二〇	其陟于大乙祖乙	4
三三四三九	：大乙大丁大甲祖乙小乙父丁：	4
三三四四一	甲子貞舌祖乙遘大乙	4
三三四六九	癸巳貞其：丁大甲祖乙父丁	4
三三四八〇	祖乙	4
三三五〇一	乙卯祖乙日　玆用	4
三三五〇三	乙丑卜來乙亥侑祖乙	4
三三五〇四	辛卯卜侑祖乙乙未　用	4
三三五〇五	癸酉貞侑祖乙歲牢又牛一乙亥	4
三三五〇六	甲辰卜有ㄓ歲于祖乙三牢　用	4
三三五〇七	：寅卜有ㄓ歲祖乙乙卯五牢　用	4
三三五〇八	癸亥卜有ㄓ歲于祖乙	4
三三五〇九	乙亥貞有ㄓ歲于祖乙大牢一牛	4
三三五一〇	乙丑卜有ㄓ歲于祖乙五牢	4
三三五一一	丙寅卜王有ㄓ歲于祖乙牢：牛	4
三三五一二	癸未貞惟今乙酉有ㄓ歲于祖乙五豕	4
	玆用	4
三三五一三	癸未貞惟今乙酉有ㄓ歲于祖乙五豕	4
三三五一四	：其有ㄓ祖乙：	4
三三五一六	：ㄓ歲于祖乙十牢	4
三三五一七	癸丑貞王有歲于祖乙	4
三三五一七	甲寅貞自祖乙至毓	4
三三五一八	于祖乙有歲	4
三三五一九	乙丑貞有歲于祖乙	4
三三五二〇	有歲于祖乙	4
三三五二一	：其有歲于祖乙㲋：	4
三三五二二	甲午貞弜有歲祖乙	4
三三五二三	：大禦于祖乙其：	4
三三五二四	辛丑卜奚禦祖乙	4
三三五二五	禦祖乙	4
三三五二六	：巳卜禦：于祖乙	4
三三五二七	祝至于祖乙	4
三三五二八	祝至于祖乙	4
三三五二九	惟祖乙彡狩	4
三三五三〇	：歲于祖乙大牢	4
三三五三一	弘自祖乙歲三牛　玆用	4
三三五三二	先祖乙歲酌	4
三三五三三	：祀祖乙	4
三三五三四	辛酉卜酌來藏祖乙乙亥	4
三三五三五	：王爯玨于祖乙燎三牢卯三大：　玆用	4
三三五三五	甲戌卜進燎于祖乙	4
三三五三五	庚午貞王其爯玨于祖乙燎三牢：乙亥	4
	酌	4
三三五三六	乙酉卜惟祖乙熄用	4
三三五三七	：酌三牢祖乙　玆：	4
三三五三八	：貞酌ㄓ歲祖乙匕：	4
三三五三九	甲辰貞乙巳王酌：侑于祖乙	4
三三五四〇	癸卯貞米于祖乙	4
三三五四一	：米：祖乙	4
三三五四二	：貞：其蒸米于祖乙	4
三三五四三	甲申貞王米于以祖乙	4
三三五四四	庚寅貞王米于囧以祖乙	4
三三五四四	：祭祖乙	4
三三五四五	甲戌卜祖乙其生㲋	4
三三五四六	：其㲋于祖乙	4
三三五四七	甲辰貞惟壬于劓祖乙	4
三三五四七	丁酉貞其劓祖乙㲋	4
三三五四八	乙亥其餗自祖乙至多毓	4
三三五四九	其餗自祖乙	4
三三五五〇	來丁未餗于祖乙	4
三三五五一	癸丑：來乙王：𢦔于祖乙：	4
三三五五二	：祖乙寧：虎㲋：	4
三三五五三	：卜舌祖乙牢又一牛	4
三三五五四	祖乙：其饗	4
三三五五五	：丑：王：狩祖乙	4
三三五五六	甲子貞其祖乙日㞢雨　玆用	4
三三五五七	己未：祖乙	4
三三五五七	：貞日于祖乙其作豐：	4
三三五五八	于祖乙十牢	4
三三五五九	：祖乙乙巳：十牢	4
三三五六〇	：祖乙其二牛	4
三三五六一	：祖乙一牛	4
三三五六二	：祖乙祭：十：	4
三三五六三	惟：祖乙	4
三三五六四	：華新祖乙	4

三二五六五　……祖乙一牛……有祟惟茲……　4
三二五六六　……寅卜……祖乙　4
三二五六七　……祖乙　4
三二五六八　庚申卜……于祖乙　4
三二五六九　甲……祖乙　4
三二五七〇　甲……祖乙……　4
三二五七一　自祖乙禱若　4
三二五七二正　癸卯卜蒸乘乙祖　4
三二五七三　甲……祖乙茲……　4
三二五七四　……祖乙……禦　茲用　4
三二五七五　……口……自祖乙　4
三二五七六　……巳貞自祖乙至……　4
三二五七七　弜……于祖乙以祖丁祖甲……　4
三二五七八　惟夕□□酌告于祖乙父丁　4
三二六一六　乘其上自祖乙　4
三二六一八　……未卜……有歲……祖乙　4
三二七二四　……祖乙……牛　4
三二七四四　于妣己祖乙奭告　4
三二七四五　……奭妣己祖乙……　4
三二八一一　丙寅貞王其奠𠂤侯告祖乙　4
三二八一一　丙寅貞王其奠𠂤侯告祖乙　4
三二八一一　……貞王其奠𠂤侯告祖乙　4
三二八五六反　……祖乙……　4
三二八七五　于祖乙告　4
三二八九六　丁未貞王其令望乘婦其告于祖乙一　4
三二八九六　……貞王其令望乘婦其告于祖乙一牛　4
三二八九七　丁未貞王其令望乘婦其告于祖乙　4
三二九二二　惟祖乙彡狩　4
三三〇〇六　辛亥貞……于祖乙宗　4
三三〇六六　乙酉卜貞王有冊于祖乙　4
三三〇八五　癸亥貞伐……祖乙□尋獲……　4
三三一〇八　……王比沚戓令秋……祐在祖乙宗　4
三三二三三正　……雨在祖乙宗　4
三三三二一　癸酉貞甲戌有伐于祖乙……　4
三三四二五　乙未卜其有歲于高祖乙　4
三三四三〇　甲寅貞其侑……祖乙　茲用　4
三四〇五〇　在祖乙宗　4
三四〇五〇　在祖乙宗　4
三四〇五〇　在祖乙宗　4
三四〇五〇　在祖乙宗　4
三四〇五一　在祖乙宗　4
三四〇五一　在祖乙……　4
三四〇五二　在祖乙宗　4
三四〇八二　戊辰貞其乘生于妣庚妣丙在祖乙宗卜　4

三四一四八　庚午貞秋大集……于帝五玉臣血……在祖乙宗卜　茲用　4
三四一六五　己巳貞王來囚其蒸于祖乙　4
三四三六四　貞告祖乙……　4
三五三六一　己卯卜貞王賓祖乙奭妣己姬辟二人殺二人卯二牢無尤　5
三五六五七　癸丑卜衛貞王……無戠在四月甲寅彡日雯甲日劓祖乙歲　5
三五六七三　……日在八月乙丑寢……祖乙翌弜易……在□……　5
三五六七四　……卜貞……祖乙……□……　5
三五六七五　乙亥卜貞王祖乙觳……　5
三五六七六　……貞王……祖乙觳……　5
三五六七七　甲戌卜貞王賓祖乙彡夕無尤　5
三五六七八　……卜貞王賓祖乙彡夕無尤　5
三五六八〇　……卜貞王……祖乙歲……尤　5
三五六八一　乙卯卜貞王賓祖乙□……　5
三五六八二　癸卯卜貞王賓祖乙……無……　5
三五六八四　……貞……祖乙……無……　5
三五九三〇　……卜貞……祖乙宗丁……牢　5
三六一六五　……卜貞……祖乙必其牢　5
三六二二六甲　……丑卜貞王賓祖乙奭……翌日無……　5
三六二三七　己卯卜貞王賓祖乙奭妣己翌日無尤　5
三六二三八　己酉卜貞王賓祖乙奭妣己觳……尤　5
三六二三九　己卯卜貞王賓祖乙奭妣己翌日無尤　5
三六二四〇　己未卜貞王賓祖乙奭妣己彡日無尤　5
三六二四一　己……卜貞王賓祖乙奭妣己彡日無尤　5
三六二四二　己卯卜貞王……祖乙奭彡……　5
三六二四三　……賓祖乙奭妣己……　5
三六二四四　庚午卜貞王賓祖乙奭妣庚翌無尤　5
三六二四五　庚申卜貞王賓祖乙奭妣庚彡日無尤　5
三六二四六　……申卜貞王……祖乙奭妣庚……　5
三六二四七　庚午……卜貞……祖乙奭……　5
三六二四八　……卜貞……祖乙奭……翌日……　5
三六二四九　……卜貞王……祖乙奭……彡日……尤　5
三六二五〇　……卜貞王……祖乙奭……　5
三六二五五　庚寅卜貞王賓祖乙奭妣庚翌日……　5
三六四八一正　……小臣牆比伐擒危美人二十人四……人五百七十㚔百……車二丙盾百八十三函五十矢……白麐于大……用𡧊伯印……于祖乙用美于祖丁僅曰京暘……　5
三七八五二　……亥王……貞自今春至……翌人方不大出王囚曰吉在二月遘祖乙彡惟九祀　5
屯三四　……祭戠有歲于祖乙　茲用　4
屯八一　丁卯貞王比沚……伐召方受……在祖乙宗卜五月　茲見　4

屯一三五　于祖乙告望乘　4
屯一八九　辛亥貞其蒸米于祖乙　4
屯二九〇　庚申貞其禦于上甲大乙大丁大…祖乙　4
屯三四三　癸酉貞乙亥王有𠂤于…祖乙十羌卯三牛　4
屯四四一　甲寅貞乙卯侑祖乙歲大牢不…　4
屯四四一　己未貞其…祭自祖乙歲至父丁　4
屯四四一　己卯…鼓告于祖乙　4
屯四四一　侑祖乙歲牢　4
屯五三九　其侑祖乙大牢　4
屯五三九　甲辰侑祖乙一牛　4
屯五九三　辛酉貞其𣪊于祖乙惟癸　4
屯六〇〇　…在祖乙宗卜　4
屯六一一　己巳貞王來乙亥有𠂤伐于祖乙其十羌又
五　4
屯六一一　己巳貞王有𠂤伐于祖乙其十羌又五　4
屯六一一　弜有羌惟歲于祖乙　4
屯六一八　先祭二必蒸迺各…祖乙蒸禘王受祐　3
屯六一八　其蒸禘祖乙惟翌日乙酉酌王受祐　3
屯六三一　祖乙歲三勿牛　4
屯六五七　祖乙卯牢　吉　3
屯六五七　甲寅卜其蒸鬯于祖乙小乙暨　大吉　3
屯六六五　…高祖亥卯于上甲羌…祖乙羌五…牛無壱　4
屯七二三　…來歲帝其降永在祖乙宗十月卜　4
屯七四六　…大乙于中宗祖乙祐　3
屯七五一　己亥卜侑十牢祖乙　4
屯七六一　乙卯貞有歲于祖乙不雨　4
屯七七七　乙丑在八月酌大乙牛三祖乙牛三小乙牛三
父丁牛三　4
屯七八三　丙午卜告于祖乙三牛其往𠬝　不　4
屯八六六　甲午貞告𢦏其步祖乙　4
屯八七五　…貞其…大丁大…祖乙…　4
屯八八七　于祖乙用羌　4
屯九一九　…寅…告于祖乙　4
屯九三六　甲申貞王其米以祖乙暨父丁　4
屯九三六　庚寅貞王米于囧以祖乙　4
屯一〇一五　甲辰卜侑祖乙歲　4
屯一〇四六　惟祖乙壱　4
屯一〇五〇　辛巳貞其𠛬于祖乙寢　4
屯一〇五四　于祖乙…　4
屯一〇五四　于祖乙集　4
屯一〇五九　乙亥貞王其夕令𠂤侯商于祖乙門　4
屯一〇八八　祖乙𠂤歲其射　吉　3
屯一〇八九　庚午貞餗于祖乙…牛　4
屯一〇九一　甲午貞有𠂤伐自祖乙羌五歲三牢　4

屯一〇九一　甲午貞有𠂤伐自祖乙三羌…牢…牛
茲用　4
屯一〇九一　乙未貞侑…自祖乙至于…　茲用　4
屯一一二八　己巳貞其𣪊祖乙暨父丁　4
屯一一三一　甲辰貞祭于祖乙有𠂤歲茲用二牢　4
屯一一三一　…貞有𠂤歲于祖乙茲用乙酉　4
屯一一九一　…祖乙歲…　3-4
屯一一八三　…于祖乙…　4
屯一四三九　竹在祖乙　3
屯一四三九　高自祖乙　3
屯一九〇四　…祖乙…
屯一九四三　祖乙
屯二一〇四　己巳卜有伐祖乙亥　4
屯二一四二　…于祖乙…羌三十歲五牢　4
屯二一七九　丁丑卜在義田來執羌王其𠂤于…大乙
祖乙有正　吉　3
屯二二一九　于祖乙　大吉　3
屯二二五八　…有歲于祖乙奭…　3
屯二三四二　…丑貞王令伊尹…取祖乙魚伐告于
父丁小乙祖丁羌甲祖辛　4
屯二三六六　庚午貞王其𢀛告自祖乙毓祖乙父
丁　4
屯二三九六　戊戌卜其侑于妣己祖乙奭王受祐　吉　3
屯二四七〇　甲午卜王其侑祖乙王饗于宜　3
屯二五八二　…祖乙…𩱦彡…祐　3
屯二六一九　…其登于祖乙…　4
屯二七〇七　…卯貞其大禦王自上甲盟用白豭九下示
屯二七〇七　盠牛在祖乙宗卜　4
…大禦自上甲其告于祖乙在父丁宗卜　4
屯二八四二　于祖乙告　4
屯二八六五　…亥貞其𠛬…祖乙寢…　4
屯二九五一　…卜祖乙歲…又一牛　3
屯三〇三〇　其自祖乙受祐　3
屯三〇三九　于祖乙𣪊　4
屯三一一四　…延酌祖乙…不雨　4
屯三一一七　…在…祖乙牢…有…　4
屯三一二九　甲申卜于祖乙其舌
屯三一六七　…于卜酌日于…祖乙　3
屯三五六四　翌日于祖乙其祏于武乙宗王受有祐　弘吉　5
屯三六七三　癸丑貞王有歲于祖乙　4
屯三七二七　…卜翌日祖乙…　吉　3
屯三七八六　乙丑貞王狩祖乙　4
屯三八四四　…祖乙…　4

著錄	釋文	分期
屯三九六一	庚申卜乇于祖乙一牛	4
屯四〇一五	自祖乙告祖丁小乙父丁	4
屯四〇四八	庚申卜貞其告祖乙牛于…丁牛	4
屯四〇四九	辛未貞其告商于祖乙𡆥	4
屯四〇四九	辛未貞夕告商于祖乙	4
屯四一一三	…卜…于祖乙…牛	4
屯四一五五	…亥…令在祖乙宗卜	4
屯四二八六	乙酉卜有歲于祖乙不雨	4
屯四二九五	…丑貞乇于祖乙二十牛	4
屯四三四四	…寅卜…祖乙…二牢	1
屯四五一七	辛酉卜侑祖乙三十宰	1
屯四五一七	辛酉卜侑祖乙二十宰	1
屯四五三八	壬辰貞甲午有伐于祖乙羌三	4
屯四五五四	丁亥卜祖乙…庸用	3
屯四五八三	壬申貞王又禦于祖乙惟先	4
英二七	甲午卜貞翌乙未侑于祖乙	1
英二八反	貞翌乙酉侑于祖乙	1
英二九	乙酉卜…丙今…𣪊于祖乙	1
英三〇正	貞王其去束弗告于祖乙其有囚	1
英三〇反	…其去…告…祖乙	1
英三一正	…午卜貞翌乙未侑于祖乙正	1
英三二	貞勿禦于祖乙	1
英三四	…貞翌…侑于祖乙	1
英五九四正	貞侑于祖乙告戌	1
英五九四正	貞𡆥戌于祖乙	1
英六〇八正	甲寅卜穷貞侑于祖乙七月	1
英一七五九	甲寅卜有𡆥祖乙	1
英一九三九	…侑…祖乙…又…五月	2
英二〇四一	乙酉卜旅貞王其田于…往來無災在 / 一月之乙酉彡于祖乙又…	2
英二三五九	自…祖乙…	3
英二四〇〇	甲戌貞乙亥酌多宁于大乙𢀛五卯牛祖乙 / 𢀛五小乙𢀛三…	4
英二四〇二	己亥貞其餗于祖乙	4
英二四〇三	自祖乙告	4
英二四〇五	…卜其侑…高祖乙…祖乙	4
英二四〇六	甲午…其有…伐于…祖乙十…	4
英二四〇六	甲午卜䚀祖乙伐十羌又五　兹用	4
懷四二	…戌卜…祖乙…𢀛…	1
懷四四	…卜內翌…辰𡆥…祖乙…	1
懷四五	…叀卜貞…酉侑祖乙…	1
懷四六	…乙…魚…祖乙…	1
懷四八	…卜…祖乙…	1
懷五〇	甲午卜貞翌乙未侑于祖乙羌十人 / 卯…牛	1
懷一〇一七	乙丑卜旅貞王賓祖乙歲三宰無尤…十月	2
懷一〇一九	乙…貞…祖乙…三宰…	2
懷一三〇〇	…狄…翌日乙…祖乙…	3
懷一四八八	乙丑…祖乙…	4
懷一五六五	丙申…自祖乙…	4
懷一六〇四	乙丑卜彡𡆥于祖乙遘雨	4
懷一六九一	…卯卜貞王賓祖乙𩁹…尤	5

高祖乙

著錄	釋文	分期
二二九五九	…𡆥…于…高祖乙…	2
三二四四五	甲戌卜其侑于高祖乙	4
三二四四五	…戊卜其…侑于高祖乙	4
三二四四六	甲…其有歲于高祖乙	4
三二四四七	甲子卜其有歲于高祖乙三宰	4
三二四四八	甲寅卜其有歲于高祖乙一宰	4
三二四四九	甲午卜其有歲于高祖乙三宰	4
三二四五〇	甲辰卜其有歲于高祖乙	4
三二四五一	甲午卜其有歲于高祖乙	4
三二四五二	…寅卜其有歲于高祖乙	4
三二四五三	甲午卜其有歲于高祖乙	4
三二四五三	甲午卜高祖乙歲三宰	4
三二四五四	于高祖乙有以歲	4
三二四五五	于高祖乙有ㄐ歲	4
三二四五六	甲…高祖乙歲三宰	4
三二四五七	于高祖乙	4
三二四五八	甲子…高祖乙…宰…	4
三二四五九	甲午卜蒸穧…高祖乙	4
三二四六〇	…高祖乙三…	4
三二四六一反	…卜高祖乙歲三宰	4
三三四二五	乙未卜其有歲于高祖乙	4
屯七七	…高祖乙…	3
屯一二一九	…高祖乙作…	3-4
屯二九五一	甲子卜其有歲于高祖乙	3
屯三二一〇	…歲惟高祖乙歲逆三宰	3-4
英二四〇五	…卜其侑…高祖乙…祖乙	4

下乙

著錄	釋文	分期
二三一	貞疋來羌用自成大丁…甲大庚下乙	1
二七〇正	壬寅卜殼貞興方以羌用自上甲至下乙	1

二七一反　貞：方以羌自上甲用至：下乙
二七一反　：𠂤用自：至于下乙
二七一反　勿𠂤
四一九正　貞勿𠂤自上甲至下乙
四二六　：下乙：羌
八〇八正　貞王戠多屯若于下乙
八一二反　貞侑于下乙
八一二反　勿侑于下乙
八九二正　勿三十下乙
八九二正　貞三十伐下乙　二告
八九七　癸丑卜殻貞來乙亥酚下乙十伐又五
卯十宰乙亥不酚…
九〇三正　貞于下乙侑伐
九〇三正　乙卯卜殻貞來乙亥酚下乙十伐又五
卯十宰二旬又一日乙亥不酚雨五月
九〇三正　勿𠂤惟乙亥酚下乙十伐又五卯十宰四…
一三三五　貞唐：于下乙：十一月在…
一四〇二正　甲辰卜殻貞下乙賓于…
一四〇二正　貞下乙不賓于帝
一六六四　貞侑于下乙一宰
一六六四　：卜貞翌：亥侑：下乙
一六六五　貞侑下乙
一六六六　貞王其入勿祝于下乙
一六六七　：勿𠂤陟用于下乙丁未允用一月
一六六八　丁酉卜爭貞來乙巳酚下乙
一六六九　翌乙未酚下乙
一六七〇　勿于來：酉酚下乙
一六七一　乙巳酚下乙
一六七二　貞其大事于西于下乙匄
一六七二　貞其：大事于西于下乙匄
一六七三　勿𠂤于下乙
一六七四　：甲于下乙一：史三月
一六七五　貞勿以下乙
一六七六正　：酚下乙百：子：暘：
六九四三　于下乙侑
六九四七正　貞侑于下乙宰𠕋十勿宰
六九四七正　𠦪于上甲成大丁大甲下乙　二告
六九四七正　侑下乙一牛
六九四七正　辛酉卜爭貞今日侑于下乙一牛𠕋十勿宰
一〇六〇八正　辛卯卜爭貞我狩下乙弗若　二告
一〇六〇九　：狩下乙：
一二四九七正　丙申卜殻貞來乙巳酚下乙王固曰酚惟有
祟其有𣪊乙巳酚明雨伐既雨咸伐亦雨𢼄
卯鳥星

一二四九八正　丙申卜殻貞來乙巳酚下乙王固曰酚惟有
祟其有𣪊乙巳明雨伐既雨咸伐亦雨𢼄鳥
星
一二四九九正　癸卯卜爭貞下乙其有鼎王固曰有鼎惟大
示王亥亦：
一二五〇〇正　翌乙未侑于下乙一牛：用
二二〇四四　庚戌卜有歲于下乙
二二〇四四　辛亥卜翌用于下乙
二二〇七八　甲子卜有歲于下乙牛
二二〇八八　癸未卜帝下乙
二二〇八八　癸未卜惟羊于下乙
二二〇八八　癸未卜有歲牛于下乙
二二〇八八　乙酉卜有歲于下乙
二二〇九一甲　乙酉卜禦家艱于下乙五宰鼎用
二二一七六　乙丑：于下乙：
二二一七六　甲戌卜侑下乙
英三三　癸卯卜古貞下乙：
懷二三　：卜貞翌：丑告：方：下乙牛
懷九〇二　貞王其入勿祝于下乙

入乙

二二〇六〇　甲子卜其羊于入乙：用
二二〇六一　于入乙禦
二二〇六二正　宰又羊于入乙
二二〇六三　癸酉卜午入乙宰
二二〇六三　：卜聿午：入乙
二二〇六四　：入乙：牛
二二〇六五　甲子卜用翌入乙九
二二〇六五　甲子卜翌入乙有歲三宰
二二〇六五　甲子卜三宰于入乙
二二〇六五　甲子卜二牝入乙
二二〇六五　甲子卜三牝入乙
二二〇七四　甲午卜𠬝禦于入乙王又戊牛
二二〇七四　甲午卜禦于入乙
二二〇八八　乙酉卜有歲于入乙
二二〇九二　乙卯卜有歲于入乙小宰用
二二〇九二　入乙用
二二〇九八　癸巳卜甲午歲于入乙牛七月
二二一七六　：侑于入乙
二二一七八　：甲入乙伐𢦏：
二二二七六　甲子卜𢼄二豭二牡于入乙
二二六二五　乙未卜行貞王賓奏自上甲入乙多𢦏無尤
在十二月

屯二五〇九　甲寅卜翌乙…有歲于入乙宰

內乙

二二〇八六　壬申卜貞子…𠂤內乙無囚
二二〇八六　壬申卜貞亞𡆥雀𠂤內乙囚
二二〇八六　弜𠂤內乙無囚
二二〇八六　壬申卜內乙𡆥正示
二二〇八六　內乙
二二〇八七反　內乙囚

祖辛

九五　貞祖辛不我壱
九五　貞祖辛壱我
一九〇正　乙未卜爭貞來辛亥酌雀匚于祖辛七月
一九〇正　來辛亥惟雀匚酌祖辛又一牛祖乙
二七二正　丙寅卜穷貞于祖辛禦
二七二正　貞于祖辛禦
三七六反　禦于祖辛
三七六反　于祖辛
四五七正　禦于祖辛
五〇五正　翌辛丑侑祖辛
七〇九正　貞侑于祖辛
七〇九正　貞四𠬝于祖辛
七〇九正　勿四𠬝于祖辛
七〇九正　貞十…于祖辛
七〇九正　勿十𠬝于祖辛
七〇九反　貞好贏于祖辛
七〇九反　不…于祖辛
七六八正　貞翌辛亥于祖辛一牛
七七六正　貞于祖辛侑
七七六正　一牛于祖辛
七七六正　侑于祖辛宰
七七六正　翌辛侑于祖辛一牛
七七六正　翌辛卯侑于祖辛
七七六正　貞侑于祖辛三宰
七八七　貞祝于祖辛
七八七　祝于祖辛
八二二正　貞祖辛祐
九〇三正　翌辛丑侑祖辛　二告
九〇五反　侑祖辛伐
九一〇　貞禦于祖辛𠕁十伐…
九一七正　貞于祖辛侑　小告
九三九反　祖辛壱
九四七正　貞勿𠂤告于祖辛
九四七正　貞勿告于祖辛　二告
九五七　…申卜于來辛卯酌伐祖辛
九五八　…祖辛𡆥十宰伐十
九五九　辛丑卜…𠕁祖辛…伐卯十牛…
一二八五反　祖辛惟之不若王多匚于唐
一二八五反　祖辛不惟之不若王多匚于唐
一三三六正　壬子卜殼貞來辛酉侑于祖辛
一三七二　勿禦于祖辛
一四〇〇　…于祖辛…辛祖…辛…
一四八二　壬戌卜貞于祖辛
一五〇五　…貞翌…侑于…甲一牛…祖乙…祖辛…
一五〇五　貞翌侑于甲一牛祖乙祖辛
一六五三　…乙卜爭貞侑于祖辛于𠭰酌十宰
一六五四　庚子卜爭貞𠭰具酌于祖辛𣅀有𠂆
歲上甲
一六五五正　貞祖辛𡠔王　二告
一六七七正　庚申卜殼貞辛侑豕祖辛
一六七八　貞侑于祖辛十宰
一六七九　乙…殼貞侑于祖辛十…
一六八〇　侑于祖辛二宰
一六八〇　侑于祖辛一宰
一六八一　癸酉卜侑于祖辛二牛今日用
一六八二　庚辰卜貞翌辛巳侑于祖辛牛十月
一六八三　侑于祖辛一牛
一六八四　侑祖辛一牛
一六八五　九𣪕于祖辛
一六八五　侑于祖辛八𣪕
一六八六　貞侑于祖辛　小告
一六八七正　貞侑于祖辛
一六八八　侑于祖辛
一六八九　侑于祖辛
一六九〇　丁亥卜貞侑于祖辛
一六九一　…侑于祖辛
一六九二　壬辰卜殼貞侑于祖辛
一六九三　…侑于祖辛　告
一六九四正　侑于祖辛
一六九五　貞侑于祖辛
一六九六　丁酉卜…貞侑于祖辛
一六九七　侑于祖辛…
一六九八　貞翌辛丑侑祖辛一…
一六九九正　貞于祖辛侑
一七〇〇　…侑于祖辛
一七〇一　侑于祖辛

一七〇二 侑于祖辛
一七〇三 丙午卜㱿貞侑于祖辛
一七〇四 侑于祖辛
一七〇五 庚戌卜貞侑于祖辛
一七〇七正 翌甲辰侑祖辛
一七〇七正 翌甲辰勿侑祖辛
一七〇八 癸巳…侑祖辛
一七〇九 貞勿侑于祖辛十月
一七一〇正 貞勿侑于祖辛
一七一一正 勿侑祖辛
一七一二正 勿侑于祖辛
一七一三 貞勿侑𠂇于祖辛
一七一三 侑𠂇于祖辛
一七一四 貞勿侑于祖辛
一七一五 勿侑于祖辛
一七一六 …貞禦于祖辛
一七一七 貞于祖辛禦
一七一八 …午卜穷貞禦于祖辛
一七一九正 貞勿祖辛禦
一七二〇 …于祖辛禦疾
一七二一 貞勿于祖辛禦
一七二二 貞告于祖辛
一七二三正 壬申卜亘貞于祖辛告
一七二四正 王其去告于祖辛
一七二五 …告…祖辛…
一七二六 貞告于祖辛
一七二七正 貞勿告于祖辛 二告
一七二八 貞勿告于祖辛
一七二九 㲋于祖辛
一七三〇正 勿舌祖辛
一七三一 …未卜𠕋祖辛
一七三二 乙丑卜今乙丑…宰祖辛𠕋五牛
一七三三 …卜…先…又𨒪祖辛鼓
一七三四 …亘貞祖辛祟王
一七三五甲 貞祖辛弗祟王
一七三五乙 貞祖辛祟王
一七三六 惟祖辛壱王
一七三七 祖辛壱王
一七三八 貞惟祖辛壱王
一七三九 祖辛壱王
一七四〇 …祖辛壱余
一七四一 貞祖辛弗…王
一七四二 貞祖辛壱

一七四三 貞祖辛不…
一七四五 庚寅卜爭不惟祖辛
一七四六 …王…惟祖辛
一七四六 …惟祖辛…王
一七四七正 壬子卜內貞翌癸丑侑于祖辛
一七四七正 癸丑卜㱿貞惟祖辛壱王𡆥
一七四七正 貞不…祖辛壱…𡆥
一七四八 惟祖辛
一七四八 不惟祖辛
一七四九反 貞不惟祖辛
一七五〇反 貞…祖辛
一七五一 …[illegible]于…祖辛…
一七五二 貞弘祖辛循自…
一七五三 丙午卜亘貞于祖辛…
一七五四 庚戌卜貞…于祖辛
一七五五 …于祖辛
一七五六 翌祖辛
一七五七 …于祖辛
一七五八 …于祖辛
一七五九 貞勿于祖辛
一七六〇正 …祖辛…
一七六一 …辰二豕祖辛 二告
一七六二 …祖辛
一七六三 …祖辛
一七六四 …祖辛…日雨
一七六五 …祖辛…
一七六六 …祖辛…
一七六八 …祖辛…又九
一七六九 …祖辛
一七七〇 祖辛翌日
一七七一 …卯卜…祖辛…
一七七二反 …于祖辛
一七七三正 …貞翌辛酉勿侑于祖辛 二告
一七七三反 貞翌辛酉侑于祖辛宰
一七七四正 祖辛
一七七四正 祖辛 小告
一七七五 祖辛一牛
一七七六 貞侑于祖辛
一七七七 勿侑于祖辛
一七七八反 祖辛
一七七九正 貞祖辛宿于父乙
一七七九正 貞祖辛不宿于父乙
一七八〇正 貞𠦪于祖辛
一七八〇正 翌癸丑侑祖辛四牛

一七八〇	貞𠦪于祖辛	1
一七八〇	翌癸丑侑祖辛四牡	1
一八二一反	王固曰祖辛	1
一八九九反	：祖辛：	1
二一四三	貞勿于父庚禦	1
二七七四正	丁丑卜爭貞禦于祖辛十宰	1
二九〇四	祖辛：	1
二九五三正	壱王曹祖辛	1
二九五三正	祖辛	1
三〇一〇	貞告于祖辛	1
四一一二	貞禦于祖辛	1
五〇九九	貞：告：祖辛：	1
六四七五反	貞侑于祖辛五伐卯三宰	1
六四七八正	侑于祖辛	1
六九四九正	今：𢽾牛于祖辛　二告	1
六九四九正	于翌辛𢽾牛于祖辛	1
六九四九正	貞𠦪于祖辛	1
六九四九正	勿𠦪于祖辛　二告	1
六九五二反	侑于大甲祖乙祖辛：	1
七〇七五反	侑于祖辛	1
七三四二	貞侑于祖辛	1
九二一七正	：祖辛禦	1
九六七九	貞祖辛壱	1
九七五五	貞惟祖辛：	1
九八八一	貞侑于祖辛	1
九九三四反	：侑于祖辛：	1
一〇三〇六正	壬子卜爭貞侑于祖辛	1
一〇四〇八正	：祖辛	1
一〇四〇八正	：其：祖辛	1
一〇九三八正	𥙊于祖辛	1
一〇九六八	于祖辛禦	1
一一九八七正	：祖辛：	1
一二三二七	貞侑于祖辛	1
一二四五〇	貞㞢于祖辛	1
一二四五〇	㞢于祖辛	1
一二七六四正	貞禦于祖辛　不𠮡黽	1
一二六五八	侑于祖辛	1
一二九二一正	壬辰卜㱿貞侑祖辛二牛	1
一二九二一正	侑祖辛二牛	1
一二九二一反	侑祖辛	1
一三五八四甲正	我家祖辛弗佐王	1
一三五八四乙正	：家祖辛佐王	1
一三八五一	貞于祖辛：疾	1
一三八五二	貞作告疾于祖辛正	1
一四一六一正	祖辛：若	1

一四一六一正	祖辛：	1
一四一六一反	貞祖辛	1
一四一九八正	翌辛勿侑祖辛	1
一七四〇九正	祖辛祟王	1
一七四〇八正	祖辛弗祟王	1
一九八一二反	甲戌卜：侑祖辛	1
一九八五二	癸亥卜往衛祝于祖辛	1
一九八五三	癸卯：𢦏祖辛九：六月	1
一九八五四	辛巳：祖辛：	1
一九八五五	祖辛：即：	1
一九八五六	祖辛	1
一九八五七	：寅祖辛	1
一九八五八	：寅：曰禦示祖辛	1
一九八五九	：祖辛：	1
一九八六〇	乙丑卜祖辛灸：	1
二〇五七六反	辛巳兼祖辛父	1
二二一七九	庚寅：祖辛：庚ク：	1
二二一八〇	：祖辛不	1
二二一八一	：祖辛：牢辛卯：	1
二二一八二	庚寅：祖辛：	1
二二一八三	祖辛𢽾牛	1
二二一八四	乙酉卜丁巳酒祖丁：祖辛二牛父己二牛	1
二二一八四	癸丑卜𠦪祖丁祖辛父己	1
二二一九一	：卜：禦祖辛祖戊口祖羊：牢	1
二二五六七	：王：未其有夕伐于祖辛羌三人卯：十一月	2
二二六二一	：卜㳄：賓祖辛：宰：無尤	2
二二七二三	辛卯卜尹貞王賓祖辛彡無尤	2
二二七二九	辛卯卜行貞王賓祖辛歲宰無尤	2
二二七七三	丁酉：大丁：祖辛：	2
二二七七九	：王：翌辛亥王其賓祖辛𧽊無壱	2
二二八一六	甲寅卜行貞王賓祖辛奭妣甲彡無尤	2
二二八六八	：卜尹：賓祖辛：	2
二二九〇一	辛酉卜：貞王賓祖辛歲：	2
二二九〇三	辛亥卜：貞王賓祖辛歲𣪊：	2
二二九一一	己丑卜大貞于五示告丁祖乙祖丁羌甲祖辛	2
二二九四三	：自祖乙祖辛鬳祖乙父丁無尤	2
二二九六〇	：貞：亥侑于祖辛：八月	2
二二九六一	：其侑于祖辛一牛	2
二二九六二	：戊卜出貞龠侑于祖辛二月	2
二二九六三	庚申卜王貞其侑于祖辛	2
二二九六四	辛巳：貞：牝：侑于祖辛在十一月	2
二二九六五	：未卜大貞侑于祖辛宰	2
二二九六六	辛亥卜王貞其侑于祖辛二宰	2
二二九六七	庚寅卜大貞翌辛卯其侑：祖辛：	2

編號	釋文	期
二二九六八	庚戌卜王貞翌辛亥其侑…祖辛…	2
二二九六九	辛巳卜王貞其侑于祖辛	2
二二九七〇	…酉…翌…侑…祖辛…	2
二二九七一	庚申卜王貞㞢侑于祖辛于母辛	2
二二九七二	辛巳卜即貞王賓祖辛歲無尤	2
二二九七三	辛巳卜行貞王賓祖辛歲宰	2
二二九七四	辛酉卜…貞王賓祖辛歲三宰	2
二二九七五	辛酉卜…貞王…祖辛歲宰無尤	2
二二九七六	…貞王…祖辛歲…	2
二二九七七	…卜貞…賓祖辛…叙無…在四…	2
二二九七八	…貞…祖辛叙…	2
二二九八四	辛巳…貞祖辛…王祝…	2
二二九八五	辛丑卜旅貞祖辛歲惟勿牛…	2
二二九八六	庚辰…貞翌辛…翌于祖辛…壱在四月	2
二二九八七	…旅貞翌辛酉翌于祖辛無壱在四月	2
二二九八八	丙…貞翌丁卯…祖辛歲惟蔑…	2
二二九九〇	…卜王…祖辛歲…無…	2
二二九九一	貞祖辛歲卷	2
二二九九二	…貞先祖辛歲敚	2
二二九九三	…旅…祖辛歲…無尤	2
二二九九五	…其延…彳歲于祖辛在四月	2
二二九九六	貞祖辛宰牡	2
二二九九七	丙…貞祖…延于祖辛…	2
二二九九八	辛…貞祖辛…羊延…	2
二二九九九	…喜貞…其蒸…祖辛于…卯一牛	2
二三〇〇〇	…祖辛祭𢦔牛無尤	2
二三〇〇一	庚子…貞翌辛…魯于祖辛	2
二三〇〇二	庚子卜行曰貞翌辛丑其有彳歲于祖辛	2
二三〇〇二	貞翌辛丑其侑祖辛宰	2
二三〇〇二	貞翌辛丑祖辛歲勿牛	2
二三〇〇三	庚子王饗于祖辛	2
二三〇〇四	庚寅卜…貞翌辛卯魯于祖辛無壱在九…	2
二三〇〇五	…翌于祖辛衣無壱在四月	2
二三〇〇六	…辰卜王…翌辛巳…𢦔于祖辛牝一	2
二三〇〇七	…妣…壬子…于祖辛	2
二三〇〇八	辛未卜…貞其…于祖辛	2
二三〇〇九	…祖辛…歲其勿牛…	2
二三〇一〇	…另…祖辛…無…	2
二三〇一一	…貞…祖辛…正…	2
二三〇一二	…貞…祖辛…子多…	2
二三〇一四	…貞王…祖辛…	2
二三〇一五	辛卯卜旅貞王…祖辛…	2
二三〇一六	庚辰卜行貞翌辛巳彡于祖辛…	2
二三〇一七	…祖辛…	2
二三三〇五	…祖辛…無…	2
二三三一四	甲…貞…祖辛…	2
二三三二三	…申卜尹貞王賓祖辛奭妣壬…	2
二三三二四	庚申卜即貞翌辛酉…侑于祖辛…又奭…	2
二四一四一	…子卜即…祖辛歲惟多生射	2
二四五二七	…牛祖辛	2
二五六五二	…貞…祖辛叙…	2
二七二五一	其侑祖辛王受祐　茲用	3
二七二五二	辛巳…祖辛…	3
二七二五三	己亥…貞王…𢦔有…茲惟祖辛…唯	3
二七二五四	其剛祖辛僼惟豚有雨	3
二七二五四	其剛祖辛僼有雨	3
二七二五五	其告妣甲祖辛奭有正	3
二七五〇三	…卜何…卷祖辛	3
二七五〇五	于妣甲祖辛奭	3
三二一二六	祖辛奚𢦏	4
三二一三一	…戌貞有歲于祖辛	4
三二二〇五	…伐祖辛三人卯牝	4
三二二二一	壬寅卜尋侑祖辛伐一卯一宰	4
三二三一四	丙申貞其告高祖𢀛以祖辛	4
三二三八五	…未卜𢀛自上甲大乙大丁大甲大庚大戊仲丁祖乙祖辛祖丁十示率 牡	4
三二三八五	…申卜…从辛酉…大乙大丁大甲大戊…庚…丁… 丁祖辛祖丁率示…	4
三二五七二正	自辛祖	4
三二五七二反	丁未蒸來祖辛	4
三二五七九	…子乇…祖辛歲	4
三二五八〇	庚子卜…祖辛	4
三二五八一	…于祖辛𢦔…	4
三二五八二	甲戌卜餗辛祖二牛一…	4
三二五八三	…于祖辛…	4
三二五八四	…祖辛	4
三二五八五	庚…祖辛…其…	4
三二八一二乙	乙亥卜先𢦔𢓊侑祖辛	4
三三四三一	…祖辛歲二宰	4
三五三六一	甲申卜貞王賓祖辛奭妣甲姬𡚱二人𣪍二 人卯二宰無尤	5
三五六八三	辛巳卜貞王賓祖辛…翌無尤	5
三五六八四	…卜貞王…祖辛翌…尤	5
三五六八五	…卜貞…祖辛彡…無尤	5
三五六八六	庚戌卜貞王賓祖辛彡夕無尤	5
三五六八七	…卜貞王…祖辛彡…	5
三五六八八	貞…祖辛𣪊…	5
三五六八九	辛巳卜貞…祖辛𡆥…	5

著錄	釋文	期
三五六九〇	……祖辛祟……尤	5
三五六九一	貞……祖辛……無……	5
三五六九二	……卜……祖辛……無尤	5
三六二五一	甲申卜貞王賓祖辛奭妣甲翌日無尤	5
三六二五二	……卜貞王賓祖辛奭妣甲劦日無……	5
三八二二四	……在祖辛宗	5
三八二二五	……彝在祖辛……	5
三八二四三	辛酉王卜貞……𩰫嘉王占曰大吉……九月遘祖辛𩰫……	5
屯 三四	……祭戠有歲于祖辛　茲用	4
屯 五一	丁卯貞己巳𡕢丁祖辛暨父丁　茲用	4
屯 一三九	庚子卜祖辛歲……吉　不用	3
屯 一七四	……申卜祖辛祭有戠……牛茲用祭戠	3-4
屯 二三八	己未貞侑祖辛宰又一牛	4
屯 六〇九	祖辛𠷎卯宰……一牛王……祐	3
屯 六五六	其告祭新祖辛王受祐　吉	3
屯 六五六	弜祀告祖辛	3
屯 七一一	……于……桒……于……祖辛	4
屯 九九六	庚寅貞有𠬝歲于祖辛	4
屯 一〇四六	惟祖辛蚩	4
屯 二三四二	……丑貞王令伊尹……取祖乙魚伐告于父丁小乙祖丁羌甲祖辛	4
屯 二八一五	庚辰……其侑祖辛	4
英 三六	……丑卜……冊祖辛十五宰	1
英 三七	……韋貞酌于祖辛	1
英 三八	吉有𠬝于祖辛	1
英 三九	于祖辛　二告	1
英 四〇	貞祖辛蚩　二告	1
英 四一	……翌……巳……于祖辛	1
英 四二	貞于祖辛	1
英 四三	……祖辛	1
英 四四	……卜貞……祖辛	1
英 四五	……祖辛	1
英 四六正	……祖辛	1
英 一九四〇	辛卯卜大貞王賓祖辛歲無尤	2
英 一九四一	辛……貞……祖辛……無……	2
英 一九四二	辛酉……貞王……祖辛戠無……	2
懷 三九	……于……祖辛……	1
懷 四一	勿于祖辛	1
懷 五四	貞侑于祖辛	1
懷 一三九	……用祖辛冊……	1
懷 一三七〇	……王其有𠬝祖辛宰又……　大吉	3

二祖辛

著錄	釋文	期
二七三四〇	庚戌卜其有歲于二祖辛惟牡	3

三祖辛

著錄	釋文	期
三二六五八	辛亥卜其有歲于三祖辛	4

羌甲

著錄	釋文	期
二二六正	癸酉卜𣪊貞父乙之𡨦自羌甲至于父……	1
二二六正	癸酉卜𣪊貞自羌甲……于……	1
四一三正	……而于祖丁……羌甲一羌……祖……　二告	1
五一一	……酌于羌甲……	1
六四一正	貞于羌甲禦克往疾	1
七〇九正	貞于羌甲禦	1
七〇九正	勿于羌甲禦	1
七二一正	于羌甲禦𡆥	1
七二一正	勿于羌甲禦	1
八六九	貞有疾告羌甲	1
九二八	……侑羌甲……伐三卯……宰	1
九四〇正	夕侑羌甲	1
九四〇正	勿夕侑羌甲	1
一〇七五正	甲午卜𣪊貞侑于羌甲	1
一六五六正	壬申卜爭貞父乙𡆥羌甲　二告	1
一六五六正	壬申卜爭貞父乙弗𡆥羌甲	1
一七七二正	戊辰卜韋貞……羌甲	1
一七七二正	戊辰卜韋貞……羌甲	1
一七七三正	貞翌庚辰衣亦侑羌甲	1
一七八三正	貞侑于羌甲	1
一七八四	丁亥卜勿侑于羌甲……	1
一七八五	丙申卜𣪊貞𢼄侑于羌甲	1
一七八六	貞勿侑于羌甲	1
一七八七	貞侑于羌甲	1
一七八八	甲午……侑……羌甲	1
一七八九	于羌甲侑	1
一七九一	侑于羌甲	1
一七九二	侑于羌甲	1
一七九三正	于羌甲禦	1
一七九四	貞于羌甲禦禬冊……十	1
一七九五正	……貞禦王𡆥于羌甲	1
一七九七	禦羌甲	1
一七九八	貞勿于羌甲禦	1

號	釋文	期
一七九九	貞于羌甲告	1
一八〇〇	貞于羌甲告	1
一八〇一	…卜乘于羌甲	1
一八〇二	…丑卜…歲…于羌甲	1
一八〇三	羌甲祟余	1
一八〇六	貞羌甲…壱	1
一八〇七	貞羌甲壱我	1
一八〇八	…羌甲…二宰…	1
一八〇九	…羌甲…	1
一八一一	癸未…犬羌甲	1
一八一二	…夢…羌甲	1
一八一三正	貞勿…羌甲	1
一八一四	…勿于羌甲	1
一八一四	勿于羌甲	1
一八一五	…于羌甲	1
一八一六	…羌甲	1
一八一七反	…羌甲…	1
一八一八	…子卜貞…羌甲祖…	1
一八二〇	曰羌甲	1
一八二一正	貞于羌甲禦	1
一八二一正	貞勿于羌甲禦	1
一八二二正	貞惟羌甲	1
一八二二正	貞不惟羌甲	1
一八二三正	羌甲壱王	1
五六五八正	羌甲祟王	1
六〇〇二正	戊寅卜爭貞于羌甲… 小告	1
六一四四	貞侑于羌甲	1
六一五九正	貞于羌甲有…	1
八三三三	貞禦于羌甲	1
八九八四	庚午卜于羌甲	1
八九八四	庚午卜于羌甲	1
九八六三	貞侑于羌甲	1
一〇〇四九正	貞王賓羌甲日 二告	1
一〇〇四九正	貞勿賓羌甲日	1
二二八八五	…囚…甲…羌甲	2
二二九一一	己丑卜大貞于五示告丁祖乙祖丁羌甲祖辛	2
二三〇一八	甲寅卜…貞其侑于羌甲羝	2
二三〇一八	…寅卜行…羌甲歲…在十一月	2
二三〇一九	甲辰卜行貞王賓羌甲…	2
二三〇二〇	甲辰卜旅貞王賓羌甲歲宰無尤	2
二三〇二一	甲申卜即貞羌甲歲二牛	2
二三〇二二	…羌甲歲…無尤	2
二三〇二三	乙丑…貞王…羌甲彡…叙…	2
二三〇二四	癸丑…貞王…羌甲魯…	2
二三〇二五	…貞…爽妣甲魯…羌甲魯無尤	2
二三〇二六	甲子…旅貞…于羌甲…無…	2
二三〇二七	甲寅…于羌甲…妣甲…	2
二三三二五	庚辰卜…貞王賓羌甲爽妣庚魯無尤	2
二三三二六	己巳卜行貞翌庚午歲其延于羌甲爽妣庚…	2
二三三二七	庚戌卜行貞王賓羌甲爽妣庚歲小宰叙無尤	2
二三七三一	…行…羌甲…囚	2
二七二五六	…侑…羌甲…壱	3
二七二五七	癸巳卜貞王賓羌…一月	3
二七二五八	…于宎惟今羌甲日鼎	3
二七二五九	壱其延羌甲王受…	3
二七二六一	壱延羌甲 吉	3
二七二六二	壱延羌甲王受祐	3
二七五〇六	于妣庚羌甲爽	3
二七五〇七	妣庚羌甲爽翌日王弗…	3
三二五八八	…巳卜侑…羌甲一牛 茲用	4
三二五九二	癸未卜其延蒸穧于羌甲	4
三二四五四	癸卯卜羌甲歲一牛	4
三二五〇一	甲寅有歲戔甲三宰羌甲二十宰又七昜日 茲用	4
三二五八六正	…卜羌甲歲柬… 茲用	4
三二五八七	甲辰卜其有歲于羌甲	4
三二五八九	甲寅卜其有歲于羌甲	4
三二五九一	…午卜…羌甲彡…蟲旅	4
三二五九三	…卜其延蒸穧于羌甲	4
三二五九四	…于羌甲	4
三五五八一正	癸卯王卜貞旬無畎王囚曰吉在四月甲辰 祭羌甲覩戔甲	5
三五五八九	癸卯王卜貞旬無畎王囚曰吉在七月…辰彡 羌甲	5
三五六四一	癸未王卜貞旬無畎王囚曰大吉在九月甲 申翌羌…	5
三五六四四	癸未王卜貞旬無畎王囚曰大吉在九月甲申 翌羌甲	5
三五六四五	癸卯卜旃貞王旬無畎…十月甲辰…曰羌甲	5
三五六五七	癸亥卜旃貞王旬無畎在五月甲子彡日羌 甲	5
三五六九三	…卜貞王旬無畎…正月甲子翌日羌甲	5
三五六九四	癸未卜貞王旬無畎在十月甲申翌日羌甲	5
三五六九五	癸丑王…貞旬無…王囚曰吉在十一月甲寅翌羌 甲	5
三五六九六	…旬無畎王囚…寅翌羌甲	5
三五六九七	…貞王…在二月…祭羌甲…甲	5

羌甲

- 三五六九八　癸丑王卜在𦎫師貞旬無𡆥在七月甲寅祭羌甲𧷏…　5
- 三五六九九　癸丑卜在霍…旬無𡆥在五月甲寅…羌甲𧷏𢦔甲　5
- 三五七〇〇　癸酉王卜貞旬無𡆥王占曰大吉在十月甲戌祭羌甲𧷏𢦔甲　5
- 三五七〇〇　癸未王卜貞旬無𡆥王占曰大吉在十月甲申祭魯甲𧷏羌甲𠭯𢦔甲　5
- 三五七〇三　癸未…貞旬無…在十月…雍己彡羌甲　5
- 三五七〇四　…丑王卜貞旬…王占曰大…月甲子彡羌甲　5
- 三五七〇四　…丑王卜貞旬…王占曰大…月甲子彡羌甲　5
- 三五七〇五　…無𡆥…彡羌甲　5
- 三五七〇七　…卜貞王賓羌甲…　5
- 三五七一〇　甲寅卜…王賓羌甲…　5
- 三五七〇八　癸丑卜貞王賓羌…彡…　5
- 三五七〇八　貞王賓羌甲𣪊無尤　5
- 三五七〇九　貞王賓羌甲𣪊…　5
- 三五七一一　…戌卜貞…賓羌甲…　5
- 三五七四八　癸巳王卜貞旬無𡆥在正月王占曰大吉甲午𧷏魯甲𠭯羌甲　5
- 三五七四九　癸丑卜𣶃貞王旬無𡆥在三月甲寅祭魯甲𧷏羌甲𠭯𢦔甲　5
- 三五七五一　癸酉卜泳貞王旬無𡆥在正月甲戌𧷏魯甲𠭯羌甲　5
- 三五七五二　癸酉王…旬無…大吉在…甲戌𧷏…甲𠭯羌甲　5
- 三六五二〇　…旬無𡆥…祭羌甲…盂方　5
- 三七八三八　癸巳王卜貞旬無𡆥王占曰吉在六月甲午彡羌甲惟王三祀　5
- 三七八六七　癸丑卜泳貞王旬無𡆥在八月甲寅翌日羌甲　5
- 屯一〇九四　癸亥卜其延羌甲𢦏　3-4
- 屯一三二六　…寅卜其有歲于羌甲　3
- 屯二三四二　…丑貞王令伊尹…取祖乙魚伐告于父丁小乙祖丁羌甲祖辛　4
- 英四八　貞侑于羌甲　1
- 英一九四七　…卜行…賓羌甲…宰暨魯甲…　2
- 英二四六三　癸卯卜羌甲歲一牛　4
- 英二五〇三　癸卯王卜貞旬無𡆥王占曰吉在三月甲辰祭羌甲𧷏𢦔甲　5
- 英二五〇三　癸丑王卜貞旬無𡆥王占曰吉在三月甲寅祭魯甲𧷏羌甲𠭯𢦔甲　5
- 英二五〇三　癸亥王卜貞旬無𡆥王占曰吉在三月甲子𧷏魯甲𠭯羌甲　5
- 英二五一〇　癸酉王卜貞旬無𡆥在正月王占曰大吉甲戌祭羌甲𧷏𢦔甲　5
- 英二五一〇　癸未王卜貞旬無𡆥在正月王占曰大吉甲申祭魯甲𧷏羌甲𠭯𢦔甲　5
- 懷四三　貞禦于羌甲𢍰冊　1
- 懷九〇〇　侑于羌甲　1
- 懷九〇三b　侑羌甲　1

嬴甲

- 六五六正　…卜殻貞禦婦好于嬴甲小…又妾　小告　1
- 六五六反　禦婦于嬴甲　1
- 七九五正　于嬴甲禦婦　二告　1
- 七九五正　既冊嬴甲及　二告　1
- 七九五正　嬴甲𠬝婦　1
- 七九五正　嬴甲弗𠬝婦　1
- 七九五反　貞禦勿𤔲于嬴甲　1
- 三〇〇七　貞禦子央于嬴甲　1
- 一三六四二　…𢓊于嬴甲　1
- 一四八一六正　…卜殻…禦婦…于嬴甲　1
- 一四八一七　…于嬴甲　1
- 一四八一八　…嬴甲不…　1
- 二一〇九六　甲申卜𢓊侑嬴甲　1
- 二一八〇五　癸卯子禦嬴甲　1
- 懷三五　…惟豕…嬴甲…　1

祖丁

- 一五一正　貞祖丁若小子𠃬　1
- 一五一正　貞祖丁弗若小子𠃬　二告　1
- 一九〇正　今日勿𤔲侑祖丁宰　1
- 二七二反　侑祖丁　1
- 三七一正　禦于祖丁　1
- 四一二正　…而于祖丁…羌甲一羌…祖…　二告　1
- 四二七　…羌于…祖丁一月　1
- 六七二正　…辛祖丁一牛宅羊　1
- 七〇九反　…侑祖丁　1
- 七〇九反　勿侑祖丁　1
- 七七五反　祖丁𡆥王　1
- 七七五反　祖丁弗𡆥王　1
- 八一一反　貞惟祖丁　1
- 八一一反　貞不惟祖丁　1
- 八四九正　丙戌卜殻貞翌丁亥侑于祖丁　1
- 八九一正　勿乙侑于祖丁　1

九〇二正 貞侑于祖丁
九〇三正 翌丁酉侑于祖丁
九〇三反 戊：祖丁
九〇四正 癸亥卜殻貞禦于祖丁
九〇四正 册祖丁十伐十宰
九〇四正 勿册祖丁
九一五反 ：册祖丁十伐十宰
九三〇 貞王其有勹于祖丁
九三〇 祖丁弗其䓞王 二告
九六〇 貞勿酌伐𡆥于祖丁
一三八六反 ：卜咸燎：祖丁?
一六四八 告自祖乙祖丁
一七七二正 庚申卜殻貞昔祖丁：黍惟南庚壱
一七七二正 庚申卜殻貞昔祖丁不：不惟南庚壱
一七七四正 祖丁
一七七五 祖丁一牛
一八〇〇 貞告于祖丁虫：册：
一八二一正 壬子卜古貞禦于祖丁
一八二一正 貞勿于祖丁禦
一八二四正 貞侑于祖丁
一八二五 貞侑于祖丁
一八二六 酒于祖丁：穀卯宰曰勿卯鼎
一八二七 己巳卜：有禦：甲于祖丁十牛
一八二八 侑于祖丁一牛
一八二九 侑于祖丁一牛
一八二九 丁亥卜今日侑于祖丁
一八二九 侑于祖丁一牛
一八三〇 侑于祖丁一羊
一八三一 貞今日惟侑于祖丁犬
一八三二正 侑于祖丁
一八三三 丙戌卜翌日侑于祖丁
一八三四 貞翌丁亥侑于祖丁
一八三五 貞翌丁亥侑于祖丁
一八三六 丁亥卜永貞侑于祖丁
一八三六 貞侑于祖丁
一八三七 癸巳卜侑于祖丁
一八三八 貞侑于祖丁
一八三九 貞侑于祖丁
一八四〇 ：侑：祖丁
一八四一 貞侑于祖丁
一八四二 ：于祖丁
一八四三 丁酉卜侑祖丁呼
一八四四 丁卯卜侑祖丁
一八四五 辛丑卜王：侑祖丁暨：

一八四六 ：辰于翌：巳侑：祖丁
一八四七 ：卯卜：貞侑祖丁
一八四八 丙寅卜王侑祖丁
一八四九 壬戌卜王侑𡆥歲祖丁
一八五〇正 翌丁巳勿侑于祖丁
一八五一 貞勿侑于祖丁
一八五二正 ：祖丁禦：十宰
一八五三正 乙丑卜亘貞禦于祖丁
一八五四 乙丑卜爭貞勿于祖丁禦
一八五四 乙丑卜爭貞于祖丁禦
一八五四 于祖丁禦
一八五四 勿于祖丁禦
一八五四 ：卜：貞祖丁惟循若于王
一八五五正 勿于祖丁禦
一八五五正 貞于祖丁禦
一八五六 于祖丁禦
一八五七 于祖丁母禦
一八五八 貞禦于祖丁
一八五九 ：子卜殻：告：祖丁
一八六〇 ：貞告于祖丁
一八六〇 勿龠告于祖丁
一八六一 貞王有言祖丁正
一八六二 酌五宰于祖丁
一八六三 庚子卜殻翌丁未酌十宰𠭯三于祖丁
一八六四 貞翌丁丑酌于祖丁
一八六五 ：祖丁：子
一八六六 勿于祖丁酌子餗
一八六七 丙寅卜：祖丁莫：
一八六八正 勿眉于祖丁
一八六八正 ：祖丁
一八六九正 丁巳卜爭貞王其有曰祖丁祝 二告
一八七〇 貞祖丁壱王
一八七一 祖丁壱王
一八七二 貞不惟祖丁壱王
一八七三 貞祖丁壱
一八七五 允惟祖丁：
一八七六 ：韋貞惟祖丁母壱
一八七七 貞惟祖丁：
一八七八正 丁酉卜殻貞勿用五宰祖丁
一八七八正 丁酉卜殻貞今日用五宰祖丁
一八七九 貞不惟祖丁
一八七九 貞允惟祖丁
一八七九 貞不惟祖丁
一八八〇 貞祖丁𡆥九月

一八八一	：王貞：于祖丁
一八八一	：寅：王貞：于祖丁
一八八二	戊午卜殸貞于祖丁禦
一八八三	貞于祖丁
一八八四	：于祖丁
一八八五	：王于：祖丁
一八八六	貞勿：于祖丁
一八八七	乙亥卜：祖丁五十宰：
一八八八反	王固曰不：祖丁
一八八九	：殸：祖丁
一八九〇	：寅：王貞：于祖丁
一八九一	：于祖丁
一八九二	己：祖丁
一八九三	：卜王：祖丁
一八九四	：卜：貞其：祖丁
一八九五	：祖丁
一八九六	：午卜穷：祖丁：
一八九七	甲寅：祖丁：
一八九八反	：卜：祖丁：
一八九九正	：祖丁
一八九九正	癸祖丁 二告
一九〇〇反	貞祖丁：女
一九〇一正	貞祖丁巷王
一九〇一正	貞不惟祖丁巷王
一九〇一正	惟祖丁弗巷王
一九〇一正	于父乙祖丁
一九〇二	祖丁二犬：父：
一九〇三	庚子卜：勿：祖丁
一九〇四	：貞：祖丁
二三九二	于祖丁母妣甲禦有斁
二五九三	：貞：祖丁
二七八七	：禦婦娘于祖丁七月
二七八八	：禦婦娘于祖丁七月
二九四四	祖丁巷王
二九五三正	祖丁 二告
二九五三反	貞翌丁巳酌祖丁：
二九七四	貞：漁侑于祖丁
三〇六八	：忝王于祖丁大乙
三二〇一反	貞惟祖丁巷
三二〇一反	貞不惟祖丁巷
三二一六正	乙丑卜殸貞：子凡于祖丁五宰
三五二一反	貞勿：祖丁
五一一三反	貞王其往出省从西告于祖丁
五五三二正	貞祖丁[illegible]父乙
五五三三	貞：于祖丁
六一四四	貞侑：祖丁
六三三五	貞祖丁巷
六三三六	貞侑于祖丁
六六五三正	貞祖丁若小子[illegible]
六六五三正	祖丁弗若小子
六九二八反	：祖丁：
七〇七五正	癸亥卜殸貞侑于祖丁
八八〇八反	貞來丁巳侑祖丁
八九四九	貞侑于祖丁
八九六八正	貞于祖丁禦
九八六一	貞勿侑于祖丁
九八六一	貞侑于祖丁
九八六二	貞勿侑于祖丁
九八六二	貞侑于祖丁
九九二四正	侑祖丁 二告
九九四七	貞祖丁[illegible]
九九四七	貞祖丁[illegible] 二告
一〇〇六七	：爭貞禦于：祖丁：十牛十：酌：
一〇三一五正	丙寅卜穷貞祖丁弗[illegible]
一〇三一五正	：祖丁[illegible]
一〇五一五	王弗以祖丁暨父乙惟之
一〇五一五	王弗以祖丁暨父乙不惟之
一〇五一五	王往于田弗以祖丁暨父乙惟之
一〇九三六正	于祖丁
一一〇一八正	貞今日侑于祖丁
一一〇一八正	勿侑祖丁
一三六二六	：未卜爭貞告王目于祖丁
一三七〇六反	：侑于祖丁
一三七一三正	貞祖丁弗其𡧊
一三七一三正	貞有疾身禦于祖丁
一三八五三	貞告疾于祖丁
一三九八〇	貞王聽惟祖丁：
一四一三〇正	貞翌丁亥勿侑于祖丁
一四一三〇正	貞翌丁亥侑于祖丁
一四七五五反	王惟侑祖丁
一七四〇九正	祖丁崇王
一七四〇九正	祖丁弗崇王
一九七七四	乙丑卜甾祖丁甾：用二反卯一：
一九八一二正	丙辰卜王侑祖丁
一九八一二反	庚辰卜王侑祖丁宰
一九八五二	：于祖丁：
一九八六一	丙子卜侑祖丁
一九八六二	：申卜王侑祖丁：不侑

著錄號	釋文	期
一九八六三	丙辰卜侑祖丁豕用宰	1
一九八六三	癸丑卜侑祖丁豕用宰	1
一九八六五	丙寅王酌祖丁桒侑四…	1
一九八六七	丙申卜王侑祖丁宰	1
一九八六八	侑祖丁宰	1
一九八六九	…巳卜王㳄祖丁𢦏𠂤庚	1
一九八七〇	丙寅卜𠂤…祖丁四牛	1
一九八七一	…申卜王侑祖丁	1
一九八七二	…彡祖丁	1
一九八九〇	辛酉卜王祝于妣己廼取祖丁	1
二〇〇六五	…酉…九示自大乙至丁祖	1
二〇九八〇正	丙申卜王侑祖丁	1
二二一八四	…申卜于癸亥酌祖丁	1
二二一八四	爵于祖丁	1
二二一八四	己酉卜丁巳酌祖丁…祖辛二牛父己二牛	1
二二一八四	癸丑卜桒祖丁祖辛父己	1
二二六二八	甲午卜卜貞王賓上甲祖?丁?酌…宰…	2
二二七二三	丁酉卜尹貞王賓祖丁彡無尤在二月	2
二二七七八	丁丑卜…貞王賓卜丙祖丁?無囚	2
二二八三三	丁?…貞…祖丁…	2
二二九一一	己丑卜大貞于五示告丁祖乙祖丁羌甲祖辛	2
二二九三一	丙戌卜行貞翌丁亥祭于祖丁無巷在九月	2
二三〇〇四	丙申卜行貞翌丁酉劦于祖丁無巷	2
二三〇一六	丙戌卜行貞翌丁亥…于祖丁無…在十二月	2
二三〇二八	丙申…貞翌丁酉其侑于祖丁…	2
二三〇二八	…申卜…貞翌…酉其侑于祖丁宰	2
二三〇二九	丙午卜旅貞翌丁未其侑于祖丁	2
二三〇三〇	丁卯卜行貞王賓父丁歲宰暨祖丁歲宰無尤	2
二三〇三一	丙辰卜旅貞王賓祖丁歲無尤十二月	2
二三〇三二	丁卯…貞王…祖丁…	2
二三〇三三	丁亥卜灌貞王賓祖丁歲無尤十月	2
二三〇三四	丁卯卜…貞王賓祖丁祭無囚	2
二三〇三五	…王…祭于祖丁…無巷在囚	2
二三〇三六	丁巳…貞王…祖丁…	2
二三〇三七	丙午…貞翌…祖丁歲…	2
二三〇三九	丙子卜尹貞翌丁丑劦于祖丁無巷在十月	2
二三〇四〇	…旅…翌丁丑…于祖丁…巷…	2
二三〇四一	…尹…丁巳…于祖丁…巷在正月	2
二三〇四二	…祖丁…巷在五月	2
二三〇四三	…貞翌…于祖丁無巷在五月	2
二三〇四五	…卜…其…祖丁	2
二三〇四六	丁卯卜…貞祖丁…□…	2
二三〇四七	丁巳…貞…祖丁…六…	2

著錄號	釋文	期
二三三二八	…卯卜尹貞王賓祖丁奭妣己劦無尤	2
二三三三〇	己丑卜尹貞王賓祖丁奭妣己翌無尤	2
二四三〇五	丁卯卜行貞王賓祖丁歲暨父丁歲二宰無尤在	2
二六九二五	…亥卜…羌三人白…其用于…祖丁父甲…	3
二六九三〇	…卜其舌祖丁有羌王受… 大吉	3
二六九三二	祖丁舌有羌王受…	3
二七〇四一	…亥卜惟祖丁彡日還有正 吉	3
二七一三三	于祖丁用有正王受祐	3
二七一四七	貞大乙祖丁暨饗	3
二七一四七	…亥卜…祖丁其…甘饗	3
二七一四八	貞丁于祖丁	3
二七一八一	丙午卜貞三祖丁暨鯱?祖丁酌王受祐	3
二七二〇五	貞祖乙其暨祖丁	3
二七二三二	于祖丁	3
二七二六三	…亥卜何…丁丑其侑祖丁	3
二七二六四	丙辰卜彭貞其侑祖丁惟翌	3
二七二六五	丙辰卜彭貞其侑祖丁惟翌	3
二七二六六	其侑祖丁王受祐	3
二七二六七	甲辰…王其侑…祖丁惟…	3
二七二六八	…祖丁有…	3
二七二六九	乙卯卜貞其有舌祖丁五宰 大吉	3
二七二七〇	…乂祖丁…有祐	3
二七二七一	…卜祖丁夕歲… 吉	3
二七二七二	…祖丁其有夕歲	3
二七二七三	…祖丁莫歲于既祭… 吉	3
二七二七四	…卜祖丁莫歲二宰王受…	3
二七二七五	…卯卜祖丁莫歲二宰	3
二七二七六	貞于祖丁莫…唐?	3
二七二七七	劦日于祖丁	3
二七二七八	…于祖丁…	3
二七二七九	祖丁舌有兇王受祐	3
二七二八〇	…巳卜祖丁舌有夕歲王受祐 大吉	3
二七二八一	其凡于祖丁舌王受祐	3
二七二八二	乙酉卜何貞祖丁祏其遘于日	3
二七二八三	癸巳卜大貞其至祖丁祝王受有祐	3
二七二八四	至祖丁…受祐	3
二七二八五	至祖丁桒 吉	3
二七二八六	惟…用祖丁	3
二七二八六	惟母溝用祖丁升	3
二七二八七	至祖丁…王受…	3
二七二八八	惟茲祖丁鬻受祐	3
二七二八九	祖丁三宰	3
二七二九〇	祖丁𠕋二宰王受…	3

編號	釋文	期
二七二九一	祖丁栅五牢	3
二七二九二	祖丁史至二…	3
二七二九三	…暊…日祖丁史	3
二七二九四	侑祖丁豕　大吉	3
二七二九五	祝祖丁祖乙	3
二七二九六	惟祖丁祝用　吉	3
二七二九七	乙卯卜翌日祖丁舌	3
二七二九八	先祖丁惟翌日	3
二七二九九	…卜大…既奏祖丁…奉十牛	3
二七三〇〇	競祖丁…	3
二七三〇一	祖丁木丁卷三卣	3
二七三〇二	戊辰卜鼓貞有來執自馭今日其延	
	于祖丁	3
二七三〇二	…于祖丁	3
二七三〇三	貞…祖丁王…	3
二七三〇四	…各祖丁…受祐	3
二七三〇五	于祖丁	3
二七三〇六	甲申卜其示于祖丁惟王執	3
二七三〇六	乙亥卜其于祖丁其□	3
二七三〇九	…祖丁…	3
二七三一〇	于祖丁旦	3
二七三一一	惟祖丁庸奏	3
二七三一二	…祖丁…	3
二七三一三	于祖丁湄酉陳弜若即于宗	3
二七三一四	祝：祖丁祖乙…己酌	3
二七三一五	…其酌日于祖丁奉侑宗　茲用	3
二七三三四	惟丁祖栅用二牢王受祐	3
二七三四八	于祖丁奉	3
二七三六一	…卯卜其祝祖丁父甲…	3
二七三六二	貞祖丁…卷王受…	3
二七三六三	…祖丁大乂王其延父甲　大吉	3
二七三六四	…卷祖丁父甲	3
二七三六五	…暨興酌祖丁…父王受有祐	3
二七三六六	至祖丁王受祐	3
二七三六七	戊戌卜祖丁史其延妣辛妣癸王…	3
二七三六八	于祖丁	3
二七三六九	于祖丁	3
二七三七〇	…祖丁奉…受祐	3
二七三七一	…祖丁…受祐	3
二七四三九	己卯卜暊貞…帝甲𤊾…其暨祖丁…至?	3
二七五〇九	…祖丁…妣辛	3
二八二〇九	惟祖丁秝𦎫用有正	3
二八二七五	其奉年祖丁先酌有雨　吉	3
三〇二八二	乙丑卜彭貞其爲祖丁舀衣卯	3
三〇三〇〇	于祖丁宗王受…	3
三〇三〇一	…祖丁宗…	3
三〇三一七	其…祖丁…	3
三〇三二三	…卜祖丁舌窮宗王…	3
三〇三二五	祖丁舌在弜王受祐	3
三〇三四八	祖丁必卷卯惟牛王受祐	3
三〇三四九	至祖丁必王受祐	3
三〇三五〇	…于小乙舌于祖丁舌于…必…	3
三〇三五一	…卜其舌于祖丁必	3
三〇三五二	…正于…祖丁必	3
三〇三五三	惟…祖丁…	3
三〇三五三	惟𢦏用祖丁必	3
三〇三五四	惟歸…雍用祖丁必	3
三〇三五四	惟母𤔲用祖丁必	3
三〇三五四	惟□万用祖丁必　吉	3
三〇三五五	弜可祖丁必	3
三〇三六九	…祖丁室…	3
三〇三九八	舌祖乙祝惟祖丁用王受祐	3
三〇四三九	丁丑卜狄貞其奉禾于河惟祖丁祝用　吉	3
三〇四三九	貞惟祖丁祝用王受祐	3
三一九九三	禦衆于祖丁妣癸盧豕	4
三二三八五	未卜奉自上甲大乙大丁大甲大庚大戊仲丁祖乙祖辛祖丁十示率	4
	牡	4
三二三八五	…申卜…从辛酉…大乙大丁大甲大戊…庚…丁…	
	丁祖辛祖丁率示…	4
三二四五三	丙寅卜祖丁酉木丁侑卷	4
三二五七七	弜…于祖乙以祖丁祖甲…	4
三二五九五	…祖丁…	4
三二五九六	癸丑貞有乂歲于祖丁　茲用	4
三二五九七	壬申貞王有禦于祖丁惟先	4
三二五九八	…于?祖丁…	4
三二六〇〇	…祖丁…	4
三二六〇一	貞于祖丁…	4
三二六〇二	于祖丁…	4
三二六〇三	于祖丁用鼎　大吉	4
三二六〇三	其鼎兕祖丁	4
三二六〇四	…午卜祖丁史…	4
三二六〇五	丙…祖丁…	4
三二六四二	即𣪊祖丁歲廼𣪊	4
三二七二八	祖丁	4
三二八一六正	丙午貞酌乂歲于仲丁三牢祖丁三牢	4
三四〇五三	在祖丁宗	4
三四〇八三	…辰貞其奉生于祖丁母妣己	4

三五三五七　丁酉：王賓：祖丁：無：人五：　5
三五六八九　己亥卜貞王賓祖丁歲無尤　5
三五七〇七　：祖丁升：受祐　5
三五七一九　：卜貞：賓祖丁：無尤　5
三五七二〇　惟祖丁　5
三五七二一　：祖丁：　5
三五八〇三　甲辰卜貞王賓桒祖乙祖丁祖甲：庚：祖丁
武乙衣無尤　5
三五八五二　：巳卜貞王賓祖丁翌日無尤　5
三五八五三　貞王：祖丁祭：　5
三五八五四　丙辰卜貞王賓祖丁歲：　5
三五八五五　：祖丁歲：　5
三五八五六　丙辰：王賓祖丁：：　5
三五八五七　丁未卜王賓祖丁：　5
三五八五八　丁丑卜貞祖丁其牢　茲用　5
三五八五九　丙戌：祖丁其：　5
三五八六〇　丙戌：祖丁丁：茲：　5
三五八六一　丙辰卜貞祖丁其牢　5
三五八六九　：卜貞王：祖丁昏日：　5
三五九一四　丙子卜：祖丁：茲：　5
三六〇〇四　：卜貞：祖丁丁：羊：用　5
三六〇〇五　：卜貞：祖丁丁：羊　5
三六〇五六　：貞：祖丁丁：牢　5
三六二七〇　辛酉卜貞王賓祖丁奭妣辛翽無尤　5
三六二七四　癸酉卜貞王賓祖丁奭妣癸昏無尤　5
三六二七五　：未卜貞王賓祖丁：妣癸昏日無：　5
三六四八一正　：小臣牆比伐擒危美人二十人四：人五百
七十隻百：車二丙盾百八十三函五十矢：白麇
于大：用妣伯印：于祖乙用美于祖丁僼曰京
賜：　5
三八二四四　其自祖丁　5
屯二〇　丙申卜祖丁莫歲二：　3
屯四一　：卜祖丁歲二牢　3-4
屯六〇　于祖丁旦尋　3
屯六八　丙申卜蒸並酌祖丁暨父丁　4
屯一七三　弜即祖丁歲冊　3
屯二六〇　丙辰卜其有歲于祖丁惟翌：　3
屯三四八　：其作豊惟祖丁彡日遷王受：　3
屯四三七　：祖丁：
屯五九四　：午卜翌日父甲祏競祖丁冊王受祐　大
吉　茲用　3
屯六一三　于祖丁歲有正王受祐　3
屯六四〇　乇祖丁日　3
屯七六三　丁巳卜祖丁日不遘雨　吉　茲用　不雨　3

屯八二〇　于祖丁：受：吉　3
屯八三〇　丙寅貞祖丁日無壱　4
屯八三五　：卜：乂：祖丁　4
屯一〇〇五　丙子卜祖丁莫祏羌五人　吉　3
屯一〇五五　丁丑卜餗其酌于父甲有庸惟祖丁用：　3
屯一二五五　：侑豊惟祖丁庸用　3-4
屯二〇九六　：自祖丁
屯二二一九　于祖丁　大吉　3
屯二二七六　己未卜祖丁大乂王其延大甲　3
屯二二八一　：辰卜翌日其酌其祝自中宗祖丁祖
甲：于父辛　4
屯二二九四　甲子卜父甲豊惟祖丁豊用　大吉　3
屯二二九四　：亥卜父甲：歲即祖丁歲冊　3
屯二二九四　弜即祖丁歲冊　3
屯二三二四　：祖丁：　3
屯二三四〇　：其有乂祖丁王：　3-4
屯二三四二　：丑貞王令伊尹：取祖乙魚伐告于
父丁小乙祖丁羌甲祖辛　4
屯二三五九　其桒年：祖丁先酌：雨　吉　3
屯二四〇六　其桒年惟祖丁冊用王受祐　大吉　3
屯二五三八　其用茲：祖丁冊羌由其暨　3
屯二五五七　先祖丁酌于：有正　大吉　3
屯二八三八　翌日乙大史祖丁有去自雨啓　3
屯二九二一　：日于祖丁其用茲豊：　3
屯二九四六　：卯：祖丁于：　3
屯三〇三五　癸亥卜吼于祖丁　4
屯三一四七　丙辰卜祖丁歲至：　3-4
屯三七六四　丁卯卜王令取𠬝羌茲𡉚在祖丁宗：　4
屯三八九六　其𢦔祖丁必有正王受祐　3
屯四〇一五　自祖乙告祖丁小乙父丁　4
屯四三五一　祖丁吾惟𢦔　3
屯四三七一　：祖丁吾：其二牢　3
屯四三九六　至于祖丁王受祐　吉　3
屯四五八三　壬申貞王又𠭯祖丁惟先　4
英四九　戊子卜㝐貞侑于祖丁　1
英五〇　：卜：貞侑：祖丁　1
英五一　：𠭯于祖丁　1
英五二　祖丁弗祟王　1
英五三　貞惟祖丁　1
英五四　貞不：祖丁　1
英五五　：翌：父：祖丁　1
英五六　：卜惟祖丁：　1
英一九一六　丁卯：祖丁：𡆥：　1

英二二六二　丙午卜祖丁盟歲王各袚于父甲　3
英二二六四　：卜曉：祖丁：洅　3
英二二六五　：祖丁庸：用又：　3
英二二六六　：祖丁：　3
英二三六三　惟祖丁庸㪅用兄丁　3
英二四〇八　祖丁禘有㞢　4
英二四一〇　甲寅卜衩彡于祖丁有禘：　4
懷　五二　：卯貞：于祖丁：禦：　1
懷　九〇三b　：祖辛　1
懷一〇一四　：口：丁丑：祖丁：　2
懷一三六六　：雨于祖丁　3
懷一三六七　于祖丁舌　3
懷一四八四　：寅卜自：祖丁：　4
懷一四八七　伐：祖丁不　4
懷一五五七　：祖丁：　4
懷一五五九　丁未其㞢翌在祖丁宗　4
懷一六八七　：戊卜在：貞：祖丁必：牢　5
懷一六八八　：卜貞：祖丁：茲用　5
懷一六八九　：王：祖丁：尤　5
懷一七〇三　：卜貞王：祖丁爽：𣪘：　5
懷一九〇七　祖丁王其：王弗悔　5

小丁

二二五六〇　丁卯卜旅貞王賓小丁歲暨父丁彳伐羌　2
五　2
二二七六〇　丁巳卜行貞其侑于小丁一牛　2
二三〇四八　丁亥卜即貞其侑于小丁　2
二三〇四九　丁巳卜行貞王賓歲暨小丁歲無尤　2
二三〇五〇　貞小丁歲其賓　2
二三〇五一　：卜旅貞翌丁酉小丁歲王其賓　2
二三〇五二　丙子：貞翌：小丁歲汎酌　2
二三〇五三　丁巳卜行貞小丁歲暨矢歲酌　2
二三〇五四　丁卯卜旅貞其𣪘于小丁四月　2
二三〇五五　丁未卜行貞小丁歲牢　2
二三〇五五　：貞小丁歲牡　2
二三〇五六　：小丁歲牢　2
二三〇五七　：其以：小丁：　2
二三〇五八　丁：貞：小丁惟羊　2
二七一四八　貞其左小丁　3
二七三二七　：小丁翌之：　3
二七三二八　丙：王賓小丁歲改　3
二七三二九　：侑于小丁：先改　3
二七三三〇　其侑小丁惟羊　3
二七三三〇　惟小丁　3
二七三三一正　其有歲于小丁　3
二七三三二　：𢦔改小丁有正　3
二七三三三　改小丁有正　3
三二六三二　于𢀛祖乙小丁：　4
三二六三九　丙戌卜其有歲于小丁　4
三二六四〇　丁亥卜有彳于小丁　4
三二六四一　𢦚于：小丁彳：　4
三二六四二　丁丑卜：小丁史有正　4
三二六四三　：禘暨小丁　4
三二六四四　丙：小丁蒸：于：　4
三二六四五　弜以小丁　4
三二六四五　丙戌卜小丁歲一牛　4
三二六四五　丙戌卜父丁木丁以小丁　4
三二六七五　于小丁禦　4
屯九六三　于小丁禦　4
屯三六七六　：小丁歲：　3

二祖丁

屯二三六四　丙戌卜二祖丁歲一牢　3·4

三祖丁

二七一八〇　乙亥卜蒸㞢三祖丁牢王受祐　吉　3
二七一八一　丙午卜貞三祖丁暨𢦚祖丁酌王受祐　3
二七一八二　：三祖丁：己　3
三五六二七　：未卜貞王賓三祖丁：無：　5
三五六三四　：戌卜貞：三祖丁：　5
三五六三五　：卜貞王：三祖丁：無尤　5

四祖丁

二七三二五　丙戌卜其：四祖丁：　3
三五三六〇　：卜貞：四祖丁：卯：卣：無尤　5
三五七一二　丁：貞王賓四祖丁翌日無尤　5
三五七一三　丁巳卜貞王賓四祖丁𠧟日無尤　5
三五七一四　：四祖丁：日無尤：二月：　5
三五七一五　貞王賓四祖丁祼：　5
三五七一六　貞王：四祖丁祼：　5
三五七一七　：戌卜貞：四祖丁彡：尤　5
三五七一八　：四祖丁：　5
三五九五七　己亥卜：賓四祖丁：𠧟：無尤　5

著錄號	釋文	分期
三六二五二	庚辰卜貞王賓四祖丁奭…彡…	5
三六二五七	己亥卜…賓四祖丁…妣…觀…	5
三六二五九	己亥卜貞王賓四祖丁奭妣己祭彡…	5
三六二六〇	己酉卜…賓四祖丁…妣己㫚日無…	5
三六二六一	己巳卜貞王賓四祖丁奭妣己彡日無尤	5
三六二六二	己丑卜貞王賓四祖丁奭無尤	5
三八二二六	…在四祖丁宗	5
三八二二七	…在四祖丁宗	5
懷一六八五	…賓…四祖丁…夕…	5

毓祖丁

著錄號	釋文	分期
二七一四五	戠大乙彡毓祖丁　吉	3
二七一八一	丙午卜貞三祖丁暨毓祖丁彡王受祐	3
二七一八三	…毓祖丁祖乙惟…　吉	3
二七一九二	…狄…祖乙其舌…毓祖丁王…	3
二七三〇八	于毓祖丁旦	3
二七三一六	…祭毓祖丁…　大吉	3
二七三一七	…卜其告火自毓祖丁　吉	3
二七三一八	至毓祖丁桒年　吉	3
二七三一九	至毓祖丁王受…	3
二七三二〇	乙丑卜其告在毓祖丁王受祐	3
二七三二一	丙午卜何貞翌丁未其有夕歲禦毓祖丁	3
二七三二二	在毓祖丁舌　吉	3
二七三二三	舌于毓祖丁	3
屯二三三四	丁…卜王其有大乂毓祖丁惟乙…　大吉	3
英二三六一	自毓祖丁王受有祐	3
懷一三六八	其舌若商毓祖丁王…	3

南庚

著錄號	釋文	分期
一四正	庚申卜古貞勿㽙𢼄于南庚宰用	1
六八〇正	丁巳卜爭貞有女往于南庚來庚辰…	1
六八一正	己巳卜…貞有女…于南庚來庚辰…	1
六八二正	丁巳卜爭貞有女往于南庚來庚辰…	1
七二一正	禦囚南庚	1
七二一正	勿于南庚	1
七七七正	…于南庚	1
七七七正	…南庚	1
九六五正	貞勿㽙于南庚	1
九六五正	勿㽙用一伐于南庚卯宰	1
九六五正	貞侑于南庚一伐卯宰	1
九七四正	勿侑于南庚	1

著錄號	釋文	分期
一〇七六反	貞王𥙊于南庚曰…	1
一四八一	貞南庚壱	1
一四八一	貞南庚不壱	1
一六五六正	父乙咎南庚　二告	1
一六五六正	父乙弗咎南庚　二告	1
一七七二正	庚申卜殻貞昔祖丁…黍惟南庚壱	1
一七七二正	庚申卜殻貞昔祖丁不…不惟南庚壱	1
一七七七	貞其侑曰南庚	1
一七七七	勿侑于南庚	1
一八二〇	曰南庚	1
一八二二正	貞惟南庚	1
一八二二正	貞不惟南庚	1
一八二三正	南庚壱王	1
一九九八	侑于南庚惟小宰	1
一九九九	己丑卜王…羊又犬…南庚十二月	1
二〇〇〇	貞侑于南庚	1
二〇〇一	貞…庚午勿侑于南庚	1
二〇〇二反	侑于南庚	1
二〇〇三正	丁卯卜古貞侑于南庚	1
二〇〇四	貞侑于南庚	1
二〇〇五	貞侑于南庚	1
二〇〇六	…侑于南庚	1
二〇〇七	…侑于南庚	1
二〇〇八	甲子…侑…南庚…正	1
二〇〇九	庚寅有[illegible]歲南庚	1
二〇一一	貞勿侑于南庚	1
二〇一二	貞侑禦于南庚	1
二〇一三正	乙亥卜穷貞禦于南庚	1
二〇一四	…卜穷貞禦于南庚	1
二〇一五	…卜穷貞禦于南庚	1
二〇二一	…侑…南庚…宰	1
二〇二二	貞南庚壱	1
二〇二三正	…南庚弗…	1
二〇二四	…南庚…	1
二〇二五	貞惟南庚	1
二〇二六	貞…于南庚…	1
二〇二七反	…南庚	1
二〇二八	…未卜…南庚	1
二〇二九	…南庚	1
二〇三〇	…南庚二月	1
二〇三一	…南庚	1
二〇三二	…貞于南庚	1
四九〇七反	…令侑南庚翌…勿子…令	1
五五三二正	貞南庚弗[illegible]父乙壱王	1

五五三二正　南庚畀父乙壱王　1
五六五八正　南庚祟王　1
六四七七正　丙辰卜亘貞禦身…南庚　二告　1
一〇二七五正　勿禦南庚　1
一〇二九九正　惟南庚壱王　1
一〇二九九正　不惟南庚壱王　1
一四四五九　…惟南庚　1
一三六六九　…酉卜…身于南庚　1
一三七一三正　…侑于南庚　1
一三八三八　…疾…南庚…　1
二三〇七七　庚申…貞王…南庚…無…　2
二三〇八一　…貞勿延歲于南庚　2
二三〇八二　…貞…南庚…尤　2
二三〇八三　…貞…南庚…無…　2
二三〇八四　…旅…南庚…無尤　2
二七二〇七　…卜其桒祖乙南庚魯甲…　3
三二三四〇　庚…其…歲于南庚　茲用　4
三二三四一　庚午貞有歲于南庚　4
三二六〇六　惟蒸稽延于南庚　茲用　4
三二六〇七　不惟南庚　4
三二六〇八　己巳卜其有歲于南庚茲用一牛　4
三五七〇九　…卜貞王…南庚彡夕…尤　5
三五七二二　庚申卜貞王賓南庚翌日無…　5
三五七二三　…卜貞王…南庚翌…尤　5
三五七二四　庚申卜貞王賓南庚祭無尤　5
三五七二五　庚午卜貞王賓南庚魯日無尤　5
三五七二六　庚辰卜貞王賓南庚魯…尤　5
三五七二七　庚申卜貞王賓南庚魯日無尤　5
三五七二八　庚寅卜貞王賓南庚彡無尤　5
三五七二九　丁未卜貞王賓南庚彡無尤　5
三五七三〇　…貞王…南庚彡…尤　5
三五七三一　…卜…南庚彡…　5
三五七三二　庚寅卜貞王賓南庚…日無尤　5
三五七三三　…賓南庚…日無尤　5
三五七三四　庚戌卜貞王賓南庚歲…尤　5
三五七三五　庚辰卜貞王賓南庚…　5
三五七三六　庚申卜貞王賓南庚…　5
三五七三七　貞王…南庚…無尤　5
三五七三八　…卜貞…賓南庚…無尤　5
三五七三九　…卜貞…南庚…無尤　5
三五七四〇　貞王…南庚…無…　5
三五七四二　…卜貞…南庚…無尤　5
三五七四三　…卜貞…南庚…無…　5

屯二一一八　己丑卜婦石燎爵于南庚　1
屯二三六〇　…蒸壱至于南庚王受有祐　吉　3
屯三〇二四　丁酉卜壱其用…南庚…　大吉　3
英三八　貞其有冊南庚　1
英六〇　貞侑于南庚　1
英六一　…禦于南庚三𠬝　1
英六二　庚午卜㱿貞于南庚侑　1
英六三　…南庚禦　1
英六四　…酌南庚　1
英六五　…南庚…　1
英六六正　于南庚　1
英一七六〇　…卜王…南庚…兄…十二月　1
英一八一三　辛酉卜毌弗敦𢀛侑南庚　1
懷一六八四　…寅卜貞…賓南庚…日無尤　5

魯甲　魯甲　象甲

九〇三正　魯甲壱王　1
六六四七正　貞侑于魯甲父庚父辛一牛　1
六六四七正　貞勿侑于魯甲父庚父辛一牛　1
一二四四二　貞侑于魯甲　1
一九九〇七　壬午卜𠂤酌魯甲　1
一九九〇八　壬未卜𠂤一牛侑魯甲𠂉歲　1
一九九〇九　…魯甲牛　1
一九九一〇　己卯卜王…余禦魯…　1
一九九一一　癸卯卜王惟勿牛用魯…　1
一九九一二　…王…魯…　1
二〇九八　貞侑于魯甲犬　1
二〇九九　辛巳卜…甲申惟…于魯…　1
二一〇〇　乙亥卜貞召惟魯甲　1
二一〇二　魯甲　1
二三〇八五　癸亥卜大貞翌甲子其从侑于魯甲宰　2
二三〇九〇　甲辰卜…貞王…魯甲…宰無…　2
二三〇九一　甲戌…貞王…魯甲…無…　2
二三〇九二　…魯甲歲…　2
二三〇九三　…魯甲彡…無尤…十二月　2
二三〇九四　…卜旅貞…魯甲…　2
二三〇九五　…旅…魯甲…　2
二三〇九六　…戌卜大…惟魯甲…　2
二五一五二　…午卜…貞王賓魯甲歲無尤　2
二七二〇七　…卜其桒祖乙南庚魯甲…　3
二九四七六　…歲…魯甲有…　3
二九六六八　甲戌卜…魯甲　3
三二一一六　…于魯甲伐一羌　茲…　4

三二一一六 三二六一一 三二七五三 三五三六〇 三五六九五 三五六九八 三五七二六 三五七四一 三五七四四 三五七四五 三五七四六 三五七四七 三五七四八 三五七四八 三五七四九 三五七四九 三五七四九 三五七五〇 三五七五一 三五七五四 三五七五五 三五七五六 三五七五七 三五七五八 三五七六〇 三五七六一 三五七六二 三五七六三 三五七六四 三五七六五 三五七六六 三五七六七 三五七六八 三五七六九

……魯…… 4
癸巳卜魯甲歲惟牡 4
癸亥貞侑于二母母戊魯甲母庚 茲用 4
……卜貞王……𠂤甲……卯牢…… 5
癸亥王卜貞旬無畎王囙曰吉在十月二甲
子翌魯甲 5
……王卜……師貞旬無畎王囙曰吉在四月甲
……祭魯甲 5
甲辰卜貞王賓魯𠭯日無尤 5
癸未王卜貞旬無畎王囙曰吉在二月甲申
翌魯甲 5
……丑卜在𣂼……王旬無畎……寅翌魯甲……
八月 5
癸亥卜貞王旬無畎在十月甲子翌魯甲 5
……卜……王旬……畎在……甲寅……魯甲 5
……卜貞王……魯甲翌日……尤 5
癸未王卜……旬無畎王……曰大在正……甲 5
中祭魯……𩰫……𠭯…… 5
癸巳王卜貞旬無畎在正月王囙曰大吉甲
午𩰫魯甲𠭯羌甲 5
癸丑卜𢀛貞王旬無畎在三月甲寅祭魯甲
𩰫羌甲𠭯戔甲 5
癸亥卜貞王旬無畎在四月甲子𩰫魯甲 5
癸酉卜貞王旬無畎……甲戌𠭯祭魯甲 5
癸未卜……𦎫貞……無畎在……甲申祭魯甲……
戔甲 5
癸酉卜泳貞王旬無畎在正月甲戌𩰫魯甲
𠭯羌甲 5
癸酉卜貞……旬無畎……月甲戌彡魯甲 5
……卜貞……旬無畎……五月……魯甲 5
癸卯……貞旬……王囙曰……六月甲辰彡魯甲 5
癸亥卜貞王旬無畎在八月甲子彡魯甲 5
癸巳卜𢀛貞王旬無畎在……月甲午彡日魯
甲 5
甲戌卜貞王賓魯甲彡無尤 5
甲寅卜貞……賓……魯甲 5
癸酉卜貞王賓魯甲彡夕無…… 5
……貞王……魯甲彡…… 5
癸巳……王旬無……在十……甲午……日魯…… 5
……卜貞……無畎……月甲寅……魯甲 5
……畎……甲寅……魯甲 5
貞王……魯甲……無尤 5
……貞……賓魯甲……無尤 5
……卜貞……魯甲…… 5

三五七七〇 三五七七一 三五七七二 三五八八四 三五八八五 三五八八六 三五八八六 三五八八七 三五八八七 三五八八八 三七八三九 屯七三八 屯 三五 屯二四七一 英二五一二正 屯二九〇八 屯三一〇九 屯三七七六 英 七四 英一九四三 英一九四七 英二五〇三 英二五〇三 英二五〇三 英二五一〇 懷一四八三 懷一八八九 一九七九八 一九九一六 一九九一七 一九九一八

……卜貞……魯甲……無尤 5
……貞……魯甲……無尤 5
……卜貞……賓魯甲……無…… 5
癸未卜泳貞王旬無畎在正月甲申祭祖甲
𠭯魯甲 5
癸卯王卜貞旬無畎在二月王囙曰大吉甲
辰祭祖甲𠭯魯甲 5
癸酉……𦎫師……畎……在五……魯…… 5
癸未王卜在𦎫師貞旬無畎王囙曰吉在
五月甲申祭祖甲𠭯日魯甲 5
癸亥卜……貞王旬……在五月甲……魯甲𩰫 𠭯
戔…… 5
癸未卜在霍貞王旬無畎在六月甲申……祖甲
𠭯魯甲 5
……卯王……囙曰吉……祖甲𠭯魯甲 5
……丑王卜貞旬無畎……曰吉在七月甲寅 5
……魯甲惟王四祀 5
……魯甲惟…… 4
魯甲事其延般庚小辛王受祐 吉 3
甲申貞魯甲不遘雨 4
……王卜貞旬無畎在二月……囙曰大吉甲辰
祭祖甲𠭯魯甲 5
歲于魯…… 4
甲寅卜魯甲歲惟牡 3
甲戌卜其有歲于魯甲 3-4
……寅卜王……勿用……魯甲 1
……魯甲……無…… 2
……卜行……賓羌甲……宰暨魯甲…… 2
癸丑王卜貞旬無畎王囙曰吉在三月甲寅
祭魯甲𩰫羌甲𠭯戔甲 5
癸亥王卜貞旬無畎王囙曰吉在三月甲子
𩰫魯甲𠭯羌甲 5
……王卜……旬無畎……月甲戌……祖甲𠭯魯甲 5
癸未王卜貞旬無畎在正月王囙曰大吉甲
申祭魯甲𩰫羌甲𠭯戔甲 5
饗魯甲豕 4
癸巳……王囙曰……彡魯…… 5

般庚

庚戌卜𠬝夕侑般庚伐卯牛 1
……般庚…… 1
……卜侑般庚百宰 1
……般庚……

著錄號	釋文	期
二一五三八甲	…般庚三牢戠…	1
二三一〇〇	…午卜卽…王賓般庚…	2
二三一〇一	…丑卜行…王賓般庚…	2
二三一〇三	…卜…賓般庚…無尤	2
二三一〇四	…貞…蒸暨般庚彳…尤在十月	2
二三一〇五	貞惟般庚	2
二三一〇六	庚辰卜…貞王…般庚彳…卯二牢	2
三二五九八	…其有歲于般庚…	4
三五七二六	庚寅卜貞王賓般庚咎日無尤	5
三五七七三	庚申卜貞王賓般庚翌日無尤	5
三五七七四	…卜貞…般庚祭…	5
三五七七五	庚…貞王…般庚咎日無尤	5
三五七七六	…丑卜貞王賓般庚…無尤	5
三五七七七	…卜貞王…般庚彡…尤	5
三五七七八	…貞…般庚…㠱婦…	5
三五七七九	…寅卜貞…賓般庚…無尤	5
三五七八〇	庚…貞…般庚…無…	5
三五七八一	…卜貞…般庚…尤	5
三五七八二	…卜貞…般庚…無…	5
三五七八三	…般庚…	5
屯 七三八	魯甲事其延般庚小辛王受祐　吉	3
屯二六七一	癸亥卜貞彫㮚石甲至般庚正	1

小辛

著錄號	釋文	期
二一五三八乙	㮚小辛三牢又戠二彫徝至…	1
二三〇七七	辛未…貞王…小辛…	2
二三一〇六	辛巳卜行貞王賓小辛彳伐羌二卯二牢無尤	2
二三一〇七	辛巳卜…貞王…小辛彡…	2
二三一〇七	辛巳卜…貞王…小辛彡…	2
二三一〇八	庚…貞翌…酉王賓小辛…	2
二三一〇八	庚…貞翌…酉王賓小辛…	2
二三一一〇	庚辰…貞翌…巳其…小辛咎…	2
三二六一二	…戠小辛	4
三五七八四	辛丑卜貞王賓小辛祭無尤	5
三五七八五	…卜貞…小辛祭…	5
三五七八六	…巳卜貞王…小辛觏…尤	5
三五七八七	…卜貞王…小辛彡…尤	5
三五七八八	…王賓小辛祓無尤	5
三五七八九	…丑卜貞王…小辛…尤	5
三五七九〇	…卜貞王…小辛…無尤	5
三五七九一	…卜貞…小辛…無尤	5
三五七九二	…卜貞…小辛…無尤	5
三五七九三	…小辛…無…	5
屯 七三八	魯甲事其延般庚小辛王受祐　吉	3

小乙

著錄號	釋文	期
三八三	乙酉卜爭貞…小乙于廳…羌三人	1
二一六九	甲戌卜貞侑于小乙…牢…月	1
二一七〇	…于小乙一牛	1
二一七一	…㞢其延小乙	1
二二六七五	癸…貞旬無…在三月乙…咎小乙…父丁…	2
二二九〇八	…卜行…賓祖乙…暨小乙…牢無尤	2
二三一一〇	…王…乙酉…小乙…無它	2
二三一一一	乙亥卜尹貞王賓小乙彡酉無囚	2
二三一一二	…尹…賓小乙彡龠叙無尤	2
二三一一三	甲戌卜卽貞翌乙亥彡于小乙無壱在一月	2
二三一一四	甲戌卜王貞翌乙亥彡于小乙無囚在正月	2
二三一一五	乙亥卜行貞王賓小乙歲牢無尤在二月	2
二三一一六	辛巳卜行貞王賓卜乙歲…	2
二三一一六	癸未卜行貞王賓小乙歲牢無尤…	2
二三一一七	乙未卜行貞王賓小乙歲牢無尤	2
二三一一七	乙未卜行貞王賓小乙無尤	2
二三一一八	乙亥卜行貞王賓小乙歲牢無尤	2
二三一一九	乙未卜行貞王賓小乙歲無尤	2
二三一二〇	乙亥卜行貞王賓小乙咎無尤在十一月	2
二三一二一	乙丑卜…貞王…小乙無尤	2
二三一二二	甲午卜…貞翌乙…咎于小乙…無…	2
二三一二三	…貞…咎于小乙無壱在九月	2
二三一二四	…卜旅…小乙翌…	2
二三一二五	甲申卜旅貞翌乙酉翌于小乙無壱	2
二三一二六正	甲申卜卽貞翌乙酉翌于小乙無壱五月	2
二三一二七	…貞…小乙…㞢…在六…	2
二三一二八	…貞翌乙巳祭于小乙無壱在九月	2
二三一二九	乙亥…貞王…小乙祭…無…	2
二三一三〇	…酉卜…王…小乙…無…月	2
二三一三一	…行…翌乙酉…于小乙無…在六月	2
二三一三二	甲戌卜王貞翌乙亥侑于小乙無…在九月	2
二三一三三	乙亥…貞王…小乙…	2
二三一三四	…自小乙…兄庚…無…月	2
二三一三五	乙亥…貞王…小乙…在…	2
二三一三六	乙…貞…小乙…無…	2
二三三三〇	庚戌卜尹貞王賓小乙奭妣庚翌無尤	2
二五〇八五	…寅卜…貞王…小乙彡…叙…	2
二五一九八	…尹…小乙歲一牢…尤	2

編號	釋文	期
二五三六六	……喜……小乙……叙……	2
二六九二二	王其禰于小乙羌五人王受祐	3
二七〇九四	惟小乙日遲王受……	3
二七二二一	甲申卜何貞翌乙酉小乙蒸其暨	3
二七二二三	癸酉卜鼓貞其侑小乙昆祭于祖乙	3
二七三三〇	惟小乙	3
二七三四一	……亥卜王其侑小乙王受……　大吉	3
二七三四二	……卜口……王……小乙……	3
二七三四三	王其侑小乙牢……	3
二七三四四	王其侑小乙王……有祐	3
二七三四五	……其告薪小乙王受……	3
二七三四六	貞其至小乙	3
二七三四七	其延鬯小乙惟翌日彡王受祐	3
二七三四八	于小乙奉	3
二七三四九	其蒸鬯自小乙	3
二七三五〇	惟小乙禰用	3
二七三五一	惟小乙妣庚	3
二七三五二	惟小乙作美庸用	3
二七三五三	惟小乙妣庚	3
二七三五四	其于小乙召侑王受祐	3
二七三五五	甲申卜小乙史其延	3
二七三五六	……小乙……受……	3
二七三五七	甲寅……貞其……小乙……牢又……用	3
二七四五六正	丁未卜何貞禦于小乙奭妣庚其賓饗	3
二七五〇八	……申卜宁貞王賓小乙……妣庚……	3
二八二七三	于大乙祖乙耋奉年王受……	3
三〇三三四	其有乂小乙賓宗	3
三〇三五〇	……于小乙告于祖丁告于……必……	3
三〇三八六	……于𢕁小乙宊	3
三一九五五	……小乙……	3
三二〇八七	甲午貞乙未彡高祖亥……大乙羌五牛 三祖乙羌……小乙羌三牛二父丁羌五牛 三無尤　茲用	4
三二一六〇	……寢于小乙三羌	4
三二三三五	癸亥貞彡彡于小乙其告告于父丁一牛	4
三二三三五	癸亥貞彡彡于小乙其告	4
三二四三九	……大乙大丁大甲祖乙小乙父丁……	4
三二四四一	惟小乙告	4
三二四四二	……戊貞……有乂歲于小乙	4
三二五四四	……戊貞小乙祭無它	4
三二六一三	甲午卜其侑于小乙王受祐　吉	4
三二六一四	……寅貞有乂……于小乙……	4
三二六一五	奉其下自小乙	4
三二六一六	奉其下自小乙	4
三二六一七	甲辰貞歲于小乙	4
三二六一八	甲午卜小乙其……	4
三二六一九	辛酉貞彡彡于小乙其……	4
三二六二〇	……貞小乙彡……	4
三二六二一	甲子貞其告小乙牢乙丑	4
三二六二二	……午貞告小乙	4
三二六二三	弜以小乙	4
三二六二四	……于小乙	4
三二六二五	甲辰貞小乙日無它	4
三二六二五	甲申貞小乙祭無它　茲用	4
三二六二六	……申貞小乙日無它	4
三三六九六	乙巳貞彡其告小乙茲用日有戠夕告于 上甲九牛	4
三四六四六	弜告小乙	4
三五七九四	乙酉卜貞王賓小乙翌日無尤	5
三五七九五	……卜貞王……小乙翌……尤	5
三五七九六	……貞……小乙祭……	5
三五七九八	乙酉卜貞王賓小乙彡日無尤	5
三五七九九	乙巳卜貞王賓小乙彡日……尤	5
三五八〇〇	甲辰卜貞王賓小乙彡夕……	5
三五八〇一	……卜貞……小乙禨……尤	5
三五八〇二	甲申卜貞王賓小乙歔無尤	5
三五八〇四	……賓小乙……無……	5
三五八〇五	乙巳卜貞……賓小乙……日無尤	5
三五八〇六	……貞……小乙……日無尤	5
三五八〇七	乙亥卜王賓小乙……無……	5
三五八〇八	甲午卜貞王賓小乙……無……	5
三五八〇九	……卜貞……小乙……無尤	5
三五八一〇	貞王……小乙……無尤	5
三五八一一	……貞王……小乙……無尤	5
三五八二六	乙卯卜貞王賓小乙咎日無……	5
三六二六二	庚戌卜貞王賓小乙奭妣庚彡無尤	5
三六二六三	庚子卜貞王賓小乙奭妣庚翌……	5
三六二六四	庚午卜貞王賓小乙奭妣庚咎日無尤	5
三六二六五	……小乙……妣庚……	5
屯二七	乙……彡……小乙……日……	4
屯五九五	甲申貞有乂伐于小乙羌五卯牢　茲用	4
屯二六八	……小乙……	3
屯二八七	其告小乙薪宗	4
屯六〇三	……祝小乙父丁	3
屯六五六	弜祀告小乙	3
屯六五七	甲寅卜其蒸鬯于祖乙小乙暨　大吉	3
屯六五七	小乙其暨一牛	3

著錄	釋文	期
屯 七六三	…卜小乙卯惟幽牛王受祐 吉 乙丑在八月酌大乙牛三祖乙牛三小乙牛三	3
屯 七七七	父丁牛三	4
屯 八二三	其舌新小乙王受祐	3
屯 八七四	舌于小乙	4
屯 九六〇	…小乙…一宰	4
屯 一〇三〇	癸卯貞其燎小乙	4
屯 一〇六五	至小乙	3-4
屯 一〇八三	甲辰貞有歲于小乙宰 茲用	4
屯 二三四二	…丑貞王令伊尹…取祖乙魚伐告于 父丁小乙祖丁羌甲祖辛	4
屯 二四二九	…于小乙子谷于之若	3
屯 二五六七	癸酉貞乙亥酌多宁以鬯…于大乙鬯 五卯…五卯牛一小乙鬯三卯牛…	4
屯 二六六五	其侑小乙宰	3
屯 二七〇四	…午貞其舌小乙…	4
屯 三三七九	…卜其…于小乙…今日酌…	4
屯 四〇〇九	…小乙…	4
屯 四〇一五	自祖乙告祖丁小乙父丁	4
英 一九四五	…蒸其…暨小乙	2
英 一九八七	…卜出…鼓令…小乙無…	2
英 二四〇〇	甲戌貞乙亥酌多宁于大乙鬯五卯牛祖乙 鬯五小乙鬯三…	4
英 二四〇七	甲戌貞小乙…	4
懷 一〇一三	乙亥卜尹貞王賓小乙歲無尤	2
懷 一〇一八	…貞…小乙…	2
懷 一二九九	…貞惟…小乙用	3
懷 一五五四	甲…貞乙…有歲…于小乙…	4
懷 一五五六	…凡…有歲…小乙…	4

三祖乙

著錄	釋文	期
屯 五八六	甲午貞𡭴侯…茲用大乙羌三祖乙羌三卯 三牛乙未酌	4

小祖乙

著錄	釋文	期
二三一七一	癸巳卜即貞翌乙未其侑于小祖乙	2
三二五九九	甲戌貞…小祖乙日…二牛	4

毓祖乙

著錄	釋文	期
二二五八三	乙卯…毓祖乙…羌	2
二二七五八	甲子卜…曰貞翌…歲毓祖乙…㞢方其…	2
二二八七〇	乙丑卜…貞王賓毓祖乙…無尤	2
二二九二七	…卜王…翌乙酉…蒸于祖乙于毓祖乙	2
二二九三二	乙巳…貞祭…祖乙其…毓祖乙	2
二二九三九	…旅…丑其舌于祖乙其以毓祖乙	2
二二九四〇	…旅…丑其舌于祖乙其以毓祖乙	2
二二九四三	…自祖乙祖辛毓祖乙父丁無尤	2
二二九四四	…辰卜…貞乙巳…于祖乙…毓祖乙…	2
二三一三七	乙亥卜…貞其侑…毓祖乙…六月	2
二三一三八	甲午…貞翌乙…其侑于毓祖乙…	2
二三一三九	…毓祖乙…又一牛	2
二三一四〇	…辛…侑于毓祖乙…	2
二三一四一	乙亥…貞王…毓祖乙彡無尤在正月	2
二三一四二	甲戌卜…貞翌乙亥彡于毓祖乙…	2
二三一四三	乙卯卜即貞王賓毓祖乙父丁歲無尤	2
二三一四四	乙卯卜行貞王賓毓祖乙歲宰無尤在九月	2
二三一四六	甲戌卜旅貞翌乙亥毓祖乙歲…牛七月	2
二三一四七	…毓祖乙歲宰無尤在十月	2
二三一四八	癸丑卜行貞翌甲寅毓祖乙歲朝酌茲用	2
二三一四八	癸丑卜行貞翌甲寅毓祖乙歲二宰	2
二三一四九	…毓祖乙…歲一牛	2
二三一五〇	…申…旅…毓祖乙歲…今…酌…	2
二三一五一	乙酉卜…貞毓祖乙歲牡	2
二三一五二	…毓祖乙歲…無尤八月	2
二三一五四	丙子卜…貞王…毓祖乙…無囚	2
二三一五五	甲申卜行貞翌乙酉毓祖乙歲宰	2
二三一五六	乙卯…貞王賓毓祖乙…無尤	2
二三一五七	乙丑卜疒貞王賓毓祖乙…	2
二三一五九	…毓祖乙衣…乞酌彡…	2
二三一六〇	…卜旅貞…賓毓祖乙…	2
二三一六一	…翌乙未…告于毓祖乙…蔑酌	2
二三一六二	丁卯卜…其延毓祖乙…十一月	2
二三一六三	丁酉卜即貞毓祖乙㞢牡四月	2
二三一六三	…貞毓祖乙㞢勿牛四月	2
二三一六七	…卜尹…毓祖乙…牡…	2
二三一六八	…即…毓祖乙…十月	2
二三一六九	…亥卜…毓祖乙…	2
二三一七〇	丁卯卜即…毓祖乙…	2
二七一八三	…毓祖丁祖乙惟…吉	3
二七三五八	…毓祖乙惟丁酌	3
二七三五九	…歲于毓祖乙	3
二七三六〇	甲戌卜其有歲毓祖乙	3
三二四五四	甲辰卜其有斗歲于毓祖乙	4

三二五八六反 ：毓祖乙： 4
三二六二七 甲申卜侑十于毓祖乙： 4
三二六二八 于毓祖乙有歲 4
三二六二九 于毓祖乙有戠 4
三二六三〇 甲：卜其有歲于毓祖乙： 4
三二六三一 乙丑卜其有歲于毓祖乙 4
三二六三二 于毓祖乙小丁： 4
三二六三三 ：毓祖乙： 4
三二六三四 ：于毓祖乙 4
三二六三五 乙亥：毓祖乙：歲： 4
三二六三六 ：歲于毓祖乙： 4
三二六三七 ：子卜其：毓祖乙 茲用 4
三二六三八 ：寅卜毓祖乙：歲牢 4
屯六七 甲子卜毓祖乙吉 4
屯一〇一四 甲辰卜毓祖乙歲牢 3
屯一〇一四 甲辰卜毓祖乙：惟勿牛 3
屯一〇九四 甲子卜其有歲于毓祖乙惟牡 3-4
屯一一二三 甲戌卜其舌于毓祖乙二： 3-4
屯二一九八 ：暨毓祖乙告人 4
屯三三五九 毓祖丁桒一羊王受祐 3
屯三三六四 ：毓祖乙歲惟牡 3-4
屯三三六五 ：毓祖乙： 3-4
屯三三六六 庚午貞王其宀告自祖乙毓祖乙父丁 4
屯二四五九 ：卜桒祝冊：毓祖乙惟牡 4
屯二九五一 甲子卜其有歲于毓祖乙 3
屯三六三九 丙寅卜大庚歲羽于毓祖乙： 3-4
屯四三四七 于毓祖乙有乂 4
英一九四六 ：伐毓祖乙：有羌 2
英二四〇六 甲午卜毓祖乙伐十羌又五 茲用 4
懷一〇一五 ：子卜旅：翌乙侑：毓祖乙一牛 2

武丁

三五三五五 丁丑卜貞王賓武丁伐十人卯二牢 5
三五四三七 丙子：武丁：牢 5
三五八〇三 甲辰卜貞王賓桒祖乙祖丁祖甲：庚：祖丁 武乙衣無尤 5
三五八一二 丁巳卜貞王賓武丁翌日無尤 5
三五八一三 丁未卜貞王賓武丁彡日無尤 5
三五八一四 丙申卜貞王賓武丁彡夕： 5
三五八一五 乙未卜貞王賓武丁𤎟無尤 5
三五八一七 丁未卜貞王賓武丁：無： 5
三五八一八 ：武丁其牢 5
三五八一八 丙寅卜貞武丁丁其牢 5
三五八一九 丙寅：貞武丁：牢 5
三五八二〇 丙寅：武丁：牢 5
三五八二一 ：寅卜：武丁：牢 5
三五八二二 丙子卜貞武丁丁其牢 5
三五八二三 丙子卜貞武丁丁其牢 茲用 5
三五八二四 丙子卜：武丁丁其牢：災 5
三五八二五 丙子卜貞武丁：牢： 5
三五八二六 丙子：武丁：牢 5
三五八二七 丙子：武丁：牢： 5
三五八二八 丙戌卜貞武丁丁其牢 茲用 5
三五八二九 丙戌卜貞武丁丁其牢 茲用 5
三五八三〇 丙戌卜貞武丁丁其牢 茲用 5
三五八三一 丙戌卜貞武丁丁其牢用 5
三五八三二 丙戌卜貞武丁丁其牢 5
三五八三四 ：申卜貞武：其牢茲用 5
三五八三五 丙申卜：武丁：牢 5
三五八三六 丙：卜武丁丁：牢： 5
三五八三七 丙午卜貞武丁丁其牢 茲用 5
三五八三八 丙午卜貞武丁丁其牢 5
三五八三九 丙辰卜貞武丁丁其牢 茲用 5
三五八四〇 ：卜貞武丁丁其牢 茲用 5
三五八四一 丙辰：武丁：其： 5
三五八四二 丙辰卜：武丁丁： 茲用 5
三五八四三 丙辰：武丁：牢茲： 5
三五八四四 丙戌卜貞武丁丁惟羞 5
三五八四四 丙辰：武丁： 5
三五八四五 丙：武丁：茲： 5
三五八四九 ：午卜：武丁丁：羞 5
三五八五〇 ：貞武丁：茲用在：月 5
三五八五一 ：于武丁：日： 5
三五九〇六 ：未卜貞：賓武丁：無尤 5
三五九三〇 丙戌：武丁：牢 5
三五九三一 丙子卜貞武丁：其： 5
三五九四三 ：卜貞：武丁丁其牢 5
三六〇三二 丙寅：武丁丁： 5
三六〇七六 丙寅卜貞武丁丁其牢 5
三六〇七八 丙子卜武丁丁其牢 茲用 5
三六〇七八 ：武丁：茲： 5
三六〇八一 ：貞：武丁： 5
三六〇八二 丙戌卜貞武丁丁其牢 5
三六〇九〇 丙午卜貞武丁丁其牢 5
三六〇九一 丙辰卜貞武丁丁其牢 5

祖己

著錄號	釋文	期
三六一一四	貞：王其有夊：武丁：王受有祐	5
三六一五五	：卜貞：武丁宗：牢	5
三六一七〇	甲午卜貞：乙未王：于武：王受…	5
三六一八〇	丁亥卜貞武丁：來永：王：升正：…	5
三六二五五	辛：卜貞王賓武丁奭妣辛魯：…	5
三六二六七	辛卯卜貞王賓武丁奭妣辛翌日無尤	5
三六二六八	辛巳卜貞王賓武丁奭妣辛𧢲無尤	5
三六二六八	癸未卜貞王賓武丁奭妣癸𧢲無尤	5
三六二六八	戊子卜貞王賓武丁奭：無尤	5
三六二六九	癸亥卜貞王賓武丁奭妣辛𧢲無尤	5
三六二六九	癸丑卜貞王賓武丁奭妣癸𧢲無尤	5
三六二七一	癸亥卜貞王賓武丁奭妣癸魯日無尤	5
三六二七二	癸卯卜貞王賓武丁奭妣癸魯日無：	5
三六二七三	癸亥卜貞王賓武丁：妣癸魯：	5
三六二七六	壬寅卜貞王賓武丁：妣癸媎𤕫：毁卯： 無：	5
三六二七六	：貞：武丁奭：無：	5
三六二七八	：卜貞王：武丁奭：魯日：	5
三六二七九	：卜貞：武丁奭：日無尤	5
三六二八〇	：賓武丁奭：	5
三八二三三	丙午：武丁：牢	5
屯四三四三	奠其奏庸惟舊庸大京武丁：弘吉	
懷一六九七	丙申卜：武丁：牢	5
懷一六九八	：貞：武丁：	5

祖己

著錄號	釋文	期
二一八八八	：祖己	1
二二〇五五	丙辰卜歲于祖己牛	1
二二〇五六	戊寅卜燎于祖己	1
三二六五六	：至于祖己酌：祐	4
三二六五七	：其延祖己	4
三五八六二	己卯卜貞王賓祖己翌：無尤	5
三五八六三	己卯卜貞王賓祖己翌日無尤	5
三五八六四	己未卜貞王賓祖己翌日無：	5
三五八六五	：貞王：祖己祭：	5
三五八六六	：卜貞王賓祖己𧢲無尤	5
三五八六七	己丑卜貞王賓祖己𧢲無：	5
三五八六八	：卜貞王賓祖己𧢲無尤	5
三五八七〇	己酉卜貞王賓祖己彡日無尤	5
三五八七一	戊戌卜貞王賓祖己彡夕：	5
三五八七二	己丑卜貞王賓祖己歲無尤	5
三五八七三	：酉卜貞賓祖己：無尤	5

祖庚

著錄號	釋文	期
一七七六	：于祖庚：牢	1
一八二二正	貞惟祖庚	1
一八二二正	貞不惟祖庚　二告	1
二〇三三	：庚子侑于祖庚	1
二〇三四	：卜：侑于祖庚	1
二〇三五	辛亥：貞侑于祖庚	1
二〇三六	：丑卜：祖庚	1
二〇三七正	貞惟祖庚壱	1
二〇三八	：祖庚弗其克	1
二〇三九	惟祖庚	1
二〇四〇	丁酉：𩡧：祖庚	1
二〇四一	貞于祖庚：	1
二〇四二	：未卜：祖庚	1
二〇四三	：祖庚	1
二〇四四	：祖庚	1
二七二八	貞侑于南庚	1
六四七七反	侑于祖庚甲：	1
七四三七正	勿侑于祖庚	1
二二九八〇	庚祖惟牛	1
一九八二三	己丑卜王祖庚用：夕卯亦：	1
二二〇四四	辛亥卜興祖庚	1
二二〇四四	辛亥卜興祖庚	1
二二〇四五	庚子卜弜卯钒祖庚	1
二二〇四七	癸未卜𠬝余于祖庚羊豕艮	1
二二〇七九甲	庚子卜有歲于庚祖	1
二二〇九九	庚戌卜朕耳鳴有禦于祖庚羊百有用 五十八侑母：𣂉今日	1
二二一〇一	：自祖庚禦	1
二二一八五	：祖庚：羊百：	1
二二一八六	丙子卜𠦪年于祖庚	1
二二一八七	丁丑示卯瘤𦣞祖庚至于父戊	1
二三一〇九	庚午卜大貞其从侑于祖庚十二月	2
二三一〇九	：卜大：祖庚歲：	2
二七一六九	庚寅：其：祖庚：	3
三二六〇九	：祖庚弗受祐	4
三二六一〇	丁未卜其：彳于祖庚	4
三二八八一	：惟伊祖庚	4
三五三五五	庚辰卜貞王賓祖庚伐二：卯牢𠂤無尤	5
三五八六六	庚午卜貞王賓祖庚𧢲無尤	5

三五八七四　貞王：祖庚祭：無尤　5
三五八七五　庚寅卜貞王賓祖庚翌日：　5
三五八七六　庚寅卜貞王賓祖庚劦：　5
三五八七七　庚戌卜貞王賓祖庚彡日無尤　5
三五八七八　己巳卜貞王賓祖庚彡夕無尤　5
三五八七九　：卜貞：賓祖庚：夕無尤　5
三五八八〇　庚申卜貞王賓祖庚𢼄：　5
三五八八一　：辰卜：賓祖庚：無尤　5
三五八八二　：卜貞王：祖庚：　5
七一四六　：祖庚　4
英　六七　貞勿侑于祖庚　1
英　六八　惟祖庚壱　1
英二五一七　庚申：王賓祖庚觳：　5
懷一七三一　：貞：祖庚觳：尤　5

小庚

三一九五六　弜暨小庚　3

三祖庚

二二一八八　侑示于三祖庚　1

祖甲

七四三　：酉卜侑祖甲用及　1
一六五八　：卜貞：祖甲：祖乙：冊　1
一七七五　祖甲一牛　1
一七八一　辛亥卜王鼎侑祖甲　1
一七八二　：貞于祖甲　1
一九八二正　甲戌卜王祖甲侑十：侑丁：妣：　1
二三〇九七　甲戌卜行貞歲其延于祖甲　2
二三〇九八　：卜大：祖甲歲：牡　2
二三〇九九　甲：貞：祖甲：無：　2
二七三三四　：卜其祏祖甲惟：𦎫牢又一牛　吉　3
二七三三五　癸未卜祖甲祏升惟：　吉　3
二七三三六　癸巳卜晵貞翌日祖甲歲其牢　3
二七三三七　競祖甲：牢　3
二七三三八　：卜劦日祖甲祏羌：　3
二七三三九　乙未卜其觳虎陟于祖甲　3
三〇三二八　：祖甲舊宗　3
三二五七七　弜：于祖乙以祖丁祖甲：　4
三二六五四　至于祖甲　4

三五三七〇　甲午卜貞王賓祖甲：伐無尤　5
三五七四一　癸卯王卜貞旬無𡆥在二月甲辰：祖甲　5
三五七四五　癸未卜貞王旬無𡆥甲申翌日祖甲　5
三五七五六　：亥王卜貞旬無𡆥王占曰吉在七月甲子彡祖甲　5
三五八〇三　甲辰卜貞王賓奉祖乙祖丁祖甲：庚：祖丁武乙衣無尤　5
三五八一八　癸亥卜貞祖甲丁其牢　5
三五八二二　癸酉卜：祖甲丁其：　5
三五八二八　癸巳卜貞祖甲丁其牢用　5
三五八二九　：卜：祖甲丁：牢　5
三五八三四　甲午卜貞祖甲丁其牢　5
三五八三七　癸丑卜貞祖甲丁其牢　茲用　5
三五八四一　：卜：祖甲：牢　5
三五八五八　癸未卜貞祖甲丁其牢　茲用　5
三五八七六　甲午卜貞王賓祖甲劦無尤　5
三五八八三　：卜貞：𡆥在十月：子翌日祖甲　5
三五八八四　癸未卜泳貞王旬無𡆥在正月甲申祭祖甲劦魯甲　5
三五八八五　癸丑王卜貞旬無𡆥在二月甲寅觳祖甲　5
三五八八五　癸亥王卜貞旬無𡆥在二月王占曰大吉甲子劦祖甲　5
三五八八五　癸卯王卜貞旬無𡆥在二月王占曰大吉甲辰祭祖甲劦魯甲　5
三五八八六　癸未王卜在𩁹貞旬無𡆥王占曰吉在五月甲申祭祖甲劦日魯甲　5
三五八八七　癸未卜在𩁹貞王旬無𡆥在六月甲申：祖甲　5
三五八八七　劦魯甲　5
三五八八八　癸巳卜在𩁹貞王旬無𡆥在六月觳祖甲　5
三五八八九　：卯王：占曰吉：祖甲劦魯甲　5
三五八八九　甲申卜貞王賓祖甲祭無尤　5
三五八九〇　甲申卜貞王賓祖甲祭無尤　5
三五八九一　：卜貞王：祖甲觳：　5
三五八九二　癸卯卜𢦏貞王旬無𡆥在二月甲辰劦彡日祖甲　5
三五八九三　癸酉卜貞王旬無𡆥在三月甲戌劦日祖甲　5
三五八九四　：卜：無𡆥：王占：吉甲子劦祖甲　5
三五八九五　甲辰卜貞王賓祖甲劦日無尤　5
三五八九六　：卜貞王：祖甲劦：尤　5
三五八九七　：巳卜貞：旬無𡆥：六月甲：彡祖甲　5
三五八九八　癸丑王卜貞旬無𡆥在十月又一甲寅彡祖甲　5
三五八九九　甲寅卜：王賓：彡日祖甲　5
癸：卜貞王賓祖甲彡夕無尤　5

編號	釋文	期
35900	⋯貞王：祖甲彡：尤	5
35901	甲卯卜貞王賓祖甲燎無尤	5
35902	甲申卜貞王賓蒸：祖甲無尤	5
35903	癸酉卜貞王賓祖甲𣪊無尤	5
35905	甲戌卜貞王賓祖甲𡧊無尤	5
35906	甲寅卜貞王賓祖甲𡧊無尤	5
35907	⋯亥卜貞：旬無𡆥：月甲子：祖甲	5
35908	癸酉：王旬：在三：甲戌：祖甲	5
35909	⋯無𡆥：七月甲寅：祖甲⋯	5
35910	壬寅卜：王賓祖甲：日無⋯	5
35911	⋯巳卜貞：旬無𡆥：月甲午：彡祖甲	5
35912	⋯卜貞：賓祖甲無尤	5
35913	⋯在𢦏師貞祖甲升：戌升若我受⋯	5
35914	甲申卜貞祖甲丁其牢 茲用	5
35915	癸酉卜貞祖甲丁其牢	5
35916	癸酉卜貞祖甲丁其牢	5
35918	惟酉卜祖甲丁其：茲用	5
35919	惟酉：祖甲：牢	5
35920	癸酉：祖甲丁：茲⋯	5
35921	癸酉：祖甲丁⋯	5
35922	⋯酉卜：祖甲丁：牢	5
35923	癸酉卜：祖甲丁⋯	5
35924	癸未卜：祖甲丁：牢	5
35925	癸未：祖甲丁：茲⋯	5
35926	癸未：祖甲丁：茲⋯	5
35927	癸未：祖甲丁其⋯	5
35930	癸巳卜貞祖甲丁其牢 茲用	5
35931	癸巳卜貞祖甲丁其牢	5
35932	癸巳卜貞祖甲丁其牢 茲用	5
35933	癸巳：祖甲丁：牢茲⋯	5
35934	癸巳卜貞祖甲丁其牢	5
35935	癸卯卜貞祖甲丁其牢 茲用	5
35936	癸卯：祖甲丁：牢茲⋯	5
35937	癸卯：祖甲丁：茲⋯	5
35938	癸卯：祖甲其：茲⋯	5
35939	癸卯卜貞祖甲丁其⋯	5
35940	⋯卯：祖甲丁：牢	5
35941	癸丑卜祖甲丁：牢	5
35942	癸丑：祖甲丁：牢	5
35943	癸亥卜貞祖甲丁其牢 茲用	5
35944	癸亥卜貞祖甲丁其牢 茲用	5
35945	癸亥：祖甲丁：茲用	5
35946	癸亥：祖甲⋯	5
35947	癸：祖甲丁：茲⋯	5
35948	癸：祖甲：牢	5
35950	癸：祖甲丁⋯	5
35951	癸：貞祖甲⋯	5
35952	癸：祖甲⋯	5
36032	癸丑：貞祖甲：其⋯	5
36049	癸：祖甲丁⋯	5
36085	癸巳：祖甲：宗⋯	5
36090	⋯貞祖甲：牢	5
36236	戊⋯卜貞王賓祖甲奭⋯	5
36281	戊午卜貞王賓祖甲奭妣戊𩰫無⋯	5
36283	⋯貞王：祖甲奭：𩰫⋯	5
36284	戊寅卜貞王賓祖甲奭妣戊彡日無尤	5
36285	⋯卜貞王：祖甲奭：彡日無尤	5
36286	⋯卜貞：祖甲奭：無尤	5
36287	戊辰卜貞王賓祖甲奭⋯	5
36288	⋯卜貞：祖甲奭⋯	5
36516	⋯卜貞旬無𡆥王𡆥曰弘：甲辰𥃀祖甲王來征盂方	5
37845	⋯王卜：無𡆥：曰吉：月又二：翌祖甲	5
37846	癸未王卜貞：王𡆥曰吉在五：𩰫祖甲惟王七⋯	5
37868	⋯王卜貞：𡆥曰吉在二月甲：日祖甲惟王二十⋯	5
屯179	⋯祖甲	3
屯2281	⋯辰卜翌日其酌其祝自中宗祖丁祖甲：于父辛	4
屯2343	癸丑：𠯑祖甲必惟：牢又一牛用	3
屯3766	⋯巳：有歲：祖甲燎⋯	4
屯2839	癸巳卜：侑祖甲用	3-4
英2503	⋯王卜：旬無𡆥：月甲戌：祖甲𥃀魯甲	5
英2512正	⋯王卜貞旬無𡆥在二月：𡆥曰大吉甲辰祭祖甲𥃀魯甲	5
英2513	癸丑王卜貞旬無𡆥在二月王𡆥曰大吉甲寅𩰫祖甲	5
英2513	癸亥王卜貞旬無𡆥在三月王𡆥曰大吉甲子𥃀祖甲	5
懷1693	癸巳卜：祖甲丁其：茲⋯	5

丩甲

二二四二反　己卯卜酉三匚至丩甲十示　1
二二四二　己卯卜酉三匚至丩…　1

康祖丁·康丁

三五三五五　：王：康祖丁伐：人卯二牢㞢一卣無尤　5
三五八三七　丙午卜貞康祖丁丁其牢兹…　5
三五八八九　：卜貞王賓康祖丁祭無尤　5
三五八八九　：卜貞王賓康祖丁祭無尤　5
三五九五三　丁酉卜貞：賓康：翌日無：　5
三五九五五　丁卯卜貞王賓康祖丁觙無尤　5
三五九五六　丁卯卜貞王賓康：昝日：　5
三五九五七　丁卯卜貞王賓康祖丁昝無：　5
三五九五八　丁未卜貞王賓康祖丁：日無尤　5
三五九五九　丁酉卜貞王賓康祖丁彡夕：尤　5
三五九六〇　：巳卜貞王：康祖丁彡：無尤　5
三五九六一　丙辰卜貞王賓康：彡夕：　5
三五九六二　：卜貞王：康祖丁：夕無尤　5
三五九六三　丙申卜貞王賓康：歲無：　5
三五九六四　：卜貞：康祖丁：無尤　5
三五九六五　丙申卜貞康祖丁丁其牢華　兹用　5
三五九六五　丙申卜貞康祖丁丁其牢華：　5
三五九六五　丙寅卜貞康祖丁丁其牢華　兹用　5
三五九六五　丙辰卜貞康祖丁牢牢華　5
三五九六六　丙寅卜貞康祖丁丁其牢　兹用　5
三五九六七　丙寅卜：康祖丁：牢　5
三五九六八　丙寅卜：康祖丁：其牢　5
三五九六九　丙寅卜：康祖丁：牢兹：　5
三五九七〇　丙寅卜：康祖丁：其：　5
三五九七一　：卜：康祖丁：牢　5
三五九七二　丙寅：康：其：　5
三五九七三　丙：康：其：　5
三五九七三　：卜：康：牢　5
三五九七四　丙寅卜：康祖丁：　5
三五九七五　丙：康：牢：兹：　5
三五九七五　丙子卜貞康祖丁丁其牢華　5
三五九七五　丙寅：康：華　5
三五九七五　丙：卜貞康祖丁其牢華　5
三五九七五　：卜貞康祖丁其牢華　5
三五九七五　丙：卜貞康祖丁丁其牢華　兹用　5
三五九七六　丙子卜康祖丁丁其牢　兹用　5
三五九七七　丙子：康祖丁：牢：　5
三五九七八　丙子卜：康祖丁丁：　5
三五九七九　：子卜貞康：丁其：　5

三五九八〇　丙子：康：其牢　5
三五九八一　丙子卜：貞康：丁其：　5
三五九八二　丙子：康：丁其：華　5
三五九八三　：子卜：康祖丁：華　5
三五九八五　丙戌卜貞康祖丁丁其牢　5
三五九八六　丙戌卜貞康祖丁丁其牢華　兹用　5
三五九八七　丙戌卜：康祖丁：其牢兹：　5
三五九八八　丙戌卜：康祖丁：華兹：　5
三五九八九　丙戌：康：其牢：兹：　5
三五九九〇　丙戌：康祖丁：牢　5
三五九九一　丙戌：康：其：　5
三五九九二　：戌卜：康祖丁：華：　5
三五九九三　丙戌：康：其牢　5
三五九九五　丙申卜貞康祖丁丁其牢　5
三五九九六　丙申卜貞康祖丁丁其牢　5
三五九九七　丙申卜康祖丁其牢　5
三五九九八　丙申卜：康：其牢兹：　5
三五九九九　丙申卜：康祖丁：：　兹用　5
三五九九九　：康：丁：牢　5
三六〇〇〇　丙申：康祖丁：華　5
三六〇〇一　丙：康：其：　5
三六〇〇一　：申卜：康祖丁：牢　5
三六〇〇二　丙午卜貞康祖丁丁其牢　5
三六〇〇二　丙辰卜貞康祖丁丁其牢　5
三六〇〇三　丙寅：康：其牢　5
三六〇〇三　丙午卜貞康祖丁丁其牢華　5
三六〇〇四　丙午卜貞康祖丁丁其牢華　兹用　5
三六〇〇五　丙午卜：康祖丁：其牢華　兹用　5
三六〇〇六　丙午：康祖丁：牢：　5
三六〇〇八　丙午卜貞康祖丁：其：　5
三六〇一二　：午卜：康祖：牢華　5
三六〇一三　丙辰卜貞康祖丁丁其牢　兹用　5
三六〇八〇　丙子卜貞康祖丁其牢華　兹用　5
三六一〇一　丙辰：康：其：　5
三六一〇五　丙寅：康：其：兹：　5
三六一〇六　丙戌卜：康祖丁：牢：用　5
三六〇一六　丙辰：康祖丁：牢　5
三六〇一七　丙辰：康：惟：兹：　5
三六一一三　：卜康：其牢　5
三六二八一　辛酉卜貞王賓康奭妣辛觙無尤　5
三六二八九　辛酉卜貞王賓康祖丁奭妣辛觙無尤　5
三六二九〇　辛巳卜貞王賓康丁奭妣辛：無：　5
三六二九一　辛亥卜貞王賓康祖丁奭妣辛：　5
三六三四五　：卜貞：康丁：無尤　5
三八二二八　：貞康祖丁宗祰：王受有祐　5

三八二二九	：康祖丁宗	5
英二五一四	丙戌卜貞康祖丁丁其牢	5
英二五一五	：子：康祖丁：	5

武乙・武祖乙

三五三七五	乙未卜貞王賓武乙執伐無尤	5
三五三七八	己未卜貞王賓武乙：伐無尤	5
三五三八三	丁未卜貞王賓武乙乂伐無尤	5
三五三八四	丙辰卜貞王賓武乙乂伐無尤	5
三五三八五	辛酉：貞王：武乙：伐：	5
三五三九〇	：亥卜貞：武乙乂伐：尤	5
三五四三六	甲：武乙：牢	5
三五四三六	乙未卜貞王賓武乙乂伐無尤	5
三五四三九	丁酉卜貞王賓執自上甲至于武乙衣無尤	5
三五四四〇	乙丑卜貞王賓武乙歲：至于上甲：無尤	5
三五八〇二	：卜貞：武乙：無：	5
三五八一八	甲子卜貞武乙丁其牢 茲用	5
三五八二八	甲申：武乙：牢：	5
三五八二九	甲申卜貞武乙丁其牢 茲用	5
三五八三七	甲辰卜貞武乙丁其牢 茲用	5
三五八四四	：卜：武乙：牢	5
三五八五八	甲戌卜貞武乙丁其牢 茲用	5
三五八五八	甲申卜貞武乙丁其牢	5
三五八五八	乙丑：武乙：牢	5
三五八六一	甲寅：武乙：牢	5
三五九二一	：貞武乙：其牢	5
三五九六六	：武乙：丁其：茲：	5
三五九九一	：武：其： 茲用	5
三六〇〇二	甲寅卜貞武乙必其牢	5
三六〇一三	甲寅卜貞武乙丁其牢 茲用	5
三六〇一三	甲子卜貞武乙丁其牢 茲用	5
三六〇二五	乙丑卜貞王賓武乙翌日無尤	5
三六〇二六	：未卜貞王賓武乙：日無尤	5
三六〇二七	：卜貞王賓武乙日無尤	5
三六〇二八	乙卯卜貞王賓武乙：無尤	5
三六〇二九	：丑卜貞王賓武乙無：	5
三六〇三〇	甲申卜：賓武乙歲：無尤	5
三六〇三二	甲戌卜貞武乙丁其牢	5
三六〇三三	甲子卜：武乙：丁其：	5
三六〇三四	甲子卜：武乙丁：牢	5
三六〇三五	甲子：武乙丁丁牢	5
三六〇三六	甲子：武乙：牢	5
三六〇三七	甲子：武乙：其牢：	5
三六〇三八	甲子卜：武乙：牢	5
三六〇三九	甲子：武祖乙：其：茲：	5
三六〇四〇	甲子：武：丁：	5
三六〇四一	甲子：武：其：	5
三六〇四三	甲戌：武乙：其牢	5
三六〇四四	甲戌：武乙：丁其：	5
三六〇四五	甲戌：武：丁其牢	5
三六〇四六	：武：丁其：茲：	5
三六〇四七	甲申：武乙：牢	5
三六〇四八	甲申：武乙：牢在：茲	5
三六〇四九	：申卜：武乙：其：	5
三六〇五〇	甲申：武乙：其：茲	5
三六〇五一	甲申：武：丁其：茲：	5
三六〇五一	：卜貞：祖乙丁：茲：	5
三六〇五二	甲午卜貞：武乙：牢	5
三六〇五三	甲午卜：武乙丁其：	5
三六〇五四	甲午卜武乙：其：	5
三六〇五五	甲午：武：其牢：用	5
三六〇五六	甲午卜：武乙：其：	5
三六〇五九	壬午卜貞武乙丁其牢	5
三六〇五九	甲：武乙：牢	5
三六〇六〇	甲午卜：武祖乙：其牢	5
三六〇六一	：午卜：武祖乙：其：茲：	5
三六〇六三	：卜：武乙：其牢	5
三六〇六四	甲辰卜：武乙：丁其：	5
三六〇六五	甲辰卜：武祖乙：丁其：	5
三六〇六七	甲寅卜貞：武乙：其：	5
三六〇六九	甲寅：武乙：惟：茲：	5
三六〇七〇	甲：武乙：其：	5
三六〇七一	丙：武乙：牢	5
三六〇七二	：卜貞武祖乙：其牢	5
三六〇七三	：祖乙其：牢茲：	5
三六〇七六	甲子卜貞武乙宗丁其牢 茲用	5
三六〇七七	丙子卜貞武乙宗丁：牢	5
三六〇七八	甲子：武乙：其：	5
三六〇七八	甲戌卜貞武乙宗丁其牢	5
三六〇七九	甲戌卜貞武乙宗丁：牢	5
三六〇八〇	甲戌卜貞武祖乙宗丁其牢 茲用	5
三六〇八一	甲申卜貞武乙宗丁其牢 茲用	5
三六〇八二	甲申卜貞武乙宗丁其牢 茲用	5
三六〇八三	：卜貞：祖乙宗：牢	5
三六〇八四	甲午卜貞武乙宗丁其牢 茲用	5
三六〇八四	：牢：用	5
三六〇八五	：卜貞武乙宗丁其牢	5

三六〇八八 ……辰卜貞武祖乙宗其牢 茲用 5
三六〇八九 甲辰卜貞武祖乙宗其牢 5
三六〇九〇 甲寅卜貞武乙宗丁其牢 5
三六〇九一 甲寅卜貞武乙宗丁其牢 茲用 5
三六〇九二 甲寅……武乙宗……牢茲…… 5
三六〇九三 甲寅卜貞武祖乙宗其牢 茲用 5
三六〇九三 ……卜貞……宗…… 5
三六〇九四 甲寅卜貞武祖乙宗丁其牢 茲用 5
三六〇九五 ……卜貞……祖乙宗……茲其…… 5
三六〇九六 ……卜貞……祖乙宗…… 5
三六〇九七 ……貞……祖乙宗……其…… 茲用 5
三六〇九八 ……卜貞……祖乙宗……牢 5
三六〇九九 ……貞……祖乙宗……牢 5
三六一〇〇 ……卜貞……祖乙宗……牢……用 5
三六一〇一 甲子卜貞武乙必丁其牢 茲用 5
三六一〇二 甲子……武乙必丁其…… 5
三六一〇三 甲寅卜……武祖乙……丁其…… 5
三六一〇三 ……卜貞……祖乙……其牢……用 5
三六一〇三 甲子卜武祖乙必丁其牢 茲用 5
三六一〇四 甲戌卜貞……武乙必……其牢 5
三六一〇五 甲戌卜貞武祖乙必其牢 茲用 5
三六一〇六 甲申卜貞武乙必丁其牢 5
三六一〇七 甲申卜……武乙必丁其牢 5
三六一〇八 甲申卜貞武乙……丁…… 5
三六一〇九 甲申卜貞武祖乙必其牢茲…… 5
三六一一〇 甲申卜……祖乙必……茲用 5
三六一一一 甲……卜……武……必丁……牢 5
三六一一二 甲午卜貞武乙必…… 5
三六一一三 甲辰卜……武乙必……其…… 5
三六一一四 甲辰卜……武祖乙必丁其牢 茲用 5
三六一一五 甲辰卜貞武祖乙必其牢 5
三六一一五 甲寅卜貞武祖乙必其牢 5
三六一一六 甲辰卜貞武祖乙必其牢 茲用 5
三六一一七 甲辰卜……武……必……牢 5
三六一一八 甲寅……武……必丁……牢 5
三六一一九 ……甲子……武……丁其……茲…… 5
三六一二二 ……武祖乙必…… 5
三六一二三 癸酉卜貞翌日乙亥王其有勺于武乙必
正王受有祐 5
三六一六四 甲申卜……武祖乙……其…… 5
三六一六九 ……其……勺武乙……必酚……王受…… 5
三六三三〇 甲子……武乙……茲…… 5
三八七五八 ……方伯……祖乙戌…… 5
屯二五六四 翌日于祖乙其祰于武乙宗王受有祐 弘吉 5

英二五一四 甲申卜貞武乙必丁其牢 5
英二五一四 甲午卜貞武乙必丁其牢 5
英二五一六 甲申……武乙丁…… 5
英二五一八 乙未卜貞自武乙彡日衣必禘其即⿰女冊五
牢正王受有祐 5
懷一六九四 ……申卜……武祖乙丁其…… 5

文武丁·文武帝

三五三五五 丁酉卜貞王賓文武丁伐十人卯六牢鬯六
卣無尤 5
三五三五六 乙丑卜貞王其有勺于文武帝必其以
羌五人正王受有祐 5
三五三五六 子卜貞王其有勺于文武帝必其[illegible]月
有省于？來丁？丑卣？乂酚王弗悔 5
三五八二二 丙寅……文武丁其……茲…… 5
三五九六五 ……貞……其……文……五……受祐 5
三六〇八九 丙子卜……文武……其…… 5
三六〇八九 丙申……文武丁……其茲…… 5
三六〇九四 丙午卜貞文武丁宗丁其牢 5
三六〇九八 丙午……文武……其…… 5
三六一〇〇 丙……文……其…… 5
三六一一四 丙……文武……丁其……茲…… 5
三六一一五 丙午卜貞文武丁必丁其牢 5
三六一一五 丙申卜貞文武……其…… 5
三六一二七 壬辰……衣……朕師……師……文武……武乙惟……正
…… 5
三六一二七 ……酉……武丁……受…… 5
三六一二八 丁丑卜貞王賓文武……翌日無尤 5
三六一三〇 丙寅卜……文武丁……丁其…… 5
三六一三一 丙……文武……其牢 茲…… 5
三六一三二 丙寅……武丁…… 5
三六一三四 丙戌卜貞文武……其牢 茲用 5
三六一三五 丙戌卜……文武丁丁其…… 5
三六一三六 丙戌卜……文武丁……其…… 5
三六一三七 丙戌……文武……其…… 茲用 5
三六一三八 丙申卜……文武丁……丁其…… 5
三六一三九 丙申卜……文武丁……丁其……茲…… 5
三六一四〇 丙申……文武丁……其牢……茲…… 5
三六一四一 丙……文武……丁其…… 5
三六一四二 丙辰卜……文武丁……其…… 5
三六一四三 丙辰卜……文武丁……丁其……茲…… 5
三六一四五 丙……貞……武丁…… 5
三六一四五 ……貞……武……必……牢 茲用 5

編號	釋文	期
三六一四六	……卜貞：……武丁……其牢	5
三六一四七	……卜貞：……武丁……其牢	5
三六一四八	丙寅卜貞：……文武丁宗……	5
三六一四九	丙寅卜貞文武宗……牢	5
三六一四九	丙子卜貞文武……其……茲……	5
三六一五〇	……寅卜貞……文武丁宗丁其牢	5
三六一五一	丙寅……文……宗丁……茲……	5
三六一五二	丙寅……文……宗……	5
三六一五三	丙戌卜貞文武丁宗其牢 茲用	5
三六一五四	丙戌卜貞文武丁宗丁其牢	5
三六一五五	丙戌……文武宗丁……牢	5
三六一五六	丙戌卜貞文武宗其牢	5
三六一五七	丙……卜貞文武丁宗其牢	5
三六一五八	丙午卜貞文武宗其牢 茲用	5
三六一五九	丙午卜貞文武宗其牢 茲用	5
三六一六〇	丙午卜貞文宗……其……	5
三六一六三	丙子……宗文……必……	5
三六一六四	丙子……文武……其……茲……	5
三六一六四	丙戌卜貞文武必其牢	5
三六一六四	……貞文……必丁…… 茲用	5
三六一六五	丙戌卜貞文武……其……	5
三六一六六	丙申卜貞文武必丁其牢 茲用	5
三六一六八	丙戌卜貞翌日丁亥王其有𠬝于文武帝正 王受有祐	5
三六一六九	……卜貞大……王其有……文武帝……王受祐	5
三六一七〇	丙戌卜貞……丁亥王其……于文武……王受……	5
三六一七五	……卜貞：……文武……𢦚	5
三六一七六	……司母其……文武帝呼……司母于癸宗若 王弗悔	5
三六一七七	乙卯……王旬……武帝……	5
三六一七九	貞王其圉文武……	5
三六五三四	戊戌王蒿……文武丁祄……王來征……	5
英二五一八	丙辰卜……文武丁……其牢茲……	5

祖丙

編號	釋文	期
一四二〇	丙子……祖丙	1
三五三七〇	……貞……祖丙……無尤	5

祖戊

編號	釋文	期
二〇九六	……于多介祖戊	1
一三八七一	貞翌乙巳子漁骨凡賓侑祖戊	1
一九八七五	乙巳侑祖戊十月	1
一九八七五	乙巳卜……𣪊祖戊弘敕	1
一九八七六	乙巳……侑祖戊	1
一九八七七	……勻……祖戊豕	1
二二〇五一	……祖戊矢用	1
二二〇五二	……祖戊侑羊	1
二二〇五三	……祖戊……	1
二二〇七三	丙戌卜祖戊	1
二二〇七四	癸巳卜有歲于祖戊牢	1
二二〇七八	余有歲于祖戊三牛	1
二二一九一	……卜……禦祖辛祖戊口祖羊……牢	1
二二八五二	戊戌卜旅貞祖戊歲惟羊	2
二二八五三	……貞祖戊歲惟羊	2
三一九九三	禦祖癸豕祖乙豕祖戊豕豕	4
三二二二二	乙亥卜侑祖戊伐	4
三三五二四	惟祖戊各	4
三五六〇七	……在𦎫……其用巫𠌛……祖戊若	5
屯一七五	其有歲于祖戊惟羊	3

祖壬

編號	釋文	期
二二〇四四	往𢍰祖壬	1

祖癸

編號	釋文	期
三一九九三	禦祖癸豕祖乙豕祖戊豕豕	4
屯二七七一	壬申卜有歲于祖癸羊一	1

帝甲

編號	釋文	期
二七四三七	貞其自帝甲有延	3
二七四三八	癸酉卜暊：帝甲丁其宰	3
二七四三九	己卯卜暊貞：帝甲䄅：其暨祖丁……奎?	3
英二三四七	貞其先帝甲其弘	3

帝丁

編號	釋文	期
二七三七二	乙卯卜其有歲于帝丁一宰	3

中己 仲己

編號	釋文	期
二七三八四	……仲己歲惟羊王受祐	3
二七三八四	歲侑仲己王受祐	3

著錄	釋文	期
二六三八五	己酉卜暊貞其侑仲己	3
二六三八六	戊辰卜其…歲于仲己王賓	3
二六三八六	戊辰卜仲己歲…用	3
二六三八七反	弜戠日其有歲于仲己　茲用	3
二六三八八	…仲己其戠日	3
二六三八八	弜戠日其有歲于仲己	3
二六三八九	…仲己…王此受…	3
二六三九〇	于仲己告	3
二六三九一	…卜狀…冊凡仲己…小宰王受祐	3
二六三九二	戊子卜其歲于仲己惟羊	3
二六三九三	己巳卜仲己歲惟今…𢽍…	3
二六三九四	戊子卜其有歲于仲己王賓	3
三一一一八	己巳卜仲己歲惟今延𢽍	3
屯九五七	父己仲己父庚惟	3
屯一四四六	…有歲于仲己	3
屯三三九六	己未卜仲己歲暨兄己歲酌…	4
屯三三五四	戊辰卜其有歲于仲己王賓	3
屯二二五四	戊辰卜仲己歲惟羊　茲用	3
懷一三七一	辛未卜仲己歲其戠日	3
懷一三七一	弜戠日其有歲于仲己　茲用	3

甲

著錄	釋文	期
二二五六九	甲午卜行貞王賓□甲𠂇伐羌三人卯宰無尤	2

工乙

著錄	釋文	期
二二四六七	工乙□	1
二二四六七	工乙…	1

卜戊

著錄	釋文	期
二二〇四九	戊午卜禦卜戊反	1

入戊

著錄	釋文	期
二二〇五〇	于入戊	1

入己

著錄	釋文	期
二二〇五五	…入己…	1

壱庚

著錄	釋文	期
三四四三五	己卯卜其延歲于壱庚	4

辛壬

著錄	釋文	期
二六三八二	壬戌卜鼓貞王賓辛壬丁□惟吉	3

□壬

著錄	釋文	期
二六六五一	其侑于□壬卯侑于台王受…	3
二六六五一	弜卯侑其□于□壬王受祐	3
二六六五二	…寅卜其侑于□壬惟羊	3

敹壬

著錄	釋文	期
一四八一九	…午卜貞侑于敹壬	1
一四八二〇	侑犬于敹壬	1
一四八二一	…辰貞…勿惟敹壬壱	1
二四九七六	壬子…旅…其有…敹壬	2

且　祖

著錄	釋文	期
一〇二	…戌卜貞翌乙亥𢽍侑于祖宰又一…	1
一五〇反	貞侑祖	1
九〇三正	翌辛酉侑祖宰用	1
九〇三正	祖	1
九一四反	呼子商𩞄侑祖	1
九二四正	乙巳卜𣪘貞呼子室侑于㞢祖宰	1
九二四正	貞勿呼子室侑于㞢祖宰	1
九二四正	貞呼子室侑于㞢祖宰	1
九三八正	弜告于祖	1
二〇六三	勿衣侑于祖　二告	1
二〇七五	貞祖勿…不𡜈	1
二〇八三	甲子乙丑𠂤祖	1
二〇九七	甲…貞翌酌彡于毓祖無壱	1
一〇六一三正	丁巳卜𣪘貞告𠀠于祖勿有歲禱	1
一〇六一三正	勿侑禱祖	1
一三五八四甲	王固曰吉祖勿在佐…	1
一三六四六反	子…侑祖	1
一五七五〇	…祖□…日酌	1
一五九四三	庚午卜貞翌辛未侑于祖辛	1
一九三一二	…追…祖母…	1
二一四三七	丙午卜㫃翌戊申祖𦰩入不女	1
二一五四一	甲子卜我惟禦畋祖若	1
二一五四一	甲子卜我侑祖若	1

二一六一七　…彳貞…牛祖　1
二二〇四四　丁未卜凡祖妣于…　1
二二〇八七正　…延于二祖歲　1
二二〇九四　惟祖禦　1
二二一〇一　辛未卜卯于祖羊土羊土　1
二二一八九　…子卜在祖一牛…門　1
二二一九一　…卜…禦祖辛祖戊口祖羊…宰　1
二二二三九　…祖犬　1
二二三六七　甲戌侑…祖宰…　1
二七〇六一　辛未卜高祖桒其卯上甲…　3
二七〇八〇　…口貞…祖祝…上甲大乙祖乙…丁之乙酉
桒…乙十示又二　3
二七一五四　酌…高祖　3
二七一五五　王其侑于高祖十…栅用惟…　3
二七三七三　其有歲于祖　3
二七三七四　其桒自祖王受…　3
二七四四三　甲子卜彭貞王執禱其賓于祖　3
三〇六九五　惟祖桒用　大吉　3
三〇九三三　祝至于祖　3
三〇九五九　癸酉卜何貞惟祖雚　3
三二六五九　至于祖三宰　4
三二六六〇　甲辰其有歲于祖　4
三二六六一　丁不祀于祖　4
三二六六二　癸未貞告祖　4
三二六一七　弜至于三祖　4
三二六九〇　弜至三祖　4
三三二八六　…丑貞尋…禾…祖　4
三四二一四　…祖妣雨　4
三八七三一　癸卯王卜貞其祏多先祖…余受有祐王囚
曰弘吉惟…　5
屯二三一一　惟…呼人侑祖若　吉　3
屯五九五　…未貞其舌我祖　4
英一九四九　癸卯卜王曰貞在多祖　2
英二六七四正　兄先祖曰吹　5

妣甲

七八七　貞侑于妣甲𤇾及卯宰　1
六九七正　侑于妣甲十及　1
六九七正　惟妣甲　1
九四六正　于妣甲禦囚　1
一一九一正　甲午卜穷貞侑于妣甲一牛正　1
一二四九　庚子卜王上甲妣甲毓妣癸…　1
一六二三正　妣甲壱王　1
二一六四　貞夕侑于妣甲　1
二三五八正　勿于妣甲禦　1
二三八六　癸丑卜王中…宰示癸妾妣甲　1
二三八七正　貞侑于妣甲　1
二三八八甲正　貞酉妣甲…　1
二三八八甲正　…酉妣甲辟？　1
二三八九正　貞禦于妣甲　1
二三九〇　貞侑妣甲用　1
二三九一　癸丑卜侑妣甲　1
二三九二　于祖丁母妣甲禦有𢿡　1
二三九三　于妣甲禦　1
二三九四　勿于妣甲禦　1
二三九五　貞妣甲祟　1
二三九六　不惟妣甲　1
二三九七　貞…于…妣甲　1
二三九八正　貞于妣甲　1
二三九九正　勿于妣甲　1
二六一六　貞禦婦好于妣甲　1
一四六〇甲正　貞疾口禦于妣甲　1
一三六五八正　甲子卜穷貞作侑于妣甲正　1
一八八三八　…宰妣甲　1
二二七一五　癸卯卜王貞旬無囚在五月甲辰…彡妣甲…　2
二二七七五　癸酉卜行貞翌甲戌卜丙母妣甲歲惟牛　2
二二七七五　貞妣甲歲惟豕　2
二二八一六　甲寅卜行貞王賓祖辛奭妣甲彡無尤　2
二二八一六　…卜行貞王賓妣甲無尤　2
二三〇二七　甲寅…于羌甲…妣甲…　2
二三三〇八　…卜即…王賓示癸奭妣甲劦無尤　2
二三三三三　…卜尹…王賓…奭妣甲翌無尤　2
二三三三七　甲子卜…貞歲妣甲…　2
二三三三七　…妣甲…　2
二七一四八　貞其妣甲禱　3
二七四八二　…卜父甲…妣甲　3
二七五〇三　其舌妣甲祖辛奭有正　3
二七五〇五　于妣甲祖辛奭　3
二七五三一　…妣甲競妣庚　3
三二七三九　禦妣甲　4
三五三六一　甲申卜貞王賓祖辛奭妣甲姬韓二人毁二人卯二宰無尤　5

著錄號	釋文	數
三六一八七	甲子翌日妣甲示癸爽…	5
三六一八八	甲辰卜貞王賓示癸爽妣甲…	5
三六一九〇	…辰卜貞王賓示癸爽妣甲劦日無尤	5
三六一九二	甲申卜…賓示癸…妣甲…	5
三六一九三	甲辰卜貞王賓示癸…妣甲…	5
三六一九九	…卜貞王…大乙爽妣甲無尤	5
三六二五一	甲申卜貞王賓祖辛爽妣甲翌日無尤	5
三六二五二	…卜貞王賓祖辛爽妣甲劦日無…	5
三六二九二	…貞王…爽妣甲…尤	5
英一八九三	己丑卜㝬禦司妣甲	1
英二三七一	其桒妣癸禊妣甲㜏惟…	3
懷 七二	丁卯…惟…令…妣甲	1

妣乙

著錄號	釋文	數
二二〇四五	庚寅卜于妣乙用	1
二二〇四五	妣乙	1
二二〇六五	戊午禦虎于妣乙惟盧豕	1
二二〇六五	惟豕妣乙	1
二二〇六五	戊午卜惟㲋妣乙	1
二二〇六六	乙未卜…㲋…妣乙	1
二二〇六六	乙未卜用㲋于妣乙	1
二二〇六六	惟㲋于妣乙	1
二二〇六六	乙未卜禦于妣乙羊	1
二二〇六六	…用…妣乙	1
二二〇六七	甲寅卜侑妣乙	1
二二〇六八	惟羊于妣乙	1
二二〇六八	庚子卜豕羊惟妣乙	1
二二〇六八	庚子卜惟社有牛妣乙	1
二二〇六九	丁…卜…于妣乙犬	1
二二〇七四	乙未卜禦于妣乙	1
二二〇七七	壬辰卜禦母辛于妣乙㲋	1
二二一四五	夢禦…亳于妣乙…反鼎…	1
二二一八七	乙亥…用…妣乙不	1
二二二〇六甲	甲戌貞妣乙…有歲	1
二二三〇一	妣乙醢	1
三一九九三	豕豕 禦牧于妣乙盧豕妣癸㲋妣丁豕妣乙	4
懷一五四一	…申卜…弜…妣乙…	4

妣丙

著錄號	釋文	數
二四〇〇	貞桒王…于妣庚于妣丙	1
二四〇一反	侑妣丙	1
二四〇二	…己…妣丙	1
二五三六	…妣丙	1
一九八一七	乙巳卜㞢侑大乙母妣丙牝	1
二三三一四	丙…貞王賓大乙…妣丙㱿無尤…在八月	2
二三三三六	丙申卜即貞王賓妣丙歲㱿無尤二月	2
二七〇〇八	丙戌卜王乍伐妣丙歲…	3
二七五〇一	其侑妣丙暨大乙酚王受祐	3
二七五〇二	…卜…妣丙大乙爽惟今日酚	3
二七五一〇	…妣丙	3
三二一七三	丙辰卜有及十高妣丙	4
三二一七四	丙辰卜有及高妣丙	4
三二一七五	庚寅卜有伐妣丙	4
三二一七五	乙巳卜有及妣丙	4
三四〇七八	癸未貞其桒生于高妣丙	4
三四〇八〇	乙巳貞丙十酚桒生于妣丙牡三㸺一白…	4
三四〇八一	辛巳貞其桒生于妣庚妣丙牡㸺白豕	4
三四〇八一	…貞…桒生于…庚妣丙…㹜牝	4
三四〇八二	辛巳貞其桒生于妣庚妣丙牡㸺白犬	4
三四〇八二	戊辰貞其桒生于妣庚妣丙在祖乙宗卜	
三六一九四	丙寅卜貞王賓大乙爽妣丙翌日無尤	5
三六一九八	丙申卜貞王賓大乙爽妣丙㱿無尤	5
三六二〇一	…申卜貞王…大乙爽妣丙…	5
三六二九三	丙申…賓…妣丙…	5
屯四四一	…桒…妣丙…宗卜	4
屯七五〇	辛卯貞其桒生于妣庚妣丙一牢	4
屯一〇八九	丁丑貞其桒生于高妣丙大乙	4
屯一三六九	…卯…其…妣丙	4
屯四五六三	甲申卜妣丙歲一小室王受祐 吉	3
懷 七一	…卜爭貞桒王生于妣庚于妣丙二月	1

妣丁

著錄號	釋文	數
一〇五二〇	庚寅卜爭貞翌丁酉桒于妣丁三牛	1
一八四四〇	丁卯…妣丁盧…	1
一九七九〇	…妣丁…𠳄…	1
二〇六八〇	…奴豕…妣丁	1
二一四九九	…卯…妣丁	1
二一五六三	乃惟妣丁…用在…	1
二一六六六	乙未卜夢妣丁夅	1
二一八七六	…酉丁妣夅	1
二一八七八	己酉丁妣夅	1
二一八七八	辛亥丁妣惟夅	1

妣丁

編號	釋文	期
二八七九	丁卯妣丁各	1
二二〇一八	：妣丁：犬百：	1
二二〇六九	辛巳貞：于妣丁羊	1
二二〇六九	辛巳卜惟㸑：于妣丁	1
二二〇七〇甲	壬午卜惟羊于妣丁	1
二二〇七〇乙	：妣丁羊	1
二二二一五	妣丁豕	1
二二二一八	妣丁彘	1
二二二六四	妣丁各	1
二二二六四	妣丁各	1
二二三二二	乙丑卜侑彘丁妣	1
二二三二三	乙丑卜侑彘丁妣	1
二三三二八	丁酉卜即貞其敚豕于妣丁	2
二四四一四	丁未卜：貞其：于妣丁	2
三一九九三	禦牧于妣乙盧豕妣癸彘妣丁豕妣乙 豕豕	4
三一九九三	作妣丁	4
屯附二	禦𢀛日丙豕有𣪘丁妣豕侑妣戊豕侑 父乙豚	3-4
屯三一一〇	：于妣丁：毈祟	3
英一八九一	丙子卜洋禦于二妣己于妣丁于丁	1
英一九二八	丁酉卜行貞王賓妣丁無尤在十月	2

妣口

編號	釋文	期
二二二二六	侑妣口彘	1
二二二二六	：妣口彘	1

妣戊

編號	釋文	期
二四〇三	：卜王侑妣戊	1
一〇四〇八正	戊午卜穷貞王夢惟妣戊	1
二二〇九八	：亥卜有歲于妣戊盧豕乙妻	1
二二二〇七	：妣戊	1
二二二〇八	妣戊	1
二二二〇九	妣戊	1
二二二〇九	妣戊盧豕	1
二二二〇九	：妣戊至盧豕	1
二二二一〇	妣戊盧豕	1
二二二三六	：亥卜有：足妣戊：	1
二二三〇一	妣戊嫤	1
二二三〇一	妣戊娙	1
二二三〇一	妣戊[illegible]	1
二三三三九	戊戌卜旅貞王賓妣戊歲宰無尤	2
二七五一一	：于妣戊：有戍	3
二七五一二	：妣戊于翌日七十牛	3
二七五一五	：翌大丁奭妣戊	3
三二四二六	：奭妣戊：	4
三六一九六丙	戊戌卜卜王賓大丁奭妣戊翌日無尤	5
三六一九八	戊辰卜：賓大丁奭妣戊劦無尤	5
三六二〇三	：王卜貞田𩠞：無災王占曰吉：夕遘 大丁奭妣戊翌日：	5
三六二〇五	：卜貞王賓大丁奭妣戊劦無尤	5
三六二〇六	戊辰卜貞王賓大丁奭妣戊：	5
三六二八一	戊午卜貞王賓祖甲奭妣戊劦無：	5
三六二八二	戊午卜：賓：妣戊劦：	5
三六二八四	戊寅卜貞王賓祖甲奭妣戊彡日無尤	5
三六二九四	戊午：賓：妣戊彡：	5
屯附二	禦𢀛日丙豕有𣪘丁妣豕侑妣戊豕侑 父乙豚	3-4
屯四〇二三	王其侑妣戊姘盧羊王受祐	3
屯四〇二三	惟妣戊姘小宰王受祐	3

妣己

編號	釋文	期
三三	壬午卜㱿貞侑于高妣己妣庚	1
一一〇正	妣己壱王	1
二四八正	侑于妣己	1
二四八正	勿侑于妣己	1
二四九正	貞侑于妣己	1
二七九	貞𠨘以羌：自高妣己妣庚于𩰫：	1
三三一	丁丑卜穷貞子雍其禦王于丁妻二妣己𥁕 羊三：羌十：	1
四三八正	貞改羌自高妣己	1
四三八反	王固曰其自高妣己	1
四四一	貞翌丁亥酌于妣己羌	1
四五四反	貞酌用彘于妣己	1
五六五	丁丑卜穷貞翌己卯酌高妣己暨妣：	1
六九七正	惟妣己	1
七〇七正	𠕋于妣己	1
七〇九正	勿于妣己	1
七一〇	貞燎于高妣己有穀冊三反㐭卯宰	1
七一〇	勿燎于高妣己	1
七一六正	𠕋妣己反㐭	1
七一七正	貞禦于妣己有反	1
七一八正	貞禱于妣己𠕋反卯宰𢦔	1
七一九正	貞禱于妣己𠕋反卯宰	1

七三八正　貞高妣己弗壱王
七三八正　高妣己壱王
七三八反　：高妣己
七七四　：五𡧊于高妣己
七八四　禦于高妣己㞢二牡冊及𡧊
八二二正　貞王疾身惟妣己壱
八二三正　：惟妣己壱
八二三正　惟妣己
八二三正　不惟妣己
八五九　壬子卜古貞妣己克往…
九〇三反　戊：妣己
九〇四正　侑妾于妣己
九〇四正　貞侑于妣己及𡧊
九〇四正　勿有及于妣己
九〇五正　貞于妣己禦子宕
九〇五正　貞勿于妣己禦子宕
九一五正　禦囚于妣己
九一五正　勿禦囚于妣己
九一五正　于高妣己
九一五正　勿于高妣己
九一六反　貞衛于妣己
九一六反　勿：妣己衛
九七四正　和妣己賓　二告
一二四八正　癸未卜殻貞告于妣己暨妣庚
一二四八正　貞勿告于妣己暨妣庚　小告
一六二三正　妣己壱王
一七八四　侑于：辛母妣己一羌
一七八四　勿侑于妣己
一七八四　侑于：辛母妣己一羌
一八二〇　于妣己
一八二四正　貞侑于高妣己
二一四六正　貞惟妣己
二一四八正　不惟妣己
二二四六甲正　貞不惟妣己壱
二二五二　貞惟妣己𡕘王囚　二告
二二五二　貞不惟妣己𡕘王
二二五八　來己酉酌妣己妣庚
二三四九　貞侑于高妣己
二三五〇　貞勿侑于高妣己
二三五一　丁：卜亘貞侑于高妣己高妣庚
二三五二　貞勿侑于高妣己高妣庚
二三五三正　貞禦于高己
二三五四正　戊午卜：貞禦于高妣己
二三五五　貞于高妣己禦　不告
二三五五　貞勿于高妣己禦

二三五六乙　貞于高：己禦
二三五七正　貞于高妣己禦
二三五七正　勿于高妣己禦
二三五七正　戊寅卜殻貞于妣己禦
二三五八正　勿于高妣己禦
二三五九　貞勿于高妣己禦
二三六二正　庚子卜殻貞王有亡于高妣己妣…
二三六三　庚子卜殻貞王有亡于高妣己…來丁西酌
二三六四反　告于高妣己
二三六五　：卜殻：翌己卯：高妣己：用
二三六六　貞于來己亥酌高妣己暨妣庚
二三六六　：卜穷貞于來己亥酌高妣己暨妣庚　三月
二三六七　丁丑卜殻貞于來己亥酌高妣己暨妣庚
二三六八　：自其高妣己
二三七〇　：妣己白𧤲
二三七三正　于高妣己　二告
二四〇四　貞侑妣己小宰
二四〇五　侑于妣己一牛
二四〇六　辛亥卜王侑酌妣己羊
二四〇七　侑妣己
二四〇八　貞侑于妣己
二四〇九　貞勿侑于妣己
二四一〇正　貞勿侑于妣己
二四一一　貞勿侑于妣己
二四一二　侑妣己
二四一三　貞呼：妣己賓…
二四一四　：于妣己
二四一五正　貞禦于妣己
二四一五正　勿禦于妣己
二四一六　：妣己禦
二四一七　貞禦妣己
二四一八正　貞勿于妣己禦
二四一九　：歲于妣己
二四二〇　禘于妣己
二四二一　祝于妣己
二四二二　庚子卜永貞妣己闡
二四二二　貞妣己弗闡
二四二三　：冊妣己十：十卯十…
二四二四　癸未卜今：羊于妣己：冊宰…
二四二四　癸未卜今：羊于妣己：冊宰…

二四二五 ：暨妣己一羊
二四二六 貞勿：妣己：卯宰
二四二七 貞翌己亥酚妣己：小宰
二四二八 貞妣己祟
二四二九正 貞妣己弗巷王
二四三〇 ：亥卜亘貞妣己巷
二四三一正 貞𠂤不惟妣己巷
二四三二正 貞妣己巷
二四三三 妣己弗巷王
二四三三 妣己巷王
二四三五 惟妣己巷
二四三六 妣己弗巷王
二四三七正 不惟妣己
二四三八反 貞于妣己：
二四三九 貞妣己不惟：
二四四〇 惟小宰于妣己
二四四三 ：于妣己：
二四四四正 貞：妣己來：
二四四五 ：妣己：
二四四六 妣己
二四四七 壬：卜：妣己
二四四八 丁酉卜：侑亞妣己
二四四九 惟小妣己：
二六七五 貞妣己巷：母子：
二八四四正 己未卜亘貞惟妣己巷婦
二八四五 ：妣己巷婦：
二八四九正 貞妣己弗祟婦
三一八七 于妣己禰子𤞷
三三三三 貞于妣己禦子：
五六五四 禦于妣己
六〇九三反 ：貞于妣己侑：
六四七五反 疾身不禦妣己嬴
七三五二反 于妣己禦
八七八三 貞今癸酉燎于妣己羊
九五〇四正 貞妣己巷：
九五〇四正 貞妣己弗：王
一二三七七 ：妣己：小宰：
一二四八四正 侑及妣己㲋
一二四八四正 勿侑妣己
一二五九五 貞：翌乙丑：妣己其不遘雨乙丑：
一三六二四正 禦王目于妣：宰于妣己：
一三八四〇反 ：甲妣己：
一四一一八 禦婦鼠子于妣己允有嬴

一四三一五正 貞不妣己祟 小告
一五六六〇 ：妣己燎二：卯二宰
一七三七七 王夢惟妣己
一七六一五反 貞侑于妣己
一九八六六 丁酉卜王侑乙母妣己
一九八八二 戊午卜𠂤侑妣己
一九八八三 乙：𠂤侑妣己二羊二豕不
一九八八四 己卯卜𠂤侑妣己
一九八八五 壬辰己妣禦
一九八八六 甲申卜王于妣己禦占娘十月
一九八八七 呼妣己用
一九八八八 ：妣己：其禦：
一九八八九 ：妣己：不：
一九八九〇 辛酉卜王勿祝于妣己
一九八九〇 辛酉卜王祝于妣己廼取祖丁
一九八九一 丙午卜王余禰焉妣己食勿餔焉食
一九八九二 ：妣己
一九九八七 甲申卜禦婦鼠妣己二牝牡十二月
一九九八七 一牛一羊禦婦鼠妣己
一九九八七 一牛禦婦鼠妣己
一九九八八 甲申卜禦婦鼠于妣己二：
二〇〇三〇 癸卯卜：妣己禦子夵
二一〇三二 庚：己妣：
二一〇六〇 ：辰卜：奉生妣己：婦：
二一〇九六 惟羊妣己
二一〇九六 惟牛妣己
二一五四七 乙亥子卜來己酚羊妣己
二一五四八 甲寅子卜其至大宰：反妣己用豭一
二一五四九 戊申卜禦妣己
二一五六二 ：辰余卜貞妣乙：
二一五八六 己亥卜𢓊禦妣己
二一八七六 ：酉己妣夅
二一八七八 辛亥己妣惟口夅
二二〇九二 戊申卜禦于妣己
二二一四三 ：卜及于高己妣
二二二〇六甲 甲戌貞有妣己歲中卜
二二二一五 妣己豕
二二二一五 妣己豕
二二二二〇 ：衩：己妣
二二二一一 己丑卜夕禦馬妣己
二二二一二 ：酉卜禦：妣己八：
二二二一三 ：戊：己妣
二二二一四 戊寅卜侑妣己乳龕

二二二一五　于己妣[illegible]　1
二二二一五　于妣己[illegible]　1
二二二一八　妣己：：　1
二二二一八　妣己彘　1
二二二一九　乙未卜侑妣己　1
二二二三一　：卯貞以盧：于妣己延冊：　1
二二二七八　于妣己酉：[illegible]　1
二二三八四　戊申惟己妣　1
二二三八四　戊申不妣己　1
二三三〇三　己亥卜旅貞王賓：奭妣己：尤：月　2
二三三一四　己巳卜行貞王賓祖乙奭妣己魯：　2
二三三二〇　己未卜：貞王賓祖乙奭妣己歲：　2
二三三二八　：卯卜尹貞王賓祖丁奭妣己魯無尤　2
二三三三〇　己丑卜尹貞王賓祖丁奭妣己翌無尤　2
二三三四二　戊申卜：貞翌己：王賓妣己乂歲無尤　2
二三三四三　：卜尹：賓妣己：宰無：　2
二三四〇七　：丑卜即：妣己歲：宰　2
二三四六九　戊午：貞翌：妣己：　2
二六〇一一　：卜旅：于：妣己：　2
二七四一二　戊辰卜其于妣己惟小宰　3
二七四一二　戊辰卜其示于妣己先𢼄　3
二七四一二　弜勿妣己示　3
二七五〇三　甲午卜𠯑其至妣己祖乙奭有正　吉　3
二七五〇四　其侑妣己祖乙奭　3
二七五〇五　于妣己妣庚祖乙奭　3
二七五一四　其侑妣己妣庚惟小牢　3
二七五一五　戊午卜貞其侑妣己宰　吉　3
二七五一六　戊寅卜其有歲于妣己惟翌日　3
二七五一七　妣己𠯑王：大吉　3
二七五一八　戊戌卜其示于妣己王賓　3
二七五一八　戊戌卜其延示于妣己　3
二七五二〇　戊戌卜其延示于妣己　3
二七五二〇　：王賓妣己示　3
二七五二一　妣己　3
二七八七五　癸亥卜彭貞其侑于丁妣己在十月又二小臣𡆥
立　3
三二一七六　戊辰卜有及妣己一女妣庚一女　4
三二二二七　壬申卜如有以伐享妣己　茲用　4
三二四九六　侑己妣　4
三二七三九　禦妣己　4
三二七四三　：巳卜：妣己：宰　4
三二七四四　于妣己祖乙奭告　4
三二七四五　：奭妣己祖乙：　4
三二七四六　丁亥卜妣己歲一小宰　4

三二七四七　己未貞來：于妣己　不　4
三四〇八三　：辰貞其桒生于祖丁母妣己　4
三五三六一　己卯卜貞王賓祖乙奭妣己姬𡚬二人𣪘二人卯二牢無尤　5
三六三三二　己卯卜貞王賓仲丁奭妣己𣪘無尤　5
三六三三八　己酉卜貞王賓祖乙奭妣己𣪘：尤　5
三六三三九　己卯卜貞王賓祖乙奭妣己魯日無尤　5
三六二四〇　己未卜貞王賓祖乙奭妣己彡日無尤　5
三六二四一　己：卜貞王賓祖乙奭妣己彡日無尤　5
三六二五八　己丑卜：賓四：妣己魯日：　5
三六二六一　己巳卜貞王賓四祖丁奭妣己彡日無尤　5
三六二九五　己卯：王賓：奭妣己：　5
三六二九六　：貞王：奭妣己：無尤　5
三六二九七　：妣己：尤　5
屯二三九六　戊戌卜其侑于妣己祖乙奭王受祐　吉
屯三〇五八　其𠯑妣己有冊　3
屯三〇五八　冊妣己惟及　3
英九七正　疾𠂤禦于妣己暨妣庚　小告　1
英九八　：尋侑于妣己　1
英九九　：妣己弗：　1
英一〇〇正　壬：貞：妣己：　1
英一〇一　：于妣己　1
英一〇九六　：侑于妣己　1
英一一〇五反　于妣己禦　1
英一七六三　癸未卜婦鼠侑妣己𣪘豕　1
英一八九一　丙子卜洋禦于二妣己于妣丁于丁　1
英一八九二　：子卜至羊于妣己賓歲　1
英一九一五正　：妣己　1
懷七〇　勿于妣己妣庚　1

妣庚

三三　壬午卜㱿貞侑于高妣己妣庚　1
二七九　貞𠨍以羌：自高妣己妣庚于𩰫：　1
四三八正　戊辰卜爭貞𢼄羌自妣庚　1
四三八正　勿冊妣庚　1
四四〇正　貞侑羌于妣庚　1
五八五正　戊午卜侑妣庚　二告　1
六七九正　丙寅卜𣪘貞妣庚有女往二牛翌庚：用　1
六九八正　侑妣庚有羽　1
六九八正　其侑于妣庚無其羽　1
六九八正　貞冊妣庚十及卯十宰　1
六九八正　冊妣庚十及卯十宰　1
六九九　貞：己暨妣庚十及　1

七〇〇　侑于妣庚十及
七〇一正　有及于妣庚
七二一正　勿有及于妣庚
七二一正　有及妣庚𢀛
七二一正　于妣庚
七二三正　乙…卜古貞禦于妣庚冊及又十牛
七二四反　冊妣庚及又二宰
七二四正　貞冊妣庚及新穀
七三四正　勿冊妣庚及　小告
七六八正　貞侑于妣庚十𢀛
七六八正　勿侑于妣庚十𢀛
七六八正　勿侑于妣庚
七七一正　…卯卜㱿…冊妣庚𢀛
七七二正　貞冊妣庚五𢀛
七七二正　貞侑妣庚羊告其禦
七七三甲　貞尋禦妣庚冊五𢀛
七七五反　侑妣庚𢀛
七七五正　丁巳卜爭疾足禦于妣庚
七七七正　侑于妣庚一𢀛
七七八正　勿𢀛于妣庚
七七九正　壬寅卜爭貞冊妣庚及
八二二正　貞惟妣庚　二告
八二三正　不惟妣庚
八九三正　庚寅㞢一牛妣庚冊十及十宰十穀
九三八正　貞侑于示壬妻妣庚宰惟勿牛七十　二告
九四〇正　…于妣庚𢀛
一二四八正　癸未卜㱿貞告于妣己暨妣庚
一二四八正　貞勿告于妣己暨妣庚　小告
一八二〇　于妣庚
二〇〇二反　于妣庚侑
二〇〇二反　勿于妣庚侑
二三五八　來己酉酌妣己妣庚
二三五一　丁…卜亘貞侑于高妣己高妣庚
二三五三　貞勿侑于高妣己高妣庚
二三五五　于妣庚禦
二三五五　于庚妣
二三五六乙　貞妣庚無其克
二三六六　貞于來己亥酌高妣己暨妣庚
二三六六　…卜穷貞于來己亥酌高妣己暨妣庚
二三六七　三月
丁丑卜㱿貞于來己亥酌高妣己暨妣
庚
二三七四　貞侑于高妣庚

二三七五正　侑于高妣庚
二三七六　…貞侑于高妣庚
二三七七　丙午卜貞侑自高妣庚
二三七八　…卯卜㱿貞勿侑…高妣庚
二三七九反　…高妣庚
二三八〇　禦于高妣庚
二三八一　勿禦于高妣庚
二三九〇正　貞告于妣庚
二三九〇正　勿告于妣庚
二三九二　于妣庚禦有斁
二四〇〇　貞奉王…于妣庚于妣丙
二四〇七　侑妣庚
二四〇一　…妣己燎二豕卯二牛
二四五〇　…于妣庚宰
二四五一　貞其侑于妣庚五宰十二月
二四五二正　…侑于妣庚三宰
二四五三　貞來…侑…妣庚
二四五四　庚戌卜爭侑于妣庚
二四五五　庚寅卜…侑妣庚…
二四五六　…侑于妣庚
二四五六　…妣庚
二四五八　貞勿侑于妣庚
二四五九　勿侑于妣庚
二四六〇　…妣庚禦…
二四六一　戊午卜㱿貞勿尋卯于妣庚
二四六三　貞于妣庚告
二四六四正　貞告于妣庚
二四六五　告于庚妣
二四六六　貞于妣庚告
二四六七　…勿告于妣庚
二四六八正　貞勿冊妣庚十…
二四六九　…冊妣庚…
二四七〇正　貞禦妣庚冊…
二四七一反　乙亥卜㱿貞酌妣庚…
二四七二　庚申卜㱿貞王禘于妣庚惟冊祈
二四七四　貞…𡆥妣庚三…羊
二四七五　辛亥卜妣庚…毋
二四七六正　貞于妣庚
二四七七　…亦于妣庚十牛
二四七八　惟妣庚𢀛
二四八三　辛酉卜古貞王其有曰妣庚…
二四七九　貞妣庚㞢…
二四八〇　貞妣庚…
二四八一　…妣庚…

二四八二　貞妣庚孽王
二四八四反　…妣庚
二四八五　貞…妣庚
二四八六　…勿妣庚
二四八七正　…妣庚
二四八九反　妣庚
二五〇〇反　…曰妣庚…循祟
二五四八　貞翌庚申侑于妣庚
二六一七　貞勿于妣庚
二六一七　貞于妣庚禦婦好
二六一七　貞勿于妣庚
二六一七　貞于妣庚禦
二六四三　甲戌卜貞婦好不往于妣庚
二八三七　貞婦往于妣庚不惟媷
五三七四　貞王…言妣庚若
五五九八反　告于高…妣庚…
五九九五正　…無舌告于妣庚惟羊用
六〇一六正　貞禦于妣庚
八九四七反　…侑妣庚
九九四六甲正　勿奉于妣庚
一〇〇四三　侑于妣庚
一〇〇四三　侑于妣庚
一一四八四正　…于妣庚
一一四八四正　勿侑于妣庚
一三六三五　貞疾舌祟于妣庚
一三六八九　貞疾趾于妣庚禦
一三七〇七正　乙未卜㱿貞妣庚贏王疾
一三七〇七正　乙未卜古貞妣庚贏王疾
一九八〇六　辛丑卜王三月侑示壬母妣庚豕不用
一九八九三　…妣庚禦…
一九八九四　…酉卜…其禦…妣庚…家
一九八九五　…妣庚…師…貝…見
二一五五〇　丙卯…豕妣庚…
二一五五一　庚申子…禦妣庚
二一五五二　辛巳卜啓有匕妣庚彘
二一五五三　辛巳卜…匕妣庚…
二一八七八　辛亥庚妣惟口各
二一八八五　戊申妣庚…惟…
二二一三〇　癸卯貞用反宰妣庚
二二一三〇　甲戌卜侑妣庚
二二一三〇　乙巳貞酌反妣庚
二二一三〇　…宰妣庚

二二一三〇　…妣庚
二二一三〇　妣庚用焱羌
二二一三〇　丁巳卜反宰妣庚
二二一三一　妣庚惟焱用羌
二二一三二　妣庚惟焱用羌
二二一三三　妣庚…焱羌用
二二一三六　癸未卜禦庚妣伐二十其反茲
二二一四四　乙巳貞酌反妣庚
二二二一四　戊辰卜其燎妣庚侑友牡
二二二二一　辛酉卜侑妣庚
二二二二二　…妣庚…牡
二二二二三　…妣庚…牝
二二二二四　…妣庚…侑羊
二二二二五　…妣庚
二二二二六　己未卜午婦妣庚
二二二二六　午婦妣庚
二二二二六　妣庚宰束羊豕
二二二二六　妣口宰妣庚束
二二二二六　酉妣庚
二二二二七　乙丑酌禦于庚妣伐二十鬯三十
二二二二九　…來庚寅酌盟三羊于妣庚…冊伐二十其三十
宰三十反三卯
二二二三〇　…來庚寅酌…羊于庚妣
二二二三一　甲寅卜貞三卜用盟三羊冊伐二十…三十宰
三十反三卯于妣庚
二二二三二　…反三卯于妣庚
二二二四六　由禦三宰酉妣庚
二二二四六　己丑卜侑妣庚牝
二二二四七　己丑卜侑妣庚牝
二二二四七　…午三宰用妣庚
二二二四七　六宰妣庚
二二二四八　啓有匕妣庚牡
二二二四九　辛巳卜啓有匕妣庚彘
二二二四九　啓有匕妣庚牡
二二二五八　丁亥卜酌禦妣庚寅宰
二二二五八　丁亥卜酌禦妣庚寅宰
二二二八四　祏妣庚豕
二二二九四　丁巳卜禦三宰妣庚
二二二九四　乙未卜往西子嵩妣庚三宰
二二二九四　侑豕妣庚
二二三二四　戊寅卜侑妣庚牝
二二三七四　不匕妣庚侑人

二二三九四 妣庚無立 1
二二五六〇 庚午卜旅貞王賓妣庚歲暨兄庚無尤 2
二二六〇五 己巳卜行貞翌庚午其有彳伐于妣庚羌三十其卯三宰 2
二三〇八二 庚：尹貞妣庚無尤 2
二三一八七 癸酉卜行貞王父丁歲三牛暨兄己一牛妣庚：無尤 2
二三一八七 乙亥卜行貞王賓妣庚：二宰敹：尤 2
二三二二〇 ：酉卜旅貞妣庚歲惟出敚 2
二三三〇二 庚戌卜行貞王賓妣庚歲二宰敹無尤 2
二三三〇三 庚戌卜旅貞王賓示壬奭妣庚：無： 2
二三三〇四 ：旅：示壬奭妣庚：尤 2
二三三〇五 庚辰卜：貞王：示壬奭妣庚日： 2
二三三二五 庚辰卜：貞王賓羌甲奭妣庚𠭰無尤 2
二三三二六 貞妣庚歲惟莫酌先日 2
二三三二六 貞妣庚歲並酌 2
二三三二六 己巳卜行貞翌庚午歲其延于羌甲奭妣庚： 2
二三三二七 庚戌卜行貞王賓羌甲奭妣庚歲小宰敹無尤 2
二三三三〇 庚戌卜尹貞王賓小乙奭妣庚翌無尤 2
二三三三一 ：貞王賓祖乙奭妣庚歲伐于勿牛暨兄庚歲二宰無尤 2
二三三三二 ：卜：貞王賓祖乙奭妣庚翌無尤 2
二三三四〇 己丑：貞：庚：敹侑于妣庚五宰 2
二三三四五 己巳卜尹貞翌庚午其侑于妣庚宰 2
二三三四六 庚子卜大貞其侑于妣庚： 2
二三三四七 庚子卜行貞其侑于妣庚牡 2
二三三四八 庚申卜行貞其侑于妣庚在十一月 2
二三三四九 己未：貞翌：妣庚歲： 2
二三三四九 ：未卜行：翌庚申：侑于妣庚： 2
二三三五〇 乙巳卜尹貞王賓妣庚歲敹無尤 2
二三三五二 庚午卜旅貞王賓妣庚歲無尤在九月 2
二三三五三 ：午卜旅：賓妣庚日：尤四月 2
二三三五四 乙未卜行貞王賓妣庚歲宰無尤 2
二三三五五 庚子卜：貞妣庚歲王其賓 2
二三三五六 庚午卜大貞妣庚歲王其賓 2
二三三五七 庚戌卜旅貞妣庚歲王其敹在一月 2
二三三五八 己丑卜：貞妣庚歲：牛 2
二三三五九正 貞先妣庚歲 2
二三三六〇 貞妣庚歲惟莫酌先日 2
二三三六一 ：子卜行貞妣庚歲王其敹在： 2
二三三六二 ：貞妣庚歲：勿牛 2
二三三六三 己卯卜旅貞翌庚辰妣庚歲其勿牛 2
二三三六四 庚申卜：貞妣庚歲其牡在七月 2
二三三六五 ：寅卜：貞妣庚歲：牡在三月 2
二三三六六 ：卜尹貞妣庚歲一牛 2

二三三六七 庚子卜：貞妣庚歲其勿牛 2
二三三六八 己亥卜喜貞翌庚子妣庚歲其弘宰 2
二三三六九 ：蒸暨妣庚歲宰無尤 2
二三三七〇 庚辰卜旅貞王賓妣庚：宰 2
二三三七一 庚辰卜尹：妣庚歲宰 2
二三三七二 庚申卜旅貞往妣庚宗歲敚在十二月 2
二三三七三 ：卜即：歲：于妣庚 2
二三三七四 ：其：于妣庚歲：十月 2
二三三七五 庚：貞于：妣庚歲：歲：無： 2
二三三七六 庚午卜：王賓妣庚：兄庚：尤 2
二三三七七 ：即貞妣庚王入自：其延敚 2
二三三七八 庚寅：貞王：妣庚彳：羌： 2
二三三七九 己卯卜：貞翌庚：古于妣庚 2
二三三八〇 庚申：貞其：妣庚 2
二三三八一 庚：貞：妣庚 2
二三三八二 庚：貞：妣庚在三月 2
二三三八三 ：妣庚： 2
二三三八四 庚：貞：妣庚：兄庚： 2
二三三八五 庚：尹：王：妣庚： 2
二三三八六 ：貞：妣庚：三牛 2
二三三八七 己丑：貞翌：妣庚： 2
二三三八八 ：卜尹：翌：其：妣庚 2
二三三八九 丁：貞：妣庚：母辛： 2
二三三九〇 ：卜：妣庚： 2
二三三九一 ：妣庚：宰 2
二三三九二 ：貞：妣庚：暨： 2
二三三九三 ：尹：妣庚： 2
二三四〇三 乙未：貞其侑于妣庚今入自禕告一月 2
二三四八八 庚午卜即貞王賓妣庚歲暨兄庚無尤 2
二三四九七 ：戌卜行：王賓妣庚：三卯： 2
二五〇五六 庚申卜行貞其侑于妣庚升一牛 2
二五〇七一 庚辰：貞其：于妣庚： 2
二六〇二四 ：大：舌于妣庚一牛一月 2
二六九二四 ：卜其有羌妣庚三人 吉 3
二七三三〇 惟妣庚 3
二七三五三 惟小乙妣庚 3
二七四五六正 丁未卜何貞禦于小乙奭妣庚其賓饗 3
二七五〇〇 ：年妣庚示壬 3
二七五〇五 于妣己妣庚祖乙奭 3
二七五〇六 于妣庚羌甲奭 3
二七五〇七 妣庚羌甲奭翌日王弗： 3
二七五〇八 ：申卜宁貞王賓小乙：妣庚： 3
二七五一四 其侑妣己妣庚惟小宰 3

著錄	釋文	期
二七五二二	其侑妣庚惟入自己夕酉彡	3
二七五二三	其舌妣庚	3
二七五二五	妣庚舌牢又二牛…受…	3
二七五二六	甲寅卜妣庚舌牢又一牛	3
二七五二七	…良妣庚王…	3
二七五二八	…巳卜其…妣庚	3
二七五二九	辛酉卜其敹妣庚其鬳	3
二七五二九	…其敹妣庚在白	3
二七五三〇	…奠歲妣庚王受…	3
二七五三一	…妣甲競妣庚	3
二七五三二	…亥卜妣庚歲勿牛	3
二七五三三	庚…貞其…妣庚	3
二七五三四	弜于妣庚有正	3
二七五三五	庚戌卜…貞王賓妣庚…	3
二七五三六	妣庚舌…王受…	3
二七五三七	貞于妣庚…	3
二七五三八	…妣庚…受有祐	3
二七五三九	妣庚暨…茲用	3
二七五四〇	…于妣庚惟𦎫	3
二八〇八九反	…夕从伐妣庚仲…	3
二八〇九二	…用危方由于妣庚王賓	3
三〇三二四	王其侑妣庚新宗王…大吉	3
三〇三二九	弜秦宗于妣庚舌	3
三一八四四	…妣庚…	3
三二一七一	戊寅卜侑妣庚五㚸十宰　不用	4
三二一七六	戊辰卜有及妣己一女妣庚一女	4
三二三四九	己酉其牛二于妣庚	4
三二三四九	己…侑妣庚一牛	4
三二三六一	庚戌卜今日侑于妣庚羊	4
三二七三九	禦妣庚	4
三二七四〇	禦妣庚十宰	4
三二七四一	侑妣庚三…	4
三二七四二	弜秦宗于妣庚	4
三二七四四	…妣庚…奭…	4
三四〇八一	辛巳貞其桒生于妣庚妣丙牡羊白豕	4
三四〇八二	辛巳貞其桒生于妣庚妣丙牡羊白犬	4
三四〇八二	戊辰貞其桒生于妣庚妣丙在祖乙宗卜	
三四〇八四	辛巳貞其桒生…妣庚…牝…	4
三四〇八五	癸未貞…桒生于…𢆶妣庚	4
三五三六四	…辰卜貞…賓妣庚…𩁹二…㱿一人…	
	宰無…	5
三五三六四	庚午卜…姬妣庚…㱿二…二宰…	5
三六一八三	庚辰卜貞王賓示壬奭妣庚翌日無…	5
三六一八四	庚申卜貞王賓示壬奭妣庚…𠭰無尤	5
三六一九六乙	庚…王賓…妣庚翌…	5
三六二二二	壬寅卜貞王賓大庚奭妣庚彡日無尤	5
三六二四四	庚午卜貞王賓祖乙奭妣庚劦無尤	5
三六二四五	庚申卜貞王賓祖乙奭妣庚彡日無尤	5
三六二四六	…申卜貞王…祖乙奭妣庚…	5
三六二五五	庚寅卜貞王賓祖乙奭妣庚劦日…	5
三六二五六	庚子卜貞王賓祖辛奭妣庚彡日…尤	5
三六二六二	庚戌卜貞王賓小乙奭妣庚彡無尤	5
三六二六三	庚子卜貞王賓小乙奭妣庚翌…	5
三六二六四	庚午卜貞王賓小乙奭妣庚劦日無尤	5
三六二六五	…小乙…妣庚…	5
三六二七一	…卯卜貞王賓妣庚…翌日無尤	5
三六二九八	庚…王賓…奭妣庚…	5
三六二九九	庚…王賓…妣庚…無…	5
三六三〇〇	庚子卜貞王賓妣庚…無尤	5
三六三〇一	庚戌…王賓妣庚…無…	5
三六三三九	…奭妣庚…	5
屯二八七	惟妣庚舌	3
屯七五〇	辛卯貞其桒生于妣庚妣丙一牢	4
屯八二二	舌妣庚若𠭯于必王受祐	3
屯八二三	于妣庚王受祐	3
屯一〇一一	己丑卜妣庚歲二牢	3
屯一〇六〇	壬寅卜祝于妣庚暨小妾…	4
屯一〇八九	乙亥貞其桒生妣庚	4
屯一〇八九	…生…妣庚示壬	4
屯一一二〇	…戊卜妣庚史…	3
屯二三六三	丁丑卜妣庚史惟黑牛其用佳	3
屯二六六八	己丑卜其有歲妣庚牢　茲用	3-4
屯三一八六	甲申卜其…于毓祖妣庚禘二牢	3-4
屯四三三〇	有歲于妣庚	3
英九七正	疾凡禦于妣己暨妣庚　小告	1
英一〇二	勿侑于妣庚	1
英一〇三	貞禦…妣庚	1
英一〇四	貞于妣庚禦	1
英一〇五正	貞妣庚弗…	1
英一〇六	…高妣庚	1
英二九五	…寅卜古貞…妣庚勿…	1
英七七〇正	…妣庚…	1
英一七六三	婦鼠侑妣庚羊豕	1
英一八九一	戊寅卜𡆥牛于妣庚	1
英一八九一	戊寅卜燎白犬卯牛于妣庚	1
英一九六一	…旅貞翌庚子其侑于妣庚一牛八月	2

著錄號	釋文	期
英一九六一	：卜旅貞妣庚歲其牡八月	2
英一九六二	：卜𠬝：賓妣庚：尤	2
英一九六三	：巳：貞翌：妣庚舌：	2
英一九六四	己亥卜：貞妣庚：其牡	2
英二三七二	丙：妣庚：惟：	3
英二五二〇	：卜貞：爽妣庚：無：	5
懷七〇	勿于妣己妣庚	1
懷七一	：卜爭貞𠦪王生于妣庚于妣丙二月	1
懷七六	貞：于妣庚	1
懷九〇八	：于高妣庚：	1
懷一〇二二	：戊卜：貞妣庚：牛：	2
懷一〇二三	庚辰卜尹貞王：妣庚：尤	2
懷一三七八	其禦𠬝妣庚惟：	3
懷一五六七	妣庚歲从𣪘	4
懷一七〇四	：申卜貞：賓示壬：妣庚翌：尤	5
懷一七〇六	：王賓：妣庚彡無尤	5

妣辛

著錄號	釋文	期
二四八九反	妣辛	1
二四九一	辛未卜來辛巳侑妣辛	1
一九八六七	：卜：貞勿：用：妣辛：用	1
一九八九六	壬午𠂤妣辛	1
一九八九七	辛丑：妣辛用	1
一九八九八	戊戌卜：不：妣辛	1
一九八九九	：卜歲：妣辛𣪘	1
二一一一四	丙辰卜不惟余于妣辛：	1
二一五四〇	：于卜：侑大甲母妣辛	1
二一五九五	惟妣辛：	1
二一五九五	：妣辛彘	1
二一八七四	于妣辛	1
二二〇四一	于妣辛：	1
二二〇五〇	于妣辛	1
二二〇七一	禦妣辛：又一宰	1
二二〇七三	乙酉卜禦新于妣辛白䍃豕	1
二二〇七四	癸巳卜禦妣辛豕五	1
二二〇七四	甲午卜凡禦于妣至妣辛	1
二二〇七四	乙未卜禦于妣辛妣癸	1
二二〇九九	庚戌卜有：禦于妣辛暨父丁惟之有[illegible]	1
二二二〇六甲	甲戌貞妣辛	1
二二二四六	彘妣辛毋用	1
二二三〇一	妣辛𩰪	1
二二三〇一	妣辛蚰	1
二三三一一	辛：貞：大甲：妣辛：小宰：	2
二三三一四	辛未卜行貞王賓大甲爽妣辛𠭁無尤在八月	2
二三三九四	：卜旅：賓：妣辛：尤	2
二三三九五	：侑于妣辛𠬝歲其至凡：祖四月	2
二三三九六	：妣辛𠬝歲至凡：	2
二三三九七	貞其侑妣辛宰	2
二三三九七	庚辰卜𠬝貞其烝于妣辛	2
二三三九八	：于：妣辛：二亞：	2
二三三九九	丙辰卜𠬝貞其圉于妣辛：	2
二三三九九	丙辰卜𠬝貞其圉于妣辛一牛	2
二三四〇〇	庚申：貞翌辛：妣辛宰	2
二三七一七	甲申卜出貞翌：巳𠬝其侑于妣辛𠬝歲其：	2
二六九五四	乙卯卜狄貞𤑔羌其用妣辛𢦏	3
二六九七五	庚戌卜何貞妣辛歲其𣪘𡘋	3
二七〇四二正	庚申卜何貞翌辛酉其侑妣辛	3
二七三二一	庚子卜何貞翌辛丑其侑妣辛饗	3
二七三六七	戊戌卜祖丁史其延妣辛妣癸王：	3
二七三六八	于妣辛	3
二七四四〇	庚午卜其有歲于妣辛宰	3
二七四四一	辛卯卜妣辛𠦪惟羊	3
二七四五五	癸丑卜其烝王丁于妣辛卯宰	3
二七四五五	于妣辛烝王丁	3
二七五〇九	：祖丁：妣辛：	3
二七五四一	己卯卜其侑妣辛	3
二七五四二	庚寅卜鼓貞其侑妣辛一牛	3
二七五四三	庚寅卜彭貞其侑妣辛一牛	3
二七五四四	庚寅：其侑：妣辛：	3
二七五四五	庚申卜其侑妣辛	3
二七五四六	侑妣辛一小宰	3
二七五四七	其侑𤉲于妣辛	3
二七五四八	其𠦪妣辛其言日彡	3
二七五四九	癸未卜貞其𠦪于妣辛	3
二七五五〇	癸未卜貞弜𠦪妣辛	3
二七五五一	至于妣辛彡茲用	3
二七五五二	貞弜：妣辛在：暨祖：	3
二七五五三	其祝在妣辛有正	3
二七五五四	弜祝妣辛	3
二七五五五	己巳卜其啓宜西戶祝于妣辛 吉	3
二七五五六	弜祝妣辛	3
二七五五七	其告妣辛惟𢀛	3
二七五五八	王其田其告妣辛王受祐	3
二七五五九	其禦妣辛	3
二七五六〇	辛卯卜其冊妣辛	3
二七五六一	：王賓妣辛日有正	3

著錄號	釋文	分期
二七五六二	于妣辛升…王此…	3
二七五六三	…妣辛…	3
二七五六四	…卜何貞…辛巳其…于妣辛	3
二七五六五	…妣辛饗	3
二七五六六	…即宗于妣辛	3
二七五六七	…于妣辛	3
二七五六八	妣辛	3
三一七〇〇	惟妣辛祝	3
三一八九一	弜…妣辛…方…人	3
三二一六二	其侑妣辛…奭惟歲…	4
三六二〇八	辛巳卜貞王賓大甲奭妣辛翌日無尤	5
三六二〇九	辛卯卜貞王賓大甲奭妣辛叡無尤	5
三六二一〇	辛卯卜貞王賓大甲奭妣辛彡日…	5
三六二一一	辛…卜貞王賓大甲奭妣辛彡日無尤	5
三六二一三	辛酉卜貞王賓大甲奭妣辛…	5
三六二一四	辛酉卜貞王賓大甲奭妣辛…	5
三六二三六甲	辛亥卜貞王賓…甲奭妣辛舀日無尤	5
三六二五五	辛…卜貞王賓武丁奭妣辛舀…	5
三六二六四	…卜…賓妣辛…尤	5
三六二六七	辛卯卜貞王賓武丁奭妣辛翌日無尤	5
三六二六八	辛巳卜貞王賓武丁奭妣辛叡無尤	5
三六二六九	癸亥卜貞王賓武丁奭妣辛叡無尤	5
三六二七〇	辛酉卜貞王賓祖丁奭妣辛叡無尤	5
三六二八一	辛酉卜貞王賓康奭妣辛叡無尤	5
三六二八九	辛酉卜貞王賓康祖丁奭妣辛叡無尤	5
三六二九〇	辛巳卜貞王賓康丁奭妣辛…無…	5
三六二九一	辛亥卜貞王賓康祖丁奭妣辛…	5
三六三〇二	辛亥…王賓…妣辛舀…	5
三六三〇三	…賓…妣辛舀…	5
三六三〇四	辛亥卜貞…賓妣辛…日無尤	5
三六三〇五	辛亥…王賓…奭妣辛無…	5
三六三〇六	辛亥…王賓…妣辛	5
三六三〇七	…未卜…賓…妣辛…	5
屯 二六一	其祝妣辛惟翌日辛酌	3
屯 二六一	弜祝于妣辛	3
屯 三三	壬辰卜妣辛事其延妣癸惟小宰	3
屯 六一〇	戊午卜其餗妣辛宰　吉	3
屯 六四三	惟王至妣辛歲	3
屯 六九一	…妣辛卯往	3
屯 六九四	庚申卜妣辛舌宰王受祐　吉	3
屯 一〇〇四	…妣辛　吉	3
屯 一四四二	…酌妣辛桒…祐	3
屯 二二四八	…申卜…妣辛于…惟…	1
屯 二三一五	庚申卜妣辛舌歲宰	3
屯 二三一五	妣辛舌	3
屯 二五三八	其用由在妣辛必至母戊	3
屯 二六八三	庚子卜妣辛歲惟牡	3
屯 二六八四	庚子卜其有歲于妣辛	3
屯 二七一〇	妣辛歲惟羊　吉	3
屯 三六〇一	庚寅卜王賓妣辛𣎆	3
屯 三六〇一	…其𣎆妣辛惟𪊨	3
英 一〇七正	貞侑于妣辛	1

毓妣辛

著錄號	釋文	分期
二七四五六正	庚戌卜何貞翌辛亥其侑毓妣辛饗	3
二七四五六正	庚戌卜何貞翌辛亥其侑毓妣辛	3

妣壬

著錄號	釋文	分期
八一三	貞妣壬弗壱…	1
八一三	貞妣壬弗壱王	1
八一三	貞妣壬壱王	1
一八二三正	侑于妣壬	1
二一三一	父辛一牡	1
二一三四	貞父辛祟	1
二一六二	…午…侑父辛	1
二一六三	父辛惟牛	1
二一六三	父辛惟豕	1
二一六四	父辛不壱	1
二一六八	父辛…卯宰	1
二四九二	壬申卜侑妣壬	1
二四九三	貞勿侑于妣壬禦	1
二六一三	于妣壬	1
三二五一正	□侑妣壬𥁕…	1
三二五一正	□侑妣壬𥁕暨唐若	1
三五二一正	□侑妣壬𥁕	1
三五二一正	□侑妣壬𥁕暨唐若	1
五九四四	己巳卜王貞中其執盧妣壬六月允執	1
一〇九三六正	惟妣壬　二告	1
一〇九三六正	不惟妣壬	1
一〇九八九正	貞而妣壬雨獲畀舟	1
一九九〇〇	辛亥卜自惟羊妣壬不	1
一九九〇一	…妣壬…𪊨	1
一九九七一	…侑妣壬豕	1
二一七二五	…在…禦婦妊妣壬	1

二三〇五〇　乙未卜于妣壬奏　1
二三〇六甲　甲酉：有：妣壬　1
二三三一二　壬午卜尹貞王賓大庚奭妣壬翌：尤　2
二三三一三　壬子卜：貞王賓大庚奭妣壬叙無囚　2
二三三一四　壬寅卜行貞王賓大庚奭妣壬劦無尤　2
二三三一四　壬子卜行貞王賓大戊奭妣壬劦無尤　2
二三三一六　壬子卜㳄貞王賓大戊奭妣壬劦無尤　2
二三三一七　壬寅：貞王：大戊奭妣壬歲無尤　2
二三三二三　：申卜尹貞王賓祖辛奭妣壬：　2
二七一六四　辛未卜其有歲于妣壬一羊　3
二七三八七正　壬寅卜王賓妣壬歲祭　3
二七五六九　：子卜其侑妣壬：　3
三一九九三　疾父乙豕妣壬豚　4
三二一九三　寅元侑妣壬：　4
三二七二九　于侑妣壬豚　4
三二七五一　辛卯貞酌乂歲妣壬妣癸　4
三二七五一　辛卯貞：妣壬：妣癸　4
三三三二七　辛卯卜侑妣壬妣癸小宰　4
三四四〇九　：日：妣壬　4
三六一九六甲　：卜貞：賓：妣壬翌日無尤　5
三六二一八　壬子卜貞王賓大庚奭妣壬觀無尤　5
三六二二〇　壬戌卜貞王賓大庚奭妣壬無尤　5
三六二二三　：午卜貞王：大庚奭妣壬：尤　5
三六二二五　壬辰卜貞王：大戊奭妣壬：無尤　5
三六二二六乙　壬申卜貞：賓大戊奭妣壬劦日無尤　5
三六三〇八　：貞：妣壬翌彡：尤　5
三六三〇九　壬午：王賓：妣壬彡：　5
三六三一〇　：卜貞王：奭妣壬：　5
屯附三　作凶父乙豕妣壬豚兄乙豚化：兄　3-4
　　甲豚父庚犬　3-4
屯附五　乂禦于父乙羊于侑妣壬豚　3-4
屯二八六　辛未卜其有歲于妣壬羊　3
屯七一四　辛巳卜妣壬卯惟羊
屯四一〇一　辛卯貞酌乂歲妣壬
懷七五　貞勿侑于妣壬　1

妣癸

九四正　乙卯卜穷貞呼婦好有及于妣癸　1
七二五正　貞勿爵用及妣癸又五宰　1
八〇八正　貞勿爵酌妣癸𠦪正　1
八〇八反　既酌妣癸：　1
九一五正　惟妣癸　1
九一五正　不惟妣癸　1
九二四反　：婦于妣癸　1
九四〇正　妣癸壱王　1
一二四九　庚子卜王上甲妣甲毓妣癸：　1
二四九五正　貞勿于妣癸禦：　1
二四九六　癸巳卜爭貞侑白彘于妣癸不：　1
二四九七　貞勿侑于妣癸　1
二四九八正　翌丁侑于妣癸　1
二四九八正　勿侑于妣癸　1
二四九九　貞侑妣癸　1
二五〇〇正　：申卜亘貞告于妣癸孽王　1
二五〇一　貞禱于妣癸冊三小宰　1
二五〇二甲正　貞妣癸崇　1
二五〇二甲正　貞妣癸弗崇王　1
二五〇二乙正　妣癸崇王　1
二五〇三　惟妣癸　1
二五〇四正　：于妣癸　1
二五〇四正　妣癸　1
二五〇五正　貞于妣癸　1
二五〇六　：妣癸　1
二五〇六　妣癸　1
二五〇七　：妣癸：　1
二五〇八　貞：妣癸　1
二五〇八　：于妣癸　1
二五〇九　：妣癸：　1
二六一三　于妣癸禦婦　1
二八六四　貞于妣癸禦霝妃　1
三二〇八　：于妣癸禦衛　1
六四五一正　壬戌卜爭貞侑于妣癸　1
一三六七五正　壬戌卜古貞禦疾𠃬妣癸　1
一三六七五正　禦疾𠃬于妣癸　1
一三六七五正　貞勿禦于妣癸　1
一四七八七反　侑于妣癸　1
一九九〇三　侑妣癸不　1
一九九〇四　：𠂇侑妣癸不：　1
二一八七四　：于妣癸　1
二一八七七　妣癸禦　1
二二〇六甲　甲戌貞𢀛妣癸有歲　1
二二〇四八　來癸于妣癸侑及：歲　1
二二〇四八　于妣癸盧豕石及　1
二二〇五〇　己酉于妣癸　1
二二〇七四　乙未卜禦于妣辛妣癸　1
二二三〇一　妣癸𪓰　1

著錄	釋文	期
二二八七一	癸卯：貞王：仲丁：妣癸：	2
二三三一八	：卜行：王賓仲丁奭妣癸𠭰無尤	2
二三三一九	：奭妣壬翌無尤	2
二三三三○	癸酉卜尹貞王賓仲丁奭妣癸翌無尤	2
二三四○一	壬午卜旅貞：其蒸于妣癸	2
二三四○二	：旅：妣癸	2
二五八六四	：亥卜貞王賓妣癸無尤	2
二七三六七	戊戌卜祖丁史其延妣辛妣癸王：	3
二七四五六正	壬子卜何貞翌癸丑其侑妣癸饗	3
二七五七○	癸巳卜：貞王：妣癸：無：	3
二七五七一	壬辰卜其侑妣癸惟羊王受祐	3
二七五七二	壬午卜其有歲于妣癸惟小宰	3
二七五七三	妣癸歲惟牛	3
二七五七四	：午卜何：翌癸未：侑妣癸惟小宰	3
二七五七五	日于妣癸其告王受祐	3
三一九九三	禦牧于妣乙盧豕妣癸彘妣丁豕妣乙	4
	豕豕	
三一九九三	禦衆于祖丁妣癸盧豕	4
三二七五一	辛卯貞酌𠬝歲妣壬妣癸	4
三二七五一	辛卯貞：妣壬：妣癸	4
三三三二七	辛卯卜侑妣壬妣癸小宰	4
三六二二五	癸卯卜貞王賓：奭妣癸翻無尤	5
三六二二六乙	癸未卜貞王賓仲丁奭妣癸𠭰日無：	5
三六二三三	癸酉卜貞王賓仲丁奭妣癸彡日無尤	5
三六二六八	癸未卜貞王賓武丁奭妣癸翻無尤	5
三六二六九	癸丑卜貞王賓武丁奭妣癸𠭰日無：	5
三六二七二	癸卯卜貞王賓武丁奭妣癸𠭰日無：	5
三六二七三	癸亥卜貞王賓武丁：妣癸𠭰：	5
三六二七四	癸酉卜貞王賓祖丁奭妣癸𠭰無尤	5
三六二七五	：未卜貞王賓祖丁：妣癸𠭰日無：	5
三六二七六	壬寅卜貞王賓武丁：妣癸姬薛：𣪘卯：	5
	無：	
三六三一一	癸亥卜貞王賓妣癸彡日無尤	5
三六三一二	壬寅卜貞：賓妣癸：尤	5
三六三一三	：卜貞王：奭妣癸：無尤	5
三六三一四	癸巳卜：賓：妣癸	5
三六三一五	：貞翌日癸卯王其：妣癸必正王受有祐	5
三六三一六	王其：于妣癸：正：	5
三六三一七	：貞昔乙卯武必：癸亥其至于妣癸必丁	5
	：：	
乇附三	禦衆于祖丁牛妣癸盧豕	3-4
乇三三三	壬辰卜妣辛事其延妣癸惟小宰	3
乇二三六	壬寅卜妣癸歲卯酌翌日癸	3
乇九○六	妣癸：五	4
乇一四二	妣癸于入自夕：酌	3
乇二六七○	丙子卜燎白羊豕父丁妣癸卯𠂤：	1
乇一九八四	：卜妣癸歲宰：	3
英一九三七	癸酉卜行貞王賓仲丁奭妣癸翌無尤 在三月	2
英二一七一	其𠦪妣癸𡚬妣甲𡚬惟：	3

參 917 頁

參 744 頁

參 73 185 頁

妣

著錄	釋文	期
三七六反	不妣	1
三八五	貞翌：未酌妣有匚于丁：	1
六三○	癸酉卜貞多妣𡩜小臣三十小母三十十婦	1
六八五正	貞多妣弗祟王	1
六八五正	貞多妣祟王	1
六八五正	貞多妣弗祟王	1
七八六反	貞侑于妣	1
九○五正	貞多妣祟王	1
九七四正	侑于亞妣及𣪊 二告	1
一三九五正	貞惟多妣	1
一三九五正	不惟多妣	1
二一二三	貞疾妣惟父甲𧉻	1
二五一○	丁卯卜貞茲妣井不	1
二五一七	：辰卜于多妣：	1
二五一八正	：𣪘貞：于多妣	1
二五一九	貞侑于多妣	1
二五一九	：多妣	1
二五二一乙正	：多妣：	1
二五二一甲正	貞惟多妣肇王疾	1
二五二二正	庚：亘貞：多妣𧉻	1
三○二一	貞今癸巳：子央：于妣	1
四一九○反	：其惟二妣：	1
六○三二反	不惟多妣	1
六○三二反	惟多妣	1
一四九八正	丙午卜𣪘貞：羌多妣	1
一三五四三	丁酉卜𡚬貞延呂宗無𢦏酉𤕌	1
一五一一五正	：禦：于妣	1
一五一一四正	貞禦𡚬于妣	1
一五四○九	侑于妣周九月	1

父母兄子

一六四〇二　…妣一月　1
一九八一七　乙巳卜㞢侑大乙母妣丙牝　1
一九九〇五　丁酉卜自用羊豕妣…　1
一九九〇六　…侑六妣㲋不　1
一九九〇六　…六妣即日用　1
一九九五六　庚午卜侑妣母甲盧豕　1
一九九五八　…卜侑妣母己盧豕　1
一九九五八　丙寅卜侑妣母…盧…　1
二〇〇三八　辛丑…禦子妥多妣　1
二〇二九七　辛酉卜王貞妣弗𠂤　1
二〇三一八　…申卜…貞余…妣亢…　1
二〇三六六　…妣若　1
二〇七四三　壬辰卜王妣有…十月　1
二一八三九　…歲妣有…　1
二一八七五　己巳…禦妣　1
二一八七五　己巳卜禦妣　1
二一九二八　庚…大…告來…妣生…　1
二一九二八　…酉…妣　1
二一九七九　于妣盧豕　1
二二〇四八　戊…直于妣奏　1
二二〇五〇　甲午卜𠬝禦于妣至妣辛　1
二二〇七四　戊申卜桒生五妣于妣?…其　1
二二一〇〇　癸巳卜妣妥　1
二二一四七　弜午庚宰中妣小宰于小宰　1
二二二三六　祐三妣　1
二二二八五　㲋三妣　1
二二二八五　弜祐…妣人丁用　1
二二三七四　…令暘𢓸…妣禦取…　1
二二四三〇　…犬方?…一妣惟…　1
二二四七一　圍妣母牛　1
二二三三五　先妣牛　1
二二三八三　先妣牛　1
二二三八四　其刖妣　1
二二四二五　辛酉卜夂豕妣遘六月　1
二二四六六　乙未卜旅貞侑以牛其用于妣惟今日　2
二三四〇三　…貞其侑于妣…　2
二三四〇四　…卜旅…又多…妣…　2
一三四〇五　…子卜大…其侑…妣牡…　2
二五〇四七　…卜大…其侑…妣一牛　2
二五〇四八　癸未卜…貞妣…其…　2
二五一五一　癸巳…貞其…妣…　2
二五一六〇　庚戌…貞王…妣…無…　2

二五八八四　癸巳卜旅貞告于妣…惟今酌　2
二六〇二三　甲戌卜即貞其吉于妣…宰一月　2
二六〇六三　…既𨒪…妣王盤…其…　2
二六八二二　甲戌卜旅貞妣告惟今𥃲酌　2
二六八九九　癸亥卜口貞其祝于妣惟禱用　3
二六八九九　貞其祝妣惟　3
二七一四八　妣禱　3
二七五七八　…卜妣告　3
二七五七九　妣祝惟羊　吉　3
二七五八〇　…侑于多妣八.　3
三二七四八正　庚寅貞侑多妣𠄌　4
三二八九二　…暨多妣　4
三二九八四　丙寅…虎…豕王匕　4
三四〇八六　癸未貞六旬有祟不于妣囚　4
三四五四四　貞…今日.于妣　4
英一二〇四　貞王囚侑妣　二告　1
英一九二四　辛亥卜大貞王其…妣𩰫?叙…　2
英二四二八　丙…貞有兇丁妣于河其…　4
懷一五六四　癸巳卜弜將六妣　4

父甲

六七二正　貞呼子𡧊祝一牛侑父甲　1
六七三正　…父甲　1
七七五正　于父甲　1
七七九正　貞有豕于父甲　1
七八〇　貞有豕于父甲　1
八一三　貞父甲害王　1
九二九　貞…婦…于…父甲…伐…　1
一二四八正　貞禱于父甲　1
一二四八正　貞父甲弗其用王…　1
一三三〇　貞侑于父甲犬卯羊　1
一六五九　貞惟父甲害王　1
一八二二正　侑于父甲　1
二一〇六正　侑于父甲　小告　1
二一〇七　貞侑父甲　1
二一〇八　…卜亘…侑于父甲　1

著錄號	釋文	分期
二一〇九	侑于父甲	1
二一一〇正	貞勿侑于父甲	1
二一一一反	勿侑于父甲	1
二一一二	貞侑于父甲	1
二一一三	貞侑于父甲	1
二一一四	勿侑犬于父甲	1
二一一五	貞于父甲禦囚	1
二一一七反	禦于父甲父庚	1
二一一八	父甲…	1
二一一九	父甲祟王	1
二一二〇	父甲弗莣王	1
二一二一	貞惟父甲莣	1
二一二二	貞父甲莣我	1
二一二三	貞疾杋惟父甲莣	1
二一二三	貞有疾不惟父甲	1
二一二四	貞父甲不我莣	1
二一二五	貞不惟父甲莣	1
二一二六	貞不惟父甲	1
二一二七正	貞王勿…父甲	1
二一二八	…父甲	1
二一二九	戊寅…父甲…	1
二一三〇	父甲祟王	1
二一三一	父甲一牡	1
二一三二	貞…于父甲	1
二一三二	貞勿侑于父甲	1
二一三三	癸卯卜亘貞侑于父甲犬	1
二一三四	貞父甲祟	1
二一三五	貞侑于父甲	1
二一六五	…侑父甲父辛率…	1
二八六九反	于父甲禦	1
四三二四	壬寅卜侑父甲	1
六四八二反	惟父甲	1
六四八三反	惟父甲	1
六四八三反	不惟父甲	1
六四八四反	不惟父甲	1
六四八五反	惟父甲	1
六四八六反	惟父甲	1
七八六二	貞侑于父甲父庚父辛	1
一二四九五正	貞侑于父甲宰	1
一三六七六正	貞惟父甲莣	1
一四一三五正	不惟父甲莣王	1
一九九一五	癸巳卜王…父甲羊不	1
一九八三八	癸未夶彡禦父甲	1
一九九一三	癸巳卜王侑父甲	1
一九九一四	辛亥卜王貞…父甲禦…酉二百…	1
二〇五三〇	癸未卜延酉父甲至父乙酌一牛	1
二一五三八甲	…父甲三白豕至…	1
二一五四三	辛…其至三…豕父甲豭…	1
二六九二五	…亥卜…羌三人白…其用于…祖丁父甲…	3
二六九七六	其以執父甲于升　大吉	3
二七〇二五	癸未卜父甲…	3
二七〇四一	惟父甲彡日還有正	3
二七〇四二正	癸丑…翌甲寅侑父甲其…	3
二七一〇四	…父甲…大乙酌…受有祐	3
二七二五四	其剛父甲僼有雨	3
二七三三一	癸卯卜何貞翌甲辰其有丁于父甲宰𩞁	3
二七三三九	乙未卜其𣪠虎于父甲濆	3
二七三四八	于父甲桒	3
二七三六一	…卯卜其祝祖丁父甲…	3
二七三六三	…祖丁大乙王其延父甲　大吉	3
二七三六四	…卷祖丁父甲	3
二七三六六	其桒在父甲王受…　吉	3
二七三六八	丁卯卜其𢀛惟丁亥于父甲　茲用	3
二七三六九	于父甲	3
二七三七〇	其桒在父甲王受祐	3
二七三七一	辛酉卜彡日父甲	3
二七三七五	…亥卜…于父甲王受…	3
二七三八七正	…未卜父甲木丁…牛　茲用	3
二七四〇二	癸丑…父甲…勿牛	3
二七四四〇	父甲歲惟翌日辛酌	3
二七四四一	父甲歲惟三宰	3
二七四四二	其有歲于父甲濆宰	3
二七四四三	父甲歲…革　茲用	3
二七四四四	丁丑卜父甲木丁宰	3
二七四四四	丁丑卜其侑木丁于父甲	3
二七四四五	弜𩛥在父甲	3
二七四四六	己酉卜曠貞翌日父甲旦其十牛	3
二七四四七	父甲夕歲…惟…	3
二七四四八	…劦日父甲有夕歲王受祐	3
二七四四九	辛酉卜父甲舌即…	3
二七四五〇	…日于父甲有…	3
二七四五一	…父甲其…歲　吉	3
二七四五二	辛酉卜父甲舌有夕歲王受…　吉	3
二七四五三	癸亥卜父甲夕歲二宰　吉	3
二七四五四	祰其至父甲　吉	3
二七四五五	癸丑卜王丁穡入其蒸于父甲	3

二七四五六正　癸酉卜何貞翌甲午蒸于父甲饗　3
二七四五六正　癸巳卜何貞翌甲午蒸于父甲饗　3
二七四五七　：貞：父甲蒸：尤　3
二七四五八　甲：貞王：父甲翌：惟吉　3
二七四五九　壬戌卜狄貞王父甲：其豐王受有祐　吉　3
二七四六〇　：于卜父甲豐　3
二七四六一　戊午卜其祝于父甲惟己　3
二七四六二　其祝工父甲三牛　3
二七四六三　貞日于父甲羌王受祐　3
二七四六四　祝愛于父甲　3
二七四六五　乙酉卜其劃父甲㲉在茲足成　3
二七四六五　于岳劃父甲㲉　3
二七四六六　己卯卜父甲：勿牛　3
二七四六八　丁丑卜狄貞万于父甲　3
二七四六九　卜父甲木丁惟牡　3
二七四七〇　癸巳卜父甲木丁勿牛　3
二七四七一　：卜其告于父甲：　吉　3
二七四七二　貞：：父甲　3
二七四七三　告于父甲　3
二七四七四　：至父甲　3
二七四七五　：丑卜王其延史于父甲　3
二七四七六　示侑于父甲　吉　3
二七四七七　：王其：父甲：翌日：　3
二七四七八　：丑卜：在父甲：祐　3
二七四七九　：至父甲　3
二七四八〇　：父甲　吉　3
二七四八一　：在父甲：　3
二七四八二　：卜父甲：妣甲　3
二七四八三　父甲一牢　3
二八二七六　癸酉卜其𠦪田父甲一牛　3
二八二七八　癸酉卜于父甲𠦪田　3
三〇二八三　有用其延宗父甲門　3
三〇二九七　甲午卜王馬尋駁其禦于父甲亞　吉　3
三〇三四五　：卜彭貞其延蒸穧：饗父庚父甲家
止　3
三〇三五七　：未卜父甲必夕歲：　3
三〇三五八　：卜其祝父甲必惟舊冊：　吉　3
三〇三五九　癸亥卜其有夕歲于父甲必王受有祐　3
三〇三六五　惟督酌三十在宗父甲：　3
三〇四三九　貞惟父甲祝用　3
屯附三　作𡿨父乙豕妣壬豚兄乙豚化：兄　甲豚父庚犬　3-4

屯附五　彡禦父甲羊又禦父庚羊　3-4
屯九五　王其侑于父甲台兄壬惟龜王受祐　3
屯一七三　父甲夕歲弘　3
屯五九四　：午卜翌日父甲𥙊競祖丁冊王受祐　大
吉　茲用　3
屯一〇三一　癸酉卜父甲夕歲惟牡　茲用　3
屯一〇四二　：父甲　3
屯一〇五五　惟父庚庸用惟父甲正王受祐　3
屯一〇五五　丁丑卜餗其酌于父甲有庸惟祖丁用：　3
屯一〇六一　：庸：父甲正王受祐　吉　3
屯一〇六一　：惟父甲正王受祐　3
屯二〇八〇　：卜：于父甲其順从：　3
屯二二九四　甲子卜父甲豐惟祖丁豐用　大吉　3
屯二三三四　于父甲宗門用有正　吉　3
屯二三三四　其用在父甲必門有正　吉　3
屯二四〇六　惟父甲冊用王受祐　吉　3
屯二四七八　辛酉卜父甲舌其：　大吉　3
屯二五二〇　：父甲必舌伐五人王受有祐　3
屯二五五七　𢆶自父甲酌　3
屯三一七五　：父甲夕歲：　大吉　3
屯三六六六　：于父甲告衛有笑以王禽　3
屯三七七八　己亥卜父甲木丁二牢　3
屯三七七八　己亥卜父甲木丁勿：　3
屯三八九六　父甲：有：　3
屯四三九六　其用在父甲王受祐　3
屯四五一〇　甲午卜父甲夕歲惟：王受祐　3
屯四五一七　癸未卜𤆍酌禦父甲　1
英七五正　貞于父甲侑犬　1
英七六　貞父甲巷　1
英一七六一　癸巳卜王侑父甲　1
英二二六二　丙午卜祖丁盟歲王各校于父甲　3
英二二六七　惟可用于宗父甲王受祐　3
英二二六七　父甲弜用　3
英二二六八　壬子卜父甲木丁于禱　3
懷五七　勿于父甲　1
懷六五　癸卯卜侑父甲　1
懷一三七一　癸未卜父甲木丁勿牛　茲用　3
懷一三七三　癸未卜祭于父甲有：　3
懷一三七六　己卯卜父甲木丁一牢　3

父乙

一三〇正　貞翌乙未呼子漁侑于父乙宰　1

二〇一正 貞惟父乙囚王

二〇一正 貞不惟父乙囚王　二告

二〇一正 貞婦好夢不惟父乙

二〇一正 貞王𧇡父乙

二三六正 癸酉卜殼貞父乙之窴自羌甲至于父…

二三五正 貞惟父乙壱

二六三反 …祟…父乙

二七一正 己卯卜殼貞禦婦好于父乙㞢羊又豕冊
十宰

三七一正 父乙壱王

三七一正 父乙弗壱王

二七二正 于父乙祟有匄

二七二正 勿于父乙祟有匄　二告

四一三 甲申卜禦雀父乙一羌一宰

四三七 有羌父乙卯小宰

四五六正 侑于父乙

四八八反 惟父乙

五〇〇正 …父乙…

五〇〇正 勿父乙禦

六五五臼 侑父乙

七〇二正 貞禦婦好于父乙㞢宰又殼冊十宰十𠬝
殼十　二告

七〇二正 …冊父乙十𠬝十宰殼十

七〇九正 呼子㝉卯父乙

七〇九正 貞勿呼子㝉卯父乙

七〇九正 貞呼子㝉卯父乙冊𠬝㞢卯宰

七一二 丁巳卜呂貞酌婦好禦于父乙

七一二 貞勿𠦪先酌于父乙𠬝卯三宰

七一三 貞禦于漁于父乙㞢羊冊𠬝

七一四 …卜…父乙…𠬝卯…

七一五反 …好侑𠬝于父乙

七二九 貞禦于漁于父乙有一伐卯宰

七六六正 辛卯卜亘貞父乙壱王王固曰父壱惟
不𠦪　二告

七六六正 貞父乙弗壱王　告

七六七正 甲辰卜殼貞有宰于父乙

七九五正 貞…𠦪用𠬝于父乙

八一一正 貞父乙卯要

八一一正 貞父乙弗卯要

八一六正 于父乙多介子祐　二告

八八六 貞禦于父乙㞢三牛冊三十伐三十宰

八九二正 卯父乙

九〇三正 父乙不惟伐祟

九〇三正 父乙惟伐祟

九〇三正 禦父乙

九〇五正 貞侑于父乙宰　二告

九一四正 父乙壱王

九一四正 貞父乙弗壱…　二告

九一四正 父乙來

九一四反 凡父乙

九二四正 壬辰卜殼貞呼子㝉禦侑母于父乙㞢
宰冊𠬝三𢆶五宰

九二四正 貞呼子㝉禦侑母于父乙㞢小宰冊
…三𢆶五宰

九二四正 貞呼婦㞢于父乙宰冊三宰有𠬝

九三九反 惟父乙…

九六四 甲午卜商有伐父乙乙來

九六七 丁酉卜耳貞侑于父乙伐…往…

九六八 …惟伐父乙十二月

九六九 翌乙酉呼子商酌伐于父乙

九七三正 …唐子𤕌父乙

九七三正 …唐子…𤕌父乙

九七四正 父乙𡆥惟之

九七四正 父乙𡆥不惟之

九七四正 貞王𡆥父乙賓

九七四正 勿𡆥父乙賓

九七四正 貞有卜殼于父乙

九七四正 勿告于父乙

一〇五一正 侑于父乙

一〇七六臼 辛酉卜…父乙壱于宁

一〇七六臼 王固曰…父乙壱

一四〇二正 甲辰卜殼貞翌乙巳侑于父乙宰用

一四八七 甲戌卜㝊貞其競父乙日于大庚告于…
宰

一六五一 …王…自祖乙至于父乙九月

一六五六正 壬申卜爭貞父乙𢀛羌甲　二告

一六五六正 壬申卜爭貞父乙弗𢀛羌甲

一六五六 父乙𢀛南庚　二告

一六五六正 父乙弗𢀛南庚　二告

一六五七正 父乙賓于祖乙

一六五七正 父乙不賓于祖乙　五月

一六五七正 父乙不賓于祖乙

一六五七正 父乙不賓于祖乙

一六五七正 貞父乙賓于祖乙

一六五七正 父乙不賓于祖乙

一六五七正 丙寅卜貞父乙…于祖乙

一六六〇正 …祖乙…父乙𡆥…

一七七三正 貞侑于父乙

一七七八正 丁酉卜㱿貞王勿𥁕曰父乙
一七七九正 貞祖辛宿于父乙
一七七九正 貞祖辛不宿于父乙
一七七九反 貞父乙無其…
一七七九反 辛亥卜㱿貞侑…于父乙
一七八〇正 辛亥…㱿貞侑□伯于父乙
一七八〇 貞侑于父乙
一七八〇正 貞侑于父乙
一八二一反 父乙…
一八五四 貞侑父乙
一九〇一正 乙巳卜穷貞今日侑于父乙宰
一九〇一正 貞今日侑于父乙一牛
一九〇一正 乙巳卜穷貞酉于父乙
一九〇一正 乙巳卜穷貞勿衣有禘于父乙
一九〇二 于父乙祖丁
二一三五 貞侑于父乙
二一七二 …卜…貞侑…父乙一牛
二一七三 丁丑卜侑于父乙一牛
二一七四 …侑父乙一牛
二一七四 …侑父乙…牛
二一七五 貞侑于父乙燎…牛
二一七六 貞侑于父乙…
二一七七 貞侑于父乙
二一七八 …侑于父乙
二一七九正 貞侑于父乙
二一八〇 貞翌庚辰侑于父乙
二一八一 貞侑父乙
二一八二 貞…父乙…
二一八三 …侑于父乙
二一八四反 侑于父乙五…
二一八五 侑于父乙
二一八六 翌乙未侑于父乙
二一八七正 貞侑于父乙…
二一八八 乙…于父乙
二一八九 …侑父乙
二一九〇正 貞來乙亥有名于父乙用
二一九一正 勿侑于父乙 二告
二一九二 勿侑于父乙
二一九三 …禦父乙
二一九四 貞禦囚于父乙
二一九五反 禦父乙三宰
二一九六 …父乙…禦子
二一九七 禦于父乙正五月
二一九八 于父乙禦
二一九九正 …卜…禦于父乙 二告
二二〇〇 勿于父乙禦
二二〇一 貞勿酉舌父乙
二二〇二 貞王舌父乙
二二〇三 …𢀛賓于父乙 二告
二二〇四 貞父乙帝… 二告
二二〇五 貞告…于父乙一牛
二二〇六 庚午卜亘貞告于父乙
二二〇七 告于父乙
二二〇八 庚…告…父乙…
二二〇九正 貞告父乙
二二一〇 …子父乙…
二二一一 辛未卜内𠦪父乙
二二一二 …卯…父乙冊五…十宰
二二一三正 貞冊父乙三十宰
二二一四 祀于父乙一牛
二二一五 …貞今日彡小宰于父乙
二二一六 今日彡父乙
二二一七 乙酉卜惟今日彡㱿于父乙
二二一八正 貞亦禘于父乙
二二一九正 貞禘于父乙新…又牛
二二二〇 父乙大易于王
二二二〇 貞侑于父乙
二二二一 貞父乙易于王
二二二二 父乙易王
二二二三 貞父乙易
二二二四 貞父乙由易
二二二五正 乙卯卜貞父乙壱王
二二二六 于父乙岦羊
二二二七 辛酉…穷貞父乙壱王
二二二八 貞惟父乙壱王
二二二九 貞惟父乙壱
二二三〇反 甲午…貞惟父乙壱
二二三一 乙未卜古貞父乙壱王
二二三二正 貞父乙壱王
二二三三 不惟父乙壱王
二二三五甲正 壬寅卜㱿貞王囚惟父乙
二二三五乙正 壬寅卜㱿貞王尸于父…
二二三五乙正 壬寅卜㱿貞王囚惟父乙壱
二二三六 惟父乙壱
二二三八正 不惟父乙壱
二二三九 貞父乙不壱
二二四〇 貞惟父乙壱
二二四一 …父乙壱

二二四二　⋯惟父乙壱
二二四三正　貞父乙不壱
二二四四　貞惟父乙壱
二二四五反　貞惟父乙壱
二二四六乙正　貞不惟父乙壱
二二四七　貞父乙不壱
二二四七　貞父乙壱
二二四八　惟父乙壱
二二四九　貞不惟父乙壱
二二五〇　貞不惟父乙壱
二二五一　不惟父乙壱牛
二二五一　父乙壱牛
二二五二　惟父乙　二告
二二五二　不惟父乙
二二五三　貞父乙丞王
二二五四　惟父乙
二二五五　貞不惟父乙
二二五六正　惟父乙
二二五六正　不惟父乙　二告
二二五七　貞王𡆥不惟父乙
二二五八　貞不惟父乙
二二五九　貞不惟父乙
二二六〇正　貞不惟父乙
二二六一　不惟父乙
二二六二　⋯嘉⋯于父乙⋯十宰
二二六三正　貞𧲜穀于父乙
二二六四　壬戌卜殸貞惟父乙
二二六六　丙子卜貞于父乙用
二二六七　⋯[illegible]于父乙
二二六八反　于父乙⋯
二二六九　⋯于父乙
二二七〇　⋯于父乙
二二七一　⋯于父乙方
二二七三正　貞于父乙穷
二二七三正　勿于父乙穷
二二七四正　丙子卜穷貞父乙異惟敗王
二二七五　貞父乙不祟
二二七六　⋯父乙不若
二二七七　⋯穷⋯父乙⋯由
二二七八　⋯燕父乙
二二七九正　⋯丞父乙⋯弗毋
二二八〇正　貞父乙有毋
二二八一正　貞王其侑曰父乙

二二八二　甲辰卜父乙牢
二二八三　父乙惟二牛
二二八四　乙⋯卜⋯牛父乙
二二八六　父乙惟羊
二二八七　⋯羊⋯父乙
二二八八　父乙二穀
二二八九正　庚寅卜穷貞父乙祟
二二九〇　甲戌卜王弋父乙
二二九一　辛丑卜爭貞父乙⋯
二二九二　乙丑卜內父乙
二二九三　⋯卜王⋯父乙用一月
二二九四正　⋯父乙十一月
二二九五　父乙⋯雨
二二九六　⋯卜貞⋯父乙其⋯
二二九七　⋯父乙
二二九八　父乙弗作⋯
二二九九　貞勿父乙
二六一三　禦婦好于父乙
二六一四正　⋯爭貞⋯婦好于父乙
二六二七　甲戌卜殸貞勿𢀛禦婦好趾于父乙
二六三四正　貞𠦪婦好于父乙
二六四六　己卯卜殸貞壬父乙婦好生保
二八二二正　貞不惟父乙壱婦女
二九四〇　丙戌卜爭貞父乙术多子
二九四〇　丙戌卜爭貞父乙术多子
二九四四　貞子商侑冊于父乙呼酌
二九七五正　⋯午卜殸貞翌乙未呼子漁侑于父乙宰
二九七六　⋯子呼⋯漁侑于父乙
二九七七正　貞翌乙卯呼子漁侑于父乙
三〇一三　貞酌子央禦于父乙
三一一一　貞來乙丑勿呼子𠷎侑于父乙
三一一二正　⋯貞今乙丑勿呼子𠷎侑于父乙
三一八六　丁巳卜穷禦子[illegible]于父乙
三二〇二　乙未⋯侑父乙
三二〇七　⋯禦子衛于父乙
三二〇七　⋯衛于父乙⋯
三二〇七　⋯衛于父乙⋯
三二一六正　乙丑卜殸貞先酌子凡父乙三宰
三二一六正　貞先酌子凡父乙三宰
三二三八正　丁丑卜穷貞父乙允术多子
三二三八正　貞父乙弗弗求多子
三二五五正　貞有不若于父乙　二告
四一一四　禦雀于父乙
四一一五　戊子卜禦雀父乙

四一一六　……于父乙冊宰禦……
四一五〇　貞父乙其壱雀
五四八〇反　疾人惟父乙壱
五五三二正　貞祖丁㞢父乙
五五三二正　貞南庚弗㞢父乙壱王
五五三二正　南庚㞢父乙壱王
五六五二　貞盟乙亥侑于父乙牛……婦
五六五八反　侑父乙
六〇三二正　貞禦子汏于父乙　二告
六〇三二正　貞惟父乙咎婦好　二告　小告
六〇三二正　貞不父乙咎婦好　二告
六〇三二反　王固曰惟父乙咎
六〇三二反　不惟父乙壱
六〇三二反　貞疫惟父乙壱
六四八四反　惟父乙
六四八四反　不惟父乙
六六六四正　辛亥卜王貞冊父乙百宰十一月
六六六四正　乙酉卜爭貞惟父乙降囚
七四二七正　今日來惟父乙
七四二七正　今日來不惟父乙　二告
七九五四　侑于父乙
一〇三一三　父乙來惟……
一〇三七〇　……十麋……十父乙……
一〇四三〇　貞不獲父乙……
一〇五一五　王弗以祖丁暨父乙惟之
一〇五一五　王弗以祖丁暨父乙不惟之
一〇五一五　王往于田弗以祖丁暨父乙惟之
一〇五九四　戊寅卜㱿貞禦于父乙
一〇六〇一正　貞父乙弗壱王
一〇六三〇　丁未卜㱿貞父乙祟
一〇九三八正　父乙由壱王
一〇九三八正　父乙弗壱王　二告
一一四五九　貞于父乙禦
一三五七九正　……父乙家
一三六一九　癸巳卜㱿貞子漁疾目福告于父乙
一三六四七正　不惟父乙
一三六四八正　貞疾齒不惟父乙壱　小告
一三六四九　貞疾齒惟父乙壱
一三六五一　己丑卜爭貞有疾齒父乙惟有聞在沘
一三六五二　貞疾齒禦于父乙
一三六六八正　貞禦疾身于父乙
一三六七〇　貞勿于父乙告疾身　小告
一三六八八正　貞勿禦于父乙
一三六八八正　禦疾趾于父乙羍
一三六九五乙正　貞有疾……惟父乙……

一四三二九正　父乙其壱王
一四三三八　貞禦田于父乙
一四七三五反　貞侑于父乙
一四七五五正　貞侑于父乙
一四七五五正　勿翦于父乙
一五一三五　……禦于父乙　二告
一七三七六　王夢……父乙
一九七六〇　……申卜羌……艮父乙
一九七七一　乙丑卜王侑三奚于父乙三月延雨
一九七七二　父乙三奚㲋
一九八七一　戊子……父乙三……
一九九二八　甲申卜貞侑父乙一牛用八月
一九九二九　……侑父乙牛
一九九三〇　……午……王侑……父乙……
一九九三一　……父乙
一九九三二　乙卯卜自一羊父乙不
一九九三二　二羊父乙不五月
一九九三三　戊申卜王禦奴父乙庚戌卜奴八月
一九九三四　……父乙
一九九三五　庚……告……父乙
一九九三六　……父乙
一九九三七　……父乙……一牛
一九九三八　……卜……父乙豕
一九九三九　甲寅……父乙
一九九四〇　……侑于乙父
一九九四一　于父乙祐豕
一九九四二　……父乙……見……
一九九四三　……父乙羊不
一九九四四　……午卜王……父乙……
一九九四五　……丁……惟盟父乙次
一九九四六正　甲戌……大子來丁酉父乙次
二〇〇八〇　……父乙㞢
二〇三四七　……亞于父乙
二〇四六三正　丁酉侑父乙
二〇五三〇　癸未卜延酉父甲至父乙𨟻一牛
二一〇六五　庚子卜侑……父乙……羊……旬……
二一五九七　庚戌卜我貞以父乙……
二二〇八三乙　己卯卜陰用尹司于父乙無囚尹
二二〇八三乙　……卯卜貞三缶父乙陰用無囚尹
二二〇八三甲　己卯卜陰用尹司于父乙無囚尹
二二二〇〇　戊戌卜王侑𢀛父乙
二二二〇一　癸巳卜侑我父乙豕
二二二〇二　壬辰卜同父乙𨟻缶
三一九九三　疾父乙豕妣壬豚

著錄	釋文	分期
三一九九七	：自三匚至父乙一：	4
三二二六	己酉卜于有伐父乙	4
三二五七一	自父乙禧若	4
三二七二一	侑父乙 用	4
三二七二二	甲戌卜侑于父乙一牛	4
三二七二三	癸亥卜祝于父乙	4
三二七二四	癸酉其告于父乙一牛	4
三二七二五	辛：貞其剛父乙	4
三二七二六	：有告啓其剛于父乙	4
三二七二七	辛酉卜剛于父乙：	4
三二七二八	父乙	4
三二七二九	禦父乙羊禦母壬五豚兄乙犬	4
三二七二九	㞢禦于父乙羊	4
三二七三〇	癸巳卜將兄丁凡父乙	4
三二七三一	丙子貞將兄丁于父乙 用	4
三二七三三	丙子卜將兄丁于父乙：	4
三二七三五	：于父乙 茲用	4
三二八七九	庚寅卜父乙歲暨宅爰	4
三四二四〇	乙未卜有㞢歲于父乙三牛 茲用	4
屯附一	祖庚豚父乙豚子豚	3-4
屯附一	禦臣父乙豚子豚母壬豚	3-4
屯附二	禦𡆥日丙豕有𠭯丁妣豕侑妣戊豕侑	3-4
屯附三	父乙豚	
	作𢀛父乙豕妣壬豚兄乙豚化：兄	3-4
	甲豚父庚犬	
屯附五	禦父乙羊禦母壬五豚兄乙犬	3-4
屯附五	㞢禦于父乙羊于侑妣壬豚	3-4
屯七五一	壬午卜商有伐父乙	4
英七九	貞侑于父乙白彘新鬯	1
英八〇	：于父乙侑牡	1
英八一	庚寅卜穷貞侑于父乙	1
英八二	貞勿侑于父乙	1
英八三	：册父乙十宰伐：	1
英八四	：巳：父乙	1
英八五	：惟父乙	1
英八六反	父乙壱王	1
英八七	貞惟父乙壱	1
英一四九正	甲戌卜亘貞禦婦好于父乙册良	1
英五四四	貞父乙壱	1
英五四四	貞父乙不壱	1
懷五三	貞惟父乙壱	1
懷五三	貞不惟父乙壱	1
懷五三b	王固曰惟父乙壱	1
懷五六	：卜：羊：旬：父乙：	1
懷六二	：父乙：不：王：	1
懷一五六四	癸巳：將兄丁凡父乙	4

父丙

著錄	釋文	分期
三二〇九八	丁亥卜有歲于二示父丙父戊	1
三三二九七	：卜：其侑：父丙：	2

父丁

著錄	釋文	分期
一九〇五	貞勿㽙于父丁：	1
一六〇一八	貞奏父丁三十：	1
二二〇四六	至：禦父丁：	1
二二〇四七	惟用于戊不惟父丁父戊	1
二二〇五六	丙子卜于丁丑燎其：父丁𠦪：	1
二二〇六六	丙申卜歲侑于父丁	1
二二〇六六	：豕于父丁	1
二二〇七二	丙戌卜侑于父丁惟彘	1
二二〇九三	丙午㞢卜有歲于父丁羊	1
二二〇九九	庚戌卜有：禦于妣辛暨父丁惟之有𡆥	1
二二一九六	惟父丁	1
二二一九七	：父丁	1
二二一九七	：丁：父丁	1
二二一九八反	父丁不來：	1
二二一九九	丁酉卜有歲：父丁	1
二二〇四六	戊子卜至子禦父丁白豕	1
二二〇七三	己丑卜歲父丁戊羌	1
二二五四九	丁巳卜㞢貞王賓父丁㞢伐羌三十卯五宰：	2
	尤：	2
二二五五〇	：卜行：王賓父丁：伐羌十又八：	2
二二五五五	：父丁歲：五宰羌十：無尤在：	2
二二五六〇	丁卯卜旅貞王賓小丁歲暨父丁㞢伐羌	2
	五	2
二二五八三	乙：貞其：父丁：	2
二二六一一	丙子卜旅貞翌丁丑父丁舌其有伐二月	2
二二六一二	丙申卜旅貞父丁歲：伐	2
二二六一三	：卜行貞：丁丑父丁：有伐：	2
二二六一四	：父丁：伐：尤	2
二二六七五	癸：貞旬無：在三月乙：酒小乙：父丁	2
二二七〇一	丁酉卜即貞王賓父丁歲二宰暨匚丁歲：	2
二二七〇二	：父丁歲暨：匚丁歲無：	2
二二七二三	丁巳卜尹貞王賓父丁彡無尤在三月	2
二二七六九	：卜尹貞：賓父丁歲：暨大丁㞢：宰無尤	2
二二七七〇	：父丁歲宰：暨大丁：歲五宰：無尤	2

著錄號	釋文	
二二八六〇	：卜即貞惟父丁：出無：	2
二二八九九	乙酉卜行貞王賓歲自祖乙至于父丁無尤	2
二二八九九	丙戌卜行貞王賓父丁夕歲無尤	2
二二九四二	：卜大：舌于父丁：今晝：	2
二二九四三	：自祖乙祖辛毓祖乙父丁無尤	2
二三〇三〇	丁卯卜行貞王賓父丁歲宰暨祖丁歲宰無尤	2
二三一二〇	丁丑卜行貞王賓父丁魯無尤	2
二三一二六正	：戌卜即貞翌：亥翌于：父丁無巷：	2
二三一三〇	丁：貞：父丁：無：	2
二三一四三	乙卯卜即貞王賓毓祖乙父丁歲無尤	2
二三一六一	：父丁：	2
二三一六六	己巳卜于父丁：	2
二三一七二	癸：貞：父丁：	2
二三一七二	癸亥卜旅貞其侑：父丁	2
二三一七三	癸未卜即貞翌甲申其侑于父丁	2
二三一七四	丙寅：貞翌：父丁禳：其侑：在四月	2
二三一七五	辛未卜：貞其侑：父丁	2
二三一七六	癸亥卜旅貞其侑：父丁牛	2
二三一七七	丁卯卜大貞其侑于：父丁：	2
二三一七八	貞于父丁禦	2
二三一七九	貞于父丁禦	2
二三一八〇	丁巳卜行貞王賓父丁祟十牛無尤	2
二三一八一	丁酉卜行貞王賓父丁歲宰無尤	2
二三一八二	丁未卜行貞王賓父丁歲宰：尤	2
二三一八三	庚戌卜行貞王賓父丁歲宰無尤	2
二三一八四	丁酉卜行貞王賓父丁歲無尤在二月	2
二三一八五	丁巳卜行貞王賓父丁歲宰無尤在四月	2
二三一八六	庚辰卜行貞王賓父丁歲無尤在十二月	2
二三一八七	癸酉卜行貞王父丁歲三牛暨兄己一牛妣庚：無尤	2
二三一八八	戊午卜行貞王賓父丁歲二牛叔無：	2
二三一八九	丙戌卜行貞王賓父丁夕歲叔無：	2
二三一九〇	丁酉卜旅貞王賓父丁歲十牛無尤在：	2
二三一九一	丁丑卜旅貞王賓父丁歲三宰無尤在：	2
二三一九二	丁卯卜旅：賓父丁歲：	2
二三一九三	丁卯卜疒貞王賓父丁歲宰無尤	2
二三一九四	丁卯卜尹：賓父丁歲：	2
二三一九五	丙午卜尹貞王賓父丁歲：	2
二三一九六	：卜尹貞王賓父丁歲三牛無：	2
二三一九七	丁亥卜貞王賓父丁歲五宰叔無尤	2
二三一九八	：貞王：父丁歲三宰無尤在八月	2
二三一九八	丙：卜：貞王賓父丁歲三宰叔無尤	2
二三一九九	：酉：王賓父丁歲二宰：無尤正：	2
二三二〇〇	壬戌卜：王賓父丁歲五牛：無尤	2
二三二〇一	丁卯：父丁歲：勿牛：在正：	2

著錄號	釋文	
二三二〇二	乙丑卜貞王賓父丁歲無尤	2
二三二〇三	辛亥卜貞王賓父丁歲：無尤	2
二三二〇四	：卯卜：貞王賓父丁歲暨：歲無：二?月	2
二三二〇五	癸卯卜：貞王賓父丁歲叔無尤	2
二三二〇六	丙辰卜尹貞翌丁巳父丁莫歲宰	2
二三二〇七	丙午卜行貞翌丁未父丁莫歲牛	2
二三二〇八	丙戌卜：貞翌丁：父丁莫歲宰	2
二三二〇九	：旅貞：卯其有莫歲于父丁：二月	2
二三二一〇	：旅：父丁莫歲宰	2
二三二一一	：卜尹：父丁莫：宰	2
二三二一二	：卜：貞翌：巳：父丁莫歲牡：	2
二三二一三	：翌丁亥：父丁歲宰	2
二三二一四	己亥卜行貞父丁必歲宰牡	2
二三二一五	丙戌卜：貞翌丁：父丁歲三：	2
二三二一五	丙戌卜行貞翌丁亥父丁歲其勿牛	2
二三二一六	丙申卜行貞父丁歲勿牛	2
二三二一七	丙申卜行貞父丁歲勿牛在五月	2
二三二一八	貞翌丁亥父丁歲勿牛	2
二三二二〇	丙午卜旅貞翌丁未父丁歲勿牛	2
二三二二一	：貞王：父丁歲三牛無：	2
二三二二二	：貞王：父丁：歲：牛：	2
二三二二三	癸亥卜：貞父丁歲：牛：	2
二三二二四	：貞于既父丁彳歲酒一?月	2
二三二二五	貞父丁歲牝	2
二三二二六	：巳卜旅貞父丁歲惟：酒	2
二三二二七	丙申卜即貞父丁歲有皂：	2
二三二二七	丙申卜即貞父丁歲皂一卣	2
二三二二八	：子卜大：父丁歲：⿰阝尊：	2
二三二二九	：卜即貞父丁歲其先祭	2
二三二三〇	貞惟父丁歲先：	2
二三二三一	癸巳卜：貞父丁歲其延	2
二三二三二	辛未：貞王：父丁歲：辛：尤	2
二三二三三	乙酉卜行貞父丁夕歲叔：	2
二三二三四	丁巳：貞王：父丁歲：	2
二三二三五	丁亥：貞王：父丁歲：	2
二三二三六	：父丁歲無：	2
二三二三七	：亥歲：父丁：	2
二三二三八	：卜：父丁歲：	2
二三二三九	甲辰：貞：父丁：	2
二三二三九	丙午卜行貞翌丁未彡于父丁無巷在正月	2
二三二四〇	丙子：王貞翌：丑彡于父丁無囚在正月	2
二三二四一正	戊戌卜尹貞王賓父丁彡龠無囚	2
二三二四二	丁巳卜尹貞王賓父丁翌無尤	2
二三二四三	丙午卜行貞翌丁未翌于父丁無巷	2

編號	釋文	
二三二四五	丁巳…貞于…父丁…尤在…	2
二三二四六	丁巳…貞王…父丁…	2
二三二四七	…卜𠯑…賓父丁…夕𣪊…尤	2
二三二四八	癸丑卜王貞翌甲寅王其賓父丁必	2
二三二四九	丁巳卜行貞王賓父丁彳…在七…	2
二三二五〇	…旅…人翌…巳其彳…于父丁	2
二三二五一	…辰卜旅…王賓父丁…二牛無尤…十月	2
二三二五二	丁巳卜旅貞王賓父丁…牛無…	2
二三二五四	甲申卜行貞王賓父丁…	2
二三二五六	壬子卜即貞祭其酌奏其在父丁七月	2
二三二五七	…辰卜…貞翌乙…父丁𠮚一宰	2
二三二五八	…𠬝…父丁…	2
二三二五九	甲子卜大貞告于父丁惟今曼酌	2
二三二六〇	丙戌…貞翌…父丁𠮚	2
二三二六一	癸酉…貞翌…彡于…其𠮚…父丁	2
二三二六二	…卜即…丑…父丁…	2
二三二六三	丙寅卜…貞其夕于父丁	2
二三二六四	…卜行貞…父丁…	2
二三二六五	乙酉卜…貞𣥭…于父丁𩰫	2
二三二六六	…尹貞…父丁…暨…五宰	2
二三二六七	…貞…父丁…宰無…在十二月	2
二三二六八	丙申…貞翌…父丁…宰…	2
二三二六九	…辰卜…父丁…三宰…無尤	2
二三二七〇	丙…貞…父丁…二宰…	2
二三二七一	…尹…父丁宰	2
二三二七二	…大…奏…父丁牛	2
二三二七三	貞父丁…勿牛	2
二三二七四	貞父丁桒一牛	2
二三二七五	庚辰卜…貞父丁…王祝…	2
二三二七六	…父丁…告…	2
二三二七七	…卜大…甲寅…于父丁	2
二三二七八	丙午卜行貞翌丁未…于父丁…壱	2
二三二七九	…即貞于父丁…祐十月	2
二三二八〇	…即貞于父丁…	2
二三二八一	…酉卜王…于父丁…	2
二三二八二	丁巳…貞王…父丁…尤	2
二三二八三	丙寅卜旅貞翌…父丁…	2
二三二八四	…父丁十月	2
二三二八五	…卜…貞王…父丁…無…	2
二三二八六	丁亥…貞王…父丁…	2
二三二八七	…貞…父丁…在十一月	2
二三二八八	…父丁…十一月	2
二三二八九	丁酉…貞王…父丁…	2
二三二九〇	…行…父丁…	2
二三二九一	癸亥…貞父丁…	2
二三二九二	…父丁	2
二三二九三	…貞…父丁𧀮…	2
二三二九四	癸…貞翌…其…父丁…	2
二三二九五	…旅…父丁…祭…	2
二三二九六	…父丁…	2
二三二九六	…父丁…	2
二四二五八	…行…父丁歲…	2
二四三〇五	丁卯卜行貞王賓祖丁歲暨父丁歲二宰無尤在二月	2
二四三一一	…申卜…貞翌…父丁莫…王賓	2
二四三四三	己亥卜行貞王賓父丁歲宰無尤在𠂤	2
二四三四八	丙寅卜行貞翌丁卯父丁莫歲宰在三月在…	2
二四九八二	甲…曰貞…父丁…有…	2
二五〇七六	丁丑卜即貞王賓父丁彡無尤…	2
二五二六九	丁巳…貞…父丁…尤	2
二五三〇〇	丁丑…貞王…父丁…	2
二五九七四	丙戌卜…翌丁…酌父丁三牛	2
三〇三三五	丁卯卜其酌桒于父丁宗	3
三一九九四	己丑卜其𠭯衆告…父丁	4
三一九九五	己丑卜其𠭯衆告于父丁一牛	4
三二〇一五	乙卯…來羌…于父丁	4
三二〇二〇	辛酉卜其用師以羌于父丁父丁	4
三二〇二一	丁亥貞用于父丁	4
三二〇二四	乙未貞王米惟父丁以于囧	4
三二〇二四	丙申貞…其父丁…射𠀠…羌	4
三二〇二五	甲辰貞射𠀠以羌一于父丁…	4
三二〇二六	癸卯貞射𠀠以羌其用…父丁	4
三二〇二八	丁卯貞𠀠以羌其用自上甲盤至于父丁	4
三二〇二八	丁卯貞𠀠以羌于父丁	4
三二〇三一	丙申卜告于父丁牛一	4
三二〇三一	…卜牧用以羌于父丁	4
三二〇三一	壬辰卜桒自祖乙至父丁	4
三二〇五三	乙巳貞丁未有伐于父丁羌三十卯三…	4
三二〇五四	丙子貞丁丑侑父丁伐三十羌歲三宰　茲用	4
三二〇五五	庚寅卜辛卯有伐于父丁羌三十卯五宰	4
三二〇五七	甲辰貞執以𢀛用于父丁卯牛	4
三二〇五七	乙巳貞王有𢆶歲于父丁三宰伐十又五	
	若茲卜雨	4
三二〇六九	…父丁羌十	4
三二〇七〇	…貞丁酉王…于父丁十羌卯二…	4
三二〇七一	庚子有伐于父丁其十羌	4

三三〇七六 于父丁卯三牢羌十 4
三三〇八三 癸卯貞酌彡于父丁惟… 4
三三〇八七 甲午貞乙未酌高祖亥…大乙羌五牛
三祖乙羌…小乙羌三牛二父丁羌五牛
三無壱 茲用 4
三三一一三 丙寅貞王有𠂇歲于父丁牢 4
三三一一三 丙寅貞王有𠂇歲于父丁牢 4
三三一一三 于父丁有歲 4
三三一二五 甲寅貞來丁巳尊鬳于父丁圍三十牛 4
三三一八五 己巳貞庚午侑于父丁牢 4
三三二一一 乙亥貞有𠂇伐自上甲盤至父丁于乙酉 4
三三二一二 乙亥貞有𠂇伐自上甲盤至父丁于乙酉 4
三三二二三 其有𠂇父丁有伐王受祐 4
三三二二四 …辰貞有伐于父丁 茲用 4
三三二二五 甲午貞王有伐于父丁 茲用 4
三三二八〇 …午貞于父丁…其… 4
三三二八七 甲申貞其執三封伯于父丁 4
三三二九五 …上甲至于父丁十… 4
三三三三〇 丁未貞其大禦王自上甲盟用白豭九下示
盤牛在父丁宗卜 4
三三三三〇 丁未貞惟今夕酌禦在父丁宗卜 4
三三三三一 父丁□用 4
三三三三四 …告上甲三牛歲于父丁即宗 4
三三三三五 癸亥貞酌彡于小乙其告舌于父丁一牛 4
三三三八九 …玫舟自上甲…祖乙牛一父丁… 4
三三三九〇 上甲史其祝父丁必 4
三三四三九 …大乙大丁大甲祖乙小乙父丁… 4
三三四四八 丙午卜父丁酉夕歲一牢 4
三三四六九 癸巳貞其…丁大甲祖乙父丁 4
三三四八三 …丑卜有𠂇…大甲父丁 4
三三四八五 癸卯貞惟毀先于大甲父丁 4
三三五一七 于父丁侑歲 4
三三五七八 惟夕□酌告于祖乙父丁 4
三三六〇三 其鼎兕父丁 4
三三六三〇 丙戌卜其有歲于父丁… 4
三三六四五 丙戌卜父丁木丁…牢 茲用 4
三三六四五 丙戌卜父丁木丁以小丁 4
三三六五四 祝于父丁必 4
三三六五五 祖甲燎其至父丁… 4
三三六六五 辛酉貞癸亥侑父丁歲五牢 不用 4
三三六六六 辛酉貞癸亥侑父丁歲五牢 不用 4
三三六六七 辛酉貞癸亥侑父丁歲五牢 不用 4
三三六六八 丙寅卜其有歲于父丁… 4

三三六六九 癸卯貞王有𠂇歲于父丁三牢 4
三三六七〇 丙寅卜貞丁卯有𠂇歲于父丁一牛 4
三三六七一 丙申貞有匚于父丁惟奠祝 4
三三六七二 其匚…父丁 4
三三六七二 弜有匚父丁 4
三三六七三 丁未卜其侑木丁于父丁禱一牢 4
三三六七四 丁巳卜有燎于父丁百犬百豕卯百牛 4
三三六七五 癸巳貞禦于父丁其五十小窜 4
三三六七五 …貞禦于父丁其百小窜 4
三三六七七 辛未貞今日告其步于父丁一牛在祭卜 4
三三六七八 己亥卜告方…于父丁 4
三三六七九 辛亥…告贏于父丁一牛 4
三三六八〇 丁卯貞其告于父丁其狩一牛 4
三三六八一 己丑卜告于父丁其饗宗 4
三三六八二 …卯卜桒于父丁二牛 不用 4
三三六八三 癸酉卜桒于父丁三十牛 4
三三六八四 桒在父丁 4
三三六八五 甲戌…桒于父丁三十牛 4
三三六八六 丙寅貞今日其用五十羌于父丁 茲… 4
三三六八七 …卜父丁用 4
三三六八八 于父丁用 4
三三六八九 …卜祝于父丁… 4
三三六九〇 丙子貞父丁彡 4
三三六九一 丙午貞酌燎于父丁十牢卯十牛 茲用 4
三三六九二 丙午貞酌燎于父丁十窜卯十牛 4
三三六九三 …于父丁歲二牢 4
三三六九四 甲寅貞來丁巳尊鬳于父丁圍三十牛 4
三三六九五 丙午貞父丁歲不遘雨 茲用 4
三三六九六 丙戌貞父丁日無… 4
三三六九七 …父丁 4
三三六九八 甲午卜侑于父丁犬百羊百卯十牛 4
三三六九九 丙戌卜丁亥其毛于父丁三牛 4
三三七〇〇 乙巳貞束以穀于父丁 4
三三七〇〇 辛亥貞束以二穀于父丁宗戶 4
三三七〇一 庚子貞父丁若 4
三三七〇二 …卯貞…父丁…出三?十?… 4
三三七〇四 …于父丁… 4
三三七〇五 …于父丁… 4
三三七〇六 …于父丁 4
三三七〇七 …父丁 4
三三七〇八 …于父丁 4
三三七〇九 丙辰…父丁…一牢 4
三三七一〇 …于父丁告 4

著錄號	釋文	期
三二七一一	…父丁木…	4
三二七一二	…于父丁	4
三二七一三	…父丁 茲用	4
三二七一四	于即酌父丁翌日劦日彡日王廼賓…	4
三二七一五	燮…父丁彡	4
三二七一六	…卜其侑父丁必惟今日戊酌 吉	4
三二七一七	乙巳卜父丁莫…	4
三二七一八	父丁鼎三兕	4
三二七一九	…兕父丁三	4
三二七二〇	…延父丁王…	4
三二八〇七	庚申貞王于父丁告	4
三二八四四	…卜㞢禦于父丁…百牛受我祐	4
三二八五六正	甲午貞于父丁告夒其…	4
三二八九六	牛父丁一…	4
三三〇一五	己酉卜召方來告于父丁	4
三三〇一六	己酉卜召方來告于父丁	4
三三〇一七	己亥告于父丁三牛	4
三三〇三三	丙午卜百燎祓告于父丁三牛	4
三三〇五四	乙巳貞于父丁告牛	4
三三二五〇	于父丁卯	4
三三三二〇	庚午貞桒禾于父丁	4
三三三二一	庚午貞桒禾于父丁	4
三三五二六	癸丑貞王令利出田告于父丁牛茲用	4
三三六九八	庚辰貞日有戠其告于父丁用牛九在𢀛	4
三三七一〇	辛巳貞日戠其告于父丁	4
三三九九〇	丁卯貞父丁日啓	4
三三九九一	丁未卜父丁日啓	4
三四〇九二	于父丁桒	4
三四一三四	…辰卜…自…乙…父丁	4
三四一七二	…未卜…燎于父丁五宰卯五牛	4
三四三四六	戊午卜王賓…父丁	4
三四三九七	…于父丁其尊鬲	4
三四五七二	…未貞其有亡于父丁	4
三四六〇六	惟父丁𢦔禍歲	4
三六一二九	丁亥卜貞王賓父丁𠷎無尤	5
三七八五三	丁未卜貞父丁其牢在…月又…茲用惟	5
	王九祀	4
屯五一	丁卯貞己巳蒸鬲于祖辛暨父丁 茲用	4
屯六八	丙申卜蒸並酌祖丁暨父丁	4
屯一〇二	…于父丁牛一	4
屯一七八	辛亥卜告于父丁一牛	4
屯一八八	…㞢以羌父丁	4
屯二八九	…于父丁茲用辛酉十牛	4
屯四二七	…示于父丁桒	4
屯四四一	丁丑貞今日有歲…父丁	4
屯四四一	己未貞其…祭自祖乙歲至父丁	4
屯四九九	甲戌貞其告于父丁	4
屯五〇三	癸巳卜乇于父丁犬百羊百卯十牛	4
屯五〇三	甲午卜乇于父丁犬百羊百卯…	4
屯五三二	…父丁	4
屯五九〇	丙申卜父丁翌日有啓雨	4
屯六〇一	于父丁桒	4
屯六〇三	…祝小乙父丁	4
屯六三六	甲辰貞射𡆥以羌其用自上甲𢦏至于父丁	4
	惟乙巳用伐四十	4
屯六三六	…貞射𡆥以羌其用自上甲𢦏至于父丁	4
	惟甲辰用	4
屯六四七	壬午卜其酌𡚤父丁𣪘	4
屯六七二	…丑貞父丁𠷎…	4
屯七二三	辛酉貞于來丁卯有父丁歲	4
屯七二五	…貞𢦏來羌其用于父丁	4
屯七三五	癸亥貞其禦于父丁	4
屯七七七	乙丑在八月酌大乙牛三祖乙牛三小乙牛三	4
	父丁牛三	4
屯八六六	甲午貞于父丁告夒其步	4
屯八九三	…父丁	4
屯九二〇	…貞…歲…父丁…宰	4
屯九二三	丙午卜貞丁未侑父丁伐	4
屯九三五	丙寅貞丁卯酌燎于父丁四宰卯…	4
屯九三六	甲申貞王其米以祖乙暨父丁	4
屯九五一	翌乙巳酌…至于父丁	4
屯九六五	辛巳卜今日告父丁一牛乃令	4
屯一〇二四	丙…貞…酌…安…禦于父丁羊十	4
屯一〇五〇	…于貞…父…于父丁大宰丁丑 茲用	4
屯一〇五九	乙丑貞王其奠𠀠侯商于父丁	4
屯一〇五九	于父丁門令𠀠侯商	4
屯一〇八九	甲戌貞其告于父丁餗一牛 茲用	4
屯一〇九〇	丙寅貞…酌𢀛尊餗…卯三宰于父丁	4
屯一〇九〇	癸酉卜卯戠至于父丁尊其鬲	4
屯一〇九九	己卯貞庚桒于父丁三牛 茲用	4
屯一一〇四	乙亥貞其酌王禦于父丁告	4
屯一一一一	戊午貞貞桒于大甲父丁	4
屯一一一一	己未貞𢀛其禦于…用牡一父丁羌百	4
	又…	4
屯一一一五	癸卯貞惟餗先于大甲父丁	4
屯一一一六	乙未卜貞召方來于父丁延	4

著錄	釋文	期
屯一一二六	丙戌貞父丁其歲	4
屯一一二八	己巳貞其𣪘祖乙暨父丁	4
屯一一二八	弜暨父丁𠛱	4
屯一一六六	…告于父丁…	4
屯一三五七	…父丁…百羊…	4
屯一六四三	…于…父丁	4
屯二〇九七	…卯侑…父丁歲…羊…三十…在京	4
屯二一二四	癸巳貞其有𠂆自上甲盡至于父丁甲午用	4
屯二三一八	…父丁日啓	4
屯二三三三	丙寅貞𢆶…羌…上甲…至父丁用羌… 三十又九…用卯羊二十又一丁卯茲用	4
屯二三四二	…丑貞王令伊尹…取祖乙魚伐告于父丁小乙祖丁羌甲祖辛	4
屯二三六六	庚午貞王其𢦔告自祖乙𣪘祖乙父丁	4
屯二六七〇	丙子卜燎白羊豕父丁𣄨癸卯𠦪…	1
屯二七〇七	…酌大禦自上甲其告于大乙在父丁宗卜	4
屯二七〇七	…大禦自上甲其告于祖乙在父丁宗卜	4
屯二七〇七	丙辰貞其酌大禦自上甲其告于父丁	4
屯二八六一	…尊𣪘來丁巳其十牛于父丁	4
屯三〇四二	…父丁歲五牢用…	4
屯三六二七	…午貞…𠦪…大甲父丁	4
屯三七二五	…亥貞…以子方奠于并在父丁宗𡧊	4
屯三六七三	癸丑貞多宁其延有𠂆歲于父丁牢又一牛	4
屯三六七三	于父丁有歲	4
屯三七三六	丁巳…其…于父丁	4
屯三八九〇	自大乙至于父丁	4
屯四〇一五	自祖乙告祖丁小乙父丁	4
屯四三三一	乙未貞于父丁𠦪	4
屯四三六六	辛亥貞王令𡆥以子方奠并在父丁宗𡧊	4
屯四三六六	…卯延多宁…𡗂邑…在父丁宗啓允啓	4
屯四三六六	…貞多…侑…父丁…牛	4
屯四四〇四	甲午貞其禦…父丁百小牢	4
屯四四〇四	甲午貞其禦雍于父丁百小牢	4
英一九五一	…亥…貞王賓父丁歲無…	2
英一九五三	…午卜旅貞翌丁未父丁莫歲其 勿牛	2
英一九五三	…卜旅…丁未父丁莫歲其壯在 八月	2
英一九五四	戊寅卜…貞王…父丁𢆶…尤于丁…	2
英一九五五	…寅卜…貞翌…父丁歲…	2
英一九五六	…父丁惟…	2
英一九五六	…父丁𠂆…酌…	2
英一九五七	貞告于父丁	2
英一九五八	…歲其…于父丁…	2
英一九五九	丙午…旅貞…舌于父丁	2
英一九六〇	…尹…父丁…尤	2
英二四〇九	…申卜其用…庚子父丁…自…	4
懷一〇一六	丁未卜王曰貞父丁莫歲其弘三牢茲用	2
懷一〇一七	庚申卜旅貞王賓父丁𣪘無尤在十一月	2
懷一〇二〇	丁卯…貞王…父丁…	2
懷一三七二	…延使父丁…	3
懷一五五九	丁未其𢆶翌日在父丁宗	4
懷一五六〇	己未貞其𠦪出于父丁一牛	4
懷一五六二	…父丁十小牢…	4
懷一五六三	乙巳貞…于父丁…又五若茲卜雨	4

父戊

著錄	釋文	期
二三〇〇	…卜侑父戊犬	1
二三〇一	丁亥卜王…父戊	1
二〇〇一七	丁卯卜𠂤王聽父戊	1
二一五四四	惟𧶠用至小牢父戊	1
二一五四五	惟𧶠用至小牢父戊	1
二二〇四五	戊戌卜侑…父戊牛一官用	1
二二〇四五	弜用牛牡父戊	1
二二〇四五	惟牛牡父戊	1
二二〇四五	牢父戊	1
二二〇四五	牢父戊	1
二二〇四六	戊子卜有𠂆歲于父戊用今戊	1
二二〇四七	惟用子戊不惟父丁父戊	1
二二〇四八	壬戌卜癸亥牛二于父戊	1
二二〇四九	戊午卜至妻禦父戊良有𠧟	1
二二〇六五	壬戌卜子夢見邑𡴘父戊	1
二二〇六五	甲子卜夕有歲父戊	1
二二〇七三	乙酉卜禦新于父戊白豕	1
二二〇七三	惟小牢于父戊	1
二二〇七四	甲午卜𡆥禦于入乙至父戊牛	1
二二〇九二	戊申卜禦子于父戊	1
二二〇九四	壬寅卜禦量于父戊	1
二二〇九八	丁亥卜有歲于二示父丙父戊	1
二二一〇一	…未禦子…于父戊	1
二二一八七	丁丑示卯𤸰𡚻祖庚至于父戊	1

二二〇三 …父戊… 1
二二五七〇 …辰卜…貞王…父戊…羌三… 2
二二二九八 …卯卜旅…奉…父戊… 2
二二二九九 戊戌卜行貞父戊歲惟小宰在四月 2
二二三〇〇 貞父戊歲惟宰 2
二二三〇一 戊申…貞王…父戊…無… 2
二三五二〇四 戊寅卜即貞惟父戊歲先酌 2
二七三三一正 …父戊歲王彳 3
二七四二〇 父己父戊歲王賓 3
二七四八四 …辰卜其有歲于父戊 3
二七四八五 戊子卜父戊歲惟牛 3
二七四八六 丁酉卜其有歲于父戊 3
二七四八七 …于卜父戊歲惟羊 3
二七四八八 …卯卜其有歲于父戊 3
屯一二九 戊午卜父戊歲王受祐
屯一二九 戊午卜父戊歲惟…
屯一〇四八 丁酉卜其有歲于父戊 3
屯四〇七八 …巳卜父戊歲惟旦改王受有祐 吉 3

父己

二二〇七四 甲午卜禦父己 1
二二〇七五 乙卯卜有歲父己 1
二二一八四 己酉卜丁巳酌祖丁…祖辛二牛父己二牛
二二一八四 癸丑卜奉祖丁祖辛父己 1
二二六二四 壬申卜尹貞王賓父己奏暨兄庚奏叙無尤 2
二二八六四 己巳卜旅貞王賓父己…叙無尤 2
二五八六二 …父己使王賓 2
二六八九九 貞其侑…父己 3
二七〇〇三 戊午卜父己伐一 3
二七〇一三 父己歲惟羊 3
二七三四八 于父己奉 3
二七三九五 …其侑父己惟宰用…祐 3
二七三九六 其侑父己惟莫酌王受有祐 3
二七三九六 …父己…王受有祐 3
二七三九七 其侑父己惟莫酌王受… 3
二七三九八 丁卯卜王其侑父己… 3
二七三九九 …父己歲宰王受祐 吉 3
二七四〇〇 貞王賓父己歲祭 3
二七四〇一 父己歲惟羊王受祐 3
二七四〇一 父己歲惟莫酌 3
二七四〇二 …父己歲有皂王受祐 3
二七四〇三 …父己歲一牛 3

二七四〇四 父己迺 3
二七四〇五 皂其…父己惟牛王受祐 3
二七四〇六 …蒸皂父己惟今日己亥酌 大吉 3
二七四〇七 貞其…于父己惟… 3
二七四〇八 于父己王受祐 3
二七四〇九 …父己… 3
二七四一〇 …于父己夕… 3
二七四一一 …水…至父己 3
二七四一二 惟父己示先改 3
二七四一三 …父己先酌… 吉 3
二七四一四 貞襲父己…宰 3
二七四一五 奉父己父庚惟𠬝往 3
二七四一六 于父己父庚既祭迺酌 3
二七四一七 于二父己父庚吉 3
二七四一八 …父己父庚王受祐 3
二七四一九 父己暨父庚酌 吉 3
二七四二〇 父己父戊歲王賓 3
二八二七八 …小王父己 3
三〇三〇二 …父己宗 3
三〇七三八 …歲于父己王賓 茲用 3
屯七三 其侑父己于來日王受… 3
屯九五 己卯卜王賓父己歲祭王受祐 3
屯二一〇 蒸皂延父己父庚王受祐 3
屯六一〇 于父己祝至 3
屯七四八 父己卯宰王受祐 3
屯九五七 父己仲己父庚惟… 3
屯一四四三 父己歲惟莫酌王受祐 3
屯二一四〇 其吾父己惟入自… 3
屯三三一五 己未卜父己歲宰 3
屯二三一五 父己… 3
屯三三七四 戊午卜其吾父己有羌 吉 3
屯二四八三 王其有父己宰王受祐 3
屯二七四二 丁亥卜其祝父己父庚一牛丁宗𠬝 3
屯三五六三 父己歲惟羊 3
屯四二四三 …父己歲有… 3
屯四四五三 …彡日父己遘有王受祐 3

父庚

二三五正 貞惟父庚 1
二三五正 惟父庚 二告 1
二三五反 貞勿燎王固曰惟父庚惟…余 1

父庚

四三八正　貞有彳于父庚宰　小告　1
四三八正　貞勿…父庚宰　1
四三八正　…有彳于父庚宰　1
四四四　乙五卜亘貞惟父庚　1
八九二正　于父庚　1
八九二正　勿于父庚　1
八九三反　父庚壱王　1
九〇三正　父庚壱王　1
九〇三正　父庚弗壱王　1
九〇五正　貞侑于父庚　1
九〇五正　貞勿侑于父庚　1
二〇三七正　貞惟父庚壱王　1
二一一七反　禦于父甲父庚　1
二一三〇　貞父庚…王　1
二一三〇　父庚祟王　1
二一三一　父庚一羖　1
二一三二　貞侑于父庚　1
二一三二　勿侑于父庚　1
二一三三　貞侑于父庚犬　1
二一三六　己卯卜爭貞翌庚辰侑于父庚　1
二一三七　貞侑于父庚　1
二一三八　貞侑于父庚　1
二一三九　貞…侑于父庚　1
二一四〇　…卜侑父庚…　1
二一四一　貞…庚…侑…父庚　1
二一四四　貞父庚壱王　1
二一四五正　父庚壱王　1
二一四六正　貞父庚壱王　1
二一四七　…父庚壱王　1
二一四八正　貞父庚弗壱　1
二一四九　父庚壱王　1
二一五〇　貞惟父庚　1
二一五一　惟父庚壱　1
二一五二正　貞于父庚　1
二一五三反　…勿䣊于父庚　1
二一五四　…寅卜…父庚　1
二一五五　…卜王惟父庚…　1
二一五六正　…父庚…　1
二一五七　…父庚…　1
二一五八正　貞父庚…　1
二一五九　父庚　1
二一六〇　…父庚…西𡆥　1
三二五五反　于父庚　1
三二五五反　勿于父庚　1

六四八二正　貞有犬于父庚卯羊　1
六四八二反　不惟父庚　1
六四八三正　貞有犬于父庚卯羊　1
六四八三反　不惟父庚　1
六四八三反　惟父庚　1
六四八四正　貞有犬于父庚卯羊　1
六四八四反　惟父庚　1
六四八四反　不惟父庚　1
六四八五正　貞有犬于父庚卯羊　1
六四八五反　惟父庚　1
六四八五反　不惟父庚　1
六四八六正　貞有犬于父庚卯羊　1
六四八六反　惟父庚　1
六四八六反　不惟父庚　1
六六四七正　貞侑于𣪘甲父庚父辛一牛　1
六六四七正　貞勿侑于𣪘甲父庚父辛一牛　1
七八六二　貞侑于父甲父庚父辛　1
九八二七　貞侑于父庚　1
一〇九三六　勿于父庚　1
一二九八〇　父庚一豕　1
一三三九〇反　父庚不壱王　1
一四〇一九正　侑父庚　1
一四〇一九反　…示子𡠀父庚…　1
二一二五一　…父庚不我　1
二一三七七　己未卜惟父庚壱耳　1
二一三七八　己未卜惟父庚壱…　1
二一五三八乙　…禦父庚三牢又𢦔二彡萑至…庚　1
二三一一九　乙…貞王…父庚…　2
二七三一〇　惟父庚庸奏王永　3
二七三九六　自父庚彡王受有祐　3
二七四一五　奉父己父庚惟𢓊往𤉲　3
二七四一五　王其𤉲…奉至父庚　3
二七四一六　于父己父庚既祭𢓊彡　3
二七四一七　于二父己父庚𠯑　3
二七四一八　…父己父庚王受祐　3
二七四一九　父己暨父庚彡　吉　3
二七四一九　…父庚先彡　3
二七四二一　己未卜王其侑父庚王受祐　3
二七四二二　父庚𠯑又一牛　吉　3
二七四二三　貞其侑父庚王受有祐在川卜　3
二七四二四　己亥卜何貞翌庚于丬歲其延于父庚　3
二七四二五　…其…于…己父庚　3
二七四二六　𠯑父庚酒　3
二七四二七　…未卜其𠯑于父庚　3

著錄號	釋文	期
二七四二八	…父庚歲惟𢦏	3
二七四二九	其至父庚有…	3
二七四三〇	…卜何貞翌…父庚饗	3
二七四三一	翌日父庚	3
二七四三二	于父庚告	3
二七四三三	于歲父庚…	3
二七四三四	貞于父庚…于止…戋　吉	3
二七四三五	辛亥卜賊于父庚	3
二七四三六	其告父庚惟薽王受祐	3
二七四三六	其告父庚惟薽王受祐	3
三〇三〇三	己未卜其登父庚奭酉于宗茲用	3
三〇三三〇	翌日己酉父庚必惟其即宗	3
三〇三四五	…卜彭貞其延烝禘…饗父庚父甲家 止	3
三〇三五六	其即父庚必	3
三一九九三	兄甲豚父庚犬	4
三二七二九	有禦父庚羊	4
屯二一〇	烝皀延父己父庚王受祐	3
屯五六三	王其侑父庚王受祐	3
屯六一〇	父庚告牢	3
屯九五七	父己仲己父庚惟…	3
屯一〇五五	惟父庚庸用惟父甲正王受祐	3
屯二三〇九	…父庚歲牢　吉	3
屯二六九〇	戊午卜父庚…	3
屯二七四三	丁亥卜其祝父己父庚一牛丁宗	3
屯三〇〇二	丁卯卜其告父庚惟…窜王受祐	3
屯三九五六	惟父庚	3
屯四〇九三	…未卜其…多万…父庚	
英七七正	不惟父庚	1
英二三七〇	己巳卜其侑父庚…　吉	3
懷九〇六	侑父庚一牛	1
懷一三〇一	庚申…貞其…父庚…	3
懷一五七四	其侑于父庚羌	3
懷一三八四	其侑在父庚	3
懷一四八一	乙巳卜王侑父庚	4

父辛

著錄號	釋文	期
三〇九反正	貞父辛弗…	1
三七一正	貞父辛弗壱王	1
三七一正	父辛其壱王	1
三八二	…于父辛三羌十一月	1
四四四	乙丑卜亘貞惟父辛	1
七七五正	于父辛	1
七七五反	疾疋勿龠禦于父辛	1
七七五反	勿禦于父辛	1
八一六正	有犬于父辛多介子	1
九〇三正	父辛壱王	1
九〇三正	父辛弗壱王	1
一八二一反	貞…父辛	1
二一三〇	貞父辛祟…	1
二一三〇	貞父辛弗祟王	1
二一六五	…侑父甲父辛率…	1
二一六六	貞父辛壱王	1
二一六七	…卜侑父辛皀	1
六四八三反	不惟父辛	1
六四八三反	惟父辛	1
六四八四反	惟父辛	1
六四八四反	不惟父辛	1
六四八五反	惟父辛	1
六四八五反	不惟父辛	1
六四八六反	惟父辛	1
六四八六反	不惟父辛	1
六六四七正	貞侑于咎甲父庚父辛一牛	1
六六四七正	貞勿侑于咎甲父庚父辛一牛	1
七八六二	貞侑于父甲父庚父辛	1
八九八四	庚午于父辛	1
九八二七	貞侑于父辛	1
一〇二七五反	禦于父辛	1
一〇二七五反	勿禦于父辛	1
一九九二〇	庚戌卜又侑父辛	1
一九九二一	庚辰卜王祝父辛羊豕迺酌父…	1
一九九二二	…卜乇…惟…羊…豕…父辛	1
一九九二三	…卯卜王告父辛大甲盟酌三十…	1
一九九二四	…戌王貞…無吕父辛	1
一九九二五	…辰卜王…父辛	1
一九九二六	…父辛	1
一九九二七	…卯卜…父辛…	1
二一五四二	父辛叴	1
二二〇四八	壬寅卜余㞢直于父辛丁反以戈	1
二二一九四	…庚父辛父…	1
二二一九五	父辛…	1
三二六六三	…戊卜彭貞其有柰于父辛	4
屯三八一	甲…于父辛　…辰卜翌日其酌其祝自中宗祖丁祖	4
屯三七二〇	父辛	4
屯三七二八	辛亥…父辛	4
英七八正	貞侑于父辛	1

著録	釋文	期
英八九	貞于父辛侑	1
英九一	于父辛禦	1

父壬

著録	釋文	期
一八二三正	貞燕父壬弗壱王	1
乇一五三	辛丑卜谷父壬歲…王受…	

父癸

著録	釋文	期
一九九四七	…侑父癸	1

父

著録	釋文	期
二一九二	勿侑多父	1
二三三二正	貞…于多父	1
二三三五	…𣪕貞…多父曰其…	1
二三三七正	…卜古…多父	1
二三三八	貞惟多父壱	1
六〇〇二正	勿侑于多介父犬	1
六六九二	戊子卜于多父乇	1
一三六六六正	不惟多父	1
一三六六六正	惟多父　二告	1
二七四一七	于多父舌	3
二七四九二	壬午卜其延…歲于多父	3
二七四九三	…多父暨…	3
乇二四二九	…多父于之若	3
英九六	貞旬多父	1
八九三反	侑于三父一伐卯牢	1
九三〇	貞禦于三父三伐	1
九三〇	于三父三伐	1
二三二九	…侑于二父…	1
二三三〇	庚午卜𢀛貞告于三父	1
二三三一	…王勿祝于四父　三月	1
一四四一一	…三父卯羊	1
一四四一二	貞侑豕于三父卯羊	1
一七〇三七	辛亥卜祝于二父一人王受祐	3
二七三二一	…二父…	3
二七四一六	…暨二父酌	3
二七四一七	于二父父己父庚舌	3
一七四九一	貞于…三父侑	3
英七九六反	貞三父…	1
懷一三七五	暨二父己庚	3

其它

著録	釋文	期
二七二反	侑父一牛	1
四七八正	惟父壱王	1
七六六正	辛卯卜亘貞父乙壱王王固曰父壱惟	
	不循　二告	1
八一一正	貞王其…有告父正　二告	1
八二九正	貞禦鈦于父冊…	1
九二四正	翌乙未呼子宜祝父宜小宰冊及三㲋	
	五宰𡚇贏正	1
二三二六	…父夫…	1
二三二七	…父妻不	1
一三六〇四正	貞奏父門	1
一三六〇四正	勿奏父門	1
一六〇三九	辛未卜以父京旬…	1
一六三五七	己卯卜貞侑父	1
一六九七八	…父不…祟左…	1
一七三七五	辛亥㞢壬子王亦夢父勿有若…于父乙	1
	示余見壱在之…	1
一九二〇七	貞惟㞢中令司父十一月	1
一九九七八	…寅卜呼𠂤…甲申侑母…父隹	1
二〇五七六反	辛巳𡧊祖辛父	1
二一三六三	…父𠂤示	1
二一六九一	…丁未有事惟司父…	1
二一七四九	…父惟𠂤	1
二一九〇五	…侑父冊不…蚰載我事	1
二一九三〇	庚戌卜父不其	1
二二〇〇四	父旦惟卩	1
二二〇〇五	…𡩜父酉…	1
二四四四〇	壬辰　癸巳　二月父𢀛　甲午　乙未	2
二七三六五	…暨興酌祖丁…父王受有祐	3
二七四六〇	…父木丁歲即祖…	3
二七四八九	…巳卜三台父下歲惟羊	3
二七四九四	惟父先酌	3
二七七四八	…𡇱…父	3
三〇六四一	惟父先酌	3
三二七二九	𠂤禦父十羊	4
三二七三三	其告于父一牛	4
三二七六五	辛酉卜將兄丁于父宗	4
三三八四八	惟父示以	4
三四二七五	于𡨦父燎雨	4
三六八一九	癸巳王卜貞旬無𡆥在父	5

屯 七五　其有谷父　3

屯 二七七五　弜亞于父　1

母甲

一九九五七反　癸巳卜侑母甲盧豕　1

英 二三反　母甲羌　1

母乙

一九七六三　…王…羌于母乙用　1

一九八六六　丁酉卜王侑乙母妣己　1

一九九五七反　甲午卜侑母乙盧豕　1

屯 三一六一　…卜其有歲于母乙…　3

母丙

六七八　戊子卜王侑母丙女　1

七二八　貞勿鼎用中㲋曹小宰又艮女一于母丙　1

二五二三　貞惟羊侑于母丙　1

二五二四　貞勿鼎于母丙侑小宰　1

二五二五反　貞其有告于母丙禦　1

二五二六　…禦于母丙　1

二五二七　貞禦于母丙豕　1

二五二八　貞勿于母丙禦　1

二五二九　貞母丙允有蠱　1

二五三〇正　貞母丙無蠱　1

二五三〇正　貞不惟母丙壱　1

二五三〇正　乙卯卜永貞惟母丙壱　1

二五三〇反　王固曰母丙有蠱于…　1

二七三八　…母丙壱婦姘　1

二八〇六　…婦鼠…母丙　1

二八三四　貞于母丙禦婦　1

二八四六　…母丙壱婦…　1

二八四八　貞母丙祟…　1

二五三一　貞于母丙　1

二五三二　丁丑卜…丙子…母丙　1

二五三三　…母丙　1

二五三四　…卜…宰…母丙　1

二五三五　貞母丙卯…　1

一九九五二　己巳卜…母丙…　1

英 一〇九　丙戌…母丙　1

英 三五〇　惟母丙　二告　1

英 一二六五　…彭…母丙　1

母戊

二二〇七六　甲申卜惟㲋于母戊　1

二二二〇六乙　甲…㞢歲…母戊　1

二二二〇六乙　…母戊　1

二七〇四〇　王其侑母戊一䣃…此受祐　3

二七五五四　弜祝母戊　3

二七五八三　壬申卜母戊歲惟牡　3

二七五八四　壬申卜母戊歲惟牡　3

二七五八五　庚午卜貞于母戊歲迺…　3

二七五八六　其告于母戊　3

二七五八七　…祰母戊惟…　3

二七五八八　…卜王賓母戊𠂤　3

二七五八九　王賓母戊歲有正　吉　3

二七五九〇　…將母戊　3

二七五九〇　于既…母戊束…鬯…有…　3

二七五九一　王賓母戊…有正　吉　3

二七五九二　…未卜其將母戊　3

二七五九三　…𠬝于母戊…　3

二七五九四　于母戊　3

二九四一五　王畜馬在茲寓…母戊王受…　3

三二七五三　癸亥貞侑于二母母戊𩰫甲母庚　茲用　4

屯 二五三八　其用由在妣辛必至母戊　3

屯 二七一〇　母戊歲…賓有敓　吉　3

母己

二五三六　勿于母己　1

二五三七　貞于母己禦　1

二五三七　貞于母己禦　1

二五三七　貞勿于母己禦　1

二五三八　母己壱王　1

二五三八　母己壱王　1

二五四一　…母己…于…月…四月　1

三〇〇九　…戌卜…禦子央于母己三小宰　1

三五三九　貞母己來　1

四五一七　貞禦唐于母己　1

六一一三　…用三小宰于母己　1

六四七五反　侑母己十犬侑卯宰　1

一二八一三正　庚戌卜𣪘貞于母己禦子…　1

一三六四六反　母己不祐　1

一九九五三　庚辰卜…侑母己豕用　1

一九九五八　……卜侑妣母己盧豕　1
一九九五九　……寅卜侑母己　1
一九九六〇　……𠂤母己呼……　1
二一八〇五　辛丑卜中母己鼎　1
二一八七九　丁卯中母己𠂤　1
二三四〇六　己巳卜行貞王賓母己歲一牛叙　2
二三四〇八　戊辰……貞其……母己　2
二三四一〇　……貞惟母己……　2
二三四一一　己亥卜行貞其侑于母辛母己牡　2
二七三四〇　己酉卜母己歲藝　3
二七五九五　丁酉卜桼母己有正　吉　3
二七五九六　己亥卜母己歲惟牡　3
二七六三三　惟母己暨于癸酚　3
三〇七四二　己未卜母己歲惟羊　3
英一一〇正　……勿……于母己　1
英一六四　……犬母己用九月　1
英一九六八　丁未卜大貞其……𢼄……于母己六月　2
英二四〇六　己亥卜母己歲惟牡　4
懷一一〇　……午卜禦于母己　1

母庚

二四八反　侑于母庚　1
二七一反　……于母庚……　1
四四〇正　貞母庚受　1
四五四正　惟母庚老子安　1
四六〇　己亥卜貞今日夕奏母庚六月　1
七一六反　……母庚其……嬉　1
七二九　貞于母庚有艮　1
七九二正　乙亥卜貞禦……姘……母庚……桼卯……　1
一九〇〇反　于母庚禦　1
二二八一正　貞酚母庚　1
二五二三　貞翌庚子侑于母庚宰　1
二五四二　貞侑于母庚二牛　1
二五四三　甲辰卜貞翌乙巳蓺侑于母庚宰　1
二五四四　……穷……母庚……王𡆥……　1
二五四五　辛酉卜穷貞侑于母庚　1
二五四六　……宰侑于母庚　1
二五四七　貞侑于母庚　1
二五四九　……侑于母庚　1
二五五〇　侑于母庚一牛　1
二五五一　……己……侑……母庚　1
二五五二　……侑母庚　1
二五五三　丁未卜王侑母庚　1
二五五四　乙巳卜庚……勿侑母庚牛　1
二五五五　翌庚申勿侑于母庚　1
二五五六正　己巳卜穷貞用于母庚　1
二五五七　貞勿于母庚禦　1
二五五八　……卜禦……食母庚一宰　1
二五五九　貞勿禦于母庚　1
二五五九　禦于母庚　1
二五五九　貞禦于母庚　1
二五六〇正　禦于母庚　1
二五六一　庚辰卜古貞舌母庚　1
二五六二　勿于母庚告　1
二五六三　癸未卜……母庚　1
二五六四　……𠂤歲母庚　1
二五六五　……母庚牡　1
二五六七　……卜于母庚　1
二五六八正　于母庚告　1
二五六九　……牛母庚　1
二五七〇　甲辰卜𥎦于母庚　1
二五七一正　……母庚　1
二五七二正　……母庚　1
二五七三　于母庚　1
二五七四　……母庚　1
二五七五　……卯卜貞……母庚　1
二六一八正　……母庚禦婦好囚　1
二六一八正　勿于母庚禦　小告　1
二六三九　不惟母庚　1
二七二五正　戊寅卜穷貞禦婦姘于母庚　1
二七五六　貞禦婦井于母庚　1
二七二六正　甲寅卜殼貞禦婦姘于母庚　1
二七七七　貞勿禦婦媒于母庚　1
三〇一〇　貞禦子央于母庚　1
三一〇一　示于丁于母庚于婦……　1
三一八七　貞禰于母庚贏　1
三二七一正　貞禦𦣞于母庚　1
四一一八　……夕勿酚……母庚雀……贏　1
四六四九　貞禦臭于母庚　1
四八八〇　貞勿禦寅于母庚七月　1
四九〇七反　母庚……　1
五七六九正　……禰于母庚　二告　1
七七八〇　……卜侑𠂤歲母庚　1
七七八〇反　……卜有歲母庚　1
八九六八正　貞侑于母庚二牛　1
一〇一〇九　丁酉卜穷貞翌庚子酚母庚宰　1

著録號	釋文	數
一〇五〇一反	…母庚…不…四	1
一〇九一八	庚辰步于母庚	1
一一四二四反	于母庚禦婦…	1
一一四二四反	勿禦于母庚	1
一三八九二	庚寅卜勿崔于母庚禦	1
一三八九二	勿禦崔于母庚	1
一三九二六	辛丑卜殻貞祝于母庚	1
一四一二〇	庚申卜王余祐母庚…庚弗以婦鼠子用 八月	1
一四一六一正	貞侑母庚毋壱王	1
一四二〇七正	侑于母庚	1
一九九六一	庚寅卜王侑母庚	1
一九九六二	…侑母庚豕鼎用	1
一九九六三	…未卜惟侑母庚呼母	1
一九九六四	戊午卜王于母庚祐子辟	1
一九九六五	…𠦪…母庚用	1
一九九六六	…母庚…	1
一九九六七	…辰卜衘侑母庚	1
一九九六八	甲…母庚…	1
一九九九二	己未卜貞婦鼠…歲…母庚	1
二〇五七六正	癸亥卜侑母庚盧豕	1
二〇七〇六反	庚寅卜王貞用豕母庚今日	1
二一一四八	…母庚侑牛	1
二一五三七	癸巳卜…宰母庚	1
二一五五四	…巳卜夕酢…宰母庚	1
二一五五五	癸巳卜禦母庚宰	1
二二〇一五	木母庚惟卩	1
二二一四六	…反…午…母庚	1
二二二二六	庚申卜至婦禦母庚宰朿小宰	1
二二二三七	…母庚三宰	1
二二二三八	爿母庚	1
二二二三九	爿母庚	1
二二二四〇	貞豕母庚	1
二二二四〇	母庚禦彘	1
二二三〇一	母庚三宰	1
二二三〇一	母庚豭	1
二二三〇一	母庚豭	1
二三四一二	癸未卜旅貞…母庚	1
三二七五三	癸亥貞侑于二母母戊魯甲母庚 茲用	4
屯二六七三	…母庚至小子禦	1
屯二六七三	禦母庚宰	1
屯三五八六	丁未卜烄…母庚有从雨 三月	1
英一一一正	貞侑于母庚	1
英一一二反	庚寅有乂歲母庚	1
英一二三	貞子漁囚惟母庚壱	1
英一六〇	…翌庚子…婦井侑母庚	1
英一七六五	癸未卜婦鼠侑母庚𣪘	1
懷七八	甲寅卜桒母庚用	1
懷一〇九	…禦…母庚…	1
懷一一三	貞禦婦姘于母庚	1

母辛

著録號	釋文	數
二二〇七七	壬辰卜禦母辛于妣乙彘	1
二二〇七七	庚子卜貞母辛𢦔禦無囚	1
二二九七一	庚申卜王貞毋侑于祖辛于母辛	2
二二九七一	庚申卜王貞其侑于母辛十月	2
二三三八九	丁…貞…妣庚…母辛…	2
二三四一一	己亥卜行貞其侑于母辛母己牡	2
二三四一二	…貞翌辛卯侑于母辛	2
二三四一三	貞其侑…母辛惟…	2
二三四一四	辛未卜…貞其侑于母辛…無…	2
二三四一五	…其侑…母辛宰	2
二三四一六	…卯侑…母辛…㞢…	2
二三四一七	壬申卜…貞惟今…侑于…母辛…	2
二三四一八	丁卯卜即貞其侑于母辛	2
二三四一九	己酉卜即貞告于母辛惟蔑十月	2
二三四二〇	己酉卜…貞告于母辛惟蔑	2
二三四二〇	…酉卜…大貞母辛歲牛	2
二三四二一	辛巳卜…貞王賓母辛歲宰…	2
二三四二二	辛亥卜喜貞母辛歲其叙	2
二三四二三	辛巳…貞王…母辛歲…	2
二三四二四	…卜旅…母辛歲…彘…一牛	2
二三四二五	…三宰…母辛歲…無…	2
二三四二六	辛卯…貞其…母辛…	2
二三四二六	…卜…貞母辛歲惟今…酢	2
二三四二七	…母辛乂歲宰無尤	2
二三四二九	…寅卜…貞盤有彡歲自母辛衣…	2
二三四三〇	…貞冊母辛…	2
二三四三二	…保于母辛家宕酢…之日不魚六月	2
二三四三三	…出…酢匚…室…母辛…	2
二三四三四	…出貞王…于母辛…百宰…盟…	2
二三四三五	…辛丑呼…母辛宰一牛…六月	2
二三四三六	…母辛…宰一牛	2
二三四三七	…母辛…宰…	2
二三四三八	…吕…于母辛…牛	2
二三四三九	…並…母辛十月	2
二三四四〇	庚寅…貞翌…母辛…	2

著錄號	釋文	期
二三四四一	…出貞翌…于母辛…牛…人	2
二三四四二	丁卯卜即貞母辛…	2
二三四四三	甲…貞…母辛…	2
二三四四四	辛巳…貞母辛…	2
二三四四五	丁未…貞…母辛…	2
二三四四六	…大…王…母辛…	2
二三四四七	…母辛…在…己…	2
二三四四八	…貞…歲于母辛賓彡	2
二三四四九	…歲于母辛…	2
二三四五〇	…翌…鼻…母辛…	2
二三四五一	…己…貞母辛…王其…	2
二三四五二	…惟…作…于母辛	2
二三四五三	…母辛…	2
二三四五四	…雨…母辛十二月	2
二四九五一	…貞母辛歲于豹家以束十月	2
二三五二〇	甲申卜即貞其侑于兄壬于母辛宗	2
三二七五四	…未卜侑小母辛	4
英一九六〇	辛…貞…母辛…無…	2
英一九六九	貞禱告徵于母辛	2
英一九七〇	…王卜…母辛…	2
英一九七一	丙…貞…母辛…丙…	2
英一九七三	…乙巳侑于母辛宰又一牛十月	2
英一九七三	…卯侑于母辛三宰蔔一牛羌十	2
懷九〇七	…辛未于母辛…	1
懷一〇二一	…貞…母辛…無…	2
懷一五六六	庚戌卜將母辛宗	4

母壬

著錄號	釋文	期
九二六正	己巳卜穷貞龜得母壬王固曰得庚午夕㞢辛未允得	1
一九九六九	…母壬	1
一九九七〇正	…卜侑母壬盧豕	1
二〇五七六正	壬戌卜侑母壬盧犬	1
二〇五七六正	壬戌卜…母壬盧豕	1
二三四五五	…母壬歲…叙無尤	2
二三四五六	…卜旅…其改于…其暨母壬	2
二三四五七	壬寅…貞…母壬…無…	2
二三四五八	…王…母壬…無…	2
二三四五九	…貞…母壬…	2
二三四六〇	…母壬…	2
二七七一九	…鴦…母壬…宰	3
三二七二九	禦父乙羊禦母壬五豚兄乙犬	4
屯附一	禦臣父乙豚子豚母壬豚	3-4
屯一〇一一	壬戌卜母壬歲惟小宰	3

母癸

著錄號	釋文	期
三六五	壬辰卜出貞翌癸巳侑于母癸三宰羌五	1
六八五正	母癸壱王	1
六八五正	母癸弗壱王　二告	1
二四九八正	母癸壱王	1
二四九八正	母癸不…	1
二五七七	壬申卜侑母癸	1
二五七八正	貞彡母癸	1
二五七九正	貞惟母癸壱	1
二五八〇	…央于母癸	1
二五八一	…母癸	1
一九九五七反	壬辰卜侑母癸盧豕	1
一九九七〇正	…申…侑母癸…丙牛…	1
一九九七五	…卜禦…癸母…王…	1
一九九七五	…卜禦…癸母…王…	1
二〇〇〇一	…貞…母癸㞢囚今八月既九月	1
二〇五七六正	壬戌卜侑母癸盧豕	1
二〇五七六正	壬戌…侑母癸盧犬	1
二三四六一	乙…貞其…母癸…	2
二四一三六	…巳卜吳貞…多尹于…母癸燎…	2
二六九九五正	辛巳卜母癸其日	3
三五八五八	壬申…母癸…羊	5
三五九三五	壬戌卜貞…母癸丁惟羊	5
三六〇九〇	癸亥卜貞…母癸惟羊	5
三六三一八	…卜貞王…母癸蒸禾…尤	5
三六三一九	癸酉卜貞王賓母癸姬無尤	5
三六三二〇	貞母癸…	5
三六三二一	壬辰卜…母癸丁…禦…	5
三六三二二	壬寅卜貞母癸丁惟羊　兹用	5
三六三二三	壬寅…母癸…　兹用	5
三六三二四	壬寅…母癸丁…羊	5
三六三二五	壬戌卜…母癸丁惟…	5
三六三二五	…壬子…母癸丁其…兹用在…	5
三六三二六	壬子…母癸丁…羊	5
三六三二七	壬子…母癸…羊	5
三六三二八	壬戌卜貞母癸丁惟羊	5
三六三二九	壬戌卜貞母癸丁惟羊	5
三六三三〇	壬戌卜…母癸…兹…	5
三六三三一	壬戌…母癸丁…羊	5
三六三三二	戊…母癸丁…羊	5
三六三三三	…辰卜…母癸…羊	5

著錄號	釋文	期
三六三三三	壬戌卜：母癸丁惟……	5
三六三三四	壬：母癸丁……	5
三六三三五	壬：母癸……	5
三六三三六	：壬：母癸……	5
三六三三七	：母癸：尊……	5
三六三三八	壬：母癸	5
三六三三九	己巳卜：母癸……	5
三六三四〇	酉卜：母癸：羊	5
三六三四一	：母癸丁：羊茲……	5
三六三四二	：母癸：宰……	5
三六三四四	：母癸……	5
英一九七三	癸丑卜：貞母癸：其有羌……	2
英一九七三	：丑卜：母癸：王其賓	2
英三五二一	壬子：貞母癸：惟茲……	5
懷一七〇五	壬申卜：母癸丁：羊	5
懷一七〇七	壬：母癸：羊	5

兄甲

著錄號	釋文	期
二八七〇	丁丑：侑兄甲	1
二八七一	惟：兄甲	1
三一九九三	兄甲豚父庚犬	4
三七二八三	：宰兄甲	5
乇附三	作𠂤父乙豕妣壬豚兄乙豚化：兄 甲豚父庚犬	3-4
英一七六七	癸亥卜自惟小宰兄甲	1

兄乙

著錄號	釋文	期
三一九九三	兄乙豚彡彡	4
三二七二九	禦父乙羊禦母壬五豚兄乙犬	4
乇附三	作𠂤父乙豕妣壬豚兄乙豚化：兄 甲豚父庚犬	3-4
乇附五	禦父乙羊禦母壬五豚兄乙犬	3-4

兄丙

著錄號	釋文	期
二七六〇九	：卜王其侑兄丙王受…… 大吉	3
二七六一〇	其侑兄丙暨子癸	3

兄丁

著錄號	釋文	期
八九二正	：寅卜殻貞王夢兄丁惟囚	1
八九二正	貞王夢兄丁不惟囚	1
一五三四正	癸酉卜亘貞有酘兄丁	1
一一〇七	丁未卜古貞侑于兄丁	1
二一六三	侑兄丁	1
二五〇三	惟兄丁	1
二五一〇	丙寅：禦：兄丁：宰	1
二五三七	貞于兄丁禦	1
二八七二	貞侑于兄丁	1
二八七三	貞侑于兄丁	1
二八七四	丁卯卜殻貞今日夕侑于兄丁小宰	1
二八七五正	侑于兄丁小宰	1
二八七六	：酉卜今日：兄丁羊	1
二八七七	：吉侑兄丁牛	1
二八七八	貞侑羊于兄丁	1
二八七九	貞侑于兄丁	1
二八八〇	貞勿侑于兄丁	1
二八八一	辛未卜侑兄丁	1
二八八二正	貞侑兄丁	1
二八八三	：禦于兄丁	1
二八八四	：亥卜：兄丁禦	1
二八八五	貞禰于兄丁來：牛惟……	1
二八八六	兄丁宰	1
二八八七	丁巳卜用宰兄丁	1
二八八八	：宰于兄丁	1
二八八九	兄丁壱王	1
二八九〇	貞兄丁壱	1
二八九一正	兄丁弗壱……	1
二八九一正	兄丁：	1
二八九一正	兄丁弗壱王	1
二八九二正	貞兄丁壱	1
二八九三正	貞于兄丁 二告	1
二八九五	惟兄丁來	1
二八九六	：兄丁來	1
二八九七	：申惟嬰：凡兄丁	1
二八九八	：雀：兄丁	1
二八九九	勿：兄丁	1
二九〇〇	：兄丁	1
二九〇一	：兄丁	1
二九〇二	：兄丁	1
二九〇三反	：兄丁	1
二九〇四	：寅：王：兄丁：用豕	1
二九六五	：卜爭：子商：兄丁：宰十月	1

三一六九正　貞禦子賓于兄丁𡧊羊卌小宰今日酚
三一八六　：穷禦子狄于兄丁
三二〇二　丁巳卜于兄丁禦子衔
四一一六　丙午卜勿禦雀于兄丁
四三〇六　貞禦弔于兄丁
五九〇八　兄丁㞢王　二告
六九四五　兄丁㞢王
六九四五　兄丁㞢亘
一〇三四四正　癸丑卜殻惟兄丁　二告
一〇三四四正　癸丑卜殻不惟兄丁
一九八一二正　辛巳卜王上甲燎十豕侑丁禦兄丁令…
惟止用
一九九〇七　丙子卜㞢兄丁二牛
一九九〇七　丙戌卜㞢宰兄丁
一九九〇七　丙戌卜㞢一牛兄丁
二〇〇〇七　丁丑卜侑兄丁羊惟今日用五月
二〇〇〇八　甲午卜王羊豕兄丁…
二〇〇〇九　：侑兄丁不
二〇〇一〇　：惟兄丁㞢
二〇〇一一　：㞢：兄丁：
二〇〇一二　壬午卜侑兄丁：
二〇〇一三　：卜㞢：兄丁
二〇〇一四　：寅兄丁歲丁己宰：乆歲
二〇〇五五　癸未卜：翌丁亥酚兄丁一牛六月用
二〇四六二　：酉兄丁：追：
二一五八六　丁酉卜徲禦兄丁
二二二七二　其侑兄丁
二二二七四　兄丁延三百宰雨咎宗𠂤?
二二二七四　侑兄丁二宰不雨用延
二二二七四　侑兄丁宰
三二七三〇　癸巳卜將兄丁于父乙
三二七三一　丙子貞將兄丁于父乙
三二七三三　丙子卜將兄丁于父乙：　用
三二七六五　辛酉卜將兄丁于父宗
三二七六七　丁巳貞于來丁丑將兄丁若
三二七六八　丁巳貞弜羞將兄丁若
屯五〇五　丁巳貞于來丁丑將兄丁
屯二七六九　：兄丁：王
英一一四　辛丑：雀：雀侑：兄丁
英一一五　：兄丁侑：囬：
英一一六　：于兄丁
英一一七正　：于兄丁
英一一八　：兄丁
英一一九　：商：兄丁
英三三六三　惟祖丁庸𡡈用兄?丁
懷九一〇　貞不惟兄丁㞢
懷九一〇　貞惟兄丁㞢
懷一五六四　癸巳：將兄丁凡父乙

兄戊

一九〇四　兄戊惟羊
二九〇五　：侑于兄戊
二九〇六　丙午卜侑于兄戊
二九〇六　戊寅卜侑兄戊
二九〇八　乙亥：侑兄戊正日
二九〇九　：兄戊：
二九一〇　：禦衔：兄戊
二九一一　戊子卜禦衔兄戊
二九一二　惟兄戊㞢
二九一三　不惟兄戊㞢
二九一四　惟兄戊㞢
二九一五反　惟禦兄戊
二九一六　惟豕兄戊不
二九一七　壬戌：豕兄戊用
二九一八　乙亥：兄戊：
二九一九　：兄戊
一〇五三五　：不惟兄戊　二告
一三六四六正　貞兄戊無𠭰于王　二告
一四〇一九正　侑兄戊
一四一九八正　辛丑卜殻呼比來取侑兄以
一七三七八　辛未卜殻貞王夢兄戊何比不惟囚四月
一七三七九　貞王夢不惟兄戊
一九七六一　丁卯卜王兄戊惟牛
二〇〇一五　己未卜王侑兄戊羊用
二〇〇一六　：子卜㞢：兄戊
二〇〇一七　丁卯卜王聽兄戊
二〇四六二　：申卜王酉兄戊：
英三〇反　：侑于兄戊
英一七六六　：卜王：兄戊
英一七六六　惟大兄戊
懷六八　：辰：王惟：兄戊：
懷六九　：兄戊：

兄己

一九七七五　丁卯卜用反今丁于兄己
一九七七六　丁卯卜用今反于兄己

著錄號	釋文	期
二二〇七五	有歲于兄己	1
二二一九六	惟兄己	1
二二二七五	…兄己	1
二二二七六	于兄己畓犬	1
二二三一二	午亞侑兄己自豕	1
二二六〇九	己酉卜旅貞伐其延伐于兄己六月	2
二二八二〇	…貞王…兄己蒸…雍己…無尤	2
二二八八〇	己卯…貞…兄己…敹…	2
二三〇一〇	甲子卜…貞王…兄己歲…無…	2
二三一二〇	己卯卜行貞王賓兄己魯…	2
二三一四一	己卯卜旅貞王賓兄己彡無尤在正月	2
二三一八七	癸酉卜行貞王父丁歲三牛暨兄己一牛妣庚…無尤	2
二三二四一正	戊戌卜尹貞王賓兄己彡夕無囚	2
二三二四五	…卜行…賓兄己…無尤	2
二三三五四	己丑卜行貞王賓兄己歲敹無尤二牛	2
二三四六七	己未卜尹貞王賓兄己蒸…	2
二三四六八	己酉卜行貞王賓兄己歲宰無尤	2
二三四七〇	…卣…兄己…	2
二三四七一	己卯…貞…賓…兄己歲…	2
二三四七二	甲寅卜王曰貞其圍…兄己	2
二三四七三	戊子卜即貞兄己古一牛在六月	2
二三四七四	…卜…兄己…羌…	2
二三四七五	…兄己惟䵼	2
二三四七六	…兄己…	2
二三四七七	癸亥…貞兄庚歲…暨兄己惟…	2
二三四七七	貞兄庚歲暨兄己其牛	2
二三四七八	己卯卜行貞王賓兄己魯…尤	2
二三四七九	…戊卜旅…翌己亥…兄己…	2
二七六一一	…兄己歲惟牡	3
二七六一二	…卜兄己歲…	3
二七六一三	丁巳卜其𠦪于兄己	3
二七六一四	戊辰卜兄己…	3
二七六一五	己未卜其有歲于兄己一牛	3
二七六一六	戊辰卜其延兄己兄庚	3
二七六一七	戊辰卜其延兄己兄庚歲	3
屯三九六	己未卜仲己歲暨兄己歲酒…	4

兄庚

著錄號	釋文	期
二九二〇正	貞蓺𠦪至于丁于兄庚	1
一〇〇一八	…兄庚逌…	1
二二五六〇	庚午卜旅貞王賓妣庚歲暨兄庚無尤	2
二二五八一	…戊卜…其…兄庚…羊	2
二二六二四	壬申卜尹貞王賓父?己奏暨兄庚奏敹無尤	2
二三一〇四	…兄庚蒸…	2
二三一二〇	…卜行…賓兄庚…無尤	2
二三一三四	…自小乙…兄庚無…月	2
二三二七〇	…尹…兄庚…尤	2
二三三三一	己卯卜…貞…兄庚…	2
二三三三一	…貞王賓祖乙奭妣庚歲伐于勿牛暨兄庚歲二宰無尤	2
二三三五一	庚辰卜即貞王賓兄庚彳伐無尤	2
二三三七六	庚午卜…王賓妣庚…兄庚…尤	2
二三三八四	庚…貞…妣庚…兄庚…	2
二三四七七	癸亥…貞兄庚歲…暨兄己惟…	2
二三四七七	貞兄庚歲暨兄己其牛	2
二三四七八	…卜行…賓兄庚…無尤	2
二三四八〇	庚戌卜大貞其有歲兄庚	2
二三四八一	癸亥卜兵貞翌甲子其侑于兄庚惟王賓禣 敀?…	2
二三四八二	己酉卜…貞王?…于兄庚翌…	2
二三四八三	…辰…貞王賓兄庚彡無尤在二月	2
二三四八四	庚申卜行貞王賓兄庚翌無尤	2
二三四八五	庚辰卜即貞王賓兄庚蒸暨歲無尤	2
二三四八六	庚辰卜旅貞王賓兄庚彡無尤在二月	2
二三四八七	庚寅卜行貞兄庚歲先日	2
二三四八八	庚午卜即貞王賓妣庚歲暨兄庚無尤	2
二三四八九	…亥卜即貞兄庚歲…犬…	2
二三四九〇	庚戌…貞王…兄庚歲…	2
二三四九一	庚午卜旅…兄庚歲…	2
二三四九二	己酉卜旅貞翌庚戌兄庚歲…	2
二三四九三	庚寅卜貞…兄庚歲…	2
二三四九四	乙亥卜旅貞…兄庚?歲…	2
二三四九四	…兄庚…無…	2
二三四九五	庚申卜…王賓兄庚…	2
二三四九六	庚申卜…貞王賓兄庚…無…	2
二三四九八	己丑卜即貞兄庚舌牡六月	2
二三四九九	庚子…貞兄庚…牡…	2
二三五〇〇	…貞其…兄庚一牛	2
二三五〇一	…貞兄庚歲…其射	2
二三五〇一	庚戌…貞兄庚…牡	2
二三五〇二	辛亥卜旅貞其圍羊于兄庚	2
二三五〇三	庚午…貞其…于兄庚…羊一	2
二三五〇四	庚戌…貞其…兄庚…羊…	2
二三五〇六	己亥卜行貞翌庚子其尊于兄庚惟羊	2
二三五〇七	庚午…貞王…兄庚蒸…	2
二三五〇八	貞惟兄庚…	2
二三五〇九	庚…貞…兄庚…仲…	2
二三五一〇	癸亥兄庚	2

著錄	釋文	期
三三五一一	庚申卜…貞兄庚歲其…	2
三三五一二	…王…兄庚…無尤…五月	2
三三五一三	庚辰…貞…兄庚…無…	2
三三五一四	…凷…兄庚…	2
三三五一五	庚子…貞兄庚…牡	2
三三五一六	…兄庚…	2
三三五一七	…遘…兄庚四月	2
三三五一八	庚午…貞王…兄庚…	2
二五二四八	…即…兄庚…	2
二七六一五	己未卜其有歲暨兄庚牢	3
二七六一六	戊辰卜其延兄己兄庚	3
二七六一七	戊辰卜其延兄己兄庚歲	3
二七六一九	…酒牛二兄庚牛一	3
二七六二〇	己卯卜兄庚酒歲惟羊	3
二七六二〇	己丑卜兄庚酒歲惟羊	3
二七六二一	己丑卜兄庚歲二牢	3
屯一〇一一	己丑卜兄庚酉歲牢	3

兄辛

著錄	釋文	期
二二二七三	…兄辛…莫	1
二三五一九	…兄辛…日…	2
二七三六四	…以兄辛	3
二七六二二	其侑兄辛惟牛王受祐	3
二七六二三	庚子…有歲…兄辛… 茲…	3
二七六二四	…王其有歲于兄辛…	3
二七六二五	己丑卜兄辛歲…	3
二七六二六	兄辛歲惟卲各于日𢼄	3
二七六二七	于山日迺𢼄兄辛歲	3
二七六二八	其蔑兄辛惟有車用有正	3
二七六二九	…祝至兄辛	3
二七六三〇	舌兄辛有正	3
二七六三一	…兄辛	3
二七六三三	惟兄辛暨子癸先 吉	3
屯六五七	庚午卜兄辛㞢延于宗 茲用	3
屯二九九六	辛卯卜惟今日其夕有歲兄辛王受祐 大吉	3

兄壬

著錄	釋文	期
二三五二〇	甲申卜即貞其侑于兄壬于母辛宗	2
二三五二〇	壬申卜即貞兄壬歲惟晨	2
二三五二一	壬子…即貞…兄壬惟羊	2
二三五二二	…卜…侑兄壬…尤	2
三三五二三	壬…貞其…兄壬…	2
三三五二四	…旅…于兄壬…	2
屯九五	王其侑于父甲台兄壬惟麃王受祐	3

兄癸

著錄	釋文	期
二二一九六	惟兄癸	1
二七六三四	其侑兄癸惟羊王受祐	3
二七六三五	𣐺祭兄癸惟有還王受祐	3

兄

著錄	釋文	期
二九二一	…旁…多兄…	1
二九二一	貞其率…多兄…	1
二九二二	貞其率…多兄六…	1
二九二三	貞惟多兄	
二九二四	丁酉卜古貞多兄壱	1
二九二五	貞不惟多兄壱	1
二九二六正	貞侑于多介兄	1
二九二七	貞不…多介兄	1
三三五二七	乙未卜…貞其禦于多兄	2
三二七六九	弜羊多兄	4
屯二四一二	于多兄舌	3

三兄・三兄

著錄	釋文	期
二七六三六	辛未卜…史其延三兄王受…	3
英一九七六	壬辰卜大貞翌己亥侑于三兄十二月	2
二三五二六	…午卜…貞禦于四兄…	2

其它

著錄	釋文	期
二九二九	…侑于兄牛又㞢一	1
二九三二	…禦…之兄	1
二九三三	丁未卜貞兄不其	1
二九三六	兄惟有壱	1
二九三七	…兄壱	1
一〇〇九一	庚戌卜𠱾貞有兄	1
一五四四五	…寅卜…用羊…兄	1
二二二八八	丁巳𢼄兄豕	1
二二二八九	丁巳兄豖	1
二二二九〇	丁巳兄豖	1
二六〇二二	貞其于我兄舌	2

子口　子庚　子癸

著錄	釋文	
二七四五三	兄惟今其三宰且酌正王受祐	
	大吉	3
二七四八九	惟兄先酌	3
屯二四一二	弜于兄	3
英一九七五	癸巳卜…貞翌己…其侑于…兄三宰	2
英二六七四正	兄先祖曰吹	5

子丁

著錄	釋文	
二〇五二三	侑子子丁牛用	1
二一八三八	…子丁㞢	1
二一八七八	辛亥丁子惟口㞢	1
二一八八五	丁未其侑子丁牛	1
二一九一二	…事…不子丁在亞辛	1
二二一九七	侑子丁	1
二二二四八	子子丁	1
二二二四九	子子丁	1
二二三一六	…卜子丁辛在示	1
二二五一一	…子丁弜	1
英一八九一	丙子卜洋禦于二妣己于妣丁子丁	1
懷一五六八	…祝…子丁羊…	4

子庚

著錄	釋文	
二〇〇七二	…卜𠂤…妾…子庚	1
二〇四〇二	…子庚	1
二〇四四四	辛亥卜興子庚	1
二〇四四六	戊子卜至子禦兄庚羌宰	1
二〇四四六	戊子卜至…禦子庚…	1
二〇四〇七	子子庚禦余母宰又反	1
二二〇七八	辛未卜惟庚辰用牛于子庚于[ ]用	1
二二〇七九乙	…子卜有歲于子庚	1
二二〇八〇	…卜禦…于子庚犬一	1
二二〇八一	于子庚禦	1
二二〇八八	癸未卜惟羊于子庚	1
二二二九五	辛酉卜卯犬子庚	1

子癸

著錄	釋文	
二〇一一〇	…𠂤子癸…	1
二三五三八	癸未…貞其…于子癸	2
二七五八三	子癸歲王賓祭	3
二七六一〇	其侑兄丙暨子癸	3
二七六三三	惟兄辛暨子癸先　吉	3
二七六三三	惟母己暨子癸酌	3
二七六四〇	壬申卜其叙子癸惟犬	3

五期稱謂表（據島邦男《殷墟卜辭綜類》五五五頁）

父

	甲	乙	丙	丁	戊	己	庚	辛	壬	癸
第一期	父甲	父乙	父?丙				父庚	父辛	父?壬	
第二期				父丁	父戊		父庚			
第三期	父甲			父丁	父戊	父己	父庚	父辛		
第四期	父甲	父乙	父丙	父丁	父戊	父己	父庚	父辛		父癸
第五期		父乙		父丁						

兄

	甲	乙	丙	丁	戊	己	庚	辛	壬	癸
第一期				兄丁	兄戊					
第二期						兄己	兄庚		兄壬	
第三期			兄丙			兄己	兄庚	兄辛		兄癸
第四期	兄甲			兄丁	兄戊	兄己	兄庚			
第五期										

母

	甲	乙	丙	丁	戊	己	庚	辛	壬	癸
第一期		母?乙	母丙			母己	母庚		母?壬	母癸
第二期						母己		母辛	母壬	母癸
第三期					母戊	母己				母癸
第四期	母甲	母乙	母丙		母戊	母己	母庚	母辛	母壬	母癸
第五期										母癸

子

	甲	乙	丙	丁	戊	己	庚	辛	壬	癸
第一期										
第二期										子癸
第三期										子癸
第四期				子丁		子己	子庚			
第五期										

卜辭世系表（據島邦男《殷墟卜辭綜類》五五六頁）

……—帝乙—帝辛

先王先妣祀序表（據島邦男《殷墟卜辭綜類》五五六頁）

祀日	甲	乙	丙	丁	戊	己	庚	辛	壬	癸
第一旬	工典									
第二旬	上甲	報乙	報丙	報丁					示壬	示癸
第三旬		大乙		大丁			示壬妣庚			
第四旬	大甲 示癸妣甲		卜丙 大乙妣丙		大丁妣戊		大庚	大甲妣辛	大庚妣壬	
第五旬	小甲				大戊	雍己			大戊妣壬	
第六旬				中丁		中丁妣己			卜壬	中丁妣癸
第七旬	戔甲	祖乙				祖乙妣己		祖辛	祖辛妣壬	
第八旬	沃甲 祖辛妣甲			祖丁		祖丁妣己	南庚 祖辛妣庚 祖丁妣庚			
第九旬	陽甲 祖丁妣甲						盤庚	小辛		
第十旬		小乙		武丁		祖己 小乙妣己	祖庚 小乙妣庚	武丁妣辛		武丁妣癸
第十一旬	祖甲			康丁	武丁妣戊 祖甲妣戊			康丁妣辛		
第十二旬		武乙		文武丁	武乙妣戊					文武丁妣癸

《殷本紀》世系表

微—報丁—報乙—報丙—主壬—主癸

天乙—太丁（外丙、仲壬）—太甲—太庚（沃丁）—太戊（雍己、小甲）—仲丁（外壬、河亶甲）

祖乙—祖辛（沃甲）—祖丁（南庚）—小乙（小辛、盤庚、陽甲）—武丁—祖甲（祖庚）

庚丁（廩辛）—武乙—文丁—帝乙—帝辛

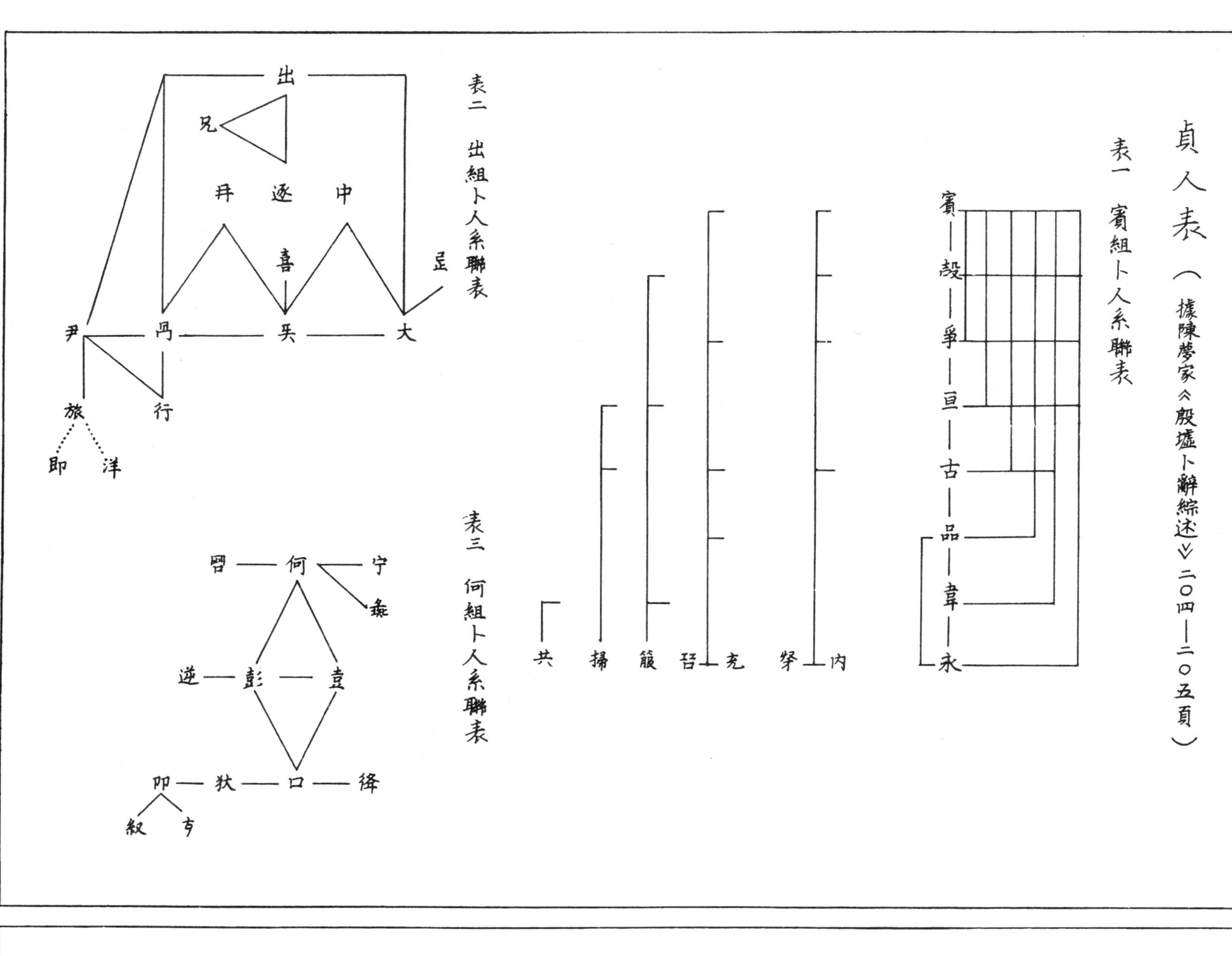

表四　卜人斷代總表

武丁

賓組　賓殻爭亘古品韋永内㱿山充𠀠箙掃共

附屬　旬徉邑豖己𢦏㚔亞𠂤中𢓊𨑬

鼬戕何名耳御𦺈𠍷卯𨿿𦭞𡇒

𠂤組　𠂤勺扶

午組　午宂

附屬　㫗夆丁卣由取界勿𠯑

子組　子余我𢓊𢓊史𢀛

附屬　豕車衛

不附屬　吏衙陟定𦮃𡧯𡈼𠀠專

祖庚

出組兄羣　兄出逐

出組大羣　中冉𡏮

祖甲

出組大羣　喜兵大

出組尹羣　冎尹行旅

附屬　即洋犬涿

不屬組　先坚寅夼𡇒

廩辛

何組　何宁㽞𢍸彭壴口狄徲逆卯叙专

不屬組　教弔𢁉大𩔖

武乙

歷

帝乙帝辛

黃派𤔲个立𠂤

貞人統計表

1 只限於前辭中的貞人

2 特種記事刻辭中的貞人簽署參見各有關辭條

亢

《合》	4165	5319	7051	10856	16559	19824	20046	20315	20550
54	4243	～	7062	10979	17039	19862	20051	～	20551
106	4309	5342	7134	11592	17059	19864	20057	20317	20588
140	4310	5431	7258	12860	17060	19866	20064	20328	20592
186	4318	5445	7266	12875	17096	19867	20068	20322	20595
525	4321	5495	7394	12964	17440	19869	20070	20323	20608
585	4326	5497	7499	13021	17442	19871	20075	20326	20613
758	4328	5499	7617	13022	17671	19873	20077	20330	20617
799	4329	5517	7630	13044	18031	19886	20083	20333	20621
1022	4333	5659	7663	13069	18205	19890	20088	20342	20624
1023	～	5879	7664	13366	18206	19891	20090	20391	20628
1027	4336	5944	7743	13450	18230	19910	20091	20392	20630
1075	4414	6080	7747	13454	18420	～	20093	20401	20643
1249	4426	6458	7759	13580	18430	19915	20129	20402	20648
1294	4488	6558	7871	13715	18611	19921	20166	20418	20650
1348	4548	～	8172	13724	19003	19923	20180	20423	20652
1438	4549	6560	8274	13734	19093	～	20181	20425	20654
1447	4552	6599	8426	13760	17379	19925	20183	20435	20658
1522	4562	6664	～	13940	19415	19429	20191	20442	20676
1566	4585	6676	8428	13943	19507	19933	～	20451	20706
1848	4726	6677	8454	13960	19532	19936	20193	～	20712
1849	4731	6783	8638	13963	19758	19944	20206	20454	20713
1881	4869	6834	8718	13965	19759	19946	20214	20457	20729
2285	4874	6842	8719	14075	19761	19949	20232	20458	20733
2804	4886	6898	8982	14115	19763	19961	20233	20463	20736
2940	4929	6906	8984	14117	19766	19964	20235	20466	20739
3346	4994	6926	9650	14120	19771	19971	20244	20468	20748
3405	4987	～	9816	14248	19777	19974	20245	20479	20745
3413	～	6928	10030	14271	19789	19981	20255	20480	20747
3415	4991	6943	10059	15222	～	19999	20256	20493	20748
3431	4994	6947	10221	15284	19791	20008	20279	20500	20753
3950	4996	6960	10374	15496	19795	20009	20287	20501	20780
4060	4999	6963	10377	15643	19799	20015	20288	20531	20783
4114	5000	6968	10378	15959	19800	20021	～	～	20806
4128	5002	7006	10567	16335	19804	20024	20294	20533	20867
4144	5007	7008	10635	16439	19806	20026	20296	20541	20893
4155	5030	7014	10713	16481	19809	20034	20297	20547	20894
4156	5031	7020	10750	16525	19812	20036	20311	20547	20898
4163	5049	7033	10855	16550	19814	20037	20312	20549	20966

37511	36967	36556	35758	23364	25592	24434	24241	23061	21359	20975
37522	36974	36567	35759	31611	25634	24448	24243	23086	～	20978
37565	36975	36620	35885	35418	25910	24449	～	23114	21361	～
37567	37281	36627	35886	35422	25929	24471	24245	23121	21368	20980
37571	37363	36634	35888	～	～	24501	24253	23125	21370	21019
37574	～	36743	35893	35424	25932	24502	24256	23132	21371	21033
37577	37365	36756	35897	35426	25961	24504	24259	23240	21381	21064
37581	37372	36765	36181	35427	26036	24506	24264	23248	21385	～
37583	37374	36784	36203	35430	26081	24522	24265	23322	21386	21068
37584	37378	36787	36344	35523	～	24525	24267	23347	21387	21072
37586	～	～	36359	～	26083	24537	24271	23413	21396	21079
37595	37381	36789	36409	35527	26085	24546	24273	23472	21397	21081
37599	37393	36793	36419	35529	26101	24548	24274	23499	21402	21085
37601	37403	36803	36426	～	～	24556	24278	23506	21482	21087
37602	37405	36805	36475	35531	26104	24557	24281	23515	21521	21133
37605	37408	～	36482	35534	26182	24570	～	23544	22585	21139
37606	37409	36807	36483	35574	26187	24571	24304	23560	22598	21148
37619	37416	36809	36485	～	26188	24586	24333	23642	22646	21158
37621	37417	36819	36486	35577	26190	24588	24336	23667	22669	21163
37623	37421	36821	36488	35581	～	24658	～	23669	22715	21172
37625	37426	36825	36489	35582	26193	～	24339	23672	22725	21173
37628	37430	36847	36491	35584	26197	24661	24346	23682	22751	21181
37630	37433	36860	36497	35589	26198	24663	24350	23721	22758	21182
37649	37434	36871	～	35641	26200	～	～	23867	22765	21188
37661	37447	36872	36500	35644	26475	24667	24352	～	22779	21193
37663	37448	36887	36504	35646	～	24671	24355	24114	22782	21196
～	37462	36892	36510	35648	26506	24686	24356	24122	22784	21205
37665	37472	36902	36511	35649	26867	24769	24359	～	22785	21211
37667	37473	36908	36518	35653	26994	24773	24370	24128	22855	21217
37668	37475	36914	36519	35656	27008	24859	24386	24135	22858	21239
37672	37481	36923	36522	35662	27042	24928	24387	24137	22884	21272
37673	37484	36925	36526	35695	27164	24961	24389	～	22885	21273
37675	37489	36928	36528	35698	27341	24980	24391	24139	22888	21282
37676	37490	36936	～	35700	27455	24982	24397	24144	22891	21291
37678	37497	36940	36530	35704	27609	24984	24398	24232	22913	21294
37679	～	36941	36532	35741	27707	25015	24402	24235	22922	～
37681	37503	36944	36533	35748	27885	25028	24423	24237	22927	21296
37691	37505	36945	36536	35752	28148	25064	24425	24239	22990	21299
37692	37510	36961	36555	35756	29375	25311	24430	24240	23006	21308

1524	896	299	《合》	887	2538	469	39091	37944	37840	37693
1528	900	306	6	891	～	～	～	37945	37841	37695
1533	904	322	10	1016	2540	475	39103	37947	37844	37700
1540	914	326	13	1157	2542	502	39110	37948	～	37702
1571	918	331	14	～	2546	506	39111	37953	37847	37704
1577	926	336	33	1192	2548	526	39132	～	37852	37705
1585	935	339	59	1194	2550	721	39145	37955	37863	37707
1588	940	340	60	1195	2551	1761	～	37957	～	～
1597	955	379	83	1221	2562	1761	39153	37961	37865	37712
1611	973	439	88	1223	2563	1798	39201	37962	37868	37724
1621	978	456	94	1228	2565	～	39210	37964	37872	37727
1626	991	475	96	1265	2568	1804	～	37965	37873	37728
1632	1076	483	110	1272	2605	1864	39223	37969	37875	37732
1644	1080	493	116	1279	2623	1879	39254	37973	37883	37737
1661	1096	495	118	～	2624	1880	～	～	37884	37738
1718	1099	527	134	1286	2628	1923	39257	37975	37886	37745
1780	1100	553	143	1288	～	1934	39259	37978	～	～
1823	1123	557	151	1289	2633	1949	～	38112	378890	37749
1824	1139	561	152	1294	2635	2001	39278	38113	37892	37751
1854	1140	565	181	1296	～	2002	39291	38223	37896	37752
1896	1144	578	190	1481	2642	2004	39321	38243	～	37754
1901	1182	586	200	1499	2648	～	～	～	37898	37756
1908	1189	590	201	1514	2649	2024	39324	38246	37903	～
～	1191	591	203	1516	2656	2030	39326	38273	37907	37758
1910	1240	627	223	1517	2660	2168	39330	38278	37909	37760
1918	1242	643	229	1522	～	2170	～	～	～	37763
1924	1255	645	236	1544	2665	2200	39335	38280	37912	37765
1928	1283	687	241	1634	2667	2222	39338	38307	37917	37771
1932	1292	710	242	1726	2671	2223	～	38308	37922	37776
1935	1296	721	246	1886	《懷》	2242	39366	38523	37925	37781
1937	1306	754	249	1889	383	2503	39368	38676	37926	37783
1940	1339	779	253	～	391	2504	～	38726	37928	37790
1956	1364	809	261	1891	434	2505	39408	38731	37929	37813
1961	1370	817	267	1897	441	2510	39416	38997	37932	37828
1977	1415	824	272	1905	635	2512	39438	～	37935	37832
1984	1450	826	277		647	2523	《英》	39008	37938	37835
1990	1487	827	280		688	2524	74	39076	37940	37836
1995	1501	849	293		739	2530	186	～	37941	37838
2013	1506	874	294		878	2537	187	39082	37943	37839

11062	10098	9547	8506	7337	6527	5979	4766	4034	3089	2014
11115	10104	9560	8532	7343	6532	5992	4770	4041	3125	2015
11177	10109	9561	8536	7345	6566	6011	4791	4052	3130	2019
11179	10146	9572	8554	7370	6597	6029	4798	4059	3170	2227
11241	10148	9577	8569	7415	6623	6041	4807	4063	3181	2246
11378	10171	9591	8574	7420	6647	6041	4811	4064	3186	2277
11423	10176	9599	8591	7531	6649	6048	4813	4070	3199	2280
11452	10199	9600	8613	7564	6654	～	4818	4078	3216	2289
11484	10227	9602	8641	7565	6655	6051	4819	4081	3217	2322
11537	10315	9608	8706	7584	6657	6056	4853	～	3222	2328
11540	10323	9618	8751	7603	6666	6073	4884	4083	3223	2341
11545	10408	9620	8810	7627	6672	6078	4928	4090	3228	2366
11546	10412	9627	8836	7667	6698	6079	4939	4121	3238	2388
11558	10523	9628	8844	7744	6702	6083	4961	～	3248	2497
11597	10526	9632	8852	7765	6721	6092	5036	4123	3267	2545
11663	10551	9677	8879	～	6761	6096	5054	4178	3271	2556
11664	10580	9694	8884	7767	6768	6169	5056	4185	3290	2615
11679	10587	9702	8935	7772	6769	6177	5087	4192	3297	2686
11755	10594	9731	8938	7851	6778	6232	5097	4200	3304	2695
～	10600	9741	8956	～	6796	6257	5123	4238	3313	2725
11757	10602	9742	8983	7853	6910	6259	5134	4253	3314	2730
11917	10611	9755	8986	7878	6946	6292	5173	4267	3343	2781
11922	～	9783	9002	7919	6948	6296	5193	4282	3401	2799
11962	10613	9811	9039	7928	6951	6324	5197	4290	3461	2808
12026	10630	9818	9040	7942	6987	6331	5230	4357	3465	2830
12052	10633	9826	9157	8039	7023	6352	5354	4388	3480	2866
12054	10768	9954	9163	8041	7065	6413	5392	4422	3596	2868
12055	10808	9960	9261	8155	7066	6417	5395	4481	～	2869
12111	10837	9961	9281	8183	7081	6459	5417	4563	3599	2924
12312	10902	9966	9410	8208	7089	6461	5442	4574	3647	2954
12313	10906	9984	9449	8241	7111	6471	5454	4596	～	2955
12340	10912	10022	9463	8284	7198	6473	5458	4663	3701	2978
12375	10931	10042	9473	8316	7214	6478	5475	4671	3731	3004
12396	10935	10044	9476	8346	7302	6491	5478	4691	～	3010
12451	10942	10048	9480	8353	7330	6492	～	4714	3735	3054
12469	10974	10076	～	8395	7337	6503	5480	4735	3790	3058
12476	11001	10084	9482	8398	7343	6520	5506	4744	3952	3061
12488	11026	10094	9507	8412	7345	6524	5509	4762	3995	3077
12500	11042	10095	9537	8462	7370	6525	5977	4763	4004	3086

578	19345	17766	17073	16736	16479	15515	14654	14043	13497	12530
604	19348	17890	17082	～	16483	15522	14662	14054	13515	12565
608	19373	17946	17083	16738	16535	15546	14689	14139	13523	12571
609	19492	18042	17085	16740	16560	15556	14720	14159	13535	12643
634	19503	18162	17132	16741	～	15562	14743	14161	13536	12657
643	19517	18177	17168	16743	16563	15611	14746	14216	13538	12765
649	19536	18179	17185	16744	16643	15612	14749	14222	13539	12831
677	19563	18186	17217	16755	16644	15659	14755	14229	13545	12862
710	19611	18229	17252	16764	16647	15664	14791	14311	13546	12864
723	19621	18258	17262	16768	～	15695	14801	14314	13553	12866
809	19678	18348	17270	16782	16649	15805	14832	14319	13555	～
835	19681	18353	17388	16783	16651	15817	14834	14328	13568	12868
1105	19694	18358	17393	16784	16654	15826	14856	14356	13570	12895
1112	19718	18453	17396	16785	16657	15843	14860	14357	13575	12921
1144	《英》	18564	17397	16800	16660	15889	14888	14364	13609	13016
1151	49	18615	17399	16807	16661	15902	14911	14369	13625	13041
1160	61	18654	17408	16808	16665	15916	14927	14370	13647	13053
1167	81	18722	17410	16833	16668	15944	14928	14372	13658	13074
1209	83	18787	17423	16834	16674	16014	14946	14380	13676	13106
1221	125	18806	17424	16835	16675	16017	14974	～	13680	～
1253	126	18812	17444	16836	16678	16024	14984	14382	13709	13108
1289	154	18836	17463	16855	16679	16043	15016	14426	13713	13221
1593	158	18837	17464	16856	16684	16073	15077	14431	13716	13222
1598	193	18860	17471	16857	16685	16088	15087	14469	13735	13224
1735	200	18862	17474	16858	16688	16117	15098	14470	13743	13263
《懷》	201	18928	17497	16881	16689	16130	15107	14474	13793	13280
141	253	18930	17530	16885	16693	16173	15170	14496	13801	13306
260	～	18941	17532	～	16696	16218	15201	14522	13843	～
302	264	18991	17533	16887	16697	16223	15222	14533	13857	13308
475	306	19037	17543	16896	16707	16230	15226	14553	13868	13329
514	337	19083	17555	16900	16708	16249	15242	14564	13874	～
517	362	19101	17558	～	16711	16270	15258	14567	13880	13332
519	414	19109	17575	16902	16712	16339	15264	14573	13925	13334
599	462	19127	17633	16918	16714	16375	15272	14581	13932	13372
718	480	19143	17649	16919	16716	16398	15359	14588	13948	13390
746	523	19166	17684	16944	16719	16399	15361	14603	13996	13407
927	529	19179	17702	16951	16720	16423	15362	14607	13997	13447
～	548	19213	17708	16952	16724	16425	15485	14614	14034	13449
930	564	19226	17737	16994	16732	16453	15486	14615	14035	13465

952 953 961 962 985

[illegible]

《合》 5 32 45 71 93 94 98 110 162 163 166 171 174 177 178 180 183 190 215 226 234 248 250 270 271 273 ～ 275 273 ～ 275 301 303 305 367 369 ～ 371

376 410 418 446 454 456 458 464 478 490 498 506 511 515 536 540 542 550 558 ～ 560 562 573 584 586 590 601 608 628 634 641 655 656 667 671 672 679 691 717

729 731 734 738 767 772 776 778 795 811 822 826 829 849 861 879 892 894 895 897 900 ～ 905 913 914 916 924 945 946 963 970 974 988 1027 1032 1047 1051 1066 1107

1108 ～ 1110 1140 1151 1155 1169 1176 1210 1217 1248 1254 1272 1287 1295 1305 1307 1336 1346 1351 1395 1402 1423 1429 1443 1459 1477 1480 1506 1534 1536 1542 1543 1545 1600 1624 1637 1641 1676

1677 1679 1692 1703 1708 1722 1747 1772 1773 1778 ～ 1780 1785 1822 1859 1863 1868 1878 1882 1889 1906 1907 1943 1968 2018 2020 2052 2209 2215 2220 2231 2235 2264 2335 2357 2362 2363 2365 2367

2373 2378 2434 2438 2461 2471 2472 2501 2518 2573 2621 2627 2628 2630 2646 2657 2681 2705 2726 2743 2768 2817 2874 2945 2954 2955 2958 2968 2975 3032 3033 3061 3169 3177 3178 3187 3190 3198 3216

3221 3223 3232 3279 3288 3296 3297 3301 3312 3339 3342 3374 3380 3381 3384 3391 3453 3458 3467 3487 3516 3525 ～ 3579 3581 ～ 3639 3645 3736 3904 3945 ～ 3947 3958 3963 3979 4001 4002 4021

4024 4031 4032 4055 4056 4100 ～ 4103 4108 4112 4123 4124 4142 4157 4194 4200 4205 4206 4209 4244 4250 4261 4272 4277 4284 4288 4293 ～ 4295 4301 4307 4357 4369 4452 4469 4470 4477 4483 4499

4547 4550 4553 4632 4647 4651 4657 4722 4769 4825 4826 4872 4873 4903 5036 5037 5044 5050 5057 5058 5068 5074 5088 5090 5111 5125 5127 5129 5134 5167 5180 5191 5195 5196 5198 5205 5213 5231 5246

5247 5304 5309 5363 5376 5382 5388 5394 5399 5407 5410 5425 5439 ～ 5441 5446 5447 5459 5473 5509 5513 5537 5538 5569 5576 5586 5650 5658 5701 5758 5763 5770 ～ 5772 5780 5805 5806 5840 5846

10603	9950	8998	8220	7682	7350	6897	6614	6441	6259	5847
10610	9976	9067	8247	7685	～	6904	～	～	6270	5848
10613	9990	9068	8303	7701	7355	6908	6616	6443	6271	5896
10655	10041	9074	8322	7707	7373	6909	6626	6454	6284	5908
10656	10045	9075	8329	7708	7380	6912	6627	6460	6294	5962
10696	10051	9115	8438	7711	～	6929	6630	6468	6295	5978
10697	10052	9177	8442	7713	7390	6931	6636	6469	6300	6002
10794	10091	9185	8444	7728	7398	6932	6639	6482	6301	6003
10826	10092	9186	8446	7729	7399	6944	～	～	6315	6007
10864	10094	9215	8492	7734	7402	～	6641	6486	～	6032
10874	10107	9234	8501	7768	7403	6949	6643	6488	6321	6037
10892	10115	9472	8510	7774	7422	6951	6648	6494	6330	6057
10916	10121	9503	～	7775	7427	6952	6653	6498	6334	6070
10942	10125	～	8513	7779	7441	6959	6655	6507	6342	6087
10944	10129	9505	8526	～	7444	7037	6656	6513	6344	6090
10946	10133	9507	～	7782	7447	7053	6664	6516	6345	6093
10965	10134	9508	8528	7785	7456	7075	6717	6518	[illegible]	6098
10977	10136	9516	8530	～	7458	7076	6737	6519	6349	6128
11006	10171	9520	8537	7789	7477	7085	6748	6534	6354	～
11085	10172	～	8550	7794	7490	7086	6764	6536	6370	6131
11093	10184	9525	8552	7795	7492	7137	6765	6537	6371	6145
11170	10198	9530	8555	7797	7493	7164	6767	6543	6373	6153
11171	10216	9531	8556	7799	7497	7181	6811	6550	6379	6154
11182	10302	9557	8593	7828	7502	7202	6830	6552	6383	6170
11199	10315	9580	8610	7829	7511	7231	6834	6566	6398	～
11232	10344	9592	8654	7843	7554	7239	6858	6568	6399	6174
11247	10346	9670	8661	7844	7555	7280	～	6569	6401	6184
11405	10349	9681	8683	7846	7567	7283	6864	6571	6405	6185
11426	10351	9684	8796	7848	7570	～	6867	6573	6409	6197
11484	10352	9696	8816	7854	7580	7285	6874	6576	6410	～
11497	10399	9700	8855	7885	7588	7287	6877	6577	6415	6200
11498	10400	9703	8889	7888	7599	7312	6883	6579	6416	6203
11506	10405	9710	8941	7930	7600	7320	～	～	6418	6204
11515	10406	9715	8947	7950	7604	7323	6887	6581	6421	6216
11517	10482	～	8952	7982	7614	7326	6890	6590	6426	6220
11538	10501	9718	8961	8008	7619	7331	6892	6609	6427	～
11559	10558	9744	8991	8080	7634	7334	～	6610	6430	6222
11593	10590	9774	～	8181	7660	7337	6894	6612	6431	6249
11649	10592	9937	8993	8219	7661	7345	6896	6613	6435	6258

545	《英》	18294	17296	16531	15614	14750	14185	13714	12935	11677
546	3	18346	17305	16568	15616	14762	14198	13722	12948	11697
554	24	18517	17308	16569	15630	14782	14202	13751	12973	11702
559	62	18521	17314	16728	15638	14807	14207	13758	13052	11751
566	136	18727	17360	16786	15642	14816	14209	13767	13053	∫
574	139	18900	17364	16809	15647	14883	14210	13770	13105	11754
581	148	18910	17366	∫	15717	14884	14212	13776	13151	11805
583	162	18925	17373	16812	15723	14888	14219	13778	13216	11851
586	167	18940	17378	16832	15724	14917	14241	13824	∫	11909
597	169	19016	17382	16865	15738	14922	14250	13829	13219	11917
602	171	19067	17400	16866	15774	14970	14262	13886	13244	11987
605	176	19104	17403	16876	15888	14982	14314	13888	13260	11990
606	179	19106	17406	16878	15890	15021	14316	13890	13264	12042
612	180	19107	17409	∫	15918	15045	14329	13923	13265	12057
613	197	19113	17414	16882	15948	15051	14337	13926	13333	12223
616	201	19139	17415	16884	15952	15058	14348	13928	13344	12310
685	∫	19149	17418	16903	15995	15099	14364	13930	13400	12311
687	248	19180	∫	16904	∫	15103	14371	13931	13471	12324
698	250	19194	17420	16935	15999	15116	14404	13936	13491	12336
700	319	19215	17511	16936	16056	15179	14410	13948	13493	12377
706	324	19248	17538	16938	16066	15182	14431	13949	∫	12378
716	329	19249	17540	17017	16076	15184	14437	13974	13495	12396
742	353	19252	17542	17055	16108	15189	∫	13975	13500	12407
802	∫	19256	17547	17076	16111	15191	14439	13977	13501	12437
832	355	19269	17555	17077	16112	15192	14487	13993	13505	12470
860	374	19282	17557	17106	16204	15194	14511	13998	13514	12480
891	376	19283	17601	17140	16221	15196	14512	13999	13526	12629
1002	392	19348	17635	17141	16235	15198	14526	14001	∫	12630
1020	403	19460	17686	17144	16238	15266	14536	∫	13528	12635
1080	405	19490	17687	17145	16244	15274	14575	14003	13592	12648
1136	434	19527	17919	17194	16254	15316	14585	14006	13615	12678
1139	443	19644	17995	17222	16280	15396	14586	14013	13616	12715
1154	454	19662	18106	17230	16337	15471	14587	14015	13619	12813
1165	463	19674	18177	17235	16344	15531	14666	14032	13643	12814
1179	466	19693	18179	17250	16357	15540	14667	14128	13648	12852
1187	482	19717	18190	17264	16386	15553	14707	14138	13658	12861
1210	487	19724	18225	17272	16441	15592	14721	14149	13682	12901
1216	494	19751	18281	17273	16446	15600	14732	14153	13707	12906
1219	515		18287	17283	16505	15608	14733	14173	13712	12921

1251 1585 1617 《懷》 89 101 211 249 477 507 ～ 510 518 956 959 963 984 986 988

《合》 7 9 16 18 22 ～ 24 26 27 40 41 79 98 113 130 137 139 151 177 196 199 223 225 228 234 239 248 250 256 290 291 380 383 408 409 411 438 444

456 495 536 542 547 548 575 583 613 636 ～ 638 649 651 655 657 667 672 680 682 728 738 775 776 779 780 787 793 800 801 805 811 812 834 838 858 859 861 871

880 891 906 911 931 939 945 952 954 962 975 1027 1046 1051 1052 1073 1114 1125 1135 1143 1147 1157 1158 1175 1227 1248 1301 1345 1387 1404 1446 1552 1554 1583 1591 1599 1607 1617 1653

1654 1656 1666 1668 1745 1854 1869 1934 1957 1982 2136 2148 2273 2274 2291 2353 2454 2496 2562 2614 2620 2649 2657 2664 2668 2682 2748 2763 2773 2774 2783 ～ 2785 2940 2965 3001 3020 3053 3061

3074 3077 3088 3093 3096 3097 3190 3192 3195 3196 3230 3251 3271 3297 3341 3345 3364 3395 3438 3470 3471 3600 ～ 3604 3696 3697 3702 ～ 3716 3718 ～ 3727 3729 3730 3737 ～ 3756 3926 3966

4009 4036 4051 4055 4058 4093 4112 4113 4119 4179 4189 4195 4248 4249 4277 4304 4341 4381 4464 4494 4499 4531 4563 4567 4569 4577 4597 4598 4616 4618 4670 4720 4747 4759 4775 4793 4814 4821 4824

4899 4960 4978 4984 5046 5134 5165 5170 5186 5199 5212 5233 5234 5237 5246 5300 5349 5356 5358 5370 5373 5391 5393 5409 5413 5419 5439 5448 5476 5478 5487 5516 5565 5585 5622 5624 5637 5658 5711

5724 5733 5738 5761 5775 5807 5809 5844 5867 5896 5899 5900 5901 5966 6002 6016 6025 6028 6032 6044 6064 6087 6156 6169 6188 6201 6202 6214 6215 6219 6226 6227 6229 6230 6234 6248 6266 6291 6300

6313 6333 6337 6338 6341 6354 6385 6390 6412 6438 6451 6470 6473 6476 6479 6480 6487 6489 6490 6496 6528 6530 6542 6543 6572 6620 6624 6647 6652 6664 6667 6733 6757 6771 6813 6814 6828 6829 6939

6943 6945 ～ 6947 6949 6952 6957 6983 6989 7076 7139 7215 7228 7229 7244 7245 7261 7269 7288 7289 7302 7314 7320 7352 7359 7365 ～ 7368 7385 7386 7408 7410 ～ 7412 7427 7440 7488 7489 7495

7528
7553
7556
7591
7658
7692
7694
7696
7701
7733
7772
7776
～
7778
7783
7803
7814
7945
7957
7990
7996
8102
8124
8154
8188
8246
8401
8405
8439
8480
8504
8514
8531
8545
8588
8597
8642
8730
8738

8832
8863
8867
8958
8969
9007
9026
9055
9067
9069
9144
9436
9504
9518
9519
9530
9538
9574
9575
9608
9644
9661
9662
9668
9672
9674
9675
9691
9733
9741
9790
10044
10047
10067
10070
10073
10084
10136
10145

10154
10165
10166
10171
10189
10306
10345
10516
10519
10522
10589
10591
10593
10598
10608
10771
10772
10789
10811
10863
10865
10914
10924
10969
10989
11006
11018
11215
11230
11259
11274
11299
11388
11460
11477
11483
11485
11495
11497

11499
11514
11519
11527
11583
11671
11681
11696
11722
11758
11917
11921
11971
11991
11992
12028
12102
12163
12369
～
12371
12411
12465
12487
12488
12636
12725
12852
12863
12883
12940
12962
12972
12974
13039
13112
13122
13123
13260

13261
13311
13312
13331
13357
13420
13445
13465
13490
13496
13505
13525
13529
13542
13547
13548
13563
13584
13623
13626
13651
13674
13687
13758
13773
13873
13876
13887
13931
13943
13974
14004
14005
14009
14019
14021
14023
14024
14033

14037
14076
14127
14128
14148
14156
14161
14194
14200
14201
14205
～
14207
14211
14238
14240
14245
14298
14314
14395
14396
14405
14457
14466
14472
14480
14488
14521
14526
14549
14551
14553
14555
14569
14570
14574
14577
14583
14590

14591
14592
14614
14625
14668
14716
14735
14829
14851
14854
14855
14859
14915
14919
14935
15022
15141
15157
15223
15234
15253
15255
15256
15262
15275
15388
15456
15482
15489
15515
15528
15560
15563
15568
15595
15647
15664
15667
15707

15721
15728
15733
15737
15816
15875
15891
15906
15993
16017
16021
16023
16051
16061
16080
16152
16162
16197
16242
16243
16265
16346
16398
16424
16457
16471
16529
16639
16641
16646
16652
16687
16688
16690
16696
16704
16706
16759
16760

16775
16790
～
16797
16799
16814
～
16817
16829
16830
16838
～
16842
16859
～
16862
16888
～
16891
16901
16920
16921
16930
16937
16943
16989
17074
17075
17078
17100
17105
17106
17110
17166
17166
17171
17173
17184
17257

17299
17306
17340
17363
17389
17407
17413
17422
17425
17443
17447
17452
17469
17470
17506
17508
17535
17656
17743
17795
17958
19976
17998
18090
18301
18341
18432
18683
18721
18851
18852
18899
18925
18926
18937
18991
19060
19082
19095

19103
19108
19184
19250
19280
19295
19349
19350
19441
19640
19642
19687
19688
19694
19744
《英》
47
135
149
151
162
198
199
202
203
253
267
～
283
343
346
353
356
366
390
412
457
477
479

《合》
11
14
46
52
128
136
142
235
248
255
339
376
454
466
517
556
570
641
656
723
822
841
859
869
916
940
973
977
1086
1106
1118
1275
1807
1821
1990
2003
2231
2337

610
658
723
725
757
810
839
1177
1250
《懷》
420
452
485
963
980

16359
16383
16442
16788
16820
16867
16938
17086
17316
17421
17569
17641
17676
17715
18748
18866
19043
19049
19169
19253
19263
19399
《英》
31
87
126
145
149
164
185
219
284
～
293
353
384
417
452
532

13369
13459
13521
13644
13653
13687
13771
13793
14009
14018
14033
14036
14039
14300
14340
14357
14513
14573
14621
14684
14692
14809
14931
14965
14967
14968
15003
15049
15136
15153
15161
15237
15314
15580
15619
15715
15854
15889
16175

10075
10093
10104
10174
10227
～
10229
10324
10398
10707
11153
11194
11406
11551
11764
11942
11988
12058
～
12060
12290
12314
12324
12335
12409
12466
12495
12511
12666
12762
～
12764
12889
13055
13148
13228
13229
13292
13316

7941
7946
7954
8033
8178
8329
8453
8551
8598
8648
8756
8803
8810
8844
8852
8938
8987
9013
9030
9043
9131
9140
9156
9172
9299
9464
9465
9489
9658
9663
9722
9738
9790
9792
9810
9933
9951
9966
9995

5315
5445
5510
5526
5545
5598
5635
5647
5665
5761
5815
6001
6005
6091
6093
6131
6205
6226
6240
6246
6375
6452
6477
6517
6530
6567
7064
7075
7189
7260
7275
7350
7362
7370
7407
7571
7598
7629
7715

2373
2430
2500
2522
2653
2659
2737
2844
2985
3120
3183
3286
3296
3409
3511
3606
3698
3753
3761
～
3807
3987
4224
4271
4277
4288
4356
4452
4481
4518
4576
4619
4678
4787
4997
5052
5063
5100
5299

《合》
94
224
444
511
559
591
595
641
667
709
766
808
811
858
885
905
941
1075
1115
1185
1319
1330
1394
1439
1460
1534
1581
1723
1734
1753
1783
1853
2003
2108
2133
2206
2346
2351

274
381
388
392
393
448
483
484
491
513
515
516
897
900
902
983

484
539
543
545
578
579
607
680
681
704
759
797
840
856
858
886
921
1000
1037
1054
1127
1136
1151
1160
1250
1586
～
1590
《懷》
24
32
43
71
126
130
152
260
263
273

2371 2373 2384 2478 2483 2488 2561 2924 3099 3194 3226 3481 3817～3844 4259 4264 4288 4300 4378 4653 4888 5057 5089 5116 5217 5317 5406 5468 5566 5711 5740 5749 5850 5884 6153 6223 6252 6303 6340 6360 6588 6648 6650 6740 6827 7112 7191 8162 8165 8226 8310 8332 8350 8388 8406 8473 8658 8709 8754 8797 8894 8912 8932 8969 9057 9504 9544 9548 9584 9610 9614 9663 9671 9679 9770 9906 9934 9968 9976 10111 10132 10594 10665 10965 11003 11140 11371 11462 11546 11762 11837 11920 12161 12464 12500 12511 12769 12771 12876 12899 13220 13384 13406 13443 13625 13634 13649 13675 13707 13713 13738 13750 13878 14129 14155 14161 14379 14409 14588 14721 14772 14773 14861 14985 15137 15460 15464 15515 15641 15889 15927 15956 16004 16158 16239 16307 16335 16528 16565 16566 16655 16666 16676 16681 16686 16691 16692 16696 16701 16705 16715 16721 16722 16725 16730 16742 16747 16748 16750～16753 16756 16765 16769 16776 16788 16789 16818 16819 16828 16843 16844 16877 16895 16905 16915 16916 16950 17087 17090 17271 17410 17465 17537 17865 17939 18130 18219 18338 18573 18687 18725 18788 18814 18815 18933 18992 19263 19684

《英》32 294～297 334 822 1591

《懷》150 186 269 302 475 514 517 519 599 718 746 927～930 952 953 961 962 985

《合》22 154 165 268 712 885 1021 1777 2330 2514 2760 2774 2985 3047 3699 3753 3803 3804 3852 3862～3874 4021 4340 5083 5110 5511 5527 5551 5760 6000 6007 6093 6097 6159 6424 6454 7345 7893 8021 8185 8473 8512 8529 8543 8995 9172 9789 9965 10042 10091 10998 11016 11546 11852 11989 12052 12322 12379 12508 12637 12729 13076 13148 13225 13226 13726 14136 14469 14720 15396 15761 15960 16013 16197 16570 16571 16572～16575 16663 16739 16769 16845 17411 18129 18612 19289 19322 19549

《英》298～303 626 671 796 999

《懷》522 931

《合》64 3878 11546 15838 16582 16583 16677 16695 16702 16735 16850 16877 16907

《懷》272 382

《合》16609

《合》 419 515 586 641 1434 1772 1876 2522 2606 3226 3267 3638 3695 3845 ～ 3861 4006 4190 4223 4409 4410 4454 4476 4576 5064 5177 5525 5611 5833 5951 5969 6033 6040 6242 6588 7121 7262 7277 7329 7589 7945 8081 8837 8985 9673 9682 9743 9919 9967 9969 9984 10002 10019 10026 10229 10961 11759 11763 11850 11892 11915 12053 12327 12346 12410 12628 12692 12849 12914 13148 14008 14129 14433 14440 14647 14767 14795 15596 17522 17523 17564 17586 18348 18911

《英》 37 304 ～ 307 571 1157 1290

《懷》 987

《合》 113 178 390 522 555 1006 1544 1836 2422 2530 3037 3297 3333 3607 3608 3805 3886 ～ 3896 3898 ～ 3901 4197 4234 4268 4849 5666 5760 5834 6058 6068 6247 6792 6990 7149 7160 7245 7363 7364 8233 8933 8948 8970 9018 9227 9233 9611 9840 11854 11893 12315 12342 12898 13226 13262 13338 13339 13504 13559 14083 14620 15014 15537 15742 15935 16400 16401 16824 16825 16846 16868 16869 16892 17080 17238 17613 17697 18745 25632

《英》 78 199 200 308 309 1276 1555 1596 2187

《合》 152 309 418 478 536 880 895 909 947 987 1483 1747 1854 2211 2292 2498 2940 3461 3810 ～ 3814 3816 4141 4405 4519 4529 5320 5776 5828 5942 6570 6572 6577 6832 6888 6895 7076 7605 7636 7663 7677 7719 7772 8592 8852 9200 9242 9678 9947 10179 10964 10976 11819 11853 11898 12357 12376 12455 12456 12971 13109 ～ 13111 13124 13125 13140 13141 13376 13505 13675 13695 14201 14295 14514 14518 14552 14561 14732 15782 15847 16447 16463 16787 16813 16906 16923 17920 19085

《英》 174 310 1017

《懷》 44 80 407

《合》 909 3610 3912 3913 3756 16531 16670 16815 ～ 16817 16847 16862 16870 20156 21308

《合》 3914

《合》6 1251 3875 ～ 3878 5450 5452 5747 6812 6816 8689 9570 9596 11546 11983 ～ 11985 12373 12570 12582 12607 13346 14629 16577 ～ 16581 16660 16848 16849 17104 17105 17599 17996 《英》1025

《合》6671

《合》268 511 1242 3902 ～ 3910 5845 6111 6365 6567 9506 9581 9609 9669 9700 12108 12966 14433 15363 16184 17091 17092

《合》33 3916 3917 9663 11656 12348

《合》17586

《合》12343

《合》12340

《合》3944

《合》3357 10514 14068

《合》6578 12436

《合》22302 ～ 22304 22306 ～ 22309 22313

《合》9745

《合》9735 11761

《合》3927

《合》21921 22787

《合》967 3941 3942

《合》12344

《合》3935 11760 12051 13230

《合》3943 11993 12047 ～ 12050 12527

《合》9788 12347

《合》3936

《合》26698

《合》 21013

《合》 20276

《合》 20048 20157 ～ 20161 20163 ～ 20165 20416 20472 20556 20731 20750 20921 21221 21287 21357 20950 20953 20970 20975 20980 20983 20984 21050 21054 21069 21106 21120 21139 21177 21178 21187 21337 21373 21433 21437 21495 《屯》 604 2527 4517 《懷》 1501 1504 1550 1672 20239 20246 20268 20278 20298 20338 20343 20346 20354 20373 20431 20436 20440 20449 20459 20460 20464 20477 20478 20483 20490 20495 20557 20571 20619 20627 20632 20639 20651 20667 20671 20736 20741 20746 20805 20837 20898 20901 20923

《合》 112 19779 19798 19807 19813 19817 19838 19847 19853 19870 19882 19883 19904 19907 19908 19921 19926 19931 19946 19965 20017 20053 20072 20080 20094 20098 20100 20110 ～ 20141 20178 20196 20209 20220 20223 20230 20236 20238

《合》 13543 19778 19884 19890 19897 19920 19922 20016 20019 20022 20033 20142 ～ 20148 20210 20246 20253 20426 20498 20592 20675 20912 20920 20923 20999 21189 21202 21229 21266 21352 21367 22314 《懷》 1493 1507 1513 1533 1551 20694 20715 20828 20835 20906 20941 21019 21020 21030 21036 21070 21071 21114 21130 21180 21186 21284 21290 21376 21387 21388 21415 《英》 1774 《懷》 1489 1494 1500 1503 1549

《合》 19799 19890 19900 19905 19932 19990 19999 20011 20013 20025 20102 ～ 20109 20185 20190 20194 20201 20208 20211 20256 20280 20299 20318 20334 20353 20367 20380 20387 20388 20408 20419 20420 20428 20450 20482 20496 20608 20611

《合》 22074 22129

《合》 3911

《合》20072

《合》14080 19754 19774 19846 20028 20149 ～ 20155 20404 20534 20535 20660 20665 20780 20800 20873 20951 21101 21276 21283 21410 21412 《懷》1511

《合》3928 ～ 3932 12800

《合》21526 ～ 21529 21532 21534 21535 21546 ～ 21548 21551 21556 21570 21573 21574 21576 ～ 21589 21625 21631 21636 21639 21640 21642 ～ 21645 21648 21650 21651 21655 21657 ～ 21659 21661 21665 21671 21675 21679 21713 21727 21736 21738 21740 21742 21743 21748 21750 21752 ～ 21754 21757 21759 21765 21788 21793 21799 21801 21803 21805 21825 ～ 21827 21829 21831 21832 21835 21842 21860 21861 21992 21997 《英》1891 1894 1896 1901 1906

《合》4332 4993 14811 20410 20491 20551 21549 21562 21586 21605 21607 21608 21646 21649 21662 21664 21692 21708 ～ 21710 21772 21796 21797 22424

《合》21541 21586 21595 21596 21598 ～ 21604 21624 21631 21663 21673 21694 21695 21715 21716 21723 21731 21744 21752 21760 ～ 21763 21787 21809 21816 21823 21843 《英》1899

《合》21567 21586 21613 21615 ～ 21620 21633 21635 21653 21662 21684 21717 21720 21721 21725 21725 21732 ～ 21735 21804 21840 21850 《英》1897 《懷》1669

《合》19967 20762 21096

《合》21564 21609 21610 21614 21626 21628 21647 21667 21677 21680 21693 21696 21701 21711 21713 21714 21726 21728 ～ 21730 21737 21739 21764 21786 21810 21812 21814 21815 21820 21821 21823 21830 21836 21852 《懷》1505 1525

《合》1251 1291 3730 3880 ～ 3885 4759 4760 5251 5254 ～ 5256 5260 5262 5263 5265 5266 5279 ～ 5281 5291 5579 5646 10248 10303 10917 11005 11013 11771 11861 11986 12105 12106 12291 12372 12574 12584 12616

12623
12624
12943
13019
13020
13084
15789
15829
16060
16311
16532
16549
16552
16557
16584
～
16599
16640
16642
16650
16653
16659
16662
16667
16694
16699
16709
16710
16723
16728
16739
16749
16763
16770
16772
16777
16779
16821
16822

16823
16851
16863
16864
16893
16894
16908
16922
17466
17660
18183
18793
19389
19433
19731
19747
《英》
1594
1595
《懷》
190
265
278
279
283
286
289
290
389
390
1215

《合》
24839
26393
～
26397

《合》
3933
3934
16600

《合》
3937
3939
3940

《合》
26424

《合》
30106

《合》
27714

《合》
20167

《合》
22588
23430
23536
23598
～
23601
23697
23708
23711
～
23714
23717
24153
24397
24412
24615
24742
24798
24880
24893
24936
24938
～
24940
24942
24960
24979
25035
25454
25951
26071
26201
26539
26560
26587
26588
26590
26600

26627
～
26661
26679
～
26696
26800
26804
26839
26869
《英》
1948
1983
2081
2119
2227
2235
《懷》
1246
1269

《合》 365 22537 22580 22590 22593 22600 22620 22739 ～ 22742 22749 22823 ～ 22825 22912 23063 23064 23433 23434 23441 23531 ～ 23533 23537 23608 23610 ～ 23620 23622 ～ 23627 23659 23660 23668 23675 23679 23684 23689 23705 23709 23710 23712 ～ 23714 23717 23786 23788 23790 23792 23796 23803 24116 24129 24145 ～ 24147 24149 24155 24156 24160 24171 24183 24195 24216 ～ 24218 24225 24229 24230 24358 24380 24382 24400 24413 24428 24432 24435 24444 24445 24460 24464 24475 24480 24484 24485 24496 24497 24503 24508 24610 24612 24650 24652 24683 24718 24732 24735 24739 24740 24743 24744 24755 24796 24797 24800 24808 24816 24867 24883 24903 24910 24915 24924 24930 24931 24945 24947 24949 24950 24953 24956 24957 24959 24984 25023 25036 25038 ～ 25041 25043 25128 25180 25221 25241 25242 25370 25371 25412 25413 25517 25538 25564 25565 25628 25632 25753 25789 25790 25863 25880 ～ 25883 25890 25901 25904 25936 25937 25950 25955 25970 25972 25984 25996 26000 26007 26012 26014 26015 26040 26041 26067 26094 26096 26154 26156 26180 26181 26383 ～ 26392 26541 26549 26562 ～ 26614 26643 26651 26682 26763 26764 26766 ～ 26773 26775 26777 26778 26780 26781 26784 26785 26787 ～ 26790 26797 26799 26801 26802 26815 26836 26838 26840 26863 26866 31223 《英》 1977 1978 1984 ～ 1992 1994 1996 2029 2043 2044 2050 2060 2068 2071 2076 2077 2083 2095 2097 2098 2127 2166 2167 2169 2174 2177 2179 2203 2228 2229 2234 2235 2255 《懷》 1043 1067 1075 1088 1097 1103 1111 1116 1118 1119 1126 1127 1140 1145 1200 1203 1204 1206 1207 1208 1211 1267 1268

《合》 22714 23658 ～ 23660 24879 25419 25518 25519 25591 26682 26699

《合》 22587 23059 23650 ～ 23657 23674 23687 24394 24892 24900 24928 25030 25050 25907 26097 26098 26100 26700 26762 26812 《英》 1924 1999 2038 《懷》 341

《合》 22708 22747 22753 22772 22795 22801 22808 22826 22919 22999 23061 23367 23368 23422 23568 23594 23606 23607 23609 23621 23677 23691 23720 23763 ～ 23765 24207 24765 24766 24768 24886 24963 24964 25115 25117 25144 25161 25179 25223 25256 ～ 25258 25366 25414 25415 25473 ～ 25475 25563 25671 25786 ～ 25788 25887 25916 25917 25943 25945 25978 25993 26042 26059 26137 26398 ～ 26401 26620 26621 《英》 2144 《懷》 1197 1201

《合》 22538 22577 22592 23481 23559 23560 23581 23589 ～ 23594 23680 23805 24132 24134 24136 24162 24904 25031 25145 25353 25460 25942 25956 25987 25997 26092 26186 26189 26360 26373 ～ 26382 26399 26453 26454 26664 ～ 26676
26742 ～ 26746 《英》 1926 2082 2204 2226 《懷》 1275

《合》 22548 22559 22590 22594 ～ 22596 22599 22601 22603 22604 22616 22639 22677 22716 22718 22746 22759 22774 22911 22920 22926 22942 22988 23073 23085 23096 23105 23109 23177 23228 23259 23272 23277 23340 23346 23356 23387 23420
23430 23446 23480 23504 23532 23534 23538 23540 23541 23545 23559 23570 ～ 23574 23576 ～ 23580 23582 23588 23599 23608 23611 23666 23683 23685 23711 23715 ～ 23719 23791 24133 24164 24180 24199 24215 24427 24429 24431 24432
24433 24436 24439 24451 24514 24526 24611 24649 24673 24675 24683 24729 24733 24741 24767 24868 24902 24921 24929 24932 ～ 24934 24941 24952 24956 24974 25019 ～ 25020 ～ 25022 25025 25026 25029 25034 25035 25042 25047 25048
25124 25125 25144 25152 25166 25174 25176 25193 25201 25203 25216 25220 25222 25232 25238 25244 ～ 25246 25345 25351 25355 25370 25373 25456 ～ 25459 25537 25561 25616 25622 25658 25661 ～ 25663 25724 25726 25749 ～ 25751
25768 ～ 25775 25777 25873 25879 25895 25902 25920 25921 25934 25935 25953 25963 25971 25976 26008 26024 26029 26034 26046 26061 26070 26095 26199 26537 ～ 26561 26602 26643 26646 26698 26765 27283 27299 27376 31288 ～ 31299
31529 《英》 1924 1940 1968 1971 1976 1979 ～ 1981 1993 1995 2026 2096 2115 2116 2150 2151 2157 2162 2185 2224 2225 2389 《懷》 1024 1091 1107 1115 1205 1262 1268

《合》 22728 22835 22839 22847 22907 22925 22928 22929 23010 23127 23247 23397 23399 23401 23470 23514 23634 ～ 23636 24174 24779 24793 24803 24815 24862 25101 25136 25275 ～ 25280 25416 25417 25492 25553 ～ 25555 25558 25656
25687 ～ 25689 25758 25805 ～ 25812 26403 26404 26406 26591 26622 ～ 26626 26747 ～ 26749 《英》 2143 2153 2236 《懷》 1019 1039 1041 1110

《合》 23633 24170 24795 26405

《英》2034
《懷》1144

《懷》1149

《合》22549 22607 22624 22630 22642 22647 22649 22652 22670 22721 22723 22735 22737 22738 22763 22766 22769 22776 22777 22780 22812 22829 22836 22838 22840 22844 22850 22854 22862 22868 22871 22881 22895 22902 22903 22937 22983 23013 23027 23039 23041 23078 23079 23082 23111 23112 23136 23167 23194～23196 23202 23206 23211 23241 23242 23244 23266 23270 23271 23309 23312 23323 23328 23330 23333 23343 23345 23350 23366 23371 23385 23388 23467 23628～23632 23688 23748～23759 24130 24172 24196 24228 24260 24266 24280 24341 24345 24455 24458 24463 24470 24476 24481 24491 24662 24685 24714 24736 24759 24776 24820 24860 24912 25077 25078 25083 25086 25092 25093 25107 25112 25114 25126 25127 25135～25140 25173 25198 25236 25259～25266 25268～25274 25308 25379～25391 25476 25477 25479～25491 25549～25552 25566～25570 25615 25644 25672～25686 25757 25791～25803 25859 25898 26119 26152 26336～26357 26359 26520 26525～26536 26591
《英》1952 1960 2025 2042 2093 2101 2114 2122 2132 2146 2206 2207 2230
《懷》1013 1023 1034 1044 1102 1122 1137 1202

《合》22550 22551 22569 22605 22606 22608 22613 22625 22626 22631 22682 22689 22722 22727 22729 22760 22761 22764 22767 22775 22783 22793 22794 22803 22805 22814 22816 22817 22819 22822 22827 22856 22863 22875 22883 22898 22899 22906 22908 22931 22973 22975 22978 22992 23001 23002 23004 23016 23018 23019 23030 23036 23049 23053 23055 23097 23101 23102 23106 23115～23120 23131 23144 23148 23155 23180～23189 23197 23207 23214～23217 23233 23235 23239 23243 23245 23249 23254 23264 23268 23274 23278 23289 23290 23299 23302 23314 23318 23326 23327 23329 23347～23349 23354 23361 23392 23406 23411 23468 23478 23484 23487 23497 23506 23530 23550 23648 23649 23671 23726～23740 23802 23826 23965 24233 24234 24236 24238 24247 24248 24252 24258 24262 24272 24275 24276 24279 24305～24310 24312 24314 24317～24320 24332 24344 24347 24348 24351 24360～24362 24364 24365 24367～24369 24378 24393

24401 24411 24420 24426 24452 24454 24472～24474 24478 24487 24492 24493 24608 24609 24665 24670 24772 24802 24804 24805 25056 25068 25074 25079 25082 25084 25095 25096 25099 25102 25111 25113 25171 25175 25186 25187 25235 25267

25298～25307 25309～25314 25317～25322 25392～25401 25403～25407 25433 25442 25443 25503～25516 25544～25548 25576～25590 25643 25647 25652 25699～25713 25728 25733 25743 25828～25838

25846～25848 25893 25995 26020 26108 26183 26208～26218 26220～26254 26256～26282 26507～26510 26512～26517

《英》1928 1933 1937 1947 2027 2117 2124～2126 2136 2152 2161 2164 2213 2231

《懷》95 1032 1247 1248 1251 1255 1256 1258 1259 1284 1290 1291

《合》22539 22544 22556 22558 22560 22561 22563 22570 22573 22609 22611 22612 22618 22623 22638 22644 22653 22660 22672 22673 22688 22694 22697 22698 22707 22730 22736 22754 22762 22792 22796～22798 22830 22833 22837 22839 22841

22845 22846 22851 22852 22864～22866 22873 22874 22882 22886 22889 22894 22896 22905 22909 22915 22938～22941 22982 22985 22987 22993 22994 23015 23020 23026 23029 23031 23040 23045 23051 23054 23070 23080 23084 23089 23091

23094 23095 23099 23124～23126 23141 23146 23150 23158 23160 23166 23172 23176 23190～23192 23205 23209 23210 23220 23226 23241 23250～23253 23255 23283 23298 23301 23303 23304 23310 23339 23352 23353 23357 23363 23370

23372 23375 23390 23394 23402 23403 23405 23412 23424 23428 23456 23471 23479 23486 23491 23492 23494 23502 23507 23524 23527 23529 23542 23544 23551 23638～23647 23671 23676 23687 23690 23694～23696 23741～23747 23785

23794 23795 23797 23798 24161 24173 24192～24194 24205 24214 24269 24316 24373 24418 24425 24456 24457 24461 24479 24498 24518 24522 24668 24690 24697 24738 24745 24747 24812 24866 24962 24969～24971 24976 25027 25049 25052

25054 25057～25059 25061～25063 25080 25081 25094 25097 25100 25103～25105 25131 25132 25133 25134 25141 25149 25150 25155 25156 25167 25169 25184 25190 25227 25237 25239 25282 25284～25287 25289 25290 25293 25294

25295～25297 25408～25411 25493 25494 25496～25501 25503 25556～25558 25571～25575 25640 25650 25651 25654 25657 25659 25690～25698 25755 25756 25765 25814～25816 25818～25827 25839 25868 25869

25884 25891 25919 25922 25926 25966 25967 25969 25979 25988 25990 25991 26003 26004 26011 26016 26019 26027 26030 26051 26057 26219 26275 26283 ～ 26335 26432 26511 26518 ～ 26741 26819 26822 26870

《英》 1941 1953 1954 1959 1961 1965 1993 1998 2037 2041 2074 2108 2110 2113 2131 2141 2142 2154 2155 2163 2208 ～ 2212 2246

《懷》 1015 1017 1027 1030 1033 1035 1037 1045 1047 1049 1051 1058 1060 1061 1064 1086 1108 1117 1196 1198 1250 1252 1273 1274 1276 1277

《合》 22542 22554 22582 22583 22610 22637 22640 22648 22676 22692 22701 22709 22744 22781 22857 22860 22887 22921 22972 22981 23021 23048 23065 23069 23071 23074 23076 23087 23088 23100 23113 23126 23135 23143 23163 23168 23170 23171 23173 23227 23229 23234 23246 23256 23262 23273 23279 23280 23282 23308 23324 23336 23338 23351 23373 23377 23407 23418 23419 23442 23473 23483 23485 23488 ～ 23490 23498 23501 23520 23521 23543 23556 23565 23602 ～ 23605 23723 23760 ～ 23762 23804 24131 24140 24141 24177 24179 24184 24189 24190 24392 24403 24442 24719 24748 24756 24780 24837 24872 24920 24954 25060 25076 25116 25123 25142 25145 25148 25153 25160 25162 25164 25165 25168 25183 25188 25197 25204 25247 ～ 25252 25254 25255 25373 ～ 25378 25461 ～ 25469 25471 25472 25539 ～ 25542 25561 25562 25617 25660 25664 ～ 25669 25752 25776 25778 ～ 25785 25944 26023 26055 26066 26111 26115 26148 26358 26360 26361 26362 ～ 26372 26462 26615 ～ 26619

《英》 1992 2035 2130 2133 2159 2160 2205 2237 2239 2243

《合》 22650 22657 22796 23033 23637 23789 25233 25281 25283 25543 25813 25817 25892 26407 ～ 26412

《合》 22815 22877 23075 23193 23661 23804 26420 ～ 26422

《合》 22621 22693 22813 22900 23032 23157 23195 23316 23335 24166 25090 25323 25325 25326 25417 25840 26413 ～ 26419

《合》
23595
～
23597
24730
24783
26423
26472
26474
26697
《英》
1982

《合》
24462
24465

《合》
24410

《合》
26662
26663
26750

《合》
26805

《合》
26810

《合》
26953
26975
27042
27064
27081
27088
27138
27148
27150
27152
27153
27208
27220
27221
27238
27255
27263
27282
27321
27424
27430
27456
27564
27574
27669
～
27671
27673
～
27677
27694
27775
27778
27797
27830
～
27833
27843
27844
～
27848
27850
27851
27853
～
27857
27859
27862
27863
27865
～
27868
27873
28237
28238
28433
～
28445
28474
28588
28590
28592
28736
29362
～
29364
29368
29706
29717
29720
29724
～
29727
29730
29818
29937
29938
29939
～
29942
29947
29957
30079
30087
30107
～
30110
30115
30117
30153
30401
30469
30528
30529
30531
30559
30564
30566
30615
30732
30775
30921
30926
30959
31041
31056
31098
31128
31221
31255
31300
～
31365
31420
31528
31530
31531
31532
～
31544
31546
～
31548
31916
《英》
2384
～
2387
2392
2393
《懷》
285
505
1113
1123
1125
1135
1153
1154
1421
1422
1424
1425

《合》
27042
27086
27177
27211
27456
27458
27508
27645
27735
27736
27885
30542
30544
30548
～
30551
30554
～
30558
30565
30572
《英》
2395
《懷》
1385

《合》31547 31548

《合》27719 27861 27866 30927 31484 31623 ～ 31625 31627 《懷》1109

《合》26907 27107 27147 27148 27225 27264 27265 27543 27649 27695 27696 29697 27700 ～ 27702 27875 28143 28238 28325 28450 29395 29949 30090 30123 30282 30304 30347 30502 30537 30563 30564 30596 30766 30810 31358 31366 31367 31369
31403 31404 31406 ～ 31408 31410 31412 ～ 31417 31426 ～ 31435 31448 31561 ～ 31563 31566 31567 31878 32663 《懷》1330 1331 1335 1360 1423

《合》27166 27220 27223 27302 27382 27542 27694 27696 27699 28107 28742 29956 31366 31369 31405 31409 31411 31414 31417 ～ 31425 31560 31564 31565

《合》26899 27080 27178 37342 27705 27706 27774 28234 28589 29728 29959 30436 31369 31371 31436 ～ 31460 31486 31549 31568 ～ 31572 31574 ～ 31579 31582 31612 《懷》1106 1324 1327

《合》26881 26907 26954 26966 26983 27054 27065 27146 27159 27162 27192 27215 27244 27391 27459 27468 27515 27667 27678 27689 27783 27816 28011 28040 28088 28114 28140 28146 28147 28155 28173 28446 ～ 28448 28466 ～ 28473 28488
28489 ～ 28493 28584 28665 28666 28831 28878 ～ 28880 28892 29084 29088 29092 29324 29391 29411 29919 29968 29973 30162 30215 30439 30491 30570 30632 30733 30757 30762 30885 31108 31225 31273 31366 ～ 31402 31406 31549 31550
31551 ～ 31559 31592 《懷》1300 1302 1323 1347 1348

《合》31487 31488 31612 《懷》1333 1341

《合》31485 ～ 31487

《合》
36484
36496
36505
36823

《合》
32815
32816
32818
～
32828
《屯》
457
905
1224
1533
3438
《英》
2483
2484
《懷》
1621
1622

一
31615
～
31619
《英》
2264
2284
2285
2346
2353
2354
2367
2394
《懷》
1305
1312
1337
1365

《合》
27114
27134
27205
27212
27293
27336
27385
27438
27439
27446
27552
27607
27716
～
27731
27827
27929
27930
27932
28001
28002
28195
28196
29418
29966
30199
30200
30475
30547
30567
～
30569
30591
30931
30999
31481
31613
31614

《合》
30546

《合》
27176
27710
～
27713
27883
31461
～
31466
31580
31581
31583

《合》
31478
～
31480

《合》
27732
～
27734
31482
31483
31621
31622

《合》
31603

《合》
27703

《合》
27714
27715
27841
28227
28475
29721
29722
31467
～
31477
31584
～
31610
《懷》
1326
1334
1338
～
1340

《合》35658 35751 35884 36490 37867 38964～38973

《英》2525

《合》35402 35588 35645 35657 35749 35758 35891 37885 37905 37923 38276 38305 38946～38963

《英》2643

《懷》1888

《屯》4177

《英》2508

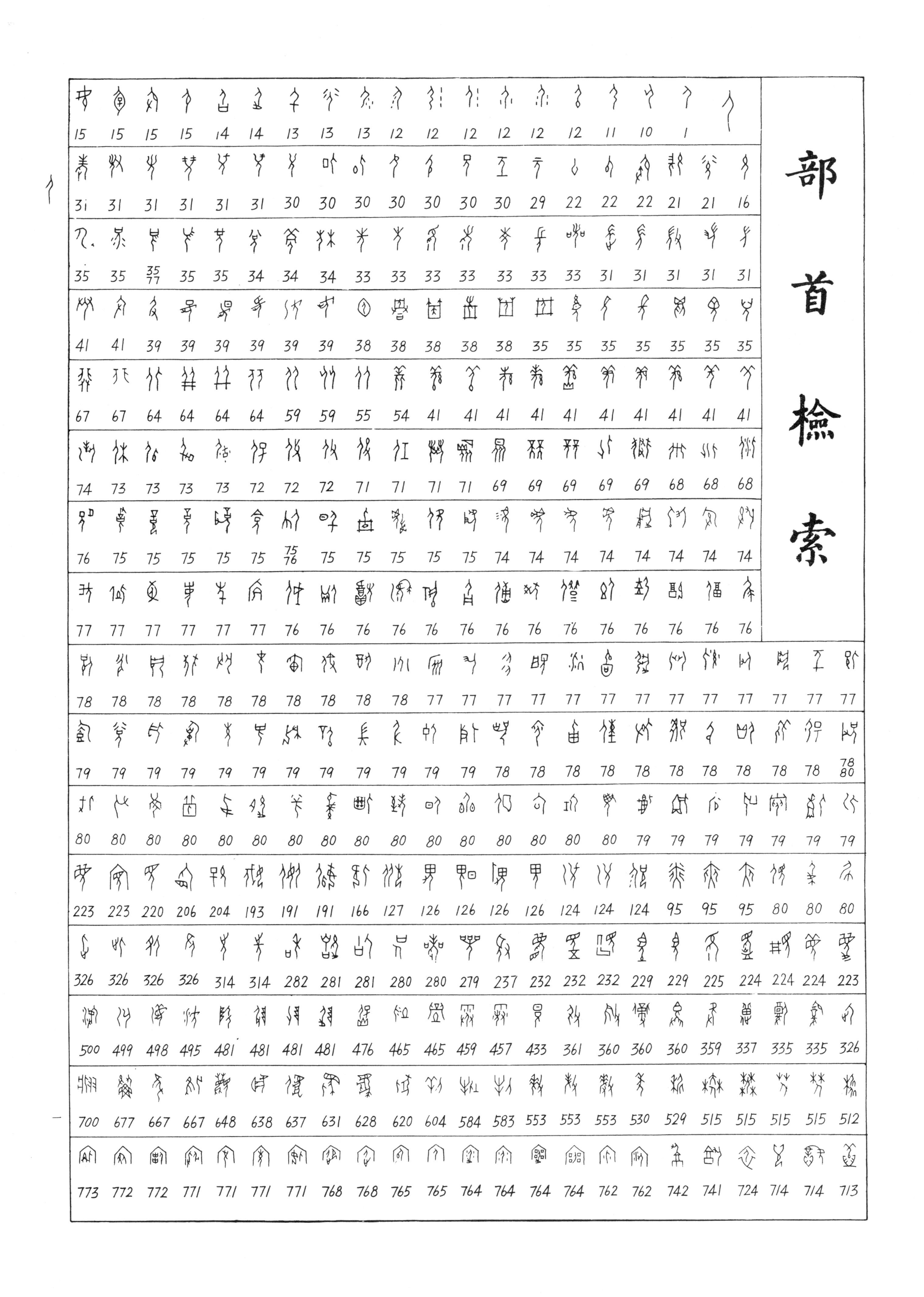

部首檢索

大

774 793 823 823 848 862 862 863 863 863 872 872 872 872 872 872 874 874 874 874 874 874 875

875 875 875 876 877 878 879 879 880 880 880 880 880 887 894 897 899 899 899 970 970 980 1000

1007 1007 1007 1007 1007 1008 1024 1024 1025 1025 1025 1025 1026 1026 1034 1035 1036 1036 1041 1041 1041 1042 1042

1061 1061 1064 1064 1065 1065 1066 1070 1078 1082 1091 1101 1104 1111 1111 1115 1140 1149 1149 1167 1167 1168 1168

1168 1168 1169 1170 1170 1170 1170 1171 1176 1176 1177 1184 1184 1184 1184 1185 1185 1185 1185 1185 1188 1188 1189

1189 1189 1189 1193 1193 1194 1194 1194 1194 1194 1194 1196 1220 1221 1221 1221 1222 1223 1223 1223 1225 1225 1225

1229 1229 1229 1235 1235 1235 1235 1262 1279 1279 1348 1348 1349 1351 1282

大

81 84 84 84 84 84

84 85 85 85 85 85 85 85 85 85 85 85 86 86 86 86 86 89 91 92 94 94 94

94 94 95 95 95 95 95 95 95 95 97 97 100 100 100 100 100 101 101 103 103 103 103

103 103 104 104 104 105 105 105 106 108 109 109 109 109 109 109 111 111 111 111 111 111 111

111 111 111 111 111 111 112 112 112 112 112 112 112 112 112 112 112 112 112 112 112 112 112

112 113 113 113 113 113 114 114 114 114 114 114 114 114 114 114 114 114 114 114 114 115 115

115 115 115 115 115 115 115 115 115 115 115 115 115 38 69 126 162 191 195 206 231 256 280

327 379 379 395 459 459 474 474 474 474 474 484 498 505 511 514 514 515 522 528 528 611 627

627 643 648 677 700 772 773 773 848 875 875 876 876 876 876 879 880 881 957 1000 1000 1000 1026

1034 1034 1035 1101 1101 1114 1122 1137 1137 1137 1137 1137 1145 1149 1149 1170 1170 1213 1220 1222 1223 1223 1224

124	120	120	120	120	116	116	116	116	116	115	—	1345	1283	1243	1243	1243	1243	1243	1243	1228	1224	
126	126	126	126	126	126	126	126	126	126	125	125	124	124	124	124	124	124	124	124	124	124	
143	143	142	142	142	142	142	141	141	139	137	137	137	137	130	127	127	127	127	127	127	126	126
160	160	160	160	159	159	159	158	158	158	156	156	156	143	143	143	143	143	143	143	143	143	
162	161	161	161	161	161	161	161	161	161	161	161	161	161	160	160	160	160	160	160	160	160	160
166	166	166	166	166	166	166	166	166	166	166	166	166	166	166	166	165	162	162	162	162	162	162
191 196	76	75	167	167	167	167	167	167	167	167	167	167	167	167	167	167	167	167	166	166	166	166
396	396	380	338	337	337	332	327	243	238	242	238	237	237	231	231	225	225	224	224	224	221	194
771	771	771	770	770	770	770	770	770	768	768	768	765	765	713	709	660	623	623	564	482	482	418
1117	1111	1078	1041	1036	1036	1035	1007	1007	1007	1006	1006	1006	1005	1005	1005	972	968	968	876	823	822	774
173	173	173	172	172	167	167	—	1281	1261	1234	1234	1234	1234	1234	1234	1234	1223	1197	1189	1167	1159	
176	176	176	176	176	176	176	176	176	175	175	175	175	175	175	175	175	174	174	174	174	174	173
188	188	187	187	185	185	185	182	180	178	177	177	177	177	177	177	177	177	177	177	176	176	176
190	190	190	190	190	190	190	190	190	190	190	189	189	189	189	189	189	189	189	188	188	188	188
192	192	192	192	192	192	191	191	191	191	191	191	191	191	191	191	191	191	191	191	191	191	190
193	193	193	193	193	193	193	193	193	193	193	193	193	192	192	192	192	192	192	192	192	192	192

195 195 194 194 194 194 194 194 194 194 194 194 194 194 194 194 194 194 194 194 194 194 193

196 196 196 196 196 195 195 195 195 195 195 195 195 195 195 195 195 195 195 195 195 195 195

476 377 377 361 360 359 224 224 223 126 15 196 196 196 196 196 196 196 196 196 196 196 196

847 823 793 793 772 772 770 770 770 768 768 768 768 768 766 766 749 693 679 679 554 477 477

1224 1224 1224 1223 1223 1223 1223 1223 1223 1188 1149 1112 1075 1075 1036 1007 1005 957 956 956 955 955 847

204 204 204 204 204 204 204 204 204 204 204 204 204 204 204 204 203 203 203 196 1234

505 482 477 476 359 336 269 230 194 185 185 185 182 166 112 103 73 73 72 15 205 204 204

1168 1159 1137 1137 1137 1137 1137 1104 1082 1082 1000 956 880 876 821 782 743 692 634 623 529 529 521

208 207 207 207 207 207 207 206 206 206 206 206 206 205 1347 1344 1243 1243 1221 1188 1172

222 222 222 221 220 220 219 219 217 217 217 215 215 214 214 214 214 214 214 214 211 211 211

226 226 225 225 225 225 225 225 225 224 224 224 224 224 224 224 224 223 223 223 223 223 223

231 231 231 231 231 231 231 231 231 231 231 230 230 229 229 229 226 226 226 226 226 226 226

364 364 359 204 191 191 161 80 76 232 232 232 232 232 232 232 232 232 231 231 231 231 231

863 693 687 687 648 529 529 528 528 522 521 521 521 521 498 478 474 474 440 379 365 364 364

236 236 236 232 232 1347 1221 1221 1188 1188 1185 1185 1066 970 956 956 956 956 911 880 864

359 191 166 35 238 238 238 238 238 238 237 237 237 237 237 237 236 236 236 236 236 236 236

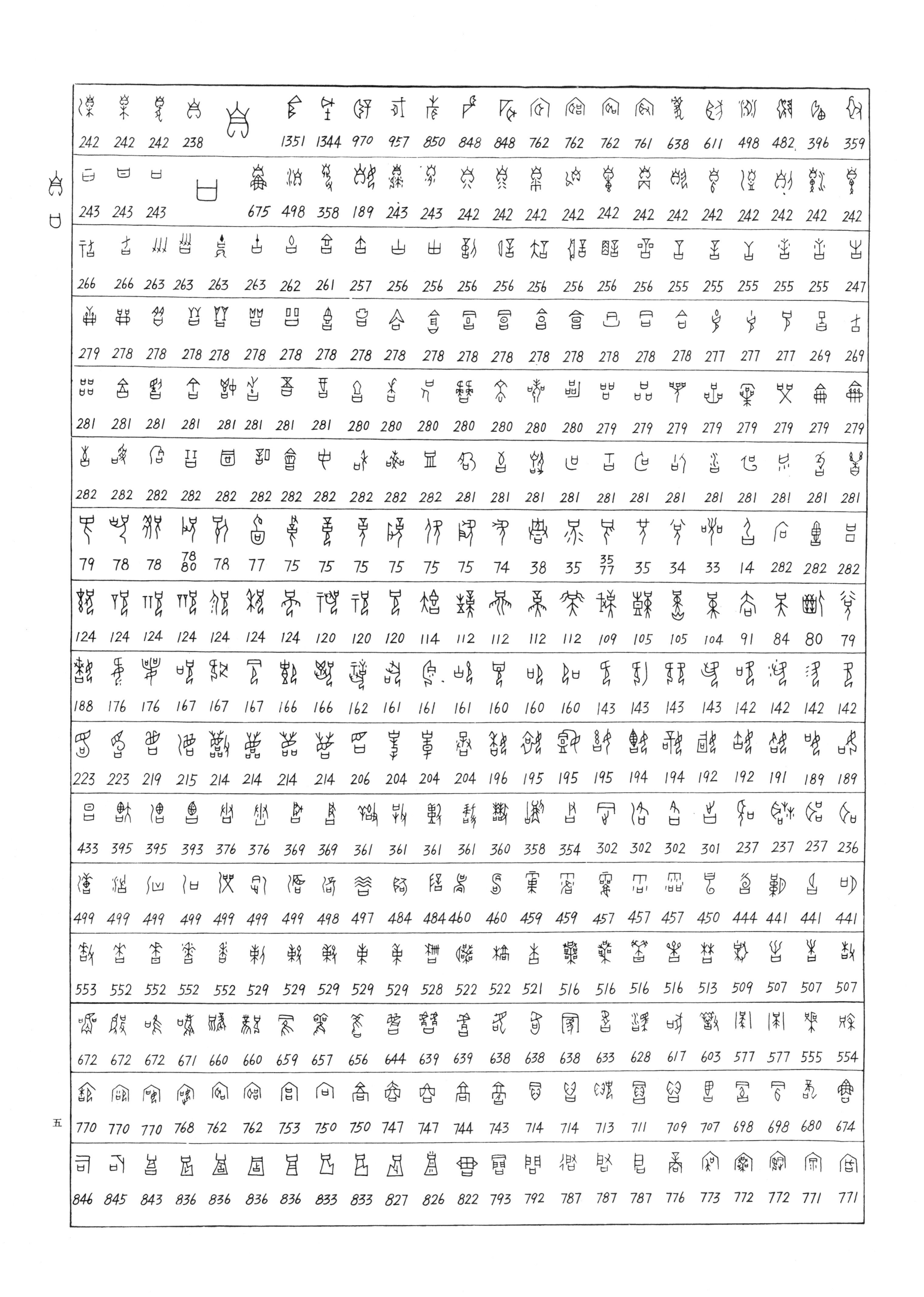

242 242 242 238 1351 1344 970 957 850 848 848 762 762 762 761 638 611 498 482 396 359

243 243 243 675 498 358 189 243 243 242 242 242 242 242 242 242 242 242 242 242 242

266 266 263 263 263 263 262 261 257 256 256 256 256 256 256 256 256 255 255 255 255 255 247

279 278 278 278 278 278 278 278 278 278 278 278 278 278 278 278 278 278 277 277 277 269 269

281 281 281 281 281 281 281 281 280 280 280 280 280 280 280 279 279 279 279 279 279 279 279

282 282 282 282 282 282 282 282 282 282 282 281 281 281 281 281 281 281 281 281 281 281 281

79 78 78 78/80 78 77 75 75 75 75 75 75 74 38 35 35/77 35 34 33 14 282 282 282

124 124 124 124 124 124 124 120 120 120 114 112 112 112 112 109 105 105 104 91 84 80 79

188 176 176 167 167 167 166 166 162 161 161 161 160 160 160 143 143 143 143 142 142 142 142

223 223 219 215 214 214 214 214 206 204 204 204 196 195 195 195 194 194 192 192 191 189 189

433 395 395 393 376 376 369 369 361 361 361 361 360 358 354 302 302 302 301 237 237 237 236

499 499 499 499 499 499 499 498 497 484 484 460 460 459 459 457 457 457 450 444 441 441 441

553 552 552 552 552 529 529 529 529 529 528 522 522 521 516 516 516 516 513 509 507 507 507

672 672 672 671 660 660 659 657 656 644 639 639 638 638 638 633 628 617 603 577 577 555 554

770 770 770 768 762 762 753 750 750 747 747 744 743 714 714 713 711 709 707 698 698 680 674

846 845 843 836 836 836 836 833 833 827 826 822 793 792 787 787 787 776 773 772 772 771 771

879 879 879 878 877 877 877 874 874 874 874 872 872 872 860 860 860 849 849 848 848 847 847

1003 1003 999 986 976 975 975 975 968 967 967 964 964 964 964 958 955 955 939 899 882 879 879 廿

1132 1125 1104 1103 1082 1075 1073 1068 1068 1068 1068 1065 1041 1036 1022 1022 1016 1009 1009 1007 1004 1004 1004

1189 1189 1188 1184 1177 1177 1171 1170 1170 1170 1167 1156 1149 1145 1144 1141 1141 1141 1137 1137 1137 1136 1136

1351 1346 1344 1343 1343 1319 1304 1299 1280 1280 1261 1243 1238 1236 1232 1231 1231 1221 1221 1221 1213 1192 1189

304 303 303 303 303 303 302 302 302 302 302 301 301 301 295 293 290 288 288 283 282 廿

314 314 314 314 314 314 314 313 313 313 313 313 313 313 313 312 312 312 309 309 304 304 304

330 330 330 328 328 328 327 327 327 327 327 326 326 326 326 326 319 318 318 318 318 314 314

333 333 332 332 332 332 332 332 332 332 332 332 332 331 331 331 331 331 331 330 330 330 330

337 337 337 337 337 337 336 336 336 336 336 336 336 336 336 335 335 335 335 334 334 334 333

76 74 31 14 338 338 338 338 338 337 337 337 337 337 337 337 337 337 337 337 337 337 337

361 361 359 332 281 238 223 206 206 194 191 191 191 191 124 113 113 111 85 80 80 80 77

554 553 553 553 529 521 514 514 514 499 498 484 484 482 481 480 480 479 479 478 476 459 442

771 768 768 768 768 768 768 768 768 764 764 724 696 688 683 683 671 660 648 623 611 605 586

862 862 862 862 862 862 862 861 861 861 861 861 861 860 860 852 851 848 801 782 772 772 771

878 877 877 876 876 876 876 876 875 872 872 872 866 866 866 864 863 863 863 863 863 862 862

1007	1003	1003	1003	1003	972	957	917	881	880	880	880	880	880	880	880	880	879	879	879	878	878	878
1261	1234	1230	1197	1197	1194	1171	1168	1168	1168	1168	1165	1164	1137	1113	1113	1113	1101	1066	1035	1035	1034	1022
353	352	352	352	352	350	348	348	347	347	347	347	347	347	347	347	347	345	338			1345	1261
356	356	356	356	356	356	356	356	356	355	355	355	355	355	355	355	355	355	354	354	354	353	353
359	359	358	358	358	358	358	358	358	358	358	358	357	357	357	356	356	356	356	356	356	356	356
360	360	360	359	359	359	359	359	359	359	359	359	359	359	359	359	359	359	359	359	359	359	359
361	361	361	361	361	360	360	360	360	360	360	360	360	360	360	360	360	360	360	360	360	360	360
365	364	364	364	364	364	363	363	361	361	361	361	361	361	361	361	361	361	361	361	361	361	361
376	376	376	371	371	371	370	370	369	369	369	369	369	369	366	366	366	366	366	366	365	365	365
378	378	378	378	378	377	377	377	377	377	377	377	377	377	377	377	377	377	376	376	376	376	376
379	379	379	379	379	379	379	379	379	379	379	379	379	379	379	379	379	379	379	379	378	378	378
74	74	72	72	71	69	67	41	41	39	38	31	31	22	15	380	380	380	380	380	380	380	379
159	159	158	158	156	156	143	143	143	137	137	130	115	112	111	95	79	79	79	78	78	78	75
192	192	192	192	177	177	176	176	176	176	176	175	167	167	167	166	161	161	161	160	160	160	160
226	214	207	207	207	204	204	204	204	204	204	196	195	195	194	194	194	194	194	194	192	192	192
332	332	332	314	304	303	303	282	256	242	237	236	236	236	236	236	232	232	232	231	231	230	226

337 380 380 381 381 393 393 396 408 409 409 409 409 409 411 411 411 418 418 418 425 425 433

433 433 442 443 444 457 457 459 459 459 465 465 465 465 476 477 477 477 481 482 482 483

483 484 484 484 486 498 498 499 499 499 499 499 500 500 504 506 507 509 509 510 510 510 511

511 511 511 514 514 514 521 521 521 522 522 522 526 528 528 529 529 529 553 553 553 553 553

553 554 564 564 570 570 572 572 572 586 586/604 586 586 586 603 603 603 604 605 605 610 611 623

623 624 624 624 628 628 632 632 633 637 638 638 638 638 640 640 641 641 650 650 653 653

654 655 663 664 664 667 672 672 676 677 677 677 679 679 679 679 679 679 687 689 689 692 692

694 694 694 697 698 708 708 708 708 709 709 709 709 711 711 713 724 724 725 726 741 741 741

742 750 761 771 771 771 771 771 772 772 772 772 773 773 773 774 776 776 776 782 782 782

786 787 787 787 787 787 787 793 793 801 817 817 817 819 822 822 823 823 823 848 848 848 848

849 849 849 874 874 874 875 875 876 876 876 877 878 878 878 878 878 878 879 879 879 879

879 879 880 880 881 937 937 964 964 964 964 964 972 972 972 972 974 974 975 975 975 979 979

980 980 981 981 982 999 1000 1003 1004 1004 1004 1004 1004 1004 1005 1006 1006 1007 1009 1010 1010 1010 1016

1017 1022 1022 1022 1022 1027 1027 1027 1027 1034 1034 1034 1035 1035 1035 1035 1036 1036 1036 1036 1036 1036 1036

1036 1036 1041 1061 1061 1062 1065 1065 1066 1066 1068 1068 1070 1070 1070 1070 1070 1070 1070 1071 1071 1073 1073

1074 1074 1082 1082 1082 1082 1095 1096 1096 1101 1101 1103 1103 1104 1104 1104 1110 1111 1112 1113 1113 1113 1113

1149 1148 1148 1140 1140 1140 1137 1137 1136 1136 1136 1136 1125 1125 1125 1125 1125 1121 1121 1121 1120 1115 1113

1185 1184 1172 1172 1171 1170 1170 1167 1167 1167 1167 1167 1167 1159 1156 1156 1156 1156 1156 1155 1155 1154 1149

1224 1224 1223 1223 1223 1223 1223 1223 1221 1221 1221 1219 1219 1215 1214 1196 1195 1192 1191 1189 1189 1188 1188

1233 1233 1233 1233 1233 1232 1232 1232 1232 1231 1231 1230 1230 1229 1229 1229 1229 1229 1229 1225 1225 1224 1224

1243 1243 1242 1242 1242 1242 1242 1239 1239 1238 1238 1236 1236 1236 1235 1234 1234 1234 1234 1234 1233 1233 1233

1319 1314 1314 1314 1314 1282 1282 1282 1282 1282 1281 1281 1281 1281 1276 1266 1263 1263 1262 1261 1261 1261 1243

1340 1224 1223 1223 35 381 381 380 380 380 380 577 380 380 380 380 380 1349 1344 1343 1332

389 1349 1344 772 677 623 514 499 478 380 359 356 356 165 137 389 385 385 381

393 393 393 389 389 773 500 487 487 487 486 484 484 103 78 396 396 396 396 396 395

999 999 878 692 499 498 359 359 356 194 78 396 396 396 395 395 395 393 393 393 393 393

411 411 409 409 409 409 409 409 409 409 408 408 398 398 398 1343 84 397 396

175 175 162 143 126 124 124 124 124 76 418 418 418 418 418 418 418 418 418 411 411 411 411

664 664 634 627 605 484 484 484 477 459 396 379 379 366 366 361 360 353 352 352 352 352 281

1283 1283 1283 1236 1236 1236 1228 1137 1132 1034 1032 845 845 785 785 761 753 746 689 689 688 680 664

433 433 433 432 432 432 432 432 431 425 879 504 379 425 638 425 425 418 418 1340

355 355 278 278 160 126 112 108 80 75 69 39 433 433 433 433 433 433 433 433 433 433 433

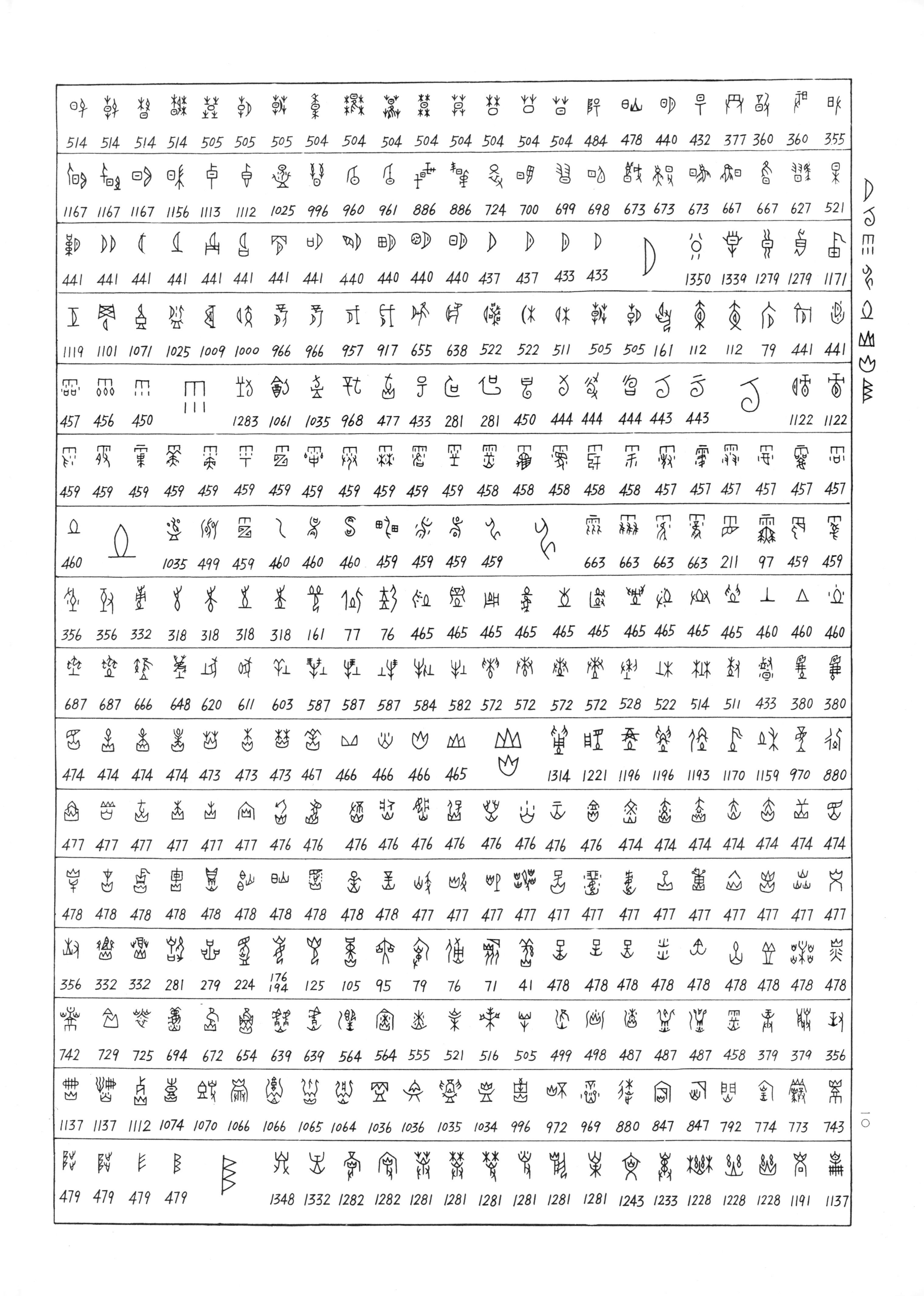

514 514 514 514 505 505 505 504 504 504 504 504 504 504 504 484 478 440 432 377 360 360 355

1167 1167 1167 1156 1113 1112 1025 996 960 961 886 886 724 700 699 698 673 673 673 667 667 627 521

441 441 441 441 441 441 441 441 440 440 440 440 437 437 433 433 1350 1339 1279 1279 1171

1119 1101 1071 1025 1009 1000 966 966 957 917 655 638 522 522 511 505 505 161 112 112 79 441 441

457 456 450 1283 1061 1035 968 477 433 281 281 450 444 444 444 443 443 1122 1122

459 459 459 459 459 459 459 459 459 459 459 459 458 458 458 458 458 457 457 457 457 457 457

460 1035 499 459 460 460 460 459 459 459 459 663 663 663 663 211 97 459 459

356 356 332 318 318 318 318 161 77 76 465 465 465 465 465 465 465 465 465 465 460 460 460

687 687 666 648 620 611 603 587 587 587 584 582 572 572 572 572 528 522 514 511 433 380 380

474 474 474 474 473 473 473 467 466 466 466 465 1314 1221 1196 1196 1193 1170 1159 970 880

477 477 477 477 477 477 476 476 476 476 476 476 476 476 476 476 474 474 474 474 474 474 474

478 478 478 478 478 478 478 478 478 478 477 477 477 477 477 477 477 477 477 477 477 477 477

356 332 332 281 279 224 176 194 125 105 95 79 76 71 41 478 478 478 478 478 478 478 478 478

742 729 725 694 672 654 639 639 564 564 555 521 516 505 499 498 487 487 487 458 379 379 356

1137 1137 1112 1074 1070 1066 1066 1065 1064 1036 1036 1035 1034 996 972 969 880 847 847 792 774 773 743

479 479 479 479 1348 1332 1282 1282 1281 1281 1281 1281 1281 1281 1243 1233 1228 1228 1228 1191 1137

484 484 484 483 483 483 483 483 482 482 482 482 482 482 482 482 482 481 481 481 481 480 480

486 486 486 485 485 485 485 485 484 484 484 484 484 484 484 484 484 484 484 484 484

487 487 487 487 487 487 487 487 487 487 487 487 487 487 486 486 486 486 486 486 486 486 486

498 498 498 498 498 498 498 498 498 498 498 498 498 497 497 497 497 496 496 495 488 488 488

499 499 499 499 499 499 499 499 499 499 499 499 499 499 499 499 499 498 498 498 498 498 498

194 193 193 193 124 124 124 80 76 74 68 68 39 500 500 500 500 500 500 499 499 499 499

623 604 604 585 564 564 536 521 432 395 395 347 337 301 288 288 281 242 242 242 238 215 215

782 782 782 750 747 734 714 694 692 692 688 680 680 677 676 655 655 655 648 644 644 638 628

1189 1167 1136 1136 1136 1117 1112 1106 1074 1066 1036 1034 1024 1022 1006 996 996 975 975 938 878 877 877

503 503 503 503 503 502 502 500 500 1348 1279 1279 1230 1230 1229 1221 1221 1221 1221 1221 1221

505 505 505 505 505 504 504 504 504 504 504 504 504 504 504 504 504 504 504 504 503 503 503

175 174 173 162 161 127 126 126 112 100 100 79 77 41 41 38 34 33 33 506 505 505 505

443 418 380 377 361 358 356 356 348 334 334 334 237 236 224 211 206 206 194 194 192 192 192

640 640 637 611 572 554 522 516 516 515 514 514 514 514 514 511 499 499 487 483 477 473 465

770 749 749 749 746 744 744 742 741 730 724 724 714 713 693 693 688 677 663 660 654 654 654

974 968 968 957 911 905 905 850 850 850 849 849 849 849 848 819 819 819 817 793 772 772 771

1281 1278 1261 1234 1230 1213 1170 1165 1149 1149 1145 1145 1145 1121 1111 1111 1110 1106 1070 1070 1065 975 974

511 511 511 511 511 511 511 510 510 510 509 509 509 509 507 507 507 507 506 506 1349

514 514 514 514 514 514 514 514 514 514 513 513 512 512 512 512 512 512 511 511 511 511 511

516 516 515 515 515 515 515 515 515 515 514 514 514 514 514 514 514 514 514 514 514 514 514

522 521 521 521 521 521 521 521 521 521 521 521 521 521 521 521 521 521 516 516 516 516 516

106 73 34 522 522 522 522 522 522 522 522 522 522 522 522 522 522 522 522 522 522 522 522

330 281 279 242 242 231 226 226 226 226 196 192 190 189 188 188 188 188 188 187 187 175 162

478 477 474 474 473 473 459 443 443 442 409 409 409 409 409 409 379 360 360 348 337 336 330

572 572 564 564 564 564 564 564 564 555 555 555 555 504 504 504 504 499 488 487 487 487 487

749 749 749 742 742 730 730 726 714 698 688 673 665 665 665 648 648 640 623 611 611 572 572

1121 1121 1082 1075 1074 1065 1034 1034 1000 965 957 880 878 773 772 772 771 770 770 770 761 761 750

527 526 526 523 1348 1281 1281 1281 1263 1229 1229 1229 1229 1229 1229 1228 1228 1184 1172 1167 1159

529 529 529 529 529 529 529 529 529 529 528 528 528 528 528 528 528 528 528 528 527 527 527

554 554 540 504 376 336 336 331 282 280 196 194 189 124 79 540 539 539 538 538 536 536 530

1194 1188 1121 1121 969 878 878 817 801 772 749 749 743 741 641 627 555 554 554 554 554 554 554

553 553 553 553 553 553 553 553 553 553 553 552 552 552 552 540 540 1231 1224 1194 1194

996 966 881 880 793 793 748 748 638 539 538 521 510 499 482 188 555 555 554 554 554

577 577 572 1031 786 522 500 418 572 572 572 512 572 572 572 570 570 564 564 564 564

587 587 586 586 586 586 586 586 585 584 584 583 582 581 581 581 581 579 579 196 577

602 602 590 590 590 587 1231 1156 1156 1099 876 774 708 627 361 361 247 190 587 587 587

41 34 605 605 605 605 605 605 605 605 605 604 604 604 604 604 604 603 603 603 603 603 603

217 217 217 196 195 190 190 190 174 127 86 86 86 78 41 41 41 41 41 41 41 41 41

657 656 656 654 586 586 584 572 526 498 498 488 484 478 467 459 379 379 361 360 336 224

610 605 1104 1027 1027 1027 1026 956 956 956 876 876 876 876 876 876 876 846 734 713 657

1064 972 850 842 713 627 497 396 378 242 611 611 611 611 611 611 611 611 611 611 611 611 610

623 623 621 620 620 620 620 618 618 618 617 617 616 616 616 616 611 1173 1173 1170 1170

328 190 115 105 624 624 624 624 624 624 623 623 623 623 623 623 623 623 623 623 623 623 623

627 627 627 627 624 1099 1061 1036 774 760 760 760 759 627 378 378 378 376 376 337 337

465 631 628 628 628 628 628 628 628 628 627 627 627 627 627 627 627 627 627

634 633 633 1137 1137 848 708 708 572 522 633 633 632 632 632 632 632 632 632 631 631

637 637 635 635 635 1343 1244 1098 1098 1098 1035 786 786 476 328 635 634 634 634 634 634

638 638 638 638 638 638 638 638 638 638 638 638 638 638 638 638 637 637 637 637 637 637

425 359 196 190 190 166 85 85 75 74 640 640 640 640 640 640 639 639 639 639 639 638 638

644 644 644 643 643 641 641 641 641 641 640 640 1185 1122 1064 1034 1008 774 677 497 497

653 650 650 649 649 627 648 648 648 648 648 648 648 648 648 648 648 644 644 644 644

655 655 655 655 655 655 655 655 654 654 654 654 654 654 654 654 654 654 654 654 654 654 653

660 660 660 660 660 660 660 659 659 657 657 656 656 656 655 655 655 655 655 655 655 655 655

666 666 666 666 666 665 665 665 665 664 664 664 663 663 663 663 663 663 663 663 660 660 660

672 672 672 672 672 672 672 671 671 671 671 667 667 667 667 667 667 667 667 667 667 666 666

786 741 522 522 514 514 514 504 504 499 483 195 673 673 673 673 673 673 673 672 672 672 672

677 677 676 676 675 674 674 673 1344 1344 1224 1224 1170 1101 1099 1095 1095 1034 957 787 786

679 679 679 679 679 679 679 679 677 677 677 1034 379 195 677 677 677 677 677 677 677

686 686 683 683 682 682 1351 1079 190 190 682 682 680 680 680 680 680 680 680 680 680

692 692 689 689 689 688 688 688 688 688 687 687 687 687 687 687 687 687 686 686 686 686 686

692 692 692 692 1025 1025 1025 880 878 826 793 514 514 330 236 223 223 222 222 222 191

1278 1278 1278 1176 1112 957 231 190 190 693 693 693 693 693 693 693 693 692 337 692 692

1032 1032 458 79 696 696 696 696 694 694 694 694 694 694 694 693 693 693 693 1278 1278

698 697 697 697 697 697 697 697 697 1188 1060 880 771 366 360 161 697 696 696

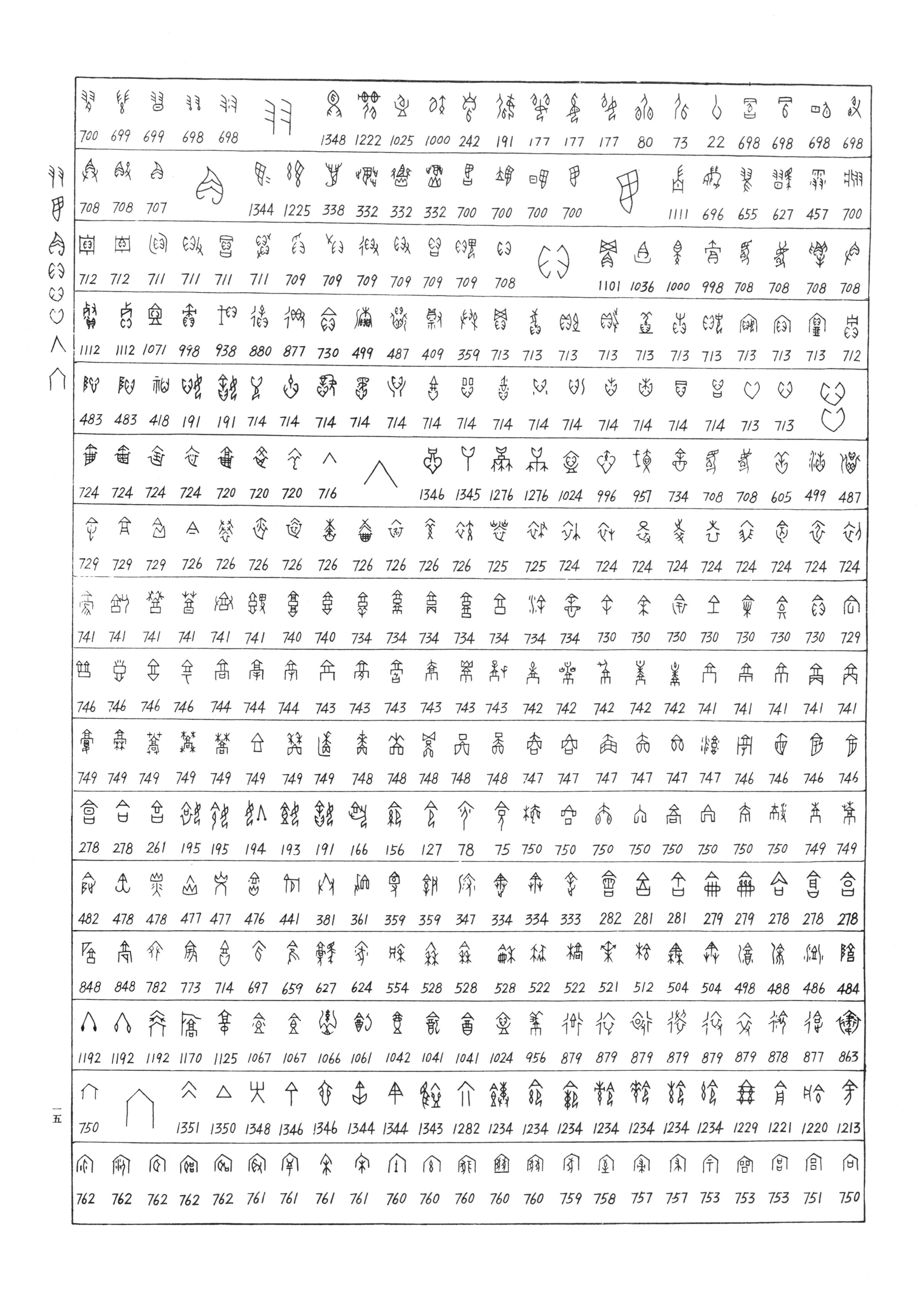

700 699 699 698 698 1348 1222 1025 1000 242 191 177 177 177 80 73 22 698 698 698 698

708 708 707 1344 1225 338 332 332 332 700 700 700 700 1111 696 655 627 457 700

712 712 711 711 711 711 709 709 709 709 709 709 708 1101 1036 1000 998 708 708 708 708

1112 1112 1071 998 938 880 877 730 499 487 409 359 713 713 713 713 713 713 713 713 713 713 712

483 483 418 191 191 714 714 714 714 714 714 714 714 714 714 714 714 714 714 713 713

724 724 724 724 720 720 720 716 1346 1345 1276 1276 1024 996 957 734 708 708 605 499 487

729 729 729 726 726 726 726 726 726 726 726 726 725 725 724 724 724 724 724 724 724 724 724

741 741 741 741 741 741 740 740 734 734 734 734 734 734 734 730 730 730 730 730 730 730 729

746 746 746 746 744 744 744 743 743 743 743 743 743 742 742 742 742 742 741 741 741 741 741

749 749 749 749 749 749 749 749 748 748 748 748 748 747 747 747 747 747 747 746 746 746 746

278 278 261 195 195 194 193 191 166 156 127 78 75 750 750 750 750 750 750 750 750 749 749

482 478 478 477 477 476 441 381 361 359 359 347 334 334 333 282 281 281 279 279 278 278 278

848 848 782 773 714 697 659 627 624 554 528 528 528 522 522 521 512 504 504 498 488 486 484

1192 1192 1192 1170 1125 1067 1067 1066 1061 1042 1041 1041 1024 956 879 879 879 879 879 879 878 877 863

750 1351 1350 1348 1346 1346 1344 1344 1343 1282 1234 1234 1234 1234 1234 1234 1234 1229 1221 1220 1213

762 762 762 762 762 761 761 761 761 760 760 760 760 760 759 758 757 757 753 753 753 751 750

768 768 768 768 768 768 768 766 766 766 765 765 765 765 765 765 765 765 764 764 764 764 764

771 771 771 771 771 771 770 770 770 770 770 770 770 770 770 770 770 770 770 770 768 768 768

772 772 772 772 772 772 772 772 772 772 772 771 771 771 771 771 771 771 771 771 771 771 771

773 773 773 773 773 773 773 773 773 772 772 772 772 772 772 772 772 772 772 772 772 772 772

499 477 411 409 380 379 359 359 358 347 337 304 304 303 302 302 282 279 223 114 111 77 773

979 974 851 848 847 847 823 820 820 820 817 713 713 713 692 679 679 679 679 655 564 515 504

1236 1225 1221 1192 1192 1192 1191 1184 1177 1177 1167 1167 1159 1156 1156 1148 1145 1121 1121 1117 1007 1007 979

309 277 262 188 95 85 30 774 774 773 773 773 774 774 1350 1282 1281 1242 1242 1242 1242

498 478 474 474 474 459 456 433 379 379 377 365 361 360 360 358 358 358 357 357 356 356 337

1278 1220 1144 845 817 782 776 772 742 540 538 529 529 521 516 516 515 515 510 509 509 505 499

776 776 776 776 776 776 775 775 775 775 774 774 774 774 774 774 774 774 1350 1345 1343

484 459 441 303 303 303 303 303 280 242 103 101 101· 782 182 782 782 782 782 782 776 776 776

782 782 1348 1347 1279 1041 1000 1000 1000 822 787 741 741 734 680 672 655 654 634 623 512

786 1041 627 627 604 590 581 190 786 786 786 786 786 786 786 786 785 785 785 785 782

793 793 793 793 793 793 793 792 792 791 791 787 787 787 787 787 787 787 787 787 787 787 787

30 30 801 801 801 801 801 801 801 801 801 800 800 793 1170 663 360 278 194 793 793

田

111 103 85 84 84 80 79 78 77 77 77 76 76 76 75 75 39 38 38 38 38 38 35

282 278 278 278 256 232 231 231 230 226 207 207 193 191 177 176 167 167 167 166 160 116 111

377 377 365 360 360 358 356 355 355 355 337 335 335 313 313 313 312 312 312 309 304 304 282

514 514 512 512 511 506 505 502 502 498 498 498 484 478 478 478 478 433 433 432 432 379 377

861 775 775 770 753 751 750 748 748 748 746 746 714 693 655 655 655 655 654 623 579 521 514

1064 1064 1040 1025 1023 1022 1007 1007 1007 1007 1004 1004 1004 1003 1000 979 979 977 975 961 883 882 862

1234 1191 1189 1184 1177 1172 1170 1170 1168 1167 1149 1149 1149 1122 1121 1119 1118 1118 1117 1117 1117 1112 1065

817 817 817 817 817 801 801 田 1350 1349 1349 1348 1347 1347 1347 1347 1344 1280 1279 1279 1278 1278

822 822 821 821 821 821 820 820 820 819 819 819 819 819 819 819 819 819 818 817 817 817

126 125 103 76 823 823 823 823 823 822 822 822 822 822 822 822 822 822 822 822 822 822 822

477 459 440 379 377 377 377 361 337 337 337 282 196 126 126 126 126 126 126 126 126 126 126

1176 1173 1172 1172 1172 1172 1149 979 979 979 957 886 886 787 770 741 709 693 639 637 623 554 487

824 824 824 749 256 824 824 824 823 823 823 823 823 823 823 1344 1342 1342 1176

843 842 836 836 836 836 836 833 833 833 833 827 827 827 827 826 826 968 826

527 465 338 280 232 191 166 845 845 845 843 843 1349 1348 1348 356 337 331 282 192 77

848 848 848 847 847 847 847 847 847 847 846 845 845 845 1342 1278 1164 1000 749 693 654

850 850 850 849 849 849 849 849 849 848 848 848 848 848 848 848 848 848 848 848 848 848 848

975 969 771 499 483 483 459 442 442 442 442 442 442 442 442 441 359 356 232 231 71 41

860 860 852 851 彳 1283 937 511 511 499 487 487 487 851 851 851 851 850 巳 1231 982

863 863 863 863 863 863 862 862 862 862 862 862 862 862 862 862 862 861 861 861 861 861 861

874 874 874 874 874 874 874 874 874 874 872 872 872 872 872 872 872 872 866 866 866 864 864

876 876 876 876 876 876 876 876 876 876 876 876 876 876 876 875 875 875 875 875 875 875 874

878 878 878 878 878 878 878 878 878 878 878 877 877 877 877 877 877 877 876 876 876 876 876

879 879 879 879 879 879 879 879 879 879 879 879 879 879 879 879 879 879 878 878 878 878 878

881 880 880 880 880 880 880 880 880 880 880 880 880 880 880 880 880 880 880 880 880 880 879

1197 1171 1003 694 683 648 586 586 586 442 371 337 337 332 330 314 204 113 113 881 881 881 881

887 887 887 887 887 886 886 886 886 886 885 885 885 883 883 883 883 882 882 881 士 1197

917 917 917 916 911 911 911 911 911 905 905 905 903 903 903 899 899 899 899 899 897 894 887

957 957 957 956 956 955 943 938 937 937 937 937 937 937 937 937 937 917 917 917 917 917 917

193 193 177 177 162 162 162 162 160 114 109 109 109 957 957 957 957 957 957 957 957 957 957

1031 879 878 866 866 863 765 765 765 660 638 637 522 477 433 379 337 336 231 196 196 194 193

938 938 938 938 938 生 1351 1347 1344 1340 1340 1278 1235 1189 1177 1099 1071 1068 1401 1032 1031 1031

109 76 957 957 957 956 956 956 956 955 955 955 955 955 943 940 940 940 940 940 939 939 939

959 959 959 958 958 958 957 1224 1224 1224 1099 1000 849 849 849 847 772 655 578 115 115

204 165 111 111 966 966 966 965 965 965 964 964 964 964 964 961 961 961 961 961 960 960 960

1231 1224 1140 1099 1099 1099 1099 1099 972 824 786 724 627 620 529 528 528 527 527 527 281 256 242

968 968 968 968 968 967 967 967 967 966 966 966 966 966 1346 1343 1343 1276 1276 1233 1233

970 970 970 970 970 969 969 969 969 969 1149 956 956 498 204 194 969 969 969 968 968

196 194 193 192 192 176 174 174 174 173 167 161 124 124 112 112 79 75 75 75 69 69 970

660 660 660 660 522 522 521 499 478 411 379 378 360 360 282 256 256 256 256 256 256 255 255

899 879 875 875 822 782 782 782 782 776 776 776 776 776 773 773 773 773 772 714 679 677 663

972 972 972 972 971 970 970 1230 1230 1149 1118 1117 1117 1117 1117 1082 975 974 974 972 957

974 974 974 974 974 974 972 972 972 1346 1346 477 476 396 336 328 75 76 972 972 972 972

975 1172 1172 1172 1017 1017 850 773 672 511 495 488 484 476 975 975 975 975 975 975 974

982 981 981 980 980 979 979 979 979 979 977 977 976 975 975 975 975 975 975 975 975 975 975

997 997 997 997 997 997 996 996 996 996 996 996 996 996 996 996 996 995 995 987 986 986 986

1000 1000 1000 1000 1000 1000 1000 1000 1000 1000 1000 1000 1000 1000 1000 1000 999 999 999 999 999 998 998

482 482 425 418 330 330 330 330 242 242 226 226 225 203 196 193 166 111 111 80 80 80 1000

1035 1010 1010 878 876 876 876 876 822 787 771 758 726 666 666 666 666 666 648 633 618 618 618

1005 1005 1004 1004 1004 1004 1004 1004 1004 1004 1004 1003 1003 1003 1003 1003 1003 1003 1000 1000 1235

1008 1008 1008 1099 1036 337 1008 1007 1007 1007 1007 1007 1007 1007 1007 1007 1006 1006 1006 1005 1005

1020 1017 1017 1017 1017 1016 1015 1015 648 226 1016 1010 1010 1010 1010 1010 1009 1009 1009 1009 1009

1021 1242 1224 1189 1184 1184 361 167 111 111 78 77 75 76 76 1022 1022 1022 1022 1022 1022 1022

1023 1022 1022 1022 1022 1349 1348 1314 1000 605 516 511 504 504 504 459 1010 1022 1022 1022 1022

1026 1026 1026 1026 1025 1025 1025 1025 1025 1025 1025 1025 1024 1024 1024 1024 1024 1023 1023 1023 1023 1023 1023

1034 1034 1034 1034 1034 1032 1032 1032 1032 1031 1031 1031 1031 1031 1028 1027 1027 1027 1027 1027 1027 1027 1027

1035 1035 1035 1035 1035 1035 1035 1035 1035 1035 1035 1035 1035 1034 1034 1034 1034 1034 1034 1034 1034 1034 1034

195 194 95 1036 1036 1036 1036 1036 1036 1036 1036 1036 1036 1036 1036 1036 1036 1036 1036 1036 1036 1035 1035

1037 1037 1343 1343 1282 1137 938 771 770 770 770 761 714 498 498 498 359 242 225 224 204

1061 1060 1060 1042 1042 1042 1042 1041 1041 1041 1041 1041 1041 1041 1041 1041 1041 1040 1040 1040 1040 1040 1040

411 411 411 411 411 380 359 196 194 166 126 78 76 1062 1062 1062 1061 1061 1061 1061 1061 1061 1061

1062 1062 1263 1244 1243 1234 1234 1234 964 964 964 937 771 771 771 771 611 498 486 486 482

1065 1065 1065 1065 1065 1065 1065 1064 1064 1064 1064 1064 1064 1064 1064 1064 1064 1064 1064 1064 1064 1063 1063

487 487 487 487 478 443 354 143 76 1066 1066 1066 1066 1066 1066 1066 1066 1066 1066 1066 1065 1065 1065

1067 1067 1067 1067 1067 1066 1066 1066 1066 1066 1066 1066 1065 1065 1065 663 663 654 637

1071 1071 1071 1071 1071 1070 1070 1070 1070 1070 1070 1070 1070 1070 1070 1070 1068 1068 1068 1068 1068 1068 1068

366 365 336 335 332 332 278 193 193 193 166 166 142 141 141 139 137 114 95 79 76 1079 1079

1074 1074 1074 1073 1073 1073 1071 1071 1307 1234 1234 1234 1234 1035 996 848 770 564 366 366 366

1082 1082 1082 1081 1080 192 105 1079 1078 1078 1075 1075 1075 1075 1075 1074 1074 1074 1074 1074 1074

1081 1071 624 521 366 366 281 278 167 166 35 1096 1096 1096 1096 1095 1095 1091 1082 1082 1082 1082 1082

1101 1101 1101 1101 1100 1099 1099 1099 1099 1099 1099 1099 1099 1099 1098 1098 1098 1098 1098 1098 1156

1103 1103 1103 1101 1231 748 713 677 499 364 364 361 225 225 225 1101 1101 1101 1101 1101 1101

76 1111 1111 1111 1110 1106 1106 1106 1106 1105 1105 1105 1105 1104 1104 1104 1104 1104 1104 1104 1104 1104 1104

996 995 995 969 969 969 969 860 712 712 712 660 644 644 521 441 389 361 224 194 180 158 112

1112 1112 1112 1112 1112 1111 1111 1111 1111 1349 1348 1307 1230 1177 1137 1118 1114 1113 1112 1066 1066

1113 1113 1113 1112 1112 1189 823 639 639 639 639 638 627 196 1112 1112 1112 1112 1112 1112 1112

1115 1115 1114 1114 1114 1114 1114 774 385 360 242 238 1113 1113 1113 1113 1113 1113 1113 1113 1113

1118 1345 336 231 194 194 1118 1118 1118 1117 1117 1117 1117 1117 1117 1115 514 377 1115

667 478 459 398 359 355 282 269 196 192 80 78 71 1121 1121 1121 1121 1120 1119 1119 1119 1119 1118

115 1122 1122 1122 1122 1121 1121 1121 1121 1121 1349 1349 1347 1343 1283 1243 1213 1125 773 730 687

1125 1125 1125 1125 1125 1123 1123 1123 1123 1165 1165 1165 880 360 1122 1122 1122 965 881

499 498 486 478 459 379 378 378 378 360 333 282 281 177 111 109 1130 1130 1125 1125 1125 1125 1125

1132 1132 1130 1345 1171 956 887 887 887 887 886 886 886 886 885 885 885 883 801 628 500

1137 1137 1137 1137 1137 1137 1137 1137 1137 1137 1137 1137 1137 1137 1137 1137 1136 1136 1136 1136 1136 1136 1136

1144 1144 1144 1144 1144 1141 1141 1141 1140 1140 1140 1140 1138 1138 528 528 279 279 279 278 1137

1149 1149 1148 1148 1148 1148 1145 334 242 231 1145 1145 1145 1145 1145 1145 1145 1145 1145 1144 1144

1149 1149 1233 1034 939 499 337 337 232 379 1149 1149 1149 1149 1149 1149 1149 1149 1149 1149 1149 1149

191 177 1159 1159 1159 1159 1159 1156 1156 1156 1156 1156 1156 1156 1156 1156 1156 1155 1155 1154 1149 1149

1167 1167 1167 1167 1167 1167 1167 1167 1165 1165 1165 1165 1165 1164 1164 1164 1164 1159 757 757 654

1168 1167 1193 1193 1193 1193 1193 1171 1168 1156 1145 967 967 713 553 312 194 1167 1167 1167 1167

1170 1170 1170 1170 1170 1170 1170 1170 1170 1170 1170 1170 1170 1170 1170 1170 1169 1168 1168 1168 1168 1168 1168

1196 1123 1036 1022 986 986 986 986 880 879 478 1172 1171 1171 1171 1171 1171 1171 1171 1171 1171 1171 1170

693 477 377 359 1176 1176 1176 1176 1176 1173 1173 1172 1172 1172 1172 1172 1172 1172 1172

1188 1188 1185 1185 1185 1185 1185 1184 1184 1184 1184 1184 1177 1177 1177 1177 1177 1177 1177 1176 1176

1064 1064 1034 774 700 476 476 370 370 1189 1189 1189 1189 1189 1189 1189 1189 1189 1188 1188 1188 1188 1188

100 97 80 79 38 1192 1192 1192 1192 1192 1191 1189 1189 1229 1229 1112 1064 1064 1064 1064 1064

521	484	459	441	433	379	360	359	357	356	356	337	327	327	259	192	177	177	167	167	100	100	100
997	997	997	997	997	911	911	880	878	878	750	747	747	747	743	725	724	672	536	536	522	522	522
1193	1193	1193		1348	1345	1344	1343	1307	1307	1262	1176	1066	1066	1034	1034	1034	1000	999	998	998	997
1168	773	666	666	477	1197	1197	1197	1197	1197	1196	1196	1196	1196	1195	1194	1194	1194	1194	1194	1194	1194	1194
768	768	768	768	766	522	193	1213	1213	1213	1213	1213	1213	1203	1203	1203	1203	1203	1203		1170	1168
1219	1219	1215	1214	1213		1347	1342	955	864	863	863	862	862	862	862	860	860	849	849	849	772
879	433	282	1221	1221	1221	1221	1221	1221	1221	1221	1221	1221	1221	1221	1221	1221	1221	1221	1220	1220	1220
1223	1223	1223	1223	1223	1223	1223	1223	1223	1223	1223	1222	1222		1222	1222	1221	1221	1221	1221	
1229	1229	1228	1228	1228	1228	1228	1228	1225	1225	1225	1225	1225	1225	1224	1224	1224	1224	1224	1224	1224	1224	1223
1231	1231	1231	1231	1231	1230	1230	1230	1230	1230	1230	1230	1230	1230	1229	1229	1229	1229	1229	1229	1229	1229	1229
166	156	156	143	143	143	126	124	115	77	41	41	41	41	41	41	35	1235	1234	1234	1232	1231	1231
699	605	605	604	433	376	376	376	337	314	314	314	314	314	314	281	236	204	195	192	192	192	176
1145	1145	1144	1144	1137	1137	1137	1104	1082	1071	1062	1034	1034	1007	1000	974	881	876	772	771	760	760	726
1232	1232	1232	1232	1232	1232	1232	1232	1232	1232	1232	1232	1232	1232	1232	1232		1344	1172	1149	1145	1145
1234	1234	1234	1234	1234	1234	1234	1234	1234	1234	1234	1233	1233	1233	1233	1233	1233	1233	1233	1233	1233	1233	1232
1278	1233	1192	1121	1115	1100	1099	1022	1022	979	939	939	379	78	77	1235	1235	1235	1235	1234	1234	1234	1234

1221 1041 957 726 660 660 487 487 418 418 167 1236 1236 1236 1235 1236 1235 1235 1235

1035 875 628 359 357 195 1239 1239 1239 1238 1238 1238 1238 1238 1236 1236 1236 1236 1347

1243 1243 1243 1243 1243 1243 1243 1242 1242 1242 1242 1242 1242 1242 361 1242 1242 1239 1239

521 504 504 499 361 360 358 356 281 279 232 195 193 127 1244 1243 1243 1243 1243 1243 1243 1243 1243

1349 1348 1347 1346 1343 1279 1203 1191 1189 1189 1189 1121 1121 1119 1118 1036 1034 911 786 726 720 627 555

1061 1035 774 750 750 697 611 605 499 319 281 196 196 76 1261 1261 1261 1261 1245 1245 1245

232 204 192 1263 1263 1263 1263 1263 1262 1262 1262 1262 1262 1262 1262 1262 1261 1261 1304 1304 1234

1263 1263 1344 1261 1261 1261 1242 1239 1075 965 782 773 724 554 529 529 477 355 355 313 313

1348 1343 1232 1231 879 817 505 505 503 503 503 503 376 376 338 331 331 282 204 195 175 80 74

1062 1034 971 822 822 765 610 443 266 266 263 263 203 178 80 74 1264 1264 1264 1263 1263

514 514 514 514 514 514 1270 1266 1266 1349 1345 1263 1266 1264 1264 1264 1230 1074 1074

353 350 281 278 243 203 189 189 112 80 76 1276 1276 1276 1273 1273 1273 1270 1270 866 514

1350 1350 1341 1223 1189 1064 1064 1064 1064 1034 975 961 772 743 743 700 672 617 554 553 487 487 459

879 1278 1278 1278 1278 1278 1278 1278 1278 787 772 195 1276 1276 1276 1276 1351 1351 1351

1279 964 964 964 887 819 231 78 76 1279 1279 1279 1279 1279 1279 1278 1278 1278 1278

243 242 242 196 166 94 94 94 80 79 78 78 35 34 21 13 1281 1281 1280 1280 1280 1280 1280

冊 川 彡 小 中 彳 用 ⊛ 屮 卜 出 于 冉 丩 且 其它

1347 1213 1035 1031 975 959 860 819 819 696 674 671 634 623 486 474 379 379 378 378 371 371 356

395 378 377 364 333 190 1283 1283 1283 1283 1283 1283 1282 1282 457 281 1281 1281 1281

1074 1062 1061 1042 611 522 361 332 193 1290 1285 1285 1283 1343 1066 746 623 577 577 577 433

432 431 363 361 357 347 293 281 255 255 215 211 208 176 143 13 1299 1299 1297 1278 1112

1340 1188 1145 1113 1112 1111 1071 1061 1060 957 773 673 667 634 604 498 498 476 460 442 442 441 433

957 903 903 903 486 486 486 478 376 195 190 165 124 78 1304 1304 1304 1299 1299 1347 1345

465 337 332 331 331 76 1314 1314 1314 1314 1307 1307 1344 360 1307 1307 1304 1068 957

196 31 1319 1319 1032 1319 1319 1314 1023 1023 974 440 1314 1114 1104 877 877

1105 677 677 354 1332 1332 1332 1323 1323 1323 1323 1149 842 836 836 836 827 827 827 280

1345 1137 1137 1031 1028 880 773 772 746 730 499 478 458 458 361 360 115 114 1333 1333

1075 1074 1074 959 621 498 396 192 112 1341 996 960 380 380 356 356 1340

1339 1339 1339 1339 1335 其它 1276 1276 1273 1273 1273 955 640 640 640 640 640 484 280 167 1343 1343

1343 1343 1343 1343 1343 1343 1343 1343 1343 1343 1343 1343 1342 1342 1342 1342 1340 1340 1340 1340 1340 1340 1340

1345 1345 1344 1344 1344 1344 1344 1344 1344 1344 1344 1344 1344 1344 1344 1344 1344 1344 1344 1343 1343 1343 1343

1346 1346 1346 1346 1346 1346 1346 1346 1345 1345 1345 1345 1345 1345 1345 1345 1345 1345 1345 1345 1345 1345 1345

1347 1347 1347 1347 1347 1347 1347 1347 1347 1346 1346 1346 1346 1346 1346 1346 1346 1346 1346 1346 1346 1346 1346

其它

1348 1348 1348 1348 1348 1348 1348 1348 1348 1348 1347 1347 1347 1347 1347 1347 1347 1347 1347 1347 1347 1347 1347

1349 1349 1349 1349 1349 1349 1349 1349 1349 1349 1348 1348 1348 1348 1348 1348 1348 1348 1348 1348 1348 1348 1348

1350 1350 1350 1350 1350 1350 1350 1350 1350 1350 1350 1349 1349 1349 1349 1349 1349 1349 1349 1349 1349 1349 1349

1351 1351 1351 1351 1351 1351 1351 1351 1351 1351 1351 1351 1351 1350 1350 1350 1350 1350 1350 1350 1350 1350 1350

692 13 385 1360 1360 1359 1359 1358 1358 1355 1353 1351 數字 1314 1276 1192 1192 1189 1036 696 380 206

1393 1393 1392 1391 1390 1389 1388 1388 1387 1383 1382 1379 1378 1374 1373 1372 1372 1371 1371 1361 1361 先妣 先王

[illegible] [illegible] 1422 1422 1421 1420 [illegible] 1419 1418 1418 1418 1418 1412 1412 1410 1410 1410 1406 1406 1405 1404 1404 1394

1433 1433 1432 1432 1432 1432 1432 1432 1432 [illegible] 1431 1430 1430 1429 1429 1428 1427 1427 1427 1426 1426 1425 1424

1450 1448 兄子 父母 1447 1446 1445 1445 1444 1439 1436 [illegible] 1436 1435 1435 1435 1434 1433 1433 1433 1433 1433 1433

1470 1469 1469 1469 1469 1468 1468 1467 1466 1465 1465 1465 [illegible] 1465 1464 1464 1464 1463 1461 1461 1460 1455 1455

1473 1473 1473 1472 1472 1472 1472 1471 1470

筆劃檢索

自 1159　次 1164　㫃 1167　聿 1191　竹 1192　舟 1213　糸 1232　臤 1261　印 1261　危 1264　肉 1270　多 1270　束 1276　癹 1281　辵 1283　在 1299　杏 1304　而 1339　戈 1340

七畫

姒 10　尿 13　身 15　兑 34　何 39　攸 72　次 74　肝 75　夾 95　尾 96　㹢 109　实 111 773　奔 112　走 112　妌 112　邑 116　即 137　次 142　吹 142　吼 161　每 174　妾 176 194　姦 176 192　妥 177　妍 182

妌 190　姒 191　姒 191　妡 192　娀 193　妦 195　妞 195　妊 196　妊 196　弃 204　孚 204　㝵 207　庙 214　見 220 221　罗 222　臣 226　告 247　言 255　克 277　步 283　沚 293　定 302　㞟 302

去 314　㞢 319　癸 327　条 330　壬 336　夆 338　㞢 338　佐 345　肘 347　㚔 353　君 354　臤 355 1261　肘 358　妏 360　目 369　伯 381　甹 396　辰 441　吾 444　赤 474　岔 474　杏 477　炎 477

灾 478　呈 482　陕 486　沖 486 503　災 498　汏 505　炑 511　杞 511　困 511　杕 511　杞 512　芑 514　杏 521　杏 521　李 521　杉 522　医 527　利 527　東 529 564　牢 581　沈 585 604　豕 611　祀 686 688

改 692　自 697　采 697　角 707　貝 708　沁 714　忌 714　㕣 714　初 724　余 730　余 730　高 743　牢 760　宋 761　㝉 765　宜 771　更 776　启 787　門 791　吕 801　囬 801　甫 817　男 822

延 852　迖 866　从 874　彸 874　或 882　戋 883 886　毌 887　戕 905 911　戒 937　戎 937　我 943　制 960　剛 966　辛 970　秅 971　斩 972　兵 972　折 974 975　斦 974　矣 975　知 982　㕡 1009　弦 1016

㢨 1017　酉 1037　皀 1066　豆 1070　浒 1106　卣 1112　巫 1119　巫 1120　㚢 1177　穿 1177　疢 1185　妝 1188　佛 1193　旁 1213　另 1213　車 1221　告 1230 1231　東 1232　弟 1235　作 1239　杏 1243　麦 1261　㫁 1276

良 1279　㞢 1279　彤 1285　往 1304　圭 1304　囧 1314　取 1343

八畫

㳄 21　長 33　麦 33　兒 35　羌 41　非 67　沘 68　虍 74　侃 76　伐 76　㐺 77　炅 108　並 109　㹢 111

㚇 111　畀 126　放 143　服 158　跟 158　承 160　㚬 162　乳 165　免 167　咒 167　妾 173　妸 173　妹 175 187　妻 175 176　育 185　妖 189　姃 191　姓 192　妭 194　姗 194　姼 194　姈 195　妫 196

狭 203　昌 206　直 206　要 224　臤 231　取 232　斧 236　创 242　甾 256　侖 279　哭 279　香 280　沓 281　𥁕 281　征 304 309 312　往 318 319　𠂢 318　咎 326　朱 327　迴 327　条 331　歪 336　武 336

侑 338 1323　肱 347　臤 359　叔 360　昏 369　叙 376　爭 377　帛 385　迺 393　祕 418　昔 432　明 440　雨 450　青 465　岳 467　四 474　炘 476　卑 477　炈 477　炎 478　阜 479　阴 481　陵 482

林 485　河 488 495　洫 498　泊 499　采 510　相 511　枚 511　析 511　林 513　果 515　杲 521　茉 526　東 526　東 528　季 529　來 540　采 561　牧 586　兆 604　豩 610　狳 611　豕 616　兕 628

虎 635　隹 649　拕 687　态 714　依 724　金 729　京 741　亩 747　宗 753　宷 770　宕 772　宛 772　周 819　卑 822　㓾 824　㓾 824　固 836　㫐 843　匡 845　宕 847 848　姛 847　姤 847　盾 848

征 861　迫 861　杳 872　徰 874　牧 876　沓 876　佣 877　週 877　後 878　佗 878　徐 878　迭 878　徆 879　迴 880　戕 899　戔 916　昏 961　肏 961　豹 969　㪅 972　炘 972　斧 974

所 975　泆 975　奚 976　畀 999　医 1000　奔 1000　恒 1009 1119　強 1009　盂 1028 1031　盂 1031　酉 1062　其 1080　阜 1091　斁 1096　占 1112　囟 1112　亞 1115　录 1121　使 1125　事 1125　冊 1132　洲 1136　典 1136

哭 41　党 34　亟 30

九畫

呼 1314　易 1290　宜 1273　朋 1262　段 1261　袝 1236　受 1215　曳 1196　妻 1189　形 1189　戕 1177　祈 1172　放 1170　官 1167　帚 1149　東 1145　重 1138　冊 1137

姪 193　姤 192　姳 191　姘 190　姼 189　姰 189　姿 177　歌 167　郇 166　若 130　畏 126　晏 126　祝 120　威 115　逆 113 876　爽 112　俄 111　美 86　匙 85　虔 85　俔 80　兑 79　保 72 204

咎 278　咎 263　胄 263　帛 242　洱 238　耶 236　相 226　冥 223　兕 223　泉 221　眉 214　省 211　夏 207　留 207　面 207　𤡛 205　犽 204　俘 204　狗 203　度 196　娣 195　媵 194　娥 193

励 443　星 433　易 432　帝 418　柰 409　祐 408　栖 393　頁 380　首 380　爰 369　敀 361　般 358　祐 338　复 335　癸 332　矣 330　耑 328　後 314　亚 303　岗 303　洛 302　哞 282　品 279

奏 570　來 539　剌 529　秎 527　亲 521　春 514　柳 512　叔 511　封 503　星 502　泂 499　峝 498　洎 498　洱 498　浣 497　洹 487　陪 484　险 482　降 480　陟 479　蚤 476　表 474　匽 460

宫 753　音 734　旬 711　翌 699　秋 694　寝 692　敃 689　告 683　風 660　兔 640　盾 638　虐 637　皃 633　為 632　叙 624　豚 623　豜 623　豙 623　狐 621　豻 620　牡 603　宰 590　希 572

砞 847　祏 845　眹 842　骨 833　晄 322　畋 822　畐 822　囿 819　畏 817　徦 800　泉 785　殹 776　叓 776　宋 772　多 772　寑 771　宋 771　宪 771　宻 770　宥 770　窂 765　宰 762　室 758 771

侯 982　商 967　浅 938　咸 938　脊 717　戒 899　衪 880　往 880　徍 880　徙 879　衎 879　律 878　建 878　逧 877　徉 876　徉 876　後 875　徭 861　逭 851　宣 851　庲 848　砓 848　厚 848

書 1192　眴 1189　狩 1173　族 1170　斿 1168　追 1168　追 1164　焚 1137　晉 1137　柵 1132　泉 1112　胗 1112　阜 1112　南 1106　罗 1101　壴 1071　食 1067　盐 1035　毁 1035　盅 1034　盗 1034　奂 1026　怠 996

飲 76　眉 73　門 71　河 39　吳 35　敚 31

十畫

虹 1339　易 1314　组 1273　珏 1262　飤 1242　使 1235　剌 1234　叙 1233　幽 1228　係 1225 1235　涎 1223　洏 1221　胥 1221　費 1196　甬 1195

娵 192　娃 192　姬 191　娑 191　嫁 190　訊 189　娟 177　晏 176　悔 174　倭 174　郵 174　叙 174　瓮 167　頸 166　鈹 156　既 141　鬼 125　祝 124　臭 112　乘 106　奈 105　畜 79　倪 78

韋 313　徒 309　涉 288　栝 266　焙 256　臭 242　臬 242　飢 242　敢 242　取 237　罢 225　要 224　罟 223　罝 223　晏 223　留 219　唐 214　眾 208　習 206　悉 204　孫 204　娘 193　娕 192

湏 998　酒 486　陮 483　陡 479　烔 477　炊 476　烄 474　爰 444　振 442　泉 432　昔 389　泰 376　畄 371　軙 361　殺 360　聂 236　留 348　臯 335　途 333　條 330　逐 328　陞 328　彖 326

彪 637　兕 631　馬 624　豕 623　豣 620　埋 611　羊 605　恙 605　羖 586 604 876　羞 604　埋 586　羊 584　師 553　秜 529　秝 528　校 522　桑 516　斝 516　粼 506　舂 505　習 504　洛 499　洋 499

宷 770　宿 770　宜 768 771　家 759　宫 751　高 744　亳 744 746　郭 740　涂 734　貪 730　表 724　袁 724　宵 713　狽 713　昌 709　栗 698　徃 671　陰 659　豉 650　隻 650　陷 643 644 648　鹿 640　豹 637

倠 667　栽 911　袁 879　徫 879　衛 878　徠 878　衖 876　衍 876　徒 874　徣 861　衙 861　後 860　故 823　留 822　閔 793　問 792　陳 787　冥 782　离 774　甫 773　宰 773　窊 772　宙 771

戜937 我955 娥955 戚957 戚957 剥965 胯966 剌966 犀970 巠972 矨975 效981 函996 晋996 胶1000 射1010 張1022 益1024 1027 䀠1035 配1041 彭1042 畓1062 員1064

高1065 湟1066 邑1096 㐱1096 剛1099 罗1101 訊1110 設1110 畜1145 叙1149 㲋1154 1155 侵1156 師1159 郘1159 屚1159 師1165 旹1165 柖1167 晧1167 敀1167 旅1169 旂1170 旅1170

旋1170 疾1177 冒1188 牂1189 疴1189 死1189 莽1197 旁1213 朕1214 般1220 奚1223 兹1225 兹1229 紣1232 圂1234 娘1234 香1243 倗1262 東1262 𩇯1266 圁1273 敗1276 𦥑1283

十一畫
畗39 庶71 847 竟75 偪76 鄙76 爽95 異103 𢍜103 莫104 105 昊112 馭115 鄉139 142 143 1041 紟156 敏176 妹188 婐188 婪189 娖190 婴191 婦191 1149 姬191

𡞟192 婭194 潑194 婚196 娟196 菟224 規224 冒225 望229 星229 戝231 聝236 舄242 區280 唆282 㫚304 昷309 菝314 連327 祭350 352 敖361 曼364 㲽365

𡚱366 將370 叔409 尊411 晝433 㞨442 晨442 莀443 霄457 雪457 雩458 垷465 陽484 隥484 淺488 淳499 溲499 湅499 莫504 敔507 梌512 朁513 替514

野514 埜514 林514 禁515 晷516 杏522 麥522 梺522 栢522 剝528 柜231 祟572 鉄611 鉄611 猷611 茶611 豚611 𦉭634 冕638 唬638 虘639 虘644 鹿644

惟649 圉654 宿655 屖659 倉659 唯667 鳥671 唯672 魚673 替688 曾697 晦698 習699 痳700 翌700 般708 象708 得709 敗711 律725 裓726 埤741 崇743

曹747 畐748 富757 寂761 寍770 商776 娩782 剝786 啓787 專819 窑820 宿823 砰848 砳848 袁850 斯850 徙860 倬876 偕877 得877 倀877 徭879 衛881

戫937 戜938 賊938 戚940 戦957 秀968 訢975 斷974 巽975 寅975 黃977 葡995 族986 貴998 揖883 886 執1000 1004 1008 畚1003 圉1003 1004 𢍈1003 登1022 盖1026 1027 盛1026 虚1034

春1036 畬1041 氰1061 敗1065 毀1070 致1070 設1070 勳1074 倍1075 基1081 異1082 眞1082 𠩺1101 黹1104 敝1113 旋1171 庚1114 庸1114 涇1117 㴱1136 替1137 册1137 專1138

寁1148 設1149 帚1156 旋1168 旌1170 妝1188 凄1191 終1192 偁1194 鄉1197 胥1221 率1222 絧1231 𦥑1232 毀1233 衷1233 紟1234 敍1238 教1243 㫺1261 曼1314

十二畫
須35 衆69 偏76 耋80 黑104 御143 婥190 媿193 婧194 娘195 湄215 复236 肆236 聑237 㗊279 啼280 品283 窟303 東327 登332 發332 從332 埜336

敮354 敵361 敍361 尋369 楺381 獸396 寒409 揗411 襪418 晶433 零459 焚473 堡476 焱477 隣483 隙484 陵484 湡498 淵498 湇498 朝505 椒514 喪516

森522 椎522 稯528 稌528 黍536 華602 絴604 跃611 琢623 駁627 馹628 象631 莧632 魯633 琥637 虎638 敿638 敝653 隻653 雈654 657 雚660 雇663 售667

雀667 集673 徒683 蚰686 黽692 習700 貯712 買713 袁726 敦735 菁749 楯750 寄770 寏771 寂771 啓787 晷817 寡817 曾819 畯822 尋823 報843 硪843

教 1004	𣀔 1004	𢍏 1003	𥐩 1000	棼 1000	尋 975	童 970	𨋊 968	畜 968	㓷 965	戠 937	𢦔 911	𢦏 899	衛 881	僕 876	衛 876	衙 876	衛 876	𣎆 874	逞 872	循 864	𦍒 851 1113	亳 848
厰 1156	量 1149	𢿱 1148	珊 1137	𥛧 418 1236	𠕁 1137	禊 1137	䢓 1122	愛 1101	棋 1082	媎 1075	滰 1074	彭 1074	喜 1073	䟣 1070	罩 1066	滄 1066	壺 1042	尊 1040	奠 1037	飲 1035	盍 1025	窋 1024
嫊 194	媚 191	嫁 188	𡚸 94	微 31	十三畫	無 1341	閈 1314	暘 1290	㓠 1276	𧑅 1270	𣐺 1264	㚔 1233	絲 1232	㓨 1231	湝 1221	俾 1193	單 1172	旋 1168	晞 1156	盜 1221	㷀 1156
霥 459	雷 459	雹 456	𨝩 433	督 433	𠱃 431	壺 425	𥙖 418	𣪊 409	晉 380	發 358	腹 335	𢾅 303	散 303	會 278 282	酷 256	載 256	渫 242	𦥯 242	蜀 222	廌 214	棄 204	媥 194
嗣 713	賈 712	冒 711	解 708	萬 692 1360	禽 674	鳧 667	雉 666	雋 666	雋 655	毀 641	虡 640	鼠 634	廌 632	寓 627	𩁹 618	𪊓 637	羥 605	棽 553	𢿽 539	楚 514	楙 514	溓 499
涌 996	𦣻 996	新 972	辟 968	義 956	軾 939	歲 917	𧶠 880	遠 879	徲 875	微 876	衛 862	衛 861	碃 848	雍 800	塞 773	寡 773	啚 748	鄙 748	賡 741	菅 741	裘 724	遠 724
𣪕 1233	盤 1221	潑 1221	餘 1220	遣 1197	偁 1194	旗 1168	遣 1167	𢕍 1159	𨍭 1149	傳 1138	罪 1101	罧 1100	冢 1099	豊 1075	勤 1074	䵹 1071	鼓 1071 1073	飽 1070	鼎 1063	酥 1062	酸 1041	盟 1023
𡨦 334	嫉 330	嬰 328	韓 313	𥁋 242	鼻 242	㿿 238	閈 237 238	罪 237	𧰼 229	城 196	嬿 195	嫁 191	嘉 178 203	婞 176	槐 126	媿 126	疑 85 876	精 74 1263	毓 73 185	十四畫	闌 1283
駁 627	緻 605	秦 564	香 552	瑨 529	槁 522	蓍 564	滙 499	滄 498	溓 498	濼 487	潢 487	墜 481 482	障 482	䨑 459	需 457	晨 443	婠 425	叡 409	蒸 366	戰 361	對 356	登 336
鮑 697	貊 697	熊 696	羸 680	奠 677	漁 676 677	鳥 672	鳴 671	雞 666	雄 666	鳳 660	鳶 660	售 656	夐 655	翟 655	摧 653	魁 648	滬 644	暨 644	濾 640	虐 639	魋 638	𧇝 637
圜 1004	𢧵 1000	晦 970	輒 934	𦒱 885	肇 882	衛 881	從 879	邀 878	騆 876	磙 848	廣 847	滴 782	齊 773	賓 766 768	寧 761 1022	寢 757	嵩 749	遺 749	膏 743	髙 734	𤼷 726	茲 725
習 1344	軾 1234	酥 1234	綽 1231	谿 1229	夢 1185	僤 1176	戰 1172	僞 1171	徹 1156	斮 1137	歸 1113	餐 1112	罹 1099	僕 1082	寅 979	障 1040	鬳 1040	窺 1007	漁 1006	嘆 1034	盡 1027	團 1007
龔 332	温 242	臧 231	罝 226	監 225	葡 217	暨 208	嬯 196	嫚 196	婎 195	孅 193	嬅 190	婁 190	嬈 190	嫫 194	觀 165 1068	藝 162	熯 105	舞 97	爽 95	𢑚 71	十五畫
斀 664	麐 648	彝 644	慶 643 648	虡 639	濾 638	減 638	鹿 637	麃 633	駛 628	駕 627	寮 564	蓺 511	暮 504	潦 487	陵 485	量 465 1314	槸 443	震 442	鼖 442	橫 411	槷 409	徹 354
識 879	遷 876	徫 876	遶 876	衛 875	衛 864	磬 849	齒 824	留 823	替 817	畲 817	閑 793	閒 793	廣 787	膺 787	寏 772	寨 749	臺 741	章 740	章 735	慶 708	蘺 694	魯 674	鵰 672
樂 1228	𢧵 1224	輦 1222	𨻰 1196	旋 1168	實 1167	鄙 1167	珊 1137	冕 1098	擒 1095	嬉 1075	鼒 1064	章 1060	𦥯 1041	歆 1041 1061	盥 1034	彈 1008 1010	嬫 1005	斀 1000	蕢 996	醫 964	戩 957	蔑 956

黔 1234 餗 1234 獄 1342

十六畫

噎 37 殪 37 虩 75 龥 192 麈 214 歷 336 戴 379 霎 457 霖 459 墾 465 隣 483 濃 498 潾 498 澑 499 橐 503 霖 514 雚 514 膹 522

敿 553 穆 554 螙 554 燎 555 豭 616 駱 628 圍 623 盧 639 麋 641 霍 663 燕 672 鮫 676 熏 677 龍 677 蝨 688 萬 690 蠆 692 煖 713 廩 747 窾 760 閱 793 盧 821 磬 848 849

衛 862 衞 863 憯 879 儇 879 傈 880 羹 956 新 974 裁 1003 睿 1036 膚 1064 熹 1074 隼 1095 罷 1098 興 1103 禁 1121 橐 1122 輮 1148 歸 1156 旄 1170 旛 1170 旌 1171 旐 1171 斲 1172

戰 1173 橐 1232 學 1242 錫 1290

十七畫

襄 30 艱 105 108 醜 126 嚮 139 禦 143 192 嬰 177 篇 177 嬅 194 媓 194 嬉 196 彌 215 尉 230 聯 236 聯 237 濞 242 龠 278 279 羲 378

爆 379 䙷 418 還 442 鴦 443 霝 457 寅 459 燮 477 邇 511 騂 584 維 605 通 611 豚 627 馴 627 騂 627 蔽 640 麋 641 獲 650 鴻 667 嗚 672 梟 675 梟 677 膚 677 蝨 687

穀 708 黽 693 龜 693 鼈 696 醜 709 懋 714 闇 748 冢 760 嬣 770 虩 849 聲 849 衛 863 衛 863 䍜 955 薛 966 968 橐 979 濘 1022 盨 1036 歛 1061 彝 1065 爵 1065 1066 穀 1106 辜 1141

旋 1170 鼂 1176 牆 1188 觶 1194 儔 1194 儕 1194 藝 1228 傑 1229 灘 1230 觀 1230 橐 1232

十八畫

還 112 嚣 231 賢 231 膻 236 璧 238 譽 281 獸 376 癖 411 贊 443 璿 529

戮 578 雝 586 彝 603 濼 644 瀍 648 雝 655 舊 656 瞿 657 霧 659 雟 663 騣 672 龐 679 鼅 692 毀 711 壽 734 醻 749 檮 773 壺 782 夔 786 衛 876 衛 881 嬈 956 罶 964

衛 1003 闌 1007 寵 1007 覆 1065 豐 1074 1075 豐 1075 擒 1082 犨 1095 歸 1156 醵 1234 灤 1229 鑾 1276

十九畫

鼅 79 嬴 190 敿 226 譖 256 彝 377 廬 425 638 斲 477 瀬 497 暮 504

權 522 蘗 522 穧 538 憂 577 駄 627 麑 640 麓 648 1121 龔 679 寵 679 瀧 680 嚨 680 鼄 694 譖 741 蠭 771 闋 793 遊 880 羆 1148 櫟 1229 繳 1229 繇 1231 檟 1235 鶤 1244 辭 1263

藝 1281

二十畫

競 69 瀼 124 饗 139 142 1041 歍 143 獻 214 棘 313 蘆 327 虞 478 鬆 610 瀹 694 鑰 694 寶 713 禳 747 躪 822 竊 826 粟 996 孽 966 967 疊 1035 甗 1062 獻 1064

鬻 1065 爵 1066 瀞 1066 職 1112 斬 1172 繼 1229 蠆 1744

二十一畫

彝 115 孈 190 嬗 192 霸 441 蠢 623 驅 627 衛 648 犨 666 龔 680 蠱 687 嬔 692 鼄 694 齒 697 齡 968

蟲 1067 旛 1168 瀕 1199 鷄 1224 灘 1230

二十二畫

蠡 226 聽 236 237 囊 337 霾 458 龢 528 粱 564 數 603 麕 638 麀 648 鰻 677 麝 679 孌 190 679 龔 679 蘢 680 衰 863 鑄 1035

鬻 1065 麤 1115 鬱 1144 纏 1149

二十三畫

彝 97 獻 641 靃 663 韓 741 罍 964 蠱 1025 龜 1032 雙 1234

二十四畫

孃 124 驟 236 蠡 379 檿 521 蠶 505 鞲 603 暴 673

雒 667 黽 693 鼉 694 鬻 1064 鼎 1064

二十五畫

靈 458 鬐 639 廳 762 鼉 1032

二十六畫以上

驪 639 鸛 572 鑿 357 鬱 515 鑿 772 龖 682 靐 663 鬻 1066

拼音檢索

AI 娭 195
AN 安 766
BA 巴 116　霸 441
BAI 白 381　百 385　栶 514　敗 1065 711　㫗 771
BANG 邦 817

BAO 雹 456　瀫 1106　寶 713　寊 713　保 204 72　匋 79　匚 843　報 843　豹 637　虣 637
BEI 卑 822　鞞 192　北 64　戒 899　貝 708　狽 713

葡 995　萹 996
BI 畐 822　偪 76　鄙 76　蹦 822　鼻 242　匕 10　比 59　妣 10　啚 748　鄙 748　圖 748　必 1236　畀 999　敝 1113　辟 968　桒 564

弜 1017
BIAN 采 697
BIN 宾 766　宾 771 768　賓 771 768 766　宁 765　宀 770　宀 770　㝟 623
BING 兵 972　丙 774　㕣 774　秉 526　并 64

並 109
BO 發 332　剝 965　伯 381　帛 385　泊 499　駁 627　亳 746 744
BU 卜 1319　外 196　不 970　𠚫 972　杈 972　叒 972　利 972　步 283

CAI 才 1299　㚢 190　吉 1304　采 510
CAN 湌 1066　湌 1066　餐 1112　戔 916
CAO 𣗥 1148
CE 册 1140　㽘 1132　洲 1136

潧 1136　嫈 1137　栅 1132　矢 85　实 773 111
CHA 虘 640　虘 640
CEAG 長 33　㖪 1096
CHAO 漅 487
CHE 車 1221　𠭊 354

徹 354　屮 500
CHEN 臣 226　姫 191　辰 411　晨 442　𣌭 442　晨 443　沈 604 585
CHENG 爯 1195　偁 1194　成 938　呈 478　丞 1036　承 160　乘 106

CHI 犀 970　徲 875　䗋 826　𦳓 824　㚦 189　赤 474
CHONG 沖 486　春 1036
CHOU 𠷎 460　逞 872　彭 1042　醜 126　妞 195
CHU 出 301 295　初 724

𣏟 348　楚 514　畜 1145　豖 616
CHUAN 川 486 485　傳 1140
CHUANG 爿 1176
CHUI 吹 142　林 485
CHUN 春 514　湷 499
CHUO 倬 876　𠂢 633

𢀖 633　婇 192
CI 此 326　佌 880　次 1164　束 1276 997　宋 772　師 1165 553
CONG 从 55　𢓊 874
CU 潪 1066
CUI 𢿙 653　摧 653
CUO

虘　瀘 640
DA 达 880　大 84　伏 875
DAN 丹 1103　單 1172　僤 1176　旦 432
DANG 宕 848 847 772
DAO 刀 957　島 672　盜 1221
DE

得 877 709　𣪊 711
DENG 登 332　𤼷 332
DI 迪 879　翟 655　弟 1235　杕 511　帝 418　禘 418　㦸 425
DIAN 典 1136　𧜴 1137　畋 822　奠 1037　嫃 194　㐁 823

𨡕 823
DIAO 弔 1192
DIE 耋 80
DING 丁 793　鼎 1063　鼎 1065
DONG 東 1145　敕 1149　𣓈 1233　㯤 337　速 337　㝁 1148　冬 1192　㚵 194　涷 499

門 71　豆 1070
DU 督 433
DUAN 耑 328
DUI 對 356　兌 34　陮 483
DUN 䵤 735　敦 735　盾 638
DUO 多 1270

E 俄 111　娥 955　硪 847　婀 173
ER 兒 35　而 1339　邇 611 511　耳 232　洱 498 238
FA 發 332　伐 887
FAN 凡 1101　𡛰 194　汎 1221　涾 1221

嬻	豐	檒	寷	縫	妦	封	丰	FENG	焚	分	FEN	妃	聞	非	FEI	方	FANG	溲
192	1074 1075	522	663	1231	195	503	503		473	959		177	793	67		1203		1221

斧	甶	跛	及	服	俘	孚	鳧	伏	勹	刜	弗	夫	FU	娝	缶	FOU	鳳	風	逢	夆
236 974	393	158	156	158	204	204	667	35	35	960	1340	84		192	259		660	660	879	338

膏	亯	高	GAO	罡	剛	GANG	甘	干	GAN	匃	改	GAI	腹	复	阜	婦	叀	甫
743	743	744		1100	1099		243	1176		959	692		335	335	479	191 1149	819	817

弓	吕	工	GONG	庚	更	㪅	GENG	各	姳	佫	或	㚤	迖	戈	GE	告	杲	槁	旖
1008 1010	269	1118		1114	776	776		301 302	191	861	882	193	866	881		247	521	522	1170

壴	蠱	賈	骨	古	GU	冓	遘	冓	狗	GOU	共	収	宮	肱	嬶	龐	龔	龏	公	吕
1071	1025	712	833	1125		711	1197	1197	1189		361	361	751	347	679	679	679	679	1280	1009

龜	龜	龜	龜	歸	GUI	光	GUANG	盥	毌	毌	官	觀	雚	GUAN	剮	GUA	雇	鼓
694	694	694	693	1156		125		1034	887	887	1167	657	657		966		663	1071 1073

HAI	果	或	聝	戜	郭	𩫏	GUO	鮌	GUN	毀	皀	䰎	䰟	禕	畏	鬼	寑	龜	龜
	516	911	957	957	740	740		676		1070	1066	709	126	126	126	125 126	692 771	694	694

龢	禾	HE	好	槀	蒿	HAO	亢	GANG	暵	捍	旱	韓	韓	柬	涵	函	HAN	害
528	523		182	749	749		111		885	883 886	883 886	313	313	1263	996	996		504

HOU	鴻	琟	虹	弘	HONG	𢏚	恒	亘	HENG	黑	HEI	曷	河	何	河	迨	合	𡛙
	667	667	1339	1015		1009	1009 1119	1119		104		39	39	39	488 495	877	278	189

淒	妻	化	茉	HUA	户	虎	淲	虍	穀	般	壺	狐	呼	乎	HU	厚	後	叐	后	侯
1191	1189	69	526		786	635	497	638	708	708	1042	621	1314	1314		848	314	314	185	982

昏	HUN	會	悔	HUI	𨵵	廣	寅	潢	䵍	黄	HUANG	萑	𢦒	洹	逭	亘	鴅	HUAN
961		278 282	174		1283	787	979	487	1000	977		654 657	937	487	851	850	672	

艿	疾	亟	即	吉	阾	彶	及	夃	櫅	基	姬	鷄	𨮐	JI	霍	靃	獲	隻	火	HUO
127	1177	30	137	261	481	880	39	327	773	1081	191	1224	1276		663	663	650	650	466	

㚬	JIA	品	祭	衩	瀸	濟	繼	𢇍	暨	眔	既	旡	洎	穧	季	丮	㠱	疋	戢	耤	集
178		281	350 352	352	1230	1230	1229	1229	208	208	141	143	498	538	529	161	1082	338	937	74 1263	673

㸑	將	𤕫	JIANG	見	㺷	嫥	蘢	艱	監	𢦔	戔	JIAN	斝	夾	豭	𡪙	𡩧	家	㔙	嘉
1064	370	1189		220 221	205	1075	680	104 105	225	899	916		1066	95	616	760	760	759	203	178 203

JIN	截	戒	介	解	丯	攺	段	卪	JIE	教	角	校	烄	膠	交	JIAO	犀	降	畕
	957	937	12	708	1262	160	160	115		1243	707	726	474	1000	113		848	480	822

咎	售	舊	酒	丩	JIU	冏	JIONG	竟	競	姘	井	晶	荊	京	JING	晉	盡	堇	今
326	656	656	486	1314		1314		75	69	180	1105	433	749	741		996	1027	104 105	726

咎 326 JU 𢍏 103 JUAN 鬳 1064 JUE 玨 1262 琶 1261 爵 1065 1066 JUN 君 354 䀜 822 畯 822 麇 641 KAO 尻 30 丂 1340 丂 1022

考 33 啲 280 KE 可 1022 克 277 侃 874 絲 874 敚 361 KEN 圣 465 𦓝 465 1314 墾 465 KOU 口 243 KUA 夸 114 𢦏 162 KUI

务 353 KUN 蚰 686 困 511 朱 327 LA 剌 529 東 528 LAI 來 540 来 539 敕 553 敕 553 𠩺 552 杏 552 妹 188 剌 966 闌 793 LAN

婪 189 替 513 LAO 牢 581 牢 590 騂 627 寫 627 婼 190 老 31 33 225 潦 487 LEI 雷 459 㵢 499 畾 1035 耒 1264 LI 勿 961 粉 527 夌 553 李 521

豐 1075 力 1263 秝 528 埜 336 歷 336 立 89 利 527 馭 627 櫟 1229 鬲 1065 偏 76 栗 698 邁 692 砅 847 LIAN 聯 236 LIANG 良 1279 量 1149 LIAO

燎 555 寮 564 遼 884 LIE 虏 639 虐 639 觵 638 䚥 639 虞 639 虜 639 㲋 1112 LIN 林 513 霖 459 粦 94 遴 498 廪 643 648 㶑 648 亩 747 廪 747 亩 747

楢 750 吝 1243 閔 792 LING 霝 457 夌 33 姈 195 綸 1234 龄 1234 令 127 LIU 柳 512 LONG 龍 677 嚨 680 瀧 680 孋 190 孃 190 LU

盧 637 821 魯 674 鹿 644 麓 648 1121 录 11 禁 11 睩 1122 衛 881 LÜ 呂 801 旅 1169 律 878 建 878 LUO 贏 680 洛 302 客 459 濼 1229 MA 馬 624

MAI 埋 586 611 䪯 586 霾 458 買 713 麥 553 MANG 莽 611 MAO 卯 1335 茆 1279 芼 34 懋 714 MEI 枚 511 眉 214 220 湄 215 晋 219 兕 223

每 174 美 86 妹 175 187 要 223 224 MEN 門 791 MENG 盟 1023 夢 1185 MI 彌 215 麋 641 混 644 醫 644 米 696 殺 360 山 750 系 1192 MIAO

丏 1203 免 167 娩 782 面 207 MIE 蔑 956 蠛 956 MIN 皿 1022 姖 194 黽 692 嬭 190 敏 176 MING 名 441 明 440 鳴 671 冥 782 MU

母 167 172 木 506 目 205 牧 586 876 徽 876 敄 586 604 876 莫 504 暮 504 暮 504 穆 554 NAI 迺 393 乃 1021 NAN 男 822 南 1106 NAO 猱 381 夒 577

NEI 内 774 NI 泥 874 秜 529 麑 640 麛 641 屰 113 姊 195 徙 876 逆 113 876 NIAN 年 530 哶 282 輦 1222 NIANG 娘 193 NIAO

鳥 671 NIE 湼 242 辛 966 臬 966 薛 966 孽 966 967 穆 969 𦔻 969 音 967 嫱 194 濟 498 齮 968 畜 967 巇 521 夲 318 1000 卣 1111 夕 1111 因 801 NING 盜 1024

寧 761 1032 嬣 770 濘 1034 NIU 牛 579 妞 190 NU 奴 195 359 NÜ 女 167 NUAN 姒 191 NÜE 虎 637 虐 637 PAN 般 1220

磐 1221 PANG 龐 679 龐 679 旁 1213 旁 1213 PEI 配 1041 轡 1144 沘 68 PENG 朋 1262 倗 1262 彭 1074 PI 伓 75 㶇 972 鞞 741 埤 741

其 斳 祈 斳 𪗁 齊 婍 戚 霋 妻 QI 僕 攴 PU 甹 PING 品 PIN 濞

1080 1172 1172 1172 817 773 196 940 457 175/176 1082 360 396 279 242

羌 QIANG 欠 遣 臤 千 QIAN 棄 弃 契 迄 乞 晵 啟 启 陉 征 企 杞 芑 棋

41 142 1167 231/359 13 204 204 965 1283 1283 787 787 787 481 880 14 512 514 1082

禽 㚔 媇 秦 蕲 㩒 帰 厥 㪣 侵 QIN 叙 郄 倿 妾 QIE 朁 牆 戕 淺 俴

1082/1095 378 194 374 974 1156 1156 1156 1154/1155 1156 174 174 174 173 749 1188 1177 488 78

區 QU 裘 秋 龜 丘 QIU 罄 慶 QING 沁 寢 寝 卑 㞕 臤 擒 擊 隼 卒

280 724 694 694 466 848/849 708 714 757 757 1091 1096 1096 1082/1095 1095 1095 1082

人 REN 瀼 RANG 熯 冉 RAN 雀 殻 QUE 犬 剝 叙 泉 QUAN 去 取 曲

1 124 105 1193 667 1110 605 786 786 785 91 232 822

RU 肉 ROU 冗 彤 彡 戎 RONG 馹 遷 日 RI 艿 扔 RENG 妊 任 刃

1270 765 1285 1285 905/937 876 876 425 504 1022 196 71 958/959

SE 褭 喪 媣 桑 SANG 栿 SAN 塞 SAI 藝 若 RUO 入 犇 乳 汝 如

772 516 188 516 514 773 1281 130 716 443 166 193 189

射 舌 SHE 少 SHAO 上 商 滴 啻 商 SHANG 𦎧 山 SHAN 森 SEN 讁 嗇

1010 255 1299 396 787 782 782 776 603 465 522 749 748

史 娘 食 祏 妬 石 師 自 尸 SHI 聲 生 襁 衦 升 SHENG 身 申 SHEG 涉

1125 193 1067 845 847 845 1159 1159 11 849/850 500 418/1236 1236 1236 15 459 288

獸 受 頁 首 SHOU 叜 SOU 叔 爽 室 事 示 氏 嫁 豕 忞 昃 矢 駛 旋 使

1173 1215 380 380 1282 1238 95 758/771 1125 398/408 22 190 611 996 225 975 628 1171 1125

SHUAI 㒸 庶 侸 醲 醂 餗 束 娀 戍 朮 鼠 蜀 罟 蜀 罗 黍 黍 殳 SHU 狩

71 71/847 1078 1234 1234 1234 529/564/1232 193 897 356 634 223 223 222 222 554 536 360 1175

SONG 兕 飤 汜 祀 巳 殀 死 絲 絅 姛 司 SI 水 SHUI 爽 SHUANG 婞 率

628 76 688 686/688 196/686 1189 1111 1232 1231 847 846 484/485 95 176 1222

SUN 孫 SUN 剁 祟 希 叡 寨 杢 㮚 叔 歲 肖 妥 SUI 宿 夙 SU 宋

204 528 572 572 409 409 409 409 409 917 917 177 823 161 761

TIAN 妓 TANG 章 戰 彈 TAN 龖 騇 㗬 沓 徙 坒 闒 佗 攺 它 TA 剌

194 1060 1172 108/109/1010 682 628 877 281/877 683 683 793 878 689 682/686 1231

致 殳 TOU 童 同 俑 週 TONG 壬 廳 聽 耶 耵 TING 條 条 TIAO 田 天

1070 1070 970 1104 877 877 12 762 236/237 237 236 330 330 801 84

讄 槖 槖 拕 袥 舌 乇 TUO 豚 屯 TUN 兔 土 涂 梌 徒 途 云 TU

693 503/1122/1232 1232 687 266 266 1264 617 1266 640 460 734 512 309 333 269

岿	巍	危	WEI	望	垦	坒	往	泂	网	妅	王	汒	亡	WANG	萬	万	怨	宛	WAN
31	1266	1264		229	229	319	318 319	499	1098	196	1245	498	1391		692	1203	281	772	

婐	䂺	窩	我	WO	問	聞	文	WEN	畏	衛	衛	褱	尾	重	唯	惟	為	韋	散	微
188	955	772	943		792	237 238	1243		126	863	862	863	76	1138	672	649	632	313	31	31

析	枲	昔	西	兮	㚷	夕	XI	霧	雺	戊	勿	舞	武	吾	敘	寞	毋	無	巫	WU
511	432	432	389 393	1283	189	437		659	659	917	1015	97	336	1230 1231	376	773	167 172	1341	1119	

宪	徙	先	XIAN	下	XIA	㬎	㒸	係	喜	徙	騽	習	熹	嬉	錫	獄	猒	䐬	兇	奚
771	879	314		397		337	1229	1225 1235	1073	860	627	699	1074	1075	1290	1342	611	1224	1223	35 1223

小	唬	XIAO	象	相	饗	嚮	向	亯	亯	襄	鄉	XIANG	獻	灘	韓	陷	莧	俔	次	咸
1297 1299	638		631	226	139 142 1041	139 142	750	734	734	30	139 142 143 1041		1064	644	644	643 644 648	632	80	74 142	938

星	興	XING	炘	訢	新	辛	阺	祕	宓	妼	心	XIN	燮	㵐	劦	劦	XIE	校	效
433 502	1103		476	975	972	970	483	418	714	191	713		477	610	263	801		522	981

XUAN	足	須	洫	伲	戌	XU	臭	羞	休	熊	兄	兇	XIONG	姓	杏	省	行	騂	華
	313 337	35	938	76	938		242	604	73	696	35	167		192	521	211	851	584	584

循	譚	尋	焰	旬	旬	XUN	夏	血	雪	霸	學	薛	XUE	卬	玄	旋	旋	鰻	爰	宣
864	256	369 823 975	477	1035 1283	444		207	1022	457	457	1242	967 968		159	1222	819	1168	677	364	851

央	YANG	甗	燕	焱	甗	㫃	兗	炎	嵒	言	衍	延	YAN	涇	婭	婭	亞	YA	訊
85		673	672	477	1062	1167	79	478	279	255	861	852		1117	194	194	1115		189

YI	野	埜	YE	堯	爻	YAO	遙	衛	僕	蛘	羊	絴	恙	佯	衛	蛘	羊	陽	昜
	514	514		161	1242		876	876	876	190 196	602	604	605	876	876	190	587	484	432

𢪔	㲋	㲋	益	切	窫	戈	宄	弋	義	乂	以	乙	彝	疑	宜	橐	陕	陵	夷	依	衣	伊
511	611	611	1031	160	765	1340	765	1340	956	1189 1242	22	460	377	876	1273	979	482	482	11 1000	724	720 724	980

㲋	尹	嚚	寅	猏	陰	侌	因	YIN	刱	臬	曀	殪	益	翌	睗	易	役	邑	異	亦	埶
1232	353	231	975	972	659	659	35 111		242	242	35	35	1024 1027	700	1290	1290	71	116	103	92 94	162 511

幽	攸	YOU	甬	甬	用	杳	永	雝	雍	庸	YONG	褮	YING	印	淪	歈	畣	飲	緈
1228	72		1314	1314	1307	872	872	655	800	1114		725		159	498	1041	1041	1035	1232

右	疚	又	轟	鮪	盫	孌	媎	媚	眉	卣	酉	㞢	有	友	猷	斿	冒	眣	迺	囗	由	尤
338	1185	338 1323	697	697	1025	177	177	191	73	697	1037	1323	338 1323	363 364	611	1168	843	842	337 880	826 827 840	262	1332

玉	雨	羽	宇	湡	霣	臾	盧	漁	𤱯	魚	媀	艅	余	雩	盂	于	YU	圍	幼	侑	祐
1261 1263	450	698	772	498	459	41	677	676 677	195	673	191	1220	730	458	1028 1031	1333		819	1230	338 1323	338

袁	媛	爰	員	元	㴠	淵	智	鳶	YUAN	衛	衙	鈹	奸	禦	御	卸	育	毓	鬱	聿	洋
724 879	713	369	1064	29	498	498	206 504	660		876	876	156	192	143 192	143	143	185	73 185	515	1191	499

遠 724, 879 | YUE | 曰 243 | 月 433 | 相 511 | 刖 111 | 樂 1228 | 僺 1229 | 繳 1229 | 響 281 | 岳 467 | 戉 940 | 龠 278, 279 | YUN | 云 443 | 吾 444 | 允 16 | 孕 15 | 暈 431 | ZA

帀 972 | 雥 667 | ZAI | 災 486, 496, 903, 905 | 𢦏 903 | 𢦒 905, 911 | 載 256 | 𩜿 165, 1068 | 宰 773 | 在 1299 | ZANG | 戕 231 | 臧 231 | 牂 1112 | ZAO | 鑿 357 | 鑿 772 | 唕 1156 | ZE

責 998 | 昃 108 | ZENG | 曾 819 | ZHA | 乍 1239 | ZHAI | 宅 765 | ZHAN | 占 1322 | 固 836 | ZHAO | 朝 505 | 爪 358 | 叉 347 | 召 958, 964 | 畱 964 | 畱 964

𨣘 964 | 刅 165 | 翟 1099 | 肇 882 | 𡣍 194 | ZHEN | 柤 231 | 唇 442 | 震 442 | 還 442 | 振 442 | 朕 1214 | ZHENG | 𥁰 309 | 征 304, 309, 312, 860 | 姃 191 | 爭 377 | 蒸 366 | 正 304 | ZHE

折 974, 975 | 砓 848 | ZHI | 之 290 | 汥 301 | 夏 207 | 𣎆 1004 | 執 1000, 1003, 1004 | 1005, 1006, 1007, 1008 | 㜕 1005 | 教 1004 | 衛 1003 | 蓺 1003 | 搴 1003 | 奄 1003 | 𢍏 1003 | 窡 1007 | 𡕩 1007 | 漐 1006 | 圉 1003, 1004 | 圉 1004 | 圛 1007

國 1007 | 直 206 | 姪 193 | 戠 899 | 𡠗 193 | 戴 379 | 織 879 | 止 282 | 沚 293 | 𡜉 191 | 旨 14 | 黹 851, 1113 | 至 987 | 陟 479 | 𠧪 618 | 𡇒 623 | 雉 666 | 雉 666 | 雉 666 | 雁 632 | 疐 334 | ZHONG

中 1123 | 仲 1123 | 収 1125 | 終 1192 | 衆 69 | ZHOU | 舟 1213 | 㕵 1221 | 州 486 | 周 819 | 婤 196 | 肘 347, 358 | 帚 1149 | 冑 263 | 夒 236 | 驟 236 | 晝 433 | ZHU | 朱 521 | 鼄 692 | 𡢻 190, 693

竹 1192 | 笯 177 | 逐 328 | 宁 1104 | 㪘 361 | 貯 712 | 祝 120 | 祝 76 | 鑄 1035 | ZHUAN | 專 1140 | ZHUANG | 妝 1188 | ZHUI | 隹 649 | 椎 522 | 追 1164 | 墜 481, 482 | ZI

兹 1225 | 𦅫 112 | 甾 256 | 𢔁 879 | 𡧳 820 | 子 196, 204 | 朿 1122 | 自 238 | 姊 189 | ZONG | 宗 753 | ZOU | 走 112 | 奏 570 | 㛙 194 | ZU | 族 986 | 𡆵 1273 | 俎 1273 | 剮 1276

𠛕 1276 | 祖 1433 | ZUN | 尊 1040 | 隫 482, 1040 | ZUO | 左 345 | 佐 345 | 作 1239 | 飵 1242 | 𢏳 1242